U0689127

澄心清意

阅读致远

玛雅史

失落的世界第五大文明

上

[美] 罗伯特·J.沙雷尔　洛·P.特拉克斯勒　著

杨靖　等译

卷首图　科潘的玉米神　洪都拉斯，科潘：古典期晚期的玉米神雕像。

彩图1
危地马拉蒂卡尔古墓出土的玉器

(a)出自蒂卡尔116号墓葬的后古典期玉制器皿，此墓为哈萨维·查恩·卡维尔的墓葬，盖子上印有他的雕像(左边)；出自蒂卡尔196号墓葬的器皿，可能是他的继任者伊金·查恩·卡维尔的墓葬，也有可能是蒂卡尔不知名的第二十八任统治者的墓葬，器皿盖子上印有他的雕像(右边)。

(b)古典期早期由玉、贝壳以及其他材料制成的真人大小的马赛克面具，出自蒂卡尔160号墓葬。

(c)倾斜碧玉美洲虎，出自蒂卡尔196号墓葬。

彩图2
出自科潘和乌斯马尔弗雷德里克·卡瑟伍德景区的玉器

(a)洪都拉斯,科潘:镶嵌于海菊蛤贝壳内部的碧玉雕像,同卫城东部球场前结构建筑的楼梯间贮藏室里发掘的遗物一样(第八任统治者维尔·奥尔·基尼奇,约公元540年)。

(c)墨西哥尤卡坦,乌斯马尔:统治者宫殿。由弗雷德里克·卡瑟伍德印制的平版印刷画。

(b)洪都拉斯,科潘:一对雕刻玉制纪念性牌匾,出自前建筑末端的贮藏室(约公元600年)。

彩图3
后古典期玛雅书籍和前古典期晚期的灰泥面具

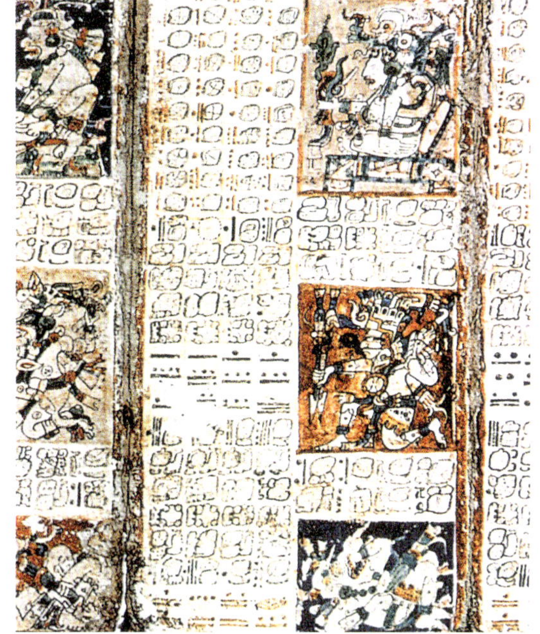

(a)《德累斯顿古抄本》书页，现存最好的玛雅折页书或抄本(见第三章)。

(b)危地马拉，西瓦尔：在前古典期晚期建筑上保存完好的彩绘灰泥面具(也可见图6.20、图6.27和图6.29至图6.31)。

彩图4
前古典期晚期危地马拉圣巴托洛壁画

(a)侍从向玉米神供奉玉米粽的肖像细节照片。

(b)希瑟·赫斯特(Heather Hurst)根据圣巴特洛壁画重绘,描画玉米神和侍从从下界出现的场景。

彩图5

前古典期晚期壁画和古典期早期灰泥面具

(a)危地马拉,圣巴托洛:希瑟·赫斯特所绘的重现画,刻画前古典期晚期一位站在脚手架上的玛雅统治者的即位典礼。

(b)洪都拉斯,科潘:古典期早期绘制的太阳神的灰泥面具,基尼奇·阿哈瓦位于耶胡纳尔建筑(Yehnal Structure)的西面,显然是一座建于胡纳尔陵墓之上的葬礼神祠(图7.25至图7.27),深埋于科潘卫城中央。

彩图6

出自科潘建立时期的建筑和器皿

(a)洪都拉斯,科潘:古典期早期玛格丽塔建筑(Margarita Structure)灰泥绘画画面的复原图片,该建筑沿袭耶胡纳尔建筑风格,装饰有王朝奠基者基尼奇·亚克斯·库克毛的全名。

(b)科潘:从玛格丽塔陵墓的供奉室找到的墨西哥中部的器皿;它所描绘的场景可能描绘了胡纳尔建筑(图7.23),很有可能是科潘王朝奠基者的皇室宫殿。

彩图7

出土自科潘的古典期早期建筑和器皿

(a)洪都拉斯,科潘:古典期早期罗萨里拉建筑的全尺寸复制品,用以纪念王朝建立者,同时是刻画于牌匾5b和6a之上耶胡纳尔和玛格丽塔建筑的传承,完好无损地埋藏在10L-16号阶梯之下。

(b)科潘:作为祭祀品的陶器,大多数都是在危地马拉的基里瓜或者附近制造的,发现于古典期早期次美洲虎的墓穴(约公元550年),很有可能是科潘第八任统治者维尔·奥尔·基尼奇的陵墓(图7.29)。

彩图8

从蒂卡尔墓穴和帕伦克发掘出来的物件

(a)危地马拉,蒂卡尔:出自116号墓葬雕刻精美的骨头,描绘第二十六任统治者哈萨维·查恩·卡维尔,用朱砂涂成红色。

(b)危地马拉,蒂卡尔:出土自196号墓葬的多彩器皿,其上有一位王室人物的画像,这个人物或是第二十七任统治者伊金·查恩·卡维尔,或是未知的第二十八任统治者。

(c)墨西哥恰帕斯州,帕伦克:从铭文神庙方向望去可见的王室宫殿,远处是塔巴斯卡肥沃的冲积平原。

彩图9

后古典期陶器

(a)墨西哥恰帕斯州,帕伦克:彩绘陶制香炉雕像,是从太阳神庙的阶梯下挖掘出的系列精美仪式用品之一。

(b)墨西哥坎佩切,哈伊纳岛地区:一位贵族妇女的陶制雕像,她的头饰和衣服用玛雅尊贵的蓝色晕染。

(c)危地马拉,内巴赫(Nebaj):一幅陶制器皿绘画,描绘一位统治者坐在王位之上,接受一篮贡品,坐在右边的宫廷朝臣对照折页书中的记录进行核验。

彩图10
后古典期博南帕克壁画(1号房间)

墨西哥恰帕斯州,博南帕克:1号阶梯,1号房间壁画(后古典期)。宫殿内部,典礼人和乐师在庆祝王室继承者继承大典,统治者亚哈瓦·查恩·穆瓦安和他的朝臣见证了这一盛况[希瑟·赫斯特和伦纳德·阿什比(Leonard Ashby)重绘图]。

彩图11

后古典期博南帕克壁画（延续1号房间）

1号阶梯，1号房间壁画：仍为宫殿内部场景，典礼人和乐师在庆祝王室继承者继承大典，统治者亚哈瓦·查恩·穆瓦安和他的朝廷官员见证了这一盛况（希瑟·赫斯特和伦纳德·阿什比重绘图）。

彩图12
后古典期博南帕克壁画(2号房间)

墨西哥恰帕斯州,博南帕克:1号阶梯,2号房间壁画(后古典期)。漩涡战场景,随着亚哈瓦·查恩·穆瓦安捕获一名俘虏后到达高潮(希瑟·赫斯特和伦纳德·阿什比重绘图)。

彩图13

后古典期博南帕克壁画（延续2号房间）

1号阶梯，2号房间壁画：继续前一场景，在王室宫殿阶梯上给博南帕克的统治者亚哈瓦·查恩·穆瓦安朝献受尽折磨的俘虏（希瑟·赫斯特和伦纳德·阿什比重绘图）。

彩图14
后古典期伯南帕克壁画(3号房间)

墨西哥恰帕斯州,博南帕克:1号阶梯,3号房间壁画(后古典期)。在宫殿前面举行的典礼和一场旋转舞的豪华庆典,在宫殿内部,王室家庭坐在一个高台上为神进行血祭(希瑟·赫斯特和伦纳德·阿什比重绘图)。

彩图 15
后古典期博南帕克壁画(延续3号房间)

1号阶梯,3号房间,延续前面典礼场景,博南帕克的统治者亚哈瓦·查恩·穆瓦安和他的朝臣(希瑟·赫斯特和伦纳德·阿什比重绘图)。

彩图16

古典终结期的建筑和壁画

(a)墨西哥尤卡坦,萨伊尔大宫殿:古典结终期多层建筑,中央建有楼梯。

(b)查克穆尔神庙在古典终结期的壁画绘图,该神庙埋在墨西哥尤卡坦奇琴伊察武士神庙之下,描述的是一个平静的沿海乡村钓鱼场景。

目录

第六章 前古典期晚期玛雅国家起源 0268

第七章 古典期早期玛雅国家的扩张 0341

第八章 古典期晚期——玛雅国家的鼎盛时期 0445

第九章 古典终结期的变革 0589

表

插图

第二章 考古学与玛雅文明

第三章 玛雅的历史和文明

第六章 前古典期晚期玛雅国家起源

第七章 古典期早期玛雅国家的扩张

第八章 古典期晚期——玛雅国家的鼎盛时期

第九章 古典终结期的变革

第十章　后古典期的重组与复兴

第十一章　古玛雅经济

第十二章　玛雅社会组织

第十三章　玛雅意识形态与宗教

专栏

第一章　玛雅文明的环境

第二章　考古学与玛雅文明

第三章　玛雅的历史和文明

第四章　玛雅文明的起源

第五章　前古典期中期玛雅文明的兴起

第六章　前古典期晚期玛雅国家起源

第七章 古典期早期玛雅国家的扩张

第八章 古典期晚期——玛雅国家的鼎盛时期

第九章 古典终结期的变革

第十章 后古典期的重组与复兴

第十一章 古玛雅经济

第十二章 玛雅社会组织

彩图

前　言

我们关于古代玛雅的知识来源于百余年来的考古学研究，通过东墨西哥、伯利兹、危地马拉、洪都拉斯以及萨尔瓦多等地的遗址挖掘，人们发现了玛雅文明的相关记载。考古学研究的结果也有赖于其他学科，特别是历史学的强有力的支持。绝大多数象形文字材料，过去被认为只是零星图表和文字的载体，现在被铭文学家破解，被认为其中蕴含丰富的信息，举凡历任玛雅国王和王后依靠何种超自然力量获取权力，如何结盟，如何征战，以及胜负结果如何，皆不难从中找到答案。随着民族史以及相关资料和文献的延伸和拓展，对玛雅文明研究也愈加深入。前哥伦布时代玛雅典籍不乏传世之作，自西班牙统治时期起更有大量文书档案留存于世。其中部分是玛雅土著的记载，如源自玛雅高地的“圣书”《波波尔·乌》(*Popol Vuh*)，最早用基切语书写，后由欧洲人转录。在该书初版“前言”中，西尔韦纳斯·G.莫利(Sylvanus G. Morley)对此类书写的本质做了很好的概括：

> 在西班牙统治后的一个世纪(1550年—1650年)，相当一部分土著和西班牙作者为我们传承了古代玛雅文化。早期天主教传教士教会当地土著识字，以便于指导他们奉行天主教的礼仪；与此同时，当地土著也将玛雅古代历史资料简单记录下来，或许

> 其中部分资料直接取材于当时幸存的象形文字资料。除了前文提及的土著的记载，好几位早期（17世纪中期前后）方济各会的神父也留下了令人惊叹的丰富资料，其中最为重要的文献无疑来自于尤卡坦的第二任主教迭戈·德·兰达（Fray Diego de Landa）神父。迄今为止，他的《尤卡坦风物志》（*Relacíon de las cosas de Yucatán*, 1566年）仍是古代玛雅研究无可争辩的权威之作。

但古代玛雅大部分城市至今仍未被发现，其文明程度如何，人们也一无所知。这一状况在19世纪有了很大改观，通过专家学者与公众的共同努力，玛雅文明被重新发现。继续引用莫利的话说：

> 1839年至1841年，美国旅行家、外交官、业余考古学家约翰·劳埃德·斯蒂芬斯（John Lloyd Stephens），在英国艺术家弗雷德里克·卡瑟伍德（Fredericle Catherwood）陪伴下，两次走访玛雅遗址，结果留下两部杰作：《中美洲旅行记：恰帕斯和尤卡坦》（1841年），以及《尤卡坦游记》（1843年）。两部书中的精美插图都由卡瑟伍德绘制；迄今为止……它们仍是有关该地著述中最有趣的读物。斯蒂芬斯的著作很大程度上将公众视线转移到大都市的玛雅文明。在他的大作问世之前，除了尤卡坦和中美洲北部，人们根本无从知晓这类大城市的存在。在此之后，玛雅文明乃美洲文明源头这一论断，才成为大西洋两岸的共识。也正是斯蒂芬斯，开启了对该地的现代探险之旅。

在随后数年间，若干旅行者对玛雅遗址人迹可到之处进行了实地勘查，并重新发现了大量史料。对上述史料加以研究，也就获得了古代玛雅社会的第一手材料，包括风俗、神话、宗教、历法，以及文字书写系统，等等。从19世纪末至20世纪初，对玛雅遗址的首次考古挖掘正式举行。在此，再次引用莫利原书的“前言”：

> 自斯蒂芬斯时代起，若干科研机构及在校学生致力于完成玛雅文明的完整拼图(picture-puzzle)。篇幅所限，其名称无法一一列举，但其中最重要的三家值得留意：一是英国考古学家阿尔弗雷德·P. 莫兹利(Alfred P. Maudslay)勋爵，他对玛雅地区长达13年(1881年—1894年)的研究成果最终体现在巨著《中美洲的生物》论述考古的有关章节中，该书也是科学研究玛雅文明的首部专著；二是哈佛大学皮博迪考古学与人类学博物馆，该馆在1888年至1915年间，相继派出数支探险队去往玛雅，带队首领皆为本领域声望卓著之人；三是华盛顿卡内基研究所(Carnegie Institution of Washington)，该研究所对玛雅文明的深入研究逾30年，其中至少有25年，其探险队在训练有素的考古学家率领下，每年前往玛雅不同地区，所肩负的使命也各不相同——既涉及考古学、人种学、人体测量学、历史学、语言学，也涉及植物学、动物学、地理学、医学以及流行病学，等等。

在此名单之上，人们还可以添加宾夕法尼亚大学博物馆、杜兰大学中美洲研究院，以及拉丁美洲、美国、欧洲、日本、澳大利亚和其他国家的一些大学，它们对玛雅文明研究也贡献良多。当然，对于文明研究而言，至关重要的是如何保存和保护玛雅遗址，承担这一职责的是坐落于玛雅文明遗址范围内的各国政府机构，如墨西哥国立人类学与历史研究所(INAH)、危地马拉人类学与历史研究所(IDAEH)、伯利兹大学考古系，以及洪都拉斯人类学与历史研究所(the Instituto Hondureño de Antropología e Historia, IHAH)等，它们都为此付出了艰苦努力。

本书的雏形源于考古学家西尔韦纳斯·G.莫利,他就职于华盛顿卡内基研究所。莫利是玛雅考古学先驱,更是玛雅天文历算方面的权威。在大部分玛雅遗址尚与外界隔绝之时,莫利花费若干年,凭借骡马穿行于低地热带雨林,发现并记录下大量玛雅纪念碑铭文。此行的结果诞生了两部划时代的巨著,至今仍见重于当世学者——它们分别是《科潘的碑铭》和《佩滕的碑铭》。此外,他还利用闲暇时间指挥卡内基研究所在奇琴伊察(Chichen Itza)的挖掘工作(1924年—1940年)。临近晚年,莫利终于推出玛雅文明研究的首部综合性论著《玛雅史》(1946年);次年再版。该书第二版迅速成为玛雅学的里程碑式著作。然而,随着科学研究的正常拓展,新的考古发现使得该书很快过时。新的考古发现绝大多数来自玛雅潘(Mayapan)的实地考察,既包括帕伦克碑铭之下墓冢的挖掘,也包括博南帕克城墙的发现,以上材料为加利福尼亚大学乔治·W.布雷纳德对莫利著作的修订提供了依据。其结果是第三版《玛雅史》于1956年问世。

正是该书的第三版吸引我步入玛雅文明研究的殿堂。然而,当它成为我研究生一年级"中美洲考古学"课程——宾夕法尼亚大学威廉·R.柯伊教授这门课程——的指定书目时,该书已然过时。就在该书出版的当年,宾夕法尼亚大学博物馆启动蒂卡尔项目(Tikal Project),这是新大陆考古学界发起的规模最大、最为全面的勘查项目。它的重大发现完全颠覆了人们对玛雅文明的认知。该项目实际上也是由美国、欧洲、墨西哥、危地马拉以及其他政府研究院共同资助的玛雅地区考古探险计划的一个组成部分。幸运的是,在宾州蒂卡尔项目于1970年结束后,危地马拉人类学与历史研究所继续坚持了该项目的研究。

20世纪下半叶以来,玛雅地区又开展了若干重大考古项目,为首的是哈佛大学皮博迪博物馆资助的祭坛和塞巴尔大规模挖掘项目，以及杜兰大学中美洲研究院资助的齐比尔恰滕项目。上述项目取得的成果使有关古代玛雅的信息储备出现史无前例的迅猛增长。不仅信息量增长，从20世纪60年代起，考古学家以问题意识为导向，采用了更为直接的研究方法和路径，也取得了突出成效。

玛雅研究于20世纪70年代取得至关重要的突破，原因在于搜求并解析古代玛雅遗留文本的强劲驱动力。这一工作为考古学家提供了由解析象形文字所获取的重要信息，尤其使得玛雅古典期的研究从史前一团迷雾步入到有文字记载的光明前景中。20世纪70年代中期以后考古学和铭文学的进展表明，之前有关古代玛雅的社会形态、组织结构以及历史进程的基本假设统统不能成立。

上述进展也使得对莫利原著进行全面修订成为当务之急。在斯坦福大学出版社和我接洽之后，我着手对莫利和布雷纳德这部著作1980年的版本加以修订，并于1983年推出第四版。然而，时至20世纪80年代，新的研究加速推进，到20世纪80年代末，该版本已显得颇为陈旧。一大批崭新资料面世，再次迫使我对该版本进行修订。这一工作开始于1992年，两年之后，推出修订后的第五版（1994年）。

自第五版问世，玛雅研究的节奏越发加快，我于2002年开始新一版的修订工作，试图将近十年间出土的新材料和新数据悉数囊括其中。在此期间，我得到我妻子洛·特拉克斯勒的鼎力协助。作为玛雅研究的同道中人，她帮助我整理手稿，绘制插图，想方设法将最新的数据融入本书当中，使之成为迄今最为全面彻底的修订版。

像之前的版本一样，第六版仍以莫利的初版为蓝本，旨在将古代玛雅研究的最新成果整合在一卷当中，但其中的资料与半个多世纪前莫利所接触的资料已不可同日而语。事实上，本版中关于玛雅文明进程部分乃是全新的改写，其内容也占据了本书一半以上的篇幅。

由于既定篇幅不超过第五版,作者在材料取舍方面大伤脑筋,这也意味着之前版本中的一些话题以及插图不得不忍痛割爱。取而代之的,是尽量加入最新的资料,尽管这些资料在过去十年出版的浩如烟海的著述中不过是沧海之一粟。

第六版由引言、十三个章节和后记这三个部分组成。引言部分探讨过去和现在玛雅文明经久不衰的传奇,并呼吁采取对策,制止窃贼和盗墓者对玛雅遗址的亵渎和残害。第一章描述玛雅文明丰富多彩的历史背景。第二、三章从考古学家的角度阐述我们对玛雅文明的理解。此后,本书重点追索前哥伦布时代玛雅文明变迁的复杂多样性。从中美洲复杂社会的古老起源(第四章),到玛雅文明于16世纪西班牙统治时期遭受荼毒,文中对此跨越两千五百余年的漫长过程进行了详细讨论(第五至第十章)。在以上章节中,我们会不断回顾推动这一独特文明形态生发和演化的要素。由此,本书逐渐展开,详尽讨论其中一些隐秘的要素,比如与玛雅社会经济(第十一章)、政治(第十二章)以及意识形态(第十三章)等相关的内容。本书在结尾部分对欧洲人与玛雅文明的初次接触以及随后的西班牙统治史做了简要回溯(后记)。和之前版本一样,所有引用文献在书末文献摘要部分都按章节顺序逐一列出,并列出全书参考书目以便读者查找。

罗伯特·J.沙雷尔

致　谢

和之前的各版一样，如果没有同事、朋友与家人的宝贵帮助，这部作品就无法完成。我特别感谢宾夕法尼亚大学文理学院为我提供的2003学年秋季学期学术假期，以便我有更多时间完成本书。我的学生和专家同事们也不断慷慨地与我分享他们的研究结果和对古代玛雅人的想法。虽然不可能对在这项工作中向我们伸出援手的所有个人与机构一一致谢，但我将尽我所能提及那些提供过直接与重要帮助的个人和机构。

好几位同事欣然同意抽出时间阅读这本书的手稿并做出评论。我要亲自感谢密歇根大学的乔伊斯·马库斯教授、宾夕法尼亚大学的杰里米·萨布洛夫教授和威斯康星大学的杰森·雅格教授，他们都提出了许多重要建议，对本书的最终出版大有裨益。另外，一众学者同样大方地分享了他们在特定章节的专业知识，从而丰富了本书的内容。我尤其要感谢杜兰大学的E.威利斯·安德鲁斯教授、新佛罗里达学院的安东尼·P.安德鲁斯、霍华德大学的埃莉诺·金、波士顿大学的帕特里夏·麦克纳尼和宾夕法尼亚大学博物馆的西蒙·马丁，他们对本书提出了宝贵的评论与意见。

多年来，许多同事慷慨地贡献了相关照片与素描，大大强化了本书之前的版本，第六版中也尽可能多地保留了这些材料。我非常感激以下同事，他们继承了这一传统，为此版提供了新的图解：艾伦·贝尔、埃德温·巴恩哈特、阿伦·蔡斯、黛安·蔡斯、玛莎·奎瓦斯·加西亚、亚瑟·德马雷斯特、弗朗西斯科·埃斯特拉达-贝利、芭芭拉·法什、威廉·法什、詹姆斯·加伯、肯尼斯·盖雷特、诺曼·哈蒙德、希瑟·赫斯特、猪俣健、乔纳森·卡普兰、马里恩·波波诺·德·哈奇、迈克尔·洛夫、西蒙·马丁、帕特里夏·麦克纳尼、苏珊·米尔布拉斯、玛丽·米勒、卡洛斯·佩拉萨·洛佩、杰瑞·萨布洛夫、威廉·萨图尔诺、佩森·希茨、胡安·安东尼奥·瓦尔德斯和杰森·雅格。第五版的几位读者向我提供了一些建议，在此版中已经采纳。我要向以上所有人致谢，还有许多其他直接或间接帮助过我的人，是他们使得第六版的修订成为可能。我个人对此版中遗留的其他谬误负责。最后，我再次特别感谢斯坦福大学出版社的许多员工——凯特·瓦尔、罗伯特·埃勒、戈登·春、朱迪斯·希伯德以及莉娅·麦卡莱尔和她在G&S图书公司的团队，他们指导了这本书制作与出版的最后阶段。

R. J. S.

亚斯坎哈

东乔丹市，密歇根州

关于姓名、正字法与发音的说明

在本书中，“玛雅”一词是用作指代古代和现代玛雅人的名词，同时在“玛雅书籍”“玛雅瓷器”或“玛雅文字”中也被作为形容词使用。然而，当指涉语言时，习惯上使用“玛雅的”一词，如“玛雅的语言”。

西班牙统治时期一些玛雅城邦的名字被记录下来，所以用原始玛雅语命名的“奇琴伊察”和“玛雅潘”至今仍在使用。西班牙人在征服高地地区的过程中受到了来自墨西哥中部军队的帮助，于是许多玛雅地名被翻译成了纳瓦特尔语——这些墨西卡或称阿兹特克同盟军的语言。因此，基切玛雅人的首都库马尔卡赫通常被称作“乌塔特兰”，即其纳瓦特尔语名字。许多早期玛雅城邦在西班牙统治时期已经废弃，它们的名字也没有被欧洲人记录下来。当这些城市的废墟后来被重新发现时，通常会被赋予新的西班牙语或玛雅语名字，例如埃尔米拉多尔（意为“瞭望台”）、皮埃德拉斯·内格拉斯［（Piedras Negras）意为“黑色石头”］、图卢姆（意为“城墙”）、瓦夏克吞（意为“八块石头”）和蒂卡尔（可能来源于玛雅语 ti ak’al，意为“在水坑处”）。但是在今天，玛雅文字的破译使得一批古代玛雅城市的名字得以重见天日。所以我们现在可以知道，18 世纪发掘的帕伦克遗址（意为“栅栏”）被其原住民叫作拉卡姆哈（意为“大水”）。

各种玛雅语言的正字法（参见第三章）是由殖民地时期的西班牙

神职人员和学者首先制定的。这种传统的正字法直到不久前一直被广泛使用。现在,玛雅人已经率先采用了一种新的正字法,可以更为准确地表达玛雅语的读音。本书将用这种新正字法表述玛雅语言,例如用新“基切”(K’iche)代替旧“基切”(Quiché)。在已经固定使用的地名和已经发表的文献中,传统正字法则得到保留,如“瓦夏克吞”(Uaxactun)和“基切语”(El Quiché)。

玛雅语的元音发音与西班牙语一致,在英语中大致等同于:

a为father(父亲)一词中a的发音

e为let(让)一词中e的发音

i为machine(机器)一词中i的发音

o为forty(四十)一词中o的发音

u为rule(规则)一词中u的发音(如在另一个元音前,则u为英语中w的发音,比如wo中w的发音)

从已破译的玛雅文字中,也可以看出玛雅语存在长元音和短元音的差别。长元音用双写字母来表示,如伊察姆纳(Itzamnaaj)。

辅音发音也与西班牙语一致,不过需要特别注意:

ch为church(教堂)一词中ch的发音(如chak)

k为keen(热衷)一词中k的发音(如kan)

h(轻音)为his(他的)一词中h的发音(如baah)

j(重音h)为Bach(巴赫)一词中h的发音(如ajaw)

t为nights(夜晚)一词中t的发音(如ts’ak)

x为she(她)一词中sh的发音(如Yaxchilan)

玛雅语还区分了闭塞辅音与普通辅音,闭塞辅音在西班牙语或英语中没有对等的发音。闭塞辅音用单引号表示,如“基尼池”(k’ inich),用来区分类似“池阿克”(ch’ak,意为“砍”)和“查克”(chak,意为“伟大”或“红色”)的词语。

在西班牙语和纳瓦特尔语中,单词的重音常在倒数第二个音节,与此相反,玛雅语中往往在单词的最后一个音节施加重音。与大多数地方的玛雅语不同,尤卡坦玛雅语在音调上也具有差异,但大多数殖民地词典编纂者未能标出这些差异,因此本书将此省略。按照一般惯例,本书未注明玛雅语和其他土著语言词语的重音。重音将根据需要在以西班牙语命名的地名和西班牙化的土著语言中标注,例如危地马拉的佩滕地区写作“Petén”。否则,不加重音的“佩滕”(Peten,意为“岛屿”)是指危地马拉中部低地这一地理区域。

本书采用公制单位作为测量单位,这也是科学界和具有玛雅文明遗址管辖权的国家和地区的规定。如欲使用英制单位,则换算规则为:1米(m)等于39.37英寸或3.28英尺;1千米(km)等于0.62英里;1平方千米(km^2)等于0.38平方英里。

引　言

> 此文描述了一切都尚未定型之时的样子，一切都平静无事，默而不语；万物都纹丝不动，广阔的苍穹空空如也……没有站立之物；只有宛若死水的湖，波澜不兴的海，孤独且静谧……接着，说话声传来。特佩乌(Tepeu)和古库玛兹(Gucumatz)于夜里在黑暗中相聚。他们开始交谈；他们在交谈中一边讨论，一边磋商；他们达成一致，并将他们的语言和思想结合在一起。
>
> ——《波波尔·乌》(雷西诺斯，1950年，第81—82页)

在危地马拉的热带丛林深处，有一座遗迹。它是前哥伦布时代伟大的文明中心之一，也是全世界最为重要的考古学遗址之一。它如今的名字叫蒂卡尔(Tikal)，但在过去，它以穆图尔(Mutul)闻名。那时，它是玛雅王国的首都，且该国是所有玛雅王国中最为强大的一个。西班牙征服者并没有发现此地，直到19世纪中期，它才为外来人员所发掘。今天，已有成千上万的游客领略过蒂卡尔的辉煌。那里有70多米(230英尺)高的宏伟庙宇，有壮丽的宫殿建筑群和行政机构建筑，以及刻有象形文字和蒂卡尔强大统治者肖像的石碑。此外，那里还有露天广场、平台、水库、堤道、防御墙以及许多其他建筑。

蒂卡尔所处的王朝历经三十多任国王。他们统治着一个复杂的等级社会。该社会由贵族、祭司、商人、工匠、战士、农民和仆人组成。蒂卡尔的国王和他们的精英伙伴们通过征服、朝贡以及一个从中美洲延伸到墨西哥中心的贸易网络来攫取财富。在强盛时期,每一个蒂卡尔居民都能享受到贸易的果实,并欢庆对敌作战的胜利,但蒂卡尔也经历过艰难的时刻,像遭遇商业上的损失、吞下战败和羞辱的苦果。无论是在昌盛时期,还是衰败时期,蒂卡尔的公共簿记员们都在运用他们高超的数学本领将太阳、月亮、行星的运动以及他们所处世界发生的种种事情记录于可折叠的书之中。蒂卡尔的祭司会举行仪式,祈求各神明保佑国家在农业、贸易以及战争中取得成功,同时恳请他们为国王和国家的整体命运做出决定。在蒂卡尔的鼎盛时期,也就是一千二百年前,有十万多人居住在那里。城中的农民和工匠在市中心附近的大型市场交换各自的产品,但是,蒂卡尔并没有独居高位的寂寞;玛雅的历史长河见证了很多大城市的兴衰,它们当中有几个在规模和力量上与蒂卡尔相当,其他许多则是别的国家的首都——商业、联盟和竞争关系将这些首都城市连接在一起,并常常引发战争。在欧洲人知晓玛雅人存在的前一千年,在一片热带低地地区,从海岸边到迷雾缭绕的高地,上百万玛雅人民居住在几十个大大小小的城市中,上百个更小一点的镇子里,以及上千个村庄内。

图Ⅰ.1　危地马拉蒂卡尔的主要建筑　从危地马拉低地的热带丛林中冒出(又见图7.2)。

图Ⅰ.2　蒂卡尔最高建筑4号神庙　古玛雅城市遗址。它们通常建于热带丛林深处，几个世纪以来一直给人一种神秘的感觉。

图Ⅰ.3　考古学家在墨西哥金塔纳罗奥州蒂卡尔和坦卡的发掘　历时一个世纪的考古研究所收集到的证据正在解答许多有关古玛雅的问题:在危地马拉的蒂卡尔,(右图)考古学家奥布里·特里克(Aubrey Trik)和(位于前景)弗勒利希·雷尼(Froelich Rainey),正在2号神庙下方进行挖掘工作;(下图)艺术历史学家亚瑟·米勒(Arthur Miller)和(左侧)考古学家乔治·斯图尔特(George Stuart)正位于墨西哥金塔纳罗奥州的坦卡。

欧洲人的发现与征服

正如在远古的旧世界(Old World)那样,伟大的玛雅城市随着它们的王国兴盛,然后衰亡。在约两千年的时间里,纳克贝(Nakbe)、埃尔米拉多尔(El Mirador)、卡米纳尔胡尤(Kaminaljuyu)、蒂卡尔、卡拉克穆尔(Calakmul)、科潘(Copan)、卡拉科尔(Caracol)、乌斯马尔(Uxmal)、奇琴伊察、玛雅潘以及许多其他城市都在它们自己的时代经历了扩张与繁荣,然后衰败。当西班牙人于16世纪到来时,图卢姆(Tulum)、塔亚萨尔(Tayasal)、乌塔特兰(Utatlan)和伊西姆切(Iximche)已跃入最强大的玛雅政权之列,但西班牙人长年的暴政已将它们和玛雅其他的文明中心悉数摧毁,并吞噬了成千上万条生命,其中既包括军人,也包括非军人。这是一场浩劫,它的特征主要表现为残酷的暴行,由欧洲人传入的灾难性流行病,以及天主教会的强硬干预。于是,在来自东海岸对面的国家手里,玛雅文明,连同从北极(Arctic)到火地岛(Tierra del Fuego)的其他美洲土著社会,纷纷走向灭亡。

自这一灿烂文明的遗迹在18世纪和19世纪对外开放探索和研究以来,古玛雅既引起了广泛的关注,又让人生出深深的仰慕之情。它的魅力部分来源于两个方面,一是其"失落文明"的身份所给人的浪漫印象,一是对墨西哥和中美洲丛林深处的遗迹发掘工作所带来的未解之谜。这些发掘带来了许多问题。这一文明发源于何处?玛雅是如何在一片热带丛林中养育这么多人口的?到底是什么灾难摧毁了他们的古城?对那些因痴迷于神秘而被蒙蔽双眼的人而言,这些问题的答案藏在幻想之中——玛雅,就像埃及一样,是旧世界文明的殖民地,或者发源于像亚特兰蒂斯(Atlantis)那样的神话国度,更有甚者认为,玛雅人的祖先是来自外太空的远古外星人!今天,各个领域的科学研究正试图用确凿的证据，而非幻想，来解答这些问题。一个个谜团正在被揭开。人们对玛雅的误解也在得到纠正。于是，我们如今认识到，玛雅并不是一个源自神话的诡秘国度，而是一个有着高超智慧的复杂社会，它和其他前工业文明——无论是古埃及、美索不达米亚、印度、中国、日本，还是秘鲁——有着许多相同的特征。

我们对玛雅的过去知道得越多，我们对它的敬意也就越深，因为正如文献记录所示，玛雅是一个在数学、天文、历法、写作、科技、政治组织、商业、雕刻、绘画、建筑和其他艺术方面有着惊人成就的民族。有史以来第一次，我们开始了解玛雅文明的起源，了解其壮大、繁荣，以及衰败的原因。随着相关知识的增加，我们能够在玛雅文明的兴衰中看到，那贯穿于所有人类成就，所有人类历史之中的不变轨迹。尽管从我们现代人的角度来看，古玛雅可能显得遥远，甚至陌生，但他们的故事就是我们的故事，是人类文化发展史诗中的核心章节。

许多人对西方文明的发展相当熟悉。这一文化传统的根源既在古埃及和美索不达米亚的文化，也在希腊和罗马的古典世界。与此同时，不少人对印度、中国和日本源远流长的伟大文明也有所了解，但是绝大多数人都对一个独特的文化传统知之甚少。这一文化传统孕育了一系列灿烂的文明，其中就包括玛雅文明。该文化直到五百年前才为旧世界的人们所知晓。当时，欧洲的探险家们突然发现一个广阔的新世界。那里栖居着各种各样的文化。其中有一些较为先进的民族，他们生活的城市在规模上并不亚于意大利或西班牙的那些城市，而且他们已掌握写作、冶金、建筑和雕刻的技艺。这些发现让西班牙人大为震惊。他们为墨西哥和秘鲁文明所吸引，尽管他们当时正在摧毁它们。1519年，一个名为贝尔纳尔·迪亚斯·德尔·卡斯蒂略（Bernal Díaz del Castillo）的士兵随科尔特斯（Cortés）的军队挺进墨西哥谷。他描述了欧洲人于山口处第一次俯瞰到那座如藤蔓般蔓延的城市，即墨西卡（Mexica）——或阿兹特克（Aztec）——首都特诺奇蒂特兰（Tenochtitlan）时的情景：

> 当我们看到立于水上的众多城市和村庄，陆上的大型市镇，以及通往墨西哥的平滑且笔直的堤道时，我们十分吃惊。有人说那些巨塔的存在使得这里犹如人们在阿马迪斯（Amadis）传说中讲到的幻境……建筑物从水中升起，且均是由砖石打造。我们当中的一些士兵甚至问我们所看到的是不是梦境……由于我们所见到的景象是我们见所未见，甚至都未曾梦到过的，我真不知该如何形容。（1963年，第190—191页）

16世纪的欧洲人坚信他们是地球文明的唯一代表。对他们而言，墨西卡、印加（Inka）和玛雅的发现既让人吃惊，又惹人不悦。若想知道欧洲人五百年前对此的反应，不妨想象一下，如果今天的我们突然发现有一个星球，上面不仅栖居着生命，还有着不亚于我们的先进文明，会发生什么。我们会做何反应？我们会不会进行和平对话，互相学习？又或者，我们是否会利用优势，毁灭那个新世界？美洲大陆的民族，虽然野蛮，但在战争中不如欧洲人高效。即便他们做出了英勇、顽强的抵抗，但最终还是被这些征服者一一摧毁。

玛雅遗产的命运

由于旧世界的军队在16世纪摧毁了墨西卡、印加和玛雅文明，这就导致他们所取得的成就在后来遭人轻视，乃至他们的人性都受到质疑。为给西班牙人那蚕食了上百万条生命的征服和殖民活动洗刷罪名，上述民族的“异教徒”仪式被渲染成一种极为恐怖的活动。

但是，在我们谴责像人祭这样的行为之前，我们不应该忘记，出于宗教之故，五百年前的欧洲人曾把许多人活活烧死，并对“离经叛教者”施以一系列酷刑和故意拖延时间的处决。在欧洲的殖民开始之前，这些旧世界独具特色的做法全都没有在美洲大陆上出现过。尽管美洲土著人的确进行过战争和人祭，但相比之下，欧洲人在美洲所造成的破坏规模是前所未有的。这些征服者的政策和行为差距极大：一些人致力于剥削美洲土著人；另一些人则竭力去保护他们，拯救他们的灵魂。不过，欧洲人的征服和殖民活动所造成的最大悲剧其实是偶然所致——因为，那杀害了上百万美洲土著人的欧洲疾病，它的传入是欧洲人和美洲人相互接触所带来的意外结果。截止到当时，两者都在互无联系的情况下独自存在了一万多年。

但另一方面，欧洲人对美洲土著居民文化和社会结构的破坏在很大程度上都是蓄意的。这些破坏都是由奴役、强制迁居、宗教迫害以及随殖民统治而来的其他胁迫性政策所致。当然，一些美洲社会和文化的改变也是由于人口减少，又或者是响应大量从欧洲传来的新思想、新实践以及新技术的结果。尽管一些初来乍到的欧洲人会对新世界的社会心生敬佩，并对它们进行研究，但只有极少数的人对探寻它们的起源感兴趣。不幸的是，实证类信息的缺乏不可避免地催生出大量荒诞不经的“解释”。截至19世纪，有许多理论声称文明在美洲大陆的兴起是由于实际上并不存在的旧世界航海和移民活动。因此，墨西卡、印加和玛雅民族被视作是一群被遗忘的殖民幸存者。这些殖民者来自埃及、希腊、迦太基、腓尼基、以色列、罗马、非洲、印度、中国等其他文明。在发表的第一篇对墨西哥恰帕斯州（Chiapas）帕伦克（Palenque）地区玛雅城重点遗迹的描述中（写于18世纪末），我们发现了对这些神秘遗迹的如下解释：

> 由此一定可以得出这一结论,即这些建筑的远古居民生活在文明的极暗之地。因为,在他们的神话迷信里,我们似乎能看到,被刻画得最为突出的是腓尼基人、希腊人、罗马人和其他古代民族的意识形态。据此,可以合理地推测,上述民族中的某一支将他们的征服之旅延伸到这一国度。他们很可能在此地停留了相当长的时间,使得当地的印第安部落能够模仿他们的思想,并以一种粗俗、别扭的方式对这些思想——那些侵略者认为适合在此地传授——进行改写。(德尔·里奥,1822年,第19页)

这一观点,以及其他站不住脚的类似观点都声称美洲人民没有能力掌握他们自己的命运,抑或是在不受旧世界的影响下发展出先进的文化。相似的"理论"至今仍在电视、杂志、书籍和网络中传播。

玛雅文明的意义

上述流行的虚妄之谈完全没有事实依据,因为有清晰的证据表明美洲大陆上的文明是在不受旧世界发展的影响下演变而来的。经过对考古学证据一个多世纪的搜集和分析,没有发现任何证据显示旧世界人民对美洲大陆有过干预,更不用说有证据支持玛雅是像亚特兰蒂斯那样的神话国度。相反地,所有证据都一致表明,美洲大陆的文化发展是具有本土性的。自亚洲人于一万两千多年前迁徙至北美洲和南美洲之后,美洲人民开始了发展其社会与文化的漫长旅程。他们发明出新的狩猎技术,使得美洲土著社会能够壮大、繁荣。尽管遵循着跟旧世界社会一样的发展轨迹,但美洲人民独自发明了农业、陶器、冶金、文字以及灌溉技术,在城市和文明的发展上达到登峰造极的地步。

这一认识并不是新近才有的。即便考古学在19世纪还处于起步阶段，但当时已有一些学者认识到玛雅和其他美洲土著社会是在没有与旧世界接触的情况下发展起来的。玛雅文明的主要发现者之一——约翰·劳埃德·斯蒂芬斯就在他的文章中预测到后来录入考古学史册的内容："我们没有理由认为这些城市的建造者是那些旧世界的古代民族……有充分的理由相信它们的创造者是西班牙征服到来时正栖居在这片土地上的民族，或者是他们不太久远的祖先。"（1841年，卷二，第455页）

这并不是说，在欧洲人的探险时代开始之前，旧世界和新世界的偶然接触是不可能的。反过来说，新世界的渔民或商人曾偶然踏上亚洲或非洲的海岸也是同样有可能的（尽管这一可能性在相关讨论中很少提及）。不过，除了一个明显的个例外，其他证明这种早期接触的证据尚未出现。即使人们在未来几年发现了支持这种接触的确凿证据，只有证明此次接触影响了一方或双方社会的文化发展，那才具有重大意义。显然，鉴于随后旧世界和美洲所发生的变化，始于1492年的接触是意义重大的。尽管有更早的关于航行到"大海另一边"的记载，但只有一份得到考古学的认可。维京人莱夫·埃里克松（Leif Eriksson）和托尔芬·克尔塞夫尼（Thorfinn Karlsefni）分别于1001年和1009年记录了登陆新世界的事件。支持这些记录的证据来源于一次考古发掘，其发掘对象是11世纪挪威人在加拿大纽芬兰兰塞奥兹牧草地（L'Anse aux Meadows）的定居点。但很明显的是，无论是对美洲土著社会，还是对挪威社会而言，那次接触并没有产生持续性的影响，而这也是此种有限接触惯有的结果。

由于在1492年之前，美洲和旧世界的文化发展历程是相互独立的，彼此之间并没有产生重大的接触。因此，本书以为，我们必须以古玛雅人的方式来理解他们。玛雅文明的演变是三方面因素共同作用的结果：一是其内部的文化发展；二是其与邻近的墨西哥和中美洲人民的交流；三是程度较轻的来自更偏远社会的影响，包括北美洲和南美洲。如前所述，本书试图阐明，古代玛雅文明并不是从旧世界移植过来的产物，而是历经所有人类社会发展都遵循的道路而产生的结果，其中包括那些会促成社会和文化复杂性——我们称之为文明——的路径。

外国统治和玛雅遗产的重生

我们的叙述将会以西班牙人的征服为终点。因为，欧洲人在征服活动中所导致的破坏不可逆转地改变了玛雅社会。征服战争造成了很大程度上的直接破坏，这都是由于玛雅人为保卫独立做出了极其顽强的抵抗。长期的冲突也扰乱了农业生产和商业，由此引发的饥荒同样带来了人员伤亡。不过，吞噬最多生命的还是欧洲人无意中引入的疾病。玛雅人对这些疾病没有免疫力。玛雅社会原先的大多数统治机构也都被推翻，取而代之的是殖民行政组织，它们是西班牙帝国不可分割的一部分。玛雅的精英阶层——统治者、书写者、祭司、军事领袖，乃至工匠和商人——惨遭屠戮。幸存下来的大多数人都被剥夺了财富和权力。宗教归化是新政权的一项基本政策。尽管一些传教活动是在和平友好的状态下进行的，但包括宗教裁判所（Inquisition）在内的胁迫性措施也会被采纳，用来粉碎忠于玛雅仪式和信仰的残余势力。在这些改变的过程中，古玛雅的许多智慧成果遭到毁灭。上千本玛雅图书（古抄本）被故意当成“魔鬼的作品”付之一炬。此后再无人使用玛雅文字。结果，大量的玛雅知识和思想——历经数世纪积累起来的信息，涉及玛雅历法、宇宙学、神灵、仪式、医药和历史——消失殆尽。玛雅的许多传统艺术——绘画、雕塑、冶金、宝石切割和羽毛装饰工艺——也随从业者的逝去而消亡。

玛雅的经济体系也遭受巨变。随着欧洲殖民地的扩张，玛雅人最好的土地被夺走。需要奴隶或者受迫的劳工来运作的种植园在新主人们的手中被建立。新产品（例如咖啡、甘蔗和牛）迅速取代了在玛雅古商业体系中占有基础地位的商品（可可、棉花、黑曜石、翡翠和羽毛）。那将玛雅地区的许多城市和偏远村镇都连接在一起的复杂贸易网络，其中的很大一部分也被新的市场和交通方式所取代。但并不是所有的改变都是暴力或强迫性的：在很大程度上，玛雅人愿意接受欧洲的新技术。例如，铁和钢制工具很快就取代了那些用燧石和黑曜石打造的工具。

不过，即使面对这般巨大的破坏和变化，玛雅的许多传统文化仍幸存下来，并持续发展至今。尽管西班牙人的征服抹去了玛雅文明在前哥伦布时代的大部分特征，但玛雅社会的中枢——核心家庭和社区——依旧遵循着自己的传统，并将它的许多习俗延续了下来。

图Ⅰ.4　危地马拉韦韦特南戈省的背带式织布机织布　今天的玛雅人民仍沿袭着许多他们古时的传统和工艺：在玛雅高地地区（圣佩德罗内克塔，位于危地马拉韦韦特南戈省），一对母女正在用古老的背带式织布机编织。

图Ⅰ.5 危地马拉埃尔基切省奇奇卡斯特南戈的现代市场 集中市场在古代玛雅是一种重要的经济形式，且至今依旧繁荣。

在大多数情况下，西班牙行政官员无法抵达从事农业的村庄，除非是在实施强制迁居政策的地区。因此，那些农业村庄中的许多社区基本上都可以继续实行自治。

在西班牙人的征服过后，玛雅社会的各个家庭开始慢慢重建他们支离破碎的生活。有许多人逃往不受西班牙人控制的地区，寻求避难所。掌控着玛雅人家庭生活的婚姻和血缘制度仍继续实施，并适应了新的处境。每个家庭中的男性依旧在栽植玉米、豆类和其他古时耕种的农作物，凭借新到来的钢制工具，他们有时还能提高这些作物的产量；家庭中的女性则继续从事着传统的工艺活动，包括织布、编筐以及制陶。当地的农业和手工业产品，以及稀缺的必需品（食盐、工具等）照旧可在社区市场上交换。在西班牙人的征服到来后，这些市场仍然运转了很长时间；玛雅本土的商业幸存了下来，尽管规模变得更小。在某些情况下，殖民行政官员会鼓励玛雅本土经济的发展，比如要求进贡棉纺织品，或者购买烹饪用的陶器，或是存储用的器皿。但是由于这些产品通常都是按照欧洲的规格来制作的,所以它们的生产以其他方式改变了古代玛雅的传统。

在玛雅文化中,最为经久不衰的元素当属玛雅的语言和信仰。它们在所有玛雅社会中都占据着核心的地位。玛雅在意识形态和语言方面的传统已渗入并强化了其家庭和社区生活的方方面面。今天,它们依然在抗拒着改变。尽管欧洲传教士积极地让玛雅人民改信基督教,但即使在接纳了基督教的情况下,古代玛雅那掌控着家庭生活和农业周期的传统信仰仍旧幸存下来。玛雅的语言也在新的环境中继续长存。显然,在与外部更广阔的世界打交道时,懂点西班牙语将会派上大用场——例如处理国家间和经济上的交流——但是,玛雅语始终都是玛雅民族的第一语言。有时,在一些传统的玛雅家庭中,它甚至是唯一被使用的语言。

不过,在玛雅文化中,即便是那些最传统的元素,也不是一成不变的。它们的改变贯穿了整个殖民时代,且至今仍在继续。这部分玛雅传统的直接继承者如今正生活在曾为他们祖先所占领的地区。当下,在墨西哥、伯利兹和危地马拉,说玛雅语的人口达数百万之多。他们说着各类相关的玛雅方言和语言。很明显的是,鉴于玛雅传统的社会组织、农业实践、科技以及信仰体系(包括关于古代历法的遗存物)得以延续,对当代玛雅社区的研究为重建古代玛雅文明提供了一个重要的信息源。研究过传统社区的人类学家,包括土生土长的玛雅学者,已将一些相关信息保存下来,它们对我们理解玛雅的过去和现在具有无法估量的价值。

西班牙人的征服和随后的殖民政策改变了玛雅的社会与文化,尽管墨西哥和中美洲的现代国家于19世纪早期从西班牙人手中赢得独立,但玛雅人民也未能重获自由。相反地,就像美洲大陆上所有的土著人民那样,他们依旧受到新政府和社会经济组织的系统性压迫。今天,现代世界的影响正以一种前所未有的速度重塑着玛雅文化的外部结构。这种影响深刻改变了只被西班牙征服者和殖民者干扰过的部分玛雅文化。现在,放眼从尤卡坦到危地马拉的玛雅社区,大规模生产的服装已经取代手工编织的衣物;塑料容器如今比传统的陶制器皿更为常见;卫星电视和互联网将玛雅淹没于陌生的语言、图像和意识形态之中。这些事物加速了玛雅“西方化”的进程。结果,在先前与世隔绝的玛雅社区里,年轻一代开始背离那些曾确保玛雅文化得以延续下来的传统。

不过,今天的玛雅民族并没有丧失对外部压迫力量的强大抵抗力。幸运的是,最近的事件表明,至少有一部分压制势力正在减弱。危地马拉军队曾对高原地区的玛雅民族发起了一场残酷的内战。在这场战争持续五十年之后,一份和平条约终于在20世纪末签订下来。如果这份条约中的规定能够成为现实,可能不会再有势力去破坏危地马拉地区玛雅人民的文化、语言和生活。与此同时,无论是在危地马拉、墨西哥还是伯利兹,为夺回对自身命运的控制权,玛雅人民仍在努力做着斗争。正如危地马拉地区的同胞,恰帕斯州的玛雅民族也承受着一样的经济、社会和政治压迫,并正在以同等的决心试图扭转这一局面。

在过去的五百多年里,玛雅人坚持口述或笔述历史、传承舞蹈、在古老的圣地上举行仪式,以此来保护传统、铭记历史。但是玛雅人民现今也能通过学术研究的成果来了解自己的过去。极具讽刺意味的是,在过去的两百年间,外国学者一直在搜集、发表关于玛雅文明的信息,但直到最近几年,玛雅人自己才能参与到这一极具教育意义的过程当中。幸运的是,如今,玛雅教师对他们的过去了解得越来越多,并能够利用这些信息来教育玛雅的孩子们。越来越多的课堂开始用玛雅语进行教学,而不是用西班牙征服时期的语言。最终,玛雅

图Ⅰ.6　来自墨西哥恰帕斯的拉坎东玛雅人肖像　拉坎东(Lakandon)玛雅人，作为玛雅民族中的一支，至今依旧生活在墨西哥恰帕斯州的低地丛林里：(上图)一个玛雅小女孩抱着一只驯服的野猪；(右图)在博南帕克，一座古典期的玛雅遗址，一个年轻的玛雅男子正站在1号石碑前；(下图)一个玛雅家庭和他们的独木舟。这些照片均可追溯至20世纪中叶。

图Ⅰ.7　20世纪早期金塔纳罗奥州的尤卡坦玛雅人肖像　图中人物来自尤卡坦半岛的北部低地：(上图)一个位于墨西哥金塔纳罗奥州蒂斯卡卡尔(Tixcacal)地区的家庭；(左图)蒂斯卡卡尔酋长的妻子；(下图)胡安·包蒂斯塔·普特(Juan Bautista Poot)，一个蒂斯卡卡尔地区的小官员。

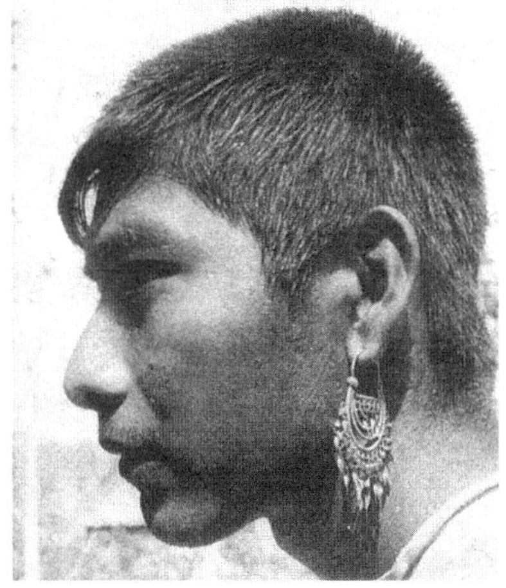

图Ⅰ.8　20世纪早期的尤卡坦、基切和马姆玛雅人肖像　（上排）来自墨西哥尤卡坦半岛北部低地的玛雅人；（中排）来自危地马拉高地的基切玛雅人；（左下）危地马拉韦韦特南戈省圣佩德罗内克塔地区的马姆玛雅官员合照，他们手里拿着传统的权威象征物办公手杖，该图拍摄于1963年。

图Ⅰ.9 恰帕斯特索特希尔玛雅人肖像
20世纪中叶墨西哥恰帕斯州高地的佐齐尔(Tzotzil)玛雅人肖像:(右上图)来自查穆拉(Chamula)的玛雅少年;(右中图)来自伊萨帕(Izapa)的玛雅少女;(右下图)来自查穆拉的玛雅青年;(左下图)来自辛纳坎坦(Zinacantan)的玛雅男子。

图Ⅰ.10　教室里的玛雅老师　在21世纪,各个年龄段的玛雅人都在重新发现他们的过去。上图中,玛雅教师们正在接受训练,好用玛雅语为他们的学生授课(危地马拉瓦耶大学,阿尔蒂普拉诺高原校区,位于危地马拉索洛拉省)。

人民开始自己发掘自己文明的成就,包括他们在前哥伦布时代的文字体系,其实早该如此。对自身过去的了解使玛雅人民产生一种睽违了五百年的自豪感和自我价值感。考古学也带来了旅游业和经济发展的机会。许多考古学家积极地与玛雅人民以及他们的社区共事,帮助他们认识到考古研究在教育和经济方面能带来的益处。

对玛雅遗产的破坏

讽刺的是,当玛雅人民首次能够了解他们自己的文化遗产,并开始从旅游业中获利时,他们遗产中的大部分文物却正在受到破坏。其中一些破坏来自现代社会的发展——新的高速公路以及其他建设。然而,最大的破坏来自劫掠。上千座古玛雅遗迹因其留存的玉石、彩陶和雕塑而遭到洗劫。这些物品均可在正蓬勃发展的古董市场上售出。古典期的玛雅"艺术品"售价最高,因此许多从来没有被西班牙征服者发现的玛雅古城遗迹千年来从未受到搅扰,如今仅仅因为几件具有商业价值的物品,就遭到彻底的破坏。目前,尽管这一事实可能会令人感到悲伤,但考古学家们承认,几乎每一座玛雅遗址都遭到过劫掠。除少数几个已进行考古发掘的著名遗址外,许多遗址都遭到彻底的毁坏。

我们将会看到,考古学家、碑铭学家,以及其他学者对玛雅遗迹的研究已经大大推进了我们对古玛雅的认识。获取这些认识的关键在于考古学证据,也就是对遗迹和文物的细心发掘与记录。这些遗存之物就如同拼图的碎片,只有找到各个组成部分并将它们放到正确的位置,才能重现一幅图画。新的发掘工作和来自科学分析的新数据一直在扩充考古学的证据库。其中,一项最为深刻的进步就是对玛雅文字资料的破译——这一突破完全改变了我们对玛雅文明的理解。不过,这些近期的成功之所以能够取得,都要归功于考古学家们在特定的地点将信息源记录了下来,并注明在某一背景下发现的文物之间存在何种联系,例如用于存储的秘密场所(仪式贮藏室)、坟墓、贝冢。没有这种背景信息的支持,就不可能发挥出考古学记录所有的潜在价值。当盗贼从墓葬中掠走玉石和陶器,从古建筑中偷走塑像,或将它们从石碑上锯下时,他们就破坏了这些文物作为旧时活动与信仰之见证的全部意义。

劫掠考古遗迹所造成的破坏是一个复杂且具有争议的话题。该问题的解决方案绝不是明朗的,但毫无疑问,任何出售的文物,若没有资料证明其是从原产国合法取得并出口,那几乎就是偷来的。一些玛雅"艺术品"收藏家——遗憾的是,其中甚至包括具有学术背景的人——站出来为劫掠古遗迹的行为进行辩护。他们声称,至少那些在市场上售出的雕塑或彩陶碎片没有沦落至慢慢腐朽、无人问津的命运。此外,人们通常认为,劫掠文物的都是地位低下的农民。他们当然会卖掉那些陶器和雕像,好养家糊口。

虽然确实有人通过盗挖文物来补贴他们贫困的生活,但这样的情况在文物劫掠活动中只占一小部分。实际上，遭窃文物的购买者支撑起了一个精心构建的地下市场。有成百上千个窃贼和中间商活动于其中。这一非法网络发端于资金雄厚的盗窃团队，他们擅长寻找葬有极品陶器和玉石的古墓。接着，该网络继续延伸至当地买家、走私犯、"修补匠"以及古董贩子。组织周密、配备精良的偷盗团伙通常都是以一个特定的地点或区域为目标。在一些玛雅低地地区，这些窃贼会住在设施齐全的营帐之中。他们可以从那里展开针对目标地点的系统性挖掘活动，并持续好几年。这是对考古研究的一种恶

图Ⅰ.11　危地马拉纳赫顿因劫掠造成的破坏　非法劫掠对考古遗迹造成的破坏正不断吞噬着玛雅人民的文化遗产以及有关古玛雅文明的知识。上图所示的地沟位于危地马拉的纳赫顿(Naachtun)遗迹，它通往一处被盗的古墓。墓中到处散布着素陶的碎片，它们的被毁皆是因为盗贼要搜寻几件珍贵的彩陶，好拿到"艺术品"市场出售。

性嘲讽。在这些窃贼搜刮完一片区域后,其中的建筑无一不是文物尽失,伤痕累累。当然,遭窃文物的出产地以及各文物之间的联系从来不会被记录下来。通过偷盗的方式每“保存”下来一件陶器或带有雕刻的石碑,都会有几十,甚至上百件文物遭到完全的损毁,更不用说长眠的玛雅国王、王后,以及平民的遗骨。尽管少数几件被认为能在艺术品市场出售的文物会留存于后世,但它们对于考古判断与解读的意义却已丧失殆尽。在某些情况下,我们也能从遭窃的文物上采集到信息——最好的例子就是刻在手工制品上的象形文字,这些文字通常可以得到破译。然而,即便遭窃文物上有象形文字,能从中获取的信息也远远不如我们在知道以下内容时来得完整和有意义,即:这些文物究竟出自何处,随它们一起被发现的还有什么,以及其他种类的背景信息。上述信息在考古学家那里都会得到细心的记录,但偷盗者则会将它们弃置一旁或加以损毁,因为它们并没有商业价值。

遭窃文物也会给学者们带来另一个问题:许多文物在流入黑市前都会得到“修复”,好提升它们的价值。这种修复常常会导致原品的改变,例如重新绘制文物上的图画或象形文字,甚至在先前没有文字的地方加上一段。事实上,黑市上充斥着这样“修复”而来的文物,更不用说完完全全的赝品了。一些赝品的工艺之精湛,甚至可以瞒天过海。因此,只要试图从没有备案的文物上获取有效的考古学数据,就会面临接收到失真,甚至虚假信息的风险。

经由艺术品收藏保存下来的物品在其他情况下就会消失吗?事实上,过去所有的物理遗存都会不可避免地腐朽,无论它们是在泥土中,还是在专业考古学家的手上,抑或是在私人收藏家的橱柜里。当然,相比一个仍埋在地里的器皿,遭窃后经过重新绘制的陶罐可能看起来保存得更好。但事实是,不论是在坟墓里,还是在橱柜中,大多

图Ⅰ.12 危地马拉希姆巴尔被劫掠者亵渎的1号石碑 对雕刻石碑的劫掠同样破坏了无价的历史文本：（上图）位于危地马拉希姆巴尔（Jimbal）遗迹的1号石碑，这张照片是蒂卡尔项目的考古学家于1965年发现该石碑后拍摄的；（下图）同一块石碑几年后的样子，劫掠者未能将带有雕刻的石碑表面锯下，但却完全毁坏了雕刻的上半部分和碑上的文字。

数陶制器皿都会持续存在数千年。问题并不在保存:得益于技艺高超的文物修复员,哪怕是保存不佳的遗存物,考古学家也能从中提取到大量的信息。真正的问题是,我们如何才能从过去的遗物中获取到尽可能多的信息。利用现代考古学技术从考古遗址中获取到的信息将永存于世。但是,一旦人们为搜寻几件有市场需求的文物而去洗劫一座考古遗迹,全人类就会无法挽回地失去一些信息,一些本可以为考古学家们采集到的信息。它们的丧失是无法逆转的;在人们为了一件陶制容器而将一座古墓“大卸八块”的同时,所有随该文物出土的证据也会遭到破坏。过去的遗存物,包括古玛雅文明的遗物,都是不可再生的资源,它们代表着以往社会的知识。每当一处遗迹遭到洗劫时,我们就会永远丧失一部分过去的知识。

那可以做些什么来阻止这种破坏呢?玛雅传统社区自身的进步所带来的文化改变可能无法减缓,但大多数国家都有法律禁止对考古遗迹的盗挖。在墨西哥、危地马拉、伯利兹、洪都拉斯和萨尔瓦多,劫掠考古遗迹是违法的。将遭窃文物从这些国家(以及其他许多国家)出口到美国也是违法的。然而,没有一个国家拥有足够的资金和人手来对它所有的考古遗迹进行执法,抑或是阻断所有的文物走私。因此,在我们批评那些监管着古玛雅遗迹的国家之前,我们应该认识到,美国一年也有几十个史前和有史时期的遗址遭到劫掠和破坏。正如其他违禁品——从禁酒令时期的酒到今天的强效可卡因和其他毒品——市场已充分展示的那样,巨额利益的诱惑与魔力会彻底击溃政府打压禁运品走私的意图,即便此类执法行动背后有着充足的资金支持。

就像其他违禁品那样,正是需求壮大了遭窃文物在全球的市场。考古遗址之所以会被劫掠,原因只有一个:一些人愿意花天价购买文物。艺术品收藏是一门值得尊敬,且会带来收益的爱好,或者说生意，只要双方交易的是古今艺术家为启迪或娱悦大众而创作的图画、雕塑以及其他艺术品。但是，买卖刚从考古遗迹盗挖过来的文物并不是艺术品收藏；它属于文物收藏。一个古典期的玛雅花瓶不会产自一位艺术家的工作室，而只能是来源于一座被盗的古墓。由于劫掠文物所导致的信息丧失是无法挽回的，所以，买卖那些已被私人收藏多年的遗窃文物并不会对考古界造成进一步的伤害。但支持文物劫掠活动的艺术品市场正在对世界日益减少的考古资源造成越来越大的破坏。只有一个办法可以对付这种愈演愈烈的破坏，即减少对新文物的需求。收藏家和贸易商通常能够识别刚刚盗挖出来的文物。所以，如果他们拒绝购买这些文物，他们就可以阻止上述破坏。凭借兴趣和研究，当今世界的人民为重现玛雅文明昔日的辉煌付出了如此之多的努力，但假如同样是当今世界的人民最后彻底毁掉了古玛雅文明遗址，斩断了现代玛雅民族与其遗产在文化、意识形态以及语言上仅剩的联系，那将是一件可悲的事情。

关于当代玛雅民族的祖先，我们已了解到的内容是惊人的。正如后面章节将会展示的，古玛雅文明既极具吸引力，又具有启发性，因为它让我们对自身及所处的世界有了很多新的认识。只要我们仍能获得机会，需要研究的内容还有许多。未来我们还能了解到多少，取决于有多少考古学记录能够完好无损地得以保存。

第一章　玛雅文明的环境

这里有一片纯白的海域和一片鲜红的海域。人们说，这里的海水柔似牛奶……因为，这里的地面之下只有水。而浮于水之上的，是我们。因为，这里是世界的边缘……这里只有水……世界和天空的边缘，它们于此汇合。

——当代乔利提玛雅人对世界的看法

（约翰·福特，1972年，第373页）

本书讲述了一个非凡的美洲原住民群体——古玛雅人过去的历史。玛雅文明的遗址，以及其后裔居住地的面积约为32.4万平方千米，几乎相当于一个新墨西哥州的大小（图1.1）。自西班牙征服以来，尽管经历了长达五个世纪的社会变迁，但玛雅人的语言仍然留存了下来，且有些语言的使用人数正在扩大。目前有几百万人把28种玛雅语言中的一种作为他们的主要语言（注意形容词“Mayan”通常用来指代玛雅人所说的语言，而“Maya”指玛雅人和玛雅文化的所有其他方面）。除了说瓦斯特克语的韦拉克鲁斯人之外，玛雅语在墨西哥东部、危地马拉、伯利兹、西洪都拉斯以及萨尔瓦多西部都占据了一席之地（图1.2）。

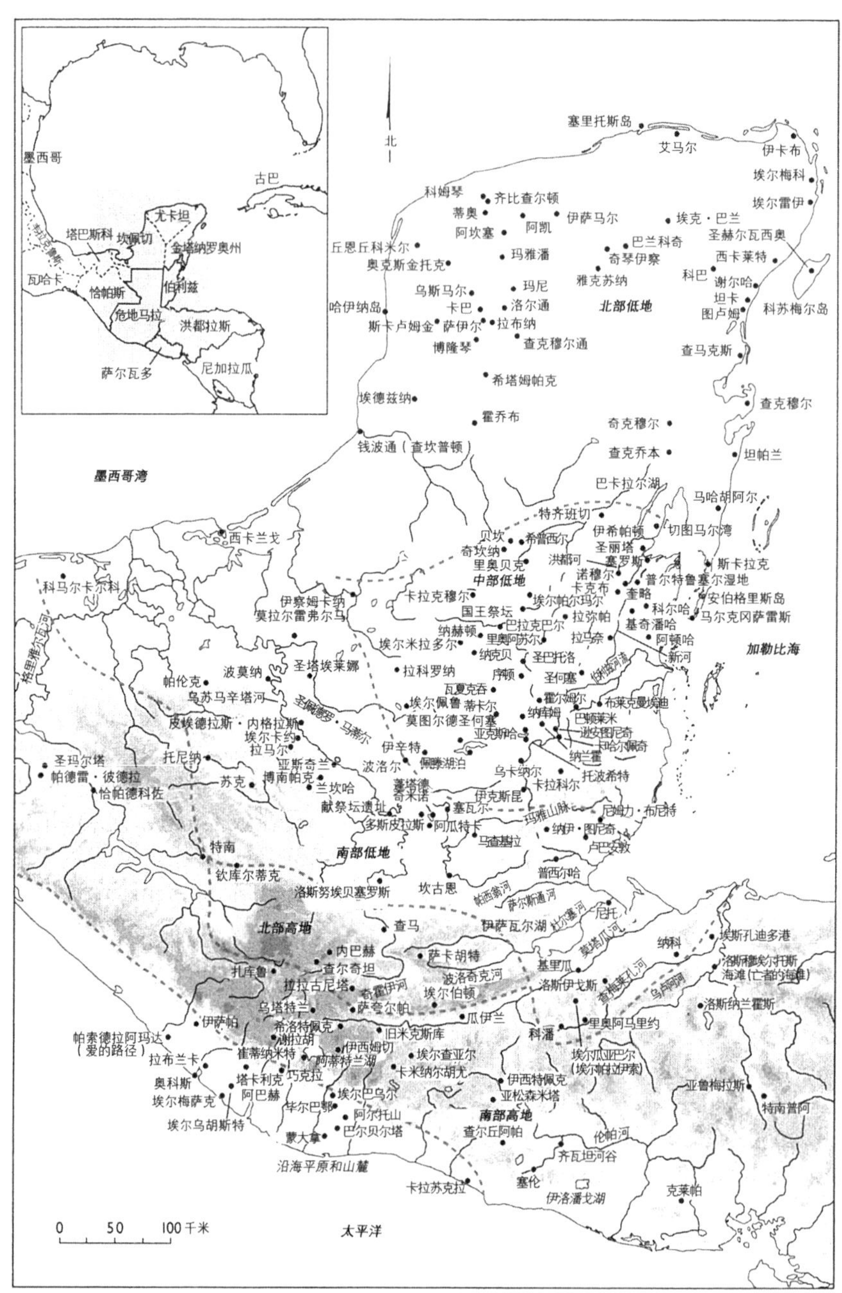

图1.1　玛雅地区地图　显示主要考古遗址、主要河流和普遍的环境–文化分支(由于聚落的密度,并非文本中提到的所有遗址都出现在此地图上)。

图1.2　玛雅语系地图　玛雅语的地区分布地图：非玛雅语地区由点画表示，虚线边界表示已灭绝语言的大致范围，双虚线是国家边界。

玛雅语的起源

关于玛雅语的起源已有相关调查研究，这些研究量化了语言变化的数量和速度，从而推断使用玛雅语的民族在目前界定的玛雅地区占据了多久。此类研究的有效性尚不确定。一项被称为“语言年代学”的技术假设一个核心词语相对来说是不容易借用的（例如身体部位术语、亲属术语、数字和代词），并且倾向于以恒定且普遍的速率被新单词所取代（源自罗曼语的变化速度，其中大约80%的基本词语在一千年后仍然存在）。然后，通过从每种语言中收集相关的词语，计算重叠词的百分比并将保留率应用到一个简单的公式中，来确定语言的分离程度。

尽管对一种语言以恒定且普遍的速度变化的假设是站不住脚的，而语言年代学研究的结果充其量仅是近似值，对玛雅语言进行的这种计算倾向于认为主要的语言群体（大基切语族、马姆语族、大坎霍巴兰语族、策尔塔兰-乔兰语、尤卡坦玛雅语和瓦斯特克语）在公元前200年到公元100年间开始分化（例如在乔兰语中，图1.2），在前哥伦布时代成为独立的各种玛雅语言。

大多数说玛雅语的人都至少会说一门基本的外语——西班牙语（伯利兹地区则是英语），其他语言都多多少少影响了玛雅语。从语法上看，有证据表明玛雅语和邻近的米克斯-佐奎语语系（包括图1.2所示的索克和塔帕丘尔特克地区）存在着久远的联系。这些族群之间存在着语言相互借用的现象，基本上都是发生在前古典期，而且大多数都是由米克斯-佐奎传到玛雅。例如，好几个基本的表示亲属关系和身体部分的玛雅语词语都与米克斯-佐奎语有关，还有其他一些词语，比如“ajaw”（神）和“kakaw”（可可或者巧克力）。玛雅语也有一小部分从纳瓦特尔语（墨西哥中部土著民族的语言，尤指后古典期的墨西卡语，也称阿兹特克语）借来的词。这些外来词反映了墨西哥中部各州在后古典期或更早时期的崛起。当然，玛雅语也足具影响力。辛卡语是危地马拉东南部一种几乎灭绝的非玛雅语（图1.2），包含大量来自玛雅语的外来词。自欧洲人接触玛雅以来，西班牙语和英语一直在借用玛雅语。前面提到的玛雅语“kakaw”一词,在英语中写作“cacao”或“cocoa”;而玛雅语“xook”(发音为“shok”)在英语中写作“shark”。

共有28种玛雅语言归属为同一个语系,这表明了它们之间的密切关系。除了瓦斯特克语之外,几个世纪以来,这些玛雅语相互联系,融合成为另一门新的语言。随着时间的推移,各种语言之间存在着不同程度的变化。新的语言往往是隔绝的结果,比如曾经说同一种语言的群体彼此分离。因此,人们通常认为一种原始的玛雅语首先分化为最偏远的分支——瓦斯特克语系和其他玛雅语言的祖先,然后又分化为尤卡坦玛雅语系和其余四个分支:大基切语族、马姆语族、大坎霍巴兰语族和策尔塔兰-乔兰语族(图1.3)。随着时间的推移,这些分支通过移民或其他社会过程而分化,直到今天各种各样的玛雅语言进化出来。

因此,显而易见的是,玛雅人已经占领墨西哥东南部和中美洲上部数千年。在墨西哥境内,玛雅地区包括整个尤卡坦半岛,在中美洲上部地区则包括危地马拉、伯利兹以及洪都拉斯和萨尔瓦多的西部地区。周围的太平洋、墨西哥湾和加勒比海提供了唯一且牢固的地理限制。在玛雅地区的东部和西部,边界相当于玛雅人和非玛雅人之间文化互动和过渡的区域,而非离散的地理特征。西部的特万特佩克地峡(Isthmus of Tehuantepec)将墨西哥大陆的宽度缩小至不到200千米(约124英里),是墨西哥南部玛雅地区和非玛雅地区之间的易越边界。在东部,过渡带大致沿萨尔瓦多中部的伦帕河下游向北至约华湖(Lake Yojoa),并沿着乌卢阿(Ulua)河至加勒比海的洪都拉斯湾,呈直线下降式分布(图1.1)。

这些分散的文化边界提醒我们,玛雅文明并不是孤立地发展的。除了共同的语言和传统,古玛雅是一个更大的文化区域——中美洲,

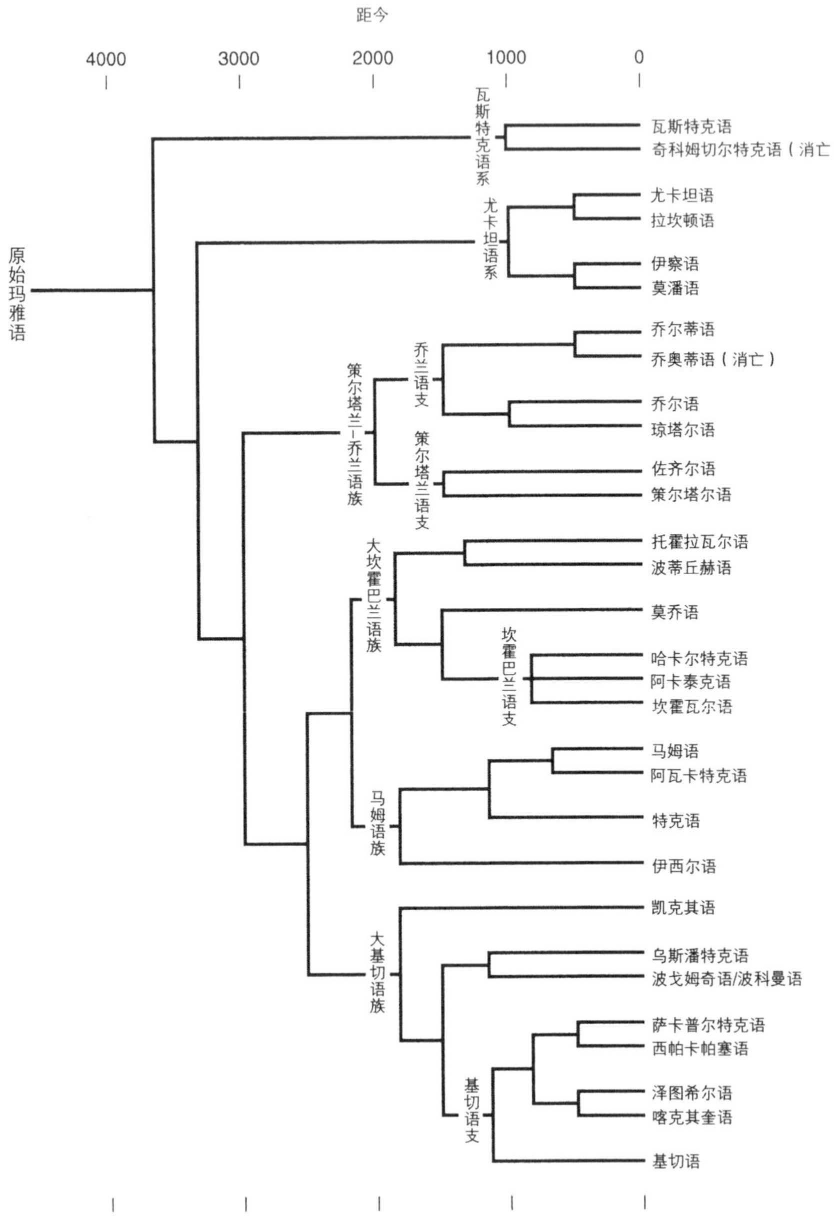

图1.3　**玛雅语系分组**　玛雅语言的相互关系、子群和时间深度图。

玛雅人的原始家园

玛雅人的原始家园是通过重构原始玛雅人的词汇推断出来的，原始玛雅语是玛雅人的祖先语言。一些重构的单词指的是玛雅地区的自然环境中分布有限的自然事物，比如特定的动物或植物种类。因此，将一些特定的重构的原始玛雅语和自然环境分布进行比较，可以推断出原始玛雅语群体最初居住的地区。此类研究的大多数结果都指向危地马拉高地(Guatemalan highland)是玛雅人的原始家园，尤其是西部或北部高地地区，但这些说法并非天衣无缝，在这个问题得以解决之前，还需要更多的证据。

更重要的是，重构的原始玛雅语的含义揭示了许多关于早期玛雅社会的信息，包括对玛雅文化特别重要的领域。比如，原始玛雅语中有着关于玉米农业的丰富词汇，分别表示普通玉米、青穗、成熟穗、玉米芯、玉米粉、玉米面团、玉米粉圆饼、烤玉米饮料、磨石，以及三个表示研磨得越来越精细的玉米的术语。最早表示用于加工玉米和其他食物的熟石灰的单词，与表示灰烬的单词密切相关，这表明在这一功能上，灰烬可能先于熟石灰出现。由于大部分高地地区没有发现石灰石，这可能是推测玛雅高地起源的有效证据。原始玛雅语还有很多表示编织(动词“编织”，以及“纺锤”“棉花”等)的词汇。类似的同源词汇还确定了其他重要资源，包括盐、辣椒、豆类、南瓜、甘薯、甜木薯、鳄梨、烟草和蜂蜜。其他词汇反映了玛雅物质文化的重要组成部分，例如投石器、吹箭筒、吊床、桥梁(梯子)、磨刀石、炉石、盘子、长凳、垫子、凉鞋和梳子。长久以来，人们对记录历史的兴趣表现在原始玛雅词汇的“书”和“写”上。

从墨西哥北部延伸到美洲中部。如同南美洲的安第斯(Andes)文化区一样，中美洲也被称为“核心区域”，因为在欧洲殖民化之前的几千年里，它经历了一系列重要的文化发展。其中包括永久定居型村庄、农业、具有城市中心的复杂社群、纪念性建筑、历法系统、文字以及其他共同定义“文明”的文化特征。作为中美洲的一部分，古玛雅深受周围文化的影响，反之，也影响了这些文化，比如海湾沿岸平原的奥尔梅克(Olmec)人，瓦哈卡(Oaxaca，在地峡西部)的萨波特克(Zapotec)人和米斯特克(Mixtec)人，以特奥蒂瓦坎(Teotihuacan)和图拉(Tula，墨西哥中部的西北端)为中心的文化，以及中美洲东南部不太知名的社群。

玛雅地区的自然和文化分区

就其不大的面积而言，玛雅地区是地球上最多样化的环境之一。它的地形包括崎岖的、几乎难以到达的山脉，甚至是广阔的平原，应有尽有。在一些深厚的冲积土或火山土地区，农业十分高产，而在多石且缺乏冲积土的贫瘠地带，几乎无法发展农业。在高海拔地区，是天气凉爽的温带气候，在低海拔地区，则为炎热的热带气候(图1.4和图1.5)。

传统的气候分区反映了这些差异：海拔800米(约2625英尺)的

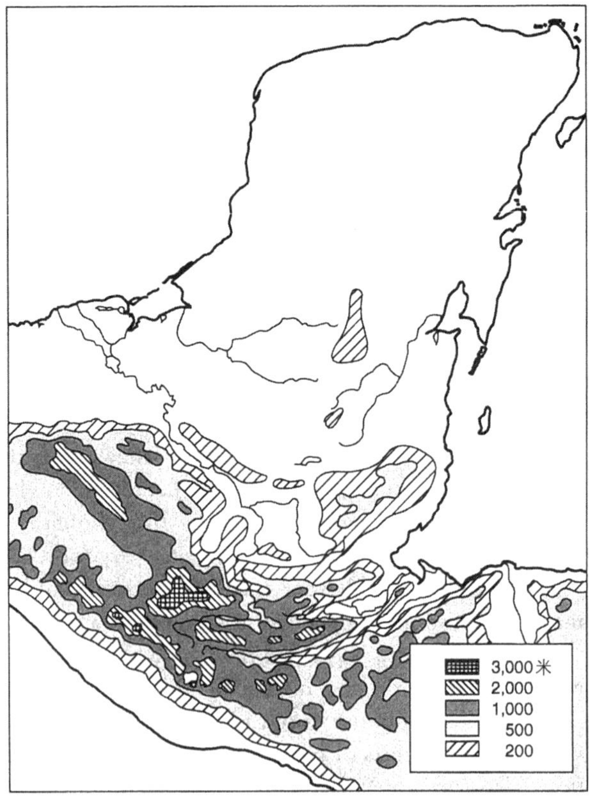

图1.4 玛雅地区等高线地形图 玛雅地区高于平均海平面的表面海拔，注意高地到南部和低地到北部的大体划分。

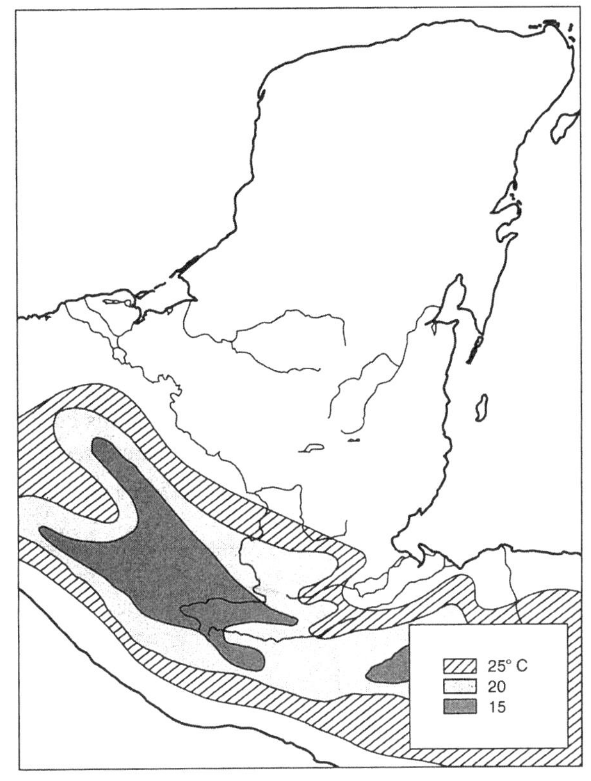

图1.5　玛雅地区年平均气温地图　注意平均气温指标与海拔高度相对应。

炎热地区、海拔800米到2000米(约6560英尺)的温带地区以及海拔2000米以上的寒冷地区。但是,海拔不能单独决定气候。降雨量和降雨时间的变化在整个海拔范围内形成了对比(图1.6):高原和低地地区都有存在干旱沙漠的条件,而雨林在任何海拔都可能存在。但是玛雅地区的降雨是季节性的,所以即使是最潮湿的热带森林地区,每年也有几个月是完全干燥的。在一些地区,河流和湖泊一年四季都能提供水,但在其他地方,几乎无法获得水源,只能在地表深处的洞穴中找到水。

玛雅地区可以分为三种基本地理区域——南部是太平洋沿岸平原,中部是高地,北部为低地(图1.1)。每个区域的分界不是特别明

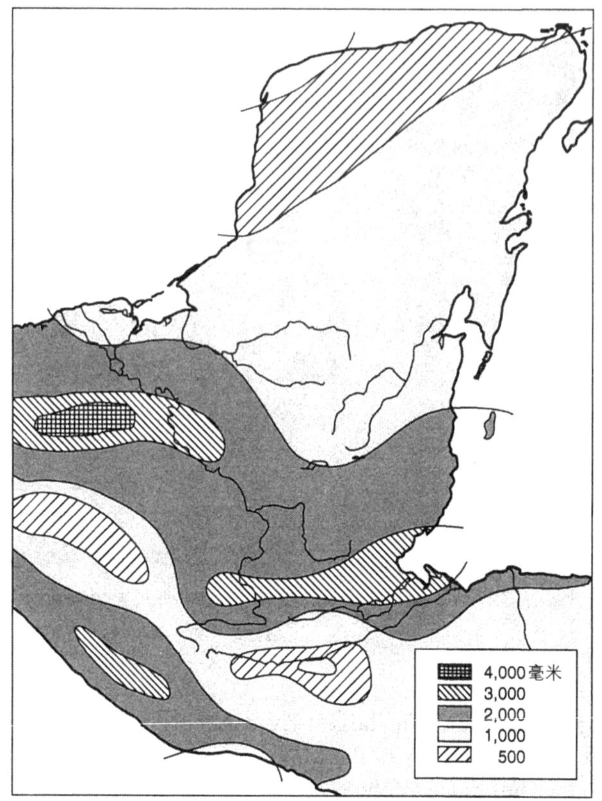

图 1.6 玛雅地区年平均降雨量地图 这项指标在南部的高地相当复杂，但降雨通过低地向北稳步减少。

显，因为从一个区域到另一个区域的环境变化和过渡是十分微小的。每个区域的环境条件有很大差异，因此每个区域还能进一步分化为不同的分区。更重要的是，生态学和考古学研究表明，了解环境、文化的多样性和相互作用对于了解玛雅文明的起源和发展，以及邻近地区玛雅族群之间的相互作用至关重要。

太平洋沿岸平原

一片肥沃的平原沿着太平洋海岸延伸，从墨西哥的恰帕斯，穿过危地马拉南部，进入萨尔瓦多，由来自北面侧翼火山高地的第四纪沉积岩组成。在中美洲，沿着红树林沼泽、潟湖和太平洋海滩后面蜿蜒的河流的边缘，可以发现一些早期的永久定居点（图1.7）。平缓上升的沿海平原向内陆延伸，长期以来以富含火山土壤而闻名，同时是移民和商业的重要通道，但是现在大部分覆盖的原始森林都被砍伐殆尽。许多向南延伸的河流从内陆与海岸平行并与之相距50千米至70千米的火山链中流出，横贯平原。其中，最大的河流是萨尔瓦多的伦帕河，这是玛雅地区传统的东南边界。

沿海地区属于热带气候，年平均气温在25℃至35℃（77℉至95℉）之间。在山麓地带，随着海拔的升高，气温会有所下降。和大多数玛雅地区一样，这里每年有两种季节：旱季一般在1月至4月，雨季大约在5月至12月。来自太平洋的温暖西风在火山高地的斜坡上升并冷却，从而产生了降雨。这造成了玛雅地区最高的降雨量之一，在恰帕斯和危地马拉西部的太平洋斜坡上平均每年降雨量超过3000毫米，其余大部分沿海地区则超过2000毫米（图1.6）。

图1.7 太平洋沿岸红树林生长 太平洋沿岸平原：危地马拉沿岸潟湖的红树林。

可 可

作为玛雅经济的主要支柱，早在公元前600年可可就开始被人工种植，可可树主要分布在中美洲，玛雅南部沿海平原茂密的热带环境是可可生产和贸易的主要地区之一。玛雅人把可可（源自玛雅语“kakaw”）加工成起泡的巧克力饮料，用肉桂和辣椒等香料调味，有时还加蜂蜜来增加甜味。但是，我们今天所知的甜的巧克力是在17世纪由欧洲人进口可可豆之后才诞生的。可可豆极易腐烂，但是在萨尔瓦多的塞伦发掘出了可可树和可可豆种子。另外，还有人从墓葬中发现了一些玛雅陶器中的可可残渣，玛雅彩陶容器上还描绘了可可泡沫饮料的制作和食用过程。

在一些地区仍有热带雨林的遗迹。最高的树木高达40米，较低的树冠平均高出地面20米。在此之下，生长着各种各样的棕榈树、蕨类植物、灌木和小树，包括可可树（巧克力树）。若这些树木进入到更高的海拔，遗留下来的低地森林则让位给季节性生长的橡树和松树。

尽管许多南海岸的原始动物的生活已经被现代殖民和农业扰乱或破坏，许多物种仍然存在。海洋和沿海潟湖仍然生活着大量的鱼类、贝类、两栖动物和海鸟。这里还有水生爬行动物，比如海龟、水蝮蛇和凯门鳄（短吻鳄的亲戚）。在内陆，鬣蜥和各种较小的蜥蜴、小型哺乳动物和鸟类较为常见，还有蟒蛇和几种有毒蛇类。太平洋沿岸也充满了蚊子、叮人的苍蝇和其他害虫。

这里有许多动物、鸟类以及海水生物和淡水生物的栖息地，因此早期的移民不需要长途跋涉就能够狩猎和收集各种野生食物。这些食物的来源年复一年变化不大，于是小群体开始永久地生活在一个地方。由于附近有肥沃的土壤，比如河流沿岸丰富的淤泥沉积，人们开始利用农业生产额外的食物。来自海岸的食物，比如由于海水蒸发而获得的鱼干和盐，在世界各地进行交易。随着经济的繁荣和人口的增长,越来越多的地点成为贸易、举行仪式和进行政治活动的中心。早期的中心,如塔卡利克阿巴赫(Tak'alik Ab'aj)、巧克拉(Chocola)和埃尔巴乌尔(El Baúl)(图1.1),代表了大约公元前400年玛雅文明的第一次巅峰。在两千年后的西班牙征服时期,后继的中心城市仍然兴旺发达,尽管到公元100年至公元200年,玛雅文明的大城市已经转移到低地,太平洋平原已然比不上北部的发展。

与玛雅地区的其他地方相比,太平洋平原上的居民跟一波又一波的外国移民和入侵者做斗争的时间要长得多。最早的外来者可能是从墨西哥湾沿岸地区到西北部的奥尔梅克商人。来自墨西哥中部的民族也源源不断地到这里定居,与玛雅人和其他当地群体融合。在西班牙征服前的最后一个世纪,太平洋平原的西部成为了阿兹特克的一个省[索科努斯科(Soconusco)]。在西班牙征服之前,沿岸平原以生产巧克力和棉花闻名。如今,欧洲人也居住在该地区,最优质的土地用来生产甘蔗、棉花和养殖牛,而较高的山坡则作为咖啡种植园。

高　地

沿岸平原北部地区平均海拔为800多米,生态多样,资源丰富,地质活跃。三个大陆板块在此交汇,引发毁灭性的火山爆发和地震,导致附近居民频频受灾。海拔的差异产生了温带气候和寒带气候。低地峡谷从边缘深入到内部,流向海洋的河流绘出了峡谷的模样。尽管这片山地有许多分支,人们一般认为这里有两个主要的高原地区:一个在南部,人口密集,近期火山活动频繁;另一个在北部,较少受到干扰,地势形态古老且多变。

大多数高地的气候属于温带气候,年平均气温为15℃至25℃(59℉至77℉)。在海拔3000米以上、人烟稀少的火山高坡,以及该地区最高的山脉——阿尔托斯·库丘马塔内斯海拔较高的地方，气温普遍较低，有频发的霜冻和偶然的降雪。在大部分高地，1月到4月为旱季，5月到12月为雨季。虽然雨季可能会带来持续数天的稳定降雨，但上午通常是晴天，而下午或晚上通常有阵雨或雷暴。降雨量沿北部逐渐增多。在恰帕斯和上韦拉帕斯，年平均降雨量超过3000毫米(约120英寸)。其他一些地区的年平均降雨量为2000毫米至3000毫米(约80英寸至120英寸)。在避开盛行东北信风的地区，降雨量要少得多，比如莫塔瓜(Motagua)山谷的内部和恰帕斯低气压区中部，其年平均降雨量少于1000毫米(图1.6)。

人类长期定居使得高地上原有的动植物大幅减少。在很多地区，落叶阔叶与常绿阔叶混合林已经有所减少。尽管如此，在偏远的地区和海拔更高的地段还是能看见橡树、月桂、枫香树、梾木和许多种类的松树。在高海拔地区，松树通常占多数，有时也能看到柏树或杜松。

早在永久定居点和农业出现之前，猎人和采集者就在玛雅高地上游荡。高地的发展似乎比太平洋海岸来得晚，尽管许多早期占领的痕迹在火山深处和冲积物之下未被发现。大部分北部高地的人口没有南部高地那么密集，但那里与太平洋平原共享着玛雅文明的早期发展成果。在哥伦布发现美洲大陆以前，主要的人口中心位于最大和最富饶的高原山谷中间。坐落在危地马拉山谷的卡米纳尔胡尤在玛雅文明发展早期统治着整个南部高地。邻近的地区则由一些重要的中心统治，比如，在西边，是位于恰帕斯中部洼地的恰帕德科佐(Chiapa de Corzo)；北边为萨拉马峡谷(Salamá Valley)的埃尔伯顿(El Portón)；玛雅地区东南边则是查尔丘阿帕(Chalchuapa)。后来，在低地玛雅文明的鼎盛时期，在西部高地、上韦拉帕斯的查马峡谷和东南部高地的亚松森米塔均能发现低地文化入侵的痕迹。玛雅地区两个主要首都在过渡性的高地-低地山谷中繁荣起来，它们服务于重要的贸易路线。科潘位于南部高地的东部边缘，托尼纳（Tonina）位于北部高地的西北部边缘（图1.1）。

在被西班牙征服前的几个世纪，高地聚落开始从谷底转移，直到大多数主要的中心被安置在更容易防御的地方，比如被峡谷包围的山顶或高原。在这里，西班牙人遇到了占统治地位的南部玛雅高地王国的首都，如乌塔特兰、伊西姆切和旧米克斯库。自西班牙殖民时期以来，南部高地的农业生产方式造成的浪费和牛羊的过度放牧导致了水土流失，致使整个地区几乎无法居住。人们想尽办法扭转这一局面，甚至重新造林。然而，现代高速公路的发展、伐木作业、矿产开采和水力发电厂仍然威胁着这个美丽地区最偏远的地带。

南部高地

南部高地位于平行于太平洋海岸的火山锥带和标志着大陆板块交界处的北部裂谷系统（图1.1）之间的东西地带。因此，南部高地经常发生地震和火山爆发。最近连续爆发的火山所在的火山带形成了大陆分水岭，从墨西哥的恰帕斯，穿过危地马拉，延伸至中美洲（图1.8）。从西到东，主要的火山锥是位于危地马拉的塔卡纳火山、塔胡穆尔科火山、圣玛利亚火山、苏尼尔火山、圣佩德罗火山、阿蒂特兰火山、托里曼火山、阿卡特南戈火山、弗埃戈火山、阿瓜火山和帕卡亚火山，以及位于萨尔瓦多的圣安娜火山、伊萨尔克火山和圣萨尔瓦多火山。塔胡穆尔科火山是最高的火山，海拔4220米（约14470英尺）。多年以来，圣玛利亚火山、弗埃戈火山和帕卡亚火山尤其活跃。最年轻的火山——伊萨尔克火山，从1770年诞生到1968年几乎连续喷发。

火山带的北部是崎岖古老的火山高地，覆盖着厚厚的熔岩和火

图1.8 南部高地:阿瓜火山 阿瓜火山(最高峰海拔3766米),前景是西班牙殖民时期危地马拉的首都安提瓜(Antigua)。

山灰沉积物。河流和小溪将这些沉积物切割成幽深而陡峭的沟壑。几千年以来,这里的峡谷和盆地中肥沃的火山土壤滋养了许许多多的人。最大的盆地是危地马拉峡谷,也就是现在的危地马拉城。其他的包括位于危地马拉西部的克萨尔特南戈(Quezaltenango)峡谷,以及位于萨尔瓦多西部的阿瓦查潘和扎波提坦(Zapotitan)盆地。一些高原盆地和火山喷口都包含湖泊,例如危地马拉山谷南部的阿马蒂特兰湖。其中最著名的是危地马拉中部的阿蒂特兰湖,因其独特的美景而闻名。南部高地的主要河流作为莫塔瓜河的支流向北流动,而莫塔瓜河沿着大陆裂谷向东流入加勒比海的洪都拉斯湾。在西边,同样的水系类型形成了格里雅尔瓦河,沿着恰帕斯的中央洼地流入墨西哥湾。

一直以来,南部高地为其居住者提供了重要资源。古玛雅人在

石 器

玛雅人依赖各种各样的石头材料来制作一系列手工艺品,从实用的工具到造型精美的名贵商品,应有尽有。玛雅高地上的几处矿源产出的黑曜石在整个玛雅地区乃至更远的地方进行交易。通过敲击或加压的剥片方法,来自低地的燧石被用来加工黑曜石[见第十一章中关于伯利兹的科尔哈(colha)的介绍]。这些技术产生了从长矛和箭头到锋利的切割和刮削工具,最常见的是黑曜石刀片,它既用于家户劳动,也用于传统的放血仪式。啄和磨的技术被用来塑造玛雅高原上的玄武岩和其他火成岩。这些坚硬的石头用于制造砍伐树木的斧头、雕刻石头的石斧和凿子,以及各种研磨或加工工具,最常见的是磨棒和磨石,直到今天仍被用来加工玉米和其他谷类,制作食物。

好几个地方开采黑曜石(一种火山玻璃,用作锋利的切割工具),其中最受欢迎的是位于危地马拉山谷东北部莫塔瓜山谷侧翼的埃尔查亚尔(El Chayal)和东南约85千米处的伊西特佩克(Ixtepeque)。玄武岩,如安山岩,在大部分南部高地都可以找到,被用来制造杵、金属和其他工具。尽管从欧洲引进的钢铁切削工具取代了黑曜石切削工具,许多玛雅人仍更倾向于使用传统的磨棒和凹面磨盘来研磨玉米和其他食物。

如今,南部高地富饶的峡谷和盆地支持着整个玛雅地区人口最集中的地区。三千多年来,肥沃的火山土壤和“温暖如春”的气候吸引了许多其他地区的移民。然而,地震和火山爆发似乎阻碍了这一地区发展的前景。一千五百多年前,伊洛潘戈火山(Ilopango Volcano)灾难性的爆发摧毁了半径20—30千米范围内的一切,而大范围的火山落灰使得距离火山100千米的更大区域长达一个世纪无法居住。但是,即使是小规模的火山喷发也会危及生命和居住地——公元600年—公元700年左右,在萨尔瓦多塞伦附近的一个火山口,发掘

图1.9　南部高地:被火山灰掩埋的房屋　在萨尔瓦多塞伦的考古发掘中,发现了一个村庄的部分区域被一次突然的局部火山喷发所覆盖,包括这里看到的土坯房子的遗迹(古典期,约公元600年)。

玉

对于古玛雅人来说，玉是最珍贵的石头，而玉雕则是玛雅宝石艺术的典范。矿物学研究表明，玛雅玉石是硬玉，在化学成分上与中国最常见的软玉不同。玛雅玉石比中国玉稍硬，不那么透明，而且更斑驳。它的颜色从深绿色到浅蓝绿色不等，但只有从接近黑色到白色的色调是人们熟知的。硬玉的硬度极高（矿物学标准为6.5至6.8，钻石等级为10），因此玛雅人精湛的玉雕工艺是一项了不起的技术成就。玛雅工匠用坚硬的砾石和水作为切割剂，通过在沟槽中来回拉绳来锯开硬玉。接着，用骨头或硬木钻从两端钻出孔，并再次用细碎石和水作为切割剂。中空的鸟骨用来钻孔。模型效果是通过仔细地切割更精细的碎片实现的，随后是加深和打磨光滑凹槽。

原始玉石的形状和大小往往会影响最终的成型，一些玛雅玉器的形状表明，它们可能是被当作溪流中的鹅卵石而被发现的，并且已经被流水磨平。玛雅地区唯一已知的天然硬玉矿床是在危地马拉的莫塔瓜山谷中部被发现的。在这个地区发现了古老的玉石和玉石碎片，硬玉在地下深处形成，并被构造力带到了地表。人们已知的最大的玉雕重约10磅（图8.58）。彩图1、2(a)和2(b)展示了各种各样的玛雅玉器。

出了一个农业聚落，被埋在几米深的火山灰下（图1.9，于第十一章讨论）。这些所谓的小型火山爆发，带来了火山落灰和岩浆流，至今仍破坏着人们的生活。

南部高地地震频发，这造成了更大的人员伤亡和财产损失。从西班牙征服开始的历史记录记载了过去五百年间的一系列大地震。第一次发生在1526年爆发的佩德罗·德·阿尔瓦拉多战争期间（见后记）。根据贝尔纳尔·迪亚斯·德尔·卡斯蒂略的记载，“我们来到这个峡谷……也就是现在的危地马拉城……我记得当我们从一个斜坡往下走时，地面开始震动，许多士兵摔倒在地，这场地震持续了很长一段时间”。在这一系列地震中，最严重的是18世纪摧毁了殖民地首都安提瓜的地震、1918年几乎摧毁危地马拉城的地震，以及1976年夺走2.4万多人生命的莫塔瓜断层的剧烈断裂。

北部高地

以莫塔瓜峡谷和格里雅尔瓦峡谷为标志的大陆裂谷北部坐落在崎岖不平的北部高地上（图1.1和图1.4）。其最高峰海拔超过3000米（约9850英尺），主要由古生代和新生代变质岩组成。西边是恰帕斯高地和危地马拉西北部的库丘马塔内斯山，其次是危地马拉中部的查库斯山脉以及向东延伸至加勒比海的拉斯米纳斯山脉。这些崎岖的岩层中蕴藏着丰富的矿藏，人们已经开采了几个世纪。在前哥伦布时代，最重要的矿物是古玛雅人开采的硬玉和蛇纹石，于莫塔瓜山谷中部的拉斯米纳斯山脉的南侧被发现。

向北部深入，高处的变质岩脊被新生代石灰岩地层所取代，比如位于恰帕斯的格里雅尔瓦河以北和危地马拉的上韦拉帕斯省。在这个壮观的喀斯特地貌地区，有着典型的草堆小山和美丽的地下洞穴，瀑布从山的两侧喷涌而出，河流消失在多孔的山丘之下，几英里外又重新出现。尽管北部高地的斜坡不适合农耕，许多山谷和盆地中积累了丰富的冲积土，比如查库斯山脉以北的拉比纳尔（Rabinal）和萨拉马峡谷（图1.10）。再往北，肥沃的土壤、充足的降雨以及凉爽的气候使得上韦拉帕斯的盆地成为现代咖啡种植的主要地区。

乌苏马辛塔河（Usumacinta River）的支流流经大部分北部高地，这些支流向西北方流入南部低地，最终汇入墨西哥湾。从西边开始，哈塔特河流出恰帕斯的石灰岩高地，汇入起源于阿尔托斯·库丘马塔内斯山脉东侧的拉坎东河。乌苏马辛塔河主要的支流，被称为高地上的“奇霍伊河”，流经大部分现代危地马拉基切省，即北部高地的中间地带。另外一条主要支流——帕西翁河，发源于更远的东边，位于上韦拉帕斯。波洛奇克河流经北部高地的东侧，沿着植被茂密、险峻

图1.10　北部高地:萨拉马峡谷景观　危地马拉萨拉马峡谷,考古挖掘在此发现了跨越前哥伦布时代的聚落遗迹。

陡峭的山谷,流入加勒比海岸低地的伊萨瓦尔湖。从伊萨瓦尔湖流入海洋的出口会途经高尔夫特和杜尔塞河壮丽的峡谷。

相较于南部高地,人类对北部高地的干扰影响较小。这里生存着吼猴和蜘蛛猿、蜜熊、长鼻浣熊、黄鼠狼、狐狸、野猪、犰狳、负鼠、蝙蝠、猫头鹰、鹰、秃鹰、鹦鹉和稀有的角雕。上韦拉帕斯因其高地热带雨林而闻名,这里是珍贵而稀有的绿咬鹃(quetzal)的传统保护区,现在绿咬鹃是危地马拉的国鸟。绿咬鹃对古玛雅人来说有着特殊的重要意义,统治者曾用其纤细、亮绿的羽毛作为头饰。

低　地

从高地到低地的过渡是渐进的,尽管在一些河谷地区的海拔可能会急剧下降。北部高地喀斯特地貌的热带雨林继续向北延伸到较

羽　毛

危地马拉北部高地的云雾林是美丽的绿咬鹃的栖息地，高地和低地随处可见成群的金刚鹦鹉、鹦鹉以及许多其他拥有明亮美丽的羽毛的物种。玛雅人捕捉并饲养鸟类以获取它们的羽毛，用来制作头饰、羽冠、斗篷和盾牌，并用于装饰华盖、扇子、个人饰品以及长矛和权杖的吊坠。羽毛制品也用于制作刺绣以及棉织品和篮子上的流苏。早期的西班牙作家叙述了这一工艺对于高地玛雅人的重要性，在那之前，他们就建有饲养鸟类的鸟舍，用于收获羽毛。在描述乌塔兰的玛雅统治者时，一个西班牙人说："国王的宝座之所以引人注目，是因为它有一个由丰富羽毛组成的华盖，在华盖之上还有其他不同颜色的覆盖物，给人以一种威严的感觉。王子或者其他继承人有三个华盖，而其他的王室兄弟或儿子只有两个。"最珍贵的羽毛是绿咬鹃身上闪亮的荧光绿尾羽，仅供王室使用。根据巴托洛梅·德·拉斯·卡萨斯(Bartolomé de Las Casas)的记载，杀死甚至捕获一只绿咬鹃都是死罪。

一些来自墨西哥中部墨西卡(阿兹特克)的羽毛作品实物被保存了下来，但古代玛雅的羽毛作品却没有实物留存，只能在壁画等遗存中发现玛雅的羽毛作品的间接证据，如博南帕克壁画和雕刻的王室成员肖像，显示了其精美绝伦和高度发达。其中一个最佳典范是皮埃德拉斯·内格拉斯3号墙板上的统治者所佩戴的华丽头饰(图5.17)。如此长的羽毛必定是出自长达一米的绿咬鹃之尾羽。博南帕克壁画中完整地记录下了绿咬鹃羽毛被大肆使用的情况(彩图10至彩图15)。

低的海拔，延伸到危地马拉北部、伯利兹和墨西哥的尤卡坦半岛。这是玛雅地区最大的一部分，除了南伯利兹的玛雅山脉，整个低地地区海拔低于800米，具有高山暖温带气候的特点(图1.4)。尽管大多数人们认为低地缺乏多样性、资源贫乏，但这是一种误解。玛雅低地在不同的环境中提供了一系列丰富的资源，尽管与高地地区相比，这里的海拔、降雨、排水都不尽相同，且拥有更加广阔的土壤条件，但仍有许多相似的环境因素。

直到最近，低地最显著的特征——繁茂的热带森林，正迅速被新建的道路、居住者和现代化发展所破坏。降雨从南往北逐渐减少，热带森林的高度和密度也随之下降。这些森林属于常绿植物，只有短暂的落叶期，并在持续高降雨量的地区茁壮成长（图1.11）。这里有大量种类繁多的植物。数百种树种形成了多层的树冠。最上层的树冠，离地面约40米至70米（约130英尺至230英尺），主要是巨大的木棉（玛雅人的神圣生命之树）、红木、人心果树、西班牙雪松、美洲无花果树和许多其他种类的植物。次生树冠高达25米至50米，以及一个较低的层，通常为15米至25米高，包括拉蒙树（或称面包果树）、橡胶树、多香果树、鳄梨树和大量棕榈树。许多树木支撑着其他植物的生长，包括绞杀藤蔓、西班牙苔藓、藤本植物、凤梨科植物和兰花。在树冠下的树荫深处有蕨类植物、小型树木和大叶植物。

古玛雅人会利用许多植物。树木为建房子和生火提供了木材；面包果树和鳄梨树点缀食物；香草藤和多香果树提供了调味品；原木会产生一种染料；棕榈树可以用来生产茅草、油和许多其他产品；橡胶树对玛雅人的球类运动至关重要。以上这些和其他植物在古玛雅经济中所扮演的角色将在第十一章中讨论。

低地森林生活着各种各样的动物，它们被古玛雅人作为食物和手工制品的原料。这些生命形式也是玛雅人丰富的象征和超自然传统的来源。许多物种曾经在玛雅地区被发现，包括食蚁兽、刺豚鼠、天竺鼠（大型可食啮齿类动物），以及其他食用动物，如貘、白尾鹿、短角鹿、野猪和兔子。这里还有灵长类动物（吼猴和蜘蛛猿）和肉食动物，如豹猫、美洲山猫和新世界最大的猫科动物——美洲虎。古玛雅人十分崇敬美洲虎，其毛皮、犬齿和爪子是精英和高贵的象征。这里鸟类丰富：鸽子、鹦鹉、金刚鹦鹉、啄木鸟和巨嘴鸟，以及野禽，如鹌鹑、凤冠鸟、冠雉和珍贵的眼斑吐绶鸡。此外，还有丰富的爬行动物和两栖动物：种类繁多的蟾蜍、树蛙、海龟、蜥蜴和蛇，包括蟒蛇、游蛇、珊瑚蛇、响尾蛇和致命的蝮蛇——长矛蛇。原始树蛙每年都会从地下栖息地出现，为古玛雅人预示雨季的来临。该地区的河流和湖泊提供了可食用的蜗牛、小龙虾和鱼，如银鲈和鲇鱼。伊萨瓦尔湖以海鲢、锯盖鱼和鲷鱼而闻名。低地海岸和加勒比珊瑚礁盛产珊瑚、海扇、贝类、虾、带刺龙虾、螃蟹、海螺、带刺牡蛎[海菊蛤(Spondylus)]和海龟，它们可能是古代唯一的、最重要的海洋食物来源。海牛也产于南部海岸，来自伯利兹海岸的证据表明，古玛雅人也捕猎这种动物，这一证据得到了16世纪大主教迭戈·德·兰达的记录内容的支持。

当然，最常见的陆生动物是无脊椎动物，包括各种各样的蜘蛛、蝎子和其他昆虫。其中大部分鲜为人知，但是常见的有蜻蜓、蝴蝶(包括著名的蓝闪蝶)、切叶蚁、军蚁、白蚁，以及各种甲虫和臭虫。更常见的是蚊子、蚋蚊、跳蚤、扁虱、恙螨、咬蝇、黄蜂和其他蜇人的昆虫。古玛雅人养殖无刺蜜蜂作为蜂蜜和蜡的来源，他们的后代今天仍继续保存着蜂房。有害的物种则会造成烈性疾病的传播：携带美洲利什曼病毒的白蛉、携带锥虫病(查加斯病)毒的刺客虫以及携带疟疾病毒的蚊子。然而，许多这样的昆虫并没有缠扰古玛雅人；疟疾和许多其他疾病在美洲从未有过，直到西班牙征服后才从欧洲传入。

尽管生活在温带气候中的人通常认为热带环境不适合生产，甚至十分危险，但古玛雅人强大的适应能力让热带气候下的玛雅地区也变得适宜种植和多产起来。古玛雅人所积累的关于陆生和水生物种种类的知识让他们得以把一些动物制作成食物、纤维、原料和药物。当地的石灰石是建造建筑物和雕刻纪念碑的绝佳材料；它不仅很容易用石器(玛雅人很少使用金属工具)开采，而且暴露在空气中会变硬。燃烧时，它就变成了石灰，用来制作砂浆和石膏。在一些地区，石灰岩的基岩中蕴藏着燧石，古玛雅人将其塑造成各种切割和刮削工具，并将其制成精致的王权象征。环境的变化提高了粮食产量，确保了全年充足的水分。在旱季，人们修建运河和水库来提供水资源。大面积的沃土得到开垦和翻耕。通过在山坡和运河上建造梯田以排干沼泽，边缘地区变得富有生产力。

考古研究提供了由低地环境所支撑的人类文化发展的整体轮廓。正如我们所看到的，南部低地的加勒比海岸边缘早在定居型村庄出现之前就被开发了。最早的玛雅村落也出现在这一地区，而随着农业的出现，早期的聚落沿着低地河流内部拓展。最早的低地玛雅文明中心出现在中部低地的内陆，最著名的是纳克贝和埃尔米拉多尔。随之而来的是一大批新国家的出现，如伯利兹的卡拉科尔和拉马奈（Lamanai）、皮埃德拉斯·内格拉斯、亚斯奇兰（Yaxchilan）、帕伦克和乌苏马辛塔河流域的塞瓦尔（Seibal），以及远在东南的科潘和基里瓜。这些国家大多数处于两个大国——蒂卡尔和卡拉克穆

图1.11　南部低地：森林和乌苏马辛塔河　乌苏马辛塔河沿岸的热带森林，这是高地和低地之间的主要交通路线，靠近墨西哥恰帕斯的亚斯奇兰遗址。

异形的燧石

玛雅工匠通过复杂的工序凿打燧石和其他石头来生产重要的仪式和象征器物。这些被称为异形的燧石(或黑曜石)的器物,包括大型祭祀刀具、权杖,以及玛雅统治者和神灵的精致的人像,这些典范代表了玛雅所创造的精湛的石器技术。事实上,一些考古学家学习了如何复制古代石器,他们证实了这些古怪的燧石是最难制作的物品之一,这反映了玛雅工匠高超的技能。在科潘的一座被埋藏的古典期早期建筑中发现了一处藏匿点[罗萨里拉建筑,见彩图7(a)],其中包括12幅精致的画像,这些画像为破裂的燧石所覆盖(图13.7),藏匿点中的石器碎片很可能是带有木头手柄的王族权杖。这些藏匿起来的古怪燧石和刀片经常作为献祭品被埋在玛雅人的纪念碑和建筑物下。

尔——及其盟友之间的竞争中。同时,北部低地有许多大型中心城市,包括科巴(Coba)、埃德兹纳(Edzna)、伊萨马尔(Izamal)和齐比查尔顿(Dzibilchaltun)。但是正当南部和中部低地衰落的时候,北部低地便成为了中心,主要包括乌斯马尔、奇琴伊察、玛雅潘等中心城市和许多较小的地区(图1.1)。

南部低地

低地通常分为南部低地和北部低地,此外,还有与危地马拉的佩滕地区相对应的中部低地(图1.1)。北部高地和南部高地之间最明显的区别就是从温带气候到热带气候的逐步过渡。两地的海拔在800米到1000米之间,从恰帕斯州北部穿过危地马拉的韦韦特南戈省、基切省、上韦拉帕斯省和伊萨瓦尔省的北部地区(图1.4)。这是一个高降雨量地区,年均降水量为2000毫米至3000毫米(约80英寸至120英寸)(图1.6)。气温十分高,平均气温为25℃至35℃(约77℉

至95℉),是典型的热带气候(图1.5)。在一些高降雨量地区,旱季通常只有一到两个月(一般在3月和5月之间),但是即使是旱季,也还是会下雨。红树林和其他沼泽植物主要分布在南部低地边缘的低洼和沿海地区,但是其余的地区往往有着适合真正热带雨林物种生存的理想条件。

南部低地的地形包括破碎的喀斯特地貌(主要由中生代和新生代石灰岩地层组成),以及海岸边缘的低洼地形。最大的河流从邻近的高原地区流出。一年四季都可以从数量众多的河流和湖泊中获得水和食物,同时独木舟可以在其间通行。此外,南部低地的大部分土地相对深厚和肥沃,特别是沿河地区。在这里,可以看到乌苏马辛塔河(图1.11)的中部流域及其支流(哈塔特河、拉坎东河、奇霍伊河和帕西翁河)、萨尔斯通河(形成了伯利兹的南部边界)、伊萨瓦尔湖、杜尔塞河和莫塔瓜河下游的大片冲积河谷,以及邻近的冲积平原和洪都拉斯湾(查梅莱孔河和乌卢阿河)西北部的沿海地区。在东边,沿着伯利兹南部边界的是锯齿状的玛雅山脉,这是一个火成岩上的断层,暴露出变质岩层(图1.4)。在海拔1000米的高处,玛雅山脉被称为"低地中的高地",这样说并不为过。玛雅山脉的高处是玄武岩、花岗岩、赤铁矿、黄铁矿、板岩和其他材料的唯一来源,否则必须从更遥远的玛雅高地采集。

玛雅山脉东边狭窄的海岸平原由许多流入加勒比海的短溪流灌溉。在墨西哥湾西部海岸,一个更广阔的冲积平原构成了墨西哥塔巴斯科州(Tabasco)和坎佩切州(Campeche)南部的大部分地区。这个由潟湖、牛轭湖和岛屿组成的低洼沼泽地区是琼塔尔玛雅人和其独木舟贸易的发源地。这里有两条主要的河流——坎德拉里亚河和马曼特尔河,流入墨西哥湾的德尔米诺斯湖。再往南,圣佩德罗·马蒂尔河在入海前汇入较大的乌苏马辛塔河。

中部低地

在乌苏马辛塔河的北边，降雨开始减少，地势也逐渐平坦，但其特征仍然是低矮的东西走向的山脊，通常由褶皱和断裂的新生代石灰岩构成。在这一地区有各种各样的土壤和森林、湖泊和季节性低地沼泽。尽管这里的温度与南部低地相差不大，但总降雨量较少，年平均降雨量为2000毫米（约80英寸）（图1.6）。大部分降雨发生在5月到1月，2月到5月是旱季。降雨少，加上多孔的石灰岩基岩意味着地表排水少，河流也更小。在旱季，除了附近的湖泊，水不那么容易得到。尽管降雨量减少，中部低地的热带雨林和南部没什么不同（图

图1.12　中部低地：热带雨林　危地马拉蒂卡尔的热带雨林灌木丛。

1.12）。这里还有草地和浅滩（季节性湿地，尤卡坦玛雅的阿卡切沼泽）覆盖着低矮的灌木丛和荆棘。在雨季，佩滕的大部分浅滩都会充满水而变得湿软。这可能是因为在过去，这些洼地中有稳定的水源，形成了一个被浅湖覆盖的地区。

这些特点构成了危地马拉北部广阔的中部低地（通常指佩滕）以及邻近的伯利兹北部地区的整体环境。这些地区大部分由三大河流灌溉——洪都河、新河和伯利兹河及其支流。这些河流逐渐向东北流去，并汇入加勒比海。洪都河和新河流入切图马尔湾（Bahía de Chetumal），这是尤卡坦半岛最大的海湾。在佩滕的中心是一个内部的流域盆地，从东到西长约100千米，宽约30千米。在这个盆地北部的山脚下，大约有14个湖泊，其中有几个在雨季时相互连接。最大的一个湖泊是佩滕伊察湖，位于盆地的中部（图1.13）；长约32千米，宽约5千米。

图1.13　中部低地：佩滕伊察湖　佩滕伊察湖和弗洛雷斯岛镇，危地马拉佩滕的首都；以及塔亚萨尔，最后一个独立的玛雅首都。

图1.14　中部低地：热带稀树草原　危地马拉佩滕伊察湖附近的稀树草原景观。

佩滕伊察湖的南部是一片形状不规则的热带草原(图1.14)。在这片长满青草的平原上几乎没有树木生长，土壤是紧实的红黏土，不适合耕种。研究表明，尽管佩滕草原的一些地区在古代曾被占领，但贫瘠的土壤和低密度的古代遗迹覆盖率表明该地区过去的人口不多。这个热带草原的平均海拔为150米，在此之上，喀斯特山脊平均要高出300米。热带草原周围的群山被茂密的热带雨林所覆盖。佩滕山丘的南坡异常陡峭，而北坡几乎可以不知不觉地从每一个坡顶过渡到下一个水道。在佩滕伊察湖的北部，随处可看到浅滩，形成了一大片浅滩和混交林区域。埃尔米拉多尔盆地是另一个重要的内部排水区，标志着佩滕地区的北部边界。

北部低地

在埃尔米拉多尔盆地北部，另一个微妙的过渡标志着最北端低地分区的开始，大致相当于尤卡坦半岛的北半部(图1.1)。在分明的

图1.15　北部低地：低矮森林　墨西哥尤卡坦平原上干燥季节的低矮森林和灌木。

雨季（6月至12月），此地区大部分年平均降雨量不足2000毫米（约80英寸），而尤卡坦半岛西北部最干燥的地区一年的降雨量不足500毫米（约20英寸）。这里属于典型的高山暖温带气候。这样的气候适合种植像棉花这样的庄稼，因此在前哥伦布时代和早期殖民时期，尤卡坦半岛都是纺织物的主要生产地。

随着降雨量逐渐减少，中部低地的乔木林逐渐被尤卡坦半岛北部的矮灌木和灌丛林所取代（图1.15）。美洲蒲葵沿着尤卡坦半岛的东海岸大量生长。再往内陆延伸，是一片长长的、手指状的南部雨林——红木、西班牙雪松、人心果树和其他阔叶树——受到尤卡坦半岛东北部的高降雨量的滋养。北部低地的动物群与南部低地基本相同，不过适应干燥环境的物种日益占主导地位，尤其是在半岛的西北角，龙舌兰和仙人掌的分布越来越普遍。

图1.16　北部低地：低丘　普克(Puuc)山脉的低处。

中部低地的正北处是里奥贝克-切尼斯地区，这里是南部低地和北部低地之间的地理和文化过渡带。正如我们所看到的，玛雅中心在里奥贝克-切尼斯地区的发展最初与处于南部的佩滕中心发展相同，但是后来遵循了尤卡坦北部玛雅人制定的发展路线。

尤卡坦半岛北部地势低平；腐殖质很薄，只有几厘米深，而佩滕地区的土壤可达一米厚。唯一突出的部分是普克山，或称“塞拉尼亚”(图1.16)。该山脉海拔高达100米，起于西海岸的钱波通，向北延伸至坎佩切市，向东北方向延伸至马斯卡努镇，然后向东南延伸至尤卡坦半岛中南部。除此之外，还有大量的下伏多孔新生界石灰岩(第三纪和现代)的露头，大量的洞穴系统形成蜂窝状。这些构成了一套地下排水系统，加上该地区的低降雨量，使得水资源对该地居民越来

纺织品

玛雅人是棉花的主要生产者，他们把这种植物纤维转化成纺织品，并在整个中美洲进行贸易。玛雅雕塑显示，上好的玛雅棉花织品蕴含多样且复杂的编制工序，并附有精美的刺绣。这些纺织品的典型代表可以在雕刻的纪念碑和博南帕克的壁画（彩图10至彩图15）上看到。手工编织的棉花披风长度和宽度可灵活调整（帕蒂），作为前哥伦布时代的贸易商品，在西班牙征服玛雅后成为西班牙人在尤卡坦半岛征收贡品的主要形式。但是仅有少数一些古代玛雅纺织品留存了下来。在尤卡坦中部奇琴伊察的神圣天然井中发现了许多碳化的小布片，包括许多不同的织法。在科潘的罗萨里拉建筑中发现的一些古怪燧石周围仍包裹着纺织品的碎片。

危地马拉高地和恰帕斯的现代玛雅人继续从事从他们祖先那里继承下来的丰富的纺织艺术。高地纺织品设计中使用的颜色象征意义仍然与过去的历史有关。黑色，黑曜石的颜色，代表着武器；黄色，谷物的颜色，象征着食物；红色代表血液；蓝色代表牺牲。王室的颜色是绿色，象征着绿咬鹃的羽毛只能为玛雅统治者所用。女人从事纺纱和织布的工作。尽管现在已经很少见了，传统的纺织方法从收集棉花开始，会使用一个大约24厘米长的细尖棍把它纺成线，在接近底部的地方用一块陶片加重。这些圆盘，或纺锤轮，也存在于考古记录中。当纺锤旋转时，它们使纺锤保持平衡和重量，纺锤的下端放在地上的葫芦里。

古代玛雅织布机就像今天仍在使用的织带织布机。一根木棒固定在经纱的两端，以使布料拉伸到所需的宽度。一根粗麻绳连接在下杆的两端，从织布工的后面穿过，让织布工可以调整张力并通过向后倾斜收紧经纱。上杆系在树上或柱子上。所生产的布条最长可达2.5米，随着长度的增加，它会缠绕在上杆上。这些织布机大约有1米宽，当需要更宽的布料时，就把两条布带缝在一起。

越重要。这里几乎没有地表溪流，只有少数几个湖泊。最大的水体是金塔纳罗奥州东南部的巴卡拉尔湖（Laguna de Bacalar），长约56千米，宽10千米到11千米。在这里还有一些更小的湖泊，如尤卡坦半岛东北部的科巴湖，还有三条小河，比海的浅滩还要浅。在东海岸有两个大型浅海湾，分别是阿森松群岛和圣灵湾。

图1.17 北部低地：灰岩深井 墨西哥尤卡坦的灰岩坑（灰岩天坑的形成）。

然而在内陆，唯一的水资源就是天然井。除了普克地区，这些大型天然井在此地随处可见。天然井是自然形成的，地表石灰石坍塌，暴露了地下水位（图1.17）。有些天然井的直径可达100米，其深度因当地的地下水位而异。北海岸附近的地下水位低于地面5米，但随着向南深入，天然井的深度增加到30米以上。在像尤卡坦半岛北部这样缺乏地表水的地区，天然井是重要的水源，对于古代人类确定定居点同样重要。在北部低地的许多地区，蓄水设施的建设在人类居住和农业中有着举足轻重的地位。例如，在普克地区，玛雅人建造地下蓄水池来收集雨水，以便在每年漫长的旱季使用。

生态多样性的结果

由于海拔、降雨量、水的利用率、温度、动植物分布、土壤条件以及自然资源位置的广泛差异，玛雅地区的环境是世界上最多样化的环境之一。我们通过描述一系列不同的环境区域来体现这种多样性，同时要记住，每个区域内的差异有时可能与区别于其他区域的差异一样大。

但是为了了解玛雅文明发展的起源，了解玛雅人如何适应此地环境的多样性是很关键的。当然，了解人口和环境之间的相互作用对人类社会和自然环境所产生的影响也同样重要。为了评估这种生态的相互作用，现代研究人员尝试重建过去存在的自然条件，以及这些条件是如何随着时间变化的。这类研究起始于对当前环境的描述，并结合反映古代环境状况的现有证据。尽管有些考古记录历久弥新，但是大多数古代环境的证据都很脆弱，而且无法复原。此外，尽管从定义上说，这些考古记录是对古代人类行为的直接反映，但环境通常是间接反映在人类行为的残留物中的。最后，人类活动的影响通常会掩盖或破坏古代环境的线索。

若想重建过去的环境，必须与这些困难做斗争。玛雅地区生态研究的范围包括从描述过去的环境条件到试图理解和解释古代的环境变化。对过去环境条件的描述依赖于环境数据的恢复，如花粉样本、土壤剖面、火山沉积物、湖床岩心，甚至是幸存的玛雅人的历史记录。人们对过去环境条件变化的了解越来越多，这是由于对加勒比地区的热带气候条件、温度变化趋势（如全球变暖、厄尔尼诺周期、太阳周期）以及突发事件（如灾难性火山爆发，这可能会导致全球范围内的降温和干旱）的研究更加广泛。

这类研究清楚地表明，过去的环境变化影响了玛雅文明的进程。关键的环境变化证据包括温度和降雨量的波动，包括长期的降雨趋势和可能毁灭某些地区的周期性干旱。严重的大事件，如地震、火山爆发和龙卷风，只会对当地造成巨大的破坏，却无法影响到更广泛的地区。显然，随着时间的推移，玛雅人改变了其自然环境。他们影响环境的证据不像灾难性事件那般剧烈，但是其后果具有深远而长期的影响。对环境影响最大的是人口增长，这导致了森林砍伐、水土流失和土地退化。此外，堤道、梯田、水库和其他建筑改变了景观、土壤条件和排水模式。

总的来说，自然环境的变化和玛雅人口对其环境的影响在形成玛雅文明的繁荣和衰退周期中发挥了关键作用，这在考古记录中清晰可见。但是这并不意味着环境决定了玛雅文明的进程。很显然，玛雅人口和环境之间复杂的相互作用随着时间而改变，这些变化的累积效应既引发了问题，也创造了机遇，当做出回应时，玛雅社会便发生了变化。

正如我们所看到的，在低地，最关键的环境因素就是水。在一些有着河流和湖泊的地区，一年四季都有水。河流不仅为饮用、烹饪和建筑提供了水，而且在雨季，洪水灌溉了新的冲积土，储存了肥料，提高了粮食产量。每年的雨季通常会为下一个旱季补充湖泊和湿地的水源。但值得注意的是，古代低地居民依赖降雨，因为他们生活在没有河流和湖泊的地区。为了在这些地区定居、发展和创造繁荣，这些居民改变了当地的环境，以维持全年的水供应。玛雅家庭修建了小型水库，挖了井或贮水坑穴，而社群又联合起来建造更大的设施。随着时间的推移，玛雅人建立了复杂的水资源管理系统，包括引水、开挖运河和修建水库，这使得玛雅文明在许多低地地区的发展成为可能。

生态研究使我们对玛雅文明几千年的起源和发展轨迹有了更深入的了解。然而，玛雅历史是无数特定事件的总和，这些事件发生在成千上万的玛雅人的生活中。每一个人都生活在自身的环境中，这些不胜枚举的环境构成了玛雅地区的环境多样性。因此，为了了解过去，我们不仅要确定环境和文化变化的主要过程，而且要了解每种环境和其居民之间的相互关系——包括个体、家庭和社群——跨度至少是人的一生。这需要严格的研究来确定当地的环境条件和各个玛雅遗址的变化。

近年来的考古研究更加强调对当地社区的了解、居民适应当地环境的特殊方式，以及这些社区如何通过经济、社会政治和宗教纽带联系在一起，比如在洪都拉斯西部科潘附近的里奥阿马里约山谷、伯利兹西部的逊安图尼奇（Xunantunich）腹地和伯利兹北部的三河地区发掘出古代社区的遗迹。这些研究和类似的调查已经开始探索前哥伦布时代玛雅社区内部和社区之间资源开发的多样性。这些古代社区在规模、构成和组织上相去甚远。有些社区倾向于专门从事某些活动，如农业、渔业、资源开采、商品生产、贸易等。这些社区相互联系的方式，以及其命运与更大的社区和城市相连或受其控制的程度，也因地而异。但是，所有社区都会随着时间而改变：一些社区逐渐发展繁荣起来，其他的则衰落甚至被遗弃；一些社区的发展历程相对短暂，一些则延续了好几个世纪；一些社区由周边更强大的社区紧紧控制，一些则相对独立。

这些跨越时间和空间的差异由许多因素造成，包括人类行为和自然力量。降雨仅仅是众多因素之一，但这显然是一个关键因素，它表明了环境条件的局部变化如何影响家庭、社区和整个政治，并随着时间的推移导致变化。因此，最早的玛雅居民定居在靠近稳定水源的地方，如湖泊、泉水和河流。后来，人口增长迫使人们寻找新的环境，有些人搬到了水源获取不稳定的地区。当乡村农民定居至河流和湖泊边缘以外的地区，对降雨的依赖程度就增加了。比如，在中部低地，低洼的湿地在雨季被水填满，是相当可靠的水源。但是在降雨较少的时节，湿地没有积累足够多的水来度过旱季。因此，社区必须通过集中劳动力，把雨水转移到湿地或者挖掘人工水库来增加供水。通过增加储存水，减少了年降雨量浮动带来的影响。这一行为通过破坏自然排水模式改变了当地环境。

随着人口逐渐增加，这些社区的储水设施暴露了其缺点，尤其是在降雨量少的季节。面对水资源短缺，一种可能的应对措施是在控制着大部分玛雅低地的众多政权的指导下，利用许多社区的劳动力来建造更大的储水设施。当然，任何措施都有其局限性。如果降雨量逐年减少，甚至最大的水库也开始枯竭，人们就被迫搬迁到新的地区去寻找水源。如果遇到严重而影响广泛的旱灾，从当地社区湿地到公有运河和水库，整个水资源管理系统就会瘫痪。如此大规模的环境变化可能会导致大量人口流离失所，而人们的迁移则影响着玛雅文明的整个进程。

在人口增长的背景下依赖降雨会产生许多可能的生态情景。相比之下，邻近河流或者其他可靠水源的聚落则受到不同的限制和拥有不同的机会。人口增长带来的其他后果包括森林砍伐和土地退化。过去，人们对长期和突然的环境变化采取了影响较小或涉及面更为广泛的措施。如今，在玛雅地区也同样适用。比如，在许多高地玛雅社区，森林砍伐和水土流失逐渐迫使农民放弃他们的土地，转移到其他城市或者沿海种植园来维持生计。1976年危地马拉的莫塔瓜断层地震不仅夺去了此地数千人的生命，也改变了玛雅高地上大片地区的聚落和建筑模式。1998年的飓风“米奇”带来的大量降雨改变了河流的流向，也改变了洪都拉斯西部和危地马拉东部数千人的生活和生计。

无论是在玛雅地区还是全世界，人类社会最剧烈的长期变化通常是由人口过剩所导致的。在如今的玛雅地区，人口过剩导致高地居民向北迁移至其祖先一千多年前占领并遗弃的低地地区。一旦定居下来，低地森林就被砍伐殆尽，并且被烧毁，用作新的玉米田。但仅仅过了几年，热带森林土壤就被耗尽，变成了无用的硬磐。曾经茂密的热带森林现在变成了草原和贫瘠的土地。

今天这片土地在经历短短几年的种植之后就枯竭了，而古代玛雅人是如何适应同样的低地环境并为数百万人生产粮食长达一千年之久呢？这个问题的答案将在本书后面的章节讨论，并揭示采取适应环境，而非破坏环境的农业方法之重要性。低地森林生态系统支持着分散在地形上的各个物种。玛雅人的定居倾向于分散，玛雅人也依赖于不同的植物种类和耕作方法。随着玛雅人口逐渐增多，这些农业适应性仍然与低地生态系统相协调。但是每一种自适应系统都有其局限性，一旦超过限制，玛雅人对环境的适应性最终也会崩塌。

第二章　考古学与玛雅文明

正如我们希望展示的那样，美洲史前史提供了绝佳的机会来加深人们对人类本质以及人与文化关系的理解，因此绝大多数研究美洲问题的学者在贸然做出概括之前，都希望充分把握事实。

——基德、詹宁斯和舒克，

《危地马拉卡米纳尔胡尤的考古发掘》(1946年，第259页)

一个世纪以来，玛雅文明一直都是考古研究的对象，研究力图揭露其起源，解释古玛雅社会如何随着时间的推移变得更加复杂，并了解玛雅社会的运作方式及其与邻国的关系。然而，对玛雅历史的研究不仅有助于我们了解玛雅文明，还为我们提供了一个绝佳的机会来了解所有人类社会演变中固有的复杂进程。换言之，玛雅历史让我们更好地从人类学角度了解自己及所有其他民族的过去与现在。

重构历史

考古学家从古代活动的遗迹中重建历史，从炊具到宫殿，应有尽有。为了重构历史，考古学家用科学方法分析并解释了考古记录——

其目的是让我们的观察及结论尽可能地客观。科学方法的宗旨是消除主观看法或意见,如此一来,我们对于历史的理解便可基于客观推论,而这些推论有据可查,考古记录便是证据。解释考古数据是自我修正过程的产物,因为科学研究不断产生新证据来更改,有时甚至是完全改变我们对世界的看法,其中也包括对过去的世界的看法。这就意味着我们对于历史的了解是不断变化的,因此对古代社会的重构得以更加完整。

当然,这种基于科学的看法并不是对于历史的唯一看法。大众媒体提供了各种眼花缭乱的历史观点,这些观点往往基于“意想不到”或“难以置信”的新发现,几乎总是为了增加电视观众数量或是杂志销量,而非为了教育大众。我们会听说“令人震惊的新发现”证明玛雅文明和其他诸多古文明是超自然能力者的创造物,或是由“失落的亚特兰蒂斯文明”建立而来。互联网成了一个不断扩张的宣泄口,供人们和异教徒对历史强加主观臆想,而这些臆想无一得到考古学证据的佐证。

幸运的是,科学方法旨在将科学研究和研究人员阻隔于商业广告推销和臆想之外。但必须记住,科学家,包括考古学家,无法完全逃离个人经历和文化传统的影响。这能够也确实会导致得出歪曲的历史结论。不过,这些结论迟早会被更加客观的研究更正。例如,20世纪早期的一种理论认为,古玛雅是一个和平的社会。该理论的提出只基于有限的研究,因为那时还未发现关于战争的强有力证据。这一理论变得根深蒂固,以至于到了20世纪中期,即使面对玛雅战争的新证据,学者仍旧对其坚信不疑。因此,尽管与证据相左,一个不切实际的历史观点却得以延续,因为考古学家和其他学者丧失了客观性。不过好在新研究和新证据的影响力最终推翻了“和平的玛雅人”(“peaceful Maya”)理论。

这件事为考古学家及所有科学家提供了宝贵的经验教训，告诉他们当观察和结论并非基于客观标准时会发生什么。事后看来，“和平的玛雅人”这一理论之所以能够延续，可能是因为有些学者想要相信，至少有一个早期文明比我们的文明更为和平。这种平静的历史观点可能让我们逃离了20世纪中期的严酷现实，当时世界上大多数地区都笼罩在连续两次世界大战的恐惧和核毁灭的阴影之下。

尽管考古学家科研态度严谨，他们仍旧无法规避一个事实，即考古记录总是不完整并在某种程度上存在偏见。玛雅历史的记录根植于数千个考古遗址中，代表着从狩猎营地或小村庄到大城市的一切，分布区域遍及上千平方千米。考古学家只对少数遗址进行了抽样调查，在被调查的少数几个遗址中，他们只发掘了一小部分考古记录。这意味着我们目前对玛雅历史的认知只基于小部分数据，肯定不到古玛雅人留下的现存考古记录的10%。遗憾的是，劫掠者摧毁或破坏了大部分记录（见引言），那些能够增进我们对于玛雅历史认知的信息每天都在消失，且一去不复返。不变的事实是，每一个新发掘的玛雅遗址都有可能改变，甚至完全推翻以往的结论。

此外，大多数物质文化并没有被保存下来供考古学家复原。人们制作和交易耐用的磨石来加工玉米，这些磨石可能会留存下来，而渔网、食物遗迹以及其他有机材料通常会消失。其他偏差源自考古研究本身。例如，更多的时间和金钱被投资于玛雅大城市的发掘工作，而非小城镇和社区。同理，玛雅古典期（约公元250年—约公元800年）遗址被调查的数量远远超过这个时期前后的遗址数量。许多情况下，考古学家能够利用有效证据提出可供新证据检验的假说。而在其他情况下，不完整的考古记录经不起充分检验，深思熟虑的推测已是上乘之举。不过，不应将此类推测与历史定论相混淆。不论是经过检验的假说还是可靠的推测都会被更改，最终多数都会被新的研究结论所替代。考古记录的不完整性和模糊性还可能导致出现基于同一证据的多种不同解读。关于这一点,最好的例证莫过于:对所谓的古典玛雅文明的没落原因存在多种解释(见第九章)。然而,科学是通过不断前进来获取知识的:今天的研究成果不是定论,而是将继续通过进一步的调查加以检验和完善。所有的科学调查都是如此——我们从世界得知的信息,不论这些信息是来自地质学家、微生物学家还是考古学家,都是不断改变并完善的。这种改变和完善基于更可靠的,由新研究和创新方法得来的证据。

对于历史存在不同解读这一事实并不总是表明某些解读有误。看待历史有多种方式,我们永远无法完全了解任何一个社会历史的全貌。考古学家确实会通过新研究,不断增进对历史的了解。为了实现这一点,他们进行旨在发现、记录及解读过去人类活动遗迹的研究。然而,没有其他众多专家的帮助,考古学家无法实现这一点。美国国家航空和航天局(NASA)工程师利用雷达和卫星图像;土壤科学家通过探测土壤里的化学痕迹来帮助发掘玛雅遗址;建筑师和计算机专家则帮助记录考古档案,精巧却保存不当的遗迹凭借专业修复师的技术得以复原。另一方面,搬运重达数吨的雕刻纪念碑往往需要土木工程师的专业知识。当涉及对考古记录的解读时,做出重要贡献的专家就更多了。动植物学家鉴定食物和其他自然资源的遗迹;放射性碳实验室的物理学家提供了有机物遗骸的年份;体质人类学家通过鉴别人类遗骨来判断其年龄、性别、健康状况,甚至死因。新型实验室技术通过研究人类的牙齿和骨骼,同样提供了过去人类的饮食、生活史以及出生地的信息。古代陶器的制造地和黑曜石的产地是由训练有素的专家通过仪器中子活化分析(INAA)确定的,这促进了古代交易模式的重构(图2.1)。

生产地	陵墓			
	胡纳尔	玛格丽塔	亚种美洲虎	总数
 本地（科潘地区）	9	1	5	15
 莫塔瓜河谷下游（基里瓜地区）	1	0	15	16
 南部高地（卡米纳尔胡尤地区）	1	1	0	2
 中部低地（佩滕地区）	2	1	0	3
 墨西哥中部（特奥蒂瓦坎地区）	3	5	0	8
未知	3	4	5	12

图2.1　科潘玛雅陶器分析　分析玛雅陶器是基于各种学科的现代考古研究的重要部分；对那些从科潘、洪都拉斯挖掘出来的陶器进行仪器中子活化分析，分析表明这些祭祀品是从中美洲各地引进的。

不断改变的玛雅历史观

考古学的实践不断变化。不断改进的复原及分析证据的方法已被提及——这些改变将继续为考古学家提供更多信息。但纵观考古学本身的历史，考古学家提出的问题和对物证的解释方式也发生了变化，且无疑会在未来继续发生变化。

以欧洲为中心的地区开始热衷于发掘并尝试了解失落的古城［彩图2(c)］和“历史文物”，即由现已消失的人们和社会所制造使用的物品。此种兴致经久不息，后来转移到了美洲等地，并于19世纪

陶器和考古学

一些关于过去人类活动最珍贵的线索来自烧制黏土(fired clay)制成的手工艺品——陶器、雕像、装饰品及其他物品。陶器的保存时间比其余多数人工制品长久很多,即使在潮湿的玛雅热带区域也是如此。最常见的人工陶器工艺品是陶器碎片,即破碎的陶器的碎片。它们很好地“记录”了时间,因为陶器的形状和装饰随着时代发生改变,这种变化通常是渐进的,有时是急剧的。对这些变化模式进行研究能够帮助考古学家确定古代陶器碎片的年份。因此,考古学家只需要检测沉积物中的陶器碎片,便可以很快验证某个发掘地是否达到某个时代的水平。

对考古学家而言,古代陶器还有诸多其他用处。陶器的大小和形状表明了用途。识别出的食物残渣可以证明陶器的功能,有时陶器的功能可由绘制的图像字符证实,字符可以标注出陶器的用途,例如一个巧克力(kakaw)罐。此种功能性测定有助于重新构建古代人类活动。因此,如果建筑物的残骸上散落着储藏罐、烹饪锅和烤盘的陶器碎片,那么它很可能是一处住宅。而另一处布满着香炉(incensarios)和供奉碗(offering bowl)碎片的建筑则可能用于仪式活动。(利用中子活化分析)鉴别陶器中所用黏土的不同来源,确定了陶器的生产中心和分布及贸易模式(图2.1)。对于陶器分布的其他研究提供了信息,包括早期玛雅人的起源和发展、社会发展和职业差异、古代饮食和烹饪习惯、宗教信仰和礼节、亲属关系、葬礼习俗及精英和平民的其他生活细节。

达到顶峰,考古学自此作为一门独立的学科出现。

因此,考古学变成了学者了解世界各地古文明起源的一种新方式。只有在“新世界”(见引言)发现了包括令人震惊的文明在内的各种全新社会之后,解释文明崛起的欲望才增强。尽管欧洲人最初将美洲文明“解释”为旧世界的移植品,但到了19世纪晚期,考古学这门新学科搜集到了压倒性的证据,足以证明新世界文明的独立起源。概而言之,整个新世界的史前美洲土著社会的考古学解释越来越复杂,这一结论的得出很大程度上归因于考古学和人类学这门新学科的密切联系。新世界历史文化发展的考古调查不断增多,这一现象促进了美洲人类考古学的兴起。自19世纪以来，玛雅地区成为了此类研究的中心（图2.2、图2.3和图2.4）。

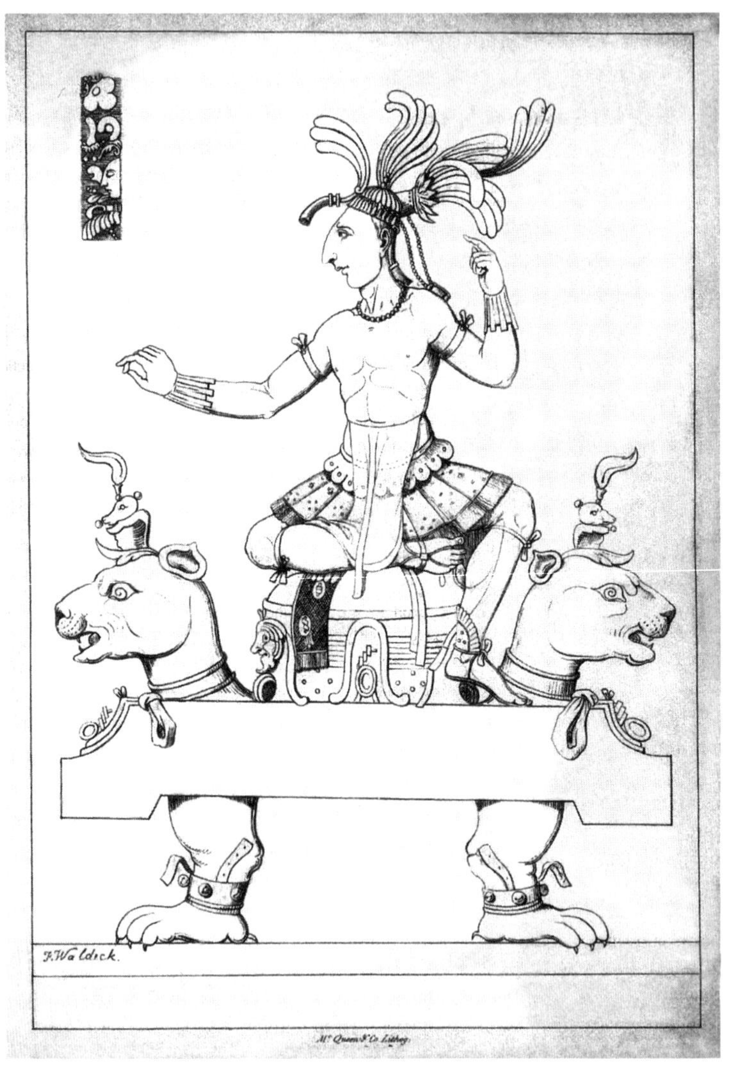

图2.2　来自德尔·里奥1822年发现的帕伦克美洲虎王座绘画　让-弗雷德里克·瓦尔德克（Jean-Frédéric Waldeck）在墨西哥恰帕斯州帕伦克绘制的美洲虎王座（the Jaguar Throne），这是最早发表的对古玛雅遗址的描述之一（来自德尔·里奥，1822年）。

图2.3　阿尔弗雷德·莫兹利对科潘的研究　阿尔弗雷德·莫兹利的研究开启了调查古玛雅文明的现代纪元。19世纪末，莫兹利绘制、挖掘和拍摄了许多主要的玛雅考古遗址（发掘于大广场的科潘石碑C的照片，来自莫兹利，1889年—1902年）。

图2.4　飞行器辅助下的蒂卡尔项目多学科交叉研究　由宾夕法尼亚大学博物馆赞助的蒂卡尔项目（1955年—1970年）是对玛雅遗址进行的首次大规模多学科考古调查；这项工作几乎完全由DC-3等型号的飞机提供援助，当时蒂卡尔还未通路（1966年7月）。

玛雅考古项目

几个世纪以来,人们一直勘探、记录和掠夺玛雅文明遗址。1787年,西班牙一个炮兵团团长安东尼奥·德尔·里奥被派去调查位于帕伦克(在今墨西哥恰帕斯州)的一座失落的古城的消息。他勘探了遗址,将调查结果报告给上级长官,并搜集了陶器、燧石制品以及雕像碎片。他的报告最后出版于1822年(图2.2)。然而,即使以他那个时代的标准来衡量,德尔·里奥的勘探方法仍具有随意性(用他自己的话来说就是"没有堵住一扇窗或门道,也没有推倒一面隔墙")。

在接下来的一个世纪里,一批包括约翰·劳埃德·斯蒂芬斯和弗雷德里克·卡瑟伍德在内的探险家孜孜不倦地发掘并记录了几十处玛雅遗址、雕刻纪念碑及建筑[见彩图2(c)]。从这一探索时期到现代系统化考古调查开始,这一过渡是渐进的。但是到了19世纪晚期,阿尔弗雷德·P.莫兹利在洪都拉斯科潘的研究开启了对玛雅地区科学考古研究的时代(图2.3)。从那时起至今,已有许多来自不同国家的机构和考古学家进行了调查,这为古玛雅和前哥伦比亚文明的发展提供了越来越多的信息和更广阔的背景。

过去的一个世纪以来,考古研究的发展也受到越来越复杂的理论体系应用的推动,用以指导考古证据的获取和解读。最基本的案例是文化历史理论,它基于地层学(stratigraphy)和有意义的比较,通过构建时间和空间框架来定义年代学和"考古文化"。这些框架被持续用以定义包括古玛雅在内的中美洲历史社会的时间跨度和领土范围。

自20世纪中期以来,文化历史框架由更明确的科学研究和解读大量扩充,这些科学研究和解读基于文化生态学和文化唯物主义的理论指导,通常在过程考古学(processual archaeology)的标签下相融合。因此,在20世纪下半叶,有关古玛雅的新信息呈爆炸式增长。该现象的出现是因为各种研究为历史研究提供了全面视角,其中包括在伯利兹巴顿莱米(Barton Ramie)玛雅区域先行应用的聚落模式研究(settlement pattern studies);综合性多学科调查,例如危地马拉的蒂卡尔项目;以及更具针对性的问题导向研究,例如尤卡坦的科苏梅尔项目(Cozumel Project)。这些研究以及后来许多研究产生了大量关于不同环境中人群的适应性反应、资源获取、贸易、人口规模和组织的新信息及其他数据,而这些数据使古代玛雅的经济、社会和政治体系得到前所未有的重构。

然而,同样可以明确的是,过程性方法存在局限性,尤其是以排除其他研究策略和解读的方式运用时。比如,某些过程性研究将生态适应或人口压力等“原动力”认为是包括农业发展和国家起源在内的重大历史变化的主要原因。但是进一步研究总能暴露这些原因之外的特例,或是其他关键因素的参与。事实上,各种因素常以相互作用的系统为模式,将各种因素相结合通常更有可能解释考古记录中所见的变化。而过程性方法通常认为考古记录中的变化反映了整个社会内部大一统的趋势,它并没有考虑到社会内部个体或团体反应的多样性。纵观历史,个人和集体行为改变整个社会方向的案例却比比皆是。过程性方法还存在其他问题。比如,文化唯物主义(cultural materialism)尤其倾向于忽视意识形态等非物质因素的重要性。但是,如历史所示,意识形态在加强决策者的合法性方面往往至关重要,无论是促进还是抵制社会变革的趋势,意识形态往往起到决定性作用。

20世纪末,这些问题及其他问题导致多种理论方法从过程性方法中分离,形成一个松散的集合,这个集合通常被称作后过程考古学(postprocessual archaeology)。毋庸置疑,其中有些替代方法早于后过程考古学的兴起。比如,马克思主义考古学(Marxist archaeology)借鉴马克思主义理论来考察过去社会的内部冲突,有效反驳了考古记录代表一种社会共识的过程性假设。女性主义考古学(feminist archaeology)纠正了植根于历史过程性观点的以男性为中心的主流刻板印象,证明女性是过去社会的重要组成部分,也是变革的积极推动因素。这些及其他后过程性方法有着共同的目标,即拓宽考古学家尝试理解过去的思路。实现目标的手段包括注重历史作用因素的重要性——个体、家庭和小集体在大的社会背景下的作用和影响变革的能力。与此相关的是以过去社会中民族、性别和其他差异为中心的方法,以及这些不同的研究方法是如何影响社会进程的。最后,值得注意的是,所有这些研究历史的新方法同样承认研究者的行为和观点影响研究的执行和结果(图2.5)。

客位和主位历史观

尽管这些理论观点不断改变,考古学仍然是一门有关人类学和历史学的学科。但因为北美的人类学始于19世纪对美洲土著社会

图2.5 当代考古发掘 当代考古研究将最先进的方法与传统的挖掘技术相结合(危地马拉坎昆正在进行挖掘工作)。

的研究，这些民族的前哥伦布时代祖先的考古学研究一直与人类学有着更紧密的联系，因此通常被称为人类考古学(anthropological archaeology)。20世纪，人类学发展出了两个概括性视角来理解现存的社会：一个是“客位”视角，目的是提供一个无偏见的、非侵入性的、科学的视角；另一个是“主位”视角，目的是提供一个内部视角[这些术语是继“语音”(phonetic)和“音位”(phonemic)这两个语言学术语之后产生的。“语音”指的是在所有人类语言中使用的基本声音，而“音位”指的是每种语言中有意义的声音系统]。

这些区别突出了过程考古学和后过程考古学之间的另一处对比。过程考古学致力于变得更加科学——换言之，过程考古学采用一种客位的、科学的视角来重构历史。然而无论过去还是现在，单靠科学视角还无法完全理解人类社会。尽管人类受制于自然条件和过程，例如土壤肥力和基因变异，但是人类行为还受到环境和自然选择之外的因素制约(笔者仅引两例)。人类行为还体现每个社会特有的信仰、习俗和传统。后过程性方法以更加平衡的观点为目标，追求主位视角，这种视角力图对每个历史社会建立一种更加全面且基于内部的理解。

这两种方法都有其可取之处，许多考古学家试图在科学的客位立场与更具人文主义的主位视角之间取得平衡。当然，许多人类学家之所以能够形成深刻的主位观点，是因为他们可以与现世的人交谈，加入其活动，学习其语言，并被接纳，成为其中一位社会成员。显而易见的是，追求主位历史视角的考古学家无法与长眠许久的人交谈互动，也无法成为消失已久的社会中的一员。不过，至少还有方法能接近主位理解。历史提供了一个明显的方法来获取此种内部观点，因为历史使得研究者能够阅读过去之人关于自己的记录。然而，不幸的是，没有现存的(或破译的)文本能代表绝大多数的历史社会。

尽管一些考古学家相信，陶器碎片对他们而言意义重大，但事实上，文字记录才是主位方法最坚实的基础。然而，就算想要得出一个带有偏见的认识，还有不那么直接的方法。民族史（ethnohistory）便是其中之一。考古学家利用口述史或史前社会后代所写的后期记录来解读该社会留下的遗迹。部分考古记录本身可能存在有意义的编码，这些编码可以提供一种主位视角。例如，过去人们看待世界的方式可能会反映在任何事物上，从墓葬供品到建筑物在景观中的排列方式。如果运用类比或民族史的方式，可以在考古记录中识别反映这些观念的模式，便能实现主位历史观。

客位观和主位观各有其优势，也各有其缺陷及偏差。客位考古学将自身局限于从物质遗骸中进行推断，假设在基本层面上，所有人类社会中的民族和群体的行为或多或少是一致的。无论是在玛雅遗址还是在非洲或亚洲的遗址，一个家庭贝冢（midden）或一个带有进口物品的人类墓葬都反映了相同的基本行为类型。主位考古学质疑这种推测，并尝试发现每个消失社会中特有的模式。这就是为什么口述传统或文字资料如此重要，因为它们通常反映的不仅仅是活动，还有关于态度、信仰和动力的线索，而这些不可能单独从物质遗骸中搜集得来。然而，我们都知道，历史文献反映了其作者的偏见，即使我们可以阅读古代文献，我们也必须从事实中剔除虚构。

研究玛雅的考古学家是尤其幸运的，因为与其他任何前哥伦布时代的社会相比，古玛雅人不仅为我们留下了丰富的物质遗迹供客位调查，同时也为主位研究提供了大量书面记录（见第三章）。因此，古玛雅为我们提供了一个主位窗口——这个窗口只局限于玛雅浩荡发展轨迹中的一部分，几乎完全局限于社会最上层的部分，但这个窗口却能以更偏向历史的观点补充科学观点。只要我们承认我们对历史的推测只能尽可能贴近史实，而这些推测都会被以后的发现所补

洪都拉斯科潘的考古

自1576年唐·迭戈·加西亚·德·帕拉西奥斯(Don Diego García de Palacios)对这个著名遗址进行描述以后,它便开始为人所知。1834年,胡安·加林多(Juan Galindo)在科潘卫城的东庭下发掘了一座坟墓。虽然挖掘的材料后来消失了,“加林多之墓”(Galindo's Tomb)成为了第一座被报道挖掘的玛雅王室陵墓。几年之后,外界通过约翰·劳埃德·斯蒂芬斯和弗雷德里克·卡瑟伍德的描述和插图发现了科潘。从1885年开始,阿尔弗雷德·莫兹利测绘并挖掘了科潘的核心区(Main Group),并拍摄了科潘的雕塑(图2.3)。1891年到1894年,哈佛大学皮博迪博物馆继续了这些调查。20世纪早期,西尔韦纳斯·莫利记录了科潘的雕刻纪念碑,他也是第一个指出科潘的核心区只是遍布科潘河谷的古代聚落遗迹的一部分的人。继此项工作后,华盛顿卡内基研究所于1935年开始了长达十多年的挖掘和修复工作,包括通过将科潘河(Copan River)从科尔特(the Corte)分流或将侵蚀其东侧的河流切割,使科潘卫城免遭破坏。卡内基项目还重置了倒塌和破碎的纪念碑,挖掘了五个主要建筑,包括著名的铭文之梯(Hieroglyphic Stairway)和球场(Ball Court),以及在三个卫城建筑下挖掘隧道,以寻找早期建筑。

1975年,当戈登·威利(Gordon Willey)开始调查科潘河谷的古典期聚落时,科潘的考古研究得到了更新。自此,科潘的研究一直在继续,这是在玛雅遗址进行的时间最长、规模最大的考古调查之一。威利的科潘河谷项目(1975年—1977年)确定了河谷基本聚落模式,并挖掘出了首个住宅区样本。洪都拉斯人类学和历史研究所于1977年至1980年赞助了科潘考古项目的第一阶段,该项目进行了进一步的河谷沉降工作,并在核心区开启了挖掘工作。这项调查的第二阶段(1980年—1985年)继续这些项目,并进行更多的河谷沉降工作。自1985年以来,科潘的研究在各种项目中继续进行。这些工作包括进一步的河谷沉降调查和对北群(North Group)和8N-11群(Group 8N-11)的偏远精英建筑群的挖掘。同时,科潘马赛克项目(the Copan Mosaics Project)辨认出了核心区中倒塌的雕塑正面的巨型身体。科潘卫城考古项目(PAAC, 1988年—1995年)是核心区规模最大的项目。科潘卫城考古项目保留并加固了科尔特卫城,并挖掘了卫城以南的墓地群(the Cemetery Group)。其他科潘卫城考古项目研究依赖在卫城下进行的广泛隧道挖掘,包括10L-26建筑群项目、10L-16建筑群项目及早期科潘卫城项目,这些项目从科尔特挖掘了一系列不同程度的隧道来记录早期古典卫城的考古历史,并于2003年完成挖掘和巩固工作。

充、修改，甚至推翻，我们便可以将两种方法中最精华的部分相结合，以产生有用的效果。

本书的观点和目标

有些人拥护一种调查方法，并认为其他所有方法都不成立。我作为一名考古学家的经历教会我，不要不假思索地拒绝任何单一理论或观点，而需接受所有提供充分依据、做出贡献的理论，从而更好地理解历史。因此，本书采用全面的玛雅历史观，从合理构建的年代学和空间模式开始，因其受到文化历史方法的认可；本书还包括文化生态学和文化唯物主义等过程性方法，尤其是作为社会演变这个宏观视角的基础；此外，本书结合了马克思主义、女性主义及后过程考古学，认识到了考古记录同样反映了社会内部的矛盾和冲突，以及个体和集体行为，其中包括男性女性个体、派系和种族群体以及构成古玛雅社会的其他分支。

我的经历还告诉我，广义上来说，客位和主位历史观都是成立的。尽管在特定情况下，某一观点会更为有利，但理解历史的最好方法是结合两者的资源，尤其当其中一种观点可以用来检验或扩充另一种观点时。因此，本书不仅包含严谨科学的考古学发现和解读，还包含玛雅铭文的主位历史阐释与见解。因为历史文本很少或根本不记录特定话题，所以一些例如关于玛雅存续的讨论将很大程度上基于过时的科学过程性考古学结果。不过在其他方面——例如总结古典期政治历史方面——玛雅文本提供了大量独特而有趣的信息。可以确定的是，其中一些信息是虚构的，或是事件被歪曲后的版本，然而通过比较一个文本与另一个文本，或者将历史记录与泥土考古学(dirt archaeology)的证据进行核对，我们通常可以确定这些记录的可靠性。然而有关历史的谬论和歪理同样重要,因为它们告诉我们玛雅统治者的信仰和权力来源的相关信息,特别是事件是如何被操纵的,以及这种操纵的目的。因此,本书会包含片面或扭曲的历史记录,目的是对玛雅统治者面临的问题以及他们如何努力解决此类问题形成一定的见解。

本书有两个总目标。首先,本书呈现了我们对于有着两千五百余年发展历程的古玛雅社会认识的综合面。这一综合面基于考古学和历史记录,这为引申出第二个目标提供了经验证据,即更好地理解这两千五百余年社会文化发展进程的原因和结果。

第一个目标本身就很重要,尤其是作为保护当今玛雅人文化遗产的一个步骤。正如引言所说,玛雅人长期以来一直因其杰出的艺术、建筑和数学成就备受赞誉。尽管一些赞成古玛雅成就独特性的观点,尤其是他们所设想的和平社会秩序,已经被越来越多的证据彻底推翻,但玛雅人民那些极具正面意义的、令人钦佩的成就,现在仍然值得一提。宣传玛雅过去真正的成就对于现在有着积极作用,对于当今的玛雅后裔而言尤为如此。这一点至关重要,因为欧洲殖民者长期诋毁玛雅人及其他美洲土著民族。因此,古玛雅的成就成为现代玛雅民族重新发现过去、增强民族自尊的一个重要手段。幸运的是,玛雅考古学家正发挥着越发积极的作用,与玛雅社区合作,以促进重新发现过去的这一进程。

第二个目标也很重要,因为对于考古学家而言,玛雅历史提供了世界上任何地方都能找到的前工业化文明演变的最佳记录案例之一。在长达一个多世纪的考古研究的揭露下,玛雅文明的进程与旧世界(如古埃及)的发展有着许多相似之处。事实上,玛雅经常与其中美洲的邻居(奥尔梅克、萨波特克和特奥蒂瓦坎),安第斯文明,埃及、美索不达米亚、印度河流域及中国等旧世界文明一起被列入世界早期文明的名单。与其他美洲土著社会一样，玛雅文明的演变过程丝毫不受旧世界文明的影响。因此，玛雅为人类学研究经济、社会、政治和意识形态体系的发展过程及其在日益复杂的社会发展中的作用提供了极好的机会。

基本概念

复杂的社会和文明是相互重叠的概念，它们有各种不同的定义。从我们的角度而言，“复杂社会”指的是比平等社会拥有更多复杂和混杂结构的社会。平等社会中，唯一的不公平基于性别和年龄（比如未成年人和成年人）。复杂社会比平等社会更庞大，它们由地位和角色类别组织而成，凌驾于那些由性别和年龄界定的社会之上。它们的特点还在于获得资源的机会不同，从而产生诸如等级或社会分层等经济和社会政治的不平等。“文明”是一个更加主观的术语，但它通常指的是具有复杂的文化和智力发展的社会，通常以明确的建筑和艺术风格、工程成就和文学作品为特征。简而言之，所有文明都是复杂社会，但是文明仅仅指最大、最发达的复杂社会。城市常被视为文明的特征——城市是专门从事各种非粮食生产活动的大型综合性聚落。生活在城市中的人通常也生产食物，生产地点在家庭花园中或是城外的农田里。然而，相当一部分城市居民专门从事其他活动，例如行政、制造、贸易和宗教。城市居民通过与农业腹地交换商品和服务来生活，农业腹地生产城市消费的大部分食物。一些考古学家声称，古玛雅没有城市，因为居住区分布更为分散，这使得大多数玛雅古遗址的形态不那么“城市化”。虽然大多数玛雅城市的人口并不像美索不达米亚甚至墨西哥中部那样高度集中，但大多数玛雅城市的聚落更为分散，这事实上是对其位于热带低地环境的适应性反应。

不该因为玛雅城市的外观不符合我们对城市应该是什么样子的认知，而认为它不复杂或不重要。分散的聚落是对热带环境的一种有效适应，它为世界各地城市所定义的其他活动提供了粮食生产的空间。因此，玛雅城市也是行政、制造、商业和宗教的专门中心，因此与其他古代城市有着相同的功能。

复杂社会和文明发展的起源和因果因素长期以来一直是人类学研究的主题。最近从考古和历史资料中获得的有关玛雅人的信息空前增加，使我们有机会对这一过程进行更精确和详细的解释。这不仅增加了我们对于玛雅社会文化演变的理解，还增强了我们对于世界各地复杂社会起源和发展的基础因素的理解。

历史社会模式

通过大量比较世界各地的人类社会，人类学家已经明确了各种各样的组织的复杂性，这些复杂性是由民族志学和历史学研究定义的。人们组织社会的不同方式提供了跨文化模型，这些模型可用于解释考古记录，通过匹配这些模型与考古数据，帮助重建古代社会的各个方面。这使得考古学家能够识别模型和数据之间的联系（相似性）和区别（差异性），因此反过来又为考古数据的解读提供了新选择，并允许提出新的问题来解释模型和考古数据之间的不一致性。但是人类学模型是抽象事物，而不是允许重建过去的完整模板。显然，若假设基于一个社会的模型可以完全解释另一个社会的结构，这种假设并没有考虑到所有社会在某种程度上是独一无二的。此外，有一点将会明确，玛雅文明并不是一个统一的发展过程，它在时间和空间上表现出相当大的多样性。因此，将基于另一个社会的任何单一组织模型应用于玛雅，同样意味着古玛雅社会内部存在一定程度的统一性，而实际上这种统一性并不存在。

还有大量数据来自玛雅人自己的民族历史和民族志研究。这些数据提供了基于玛雅的模型，通常包含更具体的关于玛雅模式和行为的信息。基于玛雅的模型可以为我们解读考古数据增添重要细节，尤其是解决跨文化模型和考古数据之间的分离问题。但这些模型同样必须考虑玛雅历史固有的变化及多样性。

通过同时运用人类学模型和基于玛雅的模型，考古数据在某种程度上被解读为，能够进行跨文化比较以及确定许多专属于玛雅社会的具体特征。其结果可能是对古玛雅社会最完整的描述。上一章中对玛雅城市的描述便是一个例子，根据从跨文化人类学模型和民族志、民族历史和考古学研究（分散的聚落模式和生存模式）中得知的显著特点——这些特点使得玛雅城市与其他绝大多数城市不一样——描述指出了玛雅城市与其他社会共有的特征。在此过程中，还确定了对玛雅城市几种不同特征的解读（为了适应城市内粮食生产的有效聚落）。

本书将涉及几种帮助解读玛雅考古数据的人类学模型。其中一些与人类学家定义的特定组织领域有关，例如社会或政治组织模式。这些是共时模型，因为它们试图描述某个时间点的组织，而不考虑这些组织是如何随时间变化的。为了描述这个时间维度，考古学家还使用历时模型。本书将提到一个历时模型，即多重线性社会演变，以更好地定义发生在玛雅文明发展进程中的时机与关键变化。

复杂社会和文明发展

这里使用的多线性文化进化模型（multilinear cultural evolutionary model）来源于人类学和考古学研究的悠久历史。在其普遍形式下，

表2.1　酋邦和城邦

酋邦(chiefdom)和城邦(state society)的差异性

	酋邦	城邦
考古特征	纪念性建筑(寺庙、集结区) 三级遗址等级制度 威望商品	纪念性建筑(寺庙、集结区、宫殿、城墙等) 四级遗址等级制度 威望商品、领土边界等
社会融合度	低——基于战争和商品的再分配(酋长)	高——基于行政当权者(统治者或国王)的集中控制
社会不公正	等级基于与酋长的关系	基于地位和财富的社会分层
权力资源	战功,意识形态,由礼物和宴饮创造的义务,等等	战功,意识形态,义务,经济管理,强制力和法律

它是根据经济社会融合程度及社会不公正现象攀升的考古指标所定义的演变序列而建立的。该模型提出,早期社会是小规模的平等主义组织,而随着时间的推移,这些社会发展成了规模更大、更复杂的组织,与之相伴的是不平等现象的加剧。这些早期的复杂社会最终形成了一种通常被称为酋长制的组织形式,它为一个更为复杂的系统——国家——提供了基础,而国家往往等同于文明(表2.1)。

通过定义广泛的规律性,这个理论演变序列在古玛雅人的考古数据中找到了支撑依据。然而,这不是一个僵化的或是确定性的演变序列,而是一个多线性的观点,该观点认为,每个社会都会根据当时主流的条件和环境,以独特的方式随着时间的推移而变化。因为每个社会都是自身条件和环境的产物,没有两个社会遵循相同的演变路径。在这个多线性演变模型中定义的"阶段"仅仅是允许相似社会进行有意义的跨文化比较的参考点。尽管8世纪的玛雅诸国与同一时期的撒克逊诸国或一千二百年前的希腊诸国有一些共同的特质,但毫无疑问,它们在许多方面也存在差异。此外,如前所述,玛雅王国从来不是统一或静态的。任何时间点,玛雅版图上的国家在规模和组织上都是不同的,每个国家都随着时间的推移发生了深刻的

墨西哥尤卡坦州奇琴伊察的考古

这是华盛顿卡内基研究所首次大规模进行玛雅考古调查的地点。西尔韦纳斯·莫利从1924年到1940年指导了奇琴伊察的发掘工作。卡内基研究所的考古学家与莫利合作,发掘并修复了该遗址的大部分著名建筑,包括大球场(the Great Ball Court)、卡斯蒂略城堡(El Castillo)、武士庙(the Temple of the Warriors)和卡拉科尔。参与的考古学家包括厄尔·莫里斯(Earl Morris)、安·莫里斯(Ann Morris)、哈里·波洛克(Harry Pollock)、卡尔·鲁珀特(Karl Ruppert)、古斯塔夫·斯托姆斯维克(Gustav Stromsvik)、J.埃里克·汤普森(J. Eric Thompson)和罗伯特·沃科普(Robert Wauchope)。在奇琴伊察工作期间,莫利为考察队提供装备以探索和测绘其他遗址,包括玛雅两大首都:科巴和卡拉克穆尔的遗址。

自卡内基研究所团队开展考古工作以来,人们在奇琴伊察进行了一系列调查,并对遗址的主要建筑进行了进一步的发掘和修复。这一过程中,人们在后来的建筑物下发现了几乎完好无损的结构,并追踪了这座大城市的边界以及周围的几个次要中心,也有建筑和陶瓷数据的宝贵记录。总体考古表明,奇琴伊察是所有古玛雅城市中最大的城市之一。

卡内基研究所的研究将奇琴伊察最明显的结构划分为两个建筑时期:与普克建筑风格有关的“花草纹”(古典终结期),或与玛雅石工技艺传统中添加非玛雅建筑特征相关的“改良花草纹”(后古典期)。这两个建筑年代与陶器序列相关联,且古典终结期切佩奇陶器(Cehpech ceramics)先于后古典期索图塔陶器(Sotuta ceramics)的出现。最近,越来越多的研究对这些结论进行了修正,有证据表明奇琴伊察的陶器传统和两种建筑风格之间存在实质性的重叠。这些新发现表明,奇琴伊察在古典期晚期初次崛起,在古典终结期到达顶峰,最后在后古典期伊始被抛弃。

变化。

不过,把玛雅国家和撒克逊英格兰、古典希腊或东南亚国家进行比较,可以更好地理解所有社会的动态和运作。比较可能会揭示不同社会内部变化的相似原因和后果,还可能会揭示相似的原因会产生不同的后果,或者相似的后果源自截然不同的原因。

每个社会都发展了自己的传统和行事方式。这些不同的风格通常体现在从炊器到建筑的这一系列考古记录中。相应地，考古学家对于历史的解读趋于灵活，他们意识到演变及其他人类学模型是包含大量变量的抽象概念。尽管历史社会通常会遵循民族志或民族史所承认的模式，但总是会有独特的因素和预期要考虑。另外，因为演变是一个持续的过程，因此通常不可能确定任何演变序列中不同“阶段”之间的过渡点。例如，从一个平等社会过渡到一个初步展现不平等现象的社会是渐进的，而且几乎不可能从考古学上发现。但在某些情况下，过渡是突然的，例如酋邦通过征服扩张，并在建立一个更大、更复杂的国家组织的过程中纳入邻国的领土、资源和人口。

考虑到这些因素，可以提出一个日益复杂的社会中的一般序列，以此作为模型来描述从考古记录中搜集来的玛雅发展轨迹。

文明的演变

综观全球，早期人类社会是平等的，人类依赖狩猎和采集野生食物来维持生计。大多数情况下，狩猎和采集需要人类进行季节性迁移以跟随野生猎物，收获野生植物。包括玛雅在内的所有复杂社会的基础在于，从游牧式狩猎和采集的生活方式向依赖当地可用食物来源的永久定居社区的转变。造成这种转变的原因仍是一个有争议的话题——偶然的选择、意外或必然性可能都起到了一定作用。不论是何原因，永久定居需要稳定的食物资源，这些资源必须近在咫尺且全年可得，或生产足够多的剩余食物，以支撑度过粮食不足的时期。多数情况下，这种生存基础来自于家庭粮食生产——农业和畜牧业——并且允许建立自治的定居社区。但农业发展并非一蹴而就，在旧世界，人们经过几代人的试验，才从家庭养殖和种植的动植物中创造出稳定、可靠和多产的食物来源，从而产生足够的食物盈余，以支持全年定居型社区。

对古代永久定居点的探测取决于考古记录的变化。还有一个问题是，构成永久定居点的证据是什么。一些迹象表明，实质性建筑投资——房屋和储存设施——经常被使用。如果我们可以找到永久定居点的证据，那么如何证明农业，甚至是家庭食物来源对于定居点的巩固是至关重要的呢？至此，考古学家必须修复保存下来的有机残留物——花粉、种子、可食用植物的叶子，或是驯养动物的骨头和牙齿。但要区分野生和家养物种，考古学家必须依靠植物学和动物学方面的专家。如果可以探测早期定居型社区的遗址，它们在整个景观中的模式就能表明它们是如何组织起来的。例如，自治社区的聚落模式可能反映了一个地方区域内的一系列小遗址，这些遗址在规模或构成上都与同时代的遗址没有显著差异。

根据增加粮食生产和其他资源生产的潜力，这些定居型自治社区可能会增加人口和社会差别，而不仅仅是性别和年龄的差别。不平等是社会复杂性的发展基础。例如，能够生产更多食物、创造更多财富，或控制更多劳动力的个体（“强化者”）会获得地位，并且能够指导社区其他成员的活动。社会经济差异，尤其是那些导致部分个体的权力凌驾于其他个体之上的差异，代表了复杂社会的根源。不平等的起源或许可以从房屋遗迹的差异中发现——有些房屋比其他房屋更大、设施更好。如果这些差异从一个社区延伸出去，一个地方区域内的遗址可能会因为自身规模更大，或是拥有独有的特征而显著，这表明这个社区可能比其他规模更小的邻近社区更有权力。通过这种方式，经济等级制度或社会政治控制通常在不同规模的遗址等级制度中反映出来——这个案例被视为普通的两级遗址等级制度。

个体一生中获得的地位和声望得到提高，但不可由后代继承，这就是成就性地位（achieved status）。相反，如果地位差异可以被继承，并世代延续，这就是继承性（获得性）地位［inherited (ascribed) status］——通过这种方式，因太年轻而无法凭借自己的力量获得声望和财富的后代会从父母那里获得更高的地位。有些强化者不仅有能力将财富和声望传给后代，还能将其增加的权力也传承下去。如果社会内部特定的家庭或氏族垄断了高地位和权力，一个精英群体可能会诞生。最后的结果是社会分层，一个小的精英群体维持较高的地位、财富，最终其权力凌驾于其他社会群体之上。这些地位差异可能由于同部族婚姻（限于一个族群或阶级的内部婚姻）而社会性增强，也可能因为意识形态而增强（通过源自非精英阶层的，独立的甚至超自然的神话）。作为此过程的一部分，精英成员通常在社区中掌控核心政治和宗教地位。

当这样一个早期的复杂组织在一个领导人的领导下扩展并兼并了几个社区时，它往往符合酋邦的定义。这种扩张既可以通过婚姻联盟或类似的和平手段实现，也可以通过战争等强制手段实现。当一个社区扩张到控制其邻居时，我们可以开始称其为与酋邦有关的一片领土或一个政体。但酋邦通常强调对人民的控制，而非对领土的控制，因此在这个意义上，政体并不像国家控制的领土那样庞大或完整。考古记录中有几个关键迹象表明酋邦级别社会的存在。包括以下证据：一定程度的工艺专业化和贸易，尤其是把外来（外国）材料作为地位和宗教的象征；征收和再分配贡品；继承的社会等级（房屋、丧葬习俗和社会财富的显著差异）；以及公共工程（通常是在权威人士的指导下，需要动员劳动力的大型建筑）。酋邦的一个较为标准的聚落模式特征是由规模或构成差异定义的。

在一个精英集团管理下，酋邦由一个几乎没有强制力或真正政治权力的酋长行使最终权力。酋长的权威往往取决于他作为战争领袖的成功，但最终他指挥其他社会成员的能力来自于对宗教和财富的控制。酋长通常凭借自己与超自然事物的关系以及自己德高望重的祖先获取权威。他的权力来自于人们相信酋长拥有与超自然事物联络的特殊本领,这种能力可以用来帮助或是伤害他人。为了确保这种超自然力量用于适当目的,人们会向酋长进献贡品——食物、商品以及劳动力,这些贡品是经济过剩的产物。然而,酋长的权力通常仅限于通过劝说和使用征收来的贡品来制定义务,以及通过宴会、送礼和仪式建立联盟。通过给予这些恩惠,酋长获得了臣民和盟友持续的忠诚。

随着人口和组织复杂性的进一步增加,最重要的是,社会领导人或领导集团手中的权力增加,酋邦可能会变得更加复杂和完整,直到它符合一个国家的定义。这些变化可以通过几种方式发生。其中之一便是战争,因为战争常常孕育权力。战斗的成功通常需要良好的组织和清晰的指挥与控制路线,这些都来源于领导者,同时给予了战争领导人对其他人的强制权力。当这种来源于组织的强制权力和在战争中完善的指挥路线扩展到整个社会时,国家就可能产生。社会内部权力平衡的这些变化可以用来更好地管理和控制由于一个酋邦征服和接管另一个酋邦而增加的人口和资源。

与酋邦不同的是,国家是由他们所控制的领土来定义的——简而言之,它们形成了一个有边界的政体或王国。大多数玛雅政体规模较小,因此,无论何时,玛雅地区都由许多独立的国家组成,每个国家都管控着一片相对有限的领土。但也存在明显的特例,一些国家发展成为更大、更强大的王国,统治着小型政体。一个国家级社会存在许多考古学指标,首先最明显的证据是集中政治控制,还有商品生产和分配管理、主要公共工程及真正的城市。就聚落模式而言,通常在一个区域内至少存在一个由规模和构成差异来定义的四级遗址等级制度,其中一个遗址起主导作用(政治首都),它比其余遗址大得多,也复杂得多。

危地马拉瓦夏克吞的考古

瓦夏克吞位于蒂卡尔以北，路程大约要步行一天（约40千米）的中部低地。西尔韦纳斯·莫利于1916年组织了一个考察队前往该遗址，瓦夏克吞是第一个被发现的地区。莫利创造了“瓦夏克吞”这个名字，意为“八块石头”（eight stone），9号表彰石碑，一块在玛雅长纪历（Long Count）中有着8伯克盾（Bak'tun）的纪念碑（见第三章），莫利发现它时，这是最早的已知的玛雅日期（公元328年）。经过莫利的初步侦察之后，瓦夏克吞成为了华盛顿卡内基研究所（1926年—1937年）在中部低地进行第一次全面考古调查的地点。参与者包括弗兰兹·布洛姆（Franz Blom）、奥利弗·里基森（Oliver Ricketson）、伊迪丝·里基森（Edith Ricketson）、A.莱迪亚德·史密斯（A. Ledyard Smith）、罗伯特·史密斯（Robert Smith）、埃德温·舒克（Edwin Shook）以及罗伯特·沃科普。这些学者的开创性研究为低地玛雅考古学提供了许多“第一”，包括发现低地第一座主要的前古典庙宇“建筑E-VIII-sub”，以及第一个极为齐整的建筑组合E。该遗址的测绘引起了对低地玛雅遗址的初期定居点的调查，罗伯特·沃科普对家庭遗迹的挖掘建成了玛雅地区最早的家庭考古学。中部低地的第一个考古学年表建立在罗伯特·史密斯的瓦夏克吞陶器序列之上，同时还结合了历法铭文、建筑发展和其他指标。陶器年表反映了瓦夏克吞人的占领期：起源于前古典期中期，结束于古典终结期。几乎所有在中部低地的其他挖掘工作，包括后来在蒂卡尔的工作，都以瓦夏克吞年表为起点。

玛雅国家在不同的时期和不同的地理位置存在很大的不同，在规模、组织和权力上也有差异。与其他早期国家一样，战争使一些玛雅政体在领土和人口规模上都得以扩张。因此，一些最具侵略性和最成功的玛雅国家控制着庞大的政体，这些政体拥有数以万计的人口。一个中央集权的政治权威通常被制度化为一个领导者或国王担任的最高职位，它统治着大多数玛雅国家。尽管玛雅国王的权威会随着时间的推移而兴衰，但他们的权力由宗教、战争以及臣民的幸福来衡量。这些国王至少拥有一些强制权力，比如决定他人生死的权力，这些权力由国家崇拜或宗教，以及行政人员和官员、宫殿守卫和

军队等级制度支持。

世界各地最先发展起来的国家是工业化前的国家(preindustrial states)。总的来说,这些国家与先前提到的早期文明相对应,它们由自身的建筑和艺术风格、工程成就、文字体系以及城市定义。国家的特点还包括专职的手工艺专业化和复杂社会分层(将社会划分为统治精英阶层和非统治精英阶层),但顾名思义,工业化前的国家与18世纪、19世纪工业革命期间出现的现代工业国家(modern industrial states)截然不同。工业化前的国家不具备现代国家典型的机械化大规模生产、快速通信和高效运输。工业化前的国家依靠人力和畜力,而非更强大的能源,如蒸汽、电力、内燃机和核能。这意味着,工业化前的国家的经济产出远低于现代工业国家。

了解玛雅文明的演变

虽然社会进化理论暗示着随着时间推移会产生复杂变化,但这远非一个始终如一的过程。玛雅文明的演变就是一个很好的例子,因为考古记录揭示了一系列的起伏循环,或者说是扩张和收缩的循环。古玛雅社会的发展可以追溯到公元前1000年到1500年,在此期间,工业化前的国家继承了酋邦式组织(chiefdomlike organizations)。但这时镶嵌式玛雅政体(mosaic of Maya polities)的规模和复杂性也出现了相当大的波动。古埃及国家在统一的河流环境中发展,而与其发展过程不同,玛雅文明是在沿海平原、崎岖的高地和热带低地森林这样极其多样化的环境中持续发展的。玛雅文明由一系列独立王国的兴衰左右着,这让人联想到古典的希腊城邦,抑或是黑暗时代的英格兰撒克逊王国。但与亚历山大大帝统治下的希腊,或征服者威廉一世统治后的英国不同,玛雅人从未通过征服和帝国来达到政治联合，因此，独立政体扩张和收缩的循环一直持续到16世纪欧洲干预之时。

然而，玛雅国家的特征以及很大程度上古典玛雅文明的独特性，都是一些主要因素的产物，这些因素与埃及、美索不达米亚、中国、希腊和其他地方早期文明崛起的潜在因素相似。在此过程中，这些工业化前的文明都形成了自己的传统和风格。但正如埃及、美索不达米亚、中国和希腊一样，玛雅国家的基础是由经济、社会政治和意识形态体系表现出来的文化传统所塑造的，这些传统规范着人类的活动和关系。而这些因素并非孤立地发挥作用，正如我们将看到的，它们相互交织、相互促进。实际上正是在它们复杂的相互作用中，这些经济、社会政治和意识形态体系才成为理解玛雅文明发展的关键。

当然，作为科学观察者，我们根据自己的思维方式，将人类行为的领域划分为经济、社会、政治和意识形态。然而，尽管这样做有利于更好地研究过去，但并非所有的社会都能认识到这些相同的行为差异。事实上，古玛雅人并没有按照我们的分类去看待他们的世界。对这些不同行为领域的研究确实能让我们更好地理解玛雅文明的起源和发展，但解开过去谜团的关键在于发现经济、社会、政治和意识形态体系相互关联的方式。同时，我们不能认为其他领域没那么重要，而将研究只局限于某些行为领域。归根结底，玛雅地区多样化的环境也影响了古玛雅社会从经济到意识形态的方方面面；因为气候、景观和资源带来的机遇和约束，以及与邻近社会的关系，都有助于对玛雅人的塑造。

本书将进一步讨论这些话题，但在本章节，我们将简要介绍这些因素对促进玛雅文化传统和古玛雅文明的崛起所产生的作用。

玛雅经济

广义上说,经济体系指的是社会可用资源的分配——劳动力、粮食、原材料以及商品生产和分配。基本的区别通常就在于这些资源在多大程度上由社会成员集体管理(“社会经济”)或由特权贵族集中管理(“政治经济”)。平等主义社会不是集中控制经济,而在另一方面,国家级社会却在不同程度上集中管理经济。因此,复杂社会发展的一个关键因素在于政治经济的发展(政治贵族掌控劳动力、商品生产和分配的程度),以及政治经济与社会经济融合的方式。

生存和人口增长

玛雅文明的基础在于环境状况、粮食生产(生存)和人口增长之间的关系,这些因素对每个人类社会都很重要。如我们所见,季节性降雨使得玛雅某些地区特别依赖储水,而控制这些水源的人也就掌控了权力。但在大多数情况下,粮食生产的其他方面仍与玛雅政治经济无关。诚然,环境和粮食生产影响着整个人类社会的特征,包括人们的健康和营养状况以及社会发展的规模、密度和组织复杂性。玛雅人充分利用了多样化的环境、丰富的资源,以及最初通过狩猎采集获得的各种食物来源。事实上,在整个前哥伦布时代,狩猎采集野生食物提供了必需的膳食蛋白质。而后来才有了养鱼的人工池塘,以及圈养鹿和其他野生动物的围栏等创新方式。

最早的耕作方式是刀耕火种——清理、焚烧土地,接着种植玉米、豆类、南瓜和其他各种家养作物。如果不对作物所需的营养元素加以补充,热带土壤在几年耕作后就会枯竭,因此人们会清理并耕种新土地，休耕旧土地。精心的管理，例如保留栽植的大树并间作几种食用植物，可以使土壤恢复得更快。刀耕火种这种农耕方式适用于各种环境，从山坡到低地丛林、灌木丛。边缘地区不宜用其他耕作方式，都是采用刀耕火种的方式，例如一些干燥的低地浅滩。今天，从危地马拉高地到尤卡坦低地，刀耕火种仍是玛雅人普遍使用的一种耕作方式。

刀耕火种是粗放型农业的一种耕作方式，需要大面积的土地来支撑相对较低密度的人口。较高密度的人口需要的则是集约型农业，即通过自然或人工补充的土壤肥力来提高产量。河谷中周期性洪水导致的泥沙淤积能使土壤肥力自然恢复。家庭厨房花园土壤的肥力是靠生活垃圾来维持的，这种技术仍可在今天的玛雅社区中有迹可循。其他集约化方式，现在不太常用或没有使用，包括农业梯田耕作、台田和灌溉。而在玛雅高地的部分地区和低地的丘陵地区发现了古代梯田耕作的证据。像墨西哥中部奇南帕斯（“浮动花园”）这样的台田，可以有效地利用沼泽或排水不良的土地。肥沃的土壤要通过定期疏浚沼泽淤泥来补充养分，然后在这些土壤平行或交叉的山脊上种植作物。运河排干台田里的水之后，还可用于养鱼和其他水生食物。古代高地和低地灌溉的例子都有文献记载。

这些不同的生存适应方式对玛雅文明的崛起至关重要。如我们所见，不同农业方法的组合和栽培的物种模拟了自然生态系统的多样性和分散性。每种生存方式都很适合特定的环境。随着新的区域被殖民，新的环境生态被一种或多种耕作方法开发。由此，要重新决定并推广成功的方法。特别适合集约型粮食生产和其他资源丰富的地区为人口增长和更大的聚落提供了支持，这反过来又为进一步扩大集约型农业方法的多样性提供了强大动力。人口增长不仅需要增加粮食产量，还需要改变社会组织。在特定的环境中，狩猎和聚集生存可以养活几个独立家庭规模的群体。粗放型农业耕作方式，比如刀耕火种，可以为众多家庭组成的自治村提供帮助，这些自治村拥有决策组织，如户主组成的理事会。集约型农业可以为许多以较大城镇为首的聚落提供帮助，从而为决策组织增加新的结构。人口增长的这些结果源于人口绝对数量的增加（人口增长）和单一地点人口数量的集中增加。

尽管在较大的玛雅城市，人口密度越来越高，但整体上玛雅的聚落比其他大多数工业化前的国家更为分散。同时，玛雅环境的多样性为不同的生存方式和资源提供了支持，因此，也激发了专业化、人口增长和政治控制方面的不同潜力。粮食和许多商品的聚落和生产都很分散，这促进了集中市场的发展，为商品交换提供了有效的节点。尽管在这个问题上存在争议，但大量的证据表明市场体系在一定程度上是由贵族管理的。换句话说，市场至少在掌权者的控制下整合了政治和社会经济的重要组成部分。

分散的聚落和资源也促进了整个玛雅地区贸易路线的延展，而对贸易路线和货物的控制是政治和社会经济的另一个交叉点。作为社会经济的一部分，地方贸易允许大量拥有某些产品的聚落与其他聚落交换，以获得当地无法获得的东西。这促进了基于聚落和地区之间共生关系的复杂经济，因为每个人都依赖别人来满足他们的部分需求，以作为回报。因此，在不断扩大的贸易网中，环境和适应性反应的差异促进了贸易的发展和相互依存。日益增长的贸易联络网也促进了繁荣，并最终刺激了更多的人口增长。

专业化和贸易

早在文明出现之前，玛雅人就已经在家庭和聚落之间形成了商

危地马拉卡米纳尔胡尤的考古

卡米纳尔胡尤是所有玛雅高地遗址中最大的遗址,但它因现代危地马拉城的扩张而几乎被摧毁。19世纪80年代,阿尔弗雷德·莫兹利绘制地图时,危地马拉城外的乡村景观中有两百多个巨大的土堆。1925年,墨西哥考古学家曼努埃尔·加米奥(Manuel Gamio)在卡米纳尔胡尤进行首次考古发掘,发现了与墨西哥峡谷早期材料相似的前古典期遗迹。公元935年,城市扩张开始侵占卡米纳尔胡尤。当时,阿尔弗雷德·基德(Alfred Kidder)和奥利弗·里基森开始在华盛顿卡内基研究所的赞助下开始新的发掘工作,以便更全面地了解玛雅前古典期的发展。当基德和埃德温·舒克挖出E-III-3土堆时,这个目标得到了极大的推进。E-III-3是一座大型的前古典期建筑,在被建筑材料的采石摧毁之前必须抢救出来。在E-III-3内部发现的两座大型且布置精心的陵墓为我们提供了第一个证据,它证明了前古典期晚期是玛雅发展的最高点,这是现在所公认的。

卡内基研究所的卡米纳尔胡尤项目是第一个发现玛雅人与墨西哥中部伟大的早期古典城市特奥蒂瓦坎之间联系的项目。在足球场两侧挖掘的两个土堆(当足球俱乐部开始挖掘以扩大他们的比赛场地时发现的)当中,发现了一系列土坯结构,其中一些设计为墨西哥中部的"直板-斜坡"式。这些建筑物下面是一系列坟墓,里面有古典期早期卡米纳尔胡尤的统治者和其祭祀家臣的骸骨。到了21世纪,对这些骸骨进行的分析表明,坟墓主人生于当地,而祭祀家臣是外来人士,可能是战争俘虏。

20世纪60年代,卡米纳尔胡尤启动了第二个大型考古项目,目的是在该遗址因城市扩张而完全消失之前,复原一些信息。这些发掘极大地扩展了卡内基研究所工作的发现,并能够对该遗址从前古典期到西班牙征服时期的演变进行更完整的重建。从那以后,随着现代建筑费用的增加,危地马拉、日本和美国的考古学家开展了一系列小规模的救援挖掘工作,最近的一次是在2003年。20世纪90年代,打捞发掘发现了一系列大型灌溉运河,这些运河的历史可追溯到前古典期中期和晚期。2002年,在加米奥首次发掘的遗址附近,新开了一家专门为卡米纳尔胡尤而建的博物馆。

品分配和服务编配的习俗和方法。集体劳工足以满足玛雅聚落的大部分需求。但即使在社区里,由于经济差异,一些人也比其他人更具优势。一些人生产的食物或商品比其他人更多,从而获得了更高的地位和声望。这种社会和经济差异的出现为一些人提供了掌控分配商品的机会,这是政治经济学的开始,也是玛雅社会迈向更为复杂社会的第一步。政治精英最终控制了玛雅经济的某些方面(特别是长途贸易网络和主要市场),但即使是最复杂的形式,整个体系也融合了社会和政治经济的特征。

玛雅社会中社会和经济差异加剧的原因之一是环境和适应性的差异。有些人和聚落更容易获取资源,或者获取不同的资源。这些差异导致了商品的专业化和商品交换。沿海聚落专门经营海洋资源;燧石或黑曜石附近的聚落专门生产切削工具,并进行远距离交易;食品等其他产品也在高地山谷内进行本地交易。在很大程度上,这种地方贸易仍是社会经济的一部分,不仅建立了经济联系,还在聚落之间建立了社会和政治联系。古玛雅也成为贯穿整个中美洲的长途贸易路线体系中的重要纽带。这些长途贸易路线连接了墨西哥中部(玛雅以西的地区)和中美洲(玛雅东南部地区)。南线沿太平洋沿岸平原延伸,北线穿过低地。南北贸易路线将玛雅地区联系在一起,还将尤卡坦北部及其丰富的海盐资源与南部高地和沿海地区连接起来。贵族对这些路线及其提供的产品的控制成为了玛雅政治经济的支柱。玛雅贵族是墨西哥和中美洲的中间人,还是极受欢迎的资源和商品(翡翠、黑曜石、盐、可可、棉花、绿咬鹃、纺织品、陶器等)的生产商,他们成为了中美洲经济体系的中间人和主人。

随着玛雅聚落不断发展,人们开始集中精力为特定的需求和市场生产商品。这促进了工艺专业化。最初,大多数生产商都是兼职专家,但后来,对一些产品需求的增加导致了全职工艺专业化。这些专门从事技术和劳动密集型工艺的人,比如玉石和其他硬石加工者,往往在更有权势的掌权者的庇护下工作,因此成为政治经济的一部分。为了回报贵族阶层顾客的支持,这些工匠用玉石、羽毛和其他象征政治或宗教权威的外来材料制作了威望商品。一些威望商品在当地销售,但贵族阶层的顾客可以通过控制生产,用其作坊的产品来换取其他地区的商品。

考古记录中有各种商品交换的证据。而商品的流动意味着思想的流动。新的思想推动了创新和改进,所以最能利用创新的那些人在竞争中具有优势。商品和思想交换的重点在于允许商品在单一、集中的位置进行交换的市场。究竟是谁控制了玛雅市场,是由贵族还是平民生产商和销售商进行管理,这个问题一直存在争议。就像贸易网一样,市场更有可能既是政治经济又是社会经济的一部分。在地方一级上,市场允许生产商和整个聚落从事专业化生产(例如石器、纺织品),将其产品带到市场中心,与其他聚落的必需品、信息和想法进行交换。市场中心的相互作用在玛雅社会中形成了社会经济的统一和相互依赖。主要市场通过贵族掌控的长途贸易网连接起来,这些贵族能提供当地没有的外来商品。虽然像黑曜石这样的外来物品可以用来做家务工具,但像翡翠或磁铁矿等其他物品则代表着财富,是统治贵族进行垄断的地位象征。

经济差异

尤其是掌控了劳动力、某些商品生产和贸易路线这些资源的人,获得了凌驾他人之上的权力,并在玛雅社会中形成了贵族统治的开端。对市场中心的控制与小社区中逐渐发展的等级制度息息相关,而控制了市场中心就能统治聚落网。掌控主要贸易联系的贵族可以控制社区纽带网。那些控制了威望商品生产的购买者却享有更大的经济和政治权力。这些经济权力的来源成为贵族地位和权威的重要基础。提供必需品或掌控重要贸易路线的地方城镇具有优势,并发展了各种组织来巩固他们对贸易商品的收购、生产和分销的控制权。这些主要交易中心的贵族管理者增长后的财富、声望和权力，远远超过了较小的交易中心的管理者。与此同时，拥有粮食生产优质土地资源的贸易中心，无疑可以为更多的人服务。举办公众仪式的神庙吸引了更多的人进入人口中心。这些中心占据着粮食生产、贸易和仪式的有利位置，而这些优势往往促使它们成为首批玛雅政体的首都。

从小型贸易和神庙中心到整个王国的首都，贵族权力都是由大多数人的劳动所支撑的。为了养活个体家庭，大多数平民劳动力都投身到食品和商品生产当中。但在玛雅统治者的徭役（Corvée labor）制度下，一些劳动力会被当作财富和权力的来源遭到剥削。这是一种劳役税（labor tax），要求平民（主要是男性）为国家工作一定的天数，特别是在农业活动最少的旱季。神庙、堤道、运河，乃至王室宫殿的建造和维护，都需要徭役。家庭或聚落也可以将其部分产出作为贡品交给统治者，从而完成征税。因此，国家获得了臣民生产的各种商品，包括石器、纺织品或陶器。统治者则可以将这些贡品为自己所用，以奖励贵族管理者，或者与其他统治者建立联盟。

玛雅社会和政治制度

玛雅社会的组织决定和构建了人际关系。受到玛雅文化传统的影响，这些组织构成了玛雅社会的各个阶层，从个体家庭和聚落到玛雅城邦最高阶层。虽然它们各种各样，但随着时间的推移，地位、财富和权力的差异催生了一个复杂的社会，其中有两个主要的社会群体或阶级——贵族、平民。虽然这些差异并不明显，但社会最高层垄断的特权和权力塑造了玛雅文明的许多基本特征。

社会分层（Social Stratification）

最初，社会和经济差别是微不足道的。但随着时间推移，差别逐渐增大，直到玛雅社会分裂成少数垄断财富和权力的统治贵族，以及众多拥有微乎其微的财富和权力的平民。这种区别并不明显，与其说玛雅社会是由两个截然不同的阶级组成，不如说是一个财富和权力差异的连接体。然而为方便起见，“阶级”这一术语可以用来指代玛雅社会中的这些基本区别，其承认玛雅社会中的经济和社会差异是在时空中演变而来的。

能力和经济上的成功也会在平民和贵族之间产生一定的流动性。随着时间的推移和财富的增加，“中产阶级”的出现也成为可能，他们的地位和权力介于贵族和平民之间。尽管如此，玛雅贵族成员，特别是那些可以被贴上“王室”标签的最高权力阶层成员，显然与其他社会阶层有所不同。贵族和平民之间的区别通常由同部族婚姻（endogamy）、意识形态和习俗来维持。这些区别是如何产生的，考古学家和社会科学家一直争论不休。但这一过程在世界各地的工业化前的国家不断反复出现。因为在所有伟大的古文明基础上，都存在着社会分层的发展，即社会分化为拥有巨大财富和权力的统治贵族和广大提供劳动力和资源的从属平民阶层，平民为贵族提供支持，推动社会发展。

社会不平等的根源可以追溯到很多方面，包括社会中的人们在野心、攻击性和智力方面的内在差异。在他们的一生中，有些人会从自己的行为中获得、失去又重获声望。如前所述，某些人相比而言获得的资源更多。资源强者在资源较少的人面前具有声望和权力。通过重新分配资源，资源强者创造了义务和债务，通过赠送礼物或举办宴会来赢得他人的忠诚。随着时间的推移，这些过程导致了地位和声望（排名）的差异，也使得社会中一小部分人掌握了更大的经济权力。不同的地点为其居民提供了不同的机会，因此掌控有利位置的强者往往比那些处于不利位置的强者获得更多的经济权力。例如，某些地区生产的粮食更多，而另一些地区拥有重要的资源和贸易路线。水一直是至关重要的资源，在一些玛雅低地地区，权力可能来自对浅滩以及水库的控制，这些水库能在旱季供水。

但并非所有不平等和权力的根源都是经济上的。有些人垄断宗教权威，获得了更多关于自然力量的知识（决定农业周期的季节时间，行星、太阳和月亮的运行，或者可以治愈疾病的植物），因此声称自己与超自然世界有某种特殊关系。在人们看来，那些掌控宗教仪式的人能够确保降雨、食物并保护自己免受伤害，他们在社会上拥有巨大的凌驾于其他人的潜在权力。对环境的了解以及对某些人能够预测和影响事件的信念催生了宗教专家，成为玛雅社会中不平等和权力的另一个来源。

正如埃及、美索不达米亚或中国，考古学的证据清楚证明了玛雅人经历的这些同样的过程。声望、地位和财富的差异往往首先在人类的墓葬中发现，某些人的葬品数量比其他人多，葬品中更具象征意义的物品也比其他人多。这些可能反映已经取得或继承的地位。带有身份地位标志的婴儿和儿童的墓葬可能表明其继承地位，这为社会等级的差异提供了证据。但并非所有随葬品都是地位的象征，尤其是对于儿童而言，装饰品可以代表对早逝的哀悼和特殊的礼遇。但随着时间的推移，贵族统治不仅体现在墓葬上，还体现在整个考古记录中。与贵族阶层有关的服装、器具和建筑都越发精致，这与平民阶层简单得多的财产截然不同。一般来说，能够垄断经济和超自然资源的个人有可能成为社会中最具权势的一员。

危地马拉蒂卡尔的考古学

蒂卡尔是玛雅最大的城市之一，是全面考古研究的调查对象，从根本上改变了玛雅考古学的进程。尽管科尔特斯和他的士兵在1525年从墨西哥到洪都拉斯的行军途中曾非常接近这里的废墟，但蒂卡尔并不为外界所知，直到1848年由莫德斯托·门德斯（Modesto Mendez）和安布罗休·图特（Ambrosio Tut）率领的危地马拉远征队发现了蒂卡尔。19世纪，古斯塔夫·伯努利（Gustav Bernoulli）将圣殿I和圣殿IV的几块雕刻精美的木过梁，移到了巴塞尔（Basel）的民族学博物馆（Museum für Völkerkunde）。在1881年和1882年的访问中，阿尔弗雷德·莫兹利拍摄了蒂卡尔的雕塑和建筑，1885年和1904年，特奥贝特·梅勒尔（Teobert Maler）接手工作，同时为哈佛大学皮博迪博物馆记录玛雅遗址。阿尔弗雷德·托泽（Alfred Tozzer）和R. E.默温（R. E. Merwin）完成了这项工作，并出版了第一本蒂卡尔地图集。在1914年至1928年间的几次访问中，西尔韦纳斯·莫利记录了蒂卡尔的纪念碑，这是他对玛雅象形文字开创性研究的一部分。在华盛顿卡内基研究所对附近的瓦夏克吞进行发掘时，埃德温·舒克参观了蒂卡尔，发现了H组和两条新的堤道（以梅勒尔和莫兹利命名），并计划未来对蒂卡尔进行调查。

蒂卡尔以前只有靠骑着骡子，从收集口香糖的人开辟的小路才能到达，但在1951年，废墟附近开辟了一条简易的尘土跑道。这使得大规模的人员和物资运送成为可能，也使考古研究计划变得可行（图2.4）。1956年，宾夕法尼亚大学博物馆发起了将持续十五年的蒂卡尔项目。舒克是第一位项目负责人，威廉·柯伊（William Coe）则在过去七年里负责研究工作。对于玛雅考古学来说，蒂卡尔项目的规模是空前的。到1970年项目结束之时，其专业人员共计113位考古学家和其他科学家。研究结果发表在30多份《蒂卡尔报告》中，其中包括1990年出版的关于大广场和北卫城（North Acropolis）发掘的六卷著作。此外，基于蒂卡尔项目研究的学术论文也有一百多篇。在众多突破性成果中，蒂卡尔项目证实了那个以前被视为“空无一人的仪式中心”的玛雅遗址，实际上是工业化前的城市，人口众多，生存之道广泛，贸易网四通八达。如今，蒂卡尔项目的所有研究记录都被整合到一个数字档案中供网站访问。

1970年，宾夕法尼亚大学项目结束，危地马拉人类学与历史研究所仍在进行挖掘和建筑加固工作。第一个集中在G组，这是大广场东南方的一个大宫殿建筑群。随后是对“失落世界”金字塔建筑群的调查。自从这两个项目完成并发表以来，危地马拉和其他国家的许多考古学家从未停止过对蒂卡尔的进一步研究。

政体和国王

政治权力是指在社会内部控制经济、社会、宗教和军事活动，并使这种控制长期持续下去的决策能力。尽管玛雅各国社会政治组织的细节在时空上各不相同，但统治贵族一直垄断着决策权。在某些情况下，由杰出贵族组成的委员会享有相当大的权力；而在其他情况下，他们充其量只是顾问。但玛雅政治组织的历史是由独立政权和中央集权的发展所主导的，例如神圣王权（divine kingship）制度在这些政体中的兴起。玛雅国王（大多数是男性，但也有一些是女性）以库胡尔阿哈瓦（K'uhul ajaw，圣主）的头衔而闻名，他们的权威源自许多方面，有些根据时间和环境而有所不同。但宗教是王权的基础，因为所有控制着宗教仪式的玛雅国王都必须对生活必需品——水、食物和安全负责。玛雅统治者还象征了时间的流逝，他们垄断了与王室祖先的联系的渠道，这些祖先赋予了他们统治合法性的唯一来源。王室权威还取决于国王作为武士所取得的成就、作为军事领袖的能力以及为臣民提供安全保障的能力。玛雅国王的权力还来自于他们对关键资源的控制，从控制可以提供财富和巩固地位的名贵商品（威望商品）开始。在玛雅低地，权力也来自于管理某些当地无法获得的关键资源，例如进口的高地黑曜石和海盐。在某些地方，玛雅国王能够控制主要贸易路线，例如沿河的贸易路线。而在没有可靠水源的王国里，权力则来源于对蓄水设施的控制。

与玛雅其他政治组织相比，解读王室文本能获取更多关于神圣王权的信息。每一位玛雅国王都领导着一个由贵族官员组成的行政层级，很可能还包括一个顾问委员会，但这个组织的细节和职能模糊不清。文本显示，玛雅国王声称自己拥有类似于埃及法老的神圣地位，并通过与众神保持良好的关系，对其王国的繁荣和臣民的健康、安全负责。因此国王在古玛雅社会中既是政治领袖又是祭司。玛雅国王的宗教力量体现在建造神庙（供奉神灵的房屋）上，在神庙里，国王可以通过精心设计的公众仪式来滋养和抚慰神灵，展示他与超自然现象的特殊联系。对他们来说，臣民们必须接受徭役制度去建造和维护神庙，并向其国王和众神进贡。

在这样的体系中，成功孕育了成就，因为每一次玉米的丰收或每一次战胜竞争对手都表明了众神对国王和其王国的眷顾。臣民对统治者的忠诚得到了加强，整个王国的士气也得到了鼓舞。同样，失败也削弱了国王的权力和威望。小的失败可能是其他因素导致的，并不表明超自然现象不喜欢统治者。因此，只要相信国王与超自然现象的联系，这个体系就不会受到威胁。但重大失败，如被敌对势力征服、灾难性的流行病或干旱，可能会动摇人们对王室权力的信仰，使国王和王国处于危险之中。

在玛雅社会中，库胡尔阿哈瓦（头衔）处于贵族阶层和整个社会的顶端，统治着每个王国，他垄断了最多的财富和最大的权力。和古埃及一样，玛雅国王控制着大多数可用的资源和权力。但正如我们所见，玛雅并没有像埃及那样成为统一的国家，而是被分成了马赛克拼贴式的一个个独立的国家，每个国家都由很多圣主统治，其权力在很大程度上来源于经济和宗教，而这些来源又会受到战争和外交实力的制约。这些国家形形色色，有的强大，有的弱小。但所有玛雅国王都曾利用宣传手段来试图垄断艺术和历史，赞助记录他们成就的雕刻和绘画肖像，而无视那些用自己的劳动和资源予以支持的平民人士。

竞争和战争

在与其他国王的竞争中,玛雅国王可能会获得或失去权力,无论是控制食物供应、贸易、领土还是臣民的忠诚度。与所有社会一样,这种竞争最终会导致武力冲突。玛雅战争的起源可以追溯到对关键资源的竞争。即使在玛雅地区最初的殖民时期,毫无疑问,在水、肥沃的土地和其他资源上也存在着竞争。随着人口增长,这些资源日益稀缺,竞争也愈演愈烈。应对人口增长和农业土地短缺的一个对策是采用更集约型的耕作方法。但为了获得更大的经济、社会和宗教利益,人们开始聚集在越来越大的聚落,竞争也在这些新兴中心之间发展起来。早期市场和神庙中心的贵族统治者试图控制更大的领土,赢得更多臣民的效忠,以增加自身的声望、财富和权力。酋邦组织的出现和第一批玛雅政体的形成,似乎是以从前的自治聚落从属于更强大的中心为标志的。

玛雅战争的爆发是为了获得经济、政治和意识形态上的优势。战争的经济目的是通过进贡获得更多的劳动力和资源,同时扩大对贸易路线的控制。政治优势来自冲突,这些冲突可以扩大政体边界或通过击败敌对政体消除威胁。意识形态方面的目标是捕获俘虏作为祭品,使宗教仪式神圣化,并通过军事胜利提高国王和政体的威望。最初,无疑是在零星和有限的冲突中追求这些目标,但要想维持最早的政治首都对其附属的统治,进攻的威胁可能是必不可少的。当冲突真正发生时,胜利方领袖的经济权力和威望得到了提升,而被击败的对手则被羞辱或作为仪式祭品。随着时间推移,胜利者能够将被征服的聚落并入更大的领域。最终,军事竞争导致最强大政体间更大的冲突,并使得胜利者的经济、政治和宗教权力得到提升。

战争的增加影响了发展，首先是对安全和抵御攻击的需求增加。越来越多的人开始武装、筑建防御工事、建立联盟并将希望诉诸超自然现象，通过这些方法来保证安全。所有这些对策都造成了一定后果，我们可以在玛雅文明的发展过程中观察到。例如，聚集在一起寻求保护的人更容易控制，贵族统治者可以更有效地让他们建立防御工事或神庙。而对武装人员需求的增长催生了一种新的职业类别——武士，他们也可以执行统治者的命令。随着战争规模的扩大和频率的增加，许多平民很可能也被要求在国王的军队中服役。王国之间的冲突对社会组织提出了新的要求，而无论是进攻还是防御，中央集权都是指挥军事力量的最有效手段。因此，竞争和战争催生了更复杂、更有效的组织，并增加了国王的权威。所有这些因素无疑有助于建立和维持一个更具凝聚力的政治组织——工业化前的国家。

玛雅意识形态与宗教

意识形态和宗教都是玛雅文明发展的关键。意识形态指的是支撑、证明和解释一个社会存在的基本信仰，包括关于宇宙及其运作方式的概念（宇宙学，Cosmology）。宗教指的是指向超自然力量的成文信仰和仪式，这些超自然力量往往被认为能够控制社会和宇宙。像其他工业化前的国家的人们一样，玛雅人相信超自然世界里有一系列强大的神灵，必须通过宗教仪式和祭品来安抚他们。这些观念贯穿于整个中美洲，在玛雅社会的所有成员身上也都有所体现。在那时，统治贵族将这种意识形态详细阐述为宗教崇拜，强化并解释了其权力和在社会中的主导地位。此外，由于贸易也是思想交流的渠

墨西哥尤卡坦半岛玛雅潘的考古学

根据兰达主教(Bishop Landa, 1566)以及19世纪游客对这座后古典期的玛雅首都的描述,华盛顿卡内基研究所在1951年至1955年期间进行了密集的考古发掘。20世纪上半叶,卡内基研究所主导着玛雅考古学,但玛雅潘项目是该机构对玛雅研究的长期记录的最后一笔。卡内基研究所的研究小组制作了一份详细的地图,展示了遗址及其周围的防御墙,并发表了一系列关于在其中心区域进行挖掘的报告。其结果大体上证实了历史编年史,包括兰达对遗址的描述。毁坏和焚烧的证据支持了兰达对玛雅潘以暴力收场的说法。20世纪90年代,在墨西哥国立人类学与历史研究所(INAH)的资助下,玛雅潘遗址的挖掘工作得以恢复,以巩固和保护其濒危的建筑。该计划还进行了其他挖掘,极大地完善了该地区的建筑和发展历史。最重要的是,INAH计划建立在卡内基研究所的原始目标之上,即将考古遗址与殖民时代的玛雅历史编年史联系起来。

道,控制商业的贵族也可以垄断实用和深奥的信息,特别是关于超自然世界的知识。由于其奇异或遥远的起源,这些知识被赋予了额外的力量。

当然,由于意识形态体系给考古学家留下的有形痕迹少之又少,因此重建一个消失已久的社会的信仰通常比重建贸易网更难。然而,还是可以从考古记录中找到线索。埋葬物反映了为建筑开工或结项而举行的仪式。祭品和神祠的遗迹证明了人们对玛雅圣地景观的崇拜。人类墓葬的地点、位置,以及相关陪葬品,都反映出古老的信仰和习俗。此外,玛雅建筑、文字、雕塑、壁画、彩陶和其他表现形式都是玛雅人思想和信仰的丰富遗产。通过将我们对当代玛雅意识形态的了解与西班牙征服时期的记录、破译的玛雅文字相结合,大部分遗产都可以进行重建。

要将意识形态与玛雅文化的其他方面割裂开来是很困难的。人们认为超自然力量涉及玛雅生活的方方面面,甚至包括个人的日常活动以及获取食物和其他资源的方式。经济交易、政治事件和社会关系，包括家庭和社区生活，都被视为受到超自然现象影响的对象。因此，意识形态根植于环境、社会组织和经济之中，这些都是日益复杂的社会的重要基础。

玛雅社会的结构是由一个复杂的宇宙系统定义和支持的。它的基础在于它把世界看作是有生命的，没有我们所说的自然界与超自然界的区别。玛雅宇宙是一个生命系统，神灵统治着可视世界和不可视世界的方方面面，如所有可以在地面、天空以及地下世界看到的一切。每个个体和社会群体在这个体系中都有自己的角色，而贵族和统治者所精心设计的社会角色和阶级等级制度就是为了维持这种宇宙秩序而存在的。最终制裁强化了贵族权威并允许国王控制其臣民，这是对冒犯众神的超自然报复的威胁。所有玛雅人，甚至国王，都受制于这些超自然的生物。从农民到国王的任何个体，如果偏离了指定任务或未能履行对神的义务，都将遭受不幸、染上疾病甚至死亡的惩罚。

超自然专家是人类和超自然世界的中间人，可以进行干预以赢得青睐，或者使用占卜来发现事件的意义，并确定未来的命运。最早的超自然中间人是当地萨满（shamans），他们是治愈疾病和占卜未来的兼职专家。但随着玛雅社会变得越发庞大和复杂，新兴的统治贵族成员也接任了祭司的权力。有些人成为具有超自然和政治权威的全职专家，并充当超自然与社会其他阶层之间的调解人。最终，宗教和政治力量统一到玛雅神圣的国王库胡尔阿哈瓦的职位上。

古玛雅世界

正如我们所见，玛雅文明并不是一个一成不变的大一统实体，而是跨越了约二十五个世纪(从大约公元前1000年到1500年),在广阔而多样的环境中发展起来的。玛雅文明的空间和文化多样性是由语言、习俗和种族差异等自然和文化界限来维持的。文化和语言的多样性在玛雅高地更为破碎的地形中尤为明显。

玛雅社会组织的多样性体现了这些环境和文化的界限。古玛雅的政治景观(political landscape)包括一系列彼此独立的政体。在面积或地理位置上具有优势的首都利用战争扩张其政体,同时牺牲弱小邻国的利益。无节制的军事扩张可能会征服邦国和帝国,例如征服了安第斯山脉的印加帝国。那么为什么玛雅人从未在政治上团结一致呢? 答案之一在于环境的规模和多样性,这些环境有效阻碍了远距离的快速交流。另一个因素是玛雅社会内部的多样性,因为玛雅文明由众多种族和语言群体组成。尽管安第斯山脉的情况类似,但印加人还是能够在不同的环境和文化背景下征服和控制庞大的帝国。因此,问题答案可能在于文化差异,或者更具体地说,在于玛雅国家的组织结构和支配玛雅政治和军事事务的意识形态。像印加一样的征服国受益于有效整合被征服领土和人口的组织,但或许更重要的是其意识形态,推进了他们统治帝国的必然性。玛雅国家的组织并不是为了合并被征服的领土和人口,而是受到一种意识形态的推动,这种意识形态加强了每个王国及其国王的连续性。在玛雅人看来,玛雅王国及其王朝的陨落将威胁世界秩序,从而威胁到所有王国和玛雅世界的存在。

在玛雅社会中,虽然在理论上国王是神圣和全能的,但实际上要依赖贵族下属之间的合作,他们必须与这些贵族下属谈判,以确保他们的忠诚和支持。在玛雅历史上的不同时期,国王们都成功组建了大型联盟,并率领军队打败敌国,取得了重大胜利。战胜方获得了更大的领土和更多的人口,但要对其进行管理和控制,就需要改变国家的组织结构。而这也将深刻改变玛雅世界的传统秩序。正如外交和征服的历史记载所揭示的那样，除了追求实际目标外，玛雅国王还希望避免对已有世界秩序的破坏。这种担忧的一个后果是，获胜的国王允许战败的政体保持其原有的身份不变，并继续由自己的国王统治，只要适当地进贡并承认它们之间的从属关系即可。毫无疑问，玛雅国王在外交和战争中都是务实的。战败的国王受到征服者的羞辱，甚至牺牲自我。但一旦胜利的果实到手，获胜的国王就会通过确保每个王国及其王朝的连续性，维护他们对正确世界秩序的愿景。因此，当纳兰霍（Naranjo）王国的统治王朝灭亡时，获胜的卡拉克穆尔国王监管了其王朝的重建。结果，纳兰霍继续在玛雅世界中扮演自己命定的角色，而不是因被征服而终结自己，并入卡拉克穆尔王国。

意识形态与军事征服的实用性之间的平衡，与我们在西方历史中所看到的显然不同。但是，重建玛雅人的世界观，以及这种世界观如何影响了他们的政治事务，这才是重要的。有人曾试图利用非玛雅民族志或历史资料来重建玛雅的政治组织；也有人将其与封建制度相比，并与中世纪的欧洲制度进行类比，后者通过控制商品的分配来维持政治权威。另一种模式与古典的希腊城邦类似，是同辈政治（peer polities），或一群独立的小国，在这种模式下，亲近度和竞争抑制了所有单一政体的发展，并阻碍了政治统一。当然，这些类比的某些方面，包括希腊格言“凡事要适度”的例子，都与我们对玛雅国家的了解类似，并提供了有用的见解。

但从不相关的社会中得出的类比也有缺点，特别是从定义上讲，这些类比都没有考虑玛雅社会的特定特征。其他社会模型的另一个问题在于，它们经常将古玛雅的社会政治组织的性质描绘成静态和统一的。玛雅社会在历史的长河中演变，且在社会、种族和语言上呈现多样化。玛雅各国在规模、持续时间和衡量成功的标准上各不相

伯利兹巴顿莱米的考古工作

1953年，哈佛大学皮博迪博物馆的戈登·威利开始对富饶的伯利兹河谷(Belize River valley)的一系列遗址展开调查。虽然在规模或持续时间上都无法与蒂卡尔项目相提并论，但伯利兹谷定居模式项目(the Belize Valley Settlement Patterns Project)在对玛雅考古研究的影响上确实可以与蒂卡尔项目相媲美。与以前主导玛雅考古学的研究不同，威利在巴顿莱米要进行首次大型考古调查，调查对象只包括主要城市中心之外的玛雅定居遗址。事实上，早前曾有过对玛雅聚落的调查，但都没有像调查巴顿莱米那样全面。因此，在这之后，对古代聚落遗迹的全面研究成了玛雅考古学的标准。威利早前就在秘鲁的维鲁(Virú)山谷率先采用了这种方法。这种对古代聚落形态的关注被转移到玛雅低地，成为重建古玛雅社会组织到意识形态的不可或缺的方法。就社会经济领域而言，对巴顿莱米平民家庭遗骸的发掘表明，大多数古玛雅人都是各种商品(乃至精美的彩饰陶器)的生产者和消费者，这些商品一度被认为是统治贵族精英领域专有的。

同。一些国家通过殖民、结盟和军事胜利而繁荣起来。另一些规模相对较小，实力较弱的国家经常受到规模更大、实力更强的邻国的侵害。还有一些可能设法避开了充斥着竞争政治的对抗。破译文本中的证据揭示了这些政体之间组织的多样性，以及因其各自的命运而产生的重大历史差异。

与此同时，重要的综合因素也贯穿了玛雅文明的整个过程。有些源自历史联系，比如子殖民地(daughter colonies)的建立、联姻、缔结军事同盟，以及征服。更普遍的是经济和意识形态融合的结构性因素。这些和其他统一因素在一定程度上促使玛雅政体相互依存，能更好地解释玛雅历史上几次整体的兴衰。虽然政治上存在分歧，但社会经济网、贵族亚文化和共同的意识形态将玛雅文明融合在一起。从这个意义上讲，古玛雅的政治秩序可以与古典希腊城邦或意大利文艺复兴时期的城邦相媲美，因为尽管政治上存在分歧，而且经常相互开战，但大多数（如果不是全部）政体中的统治贵族统治阶层在社会上相互影响，并通过由文化标准和意识形态支配的共同语言和传统而团结起来。玛雅统治者也关心维护他们理解的宇宙秩序。毫无疑问，这意味着他们必须在实际需求与保护玛雅世界的愿望之间取得平衡。因此，只有在这些行为没有导致世界秩序发生深刻变化的情况下，才能在包括征服其他政体在内的国家事务中取得成功。如果发生了例如玛雅国家合法执政党瓦解的这种危险变化，则必须恢复王位继承人以维护世界秩序。

贵族和平民阶层对古玛雅的看法

玛雅社会的多样性，与我们基于考古记录中遗存物质材料的相似性而形成的对玛雅文明同质化的感觉形成鲜明对比。由于物质文化提供了考古研究的基础，因此，多年来在对古玛雅文明的描述中，强调其基本的、近乎统一的部分也就不足为奇了。玛雅文明在考古学上的同质性在反映高级社会政治地位或复杂意识形态的遗物上体现得最为明显，而这些遗物代表的正是统治贵族阶层。我们对玛雅文明的统一定义建立在为数不多却占据社会主导的阶层的特征和活动上：对外来材料（翡翠、贝壳、绿咬鹃等）的偏好，建筑、绘画和雕塑的独特风格，高度发达的文字和历法系统，遗址规划的惯例以及共同的服装、装饰和权威的象征。换句话说，古玛雅社会表面上的同质性是自上而下强加的，而不是自下而上形成的。

因此，我们对玛雅文明的定义很大程度上取决于管理和指导每个政体发展的贵族物质遗迹。贵族们还在经济、社会和意识形态上保持联系，使整个玛雅地区形成了相互依存的国家体系。从动态的角度来看，正是这些贵族主导的活动（无论是在独立的玛雅王国内部还是玛雅各国之间),推动了玛雅文明的演变。从考古记录中,我们可以看到,贵族赞助了许多创新,这些创新刺激了整个玛雅社会的兴衰循环。从贸易网的管理到战争,再到更高效的政治机构,创新无处不在。在古典期,权威主要集中在统治玛雅主要低地政体的圣主身上。王权在许多方面都已合法化,包括用来展示国王形象的雕刻纪念碑、家谱和重大事件的记录,以及在王室内或王朝间的权力传递。此外,王权的政治合法性还通过修建精致的陵墓,以及用于祭奠王室祖先的纪念性丧葬神庙得到强化。规模较小或不太成功的政治中心可能从未采用过这些王室政治权威的象征,它们作为早期贵族组织的延续,以及古典期之后新政治权力机构的演变结果,促进了玛雅文明的组织多样性。

我们对玛雅的贵族文化和制度的了解颇丰,但对过去占玛雅人口90%以上的平民阶层的了解相对匮乏,这就是代价。在玛雅国王的历史记录中找不到平民的身影。只有通过考古学才能更好地了解这数百万名玛雅平民。由于学者和公众对壮观遗迹的关注等诸多原因,最近的大部分考古资源都被投入到了玛雅国王及其贵族下属的宏伟神庙和宫殿之中。而玛雅平民遗址的数量要少得多,识别起来难度更大,这就加深了这种偏见。与玛雅国王的砖石宫殿相比,平民阶层的房屋大多是用易腐材料建造而成,而如今,这些房屋快要消失了。尽管很多低矮土石平台上的平民房屋可以被找到,但仍有部分未知的房屋无法进行定位,只能通过昂贵且费时的遥感调查,以及在所谓的空旷地带进行大范围挖掘才能有所发现。即使是玛雅平民的遗骸也比贵族的遗骸更难恢复和研究。平民墓葬不像王室陵墓那样受到保护,遗体的骨头和牙齿通常保存得不好。因此,我们才刚开始获得有关营养、预期寿命和大多数古玛雅人生活史的信息。

表 2.2　哥伦布发现美洲大陆前玛雅地区的时间周期

玛雅地区的前哥伦布时代

时期	估算年代	主要文化发展
古印第安人时期或石器时代	公元前12000/20000年—公元前8000年	美洲土著的初步定居
古朴期	公元前8000年—公元前2000年	定居聚落和农业
前古典期早期	公元前2000年—公元前1000年	最初的复杂社会
前古典期中期	公元前1000年—公元前400年	社会经济复杂性的增长
前古典期晚期	公元前400年—公元100年	最初的国家
前古典终结期	公元100年—公元250年	国家的衰落与转型
古典期早期	公元250年—公元600年	低地国家的扩张
古典期晚期	公元600年—公元800年	低地国家的顶峰
古典终结期	公元800年—公元900/1100年	国家的衰落与转型
后古典期	公元900/1100年—1500年	国家的重建与复兴

幸运的是，考古潮流正在转向对古玛雅平民有利的方向。如今，考古学有了一个新重点，即通过对当地家庭和社区遗址的协同挖掘，全方位揭示古玛雅人的生活。因此，玛雅考古学家正在构建一幅更完整的玛雅社会图景，并研究阶级、性别、职业、种族和语言差异的组合体是如何交互形成的。平民非但没有失去权力，反而深刻影响了玛雅文明的进程：从稳定时期的食物、陶器和工具的生产和分配，到迁移至新的地区，从而能在危机时期“用脚投票”。

年　表

为了解过去人类社会的发展过程，考古学家必须确定事件的时间顺序。玛雅考古学家根据年代学框架划分了五个大的时期来定义哥伦布发现新大陆前的时期：古印第安人时期（或石器时代）、古朴期、前古典期、古典期、后古典期。其中两个时期进一步细分，总共创建了十个节点，在表2.2中依次列出，并在本书中使用。除非注明放射性碳测定年代（Radiocarbon dating），否则本书中使用的日期都遵循格里高利历（Gregorian calendar）。

第三章　玛雅的历史和文明

> 历史学家说，美洲曾遍地都是野人，但野人从未建造这些建筑，野人从未雕刻这些石头……它们好似站立在原始森林的深处，寂静且肃穆，有着奇特的设计，精湛的雕刻，以及华丽的装饰……他们的整段历史完全被湮没，只留象形文字来向世人诉诸一切，可却无人能识……此时商博良(Champollion)还未对之投入他那充沛的求知精力，那么谁又将读懂它们呢？
>
> ——约翰·劳埃德·斯蒂芬斯
>
> (1841年，第一卷，第104页、148页和160页)

当科学引领考古学进行探索和解读时，考古学家们同样将他们的发现与人文学科中的种种结合起来——包括历史、艺术史、铭文学(epigraphy)、人种历史学(ethnohistory)和肖像学(iconography)。这种人文主义的观点让过去从科学考古学中获得的关于玛雅的信息得以补充和扩展。显而易见的是，考古学和历史结合而产生的优势无与伦比。大量的历史资料结合考古学，极大地丰富了对前哥伦布时代玛雅社会的研究，这为研究古玛雅文明提供了一个更加全面的视角。

这些历史资料加深了考古学家对玛雅社会后一千五百多年历史

的认识。其中西班牙征服后的一段历史能够回溯,但很大一部分属于前哥伦布时代,也就是从前古典期晚期到后古典期。在所有美洲原住民群体中,同时代的玛雅人提供了最为详细的记录,包括姓名、日期以及重大事件,并将其与考古学相结合。和考古记录一样,由于很多文本难以保存,所以玛雅的历史记录也是不完整的——例如古典期的玛雅书籍。但玛雅留存下来的历史记录无疑是美洲原住民群体中最广泛、内容最丰富的。

本章我们将探讨玛雅本土历史的两大基石:锚定事件发生时间的历法体系,以及记录前哥伦布时代的一系列人物和事件的玛雅文字体系。

玛雅的时间和历史

年事表对任何历史研究都至关重要。幸运的是,玛雅历史与他们“无限循环”的时间紧密相关,这源于一套复杂的算术体系和一系列复杂的历法体系。直到19世纪,遗留下的玛雅文本中的各种玛雅历法周期才被破解。和西方中世纪传统的炼金师一样,古玛雅人出于其神秘又实际的目的来探索这些领域。在玛雅人看来,超自然力量凌驾于数字、时间甚至宇宙之上。通过探索和记录这些领域运作的规律,玛雅人相信,他们可以更好地理解乃至预测历史事件的发生。这些规律通过各种历法周期展示出来,这就是我们现在所知的后古典期的资料。对古玛雅人来说,每一个周期都代表着重复宿命的可能,这就是循环历史的概念。当然,该历法体系用于记录重大事件,比如掌权者的统治、他们战争的胜利及成果,以及其他世俗之事。玛雅计数体系建立于对这些历法周期的理解之上。

数　字

玛雅数字体系采用二十进制(以二十为基础),按二十、四百、八千等数计数,而不是按十进制中的整十、几百、几千等数计数。在玛雅语言中有很多新单词是二十的倍数(二十、四百、八千等)。玛雅数字的一到十九就像我们十进制中的一到十,每个数字都不一样,包括十,且逐个递增,几十是由一到九和十组成的。根据兰达主教的记述,玛雅二十进制体系和按位计数法被商人用于记录商业贸易活动。玛雅商人通常将可可豆用作计数工具,他们在地上或者平坦的地方用可可豆进行计算。

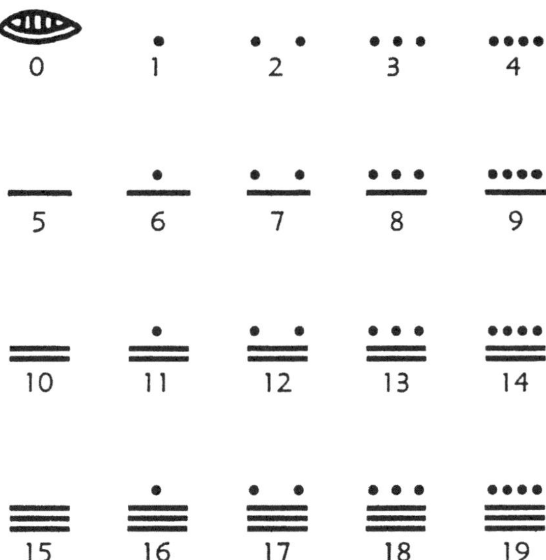

图3.1　表示完成("零")和数字的符号　玛雅数字"一"到"十九"的形状,以及后古典期的"零"的标志。

这种按位计数体系在前古典期晚期沿用，这是一项显著卓绝的成就。因为它涉及“零”这个科学概念的运用，也是“零”最早被使用的已知实例。在这个体系中，每个点（•）代表数字一，每横（——）代表数字五，一个贝壳形状的标志（  ）则代表零（后古典期这么使用，古典期的零有其他两种表示方式）。点和横结合在一起代表着数字一到十九，大于十九的数字便采用数位计数。

在我们的十进制中，小数点左边每位加十次幂。在玛雅人的数学计算中，数位的值从上到下以二十的幂递增，图3.2则是玛雅二十进制计数表达法。在左边一列中，数字二十由一个二阶点（20's）和一个一阶点表示，在这个位置表示零个单位。除此之外，图中还记录了其他数字的实例。显然，在其中添加玛雅数字也很简单：将下面两列点和横结合起来（806和10145），就会得到下一列中这些数字的总和。

古玛雅人也使用另一种计数体系来记录历法铭文中的数字，这就是头变体系，依靠一系列独特的神祇头像字形来代表零和数字一到十三。

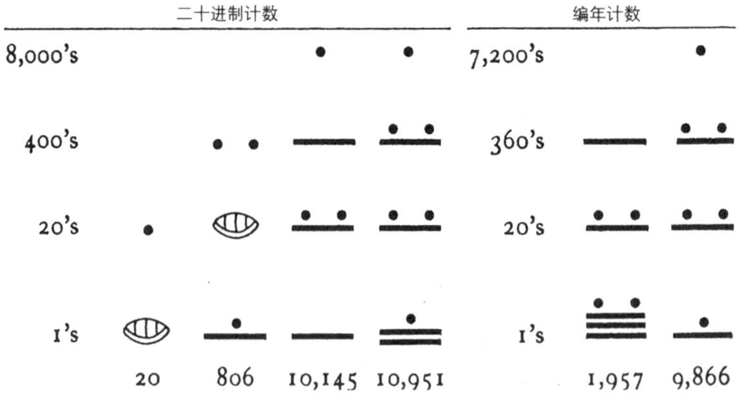

图3.2　位值制计数法举例　古玛雅人记录的变位数学实例。

头变形状的十是一个头盖骨，消瘦的下颏被用来代替十四到十九中的十。举例来说，数字十六中的六由一个附着在头上消瘦的下颏来表示，每只眼睛里都有斧头的元素。

历　法

玛雅历法极其复杂且有多种用途，切实可行又奥妙难懂（例如占卜）。玛雅的掌权者对于玛雅历法了如指掌，因为历法就是玛雅伟大力量的来源。历法计算的复杂性表明国王和祭司能够与超自然力量进行密切对话，以此来统治宇宙。当然也可以假设，哪怕在最贫穷的农户家里，该农民了解这一基础的历法体系，那么他就可以掌管家庭的日常生活。

玛雅历法体系记录了一系列时间循环，这些循环建立在“天上的神”运动的基础上，例如太阳神、月亮神以及金星神。在这一体系中，任何特定的日期都将以周期的间隔出现，就像我们的日历中的某一个日期每365天重复一次一样。这些日期组成一个更大的循环，这个大循环是从一个单一的日期开始的。该体系可以用于绝对年表，就像我们历法中的1776年7月4日，每个日期都是独一无二的。

玛雅历法基本单位是日，或称为金。二阶单位称为乌纳（20金），也就是我们所说的月。在数学计算中，三阶单位是400（20×20×1）。但是在历法中，三阶单位是盾，盾包含18个乌纳，也就是360天。很显然，这与太阳年（365天）极为接近。在第三阶以上，所有的单位都是一致的二十进制，如下：

20金＝1乌纳，或20天

18乌纳＝1盾，或360天

20盾=1卡盾，或7200天

20卡盾=1伯克盾，或14.4万天

20伯克盾=1皮克盾，或288万天

20皮克盾=1卡拉盾，或5760万天

20卡拉盾=1金奇盾，或11.52亿天

20金奇盾=1阿托盾，或230.4亿天

图3.3是这些时期常见的头变字形。虽然专家为了方便而使用这些术语，但古玛雅人只知道部分时间单位。

古玛雅人使用这三种最为常见的循环计数方法——周期为260天的年历（编注：卓尔金历），365天为一年的年历（编注：哈布历，Haab），以及周期为52年的历法循环（Calendar Round）。所有的中美洲居民熟知这些古老的概念。但是玛雅人还有其他的天数计算法来估算周期，该周期对于他们理解宇宙极其重要。例如，总共有819天与宇宙中四个象限有关，闪电神卡维尔（K'awiil）通过四个颜色和四个方向分别掌管每个象限，东方是红色，西方是黑色，北方是白色，南方是黄色。

我们仍在探索这三种基本的历法周期，再将玛雅独一无二的历法体系加以说明：长纪历及其两个衍生物——周期结束（Period-Ending）和短纪历（Short Count）。长纪历区别于260天的卓尔金历和365天的哈布历独立运转，作为一种绝对纪年，它的纪年方式是用小周期来计算从玛雅创世日“零”到给定日期之间的天数。

260天年历

这神圣的260天年历决定了玛雅的庆典形式，为玛雅预言奠定

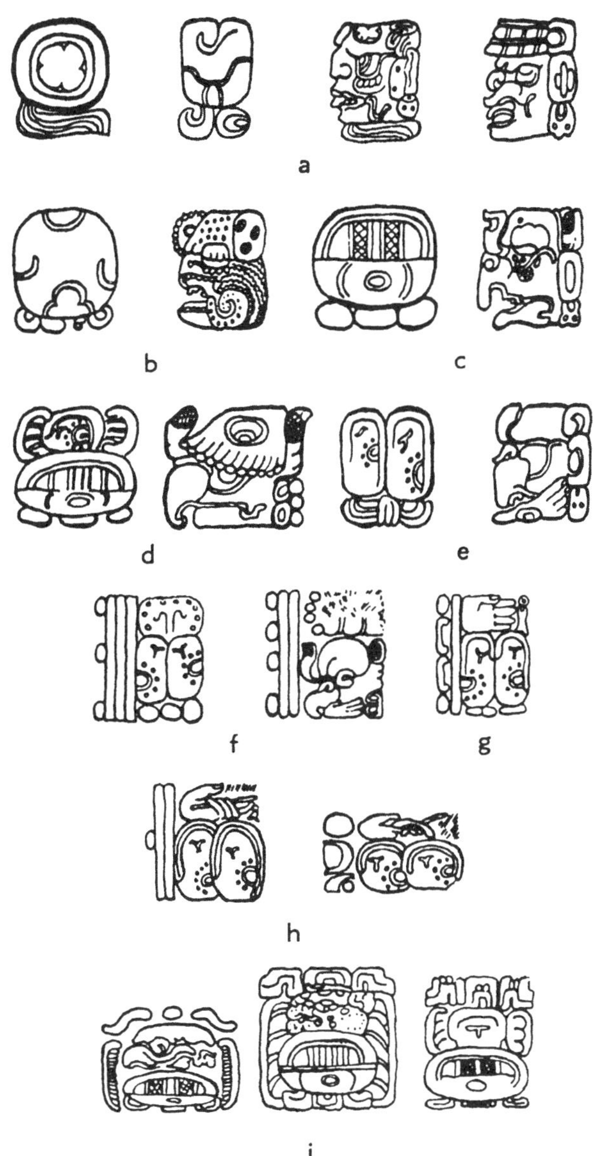

图3.3　玛雅时期表示周期的符号　玛雅时期的字形：(a)金；(b)乌纳；(c)盾；(d)卡盾；(e)伯克盾；(f)皮克盾；(g)卡拉盾；(h)金奇盾；(i)阿托盾(长纪历入门字形)。

了基础。这种计数方法的天文依据已经得到证实,但是关于260天计数方法的起源和意义还未达成一致。260天这个跨度与人类孕期的时间接近,这也是一条重要线索。事实上,该年历记录了出生日期,出生当天的守护神与这个人的命运息息相关。生活在危地马拉高地的喀克其奎玛雅人(Kaqchikel Maya)便使用这种日历,这里的父母也通常用该历法中孩子的出生日期为其命名。

该年历并没有划分成数个月,而是整整连续260天,在这二十个日名前依序标上1到13的日数。以下是尤卡坦的日期名,图3.4为尤卡坦日期名的象形文字。

伊米斯(Imix)	基米(Kimi)	丘文(Chuwen)	基布(Kib)
伊克(Ik')	曼尼克(Manik')	埃布(Eb)	卡班(Kaban)
阿克巴尔(Ak'bal)	拉马特(Lamat)	本(Ben)	埃茨纳布(Etz'nab)
坎(K'an)	穆卢克(Muluk)	伊西(Ix)	卡瓦克(Kawak)
奇克察恩(Chikchan)	欧克(Ok)	门(Men)	阿哈瓦(Ajaw)

因为每个日名前都有一个数字,所以日历如此往后运转:1阿克巴尔,2坎,3奇克察恩,4基米,等等。第十三天也就是13门之后的日期是:1基布,2卡班,如此重复。当这十三个数字中的每一个都与这二十个日名组合过,那么一年就此结束。因为13到20之间没有相同的元素,那么1阿克巴尔前的260(13×20)天过去了,表明新的260天周期又开始了。

365天的哈布历

哈布历总共有十九个月——十八个为期20天的乌纳,以及一个

图3.4　玛雅时期表示日的符号　玛雅二十个日期的字形：(a)伊米斯；(b)伊克；(c)阿克巴尔；(d)坎；(e)奇克察恩；(f)基米；(g)曼尼克；(h)拉马特；(i)穆卢克；(j)欧克；(k)丘文；(l)埃布；(m)本；(n)伊西；(o)门；(p)基布；(q)卡班；(r)埃茨纳布；(s)卡瓦克；(t)阿哈瓦。

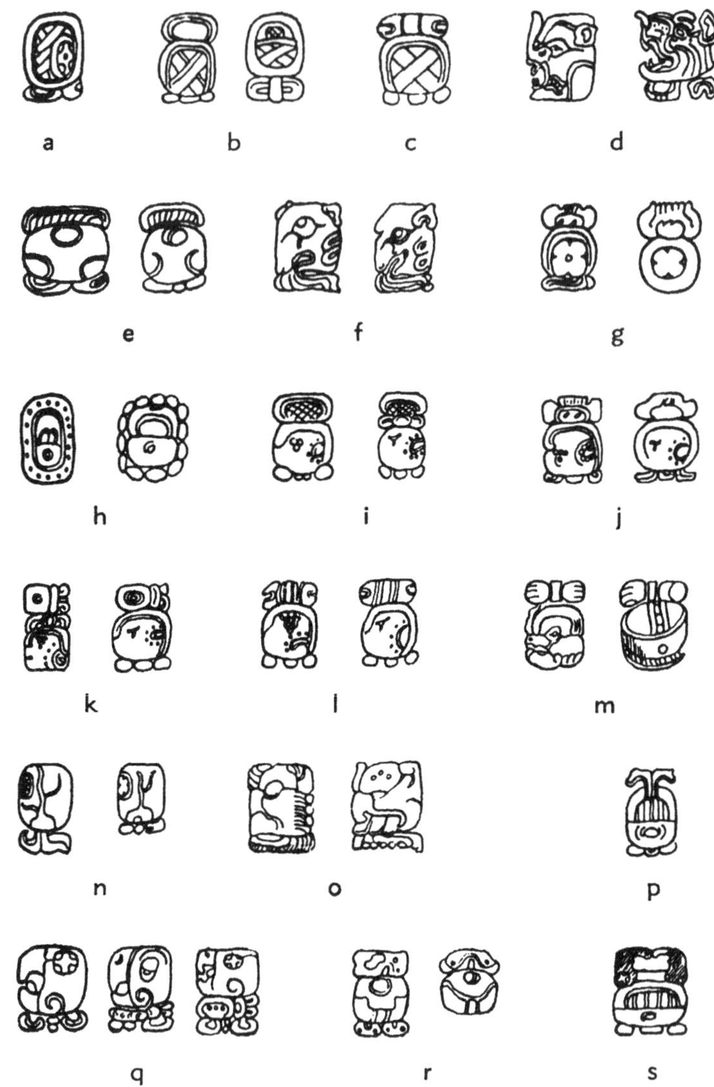

图3.5　玛雅时期表示月的符号　玛雅十九个月份的字形:(a)泡普;(b)沃;(c)斯普;(d)索茨;(e)泽科;(f)苏尔;(g)雅克因;(h)莫尔;(i)茨恩;(j)雅克斯;(k)萨克;(l)克维;(m)马克;(n)克安科因;(o)穆万;(p)帕克斯;(q)克阿亚博;(r)库姆库;(s)瓦耶伯。

为期5天的尾月,称之为瓦耶伯,合计365天,与太阳年时间接近。实际上,太阳年时间略长于365天。在尤卡坦地区所使用的十九个月份如下,图3.5是它们的字形:

泡普(Pop)	苏尔(Xul)	萨克(Sak)	帕克斯(Pax)
沃(Wo)	雅克因(Yaxk'in)	克维(Keh)	克阿亚博(K'ayab)
斯普(Sip)	莫尔(Mol)	马克(Mak)	库姆库(Kumk'u)
索茨(Sotz')	茨恩(Ch'en)	克安科因(K'ank'in)	瓦耶伯(Wayeb)
泽科(Sek)	雅克斯(Yax)	穆万(Muwan)	

玛雅历新年的第一天是1泡普,新年的前一天被称作“泡普的到来”(用0泡普来表示),因为在这天泡普带来的影响已经开始显现(玛雅乌纳指的是从0到19,瓦耶伯是从0到4)。

他们用三个齿轮(图3.6)形象地演示了卓尔金历如何与哈布历相结合。齿轮A和齿轮B的啮合代表卓尔金历中的每一天,齿轮C则表示哈布历中克维月的每一天。为了展示玛雅日历中具体每一天的推算,齿轮A和齿轮C相啮合;在下图中,齿轮A的缺口8阿哈瓦刚好对应齿轮C中13克维的齿轮,这就是8阿哈瓦13克维的日期由来。

52年历法循环

卓尔金历与哈布历相结合则构成另一重复周期,该周期耗时52年,常被称为历轮。换句话说,在卓尔金历和哈布历循环周期重复时,52年悄然而去。52年这一周期是由260和365的最小公倍数决定的,也就是5乘以52乘以73等于18980天,等同于52年。

不仅仅是玛雅,在中美洲所有的地区,52年周期都是最大的日历

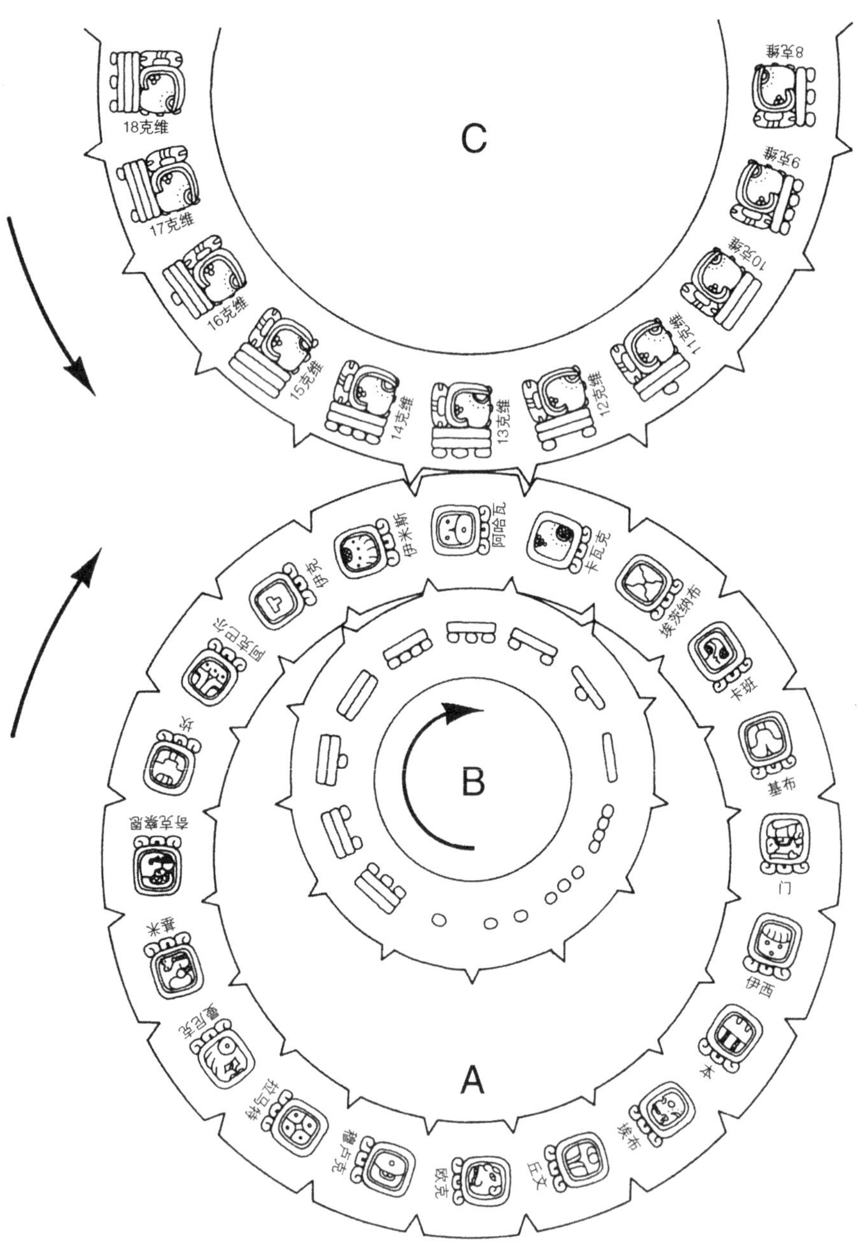

图3.6　260日年历和太阳年图表　图表显示的是卓尔金历(A和B)和哈布历(C),哈布历的一个齿轮代表玛雅日历中的一个月(克维)。

单位。例如，在墨西卡，即阿兹特克，认为时间就是52年周期的不断延续，称之为“休赫莫尔皮利”(xiuhmolpilli)，意思是“年轮”。墨西卡年轮的字形是一个结，每52年过去就会打一个结，再用燃烧的钻孔和木棍点燃圣火(图3.7)。墨西卡人认为世界将会在无尽的52年周期中走到尽头，在休赫莫尔皮利前夕，人们撤退到山上等待黎明的到来。当太阳在早晨升起时，人们欢呼雀跃，重新点燃圣火，将房子打扫得干干净净，换上新用具，屋里屋外焕然一新，新的周期又开始了，再次享有诸神恩赐世界52年的生命。

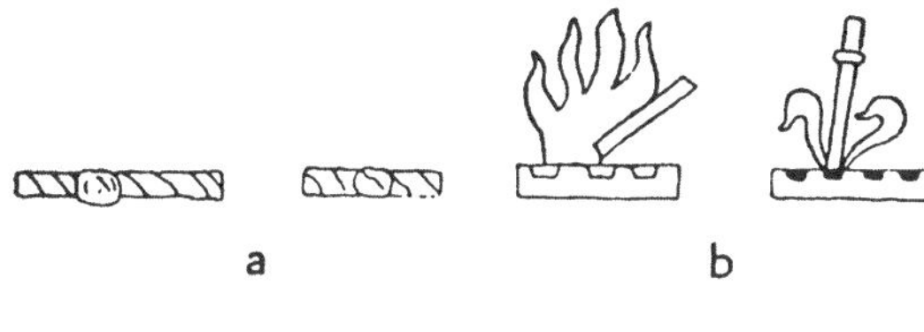

图3.7 中美洲52年周期
中美洲52年(玛雅历轮)：(a)关于休赫莫尔皮利的两个打结字形，墨西卡(阿兹特克)版的52年循环；(b)每52年新生仪式上点燃圣火使用的火钻。

长纪历

我们理所当然地认为，纪年需要有一个固定的时间点，但在前哥伦布时代，古玛雅是唯一使用这一概念的文明。各氏族历法开端所依据的事件大相径庭，按照西方格里高利历计算法，它将传统的耶稣诞辰视为历法的起源。从公元前776年开始，希腊人以四年为一周期划分时间，并称之为奥林匹克周期(olympiads)。其他年表则始于所谓的创世开端。希腊东正教(Greek Orthodox Church)的年表纪制始于公元前5509年，而犹太历始于公元前3761年。

古玛雅人认为年表的始端对应于上一个十三伯克盾大循环(该周期近于5,128个太阳年)的末端。上一个大循环(great cycle)的结

年承(Year Bearers)

由于历法的排列,卓尔金历中只有四天能够占据哈布历第一的位置,也可以占据前几个月的任何时间。在古典期,年承为阿克巴尔、拉马特、本和埃茨纳布这四天。因为在这几天的日名前标有1到13的日数,所以卓尔金历中仅仅只有52(4×13)天可以作为哈布历或者它任意一个月的开始。以下是所有可能的52天:

1阿克巴尔	1拉马特	1本	1埃茨纳布	1阿克巴尔
2拉马特	2本	2埃茨纳布	2阿克巴尔	2拉马特
3本	3埃茨纳布	3阿克巴尔	3拉马特	等等
4埃茨纳布	4阿克巴尔	4拉马特	4本	
5阿克巴尔	5拉马特	5本	5埃茨纳布	
6拉马特	6本	6埃茨纳布	6阿克巴尔	
7本	7埃茨纳布	7阿克巴尔	7拉马特	
8埃茨纳布	8阿克巴尔	8拉马特	8本	
9阿克巴尔	9拉马特	9本	9埃茨纳布	
10拉马特	10本	10埃茨纳布	10阿克巴尔	
11本	11埃茨纳布	11阿克巴尔	11拉马特	
12埃茨纳布	12阿克巴尔	12拉马特	12本	
13阿克巴尔	13拉马特	13本	13埃茨纳布	

在西班牙战争之前,玛雅年承开始更替到坎、穆卢克、伊西以及卡瓦克这四天。

束时间为13.0.0.0.0 4阿哈瓦8库姆库(对应于公元前3114年的某日),玛雅宇宙学将该日视为当世的开端,领先于最早的长纪历日期(见于恰帕德科佐2号石碑)三千余年。众所周知,根据该历法现在的大循环将于2012年12月21日结束(见附录)。

因为大循环依据的时间点在久远的过去,因而制成的年表被称为长纪历。长纪历的时间解开了大多数古典玛雅铭文(Classic Maya inscriptions),因此在19世纪被阿尔弗雷德·莫兹利命名为“初始系列”。长纪历最早出现于前古典期晚期玛雅南部的碑刻上,古典期时，又于玛雅低地中被人发现，这证实了纪念碑和其他铭文的日期。

长纪历（图3.8）可在当前的十三伯克盾（1872000天）大循环中确定给定的历法循环日期。该日期前以一个大型的象形字形作为开端，字形中有个可变的中心元素，用于命名哈布历中每月的守护神，哈布历中的日期也由此确定。紧随的五个字形块记录了伯克盾、卡盾、盾、乌纳，以及金的数量，这表明从当前大循环开始已经过去的天数。如上所述，玛雅人记录了每一阶的二十个单位，除了乌纳，因为乌纳仅含十八个单位（360天）。随后是历轮日期的第一部分，即卓尔金历名称，在这一系列中间字形之后，是历法循环日期的第二部分，即哈布历名称，长纪历由此结束。

长纪历的基本单位为日（金），我们的年表基本单位是年，但是这两个体系的记录方法一样。当我们写下日期2005年1月1日星期六时，我们指的是，从我们的年表开始至1月1日星期六已经过去两个一千年，零个百年和十年以及五个一年的时间。玛雅长纪历日期中的9.17.0.0.0 13阿哈瓦18库姆库，前五个部分表示从玛雅人的年表始端到13阿哈瓦18库姆库这天，已经过去九个144000天（9伯克盾），十七个7200天（17卡盾），零个360天（0盾），零个20天（0乌纳）以及零个1天（0金）的时间。

在长纪历中，神圣的卓尔金历中的历法循环日期，在此情况下是13阿哈瓦，后面是金的符号（图3.8中右边第四行）。字形G（第五行）紧随卓尔金历日期，是其中九种可能形式之一。字形G的每种形式可能对应九位“夜神”（Lords of the Night）中的一位，每位夜神都代表长纪历中记录的当天的守护神。字形F在字形G后，描述的是字形G的本质。

字形F和哈布历之间通常有六个字形（前两个合二为一），命名为月序历（lunar series）。借助可参考的阴历，它们根据记录的日期来

长纪历开端字形:该符号中,位于中心的头部是唯一的变量。这是该月(库姆库月)守护神的名字,也是长纪历结束的那天。

9 伯克盾(9×144000 天=1296000 天)
17 卡盾(17×7200 天=122400 天)

0 盾(0×360 天=0 天)
0 乌纳(0×20 天=0 天)

0 金(0×1 天=0 天)
13 阿哈瓦(从玛雅时代的起始点向前计算的天数的总和所达到的天数)

字形G9:九神(九位夜神)中的一位守护神
字形F:可能是夜神的一个头衔

字形E和D:这两个字形表示长纪历结束当天月亮的年龄,这里指的是"新月"
字形C:该字形表示阴历月在阴历半年周期里的位置,这里的位置是第二个月

字形X:关于通行的阴历月的信息
字形B:"被命名"(参考阴历月)

字形A9:通行的阴历月,长达29天。阴历系列的最后一个字形
18 库姆库(从玛雅时代的起始点往前数天达到的月份)长纪历的最后一个字形

图3.8 玛雅长纪历日期举例 玛雅长纪历的字形实例,来源于危地马拉基里瓜石碑F的东面铭文。

推算月龄，长纪历日期所在的阴历月长度，以及在半个阴历年期间的阴历月数量。在图中，哈布历中日和月的字形是18库姆库，接着以长纪历铭文作为结束。

距离编号

除了石碑上的开始日期之外，玛雅铭文上还列举了其他日期。长纪历准确却令人难以捉摸，当指单独的某一天时，则需要五个不同的字形以及它们的系数。但是一旦记录下长纪历的日期，其他的日期就可以通过更简便的方式推算出来。这些衍生的日期建立在距离编号的基础上，或是说这些天数是根据基础日期向前或向后推算出来的，这样才能达到新的历法循环位置。这些距离编号通常按照升序（金、乌纳、盾等）而不是长纪历中的降序排列。例如，长纪历中的日期9.16.0.0.0 2阿哈瓦13泽科后面，或许紧随着编号11金8乌纳（171天），以及历轮中的4丘文4克安科因。

距离编号用途颇多，但常用于参考历史事件的发生时间，这些历史事件发生于长纪历日期前后的很长一段时间。在其他情况下，距离编号用于标记掩藏于神话中的历史事件。例如，基里瓜石碑上的距离编号都是经过多次长期演算而得出的，这些推算极可能是利用旧时的神话事件作为参考。6号石碑（石碑F）记录了日期1阿哈瓦13雅克因，根据计算该日期比长纪历中的9.16.10.0.0 1阿哈瓦3斯普（公元761年）早约91683930盾（多于九千万年）。4号石碑（石碑D）上的一个二阶日期比长纪历上的日期9.16.15.0.0 7阿哈瓦19泡普领先411863930盾（超过四亿年）。

周期结束日期和卡盾的计数(短纪历)

直到古典期晚期,更简短的周期结束日期开始代替长纪历。它只记录了卡盾(7200天)以及卡盾结束的时间,删减了长纪历中的十个字形,例如9.16.0.0.0 2阿哈瓦13泽科演变成3卡盾162阿哈瓦13泽科(图3.9)。但是,近乎一万九千年的循环期中,每个周期结束日期都是独一无二的。

到后古典期,卡盾结束体系使得玛雅历法体系相比之前更加简短,在接近256年内的每个日期都是独特的。该体系被记录在玛雅的编年史,例如《契兰·巴兰书》(*Books of Chilam Balam*)中的"卡盾的计数"之中。在之前的例子中,长纪历的结束日期为9.16.0.0.0 2阿哈瓦13泽科,除了结束日之外,其中所有的数字都可以被消除,因此该日也被简称为卡盾2阿哈瓦。

对于阿哈瓦中任何给定的日期,只要能够知道长纪历中卡盾的结束日期,那么日期表达只需要一个字形和一个数字。因为只有十三个不同的指定卡盾(1阿哈瓦、2阿哈瓦、3阿哈瓦等),而且每卡盾等于我们历法中的19.71年,十三个卡盾过去后,每卡盾又重新开始

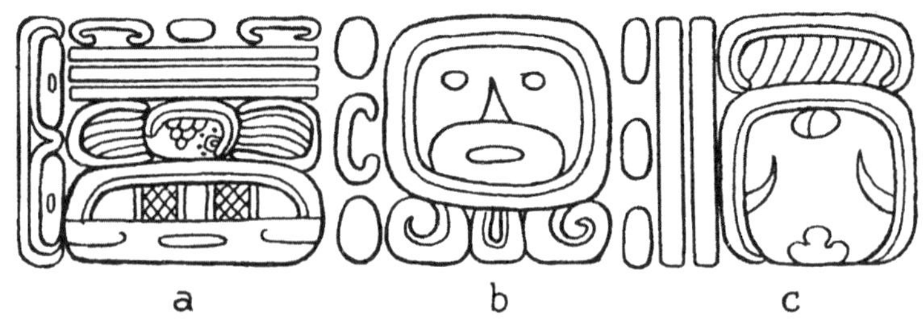

图3.9 玛雅终结日期 玛雅周期结束日期:(a)卡盾16,(b)2阿哈瓦,(c)13泽科;标志着卡盾16的结束,结束日期是2阿哈瓦13泽科(长纪历中的9.16.0.0.0)。

玛雅历法的换算

西班牙征服时期，长纪历已经不再使用，因此，玛雅长纪历与欧洲历法之间并无直接联系。我们的日历用法与短纪历的确相关，因为16世纪的文档记录中的玛雅编年史日期与儒略历（Julian calendar）中的日期相对应。其中，包括1542年1月梅里达（Mérida）的建立。专家将这些日期进行对比，断定短纪历中的卡盾13阿哈瓦的结束时间是在儒略历中的1539年。假设沿用旧的长纪历，长纪历中的卡盾13阿哈瓦可能对应于短纪历中的13阿哈瓦，旧的长纪历则是造成这一对应的决定因素之一。换句话说，长纪历和欧洲历法之间的换算问题，就是如何把后古典期的短纪历与早期长纪历融合的问题。

公认的是，古德曼-马丁内斯-汤普森（Goodman-Martínez-Thompson）换算（GMT换算）贯穿全书，该表用长纪历中的卡盾的结束日期11.16.0.0.0 13阿哈瓦8苏尔代替格里高利日历中的1539年12月12日。这种换算与考古和历史资料中的年表最为符合，包括放射性碳测定日期。然而，其他许多换算法也被推算出来，其中一个是斯宾登换算（Spinden correlation），这在大体上满足了文献证据的需求，并且在某些方面更加符合北部低地发现的考古数据（虽然在玛雅其他地区发掘的考古证据与此大不一致）。斯宾登换算中的玛雅日期要比GMT换算中早260年，代替古典期在1150年结束，极大地缩减后古典期的时间。尽管大部分专家认可11.16（GMT换算）相关性，但是，也有一些专家不排除11.3换算的可能。其余的换算建立在天文学基准上，例如《德累斯顿古抄本》（*Dresden Codex*）中的阴历表，缺少考古或者历史资料的支持。

放射性碳测定日期的出现为多种相关性的测定带来可能。虽然并非完全精准，但是放射性碳测定日期令考古成果的确定性大大增加。这些测试早先使用来自蒂卡尔的人心果木材作为样本。在放射性碳测定日期技术成熟之前，早先的测试似乎都偏爱斯宾登换算。然而，大量样本后来接受改良过后的放射性碳测定。测试发现，有十二个样本来自于4号神庙（Temple Ⅳ）。其中有十个样本与GMT换算中预测的时间跨度（公元741年—公元751年）是一致的，但是只有一个是与斯宾登换算中推测的时间（公元481年—公元419年）是一致的。这一仅存的样本在这两个时间跨度之间，或许是来自4号神庙中的更早的横梁。此次测试以及那些蒂卡尔神庙中样本的测试为世界时提供了强有力的支持。

图 3.10 继兰达之后的卡盾系统 用一个轮形表示卡盾循环，出自兰达主教的《尤卡坦纪事》。

循环，所以就等于我们历法中的13×19.71年或$256\frac{1}{4}$年。如果卡盾2阿哈瓦结束于公元751年，那么下一个卡盾2阿哈瓦就结束于1007年，再下一个卡盾2阿哈瓦就结束于1263年。

“卡盾的计数”中的每卡盾都以它的前一天来命名，但这些编号并不是按照数字升序进行排列的。每个连续卡盾结束的天数都比前一个卡盾结束日期少两个阿哈瓦：卡盾13阿哈瓦，卡盾11阿哈瓦，等等（见附录）。卡盾中的循环用一个圆来表示，圆的外围被分成数个部分，每部分都代表十三个不同编号的卡盾。这是兰达对其中一个卡盾轮所做的描述和解释（图3.10）。

> 据说早在此之前，印第安人不仅可以推算年和月，他们还能

> 根据年和月的长短，通过特定的方式来推算时间和一些重大事件，他们以二十年为基础推算了十三个二十年，他们称其中一个为阿哈瓦。这种推算不是按照某种顺序，而是根据以下的圆形设计反推而来。在他们的语言中，这些“周期”(periods)被称为卡盾，令人惊奇的是，他们能据此推算出他们的年龄。因此，正如我在第一章中提到的“兰达原始碑文”中的老人，他可以轻而易举地回忆起三百年前发生的事件。如果我不了解这些算法的话，我根本不可能相信这个老人能回忆起如此久远的事情。

该轮盘是按照逆时针的方向运动的，因此卡盾依次有序地通过轮盘上方的十字。玛雅的编年史是一种历史概要，表示大约二十年周期的连续。只要该顺序没有被打断，那么它就可以准确推算一些寻常事件。如果它的排序较为可信，那么西班牙战争发生的时间可以从62卡盾回溯到9.0.0.0.0(公元435年)，隔了十一个世纪的时间。

测量时间循环

这些复杂的历法循环和玛雅人对宇宙学的许多信念来源于对太阳、月亮、行星和恒星的观测，这些观测记录在古抄本或前哥伦布时代记录百科知识的书籍中(详述如下)。对于古玛雅人来说，这些天体象征诸神(第十三章)。好比古巴比伦(ancient Babaylon)时期的占星学家，玛雅人通过观察和精确的计算来预测地球上发生的事件，并将这些历史事件置于诸神所掌管的时间周期中。古玛雅人对这些天体运动的理解就像世界各地的古人一样，而不像开普勒(Kepler)和哥白尼(Copernicus)。

太阳和月球

玛雅365天日历是依据地球围绕太阳的公转日期得来的，根据中世纪的测算，地球公转一圈的时间是365.2422天。玛雅人认识到他们的365天日历与真正的太阳年之间的差异，尽管他们认为自己的历法有时比格里高利历计算得更加精准，但是并没有证据可以证明这一点。

但是有证据表明，玛雅人测算的阴历时长是准确的，中世纪人测算出来的阴历时长略多于29.53059天。因为玛雅人的算术中没有小数点，因此他们的解决方法和我们类似，使用闰年让我们的日历与太阳年更接近。我们的日历中有三个365天，接着第四年是366天；所有能够被400整除的都是闰年，由每世纪的一次轻微修正来弥补测算的不足，以此保持历法与太阳年相协调。

玛雅人从一个30天的阴历循环中计算出正确的阴历时长，但是，他们很快发现，太阴月（月相周期）较短于这一时长。接下来，他们将这一时长设置为29天，但是发现太阴月（月相周期）的总时长长于29天的总和。后来，他们或许尝试每月29天和30天交替使用。这样一来，虽然循环减缓，但是此次调整还是没有成功。因为以这种交替月的方式计算，每月的平均长度是29.5天，但是正确的数值略长于29.5天。也许有一位机智过人的历法祭司，根据记录进行计算，意识到4400天等于149个月。这个太阴月（29.53020天）与实际周期极为接近，这样就进一步减少了差异。

《德累斯顿古抄本》中第51页到第58页记载着405个连续的太阴月（约$32\frac{3}{4}$年），被分成69组。其中60组每组都由6个太阴月组成，其余9组由5个太阴月组成。在这60组中，6个太阴月总长要么是178天，要么是177天，这取决于其中包含3个还是4个为期30天的月份，也就是178（30＋29＋30＋29＋30＋30）天，或者177（30＋29＋30＋29＋30＋29）天。其余9组，每组为期5个太阴月，总长为148（30＋29＋30＋29＋30）天。《德累斯顿古抄本》中的这几页其实是日食表，因为在某些情况下，每组的结束日都是地球上可以看见日食的日子。多余的30天阴历月被巧妙地插入这连续的405个太阴月之间，其中没有任何一个月的起始和新月的实际出现时间的差异达到一整天。

金　星

对于玛雅占星师来说，金星是天上众多天体中最为重要的一个。关于金星有两个以上的别称：诺埃克（Noh Ek'），即“巨星”（the Great Star），以及苏斯·埃克（Xux Ek'），即“黄蜂星”（the Wasp Star）。兰达将金星称为晨星（the Morning Star），但并没有给出确切的时间。夜晚，他们用昴宿星团（Pleiades）和双子座（Gemini）作为指南，以此来了解晨星的时间。金星的一个会合周期约为583.92天。（每个独立周期要由五个会合周期组合起来，大概是580天、587天、583天、583天，以及587天，但任何连续的五个会合周期平均时间长度是相同的。）玛雅人认为这一周期是584天，但是，他们知道这比实际上要多8/100天。玛雅人认识到这一错误并且修正了它。

金星的会合周期可以分为四个时期：一、内合（inferior conjunction）后约240天为晨星；二、然后在上合（superior conjunction）时消失约90天；三、接着作为晚星时再次出现约240天；四、最后在内合时消失约14天。玛雅人给金星这4个相位分配的天数稍有不同，但是在这一周期内它们的总天数仍然是584天。根据玛雅人的计算，金星有236天作为晨星,接下来的90天是看不见的,之后有250天是晚星,最后还有8天也是看不见的。有人认为,金星的这4个相位的长度是随意确定的,与太阴月的长度一致。其中一个最重要的历法循环与金星的5次会合周期(5×584=2920天)相对应,因为这段时间等于8个历法年(8×365=2920天),玛雅人视这种巧合为祥瑞。

其他行星、恒星和星座

有证据表明古玛雅人观察并记录其他行星的运动。火星的会合周期约为780天,《德累斯顿古抄本》中,火星表记录的时间也是78的倍数,有学者曾证实过这一点。古玛雅天文学家同样对其他裸眼可见的星球抱有极其浓厚的兴趣。劳恩斯伯里(Launsbury)曾表示,根据资料记载,8世纪的帕伦克地区发生了几件大事,当时木星又恰巧出现在天边,人们认为这是天降祥瑞。关于古典期玛雅人记录的土星,福克斯(Fox)和贾斯特森(Justeson)也提供了相关参考(参见邓巴顿橡树雕刻版)。

玛雅人对于北极星极为看重。北极星与地球相对静止,周围的星星排列有序,于是北极星便成了一座可靠的灯塔。这一有序排列在许多玛雅建筑中得以窥见,建筑排列以及整个场地的方向都是遵从北极星及其周围星座的指引。

古玛雅人似乎也知晓星座,星座由13个宫位组成,如《巴黎古抄本》(*Paris Codex*)中第23页到第24页的图片所示。如果是这样,前三个符号或宫位便是蝎子、龟和响尾蛇。这是书中第24页中间的星座上的前三个图形。双子座就是阿克(ahk),即“龟”;昴宿星团就是特查布(tzab),就是响尾蛇的响尾声。

记录时间循环

尽管没有中世纪天文学家拥有的仪器，但是，古玛雅人极为准确地测量出了天体循环的周期。他们能够利用长视线和地平线标记来做到这一点，测得的许多自转或是旋转明显的天体的误差控制在一天以内（图3.11）。为了获得清晰的视野，山顶和高楼便是眺望远处地平线的好去处。高高的平台上甚至还架设了类似一对交叉的棍子的瞄准装置。从这些特定的观测点，再参考地平线上的一些自然特征，就可以确定太阳、月亮以及行星的升起和落下的位置。当这些天体在同一观测点再次升起和落下时，那么就完成了一次完整的会合周期。

玛雅人的一些建筑组合和天文学事件有关，比如纪念碑和建筑群的排列等。还有科潘的10号石柱（图3.11）以及瓦夏克吞E建筑群（图7.11）。虽然当时使用的观测设备早已消失，但毫无疑问，观测结果展现在这些建筑排列中。

虽然玛雅古抄本中没有任何观测台的遗迹，但是，墨西哥的古抄本中还有观测台的图片（图3.12）。在《纳托尔古抄本》（*Nuttall Codex*）中，寺庙的走廊用一对交叉的棍子表示，观测者可以从上面向外眺望。在《塞尔登古抄本》（*Selden Codex*）中，一只眼睛出现在寺庙走廊上交叉的棍子旁的缺口中。在《博德利古抄本》（*Bodleian Codex*）中，在两个交叉的棍子中间有一只眼睛，一颗星星落入缺口中，还有两名观测者。古玛雅人利用寺庙的器具和文字记录，追踪晨星和晚星的升起和落下，甚至还用此预测月食。

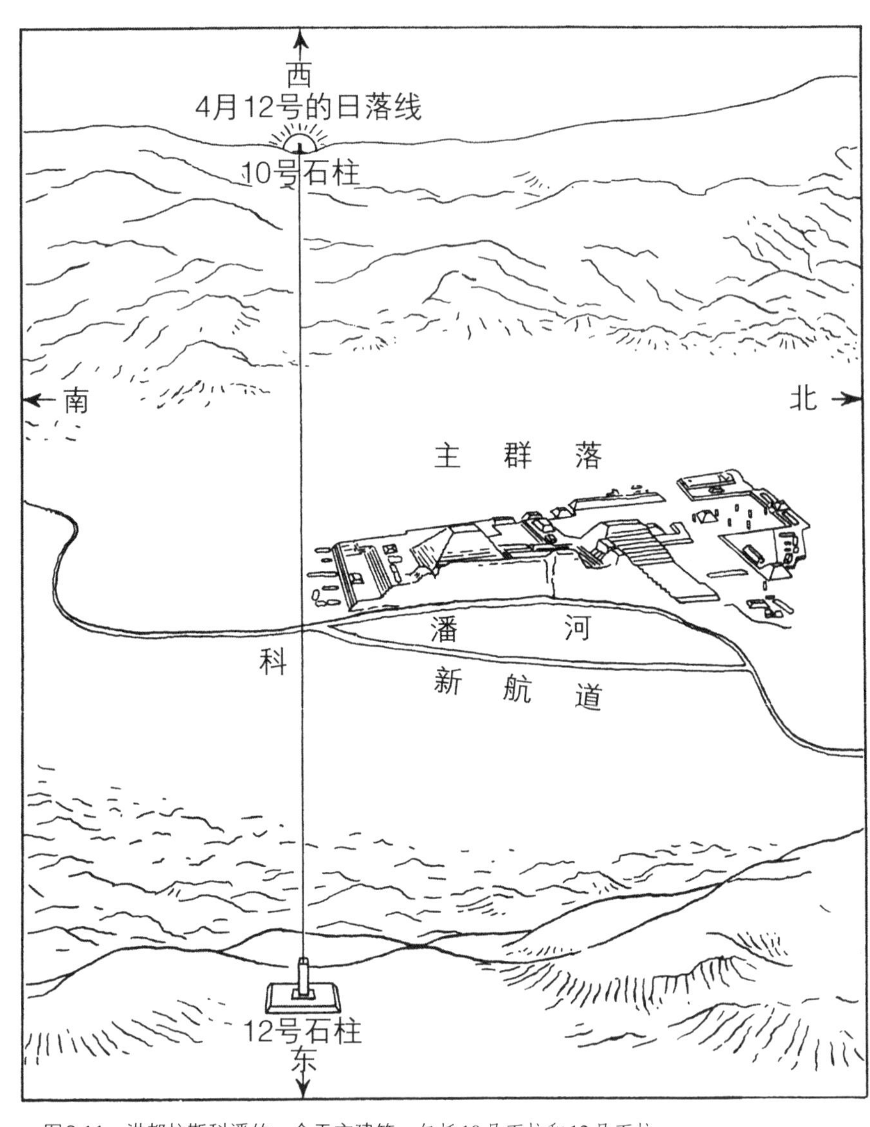

图3.11　洪都拉斯科潘的一个天文建筑　包括10号石柱和12号石柱。

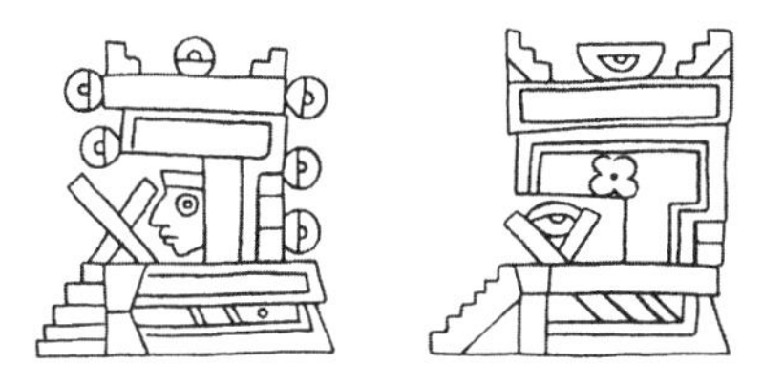

图3.12　墨西哥古抄本中的天文学观测　后古典期墨西哥法律中的天文观测样本:(左)来自《纳托尔古抄本》,(中)来自《塞尔登古抄本》,(右)来自《博德利古抄本》。

玛雅历史资料

古玛雅的历史资料来源包括前哥伦布时代的玛雅文字记录和西班牙征服及早期殖民时期的文献。西班牙征服时期的资料源于当地玛雅人以及西班牙人的记录。当地人的记录通常被称为玛雅纪事(Maya Chronicles),是由玛雅抄写员在征服时期之后所写。这些记载,使用玛雅语言来书写,用的是欧洲字母(从西班牙牧师那里学来),被整理在前哥伦布时代早期的抄写文本中。这些记录包括大量殖民征服后的玛雅碑文,涉及历史、辞书、牧师的文件以及行政记录。这些资料内容涉及16世纪到17世纪征服时期的玛雅,从某种程度上来说,这些内容也同样适用于前哥伦布时代。前哥伦布时代的有关资料源于现存的玛雅象形文字。大多数资料可以追溯到古典期(约公元250年—公元290年),也有少部分资料早于前古典期(约公元前400年—公元250年)。玛雅人将大量内容记载在一些折叠式的书上,这些书被人称为抄本(图3.13和图3.14)。考古学家们已经发现一些古典期的样本,但这些抄本早已支离破碎、难以辨认。少数幸存下来的可以追溯到大约一千二百年或更晚的后古典期。

前哥伦布时代的文本都是使用象形文字书写的,这些象形文字通过一系列音标将玛雅的象形文字进行编码,这些象形文字由文字

玛雅词典和文字

殖民时期的一些玛雅词典内容最为全面，也是最具价值的翻译工具。因为它们所反映的语言更接近于当时所书写的象形文字文本和习惯术语，这些术语自殖民时期以来，就从口语交流中销声匿迹。玛雅词典是深入研究的重中之重。例如，玛雅词典中有全面的植物学和动物学术语，它们用多种玛雅语言进行记载。还有一些专类的诸如量词、表示颜色的词语，以及亲属称谓。对这些词语的研究有利于对玛雅文明的深入探索。还有许多地区的玛雅人仍然使用诗歌和充满仪式性的语言，这些语言让人联想到前哥伦布时代抄本的话语结构。约翰·福特(John Fought)就曾阐述过中世纪的乔尔蒂(Ch'orti')民间风俗结构是如何延续《波波尔·乌》中古诗歌习俗的。解读帕伦克的数个古典期晚期的文本，揭露了民族历史和当代玛雅叙事结构的相似之处。

的音节来表示。被西班牙征服之后，玛雅的文字体系便瓦解了，但是在玛雅铭文学家(古代文字学家)的努力下，大多数前哥伦布时代的玛雅文字现在都能够被阅读，这些文本有大量的历史信息，丰富程度前所未有。这些语言符号的可读性建立在对玛雅语言的理解之上，包括现在所说的玛雅语言(图3.12)和过去破译的玛雅语言(图3.13)。玛雅语言不仅仅是阅读前哥伦布时代玛雅文本和征服玛雅

图3.13　玛雅历史记录(古抄本和抄写员)　(左)被折成手风琴样式的玛雅书籍或古抄本的概图(见图3.14和图3.15)，(右)一个彩色花瓶上的玛雅抄写员的肖像(西蒙·马丁画)。

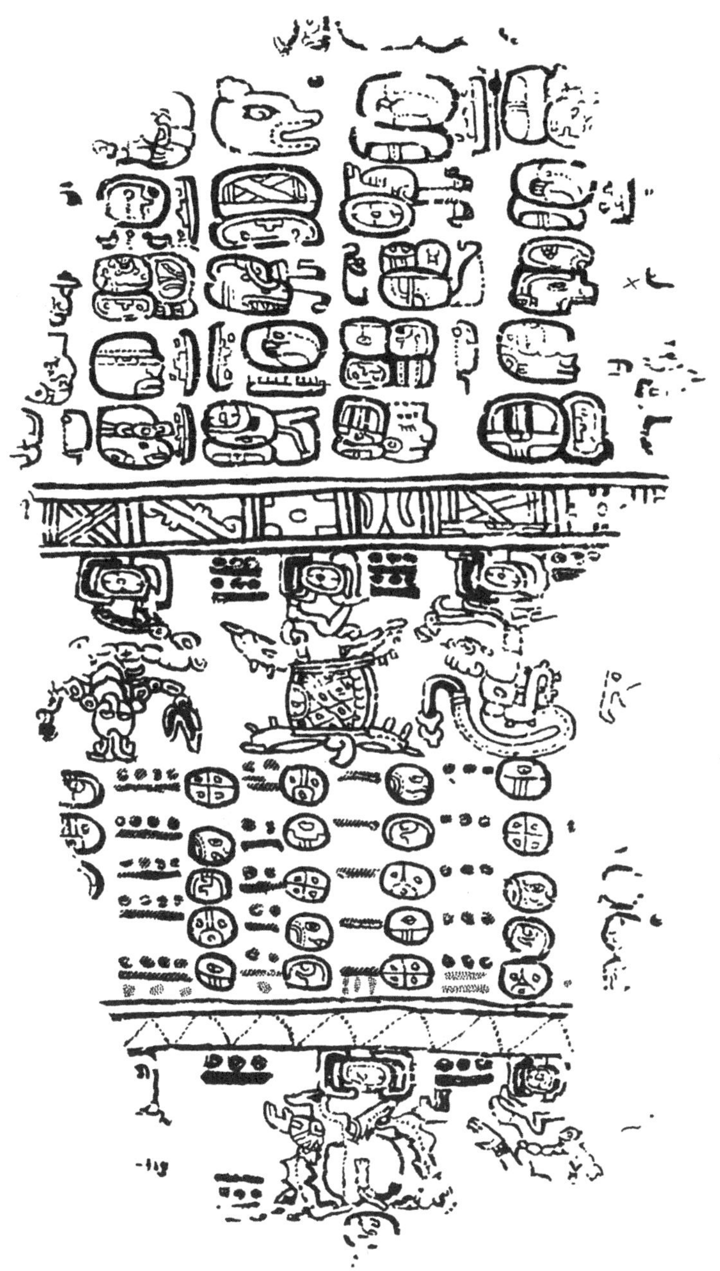

图3.14 《巴黎古抄本》中的玛雅“黄道带” 来自《巴黎古抄本》的玛雅星座图的保存部分，第4页：最初描绘在这洞穴上的7个十二星座动物（总共有13个这样的动物）。中间部分的蝎子、龟和响尾蛇以及下方的蝙蝠依然清晰可见。注意上方文本正中央的符号顶端，这是一个罕见的从右向左阅读顺序的例子。

编年史的关键,对现代玛雅语言的研究,也让我们了解过去的信仰、习俗和世界观。

玛雅纪事

玛雅文字中的抄写员被称为阿赫·齐布(aj tz'ib),指的是"会写字和画画的人"(齐布)。西班牙征服玛雅后,修士们最关心的事情就是教授玛雅抄写员使用他们的语言,并学会欧洲拼写法,而不再使用当地的象形文字。他们发展的这一体系建立在西班牙语拼写的基础上,该体系还增加了新的字母和变音符号,但是却忽视了当地语言之间的差异(特别是尤卡坦地区的明显不同的音调),尽管如此,这一体系仍然成为玛雅文字的传统拼写模式。这种拼写模式从中世纪字体演变而来,但它实质上,是对殖民时期的欧洲字体的传承(见表3.1,以及本书的"关于姓名、正字法与发音的说明")。玛雅人认为殖民者是出于宗教目的,才使用这种新文字,随后,它们用其来记录一些当地的预言、神话、仪式、时事和他们的历史概要。

当地的许多手稿都用尤卡坦语书写,包括《契兰·巴兰书》。契兰(在唇辅音b前,尾字母由n变成m)指的是当地的祭司或萨满。在尤卡坦语中,巴兰的意思是"美洲虎",指代一种有威望的名字或者称呼。这些书由当地的宗教领袖保存,用其所在的城镇或原籍来区分。其中最重要的是《玛尼》(*Mani*)、《蒂西明》(*Tizimin*)、《丘玛耶尔》(*Chumayel*)、《卡乌阿》(*Kaua*)、《伊西尔》(*Ixil*)、《图皮尔》(*Tusik*)以及《佩德斯古抄本》(*Codex Perez*),《佩德斯古抄本》是一部19世纪的抄本,已经遗失多年。

就历史信息而言,《契兰·巴兰书》中最重要的是前文所提的玛雅纪事(u k'ahaly k'atunob),它简要地阐述了尤卡坦在历史循环背景下的主要事件。其中有五篇历史记载得以保存：一篇在《玛尼》中，一篇在《蒂西明》中，另外三篇都在《丘玛耶尔》中。《契兰·巴兰书》中发现的占星学和历法计算与现存的前哥伦布时代的书籍中的极为相似，毫无疑问，这些后期的文字可以用于解读丢失已久的前哥伦布时代的资料。然而，该书中内容也受到较大的殖民影响，包括西班牙语外来词以及一些概念。此外，每个文字记录都受到各自城镇统治者的政治动机的影响。因此，《契兰·巴兰书》就像其他殖民时期的书籍一样，书中含有常见的文化以及个人偏见，在解读时必须牢记这一点。

危地马拉高地的基切族玛雅人（K'iche Maya）也拥有丰富的文学知识，这些在殖民时期得以保存。基切人的《波波尔·乌》被称为箴言之书，它不仅是最杰出的玛雅文学作品，还是美洲所有本土文学和口头传统的伟大产物之一。这是一首九千多行的精彩诗歌，讲述了基切人的宇宙学、神话和传统历史，该民族是后古典期玛雅高地最伟大的民族之一。

《波波尔·乌》优美的语言以及文学风格着重描述一种"消亡"，这种消亡是指在殖民时期玛雅文明的湮灭，这不仅仅是基切人的损失，更是全人类的损失。《波波尔·乌》的诗歌结构错落有致、蕴意丰富、语法规范，而不是一味追求音韵美。诗歌中很少使用押韵、头韵或者诗韵，为了句式平行工整，通常使用很多巧妙的两句或者三句对仗。《波波尔·乌》对于重构后古典期基切人的历史尤其重要而且从更普遍的意义上来说，它对于重构古典期的玛雅意识形态也相当重要。

《波波尔·乌》显然写于16世纪的乌塔特兰，也就是基切的首都，作者是受过西班牙语训练的抄写员，很可能利用到前哥伦布时代的口头和文字上的资料。这本书可以证明玛雅文明受到西班牙殖民时期的影响。手稿显然经过多次誊抄，而原稿早已在18世纪中期就已丢失。一位名为阿贝·夏尔·布拉瑟·德·博布尔格（Abbé Charles

表 3.1　尤卡坦玛雅语的发音和音标

尤卡坦玛雅语的语音和誊写

辅音	唇音	齿音	上腭音	软腭音	喉音
简单塞音	p	t		c	ʔ(双元音)
平破擦音		tz	ch		
声门闭锁音	p´(pp)	t´(th)			
	b				
声门破擦音		tz´(dz)	ch´		
摩擦音		s	x		h
鼻音	m	n			
边音		l			
半辅音	w(u)				

元音	前元音	中元音	后元音	修正	
高	i		u	长音	v:(没有在传统抄写 v 中标记)
中	e		o	高音调	v́
低		ɑ		低音调	v̀

标注：与其他的语音字母表不同，以西班牙语为基础的传统拼字法可以使用多个字母来表示一个单独的发音。表中省略仅在西班牙语外来词中使用的发音。尤卡坦玛雅语只有两个在唇音位置的声门闭锁音，这些声门化的类型不同（外向爆破对内向爆破）。这里的符号“v”（不在传统抄写中使用）可以代表尤卡坦五个元音中的任何一个。殖民时期的尤卡坦语只有“j”和“h”两个软腭摩擦音，这两者在书写时一样；现代尤卡坦语只使用“h”。殖民地正字法与这里使用的书写方式不同（例如在旧时 s 和 z 都代表我们现在使用的 s），最常见的版本是将其放在现代符号后面的括号中。请参阅本书的“关于姓名、正字法与发音的说明”。

Brasseur de Bourbourg）的佛兰德人是危地马拉拉比纳尔的教区牧师，是他发现了这部著名的抄本，该抄本现存于芝加哥的纽伯利图书馆（Newberry Library）。值得称道的是，布拉瑟还出版了《卡克奇克尔年鉴》（*Annals of Cakchiquels*，卡克奇克尔高地玛雅州的历史）、《拉比纳尔武士》（*Rabinal Achi*，布拉瑟从最后的表演中改编的基切语舞剧）、《马德里古抄本》（*Madrid Codex*）的部分以及《莫图尔词典》（*Diccionario de Motul*），这本词典是一本殖民时期的尤卡坦词典。最重要的是，布拉瑟还发现了《尤卡坦纪事》，这本书十分独特，记录了关于16世纪玛雅历史和传统社会的信息，猜测是主教迭戈·德·兰达所作。尽管最新的证据表明,《尤卡坦纪事》一书有多位作者,但为了方便,直接由兰达署名。该书包括对玛雅字形中"字母表"的定义,这被证明是破译古玛雅文字的关键线索,下文还将提到。这些作品以及其他散乱的文稿部分都是源于高地和尤卡坦,它们成为研究后古典期玛雅语言、历史、社会、政治机构、宗教,以及其早已消逝的生活方式的无价珍宝。

古代文字体系

长期以来,诸多学者相信,文字是文明的标志之一,对于哥伦布发现新大陆以前的玛雅人而言,古玛雅文字体系是他们最卓越的成就之一。人们长久使用文字记录事件,让知识不断积累、代代相传。正如我们所见,古玛雅人长期记载周期性和天文学的信息,这些记录有利于历法发展的准确性,也为天文学发展做出了突出贡献。

玛雅人在文字领域达到非凡的成就,但是他们的文字却不是美洲原住民唯一的文字体系。玛雅文字和其近邻米克斯-佐奎人(Mixe-Zoqueans)的文字渊源颇深。米克斯-佐奎人在前古典期晚期发展出一套文字,这套文字同玛雅文字息息相关。生活在瓦哈卡的萨波特克人有一套文字体系,这套文字体系大约在公元前500年完成。后古典期,米斯特克和墨西卡(阿兹特克)国家通过图画体系记载历史信息和商业信息,相较于玛雅的文字体系,这套图画体系和语言之间的联系更松散。玛雅文字和其他哥伦布发现新大陆以前就有的记载系统一样,它并非一成不变,而是在过去两千年内不断发展变化。不论是阐明原理还是解释起源,玛雅文字都取得了伟大的进步。玛雅文字是一套关乎语音的文字体系,或者说是一套与语言相关的书写系统。然而和玛雅文字不同的是,一旦会多种语言的人懂得一些基本的拼写，那么他们就能够掌握米斯特克和墨西卡的文字体系。语音系统有其自身优势（包括简单易学、高效省时以及意义明确），但是米斯特克和墨西卡的文字体系具有灵活性，使它们即使作为不断扩张的多民族国家，也能高效地处理贸易和进贡记录。同样，印加的“基布”记事体系（quipu system）建立在一套至今无法解释的绳结体系之上，相对于哥伦布到达新大陆前的其他国家，这套体系更适用于中央集权的国家用于一个国家的账目工作。

前哥伦布时代的玛雅文本

尽管殖民记录中谈到了玛雅历史、宗谱、医学文本以及有关动植物的文章，但是直到20世纪晚期，多数卓越的玛雅学者才相信，这些文本皆与天文学、占星术和历法有关。1950年，J. 埃里克·汤普森声称，玛雅人没有将历史记载在石碑上，并将玛雅人描述为“先于空想，后于实际”。在此之前，西尔韦纳斯·莫利对非历法的字形毫不关注，甚至都未将这些字形载入他的碑铭记录中。但是，19世纪盛行一种观点，这种观点认为玛雅文本中含有一些难以理解的历史记录，约翰·劳埃德·斯蒂芬斯在开篇就表明了这一点。20世纪早期，赫伯特·斯宾登（Herbert Spinden）写下这些预言：“我们可能会在玛雅人的碑铭中发现一些象形文字（hieroglyphs），这些象形文字是某些人的名字、某些城市的名字、某些行政部门的名字以及某些怪物、祭品、贡品、常见的贸易交换品的名称，也可能是一些表示出生、死亡、成立、胜利、毁灭的符号以及其他个人和社会存在的基本要素。”目前，随着对玛雅象形文字的解读，可以明显看出斯蒂芬斯和斯宾登都是正确的。众多主要记载历史事件的古玛雅文本，尤其是那些古典期的文本，除了历法和其他神秘记载之外，还包括“出生、死亡、成立、胜利、毁灭的符号以及其他个人和社会存在的基本要素”。因此，正如古希腊、苏美尔以及其他早期国家的记载一样，玛雅文本主要记载玛雅各国的历史和国王的统治、政治命运、宗谱、婚姻、联邦和争端。正如旧世界文明记载的一样，我们需要辩证地看待这些记录，因为它们会有不同程度的偏倚。尽管如此，这些丰富的历史信息极大地改变了我们对玛雅文明的理解和看法，也使我们的研究从古玛雅的史前史领域转到了玛雅的历史领域。

西班牙神职人员和政府官员不断销毁表现了“异教信仰”的书籍以及其他玛雅典籍，有关玛雅文字体系的资料尽数丢失，直到现代才对遗失部分进行解密。在那段征服时期，玛雅的抄写员将文字和图像印刷在古书手抄本上（许多折叠的书），这些手抄本由皮纸制成，皮纸上涂了一层薄薄的石灰（图3.13）。因此，玛雅两千年来的学问得以保留。迭戈·德·兰达主教的记载，将玛雅书籍和玛雅文字资料的毁坏描述为：“我们发现了大量用这种文字撰写的书籍，因为书中只有迷信和魔鬼的谎言，所以我们将其尽数焚毁，这让他们感到极其悔恨、痛苦万分。”劫后幸存的大部分书籍，最终还是因人为疏忽和气候破坏，消失殆尽。然而，万幸的是，殖民地的一些官员将少数书籍运往了欧洲。在这些前哥伦布时代的玛雅书籍中，其中三本可以追溯到后古典期，并在旧世界中得以留存。这些就是现在人们熟知的《德累斯顿古抄本》《马德里古抄本》和《巴黎古抄本》。

玛雅古抄本

《德累斯顿古抄本》于1739年由德累斯顿图书馆主管约翰·克里斯蒂安·格策（Johann Christian Götze）购入，他在维也纳的一家私人图书馆发现了该书。尽管这本书的来历无从得知，但在西班牙征服时期，西班牙和奥地利的国王查理五世（Charles V）在维也纳定居后，这本书就被呈送给这位国王。1519年，埃尔南·科尔特斯将中美洲书籍的部分样书送给查理五世，除此之外，人们还在维也纳发现蒙特祖玛（Moctezuma）宝藏（原本是给埃尔南·科尔特斯的礼物）以及埃尔南·科尔特斯写给查理五世的五封信件。《德累斯顿古抄本》在第二次世界大战期间因为爆炸遭到毁坏，目前已经修复。如彩图3（a）所见。该书目前存于德国德累斯顿的萨克森州立大学图书馆。

《巴黎古抄本》上一次被人发现还是在19世纪，从那之后，就被人遗忘了。1859年，莱昂·德·罗斯尼（León de Rosny）在法国国家图书馆（巴黎）发现了这本书。当时，这本书就“躺在”图书馆烟囱角落一个装满旧报纸的篮子里。《巴黎古抄本》的原书更长，该抄本只是书中的一小部分。相对于其他两个抄本而言，它的保存状况最为糟糕。从图3.14可以看出，橙绿色的书本封面边缘已经褪色，除了书页中间，其他所有的图片和字形均被损毁。

《马德里古抄本》于19世纪60年代在西班牙被发现，发现时该抄本被一分为二，两份大小不一。尽管这两部分在不同地方被发现，但莱昂·德·罗斯尼意识到这两部分源自同一手稿。较多的那一部分由阿贝·夏尔·布拉瑟·德·博布尔格出版；较少的那一部分于1875年卖给了马德里考古博物馆。这家博物馆目前已经收齐这部著作。较少的那一部分据说来自埃斯特雷马杜拉（Extremadura，西班牙地名），弗朗西斯科·德·蒙特霍（Francisco de Montejo）和他部下的众多士兵在占领尤卡坦后，这份古抄本便被其中一名士兵买下带往西班牙。图3.15便是该抄本。

尽管这三部古抄本记载的历史有限，但内容的确都关乎历法，这些历书涉及过去的文字、历法日期以及收割庄稼和宗教典礼的活动图片。加布里埃尔·韦尔（Gabrielle Vail）的研究表明这些历法过去用来记录周期性的事件以及典礼，这些由260天卓尔金历、365天哈布历以及52年历法循环推算出。另外，《德累斯顿古抄本》大部分的文章都与占卜和天文学有关。《马德里古抄本》致力于研究星象和历法，这些星象和历法过去用于协助玛雅祭司主持占卜和典礼，但有关天文学的研究内容却不多。《巴黎古抄本》的内容同样注重仪式，它完全按照卡盾的时间顺序，着重介绍了守护神祇和典礼行事，但内容也包含玛雅黄道星座带（图3.14）。

有人声称，至少有一部古抄本，譬如《马德里古抄本》可能属于征服后时期的作品，但目前有确凿证据表明，这些抄本应当是征服前时期的作品。这些证据将这三部古抄本的发源地指向尤卡坦。埃里克·汤普森断言《德累斯顿古抄本》可以追溯到13世纪，源于尤卡坦的中东部地区，大概率是奇琴伊察。它和其他两部古抄本一样，或者部分内容和先前书籍内容相仿。贡特·齐默尔曼（Günter Zimmermann）从《德累斯顿古抄本》的八个抄写员的工作成果中发现证据。汤普森却相信《巴黎古抄本》和《马德里古抄本》都源于尤卡坦西部地区，并相信二者都是1250年至1450年间的作品，比《德累斯顿古抄本》更晚。其他学者注意到奇琴伊察、玛雅潘和尤卡坦东部海岸沿岸［图卢姆、坦卡和圣丽塔（Santa Rita）］的《马德里古抄本》和壁画之间的联系。

对那些书籍而言，玛雅地区的大部分气候过于潮湿，不利于书籍保存。但是古典期的玛雅国王和神职人员将这些古抄本保留下来。有人在瓦夏克吞、阿顿哈（Altun Ha）、瓜伊坦（Guaytan）古典期的坟墓里发现了这些被毁坏的古抄本，这些破碎的古抄本一经发现，便被认出。另一部分源于恰帕斯的埃尔米拉多尔，在一片不确定古代语言归属的区域，这里的古抄本要比完整的玛雅古抄本数量更少。目前，该古抄本存于墨西哥城的国家人类学博物馆，至今仍未对外开放。

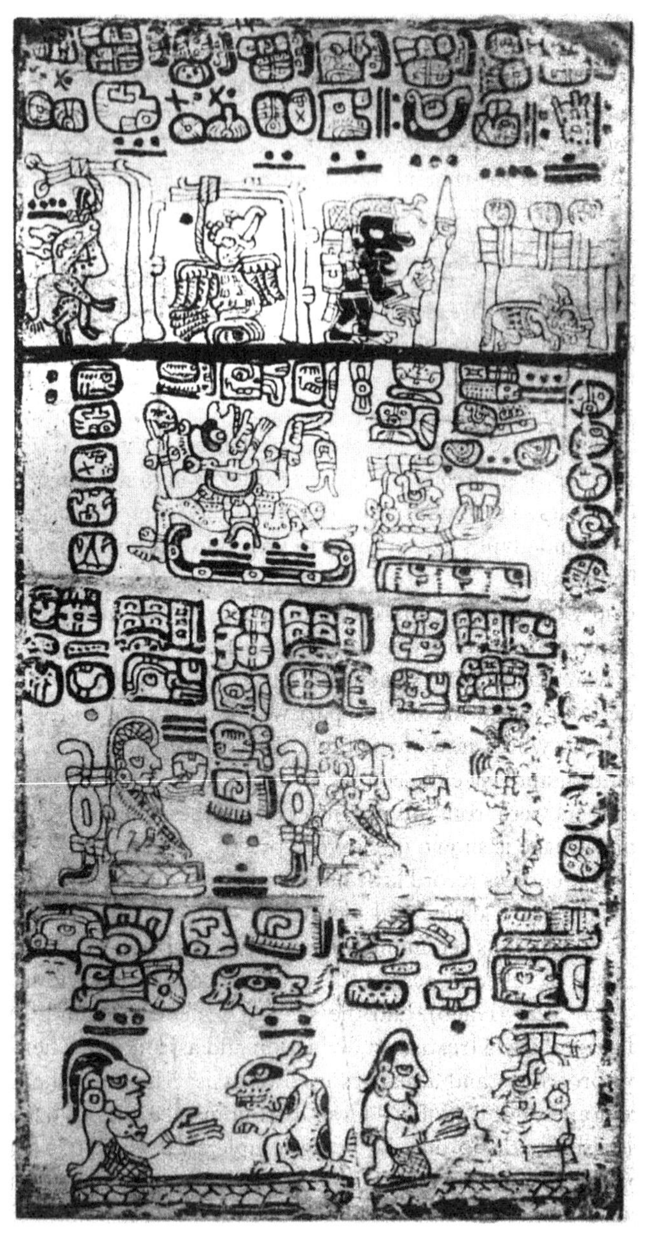

图3.15 《马德里古抄本》中的年历 《马德里古抄本》中的多种历书(第91页):鸟儿用绳子挂在树梢头上,那是一只眼斑火鸡。它的象形名字“库茨”(龟)写在树枝上方。

书籍纸张已破烂不堪，书页表层刷的石灰早已结成硬块。

20世纪，另一些从前哥伦布时代的玛雅书籍中掠夺来的片段，也就是《格罗利尔古抄本》（Grolier Codex，以纽约市的格罗利尔俱乐部命名，该书首次亮相于此），尽管这部古抄本目前仍在墨西哥城，但它过去一直以私人收藏的方式露面。有关证据表明这部古抄本的皮纸源于哥伦布时代之前，但一些学者怀疑这部古抄本是后来印刷的版本，或者说是赝品。《格罗利尔古抄本》完全用一种简化的模型来介绍金星历书，在《德累斯顿古抄本》中增添了精密的金星运算方法。学者希望能够找到更多保存完好的玛雅书籍，但没有人希望发现类似于古代近东地区的泥板档案那样的丛书。

与玛雅地区的书籍形成对比的是，四百多份米斯特克和墨西卡的手稿留存至今，其中大约十三份源于前哥伦布时代。手稿大多由鹿皮制成，其他则由棉花或者皮纸制成。如果不是将皮纸作为玛雅书籍材质的首选，则不会有任何书籍留存下来，兰达主教更不会提及它们。在《德累斯顿古抄本》中，可以发现连接各部分纸条的动物皮残留物，但不知道这些残留物是它原本就有，还是后来人为修复所致的。殖民时期的文章也曾提到，前哥伦布时代的地图由棉底布所制，但到目前为止，尚未发现一例。

玛雅碑文

尽管玛雅碑文在现代掠夺者和前哥伦布时代艺术品（参见引言）走私犯的手下状况不佳，并在征服时期遭到忽视、毁坏，幸运的是，随着越来越多的媒体持续性报道，大量玛雅碑文得以留存下来。最早为人熟知的玛雅文字记录来自于前古典期晚期，大部分留存至今的文本都刻在石碑上，但也有极少部分雕刻在细小物体上。在古危地马拉的圣巴托洛(San Bartolo),人们发现壁画上绘制的雕文属于前古典期晚期。从古典期留存下来的大多数文字都是雕刻在独立纪念碑上,这些纪念碑为石造建筑的一部分(和过梁、墙板一样),或者用来粉饰建筑外观。蒂卡尔和一些其他地方都留存了带有雕刻文字的木质过梁。一些地区,尤其在乌苏马辛塔河流域,许多纪念碑的雕刻家将他们的作品刻上标记,包括他们作为王室工匠的头衔。古典期众多短篇文本刻在骨头、石头以及瓷器所做的工艺品上。其他文本刻在壁画上,以及精雕细琢的陶瓷器皿上。一些刻有特殊文字的骨头自古典期晚期遭到掩埋,在玛雅地区最西部的科马尔卡尔科(Comalcalco)被挖掘出来。除了一些简单的雕刻文字或者绘图文字,后古典期的玛雅文字资料也收录在这些古抄本中。

幸亏有阿尔弗雷德·莫兹利、西尔韦纳斯·莫利、伊恩·格雷厄姆(Ian Graham)和其他致力于此的考古学家,虽然不断有新的碑文等待发掘,但他们记录玛雅碑文的壮举,让大部分为人熟知的前哥伦布时代的玛雅雕刻文本记录在册。解密这些记录在册的玛雅文字,至今仍是一项艰巨的任务,让人望而生畏。但网络和数码摄影的使用,让这项工作更便捷。伊恩·格雷厄姆和他在哈佛大学皮博迪博物馆的同事正在《玛雅象形文字语料库》中出版相片集和碑文绘画集。最初展示的多彩陶瓷器皿上的照片和图像,包括带有文本的器皿,现在能以纸质出版物的形式和网站形式出现在大众面前,并作为研究玛雅象形文字的图形词典和参考。

古典玛雅文本的语言

在解读玛雅文字之前,学者争论过生活在玛雅低地的原住民的语言认同感问题,这些低地就是大量玛雅文本的发源地。一个世纪以前，众多学者在乔兰(Ch'olan)玛雅人中，同乔尔蒂人、乔尔人(Ch'ol)、琼塔尔人(Chontal)亲密相处。这让卡尔·萨珀尔(Karl Sapper)和埃里克·汤普森分别得出结论，认为乔兰语的现代分布反映了以乔兰语为母语的人在南部低地的生存史实。这一地带从乌苏马辛塔河流域到危地马拉加勒比海岸和科潘谷(这里仍然是以乔尔蒂玛雅语为母语的人的住地)。

这些线索指明，乔兰语是古典期玛雅核心地带的语言。目前的破译手段能够语音朗读玛雅词语，正如动词词缀"wan"的出现，乔兰语的明确特征已经在古典期的玛雅文本中得到证实。起初，约翰·贾斯特森和詹姆斯·福克斯根据碑文中的证据得出结论，称乔兰语只在沿着乔兰低地边缘的地区被使用[例如帕伦克、多斯皮拉斯、阿瓜特卡(Aguateca)、科潘]，但他们也提出，低地以北的一些区域也在使用尤卡坦玛雅语。然而，随着破译玛雅语言技术的不断提高，斯蒂芬·休斯顿(Stephen Houston)、约翰·罗伯逊(John Robertson)和大卫·斯图尔特(David Stuart)发现，古典期的玛雅低洼地带的所有碑文语言的确是乔兰语——很有可能是早期乔尔蒂人祖先使用的语言，现在称为古典期的玛雅语(乔兰语中一种优雅、有声望的方言)。和尤卡坦玛雅语对比，乔兰语的拼写在古典期的文本中占主要地位。比如单词"yotoot"(意为"房子"，尤卡坦语拼作"yotoch")，又比如单词"nich"(意为"花"，尤卡坦语拼作"nik")。回溯到更早之前，费德里科·法森(Federico Fahsen)早已提出，位于玛雅高地上的卡米纳尔胡尤在前古典期晚期的文本也是由乔兰语所著。这片地区北部的古典终结期的文本也是如此。自征服时期以来，这片地区的土著居民就是说尤卡坦玛雅语的人。古典期的玛雅语曾记录在北部低地城市的文本中，比如奇琴伊察，尽管随着时间流逝，当地语言慢慢改为尤卡坦玛雅语。

玛雅语的结构

不同玛雅语的发音系统和其结构的其他层面都十分相像，但也有不同的特征。这些特征是解读以详细的语音破译为基础的文本所代表的特定语言的关键。虽然乔兰语曾是玛雅碑文中的主要语言，但是许多的尤卡坦语词汇经常出现在玛雅相关学术研究中，尤其是在玛雅历法时间单位的命名中。尤卡坦语的语音系统中有5个元音，每个元音可长可短。尤卡坦语是少数有“音调”的玛雅语之一：它的长元音的音调与众不同，可能是升降调或者平音，分别表示尖音符或者沉音符。尽管乔兰语和尤卡坦语之间音高不同，但它们有着相同的语音。乔尔蒂语有“r”这个辅音，而在尤卡坦语中却没有。

尤卡坦语中有18个辅音，部分辅音涉及“声门音”。一些发音听起来像非声门发音（“plain”），除此之外，喉部的声音紧闭。闭合之后的打开会产生一种语音效果，通常被称为“爆破音”和“声门音”。尽管其中一些相对有更多辅音，但所有玛雅语都有普通辅音和声门辅音。玛雅语也有一种“声门阻断”，是指在没有口头表达的基础上，声带的闭合和送气。英语中也有相同的发音，比如“啊哈”和“哦噢”的用法，但在玛雅语中，这些作为辅音词语，和其他词语有所区别。

玛雅语的词根语素（也就是单词的词根）在发音结构中通常是规则的。玛雅语主要有三种发音，是指元音（v），在它之前的辅音（c_1），元音后的辅音（c_2）；也就是说，它们可以构成“c_1vc_2”的结构。典型的玛雅词语顺序，能在前哥伦布时代的文本和口头语言中体现。这种词序在及物句子中是“动—宾—主”，在不及物的句子中是“动—主”。

即使有单独的名词承担这些主语和宾语的功能，玛雅语中的动词也常伴随主语以及宾语代词同时出现。玛雅语中，代词有两大基本类型：一类是格动词（ergative），是指及物动词的所有物和主语；另一类是通格（absolutive），是指及物动词的宾语和不及物动词的主语。它们的用法和英语中代词的用法不同，英语代词不论动词属性，取决于它所代表的主语、宾语或所有物。

因而，玛雅语在及物事件的行为者和不及物事件的行为者间显得与众不同，并且在及物动词和物主结构中的用法相似。在语言世界中，尽管格动词结构的表达模式各不相同，但极其普遍。

殖民时期和现代时期的玛雅语语法另一大特色是多类词语，称为数词分类词（numeral classifiers），插在表示数量的词语（或其他数词，比如“许多”或者“一些”）和被计数的事物中间。这一类词语包含许多信息，包括形状、位置或者物品的尺寸。假设有一个伪英语单词“四块安排在一条直线上的石头”，“安排在一条直线上的”部分相当于一个玛雅数词分类词。如果讲话者不希望表达明确，可以选用多个数词分类词，在这样的表达中，运用这种单一的数词分类是必需的。一些数词分类词在玛雅文字中已经被破译，这些词语似乎是通用且统一的。

玛雅语中的位置动词也有特殊的动词词形变化，也就是说，有一类动词能够用多种方式表示位置：例如，“Ch'orti' a'-cha-wan”，表示他位于(位置)。这里的方位后缀“wan”可以作为象形文字的标志。另外，玛雅语使用指示代词和形容词，对其所指物的方向和距离做出精细的区分。另一项事例源于科潘祭坛Q(Copan Altar Q)上的文本，记录了王朝建立者基尼奇·亚克斯·库克毛(K'inich Yax K'uk' Mo')抵达这里后的两件大事。文本段落中，用了两个不同的动词，它们的注释都为“抵达”。其中一个是“tali”，表示从说话者出发的地方抵达此处，用作“他从那里来”。另一个“huli”是指抵达说话者在的地方，用作“他来到这里”。这种空间语义上的语法问题在语言中较为普遍，尽管对于英语母语者而言，并不是语言用法的常态。

最后，玛雅语在殖民时期已经发展出完备的个人名字系统和头衔体系，包括两大词素(阳性词和阴性词，现代语言中也有这种用法)，这两大词素源于男性和女性的名字、世袭头衔和职业头衔、来源地名称。它们也常被发现用于一些小词上，例如许多动植物名字的第一个词素。以上两种在玛雅碑文中都曾出现。和英语一样，玛雅语在代词中不以词性为区分，但在名号头衔和亲属关系术语的表述上，玛雅语会对词性加以区分。

古代玛雅文字

玛雅文字建立在一套单独的系统之上，它的字形在西方人眼中极为复杂多样(图3.16)。其中一些字形明显代表一些物品、动物的头，或者神像的头。但是还有一些从外表看上去，似乎随意杂乱。从它们的尺寸和位置看，玛雅文字分为主体(巨大又位于中心的成分)和词缀(affixes，较小的嵌入主体文字中的成分)。这些词缀从位置的上下左右来判断，可以分为前缀、上标、下标和后缀。尽管除了这些词缀以外，还有其他要素影响文字的正常形态，但因为阅读顺序通常由上至下、由左至右，前缀和上标通常也在主体文字之前辨读，下标和后缀在主体文字之后辨读。一个象形文字可以扩展或者和其他文字符号合并，甚至还可以缩减，并将其嵌入其他文字符号中。

古典玛雅文本

玛雅象形文字通常呈行或呈列排布。单行中,阅读文字通常按从左至右的顺序;单列中,阅读文字通常从上至下。如果是在多列中,则需要两列两列地进行认读:

1	2	7	8	
3	4	9	10	
5	6	11	12	等等

若为奇数列,阅读顺序通常是:

1	4	5			1	2	7	
2	6	7		或者	3	4	8	
3	8	9	等等		5	6	9	等等

许多情况下,有一列会比其他列更长,尤其是当铭文环绕在一个雕刻的图案周围时;这些文字会提前完结进入下一列:

1	2	10	11	16	17
3	4	12	13	18	19
5	6	14	15	20	21
7					22
8					23
9					24

为了方便引用一段文字中的象形符号,文本被赋予一组坐标,字母代表列,数字代表行,因此,每组象形文字都有唯一的坐标(例如,A1,B1,A2,等等):

	A	B	C	D
1	(A1)	(B1)	(C1)	(D1)
2	(A2)	(B2)	(C2)	(D2)
3	(A3)	(B3)	(C3)	(D3)

与正常的阅读顺序相比,最显著的差别是顺序变为从右到左(例如,《巴黎古抄本》的第23页至第24页,见图3.14);在这个例子中,这些象形文字都有易于辨认的形状(正如动物或者人物的外形一样)或者文字方向相反——向右。

现有800多个已被识别和编目的玛雅字符，但最终数量还有待确认。一些字符因为外形的缘故，用来表示昵称而为人所知。例如，图3.16a中的主要字符被认为是“颠倒的青蛙”。最常用的玛雅象形文字目录由埃里克·汤普森在1962年发表，其中将这个字符标为“T740”。汤普森辨认出不同时代的861个字符(其中有355个主要字符，370个字符标志，还有136个“人物肖像”和无法辨认的字符)。学者已经修订出一份两卷的目录，并将可以在网络上和象形文字数据库同步使用。第一卷是马莎·麦克里(Martha Macri)和马修·卢珀(Matthew Looper)共同编纂的古典期文本的目录，第二卷是由麦克里和加布里埃尔·韦尔编纂的后古典期的古抄本目录。和汤普森的目录相比较，麦克里和卢珀的目录识别出拥有213个变体的673个不同的字符，或者说，古典期用于书写的886个符号。

19世纪，人们开始了解读玛雅文本的第一次尝试。一直到20世

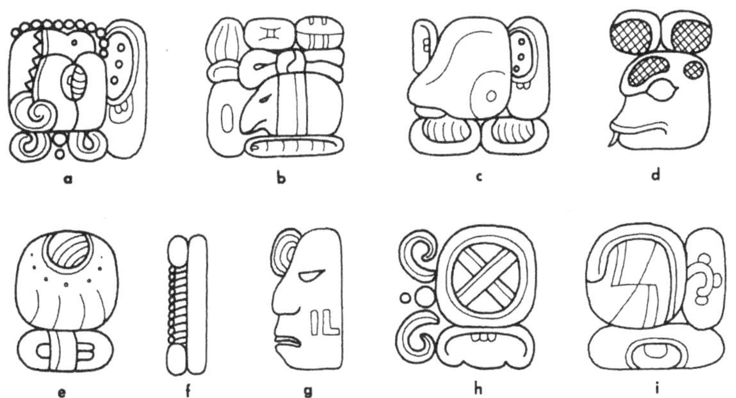

图3.16 具有历史意义的玛雅符号 玛雅文字有着一些历史意义：(a)表示出生的符号，siyaj(a)：主要由T740（或者是“颠倒的青蛙”符号）组成，sih；在这下面的是T126下角符号，ya；右边的是T181动词后缀，ja。(b)T684(比如“牙疼”的符号) joy(?) ti ajawlel(隶属于统治)。(c)chuhkaj(捕获)。(d)cha'an(捕获者)。(e)baak(俘虏的)。(f)“人称”前缀。(g)ix(阴性前缀)。(h)yatan(妻子)。(i)tz'akb'ul(在王朝更替时“统计统治者”)。

纪,除了对历法体系的解读多有突破,对玛雅文本的解读少有进展。当时,大多数碑铭学家相信,玛雅文字是表意文字(logographic),因为大部分符号代表玛雅单个词语。根据记载,有将近800个字符,这一数字超出了表音文字系统所需要的数值,在玛雅语中,一套字母系统需要大约30个符号表示元音和辅音,一套音节系统需要大约125个符号表示辅音和元音的结合,因此,排除了语音系统的可能。但另一方面,约800个玛雅字符远远少于中文这类表意文字的字符,中文有12000个以上的汉字。因此,玛雅文字被视为一种有限的表意文字体系,文字用法局限于历法和天文学。

我们深知,玛雅文字既使用表意字符,也使用表音字符——玛雅字符的数量和其他使用意音文字的语言字符数量相当。通常,玛雅文字中的主要字符代表简写标记,词缀要么代表语音的补充,要么代表语法的前缀(语标或者语音),但也有一些例外。一些符号中既有表意元素,也有表音元素。因为一个表意语素(例如字符T528)读作"tuun"(石头),但在其他文本中,同一字符读作音节"ku"。

众多学者付出辛勤努力,花费多年时间来解读这份混杂表意和表音的文字系统。大约有80%的最常用的玛雅字符已经被人破解。但现在可以明确的一点是,玛雅文字和其他文字体系一样,随着时间的推移一直在演变发展。最大的文本语料库囊括了古典期晚期的资料,相较于早期,玛雅文字在这一时期的发展受到更多关注,也更易为人理解。因而,从这一点看,古典期早期的文本要比晚期的碑铭文更难理解,而前古典期的文本则是最难破解的文本。解读玛雅文本主要在20世纪50年代取得了两大重要突破:第一是海因里希·贝尔林(Heinrich Berlin)和塔蒂阿娜·普罗斯科里雅科夫(Tatiana Proskouriakoff)发现古典期的碑文上写的是历史记录;第二是尤里·诺罗佐夫(Yuri Knorozov)首次让人相信玛雅文字包括一套表音体系。

破译的先锋

方济各会的修士、尤卡坦半岛主教迭戈·德·兰达为玛雅文化的解读奠定了基础，他在他的《尤卡坦纪事》(写于约1566年)中记载了关于玛雅文化的重要信息，书中有一段对于尤卡坦玛雅人历史和生活的详细描述。兰达的记载出自博学的玛雅信息提供者，包括抄写员的采访。我们已经从兰达那儿获知玛雅历法最重要的记录，以及表示20天的玛雅符号——18个为期20天的乌纳，以及一个“玛雅字母表”。1573年，兰达逝世之后，他曾保存在梅里达同济会修道院中的初稿，业已遗失。现有的版本是19世纪早期的一份删减版，阿贝·夏尔·布拉瑟·德·博布尔格在马德里发现了该书，并于1864年出版。实际上，在兰达逝世到布拉瑟发现该书的三个世纪内，尽管人们对研究古玛雅的热情高涨，记录了一些对后世学者的研究至关重要的碑文，但关于玛雅文字的研究却处于停滞不前的状态。

1866年，布拉瑟发现了《马德里古抄本》的部分书稿，他对兰达手稿足够熟悉，因此能够辨认出这些字形，从而确定这些字符和古抄本是玛雅文本。1869年到1870年间，布拉瑟基于兰达手稿并对古抄本进行解读，出版了古抄本的部分片段。他能够识别出兰达的日历符号、表示“太阳”和“白天”的符号、点画记录法(bar-dot)下的数字符号。但是，除了将兰达的“u”解读为尤卡坦语的格动词的第三人称代词，他对语音符号的相关结论近乎无一正确。我们现在意识到布拉瑟口中的翻译是何等荒谬，因为他对古抄本的解读是滞后的。早期的其他学者，像莱昂·德·罗斯尼和塞勒斯·托马斯(Cyrus Thomas)，他们曾试图将兰达的“字母表”运用到玛雅文字解密中，试图解读玛雅语音。但是，这些尝试纷纷以失败告终。即便有兰达的手稿，但在后世的印刷版本中，人们无法区别每个字符的关键特征，也无法从反证中得出相关信息，要辨认出线条杂乱的字符也是极其困难的。

直到20世纪早期，相较于语音部分的相关解读，人们更能够充分理解玛雅文本中天文和历法的相关部分。玛雅文本的语音解读方式曾遭到驳斥，甚至早先的信徒也对此进行反驳。1876年，罗斯尼解读出四个表示方向的字符：北、南、东、西。他和布拉瑟在天文和历法方面也小有成就。但是，在解读历法方面做出最大突破的是恩斯特·福斯特曼(Ernst Förstemann)。他是德累斯顿图书馆的馆长，也是一位学识渊博的德国语言学家。1880年，福斯特曼开始研究《德累斯顿古抄本》和其他玛雅文本，他将余生精力都放在了研究这些文本上。针对这些古抄本和一些其他文章，他曾发表过一篇见解深刻的评论。福斯特识别出兰达记载月份的字符，他解释了“0”和“20”的符号，也对古抄本中历法字符的缩写做出了解释，另外解释了玛雅二十进制和表示方位的字符、《德累斯顿古抄本》中的金星表、长纪历和它的基准日4阿哈瓦以及8库姆库、文本的基本阅读顺序（也有包括塞勒斯·托马斯在内的其他学者分别发现）、表示时间周期的符号以及头部变体象形、表示距离的编号。福斯特曼的工作和J.托马斯·古德曼（J. Thomas Goodman）有部分重叠，J.托马斯·古德曼是内华达州弗吉尼亚市前任市长，同时也是《地方事业报》（*Territorial Enterprise*）的一位编辑。他也是马克·吐温终身的挚友（古德曼曾为马克·吐温提供了第一份工作——新闻记者）。古德曼对当时的学界在解读玛雅文本上做出的工作充满不屑，1897年，他出版了一份重要的册子，册子中记录有大量福斯特曼的发现，却被人误以为是古德曼的结论。至今，无人知道古德曼的学识中有多少是福斯特曼的贡献，但是，古德曼自己的确有过几大重要发现，包括玛雅数字的头变字形，以及1905年发现的玛雅历法和西方历法之间的换算关系。这一换算法至今为人公认，由于马丁内斯和汤普森曾对这一关系进行微量修改，目前这一发现被人称为古德曼-马丁内斯-汤普森换算。

19世纪末期，爱德华·泽勒（Eduard Seler）已经对颜色符号进行解读，保罗·谢尔哈斯（Paul Schellhas）将古抄本图片中刻画的神祇进行分类，并把这些神祇和图像名字联系在一起，丹尼尔·布林顿（Daniel Brinton）曾创作《玛雅象形文字入门》（*A Primer of Maya Hieroglyphs*，1885）第一篇摘要。得益于阿尔弗雷德·莫兹利和特奥贝特·梅勒尔两位玛雅探险家的不懈努力，关于碑文的知识得以积累。19世纪80年代，莫兹利用照片和石膏模型记录了数百则玛雅碑文，并且出版了许多照片和优秀画作[由安妮·亨特（Annie Hunter）所作]。梅勒尔曾在墨西哥为神圣罗马帝国皇帝马克西米利安的军队效力，他在20世纪早期出版过几部令人赞叹的相册集，这些相册中的地点都是玛雅低地中一些人迹罕至的地方。

直到20世纪早期，碑铭学家开始重视对历法和天文学的解读，并认为古典期的碑文研究，其重要性超过早期对于古抄本的相关研究。西尔韦纳斯·莫利对玛雅低地进行探索，使得古典期文本的发现数量和记载大大扩充。莫利也创作了一部更加完整的玛雅文字摘要，叫作《玛雅象形文字研究导论》（*An Introduction to the Study of Maya Hieroglyphs*，1914）。约翰·蒂普尔（John Teeple）解读出许多古典期刻在碑文上的月序历，这些月序历依照长纪历记载。赫尔曼·拜尔（Hermann Beyer）在入门字符中建立了"可变元素"，因为长纪历日期代表目前365天一年历法中的神祇。

在20世纪中叶以前，人们在玛雅字符的分类、整合以及一些关键特征的记载方面已经取得了巨大进步。这项工作以埃里克·汤普森为首，他的著作《玛雅象形文字简介》（*Maya Hieroglyphic Writing：An Introduction*，1950）成为玛雅文字学中最广为人知的总结性著作，后来那部《玛雅象形文字目录》（*A Catalog of Maya Hieroglyphs*，1962）围绕古抄本和碑文字符展开。汤普森从一些语法语素中也辨认出一些符号，包括数词分类词。但主要由于他和莫利的影响，学者对于玛雅文字的观点在20世纪50年代已经定型。他们相信玛雅文字是一套意音文字，不包含任何历史学相关信息。但是，通过系统性研究变体的含义和范围、玛雅字符的位置，汤普森成功地为新一代学者降低了研究玛雅文字的门槛。

玛雅历史的发现

1958年，海因里希·贝尔林注意到一些字符（图3.17），这些字符的特殊之处在于，它们有着一套连续的前缀和变化多端的主体字符，这些字符在玛雅古典期的文本中成对出现，具有一定规律。在几个主要的地点都发现了这种符号，并且其中的主体字符都是其发现地特有的。根据分析，贝尔林得出结论，这些字符以某种方式命名了不同的地点。他将这些字符称为标志字符（Emblem Glyphs）。其他学者随后也一个接一个地在不同的地点发现了这些字符。

贝尔林不清楚标志字符是地点名称还是家族或者王朝的名称，但他更倾向于后者。一些地方的标志字符也会出现在其他地方，但被认为是表明这两个地方存在联系的证据。在一些地点发现的字符和常见的图案有明显的不同。辨读标志字符让人第一次相信，玛雅碑文记载了一些当地普通人的世俗之事。这一发现推翻了之前公认正确的假设——玛雅铭文只记载重大的、深奥难懂的主题。

这一发现很快得到了证实，并且实现了另一关键性的突破。玛雅艺术的一位专家普罗斯科里雅科夫研究了皮埃德拉斯·内格拉斯的碑文，她于20世纪30年代首次在这里工作。她的分析揭开了标有日期纪念碑的一种模式，因为从这些纪念碑中，能够得出令人信服的一段历史信息。在皮埃德拉斯·内格拉斯，有几个刻着象形文字的石柱，石柱上还刻有人物场景，其中有个场景是一个人坐在壁龛中（见

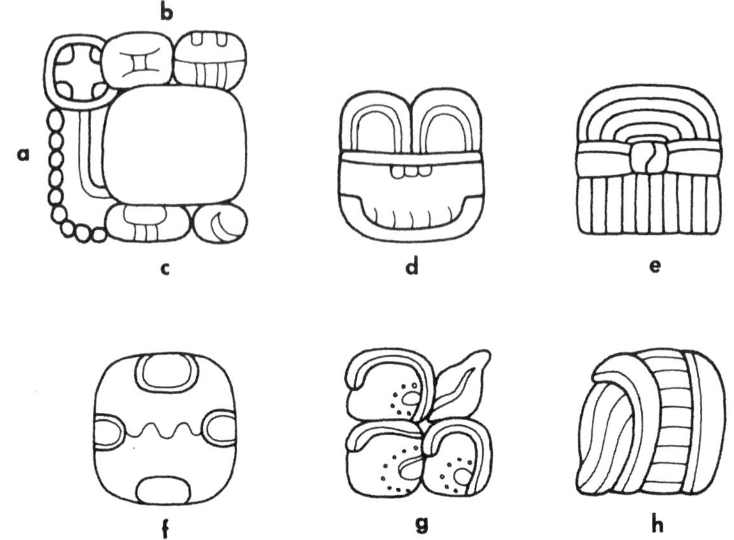

图3.17　象形文字词缀和主要符号　例如图中的象形文字词缀(a—c)和主要字符(d—h):(a)有一个十字的前缀T36,k'uhul("神圣的"或者"宗教的");(b)上标T168,阿哈瓦(ajaw);(c)下标T130,wa(音补,见文本);(d)主要符号T562,"破碎的天空"(亚斯奇兰);(e)主要符号T569,捆绑(蒂卡尔);(f)主要符号T570,骸骨(帕伦克);(g)三部分组成的主要符号T528(塞瓦尔);(h)主要符号T716,捆绑[派特克斯巴吞(Petexbatun)]。

图8.24)。普罗斯科里雅科夫注意到这种类型的每一块纪念碑都是在一个指定的位置建造的第一块纪念碑,刻有其他图案的纪念碑每五盾(360天计年法)建造一块,之后,再在另一地点建造其他的纪念碑。每一组纪念碑中记载的日期不只包括长纪历的日期,也包含两个更早的日期。其中一个,她称为"就职日期",通常记载在第一块纪念碑之上,并带有一套T684主要字符(汤普森称作"牙疼",因为它描绘了一只秃鹰下巴上包裹了一块系在头部的布)。另一个,她称为"初始日期",指的是就职日期前三十一年到前十二年之间的任何时间,通常和T740"颠倒的青蛙"主体字符联系在一起(图3.16)。两个日期在后来的文本中都有提及,普罗斯科里雅科夫将其称为"纪念

日”。我们现在将这些作为就职语义(T684)和出生语义(T740),普罗斯科里雅科夫是第一个注意到这些语义的人:

> 毫无疑问,历史上有许多事件都是这样记录的,但是最常见的是一些人的出生,这些人在成长过程中获得了良好声誉和政治权利。但是,如果“颠倒的青蛙”日期就是出生日期,那么只有一段有限的时光是被庆祝的,这段时间就是这个人的一生,并且有效驳斥我最原始的观点,即“牙疼”字符是“尼切”石碑上表示活人献祭的字符。更有可能的是,这些纪念碑描绘的是历任继位的新统治者,正如玛雅书本中记载“坐在主殿上”一样。

在这寥寥数语中,普罗斯科里雅科夫所做的并不仅仅是提出这两个象形文字的含义,玛雅文字的研究原本是从一系列纪念碑日期入手,她将研究对象转变为玛雅国王和王后的生活史。普罗斯科里雅科夫发现任何一组纪念碑上发现的日期跨度没有超过六十年,这是正常人类的一生[这是1901年查尔斯·鲍迪奇(Charles Bowditch)得出的结论,但是莫利1914年没有沿用这一结论]。基于普罗斯科里雅科夫卓越的洞察力,她得出了一系列逻辑性的结论,她提出,每一组碑文都记录了皮埃德拉斯·内格拉斯统治者的一生:最初的日期记载了他的出生;就职日期记载了权力的更迭;他统治期间,纪念日期在后世为人庆祝;位于纪念碑首位的以男性角色为主,描绘的是统治者;女性角色描绘的是统治者的妻子,或者有两个女性角色时,其中一个是妻子,另一个是女儿;位于这些出生字符和就职字符之后的是他们的名字和头衔;女性名字前有一个字符前缀,看上去像女性的脸,有着头发的轮廓。事实上,还有一些字符表示优秀女性的头衔(图3.18)。

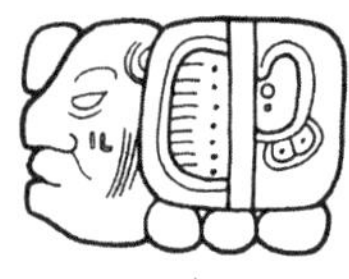

图3.18　玛雅精英女性的头衔符号

现在，很难想象普罗斯科里雅科夫的工作为玛雅学者带来的惊喜。之前，纪念碑中的主要男性角色被认为是众神的形象，女性角色被认为是身穿祭司服装的男性。距离编号给出的日期被认为是对365日纪年和太阳年之间不同部分的矫正。如今，雕刻文本和雕像被视作国王的历史记录，甚至有人认为，和纪念碑相关的建筑，是由统治者修建，或为统治者而修建的（比如坟墓）。

从其他遗址中出土的类似文本证实了普罗斯科里雅科夫这一结论。1960年，她将自己首次发现的成果写成书出版后，开始对一套亚斯奇兰碑文进行详细研究，她辨认出死亡、俘虏、猎人这几个字符。这些字符展现了她的解读和这些地点之间的联系。汤普森认可了她的结论，二人很快成为解读这段历史的主要推动力。

玛雅文字中语音拼字法的发现

虽然普罗斯科里雅科夫的解读没有涉及玛雅文字的确切发音，但是，她能够在不用语音拼出玛雅文字的前提下，解读文字的意义。区分语义解读和语音解读尤其重要，如果无法区分，一套严格的表意系统会让玛雅文字的阅读变得困难。很明显，一套音节的发现或者文字字母的语音解密都将在语义解读中起大作用。然而，在1972年，正如解读文字的第一套“法则”一样，汤普森自信地表明：“不论是局部还是整体，玛雅文字不是音节，也不是字母。早期的一些学生，对兰达提出的字母感到困惑，认为他们已经在玛雅字符中发现一套字母和音节系统。但是这些想法很快就不攻自破，随着阅读玛雅字符潮流的兴起，这种想法在最近几年逐渐得到认可。”

除了本杰明·沃尔夫(Benjamin Whorf)在20世纪30年代和40年代给出的简单倡议，语音突破的最后一次尝试随着塞勒斯·托马斯在20世纪早期的失败而告终。目前，我们了解到托马斯偶然发现了几个近乎正确的解读，但他错误地将它们归纳为一个字母文字体系，加上他错误的字符辨认和证明标准，他的研究也转向了错误方向。沃尔夫是美国一位备受敬仰的语言学家，曾写过一系列文章，这些文章声称要用语音阅读整部古抄本，但是他的工作却遭到铺天盖地的批判，这些批判大部分都言之有理。但是，他在文章中表明，玛雅文字记录了玛雅语言这一假设是破译玛雅语言的关键。

这一猜想直接影响到汤普森所称的“刺耳的要求”，这一“要求”由尤里·诺罗佐夫提出，他是苏联语言学家，曾在20世纪50年代展开另一玛雅语言的研究变革。这一次变革的效果不够显著，部分原因在于诺罗佐夫的论断不如普罗斯科里雅科夫严谨。诺罗佐夫试图论证“CV”(辅音-元音)音节中，一套表音文字体系的音节如何在“CVC”(辅音-元音-复音)的结构中书写玛雅语言。如果没有任何字符表示单个辅音，那么最根本的问题就是结尾辅音是如何书写的。诺罗佐夫提出，最终的辅音运用第二个“CV”字符的书写模式，根据他称作“融合”(synharmony)的规则，这一模式将元音放在第一位。因此，玛雅词语“kutz”(火鸡)被拼写为“ku-tz(u)”，最后的元音不发音。

诺罗佐夫将兰达的“字母表”作为他的钥匙(图3.19)，成功地正确解读了一些字符，并且让部分学者相信，他的研究归于正途。这些人中，就有大卫·凯利(David Kelley)，他曾经维护过诺罗佐夫的几条

图3.19　兰达"字母表"　根据16世纪《尤卡坦纪事》的记载，兰达的"字母表"，是语音解读玛雅文字的钥匙。

法则和文章中的一些解读案例，这些文章在他1976年的摘要《解读玛雅文字》(*Deciphering the Maya Script*)中都曾被提到。凯利采纳了诺罗佐夫的想法，并提出了更保守的论点，论证了玛雅音节文字表的存在，但只有一小部分论点得到证实。凯利在这一音节文字清单里还加上了一些新的音节符号。

兰达的"字母表"为理解玛雅文字中的语音成分奠定了基础。得益于诸多碑铭学家的努力，加上对相关正字法规则和个人价值起源的深入了解，玛雅表音字符的音节已经近乎完整(图3.20)。然而，兰达记载"字母表"的最初意图仍不明晰，他暗指自己当时正教玛雅人根据西班牙字母规则书写文字。但现在，随着音节字符表的破译，显而易见的是兰达并未要求他的译员根据尤卡坦玛雅人的发音写出字符，而要求他们根据西班牙字母的名字写出玛雅字符。其中大部分字母的名字是和英语字母名类似的单音节词语,和字母的发音并不相同。一些字母名有多个音节,比如“f”(efe)和“h”(hache)。根据他从兰达那里听到的发音,兰达的译员用最接近的一些字符进行书写。例如,现在可知,与西班牙字母“q”(发音是ku)对应的字符有着音节值ku和其他表意功能。对于兰达“字母表”中的“h”,信息提供者用表音字符“che”进行对应,也就是西班牙词语“hache”中的第二个音节。

以下步骤可以解密一套普通密码,用于揭示语音论证的逻辑。玛雅文本不能用一套密码系统来解读,但是解读方法是类似的。对于一些内容为人熟知的古抄本,我们通常会从字形开始解读,比如这个像“火鸡”的字符(人们将它和《德累斯顿古抄本》《马德里古抄本》中的火鸡图片联系起来;见图3.15顶部,该顶部沿着一条绳索,绳子一端系着一只火鸡)。这一字符包含两个混合的主要字符,阅读顺序为从左至右:

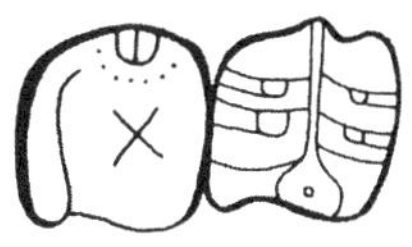

假如这两个字符在书写时遵循音韵和谐的原则进行组合,形成一个语音结构,并考虑到在16世纪殖民时期的词典中,尤卡坦当地表示火鸡的词语是“kutz”(库茨),那么现在,我们就能够参考兰达“字母表”(图3.19)。兰达不断地将几个字形和字母表中的字母进行配对组合,表中的字母和元音在一起时,我们就能推断出它们是一些音节。火鸡的第一个字符和兰达字母表中的“ku”相似(它们内部都有X形状);因此,我们提出,这个字符是表示“ku”的音节字符,这一词语在古抄本中拼写为“kutz”。这一字符引发了第二个论点,第二个字符是融合的音节字符“tzu”,第二个元音不发音。这一论断可以通过

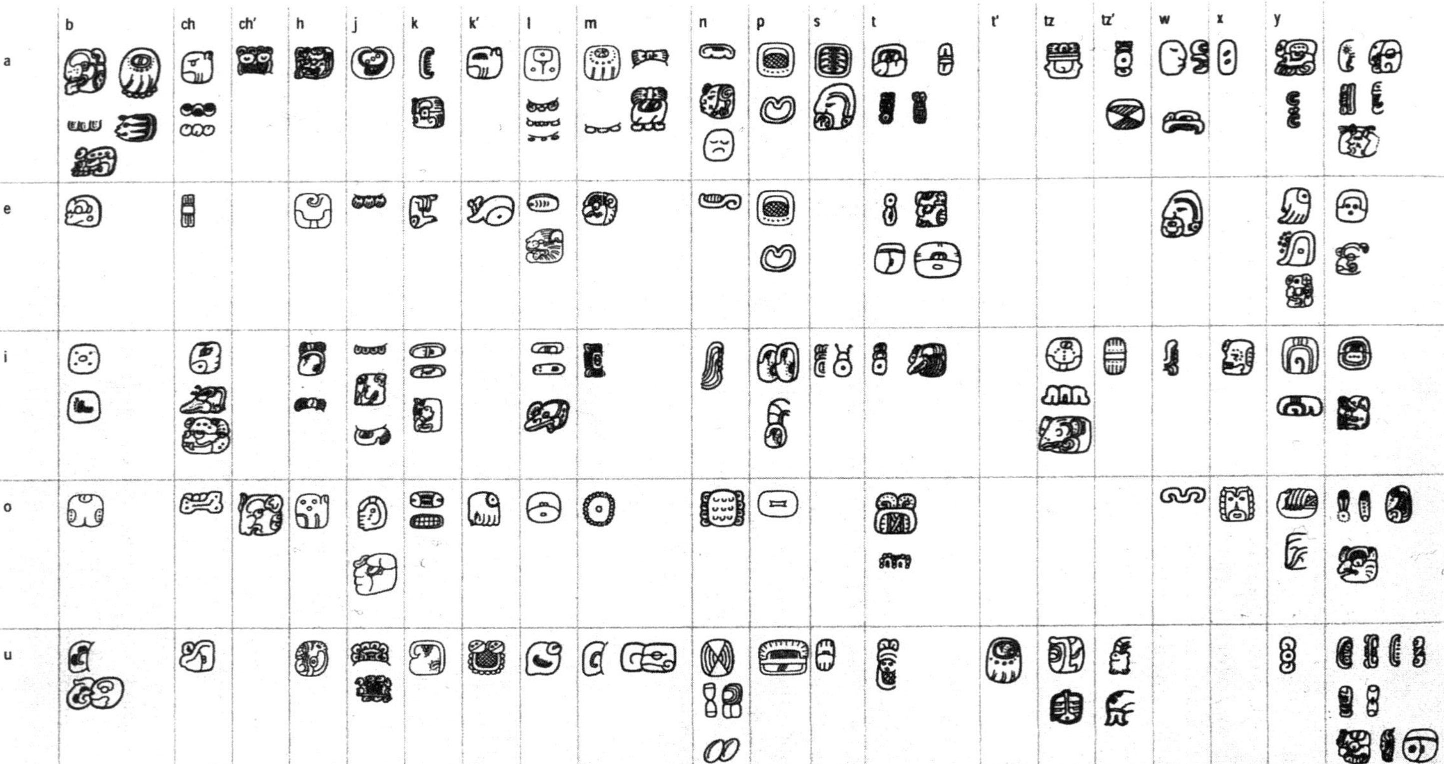

图3.20　玛雅语音符号音节表　一套音节表由表音字符组成，用于玛雅辅音和元音的结合，除了细微的变化外；一些（多功能的）字符表示多个音节，一些音节表示多个字符（同音异义）。

两个相同字形的独立用法进行验证，比如音节“ku”和音节“tzu”成功得到验证。

例如，字符“ku”也能见于下列字形组中(第一个字符已被腐蚀)：

我们都知道这组新的字形组的意思；《德累斯顿古抄本》中有两个数字，这是其中之一。因为它的位置特殊，所以我们指认它为数字十一。殖民时期的尤卡坦用“buluk”来表示十一。按照诺罗佐夫的融合原则，这里的三个字符应该读作“bu(已腐蚀)-lu-k(u)”；换句话说，根据前提进行预测，“ku”的位置位于第三位。我们也能得到另一个论断：第二个字符是“lu”。事实上，我们也知道“tzu-l(u)”的字形通常也会出现在古抄本中：

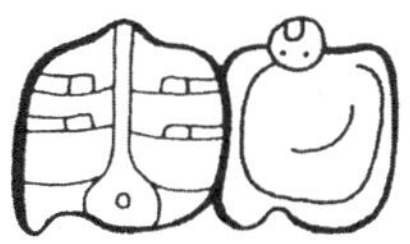

“tzul”(狗)的意思早已为人熟知。如果我们所有的论断都是正确的，在尤卡坦玛雅语中就应该有一个单词“tzul”表示“驯服的狗”，而事实是的确有这个单词。

通过这种方式，可以从一个推论得到另一个推论，每一个都能得到另一串逻辑链，每一串逻辑链都不是凑巧得出的。正是这种推论说服了玛雅研究者，使他们认识到语音破译的基本正确性。但是，仍然需要花费时间去得出一套正确完整的音节表——兰达的“字母表”只包含了一些玛雅文字中的语音字符。并且，玛雅文字有着一套混合系统,要比单一的表音系统或者上文提到的融合谐音系统更为复杂。甚至是在古抄本中,也会有比古典期碑文中更多的语音元素。古典期的碑文,一些单词的拼写部分基于语音,还有许多单词都属于表意文字。目前,我们了解到,语音拼写不是一直采用融合的规则。实际上,斯蒂芬·休斯顿、大卫·斯图尔特、约翰·罗伯逊都提出过一套非融合的单词规则,在这套规则中,连续的音节包含数个复杂元音中的其中一个,比如一个长元音,而不是一个简单的短元音(正如融合规则的表达)。因此,按照融合的规则进行拼写,"tzul"(狗)有一个短音"u",读作"tzu-l(u)"。但是按照非融合规则进行拼写,"baak"(骨头)有一个长音"a",读作"ba-k(i)",也就是"baak"。

破译的里程碑

随着字符的新阅读方式逐渐使人信服,以及对碑文的解读有了新的思想和观念,玛雅文字的解读也取得了进展。玛雅文本中的字符顺序体现出语言内部的语法结构,但是雕刻的文本往往会被高度缩写。表示动词、名词、形容词和助词等不同词性的字形已经被识别出来,同时被识别出来的还有语法前缀、后缀、动词时态和其他各种语法细节的读法。但仍存在不一致的因素:因为碑文已经至少使用了两千多年,一些单词的拼写已经成为"化石"拼写,它们的语音和图像曾经极具特色,但随着语言更迭,这些特点逐渐消失。另外,虽然可以肯定的是玛雅文字是一种形声并存的文字体系,但随着时间的流逝,也显示出越来越多语音拼字法的形式。

玛雅语音符号音节表(图3.20)让学者能够阅读大部分语音字形(图3.21)。意音文字通常还有一个更大的问题,因为一些单词没有音补,而音补为词语的理解提供了众多线索。对于意音文字来说,有

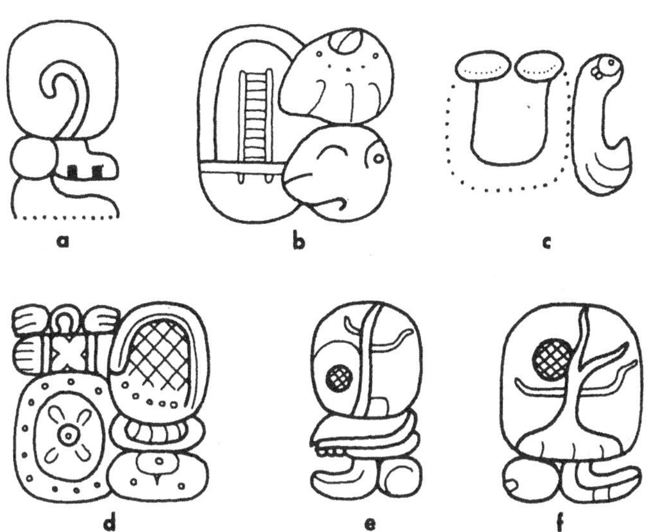

图3.21　音节的拼写和补充　(a)月份穆万(Muwan),拼写为“mu-wa-n(i)”;(b)犰狳(armadillo)的字形,尤卡坦的伊巴赫(ibach),拼写为“i-ba-ch(a)”;(c)秃鹰的字形,尤卡坦的库奇(k'uch),拼写为“k'uch(i)”;(d)基尼奇·哈纳布巴加尔(K'inich Janaab' Pakal),作为帕伦克统治者;(e)乔兰的月份“uniw”,由主要字符T559表示,加上音补“ni-w(a)”;(f)月份“uniw”只有一个音补“w(a)”。

着完全音补的表意文字能够为文字破译提供最重要的方法。在其他情况下,只要理解碑文上的场景,这些意音文字也能被读出。这些场景中的图像给文本的上下语境提供了关键线索。通常,在进行充分的场景对比之后,首先被确认的单独成义的元素(例如工具或服饰)最终就是单个表意语标所描绘的含义。

20世纪70年代,经过弗洛伊德·劳恩斯伯里、琳达·谢勒(Linda Schele)、彼得·马修(Peter Mathews)的努力,对玛雅历史的解读有了飞速进展。他们开始重建帕伦克的王室王朝,识别出统治者巴加尔之前历代国王的名字,巴加尔曾是这座城中最伟大的统治者。有了谢勒、马修和劳恩斯伯里的努力,其他学者继续研究帕伦克文本中的日期、仪式、祖先和神祇的相关参考,直到帕伦克一段惊人的神秘史实细节得到披露，过去的历史得以重见天日。同时，学者对其他王朝的研究工作仍在继续。1986年，大卫·斯图尔特和琳达·谢勒认出科潘王朝的建立者基尼奇·亚克斯·库克毛。不到十五年，西蒙·马丁（Simon Martin）和尼古莱·克鲁伯（Nikolai Grube）出版了一份历代王朝更迭的大纲，这份大纲中主要有十一个古典期玛雅王国，记载在他们里程碑式的著作《玛雅国王和女王编年史》（*Chronicle of the Maya Kings and Queens*，2000）中。

随着专家学者的全身心投入，解读进程不断加快，许多业余爱好者也都加入进来。一些年度研讨会和协商会议的开展，纷纷致力于解读象形文字。目前，已经有专门的刊物对研究结果进行报道，包括《古玛雅文字研究报告》（*Research Reports on Ancient Maya Writing*），该报告由玛雅研究中心出版，还开设了一些以玛雅文本和文字解读为特色的网站。

新的突破通常带来新一轮解读，这是一套连锁反应。比如，彼得·马修对出土于伯利兹的阿顿哈古迹的耳轴进行解读。他将"u tup"解读为"他的耳轴"，解密了刻在个人物品上的文字。通过这些个人物品，能够辨认出原物主，这也称为一种"姓名标签"的习俗。从蒂卡尔统治者陵墓里的象形文字看，这些文字刻在骨头上，大卫·斯图尔特将它读作"u baak"（他的骨头）。斯蒂芬·休斯顿、卡尔·托布（Karl Taube）以及其他学者将这一习俗延伸到了陶器上，用"u lak"表示，意为"他的碗或盘子"。"姓名标签"或许也表示物品的使用方法，正如古典期早期的一个器皿，这一器皿来自于里奥阿苏尔（Río Azul），这里用象形文字来喷绘瓶身，并将其称为"他的巧克力壶"。一些关于制陶的文本，还带有名字以及历代为人所知的统治者头衔。有一些考古挖掘出的器皿，其中一些源于蒂卡尔王室的陵墓，瓶身上带有的文字有助于辨别统治者的身份以及个人物品的功能。

贝尔林对象形文字的理解也带来了另一套解读链。彼得·马修率先提出这些文字能代表政权。大卫·斯图尔特已经表明，亚克斯哈（Yaxha）象形文字读作“yaxa”（蓝绿之水），这也首次表明，古代玛雅城市的名字留存至今。斯蒂芬·休斯顿和大卫·斯图尔特也识别出政权内表示位置的文字，例如我们称为阿瓜特卡的地名。表示这一地点的玛雅文字是“k’inich pa’ witz”（阳光明媚的防御山体）。阿瓜特卡是一个防御性地点，山体的文字在表达时会分开，这和位于深处的裂沟相关。这一裂沟将位于阿瓜特卡的悬崖绝壁阻隔开。在帕伦克、蒂卡尔和其他一些地方，已经破译出一些地名，包括单独的建筑名称。

这些突破中，有的为理解玛雅信仰体系构建了最重要的思想基础。斯蒂芬·休斯顿和大卫·斯图尔特解读了T539这一字符，将其描述为一张神祇（ajaw）的脸，一半被美洲虎毛发给遮住，读作“way”（图3.22）。在多种玛雅语系中，“way”（发音为“why”）表示超自然的灵魂伴侣或者“共存”，这些事物附身进入活物体内。超自然的伴侣这一观念是当代玛雅信仰体系中为人熟知的一点，并且在中美洲广为流传[被称为纳瓜尔伴侣精灵（nagual）]。“way”大多出现在古典期的陶器器皿上，有助于我们对多种有关联的事物进行理解。例如，目前较为清晰的有，许多用漆画在陶器器皿上的人物，早先被认为是神像或者逝世的统治者，但实际上是一些超自然灵魂伴侣的肖像。

图3.22　表示道路的符号（伴侣精灵）　玛雅精神本质或者灵魂伴侣的象形文字。

为理解古玛雅而做出的贡献

长期以来，对历法和天文学的文字、表示颜色的文字和方向的文字进行解读有助于理解古玛雅世界（图3.23）。玛雅文本和其他中美洲的文化表明，东方（lak'in or elk'in）和红色（chak）相关，北方（xaman）和白色（sak）相关，西方（chik'in or ochk'in）和黑色（ik'）相关，南方（nohol?）和黄色（k'an）相关，世界中心和蓝绿色（yax）相关；玛雅语的抽象颜色概念没有将蓝色从绿色中区分出来。地球（kab）由多个洞穴（ch'een）、山脉、丘陵（witz）、湖泊以及其他水体（nahb）组成，它们被人类（winik）占据，分别有女性（ixik）和男性（xib）这两种性别。天空（chan或kan）是云朵（muyal）的王国，云朵伴随着风，为世界带来雨水（ha'）。古典期的玛雅文本也为超自然的世界提供了许多具体内容，包括许多文字，文字内容包含神祇（k'uh）、精神本质（way）、宇宙和创世说的许多观点（详见第十三章）。在五百年甚至更久以后的古抄本和殖民地纪事文学中也有相似概念的记录。

图3.23　后古典期表示方向和颜色的字符　(a) 西方（尤卡坦玛雅语“chik'in”）和它相关的颜色，黑色（尤卡坦语“ek”）；(b) 东方（尤卡坦语“lik'in”，之前的“lak'in”）和它相关的颜色，红色（尤卡坦语“chak”）；(c) 北方/上方（尤卡坦语“xaman?”）和它相关的颜色，白色（尤卡坦语“sak”）；(d) 南方/下方（尤卡坦语“nohol”）和它相关的颜色，黄色（尤卡坦语“k'an”）；(e) 蓝绿色（尤卡坦语“yax”），和世界中心相关。

大多数古典期的文本是关于玛雅的统治者的，根据他们的象形文字头衔（图 3.17），每一个都代表一个基尼奇阿哈瓦（神，k'uhul ajaw，"神圣的"或"庄严的主"）。一些重要城市的名字已经重见天日，包括穆图尔（蒂卡尔）、奥克斯维蒂克［Oxwitik（科潘）］、拉卡姆哈［Lakamha'（帕伦克）］，以及之前提到的亚克斯哈。正如普罗斯科里雅科夫展示的那样，许多王室相关数字包含国王的出生日期，具有代表性的"颠倒的青蛙"字符现在被译为动词"出生"（siyaj）。普罗斯科里雅科夫辨认出一些代表统治者就职的字符；也称作"牙疼"字符（图 3.16b），现在也读作玛雅文字"快乐"（joy）（？）。表示继位的文字也有其他解读，正如"ch'am K'awiil"［"迎接卡维尔神祇"，有着神祇图像和光明神祇的王室权杖］或者称为 chum-wan-i ti-l ajawlel（他坐在王位上），每一位国王可能会确定一个王朝创始人的名字和他们自己在王室继承中的地位，以加强统治的合法性。一些玛雅统治者通过族谱上历代王室关系的记载，宣告自身的政治合法性。通过一个字符可以辨认出"女子"（yal）和"男子"（unen）。

国王在即位后就成为了神或者半神，在文字记载中会给予他们神的名号。（表 3.2）因此，一个名叫库克毛（绿咬鹃金刚鹦鹉）的贵族接受了卡维尔权杖，成了科潘王朝的建立者基尼奇·亚克斯·库克毛（伟大的太阳，第一绿咬鹃金刚鹦鹉）。玛雅的一些国王选用太阳之子［基尼奇（K'inich）］或创造之神［伊察姆纳（Itzamnaaj）］作为自己的名字。蒂卡尔和科潘的一些统治者极其喜欢在王室名字中用 K'awiil 作为神祇名号，比如"暴风雨天空一世"（Siyaj Chan K'awiil，生于天空的光明之神），而纳兰霍统治者更喜爱"雨神"（Chaak），比如"燃烧的天空雨神"（K'ak' Tiliw Chan Chaak）。

国王执政期间，一切重要事件用雕刻文字和场景记录在建筑（naah）的横梁（pakab）上，例如宫殿或住所（yotoot）、寺庙（wayib）和桑

表3.2 玛雅统治者名录

书中玛雅统治者的名字折射出目前玛雅文字解读的现状。在王室名字的发音可以被读出之前,学者通常使用昵称("暴风雨天王")或者字母以及数字("第二任统治者"或者"统治者C")为统治者命名。一些玛雅王室名字能够用语音读出,并且随时使用。一些更老的昵称和用数字名称取的名字,仍不为人理解。尽管一些术语的含义仍不明确,但玛雅国王和王后最普遍的名字代表有力量的神祇、动物及其他名词和动词。

玛雅语名	译名	玛雅语名	译名
Ahk	龟	K'awiil	光明之神
Ahiin	鳄鱼	K'uk'	绿咬鹃
B'aah	肖像	Mo'	金刚鹦鹉
Balam	美洲虎	Muwaan	鹰
B'olon	九/许多	Ohl	心
Chaak	雨/暴风雨神	Pakal	盾牌
Chapat	蜈蚣	Pasaj	黎明
Chan or Kan	天空/蛇	Siyaj	出生
Chitam	野猪类	Tiliw	燃烧的
Hix	美洲山猫	Took	打火石
Itzamnaaj	创造之神	Waxaklajuun	十八
Ich'aak	爪	Xook	鲨鱼
Jol	头/头盖骨	Yax	第一/珍稀的/蓝绿色
K'ak'	火	Yapaat	光明

来源:在马丁和克鲁伯之后[After Martin and Grube (2000)],有所增加。

拿房(pibnaah)。最重要的记载是刻在石柱或巨石(lakamtuun)上的"图画"(tz'ap),一般在历法循环末尾,例如卡盾、半卡盾或四分之一的卡盾周期。卡盾的记载极其重要,一些日期被标记在"石群"(k'al tuun)上,将王室与时间循环的宿命联系起来。这些典礼包含散手仪式(chok),这一仪式有熏香或祭血(ch'aaj)。其他重要的王室仪式联系了神祇和国王,以此证实国王的权力。有关仪式需要通过放血(ch'ab)来召唤(tzak)神明,或者国王戴着神灵面具,想象着神灵的肖像(u-baahil abn)并像神灵一样起舞。

历史记录通常包含统治者的额外头衔,这些头衔用来彰显他们的成就(图3.24),正如"aj"(二十)、"baak"(俘虏了二十个人质之人),

或者三卡盾之神(ox k'atun ajaw),用来纪念这一具有威望的时代。一些国王选用球类游戏(aj pitzal)作为头衔。也有几个统治者用卡洛姆特(kaloomte)作为头衔,方向也能和至尊国王相联系,例如蒂卡尔曾有西方至尊国王(ochk'in kaloomte'),北部低地的埃克·巴兰(Ek Balam)有北方至尊国王(xaman kaloomte')。从属位分的神灵也有一

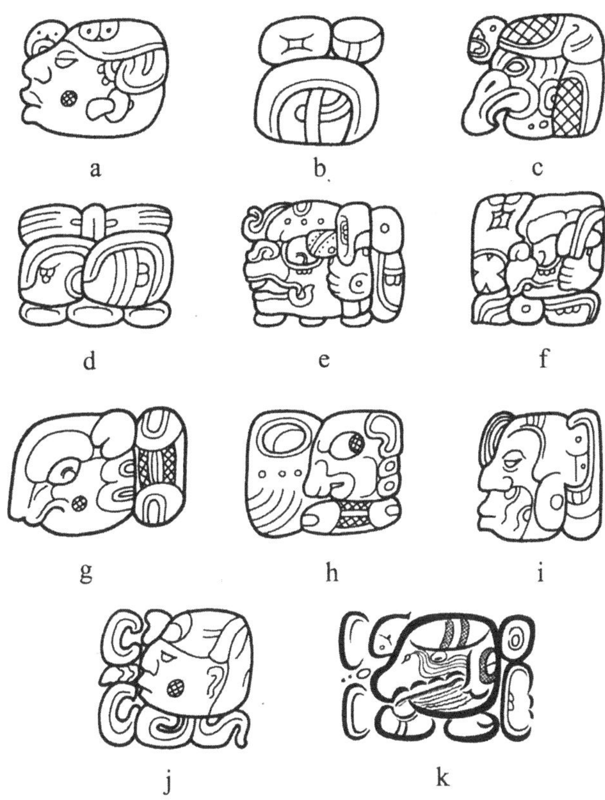

图3.24　玛雅统治者和从属神灵的头衔字符　(a—c)"ajaw"的不同变体("主"或"统治者");(d, e)"kaloomte'"(至上的统治者);(f)"ochk' in kaloomte'"(西方的统治者);(g)"ch'ok"("新芽"或"年轻的主");(h)"baah ch'ok"("首个新芽"或"法定继承人");(i)"sajal"(从属位的主);(j)"yajaw k'ak'"(火焰之主);(k)"yajaw te'"(树木之主)。

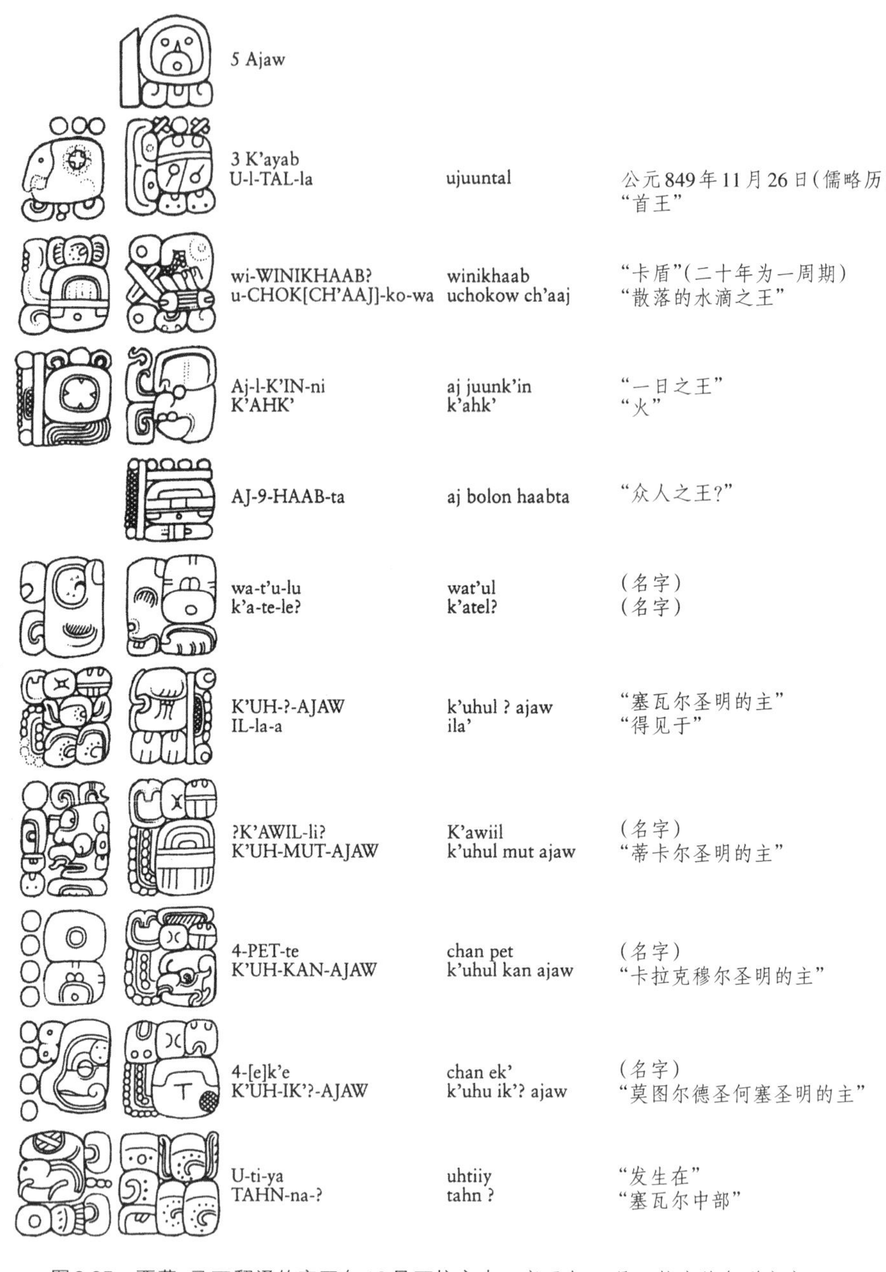

5 Ajaw
3 K'ayab
U-l-TAL-la
ujuuntal
公元849年11月26日(儒略历)
"首王"
wi-WINIKHAAB?
u-CHOK[CH'AAJ]-ko-wa
winikhaab
uchokow ch'aaj
"卡盾"(二十年为一周期)
"散落的水滴之王"
Aj-l-K'IN-ni
K'AHK'
aj juunk'in
k'ahk'
"一日之王"
"火"
AJ-9-HAAB-ta
aj bolon haabta
"众人之王?"
wa-t'u-lu
k'a-te-le?
wat'ul
k'atel?
(名字)
(名字)
K'UH-?-AJAW
IL-la-a
k'uhul ? ajaw
ila'
"塞瓦尔圣明的主"
"得见于"
?K'AWIL-li?
K'UH-MUT-AJAW
K'awiil
k'uhul mut ajaw
(名字)
"蒂卡尔圣明的主"
4-PET-te
K'UH-KAN-AJAW
chan pet
k'uhul kan ajaw
(名字)
"卡拉克穆尔圣明的主"
4-[e]k'e
K'UH-IK'?-AJAW
chan ek'
k'uhu ik'? ajaw
(名字)
"莫图尔德圣何塞圣明的主"
U-ti-ya
TAHN-na-?
uhtiiy
tahn ?
"发生在"
"塞瓦尔中部"

图3.25　西蒙·马丁翻译的塞瓦尔10号石柱文本　塞瓦尔10号石柱上的象形文字(见图9.5),由西蒙·马丁转写和翻译;用标准的转写拼字法(大写字母的语标,小写字母的语音音节和元音)记载。

些头衔，这些神帮助库胡尔阿哈瓦在政权下管理玛雅王国，和萨哈尔（sajal）一样。还有些头衔（ch'ok ajaw 或 baah ch'ok），表示王位的年轻继承人。

要成功统治一个王国，一场胜仗十分重要，战场上的军功由国王记录。尽管胜仗的最初字符已经能为人辨认，但读音仍未被人破解。在战败国家的标志字符上加上金星或恒星的图案——被称为"星际战争"的字符。在已被破译的文本中，国王的一场胜利通常用短语"jubuy u-took' pakal"或以"他们坠落，他的燧石（和）盾牌"表示。更为常见的是，战争中胜利的标准是依据俘虏的数量，用动词"抓捕"（chuk），放在身处高位的敌人名字之后，有时，这位身处高位者会在凯旋典礼上作为祭品。特殊语标"ax event"（ch'ak）则代表被俘的国王会以砍头的形式被献祭。

历史和玛雅文明

尽管花粉、壶罐和柱坑不会说话，记载的文字却让我们能够阅读古人写下的词句。考古学家能发现建筑的遗迹，明确其大小和形状，甚至是它大致的年代。但是，如果建筑主体刻有文字，并记录下曾经建造这栋建筑的国王的名字、它落成的具体日期，甚至是这栋建筑古时候的名字，考古学家就能运用科学的方法，进行数据收集，分析信息。纪念碑上雕刻的文字通常也提供了这类信息（图 3.25）。然而，与此同时，我们总是认为大部分的历史记录只记录对古玛雅历史有影响的大人物。在成为"官方历史"之前，需要确认其准确性和偏向性。前哥伦布时代的玛雅文本几乎没有给我们呈现普通人的生活状况；99% 以上的古玛雅人日常生活状况只能从考古记录中找到。幸运的是，考古记录和历史记载可以相互补充。历史为玛雅国王的生活以及他们掀起的重大事件给出具体细节，考古学为整个玛雅社会提供了许多具体信息。将考古记录和历史记载结合，我们能对古玛雅社会有一个更完整的建构，比对任何其他美洲原住民社会的理解更为深刻。

第四章　玛雅文明的起源

这是旧时的世界史，只因它得以被记录下，只因时间尚可撰书，尚可做这许多解释，因而尚可问玛雅人一句：这故国初现之时，你如何诞生在这土地。

——《丘玛耶尔契兰·巴兰书》（罗伊斯，1967年，第98页）

玛雅文明的产生和繁荣并不是孤立的，它融入了中美洲民族的发展史，并最终融入了整个美洲文明的发展史。这些美洲土著社会的发展植根于他们自身的文化传统以及他们与环境的关系，也植根于他们的生存战略、人口增长、生产和商品交换。为了了解玛雅文明的起源，在这一章里，我们将简述早期中美洲的整体发展趋势。我们将从建立定居社区谈起，建立定居社区是该文明适应多样化环境且日益依赖农业的结果。而永久定居点反过来又为包含经济发展、社会等级和意识形态出现的中美洲社会进一步演变提供了基础。但首先，我们要回顾一下这些发展的基本年表。

前哥伦布时代发展年表

正如在第二章中提到的，中美洲考古学家定义了玛雅文明的五个主要时期，时间跨度从已知最早的美洲移民到16世纪欧洲人的到来。古印第安人（石器时代）最早从亚洲到北美的民族迁徙发生在上一个冰河时代，当时的海平面比现在低几百英尺。迁徙发生在约一万两千年至两万年前（一些学者认为迁徙开始于两万多年前），一直持续到约公元前8000年。几条不同的证据都指向美洲土著人的共同起源是东亚人。西伯利亚的考古证据表明，人类聚落在三万年前就占据了东北亚地区，这些聚落使用的石器组合与在阿拉斯加发现的最早的石器工具极为相似。亚洲和北美之间的人口流动可能是同时通过陆路和海路进行的。陆路迁徙通过白令海峡大陆桥，而海路迁徙可能是沿着白令海峡和北美的太平洋海岸进行的。无论是对西伯利亚人和美洲原住民族群的语言学研究，还是对分子遗传变异的研究，都表明美洲有数个不同的族群扩张。线粒体DNA的研究数据表明，西伯利亚东南部是大多数美洲土著祖先的家园，但一些族群也可能源自亚洲的其他地区。

这些迁徙人口在古印第安人时期定居后，小型群体依靠石头和其他材料制成的工具在美洲大部地区游荡、狩猎、采集食物。但是这些早期的游群并不是一成不变的。大约在公元前10000年，克洛维斯尖状器（Clovis spear point）在美洲普及起来，大大提高了大型猎物狩猎的成功率。在玛雅高地的基切盆地（Quiche basin）和伯利兹的莱迪维尔（Ladyville）遗址，人们在地表发现了这些古印第安人使用的矛头。在墨西哥中部和尤卡坦的洛尔通（Loltun）洞穴，人们发现了带有石器痕迹的猛犸象骨骼。尽管这些游群狩猎许多大小不同的动物，但随着大型狩猎动物在冰河时代末期灭绝，古印第安人开始发展新的生存策略。在古印第安人时期的晚期，随着不同区域的游群对当地环境越发适应，他们开始尝试善用更有限的食物资源。他们越发依赖某些季节性食用植物的生长周期，或食用动物的获得方式。这种变化导向两个根本性改变——建立定居村落和驯化食用动物、种植食用植物。

从古朴期（约公元前8000年—约公元前2000年）开始，古印第安人开始从游牧、狩猎、采集向更基于地域的觅食转变。在这段时间，在如加勒比海和太平洋沿岸地区出现了最早的已知村庄，那里的海岸和潟湖有着丰富的天然食物资源，足以支撑长期或全年定居的生活。资源丰富的环境，加上高效的食物采集技术，使得古印第安人迈向了村落生活。最近来自智利贝尔德山（Monte Verde）遗址的证据表明，在一些生产力富足的地区，古印第安人可能早在一万两千年前就开始步入村落生活了。

到古朴期末期，古印第安人日益专业化的锻造技术开启了农业发展。尽管农业的开端还不确定，但考古证据表明在定居的过程中，人们越发依赖少数几种精挑细选的食物——尤其是容易储存的植物物种，以及那些基因构成使人们可以提高自然产量的植物。换句话说，通过人类对植物的处理，比如收集保存良好的种子，或者播种和照料作物，逐渐人工培育各种物种，农业开始发展起来。增加食物产量有数种方式，包括每年只选择最大的种子来种植，以及在作物生长过程中进行保护和培育。这种处理方式对玉米、辣椒、南瓜、豆类和中美洲高原的一些其他物种，以及南美洲的木薯、土豆和其他几种作物卓有成效。随着时间的推移，这种培育使食物的产量增加，也更加可靠。随着粮食供应稳定，人口也开始增加，村落生活扩展到更边远的地区，其中一些地区如今仍然是移徙者的家园。几个世纪以来，这些发展让人口越发集中，成为美洲各文明的基础。

其余三个时期的细分遵循玛雅地区的分期（参见表2.2）。前古典期（约公元前2000年—约公元250年）的标志是定居社区、陶器和更复杂社会的发展。前古典期可分为前古典期早期（约公元前2000年—约公元前1000年）、前古典期中期（约公元前1000年—约公元前400年）、前古典期晚期（约公元前400年—约公元100年）和前古典终结期（约公元100年—约公元250年）。中美洲第一个复杂的社会出现在前古典期早期。这些文明包括墨西哥湾沿岸低地文明，如奥尔梅克文明，以及高原盆地文明，如墨西哥峡谷和瓦哈卡峡谷。南美洲安第斯山脉同期也有类似的发展，出现了查文（Chavín）文明和其他复杂的早期社会。这些原初文明在前古典期中期发展出了它们的全部特征。社会精英和非精英阶层之间的社会分化，复杂的宗教和经济部门支持这些世袭领导人或酋长权威的特征日益显著。这些复杂社会建立了一套基本的文化模式，其后中美洲的大多数社会都遵循了这种模式。在玛雅部分地区，我们可以发现在前古典期早期，社会等级已开始出现。随后，随着前古典期中期第一批政体的崛起，社会变得越发复杂，这也是后来玛雅文明许多其他发展的起源。其中最具特色的莫过于神圣王权制度和文字的出现，两者都在前古典期晚期首次出现在考古记录中。这两者和其他一些发展共同构成了工业化前的国家的开端。前古典终结期，这些前古典期的政治实体开始衰落和转变，并为随后的古典期国家的扩张奠定了基础。

古典期（约公元250年—约公元900/1100年）通常可分为古典期早期（约公元250年—约公元600年）、古典期晚期（约公元600年—约公元800年）和古典终结期（约公元800年—约公元900年，但有些地区延续至约1100年）。从考古记录可以看到庞大的人口、城市、全职的工艺专门化、社会分层和中央集权的政治权威。这表明美洲文明的政治组织越发复杂,工业化前的国家扩张也更为频繁。中美洲高地和低地最早的国家产生于前古典期晚期,在古典期完全成形。高地文明有记载的最好例子是位于墨西哥峡谷的特奥蒂瓦坎和位于瓦哈卡峡谷的阿尔班山(Monte Alban)。在低地的核心地带,古典玛雅文明发展出了独特的文明风格,在许多方面都与墨西哥和南美洲的国家截然不同。许多彼此独立、激烈竞争的国家零星地崛起和衰落,这些国家由圣王(divine king)王朝统治,圣王们领导着他们的臣民,通过精心设计的宗教仪式与神明沟通,用复杂的文字系统记录他们的成就,还赞助独特的艺术和建筑。

玛雅文明古典终结期的标志是神圣王权制度的崩溃,人口和权力中心从南部和中部低地腹地转移。古典终结期的这一变化是向后古典期(约公元900/1100年—约1500年)的过渡。在后古典期,人口再次增长,新的城市出现,商业进一步发展,欧洲殖民之前美洲最强大的国家开始崛起。这些国家包括中美洲著名的墨西卡,或称阿兹特克,以及南美洲安第斯山脉的奇穆(Chimu)和印加帝国。玛雅文明后古典期的标志是作为神圣王权补充或替代的新政治体系,特征是政治分裂和征服的循环,经济生产和贸易也再次得到重视。但在1500年之后不久,西班牙的征服骤然打断了这一发展进程。如果不是这种干预造成的破坏,玛雅文明和其他美洲土著文明就会独立于旧世界继续它们的进化过程。

虽然这一年表仍然是最广泛使用的年代测定和比较考古遗迹的框架,但它有些偏狭,可能会阻碍对玛雅文明的全面了解。这种年表包含着这样一种假设:每个年代都有其独一无二的特点,并且每个年代开始和结束时都有深刻剧烈的变化。考古证据反驳了这些简单化的假设。定义玛雅文明的特征是在漫长岁月中逐步进化的,在这段时间里变化很少是迅速或同步的。事实上,在考古记录中可见的变化几乎总是渐进的。因此把约公元250年视作前古典期的结束和古典期的开始并不准确,用清晰的分界线去划分年代是很武断的行为。它们只是简单地把漫长的时间划为便于区分的不同部分。正如我们所看到的,鉴于玛雅地区的多样性,不可能各处都在同一时间或以相同的速度发生变化。因此,在研究玛雅文明的发展过程时,我们应该总是把时间界限看作是延续了几十年甚至几个世纪的变迁的大概情况,而不是固定的时间。

这种年表的另一个问题是,它是在相当长时间之前提出的,当时考古学家把玛雅文明的顶峰视为“古典期”,而在此之前和之后的时期只是这一巅峰古典期或繁盛期的弱化。因此,前古典期(或“形成时期”)被视为玛雅文明的先驱,但没有自身的文明属性,而后古典期被视为从文明的古典顶峰的衰落,一个以颓靡为标志的时代,而不是一个持续发展的时代。

今天,玛雅学者基于远多于先前的信息进行了更全面的研究。结果,玛雅文明被定义在比古典期更长的时间内。大多数学者也从更广泛的空间角度看待玛雅文明:以前玛雅文明被认为局限于低地范围,而如今玛雅文明被视为一个遍布整个玛雅地区的、更加多样化的实体。如果不是屈就学术文献中流行的传统术语,玛雅文明可以如杰里米·萨布洛夫(Jeremy Sabloff)所言简单地分为早期、中期和晚期三个阶段。这样的方案不需要在时间或空间上有所限制。在他看来,玛雅文明的每一章节都充满活力和成长的脉搏,每一章节都带来了深刻的变化,为下一章节奠定了基础。

虽然萨布洛夫的方案有诸多益处,但大多数学者仍然使用传统的年表方案来参考玛雅文明的发展。但是,当我们追寻着玛雅文明在这些被随意定义的时期的起起落落时,读者应该牢记这一经久不衰的文明的延续性,因为我们要追溯一个多元文明在两千多年的时间里，在各种不同的环境中不断进化的历程。

古朴期：高地和海岸文化传统的起源

在古朴期（约公元前8000年—约公元前2000年），古印第安人从依赖游牧、狩猎和采集逐渐转向基于地域的觅食生存战略，这为永久定居和农业的发展奠定了基础。定居村落生活和粮食产量提高为公元前约2000年以后中美洲复杂社会的发展奠定了基础。定居生活和农业的起源可以追溯到两大族群：一个在中美洲高地，另一个在沿海低地。

中美洲高地村落生活和农业发展最完整的记录来自玛雅地区之外的墨西哥高地。肯特·弗兰纳里（Kent Flannery）和乔伊斯·马库斯（Joyce Marcus）一行在瓦哈卡峡谷进行了研究，他们记录了关于人类居住的历史序列，其间跨度为从游牧、狩猎和采集到复杂社会兴起的大约一万年的时间。在位于墨西哥峡谷东南的特瓦坎（Tehuacan）峡谷，理查德·麦克尼什（Richard MacNeish）一行进行的调查追踪了类似的一万年序列。在瓦哈卡峡谷和特瓦坎峡谷，玉米、南瓜、豆类和其他粮食作物的栽培条件都很好。

遗传研究表明墨西哥野玉米是玉米的野生祖先，玉米可能起源于墨西哥格雷罗的巴尔萨斯河（Balsas River）地区。六千多年前，玉米就出现在墨西哥高地（瓦哈卡）。公元前3000年，玉米种植可能通过贸易路线传播到沿海的恰帕斯和中美洲东部（伯利兹和洪都拉斯的约华湖）。最终，由于产量高、易于储存、营养价值高，玉米成了中美洲的生活必需品。但高原农业的发展是一个持续数千年的渐进过程。人们花了大量时间来完善玉米品种和农业方法，从而生产出足够全年供养一群人的粮食。因此，在大约公元前2000年的瓦哈卡峡谷（和墨西哥峡谷时间大致相同）和公元前1500年的特瓦坎峡谷边缘，定居村落渐渐出现了。

早期人类在玛雅高地居住的证据较少。墨西哥恰帕斯的圣玛尔塔（Santa Marta）洞穴的遗迹显示，在公元前3500年左右，猎人和采集者就不再在此居住。不幸的是，在这个时间点之后的洞穴时间序列出现了断层，一直到公元前1300年左右，这个洞穴才被农耕人群重新占据。在危地马拉南部高地的基切盆地，研究人员发现了一百多个前农业时代的遗址，其标志是玄武岩制成的石制工具。这些早期的狩猎和采集地点可以追溯到大约公元前11000年到公元前1200年。然而，在该地区，和在恰帕斯一样，过渡到村落生活的起点仍然难以捉摸。

缺乏信息主要是由于环境条件破坏或掩盖了遗迹。火山活动使得玛雅高地的许多地区沉积了厚厚的火山灰，大雨又将火山灰和其他土壤重新沉积在山谷底部，深埋了早期定居者的遗骸。因此，根据瓦哈卡和特瓦坎等其他高地地区的证据，我们只能推测，玛雅高地最早的人群也经历了转向村落生活的漫长过程，改进农耕方法，因地制宜。虽然墨西哥高地的环境比大部分玛雅高地更干燥（中部莫塔瓜峡谷和其他一些地区有类似的半干旱气候），但大致上可能发生了相似的过程。然而，由于土壤类型、降雨率和地形的多样性，人类群体可能花了几个世纪的时间来适应玛雅高地。

无论如何，直到前古典期，我们才找到玛雅高地定居村落生活的确凿证据。这些最早的农学家可能是高地之外的移民，也可能是从邻近的沿海地区移民过来的。也有可能和瓦哈卡与特瓦坎峡谷相同，是一些代表了高地农业发展的土著传统文化。

随着被发现的太平洋沿岸的恰帕斯和加勒比海沿岸的伯利兹的前陶器时期遗址越来越多，考古学追踪村落生活的过程更加顺利。

在这些沿海地区，人们的基本生存依赖于收集海洋、潟湖、河流和邻近海岸的丰富资源，包括鱼类、贝类、海龟、海鸟、海牛和其他动物（这些动物的遗骸证明了这一点）。食物来源集中，全年稳定可得，这使人们能够住在半永久甚至永久的定居点中，而不是来回迁徙寻找足够的食物供应。事实上，定居社区在这些地区出现的时间要早于高地地区。这种以农业为补充的沿海生计模式在如今的沿海村庄中也能看到。

在恰帕斯海岸的德拉斯孔查斯山（Cerro de las Conchas），芭芭拉·沃里斯（Barbara Voorhies）一行发掘出的证据表明，从古朴期中期（约公元前5500年—约公元前3500年）开始，海滨觅食者就常年居住在这里。他们以大量的蛤蜊和虾为主食，内陆资源减少的旱季尤其如此。理查德·麦克尼什是伯利兹古朴期研究的先驱，他基于在地表发现的无法确定年代的石制工具，提出了人类对这一海岸线长期开发的时间序列。麦克尼什推断，大约公元前9000年，古代的狩猎和采集活动就在加勒比海岸出现。自麦克尼什的研究以后，在加勒比海海岸［包括龙延岛（Cayes）离岸］和更远的内陆沿河地区，已经有几

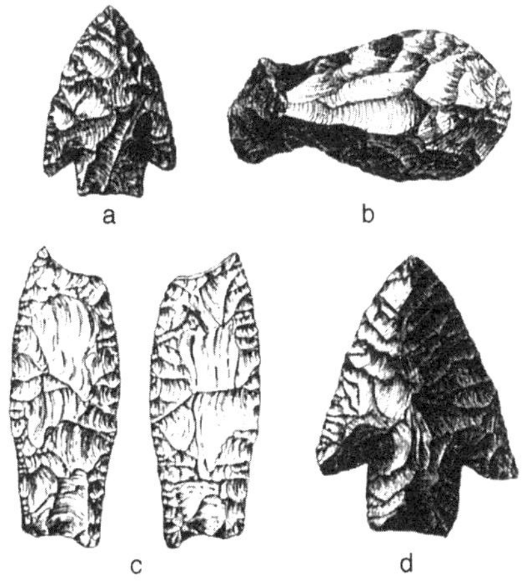

图4.1　伯利兹城早期的燧石切割工具
（a）科尔哈的有柄石矛头（约公元前2500年—约公元前2000年）；
（b）科尔哈的石斧（约公元前1300年）；
（c）莱迪维尔的克洛维斯石矛头（约公元前9000年—约公元前1400年）；
（d）莱迪维尔的洛氏石矛头（约公元前2500年—约公元前1900年，非原比例）。

个古老的遗址被挖掘出来。在一些内陆地区，包括科尔哈和蜘蛛网沼泽（Cobweb Swamp），永久定居点可能早在古朴期晚期（约公元前3000年）就发展起来了。来自这一时期的一块普通的碎石扁斧（adze）可能用于伐木和挖掘，这表明人们开始砍伐森林和耕作了。而洛氏石矛头（Lowe chipped-stone point）可以追溯到公元前2500年至约公元前1900年，很可能充当狩猎矛或鱼叉（图4.1）。

前古典期早期：农业、战争和复杂社会的证据

公元前2000年，中美洲的许多地区已经建立了农业村落，为人口增长和更复杂的社会创造了条件。在瓦哈卡山谷，从栅栏遗迹和烧毁的建筑中提取的放射性碳元素表明，大约在公元前1800年，战争就开始发生了，很可能是由于对资源的日益激烈的竞争而引发的。在玛雅地区，战争史无法追溯到这么早，但战争的结果，例如聚落和集权，是更复杂社会的发展必不可少的。此后瓦哈卡的战争升级，到前古典期结束，整个峡谷都臣服于阿尔班山所在政权的权威之下。

人口增长只会加剧竞争和战争。在一些沿海定居点，一旦玉米的种植增加了本就丰富的野生食物库存，人口增长就加速了。经济组织的增长也刺激了复杂社会的发展。早在前古典期，遍布中美洲的人们就开始制作各种陶器和其他物品，与其他社区进行交易。有些人生产更多的食物和其他有需求的商品，或通过与他人的成功交易来控制这些商品。这些“扩张者”（aggrandizers）从他们的成功中获得了更高的地位和威望。这些社会和经济地位差异的出现推动了复杂社会的开始，当一些个体因此获得了凌驾于其社区其他成员的权威的时候尤其如此。

这些趋势是渐进的，很难在考古记录中发现。但前古典期早期

的主要标志——农业村落的强势和陶器的出现，则明显得多。陶器的发明源于一项技术突破——通过烧制将一种容易成型的物质（黏土）转变成耐用的物品。因为不易运输，陶器炊具和容器是对永久定居的投资；它们也是象征性装饰（雕刻、绘画和其他装饰）的可塑性介质，这也是当时的社会身份和意识形态的线索。

中美洲最早的陶器是在恰帕斯、危地马拉和萨尔瓦多西部的太平洋沿岸发现的。在这一地区的居民点与前古典期的巴拉（Barra）陶器阶段（约公元前1850年—约公元前1650年）早期的陶器有关。巴拉陶器似乎传承自一个更古老的葫芦（Gourds）容器传统（在考古记录中鲜有记载）。在巴拉陶器之后是更精致的洛科纳（Locona）陶器（约公元前1650年—约公元前1500年）和更多样化的奥科斯（Ocos）陶器（约公元前1500年—约公元前1200年）。这些沿海村民的生活以海滨和潟湖为基础，辅以农业（特别是玉米和豆类）。在洛科纳和奥科斯陶器时代，人口增加，人类活动扩展到内陆（至少到恰帕斯中部的格里雅尔瓦河谷），此时的人类生计显然依赖于农业。在危地马拉东部海岸和萨尔瓦多西部海岸的发掘发现了这种发展模式的证据。

一些关于中美洲复杂社会起源的最早证据可以追溯到洛科纳陶器阶段。迈克·布莱克（Michael Blake）和约翰·克拉克（John Clark）在墨西哥恰帕斯太平洋沿岸平原的马萨坦（Mazatan）地区进行的研究，发现了社会等级出现的线索，包括房屋大小、工艺专门化、象征地位的符号和埋葬方式的差异。一个小孩在下葬时佩戴了一面云母镜，这可能反映了他作为继承者的地位。聚集的聚落模式可能反映了一种两级的层次结构，在这种结构中，较大的村庄控制着包含几个较小村庄的领土。恰帕斯的帕索德拉阿玛达（Paso de la Amada）就是这样一个较大的定居点。在那里的发掘发现了用木杆和茅草建造的房屋

前古典期早期的玛雅陶器

最早的玛雅陶器烧制工艺上佳，质地硬，十分耐用。有些器皿质地光滑，抛光得很好（黑色、红色和象牙白器皿）。储藏和烹饪器皿则非光滑质地。装饰包括成行或成片的点印、贴花和塑像（罐肩的头雕和脸雕）、切割、凹槽，不同的烧制效果（白边黑色器皿）、刻线和绘画（红边无颈罐）。前古典期早期玛雅陶器上的装饰图案表明了它们与墨西哥中部和墨西哥湾沿岸的联系，这些图案包括当时在中美洲发现的风俗化的天神和地神符号（图4.2）。前古典期早期（玛雅陶器的）形式清单包括了整个前哥伦布时代（的陶器）用于基本生存功能的形状。体积大、罐颈小的罐子形式非常适合存储水或食品。简易的敞口平底碗被用作餐具。一些陶器的外部燃烧痕迹相对较少，这可能表明烹饪是通过在较大的容器内放置热石头来加热液体和固体食物［如玉米粽（tamales）］。在这一时期出现了手工拟人的雕像。最早的形式通常是以一种相当自由、自然的个人主义风格塑造的。这些泥塑像可能在家庭甚至社区中使用，用于祭祖、治疗、生育和农业仪式。无论其作用是什么，这些雕像在时间和空间上都是零星分布的，在前古典期十分普遍，然后在古典期早期几乎消失，而在古典期晚期又重新出现并蓬勃发展。

地板和坑洞，其中包含家庭生活的残骸。其中一座房子比其他的大，可能是社区建筑，也可能是首领或酋长的住所。它至少连续进行了九次翻修，这表明了保持地域连续性与宗族传统的重要性。

虽然在玛雅低地的大部分地区没有发现类似的发展和陶器使用的证据，但在东南部的洪都拉斯已经发现了前古典期早期的陶器。来自科潘山谷和洪都拉斯东部库亚梅尔（Cuyamel）洞穴的陶器上都装饰着前古典期早期在中美洲广泛可见的纹样（图4.2），表明这些地域之间有着共同的宗教观念。在洪都拉斯中部乌卢阿河谷的埃斯孔迪多港（Puerto Escondido）的前古典期早期的村庄遗址，罗斯玛丽·乔伊斯（Rosemary Joyce）和约翰·亨德森（John Henderson）发掘了公元前1600年左右的早期陶器。在南方更远处的萨尔瓦多西部的查尔丘阿

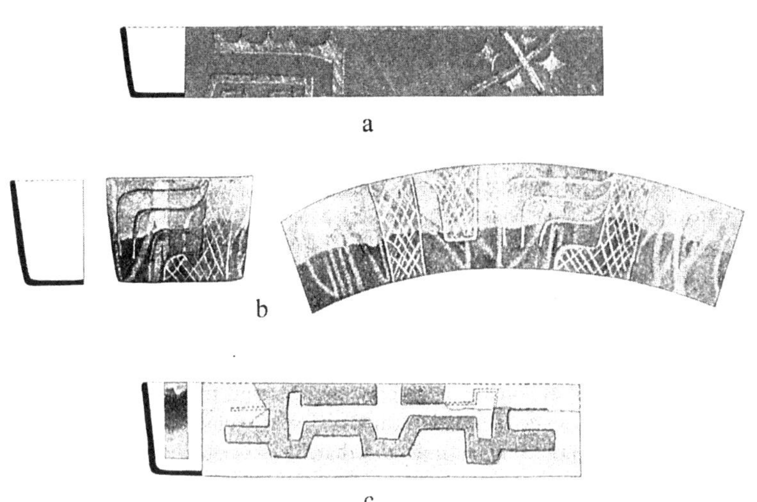

图4.2 洪都拉斯科潘前古典期早期陶器 洪都拉斯，科潘9N-8群的泛中美洲代表性符号：(a)火焰眉图案；(b)手翼图案；(c)蛇图案。

帕，早期玉米种植的证据也可以追溯到公元前1600年，尽管迄今发现的最早的陶器只能追溯到公元前1200年。在玛雅高地发现的类似的前古典期早期陶器很少，同早期的遗骸一样，其中大多数都深埋在火山灰和冲积物下。但在萨拉马峡谷和萨卡胡特(Sakajut)遗址都出土了少量前古典期的陶器，这两个地方都位于玛雅高地北部。在南部高地，来自安提瓜危地马拉峡谷层状沉积物的陶器表明，在前古典期早期，从邻近的太平洋海岸来的移民定居在该地区。

对考古学家来说，陶器仍然是时代变迁经久不衰的晴雨表，陶器标志着农业村落的兴起，也奠定了古代和现代玛雅社会的基础。虽然大多数前古典期饮食数据的时间都晚于前古典期早期，但总体模式可能也适用于农业村落生活的初始阶段。考古发掘仍然显示，前古典期玛雅低地村庄依赖农业（玉米、豆类和南瓜为主）、狩猎（白尾鹿、墨西哥鹿、犰狳、野猪、刺鼠和海龟）、渔业（海洋鱼类、淡水鱼类和贝类）以及两种被驯化的动物——火鸡和狗（后者也用于狩猎、护卫和陪伴）——的结合。

玛雅人的饮食随时间改变。玉米是现代玛雅农业家庭的主要作物（占饮食的75%），但两三千年前的玛雅人远非如此。根据骨骼同位素分析，在伯利兹的奎略（Cuello），前古典期的饮食中玉米的比例不到30%。伯利兹的科尔哈遗迹表明，前古典期当地人类越发依赖小鱼，而哺乳动物的消费随着时间的推移减少。玛雅人的饮食在不同的遗址之间也有很大的差异，甚至在同一个遗址中也是如此。在伯利兹的卡哈尔佩奇（Cahal Pech），骨骼同位素分析表明，在古典期之前，遗址中心以外的人群与遗址中心的人群相比，消费鱼更多，消费玉米更少，代表着遗址中心外的人可能地位更高。来自野生（狩猎）动物以及家养火鸡和狗的动物蛋白消费量也存在差异。在奎略，白尾鹿占潜在肉类摄取量的50%以上，其次是淡水龟和家养狗。但是不同遗址亦有差异。狗的骨骼在前古典期的奎略动物群中占7%，而在尤卡坦半岛北部的齐比查尔顿地区发现的动物骨头中占34%。

我们对这些原始的前古典期村民生活细节的了解方才开始。有证据表明，当时已经出现混合的生计基础，兼职工艺专门化开始，社会地位出现分化，长途贸易联系开始出现。但是，最早的陶器传统的多样性和复杂性表明，无论是在当地附近还是在某些遥远的地区，仍然存在未知的外部影响。这些早期陶器传统在当地并无已知的原型，因此有人认为它们源自南美洲北部人的迁移，或者源自当地人同南美洲北部人的接触。南美洲是新世界唯一有早期沿海村庄制陶传统的地区。在哥伦比亚的霍米加港（Puerto Hormiga），通过放射性碳测定，早期陶器的年代可以追溯到约公元前3000年。放射性碳测定年代法表明在厄瓜多尔太平洋沿岸类似的制陶村落，也就是瓦尔迪维亚（Valdivia）附近的沿海村落，出现时间与之相仿，甚至可能更早。

起源于南美的栽培种植物树薯可能是中美洲早期沿海村落传统的一部分，这两个地区可能在古朴期就有接触。在中美洲培育的玉米，在大约同一时期也出现在南美洲，这就加强了二者接触的论点。目前只有零星的证据可以证明这些假设的联系，但是进一步的考古研究，特别是在中美洲中部腹地的研究，可能会解决这个问题。

大部分玛雅内陆低地的发展落后于最早出现定居社区的高地和沿海地区。玛雅低地的加勒比海边缘地区从远古时代起就被狩猎采集社区占据。在伯利兹，至少公元前3000年起就有这些社区定居，加勒比海沿岸内陆的几处地点[科尔哈、蜘蛛网沼泽和凯利（Kelly）遗址]都有相关记载。在前古典期早期（约公元前1000年），沿海和高地边缘的居民开始沿着河流水系和其他自然路线向低地内陆殖民。在前古典期中期，人口增长和社会政治发展相当迅速，在埃尔米拉多尔盆地这一低地核心区尤其明显。这一过程可能由于该地区的人与包括玛雅高地和中美洲邻近地区的其他地区的人接触而加速。

玛雅地区在前古典期的发展将在第五章中加以总结。但为了阐明玛雅文明发展的背景，我们需要首先概述中美洲非玛雅地区在古典期之前的类似发展。

墨西哥湾沿岸在前古典期的发展

玛雅地区南部太平洋沿岸村落的传统，与北部横跨特万特佩克地峡墨西哥湾沿岸发现的类似早期定居点发展有关。在这片潮湿的低地丛林环境中，中美洲最早的文明之一奥尔梅克文明在前古典期的早期和中期起起落落。虽然我们在此不展开讨论，但了解奥尔梅克文明的一些发展趋势是很重要的。在适应热带低地环境的过程中，奥尔梅克人建立了一种在许多方面可与延续更长的玛雅文明相媲美的文化模式。工艺专门化、长途贸易、社会等级和意识形态的发展是这一发展阶段的标志。了解崛起的统治精英和他们的权力来源对深入了解文明本身的起源尤其重要。统治精英的制度和文化对玛雅文明的定义十分关键。尤其是从这个角度看,玛雅人是作为包括中美洲大部的、更广泛的政治背景的一部分发展起来的。

对拉文塔(La Venta)和圣洛伦佐(San Lorenzo)这两个奥尔梅克关键遗址的考古调查表明,奥尔梅克文明起源于早期的沿海村庄传统聚落,类似于玛雅地区太平洋沿岸的聚落。这两个地方后来成为奥尔梅克人主要的宗教和经济中心。尽管奥尔梅克人的其他遗址已经为人所知,但大多数仍未进行考察。

圣洛伦佐是一个矮山丘上的典礼仪式中心,可以俯瞰夸察夸尔科斯河(Coatzacoalcos River)及其支流,最早的遗址(公元前1200年之前)有与太平洋海岸奥科斯陶器群有关的陶器。这一时期之后是"原始奥尔梅克"时期(约公元前1250年—约公元前1150年),在此期间,一些奥尔梅克风格的图案首次出现,如陶器上的雕刻图案和一些从墨西哥中部高地进口的物品(空心的娃娃脸陶瓷小雕像)。大约在公元前1150年至公元前900年,圣洛伦佐的山顶被夷平了,平地被雕刻的石头纪念碑覆盖。夷平山顶是一项可能需要数百名工人参与的建设工程,这也意味着奥尔梅克文明达到了发展的顶峰。虽然没有证据表明圣洛伦佐有纪念碑平台或其他建筑,但这些包括一系列奥尔梅克风格的巨型雕刻石的纪念碑肯定与其他奥尔梅克遗址相当。

拉文塔是考古学家们第一个研究的奥尔梅克人遗址,它位于一个盐丘上,或者说是被低地沼泽包围的"岛屿"上。在拉文塔的考古研究包括对一个主要的奥尔梅克遗址的第一个定居点的研究,这项研究提供了奥尔梅克社会组织比旧模型描述的更复杂的证据。考古发掘记录了在前古典期早期(约公元前2000年—约公元前1000年),

在更高的岛屿被占据之前，拉文塔岛周围沼泽地带天然河堤上的房屋遗迹（坑洞和地板）（图4.3）。在前古典期中期（约公元前1000年—约公元前400年），人们在拉文塔岛定居，周围的河岸定居点继续存在。证据表明，人口在这一定居期间大幅增长。沿海捕鱼和采集、狩猎以及以玉米为主要作物的高产河堤农业的结合支撑了人口增长。在前古典期中期，拉文塔岛成为一个庞大复杂的定居点，考古发现也揭示了居民的经济和社会地位。该岛既是居民建筑的中心，也是仪式建筑的中心。公民仪式的核心也包括至少一个墓室和雕刻的纪念碑，都是用进口的石头制成的。这些纪念碑描绘了精英人士的形象和宗教符号。富有异国情调的物品是从遥远的地方进口的，包括来自危地马拉莫塔瓜峡谷的玉石和来自瓦哈卡峡谷的磁铁矿。这一切都证明拉文塔的统治精英能够调动当地的劳动力和资源，控制远距离的商品贸易，并利用宗教意识形态来增强他们的权威。

拉文塔居民点的数据显示了三层聚落结构，这反映了在拉文塔达到其前古典期中期时的经济、社会政治和仪式差异。位于金字塔顶端的是拉文塔本身，这是一个“神庙城镇”（templetown），其中有巨大的泥土平台和独特的奥尔梅克风格石雕纪念碑，由主要的精英阶层统治，而供养他们的平民阶层有几千人。在周围的河流区域是第二级聚落，标志是大型的土制台地建筑，由中层精英和平民阶层占据。第三级聚落没有纪念碑式的建筑，只有非精英居民居住。定居点的等级反映在通过发掘恢复的资源分布上，在拉文塔岛上发现的外来商品和奢侈品最多，第二级遗址相关资源较少，而第三级聚落的资源则少得多。

这类证据表明，在前古典期中期，奥尔梅克人组织成一系列的酋邦——由一个首领领导下的精英阶层管理的复杂社会，首领的权力主要来自于宗教管理和经济交换。许多奥尔梅克雕刻的纪念碑描绘

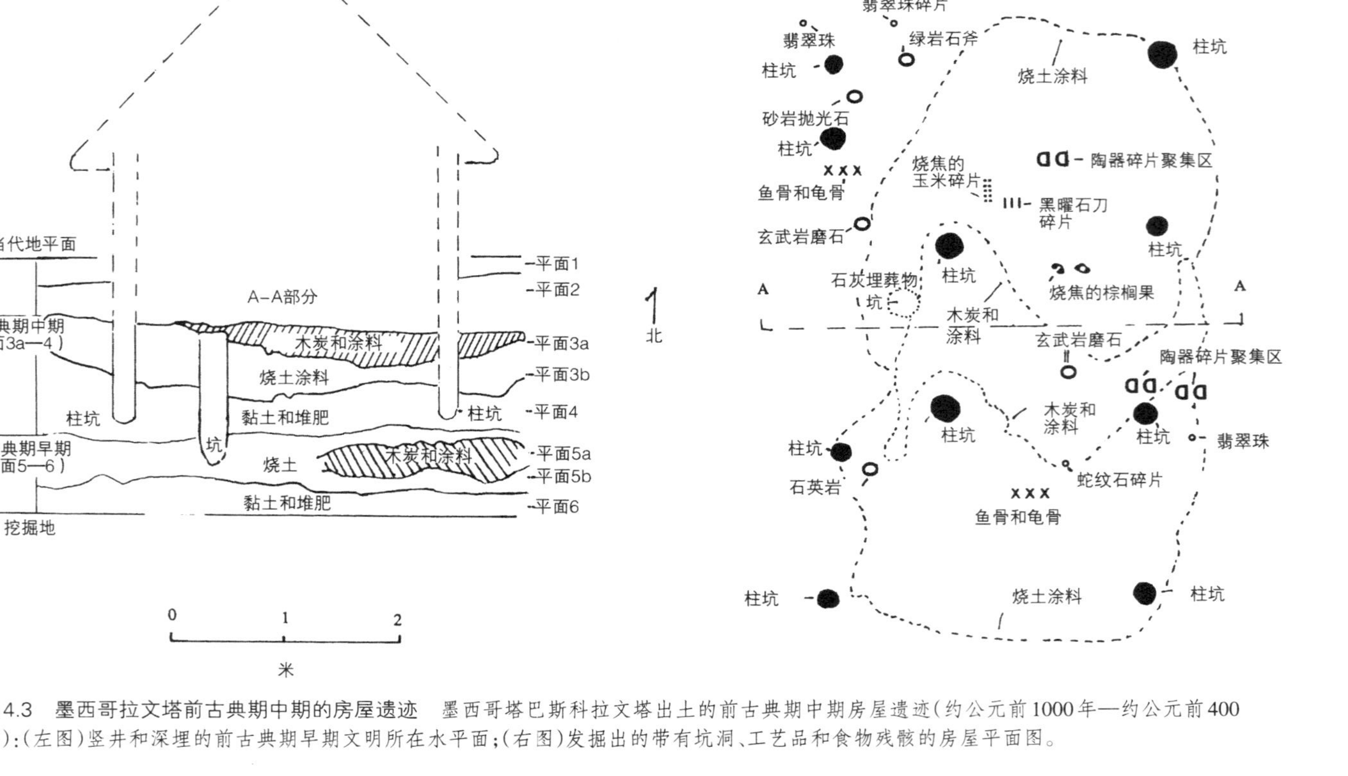

图4.3　墨西哥拉文塔前古典期中期的房屋遗迹　墨西哥塔巴斯科拉文塔出土的前古典期中期房屋遗迹（约公元前1000年—约公元前400年）：（左图）竖井和深埋的前古典期早期文明所在水平面；（右图）发掘出的带有坑洞、工艺品和食物残骸的房屋平面图。

纪念性建筑

古玛雅人宏伟的庙宇和宫殿起源于中美洲最早的纪念建筑。从一开始，中美洲建筑的朝向和布局就反映了基本的宇宙概念，如世界方向的重要性。前古典期的低地玛雅遗址通常强调东西方向的布局(与奥尔梅克遗址南北方向的布局形成对比)。对玛雅建筑及其空间安排的研究常常揭示出宇宙的联系。高台地支撑的有图案和文字的建筑物被考古学家归类为庙宇，它们表明这些建筑是“圣山”(sacred mountains)。进入山顶建筑的门道代表着进入洞穴和神明神圣住所的入口。球类比赛在“创世球场”(courts of creation)举行，这是为了纪念玛雅世界的起源。建筑的朝向和位置反映了玛雅人如何安排他们的宇宙：东方代表出生和生命，西方代表死亡和阴间，北方代表天空和超自然领域，南方代表地球和人类领域。但出于非常实际的原因，考古学家继续使用传统的功能性标识，如“庙宇”和“宫殿”，后者指的是位于低平台上的狭长的多室建筑，通常拥有长凳、“窗帘支架”、小窗户和其他暗示居住功能的特征。还有其他的专门建筑，如神龛、堤道[萨克贝奥布(sacbeob)]、汗浴房等等，但每一种对它们的古代建造者和使用者都有更深的意义。

了统治人物的权力地位，如坐在洞穴或壁龛里，象征着超自然地下世界的门槛。这些描绘反映了一种意识形态，即奥尔梅克首领通过宗教信仰加强权威。统治者举行的仪式被视为安抚超自然力量的手段，以确保农业和其他基本活动的成功。我们还可以推断，奥尔梅克酋长的经济实力来自于管理长途贸易、徭役以及接受臣民贡品的权利。部分食物和贡品可能被重新分配给下属精英一类的关键成员，以确保义务和维持忠诚。有直接的考古证据表明，贸易网络为奥尔梅克人提供了各种异国产品，包括翡翠、蛇纹石、磁铁矿和陶俑，它们被用来当作增强酋长和其他统治精英威望和权威的象征。

墨西哥高地在前古典期的发展

多年来，人们普遍认为奥尔梅克人是后来中美洲所有文明的源头。奥尔梅克被认为是中美洲的“母文化”(cultura madre)，这种推断基于奥尔梅克风格的雕刻玉器、小雕像、陶器以及馆藏文物和私人收藏中类似物品的流行。毫无疑问，这些是在前哥伦布时代美洲最独特的物品，但其中大多数没有明确出处或时间。现在有了几十年记录完好的考古发掘，奥尔梅克人显然不是后来中美洲文明的唯一源头。相反，在前古典期的早期和中期，一些中美洲社会已经达到了相同的发展阶段。更重要的是，有明确的证据表明，这些区域有着复杂的社会相互作用(和影响)。年代久远的考古证据也表明，许多曾经被视为奥尔梅克人在中美洲文明中先驱地位的证据实际上起源于几个不同的非奥尔梅克地区。

在与墨西哥湾沿岸奥尔梅克人同时繁荣发展的其他许多社会中，最重要的是一些位于墨西哥高地的复杂社会(酋长社会)，包括瓦哈卡峡谷、查尔卡钦戈(Chalcatzingo)和墨西哥峡谷的社会。前文已经提到，早在公元前1800年，瓦哈卡就出现了战争及其后续影响。中美洲不同地区之间的长途贸易可能是由当地精英管理的，这些贸易增加了他们的财富和权力。有明确证据表明，墨西哥湾沿岸奥尔梅克文明和主要的高地地区有着贸易关系，其中就包括玛雅太平洋沿岸地区远至萨尔瓦多西部的查尔丘阿帕。在前古典期中期，查尔丘阿帕和查尔卡钦戈以及墨西哥湾沿岸奥尔梅克遗址的雕刻有着风格上的关联(图4.4)。墨西哥湾沿岸的奥尔梅克人从墨西哥中部和玛雅高地进口黑曜石来制造切削工具。他们还从整个中美洲进口其他异国物品使用。其中大多是社会精英使用的奢侈品，包括从危地马拉的莫塔瓜峡谷进口的玉器，从瓦哈卡峡谷进口的磁铁矿（用于制造礼仪仪式时使用的镜子），从墨西哥中部高地的查尔卡钦戈附近开采的细高岭土（用于制造独特的白色陶器和雕像）。无疑也有易腐商品交易，尽管没有直接证据。

墨西哥高地和奥尔梅克地区的精英们很可能从太平洋海岸的玛雅地区进口可可豆（可可豆种子是巧克力的来源），从玛雅高地进口绿咬鹃羽毛，以及纺织品和其他各种来源的产品。这些泛中美洲经

图4.4　萨尔瓦多查尔丘阿帕12号纪念碑　来自东南玛雅地区巨石雕塑的拓印，与墨西哥中部的查尔卡钦戈纪念碑和墨西哥湾沿岸的奥尔梅克纪念碑有风格上的联系（前古典期中期，约公元前1000年—约公元前400年）。

济网络提供了社会、政治和宗教互动的渠道，在这一过程中促进了信息和思想的交流，并加快了整个中美洲的文化发展。

墨西哥高地与墨西哥湾沿岸的发展时间一致。在墨西哥峡谷和查尔卡钦戈，同奥尔梅克人的交流在这些地区的发展过程中发挥了作用，一系列著名的浮雕雕塑，反映出了这些地区和奥尔梅克文明的联系最为明显。但是在查尔卡钦戈和墨西哥峡谷的发掘也显示了当地社会政治是自行发展的，而不是奥尔梅克文化衍生的。大卫·格罗夫（David Grove）的研究表明，有不同的证据显示了前古典期的查尔卡钦戈统治者们的身份是相互独立的。查尔卡钦戈以南北格局布局，在遗址的北部发现了纪念统治者的雕塑。这与拉文塔的奥尔梅克文明布局正好相反，拉文塔的统治者纪念碑陈列在遗址的南部。查尔卡钦戈的统治者通过在隐蔽的悬崖上雕刻的壁画来加强他们的权威，而奥尔梅克人则在更开阔的环境中使用独立的巨石。这些地区的人也在相互接触，查尔卡钦戈的雕刻融合了奥尔梅克风格的元素，这也表明，对这两种雕刻风格及其意识形态含义的了解，是通过长期建立的贸易路线在墨西哥湾沿岸传递的。但是对于这些元素的应用和它们的意义，在不同的地区各有不同。

来自中美洲其他主要地区的数据表明，贸易关系不仅促进了商品的交流，而且促进了思想的交流，对社会发展产生了深远影响。在前古典期中期，墨西哥中部、瓦哈卡峡谷、墨西哥湾沿岸和玛雅地区都在交换贵重物品，如磁铁矿、脊椎动物、珍珠牡蛎壳和翡翠。这些奇珍异宝被制成镜子和神像等物品，加强了这些地区新兴统治精英的地位和权威。提供并控制这些名贵商品的长途贸易网络，也增加了这些精英管理者的财富和权威。

如在公元前1200年至公元前900年的中美洲陶器上发现的地神和天神类似符号所揭示的那样，随着这些货物一起，思想也产生了交流。这些图案通常被认为是“奥尔梅克式的”，但类似的设计在整个中美洲都有出现，乃至远至科潘山谷和洪都拉斯的库亚梅尔洞穴（图4.2）。有证据表明，这些设计不是奥尔梅克人开创的，而是广泛的中美洲意识形态的一部分，这种意识形态形成了许多不同社会的民族身份。这些可能反映了有助于激励和统一社会的宗教观念，也证明了当地统治精英的权力。宗教成了整合社会的主要手段，即便社会经济的差异使统治者与被统治者天差地别。

在瓦哈卡，乔伊斯·马库斯的研究揭示了独特的与性别相关的地方仪式模式。约公元前700年之前，妇女在家庭中使用烧制的陶俑来举行祖先崇拜仪式。男人们在远离住所的专门的“男人的房子”（men's houses）里举行仪式，他们使用的石灰可能已经与仪式植物，如烟草混合。大约在公元前700年至公元前500年，精英领导人开始垄断仪式活动，早期的仪式模式消失了。社会内部的差异越发显著，在精英阶层垄断财富和劳动的情况下，出现了大规模的公共建筑。在这个时间段，瓦哈卡峡谷似乎已经被一系列对立的政治实体所分割，每个政治实体都由精英阶层统治，他们的住所与仪式建筑密切相关，与社会其余阶层的住所截然不同。

总的来说，考古证据佐证了前古典期中美洲不同地区相互关联的发展过程。在瓦哈卡峡谷，复杂社会的第一丝曙光出现在前古典期的末尾。战争促使居民巩固定居点，并增加了精英领导人的权威。战争的胜利导致战败者的领地被并入胜利者的领地。随着时间的推移，战争产生了更复杂、更有效的组织来维持对更大领土和人口的控制。

政治领袖开始利用石刻纪念碑宣传他们的权威和成就。瓦哈卡峡谷第一批雕刻的纪念碑大约出现在公元前1000年。到了约公元前700年至约公元前500年，这些纪念碑上开始刻上简单的符号来

雕刻纪念碑的起源

无论是在瓦哈卡峡谷，墨西哥湾沿岸，还是查尔卡钦戈，前古典期早期的统治精英都使用雕刻的石头纪念碑来宣示他们的威望和权力，这和玛雅统治者一样。但每一个地区的纪念碑都反映了当地的文化传统，即使其中也有互动和创新。从前古典期中期到后来的前古典期晚期和古典期，现存的玛雅遗迹尽管少，但清楚地反映了玛雅与其他雕塑传统的相互作用。

奥尔梅克人的纪念碑包括带有徽章和器具（如镜子和权杖）的统治者肖像，与前古典期中、晚期玛雅人的遗迹相似。同玛雅国王一样，一些奥尔梅克统治者也用象征名字或头衔的徽章来识别。相反，在古典期之前，瓦哈卡峡谷的统治者们通过雕刻牺牲的俘虏来宣布他们在战争中的胜利，维护他们的权威，这些俘虏也通过名字符号而非本人形象来确定。最早的雕像是圣何塞·莫戈特（San José Mogote）3号纪念碑，它被放置在平地上，这样人们就可以践踏雕刻的雕像。后来的玛雅纪念碑经常使用同样的征服衍生主题：被捆绑的俘虏被描绘在君主的脚下，或者被雕刻在台阶上供人践踏。和瓦哈卡图形一样，玛雅的俘虏常常通过名字符号来识别。最著名的墨西哥湾沿岸纪念碑是一尊巨大的头像，可能代表了某个奥尔梅克酋长。这种类型的雕刻肖像是一种独特的奥尔梅克文化的表现，尽管它在一些较小的前古典期中、晚期玛雅南部地区的经典雕刻头像中得到了呼应。

玛雅和瓦哈卡流行的纪念碑是直立石柱，这在奥尔梅克遗址和查尔卡钦戈则很罕见。带有坐像（“圣坛”）的大矩形石头是奥尔梅克人常见的形态，玛雅地区的许多“圣坛”都与之类似，尽管玛雅的雕刻肖像在形式上更多样。奥尔梅克人和玛雅人的许多“圣坛”可能是王座——统治者在重要仪式上使用的高位座位。奥尔梅克人的作品通常描绘的是统治者坐在地下世界入口处一个神圣的洞穴（或壁龛）里，这一主题在查尔卡钦戈也有发现。但与奥尔梅克和玛雅的作品不同的是，查尔卡钦戈的大多数雕塑都是在一个隐蔽的神圣环境中的浮雕，而不是公共广场上的纪念碑。在查尔卡钦戈有一个长方形的奥尔梅克人风格的“圣坛”，是由许多单独的石头建造而成的，而不是像在墨西哥湾沿岸发现的由一整块石头雕刻而成。最后，奥尔梅克和玛雅地区的许多统治者肖像显然都被故意损毁或打碎了。这种破坏可以解释为军事失败后的合理行为。在其他情况下，它可能反映了一种意识形态，即在统治者死后，破坏其石像会摧毁其中的超自然力量。

图4.5　墨西哥瓦哈卡圣何塞·莫戈特3号纪念碑　一座前古典期中期的纪念碑，描绘了一名被献祭的俘虏，右下有两个符号，意为“一片土地”，表示一个与俘虏（活人）献祭事件有关的名字或日期（约公元前700年—约公元前500年）。

记录历法日期或人名（图4.5）。但这些石刻的主题——展示俘虏和祭品——与墨西哥湾沿岸的奥尔梅克遗址完全不同。前古典期中期的奥尔梅克统治者通过雕刻个人肖像来强化他们的权威，这些肖像将他们与宇宙（地球和天空）的力量联系在一起。而早期的瓦哈卡统治者则通过取得战争的胜利和获得俘虏来维护他们的权威。正如我们将要看到的，这两个主题都被后来的玛雅君主在公开展示他们的权力时使用。

在墨西哥湾沿岸，奥尔梅克人的遗址在前古典期晚期逐渐消失，因为他们显然失去了通过跨中美洲贸易路线获取外来资源的途径。前古典期早期和中期的这些经济网形成了一个交流网络，推动了整个中美洲的区域文明的发展。沿着这些路线流动的丰富思想和商品刺激了变革。新作物和农业技术的普及增加了粮食供应，人口规模得以扩大，新的自然资源、商品和市场促进了繁荣，并养活了大量的工艺专家和中间商。随着社会越发庞大复杂，统治精英们通过新的经济、政治和宗教机构来巩固他们的控制。这些发展中的制度是中美洲文明在古典期进一步发展的基础。前古典期的玛雅人位于中美洲的十字路口，拥有丰富多样的环境，他们与墨西哥湾沿岸的邻居，瓦哈卡峡谷、查尔卡钦戈以及其他附近和遥远地区的人相互交流，并从中受益。

古朴期和前古典期文明发展小结

最初中美洲人根据季节来狩猎野生动物或采集野生植物。从游牧到永久定居的逐渐转变是迈向更复杂的生活方式的第一步。在一些特别富裕的沿海地区，当地人利用全年可用的食物资源，使永久定居成为可能。与此同时，在高原峡谷，人们对野生食用植物展开试验，如墨西哥野玉米，以提高它们的产量，这一过程最终将导向以玉米和其他物种的培育为基础的农业。

在玛雅地区只发现了古朴期前农耕时代的猎人和采集者的零星痕迹。随着前古典期早期的开始，在太平洋和加勒比海岸发现了更充分的永久定居的证据。这些群落依靠当地丰富的资源维持生存，并辅以玉米和其他植物的种植。这些群落人口总数非常少，局限于分散的小村落、小村庄、捕鱼营地和类似的定居点。这些早期的定居点很可能是自治的，并在平等的基础上组织起来。但这些社区成为发展的基石，发展成了一个日益复杂的社会。造成这些变化的因素包括环境资源、农业集约化、商品生产、贸易和人口增长等等。

环境的多样性鼓励了多种多样的农业实践、本地化的工艺生产以及与邻近社区的贸易。虽然野生食物的来源仍然重要，但玉米农业提供了高产的食物新来源。这使得人口规模得以扩大，而这反过来又需要增加对耕地和菜园农业的开发。永久定居和人口增长所产生的新需求也产生了新技术。一些重要的物品，如黑曜石（用于切割工具），以及考古记录中无法追溯的盐一类的食品开始长距离交换，所以每个社区都与中美洲的其他地区有联系。贸易联系也带来了新技术。公元前2000年之后不久，太平洋沿岸的社区开始制造陶器，这项技术可能是从与中美洲的贸易接触中学来的。一些被认为具有特殊品质的商品，如玉石和羽毛，可能由于意识形态的原因而被利用。后来，新兴的精英阶层垄断了这些材料，以加强自己的权威。可见，这一时期当地的商品生产和领袖的专业化水平都有所提高。

由于缺乏考古证据，早期的社区组织和领导结构仍然不为人知。但早期的决策很有可能掌握在每个家庭单位的负责人手中，而社区可能通过协商一致做出决定。随着时间的推移，社区领导人可能会凭借他们控制资源的能力，以及他们的经验、智力和其他能力来维护自己。我们对这些早期村民的意识形态也知之甚少，但至少最初的仪式显然掌握在家庭内部的非专业人士手中。然而，最终那些被认为善于与超自然力量沟通的萨满在每个社区中作为兼职的宗教专家出现了。通过他们的知识和成功治愈疾病或占卜事件的意义，萨满可能得以攫取威望和权威。

这些最早的定居社区的社会、经济和思想发展，得益于当地创新和与外部接触的相互作用，为后来的玛雅文明的进化奠定了基础。在超过一千年的时间里，前古典期早期的玛雅社会开始扩张并变得越发复杂。随着人口的增长，玛雅高地和内陆低地的农民都定居了下来——很可能是早期太平洋和加勒比海沿岸社区逐渐扩张的结果。新环境和人口持续增长带来了商品生产和交换的新机会。社区内的人们在经济、社会甚至宗教方面变得更加分化。这些机会和角色的差异奠定了日益加剧的经济和社会不平等的基础，导致了精英阶层的出现，他们逐渐垄断了玛雅社会的财富和权力。

中美洲文明的进化模式

我们可以从中美洲第一批复杂社会的崛起中看到社会进化的结果。在前古典期中期，在瓦哈卡峡谷、查尔卡钦戈、墨西哥湾沿岸和中美洲的其他地方都建立了酋长掌权的社会。然而以往学者只发现了其中的一个，墨西哥湾沿岸的奥尔梅克文明，作为母文化和中美洲后发文明的先驱——现在的证据显示，许多自主发展的复杂社会在前古典期早期已经出现，并在前古典期中期积极地互相交流。正如弗兰纳里和马库斯所指出的，这些复杂社会的自主性增加了每个社会成功适应其自身环境的可能性。但事实上，他们通过贸易和其他关系不断互动，增加了一个社会中的创新被其他社会采用的可能性。因此，这些中美洲社会快速进化的条件已经成熟，它们可以协同运作，而不是其中一个“走在前列”，成为所有创新的单一来源。

这正是考古学记录证明的——一系列相互作用的复杂社会，它们以各自不同的文化传统适应自己所处的环境，同时又相互作用，分享一些创新成果。毫无疑问，奥尔梅克人在一些重要的事件中是革新者，例如他们为统治者雕刻的纪念碑。这一传统可能是从墨西哥湾海岸通过太平洋海岸走廊传到玛雅的。在前古典期，玛雅文明虽然处于这个相互作用的体系的东南边缘，但仍然是它不可分割的一部分。随着前古典期的发展，每个参与者都在进化，有些人步履蹒跚，有些人大步流星。但通过追踪玛雅文明后期的发展轨迹，我们可以追溯到瓦哈卡、查尔卡钦戈和墨西哥湾沿岸的前古典期社会。玛雅文明同样还有与其他地域的联系，包括那些起源于玛雅文明本身的文明。因此，玛雅文明或其他中美洲文明的起源并不是单一的。墨西哥湾沿岸的奥尔梅克、查尔卡钦戈、墨西哥盆地和瓦哈卡峡谷提供了玛雅地区以外的重要发展线索，尤其是作为玛雅政治精英机构的前身，但它们不是古典期的玛雅文明的唯一前身。

我们也必须记住，在玛雅的不同地区有显著的落后文化。许多土著玛雅文化传统特别持久。如我们所见，玛雅文明是在前古典期早期，基于环境、生存、人口增长、竞争和战争以及经济之间的相互关系发展起来的。在前古典期早期和中期残存的手工艺品和建筑中，可以看到独特的玛雅风格的开端。早期的玛雅人制造并使用这些工艺品，建造并使用这些建筑，他们是适应当地环境的革新者。他们与邻近的社区交换自己生产的商品和食物，并在玛雅地区和整个中美洲与更遥远的伙伴进行贸易且从中学习。接下来的五章追溯了玛雅文明随时间的发展，从玛雅文明在前古典期中期的亮相，到后古典期晚期——玛雅世界被16世纪的西班牙征服所摧毁。

第五章　前古典期中期玛雅文明的兴起

他们开疆拓土，于此立国定邦，而后，统治者们纷纷现身……随之一统治国，立规定矩……

——《丘玛耶尔契兰·巴兰书》（罗伊斯，1967年，第74、75页）

关于加勒比海和太平洋海岸的早期居民在玛雅地区建立最早定居聚落的前因后果，我们已经有所了解。作为陆地与海洋野生食物的主要来源地，上述这两处沿海环境在引入了人工培育的玉米农业文化和其他作物之后，物产愈加丰富。贝壳和黄貂鱼鱼骨等海产品曾是名贵的礼制用品（如用作装饰品或者血祭用品等），并且会在内陆进行贸易流通。丰富的矿物资源如黑曜石、玄武岩、翡翠和蛇纹石（实用和名贵商品之间交易使用）等对于生活在南部沿海平原和相邻高地上的人们来说可谓是唾手可得。太平洋沿岸平原也成了墨西哥和中美洲之间最直接的陆路通道。为了适应玛雅地区多样化的环境，以及顺应贸易和手工艺专业化所创造的种种机会，这些定居聚落的规模和复杂性都在不断增加。考古记录中显示了这一趋势演变的结果，表明在玛雅地区的所有聚落间社会经济差距越来越大，同时玛雅人独特的意识形态又进一步扩大了这种差距。

在前古典期，南部玛雅地区（太平洋海岸和高地）和北部的玛雅低地——这两个广义上的区域见证了聚落规模和复杂性不断增加的过程。虽然这两个地区南北相隔，环境迥异，但其间的往来对增加社会复杂性至关重要。事实上，正如我们将看到的那样，这两个地区都为后来古典期玛雅文明的结晶贡献良多。

我们已在第四章了解到，前古典期早期（约公元前2000年—约公元前1000年）见证了整个中美洲农业和定居聚落的发展。在本章，我们将调查在前古典期中期（约公元前1000年—约公元前400年）玛雅地区复杂社会的兴起。其发展的特点表现为社会和政治复杂性的不断增加，以及与其他中美洲特别是南部玛雅地区群体之间的互动。第六章将会讲述前古典期发展的高潮。

复杂社会的出现

关于玛雅文明起源的大量新兴考古研究推翻了一些陈旧的理论。这些理论包括：玛雅文明是孤立发展的；低地玛雅文明是从高地移植过来的；以及如我们之前所见，玛雅文明是奥尔梅克文明的一个分支。而今天，大多数学者都认为，这些单一原因的设想并不能解释玛雅文明进化过程的复杂性。

尽管知之甚少，但现代研究表明，玛雅文明的起源是一个涉及诸多因素的复杂过程，这些因素贯穿了整个前古典期（约公元前2000年—约公元250年），其中后半期（即前古典期中期和晚期）见证了最关键的发展。此外，这一过程也跨越了广泛的环境区和文化区，包括后来古典期玛雅文明的低地中心和曾经被认为是“边缘”的邻近区域。实际上，这些所谓的边缘地区——如北部的尤卡坦半岛和南部的自恰帕斯延伸至萨尔瓦多和洪都拉斯的高原和沿海地区——都在玛雅文明的演变过程中发挥了重要作用。

例如,在玛雅高地和太平洋沿岸平原考古记录中发现的具有象征性的图案,为复杂社会政治演变的意识形态基础提供了重要依据。不论是前古典期中期开始出现的各种雕塑图案和风格,还是前古典期晚期出现在同一地区具有玛雅风格的铭刻石柱和最早的玛雅文字实例,这些象征符号都有迹可循。这些图案和早期文字传统的传播,及其他各种证据都表明,整个玛雅地区各社区之间的互通对于玛雅文明的演变起到了举足轻重的作用。

在低地玛雅地区,一些考古挖掘揭示了前古典期一些遗址发展的重要联系。如在尤卡坦州的科姆琴(Komchen),以及塞罗斯(Cerros)、奎略、拉马奈,这些遗址全都位于伯利兹东部的低地地带。然而,最引人注目的发现来自低地核心危地马拉的埃尔米拉多尔盆地。并且更令人吃惊的是,结合该发现与伯利兹和其他低地地区的前古典期遗址数据,从纳克贝和巨大的埃尔米拉多尔遗址获取的证据表明,前古典期的人口数量和组织复杂性是人们始料未及的。

第二章探讨了考古学家如何将早期复杂社会(如中美洲的前古典期社会)与民族志学和民族史学中记载的酋邦等同起来。例如,在考古记录中发现的社会经济差异可能会帮助我们识别古代酋邦。酋长的权力来源于对超自然的掌控和对经济的控制,酋长通常从他与神灵和祖先的特权关系中获得这些权力并加以稳固。此外,酋长还经常从他人生产的经济盈余中获得贡品(商货和服务)。但他的权威通常只体现于百姓的信仰与进贡之中,这都是百姓的义务范围,此外,还通过举行宴会、送礼和举办仪式的方式建立联盟。

同时,正如第二章所探讨的那样,考古学家对于历史的解释必须具有灵活性。虽然考古学证据表明,一些前古典期中期与晚期的玛雅社会,与一些民族志学视野下的酋邦具有相似性,但是前古典期的玛雅也展现出明显的变化和独特的特征。例如,使用刻有表音文字系统的石碑并不是民族志学视野下酋邦的常见特征。此外,在高地和低地的几个前古典期晚期的遗址中,规模和复杂性的快速扩增可能会使其呈现出比酋邦更大更复杂的组织体——这也许是国家社会(state-level societies)的起源。虽然国家概念总是与古典期紧密相连,但我们不能期望玛雅社会的发展遵循考古学家所制定的刻板的年代划分!一个类似酋邦的社会可能会逐渐或者相对迅速地发展成一个国家社会。在前古典期晚期的玛雅高地和低地,向国家的骤然过渡可能是由征服占领或者是其他造成政体迅速扩张的发展势态引起的。

复杂社会的标志

考古学家已经识别出了前古典期社会复杂性逐渐显露的各种迹象。以大型公共工程、雕刻纪念碑和明确的战争证据的出现作为标志,玛雅社会变得愈加复杂,这是因为社会地位和社会角色的区分更加多样化,或者是因经济、政治和意识形态发生了根本性变化。新经济机遇的出现,如粮食产量的增加、贸易的扩大、手工业专业化的兴起以及人口增长的压力等都进一步推动了这种变化。直到前古典期中期,第一个迹象出现,新兴的贵族阶层开始控制着玛雅地区众多发展中政体的资源。到了前古典期晚期,其中的许多政体都是由独立的统治者把控,在这种情况下,统治者会垄断现有的资源、财富和权力,同时也获得了控制着大部分资源平衡的从属贵族的帮助和支持。

经济方面的关键变化在于商品供应、生产和分配的规模扩大。前古典期中期的考古学记录中出现了象征和提升地位的各种各样的商品——镜子、面具、血书、胸饰等,都是由稀有材料(如玉)制成

镜子和镶嵌图案

自前古典期中期开始，统治者们会佩戴或使用黑曜石镜子和以黄铁矿及其他反光矿物制成的镶嵌图案来作为超自然力量和政治权威的象征。后来，在卡米纳尔胡尤、科潘、基里瓜、皮埃德拉斯·内格拉斯和其他的玛雅遗址中，都发现了用打磨合适的黄铁矿碎片制成的镜子，附着在木碑或者石碑的背面。玉石和其他材质的镶嵌图案也会作为名贵物品穿戴，在卡拉克穆尔、帕伦克、蒂卡尔和其他低地遗址的王室墓葬中也发现了镶嵌图案的玉石面具。例如，在帕伦克的巴加尔墓中发现了用翡翠碎片重制而成的精致面具，以及从蒂卡尔墓中发掘了用翡翠、贝壳和黄铁矿制成的一张精美绝伦、人脸大小的镶嵌图案面具[彩图1(b)]。早前在萨拉马峡谷埃尔伯顿的埋葬物中也发现了具有同样风格的微型玉石镶嵌面具。两件镶嵌着玉石和贝壳的挂件发现于科潘卫城下的古典期早期墓葬中，其中一件似乎是以科潘统治者的王室头衔命名的（图7.27）。在蒂卡尔的两名古典期晚期统治者墓葬中发现的两个相似的圆柱形器皿标志着玛雅玉石镶嵌工艺水准达到顶峰[彩图1(a)]。

的，大多装饰着宗教图案或符号。这些可见的地位象征符号帮助建立和维持了玛雅社会贵族和非贵族成员之间的区别。

对这些名贵物品的需求刺激了供应保障的需要，并且考古记录显示这些物品的长途贸易也在不断增加。名贵商品的出现和长途贸易的增加反映出前古典期玛雅社会贵族阶层的崛起。贵族阶层通过控制经济的关键环节，特别是长途贸易（用于购买名贵商品和一些关键的实用商品）、本地生产和垄断名贵商品、向臣民征收贡品，以及通过举办宴会、送礼，或通过市场调节来进行物品的再分配，创造了自身财富的同时也提升了地位。尽管学者们仍对一些细节争论不已，但是贵族阶层的确控制了一部分非贵族阶层的产出，从应用于建筑工程与大型公共翻修工程的徭役制度，到对日益专业化的工匠们所生产的商品进行制作和销售中都能体现出来。大部分的佐证可见之

前古典期中期的玛雅陶器

前古典期早期的许多陶器传统在前古典期中期得到了延续和发展。继烧制、双色施釉(红米色或者红橙色叠加)以及乌苏卢坦(Usulutan)最古老的传统防火饰品装饰之后,饰有黑、白、红和黄色漆彩的彩色器皿等新元素开始投入应用,并且盛行于高地地区。早期彩饰陶器(polychrome pottery)的样式已经从玛雅高地(在卡米纳尔胡尤和查尔丘阿帕)重新兴起,并且与墨西哥中部的查尔卡钦戈陶瓷相似。在玛雅前古典期中期陶器上的雕刻装饰图案中,发现了与墨西哥中部和墨西哥湾沿岸陶器之间的联系。在玛雅高地和低地[低地以玛姆陶器(Mamom ceramic)传统闻名],红、黑、橙和条纹状褐色的施釉陶器是经典款,其中条纹状褐色陶器常是高度抛光过的。陶器造型多样,包括带颈罐(颈部或肩部有把手)、各种碗(复合壁形,唇嘴和中凸缘、垂直管嘴状)以及造型精巧的圆柱形香炉。这些香炉也是最早的祭祀专用陶器的明确标志。其他有特色的前古典期中期陶器还包括鞋形炊具、喷口器、磨盘底的碗以及形状独特的长三鼎足杯形器等。圆柱形和扁形的泥印或印章(可能是用来装饰纺织品的),以及动物造型的哨子可谓不足为奇。这一时期,手工制作的雕塑愈加流行,但是却丢失了其个性化的特征,风格大都刻板老套,如出一辙。

于石器、陶器、贝壳或其他耐用材料制成的物品,因为只有这些物品在考古记录中幸存下来。但是可以肯定的是,在这些耐腐品中反映出的模式能够窥探出畜产品、农产品、纺织品、木制工具和其他易腐品在购买、生产和分配过程中出现的相似变化。

这些经济发展伴随着政治和意识形态的变化,不仅为前古典期社会的发展提供刺激,注入活力,也成了贵族统治者日益增长的权力来源。出现在前古典期早期的陶器(图4.2)和纪念碑(图4.4)上的中美洲超自然信仰体系的共同符号,到了前古典期中期时就变得更加普遍。这些超自然符号代表了社会的关键需求,即水(雨神)、食物(玉米神)和保护(雷神和土地神)。统治者早期的权力来源于他们对仪式的控制,他们的臣民认为仪式可以安抚这些神灵,从而保证充沛的雨水和食物，并且免受暴风雨、地震和其他自然灾害的影响。这些仪式加强了以统治者个人为首的贵族阶层的崇高地位，但同时也加重了非贵族阶层的义务，使其为神庙和其他公共工程的建设和维护提供劳动力。至少在最初，徭役的动力可能来自于促进公共利益：为超自然保护而建造的神庙，以及为保障食物和水的供应而挖掘的灌溉渠。当然，一旦这些设施建造起来，其使用的权限很可能成为贵族阶层的权力来源。因此，在早期，控制神庙和运河的领导者就获得了相当大的驭民权力，因为这些设施为他们提供了与神灵接触的途径，还提供了对于种植粮食，甚至是旱季生存至关重要的水资源。

这些迅速扩大的公共工程，即需要调动资源和大量劳动力的宏伟建筑，既标志着贵族阶层权力的扩大，也标志着意识形态变化对其权力的强化。前古典期之前，以个人或者家庭为单位建造的房屋、炉灶和储藏窖便成了建筑环境存在的证据之一。当然，家庭式房屋仍在建造，但是到了前古典期中期，较大的场所中的主要工程就变成了广场、堤道、运河、水库和巨大的土坯或砖石面的土台（支撑木头、土坯和茅草的建筑）。建造和维护这些宏伟的建筑需要不计其数的人付出巨大努力，这些人由贵族权威动员和组织起来，以保证成效。此外，他们还受到贵族阶层所推崇的宗教制度的激励。为建造这些公共工程的劳工组织也使社会地位和角色等级制度化，从而有利于统治者对其臣民进行更有效的管理和控制。因此，玛雅统治者利用臣民的劳动建造了神庙和其他宏伟设施，而这些建筑反过来又孕育和加强了玛雅统治者的权力。

尽管只有间接证据，但是不难猜测出，动员是通过徭役的方式进行的，这是因为非贵族成员有义务每年为这些建筑任务提供一定的劳动力。如前所述，这种劳动的初衷主要出于公共利益，如修建神庙和灌溉渠。宗教制度也可能通过宣扬这种信念来强化此种动机，即服从贵族统治者的意愿符合个人和整个社区的利益，因为这些特权人士与超自然力量有着特殊的联系。因此，除了获取的这些实际利益之外，非贵族阶层还认为徭役也是获得超自然庇佑的一种方式，因为他们相信在贵族阶层指导下的工作能够取悦神灵。这种联系帮助贵族统治者从臣民的劳动和贡品中获得越来越多的利益。随着时间的推移，徭役开始用来建造和维护那些不具有明显实际利益的设施，如王宫，或者为贵族阶级提供稀有昂贵的食物、礼物和其他优待，甚至臣民们开始为颂扬贵族阶级“丰功伟绩”的纪念碑而托运巨石。随着玛雅统治者的需求日益扩增，可能需要采取更多的强制措施来保证劳动力的需要。但根深蒂固的意识形态仍然发挥着至关重要的作用，特别是在平衡贵族和非贵族阶层之间日益扩大的财富和权力的差距方面，而这种作用正是基于宗教信仰和超自然力的制裁。

石雕墓碑是在宗教信仰保护下贵族阶层权力的一个持久的判定标志。最早的石碑可以追溯到前古典期中期。其中有些石碑尤为简朴（可能之前有过彩绘图案），但很多都刻有超自然和其他权威的象征符号。到这一时期末（约公元前400年），最早的玛雅统治者已经开始将石雕墓碑作为他们政治合法性和个人成就的公开证明（图5.1）。雕刻的肖像也将统治者置于权威地位，如把他们作为战士甚至是超自然能力的化身（戴着神灵的面具和头饰）。文字材料的出现使得统治者们能够记录他们在历史上的个人地位、与尊祖之间的关系以及他们在统治上的辉煌成就。在一些最早的政治首都，历代统治者们都为这些王室纪念碑修建了巨大的祭祀广场。通过这些公开展示的纪念碑，已故统治者的权威能够不断激发人们的敬畏和尊重，并通过在位统治者与王室祖先的联系来显示其权力。归根到底，这些公共纪念碑的出现标志着玛雅社会中神圣王权制度的开端，它们在特定地点的建立也有助于玛雅社会明确此地为一个上下级中心等

图5.1　危地马拉卡米纳尔胡尤11号石碑　年代可追溯到前古典期中期，图中一位早期玛雅统治者身着王室服饰（包括鸟神面具和头饰），手持斧头（右下）和权杖。

玛雅雕塑和纪念碑

太平洋沿海平原和高地上的前古典期纪念碑通常是用精细的火山石雕刻而成的。而在玛雅低地，石灰石是用于纪念碑和其他雕塑的主要石材。石灰石可以烧制成石灰，用于制作石膏，以铺设地面、广场和堤道，或者涂抹在砖石建筑的表面。石膏和石块用来装饰戴有神灵面具或者其他形式的建筑物。石膏的建筑装饰采用手工建模和彩绘形式，而经雕刻过的石头也经常涂上石膏和彩绘。事实上，并非所有的玛雅遗址的纪念碑和建筑物都是石灰石材质。在少数遗址中，如基里瓜、普西尔哈(Pusilha)、阿尔塔·德·萨克里菲西奥斯(Altar de Sacrificios)和托尼纳都使用了当地可得的砂岩，而科潘则使用了火山凝灰岩。

在卡拉克穆尔，发掘出的部分石灰石纪念碑显示出它们形成和消逝的过程。其中几块基里瓜石碑简单光秃的碑尾上还能看到“采石场”的字样。石灰石从采石场刚运出来，就会进行雕刻，然后暴露于空气中使其硬化。尽管使用木槌也行得通，但是玛雅雕刻家们选择石凿和其他工具。用于制作纪念碑的较软的石头会通过燧石或玄武岩的石锤进行圆雕，而细雕主要依赖于坚硬石材制成的小凿子进行。全体或者至少大多数玛雅人的纪念碑很有可能都使用了红、黄、蓝、黑色，以及其他矿物和有机颜料来进行彩绘。科潘和其他一些遗址的纪念碑上仍留存漆绘的痕迹，特别是深浮雕保护的表层。

级制度分明的政治首都。

由于竞争角逐，战争成为促进玛雅社会发展的一个强有力的因素。玛雅战争的最初迹象来自于武器投射点、祭祀俘虏的集体坟墓以及统治者作为战士的雕刻肖像。这些证据表明，从前古典期开始，政体之间就有零星的、小规模的突击。这些突击在消灭了竞争对手的同时，也掳来了物品和劳动力等所需的资源。祭祀俘虏的仪式化加固了贵族阶层权威的意识形态基础。占据敌方城镇或者成功防御敌方袭击都加强了玛雅统治者的权力，也简化了指挥网络和控制网络。最后，战争和经济竞争成为决定许多玛雅政体竞争中胜负之分的两个因素。但是，关于战争的考古证据仍旧不足。因为考古挖掘出的矛头可能是用于狩猎或者是战争;骨头上的切痕能让人识别出是身首异处的受害者,但可能无法区分他们究竟是被俘获的敌人还是龙颜大怒所殃及的不幸者。然而,随着时间的推移,战争的证据变得更加明确,如基于战争战俘以及防御工事方面的雕刻绘画,以及描写战争胜利的文字记载。

前古典期的太平洋平原地区

正如第四章概述的那样,到前古典期中期之初,在整个中美洲地区出现了一系列具有许多酋邦特征的复杂社会。它们在玛雅社会的南部地区和玛雅低地同步发展,紧密联系。见证复杂社会演变的绝佳证据就是分布在南部沿海平原的考古遗址。这些遗址同时也为其他中美洲地区的互通往来提供了确凿的证据。事实上,有迹象表明,几个不同的族群占据了低地走廊,从墨西哥湾穿过特万特佩克地峡,下至恰帕斯和危地马拉的太平洋沿岸。这一多元化的人口族群无疑包括古玛雅语、米克斯-佐奎语和其他语言的使用者(图1.2)。后来,米克斯-佐奎人占据了玛雅地区的西侧地区,但玛雅人和米克斯-佐奎人之间有很深的历史渊源,其中也关系到文字的起源(第三章)。

遗址数量的增加、定居地区的扩张以及太平洋沿岸和山麓地带(piedmont)独立遗址规模的扩大都表明出现了更为复杂的社会形态。在这些地方进行的多数考古研究必然集中在面积较大的一些遗址上,这是因为,受到自然、时间和现代发展的破坏,较小的遗址已近乎湮没。因此,我们只能有局限地了解到前古典期聚落的面貌,其中包括了可以揭示古代社会政治复杂程度的遗址等级制度。

芭芭拉·沃里斯对恰帕斯州索科努斯科地区的调查表明,前古典期中期的内陆是由前古典期早期的沿海遗址扩张而来(在第四章讨论过)。迈克尔·洛夫(Michael Love)对危地马拉西部太平洋沿岸的纳兰霍河流域下游进行研究,研究显示出前古典期早期的小型分散定居聚落到了前古典期中期向内陆扩张的相似模式。大约在公元前1000年至公元前750年间,该地区经历了重大的社会变化,首先是人口的快速增长和遗址规模的扩大;定居模式反映出日益复杂的遗址等级;此外,诸如玉石装饰品、陶瓷耳轴和云母镜碎片等名贵物品也能表明社会分化不断加剧。

拉布兰卡(La Blanca)的主要中心也经历了翻天覆地的变化,其中部分中心可能就是前古典期中期新兴的政治首都,遍布在危地马拉西南部纳兰霍河的下游地区(图5.2)。拉布兰卡的宏伟建筑和石碑显示了居民在三个世纪的时间里投入的巨大的劳动力成本。从大约公元前900年至公元前600年的这段时间里,由于控制了大约300平方千米的领土,拉布兰卡逐渐发展繁荣起来。调查数据显示,当时的政体是由三层级的遗址等级制度组成,包括位于拉布兰卡的一级首都,至少两个二级中心,每个中心都有数家住户和一个巨大的神庙土丘(约18米至20米高),以及近60个单户和多户村庄。然而,到了约公元前600年,这个政体似乎已经衰落,拉布兰卡几乎成为被遗弃的地区。

随着拉布兰卡的衰落,位于东边,距其12千米的新兴政治首都埃尔乌胡斯特(El Ujuxte)在奥戈斯托(Ocosito)流域建立。埃尔乌胡斯特的建立似乎计划周密且循规蹈矩,原因是它的布局呈网格状(图5.5)。试想一下,约在公元前600年至公元前400年间出现,还是作为一个新兴的政治首都,埃尔乌胡斯特就很可能是为了接替拉布兰卡的位置而建立的,其在前古典期晚期达到了鼎盛。但与拉布兰卡不同的是,没有证据表明埃尔乌胡斯特存在石雕纪念碑(第六章将会进一步讨论)。

危地马拉的拉布兰卡

尽管遭到现代发展的严重破坏，拉布兰卡占地仍超过40公顷，是前古典期中期玛雅南部地区最大的中心之一。该遗址位于危地马拉西南部的墨西哥边境以西，现存约40座住宅区（house mounds）的遗迹，此外还有四个更大的土丘（高约10米）是神庙或者其他公共建筑的遗迹（图5.2）。在1973年全部建筑摧毁殆尽之前，最大的建筑1号土丘（图5.3）高度超过了25米，再加上其120米乘以140米的基地面积，便成为当时中美洲最大的建筑之一（相当于拉文塔的大土丘和查尔丘阿帕的建筑E3-1）。两块雕刻的石头碎片是前古典期中期拉布兰卡纪念碑遗迹的残余。其中一块残片（图5.4）的奥尔梅克风格反映出拉布兰卡统治者的对外往来。拉布兰卡在前古典期早期是纳兰霍河沿岸的几个小定居点之一。它在前古典期中期迅速扩张，反映了一个基于当地资源控制和长途贸易的统治贵族阶层的崛起。当地人口聚集到新的中心，表明拉布兰卡的贵族统治者们整合了其腹地臣民的资源和劳动力。这是因为建造和维护拉布兰卡的宏伟神庙必须动员起相当数量的群众。而在雕刻的纪念碑中也凝聚了维持拉布兰卡社会经济秩序的意识形态基础。

埃尔梅萨克（El Mesak）是位于前古典期中期拉布兰卡东部地区的一个较小的中心，由亚瑟·德马雷斯特（Arthur Demarest）及其发掘成员发掘出来。尽管在整个前古典期早期与中期，埃尔梅萨克都只是一个相对较小的定居聚落，但它有一个6.5米高的土丘，很可能是前古典期早期的神庙。也有迹象表明，在前古典期中期，曾有贵族阶层在这里居住。尽管埃尔梅萨克不像拉布兰卡或者埃尔乌胡斯特那样具备政治首都的属性，但居住在这儿的贵族阶层很可能掌管着当地的沿海贸易路线。关于埃尔梅萨克是否被并入一个由附近不明的大型中心控制的政体，这仍然是一个悬而未决的问题。

再往东，在危地马拉的埃斯昆特拉（Escuintla）地区，弗雷德里克·波夫（Frederick Bove）发现了一连串的五处山麓地带遗址，其年代可追溯到公元前800年至公元前600年，这些遗址占据了一个与海岸

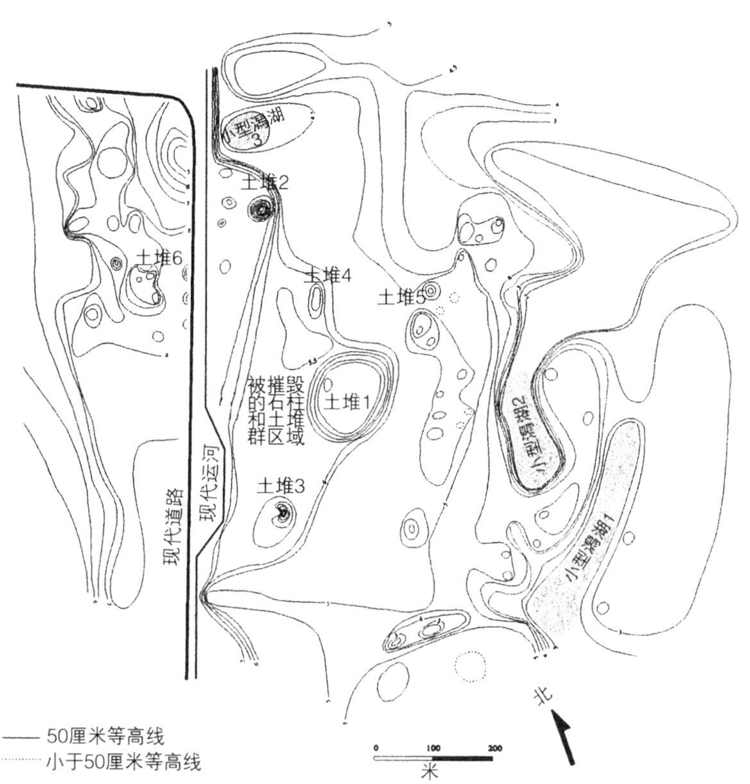

图5.2　危地马拉拉布兰卡地图　前古典期中期太平洋沿岸平原最大的遗址之一，如今受现代活动破坏，满目疮痍。

平行的单一环境区，其间间隔约10千米。所有遗址的海拔高度均在120米至125米之间，距海平均35千米，而且所处地区土壤肥沃，降水充沛，位于海岸和高地的中间地带。到了前古典期中、晚期（约公元前600年—约公元前400年），该调查区的遗址数量增加了一倍多，达到了12个，而且有迹象表明，遗址的规模等级更加复杂，尽管三分之二的定居点仍旧位于海拔100米以上，但其余三分之一已向海岸扩张（海拔低于100米）。

图5.3 拉布兰卡1号土丘 曾是遗址中最宏伟的建筑，原高度超过25米，但在1973年遭到严重破坏（1972年由考古学家埃德温·舒克拍摄）。

图5.4 拉布兰卡1号纪念碑 一个呈现墨西哥湾海岸奥尔梅克风格的被侵蚀的头部雕塑碎片。

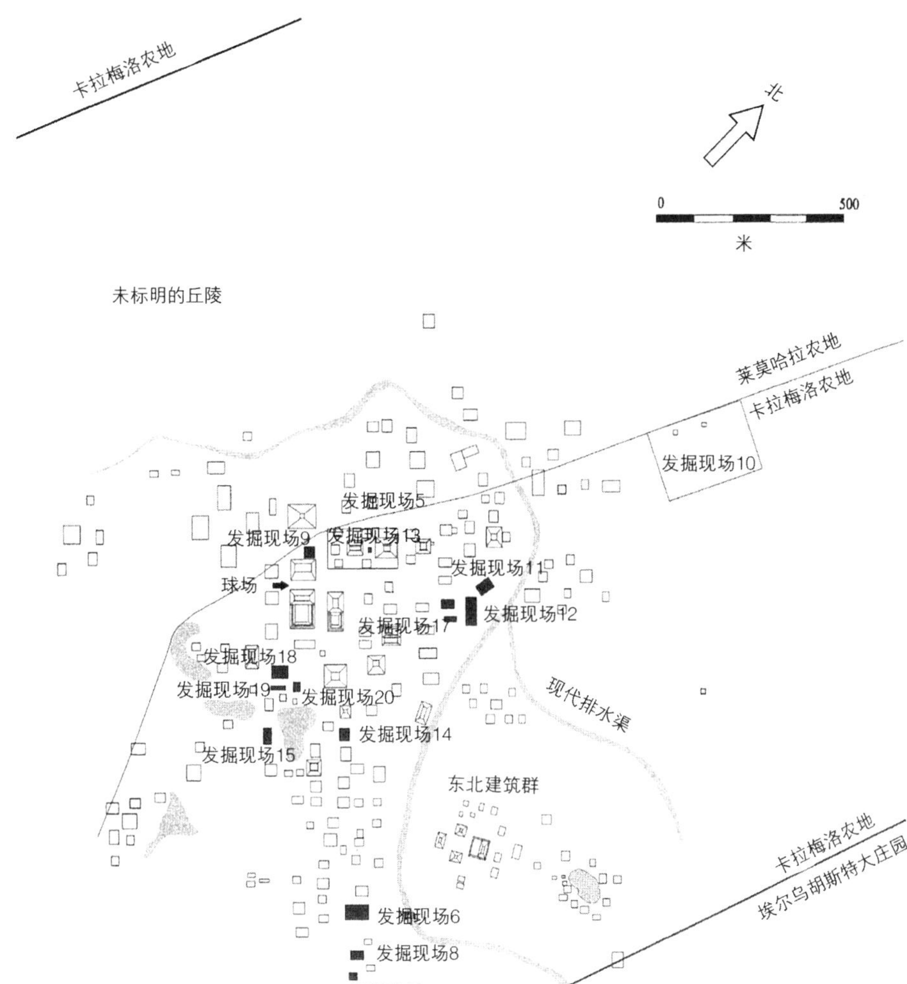

图5.5　危地马拉埃尔乌胡斯特遗址地图　这是一座前古典期的政治首都，在前古典期中、晚期取代拉布兰卡，并在前古典期晚期到达鼎盛阶段（第六章）。土台是按照预先规划的网格状布局的。

总的来说，拉布兰卡、埃尔乌胡斯特和前古典期中期太平洋沿岸平原地区的其他中心都能证明曾经出现具有酋邦特征的复杂社会。丰富的海洋资源、能够量产的玉米以及其他作物形成的有利环境促进了这些中心的发展。处于墨西哥和中美洲之间的主要自然通道沿岸，优越的地理位置也保证了中心的繁荣昌盛。此外，长途贸易也为正在发展的贵族阶层提供了获得名贵商品和先进理念的机会，但是同时也加剧了日益严重的社会经济分化和权力意识形态。

前古典期中期的商品和纪念碑

如我们所见，墨西哥湾沿岸的奥尔梅克人与玛雅南部地区的居民，与太平洋沿岸广阔平原地区的居民联系特别紧密。尽管人们曾一度认为这暗示着奥尔梅克人对其进行了殖民甚至占领征服，但现代观点认为这种关系是长途贸易往来的结果。来自奥尔梅克遗址的考古证据表明，玛雅南部高地的黑曜石出口到了墨西哥湾沿岸。黑曜石用作切割工具，既适合家庭使用（制作食物），也适合祭祀活动（给祭祀活物放血）。玛雅高地还盛产硬玉、蛇纹石、赤铁矿和羽毛等其他名贵物品。但值得关注的是，奥尔梅克人并不是这些贸易关系的单方。事实上，这些南岸贸易路线只是一个更大的经济网络的一部分，而从前古典期早期开始，这个网络就连接着墨西哥和中美洲东南部。在墨西哥高地的陶器上发现的早期符号图案，在科潘以及洪都拉斯东部的库尤梅尔洞穴（Cuyumel Cave）也有发现（图 4.2）。玛雅南部地区的居民不仅是这些长途交易网络中的中间商，也是重要贸易商品的生产者。太平洋沿岸平原在后来成了可可的主要种植区，而在前古典期，尽管有关作物种植的易腐证据所剩无几，但该地区无疑参与了这些珍贵作物的生产和销售。显而易见的是，后来可可常常与贵族阶层的权力控制和消费联系在一起，由此可见其在前古典期可能是一种名贵商品。

与拉布兰卡一样，太平洋沿岸平原的大量遗址不仅包括大型的土台（图5.3），而且还有雕塑纪念碑，并且经常以前古典期中期的雕刻风格和图案来刻画人物。这些都显示了玛雅南部地区与墨西哥湾沿岸的奥尔梅克以及其他地区之间的联系。通过长期确立的贸易联系互通有无，一些雕刻纪念碑的习俗可以追溯到瓦哈卡峡谷和查尔卡钦戈等地（见第四章）。但这种广泛传播的雕刻习俗侧面体现出石碑上的统治者肖像很有可能是来自海湾沿岸的奥尔梅克人。不管怎样，从恰帕斯经危地马拉南部向东延至萨尔瓦多西部，前古典期中期的墓碑到处可见（图4.4），而且石碑上雕刻的名人肖像无疑是早期统治者。这种纪念碑的分布方式大体为沿着连接南部玛雅地区与墨西哥湾沿岸以及经由特万特佩克地峡的墨西哥高地（瓦哈卡峡谷和查尔卡钦戈）的沿海贸易和交流网络。

恰帕斯州中部洼地的帕德雷·彼得拉（Padre Piedra）坐落着一座雕刻纪念碑，以及一些小雕像和其他人工制品，这些都与在墨西哥沿岸奥尔梅克遗址的发现相似。如前所述，萨尔瓦多查尔丘阿帕坐落着前古典期中期的巨石雕塑（图4.4），其风格与查尔卡钦戈和墨西哥湾海岸的风格相像。在恰帕斯州皮希希亚潘（Pijijiapan）的一系列岩雕都刻画了几组带有精致头饰和服饰的人像。再往东，在危地马拉的塔卡利克阿巴赫，一块巨石（图5.6）和一系列的小纪念碑都是按照前古典期中期风格雕刻的。据推测，这些前古典期中期纪念碑上的人物肖像是当地的酋长，他们通过从贸易关系中获得异国名贵品来巩固自己的权威。

到了前古典期中期之末，玛雅风格已经形成，然而却与墨西哥沿岸和墨西哥高地的建筑风格迥异。这些早期玛雅风格的纪念碑

图5.6 危地马拉塔卡利克阿巴赫1号纪念碑 在危地马拉的塔卡利克阿巴赫，这个圆形巨石雕塑可以追溯至前古典期中期（约公元前1000年—约公元前400年）的太平洋沿岸平原。

萨尔瓦多的查尔丘阿帕

查尔丘阿帕坐落于萨尔瓦多西部玛雅地区的东南部，距离卡米纳尔胡尤约120千米。该遗址总占地3平方千米，地处直通太平洋的帕斯河(Río Paz)排水系统。站在一系列人工梯田平整的坡地上，仍可看到58个大型土丘和至少87个较小的住宅平台。大多数土丘都聚集在开放的广场周围，用来界定塔祖玛尔(Tazumal)、卡萨布兰卡(Casa Blanca)、潘贝(Pampe)和埃尔特拉皮切聚落(El Trapiche Groups)。两个小火山湖[库斯卡查帕湖和塞卡湖(Lagunas Cuzcachapa and Seca)]作为贝冢遗址，为定居序列的测定提供了时间定量。在1920年至1950年间的调查研究中，斯坦利·博格斯(Stanley Boggs)对塔祖玛尔族群(Tazumal Group)古典期结构进行的挖掘和修复完美落幕。1966年至1970年，宾夕法尼亚大学博物馆的一个项目对此进行了系统的调查和挖掘，还制作出了第一张遗址地图等等。

查尔丘阿帕早在前古典期早期就已经成为定居点(根据放射性碳测定分析，位于库斯卡查帕湖中心的玉米花粉年代可追溯至公元前1750年)，此处的定居者可能是从太平洋沿岸向内陆迁徙的殖民者。有证据表明，前古典期中期该地出现了社会分层以及广泛的对外联系，其中最明显的是与墨西哥高地和墨西哥湾沿岸低地之间的联系，包括建造建筑E3-1——位于埃尔特拉皮切聚落的巨大圆锥形土丘(22米高)。它的历史可以追溯到前古典期中期(约公元前800年—约公元前600年)，经过前古典期晚期整修后的建筑E3-1总会让人联想到位于拉布兰卡和拉文塔与之类似的前古典期中期的土制“金字塔”。遗址东部的12号纪念碑上刻有四个人物雕像。尽管雕像上“带翅膀的斗篷”等特征与墨西哥高地遗址查尔卡钦戈中的雕刻有些关联，但是其中两个较大的雕像所刻画的重要人物呈现“奥尔梅克风格”(图4.4)。在查尔丘阿帕，还发掘出了类似查尔卡钦戈陶器的前古典期中期独具匠心的彩绘陶器，而其他陶器则与太平洋沿海平原地区的前古典期中期陶器有相似之处。综合其所有的特征，前古典期中期的查尔丘阿帕展示了玛雅南部地区其他地方也出现的快速发展的复杂社会模型。

查尔丘阿帕在前古典期晚期达到发展顶峰后(第六章)，在前古典期该地的许多区域都埋没于伊洛潘戈火山的火山灰沉积物下，该火山在古典期早期之初，即于公元400年左右爆发。查尔丘阿帕从这一自然灾害中恢复缓慢，但到了古典期晚期，在遗址的南部地区(塔祖玛尔聚落)一个重要的公民仪式建筑群开始兴起。从后古典期到西班牙征服时期，查尔丘阿帕一直是讲玛雅语的波科曼人(Poqomam)定居的城镇。

证明了权力来源于战争和宗教。如若想成为统治者,往往需要带领军队袭击邻敌并取得胜利。作为宗教领袖,成功的统治者必须安抚神灵,保护自己的臣民免受超自然的惩罚。卡米纳尔胡尤11号石碑(图5.1)明确了这两种权力的来源,石碑上面刻着的肖像描述的是一个统治者拿着一把石质战斧,戴着一个饰有巨大猛禽神灵的面具和头饰。该石碑的年代可以追溯到前古典期中期末段,其成熟的早期玛雅风格显然标志着南部地区悠久的纪念碑雕刻传统的高潮。

前古典期的政治机构改革方兴未艾,尽管古典期玛雅政治机构的所有特征在这个时期还没有出现,但我们可以追溯这个时期出现的大多数特征,它们能够反映出其社会和政治复杂性的演变。独具匠心的建筑遗迹——精致的住宅、墓葬和神龛——都为社会阶层的发展提供了证据。前古典期的玉石项链、胸饰和耳饰等制品之前曾作为与统治贵族阶层相关的古典地位的象征。前古典期的宗教器物——血书和香炉——证明了仪式强化王权的真实性。如前所述,带有肖像、徽章和文字的前古典期雕刻纪念碑对于追溯神圣王权的起源和标记政治首都来说尤为重要。在所有的这些特征中,玛雅与外部地区的互动是显而易见的,这也反映了商品的交易和思想的碰撞,而这些交流也推动了玛雅文明和其他中美洲文明的演变。事实上,南部玛雅地区新兴的贵族统治阶层使用进口名物,并从画有中美洲政治与宗教符号的商品中借鉴特定的图案,以进一步巩固他们的权威。

前古典期中期的高地

越过太平洋沿岸平原,在更远的内陆地区,如位于萨尔瓦多的查尔丘阿帕，也出现了相似的发展趋势，考古研究表明该地区见证了社会政治复杂性的快速增长，可见之于宏伟建筑、异国名品、长途贸易联系和雕刻纪念碑等等（图4.4）。虽然查尔丘阿帕处于沿海平原和高地之间的过渡地带，但在更北的玛雅高地也出现了复杂社会，同时也有内外往来的证据。事实上，查尔丘阿帕在整个前古典期的发展都能显示出与玛雅高地之间的密切联系，特别是与该地区的主要中心卡米纳尔胡尤之间的联系。

尽管与墨西哥沿岸直接往来的迹象寥寥无几，但是高地占据了连接玛雅南部地区和玛雅低地南北路线的重要中间地带。而卡米纳尔胡尤遗址正好位于这条南北路线的轴线上，并且处于玛雅高地最大、最富足的盆地危地马拉峡谷内。前古典期早期，卡米纳尔胡尤在危地马拉峡谷中较小聚落的整合中逐渐发展起来，直至前古典期中期，卡米纳尔胡尤首次宣示了自己的主导地位。

早在前古典期早期（约公元前1200年—约公元前1000年），卡米纳尔胡尤就已开始形成聚落，在此地约半数的宏伟建筑可以追溯到前古典期中、晚期，其中包括许多建筑规模之最。考古研究表明，人口在前古典期晚期与日俱增，而后在前古典终结期日渐缩减。值得注意的是，最早的宏伟建筑和社会政治分层出现的证据可以追溯到前古典期中期，同时出现的还有雕刻纪念碑（图5.1）。挖掘的结果显示，到了约公元前600年，该地区的人口和建筑数量急剧增长，这得益于一系列早期灌溉渠的建造，这些灌溉渠将水从米拉弗洛雷斯湖（Lake Miraflores）引入城市南部的田地，而卡米纳尔胡尤就围绕着该流域地区不断发展壮大（图5.7）。几乎可以肯定的是，由贵族阶层直接指挥服徭役者来建造的这些灌溉渠不仅提高了粮食产量，加速了人口增长，而且奠定了卡米纳尔胡尤地区贵族统治者的另一权力基础。结果到了前古典期中期，卡米纳尔胡尤成了一个庞大、繁盛的高

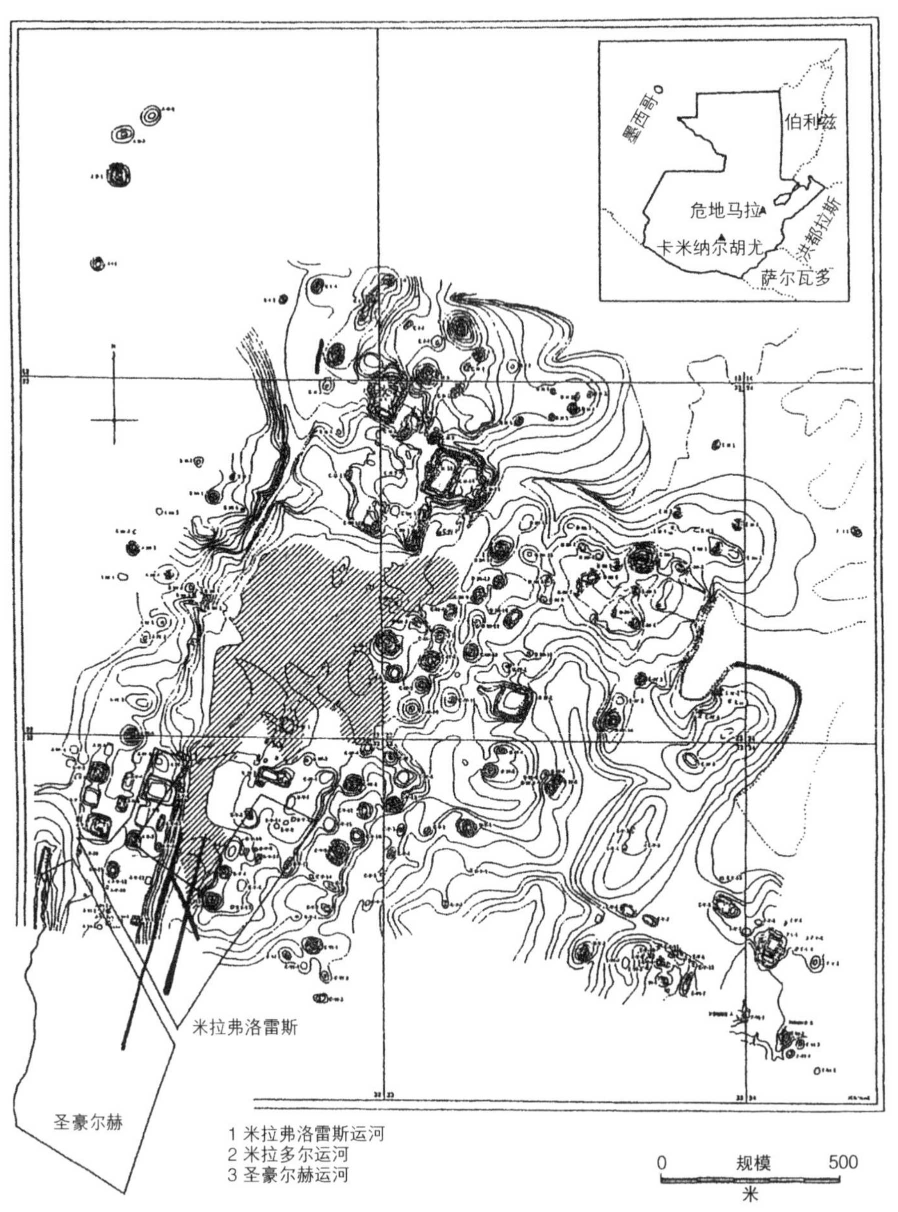

图5.7 危地马拉卡米纳尔胡尤遗址地图 此地是前古典期玛雅高地最大的首都。遗址的中部围绕着米拉弗洛雷斯运河而建。作为至少三条主要灌溉渠的源头，米拉弗洛雷斯湖曾经为遗址南部的农田供水。地图上显示的是前古典期中期的米拉弗洛雷斯运河（约公元前500年）和前古典期晚期的米拉多尔运河以及在遗址西南部的圣豪尔赫运河(San Jorge canals)。

地政治首都，并呈现出中央集权组织的倾向。从石碑上雕刻的人像可以看出，卡米纳尔胡尤的历代统治者手中把控着相当多的财富和极大的权力，而这些都来自于宗教制裁和战争的俘虏（图5.8），此外，统治者们对水资源的管理也是财权的来源之一。

在萨拉马峡谷北部，有一个与卡米纳尔胡尤相关但规模较小的高地发展记录。三层遗址层次体系成为山谷聚落的特征，并且此体系大概延续到公元前500年左右。埃尔伯顿那时还是一个平平无奇的地方，由于一系列新的土梯田和平台建筑而转化成了一个更大的中心，在整个峡谷占据主导地位。政治和宗教活动集中体现于土庙结构和一系列成对的石碑和祭坛上。埃尔伯顿最大的建筑曾在前古典期中期末段用来举行一场包括盛宴、放血和焚香的盛大祭祀仪式。从其中的几十个陶器、两个美洲虎头型香炉以及埋藏在楼梯下的黑曜石刀片便可见其奢华程度。

在埃尔伯顿发现了大量简朴无饰的石碑，但其中最突出的1号纪念碑是一块雕刻石碑。在这块直立的片岩石板上，有一处受到严重腐蚀的中心部分，但其右侧边缘有一列部分保存下来的雕刻文字和数字符号（图5.9）。根据相关的放射性碳测定年代推算，它建于约公元前400年的前古典期中期末段。这些铭文似乎是玛雅文字的前身，若真如此，埃尔伯顿1号纪念碑可能就是迄今为止发现最早的玛雅文字。1号纪念碑与一个普通祭坛形成组合，坐落于一个低矮的土坯抹灰平台前。作为该地首个建筑组合模式，在埃尔伯顿建造的一系列建筑和普通石碑与后来在玛雅高地和太平洋沿岸平原上发现的石碑-祭坛组合相似。早于埃尔伯顿1号纪念碑之前，已知的唯一带有字形铭文的纪念碑位于玛雅地区之外的瓦哈卡峡谷。在墨西哥湾和太平洋沿岸以及墨西哥中部的查尔卡钦戈也有较早的雕刻纪念碑，但都没有文字雕刻。

危地马拉的卡米纳尔胡尤

位于海拔约1500米平坦肥沃的高原之上，卡米纳尔胡尤遗址（“古老之地”）也处于太平洋和大西洋（加勒比海地区）分水岭间隔部分。20世纪30年代，在对卡米纳尔胡尤遗址的发掘中，人们首次认识到前古典期晚期文明的重要性。危地马拉峡谷的遗址数不胜数。其中许多甚至全部遗址都曾经一度是卡米纳尔胡尤的卫星城（satellite），但它显然是在整个高地地区起到主导作用的最大中心。卡米纳尔胡尤这一宏大遗址，曾经覆盖了全长超过5千米的米拉弗洛雷斯湖流域的周边地区（图5.7）。并且作为玛雅高地最大的首都，在前古典期中期便开始扩张，并不断发展为一个主要中心。与玛雅高地以及在太平洋平原上的大多数遗址一样，卡米纳尔胡尤上的土丘即为土坯抹灰平台的残留，这些平台曾用来支撑木头、灰泥以及茅草等材质的建筑。在高地，玄武岩和其他火山石主要用于制作磨石和纪念碑等工艺品，但同时也用于制作排水沟、台阶或者其他建筑元素。尽管其他平台明显都是孤立存在的，但是这里的平台大都成群分布，并且通常呈南北走向。

前古典期晚期（约公元前400年—约公元前200年），卡米纳尔胡尤不断扩张，当时为了将米拉弗洛雷斯湖的水引入城市南部的玉米地，便修建了两条更大的灌溉渠。这些巨大的工程输送了大量的水资源，其中最大的运河长约2千米，宽18米，深8米。由于米拉弗洛雷斯湖开始干涸，灌溉系统淤塞，卡米纳尔胡尤到了前古典期末期逐渐衰落。古典期早期的一段时期（约公元250年—约公元400年），西部高地上一个新的玛雅聚落代替了卡米纳尔胡尤，结束了其八百年的雕刻纪念碑传统。后来（约公元400年—约公元600年），卡米纳尔胡尤在陶器、贸易商品以及建筑方面与墨西哥中部往来，这也成为其再度振兴的一个标志。一个全新的公民仪式建筑群在墨西哥中部落成，呈现“斜坡-直板”式（talud-tablero）。但最近这一时期对王室陵墓中的骨骼分析表明，卡米纳尔胡尤的统治者就是当地的玛雅人，而不是如人们所认为的那样，是来自墨西哥的外来征服者。这些墓葬中的陪葬者似乎是周围地区包括玛雅低地的俘虏。直到古典期晚期，还有人在卡米纳尔胡尤居住，但该遗址在西班牙征服之前就荒无人烟了。

而在峡谷北部边缘一个名为洛斯曼加雷斯（Los Mangales）的墓葬类遗址，发掘工作显示，一名成年的精英男性被精心埋葬在一个专门的葬礼平台内的石砌墓室中（图5.10），而这个人很可能就是当地

危地马拉的萨拉马峡谷

尽管没有危地马拉峡谷的宏伟繁盛，位于莫塔瓜河和卡米纳尔胡尤北部的萨拉马峡谷也留下了一些前古典期中期当地统治贵族阶层发展的最佳证据。该峡谷富饶肥沃，水流与乌苏马辛塔河流的一条偏远支流交汇，因此其与北部玛雅低地以及相邻的南部高地保持天然的良好联系。该峡谷的考古研究记录了从前古典期早期一直持续到后古典期的定居状况，横跨了哥伦布发现美洲前(pre-Columbian)的大半个时代。依此明确了14个前古典期的定居遗址。根据这些遗址的时间顺序分布状况可知，前古典期晚期人口有增长的趋势，但是到了前古典终结期，人口渐少，这与危地马拉峡谷的情况如出一辙。由此看来，在约公元前800年至约公元前500年间的前古典期中期，神庙平台、精心设计别具一格的贵族住宅以及专门的墓葬建筑群都有迹可循。

的酋长，这也为上贡、袭击和俘虏祭祀的说法提供了证据。墓室的年代可以追溯到前古典期中期末段(约公元前500年—约公元前400年)，其四周围绕着12具甚至更多的侍臣遗骸，其中一些人遭受肢解或者斩首。墓室中安葬的男性贵族身边有玉器、贝壳、三个战俘的头颅，以及统治权力的象征——一个大型(长22厘米)玉质权杖状的物品来作为陪葬品。其中一位殉葬者也有类似的玉质权杖，据猜测可能是一个被俘虏的敌方统治者。

这座贵族墓葬位于一系列低矮的叠加住宅平台之上，而最早的住宅平台上是一个小土台或者祭坛，其下是一座前古典期中期的墓葬。这表明人们开始注重在一个神圣地点连续开展祭祀活动的行为。正如在后来的一些玛雅遗址中看到的许多建筑序列那样，一旦一个地点被神圣化(通常是埋葬了一位非常重要的祖先)，人们通过建造一系列叠加建筑使该地继续为人敬仰。

图5.8　卡米纳尔胡尤65号纪念碑　描绘了三位前古典期中期末段统治者的继位情况,他们坐在宝座上,两侧跪着束手的俘虏。

图5.9　危地马拉埃尔伯顿1号纪念碑的发掘　危地马拉萨拉马峡谷的埃尔伯顿：在对建筑J7-4的发掘中发现了一个巨大的盆地祭坛（前景）和1号纪念碑（背景）。该纪念碑是一个部分保存完整的雕刻石碑，其右侧边缘有一个早期雕刻文字的式样（约公元前400年的前古典期中期末段）。

图5.10　危地马拉洛斯曼加雷斯的陵墓　危地马拉萨拉马峡谷洛斯曼加雷斯墓穴：前古典期中期的墓穴(约公元前800年—约公元前500年)，在石砌墓穴的近侧可见其周围布满的祭祀侍臣尸体。

前古典期中期的低地

在前古典期中期，位于高地以北的玛雅内陆低地曾经历过一段持续的殖民时期，随后人口增长较快，社会经济发展越发复杂。目前的证据表明，到前古典期早期末段，农耕人口开始对许多低地地区进行殖民统治。其中可能包括非玛雅人以及早期的玛雅语使用群体。正如在第四章中所述，从远古时代开始，采集狩猎者们就占领了伯利兹加勒比海沿岸。孢粉研究（pollen cores）揭示了大约在公元前2500年以后的人们的乱砍滥伐活动，这也表明这些早期民族很可能会混入低地内部。但是能够证明公元前1000年之前低地内陆有永久定居点的直接证据仍旧寥寥无几。

据推测，这种殖民化的源头不仅来自东部沿海地区，还可能包括南部的高地，在那里，农业、陶器以及定居聚落的传统已较早发展完善。殖民统治一般沿着河流、湖泊和湿地（浅滩）进行，因为这些地方能够提供稳定的水源和交流路线。通过放射性碳测定年代法的计算，并结合陶器和其他考古学数据，人们对这一殖民过程进行了历史重构。在伯利兹西部伯利兹河的上游峡谷可以追溯到早期的移民及定居模式，因此这是最适合研究的地区之一。许多前古典期中期遗址位于山顶之上，沿着峡谷向西朝向伯利兹河的源头分布。在伯利兹河峡谷对危地马拉中部低地支流的研究表明，已知最早的低地陶器传统可以追溯到大约公元前1200年至约公元前900年[库尼尔水平线（Cunil Horizon）]。前古典期早期陶器的发现证明了其他地区早期定居现象的存在，也进一步反映出低地定居点的不断扩张。这些特色的陶器传统，包括伯利兹北部的斯威奇建筑群（Swasey complex）以及从乌苏马辛塔排水系统向西的谢伊建筑群（Xe complex），都表明了有几个不同的族群，他们可能是来自不同的种族和语言群体，对玛雅低地进行殖民统治。

谢伊人的殖民姑且可以与起源于地峡地区（Isthmian area）和恰帕斯西南高地的米克斯-佐奎人联系起来。这一传统来自于太平洋和墨西哥湾沿岸最早的沿海定居点，并且通常与前古典期中期同地区复杂社会的兴起休戚相关。除陶器交流之外，这一时期玛雅低地与墨西哥沿岸交往的证据寥寥无几。在伯利兹南部的乌克斯本卡（Uxbenka）发现了具有前古典期中期奥尔梅克特征的玉勺。此外，在塞瓦尔一个十字形埋藏品中挖掘出来的一份具有奥尔梅克风格的血书，其与在拉文塔中心地带奥尔梅克遗址的发现相差无几。再往更远的西部，在恰帕斯南部低地的苏克（Xoc）遗址，人们在一个凸出地面的岩层上发现了一个背着玉米的高大人像及神灵，并且呈现出奥尔梅克风格。不幸的是，苏克遗址的整个雕塑在20世纪70年代初被试图将其移走并非法销售的掠夺者摧毁殆尽。

在伯利兹，这些殖民群体可能是玛雅语使用者，尽管其中一些人不说玛雅语，但是他们是古朴期沿海狩猎者的后代。还有一些人可能是从玛雅高地南部和东南部地区近期移入的居民。无论如何，到了前古典期中期末段，这些独特的陶器传统在整个低地地区开始逐渐湮没。取而代之的是前古典期中期末段新兴的统一陶器传统，即马姆（Mamom）陶器（约公元前700年—约公元前400年），这也意味着在玛雅低地的大部分地区进行农业种植的聚落分布广泛。

前古典期中期的社区

前古典期中期，村民们继续沿着内地河流寻找新领地，玛雅低地的定居地不断扩大。随着农耕社区增多，定居地区超越了河流的流域环境，延伸到了森林深处和沼泽区浅滩。这种扩张依赖于几方面的创新，如将新农业技术应用于森林和沼泽地，在一些全年无水供应的地区建造储水设施以确保在旱季有足够的水供应等。许多后来发展为大城市的定居点都位于稳定的水源附近，诸如湖泊或者大型沼泽浅滩地区，但即便是这样，其中一些定居点最终仍需要建造水库以满足迅速增长的人口需要。对危地马拉北部的研究表明，在大约三千年前的前古典期中期之初，埃尔米拉多尔盆地的众多浅滩（bajos）地带均属于热带湿地沼泽，为野生食物的采集和农业发展提供了水资源，同时也创造了丰富的机遇。

考古证据表明，这些不断扩大居住范围的低地人口最初构成了许多坚持平等主义的自治社区。在这些分散的定居点中，有零星证据表明前古典期早、中期的陶器和人工制品通常缺乏多样性，未显现出职业专家的手艺，也无法体现出当时的社会特征。这些村落使用支柱-草棚式（pole-and-thatch）结构，多建于低矮的平台之上，用来建造房屋、储藏室或者用于其他用途（图5.11和图5.12）。这些建筑通常围绕着中心庭院，符合玛雅人习惯的大家庭模式，并且这种模式一直延续至今。这些庭院不仅是村落日常生活活动的场所，是经济生产（陶器、雕像、石器以及贝壳装饰品）的场所，还是仪式活动的举办场地，这种模式与当代玛雅社区又有相似之处。但与如今玛雅人不同的是，这些前古典期中期的村民并没有过度依赖玉米农业。在奎略，研究表明种植的玉米只占饮食的30%（而今天的玛雅农耕社区的种植比例高达75%），并且家养的狗也可以作为日常食物。混合饮食则包括许多野生食物，如犰狳、刺豚鼠、鹿、野猪、龟类、鱼类和森林植物。此外，有证据表明，社区内部的饮食也各有特色，这也成了社会经济方面的区别标志之一。例如，与生活在社区边缘的人们相比，在伯利兹的卡哈尔佩奇，遗址中心的居住者更多以玉米为食，而较少依

伯利兹的奎略

诺曼·哈蒙德(Norman Hammond)与他的同事几十年来的发掘揭示了伯利兹北部村落遗址奎略长期、详细且连贯的居住史。根据相关的斯威奇陶瓷和放射性碳测定年代,定居的源头可以追溯到前古典期早、中期。柱坑模式显示奎略的最早定居者居住在椭圆形支柱-草棚式建筑中(图5.11),该建筑建在裹石灰泥的土制低平台之上,这与大多数中美洲人的住宅类似(图4.3)。和大多数玛雅遗址一样,这些房屋不断地重建,形成了一系列的低矮平台、住宅外墙和建筑遗迹。围绕着中心庭院的房屋、做饭用的炉灶、地下食物储存坑(储水坑穴)、人类墓葬以及包括杵和磨刀石碎片在内的石器组合都表明其与后来的居住模式大有关联。约公元前900年出现的蒸汽浴室(sweathouse)是玛雅低地上已知最古老的蒸汽浴室(图5.11)。有证据表明,玛雅人种植玉米和其他作物(可能包括木薯),并以家养和野生食物为主,总体饮食多样化。最早的墓葬中没有遗留的随葬品,但是到了约公元前900年,陶器可能作为祭品跟随入葬。

赖鱼类。

除了家户之外,前古典期中期建筑遗迹的小规模样例还揭示出这些社区内部的另一新兴分区。这些小规模遗址有可能是用作社区聚会和仪式举办的场所,展现了家庭结构和大型公共平台之间的区别。前古典期中期类似平台的样例也数见不鲜,在危地马拉地区的阿尔塔·德·萨克里菲西奥斯、纳克贝及其他遗址,伯利兹地区的布莱克曼埃迪(Blackman Eddy)、卡哈尔佩奇、奎略及其他几处遗址都有记录。

低地复杂社会的崛起

尽管在前古典期中期之初(约公元前1000年)农业社区人口占据了玛雅低地的大部分地区,并在此定居,但此后不久,复杂社会的

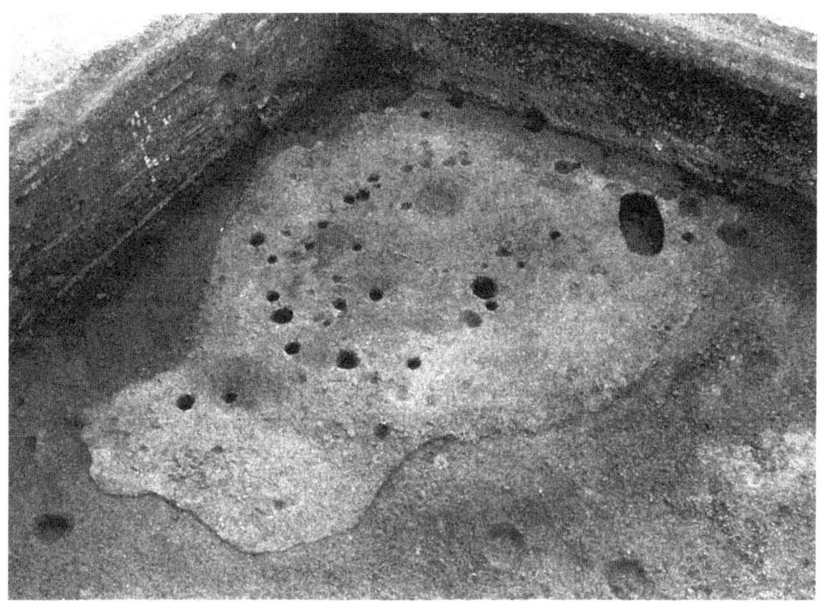

图5.11　伯利兹奎略前古典期中期的平台　(上图)一个带有黏土衬砌炉台的易腐建筑上的布满柱坑的低矮抹灰平台(右边的正方形凹坑是后来外入的墓穴通口);(下图)低地玛雅最早的蒸汽浴室遗迹,类似于玛雅人一直沿用至今的净身仪式的场所。

伯利兹的卡克布

帕特里夏·麦克纳尼(Patricia McAnany)及其同事记录了前古典期伯利兹北部卡克布村庄的发展情况。挖掘研究显示,卡克布建立于公元前800年左右,并在之后的前古典期成为定居点。与奎略一样,在卡克布的出土遗迹中也可窥探玛雅家庭建筑和宗教的核心特征。从卡克布建立开始,村民就建造起了椭圆形的支柱-草棚式房屋,并将已故祖先埋葬于房屋地下。此外,他们还定期翻新这些建筑;在最早的一处房屋遗址面世之后,又接连发现了八处房屋遗址,其间跨度约为四百年。除了完整的房屋残骸之外,贝壳加工的证据也反映出手工艺的专业化以及从加勒比海岸进口贝壳的事实。人类骸骨与房屋之间的联系表明了玛雅盛行的祖先尊崇习俗不断发展,他们会将骸骨埋葬于楼板之下,赋予房屋灵性以补充其完整性(图5.12)。随葬品(陶器、壳珠和玉器)以及仪式细化的证据表明,随着时间的推移,一个或两个卡克布家族享有越来越高的声望或地位,这再一次表明社会经济的复杂性已粗具雏形。

最初迹象就开始显现。在此期间,北部低地的尤卡坦半岛西北部出现了独特的球场和神庙建筑群。在伯利兹几个村落遗址的挖掘中,也能够见证前古典期中期社会的复杂性。其中包括卡克布遗址墓葬和在奎略最初兴建的公共建筑,这些建筑又包括低地上出现的已知最早的蒸汽浴室(图5.11)。

詹姆斯·加伯(James Garber)及其同事在伯利兹布莱克曼埃迪的研究记录了前古典期中期玛雅低地公共建筑的发展。该遗址位于肥沃的伯利兹河谷,包括两个广场和一个球场。广场B上的主要建筑B1位于一个低矮的山脊上,能够俯瞰河谷风景。建筑B1的西半部分遭到推土机的破坏,但这一看似不幸的事件却使得考古学家有机会通过地层挖掘来记录其完整的建筑发展(图5.13)。

这一研究揭示了从前古典期中期之初(约公元前1000年)到约一千九百年后的古典期这段时间的一系列的定居活动和建筑。此处

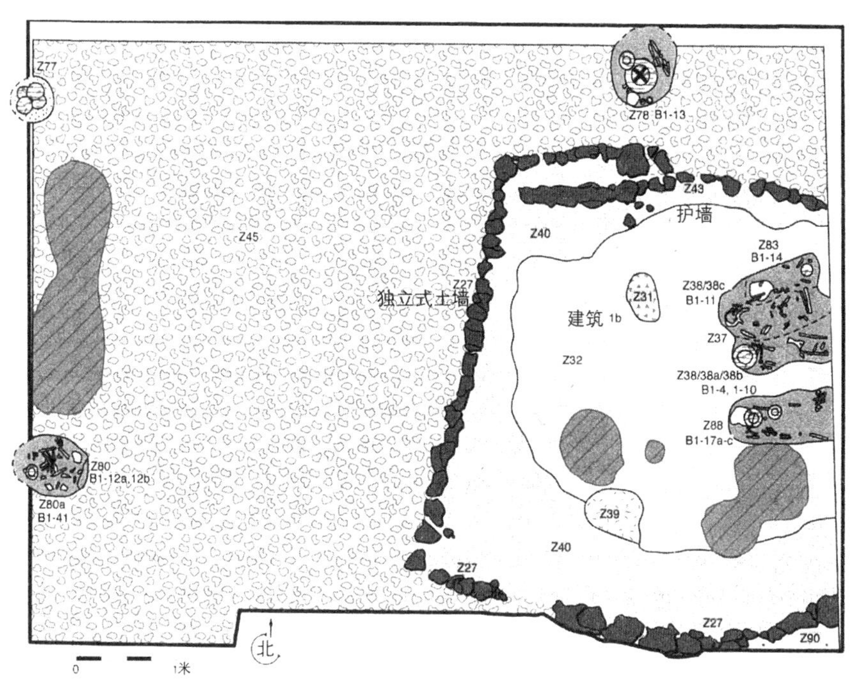

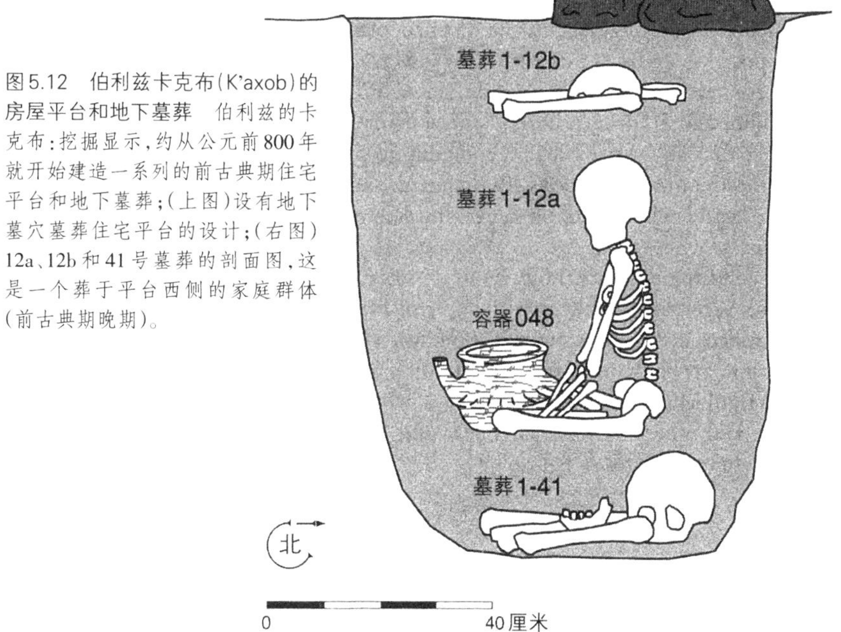

图5.12　伯利兹卡克布(K'axob)的房屋平台和地下墓葬　伯利兹的卡克布:挖掘显示,约从公元前800年就开始建造一系列的前古典期住宅平台和地下墓葬;(上图)设有地下墓穴墓葬住宅平台的设计;(右图)12a、12b和41号墓葬的剖面图,这是一个葬于平台西侧的家庭群体(前古典期晚期)。

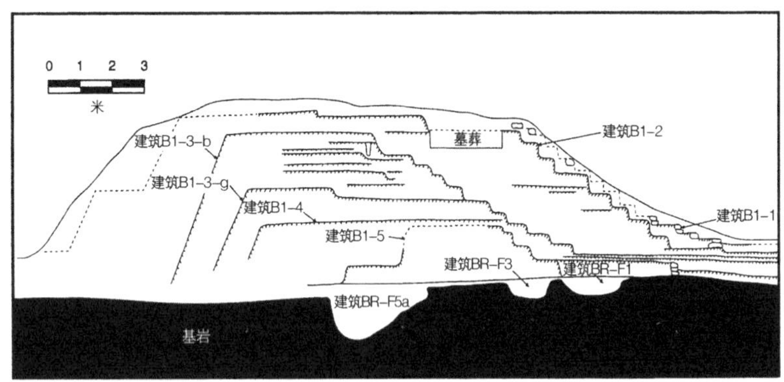

图5.13 伯利兹布莱克曼埃迪建筑B1的地层剖面图 显示了基岩特征和一系列前古典期中、晚期的叠加结构(重建图见图5.15)。

饶有兴味的一点是,这一系列建筑中的第一个就提供了前古典期中期人类活动活跃的证据。该系列建筑从基岩中开凿的柱坑开始,这些柱坑明确了椭圆形房屋和低矮土台(图5.14)之间的界线。这些最初的建筑(约公元前1000年—约公元前900年)代表了类似于奎略、卡克布以及其他低地遗址中最早的支柱-草棚式家庭建筑。在下一阶段(约公元前900年—约公元前700年),早期的房屋被连续三级较大的低矮矩形平台所取代,这些平台由打磨过的石灰石块砌筑和石灰石膏构成(图5.15)。其中的第一级建筑B1-5由三个小型多层平台组成,与食物加工、献祭典礼和仪式终止等存在的证据有所联系。第二级建筑是建筑B1-4,尽管整个建筑遭到严重烧毁,但仍旧提供了第一批灰泥面具装饰的遗迹证据,其明显的暴力破坏使得调查者认为该建筑是在一次袭击中烧毁的。当第三级更大的平台建筑B1-3落成时,这进一步的变化是进入前古典期中、晚期(约公元前700年—约公元前350年)的一个标志。建筑B1-3有六处增建的部分,为一系列易腐建筑提供了支撑,其中最早的两处可以追溯到前古典期中期,而之后的四处增补修建则跨越到了前古典期晚期。

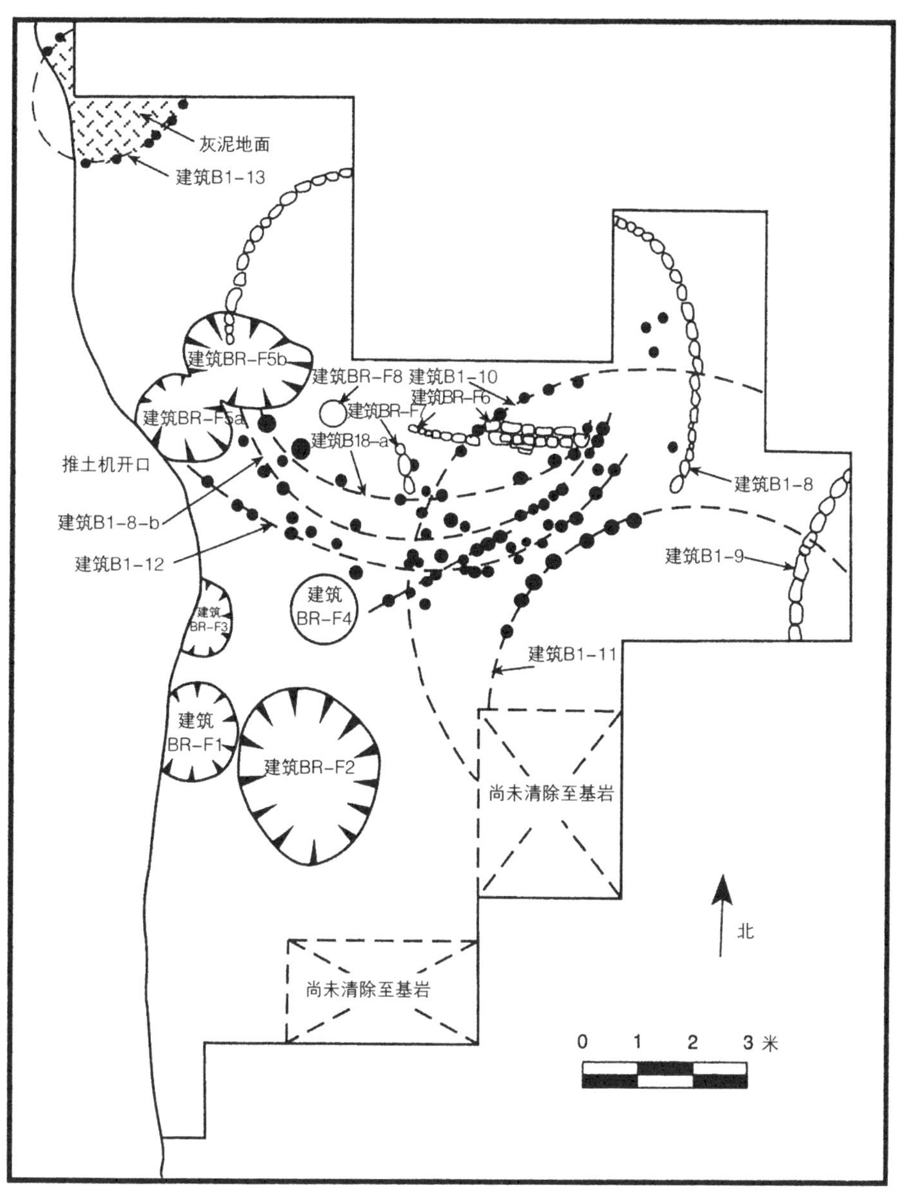

图5.14 伯利兹布莱克曼埃迪前古典期中期的房屋 建筑上有侵入基岩的叠加柱坑，主要用作建筑支撑。

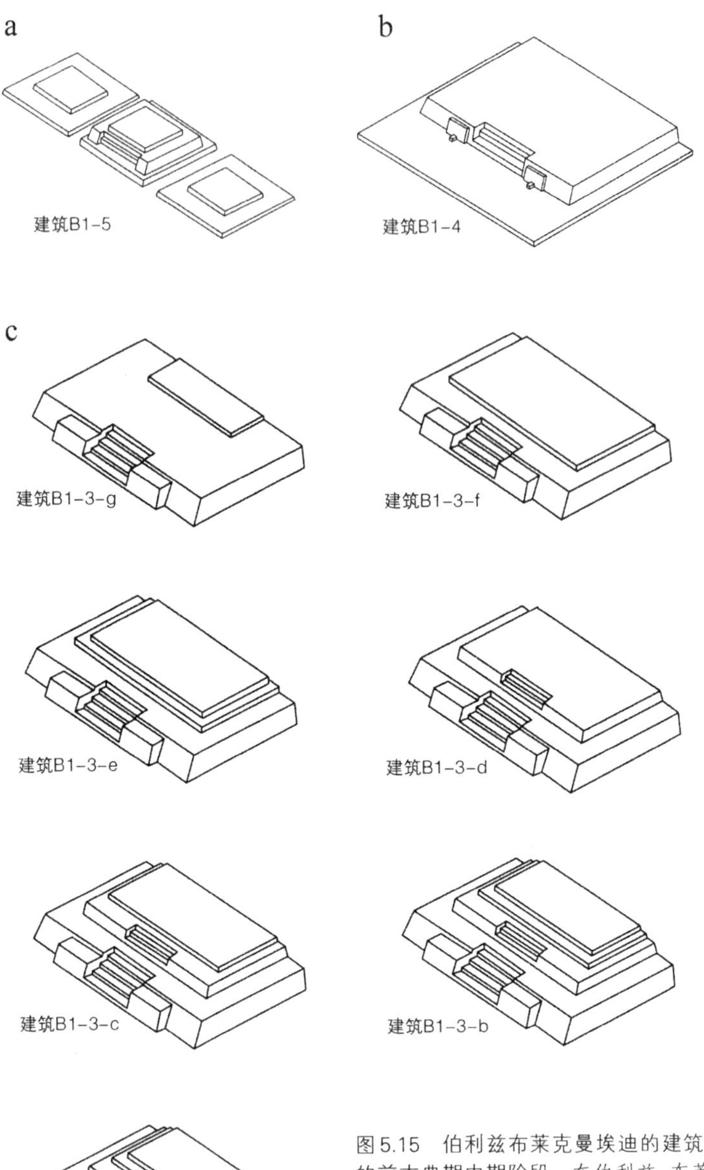

图5.15　伯利兹布莱克曼埃迪的建筑B1的前古典期中期阶段　在伯利兹，布莱克曼埃迪前古典期中期重建的建筑B1：(a)最初的低砌石面平台(B1-5)；(b)带有遗留面具的单石面平台(B1-4)；(c)一个综合前两种版式的较大平台(B1-3-g和B1-3-f)。以下五个阶段的序列(B1-3-e)都可以追溯到前古典期晚期。

危地马拉的纳克贝

纳克贝位于埃尔米拉多尔盆地附近，距较大的前古典期晚期中心埃尔米拉多尔东南方向约13千米。这两个遗址在1930年玛雅低地的一次空中调查中得以面世。1962年，伊恩·格雷厄姆对纳克贝进行了调查和测绘。1989年，理查德·汉森(Richard Hansen)领导的挖掘工作拉开序幕。通过挖掘探究，测定纳克贝在前古典期中期成为定居地的时间约在公元前1000年至公元前400年间。纳克贝的东西两个聚落由一条堤道(位于尤卡坦玛雅的石板路)连接，另外两条堤道则连接较小的偏远聚落。还有一条堤道可以追溯到前古典期晚期，它连接纳克贝的西部聚落至西北的埃尔米拉多尔。

玛雅堤道是低地地区的特色，纳克贝似乎是迄今为止发现最早的实例(前古典期中期末段)。这些特征很好地诠释了纳克贝统治者用来整合和控制其领地内人民和领土的手段。纳克贝两个聚落的主要建筑都是巨大的平台，与其他前古典期中期的遗址一样，这些平台用来支撑易腐建筑。纳克贝的公民和仪式平台分隔开来，原因在于平台的建筑规模与其他地方相比要大得多，而且这种平台很早就使用琢石作为外墙。纳克贝拥有玛雅低地上最早的一批砖石建筑。

布莱克曼埃迪为前古典期中期(及之后)的建筑系列发展提供了重要证据，其中早期装饰有石膏面具的结构是圣地和仪式场地的标志。这种建筑最初用于家庭居住，而后作为公共建筑。布莱克曼埃迪的前古典期中期建筑序列显示出了圣地建筑的连续使用对于古代玛雅人的重要性。

在前古典期中期的危地马拉埃尔米拉多尔盆地遗址，大型宗教、经济和政治中心在最初殖民的几个世纪内迅速发展，也有更多更确凿的证据显示出在该时期此处低地社会正在发生变化。纳克贝遗址是见证这些变化最好的证据记录。证据表明，在埃尔米拉多尔盆地的定居和快速的社会政治发展并不是由于外部的入侵或影响，而是当地玛雅人努力的结果。例如，在纳克贝和埃尔米拉多尔盆地的其他前古典期中心，其公民仪式核心的方位都是自西向东，这与同时代的海湾沿岸遗址的南北走向大相径庭（图5.16）。但与低地其他地方前古典期中期的公共建筑相比，纳克贝的建筑规模要大得多。此外，纳克贝还拥有玛雅低地最早的著名石雕纪念碑。

放射性碳测定年代和陶瓷器鉴定的相关证据表明，在前古典期中期，即约公元前1000年至约公元前450年间，纳克贝曾迅速扩张。与建筑和定居有所关联的绝大多数陶器碎片都属于马姆陶器，并且此陶器可能起源于埃尔米拉多尔盆地。提到最初的定居建筑（约公元前1000年—约公元前800年），随处可见的是抹灰篱笆墙的房屋、

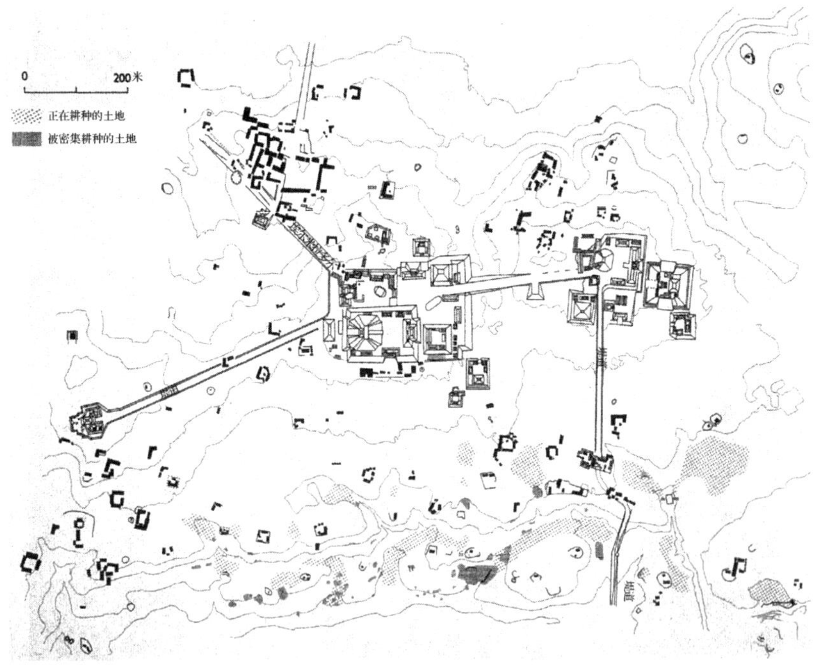

图5.16　危地马拉纳克贝地图　该遗址的核心是由一系列前古典期巨大的平台组成，并由堤道连接，其中一个连接了主要聚落（中心）和东部聚落。这也是后来更大的埃尔米拉多尔遗址（从纳克贝经由通往西北的堤道到达）所遵循的模式。

图5.17　危地马拉纳克贝1号石碑　(此图)根据出土的碎片重新组装的早期雕刻纪念碑,(下一页图)1号石碑的图画描绘了一组相对的雕刻人像(约公元前500年—公元前200年的前古典期中期末段至前古典期晚期初段)。

图5.17(接上页图)

夯实的黏土地板以及石挡土墙。最早的宏大砖石建筑可以追溯到约公元前800年—约公元前600年间。粗石砌成的平台高2米至3米，以混合黏土和石灰、石膏覆盖其上。由此，夯实的黏土地板和最早的石膏地板开始沿用下去。到了前古典期中期末段(约公元前600年—约公元前400年)，更大的高达18米的梯田式平台建筑落成。这些平台表面的砖石形状更加精雕细刻，曾用灰泥覆盖以使其表面更加光滑。外墙形成了倾斜坡度的上层区域和垂直凹嵌的下层区域，这

球　场

像其他的中美洲民族一样，玛雅人玩游戏使用的是实心橡胶球。早期西班牙历史学家对这些游戏的描述标志着欧洲人对橡胶的最早探索。根据所记载的规则，在球场中不能用手扔球，而是要用手肘、手腕或者臀部击球，并且每个人会用皮垫来保护这些身体部位。建筑上的差异表明，玛雅人的球类运动分为两种。前古典期遗址的球场，如低地的纳克贝或者科潘峡谷的洛斯阿奇奥特斯（Los Achiotes），都有长长的斜坡侧墙。到了古典期，这些斜坡侧墙设置了三个参照标记，这些都可以在科潘（图 8.51）或者其他的古典期低地遗址中看到。进球得分的方式包括将球射入对方的“终点区”，或者是射出一个未被截击的球。在北部低地，例如在乌斯马尔和奇琴伊察的球场都有垂直的边墙，并且每个边墙中间都有单个石环。计分方式可能与先前的游戏类似，但据兰达的记述，排球穿过其中一个石环就会获得“直接胜利”。但是这种情况极少发生，以至于击中的胜利幸运儿可以领走观众的衣服和珠宝，所以此时在场的所有观众都会立即逃跑，以免丢失自己的财物！在这些球场中玩的游戏也充满了极丰富的象征意义，因为它们在玛雅创世神话中占有重要地位，此外，球场也被视为通往冥界的门槛（第十三章）。

是古典期早期所盛行的砖石风格的最早实例，也被称为“裙板模块”（apron moldings）。显然，所有的这些平台都是作为易腐材料建筑的支撑。此外，一个可能是玛雅低地已知最早的球场在这一时期也经过多次建造和整修。

雕刻纪念碑一般置于建筑物之前，其中包括竖立的墓碑以及圆形和板状的祭坛。已知最早的实例可以追溯到约公元前500年—约公元前400年间，如残缺的2号石碑和圆形祭坛8号墓碑。该两例的雕刻风格与玛雅高地密切相关。1号石碑的碎片（约公元前500年—约公元前200年）是在西部聚落主要广场上的一个小平台52号建筑前面发现的。这座纪念碑现已重建，尽管没有任何迹象表明它曾被刻上象形文字，但它是前古典期雕塑的杰出典范，刻画了两个相对而视的蒙面神像(图5.17)。纳克贝是前古典期中期低地玛雅遗址中第一个有据可查的遗址,其中包括宏大的砖石建筑、堤道和雕刻纪念碑。因此,它也是后来低地玛雅城市仪式核心的主要原型。

前古典期中期低地的进一步发展

纳克贝的砖石建筑平台围绕着中心广场,形成了一个独特的东西走向的遗址布局,并且可以通过堤道相互连接。在盆地[埃尔米拉多尔、瓦克纳(Wakna)和廷塔尔(Tintal)盆地]上的其他遗址也发现了类似的前古典期中期宏大建筑。在埃尔米拉多尔盆地,至少在三个前古典期中期末段遗址也发掘到了雕刻纪念碑。这些发现增加了纳克贝研究的确凿性,并且也共同修正了我们对于低地玛雅文明起源的认识。

在前古典期中期末段(约公元前800年—约公元前400年),大量新兴的政治首都所代表的势力在玛雅低地争权夺利,发挥各自优势。这些早期的低地政体与后阶段的相比,规模不大,人口规模也较小,但是纳克贝盆地似乎是其中最大的政体之一。埃尔米拉多尔盆地的一些邻近遗址可能从属于纳克贝,其中也有一些可能属于早期相互竞争的政治首都。不管怎样,尽管袭击和俘虏牺牲(如在南部地区所见)的直接证据还未出现,但是这些前古典期中期的中心相对来说相距较近,这就表明在它们的发展过程中,内部的竞争起到了举足轻重的作用。此外,我们对前古典期中期低地遗址等级制度相对于南部玛雅地区来说知之甚少。但是纳克贝人口基数大,增长水平高的背后原因确是有证可循的。其社会政治复杂性的相对快速出现是受到集约型农业生产的推动。汉森及其同伴发现了以砖石为墙的人工园地,里面铺满了从周围沼泽地人力运输而来的肥沃的浅滩土壤(图

砖石建筑

独特的风格和建筑技术起源于前古典期中期，是玛雅文明的主要标志。大多数玛雅建筑，无论是砖石还是更易腐的材料（如木材和灰泥），都需要碎石和泥土搭建的平台支撑。若想通向高层，通常是有一个或者四个轴向楼梯连接，而且叠加式建筑也随处可见。老旧建筑依据仪式遭到废弃，部分拆除后由新的更大的建筑取代。砖石建筑的雏形也可以追溯到前古典期中期。琢石面的平台一般会作为易腐建筑的支撑。但是随着时间的推移，玛雅人也开始建造砖石建筑。这些建筑有单个或者多个门道，碎石材料的砖石厚挡墙用来支撑屋顶梁和灰泥拱或者叠涩拱（corbelled vaults）。叠涩拱由重叠的砖块构成，比真正的拱形结构要脆弱。其中每块砖块都向内凸出，直到两墙之间的间隔空间被一块盖石填平（图5.18，另见图8.38）。玛雅叠涩拱拱顶房间的宽度很少超过3米（10英尺）。大多数的玛雅房屋都是单层，两层甚至三层的砖石建筑是由巨大的墙壁和狭窄的拱顶组成。玛雅建筑支撑着条脊（roof combs），这是一种用以装饰的砖石背景，通常由镶嵌图案或灰泥浮雕构成，能够拉长建筑的高度使其仿若蒂卡尔的巨大神庙（图8.8）。

尽管有很多相似之处，但玛雅建筑在平面设计方面变化巨大（图5.19），而这些建筑的平面设计与功能分类（寺庙、住宅、球场等）在总体上也相得益彰。玛雅建筑风格迥异，技术多样。中部的佩滕风格（Peten style）是蒂卡尔高耸的巨大平台的缩影，这些平台以单个门道和条脊作为神庙的支撑物。位于乌苏马辛塔地区的亚斯奇兰和皮埃德拉斯·内格拉斯又是另外一种风格，三门式建筑高耸于自然山丘之上。而帕伦克的相关风格见之于两个平行拱形房间，比大多数的房间更宽敞开放（图8.42）。帕伦克的复折式屋顶（mansard roofs）没有垂直的上立面，而是向内倾斜（图8.41），减少了外墙的重量，并且允许有更多的门道和更宽的拱顶。条脊也通过饰有灰泥图案的开放式格状砖石而变得更轻便。玛雅人的建筑用涂漆石膏覆盖。精致的模型和雕刻的石膏外墙从前古典期开始不断演变，并且到前古典期晚期（塞罗斯、埃尔米拉多尔）和古典期早期［巴兰库（Balamku）、科洪力奇（Kohunlich）和科潘］达到发展的顶峰。建筑外部精心制作的模型浮雕以及装有巨大楼梯的大型平台（检阅台）都是科潘独特建筑风格的标志。与许多玛雅遗址一样，到了古典期晚期，科潘的早期经典模型石膏外墙变成了精致的石质镶嵌图案。

外墙上精致的镶嵌图案，如在科潘发现的外墙，还预设了再往北的普克地区发现的建筑风格。普克建筑的墙心以石灰混凝土为材料，其墙面却是精雕细琢的石灰石薄板。普克建筑的拱顶形式是叠涩拱，但是却以混凝土墙心而非薄板拱形石提供支撑。下层的普克建筑通常是朴素

（下转第262页）

图5.18　玛雅叠涩拱横截面　玛雅人的砖石结构，包括拱形建筑，起源于前古典期；关于这些保存完好的叠涩拱结构截面的最早记录出现在古典期：(a)奇琴伊察修女院附属建筑(Monjas Annex)；(b)饰有不规则拱顶石的代表性古典拱顶；(c)帕伦克高架桥；(d)瓦夏克吞E-X结构；(e)饰有薄板拱顶石的代表性普克拱顶，或者(f)"鞋状"拱顶石和弧形底面；(g)瓦夏克吞建筑A-V；(h)乌斯马尔统治者的宫殿拱廊；(i)帕伦克宫殿三叶形拱顶；(j)奇琴伊察修女院第二层。

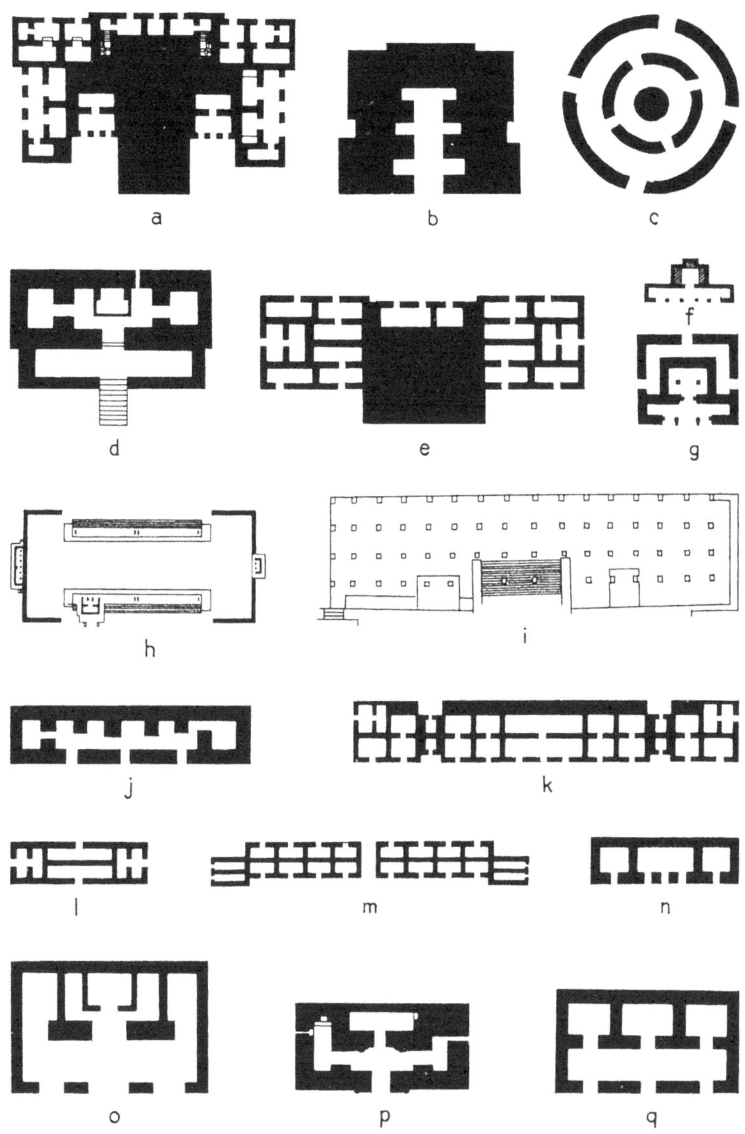

图5.19　晚期玛雅砖石建筑的平面图　（均为古典期的建筑）：(a)希塔姆帕克宫殿；(b)蒂卡尔5号神庙；(c)奇琴伊察卡拉科尔；(d)瓦夏克吞建筑 E-II；(e) 奇琴伊察神秘文字之屋；(f)奇琴伊察2号汗浴室；(g) 奇琴伊察堡；(h) 奇琴伊察球场；(i)奇琴伊察西北柱廊；(j)亚斯奇兰33号建筑；(k)乌斯马尔统治者宫殿；(l) 乌斯马尔乌龟之家；(m) 乌斯马尔鸽子之家；(n) 亚斯奇兰21号建筑；(o) 帕伦克太阳神庙；(p) 科潘建筑10L-22；(q) 奇琴伊察红房子。

（上接第259页）
无饰的（图9.13），通常只由入口前的圆形或方形柱子构成的单扇或者多扇门道构成。上层的外墙略微向外倾斜，以补偿视觉上的变形（“反斜桩”），并有精心雕刻的镶嵌图案来装饰。奇琴伊察的建筑综合了玛雅和其他中美洲传统（图9.33和图9.38）。其结果是形成了一种独特创新的风格，并且柱状建筑是其主要特征。尽管奇琴伊察的砖石砌筑技术比玛雅潘、图卢姆和其他遗址的工人技艺逊色不少，但是这种发展为后来北部低地的后古典建筑提供了模板。

5.16）。在埃尔米拉多尔盆地的其他前古典期中期遗址中，可能也使用了类似的集约型农业方式。而且储水设施可能也是于这一时期建造，因为水资源可能是该地区旱季生存的必要因素。

在纳克贝，基于集约型农业特征的投入以及宏伟建筑的发展（可能还有水资源管理），都体现出对劳动力和资源的精密组织以及某种手段的集中控制。尽管没有足够的证据确定这些早期的政体是否由独立的统治者掌管，但鉴于当时玛雅地区的情况，这种可能性极高。纳克贝1号石碑（图5.17）上有两个雕刻人像，但是关于这些雕像是代表统治者还是神灵都无法确定。迄今为止，在埃尔米拉多尔盆地或者玛雅低地的其他地区都还没有发现前古典期中期统治者的墓葬。不过，应该指出的是，后来的玛雅国王使用的一些包括“小丑神”（或者玉米神）以及垫子图案等统治象征都出现在前古典期中期纳克贝的小雕像上。因此，在前古典期中期，一些象征集中王权权威的元素已经存在。

根据纳克贝最早的雕刻纪念碑风格可推测，前古典期中期埃尔米拉多尔盆地中心一定是受到了与南部玛雅地区往来的影响。与玛雅高地的贸易联系已经根深蒂固；对前古典期中期纳克贝黑曜石的分析表明这些黑曜石都是由外进口而来［66%来自圣马丁希洛特佩克（San Martín Jilotepeque），32%来自卡米纳尔胡尤附近的埃尔查亚尔]。另一方面,因为我们对于这一时期的玛雅低地只有有限的遗址样本可供研究,所以关于前古典期中期的发展知之甚少。然而,纳克贝的低地玛雅砖石建筑和农业集约化的早期出现表明,前古典期中期文化发展的许多关键方面都是玛雅低地固有的特征。但我们仍然不知道纳克贝是否能代表玛雅低地社会政治复杂性的发展雏形。也许还有更早的发展例子以待挖掘,就像太平洋海岸和中美洲其他地方的前古典期早期遗址一样。

结语:前古典期中期的先驱——玛雅文明

遗址等级、宏大建筑、雕塑、地位区别、祭祀、掠夺、仪式宴会和对外贸易联系等形形色色的证据都清楚地证明了一个事实,即复杂酋长级社会尽管在玛雅地区分布不均,但的确是兴起于前古典期中期。这一时期人口不断增长,证据之一是定居点扩展到了如玛雅低地的内部等之前从未涉及的地区,证据之二是考古遗址的数量和规模都在不断增加。只要有新的荒地,人们就可以来到这儿开垦新土地并建立新的定居点。因此,随着农耕村落开始逐渐遍布太平洋沿岸平原、高地峡谷以及低地内部,人口数量在不断增长,而人口密度却与先前几乎毫无二致。然而,随着地貌变化,最终优质农田越来越少,扩张速度也逐渐放缓。与此同时,社区之间的竞争加剧。这种情况似乎在前古典期中期的一些地区也有所体现,如太平洋沿岸的肥沃平原(玛雅地区的最小部分),最壮观的高地峡谷,以及广袤低地中最富足的区域。在一些社区,一些促进农业集约化生产的初步战略促进了社区人口的增长,如在高地卡米纳尔胡尤兴建的第一条灌溉渠和在低地纳克贝建造的肥沃园地。

当时的社会经济复杂性不断增加,其中最可能的一个原因是玛雅人可以通过各种途径来对玛雅地区的不同环境进行探索利用。这一行为不仅会造成人口数量增长,并且也会导致资源分配不均。当地直接可得或者通过贸易间接获得等不同的资源获取方式,最终导致玛雅社会出现分层现象,并使其走上了酋长领导的中央集权控制道路,此时的酋长也就是后来的神圣国王。玛雅地区的大规模和多样性特征形成了这一发展历程,也促进了自治社区的经济政治独立。同时,贸易关系促进了定居地之间社会与经济的相互依存。人口增长和资源的不同获取方式也导致社区之间的竞争加剧。反过来这也助长了战争,而战争又导致部分聚落处于支配地位,由此形成以第一政治首都为首的多社区政体。但是,竞争同时也限制了这些新兴政体的规模,此外,在交流往来、组织政体和政治权威的共同限制下,政体规模更是难以独大。

正如我们所见,从南部的太平洋沿岸平原到北部低地,即在整个玛雅地区发现的考古证据都证明了前古典期中期是复杂社会的开端。但其中最明显的迹象来自于南部玛雅地区。墨西哥和中美洲中部之间的主要路线一直沿着太平洋海岸平原,因此其政体可以控制重要的长途贸易。沿海平原是农业发展的主要地区,如可可可以用来自给自足或者出口买卖。此外,黑曜石、玄武岩和玉石等丰富的矿产资源多见于临近的高地。这些机遇使得物产丰富的南部玛雅地区几千年来一直吸引着人们前来定居。北部更为广阔的低地也潜力巨大,但这一地区对外开放定居则需要更长的时间。到了前古典期中期之初,多样化聚落(可能是早期的玛雅人和米克斯-佐奎语使用者)沿着来自临近海岸和高地地区的河道路线,清理热带森林,在河流和湿地浅滩附近定居,在低地内部建立起了最早的社区。从这时起,互通网络将高地和低地连接起来,这也是刺激两个地区发展更具复杂性的众多原因之一。

综观整个玛雅地区,吸引人们定居的要么是具有肥沃土壤和丰沛降水的环境,要么是把控关键资源的地区,甚至是被奉为特殊力量的圣地。正是在这些备受青睐的地区出现了最早的复杂社会迹象,其特点是贵族和非贵族阶层之间日益加剧的社会分化以及敌对社区之间的竞争。这种日益复杂的迹象出现在前古典期中期,该时期也出现了最早的类似酋邦的社会。例如,太平洋沿岸平原上两层和三层遗址等级制度最先出现于玛雅地区一些最早确立的政治首都中。而这些早期的政治首都可以通过公共广场、纪念碑、大型贵族住宅遗迹以及对贵族权力至关重要的礼仪场所来确定。据推测,这些政体中心皆由独立统治者领导,可能与其他高级贵族的关键下属成员有血缘或者姻亲关系。平民,即既无宗教地位也无经济地位的人,占人口的大部分。并且根据各自情况,他们居住在国家中心或者附近的次级中心,抑或农村。

等级分明的遗址格局表明,一些迅速扩张的社区主导了其他邻近社区,成为了最早的小型政治首都。其中一些早期的政治首都,如太平洋沿岸的拉布兰卡,其规模与当时中美洲其他地区类似的遗址一般大小。象征地位的物品、不同的墓葬模式以及整个玛雅地区更大更复杂的建筑都标志着社会内部分化的不断扩大。前古典期中期的最大建筑位于南部地区,如查尔丘阿帕和拉布兰卡的主要神庙土丘。这些不朽的成就完全足以与此时墨西哥湾沿岸奥尔梅克人的最大建筑相媲美。这表明,这些早期的南部玛雅政体统治者所控制的劳动力和资源数量都与中美洲其他地方前古典期中期发展的数量相当。显而易见,劳动力集中起来用于建造宏伟的神庙,而反过来这些为超自然生物和信仰而建的神庙也加强了当时的社会和政治秩序。

作为早期统治者的权力基地,最初的政治首都也是将平民和贵族阶层联系到一起的宗教、殡葬和经济活动的场所。非贵族成员耕种土地，开采或者生产用于消费和贸易的商品。统治者和贵族阶层的权力建立在与臣民的互惠关系上。作为战争领袖和宗教专家，统治者们坚信自己与超自然力量、神圣祖先之间相关联，由此更能加强自身的权威。统治者负责提供庇佑、保护人们免受敌人侵害、给予生活必需品，而人们则以生产食物、进献贡品和付出徭役来作为回报。祭祀区是公共仪式和宴会举行的场所，促进了社会一体化，也提供了大量的福利。而邻近的市场可能会为人们获得各种食物、商品和服务提供完备的渠道，并且也可以作为每个家庭交换产品的场地。

关于市场的直接考古证据难以求证，但从之后的中美洲社会情况推断，控制市场和物品交换很可能也是贵族权力的重要来源。专业化的生产和长途贸易不仅是贵族阶层财富的来源，同时也是负责长途采购、运输普通或名贵商品的高效组织不断发展的一个刺激因素。但是，根据人们的大概认知，超自然力量掌控着宇宙，那么与这种力量之间的联系不仅为新兴贵族阶层及其亲属的权力提供了基础，同时也为徭役、士兵以及水资源的控制（在水作为季节性资源的地区）提供了必要的条件。

在这些前古典期中期的玛雅南部政体中，最初的中央集权可见之于最早出现的墓葬，如位于萨拉马峡谷的洛斯曼加雷斯墓葬。中央集权在最早的雕刻纪念碑上的统治者形象中体现得更加淋漓尽致，再加上如卡米纳尔胡尤的战争武器以及超自然能力象征的辅助，中央集权达到高峰。这些证据表明，前古典期中期政体的权力都属于独立统治者或者酋长，他们通过控制宗教仪式和制裁、灌溉（如在卡米纳尔胡尤）、经济资源以及战争来把控权力。在政体间竞争的刺激下，统治者为获取资源和俘虏而发动战争。抓获的敌兵可以扩充劳动力，而敌方地位较高的俘虏则会成为仪式祭品以提高胜利统治者的威望。战争整合并动员了社会，甚至提高了其沟通和组织的效率。社区对宗教祭祀、贡品征收和资源再分配的参与也促进了社会融合。同时，贸易和其他外部联系为获取远方的财富和新事物打开了大门，所有这些都为进入到前古典期晚期的进一步发展起到了推动作用。

第六章　前古典期晚期玛雅国家起源

领主治理城市，平息纷争，在其势力范围内下达命令，处理政务，百姓对这群掌管一切的领袖唯命是从，爱戴有加。

——兰达《尤卡坦纪事》（托泽，1941年，第87页）

上文已概述前古典期中期社会经济与政治复杂程度的上升，下文将探讨前古典期晚期这几方面发展至顶峰的情形。前古典期晚期是玛雅文明发展进程中的第一座高峰，紧随其后的又是第一波低潮，但这一低潮为古典期玛雅低地文明的崛起奠定了基础。

前古典期晚期玛雅文明与文字传统

约公元前400年至约公元100年期间，玛雅的大多数地区都形成了复杂的社会结构，这是所谓文明的初盛。一经发掘，几乎所有的玛雅遗址，包括低地、高地地区，或是太平洋海滨平原，均显露出已步入前古典期晚期的迹象。大多数情况下，这些迹象均指向较高的发展水平与复杂程度。就一些玛雅遗址而言，前古典期见证了发展进程的顶峰以及随之而来的滑坡。考虑到有效数据的数量，本章（与后几章）将仅仅探讨其中的一个样例。

总之，考古调查显示前古典期晚期人口数量急剧增加，社会不断分化，政治权力集中化，这些迹象均反映自丧葬遗迹、大型礼仪体系、象征地位的手工艺品以及一系列仪式活动。这一时期同样形成了结构精密、独具一格的玛雅艺术风格与书写体系，可见于许多前古典期晚期中心地区刻于石碑、画在楼宇上的历法日期与象形文字文本。大多数带有日期与文本的前古典期遗迹位于南部高地地区与海滨地区，而位于低地地区最早带有象形文字文本的古迹出现于埃尔米拉多尔的猛犸化石发掘地。

前古典期晚期与古典期玛雅文明的显著特征之一，即是象形书写文字与独特艺术风格的发展。中美洲的文字传统起源于前古典期中期。尽管至少有一件带有象形文字的雕刻纪念碑可追溯至玛雅地区的前古典期中期（见第五章），但是在瓦哈卡峡谷也发现了几件甚至年份更为久远的带有象形文字的文物，其中最早的一件于圣何塞·莫戈特出土（图4.5），可追溯至约公元前700年，其上刻有的一个数字与象形文字可能代表石头绘画上的俘虏的名字。在这之后又发现阿尔班山遗址石碑上的象形文字代表着人名、地名和历法符号，以中美洲的点画数字形式呈现。阿尔班山12号石碑与13号石碑均可追溯至约公元前500年至约公元前400年。两者均刻有点画数字，可能是历法象形文字与非历法象形文字。

由于中美洲文字传统更为久远，玛雅地区的文字可能是外来传入的。著名的太平洋沿海贸易路线连接瓦哈卡与墨西哥湾沿岸地区，文字可能经由该条路线传入玛雅南部地区。但极有可能的是文字经传入后在当地演变发展，已知最早的玛雅文字均为发展进化过的，不论是石刻文字还是壁画文字，这表明玛雅文字的起源确实需要追溯至更早的时期（或许更早的文字记录在易腐烂的媒介如木头与树皮纸上）。抛开确切起源不谈，现有证据显示玛雅人为了使用方便，迅速改良了文字。玛雅文字中的一些象形文字显然借鉴于相似的体系，另一些则是在当地进一步演进，从而形成玛雅文字——美洲新大陆在被哥伦布发现之前最为复杂的文字体系。

玛雅文字的起源问题涉及好几种不同的语言与民族，绝非轻而易举就能破解。前古典期玛雅南部地区人民所具有的民族认同感也不甚明晰，因为语言群体（linguistic group）与遗迹的相关性本身就很难体现。有迹象显示中美洲地区语言的分布与发展情况，情况表明前古典期南部地区的人民使用玛雅语的早期版本，例如乔尔语（Ch'ol）、马姆语（Mam）与波科曼语（Poqomam），而邻近族群并不使用玛雅语，而是使用诸如纳瓦（Nahua）原始语言与米克斯-佐奎原始语言。古典期玛雅文献中纳瓦语的出现暗示了语言的借用，其来源于邻近的墨西哥湾地区的纳瓦语使用者。一些考古学家与语言学家认为，前古典期中期奥尔梅克人使用原始米克斯-佐奎语，但并无直接证据证明该观点。一些学者持有类似观点，使用原始玛雅语和原始米克斯-佐奎语的人们可能最早参与玛雅低地地区最初的开拓过程（见第五章）。总之，直到前古典期晚期，玛雅低地和南部地区出现了许多具有共同特点的文字和历法体系。

前古典期晚期的地峡聚落

从前古典期的考古与图像证据来看，地峡传统可以大体划分为两种传统，这些证据来自南部的沿海平原，其以墨西哥湾为起点，经过特万特佩克地峡，延伸至位于恰帕斯和危地马拉的太平洋沿海平原。虽然玛雅人、米克斯-佐奎人及其亲属族群较晚占领地峡，但自此之后，一种相似的民族多样性于前古典期生根发芽。但是不同民族与语言群体间的界限很可能并不明显，人口与传统也可能存在着诸多的变动与融合。不过又有一项重大发现，人们同样在南部地区发现了至少两种不同的文字体系。其中一种文字体系发现于该地区的西边（墨西哥湾与恰帕斯），离特万特佩克地峡最近。在这一区域发现的早期文字版本通常被称为地峡语言，可能相当于早期的米克斯-佐奎语。在太平洋沿岸以东地区、危地马拉高地地区南部及萨尔瓦多皆发现了另一种传统的遗留痕迹。该地区的早期文字体系可能相当于早期玛雅语。

尽管地峡文字的现存样本十分有限，该文字体系下的象形文字呈现出棱角状，而玛雅象形文字的轮廓更偏圆润。拉莫哈拉（La Mojarra）1号石碑址位于墨西哥湾，大约处于特雷斯萨波特斯（Tres Zapotes）奥尔梅克人早期遗址与赛罗德拉斯梅萨斯遗址（Cerro de las Mesas）之间的中心位置，它是带有最长且最复杂地峡文本的前古典期晚期遗迹（图6.1）。另一例前古典期晚期地峡文本刻于手携式的图斯特拉小雕像（Tuxtla Statuette）（图6.2），该雕像发现于同一地点。第三例文本刻在一件来源不明的私人收藏的石雕面具的背面，该文本中75%的象形文字也出现在拉莫哈拉石碑文本中。如今基于拉莫哈拉文本，人们已提出一套地峡文字体系的破译版本，但该解读并未被所有学者接受。

地峡文字体系与玛雅文字体系存在多处相似，这暗示两种文字体系并行发展。两种体系均采用固定时间归零的长纪历（见第三章），该历法常用来记录具体事件，并刻于石碑之上以长久铭记统治者、象征政治与宗教的合理性。拉莫哈拉1号石碑即为上述用途的典型范例，其刻有图像与文本，包括几个长纪历日期。此外，两种文字体系的起源明显早于发展成熟的前古典期晚期铭文。木头可能最先作为雕刻的对象，文字早期都记录在易腐坏的树皮纸上，就好比古

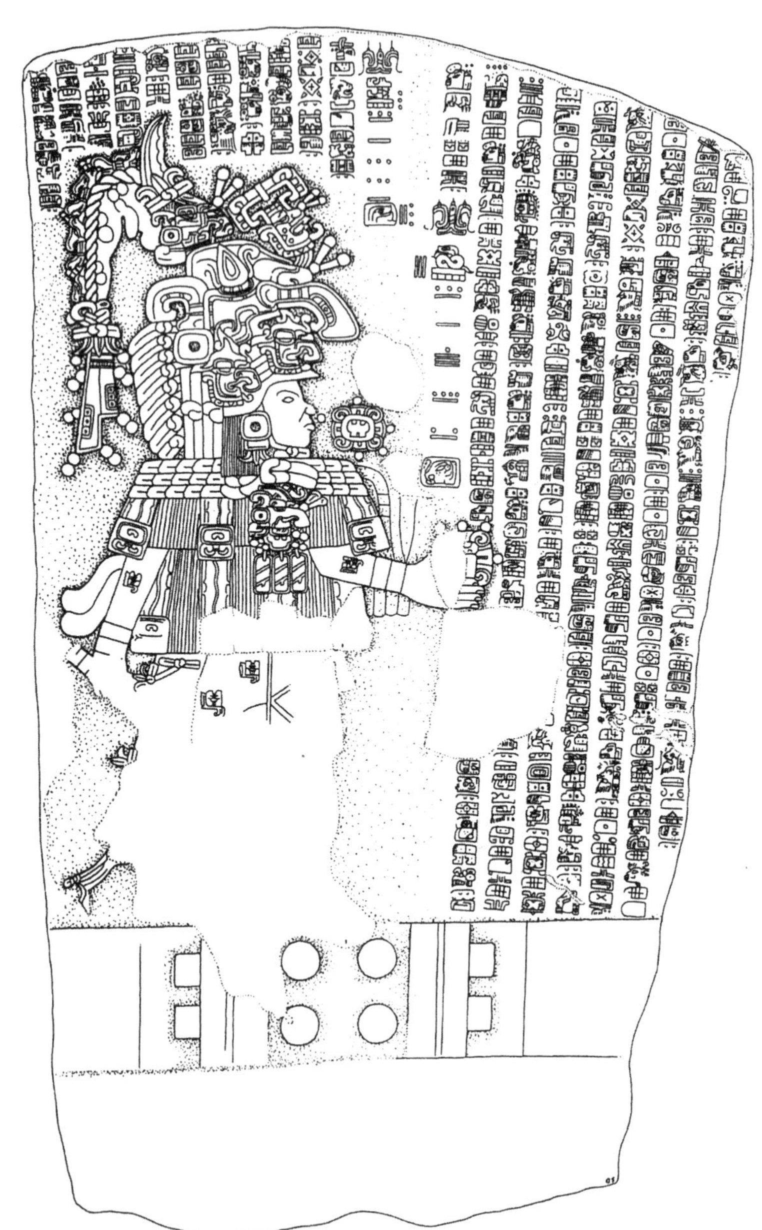

图6.1 墨西哥韦拉克鲁斯州拉莫哈拉1号石碑 1号石碑，拉莫哈拉，韦拉克鲁斯州，墨西哥。雕刻出的情景呈现了一位前古典期晚期的身着盛装的统治者，长篇的象形文字文本使用地峡文字体系，其中包括两个“点画日期”，很可能分别对应公元143年与公元156年。

图 6.2　图斯特拉小雕像　圣安德烈斯图斯特拉（San Andres Tuxtla），韦拉克鲁斯州，墨西哥。刻有地峡象形文字，正面刻出的“点画日期”似乎对应公元162年。

典期晚期玛雅古抄本。这方面的证据可见之于玛雅语中的“写”字，它是基于“画”（工笔画）的词根而来的。

在树皮纸上用墨水或颜料写象形文字，以此记录天象、历法周期、贡品列表或交易货物清单，从而方便查询季节、宗教仪式，甚至财务往来。在地峡传统中，长纪历使用一种单向竖直排列的点画数字。最早为人所知的例子即为位于韦拉克鲁斯州的特雷斯萨波特斯市的石碑C（Stela C），其带有简单的点画铭刻和雕刻元素（图6.3）。假设特雷斯萨波特斯市的铭文是基于玛雅古典期所用的“零日”，那么石碑C上的日期则对应公元前31年。假设“零日”相同，拉莫哈拉1号石碑上的两个长纪历日期分别对应公元143年与公元156年，图斯特拉小雕像上的唯一日期则对应公元162年。另一与地峡传统有关的日期发现于2号石碑,其位于恰帕斯州的恰帕德科佐。该日期并不完整,最为可信的修复版本呈现出7.16.3.2.13,即为公元前36年。

伊萨帕是地峡传统的重要中心,坐落于恰帕斯州的太平洋沿海平原。对土墩30a(Mound 30a)的发掘表明,这是一座早期的纪念性建筑,可追溯至前古典期中期的杜恩德(Duende)时期(约公元前800年—约公元前600年),当时伊萨帕可能已经被玛雅人占领。紧跟其后的弗龙特拉(Frontera)时期(约公元前500年—约公元前300年)内,米克斯-佐奎人民(非玛雅人)也可能占领过这里。

这种情况一直持续到前古典期晚期的纪廉(Guillen)时期(约公

图6.3 墨西哥韦拉克鲁斯州特雷斯萨波特斯的石碑C碎片 石碑C碎片,特雷斯萨波特斯市,韦拉克鲁斯州,墨西哥。纪念碑的上部刻有的点画数字中第一个为7,明显对应长纪历日期的公元前31年。

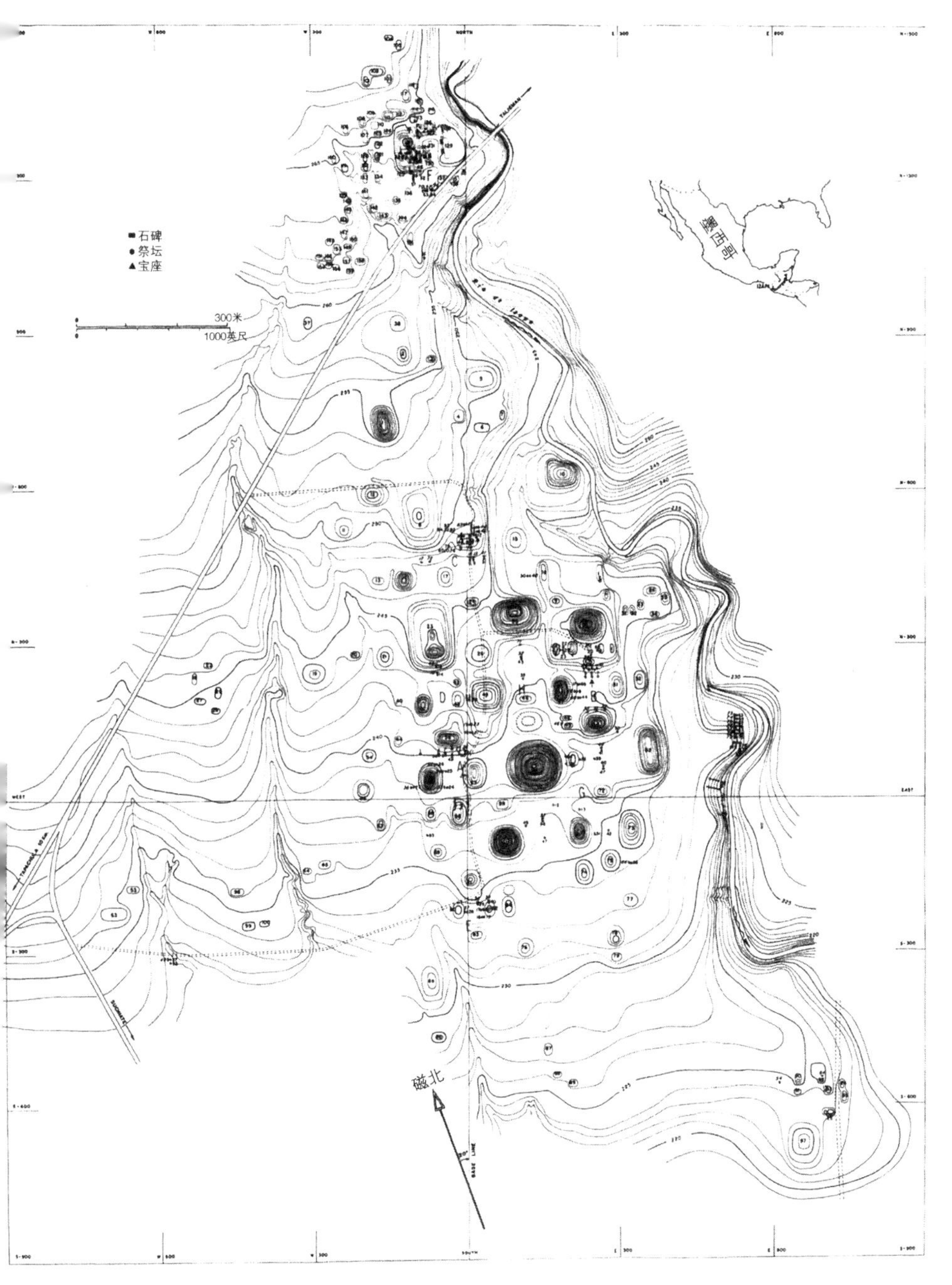

图6.4 墨西哥恰帕斯州伊萨帕地图 前古典期晚期遗址，位于太平洋沿海平原，该地留有米克斯-佐奎人与玛雅人居住过的证据。

图6.5 伊萨帕21号石碑 21号石碑，伊萨帕，恰帕斯州，墨西哥。拓本上呈现的场景有斩首以及一位精英阶层人士坐于奢华的人力轿辇中；前古典期晚期的“伊萨帕式”雕塑风格正得名于此类纪念碑。

元前300年—约公元前50年)，当时大部分的核心区都是土制平台构造，其上铺有未加工的河卵石，并以土坯或黏土涂抹，围绕着平坦的露天广场排列(图6.4)。伊萨帕是前古典期晚期最具价值的雕塑中心之一。大多数雕刻石碑与祭坛都与纪廉时期的建筑有关。尽管中心区域仍用于仪式与墓葬，但哈托(Hato)时期(约公元前50年—约公元100年)见证了雕塑中心向北方建筑群组的过渡。

墨西哥恰帕斯州的伊萨帕

伊萨帕坐落于太平洋沿海平原，位于危地马拉边界以西。考古调查表明前古典期伊萨帕始终有人居住，这种情况一直延续至古典期与后古典期。该地有将近一百块石碑，其中不到半数被雕刻过。未经雕刻的石碑，以及绝大多数的"祭台"，均为普通的石头。前古典期晚期雕刻石碑主要集中于"核心区"，这里的石碑与祭台以固定的摆放方式置于四座平台，平台分别位于广场四周。11座纪念碑发现于平台（建筑56）的北侧，其中包括6座雕刻石碑（11座碑中的5座分别配有祭台，其中2座被雕刻过）。3座石碑（其中2座分别配有雕刻祭台）位于建筑58平台的南侧。位于建筑57平台的中心线东侧的只有一座雕刻石碑，4座普通石碑与其配对的祭台位于建筑55的西侧。

该地区的石碑定义了伊萨帕风格的雕刻品，并记载历史事件和神话故事。浅浮雕常常结合的主题有：俘虏献祭（图6.5）和联系宇宙元素的统治者肖像。通常在浮雕上方雕刻出天空或仙界，在下方雕刻出地面或地下世界。有人打造了一座故事性浮雕——一对英雄孪生兄弟用吹箭筒射击鸟怪，这是基于后来版本的玛雅诞生神话（见第十三章）。伊萨帕纪念碑上的人物或许代表着诸如统治者一类的历史人物，但目前仍未发现记录与之相关的姓名与历法年代的文献。大多数学者认为伊萨帕风格代表米克斯-佐奎的地方化发展，因此虽然伊萨帕的文献与年代记录不见踪影，但这也显示出前古典期的毗邻文化也同玛雅一样洋溢着显著的多样性。

前古典期晚期的玛雅南部

玛雅东部以东地区的人口与社会复杂程度自前古典期中期以来不断增加，直至前古典期晚期，这种情形仍在太平洋沿海平原与玛雅高地继续。前古典期晚期，太平洋沿海平原拥有最多的人口。之后的几世纪之内，玛雅南部的许多文化中心进入了发展与繁荣的巅峰期，多座大型都城主导一众小型文化中心与周边领地的发展。这些早期政体作为独立贸易体活跃于各大贸易航线之上。

图6.6　危地马拉卡米纳尔胡尤景观　可见该图右上角，位于广阔高地的巨型土墩已在人们的保护下免受危地马拉城的侵占。

最大且最具影响力的高地城市要数卡米纳尔胡尤(图6.6)，其也是坐落于沿海平原的大型遗址，是前古典期中期富饶的地方酋邦的都城，是进行仪式、经济与政治活动的中心。从投入重金而换来的大型寺庙讲坛与一旁可供百姓云集的广场来看，这些都城皆为仪式的举办中心。沿海平原的经济繁荣归功于诸如可可豆、橡胶等重要作物的栽培与分布。

前古典期高地地区主要城市的经济基础建立在对收购与出口矿物(例如玉、黑曜石、云母、赤铁矿以及朱砂等)的掌控权之上。可能会有工人沿着该地区天然的陆路路线搬运这些货物。其中一条路线位于高地，自卡米纳尔胡尤往西，连接恰帕斯州的中部低洼地带，通往墨西哥湾，恰帕德科佐城屹立其间。卡米纳尔胡尤也是连接高地、低地北部与太平洋平原的多个路线的交叉口。最重要的一条路线贯穿太平洋平原，自中美洲起，经由萨尔瓦多于前古典期的多个中心，再到特万特佩克，直至位于墨西哥中部的墨西哥湾、瓦哈卡等地区的中心。因此，前古典期中期，一个巨大的贸易网络初步稳固下来，到了前古典期晚期，贵族阶层掌控了贯穿条条运输路线的区域中心，并且在其带领下，这个网络又继续进一步扩大。

贵族阶层的权力扩张也反映自多处遗址的宏大建筑之中。正如第五章所言，下层阶级人民建造大型土制金字塔与其他公共建筑的动力，来源于社会权威带来的细微却深远的影响。百姓奋力修筑庙宇，其力量源泉很可能是宗教信仰或是全民向超自然力量的妥协之心。贵族阶层的宫殿或是统治者墓陵所在圣祠的构造又暗藏着另一种动机。它们不再体现全体的宗教信仰，而是社会间贵族阶层的权力象征。当然，这种权力是经过宗教许可的。但是，任用劳动力来向某个代表神的个人表示尊重，而非向神本身，这一行为则表示少数世俗统治者手中的权力已有了指数级的扩大。

前古典期晚期，卡米纳尔胡尤的发展巅峰可以体现在多方面：发展的整体范围、建筑的数量和规模、大型雕刻纪念碑群（包括象形文字文本）、对外贸易的程度以及统治者所持的财富与权力。10号石碑（图6.7）很可能是一个王座（或祭台）的碎片。这块石碑以象征玛雅王权的毯状雕刻图案为镶边，并且带有玛雅地区内篇幅最长的前古典期文本。正如我们已知的，早期的65号纪念碑尽管没有刻字，仍展现出三位顺次继位的前古典期君主的形象，每位的两侧都跪着缚手的俘虏（图5.8）。三位君主均头戴徽章，或许他们的名字早在两千年前一度无人不晓，甚至为人所惧怕，可如今早已名不见经传。

在卡米纳尔胡尤所发掘出的两座装饰精美的前古典期晚期陵墓证明了这一时期玛雅君主的某种权威性。两座陵墓发现于被命名为建筑E-III-3的祭庙遗迹中，这座祭庙建造于统治者的陵墓之上，可

图6.7　卡米纳尔胡尤10号石碑　10号石碑上的图案，卡米纳尔胡尤，危地马拉。这块前古典期晚期残片显示了一个手持破损石制砍刀(中央)的面具人(左上)，另一张诡异的面具(右上)，一个次要人物(下方)；左上角刻有象形文本(面具人头顶上方)，文本右侧为长为260天的历法日期，中下方刻有更复杂的文本，其右侧刻有日期，显然以300天(15乌纳，或20天)为开端。

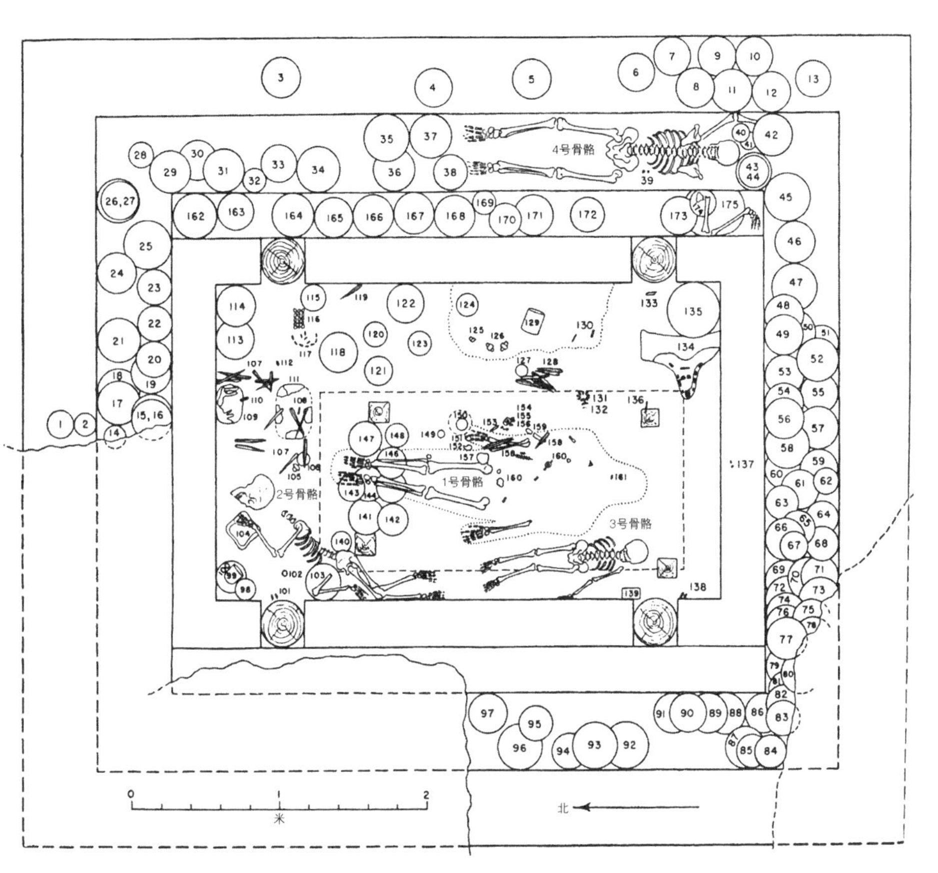

图6.8　卡米纳尔胡尤建筑E–III–3的陵墓构造图　其显示一位前古典期晚期的君主的遗体(中央),以及三位年轻献祭者的遗体;图中的数字标记指代各种各样的祭品,包括玉珠、玉面具或头饰、黑曜石刀、黄貂鱼刺、裹灰泥的葫芦容器、石英晶体(大多数堆积在统治者遗体脚边及右侧)以及157个陶制容器(呈圆形)。

能作为祖先的圣祠(图6.8)。这些陵墓中的祭品也反映出前古典期卡米纳尔胡尤统治者曾独占异域奢侈品与财富。

卡米纳尔胡尤的古迹和纪念性建筑证明了其昔日的力量,像大多数南部地区一样,但是这种力量几乎已为现代文明所摧毁。这意味着许多前古典期遗址仍是我们的盲点,其中包括有多少纪念碑建筑是专供神灵的庙宇,多少是专为人类统治者而建的祭祠。幸运的是,还有其他线索可以体现前古典期统治者掌握权力的大小。太平洋沿海平原和高地出现的带有统治者肖像的雕刻纪念碑,常与宗教象征或战争武器有关,这又意味着世俗权力往往集中于个别领导者手中。玛雅南部的雕刻纪念碑是雕刻石碑和祭坛的直接前身,而雕刻纪念碑和祭坛亦是古典期玛雅文明的标志。它们也可能反映了玛雅南部地区与北部低地地区之间的政治制度的共享,从埃尔米拉多尔盆地最早的雕刻纪念碑就可以看出。

尽管没有一座城市统治整个南部地区,但卡米纳尔胡尤是前古典期晚期玛雅高地地区最强大的政权的首都。它不仅位于高地地区最大的山谷,还控制了最重要的黑曜石采石场——埃尔查亚尔,使得该采石场成为贸易网络的中心,整个太平洋海岸、高地西部再向北至低地地区都得以流通这种珍贵的商品。正如第五章所述,前古典期中期卡米纳尔胡尤尽显强盛酋邦的特征。前古典期晚期酋邦的规模和复杂性的进一步增长,包括大型祭庙和以米拉弗洛雷斯湖灌溉渠为代表的公共工程,反映了卡米纳尔胡尤统治者与日俱增的权力。这一证据以及通过刻有文字的纪念碑来加强中央统治权这一行为表明了卡米纳尔胡尤即将迎来工业化前的状态。建筑E-III-3生动地展现出前古典期晚期卡米纳尔胡尤的权力和财富可与后来任何一位玛雅国王相媲美。

太平洋平原遗址的研究已定义了两种类型的前古典期晚期中

危地马拉的埃尔乌胡斯特

虽然埃尔乌胡斯特缺少雕刻纪念石碑的存在证据，但它仍是太平洋沿海平原地区最大的前古典期晚期中心。该遗址在公元前600年是某一政体的都城，其很可能取代拉布兰卡成为前古典期中期的中心（第五章）。土制纪念平台的布局呈均匀的网格状（图5.5）。陶器与放射性碳年代测定表明前古典期晚期埃尔乌胡斯特到达巅峰期时（约公元前400年—约公元100年）已扩张至覆盖将近4平方千米的土地，之后走向衰落。

20世纪90年代，由迈克尔·洛夫带领的考古队调查了埃尔乌胡斯特。聚落表明埃尔乌胡斯特为某政体的都城，占地约600平方千米，管理含有三个等级的阶级社会。这与早期拉布兰卡的定居模式联系紧密。但是埃尔乌胡斯特由于缺少纪念碑、建筑、用地规划以及陶瓷，与目前的邻地塔卡利克阿巴赫形成对比。据推测，埃尔乌胡斯特是前古典期晚期米克斯-佐奎的都城，即使在玛雅人扩张至该地时也仍旧幸存下来。但是埃尔乌胡斯特与伊萨帕——这一由米克斯-佐奎人占领的主要沿海都城存在着诸多差异。因此很明显的是，尽管哥伦布发现美洲之前许多不同的族群占领太平洋沿海地区，但前古典期晚期该区域之间的政治从属关系与民族从属关系依旧令人难以理解。

心，即存在雕刻纪念碑的与不存在雕刻纪念碑的。这种区别可能表明了两种不同形式的政治组织，或者至少表明了两种不同的表达政治权力的传统。一方面，南方政体中政权集中于统治者手中，石碑记录了这些统治者，刻有他们的肖像画，还以象形文字形式记载了其统治时期发生的事件。其他遗址没有这种类型的纪念碑，包括埃尔乌胡斯特遗址在内，甚至该地区南部最大的纪念建筑（图5.5）也与上述类型的纪念碑不同，这或许也可反映出前古典期太平洋沿海地区的政治多样性甚至民族多样性。统治者雕刻肖像的缺失或许表明政治权力分散至贵族阶层的多个个体手中，而非只集中于某个统治者。或者，这仅仅意味着在诸如埃尔乌胡斯特的遗址地区，政治权力未在公众范围内得到宣传，与那些可以找到统治者雕刻肖像的地区不同。

图6.9　危地马拉塔卡利克阿巴赫2号石碑　呈现早期玛雅南部风格，其上的长纪历日期部分保留完好，对应公元前1世纪，两个人像分别位于日期两边（只有头饰可见）。

调查和发掘表明塔卡利克阿巴赫［之前被称作阿巴赫塔卡利克（Abaj Takalik）］是沿海平原最大的存在雕刻纪念碑的遗址之一，其对研究前古典期晚期雕刻象形文字文本和王室肖像来说尤为重要。一些纪念碑上呈现这样的图案：两位身披华冠的统治者面对面，两人由以长纪历日期为开头的文本隔开（图6.9和图6.10）。

大约向东30千米就是巧克拉——前古典期晚期太平洋沿岸保存最好的遗址之一（图6.11）。20世纪早期，人们在巧克拉的发掘初步显现了巧克拉的潜在价值，其中包括一块前古典期晚期雕刻纪念碑的残片（图6.12）。21世纪的再次发掘则印证了这座玛雅南部城市

图6.10 危地马拉塔卡利克阿巴赫5号石碑 两位身着早期玛雅南部风格服饰的王室成员分别身处一串象形铭文两边，铭文含有两个长纪历日期，下方的日期对应公元126年。

危地马拉的塔卡利克阿巴赫

这一重要的遗址从前被称作阿巴赫塔卡利克，坐落于玛雅南部地区的西南边，在埃尔乌胡斯特的东北方向不到20千米处，位于太平洋岛山麓的火山斜坡上，离墨西哥边境约有45千米。20世纪20年代，沃尔特·雷曼（Walter Lehman）开始研究该地的雕刻纪念碑；1943年，该研究继续进行，由J. 埃里克·汤普森做记录，其后苏珊娜·迈尔斯（Susanna Miles）、李·帕森斯（Lee Parsons）和埃德温·舒克也参与了后续研究工作。20世纪70年代，塔卡利克阿巴赫的发掘工作启动，这次发掘由加利福尼亚大学伯克利分校资助。在那之后，该地开设了一个国家公园，国家人类学博物馆（危地马拉）的人类学家继续研究该地遗址。此次研究由米格尔·奥雷戈（Miguel Orrego）与克里斯塔·希伯（Christa Schieber）发起，证实了又一批纪念碑与一座前古典期晚期坟墓的存在，据说坟墓里安葬着一位塔卡利克阿巴赫的君主。

塔卡利克阿巴赫的核心由一排排自北向南排开的大型露台组成。在这约1平方千米的区域内，一座座土制平台放置于开阔的球场或广场上，根据约翰·格雷厄姆（John Graham）的分析，一排雕刻纪念碑的周围环境蕴含奥尔梅克和早期玛雅的风格传统（见图5.6）。大多数纪念碑并非放置在原来的位置，而是在后来被移动到另一个地方。例如，四座呈一列的纪念碑被发现放置在广场的一座低矮平台前，而这座平台显然是古典期建造而成的。而且四座纪念碑中至少有两座建造于前古典期——呈现早期玛雅风格（前古典期晚期）的12号祭坛和23号纪念碑，该纪念碑原为前古典期中期奥尔梅克风格的巨头状石头，随后又被雕刻成一座壁龛式人像雕塑。

塔卡利克阿巴赫大多数纪念碑的年代追溯都依赖于雕塑风格的对比。但是也出现了一些玛雅风格的王朝石碑，其上刻有统治者肖像和象形文字。几个石碑上刻有的长纪历日期可将其归入前古典期晚期。2号石碑（图6.9）的日期部分保留完好，该日期有三种可能的解读方式，最新解读为公元前1世纪。5号石碑相对保存较好，其刻有两个长纪历日期（8.3?.2.10.5和8.4.5.17.11），第二个日期对应公元126年（图6.10）。两座石碑均为发展完善的玛雅早期风格，是之后的玛雅低地的古典期风格的先祖。因此玛雅风格的起源要追溯至前古典期之前，一些雕刻纪念碑残片可以证明，这些纪念碑未刻有日期，只能靠风格分析判断其年代。这些风格之间的联系与刻有长纪历日期王朝石碑的存在，都暗示前古典期晚期塔卡利克阿巴赫的巅峰代表玛雅人侵入了原本由米克斯-佐奎人占领的区域。

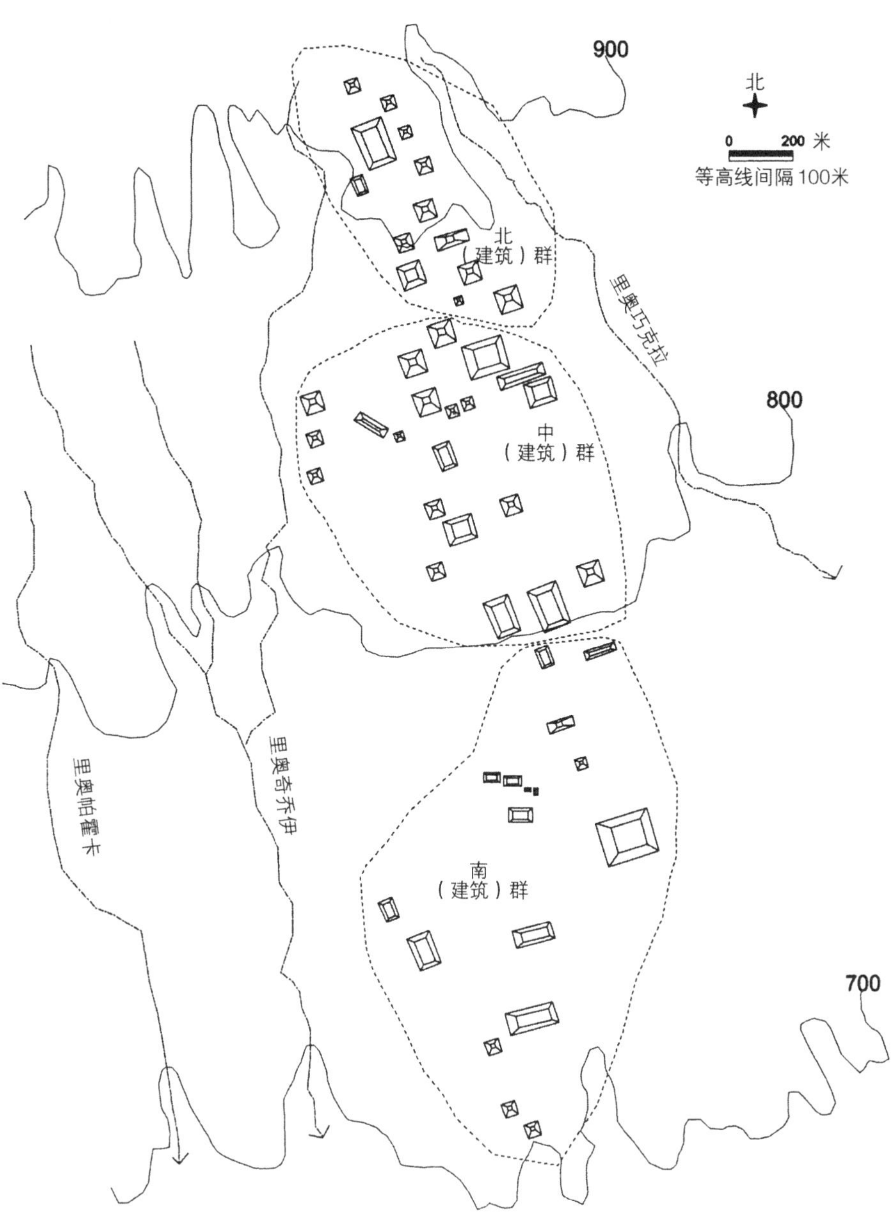

图6.11　危地马拉巧克拉中部的地图　这里是太平洋沿海平原前古典期重要都城。

图6.12　巧克拉1号纪念碑　一块前古典期晚期雕塑碎片，呈现早期玛雅南部风格。

的价值堪比塔卡利克阿巴赫。最近发现的雕塑残片绘有捆绑俘虏，这证明巧克拉同其他前古典期晚期都城一样都涉及战争与俘虏抓获（图6.13）。

纪念性土制建筑是前古典期晚期高地地区和太平洋沿岸地区中心的标志。这些遗址的陶器、土制建筑的使用和遗址规划的特点可以体现一些常见传统，这些传统可以反映与卡米纳尔胡尤的经济联盟乃至政治联盟。例如，在玛雅南部遗址的墓室和密藏处发现的陶器几乎与在建筑E-III-3坟墓挖到的陶器别无二致，这些遗址包括埃尔巴乌尔（位于太平洋平原）、埃尔伯顿（位于萨拉马峡谷）以及玛雅东南部的查尔丘阿帕。

危地马拉的巧克拉

人们早在20世纪就开始调查这处保存完好的大型遗址，但是在那之后又置之不理，直到2003年重新启动对该地的考古研究。虽然调查仍在起步阶段，但人们已得出巧克拉的起源可追溯至前古典期中期，其在前古典期晚期达到发展高峰。该地由南向北的轴线呈现出三座下倾的平台（图6.11），这一点和塔卡利克阿巴赫和查尔丘阿帕很相像，并且坐落着高达25米的大型土制建筑。到目前为止，该遗址发现了约40座石碑遗址，其中包括1号纪念碑，以及绘有前古典期晚期统治者的早期玛雅风格石碑碎片（图6.12）。几条河流和泉水使得该遗址水源充足，目前人们还发现了一个复杂的水资源管理系统——这座古城的石制排水系统。在哥伦布发现美洲之前，巧克拉所在地区是主要的可可产地。它可能是某个重要政体的都城，其控制着玛雅南部某段贸易走廊之上可可和其他沿海产品的生产和贸易。

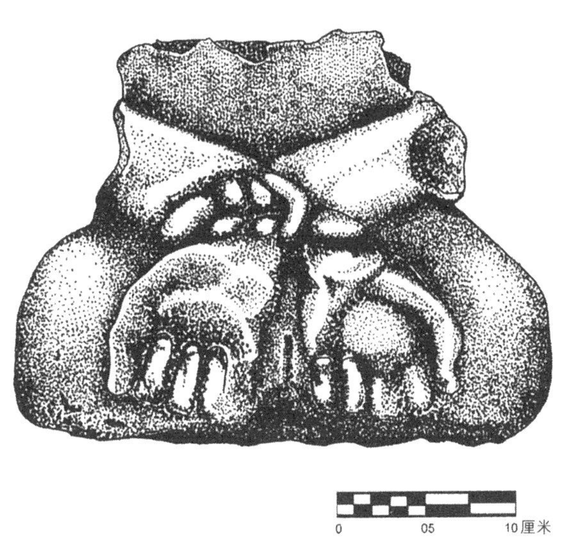

图6.13　巧克拉被捕俘虏的残缺雕塑　2003年在危地马拉的巧克拉出土的缚手俘虏雕塑碎片。

这些特点的最佳例证可以在前古典期晚期的查尔丘阿帕找到，查尔丘阿帕很可能与较大的都城卡米纳尔胡尤结盟。这座城市在前古典期晚期扩张成为一个重要中心，它的统治阶级得益于当地资源，

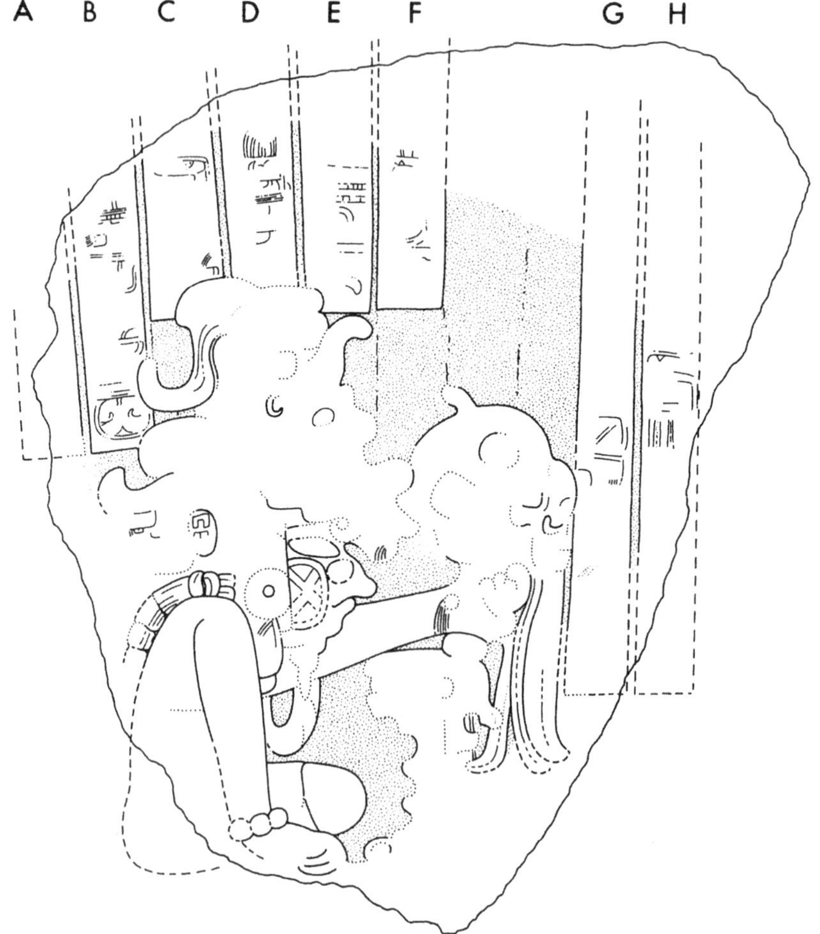

图6.14　埃尔萨尔瓦多查尔丘阿帕1号纪念碑　一座损毁严重的雕塑画像，呈现玛雅南部风格，其间坐立的君主手持战利品头颅，君主上方屹立8根带有象形文字的柱子（柱子B的底端刻有一个乌纳符号，即代表玛雅月份的象形文字）。

例如产自附近伊西特佩克火山的黑曜石，以及与太平洋沿岸长途贸易网的交通联系。

查尔丘阿帕与卡米纳尔胡尤的紧密联系也体现在陶器以及其他各式各样的遗迹之中。1号纪念碑（图6.14）——一块雕刻石碑的碎片是从前古典期晚期建筑基底发掘出来的，这一建筑表明前古典期中期属于埃尔特拉皮切建筑群的大型建筑E3-1被整修过（见第五章）。这块前古典期晚期石碑碎片包含了长篇象形文字文本，但只有一些象形文字可以辨认，其中包括玛雅历法元素，例如1乌纳或20天月周期的记号（图6.14）。

在查尔丘阿帕北边，科潘谷的发掘表明自古典期早期以来农业社区占据了该地的东南部地区。调查证实了一系列前古典期晚期中心地区拥有玛雅南部地区的土制建筑特征与常见的陶器工艺传统特征。最为壮观的埃尔瓜亚巴尔（El Guayabal）大概坐落于后来古典期的科潘与基里瓜遗址之间的中心位置。埃尔瓜亚巴尔有超过12座大型土制建筑，最大的一座高约10米，其东侧有一个土制斜坡可做进入通道，与查尔丘阿帕的建筑E3-1类似。几处小型前古典期晚期遗址与科潘距离更近，位于山脊和山坡之上，远离山谷边优质的建筑泥土。这可能意味着防御需要，表明和其他地区一样，战争也是该地区的家常便饭。威廉·法什（William Fash）带领的考古队调查了同为遗址之一的奇诺山遗址（Cerro Chino）。它位于一个可以俯瞰科潘谷的山顶，由围绕着一个大型开放广场的土制结构建筑组成。在科潘以东约20千米处，马塞洛·卡努托（Marcello Canuto）在洛斯阿奇奥特斯发掘出类似的前古典期晚期山顶遗址。洛斯阿奇奥特斯在中心广场周围的布局与奇诺山遗址非常相似，它也有一个土制球场——科潘谷最早的球场。根据陶器和放射性碳年代检测，约公元前300年至约公元100年，人们占据洛斯阿奇奥特斯，该地作为具有战略意义的自治社区，横跨建立已久的贸易路线。事实上，外来物品的存在表明前古典期晚期，科潘遗址参与了玛雅南部的互通体系，与玛雅以外地区以及中美洲东部保持联系，而查尔丘阿帕和卡米纳尔胡尤自前古典期早期就加入了该互通体系（见第四章）。科潘山谷的洛斯阿奇奥特斯、奇诺山及其他遗址在前古典期晚期走向没落。

玛雅南部陶器与纪念碑传统

中子活化分析显示一些样式独特的陶器款式为前古典期晚期贵族阶层所青睐并用作于仪式和墓葬，它们均产自玛雅南部地区。一件光亮剔透的精美红陶则是制作于太平洋沿岸的圣塔罗莎（Santa

---

前古典期晚期的玛雅陶器

两种相关联且相一致的陶瓷传统主导着前古典期晚期的陶瓷风格，分别为高地的普罗维登西亚（Providencia）/米拉弗洛雷斯（Miraflores）传统和低地的奇卡奈尔（Chicanel）传统。两者都是由前古典期中期的原型演变而来的，但到了前古典期晚期，玛雅陶器不论在形式还是在装饰上都变得更加精致，更有新意。黑棕色、亮红色、橙色和奶油色的器皿成为主流。低地奇卡奈尔陶器中最别具一格的一种被称为山地红（Sierra Red），在当时为多处遗址统一使用。乌苏卢坦的陶器带有由平行的防腐蚀线条所构成的旋涡状条纹，产自玛雅东南部，并且为人们广泛交易。乌苏卢坦花式由一种涂有防蚀物质的旋涡状条纹构成。烧制时，该物质融化后给浅色表面留下痕迹。特色还包括碗支座（三脚和四脚）、浅模型装饰[shallow-modeled，包括“蟾蜍雕像”（toad effigy）]、双色纸片和三色纸片。典型容器形态还包括颈形罐子（罐肩部有手柄），罐口呈喇叭形的高圆柱形罐子，碗口带槽且外翻的碗和带盖的碗。香炉传统可见其成模和彩绘，这两道工序通常在烧制之后。前古典期晚期，支碗底座膨胀成球状，人们称其为“哺乳四足动物”。乌苏卢坦容器通常涂着红色，橙色叠加红色的双色或者第一个橘色单色（红色和黑色叠加橘色）出现了。

Rosa)。有几种陶器上饰有由乌苏卢坦的防腐蚀线条所构成的旋涡状条纹。乌苏卢坦陶器的前身是在前古典期中期的查尔丘阿帕和玛雅东南部遗址发现的。直到前古典期晚期,乌苏卢坦陶器产于几处南部遗址,查尔丘阿帕是主要的产地中心。整个玛雅南部乃至更远的地方遍布乌苏卢坦陶器的交易活动,其作为一种仪式用品和贵重物品备受欢迎。恰帕德科佐的贵族阶层墓室中有它的身影,它也出现于北部低地的埃尔米拉多尔、蒂卡尔和奎略,以及远在哥斯达黎加(Costa Rica)和中美洲的一些遗址。这种陶器在低地非常流行,以至于当地也开始生产仿制品,在几座王室陵墓和进口乌苏卢坦陶器中都混杂着这种仿制陶器。

我们已经举过早期玛雅雕塑的例子,从卡米纳尔胡尤、查尔丘阿帕和塔卡利克阿巴赫等遗址的纪念碑可以看出。在更北边的高地,阿兰·伊肯(Alain Ichon)与其同事们于拉拉古尼塔(La Lagunita)与埃尔基切遗址发掘了前古典期遗迹以及一系列破碎的、重复使用的雕刻纪念碑。12号雕塑——一个残缺的雕刻人头侧面可能与前古典期中期的奥尔梅克风格有关,但至少有七种这样的雕塑可依据它们与伊萨帕和卡米纳尔胡尤传统的联系追溯至前古典期晚期。在拉拉古尼塔的东边,四块石碑代表着前古典期晚期萨拉马峡谷延续下来的雕刻纪念碑传统。类似于拉拉古尼塔的纪念碑,这四座萨拉马峡谷纪念碑有精心雕刻的人物(图6.15)。但是正如伊萨帕的纪念碑,拉拉古尼塔和萨拉马峡谷的纪念碑都没有文字和历法日期。值得注意的是,这两处高地的前古典期晚期雕塑中心都位于重要的南北贸易路线上。

前古典期晚期南部雕塑传统另一独特的组成部分是所谓的“大肚纪念碑”(图6.16)。这些碑是把肥胖的人物形象雕刻在巨石的外表,通常尺寸巨大(尽管有小型的“便携”版本,其中就有在玛雅低地的蒂卡尔发现的一个)。保存完好的"大肚纪念碑"在卡米纳尔胡尤及许多太平洋沿海遗址中都可以找到,其中包括塔卡利克阿巴赫、毕尔巴鄂(Bilbao)、埃尔巴乌尔和阿尔托山(Monte Alto)。研究表明,这种纪念碑在前古典期中期就已兴起,但到前古典期晚期和终结期才盛行于世。在查尔丘阿帕的前古典期晚期建筑E3-1的地面下出土了一个该风格的小型雕刻人像,可以追溯至前古典期中期。在圣塔莱蒂西亚(Santa Leticia,位于萨尔瓦多)附近的遗址一个前古典期晚期露台上,人们发现了一些巨大的、尤为肥胖的"大肚雕塑"。

玛雅南部的前古典期晚期君主

直到前古典期晚期,太平洋平原与几个高地都城的玛雅君主通过落成雕刻纪念碑来纪念他们的功绩,其上刻有象形文字文本和历法记号。实际上,大多数刻有前古典期晚期日期和铭文的纪念碑都于玛雅南部被发现。历法符号由简单的条形和点形符号组成,就像古典期在玛雅低地发现的铭文一样,但是常常缺少日单位符号。前面已经提到,塔卡利克阿巴赫有两座玛雅早期风格的纪念碑,其刻有长纪历日期(图6.9和图6.10)。此外,在位于太平洋平原的埃尔巴乌尔,1号石碑部分残缺,但可读的日期(7.19.15.7.12)对应公元36年,雕塑人像呈现玛雅早期风格(图6.17)。前古典期晚期的其他许多雕塑纪念碑虽然未刻有历法符号,但可以判断其来自玛雅南部地区。它们凝结了高超的技艺,展示了其所描绘的早期统治者手中的礼教与政治权威。

前古典期晚期玛雅南部遗迹的特征表明,它们的功能在于巩固统治权力,也是后来古典期低地传统的先驱者。卡米纳尔胡尤的11

号石碑可能是最早（前古典期中期）的一座描绘站立统治者的石碑（图5.1）。卡米纳尔胡尤的石碑碎片中，至少有两块碎片属于前古典期晚期，并含有站立统治者的残像（2号石碑和15号石碑）。卡米纳尔胡尤的10号石碑（一块王座的碎片）和查尔丘阿帕的1号纪念碑（分别为图6.7和图6.14）都是不完整的，但均有大量铭文的残篇，其中包括历法标记（没有长纪历日期）。尽管这些前古典期文本（历法标记除外）中象形文字的破译工作进展甚微，但是人们对统治者肖像进行了一定的解读。流行的主题包括战争、祭祀或政治职权的继承。正如卡米纳尔胡尤的10号石碑和11号石碑，战争和祭祀的主题通常由武器或战利品头颅来代表，在危地马拉的巧克拉这一南部沿海遗址也找到了同样风格的碎片（图6.12）。查尔丘阿帕的1号纪念碑绘有单个戴有头饰的坐立人像，看似手持战利品头颅（图6.14）。埃尔

图6.15　危地马拉萨拉马峡谷16号纪念碑　呈现玛雅高地南部风格，展现了一位跪地人像，其头部左侧、上下镶条均带有象形元素。

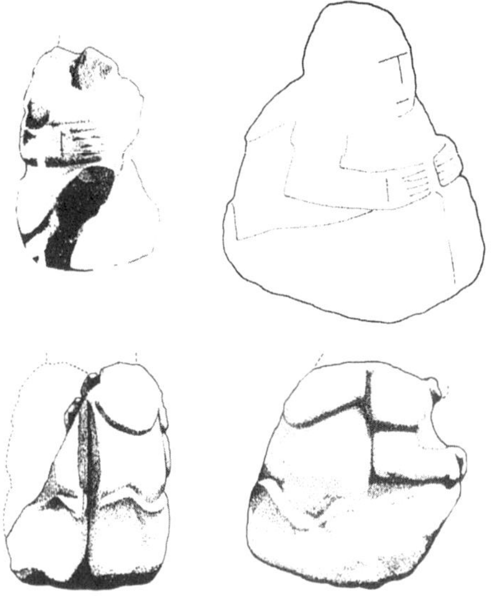

图6.16 前古典期晚期的“大肚雕塑” 可展现玛雅南部地区与其北边的低地地区的一处联系。(顶部图)危地马拉西南沿海地区的例子;(右图)40号纪念碑,塔卡利克阿巴赫,危地马拉西南部;(上图)玛雅低地中部蒂卡尔雕塑的微观图。

图6.17　危地马拉埃尔巴乌尔1号石碑　呈现早期玛雅南部雕刻风格的君主手持长矛或权杖，象形铭文部分受损，其中包括一个长纪历点画日期，对应公元36年。

巴乌尔1号石碑上的单人像站在两栏象形文字前，手持长矛或权杖。卡米纳尔胡尤65号纪念碑呈现了早期继承统治权的画面；背面呈现一栏磨损严重的象形文字（图5.8）。塔卡利克阿巴赫的2号与5号石碑（图6.9和6.10）上绘有两个面对面站立且佩戴华贵头饰的人物。两者由以一个或两个长纪历日期为开头的象形文字文本隔开。两座石碑很可能皆纪念权力从一位君主到其继承者的交接过程，而卡米纳尔胡尤65号石碑上的描绘更加栩栩如生。

前古典期晚期玛雅南部的文明

前古典期中期社会分层的起源和第一批政体的崛起为前古典期晚期玛雅南部文明的蓬勃发展奠定了基础。考古证据表明前古典期晚期玛雅南部为许多自治政体的都城提供了发展环境。太平洋沿岸的贸易路线和巍峨的高地山谷地段涌现了许多政体,每个政体的都城起主导作用,掌控着资源获取渠道、当地交易与长途贸易、政治领导权和礼教。卡米纳尔胡尤是最为人所知的例子,也是前古典期最强大的高地政体的都城。整个前古典期,这些地区的政治规模和重要程度各有不同,当时卡米纳尔胡尤统治整片高地,乃至邻近太平洋海岸的部分地区。事实上,进一步扩增的地方规模与人口等一系列独特之处,尤其是前古典期晚期该地壮阔的灌溉运河,这一切均表明,前古典期晚期卡米纳尔胡尤正在发展成为中美洲最早进入工业化前的国家体系的政治首都之一。

太平洋沿岸政体掌控着墨西哥和中美洲之间的航线,在其领导之下,长途贸易蓬勃发展。此外,连接南部地区和北部低地的高地政体横跨贸易路线,也促进了长途贸易的繁荣兴盛。这些政体的统治者都通过接触大量名贵商品和控制激增的下层阶级所构成的劳动力来巩固自己的权力。这种劳动的成果可见之于土制庙宇遗址和墓葬土墩,这些都是南方政体都城的象征。这些都城之间的经济竞争和战争会成就一些政体,也会导致另一方的败落。出口经济体发展的证据则为广泛分布且高度珍贵的陶器,其产自玛雅南部的几座中心。卡米纳尔胡尤的地理位置靠近一家重要的黑曜石采石场和唯一一片已知的中美洲玉石来源地,这也有利于前古典期统治者积累财富与权力。多样的南部地区通过一张由经济、政治和意识形态的相互作用组成的网络实现一体化，从考古学研究人工制品、建筑、雕塑和文字等方面的相似性可见一斑。一个日益复杂的玛雅南部社会是由中心之间和平或敌对的持续互动来促进发展的。

很难在考古中发现成功突袭的证据，但在玛雅南部发现了俘虏被献祭和多处祭葬的证据。在萨拉马峡谷的洛斯曼加雷斯，两处前古典期晚期墓室葬有贵族阶层男子、墓葬物品以及可能曾是突袭所获战利品头颅的人类头骨。在查尔丘阿帕，一座前古典期晚期君主坟墓的周围环绕着一个集体的墓室，那儿埋葬着被肢解的祭品。在卡米纳尔胡尤，埋葬统治者的墓室要精致得多，还葬有献祭的人体。埋葬于建筑E-III-3的2号墓室的高个贵族阶层男子头戴玉制面具和头饰，与三名无装饰的人合葬（两名儿童和一名青年人），这三人均面部朝下。

除了战争的证据，我们还会发现前古典期晚期政治和宗教机构的改良加强了早期政体统治者的权力。意识形态的变化反映在统治者陵墓精致度的提升和为延续其威望而建造的纪念性祭庙上。以前用于建造公共寺庙的劳动力和资源越来越多地被用来纪念过去的统治者，从而加强中央集权。古典期晚期不仅祭庙规模巨大，而且内部的墓室也生动地证明这些早期玛雅统治者享有的声望和崇高地位。卡米纳尔胡尤的建筑E-III-3的陵墓（图6.8）中装满了数百个陶制祭祀器皿及其他物品，包括雕刻玉石、石制器皿、香炉和用于祭祀放血的黄貂鱼刺——表明这些前古典期的统治者和后来的统治者都采用了血祭。

这一证据不仅展现了这些前古典期晚期政体与统治者所掌握的财富和权力，同时点明了玛雅南部与古典期玛雅低地之间经济、宗教和政治制度的直接联系。在玛雅南部地区发现了大量前古典期的雕刻纪念碑，这是古典期玛雅宗教和政治组织前身的最直接的证据。

第一批结合文字和图像的玛雅纪念碑——它们结合叙述和视觉再现事件的形式——均坐落于前古典期晚期的玛雅南方遗址,其纪念碑的风格一直延续至古典期。这些纪念碑第一次定义了一种传统,这种传统诠释了大多数古典期玛雅低地政体的都城,也是神圣王权制度的标志。

总的来说,前古典期晚期玛雅南部的贵族阶层统治者都受过教育,并拥有一个发达的象形文字体系,其中包括零日历法。这些早期的日期并不对应历法周期的结束点,而是用来纪念特定历史事件和个别统治者的在位生涯,进而形成古典期玛雅传统。与贵族阶层相关的特征常用来界定前古典期玛雅南部文明——建筑元素、雕塑、文字和历法体系——这些原型进一步进化,后来均在古典期低地地区焕发异彩。因此,前古典期晚期玛雅南部的文化发展可以直接被视为古典期玛雅文明的先祖。

前古典期高地与低地之间的交流

玛雅研究者早就认识到玛雅高地与低地人民之间在语言与文化方面的联系。两地前古典期遗迹的初步发现使得人们认识到两地陶器、小雕像和其他手工艺品的普遍相似性。从这些证据可以假设高地和低地之间的交流开始于前古典期。因此,早在1940年,阿尔弗雷德·V.基德就指出,高地北部的韦拉帕斯地区横跨南北最短的直达路线,顺理成章地成为高地和低地之间可供贸易与其他交流的中间地带。

有考古学证据表明,整个前古典期,有人定居在高地北部的关键过渡地带,他们于前古典期早期开始在此地殖民。该证据可能表明人口从那之后一直增长,直到前古典终结期,人口开始渐渐缩减。人

危地马拉的埃尔米拉多尔

这个巨大的遗址位于佩滕北部，墨西哥边境以南约7千米处。埃尔米拉多尔在1926年首次被报道，在1930年，珀西·马迪拉（Percy Madeira Jr.）在空中侦察玛雅遗址时拍摄到了该地身披绿茵的庙宇。在1962年，伊恩·格雷厄姆勘测并绘制了该地的核心区域，依据为观察到的陶器碎片和雕塑碎片，追溯该遗址至前古典期晚期。当时很少有玛雅研究者接受这种评价，因为该遗址的建筑规模与对古典期之前玛雅低地的流行评估相矛盾。但是格雷厄姆的评估已为后来的考古调查所证实。

埃尔米拉多尔纪念性建筑的西（建筑）群以埃尔蒂格雷（El Tigre）的三重庙宇为首（图6.18和图6.19）。对埃尔蒂格雷的试探性发掘表明了该建筑建造于前古典期晚期，尽管早期的建设阶段可能为平台主体打下基础。通过对埃尔蒂格雷西侧广场的试探性发掘，考古人员发现了一系列可追溯至前古典期晚期的叠加楼层。一块从封盖楼层间的沉积堆中获得的山地红陶器碎片上刻有类似于前古典期晚期纪念碑图案的花纹。埃尔蒂格雷建筑群的南边是一个小得多的三重平台，即34号建筑，它是由理查德·汉森发掘出土且经过最彻底调查的埃尔米拉多尔建筑（图6.20）。屋顶倒塌后，碎片封盖了中心寺庙建筑楼面上的前古典期晚期的材料。它的主楼梯两侧是纪念性的灰泥面具，这种楼梯相当于在其他低地遗址发现的前古典期晚期平台，尽管和位于蒂卡尔、瓦夏克吞、塞罗斯等遗址的类似建筑相比已经高超许多。

埃尔蒂格雷东侧的广场有几块雕刻石碑的碎片，这些石碑在风格上与玛雅南部地区前古典期晚期遗迹有着相似之处，其中一块石碑上的文本部分保留完好（图6.21）。毗邻的中央卫城也坐落着一系列建筑，其中至少一座大型建筑群已被确认为前古典期晚期的贵族阶层宫殿。中央卫城的建设似乎始于前古典期中期，但主体建造于前古典期晚期。正如该遗址的其他区域一样，人们也找到了古典期该地存在地上建筑和人员居住的证据。

西建筑群的东侧为一面南北走向的砖石墙，东南侧与“三猴”建筑群（Tres Micos Complex）相连。发掘资料表明这面墙可追溯至前古典期晚期，出土的还有一块前古典期晚期雕刻石碑上部的碎片。西建筑群通过一条堤道与东建筑群或丹塔建筑群（the Eastern, or Danta, Group）相连，东建筑群是埃尔米拉多尔最大的建筑群，还有一座低矮的天然山丘坐落其间。丹塔建筑群建立于基底之上，呈三阶层。最低的平台每边约长300米，高约7米，其支撑着一系列建筑，包括在其西南角占地呈四分之一圆的一座三重金字塔（高11米）。第二个较小的平台约7米，支撑第三平台，第三平台大约21米高。第三平台之上坐落着的是一座大型的三重金字塔，人们称其东侧顶点为丹塔，面积与埃尔蒂格雷相同，但比埃尔蒂格雷高约15

米，高于东边林区地面约70米(230英尺)。西南侧金字塔的发掘表明其为前古典期晚期的建筑；发掘出的木炭曾在主楼梯底部燃烧——显然是从建筑结构的末端——可以追溯至约公元180年[马斯卡(MASCA)校正]。尽管对丹塔金字塔还没有完成试探性发掘，但它的三重结构和施工方法与该遗址其他年限已知的前古典期晚期平台相一致。

某一遗址研究组为市政与礼教中心附近的一系列住宅结构进行了测绘、测试和测年。这些遗迹拥有玛雅低地住宅平台的常见特征，它们以规则的模式排列，将中心广场空间的三面或四面围绕起来。通过对这些建筑群的试探性发掘，人们发现了前古典期晚期的贝丘(史前废物堆)中的住宅废弃物和典型家庭活动的残留物。发掘物中前古典期晚期的陶器碎片也反映了该地与玛雅南部的联系，其中包括可能从玛雅高地进口的乌苏卢坦装饰器皿。早些时候，人们在建筑填充物中发现的马姆陶器数量较少，表明最初的占领可以追溯至前古典期中期。发掘也揭示了古典期晚期的占领，但这显然代表了该地废弃了一段时间后又被重新占领。

们占据萨拉马峡谷和下韦拉帕斯(Baja Verapaz)的先后顺序已经总结过了。再往北看，前古典期早、中期，人们占据了位于萨卡胡特卡哈邦(Río Cahabón)河的一条支流，沿着仍然使用的南北陆路贸易路线；人们也占据了沿着上韦拉帕斯省河道的苏林(Sulin)和卡尔查(Carcha I)。古典期晚期或终结期人们占领上韦拉帕斯新增的七个地点。韦拉帕斯西边的埃尔基切经过了更深入的调查，这里坐落着更多的前古典期遗址。

这些前古典期高地北部遗址与玛雅的其他地区有着广泛的交流，它们是高地南部和北边低地交流网络的关键枢纽。前古典期晚期诸如萨拉马峡谷中埃尔伯顿之类的都城体现了区域交流对玛雅文明整个发展过程的重要性。但这些高地北部的山谷不仅仅是一个更大系统内的贸易枢纽；奇霍伊河流域中部和萨拉马峡谷对玛雅的社会政治复杂性、礼教、文字和雕塑传统的区域性表现形式起到了发展的作用。因此玛雅高地北部的资料进一步证明了古玛雅的各个地区和传统相互联系又各有不同，它们对玛雅文明的发展做出了不同程度的贡献。

前古典期晚期的玛雅低地

在前古典期中期到晚期的过渡期，依据聚落规模与居住密度，玛雅低地人口呈现持续增长。早期低地中心的规模逐渐扩大，新的中

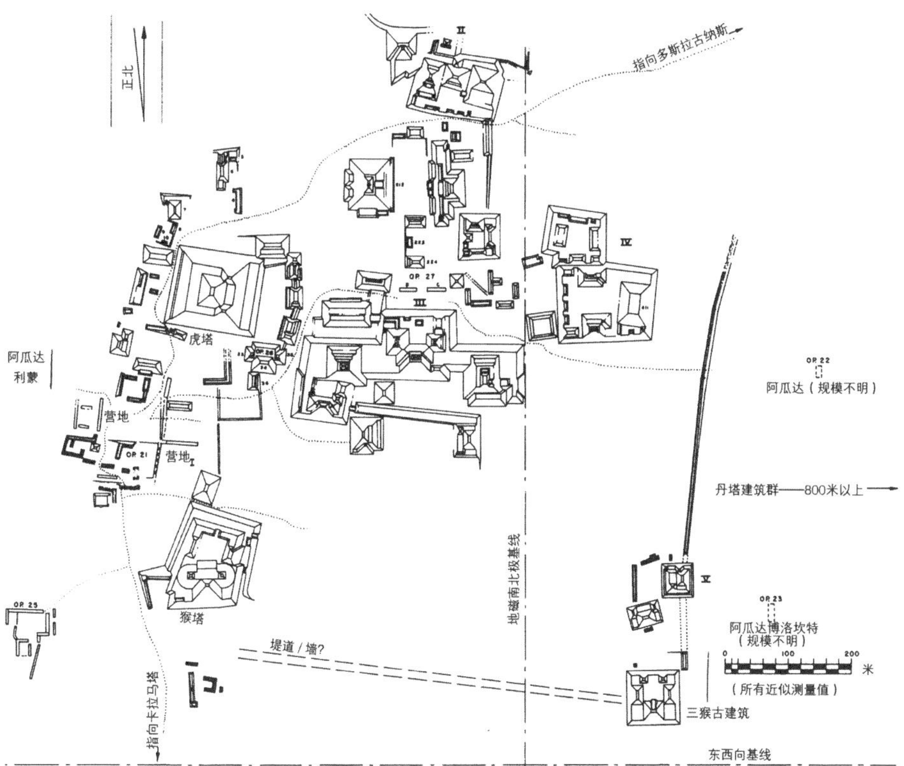

图6.18　危地马拉埃尔米拉多尔的西建筑群地图　玛雅低地最大的前古典期遗址。埃尔蒂格雷，最大的三重金字塔平台，位于左侧（见图6.19）。

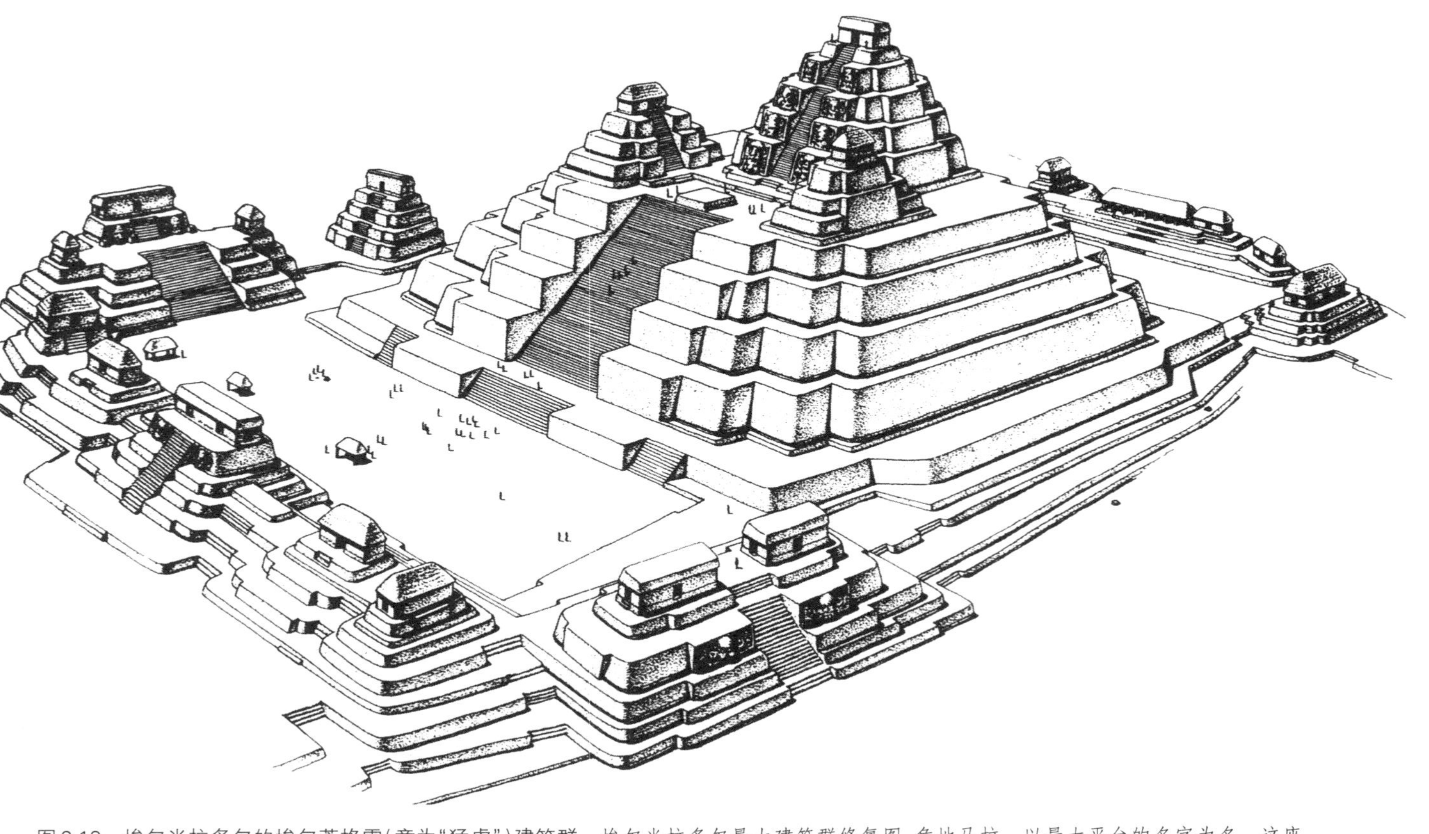

图6.19 埃尔米拉多尔的埃尔蒂格雷(意为“猛虎”)建筑群 埃尔米拉多尔最大建筑群修复图,危地马拉。以最大平台的名字为名。这座平台同小型34号建筑(左上),坐落着三重金字塔。

图6.20 埃尔米拉多尔34号建筑
前古典期晚期的34号建筑，埃尔米拉多尔，危地马拉相对较小的平台，位于埃尔蒂格雷平台东南侧（图6.19）：（上图）南面（前）建有高约20米的檐板；（下图）灰泥面具（左侧稍低处，部分损毁）刻有虎爪的耳饰，一侧有灰泥制成的台阶（对比图6.27和图6.29）。

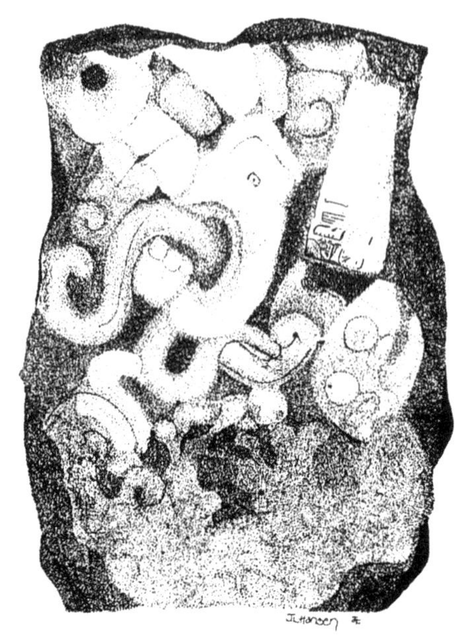

图6.21　埃尔米拉多尔2号石碑　前古典期晚期雕刻石碑，已遭侵蚀，其右上位置的镶板刻有模糊的象形文字。

心也建立起来。发掘表明前古典期中期几座集村(nucleated villages)向外扩张，形成分散居住的村落。这种形式也在位于伯利兹的塞罗斯和卡克布以及位于尤卡坦的科姆琴出现。同时有证据表明农业进一步发展，其中包括埃尔米拉多尔盆地湿地农业的拓展，其为前古典期晚期玛雅低地最大都城的发展提供了环境。

埃尔米拉多尔是一个大型政体的都城，最佳判断依据为其位于萨克贝(Sacbe)堤道的枢纽，四通八达。一条堤道向北，可能通往后来古典期的卡拉克穆尔都城。另一条堤道连接东南方向的纳克贝，可能反映埃尔米拉多尔取代其前古典期中期邻地成为都城。像纳克贝一样，埃尔米拉多尔的市政中心以及礼教中心沿着一条自东向西的轴线展开。埃尔米拉多尔更为广阔，那条自东向西的轴线约有2千米长，与古典期晚期巅峰时期的蒂卡尔占地面积相当。此外，这片核心区域坐落着一系列建筑群与单个建筑，令玛雅后来的任何建筑相形见绌（图6.18）。其中最别具一格的要数前古典期的一座创新建筑——三重金字塔（the triadic pyramid），其由一座建造于基础平台上的中心建筑外加两侧的小型建筑构成。目前（有文献）记载的最大的三重金字塔埃尔蒂格雷（图6.19），其占地面积是位于蒂卡尔的4号庙宇占地面积的六倍，而该庙宇已经是该古典期遗址最大的建筑。

三重神庙为埃尔米拉多尔前古典期晚期的建筑奠定了主流模式，但类似的例子也出现在其他低地遗址之中，包括塞罗斯、诺穆尔（Nohmul）、拉马奈、蒂卡尔和瓦夏克吞，但是它们在建筑规模上没有一个可与埃尔米拉多尔相媲美。也许最能说明前古典期低地社会凝聚力的指标，即为奇卡奈尔时期的陶器（约公元前400年—约公元100年），其广泛分布于整片低地。奇卡奈尔陶器的统一性可从常见家用陶器的形态和类型中体现出来，窖藏和墓葬中专门用作仪式用品和供品的陶器也可以体现。但是，前古典期晚期的工艺品清单也提供了清晰的证据，证明社会内部的差异不断增加，尤其是贵族阶层与下层阶级阶层之间的财富和地位差距在不断扩大。这些位高权重的少数人坟墓里有各种各样的进口的名贵物品，包括翡翠、贝壳和用于祭祀放血的黄貂鱼刺。除了反映阶级和地位差异，这些货物表明与沿海地区、玛雅南部以及更远地区有着充分的贸易往来。

前古典期晚期统治者可以通过控制名贵物品的长途贸易增加自己的财富和权力。外来商品的进口开始于前古典期中期，而这种由贵族阶层掌管的贸易网络在前古典期晚期毫无疑问扩大了交易的成交量与规模。考古学也表明，在前古典期晚期，名贵物品清单中有新产品出现。其中包括来自玛雅南部的乌苏卢坦装饰风格的陶器以及来自加勒比海岸和太平洋沿岸的海菊蛤。尽管证据扑朔迷离，但也有可能是低地的贵族阶层掌握了一些实用品的进口，如黑曜石切割工具，这将使他们从贸易中获得额外的财富和权力。

纪念性建筑的遗迹表明，前古典期晚期统治者的另一种权力来源，在于他们能够利用不断增长的劳力和物力，来建造堤道、广场、寺庙和玛雅低地城市的其他标志。在前古典期晚期，低地的纪念性建筑规模有所扩大，其中包括玛雅人建造的最大的砖石结构建筑。在这些建筑中，最大的位于埃尔米拉多尔，但中部低地东部的拉马奈有一个高达33米的金字塔平台（图6.22），而蒂卡尔“失落世界”建筑群（建筑5C-54）的地基每侧长80米，高20多米。蒂卡尔最古老的仪式区北卫城始于前古典期晚期，内有几座前古典期晚期的王室陵墓。从共有的建筑和制陶传统，以及不断扩展的前古典期晚期贸易网中得出的证据表明，中部低地各遗址之间关系紧密。这无疑是贸易往来的结果，但也可能反映了在埃尔米拉多尔领导下的政治关系。

图6.22　伯利兹拉马奈建筑N10-43的复原图　这是一个巨大的前古典期晚期阶梯式平台，高约33米，上方是一个三重神庙布局。

同南部地区一样，低地在前古典期晚期也处于竞争加剧的时期。如我们所见，科潘谷的聚落从谷底迁移到了更适合防御的山顶。与南部地区类似，低地也有大规模埋葬，这就为战争和俘虏献祭提供了更为直接的证据。有两个前古典期晚期的掩埋处就是在伯利兹的奎略发掘出来的，其中一处至少有26具男性俘虏的遗骸，当中一些遗骸上有骨折愈合的痕迹，这可能表明他们曾是战士。此外，在布莱克曼埃迪、奎略和其他遗址中被破坏和烧毁的建筑中，也找到了突袭的证据。

对前古典期晚期的低地和南部地区而言，战争和俘虏献祭所留下的痕迹并非两地唯一的相似之处。如前所述，低地与南部地区的直接联系体现在石雕、壁画的风格上，陶器和其他工艺品也有相似之处。早前，学者就已经注意到了低地与前古典期晚期卡米纳尔胡尤之间的联系，这或许反映了它们在经济和政治上的重要关系。例如，位于蒂卡尔北卫城建筑5D-Sub-10上的前古典期晚期壁画，就与在卡米纳尔胡尤和相关遗址所见的玛雅南部艺术风格有关。前古典期晚期的埃尔米拉多尔正值发展巅峰，其纪念碑在风格上与玛雅南部地区的纪念碑有关，而要理解这些与玛雅南部联系的起源和重要意义，关键或许就蕴藏在埃尔米拉多尔中（图6.21）。但就此而言，埃尔米拉多尔并非独一无二。在遥远的北方，尤卡坦半岛的洛尔通洞穴里有一尊浮雕，它与玛雅南部地区的传统也有关联，可追溯到前古典期晚期（图6.23）。

中部低地的区域霸权

前古典期晚期，玛雅地区的社会政治复杂性开始广泛出现，埃尔米拉多尔也不例外。但显然，埃尔米拉多尔代表的是一种前所未有

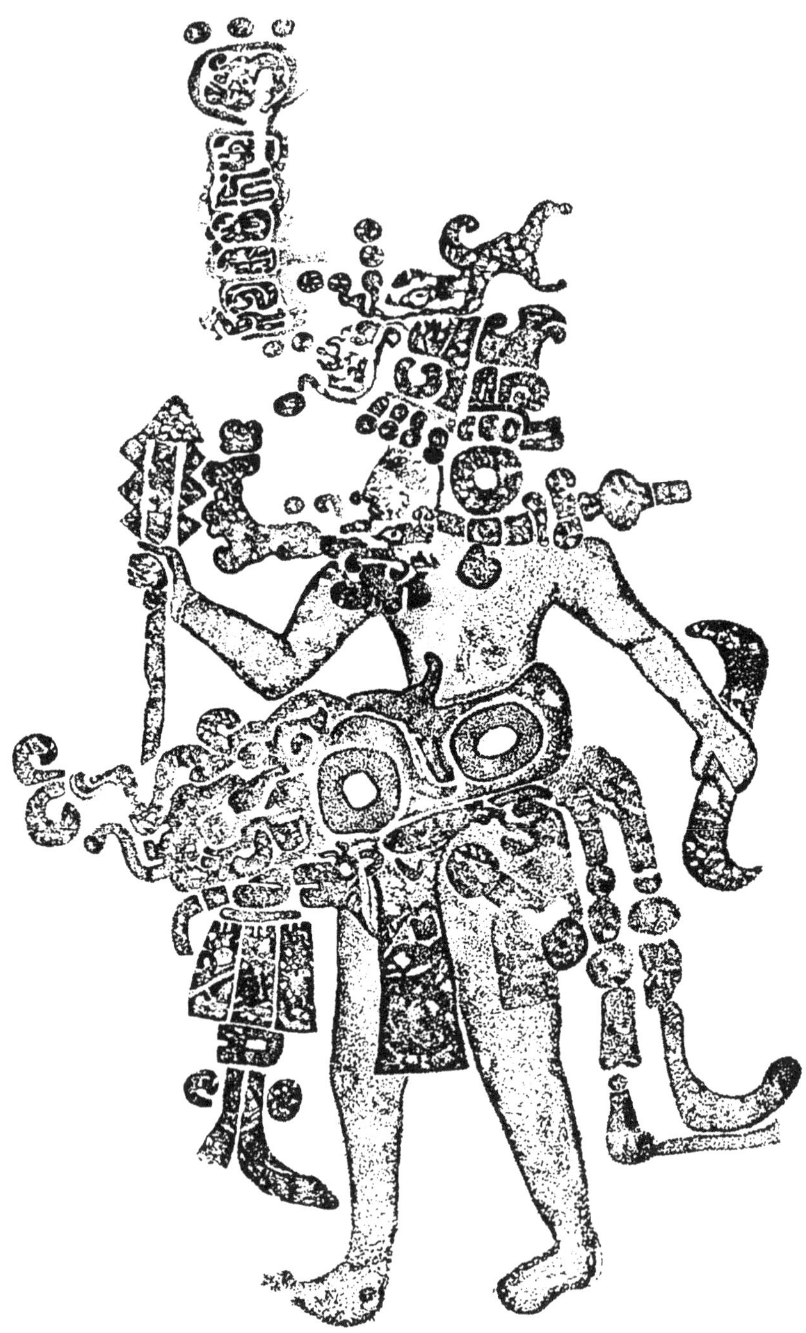

图6.23　墨西哥尤卡坦半岛洛尔通的洞穴雕塑　前古典期晚期的一个雕刻人物的拓片,风格与玛雅南部地区密切相关。

的发展高度——当时，它是玛雅地区已知的最大遗址，也是整个中美洲最大的前古典期晚期中心之一。埃尔米拉多尔和其邻近遗址之间在规模上的差异是其实力更强的原因之一，这得益于它对埃尔米拉多尔盆地的人力和自然资源的控制，以及它在前古典期晚期对中部低地的政治统治。这也可反映出低地政体的组织多样性。就其本身而言，几乎可以肯定，埃尔米拉多尔代表着玛雅低地最早出现的工业化前的国家，这一发展成就可与高地的卡米纳尔胡尤相提并论。

埃尔米拉多尔发展迅速，规模也达史上之最，这改变了以往关于玛雅文明的起源和发展的看法。毫无疑问，其建筑规划和建设规模表明，有一个强大的贵族掌控着其命运。如果雕刻纪念碑上没有留下王室成员肖像，就没有直接证据可以证明仅存在一位统治者。但从有关前古典期晚期埃尔米拉多尔统治者的线索来看，其来源未必可靠——在一系列由名为举天者（Skyraiser）创造的古典期晚期的花瓶上，记录着十九位国王的姓名和上任日期。尽管他们被认为是“蛇（Kan或Kaan）政体”（这个称呼与古典期北方的卡拉克穆尔遗址有关）的统治者，但其统治日期与已知的卡拉克穆尔国王的统治日期并不相符。然而，这些日期确实与前古典期晚期在公元前396年至1世纪的年表相吻合，表明它们可能是对前古典期晚期某个王朝的回顾记录，并在之后的多个世纪复制到了陶器上。这些国王统治的政治首都，其身份都仍是未解之谜，但如果他们是前古典期的统治者，那么最有可能的就是埃尔米拉多尔。事实上，这些花瓶就产于埃尔米拉多尔盆地。因此，作为前古典期晚期玛雅低地规模最大、实力最强的王国，其王朝史或许能通过这一回顾记录进行追踪。

埃尔米拉多尔4号石碑是低地为数不多的前古典期晚期雕刻纪念碑之一，而像埃尔米拉多尔2号石碑（见图6.21）那样带有象形文字文献的石碑就更少了。尽管有些前古典期晚期的便携物品上刻有低地的简短文字，但正如我们所见，绝大多数前古典期字形和历法日期的案例都出自玛雅南部地区。前古典期晚期玛雅南部地区的石碑上，雕刻着统治者肖像和象形文字，与之相比，即使是埃尔米拉多尔的这些案例也大为逊色。这种差异可能是由于保存不善造成的——比如后来的人类活动、掠夺和岁月变迁毁坏了早期的纪念碑——这种状况在许多低地遗址普遍存在。但除此之外，这种缺失可能表明，利用文字来公开展示权力的这种方式起源于卡米纳尔胡尤等玛雅南部地区的遗址，而在古典期之前的低地中心，纪念碑上雕刻文字的情况仍相对少见。

埃尔米拉多尔盆地是建筑创新的中心，前古典期中期的纪念性砖石建筑就诞生于此。到了前古典期晚期，埃尔米拉多尔盆地的很多建筑特点，开始在中部低地以外的前古典期晚期中心展现。除了前文提到的三重神庙，还包括砖石建筑和陵墓、球场、E建筑群神庙集群。埃尔米拉多尔盆地的瓦克纳遗址有三座被洗劫一空的前古典期晚期陵墓，它们在建筑风格上与在蒂卡尔“失落世界”建筑群（PNT-021）发掘的陵墓有相似之处。前古典期中期时，纳克贝有一个球场（第五章），而到了前古典期晚期，东部低地的许多遗址也陆续有了球场。E建筑群（首次定义于瓦夏克吞E组）很可能是埃尔米拉多尔盆地的又一创新，其中部是一个广场，用于观察每年的太阳周期；广场西侧是一座大金字塔，与东侧加长平台上的三座建筑相对立。最早的E建筑群可能是在纳克贝，还有一些位于前古典期晚期的埃尔米拉多尔、卡拉科尔、瓦克纳、瓦夏克吞和蒂卡尔。或许，E建筑群推动了玛雅历法的发展（第三章）。

在其他前古典期低地中心进行的考古调查，已初步确立了低地经济和政治制度的演化模式，包括超出家庭生产水平的商品专业化生产的开始。有可靠证据证明，在前古典期晚期，伯利兹北部的科尔

危地马拉的圣巴托洛

2001 年，威廉·萨图尔诺（William Saturno）在佩滕东北部发现了这个地处偏远的遗址，此后，该遗址才为考古学家所知。之后，萨图尔诺与同事在这里绘制了一幅涵盖100多个砖石建筑的地图，长度达1千米（图6.24）。文塔纳斯（意为"窗户"）建筑群（Ventanas Group）的主体坐落在一座小山丘上，围绕一个中心广场而建。金字塔形20号神庙建筑俯视着广场北侧的平台。它建于前古典期晚期，但也不乏前古典期中期的建筑特点。南部是一条从文塔纳斯建筑群延伸出去的堤道，东部则是较小的平图拉斯（意为"绘画"）建筑群（Pinturas Group），旁边是26米高的1号建筑。

不幸的是，劫掠者们个个都对圣巴托洛虎视眈眈，而且在考古发现之前，它的建筑已被200多个非法沟渠和隧道弄得破碎不堪。试探性开挖和从劫掠者手上抢救的沟渠表明，大部分（如果不是全部的话）圣巴托洛的主要建筑都建于前古典期晚期，而且通常都是直接建在原来前古典期中期（约公元前800年—约公元前400年）的建筑位置上。地表碎片和几处被侵蚀的纪念碑就来源于古典期晚期时重建的建筑。最重大的发现位于1号建筑，那里有一条劫掠者隧道，里面发现了至少六座排列有序的前古典期建筑（图6.25）。2001年，萨图尔诺进入此隧道，当时，他在一处玛雅遗址发现了最为重要的前古典期壁画［彩图4（b）］。1号建筑的建造前期约在公元前100年，其相对完好的建筑内墙上，仍保留着精美别致的壁画［彩图4（a）和5（a）］。

哈已经开始大规模生产燧石工具（椭圆形的双面工具、扁斧、长柄尖刀或刀），这表明在这一时期，科尔哈的全职工艺生产一片欣欣向荣。在古典期晚期，有89家燧石工具作坊诞生，其中，三分之一以上的作坊都于前古典期晚期开始运作。在伯利兹和远在西部的埃尔米拉多尔的多处前古典期晚期遗址，都发现了科尔哈燧石工具。这一证据表明，在前古典期晚期，覆盖中部低地东部的区域分配经济制度已经实行，而且可能是由埃尔米拉多尔来统一协调。

埃尔米拉多尔的规模之大、创新成就之多，可谓史无前例；而且，它很可能与中部低地较小的中心存在着经济和政治上的联系，所有这些证据都表明，埃尔米拉多尔是前古典期晚期某个大政体的首都，即玛雅低地的第一个国家。坎佩切位于埃尔米拉多尔东北方向的不远处，其南部国王祭坛（Altar de los Reyes）遗址处的古典期晚期3号祭坛，上面列有十三个象形文字，文字描述的是“王座”（或神圣的权力所在地）。这似乎是对玛雅低地最古老的王朝首都做出的回顾，因为数字“十三”在玛雅宇宙学中是一个非常重要的数字。这些象形文字大多与古典期的知名首都有关，如卡拉克穆尔和蒂卡尔。此外，这一象形文字文献还提到了一个名为查坦·维尼克（Chatan Winik）的地方，这是在纳克贝和卡拉克穆尔的古抄本风格器皿和文本中发现的名称。尼古莱·克鲁伯认为，查坦·维尼克可能是纳克贝和埃尔米拉多尔最初的政体，也就是3号祭坛上提到的十三个王座之首。这表明，3号祭坛上列出的十三个王座，以某种方式从查坦·维尼克那里获得了其王朝首都的地位，而事实上，查坦·维尼克可能是玛雅低地的第一个国家。

前古典期晚期玛雅低地的统治者

虽然对坎王朝（the Kan dynasty）的回顾记录可能是对埃尔米拉多尔统治者统治的历史记载，但近来，与玛雅低地前古典期国王有关的直接证据寥寥无几。随着危地马拉东部低地的几项重大发现的揭晓，情况也发生了剧变。弗朗西斯科·埃斯特拉达-贝利（Francisco Estrada-Belli）负责西瓦尔（Cival）遗址的发掘工作，在发掘过程中，他们发现了一座前古典期晚期建筑，上面装饰着玉米神的大型描摹彩绘面具［彩图3(b)］。这些面具的尺寸（3×4米）与埃尔米拉多尔34号建筑的面具尺寸相当。在埃斯特拉达-贝利负责的发掘工作中，他们还发现了一个前古典期晚期的纪念碑，上面刻着的可能是玛雅低地最

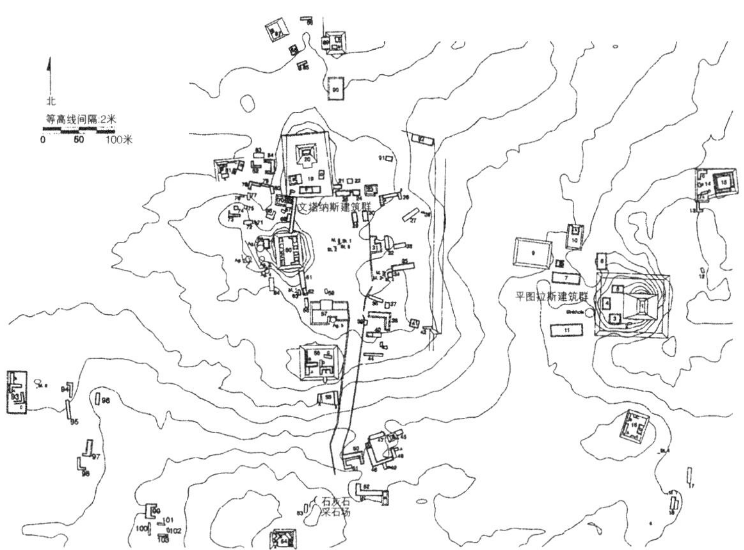

图6.24　危地马拉圣巴托洛的地图　图上展示了中部的文塔纳斯建筑群和东部的平图拉斯建筑群,1号建筑和前古典期晚期壁画的所处位置。2005年,在该遗址处发现了第三个建筑群,这表明圣巴托洛是一个规模庞大且至关重要的前古典期晚期首都。

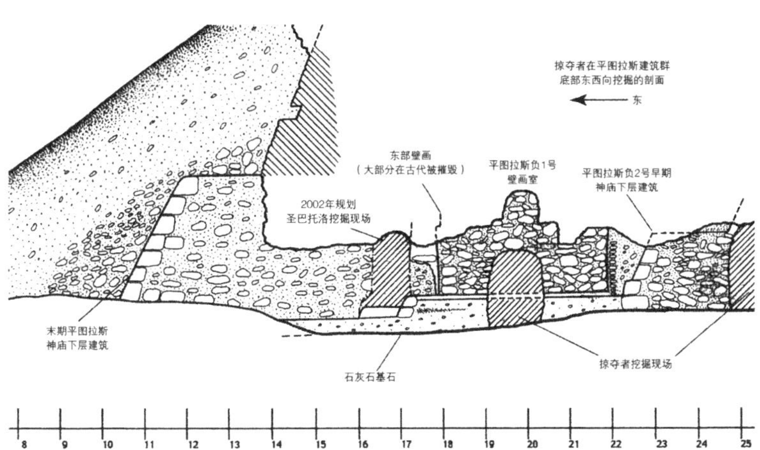

图6.25　圣巴托洛1号建筑的隧道断面　平图拉斯建筑群中的劫掠者隧道,表明此处是前古典期晚期遗址所在地(负1号建筑),其内墙完好无损[参见彩图4和彩图5(a)]。

伯利兹的塞罗斯

就其最终外观来看，塞罗斯是一个坐落在短小半岛上的小型前古典期中心，半岛向北一直延伸到加勒比海沿岸的切图马尔湾（图6.26）。中心的低地一侧是一条环形运河，中间是台田、房屋、球场和神祠。但大多数主要的神庙和贵族建筑都集中在半岛北端的一连串高架平台上。塞罗斯和尤卡坦半岛的科姆琴代表着经过充分调查的前古典期中心，因为没有之后（古典期或后古典期）的建筑将其覆盖。基于这些遗址发掘，塞罗斯的发展历程就可以得到重构。

和玛雅低地的许多村庄一样，塞罗斯起初只是一个前古典期村庄。但其具有战略意义的位置使其居民——农民、渔民和商人——能随时出海并获取海洋资源，还能获取独木舟从尤卡坦东海岸运来的产品。此外，由于该聚落规模不大，考古研究通过一幅相对完整的画面，描述了它转变为一个小型王室中心的过程，同时在许多玛雅城市也重复了这一过程。大约从公元前50年起，就有原始村庄被埋在一些纪念性平台和建筑物之下（图6.27）。这种转变要么源自聚落内部，要么来自外部接管。塞罗斯的地理位置吸引了另一个低地中心的贵族们，他们充满野心，一心想将其征服，或任命一位新统治者来进行统治。这很有可能就是距离最近的主要前古典期中心拉马奈（图6.22），但最终，却是埃尔米拉多尔统治了拉马奈和伯利兹北部。

早的统治者的肖像。

从考古和风格证据来看，在圣巴托洛遗址（图6.24）发现的精美壁画可追溯至大约公元前100年，这极大地增进了我们对前古典期晚期玛雅低地王权的了解。尽管壁画上并无长纪历日期，但仍可见古典期圣主制度的其他特征，包括附有象形文字文献的王室成员就职场景［彩图5（a）］。文献中的大部分象形文字仍无法破译，只有几个能被解读出来，比如在描绘一位玛雅统治者就职场景旁的阿哈瓦象形文字（ajaw glyph），就十分清晰明了。这些壁画位于一座前古典期晚期的建筑内部，集中展示了玛雅创世神话中最早的代表性情节——与玉米神诞生有关的四向世界树和生命之树的起源［彩

图4(a)和彩图4(b)]。

圣巴托洛壁画表明，玛雅国王统治着前古典期晚期的低地，而且同古典期一样，不论是就职上任还是寻求支持，都离不开世俗与超自然力量——包括玛雅创世神话和其王权的思想基础。如果圣巴托洛就是壁画上描绘的统治者所在地，那这或许表明前古典期晚期和古典期一样，都存在着一个政治中心等级制度。尽管圣巴托洛可能是一个自治首都，但相对而言，它邻近埃尔米拉多尔，这表明圣巴托洛和其统治者都从属于比它规模更大的中心。

圣巴托洛壁画的建筑背景和主题，或许能为前古典期晚期玛雅低地的王权性质提供其他重要线索。值得注意的是，能证明早期玛雅国王的权力及其意识形态的场景都位于建筑内部的隐蔽之处。如此看来，这些壁画仅供特定观众欣赏，很可能就是国王与其宫廷成员。这与前古典期低地鲜将王室成员形象进行公开展示的状况相吻合。低地的这种模式与高地和太平洋沿岸平原上的遗址形成了鲜明对比，在那里，前古典期国王的雕刻肖像被放置在露天广场上，以供臣民和游客观看。尽管圣巴托洛壁画处在一个更为私密的环境中，但这些场景所传达的讯息是，王室成员就职典礼和国王举行的其他仪式都属于公共事务。因此，这些仪式是宣扬和加强王权的重要手段。

前古典期晚期的低地有一处遗址，规模不大，但相当重要。该遗址的发掘者大卫·福莱德尔(David Freidel)根据塞罗斯的一系列王室神庙，对王室公共仪式的重要性进行阐释。这一系列神庙始于塞罗斯建筑5C的建造。建筑5C背靠切图马尔湾，同时正对着南面的整个聚落(图6.26)，它标志着神圣的南北轴线的北端，而轴线的南端是一个球场(另一个球场位于该轴线的中段)。在玛雅宇宙学中，北指向众神的天界天空，南则指向地下世界。从外形和寓意上来看，这种布局将第一神庙和天界联系了起来。作为公共仪式的场所，建筑5C

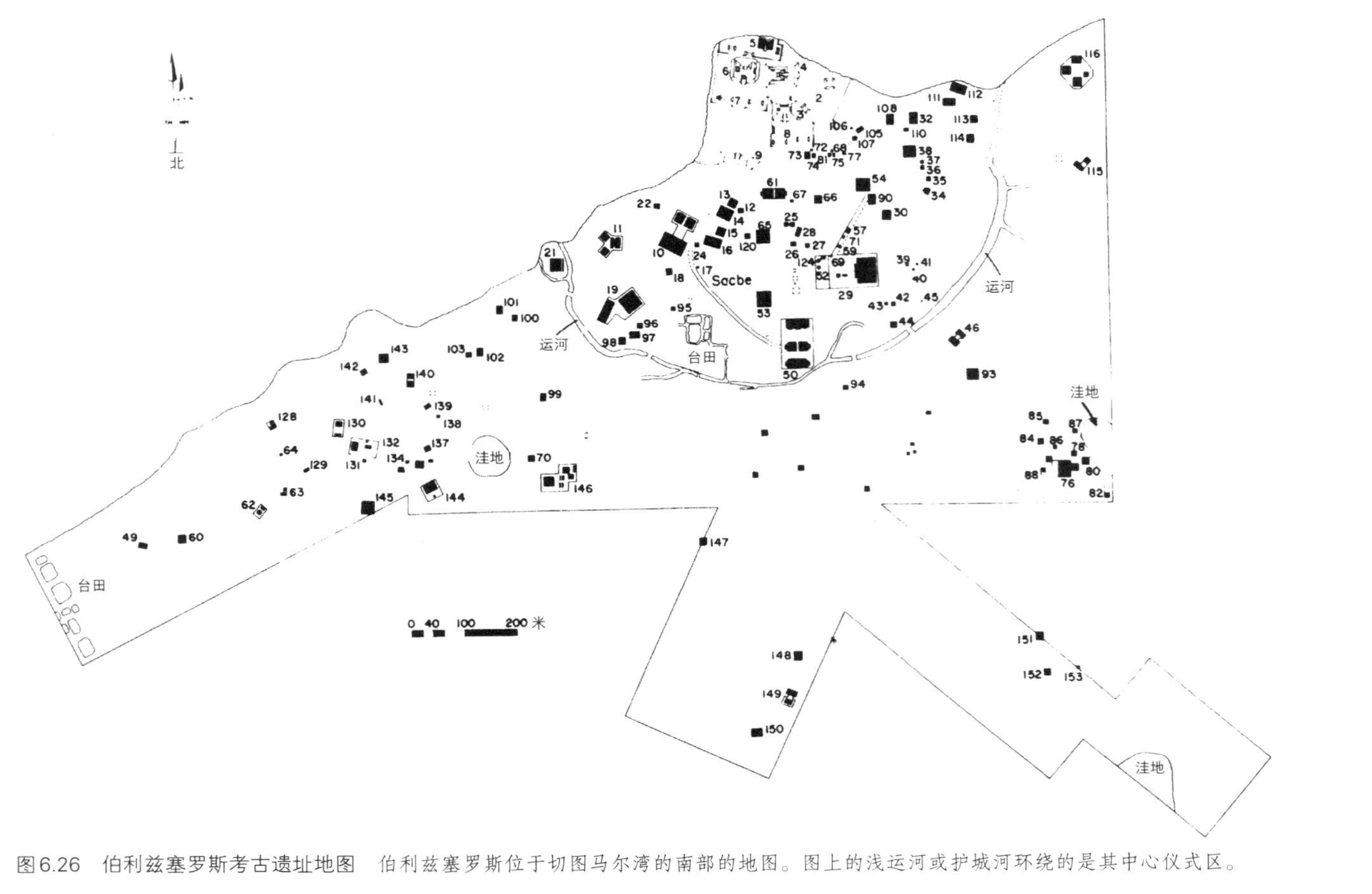

图6.26　伯利兹塞罗斯考古遗址地图　伯利兹塞罗斯位于切图马尔湾的南部的地图。图上的浅运河或护城河环绕的是其中心仪式区。

主要用来强化统治者在宇宙中的崇高地位。

与埃尔米拉多尔或其他主要的前古典期中心直冲云霄的金字塔不同，建筑5C只是一座简陋的神庙。它的双层平台上有一座非实拱建筑，可能是用来给统治者和掌握自身命运的众神举行私密仪式的。此外，神庙的楼梯旁还有两个宽阔的平台，平台一侧有刻画宇宙力量的巨大的彩绘灰泥面具（图6.27），这样安置神庙是为了让整个聚落都能在楼梯上见证仪式的进行。同在东方，位置较低的面具是冉冉升起的太阳，在西方与落日交相辉映；位置较高的面具则是作为晨星的金星，在西方与作为晚星的金星相辅相成。统治者上楼梯时，表示他处于这些力量的中心，比如太阳每天出生（升起）与死亡（落下）的行程，以及同伴金星作为晨星时"引领"旭日东升，或者作为晚星时"推动"夕阳西下。位置较高的面具头部有表示统治地位的三分玉制束发带（阿哈瓦象形文字），而位置较低的面具在脸颊处带有象形文字金（k'in，日名）。这些都与玛雅神话有关，因为阿哈瓦束发带代表的可能是年长的孪生英雄，而金代表的可能是他年幼的弟弟；两者都是王权的重要象征。

塞罗斯的历任统治者可能都曾发起过新神庙的修建工程，而且，每座神庙都与灰泥面具以及统治者在宇宙中的权力和地位的象征有关。由于多了四座神庙，因此，后来的四位塞罗斯统治者可以接手。第二神庙6号建筑的规模更大，地处南北轴线的西侧，跟建筑5C一样面朝南方。第一神庙是独矗式的，而第二神庙则是三重的，塞罗斯随后的统治者都采用三重的神庙式样——在一个架高的大平台上，有一座主庙，侧面则是两座较小的建筑。如前所述，这种三重的方案是诸如埃尔米拉多尔这种主要的前古典期中心的标志，而且在离塞罗斯更近，且面积更大的拉马奈遗址（建筑N10-43，图6.22）也有所发现。如此看来，通过模仿这种建筑方案，塞罗斯的统治者采取了进一

图6.27　塞罗斯考古遗址建筑5C-2　位于伯利兹塞罗斯的前古典期晚期建筑5C-2。(上图)发掘之后呈现出来的精心修饰的阶梯式平台;(下图)楼梯一侧的其中一个彩绘灰泥面具。

步的手段来加强其权力背后的基本宇宙原理。

第三神庙4号建筑是塞罗斯最大的神庙。它正对第二神庙，面朝东方初生的朝阳。由于神庙也是一个丧葬神祠(尽管墓室在发掘时是空的)，因此，如果神庙的朝向发生变化，这就意味着神庙和统治者之间产生了另一种联系。第四神庙建筑29C面朝西方，是塞罗斯前古典期三位一体方案最清晰的展现。它标志着另一种变化，因为它建在南方，不在原来北方神圣的辖区之内。第五神庙也是最后一座神庙，又建在了北部辖区，而且跟早期一样，也面朝南方。但它粗制滥造的结构标志着塞罗斯统治者的权力正日渐衰落。焚烧和粉碎仪式物品等终止仪式都曾在这些王室神庙举行，随后塞罗斯就被遗弃了，原因不明。就我们所知，包括埃尔米拉多尔在内的其他前古典期晚期的中心，在前古典期末期都遭遇过类似的困境。致使埃尔米拉多尔衰败的力量，同样也导致了塞罗斯的衰败。自那之后，塞罗斯曾一度恢复往日村庄聚落的身份，之后就被永远遗弃了。

前古典期晚期的统治模式

前古典期晚期低地政体的统治者在壁画的私密场景中被描绘出来，他们在仪式表演的公共舞台上与统领整个宇宙的众神紧密相连。前古典期的玛雅国王会在私密场合使用文本，比如圣巴托洛壁画，同时还会指明其个人物品的所有权，比如基奇潘哈(Kichpanha)血书和波莫纳(Pomona)耳饰(图6.28)。低地残存的前古典期玛雅文献表明，它被用作仪式或名贵物品，也可用于特殊的仪式场景，还可用来辨别建筑物上的神面具。

尽管圣巴托洛和塞罗斯的建筑物上都有绘画字形的记载，但两地的公共场合都没有宣示王权的前古典期雕刻纪念碑。迄今为止，

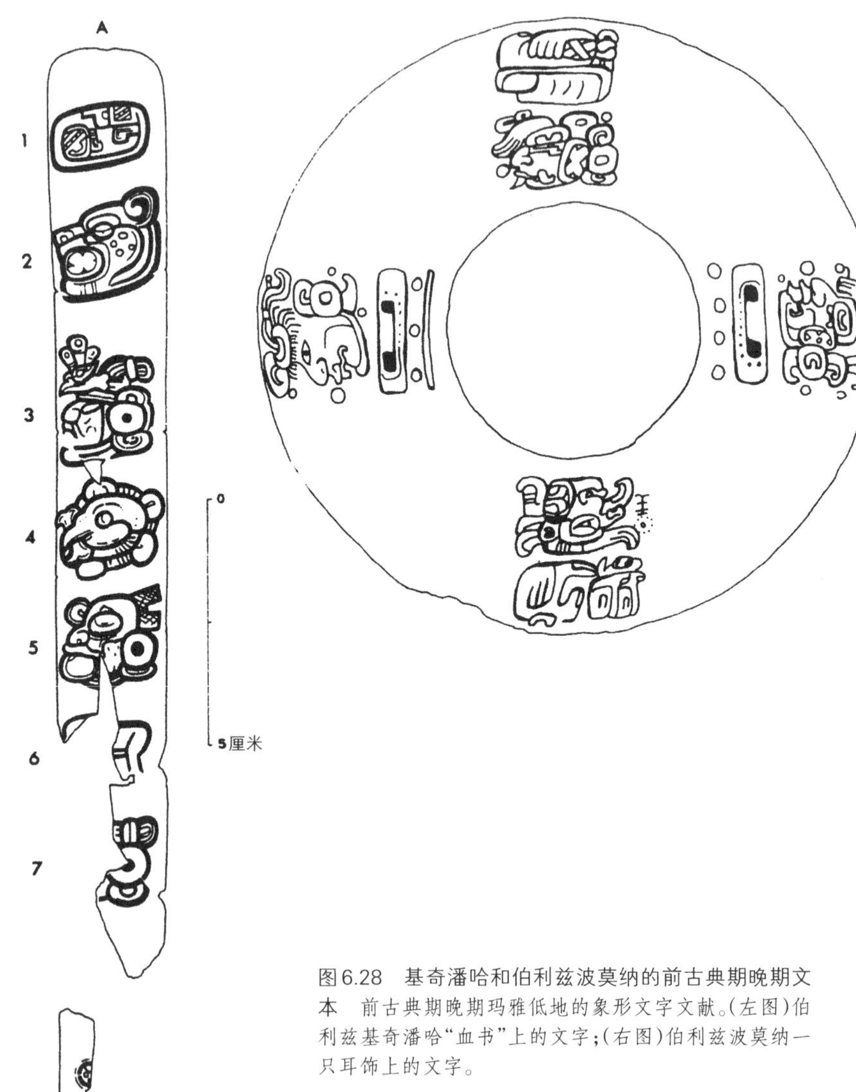

图6.28　基奇潘哈和伯利兹波莫纳的前古典期晚期文本　前古典期晚期玛雅低地的象形文字文献。(左图)伯利兹基奇潘哈"血书"上的文字;(右图)伯利兹波莫纳一只耳饰上的文字。

图6.29　危地马拉中部低地瓦夏克吞建筑E-VII和建筑E-VII-sub　(上图)发掘前的古典期平台遗迹;(下图)发掘之后保存完好的前古典期晚期建筑E-VII-sub,其正面饰有灰泥面具。

图6.30　瓦夏克吞建筑E-VII-sub上的面具　位于危地马拉瓦夏克吞的建筑E-VII-sub：发掘之后的前古典期晚期灰泥面具细节图，是山神（维茨）面具的一个早期例子，可以通过这些面具将许多玛雅神庙平台作为圣山识别出来。

低地大多数前古典期雕刻纪念碑都来自埃尔米拉多尔盆地，而其他几个很可能是前古典期晚期的纪念碑，均已在伯利兹出土。埃尔米拉多尔的几处纪念碑上都刻有简短的象形文字，但到目前为止，还没有一处纪念碑，像前古典期晚期玛雅南部地区遗址的纪念碑那样刻有国王的肖像，也没有使用长纪历日期来记录其成就。塞罗斯的前古典期砖石平台跟埃尔米拉多尔（34号建筑，图6.20）、蒂卡尔（建筑5C-54）和瓦夏克吞（建筑E-VII-sub，图6.29和图6.30）的一样，都以彩绘灰泥面具做装饰。塞罗斯的单个象形文字并非文本的一部分，而是面具和其他建筑装饰的元素。圣巴托洛壁画上的场景和文本表明，玛雅国王的世俗和超自然力量的外衣早在前古典期晚期就已经存在，但该壁画仅供少部分贵族欣赏，公众无法观看。

这种具有建筑、艺术和象征意义的证据，反映了前古典期晚期低地宗教和民间权威的统一。宗教和政治权力的外在表现融为一体，并在王室仪式的布置中，通过建筑物展示出来——以饰有精致面具的高架神庙作为众神之邸。在瓦夏克吞发掘H建筑群的过程中，发现了一个前古典期晚期的主要建筑群，正好埋在古典期早期的建筑之下。该建筑群以南广场为中心，东、北、南三侧均环绕有建筑平台。东侧平台上的六栋建筑以一组前古典期晚期的灰泥面具（图6.31）做装饰。建筑H-Sub-3位于东侧主平台的西面，其中央楼梯两侧有两个叠置面具，这种模式在前古典期晚期十分常见。在该模式中，面具

图6.31　瓦夏克吞H组面具　建筑H-Sub-3上的山神（维茨）灰泥面具图，该面具也将这一建筑视为圣山。

描绘的是玛雅山神(维茨),与代表地球(陆地和海洋)的图案合为一体,而建筑H-Sub-3被视为“圣山”。通常情况下,玛雅神庙等同于圣山,其入口被视为通往地下世界的洞穴,能为王室仪式提供与超自然领域沟通的环境。Sub-3是通往东侧平台的门户,其正西方有一座较小的建筑 ,即建筑H-Sub-10。在该建筑的灰泥装饰上,发现了与瓦夏克吞最早期统治者更为具体的联系。Sub-10东、西两侧的低矮楼梯上都挂有阿哈瓦面具,墙上还饰有代表统治者的人物画像,他们站在王座之上,周围堆满了蒂卡尔建筑5D-Sub-10墙上画的那种烟雾卷轴。与这些人物画像相间的是于高地和低地发现的编织垫子(pop),它们是玛雅王室最源远流长的象征之一。

前古典期晚期玛雅低地的国王,通过在神圣的神庙布置中举行仪式来宣扬王权,且在私密环境(圣巴托洛壁画)和公共场合(塞罗斯神庙)都举行过仪式。可以肯定的是,玛雅南部地区也举行过类似的王室仪式。但在高地和太平洋沿岸平原,饰有面具的神庙几乎不为人知。玛雅南部地区的国王通过将刻有文字和图像的石碑进行公开展示来宣扬王权,目的就是要将统治者刻画成战士、俘虏祭祀者,以及王室祖先和继承者之间生生不息的纽带。任何一个看到这些纪念碑的人,都会感到它们无不处处彰显着国王的成就和统治权力。与玛雅低地的国王不同,玛雅南部地区的国王利用石碑和神庙来加强其政治和宗教权力——石碑用于永久性展示,神庙则用于不定期的仪式。

低地和南部地区的王权模式似乎还有更深层次的差异。在这两个地区,纪念性神庙平台都主导着主要的前古典期晚期中心。但在低地,这些建筑可能更多被用作加强在世统治者权力的公共仪式的舞台;而在南方地区,显然,这些神庙更多被用作祭奠先王的丧葬神祠。这可能反映了对统治权威来源的重视有所不同。南方地区更注

墨西哥尤卡坦半岛的科姆琴

科姆琴是尤卡坦半岛最大的前古典期中心，位于北部低地的西北角，距海岸只有20千米，毗邻古典期规模更大的中心齐比查尔顿（见第六章）。尽管该遗址因石制建筑材料遭到严重破坏，但研究显示，在它仅2平方千米的占地面积内，聚积了大约1000个居住平台。这些建筑大致呈同心圆分布，中间的平台面积最大，然后依次向外递减。遗址中心是环绕一个中心广场而建的五个大平台，最大的高达8米。用条石铺砌的萨克贝堤道往东北方向延伸了235米，这是迄今为止在尤卡坦半岛发现的最早的堤道。

在科姆琴和齐比查尔顿进行的考古研究表明，当地人的占领时间长达两千年。根据前古典期中期马姆陶器识别出来的最早的遗迹，可追溯到约公元前700年至约公元前650年。起初，科姆琴并没有砖石建筑，但在附近的一个较小的中心瞭望台建筑群（Mirador Group，图6.32），发现了一个带有砖石平台的马姆聚落。在随后的几个世纪，科姆琴的人口不断增长，同时还发现了一些前古典期晚期的仪式建筑群。科姆琴邻近加勒比海产盐海岸，这表明它控制了海盐的开采。该遗址海拔仅5米左右，地处北部低地最干燥的地区之一，因此，只能从遍布该地的天然灰岩深井和当地居民凿的水井中取水。

重单个统治者的成就和血统，以及他们与王室祖先的关系；低地似乎更注重超自然权威的庆祝仪式。除了这些不同的模式之外，在古典期晚期，公开展示刻有文字和图像的纪念碑这种方式也为整个低地所采用。这为记录单个统治者的统治日期、符号以及成就提供了一种全新且更灵活的方式，从而进一步巩固了他们在民间和宗教界的中央集权。与此同时，丧葬神庙也变得日趋重要。当然，利用建筑雕塑来美化统治者之间超自然联系的古老低地传统仍在延续。

如果我们观察前古典期晚期的墓葬仪式，就会发现，随着这两个地区统治制度的演变，我们能找到两者间存在差异的更深层次的证据。在高地和低地，用于祭祀先王的神祠之下都有墓窖或陵墓。但位于蒂卡尔的前古典期晚期北卫城陵墓只够容纳一具遗体和少部分祭品，与卡米纳尔胡尤陵墓里的数百件祭品和众多祭祀家臣相差甚远。尽管有证据表明，在前古典期晚期的伯利兹奎略进行过大规模的活人献祭，但似乎是由袭击造成的，而非统治者对死亡的崇拜。当然，它们之间也有相似之处，最明显的就是王室陵墓中的祭品种类。然而，前古典期晚期低地模式的重点在于纪念性神庙，用以供奉统治制度背后的宇宙力量，而不是单个统治者的成就。相比之下，前古典期晚期玛雅南部地区的统治者，都是通过其精致的陵墓之上的肖像石碑和纪念性丧葬神祠来单独进行纪念。这可能表明，这些明确的先王崇拜最初是在南部地区发展起来的，然后在古典期的玛雅低地变得越发重要。

这些各不相同的传统反映了第一批玛雅政体中王权演变的多样性。一种是将权力与统治制度结合起来的传统，所强调的是抽象的统治权力与呈现在建筑（壁画、面具和其他神庙元素）上的宇宙之间的联系。这种统治传统可能起源于前古典期中期，且与玛雅中部低地（如纳克贝）有关，并在前古典期晚期的埃尔米拉多尔发展成熟。埃尔米拉多尔是发现第一个低地雕刻石碑的原始中心地带。第二种传统也起源于前古典期中期，但与玛雅南部地区的关系更为紧密。这与单个统治者的权力和威望聚积有关，标志就在于王室丧葬仪式，以及将国王的个人肖像与所记录的吉兆日期结合起来的公共纪念碑。玛雅高地和低地间的相互作用促进了这两种传统的融合。但直到古典期初期，高地和太平洋沿岸平原上的南方个体化统治传统的核心才成为低地的主导。对这些南方习俗的重新重视与蒂卡尔早期的统治者和其他新势力有关，这些新势力是在以埃尔米拉多尔为主导的前古典期旧低地秩序衰落之后出现的，而且可能反映了一些古典期低地王朝在高地的起源。

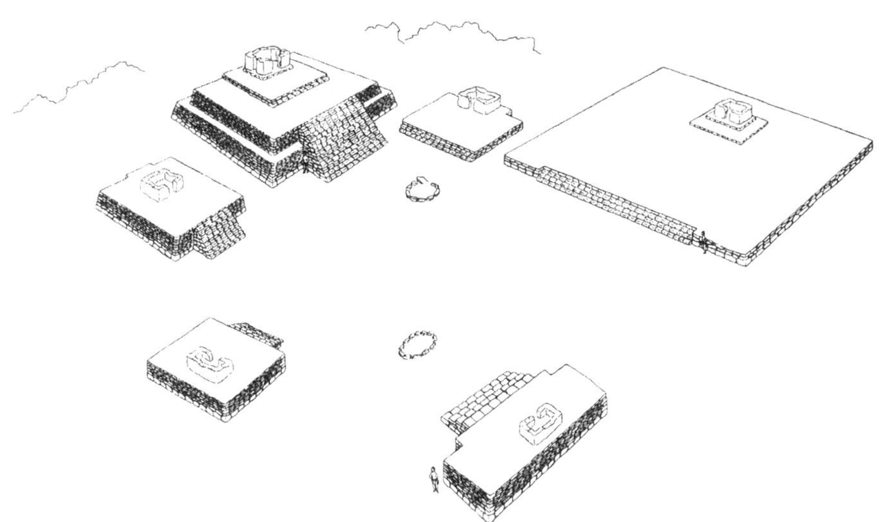

图6.32　墨西哥尤卡坦齐比查尔顿的瞭望台　前古典期中期至晚期，位于墨西哥尤卡坦半岛齐比查尔顿的瞭望台建筑群的平台（最上面的建筑是后来在古典期晚期修建的，广场上的两个椭圆形房屋平台是西班牙征服之后修建的）。

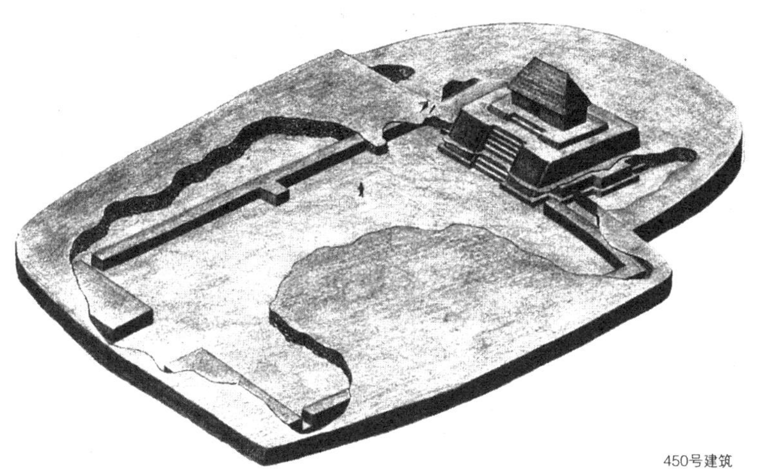

图6.33　墨西哥尤卡坦科姆琴450号建筑　于前古典期中期和晚期，在墨西哥尤卡坦半岛科姆琴修建的450号建筑。该建筑通过一条长250米的萨克贝堤道与500号建筑相连。

图6.34　科姆琴500号建筑　位于墨西哥尤卡坦半岛科姆琴的500号建筑。考古发掘发现的前古典期中期至晚期的建筑，近侧的坡道和短楼梯可追溯到前古典期中期。

前古典期北部低地的发展

前古典期玛雅南部低地的社会发展历程与尤卡坦半岛类似。早在前古典期中期(约公元前700年—约公元前650年)，北部低地就已聚落遍布，可以肯定，这是农业人口扩张的一部分。在农业人口扩张的过程中，很多南部低地都被讲玛雅语的人殖民统治了。陶器便是这一过程最有力的证据。显然，北方人制作和使用陶器的方式与南方马姆传统相同。马姆陶器在北部低地的很多遗址都有被发现。在齐比查尔顿(图6.32)和邻近的科姆琴进行的发掘工作，完美展现了在前古典期中期和晚期，尤卡坦半岛前古典期社会的发展历程。

前古典期中期，科姆琴可供人们居住的只有易腐的家庭住宅，所以起初它只是一个农业村庄。到了前古典期中期末尾，中央广场周围建了第一批成群的平台，这与新一批的陶瓷库存有关，它们或许能反映出与南部普克地区人口的关系。前古典期晚期（约公元前350年—约公元前150年）时，出现了建筑活动的高峰，当时，科姆琴最大的砖石平台已建成（图6.33和6.34）。在前古典期的最后几个世纪（约公元前150年—约公元250年）中，建筑活动急剧减少，人口数量也有所下滑。到了前古典期末期，科姆琴已被当地居民遗弃。古典期晚期，齐比查尔顿附近的中心曾一度达到全盛，其间，科姆琴的部分地区被重新占领。

前古典期晚期的玛雅低地文明

从纳克贝和埃尔米拉多尔获得的考古证据，除了展示出个性化统治的起源之外，还表明前古典期的人口数量和组织复杂性远超先前的预测，如果将从伯利兹和其他低地的前古典期遗址收集的数据结合起来看更是如此。到了前古典期晚期，许多独特且带有古典期贵族权威特色的物品已在低地出现。为建设公共工程，比如埃尔米拉多尔盆地四通八达的堤道网络，资源和劳动力大幅增加。用水管理方面也有所投入，塞罗斯的环绕运河就包含在其中。大约在公元前200年至约公元100年，一个规模更大的运河系统在北部低地的埃德兹纳建成（图11.4）。旱季时，两者都可用来储水和灌溉附近的农田。集约农业似乎也有了进一步的发展，包括建造台田（图11.5至图11.8），在沼泽地里修梯田、建引水系统和排水运河。但要知道，这些农业工程是由公共企业或贵族操控的服徭役者建造的，还是两者兼有，目前还不清楚。

另一方面，前古典期晚期中心的数量越来越多。显然，纪念性建筑的建造和维护都得靠徭役。毫无疑问，埃尔米拉多尔的建筑规划和建设规模表明，其背后存在一个能掌控自身命运的强大的统治制度。同时，如前所述，埃尔米拉多尔和其他前古典期晚期遗址的规模各异，这或许能解释社会统治制度内部的组织多样性。至少，这种差异反映了低地遗址在人力和自然资源控制上权力的不同。

前古典期晚期，低地已经出现了按规模划分的遗址等级。这些中心在时间的流转中争夺权力和威望，一些中心如愿以偿并由此发展壮大，另一些则受控于更强大的中心。显然，埃尔米拉多尔在这个等级体系中居于统领地位，它控制着一个大政体，这个政体对低地社会的多方面统治长达数世纪。类似于前古典期晚期的蒂卡尔、瓦夏克吞、圣巴托洛和拉马奈这类处于发展中的中心都属于二级中心，每个中心都可能是较小的地方政体的首都。卡拉克穆尔可能是另一个二级中心，但由于邻近埃尔米拉多尔，当时的卡拉克穆尔可能就得附属于它。塞罗斯可能是一个三级中心，而卡克布和基奇潘哈等遗址可能属于四级中心。可以肯定，一些三级和四级聚落附属于更大的政治首都，但其他聚落可能就不在该等级体系之列，它们保持相对独立。尽管我们无法详细描述前古典期晚期低地中心等级体系的结构和变化，但这些新兴政体间的关系很可能是独立国家体系的前身，而正是这一体系塑造了古典期。

前古典终结期的衰落

在前古典终结期，整个玛雅地区发生了诸多变化，科姆琴被遗弃只是其一。许多其他前古典期晚期的低地中心也遭到严重的挫折。

埃尔米拉多尔急剧衰落，几近被遗弃的状态。塞罗斯比埃尔米拉多尔的规模小得多，但也完全被遗弃。大约在公元100年至公元300年，玛雅南部地区出现了最为严重的衰落。但也有例外，因为当时，北部高地的拉拉古尼塔遗址似乎正处于鼎盛时期。但总体而言，高地和太平洋沿岸的大部分地区都出现了衰落。高地和太平洋沿岸平原的遗址，都曾有刻着象形文字文献的石碑，但这一古老习俗已不再沿袭，这可以说是最剧烈的变化。此外，很多前古典期中心也完全被遗弃。

多年来，学者们一直对玛雅南部地区灭亡的原因争论不休。对玛雅高地陶器分布的研究表明，前古典期晚期卡米纳尔胡尤发生的重大变化，包括雕刻纪念碑的消失，是由于西部高地不断壮大的人口规模对该遗址的占领。在萨尔瓦多进行的研究还指出了另一个因

图6.35　萨尔瓦多伊洛潘戈的火山口　伊洛潘戈火山湖泊遍布的火山口一览。这是从古典期开始的灾难性火山爆发之后的遗迹(前面则是萨尔瓦多的首都圣萨尔瓦多)。

素，即该地中部的伊洛潘戈火山爆发（见图6.35）这场重大自然灾害。这次灾难性的火山爆发首次发现于查尔丘阿帕的考古记录中，随后该遗址就出现了严重的衰落。

佩森·希茨（Payson Sheets）负责附近的扎波提坦山谷研究，研究表明，伊洛潘戈火山爆发造成了大范围、大幅度的人口减少和农业减产。希茨和同事们根据相关的调查和遗址发掘，记录了此次灾难的规模，这表明由于大量的火山落灰，伊洛潘戈方圆100千米内的区域在长达一个多世纪的时间内都不宜居住。这意味着玛雅东南部的大片区域都是受火山爆发的影响而人口减少——无论是造成人口死亡还是移民。尽管太平洋沿岸的大部分农业地区没有受到严重破坏，但火山落灰势必会导致农业产量暂时减少。也有人指出，由于火山落灰的影响深远，因此从河流和沿海地区捕捞的水产食物资源可能会有所减少；而且，伊洛潘戈的火山灰云会引发特大降雨，进而导致灾难性洪水，其影响范围远不止直接受灾区。

伊洛潘戈火山爆发的时间一直不确定。在前古典期晚期的遗迹表面，发现了伊洛潘戈的火山落灰，后来在查尔丘阿帕等几处遗址的古典期早期的物品表面，也发现了这些落灰。根据伊洛潘戈火山灰的木炭样本，九个校准放射性碳日期平均值的中点是公元260年（1σ范围为公元146年至公元374年）。最近，对从伊洛潘戈火山灰中提取的五个木炭样本，用了更为精确的AMS放射性碳测定法进行年代测定，得出的校准平均年代为公元429年（2σ范围为公元408年至公元536年）。根据AMS新测定的年代，伊洛潘戈火山爆发大致是在南部地区大范围衰落的末期，这就说明，其影响很可能就相当于压死已衰落的东南部社会的最后一根稻草。

显然，伊洛潘戈火山爆发产生的直接影响有限，不足以使整个玛雅南部地区都衰落。但放射性碳测定法新测定的年代表明，在火山

图6.36 墨西哥特奥蒂瓦坎的太阳金字塔 当时，墨西哥峡谷的特奥蒂瓦坎是墨西哥中部一个强大国家的首都，其间，太阳金字塔在一个洞穴和圣泉之上建成。在古典期早期，几个重要的玛雅政体，比如卡米纳尔胡尤、蒂卡尔和科潘，都与特奥蒂瓦坎在贸易和其他方面保持往来。

爆发之前，南部大部分地区所遭受的破坏和变化肯定有多重原因。贸易路线的改变，农业产量的下降，以及新人口的迁移，这些因素产生的负面影响比伊洛潘戈致命的火山落灰影响范围更广。例如，前古典终结期时，卡米纳尔胡尤提出要进行政治变革，之后，很多其他方面的变化也随之而来，人口减少就是其一。太平洋沿岸平原贸易的衰落会引发一场影响深远的经济灾难，南部大部分地区都在劫难逃。此外，在太平洋沿岸贸易业务下滑的同时，更靠北的跨佩滕路线

图6.37　古典期早期玛雅地区的特奥蒂瓦坎风格陶器　（上图）带有卡米纳尔胡尤彩绘灰泥图案的圆柱形三脚架器皿；（右图）在蒂卡尔发现的圆柱形三脚架橙碗，碗盖上刻有图案；（下图）在贝坎发现的刻有图案的圆柱形三脚架黑碗，还有一个特奥蒂瓦坎风格的空心小雕像[参见彩图6(b)]。

(trans-Peten routes)沿线的商业活动却在增加,由此,低地中心就能够利用不断变化的贸易模式来增加财富。南部地区衰落之后,玛雅及其他地区的权势似乎迎来了春天。特奥蒂瓦坎作为最突出的势力,乘势而上。在前古典期的最后几个世纪,这一伟大首都(图6.36)得以在墨西哥峡谷掌权。在很多前古典期晚期玛雅政体衰落之后,特奥蒂瓦坎紧接着在古典期早期燃起了对玛雅地区的兴趣。特奥蒂瓦坎与外界往来的标志是新颖且独特的陶器种类的出现,包括圆柱形三脚架器皿,上面通常饰有特奥蒂瓦坎风格的图案(图6.37),这些图案在古典期早期就已遍布整个玛雅地区。特奥蒂瓦坎感兴趣的其中一个地区是太平洋沿岸地区,如我们所见,特奥蒂瓦坎在此建立了新联盟,以借助农业生产和贸易重建(并控制)该地以前的繁华盛世。因此,随着该地区的人口增长,可可及其他作物产量的恢复,特奥蒂瓦坎可能已经与卡米纳尔胡尤建立了紧密的联盟,力图垄断贸易和玛雅高地的产品分配,特别是黑曜石和玉。显然,特奥蒂瓦坎与玛雅低地的财富息息相关,这将在下一章中讨论。

结语:重构前古典期的玛雅

在玛雅文明漫长的发展历程中,前古典期见证了其第一个高峰期和衰退期。前古典期晚期的玛雅文明是始于前古典期中期的发展趋势的巅峰。正如我们在前一章所见,玛雅南部地区在前古典期中期的地位尤为重要。贸易网络将高地和低地联系起来,这是促使两地发展越发复杂的诸多因素之一。

在整个前古典期,玛雅许多地区的聚落都有所增加。前古典期晚期总人口规模的扩大,主要体现为遗址数量的增加和遗址面积的扩大。在这种扩张中,政治权力也越发集中,尤其是单个玛雅政体统治者所掌握的权力。从塞罗斯、圣巴托洛和其他早期象形文字文献中获得的证据,使得“阿哈瓦”(贵族)一词与前古典期晚期玛雅统治者的头衔联系了起来。当时,玛雅社会正从权力来源相对较弱的酋邦式体系,向权力更为集中的国家式体系演变。

这一演变过程在南部地区的考古记录中体现得尤为明显,特别是危地马拉山谷和低地,而最明显的要数埃尔米拉多尔盆地。这两种情况都有证据能证明主要政治中心的迅速发展,其特点体现在纪念性神庙、宫殿、陵墓和雕刻纪念碑上,它们无不展示出玛雅统治者日益增长的财力和权力。但这种发展也使得许多政体为了控制更广的领土、更多的人口和更长的贸易路线,而陷入越发激烈的竞争和战争。有些遗址控制着稀缺但至关重要的原材料,并专门加工、出口这些材料的制成品,这时,它们就有了竞争优势。卡米纳尔胡尤控制着黑曜石和碧玉等高地的商品,并成为了前古典期晚期南部地区的主要中心。其他位于主要交通路线上的区域中心,则跟塔卡利克阿巴赫、埃尔巴乌尔和查尔丘阿帕一样,专门从事太平洋沿岸平原地区的产品运输、交换和再分配。

在低地,埃尔米拉多尔盆地的几个遗址充分利用当地农业集约化的潜力,以及所处的黄金地段来控制尤卡坦半岛的河道运输,以支持低地最大的前古典期中心。前古典期中期的纳克贝可能是该地区最早的政治首都之一,但到了前古典期晚期,它成了仅次于埃尔米拉多尔首都的第二中心,因为后者的实力更强,是当时最大的低地中心。在其他地方,较小的低地中心已跃升为其政体的首都,有的可能已经与埃尔米拉多尔结盟,有的甚至隶属于它。有些低地中心通过控制当地资源而获利,比如科尔哈的燧石和科姆琴的盐;又或者管理切图马尔湾塞罗斯等地的货物运输和转运。其他遗址则因其地理位置而繁荣起来,比如处在河边或陆上贸易路线沿线。当然,这些发展成果并非完全得益于地理位置和经济控制。社会、政治和宗教活动也推动了这些前古典期晚期政体的演变。

权力日益集中的基础仍根植于社会经济的差异中，即社会分层，这种差异由于宗教制裁以及战争带来的财富和权力而加大。纪念性建筑在每个政治首都都公开展示了这种权力，在其附属中心也是如此，只是展示程度较低而已。这些权力象征中最引人注目的是前古典期晚期的伟大神庙。用于建造和维护神庙、大型公共广场、球场、宫殿和堤道的徭役支出达到史上最高。然而，南部地区和北部低地在权力展示上存在着差异。前古典期晚期玛雅南部政体的统治者通过公开展示刻有王室成员肖像、历法日期和象形文字文献的雕刻纪念碑来强化王权。它们视统治者为战士和超自然力量的化身，借此宣扬统治者的权威。此外，它们还记录了统治者的成就，并追溯他与杰出祖先的联系。这种南方统治传统最为典型的例子在卡米纳尔胡尤。在那里，有影响力的统治者都被葬在奢华的陵墓里。在低地，前古典期晚期统治者的权力体现在公共仪式和建筑上——它们是统治者与宇宙间超自然力量交流的场所。低地模式强调的是统治制度背后的宇宙力量，这需要在巨大的神庙建筑群中举行奢华的公共仪式来庆祝。与之相反，南方统治者则是通过单独的肖像石碑和墓葬神祠来纪念。

低地模式最显著的表现是在埃尔米拉多尔，这里除了古玛雅人建造的最大的神庙之外，还有一个堤道网络，它促进了首都与其附属中心之间的交流。显然，埃尔米拉多尔也紧随纳克贝之后，将石刻纪念碑进行展示。尽管到目前为止，统治者肖像无人知晓，但这种做法可能是在和玛雅南部地区进行贸易往来的过程中引进的，在这些地区当中，当数卡米纳尔胡尤最为著名。无论如何，在前古典期晚期，社会复杂性的加剧在南部地区和低地都催生了一个主导政体。从领土面积上来看，卡米纳尔胡尤和埃尔米拉多尔远超其竞争对手。更重要的是，两地都非常庞大且形势复杂，足以成为工业化前的国家的首都。尽管有些学者可能会对这些伟大的遗址是否能代表玛雅地区的第一个国家体系争论不已，但显然，这两个遗址在前古典终结期都突然一蹶不振，此后再也没能恢复其先前的统领地位。

并非只有这两个遗址发生了这种情况。前古典期晚期的玛雅文明在出现首次巅峰之后，玛雅地区迎来了第一次大规模衰落。考古记录反映了玛雅经济和政治格局的重大动荡和变化。在前古典终结期，许多前古典期势力都纷纷垮台，有些中心甚至被完全遗弃。与此同时，低地的新势力开始萌芽，它们即将统领古典期。这些变化的原因相当复杂，可能永远都无法完全弄清。但至少，玛雅南部地区的些许变化是由于人口流动和贸易路线的改变引起的。火山活动等自然灾害可能也在这一过程中起了作用。

无论何种原因，人口流动和贸易路线的改变都会对低地产生影响。南方商业上的损失可能会促进北方贸易的增长，结果就是，一些地区不断发展壮大，而其他地区的衰落则加剧了。但内部过程无疑也在起作用，包括局部人口过剩、土壤和其他资源的过度开发，还有干旱或其他区域性气候变化。无论如何，结果都很显然，不论是埃尔米拉多尔的大型中心，还是很多规模较小的前古典期晚期中心，它们都面临着突如其来的垮台。尽管衰落的原因尚不能确定，但很显然，前古典期玛雅文明的衰落为一系列新的国家级政体的重生铺平了道路，而这些政体在后来的古典期统领了整个低地。

第七章 古典期早期玛雅国家的扩张

他们虔诚地祝福祈祷；他们虔诚地期盼幸运日，直到看见幸运星降临；幸运星降临之时，他们密切注视。此后，一切顺遂。

——《丘玛耶尔契兰·巴兰书》（罗伊斯，1967年，第83页）

大多数关于玛雅文明的记载集中在古典期（约公元250年—约公元900年）和低地地区，在那里，古玛雅的发展达到巅峰。本书从更加全面的视角出发，认识到玛雅文明在发展中曾达到数个高峰，其辐射范围包括低地、高地以及太平洋平原。然而毋庸置疑，古典期的玛雅文明在低地中心地带达到顶峰。此外，我们在总结古典期的玛雅文明时能够充分利用考古和历史知识。如此一来，我们必须谨记，这些信息源实际上是不完整的，并要尤其注意到有些从玛雅文本中重构的历史事件尚未得到考古研究的证实。

本章主题，即在古典期早期（约公元250年—约公元600年），国家级政治组织在玛雅地区，尤其是南部和中部低地的扩张。第八章将探讨在古典期晚期（约公元600年—约公元800年），南部和中部低地的重要新兴政体崛起，人口和文化发展达到顶峰。古典终结期，约为公元800年至公元900年期间，南部和中部低地出现了严重衰落，

古典期早期的玛雅陶器

在大多数玛雅地区，广泛采用彩饰装饰是古典期早期之初的传统标志。典型装饰是以红、黑色描绘在橙色或米色基底上，用条纹和重复的几何图绘制上漆的图案。在高地及东南部低地都可以发现以红色绘制和红黑色绘制的乌苏卢坦陶器。低地古典期早期特查科尔风格的陶器标有几处特征性的变化，包括表面光滑，代替了前古典期陶器“蜡状”的表面，橙色的泥釉取代了之前红色的泥釉，以及胎壁有变薄的趋势。单色泥釉陶主要是抛光的黑色、米色和橙色的陶器类型。烧制后的灰泥画很常见，特别是在贵族葬礼的情境之下，它通常由明亮的颜色、精致的图案装饰而成[彩图6(b)、7(b)]。独特的形式包括法兰碗。其中出现了一些新的形式，包括圆柱体三足罐和墨西哥中部典型的小水罐。在玛雅地区，圆柱体三足罐是由玛雅风格和特奥蒂瓦坎风格的图案装饰而成的，该图案是用烧制后的灰泥，凿刻出来的美丽浮雕(图6.37)。

随着古典期的到来，黏土雕像这一源远流长的传统近乎在整个玛雅地区消失。这种为人所知的前古典期手工制作的传统走向衰落，与之相对应的是国家控制下日益集权的贵族宗教对地方社区-农业崇拜的压制。这段时期的模制雕像通常与贵族仪式场景相关联，比如来自贝坎的特奥蒂瓦坎风格埋葬物(图6.37)。

但是由于北部低地的发展更为先进，类似的衰落推迟发生，大概持续到公元1000年或1100年(详见第九章)。

古典期早期和玛雅文明的起源

在20世纪的大部分时间里，学者将玛雅文明的诞生追溯至古典期早期，并往往将这种发展归结为外来势力的影响或介入。尽管考古研究不断为玛雅文明的起源提供新资讯，为玛雅社会有关发展趋势的更多基础问题提供解答，但是现在可以明确，玛雅国家起源于先前的前古典期晚期(第六章)。和20世纪的结论恰恰相反，古典期早期是玛雅国家扩张的时代。在本章中，我们将研究古典期早期南部玛雅地区（太平洋沿岸平原和高地）和玛雅低地的发展。

古典期的南部玛雅地区

玛雅地区外部的介入可能导致了玛雅国家的起源，该观点似乎一度得到卡米纳尔胡尤出土证据的证实。建筑和陶器（图6.37）都表明卡米纳尔胡尤与墨西哥中部特奥蒂瓦坎的大城镇中心（图6.36）存在关联。这些发现问世不久，太平洋沿岸平原及玛雅低地发现了类似与特奥蒂瓦坎人接触的迹象，这经常引发（学界）对于与特奥蒂瓦坎人的往来对玛雅文明起源和发展之影响的讨论。有些学者认为，与特奥蒂瓦坎人的接触造成了玛雅高地和北部低地国家的发展。但是随着信息的不断积累，人们清楚地认识到，第一批玛雅国家出现在与特奥蒂瓦坎人接触之后，而标志玛雅国家起源的重大发展实际上可以追溯到前古典期晚期。总而言之，这些发现与讨论拓宽了对玛雅古典期早期文明发展以及玛雅和中美洲其他地区之间交流的关注范围。

太平洋沿岸古典期早期的变化

危地马拉太平洋沿岸平原中部地区的遗址为古典期早期与特奥蒂瓦坎的接触提供了有力的证据。20世纪中叶，埃德温·舒克的开创性调查和李·帕森斯在毕尔巴鄂遗址的出土记载表明陶器及其他手工艺品来自墨西哥中部。在20世纪70年代的掠夺浪潮中，人们发现了许多精美的特奥蒂瓦坎风格的肖像香炉，进一步证实了这一观点。幸运的是，芭芭拉·阿罗约、弗雷德里克·波夫、奥斯瓦尔多·钦奇亚、索尼娅·梅德拉诺及其同事在20世纪90年代开展研究，为理解古典期早期特奥蒂瓦坎在太平洋沿岸所发挥的作用提供了更加坚实的考古背景。太平洋沿岸最大的两个遗址巴尔贝尔塔和蒙大拿的挖掘活动对于本次的评估至关重要。

对巴尔贝尔塔的挖掘表明，该遗址所在的区域在古典期早期，约公元200年至约公元400年间到达顶峰。其间，巴尔贝尔塔似乎成为一大政治首都，该政体与特奥蒂瓦坎以及中美洲其他地区，主要作为贸易伙伴，互惠往来。因其地理位置，可可可能成为巴尔贝尔塔主要的出口产品之一。从该处遗址发现的手工艺品含装饰有可可豆肖像的陶器，从墨西哥中部和海湾沿岸进口的器皿以及来自特奥蒂瓦坎附近的帕丘卡产地和普埃布拉州(Puebla)的萨拉戈萨产地的黑曜石。这些证据表明与墨西哥中部及其他外部地区的贸易关系促进了巴尔贝尔塔经济的发展和繁荣。与此同时，与强大的特奥蒂瓦坎城邦建立往来提高了巴尔贝尔塔统治者的威望。但是没有证据表明，与特奥蒂瓦坎的往来是巴尔贝尔塔国体确立的原因。

大约两百年后，巴尔贝尔塔迅速衰落，约四百年后，新首都蒙大拿取而代之。在危地马拉太平洋沿岸地区，此处遗址的建筑规模前所未有。蒙大拿的市政中心由一系列的巨大土制建筑组成，占地约为1平方千米。200米宽、220米长的中央平台高达7米，支撑着18米高的神庙金字塔，塔面西部有一梯道。在蒙大拿市政中心半径5米之内，还有其他13个大型平台。发掘测试尚未显示特奥蒂瓦坎风格的建筑实例，但是显示了与特奥蒂瓦坎人接触的证据。实际上，蒙大拿居民使用的家用和仪式手工艺品都是当地制作的特奥蒂瓦坎陶器、肖像香炉和其他物件。这表明确实存在来自特奥蒂瓦坎的殖民者，他们居住在蒙大拿，并委托工匠按照他们在墨西哥中部家庭的原型仿制一系列日常和用于仪式的手工艺品。该遗址的挖掘人员得出结论，蒙大拿被作为殖民地而建立起来，为特奥蒂瓦坎提供可可、棉花和橡胶等沿岸产物。蒙大拿的地理位置也表明，它可能是与其他玛雅政体进行贸易的聚集地，包括主要的高地首都卡米纳尔胡尤和更远的玛雅低地遗址。

高地古典期早期的变化

尽管卡米纳尔胡尤仍然是古典期高地的主要代名词，但通过挖掘其他几个高地中心，结果显示它们在古典期早期也举足轻重。高地地区在古典期早期发展的一些最好实例来自韦韦特南戈省附近的萨库鲁、阿蒂特兰湖附近的崔蒂纳米特-阿蒂特兰（Chuitinamit-Atitlan）、萨夸尔帕（Zacualpa）、洛斯西米恩托斯-萨卡巴哈、拉拉古尼塔和北部埃尔基切地区的奇蒂纳米特（Chitinamit）。

古典期早期给玛雅高地最大的首都卡米纳尔胡尤带来了深刻的变化。在约公元200年至约公元400年间，当巴尔贝尔塔在邻近太平洋沿岸平原处于鼎盛时期时，卡米纳尔胡尤却光景衰败、人口衰减，这显然是多种原因造成的。前古典期晚期，许多南方中心大范围地衰落，可能削弱了卡米纳尔胡尤在东南地区的商业网。大概在同一时间，米拉弗洛雷斯湖干涸，这耗尽了它的灌溉水源，严重影响了农业生产。这些问题最终导致该地的变化，标志着一个新的聚落的到来，将卡米纳尔胡尤的领导地位取而代之。卡米纳尔胡尤新任统治者带来的最显著的变化是消除雕刻文献和王室纪念碑，这可能反映出一套全新政治秩序的引入。值得注意的是，尽管在这个时期（约公元200年—约公元400年），南部海岸（就如在巴尔贝尔塔）和玛雅低地（在蒂卡尔）与特奥蒂瓦坎都已经建立商贸往来，但是卡米纳尔胡尤似乎在此之后抑或大约公元400年之后才与墨西哥中部建立联系。

在古典期早期，玛雅高地的其他部分没有被密集地占领。在某种程度上，这可能是受到那场终结了前古典期的全盛时期破坏活动的影响（第六章），恢复进程缓慢所致。但是该地区依然是当地和整个玛雅地区交易各种商品的丰富而有价值的来源。在重要高地圣马丁希洛特佩克的黑曜石主要发源地进行发掘，表明了大规模的占领始于古典期早期，与黑曜石工作坊息息相关。因此在古典期早期，人们开始在玛雅低地广泛交易希洛特佩克的黑曜石。

外界势力继续寻找其他高地商品。公元400年初，在新兴贸易同盟的支持之下，卡米纳尔胡尤经历了一次重大的财富复兴。为了换取翡翠、凤尾绿咬鹃、埃尔查亚尔黑曜石和其他高地产品，当地进口了来自各地的名贵商品，以巩固卡米纳尔胡尤新任统治者的权力和财富。卡米纳尔胡尤的发掘记录了来自玛雅低地的彩色陶器，来自加勒比海和太平洋沿岸的龟壳、贝壳和黄貂鱼刺，以及墨西哥湾韦拉克鲁斯式风格的镜子。公元400年之后，特奥蒂瓦坎成为卡米纳尔胡尤的重要经济伙伴，这可能是受到其在太平洋沿岸蒙大拿的贸易殖民地的影响。这个贸易联系为卡米纳尔胡尤的统治贵族提供了墨西哥中部的名贵商品，比如绿黑曜石和石灰陶制容器。这段时期内，卡米纳尔胡尤另一巩固权力、促进繁荣的方式是重建其市政和仪式核心。墨西哥中部这些新建筑中有许多都是以“斜坡-直板”式风格建造的。发掘表明其中一些建筑中有精致的王室陵墓，可能用作卡米纳尔胡尤统治者的丧葬神祠。

如前所述，这些建筑变化的首次发现，以及特奥蒂瓦坎手工艺品（尤其是在陵墓和墓葬中用作供品器皿的特征性圆柱形三足罐）的出现，被视为特奥蒂瓦坎人占领卡米纳尔胡尤的证据。但进一步的证据让人对占领这一猜测产生严重怀疑。首先，虽然卡米纳尔胡尤的建筑上出现了墨西哥中部“斜坡-直板”式外观，但这并不是卡米纳尔胡尤对特奥蒂瓦坎建筑的照搬。相反，“斜坡-直板”式风格适应了当地的材料和施工方法，从而产生了这种外国建筑的独特变体。此外，现有生物人类学证据否定了特奥蒂瓦坎人占领过卡米纳尔胡尤这一设想的一大核心支柱。

古典期早期卡米纳尔胡尤的几座陵墓于20世纪中叶被发掘，幸运地得以保存并被用于21世纪的分析，考古学家在其中发现了骨骼遗骸，为揭示这些人的生活地补充了证据。这些陵墓里有许多人体骨骼，既有献祭的侍从，也有贵族，可能有几位是古典期早期卡米纳尔胡尤的统治者。最初，人们认为这些贵族来自特奥蒂瓦坎，他们被安置在卡米纳尔胡尤，以控制黑曜石和其他高地资源等利润丰厚的贸易。这一结论可以通过对这些骨骼进行同位素分析来验证，同位素分析可以检测出这些人的化学差异，从而揭示他们最初的生活地。结果表明，这些被埋葬的贵族阶层在玛雅高地地区出生、成长，而非来自墨西哥中部。分析还表明，与他们一同被发现的献祭侍从（可能是俘虏）来自更加遥远的玛雅低地地区。有趣的是，分析一具推测为一位卡米纳尔胡尤统治者的尸骨，结果表明虽然他在玛雅高地出生成长，但他可能于青少年末期生活在墨西哥中部。这强化了两个城市之间基于贸易和外交展开贵族联系的理念。但是，经济联系可能不是这些联系的唯一原因；卡米纳尔胡尤的统治者无疑也通过使用与遥远而强大的特奥蒂瓦坎有关的符号来巩固自身的权威。正如我们将看到的，贸易关系和外国权力符号的使用结合在一起，解释了玛雅人和特奥蒂瓦坎人在玛雅低地接触的证据。

特奥蒂瓦坎和玛雅

考古证据表明，特奥蒂瓦坎人和玛雅人的第一次接触发生的南部地区，那时（约公元200年—约公元400年）正经历着巨大的变化。到目前为止，太平洋沿岸平原和高地上的一系列玛雅政体都由巧克拉和卡米纳尔胡尤等首都统治，那些地点陈列着纪念其统治者统治和权威的雕刻纪念碑。其他中心没有陈列这些王室纪念碑，这可能标志着它们是次要中心，或者可能是处于一个完全不同的政治秩序之下。巴尔贝尔塔就是一个典型，它是一个没有纪念碑的沿海平原首都，它可能与崛起中的特奥蒂瓦坎和其他外国首都建立贸易联盟，以加强统治者的权威。这些联盟可能给巴尔贝尔塔的统治者带来了经济优势，甚至军事优势。因此，得益于向特奥蒂瓦坎和其他外国中心出口沿海商品，巴尔贝尔塔在数个世纪内都繁荣昌盛。

约公元400年，南部玛雅地区进一步发生变化，陶器的变化表明卡米纳尔胡尤被来自西部高地的新任统治者占领了。此后，王室纪念碑，可能还有建造它们的国王们，都从卡米纳尔胡尤和大部分南部地区销声匿迹，这意味着一场范围极广的政治变革。同时，特奥蒂瓦坎也将它与巴尔贝尔塔等地的互惠贸易关系转变为一种更直接的方式来控制可可、棉花和其他南部沿海商品的供应。这是通过在蒙大拿建立特奥蒂瓦坎殖民地来实现的，不仅使巴尔贝尔塔失去了生意，而且实现了对太平洋沿岸平原的中部地区长达约两个世纪（约公元400年—约公元600年）的主导控制。正是这段时期，在卡米纳尔胡尤出现了与特奥蒂瓦坎人接触的证据。近来对卡米纳尔胡尤证据的重新评估表明这个玛雅高原的伟大首都与特奥蒂瓦坎建立了贸易联盟，向墨西哥中部的大城镇中心出口黑曜石和其他高地商品。与此同时，卡米纳尔胡尤的新任统治者为了达到自己的目的，使用了特奥蒂瓦坎的一些权力象征，包括名贵商品和用于重建首都大部分地区的“斜坡-直板”式建筑变体。

正如我们所见，古典期早期也是特奥蒂瓦坎人与玛雅低地接触的时期(图6.37)。虽然这些联系曾被认为诱发了玛雅高地和低地国家的发展,但卡米纳尔胡尤和埃尔米拉多尔在前古典期晚期的崛起清楚地表明,玛雅国家系统的起源非常独立,远远早于与特奥蒂瓦坎建立联系的时间点。同样显而易见的是,墨西哥中部和玛雅人之间的联系牵涉到相互影响,因为考古学已经有证据表明特奥蒂瓦坎也有玛雅文化存在。其中包括从至少一个居民区中发现的玛雅E建筑群和玛雅风格的陶器。在发掘的特奥蒂瓦坎月亮金字塔中还发现了陵墓,其中有一些贵族的骨骼,伴有玛雅风格的装饰。因此,古典期早期特奥蒂瓦坎人和玛雅人之间的联系似乎最好解释为长期的互惠交往,其中涉及贸易、外交,甚至可能是政治联盟。也有迹象表明偶尔有殖民地和聚落飞地(指在本国境内的隶属另一国的一块领土),如在太平洋沿岸平原上的蒙大拿。

与特奥蒂瓦坎联系的终结

古典期早期末段(约公元600年),在太平洋沿岸、高地和整个玛雅地区,与特奥蒂瓦坎人进行贸易往来的证据越来越少。在太平洋沿岸,当地制造的特奥蒂瓦坎肖像香炉、陶器、雕像和其他物件停产了,这表明特奥蒂瓦坎殖民地撤离蒙大拿。这些变化很可能反映了墨西哥中部的重大事件,因为有证据表明约公元550年特奥蒂瓦坎被大规模地焚烧和破坏,随后占据这座伟大的城市的人数急剧下降,之后这座城市就被遗弃了。

在太平洋沿岸,蒙大拿也差不多在同一时间走向衰落。有迹象表明,在古典期晚期,曾经繁荣的政体分裂成几个相互竞争的小国。到了古典终结期(约公元800年),在太平洋沿岸的同一中部地区出现了一种新的政体,表现为与墨西哥中部和墨西哥湾沿岸重新建立联系。这一古典终结期的国家以其假定的首都科苏梅尔瓜帕命名，恢复了对雕刻纪念碑的使用，并在一个多世纪的时间里主导了太平洋沿岸平原的大部分地区（详见第九章）。

在玛雅高地，卡米纳尔胡尤和危地马拉山谷在同特奥蒂瓦坎的贸易联系结束后依然蒸蒸日上。但在古典期的剩余时期，在规模和权力上，没有已知的高地中心能与在玛雅低地扩张的国家相匹敌。与北部低地的经济联系日益重要，从进口的彩色陶器器皿和其他货物就可以看出这一点。高地产品，特别是黑曜石和翡翠，被大量销售到低地。低地国家的国王们尤其想要翡翠，因为它是一种名贵商品，可以用来展示王室的财富。这些宝石和其他高地产品在古典期的低地玛雅遗址中随处可见，反映出玛雅地区历史悠久的区域贸易网络在扩张。

本章剩余部分研究高地和古典期早期玛雅低地国家之间的贸易，这继续沿着主要河流进行，尤其是乌苏马辛塔-奇霍伊河上游、帕西翁河，以及莫塔瓜峡谷。在古典期，因所处的地理位置控制着来往于高地沿线的贸易，一些低地首都声名鹊起。

低地的古典期转型

正如我们在第六章中所见，前古典终结期（约公元100年—约公元250年）的变化为古典期的发展奠定了基础。在玛雅低地，前古典期和古典期之间一到两个世纪的过渡时期被称为“原始古典期”。这个时代的特征性标志是出现三种或三种以上颜色装饰的彩陶。在大约公元250年，通常被称为霍尔姆尔一代（以佩滕东北部首次发现这些器皿的地点命名）的一整套精美彩饰陶器开始被用于位于中部低地的几个王室陵墓。彩饰陶器后来成为古典期的一大标志。这一过渡时期还有其他低地标志，包括建筑和一些地方的人口明显急剧增长，但这些变化大多是局部的或区域性的。虽然“原始古典期”有助于指明由新陶器风格定义的明确时期，但考古研究表明，通向古典期的重大发展的起源要早得多，可以追溯到前古典期晚期甚至中期。

对于约公元100年至约公元250年这段时间来说，“前古典终结期”是一个更实用的术语，因为它是由整个玛雅地区发生的变化所定义的。显而易见，在这一时期内，南部地区和玛雅低地之间继续存在重要的贸易和政治联系，这些联系继续促进玛雅社会的发展进程。正如我们所见，在前古典期晚期，南部玛雅地区已经出现了神圣王权的主要特征。包括通过象形文字记录王室成就的雕刻石碑，长纪历符号，以及以独特的艺术风格呈现的统治者形象。其中一些特征可能是在前古典期晚期和终结期引入低地的。正如我们将看到的，后来的文献表明蒂卡尔王朝的建立发生在这一时期之初（约公元100年）。尽管证据七零八碎并不完整，但献祭刻碑文石柱的习俗在前古典期晚期就开始在低地风靡。诸如此类的发展可能反映了蒂卡尔等低地国体以及由圣主领导的政治结构的出现，这在接下来的六百年里将主导低地的政治命运。

巨大的埃尔米拉多尔遗址是理解变化的一大关键，这标志着前古典期晚期的过渡期。仅凭其巨大的面积，埃尔米拉多尔似乎在古典期之前就已经成为低地的主要力量。正如第六章所提到的，有证据表明，在前古典期晚期，埃尔米拉多尔可能是第一个由王朝统治的低地首都。无论如何，这个伟大的首都在前古典期晚期是南部玛雅地区经济和政治联系的主要中心，该遗址的具有南部风格的雕塑纪念碑反映了这一点。但在前古典期晚期达到顶峰后，埃尔米拉多尔走向衰落，并在古典期早期被废弃。导致其衰败的一大可能原因是对环境的过度开发，这导致湿地农业资源的枯竭。理查德·汉森在埃尔米拉多尔进行的实验表明,湿地农业资源的枯竭是由于当地人砍伐越来越多的树木用于石灰窑燃料,而石灰窑制造出的石膏和灰浆,则是建造像埃尔米拉多尔这样的大城市所需的。砍伐还导致了该盆地水土流失与河道淤塞。此外,可能还存在外部威胁。在埃尔米拉多尔的挖掘证明其中的栅栏建于前古典期之末。这可能表明,埃尔米拉多尔是因作物歉收和其他因素而受到严重削弱后遭到袭击的。无论如何,它的破灭必然导致其在全盛时期形成的地区霸权走向瓦解。无论埃尔米拉多尔的崩塌是否导致了其他中心——它的下属或附属中心——的衰败,考古证据表明,许多低地的前古典期中心在前古典期之末衰落或完全被废弃。对于这种前古典期的崩塌,依然没有清楚完整的解释。可以确定的一点是,这些变化标志着玛雅低地命运的重大转变,并创造出一个权力真空,为古典期新政治秩序的崛起铺平了道路。

玛雅低地国家的扩张

玛雅低地的古典期政治体系由独立的国家体系组成,受到圣主王朝统治(他们的权力继承自前古典期晚期的先辈,南部地区首都如卡米纳尔胡尤的画像和文献最为清晰地揭示了这一点)。正如我们所见,国家组织的开始可以在主要的前古典期中心看到,如卡米纳尔胡尤和埃尔米拉多尔。因此,尽管玛雅国家的发展并不是由古典期早期特奥蒂瓦坎人干预引起的突然转变,但正是在古典期早期,我们看到有证据证实了工业化前的国家在玛雅低地进行扩张。

如第二章所述,工业化前的国家社会等级分化,以玛雅为例,由王室和宫廷领导的贵族阶层在每个政体中形成了高度集中的、等级森严的政府,还有更多的非统治阶层,包括兼职和全职的专业人员。

贵族和非贵族的经济和地位差距有些不固定；每一个群体实际上都包含了多种子群体，由血统、职业、财富、成就和其他因素来定义。甚至有迹象表明，在古典期，玛雅非统治阶层的财富增加，从而出现了一些类似“中产阶级”的群体。

在考古记录中，由于住房、手工艺品和墓葬的不同，可以看到许多社会经济和政治方面的区别。但最引人注目的对比体现在统治阶层的崇高地位上，这可以通过财富、特权和超自然联系的相关证据看出。古典期文献表明，古典玛雅统治者宣称君权神授，这类似于旧世界一些工业化前的国家的国王所享有的超自然身份。然而，与古埃及和中国不同，古典期的玛雅低地从来没有在一个国王的统治下获得统一；在任何一个特定时期，都有无数的玛雅国王，统治着一系列独立（或准独立）的政体。

圣主和王室宫殿

工业化前的国家的权力由贵族垄断，通过出身、特权和威望与社会其余部分分离。这些贵族可以通过血统来定义，比如与同一个祖先有血缘关系的群体成员，并且存着真实抑或神话般的起源，使得他们与其余的社会成员区分开来。阶级和地位的差别可以通过同部族婚姻（仅在贵族群体）来维持。玛雅贵族中最具权势的成员是统治者或国王，这些术语近似于玛雅政权中的职位库胡尔阿哈瓦（“神”或“圣主”）的定义，在大多数古典玛雅政体中用以指代最高的政治权威。除了他们较高的社会地位和威望，玛雅国王和其他工业化前国家的国王一样，作为行政层级和执行机构的首脑，他们拥有相当大的权力。权力也建立在经济和宗教制裁的基础上。从经济角度来看，玛雅统治者有权向他们的臣民和下属政体收取贡品、管理徭役，并在一定程度上控制特定商品——名贵商品和一些关键的实用物品(详见第十一章)的生产和分配。他们还与其他国王谈判结盟和互惠义务，例如交换礼物和王室访问。超自然的制裁保护着所有这些力量。人们认为国王及其王室家庭与超自然生物有渊源或是特殊联系，这为君权神授提供了正当理由。通常，君权神授是通过真实或虚构的联系来维持的，这样的联系可以是与显赫的祖先国王，甚至是与被视为王朝建立者的神。

国王与其家庭属于一个“王室”，这是一个由他们共同的起源、住所、地位、财产、特权和统治权所定义的团体。王室通过控制王位继承权，即决定谁将出任库胡尔阿哈瓦的职位，来维持政治稳定，该任命在继承人仪式上正式确定。王位继承人通常是国王的儿子或弟弟，但也可以是任何其他有资格的年轻的王室成员，某些情况下还包括国王的女儿。有序继承，以及保持原先国王或建国者真实或虚构的血统，定义了玛雅的统治王朝，就像在许多工业化前的国家(古埃及、中国、中世纪欧洲国家等)一样。但是，如果没有合格继承人，或者统治者在指定继承人之前突然死亡，政治稳定就会受到威胁，从而导致政体经历不确定和不稳定的时期。一些玛雅国王通过篡位或其他可疑的方式掌权，他们竭尽全力证明自己的合法性——比如与之前的国王、王朝缔造者、有权势的祖先或神灵建立联系，甚至编造联系。

除了经济、社会和宗教制裁所产生的权威，国家还具有发展和利用强制力的特征。强制力通过明示或暗示的武力威胁加强政治权力，这是执行政府政策和决定的手段。库胡尔阿哈瓦拥有这样的力量，包括涉及他人的生死决定，雕刻和上漆的工艺品将其场景生动形象地展现出来：俘虏被捆绑起来，受到折磨，或仪式上的活人献祭。但高压之下的权力是一把双刃剑；为了取得成功，玛雅国王的行为必须符合当时玛雅社会的文化和意识形态标准。换句话说，统治者和被统治者对权力及其应用都有共同的概念，这样才能使国家得到有效地管理。因此，只有当臣民接受国王的行为，在此基础上才能建立库胡尔阿哈瓦的权威，人们认为这些是国王为确保社会的福祉而采取的适当行为。这些共同的概念及其意识形态基础定义了所谓的“道德权威”。毫无疑问，玛雅人相信来自诸神惩罚的威胁和来自国家惩罚的威胁一样真实，如果国王和平民同样犯了罪，神就会对他们进行报复。库胡尔阿哈瓦的道德权威是基于玛雅人的世界观的，他们认为国王通过接触和安抚超自然力量来掌控世界秩序，这种超自然力量决定了超越时间的宇宙命运。通过这样的方式，意识形态在支持国王权力以及继续激励和动员其臣民方面发挥了至关重要的作用。

我们已经讨论了工业化前的国家大多数特征的根源是如何在前古典期发展起来的(见第五章和第六章)。古典期的开端以低地出现十几个或更多新玛雅国家为标志。这方面的证据包括聚落等级制度，这是由规模更大、更加复杂的政治首都的增长来定义的，这些首都管理着各个王国的从属中心和聚落。聚落模式和文本数据表明，王国之间的边界有时是通过政体之间的战争来维持的。玛雅国家及其首都的规模和权力有相当大的差异。但是所有政治首都都是以玛雅国王的住所为标志的，他们住在由徭役建造和维护的精致的砖石宫殿里，这些宫殿本身就证明了王权的强大程度。每个政治首都都有一个宫廷，由王室宫殿的成员、行政层级的高级阶层、侍从和辅助人员组成。每个首都都有许多其他设施，从市场到球场，再到公共广场，用于大型集会，供人们参加宴会、观看球类比赛和仪式。这些公共区域也是永久展示王权的场所——雕刻和上漆的纪念碑被每一位国王用于纪念自己的外交和军事成就，以及他继承祖先统治者(通常包括建国国王)的合法性。

王权的头衔和象征

在前古典期晚期，用于纪念各个统治者成就的雕刻纪念碑出现在南部地区，后来成为古典期低地首都的普遍特征。但在低地地区，基于先前术语阿哈瓦（"领主"，在高地地区相当于阿波，即"垫子上的人"）的王室头衔，库胡尔阿哈瓦成为最高政治权威的头衔（第三章）。库胡尔阿哈瓦头衔是象形文字的一部分（图3.17），在记载各个国王职业生涯和王朝的文献里，作为最常使用的王室头衔，写在统治者名字的后面。大多数玛雅国王还积累了一系列次要头衔，这进一步将他们和贵族统治阶层的其他成员区分开（图3.24）。有一些王室头衔是指国王的超自然地位、军事成就、受人尊敬的年龄，以及从开国国王那里继承的位置。象形文字和其他王室头衔的存续，以及定义低于国王行政等级的头衔，进一步证明了各个玛雅政体中的国家级组织的存在。

由于国王区别于库胡尔阿哈瓦头衔的所有其他领主，较古老的阿哈瓦头衔适用于统治贵族中大多数男性成员。贵族女性的相应头衔是女贵族，即"领主夫人"。随着政治制度的演变和权力等级的日益复杂，在古典期早期，国王设立新头衔以明确王室和行政等级中地位和角色的区别。官员具有特定的职能和头衔，以确定他们在等级制度中的位置，在君主统治下，这种制度用于管理国家。许多这样的头衔出现在古典玛雅王室文本中，包括那些反映行政等级的：阿哈瓦（领主）、萨哈尔（从属领主）和亚哈瓦（所有格形式，即"他的领主"，用于指代国王的封臣）。在政治首都，王室成员和其他贵族家族的宠儿都担任着许多职务。王室成员管理政体中的一些次级行政中心，或者由从属贵族家族的地方成员管理这些中心。

有证据表明，古典玛雅政治组织的结构在不同政体之间存在差异,而且肯定会随着时间的推移而发生变化。这些变化是由许多因素造成的,包括经济状况的变化、各个国王的不同能力,以及战争的命运。因此,在古典期这一历程中,各个玛雅政体的规模和权力时而扩张,时而收缩。有时,低地政治格局分裂成几十个独立的政体,有时,以前独立的国家会从属于甚至被并入更大的王国。古典期文献也表明并非所有的玛雅国王都拥有同等的权力。实际上,这是一种王室等级制度,弱势政体的国王可以被称为强势国王的附庸,或亚哈瓦。一些强大政体的国王会用特殊的头衔来表示他们崇高的地位。蒂卡尔和其他几个国家的国王使用的头衔是卡洛姆特,这是一个未破译的术语,表示一个特别强大的国王。这些“最高王”有权主持附属统治者举行的典礼,包括他们的就职典礼。在这种情况下,文献可能会记录一个新统治者的名字,后面写上“ukab'jiiy”(是由……监督)和这位“最高王”的名字。国王之间权力不平等的表现,以及资源、人口规模、经济相互依存度、首都之间距离的差异,都清楚地表明了玛雅政体在权力和独立性方面各不相同。

古典期低地的竞争和战争

国际政治竞争对于玛雅国家的发展至关重要。战争在定义玛雅政体、组织和权力范围方面起了关键作用,它起源于前古典期,并在古典期逐渐增多。玛雅战争的目的是获得更多资源、劳动力和威望,所有这些都加强了社会分层和政治集权。古代战争的一个目标就是俘获敌人,这标志着胜利的统治者的威望,同时也增加了劳动力——两者都有助于增强王权。最初国际政治冲突在规模和范围上是有限的。人们通过突袭获取资源(战利品或贡品)和俘虏,用以在神圣仪式上劳动和献祭,比如就职典礼或神庙的落成典礼。古典期歌颂国王成就的文献中有一大普遍特征,即关于俘获俘虏的描述。这些突袭的时机通常是固定的,与过去事件的重要周年纪念日或行星,特别是金星的吉祥位置相一致,以符合玛雅人对命运和时间循环本质的信仰(见第三章)。

为了确保军事上的成功,往往会瞄准敌方政体内较小的从属城镇,而非首都。但随着古典期时光的流逝,对资源、威望和权力的竞争加剧,因而战争的规模在不断扩大,强度也在不断提升。玛雅国王很可能指挥着主要的对抗,显然,他们是坐在精致的轿子里,由守护神的巨型肖像保护着,被抬上战场的(图8.10)。敌军在战场上的一个主要目标就是夺取敌人的守护神。有关胜利的记载中经常会提到甚至描述这些战利品。但是,俘获敌人、维护统治者的威望及他的政权凌驾于另一个国家之上依然很重要。非贵族俘虏为胜利者提供了劳动力,从后来的后古典期记载来看,他们经常被用作仆人,甚至被家庭收养来代替在战争中失去的儿子。俘虏的等级越高,俘获者获得的威望就越高,这个不幸的人就越有可能被牺牲。当然,输的一方也会向赢的一方进献贡品。

当强大的国王使出武力来征服和控制敌人的政权时,就会发生最具破坏性的玛雅战争形式。在这种情况下,攻占敌都和俘获国王就是主要目的。征服战争被用来迫使敌方国王臣服于胜利者,甚至将新的统治者强加给战败的政体。这些战役的记载被标志为所谓的恒星战争符号(第三章)。争夺政治资本的战斗往往是血腥的,双方都有许多人丧命。在多斯皮拉斯发现的一则文字材料中,蒂卡尔战败的后果被明确描述为死者"鲜血横流"和"头颅堆积"。战败的首都被掠夺,纪念碑和守护神被"推倒",建筑被烧毁。破碎的石柱、挖掘出的破碎的王室王座(如在多斯皮拉斯和皮埃德拉斯·内格拉斯)以及烧焦和毁坏的王室宫殿(如在阿瓜特卡)都是确凿的考古证据,证明首都遭到掠夺和破坏。

最大的政变是一个国王俘获了另一个国王。一些被俘的国王用作献祭,这一事件虽然相对罕见,但会在胜利者纪念碑上用文字和图像颂扬。显然,失去一个统治者对任何政体来说都是一个沉重的打击,因为对古玛雅人来说,库胡尔阿哈瓦是连接这个世界和超自然力量的纽带,而超自然力量对于维持生存来说必不可少。战败国王的命运,从同意改变立场和与胜利王国结盟,到屈辱被俘和斩首死亡不等。在这种情况下,战胜者和战败者的命运都受到深远的影响。但是,尽管个别国王被打败、蒙羞甚至被献祭,每个政体内的王权制度却得以保留。虽然征服的目的是用以杀死敌人的国王并统治他们的政体,但被征服的王国并没有被消灭或永久地并入战胜国。如第三章所述,胜利的国王允许甚至鼓励失败的政体延续王室。这样看来,一种保护和加强各个王室王朝连续性的意识形态有效地限制了玛雅国王实行扩张主义的野心。

也存在这样一些情况,以前的从属中心能够脱离出去并建立新的独立王国。当基里瓜的统治者俘虏并献祭了他的君主,即强国科潘的伟大国王时,前从属领主就能够宣布自己为库胡尔阿哈瓦,并统治一个新的独立王国。科潘失去了一个主要的附庸国、面积可观的领土、由基里瓜控制的贸易路线中的大量财富,以及之前的威望。尽管基里瓜取得了成功,但古科潘政体及其王室却延续了下来。

古典期早期的玛雅低地

古典期早期(约公元250年—约公元550年)最显著的特征是许多低地出现了独立国家的镶嵌图案。北部低地的第一批国家中,最具代表性的是伊萨马尔和奥克斯金托克的快速发展。在北方,关于古典期早期的文献零星可数。当时的政治、经济舞台上没有一个主要的中心占主导地位，但有几个重要的国家在阿凯(Ake)、阿坎塞、伊萨马尔和奥克斯金托克建立了首都。挖掘奥克斯金托克发现了令人印象深刻的早期古典首都的证据，年代久远的纪念碑突出醒目。其中最早的是1号过梁，上面写着一个长纪历日期，相当于公元475年。在尤卡坦，带有日期和象形文字的纪念碑相对稀少，只有零星的古典期早期的例子。其中一个是图卢姆1号石碑(公元564年)，它被发现于后古典期的遗址，很可能是从附近的古典期中心搬来的。北方大多数注有日期的铭文记录的是孤立的事件，并没有形成长序列的王朝碑记，这些碑记在中部和南部的古典期低地遗址中更为典型。原因之一是，不同于南方传统中心遭到废弃，北部低地更为持续地处于被占领的状态。这意味着开采出来的石头，包括纪念碑，经常被后来的居民重复使用，甚至被毁坏。因此，雕刻纪念碑保存率较低，可能会使我们对尤卡坦重要政治发展的看法产生偏差。

在更远的南部，随着埃尔米拉多尔的衰落，产生了一系列新的国家。这代表着埃尔米拉多尔在前古典期晚期中部低地占主导地位后的权力重组。许多在古典期早期掌权的新政体在前古典期都是小得多的中心，尽管如此，但它们仍然可以声称自己拥有悠久的历史遗产。因此不足为奇的是，像蒂卡尔和卡拉克穆尔这样最成功的古典期早期新首都，也占据了主要的地理位置，以供养大量的人口和控制主要的内陆贸易路线。

在古典期早期，基于蒂卡尔的信息，中部低地才得以重建，蒂卡尔是佩滕地区最大的古典城市，也是最大的一处玛雅遗址(图7.1和图7.2)。蒂卡尔古时被称为穆图尔，至今仍是中部低地记录最完整、历史最悠久的政治首都。考虑到考古数据固有的局限性和历史宣传叙述的潜力，我们对古典期早期蒂卡尔的理解主要基于这两种信息

危地马拉的蒂卡尔

蒂卡尔大部分可见的大神庙（图7.2）起源于古典期晚期，这是蒂卡尔最强大和建筑活动最活跃的时期，它们坐落在几处高出湿地（浅滩）约50米的低脊上。尽管挖掘揭示了许多早期的建筑被包围在古典期晚期的建筑中，但北卫城（图7.5，参见第二章“危地马拉蒂卡尔的考古学”专栏）基本上没有翻修过，它的建筑大多是古典期早期的。另一个早期建筑的例子是“失落的世界金字塔”（建筑5C-54），这是一个巨大的前古典期晚期的平台。

基地核心的主要建筑群由一系列纪念碑堤道（萨克贝奥布）连接起来，这些堤道从大广场和邻近的建筑延伸出来（图7.1）。朝东南方向通往6号神庙的是门德斯堤道，向西通往4号神庙的是托泽堤道，向北通往H建筑群的是梅勒尔堤道。莫兹利堤道连接了后两个建筑群。除了场地核心之外，许多外围建筑群分散在占地约60平方千米的区域内，大部分位于地势较高、排水条件较好的地形上。由一条浅浅的护城河和内部的碎石墙组成的土方工程系统将两个沼泽洼地（曾经可能是浅湖）连接起来，保护蒂卡尔免受南北两方的侵袭。这些防御边界内的面积总计约123平方千米。

蒂卡尔项目中最密集的挖掘工作在北卫城开展，这是一个100米乘以80米的巨大平台，扩建过许多次，最终支撑了排列在它上面的八座丧葬神庙，这些均是在三百年间（约公元250年—约公元550年）建造的。通过大量挖沟和开挖隧道发现，老建筑埋在这个平台下面（图7.4）。最早的建筑是在前古典期晚期（约公元前200年）建造的。后来又在城南边缘建造了四座神庙，每座神庙都建在高高的金字塔平台上，在蒂卡尔占领的最后几个世纪里，北卫城实际上已经关闭。三个较小的神祠在平台东南角的侧面。

挖掘北卫城还发现了一系列装饰华丽的陵墓，这表明了这一区域是王室墓地，该处墓葬地埋葬了从前古典期晚期到古典期早期的蒂卡尔统治者。从两个前古典期晚期陵墓（166号墓葬和177号墓葬）中发现的壁画碎片与南部玛雅地区的风格和图像非常相似。最著名的前古典期晚期陵墓是85号墓葬，位于北卫城的南北轴线上。其中有一个高个子的无头骨骼，他可能是王朝的创始人雅克斯·埃赫布索克（表7.1）。一座前古典期晚期的丧葬神祠（建筑5d-sub-10-1）也装饰着壁画，包括一幅碎片画像，画像上可能是早期的蒂卡尔统治者，两侧是烟卷。这一发现，连同在瓦夏克吞发现的类似前古典期晚期的灰泥画像，表明在建筑前面竖立石柱的习俗被广泛采用之前，统治者和神祠之间存在特定的联系。

第一个已知的古典期早期北卫城陵墓位于建筑5D-26（22号墓葬）下。它可以追溯到4世纪后期，后来遭到掠夺，这里可能曾经埋葬过蒂卡尔王朝第十四任统治者查克·托克·伊查克一世。建筑5D-34

处有一个深埋的陵墓(10号墓葬),极有可能是之后一位统治者雅克斯·努恩·埃伊因一世的陵墓。北卫城最大的建筑5D-33-1处有几位祖先。其中第一个是建筑5D-33-3,它建在西亚赫·查恩·卡维尔二世的陵墓之上,被建筑5D-33-2所取代。在这座建筑被废止之前,西亚赫·查恩·卡维尔二世的31号石柱(图7.17)被重新安置在后面的房间里,几乎就在他古老而又隐蔽的陵墓上方。在那里,石柱被小心地包裹在碎石堆里,部分被拆除的建筑埋在建筑5D-33-1下方,一切就像玛雅人离开时一样,直到埃德温·舒克所在小组的挖掘人员发现了它。

紧靠南边的是大广场,东侧是1号神庙,西侧是2号神庙,两者都建于古典期晚期,虽然2号神庙让人想起蒂卡尔在古典期早期的建筑风格。2号神庙的木制过梁描绘了一个女人,她可能是统治者哈萨维·查恩·卡维尔一世的妻子。1号神庙比广场(图8.8)高出约47米(约155英尺),埋葬了哈萨维·查恩·卡维尔一世的陵墓,这打破了悠久的王室丧葬传统。从这一次开始,蒂卡尔的统治者开始埋在北卫城外。不同于古典期早期带有两三个梯田的神庙,1号神庙有九个梯度,其比例凸显了它的高度。它在建筑5D-33-1的后面,建筑5D-33-1是北卫城的最后一座神祠,可能是由哈萨维·查恩·卡维尔一世建造的,用以存放其父努恩·乌约尔·恰克的陵墓。哈萨维·查恩·卡维尔一世的丧葬神祠,即1号神庙,是由他的儿子和继承人伊金·查恩·卡维尔建造的。山顶有一座三室的神庙,一个巨大的条脊弯成拱状,上面描绘的是哈萨维·查恩·卡维尔一世坐在他的王座上。神庙(图8.4)中的雕刻木质过梁描绘了哈萨维·查恩·卡维尔一世坐在一只巨大的美洲虎保护神面前,这记录了他的就职典礼和帮助蒂卡尔复兴国运的军事胜利。

他的陵墓(116号墓葬)是一个巨大的拱顶坟墓,在1号神庙的下方(图8.7)。房间的地板被一个石制长凳占据,在长凳上发现哈萨维·查恩·卡维尔一世的骨骼残骸,他躺在曾经的编织垫子上,旁边是牡蛎壳和翡翠的装饰品(图8.9)。遗骸周围聚集着五颜六色的器皿、贝壳、珍珠和翡翠。哈萨维·查恩·卡维尔一世本人戴着一条巨大的翡翠项链,项链由大圆珠制成,就像16号石碑和30号石碑上他的画像所描绘的那样。陵墓中超过16磅的翡翠里,有一个嵌玉的圆柱形花瓶,瓶身上有他的象形名字,和一幅哈萨维·查恩·卡维尔一世的微型肖像[彩图1(a)]。旁边还放着一捆骨雕。在清理时,37号石柱上发现了含有精细雕刻的象形文字铭文,其中包括哈萨维·查恩·卡维尔的名字铭文和关于他生活事件的历史段落。

大广场的南面坐落着几个大型建筑群和毗邻的中央卫城,由迷宫般多室多层的王室宫殿围绕着一系列内部庭院组成(图7.1)。在古典期,这个地区居住着蒂卡尔统治王朝的许多成员及他们的仆人。再往南,穿过一个由采石场改造成的水库,用以确保旱季的供水,那里坐落着5号神庙,这显然是一个未知统治者的祭祀神祠。这个建筑的高度约57米(约187英尺),是蒂卡尔的第二高神庙(次于4号神庙)。5号神庙以西是未经挖掘的南卫城和七大神庙的广场,以其东部一排近乎相同的神祠和北部边缘独特的三重球场命名而成。再往西,是一个巨大的封闭式广场,围绕着前古典期晚期巨大的"失落世界"金字塔,它与蒂卡尔的早期历史有关,并在城市占领期间一直存续。这里的挖掘发现了古典期早期蒂卡尔发展的重要证据,包括公元376年由查克·托克·伊查克一世建造的39号石碑。这个残缺的纪念碑发现于建筑5D-86,这是广场西侧的一个四层楼梯的平台,面向东边三个较小的平台,这标志着太阳周期的位置。

紧靠中央卫城的北面,就在1号神庙的后面,坐落着东广场。它最显著的特征是一个由多室建筑(建筑5E-32到建筑5E-36)组成的大矩形,其挖掘人员克里斯·琼斯认为这是蒂卡尔的主要市场。西边就是蒂卡尔最大的球场,显然是为了纪念蒂卡尔战胜卡拉克穆尔的伟大胜利。东广场是梅勒尔堤道和门德斯堤道的交汇处。后者通向G建筑群,这是一个几乎和中央卫城一样大的主要宫殿群。通过挖掘G建筑群,发现建筑5E-55下方有一栋被埋的建筑;它的房间在被建筑覆盖之前,经过细致的填充,保存得异常完好。内墙由各种雕刻和上漆的涂鸦装饰而成,包括一些简短的象形文字文献和一幅阴森可怖的人类献祭的画面。中央房间的拱顶上发现了一个红色的太阳符号,就像1号神庙下哈萨维·查恩·卡维尔陵墓的拱顶上画的标志。隔壁房间的墙壁满是泥浆手印和两个阿哈瓦象形文字,其中一个是由三个手印组成的,全部在房间被填充和废弃时完成。

托泽堤道从2号神庙后面向西通向巨大的4号神庙,这是蒂卡尔最大的建筑,高约70米(约230英尺;参照引言,图7.2)。4号神庙标志着哈萨维·查恩·卡维尔的儿子伊金·查恩·卡维尔的统治,他是第二十七任王朝继承人。如他父亲那个时代的过梁一样,雕刻的木质过梁(图8.10)穿过宽门,通往山顶的窄门神祠,上面记录着伊金·查恩·卡维尔的军事成就。21号石柱位于东南方向的6号神庙的基座上,用以纪念他的就职典礼。该建筑以其条脊两侧和背面的大量象形文本而闻名,日期为9.16.15.0.0,记录了前古典期之初蒂卡尔的大部分历史。伊金·查恩·卡维尔用位于H建筑群梅勒尔堤道北端的3D-2双金字塔群标志他所统治的第一个卡盾终结,这被记录在那里的20号石柱上(图8.11)。

伊金·查恩·卡维尔的坟墓还没有被发现,但它可能在4号神庙中。蒂卡尔项目的挖掘发现一个装饰得富丽堂皇的陵墓(196号墓葬)在紧靠2号神庙南边的一个小金字塔(建筑5D-73)下方。它的内容可与哈萨维·查恩·卡维尔一世的116号墓葬相媲美,最引人注目的是另一个镶嵌着翡翠的圆柱形器皿[插图1(a)]。虽然有人提出196号墓葬是伊金·查恩·卡维尔的陵墓,但它极有可能是蒂卡尔第二十八任身份不明的统治者的陵墓。

最新的双金字塔群与蒂卡尔第二十九任统治者雅克斯·努恩·埃伊因二世有关。其中第一个,也是蒂卡尔最大的一个,是双金字塔群4E-4(图8.21),位于梅勒尔堤道以东。小组围墙内的22号石柱上描绘了雅克斯·努恩·埃伊因二世(图8.22)。另一个双金字塔群4E-3建在4E-4旁边,它包括了19号石柱和6号祭坛。

古典期晚期蒂卡尔最新的一座大神庙是3号神庙,它与黑暗太阳有关,黑暗太阳是之后一位鲜为人知的统治者,其姓名刻在神庙基座(建于公元810年)的24号石碑上。3号神庙位于大广场的西部,其顶部的神祠里包含了一个雕刻的木质过梁,上面描绘了这个身着美洲虎皮的肥胖统治者(图8.23)。蒂卡尔只有一个纪念碑的日期较晚,即大广场上的11号石柱,铭文为10.2.0.0.0(公元869年),这与已知的最后一位蒂卡尔统治者哈萨维·查恩·卡维尔二世有关。这时,建筑活动已经停止,蒂卡尔的人口正在迅速衰减。蒂卡尔王国的辉煌和权势已成过往,在10世纪末,它走向分崩离析,首都几乎被废弃。

的结合,即考古调查的结果和对历史文本的解读。蒂卡尔北卫城的发掘,揭示了一段异常漫长而复杂的建筑过程,对于我们了解该遗址的早期发展(图7.3和图7.4)以及附近"失落世界"金字塔的建设,都具有特别重要的意义。北卫城下掩埋的最早的王室陵墓和丧葬神祠(图7.5)反映出,蒂卡尔作为政治首都起源于前古典期晚期,是由阿哈瓦领导的统治贵族建立的。蒂卡尔和其他早期低地中心(如附近的瓦夏克吞)可能在前古典期晚期属于埃尔米拉多尔。但随着前古典期末期埃尔米拉多尔的衰落,蒂卡尔及其邻国在古典期早期抓住机遇,扩张它们的势力。

古典期早期蒂卡尔的崛起(约公元100年—约公元378年)

雅克斯·埃赫布索克之后的国王将其视为蒂卡尔统治家族的建立者,这些国王认为他们的继承权来自他(表7.1)。他的名字出现在卡米纳尔胡尤出土的翡翠耳饰上,这表明他可能是从这个主要的高地首都来到蒂卡尔的。虽然没有关于雅克斯·埃赫布索克即位的确切日期,但我们的最佳估算是,他的统治时期与埃尔米拉多尔的衰落

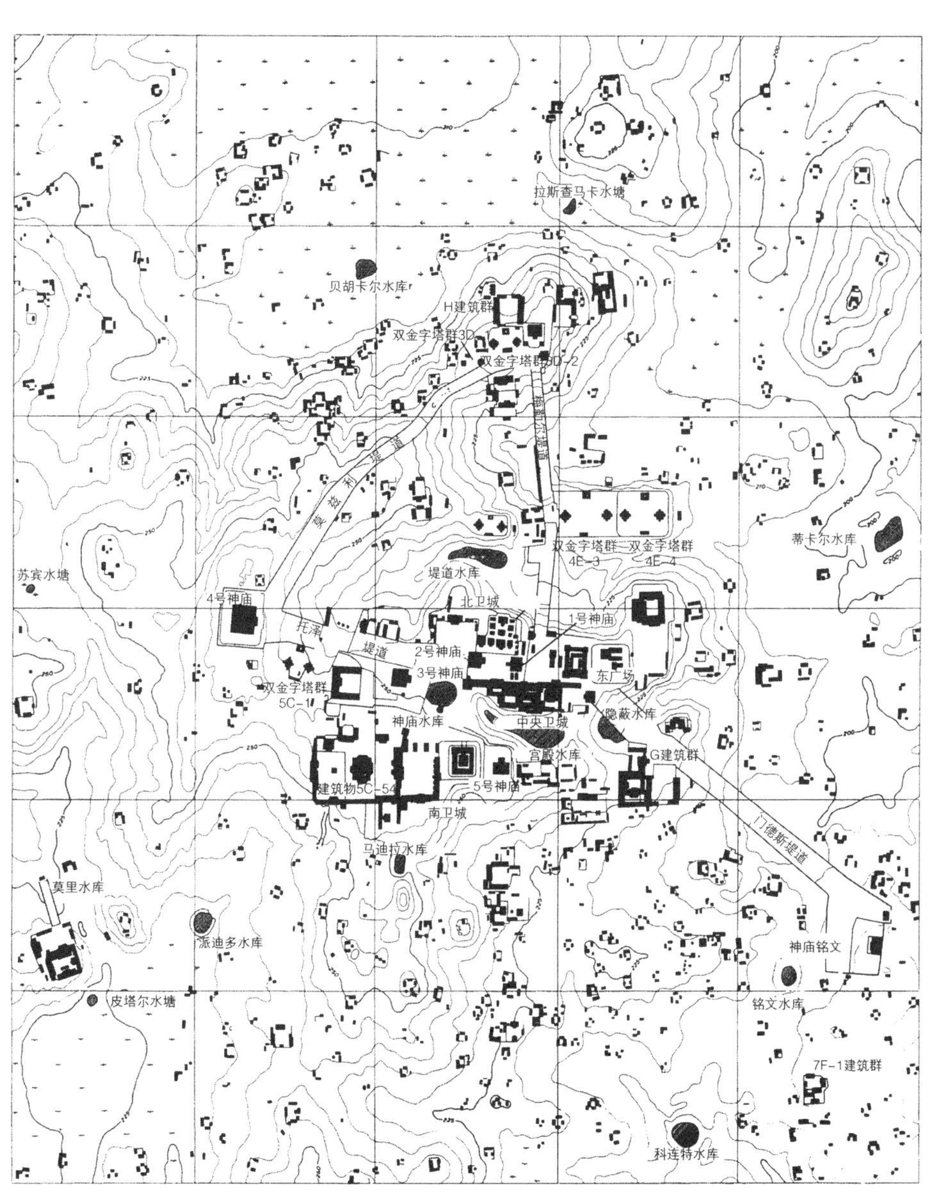

图7.1　危地马拉蒂卡尔中间区域的地图　显示了堤道、水库和该处遗址的主要建筑和建筑群，包括北卫城、1号神庙和4号神庙（为双金字塔群）；网格面积代表500平方米，俯视图单位为米。

图7.2　蒂卡尔鸟瞰图　西北方向高耸于热带雨林的主要建筑：4号神庙（左上方）、5号神庙（左下方）、3号神庙（中间偏左）和（右边）面向大广场的1号、2号神庙，北卫城在远处，中央卫城的宫殿在最显眼的地方（参见引言部分的前两张图）。

图7.3　蒂卡尔北卫城战壕　危地马拉，蒂卡尔。在宾夕法尼亚大学博物馆主持的挖掘过程中，北卫城战壕底部朝南，这揭示了异常漫长复杂的建筑次序。

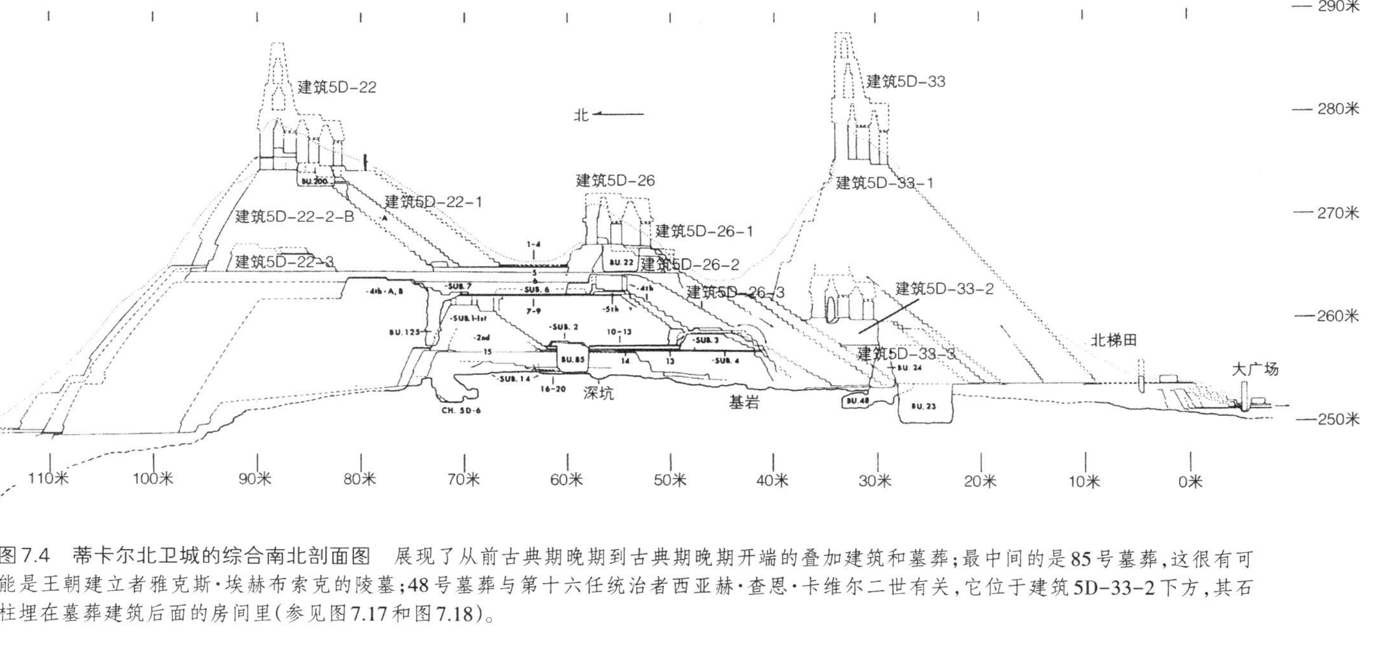

图7.4　蒂卡尔北卫城的综合南北剖面图　展现了从前古典期晚期到古典期晚期开端的叠加建筑和墓葬；最中间的是85号墓葬，这很有可能是王朝建立者雅克斯·埃赫布索克的陵墓；48号墓葬与第十六任统治者西亚赫·查恩·卡维尔二世有关，它位于建筑5D-33-2下方，其石柱埋在墓葬建筑后面的房间里（参见图7.17和图7.18）。

图7.5　蒂卡尔北卫城建筑5D-22　蒂卡尔，建筑5D-22，北卫城的一个丧葬神庙；此处古典期早期的阶梯看台是用位于轴线堤道（右边的）两侧和重叠的上部区域，或阶梯看台上裙板模块的石膏面具装饰而成。

时期相一致，即约为公元100年。蒂卡尔最后一处已知的王室纪念碑要追溯到公元869年（11号石柱），看来雅克斯·埃赫布索克建立的王朝延续了近八百年。北卫城早期的陵墓证实，雅克斯·埃赫布索克并不是蒂卡尔的第一任统治者。我们有理由通过蒂卡尔项目发掘的一处陵墓来鉴定出雅克斯·埃赫布索克的墓葬。它被称为85号墓葬，其中心位置与北卫城的重大重建有关，可追溯到大约公元100年。雅克斯·埃赫布索克的表现可能让他赢得了“建国者”的名号，名垂青史，也许他是一位杰出的军事领袖，或是第一个宣告蒂卡尔政治独立的人。但由于其任期内的纪念碑不为人所知，也没有关于他统治的直接记载，有的只是继任者对他的致谢。

后来的文献中提到了一位早期统治者，其绰号是叶形美洲虎。在考古记录中，29号石柱（图7.6）是低地地区最早注有日期的纪念碑，它标志着蒂卡尔作为独立政体首都的地位。其背面有长纪历日期8.12.14.8.15（公元292年）。正面描绘的是一位蒂卡尔阿哈瓦，他也许是叶形美洲虎，尽管其文字中并没有留下名字。29号石柱统治者佩戴着王室徽章，手持双头蛇杖，这是玛雅国王最重要的象征之一。他上面是一位祖先的头像，注视着下方，这个人可能是他的父亲。29号石柱上的统治者的腰带上挂着一个头颅，手上也拿着一个头颅。腰带上的头颅与蛇棍前面的头颅顶部都有蒂卡尔象形文字的主要标志。这个象征延续了六百年之久，它的出现也许最好地证明了蒂卡尔成为独立政体的首都，由其国王继承统治。虽然这位29号石柱上的统治者一定是雅克斯·埃赫布索克的早期继承人之一，但我们不知道他在王朝顺序中的确切位置。已知最早有王朝记号的蒂卡尔国王是指第十一任统治者西亚赫·查恩·卡维尔一世。这是在一个叫作蒂卡尔王朝花瓶的漆容器上发现的可回溯的参照记录，可以追溯到公元600年左右。

表7.1　蒂卡尔王朝年表

（统治者姓名用粗体表示，代用名或头衔用括号表示）

统治者	长纪历日期	公元日期	事件
雅克斯·埃赫布索克（建国者）	—	约100	陵墓可能是85号建筑
大约在100到317年间（在十二任国王中第二任的任期之内）鉴定出两个蒂卡尔国王			
叶形美洲虎	8.12.14.1.15	292	未知事件（29号石柱）
基尼奇·埃哈布?（动物头饰） 第十任统治者?	—	?	
西亚赫·查恩·卡维尔一世	—	约300	未知事件（埃尔恩坎托1号石柱）
父亲：基尼奇·埃哈布?（动物头饰）；母亲：骷髅夫人；头衔：从建国者算起是第十一任统治者；建造埃尔恩坎托1号石柱			
乌内·巴兰（小美洲虎） 第十二任统治者?	8.14.0.0.0	317	庆祝卡盾终结（39号石柱）
基尼奇·穆瓦安·霍尔一世	—	约359	卒
出生年份不详；359年5月23日卒?；头衔：从建国者算起是第十三任统治者			
查克·托克·伊查克一世（美洲虎爪）	—	约360	即位
出生年份不详；378年1月15日卒；	8.17.0.0.0	376	庆祝卡盾终结（39号石柱）
父亲：基尼奇·穆瓦安·霍尔；	8.17.1.4.12	378	卒；西亚赫·卡克的到来
母亲：巴兰夫人； 360年8月7日? 至378年1月15日在位（大约十七年）；头衔：从建国者算起是第十四任统治者；建造39号石柱、科罗萨尔1号石柱			
雅克斯·努恩·埃伊因一世（蜷鼻王）	8.17.2.16.17	379	即位
出生年份不详，404年6月17日卒?；	8.18.0.0.0	396	庆祝卡盾终结
父亲：掷矛者猫头鹰；			（4号、18号石柱）
母亲：不详；妻子：基尼奇夫人； 379年9月12日至约411年? 在位（大约三十年）；建造4号、18号石柱；第十五任统治者	— —	403/406 约411	与库克毛有关的事件?（蒂卡尔人雕像） 卒；陵墓在建筑5D-34下方（10号墓葬）
西亚赫·查恩·卡维尔二世（暴风雨天空）	8.18.15.11.0	411	即位（31号石柱）

(续表)

统治者	长纪历日期	公元日期	事件
出生年份不详;456年2月3日卒;	9.0.0.0.0	435	庆祝巴吞终结(31号石柱)
父亲:雅克斯·努恩·埃伊因一世;			
母亲:基尼奇夫人;	9.0.10.0.0	445	建造31号石柱
妻子:埃伊因夫人; 411年11月26日至456年2月3日在位(四十四年); 头衔:从建国者算起是第十六任统治者;建造1号、31号石柱	9.1.0.8.0	456	卒;陵墓在5D-33号建筑下方(48号墓葬)
坎·奇坦(坎·公猪)	9.1.2.17.17	458	即位(40号石柱)
生于415年11月26日?;卒年时间不详;	9.2.0.0.0	475	庆祝卡盾终结(9号石柱)
父亲:西亚赫·查恩·卡维尔二世;	—	486	战胜马萨尔(纳赫顿?)
母亲:埃伊因夫人;妻子:楚茨·妮克夫人;458年8月8日至大约486年在位(大约二十八年);建造2号、9号、13号、40号石柱;第十七任统治者			
查克·托克·伊查克二世(美洲虎爪骷髅)	9.2.13.0.0	488	未知事件(3号石柱)
出生年份不详;508年7月24日卒; 父亲:坎·奇坦;母亲:楚茨·妮克夫人;	9.3.0.0.0	495	庆祝卡盾终结(7号、15号、27号石柱)
约486年至508年7月24日在位(大约二十二年);建造3号、7号、15号、27号石柱;第十八任统治者	9.3.13.12.5	508	卒
“蒂卡尔夫人”	9.3.16.8.4	511	作为阿哈瓦即位(23号石柱)
生于504年9月1日;卒年时间不详;	9.4.0.0.0	514	和卡洛姆特巴兰一起统治?
511年4月19日至527年? 在位(大约十六年);建造10号、12号、25号石柱	9.4.3.0.0	517	庆祝卡盾终结(6号石柱)? 未知事件(12号石柱)
卡洛姆特·巴兰 头衔:从建国者算起是第十九任统治者;建造10号、12号、25号石柱	9.4.13.0.0	527	即位(12号石柱)
鸟爪 第二十任统治者?	—	?	未知事件(8号石柱)
瓦克·查恩·卡维尔(双鸟) 出生年份不详;562年卒;	9.5.3.9.15	537	到达雅克斯·穆图尔并即位(17号石柱)
父亲:查克·托克·伊查克二世; 母亲:手夫人;	—	553	监督卡拉科尔统治者的即位 亚哈瓦·特基尼奇二世

(续表)

统治者	长纪历日期	公元日期	事件
537年12月29日？至562年在位(大约二十五年);	9.6.0.0.0	554	庆祝卡盾终结
建造17号石柱;第二十一任统治者	9.6.2.1.1	556	战胜卡拉科尔
	—	557	建造17号石柱
	9.6.8.4.2	562	战败给卡拉科尔及其同盟卡拉克穆尔
第二十二任统治者至第二十五任统治者执政期间(约562年—约682年);蒂卡尔显然在卡拉克穆尔同盟的掌控之下			
基尼奇?(动物骷髅)	—	约593	即位
父亲:火十字架; 母亲:巴兰天空手夫人; 约593年至约628年在位(大约三十五年);头衔:从建国者算起是第二十二任统治者	—	约628	卒;陵墓位于建筑5D-32(195号墓葬)
基尼奇·穆瓦安·霍尔二世 约628年至约650年在位(大约二十二年);	—	629	在多斯皮拉斯建立殖民地,由其子巴拉·查恩·卡维尔(?)统治
第二十三任或第二十四任统治者	—	648	战胜卡拉克穆尔,卒?
努恩·乌约尔·恰克(盾牌骷髅) 父亲:基尼奇·穆瓦安·霍尔二世?	— —	约650 657	即位 蒂卡尔败给卡拉克穆尔;努恩·乌约尔·恰克流亡
约650年至约679年在位(大约二十九年);第二十五任统治者	—	672	战胜多斯皮拉斯
		677	败给卡拉克穆尔
		679	败给多斯皮拉斯-卡拉克穆尔的同盟
		约679	卒;陵墓位于建筑5D-33的正下方(23号或24号墓葬)
哈萨维·查恩·卡维尔一世	9.12.9.17.16	682	即位
出生年份不详;约734年卒; 父亲:努恩·乌约尔·恰克;	9.13.0.0.0	692	庆祝卡盾终结(TPG 3D-1)
母亲:美洲虎座位夫人;	9.13.2.16.10	695	与纳兰霍交战
妻子:卡拉胡尤恩·乌内莫夫人; 682年5月3日至约734年在位(大约五十二年);	9.13.3.7.18	695	战胜卡拉克穆尔;“击败伊恰克·卡克的燧石和盾牌”

（续表）

统治者	长纪历日期	公元日期	事件
建造5号、14号祭坛，16号、30号石柱，TPG 3D-1、4D-1、5D-1，第二十六任统治者	— 9.14.0.0.0	705 711	与多斯皮拉斯交战； 庆祝卡盾终结； 与马萨尔阿哈瓦的发掘仪式（TPG 5D-1）
	9.15.0.0.0	731	庆祝卡盾终结（TPG 4D-1）
	—	约734	卒；陵墓在1号神庙（116号建筑）下方
伊金·查恩·卡维尔	9.15.3.6.8	734	即位
出生年份不详；约766年卒； 父亲：哈萨维·查恩·卡维尔一世；	—	736	战胜卡拉克穆尔（21号石柱和9号祭坛）
母亲：卡拉胡尤恩·乌内莫夫人；	—	743	战胜瓦卡（埃尔佩鲁）
734年12月8日至约766年在位（大约三十二年）； 头衔：从建国者算起是第二十七任统治者；2号、9号献祭祭坛，5号、21号献祭石柱，TPG 3D-2	9.15.12.11.13	744	战胜瓦克·卡布纳尔（纳兰霍）； 它的统治者雅克斯·马尤伊·恰克被俘获并献祭（5号石柱）
		748	俘获并献祭威兰·察克·托克·瓦伊布（战胜纳兰霍？）
	9.16.0.0.0	751	庆祝卡盾终结（TPG 3D-2）
身份不明的第二十八任统治者 约766年至768年在位			
雅克斯·努恩·埃伊因二世	9.16.17.16.4	768	作为第二十九任统治者即位
出生年份不详；约794年卒； 父亲：伊金·查恩·卡维尔；	9.17.0.0.0	771	庆祝卡盾终结（TPG 4E-4）
母亲不详；768年12月25日至约794年在位（大约二十六年）； 头衔：从建国者算起是第二十九任统治者；6号、10号献祭祭坛；19号、22号献祭石柱，TPG 4E-3、4E-4	9.18.0.0.0	790	庆祝卡盾终结（TPG 4E-3）
努恩·乌约尔·基尼奇 第三十任统治者？	—	约800？	
黑暗太阳 父亲：努恩·乌约尔·基尼奇； 第三十一任统治者？	9.19.0.0.0	810	庆祝卡盾终结（24号石柱）

(续表)

统治者	长纪历日期	公元日期	事件
宝石卡维尔	0.1.0.0.0	849	见证塞瓦尔统治者即位
哈萨维·查恩·卡维尔二世	10.2.0.0.0	869	庆祝卡盾终结(11号石柱)

来源:柯金斯,1975;法森,1988;琼斯,1977;琼斯和萨特思韦特,1982;马丁,1996b、1999、2003;马丁和克鲁伯,2000;普罗斯科里雅科夫,1993;谢勒和福莱德尔,1990;斯图尔特,2000。

显然,西亚赫·查恩·卡维尔一世在公元300年左右执政。埃尔恩坎托是蒂卡尔附近的次级中心,西蒙·马丁在这里的1号石柱上发现了这个统治者的名字。埃尔恩坎托1号石柱也记载了他父亲的名字,人称"动物头饰",可能是蒂卡尔第十任统治者。接替西亚赫·查恩·卡维尔一世的显然是一位鲜为人知的统治者,名叫乌内·巴兰,曾在公元317年庆祝8.14.0.0.0卡盾的终结。第十三任统治者基尼奇·穆瓦安·霍尔一世(K'ininch Muwaan Jol Ⅰ)就更加不为人所知了,蒂卡尔王朝花瓶上标有他的姓名,此人似乎约于公元359年逝世。

还有更多关于第十四任统治者查克·托克·伊查克一世的信息,他的名字也出现在蒂卡尔王朝的花瓶上。39号石柱是他的一处纪念碑,其下部是在挖掘"失落世界"建筑群中的建筑5D-86-6时发现的。39号石柱标志此地可能举办了第十七个卡盾(8.17.0.0.0,或公元376年)终结的仪式。图中,查克·托克·伊查克一世佩戴着王室腰带,站在一名被捆绑的贵族俘虏面前,手持一柄装饰有美洲虎标记的斧头,这可能用作武器或祭祀工具(图7.7)。他可能还建造了26号石柱(图7.8),这曾是一座宏伟的雕塑,统治者正面的形象一览无余,两侧用象形文字写着他祖先的名字。但就像39号石柱一样,这座纪念碑显然是在它建造后不久就被故意砸碎了。只有底部仍然存在,人们发现它时,它被埋在北卫城的一处神庙(建筑5D-34-1)内。

查克·托克·伊查克一世的王室宫殿,即建筑5D-46被发现于中

图7.6　蒂卡尔29号石柱　最早的长纪历日期发现于玛雅低地：（上图）画和照片的正面，展现了一个早期蒂卡尔统治者的雕刻肖像，人们通常认为这是叶形美洲虎，手里拿着一个双头蛇棍；（下图）背面展现了长纪历日期8.12.14.8.15（公元292年）。

央卫城(图7.9),这是由于学者彼得·哈里森(Peter Harrison)从卫城的西部楼梯下挖掘出一个埋葬的器皿。几年之后,器皿上的文字被破译,这证实了它被用于查克·托克·伊查克一世的库胡尔·纳阿(圣室)献祭仪式。哈里森对于中央卫城建筑历史的研究表明了玛雅人是如何通过参考之前的建筑——包括建筑5D-46——来确定建筑群中之

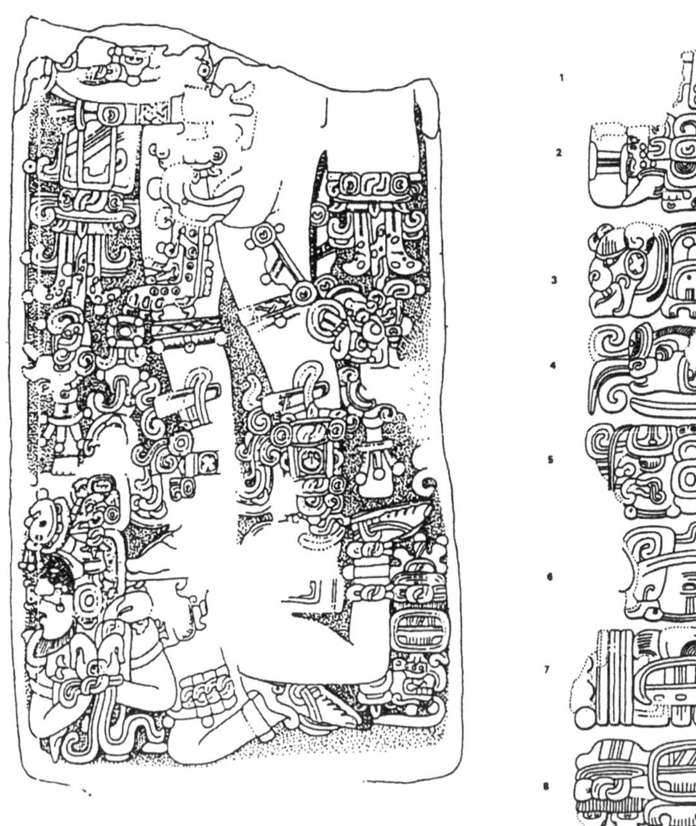

图7.7　蒂卡尔39号石柱　(左图)前面的碎片上有一幅统治者雕像的下半部分,这个统治者可能是查克·托克·伊查克一世,他手持一把美洲虎爪子形状的斧头,站在一个被束缚的俘虏前;(右图)背面写着给查克·托克·伊查克一世(在第2行左边)和蒂卡尔王朝建国者(在第2行右边)雅克斯·埃赫布索克的象形文字。

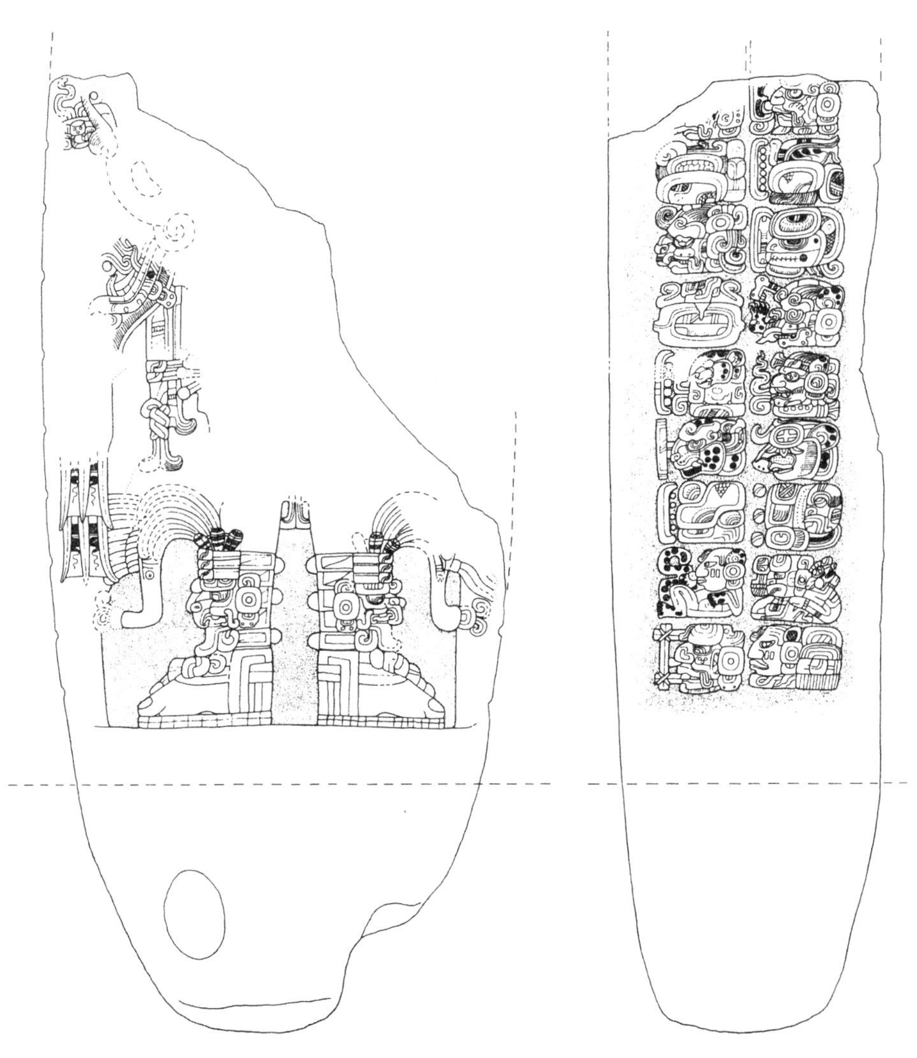

图7.8　蒂卡尔26号石柱　这是一个破碎的纪念碑，它被发现埋葬于北卫城内部的建筑5D-34-1里面：画的下半部分（左图）展现了一个蒂卡尔统治者的残余肖像，可能就是查克·托克·伊查克一世，（右图）残余的文字，提及了一些早期的统治者，最后以蒂卡尔象形文字结束。

后兴建的建筑的选址，以及推论了后世统治者为何保存一些早期的建筑，这可能是由于它们与早期重要的国王有关。

中部低地相邻的中心（约公元328年—约公元416年）

其他低地中心通过在第八巴吞晚期建立古典期早期的纪念碑来维护它们的独立，尽管已知没有一个中心比蒂卡尔更早拥有象形文字。巴拉克巴尔于公元406年建立了一座石柱。从这个跨度算起，还有四个中心建了纪念碑：蒂卡尔附近乌兰顿的2号石柱；埃尔萨波特的1号、4号和7号石柱；亚克斯哈的5号石柱和序顿的12号石柱。瓦夏克吞可能是蒂卡尔当时最大的竞争对手，距离蒂卡尔北部只有一天的步行路程，在公元328年到公元416年间，它有六座纪念碑来纪念它的早期政治历史。最早的一处是9号石柱（图7.10），已经受到严重侵蚀，但其正面站立的雕像无疑是早期的瓦夏克吞的统治者。19号石柱（公元357年）和受到侵蚀的18号石柱是已知最早的用于卡盾终结的纪念碑。19号石柱上的人物是一个瓦夏克吞国王，他站在一个跪着的俘虏旁边，这一普遍的主题是为了突出王室的权威和威望。

在同一时期，主要的政体出现在其他低地地区，本章后续将对其中一些进行讨论。在伯利兹东部低地，有几处带有长纪历日期的纪念碑，包括布莱克曼埃迪、卡拉科尔和帕克比通。与佩滕早期的日期相反，这些东方纪念碑上的日期是用水平的点画数字呈现的，就像玛雅南部地区最早注有日期的纪念碑一样，这进一步证明了自前古典期以来所发现的多样性。在蒂卡尔以北，另一个主要的古典期城市开始在埃尔米拉多尔留下的真空地带扩张。这就是卡拉克穆尔，它注定要在规模和势力上进行扩张，成为蒂卡尔最大的竞争对手。在蒂卡尔的东南部，毗邻伯利兹的玛雅山脉高地，卡拉科尔城最终繁荣

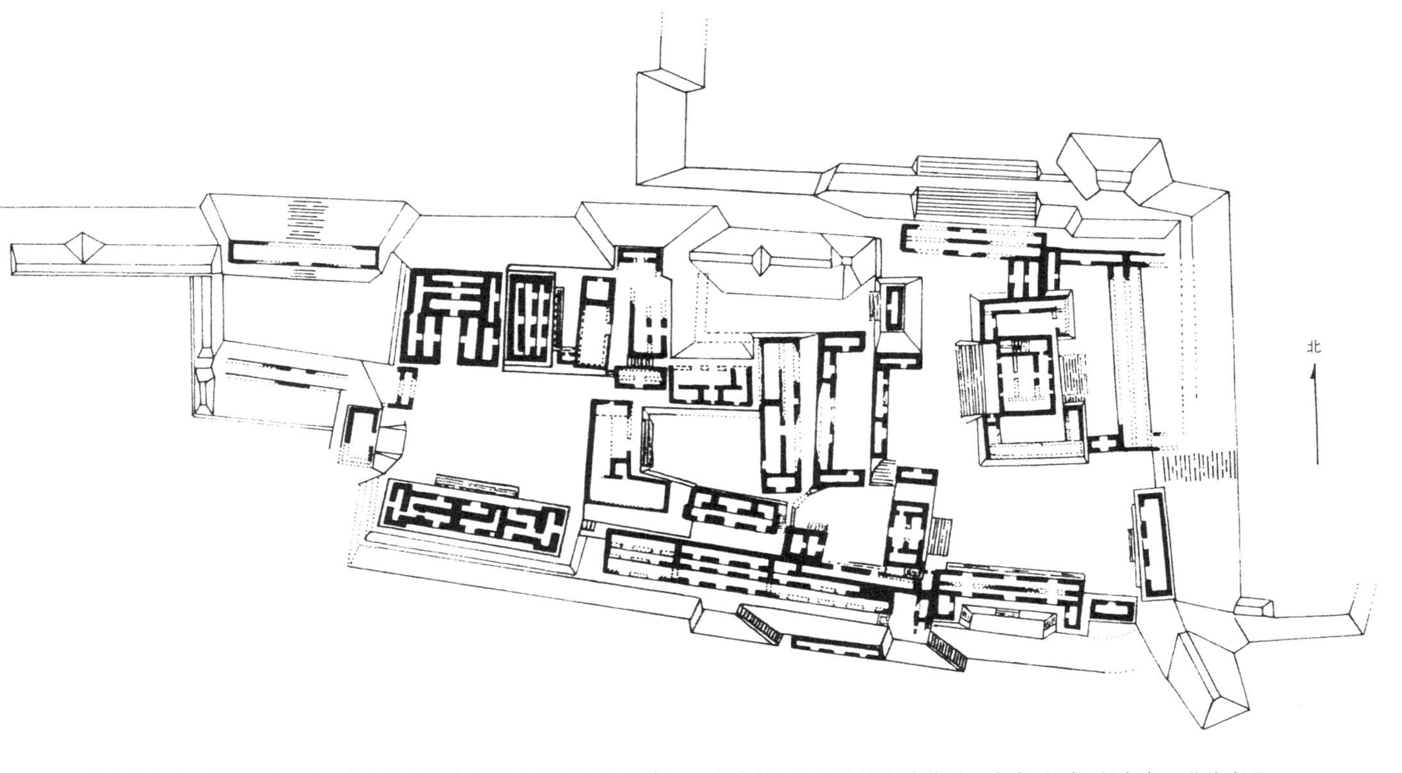

图7.9　蒂卡尔中央卫城的规划图　这个大型住宅区的宫殿和庭院是蒂卡尔古典期统治者的王室建筑群。查克·托克·伊查克一世的宫殿是这个建筑群东北角最大的建筑。

图7.10 危地马拉瓦夏克吞9号石柱 瓦夏克吞的9号石柱位于危地马拉的中心低地，这是该处遗址已知最早的纪念碑：(左图)正面是一个身份不明的统治者，肖像受到严重侵蚀；(右图)背面的文字受到侵蚀，上面有长纪历日期8.14.10.13.15(即公元328年)。

发展，成为卡拉克穆尔最重要的同盟之一。

然而使用早期长纪历日期的低地中心似乎集中在中部地区的核心区。此外，它们在整个区域的间隔相等，这表明，至少在最初，它们在政治上是平等的，彼此独立，相互竞争。然而，很显然，其中的一个国都——蒂卡尔最终成功地在与邻国的交流中维护了自身势力。这些附近的大多数地区统治者在接受了这种局面后不久就不再建造纪念碑，这无声地证明了他们对蒂卡尔的服从。蒂卡尔的统治者很可

危地马拉的瓦夏克吞

瓦夏克吞紧靠蒂卡尔北部，它被占领的时间似乎与面积更大的邻国差不多，都起源于前古典期中期，在后古典期遭到废弃。尽管它从未像蒂卡尔那样发展壮大，但是它们在古典期早期的初始阶段是规模相当的竞争对手。瓦夏克吞的主要建筑群坐落在五个低山丘或山脊上，周围是房屋平台的遗迹。由奥利弗·里基森指导的住宅区勘测发现占领区的表观密度远高于刀耕火种生存系统能支持的表观密度，这导致的第一个迹象就是玛雅农业一定比当代理论所持的观点更为多样化、更具生产力（参见第十一章“火耕田假说”专栏）。尽管卡内基项目（参见第二章“危地马拉瓦夏克吞的考古”专栏）没有进行加固或修复，但多年后埃德温·舒克回到该处遗址指导合并建筑E-VII，以使早期玛雅建筑的重要典例得以保存。最近，危地马拉人类学与历史研究所（IDAEH）完成了一项发掘和合并计划，其中包括H建筑群（第六章，图6.31）。

通过发掘E建筑群，发现了一个建筑组合，其功能是一个天文观测台。如之后被人所俗称的E建筑群一般，其他的古典期中心也发现类似的建筑排列（例如蒂卡尔的“失落世界”建筑群）。E建筑群可能被用来标记二分点和二至点的位置。庭院的西侧建有一个面朝正东的平台（图7.11）。而另一方面，当从西方平台的梯道观察时，即可发现，三座建于梯田之上、南北分布的神庙是被安排用于观测的。从这个观测点来看，太阳在春分时从中间神庙（图中的E-II）的正后方升起；夏至时太阳从北边神庙（E-I）的北前角后面升起，秋分后太阳再回中间神庙南行；冬至日时太阳在南边神庙（E-III）的南前角后面。这种建筑组合标记了一年中最长和最短的白天，以及昼夜相等时的两个中间位置。

在发掘损毁严重的建筑E-VII时，发现了下方一个保存完好的早期平台，即E-VII-sub，这可以追溯到前古典期晚期。在被发现时，它是玛雅低地已知最早的建筑。E-VII-sub的梯田表面、四个梯道和十六个面具（每边四个）仍覆盖着石灰灰泥（图6.29和图6.30）。这些面具似乎描绘了宇宙的主题，和在塞罗斯建筑5C-2（第六章）中发现的那些相类似。但与后者不同的是，E-VII-sub的顶部显然从来没有支撑过砖石建筑。在灰泥地板上发现的四个壶穴支撑着茅草屋顶结构的角柱。自从发现了E-VII-sub，同一时期的其他建筑也被挖掘出来，包括蒂卡尔更大的“失落世界”金字塔。

卡内基项目还对瓦夏克吞的A建筑群和B建筑群进行了发掘，其中A建筑群是神庙、宫殿和纪念碑建筑群，这两个建筑群是通过南北走向环绕水库的堤道连接起来的。尽管最终瓦夏克吞被邻国蒂卡尔盖过了风头，但它还是一处重要的遗址，尤其是在早期玛雅政治制度的发展过程中。事实上，几千年来，瓦夏克吞和蒂卡尔的命运紧密交织，从前古典期中期的起源，到前古典期晚期的发展和古典期早期成为敌对力量。

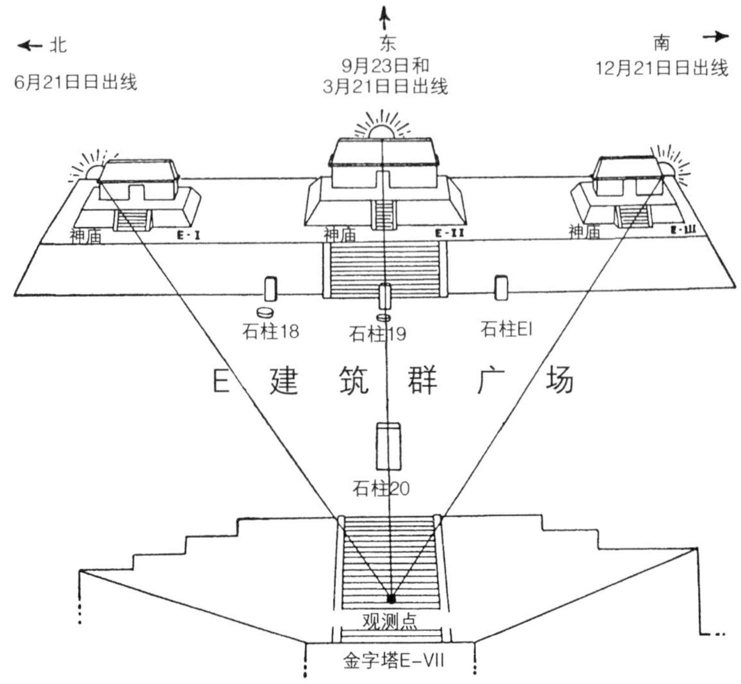

图7.11　瓦夏克吞E建筑群　该建筑群与二至点和二分点相对应的建筑排列；由于这个模式在瓦夏克吞被记录，因此具有相同模式的建筑群也被命名为E建筑群。

能打败了当地的竞争对手，要么导致敌对统治者的死亡，要么使得他们对蒂卡尔国王的至高权威俯首称臣。

低地的外来者（公元378年—公元456年）

有大量证据表明在古典期早期蒂卡尔曾与外界有过接触。其中大部分包括陶器和其他手工艺品，它们指向与南部玛雅地区和遥远地区的贸易联系。蒂卡尔最明显的对外接触发生在墨西哥中部及其大城市特奥蒂瓦坎之间，这在当时的低地和南部玛雅地区是随处可见的。一些人假设蒂卡尔会被特奥蒂瓦坎控制。通过发掘蒂卡尔“失落世界”建筑群,记录了一系列的建筑,这些建筑的灵感来自于大约公元300年时开始的墨西哥中部“斜坡-直板”式风格。在对蒂卡尔的王室陵墓的研究中,克莱蒙丝·柯金斯(Clemeucy Coygins)指出10号墓葬中包含的贡品与卡米纳尔胡尤和墨西哥中部的古典期早期陵墓密切相关。10号墓葬中包括带有高地玛雅人印记的陶瓷器皿,还有几件是有墨西哥中部风格的灰泥彩绘装饰。还有古神(一个重要的高地神)的陶器肖像和动物供品(龟甲、鳄鱼骨骼和鸟类遗骸),和在卡米纳尔胡尤陵墓中发现的东西很相像。10号墓葬被认定为蒂卡尔第十五任统治者雅克斯·努恩·埃伊因一世的陵墓,他的统治时期约是公元379年至公元411年,当时的蒂卡尔处于“斜坡-直板”式建筑时期的中期,这可能反映了它与卡米纳尔胡尤或特奥蒂瓦坎的联系。现在,随着更多的历史证据被破译,这一时期围绕蒂卡尔对外接触的事件开始为人所理解。

正如蒂卡尔和瓦夏克吞的几个纪念碑所记录的那样,两个关键事件发生在公元378年(8.17.1.4.12)的同一天:一个名叫西亚赫·卡克(火之子)的男子到来,蒂卡尔第十四任统治者查克·托克·伊查克一世逝世。大卫·斯图尔特指出,此处使用的动词“到来”通常指一个外来者夺取的统治权。西亚赫·卡克到来之时即蒂卡尔国王死亡之际,表明这是一场暴力的占领。事实上,大部分标注日期早于公元378年的蒂卡尔王室石柱(如查克·托克·伊查克的26号、39号石柱)被发现时已经破损残缺,这可能进一步证明了它曾被暴力侵占。这意味着西亚赫·卡克一定有武装部队的陪同,正是这支武装部队推翻并杀害了蒂卡尔统治者。文献中没有记录西亚赫·卡克来自何地,但根据考古学证据,当时已经与蒂卡尔建立了联系,所以他的家乡要么是卡米纳尔胡尤,要么是特奥蒂瓦坎。还有人认为,他是一个失势派系的领导人，重新来统治蒂卡尔。人们发现西亚赫·卡克的头衔是西部之王，或“西方领主”。斯图尔特在蒂卡尔西部的瓦卡遗址（埃尔佩鲁）发现了西亚赫·卡克的介绍，而那时正是他到达蒂卡尔的八天前。这意味着西亚赫·卡克从西方来到蒂卡尔，这就可以解释他头衔的含义了。在大肆占领后过去了一年多，蒂卡尔才有了新的统治者。这可能反映了西亚赫·卡克的部队为打败接连不断的反对力量、巩固统治蒂卡尔政体所花的时间。这段时期也可以被视作征服瓦夏克吞，将其并入蒂卡尔政体的过程。瓦夏克吞5号石柱描绘了一个墨西哥中部的战士，手持投枪器和镶嵌着黑曜石刀片的棍棒（图7.12）。5号石柱位于建筑B-VIII的前面，建筑中隐藏着卡内基项目挖掘出的一个不同寻常的多重墓葬。这个陵墓由一口深竖井组成，它从神庙底部一直延伸到基岩处，里面有五具尸体：两名成年妇女（其中一名怀孕）、一名儿童和一名婴儿，他们可能都是被杀身亡的，而非由于自然原因死亡。琳达·谢勒和大卫·福莱德尔得出结论，5号石柱和建筑B-VIII是纪念西亚赫·卡克征服瓦夏克吞的，墓葬中是瓦夏克吞战败国王的家人。据推测，国王被献祭，他的家人则惨遭屠杀。

卡内基项目挖掘同一个建筑群时在建筑B-XIII中发现了一幅壁画（图7.13），它可以追溯到古典期早期的末段。画面描绘了一个平顶建筑，里面坐着三个女人。门外站着一个涂成黑色的男人，他面对着一个穿着墨西哥中部服装的战士，一只手臂放在胸前以示顺从。这幅壁画可能记录了与西亚赫·卡克占领瓦夏克吞相关的事件。

如前文所说，一年多以后，在西亚赫·卡克的主持下，新国王雅克斯·努恩·埃伊因一世（公元379年—公元411年在位）在蒂卡尔宣誓就职。我们不知道雅克斯·努恩·埃伊因一世从何而来，只知道他是一个未知王国统治者的儿子。他父亲的名字是“掷矛者猫头鹰”，名字组成元素表明这是一个与墨西哥中部有亲缘关系的地方。同样，

图7.12　瓦夏克吞5号石柱　这是一幅受到侵蚀的战士形象，右手拿着一根战棍，左手拿着一个投枪器，此人可能是西亚赫·卡克(8.17.1.4.12，或公元378年)。

图7.13　瓦夏克吞建筑B-XIII的壁画　瓦夏克吞B建筑群：一幅在建筑B-XIII中的壁画，可以追溯到古典期早期的末段，展现了身着墨西哥中部服饰的武装战士和一个玛雅领主的会面和对抗（左图），以及一个内部宫殿的场景（右图）。

这可能是卡米纳尔胡尤，甚至可能就是特奥蒂瓦坎。事实上，在“失落世界”建筑群南部的一个住宅区里发现的特奥蒂瓦坎风格的纪念碑上，就记录了“掷矛者猫头鹰”的国王就职仪式。因此，文本证据表明，西亚赫·卡克是名叫“掷矛者猫头鹰”的国王派来接管穆图尔王国的部队指挥官，并任命这位外国国王的儿子，即雅克斯·努恩·埃伊因一世为新任统治者。

这些事件使蒂卡尔踏上了扩张的道路，并使其成为中部低地地区的主导力量。显然是西亚赫·卡克主动发起扩张，瓦夏克吞只是蒂卡尔领导下的几个政体中的第一个。在东北方向，通过挖掘里奥阿苏尔（图7.14）表明了它也在蒂卡尔的控制之下，这可能与公元393年的西亚赫·卡克有关。回顾帕伦克的西亚赫·卡克可能也会让人想起他在建立这个长期统治的政体中所扮演的角色。西亚赫·卡克从历史上销声匿迹之后，蒂卡尔继续扩张。从那时起，蒂卡尔和其他玛雅

图7.13(接上页图)

遗址的玛雅国王们有时会被描绘成携带武器、身穿源自墨西哥中部军服的形象。蒂卡尔用来控制其他政体的手段可能结合了军事征服和王室婚姻,以此确保与其他低地首都统治家族的联盟。事实上,雅克斯·努恩·埃伊因一世娶了一位来自前王室的女子,他有可能也是利用婚姻来巩固他在蒂卡尔的权力。蒂卡尔的扩张一定为其统治者和国民提供了政治和经济上的优势,但也可能是出于意识形态的动机,让蒂卡尔掌控始于公元435年(9.0.0.0.0)——新的第九个伯克盾——的命运。

4号石柱上描绘着雅克斯·努恩·埃伊因一世,他佩戴着王室徽章,包括一条贝壳项链,这让人回想起特奥蒂瓦坎的传统(图7.16)。

危地马拉的里奥阿苏尔

里奥阿苏尔遗址位于佩滕的东北角，于1962年被特立尼达·帕奇(Trinidad Pech)发现。理查德·亚当斯(Richard Adams)对约翰·加特林(John Gatling)公布了对里奥阿苏尔和该地其他遗址的初步调查结果。1962年后，这里成了劫掠者的猎物，他们发现并洗劫了一系列装饰精美华丽的陵墓。这一场劫掠的消息于1981年传到伊恩·格雷厄姆的耳中，他前往里奥阿苏尔，评估并向危地马拉政府报告损失。因此，(政府)安排了警卫驻扎该处遗址。格雷厄姆还联系了亚当斯，亚当斯随后组织了一项始于1983年的调查项目。

研究结果表明里奥阿苏尔占地面积约为1.3平方千米；大型建筑最密集的区域(350)位于中部0.5平方千米的区域(图7.14)。遗址在里奥阿苏尔河岸的一个低水平山脊上，形成了北部和西部边界。早期的占领可以追溯到前古典期中期，并伴有显著的增长，包括在前古典期晚期建造纪念碑神庙的平台(这是最大的平台，即建筑G-103，高15米)。在东北几千米处的BA-20建筑群有四个前古典期晚期的平台。大约在公元390年至540年之间，尽管BA-20建筑群遭到废弃，但是里奥阿苏尔似乎在建筑和人口规模(估计约为3500人)方面的增长最多。在古典期早期结束时(约公元530年—约公元600年)，里奥阿苏尔的其余部分走向衰落，甚至遭到废弃。在古典期晚期(约公元680年—约公元830年)，可能是向南12千米的基纳尔这一古典期晚期中心对其有所保护，该处遗址被重新安置，但这主要是住宅区，没有什么主要的新建筑。

从里奥阿苏尔寥寥无几的文献中得知的政治历史表明，在古典期早期，它是由蒂卡尔统治的。三个标注时间约为公元385年的圆形祭坛描绘了至少八个贵

早期蒂卡尔纪念碑中王室人物侧面站立，4号石柱与早期蒂卡尔纪念碑不同，上面描绘的是雅克斯·努恩·埃伊因一世正面坐着的场景。在他头上的保护神是玛雅神卡维尔(神和意识形态在第十三章中讨论)。雅克斯·努恩·埃伊因一世左手拿着一个投枪器。根据柯金斯的说法，卡维尔的形象最终与墨西哥中部的投枪器相结合，形成了“卡维尔权杖”，这是玛雅低地统治的象征，由投枪器的形象组成，投枪器被安在一个轴上，轴上有一个像长矛投掷者所持的那样弯曲的枪托。在公元396年(8.18.0.0.0)，雅克斯·努恩·埃伊因一世献祭18

族的献祭。这可能表明蒂卡尔的占领导致了当地贵族领袖被捕并献祭。如果是这样的话,那么这次征服很可能发生在公元393年,也就是在里奥阿苏尔提到西亚赫·卡克的日期,当时的蒂卡尔由雅克斯·努恩·埃伊因一世统治。一些从里奥阿苏尔罐中发现的残留物已经被鉴定为可可,这证实了大卫·斯图尔特对这样一个"可可罐"器皿上象形文字的翻译。里奥阿苏尔的位置表明它控制着里奥洪都河的一条支流,这是一条往返加勒比海的主要水上贸易渠道。蒂卡尔对里奥阿苏尔的控制不仅确保了这一贸易联系,而且可能会挑战卡拉克穆尔的贸易地位,后者的贸易无疑依赖于里奥洪都河路线与加勒比海岸进行。

三个古典期早期的祭坛被埋在大神庙,即建筑A-3的下方,它和该遗址的大部分建筑很像,建于里奥阿苏尔的全盛时期(公元390年—公元530年),之后由蒂卡尔占领。这也是1号石柱的位置,它可以追溯到公元392年,上面提到了一位当地的统治者。从里奥阿苏尔掠夺来的一个绿石面具上刻有这位统治者的姓名和里奥阿苏尔的字符(对全称"象形文字"的缩略形式)。劫掠者在建筑A-3中发现了一系列墙壁有彩绘的墓室。虽然里面的大部分东西都被偷了,但房间墙壁包括象形文字还是保存了下来。12号墓葬中的文字提到了一个名为"六天"的人、里奥阿苏尔符号和公元450年的死亡或埋葬日期。位于建筑C-1的1号墓葬也被洗劫一空,它包含了所有为人所知的古典期早期壁画中最精致的一幅(图7.15),包括长纪历日期8.19.1.9.13(公元417年)。

亚当斯在里奥阿苏尔报告了蓄意破坏的证据,随后近一个世纪中(约公元530年—约公元600年)里奥阿苏尔几乎或完全遭到了遗弃,这一时间跨度和蒂卡尔与卡拉克穆尔相对峙的时间跨度相吻合。因此,卡拉克穆尔很可能消灭了里奥阿苏尔,因为它既是蒂卡尔的盟友,也是其加勒比海贸易路线上的威胁。

号石柱。我们不知道西亚赫·卡克是何时逝世的,但雅克斯·努恩·埃伊因一世是在掌权三十几年后,大约在公元411年去世的。4号石柱和18号石柱在建筑5D-34的前面,该建筑埋葬了之前提到的陵墓(10号墓葬),经鉴定属于雅克斯·努恩·埃伊因一世。

证据表明,尽管他显然从父亲那里遗传了外国血统,但是他的儿子和继任者西亚赫·查恩·卡维尔二世(公元411年—公元456年在位)还是回归了传统玛雅国王的方式。西亚赫·查恩·卡维尔二世不

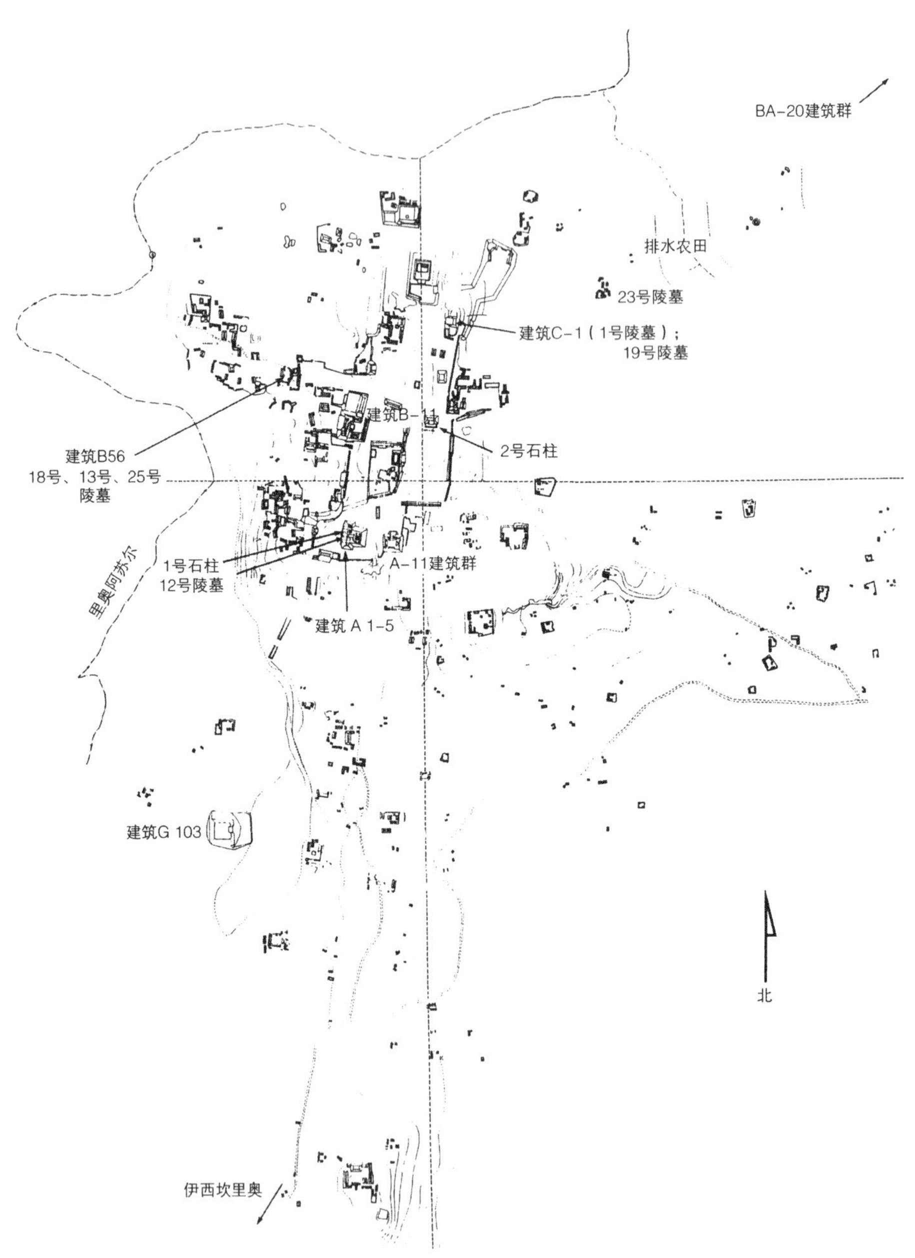

图7.14　危地马拉里奥阿苏尔的地图　在危地马拉的东北部，展现了主要建筑、石柱和陵墓的位置。

图7.15 里奥阿苏尔建筑C-1中1号墓葬的壁画 里奥阿苏尔建筑C-1:1号墓葬展现了壁画的中心元素,长纪历日期是8.19.1.9.13(公元417年)。

仅通过继承一百多年前蒂卡尔国王的名字来巩固统治权的合法性,而且继承了蒂卡尔建国后第十六任统治者的头衔。换句话说,尽管王室血统经历了明显的断裂,但由雅克斯·埃赫布索克建立的蒂卡尔古老王室的统治一直绵延不绝,得到肯定。正如我们将看到,西亚赫·查恩·卡维尔二世也延续了蒂卡尔的扩张主义政策。

西亚赫·查恩·卡维尔二世于公元411年即位,在即位之后大约三十四年,他献祭了31号石柱,并附上了一份文献,记载了截至当时蒂卡尔王朝的历史。这座宏伟的纪念碑(图7.17)可以追溯到公元445年,被发现后重新安置并供奉在建于西亚赫·查恩·卡维尔陵墓上

图7.16 蒂卡尔4号石柱 记载了公元378年统治者雅克斯·努恩·埃伊因一世的即位:(左图)纪念碑的上方;(下图)分别是前面和背后的图。

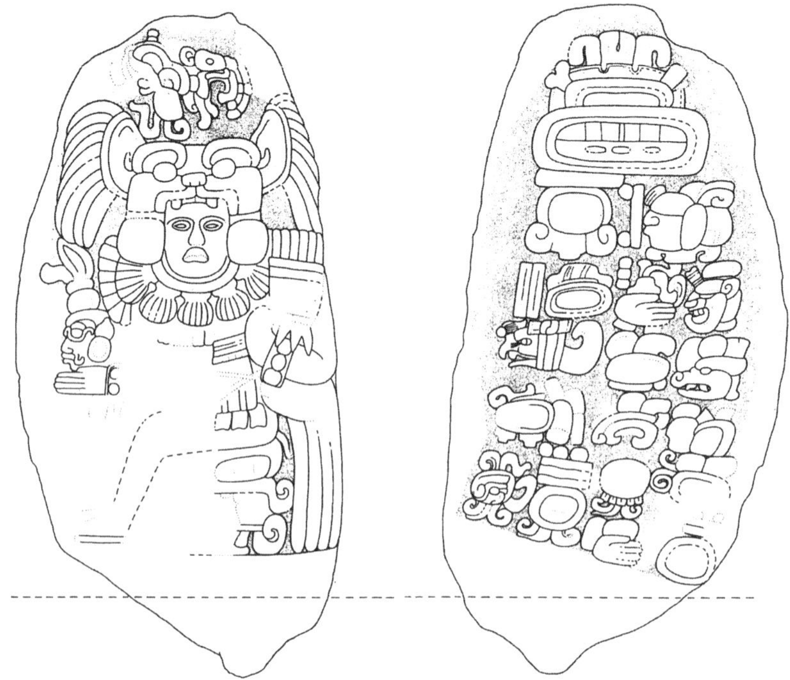

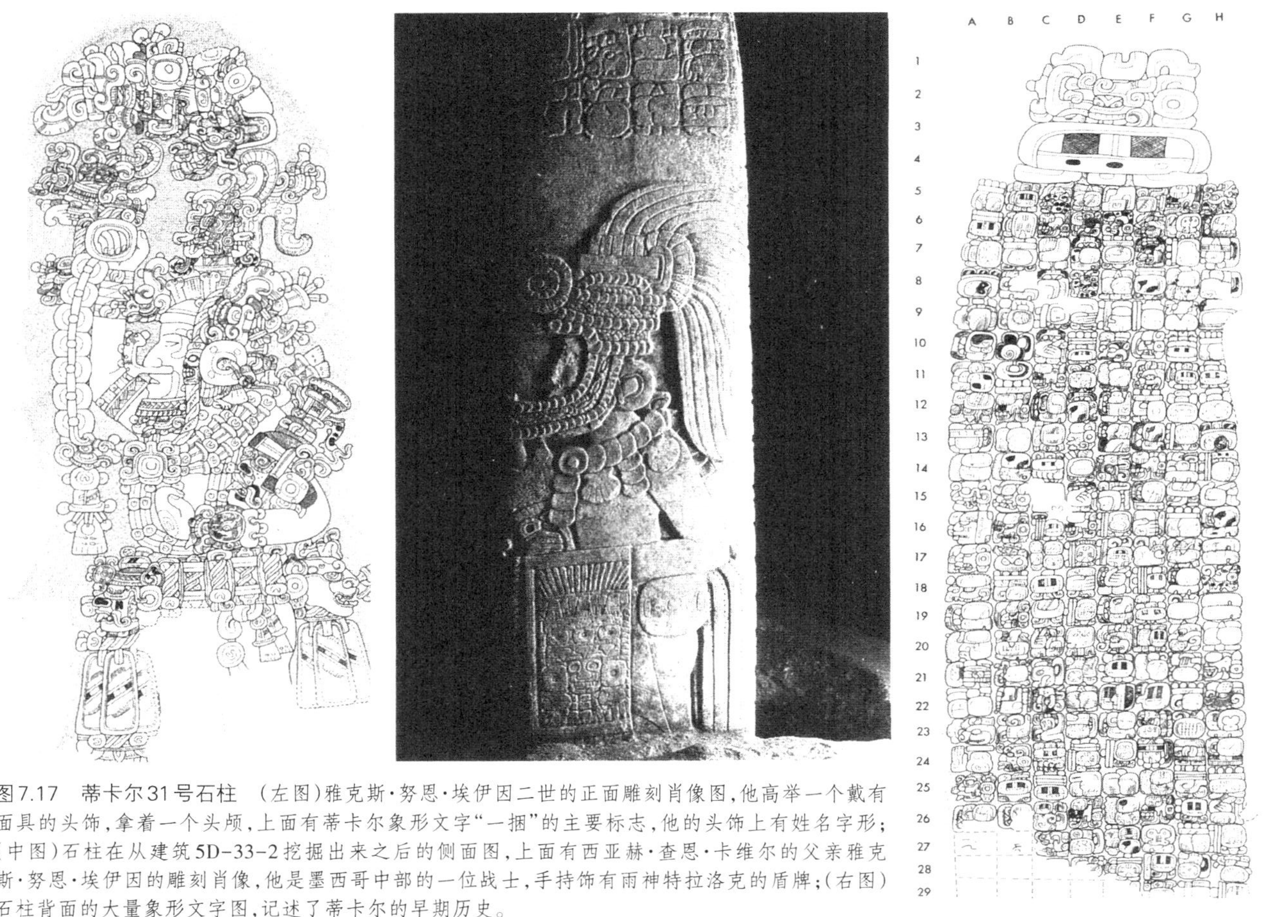

图7.17　蒂卡尔31号石柱　(左图)雅克斯·努恩·埃伊因二世的正面雕刻肖像图,他高举一个戴有面具的头饰,拿着一个头颅,上面有蒂卡尔象形文字“一捆”的主要标志,他的头饰上有姓名字形;(中图)石柱在从建筑5D-33-2挖掘出来之后的侧面图,上面有西亚赫·查恩·卡维尔的父亲雅克斯·努恩·埃伊因的雕刻肖像,他是墨西哥中部的一位战士,手持饰有雨神特拉洛克的盾牌;(右图)石柱背面的大量象形文字图,记述了蒂卡尔的早期历史。

图7.18　蒂卡尔48号墓葬　在挖掘和移除内容物之后，北卫城建筑5D-33下方的蒂卡尔48号墓葬室（见图7.4）；陵墓墙上涂绘的长纪历日期9.1.1.10.10（公元456年）是推测出来的统治者西亚赫·查恩·卡维尔二世的死亡和埋葬日期。

方的神庙里。它用传统的玛雅服饰描绘了蒂卡尔的第十六任国王，在他高举的头饰上加上他的姓名。在他之上是父亲雅克斯·努恩·埃伊因一世，父亲宣布了统治权，成为他的守护神和祖先。他的左臂臂弯里夹着一个头颅，头上带有太阳美洲虎的属性和蒂卡尔的象形文字。纪念碑的两侧都是站立的人像，经鉴定是他的父亲雅克斯·努恩·埃伊因一世的镜像画像，身着特奥蒂瓦坎风格的军装，手持长矛、羽毛飞镖和印有墨西哥雨神特拉洛克的盾牌。

西亚赫·查恩·卡维尔的统治时期结合了玛雅低地传统和外来影响，这些影响源于重要的经济政治网，将蒂卡尔与特奥蒂瓦坎和卡米纳尔胡尤联系在一起。

西亚赫·查恩·卡维尔二世是这一结合的象征，按照古玛雅传统，31号石柱描绘着他侧身站立的样子，就像在29号石柱上看到的一样，展示了传统玛雅统治者的标志；但值得注意的是，他父亲两侧的保护人员都打扮成特奥蒂瓦坎战士的样子。

尽管文字的底部已经被破坏（图7.17），但是蒂卡尔早期的王朝历史记录在纪念碑的背面。西亚赫·查恩·卡维尔二世的陵墓被称为48号墓葬（图7.18），发现于大中央北卫城神庙建筑5D-33-1（33米高）的地下深处。除了包括一位玛雅国王的传统服饰外，48号墓葬还出土了与特奥蒂瓦坎和卡米纳尔胡尤有关的实物，包括一件绘有墨西哥中部艺术风格蝴蝶图案的器皿。陵墓的灰泥墙壁上绘有长纪历日期9.1.1.10.10（公元456年），这发生在31号石柱所提及的统治期的事件之后，有可能是西亚赫·查恩·卡维尔的死亡或埋葬日期。

蒂卡尔的影响力似乎在西亚赫·查恩·卡维尔二世统治时期达到了巅峰。在描述其他几个重要低地遗址在古典期早期的发展之前，我们将考察可能是蒂卡尔权力和影响力最为大胆的一次扩张的证据。

向东南地区扩张(公元406年—公元437年)

有证据表明,蒂卡尔通过在科潘建立新的政治首都(图7.19)和在基里瓜建立次级中心(图7.30),使得它在古典期早期的势力已经触及玛雅地区的东南部边境。在该地,蒂卡尔有机会获得宝贵的资源,如莫塔瓜峡谷中部的翡翠和附近伊西特佩克火山源头的黑曜石。它还将与高地和加勒比之间的莫塔瓜峡谷路线相连,并成为进入中美洲的门户。蒂卡尔存在于东南部地区的证据来源于有关科潘和基里瓜的考古和历史数据相结合的研究。

其中有关于科潘王朝在公元426年建朝之前统治者的追溯文献,但没有关于前王朝时期的文献(表7.2)。两座古典期晚期的科潘石柱记录了公元159年(8.6.0.0.0)发生在一个不明地点的重要事件。蒂卡尔31号石柱上也有同样的地名,表明它位于低地——可能是埃尔米拉多尔。208天后,科潘发生了一件大事。琳达·谢勒和大卫·斯图尔特认为此事件与科潘的创立有关。如果科潘政体是在中部低地事件发生208天后建立的,那么科潘与该地区的历史联系可能要比公元426年的王朝建立早二百六十多年。

考古和历史证据都表明,蒂卡尔在公元426年谋划占领科潘,并监督建立了基里瓜次级中心,辅助科潘控制莫塔瓜峡谷。科潘的祭坛Q(图7.21)上说,为了准备发动政变,在公元426年,最初名为库克毛·阿哈瓦的战士被任命为玛雅国王,并被授予王室姓名基尼奇·亚克斯·库克毛。当基尼奇·亚克斯·库克毛担任科潘的新国王时,他被授予了和上一代蒂卡尔的西亚赫·卡克一样的卡洛姆特(西方领主)头衔。这表明了他与蒂卡尔之间的联系,或许更确切地说,他与西亚赫·卡克之间的联系,不过科潘的占领要追溯到蒂卡

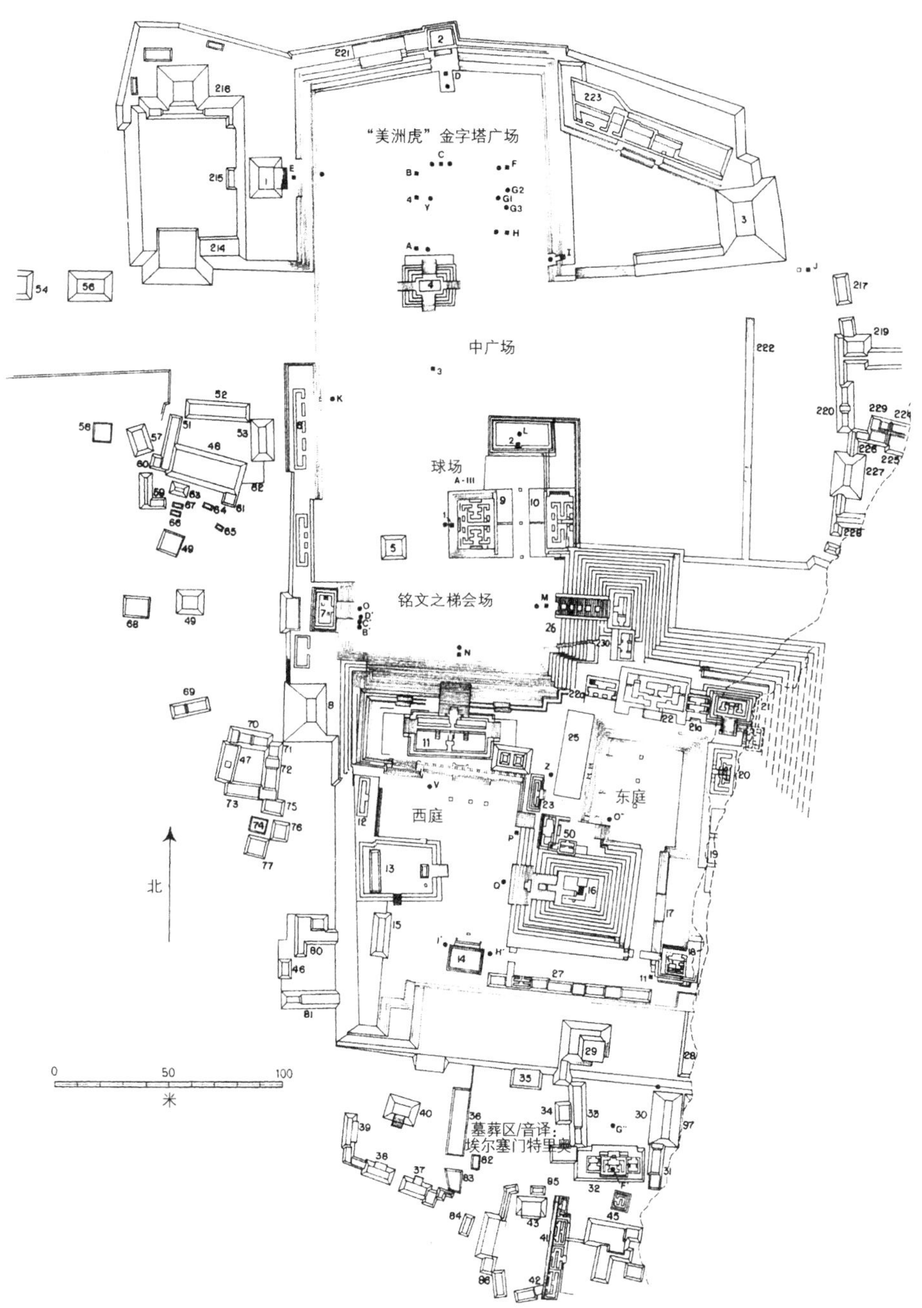

图7.19 科潘主城地图(今洪都拉斯境内) 北边是大广场；中间是球场和包括铭文之梯的26号建筑；南边是卫城，有东西两座庭院，一条河流流经其东岸(图中描绘的20和21号建筑在20世纪30年代科潘河改道之前就被摧毁了)。

图7.20　科潘卫城东侧的地层剖面图　在科潘河改道之前，它暴露出科潘卫城东侧的地层剖面，正如从东南方向看：金字塔形状的16号建筑位于卫城中心最左边；在河道处可以看到一些城墙和广场地板，它们属于卫城建设的早期阶段。

尔的第十六任统治者西亚赫·查恩·卡维尔二世统治时期，他很可能是这次占领的发起者。也有可能是科潘的新国王迎娶科潘老牌统治家族的王室女性，借此合法拥有统治权。在此之后，科潘似乎一直是蒂卡尔的亲密同盟。

有间接证据表明基尼奇·亚克斯·库克毛最初来自蒂卡尔。在名为“蒂卡尔人”的无头石像上，似乎有两段文字提到库克毛。这份文献可以追溯到公元406年(8.18.10.8.12)，蒂卡尔统治者雅克斯·努恩·埃伊因一世(蜷鼻王)统治时期，比科潘成立早二十年左右。在蒂

表7.2　科潘王朝年表
（统治者姓名用粗体表示，代用名或头衔用括号表示）

统治者	长纪历日期	公元日期	事件
	7.1.3.15.0	前321	未知事件（1号祭坛）
	8.6.0.0.0	159	在“弯曲的卡瓦克”，可能是在蒂卡尔地区，庆祝卡盾终结（4号和1号石柱）
	8.6.0.10.8	160	与208天后的科潘EG相关的未知事件（1号石柱）
	8.17.0.0.0	376	在未知地点绑定一座石柱来庆祝卡盾终结（野猪骷髅）
	—	403/406	蜷鼻王和库克毛在蒂卡尔共同庆祝未知事件（蒂卡尔人像）
基尼奇·亚克斯·库克毛（建国者）	8.19.0.0.0	416	在未知地点庆祝卡盾终结（15号石柱）
	8.19.10.10.17	426	库克毛·阿哈瓦在维·特纳阿（根源之屋），取得了卡维尔权杖
	8.19.10.11.0	426	从维·特纳阿（根源之屋）归来，成为基尼奇·亚克斯·库克毛
	8.19.11.0.13	427	153天后西卡洛姆特（基尼奇·亚克斯·库克毛）到达奥克斯维蒂克（科潘）
	9.0.0.0.0	435	基尼奇·亚克斯·库克毛和他的儿子兼继承人庆祝伯克盾终结
第二任统治者（基尼奇·波波尔·霍）	9.0.2.0.0	437	供奉“死亡之地”（苏斯皮石）
			基尼奇·亚克斯·库克毛可能举行的葬礼（胡纳尔陵墓）
	—	约450	供奉63号石柱来纪念9.0.0.0.0伯克盾终结
第三任统治者	?	?	
卡图恩·维茨（第四任统治者）	—	约480	在帕帕加约建筑内部建造了雕刻阶梯
第五任统治者	?	?	
第六任统治者	?	?	
巴兰·内赫恩（睡莲美洲虎）	9.4.9.17.0	524	即位

(续表)

统治者	长纪历日期	公元日期	事件
出生年份不详;532年卒;524年8月6日至532年在位(八年);	9.4.10.0.0	524	供奉了15号石柱
头衔:建国以来第七任统治者;建造了15号石柱	—	约532	卒
维尔·奥尔·基尼奇(第八任统治者)	9.4.18.6.12	532	即位(H.S.)
出生年份不详;551年卒;	9.5.7.?.2	542	建造安特结构
532年11月24日至551年在位(十九年);建造安特结构	—	约551	卒;可能葬于美洲虎陵墓副墓
第九任统治者	9.5.17.13.7	551	即位(H.S.)
出生年份不详;约553年卒;	—	约553	卒?
551年12月30日至约553年在位(两年);			
在553年到564年间,古典期早期各位先王的石柱大多被损坏了(由于仪式复兴或者是外来势力的介入)			
月光美洲虎(? 巴兰)	9.5.19.3.0	553	即位
出生年份不详;578年10月24日卒;	—	564	在9号建筑群外建造了9号石柱;
父亲:巴兰·内赫恩;			纪念碑破坏期后
母亲:不详;553年5月26日至578年10月24日在位(二十五年);	9.7.4.17.4	578	卒
建造了9号石柱和17号建筑物以及罗萨里拉(台阶)?			
卡克·查恩·约帕特(布茨·查恩)	9.7.5.0.8	578	即位
出生年份不详;628年1月20日卒;	9.9.0.0.0	613	庆祝卡盾终结(7号石柱)
父亲:月光美洲虎?;	9.9.10.0.0	623	建造石柱P
母亲:不详;578年11月17日至628年1月20日在位(四十九年);	9.9.14.16.9	628	卒
建造了7号石柱和P号石柱			

（续表）

统治者	长纪历日期	公元日期	事件
灰虎（卡克？卡维尔）	9.9.14.17.5	628	即位
出生年份不详；695年6月15日卒	9.11.0.0.0	652	在科潘峡谷的四个角落用纪念碑庆祝卡盾终结（10号、12号、13号、19号石柱）
父亲：卡克·查恩·约帕特？；			
母亲：不详；628年2月5日至695年6月15日在位（六十七年）；			
头衔：建国以来第十二任统治者	9.11.0.11.11	653	加强对基里瓜的霸权控制（祭坛L）
供奉了5号祭坛、祭坛H、祭坛K，1号、2号、3号、5号、6号、10号、12号、13号、19号、23号石柱，石柱E	9.13.3.5.7	695	卒；葬于建筑10L-26底下的“斯科尔布墓”
瓦夏克拉洪·乌巴赫·卡维尔	9.13.3.6.8	695	即位
（十八兔王）	9.14.3.6.8	715	建造了建筑10L-22
出生年份不详；738年4月29日卒；	9.14.13.14.17	725	任命卡克蒂里瓦·查恩·约帕特为基里瓜从属统治者
父亲：灰虎？；母亲：不详；			
695年7月6日至738年4月29日在位（四十二年）；	9.15.0.0.0	731	庆祝卡盾终结，宣称科潘为玛雅世界四大王国之一（石柱A）
头衔：建国以来第十三任统治者			
供奉了祭坛S和祭坛K，4号石柱，石柱A、B、C、D、E、F、H、J，建筑10L-22、10L-26-2（底部H.S.）	9.15.6.8.13	738	建造了科潘最终的球场
在败给基里瓜后，科潘有十八年（738年—756年）都未建造纪念碑——可能暗示了卡克蒂里瓦·查恩·约帕特这位战功显赫的国王的独裁地位	9.15.6.14.6	738	被基里瓜的卡克蒂里瓦·查恩·约帕特击败，被捕后牺牲
卡克霍普拉赫·查恩·卡维尔（烟猴）	9.15.6.16.5	738	即位（作为卡克蒂里瓦·查恩·约帕特统治下的基里瓜的从属国？）
出生年份不详；749年1月31日卒；	9.15.17.12.16	749	卒

（续表）

统治者	长纪历日期	公元日期	事件
738年6月7日至749年1月31日在位（十年）；			
头衔：建国以来第十四任统治者			
卡克伊皮亚赫·查恩·卡维尔（烟贝壳）	9.15.17.13.10	749	即位
	9.16.5.0.0	756	建造建筑10L-26，及H.S.和石柱M
出生年份不详；约763年卒；	9.16.10.0.0	761	在10L-11号建筑前建造石柱N
父亲：卡克霍普拉赫·查恩·卡维尔；	—	约763	卒；可能埋葬于建筑10L-11之下
母亲：不详；749年2月14日至约763年在位（大约十四年）；			
头衔：建国以来第十五任统治者			
建造了石柱M、N，建筑10L-26-1			
雅克斯·帕萨赫·查恩·约帕特（雅克斯派克）	9.16.12.5.17	763	即位
	—	773	建造建筑10L-11的最后一阶段
出生年份不详；约820年卒；	9.17.5.0.0	776	建造建筑10L-16和祭坛Q
父亲：不详；			
母亲：查克·尼克·耶库克夫人（帕伦克）；	9.19.0.0.0	810	和基里瓜统治者玉天一同庆祝卡盾终结
763年6月28日至约820年在位（大约五十七年）；			
头衔：建国以来第十六任统治者；	9.19.10.0.0?	820	“根源之屋的终结（jomoy）”（11号石柱）
建造41号祭坛，祭坛G1-3、Q、R、T、U、V、Z、B、C、F、G、W，8号、29号石柱，建筑10L-11，18号建筑，建筑21a、22a	—	约820	卒，葬于建筑10L-18的地下墓穴（此后不久就被洗劫了）
乌基特·图克	9.19.11.14.5	822	即位?（未建完的祭坛L）

来源：法什，2001；法什和斯图尔特，1991；马库斯，1976；马丁和克鲁伯，2000；普罗斯科里雅科夫，1993；里斯，1984b；谢勒，1986、1988、1990；谢勒和克鲁伯，1987、1992；谢勒和福莱德尔，1990；沙雷尔，2002、2003a、2003b；沙雷尔、特拉克斯勒等，1999；斯图尔特，1992、2000、2004a；斯图尔特等，1989；斯图尔特和谢勒，1986。

洪都拉斯的科潘

在古典期，科潘是一个庞大政体的首都，统治着玛雅东南部地区，与中美洲接壤。虽然被归类为低地中心，它坐落于一座土壤肥沃、平均海拔700米的山谷，这里群山环绕，处于向高原环境过渡的地段。它著名的雕塑和建筑风格代表了玛雅低地地区传统的独特变化。事实上，在科潘的建筑和纪念碑上发现的雕塑很丰富，在几乎被非玛雅群体包围的环境中，越发凸显了玛雅传统，这是文化前沿城市经常出现的情况。

经过一个多世纪的研究（参见第二章"洪都拉斯科潘的考古"专栏），学者揭示出了一段长达两千多年的哥伦布发现新大陆之前的科潘山谷的序列情况（早期的前古典期到后古典期）。第六章描述了一些前古典期的发现。前古典期是这一占领时期的高潮，由于基尼奇·亚克斯·库克毛到达并占领此地，科潘被建设成为一个新兴国家的首都。科潘随后的历史记录跨越了古典期的大部分时间，并与大量的考古数据相吻合。考古学、碑文和肖像学研究在横切和自我纠正策略方面的结合，详细地重构了科潘的社会与政治发展历程。这项工作基于广泛的考古研究，包括峡谷殖民、人口、生态和全方位挖掘活动领域的研究，从最底层人民的住处到科潘国王坐落在卫城的宫殿和寺庙，这些都用于完善和增进对这一古代政体的理解。

科潘最重要的考古特征之一是科尔特，也就是卫城裸露在科潘河中的横截面（图7.20）。这是世界上最大的考古横截面之一，揭示了卫城建造的完整顺序。它是由于科潘河的侵蚀而形成的，在城市被遗弃后，科潘河侵蚀掉了东部卫城的一大部分。结果形成一个垂直面，最高点约37米高，底部约300米长。东部卫城已消失不明部分，包括几座在19世纪研究中被记录的建筑，建筑10L-19、20、20A和21。幸运的是，卡内基考古项目改变了河流的流向，防止了进一步的破坏。在20世纪90年代，旧河床被填满，整个科尔特接触面得以加固。

科潘的主要建筑群占地18万平方米，是古典期政体首都的中心。它包括南部的巨大的王室高架建筑群——卫城，以及一系列连接广场和北部较小的建筑（图7.19）。北部包括铭文之梯的会场（在著名的球场的两侧）和纪念碑广场，这是科潘的石柱和祭坛的最大聚集地，被建筑10L-4这一有四级台阶的平台分隔开。卫城的南面是墓地群，这一系列较小的广场和建筑主要由贵族建筑构成。一条萨克贝奥布堤道从纪念碑广场通向东北的另一系列后古典期的贵族居址，被称为赛普图拉斯（Sepulturas，西班牙语，意为"坟墓，墓地"）建筑群，现在已经被加固，这里的贵族建筑配备有花纹雕饰的长椅，墓葬和陵墓的建筑物。再往北，在山谷的第一个梯田上，有几个古典期晚期的建筑群，包括北方建筑群，在那里挖掘出了倒塌的外墙，上面装饰着象形文字和雕塑图案，此外还有几座陵墓。

卫城是科潘的王室中心。它包括两个封闭的广场，即西庭和东庭（图7.19），每个广场两侧都有一系列的高架结构。其中最大的一个是建筑10L–22，可以追溯到科潘第十三任统治者的统治时期，朝南面向卫城东庭（图8.49）。它的山顶建筑有一个由宏伟的浮雕和角落的维茨（山神）面具组成的内部门廊，和一个巨神面具组成的外部门廊，类似于尤卡坦的切尼斯建筑。向北突出的是建筑10L–26，完工于公元756年，由第十三任、第十五任统治者建造。从下面的庭院向西通过铭文之梯便可到达（图7.22）。铭文之梯有六十二级台阶，每级10米宽，耸立在石碑M及其祭坛后面。每十二步的中点都有一个巨大的人像，虽然被侵蚀了，但它们显然代表了科潘王朝的主要统治者。台阶的表面雕有大约2200个单独的象形文字，是所有玛雅象形文本中最长的。不幸的是，它因坍塌而混乱不堪，但研究人员仍在继续试图复原它的原始铭文。北面是球场（图8.51），通往纪念碑广场。在同一庭院的南侧有一个巨大的楼梯通向建筑10L–11，显然是科潘第十六任统治者的住所，覆盖了好几个早期的建筑。卫城的最高点是建筑10L–16的顶峰，面朝西庭。这座寺庙是为基尼奇·亚克斯·库克毛而建的，它是在科潘王朝建国者的原始住所和陵墓上连续建造的六处以上寺庙之后的最终版本。建筑10L–18位于卫城的东南角，其东部边缘被科潘河冲走（图8.55）。在建筑10L–18的后（南）侧，有一段楼梯通向一个四面拱形屋顶的坟墓。挖掘者在地板上发现了一个下陷的墓室。但当清理古墓时，人们发现，实际上这个很可能属于科潘第十六任统治者雅克斯·帕萨赫的陵墓是空的。这座古墓建造使用不久就在科潘陷落后被洗劫一空了。

卡尔人石像上的文字中库克毛的名字与科潘的祭坛Q上第一次提及王朝创始人时使用的库克毛·阿哈瓦之名非常相似。鉴于时间相近，且科潘早期的考古记录与蒂卡尔的其他联系，这表明蒂卡尔人可能指的是未来的科潘建国者。

科潘15号石柱上的一段回溯性文字提到，基尼奇·亚克斯·库克毛与公元416年（8.19.0.0.0），即建国前十年的一件事有关。15号石柱的建造人是科潘统治者巴兰·内赫恩，他是卡洛姆特中奥奇克家族的第七任统治者，蒂卡尔国王在继西亚赫·卡克这一头衔之后用卡洛姆特来称呼基尼奇·亚克斯·库克毛，尽管间接证据表明是军事征服，有关建国的描述并没有记录基尼奇·亚克斯·库克毛是如何占领科潘的。正如在他之前的蒂卡尔的西亚赫·卡克一样，在科潘的文字材料中，指涉基尼奇·亚克斯·库克毛的动词"到达"，似乎意味着征服。

祭坛Q上的亚克斯·库克毛的肖像（图7.21）显示他是一位身穿特奥蒂瓦坎军服的战士，戴着护目镜，右前臂上戴着"战蛇"盾牌。

图7.21　科潘的祭坛Q　西面（如上图），描绘了王朝的建国者基尼奇·亚克斯·库克毛（左中心位）将他的权杖交给第十六任国王雅克斯·帕萨赫·查恩·约帕特（右中心位），以及两人之间的各任王朝统治者，从最左边的第二任统治者开始，紧随其后的是分布在其他三面上的第三任至第十四任国王，还有第十五任国王卡克伊皮亚赫·查恩·卡维尔，位于最右边。

考古学、历史和科潘王朝建立时期(约公元400年—约公元470年)

科潘考古学家独家揭示了可以追溯到王朝建立时期的明确证据,包括基尼奇·亚克斯·库克毛和他的儿子兼继任者,即第二任统治者所建造的几座雕刻纪念碑。科潘后来的文献记载,基尼奇·亚克斯·库克毛的王朝包括十六个国王(还有一个可能是冒充的第十七任国王),统治科潘约四百年(表7.2)。这条位于建筑10L-26的铭文之梯完工于第十五任统治者的统治时期,虽然坍塌带来了一定的解读干扰,但它是科潘王朝历史上前所未有的记录(图7.22)。祭坛Q是另一个独特的来源,在它的四周是科潘十六位国王的画像(图7.21)。顺序从建朝者基尼奇·亚克斯·库克毛开始,以纪念碑的建造者,第十六任统治者雅克斯·帕萨赫结束。祭坛Q的文字中记载了王朝建立的大事件,始于公元426年9月5日(8.19.10.10.17),乌察姆·卡维尔·维·特纳阿·库克毛·阿哈瓦"他在根树屋取了卡维尔(K神)权杖,库克毛·阿哈瓦"后来成为玛雅国王。三天后(8.19.10.11.0),塔里·维·特纳阿·基尼奇·亚克斯·库克毛"他从根树屋出来",他的新名字基尼奇·亚克斯·库克毛(意为伟大的太阳,或第一绿咬鹃金刚鹦鹉)反映了他作为国王和建朝者的新身份。然后,祭坛Q提到了五个月后的公元427年2月8日(8.19.11.10.13),是卡洛姆特·亚克斯·库克毛和他的卡维尔权杖胡力·奥克斯维蒂克"到达科潘"(奥克斯维蒂克,意为"三树根",是科潘的古称)的日子。

维·特纳阿这个名字通常解释为"根源之屋",似乎指的是一个王室起源的地方,国王们在那里取得卡维尔权杖,举行加冕仪式。此处没有指明它的位置,但它一定在科潘以外。有证据表明基尼奇·亚克斯·库克毛最初来自蒂卡尔,那么维·特纳阿可能就在那里。或者也

图7.22　科潘的铭文之梯　位于科潘建筑10L–26的铭文之梯，竣工于第十五任统治者卡克伊皮亚赫·查恩·卡维尔统治时期；台阶上雕刻的文字记录了科潘政权的历史（石柱M在楼梯底部的左边）。

可能是在特奥蒂瓦坎。与此同时，这个称呼表明了与蒂卡尔的另一处关联，因为它之前被用来指代西亚赫·卡克。不管怎样，根据祭坛Q的记载，在得到卡维尔权杖五个月后，基尼奇·亚克斯·库克毛抵达科潘登上王位。

科潘卫城的地下隧道显示科潘最初的王室行政、住宅和仪式建筑群的起源和发展阶段，加上三百五十年后祭坛Q上所记录的一些古典期早期的新的文本可以验证国王的名字和统治阶段。最深的隧道表明，这些由石块和黏土构造而成的不朽的建筑物是在王朝开国时期开始建造的。从考古学的角度来看，跨度大约为五十年(约公元400年—约公元450年)。这一时期的建筑包括石制和土制结构，它们构成了科潘最初的王室中心，建造在更早、更小的前王朝时期的

图7.23　科潘的胡纳尔建筑　胡纳尔陵墓，位于科潘卫城建筑序列的底部，其下部结构呈现出起源于墨西哥中部的科潘“斜坡-直板”式建筑风格。

土地和鹅卵石结构之上。

在早期的科潘卫城中，土制建筑并没有被突然停用—— 一些建筑在王朝建立后的长达一个世纪的时间里仍然被翻新和扩建。建国时期有至少三座石建筑反映了蒂卡尔和低地地区的古典期早期的停机坪式建筑风格，但其中一座胡纳尔陵墓显然符合墨西哥中部"斜坡-直板"式传统（图7.23）。"斜坡-直板"式风格在当时的蒂卡尔和卡米纳尔胡尤都很流行，所以科潘采用"斜坡-直板"式建筑风格便意味着它与低地、玛雅高地甚至是墨西哥中部地区存在着一定的联系。胡纳尔的多室砖石建筑位于新王室建筑群的中心位置，可能是基尼奇·亚克斯·库克毛的住所。

在卫城隧道中发现的两处古典期早期遗迹属于建国时期。在建筑10L-26下方发现的封顶石上画的是基尼奇·亚克斯·库克毛和第二任统治者庆祝9.0.0.0.0（公元435年）伯克盾的结束（图7.24）。苏斯皮石像是一种重复使用的雕刻台阶或是长凳。它的文字很难读懂，但它提及了第二任统治者和与陵墓或陪葬神庙建造相关的日期（公元437年）。证据表明，这个日期可能与胡纳尔陵墓相关。事实上，基尼奇·亚克斯·库克毛在苏斯皮石像的铭文中也被提及，这表明他可能被埋葬在胡纳尔陵墓中。

胡纳尔的地下拱形墓穴中有一具年长男子的骸骨，他仰卧在一个大石棺上（图7.25）。他的牙齿上有缺口并镶嵌着玉盘，他戴着特奥蒂瓦坎式的贝壳薄头盔。死者年龄在55岁到70岁之间，有几处重伤，包括右前臂严重的局部骨折，左肩脱臼，胸骨和头骨骨折（死前均已愈合）。对牙齿和骨骼的锶同位素分析表明，这名男子的童年和青年时期都是在佩滕的蒂卡尔地区度过的，他死前的最后几年是在科潘度过的。

胡纳尔陵墓中那个人的身份无法证实，但挖掘出的证据指向基

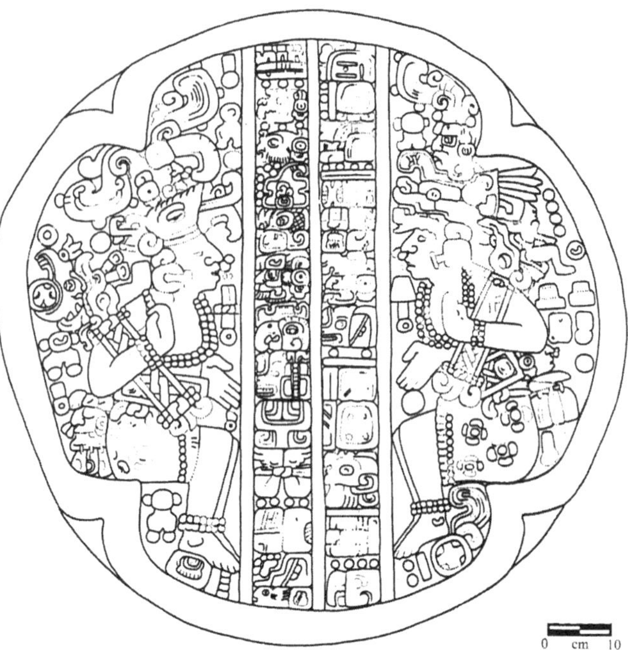

图7.24　科潘的莫特莫特界标　科潘封顶石，绘制了基尼奇·亚克斯·库克毛（左）和第二任统治者，即其子（右）的雕刻肖像，以此献给9.0.0.0.0（公元435年）大历法时期。

图7.25　科潘的胡纳尔陵墓　清理完残骸后的科潘胡纳尔陵墓；从现存的骨骼来看，很可能是科潘王朝的建国者基尼奇·亚克斯·库克毛的。

图7.26　科潘胡纳尔陵墓中的器皿　（上图）经仪器中子活化分析确定，三件供品器皿产于蒂卡尔地区；（左图）其中一个器皿在墓室地板上，仍然被散落的碎片覆盖着。图7.27中的贝壳镶嵌挂件在此器皿的下方可见。

尼奇·亚克斯·库克毛。他的王室地位可由一块刻着垫子图案的玉佩看出，这在玛雅是统治权力的象征，很可能是在他死后放在嘴里的。在附近还挖出了一个巨大的玉制条状胸饰，让人想起了亚克斯·库克毛在他的祭坛Q画像上佩戴的胸饰。埋藏板下精致的古典期早期祭祀器皿为当时科潘与外界的联系提供了又一佐证（图7.26）。中子活化分析表明，两个有盖的具有雕刻花纹的器物来自蒂卡尔地区，五个容器来自墨西哥中部，还有十一个来自科潘峡谷。大鹿雕容器是一个含有可可（巧克力）的祭品，可能来自卡米纳尔胡尤地区。贝壳薄头盔与蒂卡尔31号石柱两侧的雅克斯·努恩·埃伊因一世所戴的士兵头饰相似。一个来自陵墓地面的玉石镶嵌的项圈状贝壳吊坠上刻着一段简短的象形文字（图7.27）。这段文字指明了它的主人，大卫·斯图尔特解读为yuh wi' te'（他的吊坠，根树）。"wi' te'"这一头衔

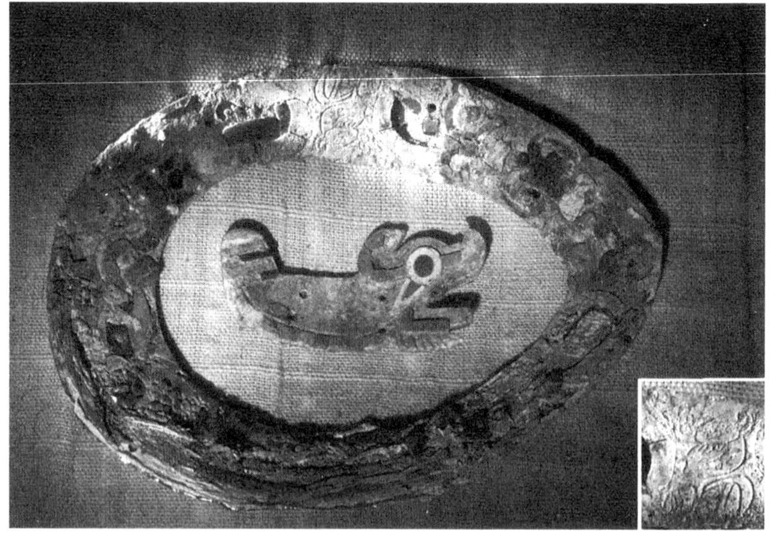

图7.27　科潘胡纳尔陵墓中的贝壳马赛克　在陵墓地板上发现贝壳镶嵌动物形象和吊坠领；这个贝壳吊坠上刻有王朝建国者的头衔——"yuh wi' te'"（他的吊坠，根树），这很可能表明这个坟墓是基尼奇·亚克斯·库克毛的墓葬。

专门用来称呼科潘王朝的建立者。最后，挖掘工作表明，胡纳尔陵墓的位置在后来的科潘一直被尊为政治首都。在胡纳尔陵墓被封闭后，一系列叠加的陪葬寺庙首先在它的位置上建造。三百五十年后，这座神庙和它的几座前身都归献于基尼奇·亚克斯·库克毛，建筑10L-16的神庙顶成为科潘卫城的最高处。

因此，来自历史学和考古学的证据表明，科潘王朝的建国者很可能是一位名叫库克毛、出身于蒂卡尔的贵族精英。故事似乎可以从雅克斯·努恩·埃伊因一世统治时期开始重现。当时，库克毛·阿哈瓦在蒂卡尔于墨西哥中部建立的军队中担任要职，并在战斗中屡次负伤。在雅克斯·努恩·埃伊因一世之子——西亚赫·查恩·卡维尔二世统治时期，库克毛很明显是被派遣去扩大蒂卡尔东南部偏远地区的势力范围。公元416年，他被卷入了后来在科潘发生的一次事件；然后在公元426年9月，库克毛·阿哈瓦成为玛雅国王，获得了王室头衔基尼奇，并在蒂卡尔或更远的特奥蒂瓦坎的维·特纳阿中获得了卡维尔权杖。大约五个月后，他到达科潘。在那里，他也许是通过武力征服的方式，以“基尼奇·亚克斯·库克毛”的名字登上了王位。作为科潘的开国国王，他沿着科潘河建立了自己的新首都，监督建造了大型住宅建筑，其中包括土制平台和一些玛雅低地风格的石建筑，以及一个具有墨西哥中部“斜坡-直板”式立面的平台，这个平台很可能支撑了他的整个王室宫殿。

公元435年，建国者与其子兼继承人庆祝伟大的伯克盾的结束，他们在封顶石（图7.24）上纪念，它位于建筑10L-26底下和科潘铭文之梯的最底层。封顶石是留存至今的、唯一被认为是献给古典期早期玛雅王朝建国者的纪念碑。附近是科潘第一个已知的石球场。在东面，沿着科潘河西岸的广阔平台支撑着科潘的第一座王室宫殿建筑群，该建筑群由至少三个大型多房间的土制建筑组成，建于高出地面的土制底部构造之上。

基尼奇·亚克斯·库克毛似乎是在封顶石建成(公元437年)两年后去世的,几乎可以肯定的是,他的儿子即新任科潘国王,将他埋在他墨西哥中部风格的居所(胡纳尔陵墓)下的拱形陵墓中。在第二任统治者统治期间,从卫城中心的一系列纪念基尼奇·亚克斯·库克毛的丧葬神庙[彩图5(b)]开始,新王室首都得到了极大程度的扩张,基尼奇后来也被誉为科潘王朝的建国者。几年后,建国者的陵墓上建成了一座更大的神庙,上面饰有粉刷过的浮雕,其西侧立面[彩图6(a)]表明,基尼奇·亚克斯·库克毛的名字与超自然的地理位置有关。这些最初的丧葬神庙很可能是苏斯皮石的原型,刻有公元437年的日期。但这块石头后来被重新安置在第二个更大的陵墓上,作为供奉室的一部分。后来又转移到一个更大的丧葬神庙,也就是直接建在胡纳尔陵墓上的第三座建国者纪念碑。

这里现在叫作玛格丽塔陵墓,通过神庙内一段自上而下的楼梯便可进入一个有拱顶的墓室,里面埋葬着一位王室女性,很可能就是建国者的王后兼第二任统治者的母亲(图7.28)。她下葬后,墓室里的仪式持续了一段时间,包括朱砂描骨,直到墓室最终被封闭。在统治期间,第二任统治者为帕帕加约神庙(Papagayo Structure)举行了落成典礼,这座神庙覆盖着他父亲的纪念碑——封顶石。它的替代物是位于帕帕加约神庙内的63号石柱,用来纪念他和他父亲先前举办的庆祝9.0.0.0.0(公元435年)伯克盾终结的仪式。在整个古典期早期,帕帕加约一直是一座举足轻重的庙宇。

关于科潘的第三任统治者,除了他后来在祭坛Q上的画像,我们一无所知。第四任统治者卡图恩·维茨,在帕帕加约神庙内安装了新的地板,并在63号石柱的底座上加建了象形文字台阶。台阶上的文字似乎引用了卡图恩·维茨的话来表达对王朝建国者的敬意。多年

图7.28　科潘的玛格丽塔陵墓　(上图)示意图展示了低处的1号墓室、通往墓室的楼梯和上方的2号墓室;(下图)墓室中年老的王室女性的遗骸照片(是在挖掘之前发现的,已经被倒塌的砖石损坏),骨头和玉器、贝壳装饰品都覆盖着朱砂和掉落的碎片。

后，当帕帕加约神庙被废弃并掩埋在一个新建筑下时，63号石柱便被封在里面。到了第四任统治者统治时期，沿河的土坯宫殿建筑群被新的纪念坛所取代，支撑着一个更大的围绕三个庭院的砖石宫殿建筑群。

人们对卡图恩·维茨之后的两位统治者知之甚少，但持续不断的建筑活动标志着他们的统治时期。当帕帕加约神庙和建国者球场继续使用时，南部的早期卫城在第六任和第七任统治者时期得到了扩张，遵循建国者建立的基本模板，卫城版图越来越大。在几十年的时间里，他们投入更大的努力，将卫城建设得更高大，将沿河的砖石宫殿建筑群掩埋了。王室宫殿被搬到卫城的南侧重新建立，在整个古典期晚期，它将在那里发展繁荣。

在科潘最后二百五十年的历史上，新卫城为所有进一步的建设奠定了基础。这一改造的发起人是科潘的第八任国王维尔·奥尔·基尼奇。他的名字出现在一座通向围绕着今天卫城东庭的新建筑之一的铭文之梯上。其中之一是前殿，这是一处位于庭院东侧精心装饰的建筑物。它的楼梯与一系列的储藏物相关联，为这一事件提供了历史证据，包括建造日期（约公元540年）、第八任统治者的姓名和登基的日期（公元532年）。考虑到它的位置，位于宫廷正对面的美洲虎陵墓副墓很可能是第八任统治者的墓葬地点（图7.29）。

接下来是第九任和第十任统治者统治时期。关于第九任统治者，除了知道他的统治只有短短的两年，我们对他知之甚少。

遗迹破损的图案表明，当时（公元554年—公元564年）科潘发生过一次重大的破坏事件，这可能与第九任统治者的过早死亡有关。月光美洲虎，第十任统治者（公元553年—公元578年在位）的统治标志着古典期早期在科潘的结束。罗萨里拉建筑是一座精心装饰的神庙，坐落在胡纳尔陵墓之上，位于卫城中心，在古典期早期与晚期成

图7.29　科潘的美洲虎陵墓副墓　卫城东庭（见图8.49）下的科潘美洲虎陵墓副墓：观察骨骼遗骸，它们最有可能来自科潘的第八任统治者维尔·奥尔·基尼奇（在挖掘之前的发现），骨头和玉器、贝壳装饰品都覆盖着掉落的碎片。

为科潘的中心建筑[彩图7(a)]。它是科潘当时最高的神庙，代表着最初以胡纳尔为卫城神圣核心的延续，以及与王朝开国者基尼奇·亚克斯·库克毛的联系。

基里瓜建国者

我们还能结合考古学和历史学了解到一些关于基里瓜建城的事情。马修·卢珀和琳达·谢勒对基里瓜兽形雕塑P（图7.30）的解读揭示了基尼奇·亚克斯·库克毛与科潘的祭坛Q上的事件本质上是相同的，但关于基里瓜建国者的信息却少得多。

根据兽形雕塑P的回顾资料，我们可知基里瓜是在公元426年由一个绰号名为托克·卡斯珀的阿哈瓦建立的，他是基尼奇·亚克斯·库

危地马拉的基里瓜

小小的基里瓜遗址位于沿着莫塔瓜河下游的东南部低地，在玛雅地区最宽广的冲积山谷内。基里瓜的地理位置位于硬玉和黑曜石的源头之间，远至莫塔瓜和加勒比海岸，与北方的贸易联系一直延伸到中部低地。19世纪，约翰·劳埃德·斯蒂芬斯向外界报道了这个地点。基里瓜是阿尔弗雷德·莫兹利探访的第一个玛雅遗址，他花了好几个季节在那里拍摄纪念雕塑，并赞助了该遗址的第一次发掘。在20世纪早期，美国考古研究所(Archaeological Institute of America)委任埃德加·李·休伊特(Edgar Lee Hewett)和西尔韦纳斯·莫利领导了挖掘行动，随后华盛顿卡内基研究所进行了进一步研究。从1974年到1979年，宾夕法尼亚大学博物馆与危地马拉国家考古与民族学博物馆合作，保存纪念物遗迹，加固主要建筑物，赞助针对核心遗址、周围的聚落和同时期莫塔瓜峡谷内部的遗迹的考古研究。

考古发掘表明，基里瓜始建于古典期早期，聚落和建筑位于A组，在俯瞰山谷的高山顶上以及莫塔瓜河岸的漫滩上。这个早期漫滩聚落的遗迹现在被厚厚的冲积物所覆盖。这一时期至少有两个5世纪的纪念碑，一个是A组，献于9.2.3.8.0(公元478年)的石柱U，以及献于9.2.18.0.0?(公元493年)的26号纪念碑，位于主建筑群北部的一个早期漫滩上。26号纪念碑可能描绘了基里瓜的第四位阿哈瓦，但它的文字同时提到了在科潘的庇护下连续统治的第三任和第四任统治者。(表8.7列出了基里瓜岛已知的统治者。)

基里瓜的主要建筑和纪念碑可以在主建筑群中看到，它们是古典期晚期和终结期建筑活动的产物。在周围的冲积平原上有基里瓜大部分居民聚落的遗迹。还散布着一些更大的建筑群，比如东建筑群和南建筑群，它们是贵族住宅或者为其他特殊用途而建造的。在洪泛平原上方的梯田上还存在着进一步的人类定居痕迹。基里瓜本来是沿着莫塔瓜河的北岸发展，但今天，因为古老的河道的方向已然改变，河床现位于主建筑群以南约1千米处。

和科潘一样，基里瓜的主建筑群分为两个区域：南部的卫城和北部的大广场(图8.52)。基里瓜朴素的卫城是一组绕着中央庭院的集居所和行政建筑于一身的四合院式建筑。庭院的东侧用作一个祖先的神殿(建筑1B-6)，采用一种最早在蒂卡尔发现的古代住宅模式。一条隧道掀开了卫城西侧之前被完全掩埋的球场。建筑1B-2是一座小住宅，位于卫城的西南角。它用雕石精心装饰，可能是基里瓜最伟大的统治者卡克蒂里瓦·查恩·约帕特在8世纪中叶的住所。两个最大的建筑，南边的建筑1B-1和北边的建筑1B-5，是在基里瓜的最后一位统治者玉天统治时期建造的，他的肖像出现在石柱K上。

卫城的北面是球场广场，周围是阶梯式的“观礼台”。与科潘第十二任统治者灰虎相关的祭坛L最初便是在这个球场发现的。球场广场上最著名的雕塑是兽形雕塑O和兽形雕塑P(图7.30),它们都配有一个精美雕刻的“祭坛”或王座,由统治者苏尔天空(Sky Xul)建造。这个广场的北面是建筑1A-11,西面是一个深盆地,现在是淤塞的,但曾经可能是基里瓜河运贸易的停靠区。卫城的北部是大广场(图8.52),是玛雅地区最大的王家纪念碑群,除了个别两处外,其余都与公元725年开始的卡克蒂里瓦·查恩·约帕特的长期统治有关。其中一个(兽形雕塑G)标记着他于公元785年去世的日期。广场上大部分的石柱上都刻有卡克蒂里瓦·查恩·约帕特的画像(图8.53)。

基里瓜的露台和楼梯都规模宏大,但鲜有雕饰。建筑雕塑似乎被保留在拱形建筑中,使用砖石或灰泥(被发现于建筑废墟中的碎片之中)。大多数可见的建筑都建造于公元738年之后,根据基里瓜的铭文记载,卡克蒂里瓦·查恩·约帕特在这一年俘虏了科潘的第十三任统治者瓦夏克拉洪·乌巴赫·卡维尔。在卡克蒂里瓦·查恩·约帕特和他的两位继任者统治时期,似乎是受到了从科潘独立后控制莫塔瓜峡谷资源和商业的新兴财富和权力的诱惑,基里瓜的扩张持续了大约一个世纪。

克毛的手下。26号纪念碑上(图7.31)绘有基里瓜的第四任统治者的肖像。在接下来的三百年里,科潘似乎一直借助其附属中心基里瓜控制了至关重要的莫塔瓜贸易路线。

20世纪70年代,在规模小得多的基里瓜卫城进行的挖掘发现,最早的建筑层可以追溯到建国时期。这些层级没有相关的玛雅文本,但类似于那些科潘卫城下的可追溯到王朝建立时期的文物。基里瓜卫城最早的建筑之一位于中央庭院的东侧。这是一个用泥土和鹅卵石建造的建筑,覆盖在一个石头砌成的地下室上,里面有一具成年男性的尸骨。他的门牙上有缺口,镶嵌着玉,除此之外,唯一的祭品是三个普通的小器皿和一颗玉口珠。

基里瓜的建国者托克·卡斯珀很可能就埋在这个东侧的墓穴里,但此推断的相关证据远少于科潘的胡纳尔墓穴。对基里瓜的认定是基于地窖建造的可能日期和它的东部位置,这是蒂卡尔和其他低地遗址的建国者陵墓和神殿的首选位置。基里瓜地下陵墓和科潘的胡

图7.30 危地马拉基里瓜的兽形雕塑P 兽形雕塑P,基里瓜(今危地马拉):球场广场上一对"兽形"中的一个,也是所有玛雅雕刻纪念碑中最壮观的一个;它的文字叙述了在科潘建国者基尼奇·亚克斯·库克毛监督下基里瓜的建国历程。纪念碑的奠基人,也就是基里瓜统治者苏尔天空的画像显示他端坐于地下世界的无底深渊中,手持卡维尔权杖(左手)和一个饰有太阳神面孔的盾牌;注有日期9.18.5.0.0(公元795年)。

纳尔陵墓之间存在一定的联系,因为两处都有相似的凹槽和镶嵌着玉的牙齿。我们对基里瓜建国者的了解仍然很少,但他也可能来自蒂卡尔,和他的领主一起来到东南部低地。在那里,他被基尼奇·亚克斯·库克毛任命为基里瓜的首位统治者。

卡拉克穆尔王朝的崛起(公元435年—公元561年)

虽然卡拉克穆尔是一个巨大的遗址(图7.32),但它的遗迹保存状况不佳,因此它的早期历史特别难以复原。乔伊斯·马库斯识别出了卡拉克穆尔的象形文字"坎"(Kan,意为蛇、蛇头),或者说蛇头雕刻

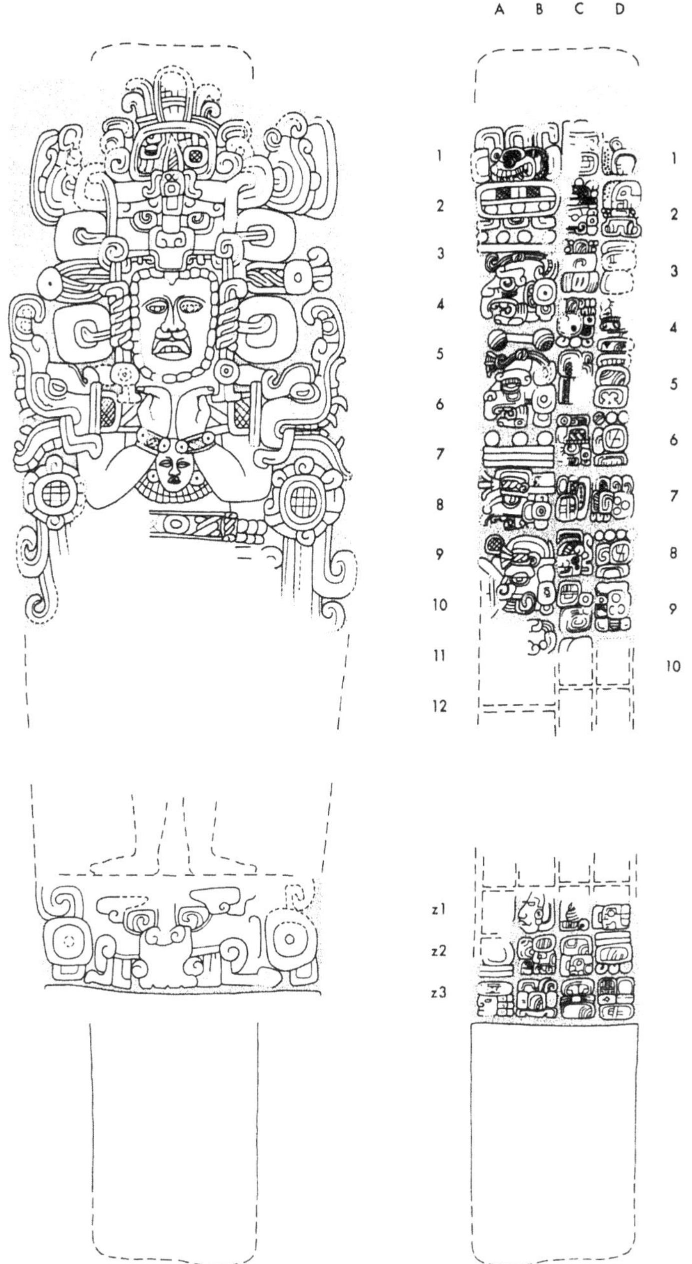

图7.31　基里瓜26号纪念碑的简图　上部片段:(左图)正面,基里瓜的第四任统治者手持双头蛇杖;(右图)反面,是长纪历日期9.2.18.0.0?(约公元493年)以及明显的与第三任和第四任基里瓜统治者相关的内容(分别为象形文字C6、D6和C8、D8)。

墨西哥坎佩切的卡拉克穆尔

卡拉克穆尔是所有低地玛雅遗址中最大也是最重要的一个，位于中部低地，埃尔米拉多尔北部，距离危地马拉边境约35千米。纪念建筑群的核心区域位于一个大型浅滩建筑东部边缘约35米的高地上，占地近2平方千米，包含约1000个建筑（图7.32）。在这一地区以外，较小的住宅遗迹覆盖范围超过20平方千米，已经测绘出大约6250座建筑。运河和水库网络环绕着遗址的大部分区域。在版图范围和预估人口规模（约五万人）方面，卡拉克穆尔与蒂卡尔不相上下。但是卡拉克穆尔的建筑密度似乎比蒂卡尔高得多。

1931年，塞勒斯·伦德尔（Cyrus Lundell）首次报道了卡拉克穆尔。第二年，伦德尔向当时在奇琴伊察工作的西尔韦纳斯·莫利汇报了此地以及他在那里发现的60多座石柱。莫利一直致力于记录年代久远的纪念碑，他很快在1932年4月组织华盛顿卡内基研究所进行首次前往该地的远征。随后又进行了三次调查，直至1938年结束，最终绘制了遗址中心区域的地图（由J.S.博尔斯完成），并记录了103座石柱。经过四十多年的调查，1982年卡拉克穆尔成为坎佩切自治大学一大新型研究项目的焦点，该项目由威廉·J.富兰指导。这个项目绘制出了新的定居点地图，发现了更多的纪念碑，并进行了一系列的挖掘。在此之后，由拉蒙·卡拉斯科指导的墨西哥国立人类学与历史研究所项目继续对这个玛雅主要城市进行调查。

卡拉克穆尔一直以其大量的纪念碑而闻名。其中一些是独特的成对石柱，上面有男女画像，描绘的是统治者和他们的妻子。最新发现表明共有117块石碑，大部分雕刻有花纹，是所有玛雅遗址中最大的。不幸的是，卡拉克穆尔所用的软石灰石导致了大部分雕刻表面被严重侵蚀。少数石柱位于偏远地区，但大部分是在遗址的核心区域，比如中央广场和它的附属建筑以及毗邻的采用东部结构的西部建筑群。其余的石柱大多属于相邻的西建筑群、东北建筑群，并与南部的猛犸建筑I和II相关联。西建筑群似乎是一座王室宫殿，尽管它的东部相对来说比较容易进入，因为它有开放的广场、一个球场和一些纪念碑，包括一块露出地面的雕刻岩石，上面描绘着七个被绑起来的俘虏。相对较小的东建筑群可能也是一座王室宫殿，可能是为王室成员和来访的达官贵人而修建的。

建筑II是卡拉克穆尔最大的建筑，由一个巨大的基底平台（约125米×140米）和一系列沿其北侧修建的古典期纪念碑组成。隧道挖掘显示，它掩埋了一座前古典期晚期的四合院，包括一座用灰泥粉刷表面、精心设计、基本完整的建筑。该项证据和其他证据都表明，卡拉克穆尔也是一个重要的前古典期的中心，不同于埃尔米拉多尔（它南部的巨邻），它在前古典期晚期的动荡中幸存下来，并在古典期扩张成为一个大国。

富兰在建筑II的底部发现了114号石碑，可追溯到公元435年(9.0.0.0.0)，是卡拉克穆尔已知的最早的纪念碑。东南部是建筑I，是卡拉克穆尔的第二大平台(底部约85米×95米)，也是该遗址的最高点，因为它坐落在一个矮山丘的顶部。在它前面(西部)的平台上有一系列的纪念碑，包括51号石柱，这是莫利记录下的保存最好的卡拉克穆尔雕塑(图8.19)。在近代，51号石柱被抢劫者锯成小块，但幸运的是，它们后来都被找到了，修复后的纪念碑在墨西哥城的国家人类学博物馆展出。其他卡拉克穆尔的纪念碑也在劫难逃，其中很多都被卖到未知的地方。

建筑III是位于建筑II东边的一个小一些的平台，是一座重要的陵墓，可能是卡拉克穆尔古典期早期统治者的坟墓。它包含了一具至少30岁的男性的骨骸，完全仰卧着，身下是五个陶瓷盘子。与骨头一起被发现的还有浸渍了红色颜料的纺织品和灰泥碎片。在大厅的众多祭品中，包括一根黄貂鱼刺、两颗珍珠、数千颗贝壳珠和九个精心彩绘的陶器，其中装有数量异常庞大的翡翠。包括三十二颗珠子、一枚戒指、六个耳罩和三个镶嵌图案的面具。一个玉面具戴在死者的脸上(大约170块图案)，一个在胸前(120块)，第三个在腰带上(92块)。还有三把蓝绿色的玉斧，最初悬挂在其中一个面具上，每一个都刻有一对字符。尽管这些陶器的存在使得这座墓穴可以追溯到古典期早期，但依然不能对应上任何一位已知的卡拉克穆尔国王。

有关卡拉克穆尔的起源和早期历史并不明确。乔伊斯·马库斯识别出象形文字“坎”，或者说蛇头雕刻文字，这是与卡拉克穆尔统治家族相关联的主要象形文字标志。第六章讨论了产于埃尔米拉多尔盆地的一系列古典期晚期抄本风格的彩绘花瓶上所记录的坎王朝历任十九位统治者的先后顺序(从蛇头象形文字鉴别出)。由于这一顺序与已知的古典期卡拉克穆尔的统治者和年代不符，因此有人提出它指的是前古典期晚期的一个朝代。目前尚未确认前古典期晚期坎王朝首都的位置，但它可能就在埃尔米拉多尔，玛雅低地前古典期最大的城市(参见第六章)。如果是这样的话，这可能意味着卡拉克穆尔是一个前古典期晚期埃尔米拉多尔的附属国，在原来的首都陷落后，成为坎王朝的新都。

文字，而西蒙·马丁的研究勾画出了王室序列，尽管该王朝的部分信息仍不完整。如果王朝花瓶上的名单（第六章）确实记录了卡拉克穆尔统治家族的起源，那么它的建国者应该是叫作“举天者”的前古典期晚期统治者。坎族人在卡拉克穆尔的统治是何时开始的不甚清晰；特齐班切（也被称为齐班切）在卡拉克穆尔的东北部，可能与古典期早期的坎王朝有关。在周边地区较小的遗址中也有古典期早期的石柱，最著名的是位于卡拉克穆尔东南的巴拉克巴尔的5号石柱（公元406年）。总的来说，卡拉克穆尔的历史文献保存不佳，导致其王朝记录的重要部分，只能参考来自其他遗址的资料（表7.3）。

关于卡拉克穆尔的第一个已知日期是114号石柱上的9.0.0.0.0（公元435年），这也就能追溯到大约二十四年前，也就是公元411年的登基典礼。遗憾的是，114号石柱上统治者的名字无法辨认。安置在建筑II里的43号石柱上的日期为9.4.0.0.0（公元514年），但名称再次被破坏。除此之外，既然6世纪卡拉克穆尔统治者的记录来自其他地方，这表明卡拉克穆尔在这个时候已经开始实行扩张政策。特齐班切的一段铭文之梯上提到了一位名叫尤克诺姆·琴一世（Yuknoom Ch'een I）的坎族统治者。虽然没有日期，但其早期的经典雕刻风格表明特齐班切之梯来自于这个时期。两个可靠的外来日期表明，卡拉克穆尔在这个时候已经插手了其南部政体的政治事务。亚斯奇兰的统治者基尼奇·塔特布·骷髅二世（K'inich Tatb'u Skull II）记录了公元537年击败卡拉克穆尔的战役，而纳兰霍的统治者阿赫·沃萨尔则纪念了公元546年他在卡拉克穆尔国王通·卡布·希克斯（Tuun Kab Hix）领导下的就职典礼。

此后不久，卡拉克穆尔的野心以及他的主要目标——与蒂卡尔一起日益彰显。在天证（Sky Witness）——一位我们知之甚少，但是无疑是极为成功的国王之一——的领导下，卡拉克穆尔成为玛雅中

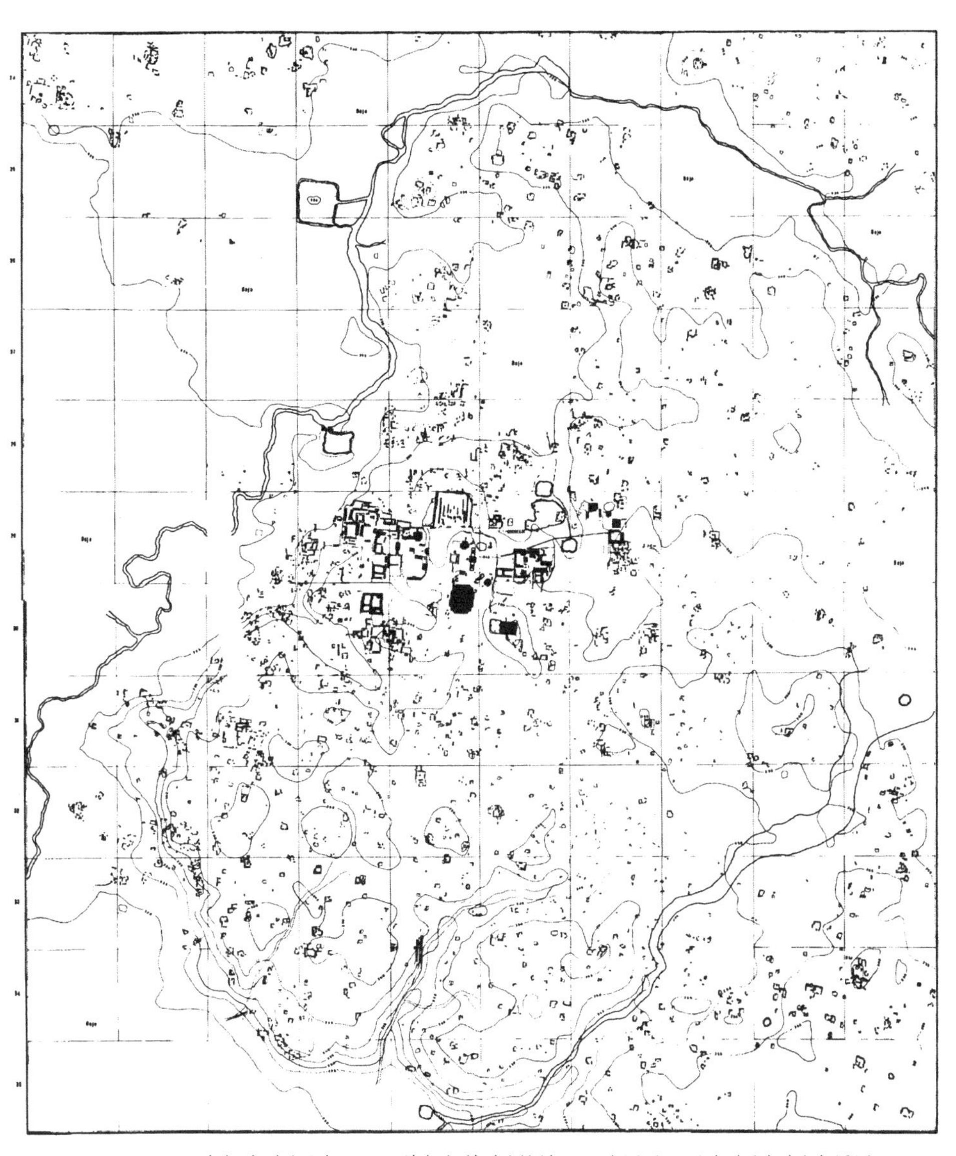

图7.32　卡拉克穆尔(今墨西哥坎佩切境内)的地图　该图显示了水库(左上)和周围的运河,可能在城市防御中起到了辅助作用;中间的大平台为2号建筑,是该地区最大的建筑,东南面较小的平台为1号建筑。从地图上可以看出,卡拉克穆尔至少和蒂卡尔一样大(参见图7.1);其军事野心在防御城墙上昭然若揭(图上没有显示)。

表7.3 卡拉克穆尔王朝年表
(统治者姓名用粗体表示,代用名或头衔用括号表示)

统治者	长纪历日期	公元日期	事件
尤克诺姆·琴一世		不详	不详
通·卡布·希克斯	—	537	被基尼奇·塔特布·骷髅二世在位的亚斯奇兰击败
	—	546	见证纳兰霍新任统治者阿赫·沃萨尔即位
天证	—	561	在洛斯阿拉克兰内斯见证新任统治者即位
	9.6.8.4.2	562	与卡拉科尔结盟(?);击败蒂卡尔及其统治者双鸟
	—	572	卒?
第一阿克塞韦尔德	9.7.0.0.0	573	庆祝卡盾终结
乌·查恩(卷轴蛇)	9.7.5.14.17	579	即位
	—	611	战胜帕伦克
尤克诺姆·查恩	—	619	在未知场合监察卡拉科尔统治者坎二世
塔霍姆·乌卡布·卡克	9.9.17.11.14	622	即位
	—	623	建造28号和29号石柱
	9.9.17.11.14	630	卒
尤克诺姆头领	—	631	战胜纳兰霍
	9.10.0.0.0	633	庆祝卡盾终结(76号石柱)
	—	636	战胜未知国家
尤克诺姆·琴二世	9.10.3.5.10	636	即位
(尤克诺姆大帝)	—	648	击败多斯皮拉斯;成为其统治者巴拉赫·查恩·卡维尔的领主
生于600年9月11日,卒于约686年;父亲:卷轴蛇?;母亲:不详;	—	654	战胜帕伦克
636年4月28日至约686年在位(大约五十年);	—	656	见证坎古恩新任统治者即位
供奉9号、13号、31号、33号、35号、36号、75号、79号、86号、93号、94号石柱	—	657	战胜蒂卡尔
	—	662	在莫拉尔雷弗尔马见证新任统治者即位
	—	677	在坎古恩见证新任统治者即位
	—	677	战胜蒂卡尔
	—	679	与盟国多斯皮拉斯一同战胜蒂卡尔
	—	约686	卒
尤克诺姆·伊恰克·卡克	9.12.13.17.7	686	即位
(美洲虎爪)	—	695	被蒂卡尔统治者哈萨维·查恩·卡维尔一世击败
生于649年10月6日,卒于约695年?(约46岁?);父亲:尤克诺姆·琴二世?;母亲:不详;686年4月3日至约695年在位(大约九年?);供奉104号、115号、116号石柱	—	695?	卒;葬于2号建筑地下的4号墓葬

（续表）

统治者	长纪历日期	公元日期	事件
裂土	—	695?	以蒂卡尔封臣身份即位?
尤克诺姆·托克卡维尔	9.14.0.0.0	702	庆祝卡盾终结
约702年至约736年在位（约三十四年?）;供奉1号、8号、23号、24号、38号、40号、51号、52号、53号、54号、55号、70号、71号、72号、73号、74号、89号石柱	9.15.0.0.0	731	庆祝卡盾终结（51号石柱）
	—	736	被蒂卡尔统治者伊金·查恩·卡维尔击败
瓦马夫·卡维尔	—	736	与基里瓜统治者卡克蒂里瓦·查恩·约帕特结盟?
统治者Y	—	约741	建造五座石柱
统治者Z	9.16.0.0.0	751	庆祝卡盾终结（62号石柱）
博隆·卡维尔	9.17.0.0.0	771	庆祝卡盾终结（57号和58号石柱）
查恩·佩特	10.1.0.0.0	849	见证塞瓦尔统治者即位
阿赫·托克	10.4.0.0.0?	909?	庆祝卡盾终结（61号石柱）

来源：马丁，1996a、1997、2000b；马丁和克鲁伯，2000；潘瑟曼等，1998；谢勒和福莱德尔，1990。

部低地命运的主宰者。此人第一次被提及是在公元561年，当时他在洛斯阿拉克兰内斯见证了一位新统治者的继位。仅仅一年后，天证与卡拉科尔建立了新联盟，此举在对抗蒂卡尔的过程中起了决定性作用。卡拉科尔在此之前一直是蒂卡尔最重要的盟友之一。这也为后来占主导地位的低地大国之间的对抗奠定了基础。

卡拉克穆尔-卡拉科尔联盟

卡拉科尔是另一个非常大的低地城市（图7.33），位于蒂卡尔东南部。卡拉科尔统治家族的起源至今仍不清楚（表7.4）。回顾文献中提到了几位古典期早期统治者，有一位名叫特卡布·查克，与两个日期相关，分别是公元331年和公元349年，后来还有一位（未注明日期）的国王名叫卡克乌约尔·基尼奇一世。亚哈瓦·特基尼奇一世于公元484年登基，并建造了几座现存的纪念碑，包括3号石柱、13号石柱和20号石柱。公元531年,他的儿子坎一世继承了他的王位,在一个不知名政体(很可能是蒂卡尔)的国王的委任下宣誓就职。在公元534年,为了庆祝9.5.0.0.0卡盾终结,坎一世修建了16号石碑,上面列出了他的父母和祖先,以及不久前去世的科潘统治者巴兰·内赫恩。

公元553年,坎一世的儿子亚哈瓦·特基尼奇二世继承了父亲的王位。在这种情况下,可以肯定的是,亚哈瓦·特基尼奇二世是在蒂卡尔国王瓦克·查恩·卡维尔的领导下宣誓就职的,这表明卡拉科尔是蒂卡尔这一西北更大的共同政体的盟友和下属。有关亚哈瓦·特基尼奇二世本人的遗迹中都没有提到这一点,但这一重要信息来自他的儿子坎二世于公元633年落成的21号祭坛。祭坛上的文字保存不善(图7.34),但它说明了卡拉科尔从蒂卡尔联盟的成员,到加入卡

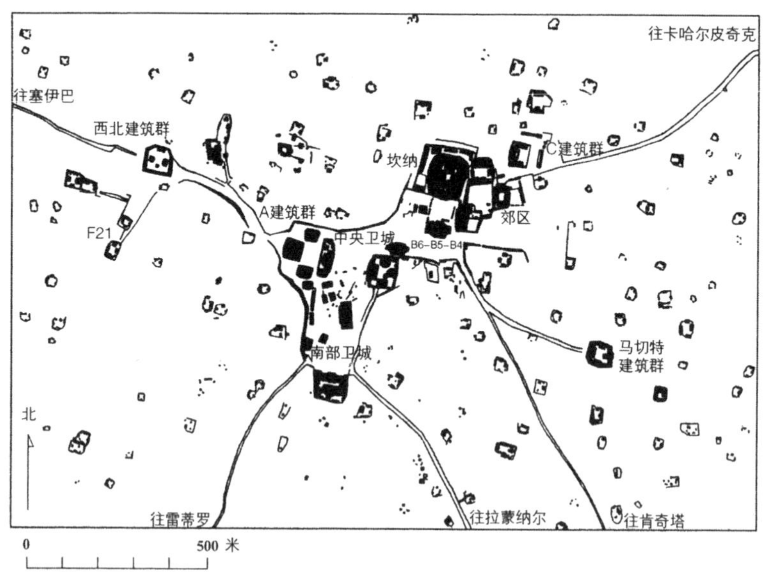

图7.33　卡拉科尔(今伯利兹境内)中央地区地图　该图显示了从城市核心辐射出来的广阔堤道网络的中心(参见图12.10)。

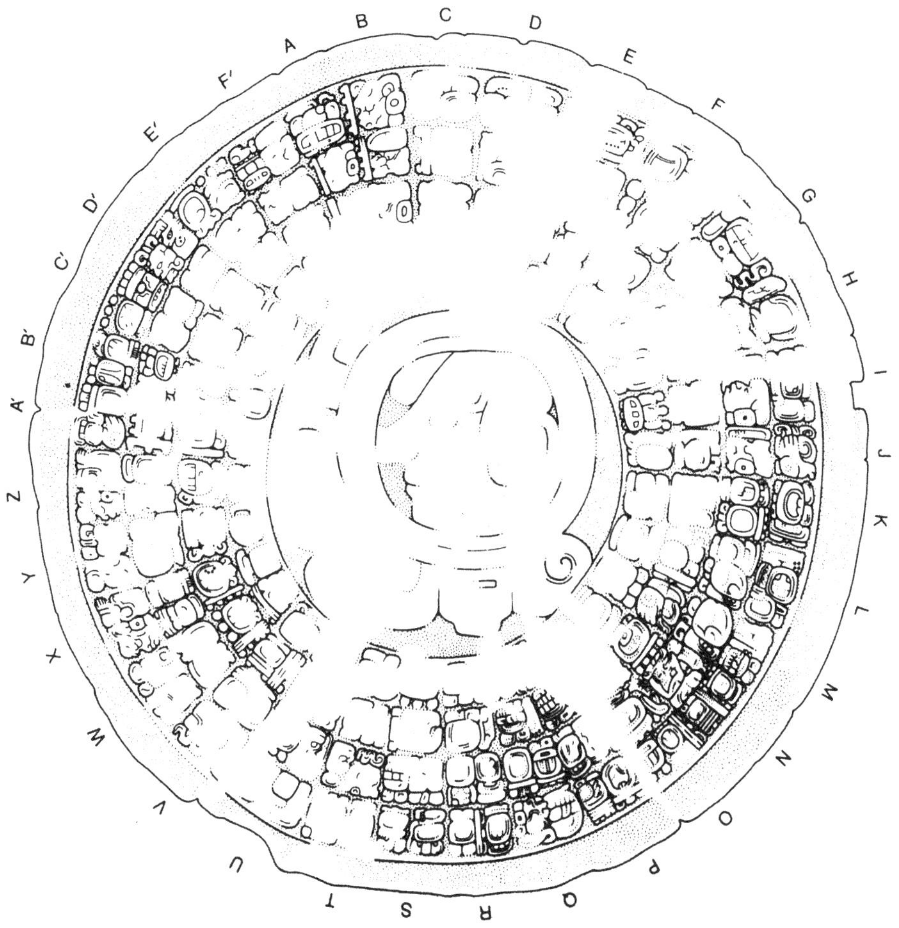

图7.34　卡拉科尔21号祭坛　该祭坛记录了公元588年坎二世的出生(A,B),公元553年其父亚哈瓦·特基尼奇二世即位(K,L),公元556年蒂卡尔击败卡拉科尔(O,P)和公元562年战胜蒂卡尔(Q,R),中间是一个巨型的阿哈瓦(天)字形,这是卡拉科尔祭坛的一大特点。

拉克穆尔为包围穆图尔王国所建立的强大联盟的身份转变。卡拉科尔和蒂卡尔之间的敌对状态在亚哈瓦·特基尼奇二世掌权仅三年之后就出现了，长达一个多世纪的战争拉开了序幕，也意味着古典期早期正式结束。

蒂卡尔的繁荣与祸患（公元458年—公元562年）

蒂卡尔古典期早期历史的剩余部分来自一些纪念碑和零碎的文本。西亚赫·查恩·卡维尔二世在位期间，政绩显赫，后来他的儿子坎·奇坦继位，并于9.1.2.17.17（公元458年）就职。考古记录表明，这段时期蒂卡尔蒸蒸日上。北卫城上修建了新建筑，首先是建在西亚赫·查恩·卡维尔陵墓上的宏伟神殿，建筑5D-33-2nd。与其他玛雅神庙一样，维茨面具装饰了下层建筑立面，并将其标识为"圣山"。正如前面提到的，31号石柱可能最初是放在这座建筑前面的；几年后，它被重新安置在神庙内，直到整个建筑被建筑5D-33-1覆盖。

在他即位十年后，坎·奇坦仿照他父亲的31号石柱的样式，建造了40号石柱。但与31号石柱上父亲高举着玛雅风格头饰不同的是，40号石柱上的坎·奇坦头顶着墨西哥中部风格的贝壳战争头饰。9号和13号石柱上的他的画像摒弃了先人们一贯使用的外来风格的图案。9号石柱是建造于9.2.0.0.0（公元475年）的"权杖石柱"系列中的第一个，石柱上的坎·奇坦是传统的侧身站立姿势，手持火钻，身披装饰有美洲虎面具的斗篷（图7.36）。虽然他的统治具体于何时结束并不为人所知，但在公元486年他可能领导过蒂卡尔与北部的马萨尔开战，这在后来的回顾文献中有所提及。

查克·托克·伊查克二世是坎·奇坦的儿子，大约在马萨尔战争时期登上王位。他的第一个纪念碑是3号石柱（公元488年），他用三座

伯利兹城的卡拉科尔

玛雅大都市卡拉科尔在导致蒂卡尔古典期早期衰落的一系列冲突中扮演了关键角色。卡拉科尔位于海拔500米的瓦卡高原，控制着伯利兹中南部的玛雅山区。它的所在地资源丰富，例如用于磨石的结晶岩石，以及该地区的贸易路线。这些因素加上其相对安全的环境，促进了卡拉科尔的发展和繁荣。随着时间的推移，人们建造梯田以增加农业产量，建造人工蓄水池收集雨水以增加水供应。

该遗址发现于1938年，最初由宾夕法尼亚大学博物馆的一支探险队进行调查，由林顿·萨特思韦特（Linton Satterthwaite）带队在1951年和1953年进行了两次野外考察，记录和保存了铭文纪念碑，并绘制了该遗址的地图。他们清理和挖掘更多的遗迹，发现了四个新的石柱和一系列相关的贵族陵墓。1956年和1958年，伯利兹考古专员A.H.安德森（A.H. Anderson）进行了发掘，发现了更多的墓葬和另一座石柱。1985年，中佛罗里达大学的阿伦·蔡斯和戴安·蔡斯在卡拉科尔展开了一项全面的长期调查。这次调查包括对定居点的调查、绘制扩展的遗址地图，以及在各种背景下进行挖掘，并将考古学数据与刻有文字和壁画的卡拉科尔纪念碑和陵墓墙壁上的历史记录联系起来。

大规模调查显示，卡拉科尔是一个比预估要大得多的城市，面积在28—50平方千米之间，在遗址的核心区域建筑密度很高（由此推断，人口密度也很高）（图7.33）。在核心区的一个测绘和挖掘样本中，包含677座建筑结构，分布在2.26平方千米内的128个广场群中，七条堤道从遗址中心向外延伸，称为坎纳建筑群（图7.35）。其中两条长度不足1千米，终止于贵族住宅区；另外两条长3千米，终止于与中心建筑群大小相当的广场；最长的一条延伸至卡哈尔皮契克附属场地的主广场，全长8千米（图12.10）。

考古发掘表明，卡拉科尔始建于前古典期晚期。在古典期早期，它仍然是一个相对较小的遗址，它的统治者建造了E建筑群，与在蒂卡尔和瓦夏克吞发现的相同（图7.11）。建筑活动和场地规模的急剧增加在古典期晚期可见一斑。人口迅速增长，大概翻了两三倍，达到了蒂卡尔人口鼎盛时期的水平，也就是说，在当地估计有三万到六万人的人口数量，而整个卡拉科尔的人口则远远超过十万人。有迹象表明卡拉科尔的非贵族阶层也越来越富有，特别是那些精美的陵墓，佐证了卡拉科尔重要的经济体“中产阶级”的壮大。堤道系统连接了整个城市的交通，以及与卡拉科尔附属中心的重要通信，促成了古典期晚期这一政体的中央集权巅峰时期的到来（第十二章）。与此同时，周围山丘上广袤的农业梯田系统增加了粮食产量，养活了迅速增长的人口（图11.3）。

表7.4　卡拉科尔王朝年表

（统治者姓名用粗体表示，代用名或头衔用括号表示）

统治者	长纪历日期	公元日期	事件
特卡布·查克（建国者？）		331–349	
卡克乌约尔·基尼奇一世（第一任统治者）		约470	
亚哈瓦·特基尼奇一世	9.2.9.0.16	484	即位
484年4月12日至531年在位（大约四十七年）；建造：4号祭坛，13号石柱	9.4.0.0.0	514	庆祝卡盾终结（13号石柱）
坎一世（第二任统治者）	9.4.16.13.3	531	即位
父亲：亚哈瓦·特基尼奇一世；妻子：卡尔·基尼什夫人；531年4月13日至553年在位（大约二十二年）；建造14号祭坛、16号石柱	9.5.0.0.0	534	庆祝卡盾终结；提及科潘统治者巴兰·内赫恩的未知事件（16号石柱）
亚哈瓦·特基尼奇二世（第三任统治者）	9.5.191.2	553	在蒂卡尔统治者双鸟见证下即位
父亲：坎一世；母亲；卡尔·基尼什夫人；妻子：1号夫人，巴特茨·埃克夫人	9.6.0.0.0	554	庆祝卡盾终结（14号石柱）
553年4月16日至约599年在位（大约四十六年）；	9.6.2.1.1	556	被蒂卡尔击败
建造1号、6号、14号祭坛及1号、14号石柱	9.6.8.4.2	562	卡拉科尔与新盟友卡拉克穆尔一起战胜蒂卡尔
	9.8.0.0.0	593	庆祝卡盾终结（1号祭坛，1号石柱）
纽结阿哈瓦（第四任统治者）	9.8.5.16.12	599	即位
生于575年11月28日；卒于618年（享年43岁）；父亲：亚哈瓦·特基尼奇二世；母亲：1号夫人；599年6月24日至618年在位（十九年）；建造15号祭坛，5号、6号石柱	9.9.0.0.0	613	庆祝卡盾终结（5号石柱）
坎二世（第五任统治者）	9.9.4.16.2	618	即位
生于588年4月18日；卒于658年7月21日（享年70岁）；	—	619	被卡拉克穆尔统治者尤克诺姆·查恩见证的未知事件
父亲：亚哈瓦·特基尼奇二世；母亲：巴特茨·埃克夫人；		626	击败纳兰霍
618年3月6日至658年7月21日在位（大约四十年）；		658	卒
建造2号、7号、17号、19号、21号祭坛，3号、22号石柱			
卡克乌约尔·基尼奇二世（第六任统治者）	9.11.5.14.0	658	即位（坎二世死前29天）
		680	被纳兰霍击败
在680年至798年这一段过渡时期确认了两位卡拉科尔统治者：第七任卡拉科尔统治者和第八任卡拉科尔统治者			

(续表)

统治者	长纪历日期	公元日期	事件
第七任统治者	9.13.10.0.0	702	庆祝大时期终结(21号石柱)
图姆·约赫尔·基尼奇(第八任统治者)		约793	
基尼奇·霍伊·卡维尔(第九任统治者)	—	798	建造B建筑群球场
	9.18.10.0.0	800	庆祝大时期终结(11号石柱)
	—	800	抓获了乌卡纳尔统治者和比塔尔统治者(23号祭坛)
基尼奇·托比尔·约帕特(第十任统治者)	9.18.13.10.19?	804?	即位
	9.19.0.0.0	810	庆祝卡盾终结(18号石柱)
	—	820	同乌卡纳尔统治者帕帕玛利尔结盟(12号、13号祭坛)
坎三世(第十二任统治者)	10.1.0.0.0	(849)	与另一位领主庆祝卡盾终结(17号石柱)
第十三任统治者	10.1.10.0.0	859	庆祝大时期终结(10号石柱)

来源:比茨和萨特思韦特,1981;蔡斯等,1991;克鲁伯,1994a;休斯顿,1987;马丁和克鲁伯,2000;斯通等,1985。

石柱庆祝9.3.0.0.0(公元495年)卡盾终结(7号、15号和27号),全部仿照其父所建“权杖石柱”的风格。从那以后,由于许多纪念碑遭到严重侵蚀和蓄意破坏,蒂卡尔的王朝记录变得越来越模糊。公元508年,在遥远的西部城市托尼纳,人们提到了查克·托克·伊查克二世的死亡。几天后,亚斯奇兰的国王纽结眼美洲虎一世,记录了一位蒂卡尔贵族领主的被捕,这是灾难即将来临的预兆。

对蒂卡尔来说,接下来的半个世纪是衰落和王朝动荡的时期。考古学和碑铭学都无法提供事件的详细描述,唯一知道的是这个阶段开始之时,蒂卡尔是由一位女王统治的。由于她的名字至今无人知晓,人们通常叫她的绰号“蒂卡尔夫人”。她被描绘在23号石柱上(图7.37),这座石柱是在首都东南边缘的一座贵族居所中发现的,威廉·哈维兰(William Haviland)认定这便是她自己的住所。23号石柱记录了她于公元504年出生,于公元511年也就是7岁时继位。间接

图7.35　卡拉科尔(今坎纳)建筑群　在挖掘和加固后,从南部俯瞰位于城市中心的纪念性建筑群。

证据表明,她是查克·托克·伊查克二世的女儿,但可能由于她的年龄,更或者她的性别,促使各路王室势力为她配上一位男性摄政王。我们也可以假设,一个年轻的女统治者会给一个野心勃勃的男人提供一个统治蒂卡尔的机会。一个名叫卡洛姆特·巴兰(Kaloomte' Balam)的人便自然而然地登场了。10号石柱讲述了他在公元486年战胜马萨尔的故事。显然,他在军事上的声望使他得以担任蒂卡尔夫人的摄政王。事实上,12号石柱将卡洛姆特·巴兰列为蒂卡尔的第十九任统治者,而蒂卡尔夫人却没有被授予继承者的头衔。

蒂卡尔夫人可能比她的配偶活得更久,因为她在8号石柱上再次被提及,并且石柱上描绘了一个绰号为鸟爪的男子,显然是卡洛姆特·巴兰的继任者。关于第二十一任统治者瓦克·查恩·卡维尔,记录相比蒂卡尔夫人完整得多,而他唯一已知的纪念碑17号石柱却严重受损(图7.38)。据文献记载,他是查克·托克·伊查克二世的儿子(可

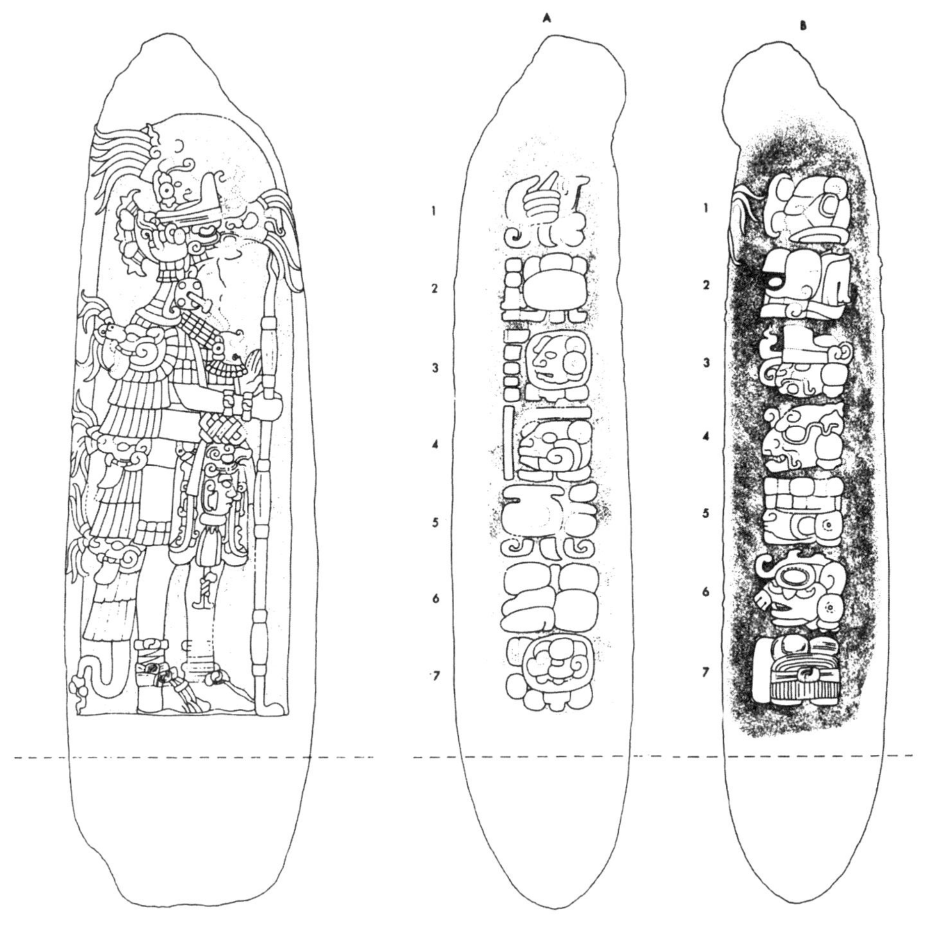

图7.36　蒂卡尔9号石柱　(左图)统治者坎·奇坦手持火钻站立的肖像;文字(中间和右图),铭刻在纪念碑狭窄的两侧,以坎·奇坦的名字和蒂卡尔的象形文字(B6、B7)结束。

图7.37 蒂卡尔23号石柱 一张严重腐蚀的碎片上的图画，记录了“蒂卡尔夫人”的出生。

能是蒂卡尔夫人的兄弟)，可能于公元537年从流亡中归来，成为蒂卡尔的国王。我们对他的统治知之甚少，只知道当时卡拉克穆尔的威胁之势越发迅猛。蒂卡尔的防御土方工程便是从这个时期开始的，也许是为了应对卡拉克穆尔的威胁。公元546年，蒂卡尔东部的邻国纳兰霍被卡拉克穆尔控制。瓦克·查恩·卡维尔通过巩固蒂卡尔与更遥远的东南部城市卡拉科尔的联盟来反击卡拉克穆尔的行动，并在公元553年见证了卡拉科尔新统治者的即位典礼。但这些努力都是徒劳的，在不到十年的时间里，一场灾难性的失败为蒂卡尔带来了长达一个世纪的黑暗时期，并使中部低地的大部分地区陷入了一系列的战争。

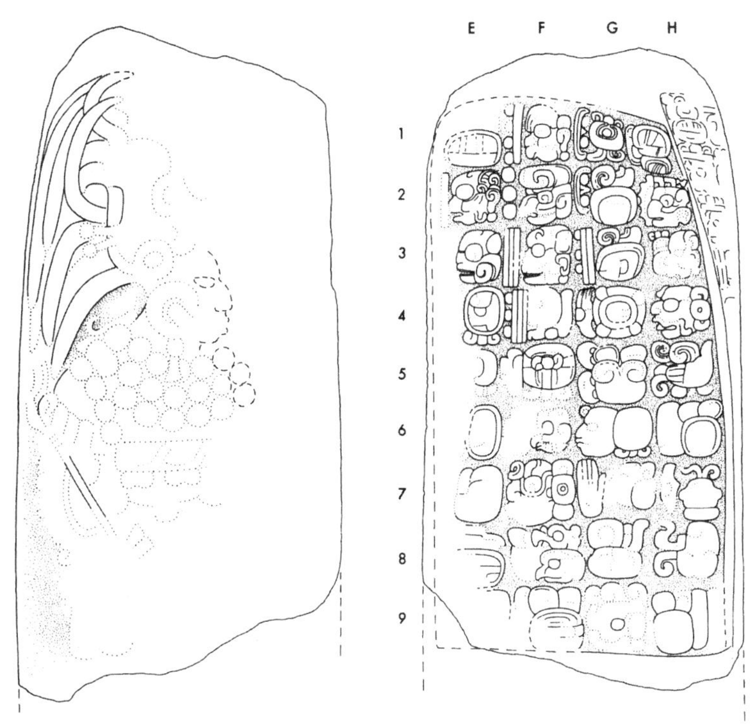

图7.38 蒂卡尔17号石柱 被损坏的统治者瓦克·查恩·卡维尔的纪念碑示意图，正面显示了他被腐蚀的肖像，一边的文字显示了他在9.5.3.9.15（公元537年，字形F1—F3）即位和他作为王朝建立者的第二十一任继承人的地位（字形G1、H1）。

蒂卡尔的战败（公元562年）

在古典期早期，卡拉克穆尔通过与其他低地王国建立一系列联盟来巩固自己的权力，这些低地王国联合在一起，最终几乎完全包围了蒂卡尔。这一战略的关键之处是卡拉科尔，直到此时它还是蒂卡尔的盟友。卡拉科尔现在由亚哈瓦·特基尼奇二世统治，他于公元553年在蒂卡尔国王瓦克·查恩·卡维尔的领导下宣誓就职。但到了公元556年，蒂卡尔和卡拉科尔之间爆发了一场战争，其间瓦克·查恩·卡维尔处决了一位卡拉科尔领主。要么是亚哈瓦·特基尼奇二世已经倒戈，蒂卡尔正在进行报复，要么是蒂卡尔的攻击促使卡拉科尔加入了卡拉克穆尔联盟。在公元562年，蒂卡尔遭受了一场以“恒星战争”字符为标志的失败，意味着被卡拉克穆尔彻底征服。

既然21号祭坛记录了征服蒂卡尔一事（图7.34），这可能表明胜利属于亚哈瓦·特基尼奇二世。但西蒙·马丁注意到，虽然祭坛上胜利者姓名的象形文字已被抹去，无法辨认，但轮廓与亚哈瓦·特基尼奇二世的并不一致。相反，这些铭文的轮廓与当时掌权的卡拉克穆尔国王的名字相匹配，他的称号是“天证”。这表明卡拉克穆尔在卡拉科尔的协助下，共同策划了公元562年对蒂卡尔的征服。很可能瓦克·查恩·卡维尔被卡拉科尔和卡拉克穆尔的胜利军俘虏然后牺牲了。无论如何，他在公元562年后从历史上消失了。

蒂卡尔的战败标志着它在古典期早期统治地位的突然终结。此后一个世纪里，在一系列波及大部分玛雅低地国家的战争中，蒂卡尔被卡拉克穆尔和他的盟友们盖过了风头，并且这些战争波及了大部分的玛雅低地国家。

结语：古典期早期的玛雅低地国家

古典期早期，在玛雅低地出现了一系列独立国家。其中两个国家逐渐控制了该地区，尽管它们既无法统一附属政体，甚至也无法统一征服的国家。这些低地玛雅国家的特征可以在考古学记录和一些有关政治首都的历史文献中得出。古典期早期的玛雅低地社会被划分为两大内部通婚的群体——贵族和非贵族，每个群体都有大量不同的支持者。在每个政体中，首脑都是库胡尔阿哈瓦，即国王，以及他背后的祖先和王室家族。每一位库胡尔阿哈瓦掌管一个王室法庭和一个庞大的行政等级制度。国家的管理也可以从首都之下的附属中心的等级制度中看出。每一位玛雅国王都拥有经济、宗教和政治权力，这种特权以一种超自然的神圣权威为基础加以强化，以对国王及其臣民的正当行为和责任的普适定义为支撑。

玛雅低地国家的崛起最初是在前古典期晚期的埃尔米拉多尔实现的。但是，埃尔米拉多尔和许多与之相伴的前古典期晚期政权莫名其妙地走向崩溃，这一度是玛雅低地社会发展中的一次挫折。伴随这一衰落而来的是一系列新兴国家在古典期早期的玛雅低地的出现，其原因至今仍鲜为人知。这种更为复杂的社会的发展始于一系列政治关系，这些政治关系经受住了前古典期末期的动荡留存下来。也许是摆脱了埃尔米拉多尔的统治，这些国家的统治者能够利用他们的人口和资源，在竞争和扩大贸易商业的推动下，扩张他们的势力。

史料记录最完整的是蒂卡尔的发展史，始于前古典期。它的文本显示，大约公元100年，在埃尔米拉多尔所在的政权倒台之前，一位名叫雅克斯·埃赫布索克的国王在蒂卡尔建立了一个新的执政党。蒂卡尔王朝创立者的来历不为人知，但他可能来自玛雅高地。在北部，另一个新城邦卡拉克穆尔最终成为坎王朝执政党的新都，该王朝可能起源于前古典期晚期的埃尔米拉多尔。政权一建立，坎族统治者就开始在新的环境中重建地区统治地位。蒂卡尔的蒸蒸日上得益于它与墨西哥中部的特奥蒂瓦坎的联系。但这些联系在公元378年蒂卡尔的政权更迭中画上了句号，这场更迭要么是特奥蒂瓦坎一手策划的，要么是当地一个流亡派系一手策划的。无论是哪一种情况，新国王在王朝建立者留下的王位世袭制度中获得了他应有的地位。这种接手可能益处颇丰，因为它可能使蒂卡尔更充分地融入了占主

墨西哥坎佩切的贝坎

贝坎位于卡拉克穆尔北部，距离蒂卡尔约150千米，位于尤卡坦半岛的心脏地带。1934年，卡内基研究所的两位考古学家卡尔·鲁珀特和约翰·丹尼森发现了这一遗址，他们以其最引人注目的特征——环绕的护城河和城墙（贝坎，意为"充满水的沟渠"）——为其命名。1969年至1971年，E.威利斯·安德鲁斯四世领队在里奥贝克地区进行了三个季节的考古调查，大部分工作以贝坎为重点。研究还调查了贝坎及附近未设防的贵族定居点和生存活动。随后，理查德·亚当斯进行了进一步的研究，INAH也进行了更新的研究。

图7.39　贝坎（今墨西哥坎佩切）的鸟瞰图　该图显示了周边修建的防护沟渠和土墙，左侧有一个坡道入口。

贝坎的核心地带是护城河和壁垒，围绕着一个约0.2平方千米的椭圆形区域（图7.39）。清理后发现，玛雅人最初挖掘的护城河有5米深，约16米宽，用挖出的石灰石碎石（堤道）建造内部城墙，再加高5米。要进入这个遗址，必须通过完整的石灰岩基岩筑成的七条狭窄而坚实的道路才能穿过护城河。起初没有证据表明存在矮护墙和内部走道，但是后来在较小的玛雅潘城和图卢姆城的防御工事中发现。护城河和壁垒的建造可以追溯到古典期早期的第一阶段，很可能是为了应对其更强大的邻居卡拉克穆尔的扩张而采取的防御措施。

陶器遗迹表明玛雅人最早于前古典期中期末段（约公元前550年）在贝坎及其周边地区定居。在整个前古典期晚期，人口似乎在不断增长，此时首次出现一处贵族中心。建筑IV-sub高约15米，是在这个时期建造的。这一扩张似乎是借助于该地区良好的农业潜力和贝坎能够控制当地贸易路线的战略地位。无论是墨西哥中部黑曜石的存在，还是一个从建筑XIV（图6.37）出土的著名的拖腿式圆柱形容器的埋葬物中藏着一个空心的特奥蒂瓦坎雕像，都可以看出当时的贸易往来远达特奥蒂瓦坎。

贝坎的防御设施至少在一段时间内可能维持了它的政治和经济独立。但人口似乎在护城河和城墙体系建成后不久就开始减少，并在古典期早期结束时持续减少。原因尚不清楚，但很可能是它在防御上的大量投资后来被证明是徒劳的，贝坎还是难逃卡拉克穆尔的魔爪。尽管如此，讲完这个众所周知的故事，另外要补充的是随着古典期晚期人口的急剧增加和建筑活动的恢复，贝坎也恢复了活力。该遗址以及邻近的奇坎纳和希普西尔中心的大部分城市建筑都反映了这一时期发展起来的里奥贝克建筑风格（图9.6）。古典期晚期的建筑活动大约在公元830年停止。然而，陶器组合的变化表明，来自尤卡坦北部的人在9世纪定居在贝坎。不过在那之后，贝坎及其周边地区经历了第二次人口减少，里奥贝克地区的贵族中心很快就被抛弃了。

危地马拉的纳库姆

纳库姆是蒂卡尔的另一个近邻，位于里奥霍尔姆尔河（Río Holmul）的源头以东仅25千米处。纳库姆可能曾经是蒂卡尔和加勒比海岸之间的重要贸易纽带。不幸的是，像大多数玛雅遗址一样，纳库姆遭受了严重的掠夺。纳库姆是在1905年至1906年莫里斯·德·佩里尼探索之后才向外界报道的。阿尔弗雷德·托泽在1913年发表了一份初步的研究报告和地图，其中展现了玛雅地区最长的宫殿式建筑之一。从1994年到1996年，一个由IDEAH赞助、奥斯卡·奎塔纳指导的项目，绘制了该遗址的地图，进行了一系列的挖掘，加固了一些严重受损的建筑结构，并记录了建筑内的一系列重要涂鸦。IDEAH发掘表明，纳库姆最初是在前古典期中期迁入的，占地面积不断增长，持续到古典终结期（约公元800年—约公元950年），当该地达到巅峰之时，却很快就被遗弃了。人们对纳库姆的政治历史知之甚少。在该遗址发现的15座石柱中，只有3座被确定了年代（对应分别是公元771年、公元810年和公元849年）。在古典期的大部分时间里，纳库姆似乎一直是蒂卡尔的附属国，但最近的研究表明，纳库姆可能在古典终结期宣布了政治独立。

纳库姆的核心地段由两个大型建筑群组成，由一条堤道（柏列格尼堤道）连接。南部的建筑群包含了一个E建筑群天文排列（参见前面的瓦夏克吞）。在东边的神庙A，值得注意的是有两个不同寻常的叠涩拱门道，两侧是一个有木门楣的中央门道。南边是一个巨大的卫城，支撑着一系列住宅结构和庭院，可以与蒂卡尔的中央卫城相媲美。在它的中心附近有一个更高的平台，上面有四座建筑，面向内院，可能是纳库姆统治家族的住所。

导地位的古典期早期经济和政治网络，其中包括特奥蒂瓦坎和卡米纳尔胡尤。因此，随着可支配的资源的增加，蒂卡尔能够直接或间接地对其他低地国家施加权威，如瓦夏克吞、里奥阿苏尔和远至东南部的科潘。与之相对的是，卡拉克穆尔也与许多低地国家建立了联盟，甚至拉拢来蒂卡尔的前盟友纳兰霍和卡拉科尔，直到古典期早期结束之时，它才终于有能力对抗蒂卡尔。

蒂卡尔和卡拉克穆尔成功地建立了主导古典期早期玛雅低地的强大国家体系，这是由几个因素促成的。首先，两国都能随时获得丰

危地马拉的亚克斯哈

亚克斯哈的大型遗址位于亚克斯哈湖的北岸，蒂卡尔东南约30千米(19英里)。特奥贝特·梅勒尔在1904年访问后首次报道了亚克斯哈，20世纪30年代华盛顿卡内基研究所绘制了亚克斯哈地图，20世纪70年代早期在尼古拉斯·赫尔穆特的指导下对遗址核心进行了进一步的绘制和测试挖掘。危地马拉政府在亚克斯哈进行了建筑保护工作。大卫·斯图尔特破译了它的象形文字“Yaxa”，这是一个保存至今的古代遗址名称(也是湖泊名)的例子。基地的核心包括一系列广场和卫城建筑群，可以进入几个边远建筑群和由三条堤道组成的湖岸。在瓦夏克吞有一个类似于E建筑群的体系结构，也有在蒂卡尔之外发现的唯一的双金字塔群(见图8.21)。这些雕刻过的纪念碑表明了一段漫长却无人知晓的政治历史，时间跨越了古典期早期到晚期(8.16.0.0.0到9.18.3.0.0)。

亚克斯哈似乎在古典期早期便达到了巅峰，当时它是最大的都城之一。但它的遗迹保存得不完好，人们对它的历史知之甚少。它似乎是蒂卡尔的一位盟友。如果是这样的话，在古典期早期末段，亚克斯哈的衰落可能是蒂卡尔的敌人卡拉克穆尔或它的盟友卡拉科尔造成的，最有可能是纳兰霍造成的(在古典期晚期，纳兰霍的纪念碑记录了与亚克斯哈的一系列战争)。

富的当地资源。例如，当地的燧石矿床使蒂卡尔得以将这种关键资源推向市场。卡拉克穆尔也控制着当地的燧石资源，它位于一个大的浅湖岸边，拥有水生资源和便利的水上运输。蒂卡尔的东部和西部有两个大型季节性湿地(可能曾经也是浅湖)，似乎可供集约化农业使用。其次，如下这些相同的特性能帮助它们免受外部攻击。蒂卡尔东部和西部的湿地限制了来自这些方向的威胁，而来自北部或南部的道路则由壕沟和壁垒系统保护。卡拉克穆尔周围的一条运河可能也提供了类似的保护，使其免遭攻击。并且为了应对日益增长的竞争和威胁，在卡拉克穆尔以北较小的贝坎中心建造了一项古典期早期为人所知的最强大的防御工程。

大多数新兴玛雅城邦都受益于贯通低地的贸易扩张，蒂卡尔和卡拉克穆尔则处于得天独厚的位置，支配着几条用于独木舟贸易的河流系统。这两个城市都位于加勒比海和墨西哥湾水系的分界处，因此它们又可以控制贯穿佩滕河东西航道的河流源头之间至关重要的陆路运输。蒂卡尔对控制伯利兹河的渴望，或许可以解释它为什么对诸如纳库姆、亚克斯哈和东边的纳兰霍等地感兴趣。蒂卡尔自身的繁荣和战略位置也给了它一个与外部势力结盟的绝佳机会，比如特奥蒂瓦坎。此后，蒂卡尔在低地地区的势力扩张受到了主要竞争对手卡拉克穆尔的反击。例如，蒂卡尔显然接管了东北的里奥阿苏尔，这直接挑战了卡拉克穆尔对于驶往加勒比海地区的里奥洪都航线的使用权，这引发了两国的激烈竞争，最终导致里奥阿苏尔的毁灭，接着便是对蒂卡尔的公开作战。

蒂卡尔和卡拉克穆尔的冲突很大可能是基于商业竞争和决定玛雅低地霸权的争夺，除此之外两个王国也受到了意识形态和信仰的驱动。蒂卡尔6号神庙上的雕刻文字展示了它的古老遗产和成就，有些更像是神话而不是真实的历史，可以追溯到前古典期早期。公元100年的王朝建立使得蒂卡尔的统治者拥有了低地地区最古老的王朝继承权，即使在公元378年政权更迭之后，这一遗产依然延续了下来。另一方面，卡拉克穆尔显然可以声称他有更古老的王朝历史，其起源是前古典期晚期的坎王朝，可能最初是建立在伟大的早期城市埃尔米拉多尔的基础之上的。这种文化渊源上的竞争，加之蒂卡尔扩张所产生的怨恨，包括它与特奥蒂瓦坎这样的外国势力的联系，这一切很可能引发了卡拉克穆尔围攻和征服蒂卡尔的战役。

澄心清意

阅读致远

玛雅史

失落的世界第五大文明

下

[美] 罗伯特·J.沙雷尔　洛·P.特拉克斯勒　著

杨靖　等译

第八章　古典期晚期——玛雅国家的鼎盛时期

他们在这里繁衍……当太阳、月亮、群星显现时，当天空破晓，地球表面和整个世界变得明亮时，他们也还在这里。

——《波波尔·乌》（雷西诺斯，1950年，第189页）

考古发掘实证以及历史文献表明，蒂卡尔在古典期早期的扩张实际上种下了恶果。公元562年，蒂卡尔经历了一系列军事失败，而其中的第一次失败就削弱了它的权力，降低了其威望，甚至打破了它一个多世纪以来的独立局面。卡拉克穆尔是蒂卡尔的劲敌。北方强大的坎王朝政权缔结了众多同盟以包围蒂卡尔，然后精心策划了对蒂卡尔的征服行动。卡拉克穆尔联盟成员国的纪念碑上留有关于蒂卡尔王朝毁灭的历史记载，然而在蒂卡尔，大多数矗立的纪念碑都已被毁，而且一个多世纪以来都没有建造新的纪念碑，因此，其历史记录几乎消失殆尽。蒂卡尔项目主管埃德温·舒克在1957年的研究之初撰文指出，蒂卡尔古典期早期石碑的破碎可能是暴力冲突的结果，而暴力冲突也“导致了古典期早期的终结……以及已知铭文序列的中断”。现在看来，卡拉克穆尔联盟的力量成功摧毁了蒂卡尔王朝。蒂卡尔的考古记录也表明，这一时期的人口增长停滞不前，与此同时许多边远地区的家庭也移居到离市中心更近的地方，大概是为了进一步寻求安全感。

也许是承担了向卡拉克穆尔联盟进贡的义务，蒂卡尔古代王朝就此延续了下来（表7.1）。这一时期北卫城的几个皇家陵墓已经被挖掘出来，尽管它们都没有蒂卡尔被征服时期的那些陵墓精致。或许这一时期的蒂卡尔统治者——第二十二任至第二十五任国王被禁止建造纪念碑，而以前由蒂卡尔掌控着的大部分财富也沦为向胜利的盟军进贡的贡品。尽管蒂卡尔曾试图重获其往日的权力，但其威望受到压制，国家繁荣不再，这种状况一直持续到下个世纪。蒂卡尔的命运发生了深刻的变化，这不仅颠覆了已有的低地秩序，而且开启了玛雅低地政治的一个全新时代。

卡拉克穆尔的崛起（公元562年—公元695年）

公元562年蒂卡尔战败，有证据表明，此时科潘市中心的纪念碑和建筑也遭到了类似的破坏（表7.2），这一点值得注意。目前没有任何文献表明科潘当时遭到了袭击，但是卡拉克穆尔或其盟友，很有可能也袭击了蒂卡尔的长期同盟，以削弱其对东南部低地的控制。

在蒂卡尔，新统治者登上王位（或被允许这样做）之前可能会有一段空位期。公元562年后的某个时候，一位别称为动物骷髅（Animal Skull）的新统治者成为蒂卡尔自创立以来的第二十二任顺位国王（表7.1）。但是新任蒂卡尔统治者并不是前任统治者瓦克·查恩·卡维尔之子。一些陶器上记载有动物头骨的血统，其中反复提及其母亲，一个女贵族，但他没有头衔的父亲仅被提到过一次。蒂卡尔王朝由雅克斯·埃赫布索克创立，公元379年掷矛者猫头鹰的儿子雅克斯·努恩·埃伊因一世即位。自此，蒂卡尔国王世袭制开始出现，约二百年

古典期晚期的玛雅陶器

在低地地区，古典期晚期的概念是根据特佩乌陶瓷的传统来定义的，这一概念与之前的特查科尔陶瓷传统相比，有着明显的变化（包括墨西哥中部风格的圆柱形三足器的迅速消失）。特佩乌陶瓷以其精美的彩饰陶器而闻名，其中最好的陶器由贵族艺术家在宫殿作坊中制作而成，如今这些陶器大多从坟墓和墓葬中被发掘出来。陶器上的彩色图案涵盖自然主义、几何设计、象形文字文本以及人物肖像。这些用三脚架支撑的彩饰花瓶和盘子上呈现有黑色、橙色、红色、白色和其他各种各样的颜色，展示了复杂的绘画和抗蚀技术。专家们把特佩乌低地时期划分为两个古典期晚期。第一时期（约公元550年—约公元700年）以黑色和橙红色，以及圆形碗和大型三脚架盘子为标志。第二时期（约公元700年—约公元800年）的特点是更为明亮的橙色和奶油色的彩饰以及更加精美的装饰。盘子和扩口碗上都画有图案。但第二时期多色圆柱花瓶的出现使陶瓷艺术达到了巅峰[见彩图8(b)和彩图9(c)]。尽管重要的艺术中心位于北部玛雅高地和科潘的东南部地区，但是这件最为闻名的花瓶却来自低地地区。

古典期晚期的陶瓷传统也表现在精致建模和彩色窑炉上。高大的圆柱形花瓶、环形支架容器和三脚架支撑的盘子采用抗蚀剂和负涂装饰（negative-painted），这也是两个典型的古典期晚期特征。一般来说，花瓶有两种大小：小号方便携带，大号可放家中储存。半球状的盆十分常见，但在一些地区还发现了浅盘，它们都有加厚的圆形边沿。碗通常有两种形状：一种碗底近乎扁平，两侧张开，由一个圆环或三条腿支撑；另一种则是带有扁平底座或环形底座的半球形碗。这种不平滑的、表面有条纹的烹饪锅延续了早期的传统。这些轻薄的器皿制作精细，装饰精美，广泛用于贸易，其中圆柱形器皿最为常见；除此之外还有轻微开口的器皿，以及桶状器皿。

尤卡坦半岛北部的古典期晚期的陶瓷与南部的特佩乌陶瓷有所差别。雕刻工艺品在古典期晚期重新流行起来，主要在塔巴斯科和坎佩切地区发现。最好的雕刻工艺品来自哈伊纳岛（Jaina）[彩图9(b)]，通常在坟墓中发现。这些雕刻工艺品大约有10厘米至25厘米高，由质地优良的橙色陶土制成，通常有白色的底色，并被涂成蓝色和其他颜色。它们都是手工制作或是用模具制作的。模具制作的陶瓷通常包含可以发出咯咯声的小球，或者包含哨子和笛孔，以制成陶笛。这些工艺品非常精致，甚至在不足拇指指甲大的人物脸上可以清楚地看到文身图案。这些雕刻工艺品、小笛子和其他陶器，出土于低地、佩滕、普克和墨西哥湾沿岸地区，与哈伊纳岛由模具制作的小雕像类似。

后结束。有趣的是，所谓的蒂卡尔王朝花瓶（第七章提到）可以追溯到动物骷髅统治时期。花瓶上列出了三个古典期早期蒂卡尔王——第十一任、第十三任和第十四任国王，他们都是在雅克斯·努恩·埃伊因一世之前的统治者。这也许意味着动物骷髅（蒂卡尔统治者）基于其母亲与早前的王室家族的关系，在“外地人到来”将雅克斯·努恩·埃伊因领上王位之前，就已经合法掌权。

在这之后的三位蒂卡尔统治者在位时间约为公元628年至公元682年（从创始人算起是第二十三任到第二十五任统治者），他们的石碑已不复存在。我们从多斯皮拉斯的文献中了解到动物骷髅的继承者之一名为基尼奇·穆瓦安·霍尔一世。虽然这些统治者似乎没能建造王朝纪念碑，但在这段时间里，他们确实促进了北卫城和东庭的建设。建筑5D-34-1可能是第二十三任统治者（动物骷髅的继任者）在动物骷髅的坟墓上建造的。建筑5D-33-2是暴风雨天空二世的葬礼神祠，气派十足，其中有两个坟墓。克莱蒙丝·柯金斯将其中一个墓葬命名为23号墓葬，其中葬有第二十五任统治者努恩·乌约尔·恰克的遗体。琳达·谢勒指出，彩绘陶瓷盘子来自24号墓葬，盘子上似乎同时提到了努恩·乌约尔·恰克（圣塔埃莱娜统治者）的父亲和他的祖父，他们分别是第二十四任统治者以及第二十三任统治者。

在努恩·乌约尔·恰克带领国家战胜蒂卡尔之后不久，天证就从历史上消失了（表7.3）。他最后一次被提及是在公元572年，他的继任者似乎是一个不知名的统治者，第一阿克塞韦尔德。接下来的四位坎王朝国王的统治期长达半个多世纪，据低地的文献记载的军事联盟以及军事胜利来看，在这期间，卡拉克穆尔达到了权力的顶峰。

卡拉克穆尔统治者卷轴蛇于公元579年即位，在他统治期间最为著名的是公元611年对帕伦克发起的远途战役，起因是帕伦克是蒂卡尔的盟友。这次战役在帕伦克的文献上有所记载，名为“削弱拉

危地马拉的纳兰霍

纳兰霍遗址位于伯利兹边界以西，蒂卡尔以东约50千米处。自从1905年该遗址被特奥贝特·马勒（Teobert Maler）发现以来，它就为世人所知。该遗址的纪念碑以及相关文献证明，纳兰霍是一个王国的首都，这个王国历经了古典期的早期和晚期，在历次战争中既有成，也有败。纳兰霍位于霍尔姆尔河与伯利兹河和莫潘河（Mopan）两河支流之间，因此纳兰霍控制着蒂卡尔和加勒比海之间的重要通道，这也解释了它卷入玛雅低地政治动乱的原因。但是，尽管它在东部伯利兹河谷的几处附属地已被发掘，还未有人对纳兰霍进行系统的考古调查。不幸的是，纳兰霍已经被掠夺者摧毁。因此，维尔玛·菲亚尔科（Vilma Fialko）回到纳兰霍开展了一个项目，以研究该遗址，并保存其建筑遗迹。

纳兰霍的市政中心和礼仪中心占地约1平方千米，位于浅滩的东部边缘，主要由寺庙和宫殿样式的建筑结构组成，围绕着几个立有雕刻纪念碑的庭院而建。纳兰霍的铭文之梯靠近主建筑群的中心。东边较小的寺庙群的庭院里有十几座纪念碑。建筑D-1在一座天然山丘上，通过一条堤道与主建筑群相连。登上这座山丘可以俯瞰其他建筑，显而易见，这是古典期早期的活动中心（第七章）。

据纳兰霍的文献记载，很久以前，一位神建立了一个王国。41号石柱上描绘了已知历史上最早的统治者庆祝9.2.0.0.0（公元475年）卡盾结束的画面。尽管这位统治者的名字不为人知，但另外两位古典期早期的国王都在陶器上有所记载。这些陶器的大致年代表明，纳茨·查恩·阿克（Naatz Chan Ahk）的统治时期大约是四百年，而基尼奇·塔哈尔·恰克（K'inich Tajal Chaak）在大约一个世纪之后成为统治者。阿赫·沃萨尔（Aj Wosal）建造了该纪念碑，其父皮克·查恩·安库尔（Pik Chan Ankul）之名被记录在1号祭坛，他可能也是一位统治者。公元546年，阿赫·沃萨尔在卡拉克穆尔国王通·卡布·希克斯的支持下即位，此时他还是个孩子（25号石柱）。这意味着此时纳兰霍是卡拉克穆尔的附属国，而卡拉克穆尔则是古典期早期玛雅世界的新兴统治力量。1号祭坛上的文字记载道，阿赫·沃萨尔是纳兰霍自创始神算起的第三十五任统治者。阿赫·沃萨尔至少统治了六十九年，也许在卡拉克穆尔的保护下，他为纳兰霍指引了一条安全的道路。公元615年，他建造了25号石柱来庆祝统治期满三个半卡盾，这是他最后一座为人所知的纪念碑。他逝世后，纳兰霍很快就卷入了一系列灾难性的战争，本章对此有所描述。

卡姆哈”，它不仅为卡拉克穆尔带来了军事胜利，而且似乎也导致了帕伦克统治者的死亡。帕伦克战役中，后勤所做的贡献令人印象深刻，因为他们需要跨越很远的距离（直线距离近300千米），甚至需要穿越几条河流（包括乌苏马辛塔河）来运送物资并维持卡拉克穆尔的部队。毫无疑问，卷轴蛇向他的盟友寻求了帮助，但尽管如此，这场与帕伦克之间的战役表明，在蒂卡尔被击败后，卡拉克穆尔成为了玛雅低地上拥有至高无上权力的国家。

即使卡拉科尔在西南部以及低地其他地区施展了它的力量，卡拉克穆尔仍然与其保持着联盟关系。下一任卡拉克穆尔国王是尤克诺姆·查恩，公元619年，他在卡拉科尔见证了一件牵扯到卡拉科尔统治者坎二世的事件，仅仅因为在卡拉科尔的文献中被提及了这一次，他便为人所知。同样，卡拉科尔也记录着公元622年，卡拉克穆尔统治者塔霍姆·乌卡布·卡克的即位。

在塔霍姆·乌卡布·卡克统治期间，卡拉克穆尔联盟内部出现了一些问题。公元546年，年轻的国王阿赫·沃萨尔（纳兰霍统治者）在卡拉克穆尔的控制下即位，在那之后纳兰霍政体可能已经与卡拉克穆尔结盟（表8.1）。但纳兰霍和卡拉科尔是宿敌，公元626年，卡拉克穆尔的盟友——卡拉科尔的统治者坎二世——对纳兰霍发起了两次攻击（表7.4），然而卡拉克穆尔并没有立即予以回应，据卡拉科尔文献记载，塔霍姆·乌卡布·卡克于公元630年去世。然而，新的卡拉克穆尔国王尤克诺姆头领（Yuknoom Head），在公元631年加紧征服纳兰霍，迅速解决了其对联盟造成的威胁。战败并被俘的纳兰霍统治者在卡拉克穆尔受尽折磨（也可能惨遭献祭），他的此般命运与混乱的纳兰霍铭文之梯不无关系。尤克诺姆头领在公元636年再一次为胜利庆祝，但这次我们无从得知谁是卡拉克穆尔的手下败将。

尤克诺姆·琴二世也被称为“尤克诺姆大帝”，他在位的五十年间

(公元636年—公元686年),卡拉克穆尔的权力达到了顶峰(表7.3)。公元636年他即位时名为尤克诺姆·琴,这个名字取自古典期早期一位鲜为人知的卡拉克穆尔统治者。尤克诺姆大帝在对蒂卡尔及其盟友的一系列军事行动中获得胜利,由此维持了卡拉克穆尔的统治地位。但从长远来看,更为重要的是,卡拉克穆尔并没有完全征服其最强劲的对手,也没有利用其军事成就来统一玛雅低地,建立一个统一的政体。这可能不是卡拉克穆尔的目标,但无论如何这都是困难的,因为需要考虑到领土的大小以及受到统一国家管理的独立政体的数量。但卡拉克穆尔更直接的目标是完全征服蒂卡尔,至少要在一段时间内实现该目标,因为尤克诺姆大帝确实曾设法将蒂卡尔的统治集团一分为二。

派特克斯巴吞交锋

有证据表明,尽管处在卡拉克穆尔的掌控之下,但蒂卡尔仍试图通过接管另一个政体来重获权力,正如它曾在辉煌岁月里所做的那样。但由于相关文本遭到破坏,事件的先后顺序仍不清楚。想要弄清楚这些事件发生的顺序,首先要从蒂卡尔的统治者基尼奇·穆瓦安·霍尔二世(K'inich Muwaan Jol II)和他的儿子巴拉赫·查恩·卡维尔(B'alaj Chan K'awiil)入手(表8.2)。多斯皮拉斯位于派特克斯巴吞地区,蒂卡尔西南约120千米处(图1.1)。公元629年,巴拉赫·查恩·卡维尔被派遣前往此地找寻新的首都(表8.1)。在此之前,派特克斯巴吞地区被几个古典期早期的小首都统治。巴拉赫·查恩·卡维尔在多斯皮拉斯确立统治地位后,新派特克斯巴吞王国便将蒂卡尔象形文字作为本国文字,以此来昭示其附属国身份。多斯皮拉斯的文献记载了蒂卡尔、卡拉克穆尔和多斯皮拉斯的故事以及随后

表8.1　纳兰霍王朝年表

（统治者姓名用粗体表示，代用名或头衔用括号表示）

统治者	长纪历日期	公元日期	事件
纳兰霍守护神			远古的神秘发现
第一至第三十四任统治者（大多是虚构的）			
不知名统治者	9.2.0.0.0	475	庆祝卡盾的结束（41号石柱）
纳茨·查恩·阿克	—	?	
基尼奇·塔哈尔·恰克	—	?	
阿赫·沃萨尔（第一任统治者） 大约生于534年； 死于615年后（享年约80岁）； 父亲：皮克·查恩·安库尔； 母亲：石手天夫人； 约546年至615年在位（大约六十九年）；自创始神算起，第三十五任统治者； 建造了1号祭坛，16号、17号、25号、27号、38号石柱	9.5.12.0.4 9.8.0.0.0 —	546 593 约615	在卡拉克穆尔国王通·卡布·希克斯的支持下即位（25号石柱） 庆祝卡盾的结束（38号石柱） 逝世
不知名统治者	—	626	被坎二世统治的卡拉科尔击败
不知名统治者	— 9.10.10.0.0	631 642	被尤克诺姆头领统治的卡拉克穆尔击败（受到纳兰霍统治者的拷打，可能被献祭） 卡拉科尔统治者坎二世庆祝该阶段的结束（纳兰霍H.S.）
不知名统治者	—	680	战胜卡拉科尔
六天夫人 出生年份不详； 于741年2月10日或11日逝世； 父亲：巴拉赫·查恩·卡维尔； 母亲：布鲁夫人； 儿子：卡克蒂里瓦·查恩·恰克； 682年至693年在位（十一年）； 建造了3号、18号、24号、29号、31号石柱	—	682	六天夫人，巴拉赫·查恩·卡维尔（多斯皮拉斯统治者）之女，来重建纳兰霍王朝

（续表）

统治者	长纪历日期	公元日期	事件
卡克蒂里瓦·查恩·恰克（吸烟的松鼠）	9.13.1.3.19	693	5岁时，作为尤克诺姆·伊恰克·卡克（卡拉克穆尔统治者）的亚哈瓦而即位（1号石柱）
生于688年1月3日；	—		
于约728年逝世（享年约40岁）；	—	695	战胜蒂卡尔（22号石柱）
父亲：未知；	—	698	乌卡纳尔掠夺；俘获其国王，伊察姆纳·巴兰（30号石柱）
母亲：六天夫人；	—		
妻子：乌内巴兰夫人（图巴尔）；	—	702	与六天夫人一同庆祝众多胜利，俘获许多俘虏（22号和24号石柱）
儿子：卡克乌卡劳·查恩·恰克；	—		
693年5月28日至约728年在位（大约三十五年）；自传说中的统治者算起，第三十八任统治者；		710	雅克斯哈掠夺，俘获其国王并用作祭品（23号石柱）
建造了1号、2号、21号、22号、23号、26号、28号、30号石柱		712	见证新统治者在乌卡纳尔和另一处地点的即位仪式
		约728	逝世
雅克斯·马尤伊·恰克		744	被蒂卡尔击败；成为俘虏并被献祭
卡克伊皮·查恩·恰克	9.15.15.3.16	746	即位（20号石柱）
	—	748	被蒂卡尔击败？
卡克乌卡劳·查恩·恰克	9.16.4.10.18	755	即位
父亲：卡克蒂里瓦·查恩·恰克；		775	击败比塔尔
母亲：乌内巴兰夫人（图巴尔）；	9.17.0.0.0	780	庆祝卡盾的结束（6号、13号、19号、33号、36号石柱）
妻子：贝壳星夫人（亚克斯哈）； 儿子：巴特·卡维尔，伊察姆纳·卡维尔； 755年11月8日至约780年在位（大约二十五年）； 建造了6号、13号、19号、33号、36号石柱			
巴特·卡维尔	?	?	
伊察姆纳·卡维尔	9.17.13.4.3	784	即位
生于771年3月；	—	799	击败雅克斯哈；捕获其统治者基尼奇·拉卡姆通
死于810年后（享年约39岁）；			
父亲：卡克乌卡劳·查恩·恰克；	9.19.0.0.0	810	庆祝卡盾的结束
母亲：贝壳星夫人（亚克斯哈）； 784年2月4日至约814年在位（大约三十年）； 建造了7号、8号、10号、12号、14号、35号石柱			
瓦夏克拉洪·乌巴赫·卡维尔	9.19.4.1.1	814	即位（32号石柱）

资料来源：克洛斯，1984、1985、1989；休斯顿，1983a；马丁，1996b；马丁和克鲁伯，2000；普罗斯科里雅科夫，1993；谢勒和弗赖德尔，1990。

表8.2　多斯皮拉斯古典期晚期王朝年表

（统治者姓名用粗体表示，代用名或头衔用括号表示）

统治者	长纪历日期	公元日期	事件
巴拉赫·查恩·卡维尔（天火石） 生于625年10月15日； 于约695年逝世（享年约70岁）； 父亲：基尼奇·穆瓦安·霍尔二世（第二十三或二十四任蒂卡尔国王）； 生于625年10月15日； 妻子：伊察恩夫人，布鲁夫人； 约648年至约695年在位（四十七年）； 建造了9号石柱，H.S.4，6号、7号嵌板	—	629	从蒂卡尔到达多斯皮拉斯（大概是在其父——蒂卡尔国王的庇护下）
	—	648	被尤克诺姆大帝统治的卡拉克穆尔击败；加入了卡拉克穆尔联盟，共同对抗蒂卡尔
	—	672	被努恩·乌约尔·恰克统治的蒂卡尔击败，从多斯皮拉斯被流放
	—	677	卡拉克穆尔击败蒂卡尔；巴拉赫·查恩·卡维尔在多斯皮拉斯重获权力
	—	679	多斯皮拉斯–卡拉克穆尔联盟击败蒂卡尔
	9.12.10.0.0	682	在卡拉克穆尔举办舞蹈仪式庆祝战争的结束（尤克诺姆大帝在场）
	—	682	其女六天夫人到达纳兰霍
	9.12.13.17.7	686	见证尤克诺姆·伊恰克·卡克在卡拉克穆尔即位
伊察姆纳·巴兰 父亲：巴拉赫·查恩·卡维尔； 母亲：伊察恩夫人	—	约695	即位
伊察姆纳·卡维尔（守护神K） 生于673年1月25日； 于726年10月22日逝世（享年53岁）； 父亲：巴拉赫·查恩·卡维尔； 母亲：伊察恩夫人； 698年3月24日至726年10月22日在位（二十八年） 建造了1号、11号至16号石柱	9.13.6.2.0	698	即位
	—	705	击败蒂卡尔（1号石柱）
	—	717	在未知地点取胜
	—	721	在未知地点取胜
	9.14.15.1.19	726	逝世（8号石柱）；可能埋葬在建筑L5–1下的陵墓中
第三任统治者 出生年份不详； 于741年5月28日逝世； 父亲：不详； 母亲：坎古恩的卡维尔夫人； 727年1月6日至741年5月28日在位（十四年）； 建造了2号、5号、8号石柱、3号嵌板，阿瓜特卡2号、3号石柱	9.14.15.5.15	727	即位
	—	735	击败塞瓦尔；统治者伊恰克·巴兰被俘
	9.15.9.16.11	741	逝世（阿瓜特卡1号石柱）

（续表）

统治者	长纪历日期	公元日期	事件
卡维尔·查恩·基尼奇 父亲：伊察姆纳·卡维尔； 母亲：不详； 741年6月23日至761年在位（大约二十年）； 建造了4号石柱，1号长凳， 阿瓜特卡1号、5号石柱	9.15.9.17.17	741	即位
	9.15.10.0.0	741	庆祝一段时期的结束（阿瓜特卡1号石柱）
	—	743	从埃尔乔罗俘获领主
	—	745	从亚斯奇兰和莫图尔德圣何塞俘获领主
	—	747	监管塞瓦尔封臣的领主伊恰克·巴兰（735年被俘）
	—	761	战败并被流放
坦·特基尼奇 生于748年1月22日； 于约802年逝世（享年约54岁）； 父亲：乌查安·坎·巴兰； 母亲：不详； 770年2月8日至约802年在位（大约三十二年）； 建造了4号石柱，1号长凳， 阿瓜特卡6号、7号、12号、13号、19号石柱	9.16.19.0.14	770	在阿瓜特卡即位（6号石柱）
	—	778	在未知地点取胜（19号石柱）
	—	802	监管拉阿梅利亚的事物

来源：休斯顿，1993；休斯顿和马修，1985；约翰斯顿，1985；马丁和克鲁伯，2000；马修和威利，1991；谢勒和福莱德尔，1990。

发生的一系列事件。根据之后的记载来看，派特克斯巴吞新政体的创始人，巴拉赫·查恩·卡维尔于公元629年到达多斯皮拉斯时年仅4岁。因此，我们可以推测，也许是其父基尼奇·穆瓦安·霍尔二世（表7.1）以巴拉赫·查恩·卡维尔的名义将多斯皮拉斯设为新首都，所以，他注定是未来的统治者。

在派特克斯巴吞建立新首都似乎经过了精心策划，目的是将蒂卡尔的权力扩展到卡拉克穆尔联盟无法触及的地区。有段时间，卡拉克穆尔似乎被其他地区分散了注意力，蒂卡尔的策略看似成功了。但从公元648年开始，也就是多斯皮拉斯建立后大约十九年，那里的文献便记录了卡拉克穆尔的进攻以及蒂卡尔阿哈瓦的死亡，而且根据文献记载，当时巴拉赫·查恩·卡维尔（多斯皮拉斯统治者）承认自己是卡拉克穆尔国王尤克诺姆大帝的亚哈瓦（封臣），这令人惊讶。

图8.1　危地马拉多斯皮拉斯地图　左边是主建筑群，遗址后期建造的防御工事的遗迹环绕着整个建筑群；右边是蝙蝠考古群组（杜恩德群组位于东方更远处，图中未显示）。

从这些记载中可以看出，在打败蒂卡尔并建立新殖民地后，尤克诺姆大帝意识到，他有机会利用其军事胜利取得更多成就，而不仅仅是摧毁多斯皮拉斯及其国王。不知怎的，巴拉赫·查恩·卡维尔反而被诱导改变立场，加入了卡拉克穆尔联盟。

虽然这些事件仍有些扑朔迷离，但似乎对尤克诺姆大帝来说这是双赢，他利用了其军事胜利去分裂蒂卡尔的王室。与此同时，年迈的蒂卡尔国王基尼奇·穆瓦安·霍尔二世去世，随后努恩·乌约尔·恰克（第一次明确提到是在公元657年）继承王位，他很可能是巴拉赫·查恩·卡维尔的弟弟。因此，卡拉克穆尔的胜利也令尤克诺姆大帝成功使蒂卡尔兄弟反目。

公元672年，蒂卡尔进行了报复。在努恩·乌约尔·恰克的带领下，蒂卡尔袭击了多斯皮拉斯，并迫使巴拉赫·查恩·卡维尔流亡。在

危地马拉的多斯皮拉斯

古典期晚期派特克斯巴吞王国的首都位于玛雅低地帕西翁区中心地带，范德堡大学的亚瑟·德马雷斯特、赫克托·埃斯科贝多（Héctor Escobedo）和斯蒂芬·休斯顿领导开展了一个大型项目对此地进行了调查。帕西翁区根据里奥帕西翁河（乌苏马辛塔河支流）的水系划定，有25处遗址，其中至少有12处带有象形文字。其中包括哈佛大学皮博迪博物馆早期项目中研究过的两个重要中心：阿尔塔·德·萨克里菲西奥斯，以及该地区最大的遗址——塞瓦尔。这个由多斯皮拉斯统治的王国因派特克斯巴吞湖而得名，派特克斯巴吞湖水域向北流入帕西翁河。一个半岛从西海岸延伸出来，蓬塔德奇米诺（Punta de Chimino）就坐落在此，古典期晚期，几条沟渠如护城河般横穿半岛的底部，大大加强了防御（图8.18）。湖盆以西有一个60米至80米高的陡峭悬崖。沿着这个悬崖，从北到南，有三个遗址：塔马林蒂多（Tamarindito），埃尔埃克斯卡瓦多（El Excavado），以及阿瓜特卡（图8.14）。多斯皮拉斯位于塔马林蒂多以西约10千米处。南方另一个重要遗址，坎古恩（Cancuen）位于帕西翁河的上游，独木舟能到达的最远尽头。

派特克斯巴吞王朝，最初在蒂卡尔建立，但该王朝在其统治的大部分时间里都位于多斯皮拉斯，尽管它最后的避难所是阿瓜特卡。多斯皮拉斯遗址占地约1平方千米（图8.1），其中三个纪念性的建筑群沿着东西轴线排列，让人回想起前古典期纳克贝和埃尔米拉多尔的建筑布局。西面的主要建筑群包含一个大型的开放纪念碑广场，四面都有建筑，其中至少有两个建筑可以通过铭文之梯到达。大多数已知的多斯皮拉斯雕刻纪念碑都在这个建筑群中。南边是一系列较小、较窄的高架广场，广场两侧是4号铭文之梯和多间建筑。在这一建筑群中，3号铭文之梯使东南方建筑熠熠生辉。小广场和平台围绕着主建筑群，以及东部杜恩德建筑群中间区域的一部分。纪念碑平台是杜恩德建筑群的主要建筑，它坐落在一个天然山丘上，两侧是露台以及较小的建筑物。考古学家还在此建筑群中发现了更多雕刻石柱。蝙蝠考古群组位于主建筑群和东方的杜恩德群组之间，是一个在广阔的洞穴系统之上建造的王室宫殿建筑群。入口两侧是两个小的砖石寺庙，穿过入口可以进入第一个庭院，庭院周围是砖石结构的宫殿建筑，但这样的屋顶很容易腐烂。在蝙蝠考古群组中发现了一个被砸碎的王座，这证明古典期晚期多斯皮拉斯遭遇了武力征服。一系列同心墙（底部是碎石基座，上部是木栅栏）建造在多斯皮拉斯边缘（图8.13），围绕着主建筑群和杜恩德群组。

五年的时间里，蒂卡尔重新控制了它从前的附属国及其首都多斯皮拉斯。公元677年，卡拉克穆尔进行了反击，将蒂卡尔的军队赶出了多斯皮拉斯，巴拉赫·查恩·卡维尔重夺王位。两年后（公元679年），或许是在卡拉克穆尔的帮助下，巴拉赫·查恩·卡维尔带领多斯皮拉斯大胜蒂卡尔，多斯皮拉斯相关文献生动地描述了这场重大战役过后的“血泊”以及“人头堆”。

公元677年和公元679年，蒂卡尔两次战败后，卡拉克穆尔继续参与低地事务，我们有关于此的信息大多来自尤克诺姆大帝的附庸国。此时他的王国在卡拉克穆尔的保护下相当安全，巴拉赫·查恩·卡维尔在其剩余的统治期内稳固了其统治成果，下令将其成就记录在多斯皮拉斯的雕刻文献中。虽然巴拉赫·查恩·卡维尔把他的权力归功于卡拉克穆尔及其军事力量，但是和许多玛雅国王一样，他也利用联姻来巩固他作为派特克斯巴吞王国统治者的地位。他的正室是伊察恩（Itzan）的贵族，伊察恩位于帕西翁河的一条支流上，位于多斯皮拉斯西北约25千米处。他们的儿子，伊察姆纳·巴兰（Itzamnaaj Balam），成为了王室继承人。而巴拉赫·查恩·卡维尔的第二任妻子为其诞下了一个女儿，著名的六天夫人，巴拉赫·查恩·卡维尔派她前往纳兰霍，以恢复其遭到破坏的王室王朝（详见下节）。

纳兰霍战役

尽管此时卡拉克穆尔已经控制了大部分玛雅低地，但想要称霸仍面临问题，特别是此时卡拉克穆尔的两个盟友之间进一步爆发冲突。公元680年，卡拉科尔和纳兰霍之间由来已久的矛盾再次升级。那一年，为报复卡拉科尔，纳兰霍在“恒星战争”事件中大获全胜，迫使卡拉科尔国王卡克乌约尔·基尼奇二世（K’ak’Ujol K’inich

Ⅱ,公元658年—约公元680年在位)逃离了他的城市。虽然几乎没有后续文字记录,但此后卡拉科尔进入了持续一个多世纪的停滞期(表7.4)。

纳兰霍统治集团在对卡拉科尔之战中取得决定性胜利不久后就从历史上消失了,很有可能卡拉克穆尔介入其中并对其进行了报复,摧毁了纳兰霍及其王室。虽然人们认为卡拉克穆尔可能会简单地将走投无路的纳兰霍政体并入其统治范围,但卡拉克穆尔显然对纳兰霍王朝带有敬意,还支持了纳兰霍王朝的复辟。公元682年,卡拉克穆尔的封臣、多斯皮拉斯统治者巴拉赫·查恩·卡维尔的女儿,六天夫人被选中复兴衰落的政权(表8.1)。她的到来非常重要,以至于在纳兰霍后来的纪念碑上被反复提及。在接下来的十一年里,六天夫人统治着她的新王国。她从未正式即位,但她非法举行了玛雅国王的历法仪式,石柱上记录了该仪式,同时也描绘了她践踏脚下战俘的画面。

此后的文献也提到了卡克蒂里瓦·查恩·恰克,他于公元688年出生。公元693年,年仅5岁的他便成为纳兰霍的统治者。然而,考虑到他的年纪,我们可以肯定,六天夫人又担任了几年的摄政王。许多纪念碑都记录了卡克蒂里瓦·查恩·恰克统治期间的成就,而其中每个纪念碑旁都有一个描绘六天夫人的石柱。这些纪念碑大多被放置在纳兰霍市政仪式中心东部边缘的C组广场上——因为东方象征着玛雅的重生。尽管这些文字从未提及卡克蒂里瓦·查恩·恰克的父母,但塔蒂阿娜·普罗斯科里雅科夫首先提出,六天夫人就是卡克蒂里瓦·查恩·恰克的母亲,这很有可能。六天夫人的纪念碑上多次提及她拥有多斯皮拉斯的王室血统,而且卡克蒂里瓦·查恩·恰克得以即位似乎很大程度上都依赖于他与六天夫人的关系。

卡克蒂里瓦·查恩·恰克就职后仅二十天,纳兰霍就发起了一系

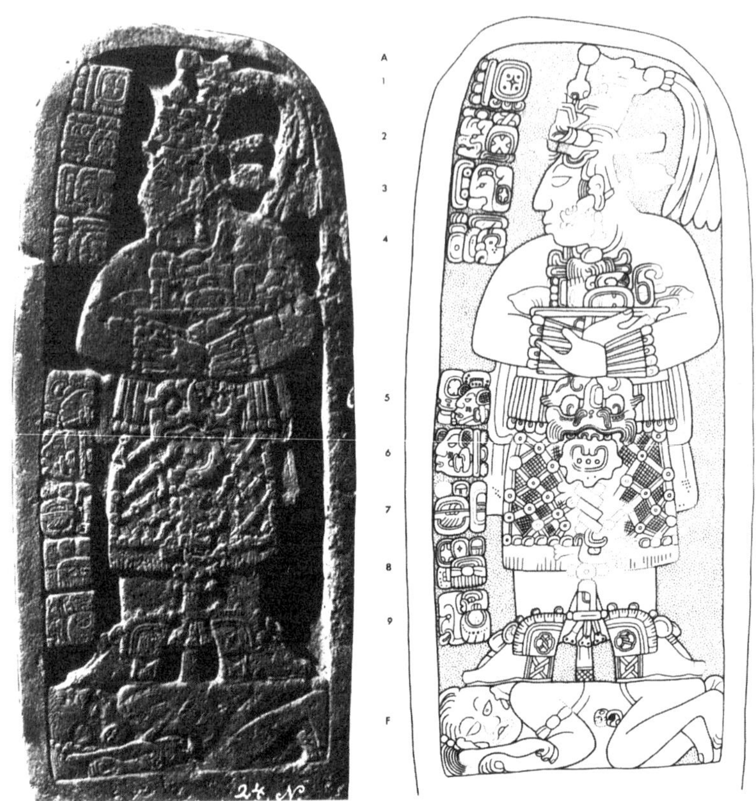

图8.2　危地马拉纳兰霍24号石柱和22号石柱　(左图)24号石柱上的照片和图画，显示了六天夫人站在她的俘虏被压扁的尸体上；(右图)22号石柱，显示统治者卡克蒂里瓦·查恩·恰克坐在一个精心制作的面具王座上，拿着一个双头的仪式棍，被俘虏的乌卡纳尔统治者跪在他脚下(均为公元702年)。

列军事行动。至少在一定程度上，纳兰霍发动这些战争是为了重新获得对其次级中心的控制，并重新树立它在其领土上的权威。这些行动或许是在六天夫人的领导下进行的，但却是由卡拉克穆尔策划或批准的，因为纳兰霍1号石柱上将卡克蒂里瓦·查恩·恰克称为亚哈瓦，也可称为卡拉克穆尔国王尤克诺姆·伊恰克·卡克的封臣。在

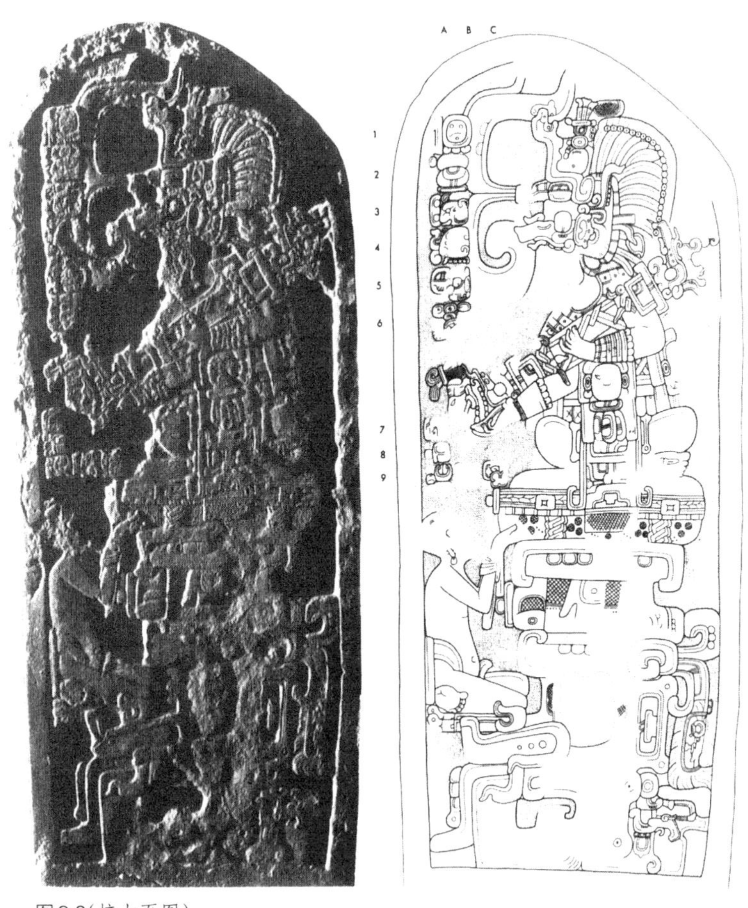

图8.2(接上页图)

卡克蒂里瓦·查恩·恰克统治的前五年里，纳兰霍发起了八次进攻。其中至少有一次跨越了国界，如公元695年，纳兰霍击败了蒂卡尔。公元698年，纳兰霍袭击了另一个政权乌卡纳尔，并逮捕了其统治者伊察姆纳·巴兰。纳兰霍22号石柱描绘了一幅画面：这名重要的俘虏伊察姆纳·巴兰跪在卡克蒂里瓦·查恩·恰克的脚下(图8.2)。

公元706年，或许是在卡克蒂里瓦·查恩·恰克领导下，纳兰霍又发动了另一系列战役，而他当时只有18岁。他的纪念碑上记录了他在公元706年之后的十年里取得的四次胜利，包括公元710年攻下雅克斯哈重要首都并俘获其统治者（23号石柱上有所记载）。公元713年，卡克蒂里瓦·查恩·恰克为他自己和六天夫人建造了最后两座纪念碑，以纪念他就职的第一个卡盾（时间单位）。六天夫人死于公元741年，但是卡克蒂里瓦·查恩·恰克的死亡日期尚未得知。公元744年，雅克斯·马尤伊·恰克（Yax Mayuy Chan Chaak）成为纳兰霍统治者，他注定在即位后不久就会感受到蒂卡尔复兴后的强大。

蒂卡尔的复兴（公元682年—公元768年）

公元682年，第二十六任统治者哈萨维·查恩·卡维尔一世即位，此后，蒂卡尔的命运戏剧性地重获新生（表7.1）。克里斯托弗·琼斯（Christopher Jones）指出，1号神庙的一个木过梁上的铭文，以及哈萨维·查恩·卡维尔坟墓里的骨头上刻着的文字，都记载有他的父亲——努恩·乌约尔·恰克（蒂卡尔王朝第二十五任国王）。柯金斯首先提出，蒂卡尔的第二十六任国王在其统治期间开始效仿蒂卡尔古典期早期国王的所作所为。哈萨维·查恩·卡维尔在他的整个统治期间，都在为恢复蒂卡尔的威望和权力而努力，他似乎有意地效仿蒂卡尔历史上第一个辉煌时期，即被卡拉克穆尔联盟击败之前。这是一次文化复兴，一个破败的社会通过效仿过去的辉煌而得到重建。

蒂卡尔对西亚赫·查恩·卡维尔二世（公元411年—公元456年在位）的敬意有目共睹，这也证明蒂卡尔确实在借鉴古典期早期的成功。哈萨维·查恩·卡维尔一世建造了北卫城最后一座丧葬神庙，建筑5D-33-1，将其建在西亚赫·查恩·卡维尔二世的神祠与陵墓和哈萨维·查恩·卡维尔一世之父努恩·乌约尔·恰克的陵墓上。

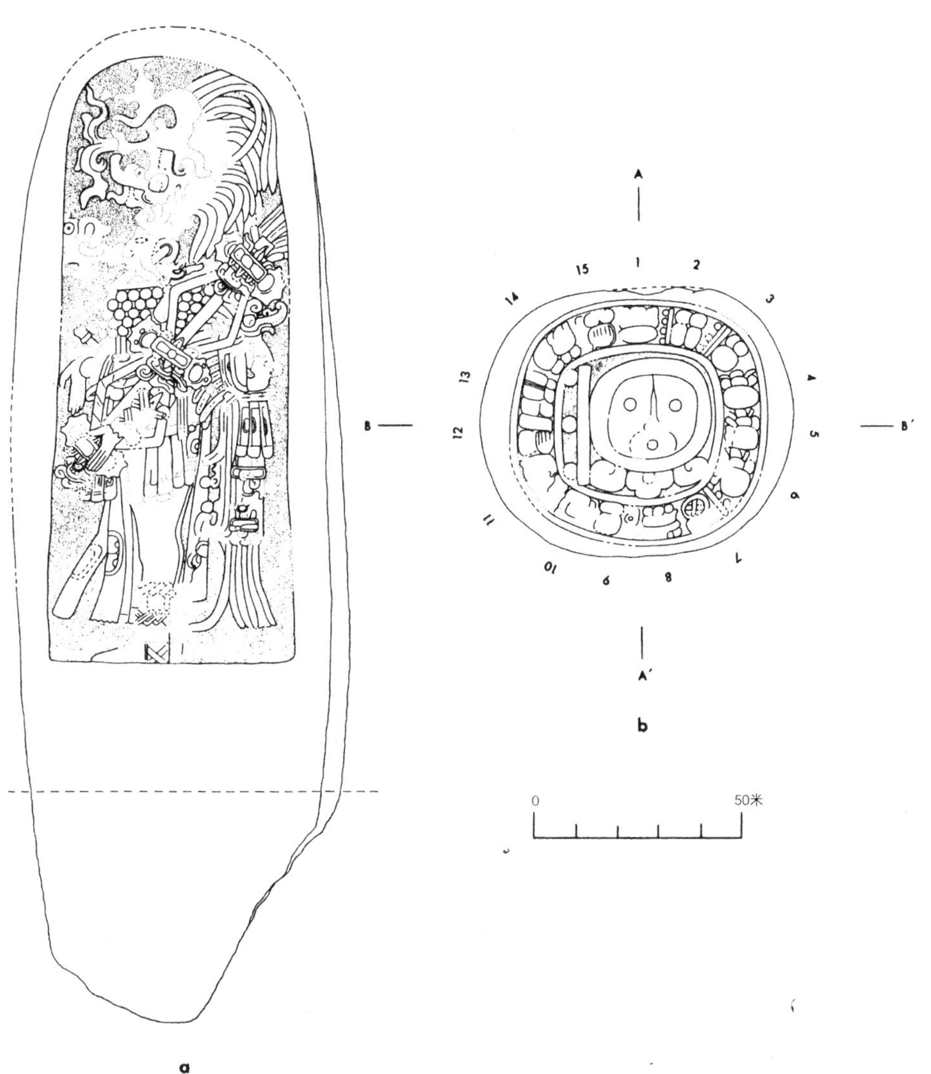

图8.3　蒂卡尔30号石柱和14号祭坛　危地马拉，蒂卡尔，该纪念碑来自被摧毁的蒂卡尔双金字塔群3D-1（公元692年）：（左图）30号石柱，统治者哈萨维·查恩·卡维尔一世手持一根精致的权杖；（右图）一旁的14号祭坛中央有一个巨大的阿哈瓦象形文字，带有卡拉科尔风格（见图7.34）。

但在其祖先的丧葬神庙(建筑5D-33-2)被永久封闭之前,他将暴风雨天空宏伟的纪念碑——31号石柱(图7.17),连同可能用于寺庙和纪念碑终止仪式的祭品一起小心地放置在老庙的后房。新神庙的建筑模式十分新颖,并成了哈萨维·查恩·卡维尔丧葬神祠的原型。1号神庙高度惊人(18.8米),并使用了多个露台。美中不足的是,建筑5D-33-1的构造并不是很好,或许是为了确保该建筑的快速完工并投入使用。

哈萨维·查恩·卡维尔的新型神庙位于北卫城南面的中心位置,由于它所处的位置与所具备的规模,建筑群之前的入口被挡住了,同时这种新的形式也取代了蒂卡尔统治者的传统墓地形式。显然,哈萨维·查恩·卡维尔一世也下令重新埋葬粉碎的26号石柱(图7.8),该石柱由另一个前任统治者——查克·托克·伊查克二世(Chak Tok Ich'aak II)建造。蜷鼻王一世(公元379年—约公元410年在位)的丧葬神祠是北卫城另一个古典期早期建筑,建筑5D-34-1,其中放置了一个新的长凳。总之,哈萨维·查恩·卡维尔在北卫城所做的努力不仅是为了向他的祖先致敬,也为其统治迎来了新的开端,为蒂卡尔的未来铺平了道路。

哈萨维·查恩·卡维尔振兴蒂卡尔的计划还包括恢复与卡盾(时间单位)结束有关的传统仪式。蒂卡尔的早期统治者建造了双金字塔群,以纪念每一个卡盾(时间单位)的结束(图8.21)。哈萨维·查恩·卡维尔为纪念其统治期内第一个卡盾的结束,在H建筑群,即大广场以北1千米处建造了双金字塔群3D-1。后来,新的建筑工程出现,建筑群3D-1便被夷为平地,但其中的纪念碑被保存了下来。30号石柱(图8.3)上仍然保留有哈萨维·查恩·卡维尔一世的画像,该画像以传统的侧面轮廓风格呈现,画中的哈萨维·查恩·卡维尔一世身戴由大号球形玉珠组成的项链,手持一根精致的权杖。一旁的14号

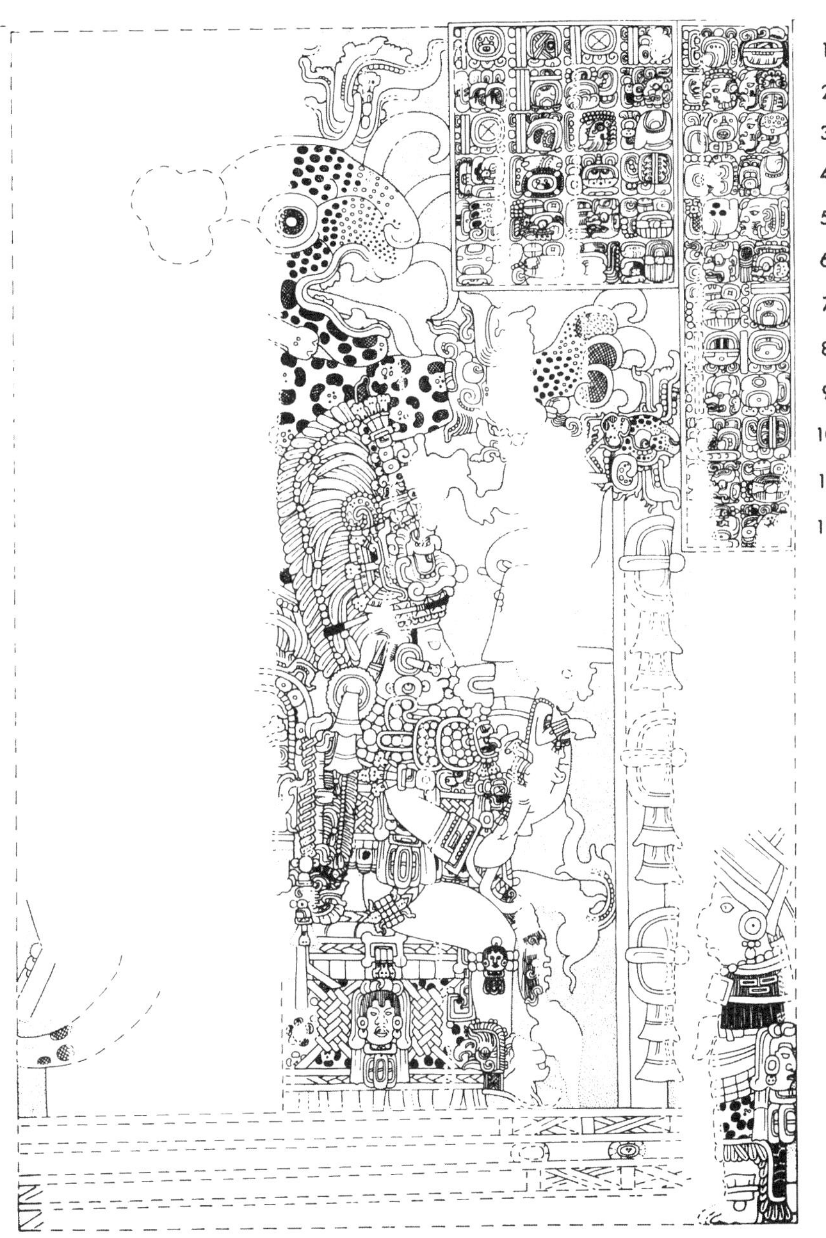

图8.4　蒂卡尔1号神庙楣梁　神庙内部木过梁上的雕刻图像，显示统治者哈萨维·查恩·卡维尔一世被一个大轿子抬着，坐在宝座上，由一只巨型美洲神虎守护，庆祝他在公元695年击败卡拉克穆尔。

祭坛上有一个巨大的阿哈瓦象形文字8，标明了当时的卡盾和长纪历日期9.13.0.0.0（公元692年），这时哈萨维·查恩·卡维尔掌权已经长达近十年之久（图8.3）。这是自一百三十五年前蒂卡尔统治者双鸟建成17号石柱以来第一批在蒂卡尔竖立的雕刻碑。事实上，哈萨维·查恩·卡维尔在30号石柱上的画像似乎是仿照双鸟在17号石柱上的画像而作（图7.38）。

卡拉克穆尔的失败（695年）

哈萨维·查恩·卡维尔一世重建了建筑和纪念碑，借此重振了蒂卡尔王朝，在此之后他向蒂卡尔的大敌——卡拉克穆尔发起进攻。一个多世纪以来卡拉克穆尔一直统治着蒂卡尔和大部分玛雅低地。他的第一步行动是向东进军卡拉克穆尔联盟，但似乎以失败告终，因为纳兰霍的统治者卡克蒂里瓦·查恩·恰克声称在公元695年初俘虏了一位蒂卡尔领主。但六个月后，据1号神庙木过梁上的雕刻文字记载，哈萨维·查恩·卡维尔一世打败了强大的卡拉克穆尔，“打下了卡拉克穆尔统治者尤克诺姆·伊恰克·卡克的燧石和盾牌”（表7.3）。蒂卡尔的军队还夺取了一个至关重要的战利品，一个巨大的卡拉克穆尔保护神的雕像。这些雕像显然是作为各自军队的守护神被带到战场上的，而敌方的守护神是胜利者的主要战利品。

蒂卡尔1号神庙的木过梁刻画了哈萨维·查恩·卡维尔一世战后在蒂卡尔庆祝胜利的画面：哈萨维·查恩·卡维尔一世坐在王位上，被一个巨大的轿子抬着；而被捕获的卡拉克穆尔守护神，一只凶猛的巨型美洲虎正守护着他（图8.4）。这次庆典举办日期的选择是为了纪念“掷矛者猫头鹰”（蒂卡尔第十五任统治者蜷鼻王一世的父亲）去世256年（第十三个卡盾纪念日），这一日期成为哈萨维·查恩·卡维尔的

图8.5 蒂卡尔建筑5D-57上哈萨维·查恩·卡维尔的灰泥画像和俘虏 在灰泥嵌板上画的是统治者哈萨维·查恩·卡维尔和他所控制的卡拉克穆尔俘虏。蒂卡尔的劲敌卡拉克穆尔的失败,促进了蒂卡尔在哈萨维·查恩·卡维尔一世统治时期的复兴。

命运与蒂卡尔光辉的过去之间的纽带(表7.1)。

在祭祀仪式开始之前,卡拉克穆尔战役中的战俘在蒂卡尔被公开示众。这次仪式的灰泥渲染模型的遗迹装饰了中央卫城中蒂卡尔的王室宫殿(建筑5D-57)的上立面。图中,哈萨维·查恩·卡维尔一世身穿墨西哥风格的战服,控制着一个卡拉克穆尔战俘,其双手被绑在背后,这再次让人回想起蒂卡尔古典期早期的往事(图8.5)。配文中称,这是战斗结束后的第十三天,而这名俘虏"被装饰"是为了献祭仪式。文中还提到了卡拉克穆尔战败的国王,但所描绘的俘虏究竟是尤克诺姆·伊恰克·卡克,还是他的主要指挥官之一,尚不清楚。

为了纪念蒂卡尔战胜卡拉克穆尔这一关键性的胜利,东广场开始了大规模的建筑工程。由克里斯托弗·琼斯指导的挖掘表明,这个由哈萨维·查恩·卡维尔一世选择的地点再一次说明了他的确在模仿蒂卡尔过去的辉煌,因为东广场最初是两个古典期早期双金字塔建筑群的选址地点。据估算,公元475年和公元495年分别纪念了9.2.0.0.0卡盾(坎·奇坦统治时期)和9.3.0.0.0卡盾(查克·托克·伊查克二世统治时期)的结束。这两个建筑群都被埋在一个新球场下,该

图8.6　蒂卡尔16号石柱　双金字塔群5D-1中的蒂卡尔16号石柱，刻画了统治者哈萨维·查恩·卡维尔一世(9.14.0.0.0，即公元711年)。

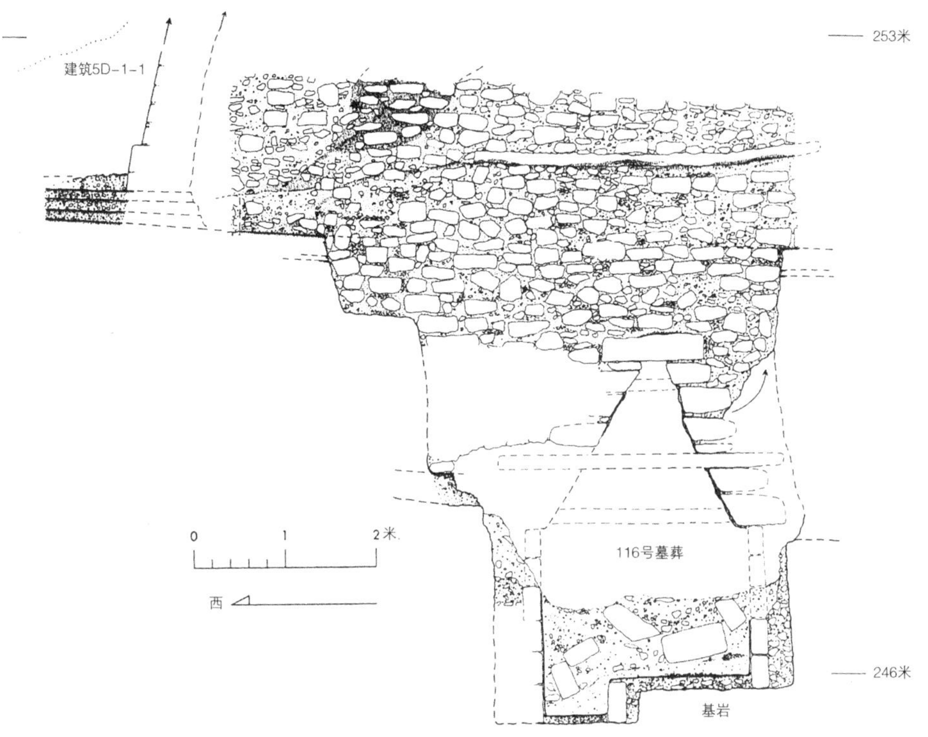

图8.7　蒂卡尔1号神庙内116号墓葬的剖面图　神庙平台西侧基底的剖面图，展示了哈萨维·查恩·卡维尔一世（116号墓葬）的拱顶陵墓在基岩下的雕刻（见图8.9）。

球场和南边的一座神祠可能是哈萨维·查恩·卡维尔一世于公元697年建造的，那时距离卡拉克穆尔战败还不到两年。神祠（建筑5D-43）的底层建筑面采用改良的墨西哥中部风格建造，并装饰有维纳斯-特拉洛克战争的图像。球场和活人献祭之间有很密切的联系，因此琼斯认为这是一个祭祀神祠。建筑5D-43建在建筑5D-57下面，上面画着哈萨维·查恩·卡维尔一世以及被捆绑的卡拉克穆尔俘虏。这表明，新东庭神祠和球场的建造是为了举行胜利仪式，其中包括一个或多个卡拉克穆尔俘虏的献祭仪式。

在战胜卡拉克穆尔十年后，哈萨维·查恩·卡维尔试图重新控制

图8.8　蒂卡尔1号神庙　1号神庙位于大广场的东侧，面朝西方，对面是2号神庙。该图片显示了通往山顶丧葬神庙的楼梯，以及屋顶上已被侵蚀的统治者哈萨维·查恩·卡维尔一世的雕像。

图8.9　蒂卡尔1号神庙内的哈萨维·查恩·卡维尔陵墓　考古学家通过拱形天花板进入墓室后发现的哈萨维·查恩·卡维尔一世的陵墓；统治者的骨骼残骸，覆盖有玉、贝壳和其他装饰品，残骸位于一个石凳上，周围是陶器祭品容器。

曾叛变的派特克斯巴吞政权，但以失败告终，因为蒂卡尔于公元705年被多斯皮拉斯击败（见下文）。然而，公元695年蒂卡尔战胜卡拉克穆尔，这场胜利可能使蒂卡尔的领土得以向北扩张。为了纪念下一个卡盾9.14.0.0.0（公元711年）结束，哈萨维·查恩·卡维尔一世建造了双金字塔群5D-1，它位于大广场的西侧，毗邻托泽堤道，靠近4号神庙的底部。人们在围墙的遗迹中发现了16号石柱和5号祭坛，

16号石柱上刻画了哈萨维·查恩·卡维尔一世的形象(图8.6)。石柱和祭坛上的文字和雕刻图像刻画的是哈萨维·查恩·卡维尔一世和一位来自马萨尔遗址的勋爵,他们正在重新埋葬一位女贵族的尸骨。马萨尔已经与卡拉克穆尔结盟,所以5号祭坛上的记录可能表明蒂卡尔已经从坎王国手中夺取了这座城市,即蒂卡尔以北约80千米处的纳赫顿。

哈萨维·查恩·卡维尔一世统治期间,他在蒂卡尔大广场的西侧建造了2号神庙,或许是为了纪念他的正妻卡拉胡尤恩·乌内莫夫人(Lady Kalajuun Une'Mo')。公元731年,他专门为纪念9.15.0.0.0卡盾的结束而建造了第三个双金字塔群(4D-1),这可能是他在建筑方面最后的贡献。哈萨维·查恩·卡维尔一世在公元734年的某个时候逝世,他被埋葬在一个有拱顶的大型陵墓里(116号墓葬,图8.7),该陵墓位于大广场下方,2号神庙对面。该陵墓被封住后,宏伟的1号丧葬神庙就建在上面(图8.8),由哈萨维·查恩·卡维尔一世之子兼继承人监管,那时他已经成为蒂卡尔的新国王(见下文)。

哈萨维·查恩·卡维尔的墓葬中藏品众多,其中包括翡翠、贝壳、陶器和美丽的艺术作品,这是蒂卡尔再次繁荣的证明(图8.9)。大量的玉石饰品曾经覆盖着他的身体,其中最引人注目的是一个巨大的球形珠串的项链,正如他的雕刻肖像中刻画的那样。在他众多的陪葬品中,位于中心的是一个精美的镶玉花瓶,其盖子上装饰着哈萨维·查恩·卡维尔一世的头像[彩图1(a)]。除此之外还有一组精美的雕刻骨头[彩图8(a)],其中的一块骨头上刻着蒂卡尔的盟友——科潘、帕伦克和其他两个中心——的徽章,其他骨头上刻有哈萨维·查恩·卡维尔的名字及其父母的介绍,并提到了在他统治期间发起的更大规模的袭击;另有一块骨头上刻着一个名为奥克斯哈特·伊西尔的战俘的肖像,他可能是卡拉克穆尔统治者裂土(Split Earth)的阿哈瓦，也可能是卡拉克穆尔一位不知名的统治者。最著名的骨雕上雕刻着这样的画面：那些载着玉米神（也许是哈萨维·查恩·卡维尔一世本人的象征）的独木舟进入潮湿的地下世界（图13.8）。

哈萨维·查恩·卡维尔一世统治了大约五十年，在此之后，他的儿子伊金·查恩·卡维尔于公元734年即位，他成为蒂卡尔王朝的第二十七任国王，6号神庙底部的21号石柱上对这一天有所记录。他刚一即位就在他父亲的陵墓上建造了1号神庙，并为纪念他的祖先修建了神祠。1号神庙可能是哈萨维·查恩·卡维尔一世计划建造的，他可能也监督了美丽的木过梁的雕刻过程，而这个木过梁后来被用来装饰他的丧葬神祠。神庙的结构及其陵墓打破了北卫城的丧葬传统，哈萨维·查恩·卡维尔一世也预见了这一点，他建造了建筑5D-33-1，为蒂卡尔传统的王室墓地形式画上了句号。

卡拉克穆尔联盟的破裂

哈萨维·查恩·卡维尔一世去世以后，伊金·查恩·卡维尔开始了一项能够恢复蒂卡尔财力并重建其威望的事业。在大约三十年的统治期间，伊金·查恩·卡维尔子承父业，在战场上胜绩连连，并制订了蒂卡尔历史上最雄心勃勃的建设计划，打破了卡拉克穆尔的权力压制，重建了蒂卡尔在玛雅世界的卓越地位，成为蒂卡尔最伟大的国王之一。

伊金·查恩·卡维尔发动的军事行动旨在打破卡拉克穆尔联盟的束缚。他首先向坎王国发起进攻，在公元736年打败了卡拉克穆尔，这时距他登上蒂卡尔的王位仅仅过去两年。9号祭坛上描绘了卡拉克穆尔的一个重要俘虏——要么是卡拉克穆尔的国王尤克诺姆·托克卡维尔，要么是卡拉克穆尔的一个领主。卡拉克穆尔逐渐衰落，伊

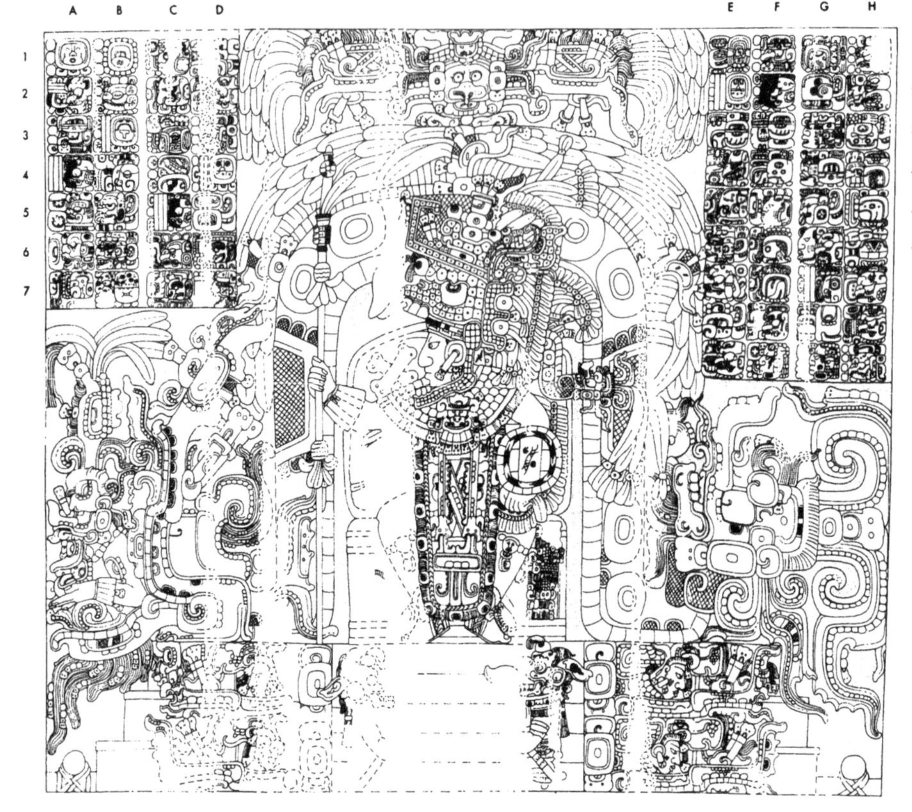

图8.10　蒂卡尔4号神庙的楣梁　（上图）雕刻的木过梁来自神庙内部，显示了统治者伊金·查恩·卡维尔坐在他的宝座上，被一顶轿子抬着，旁边是一条巨大的双头羽蛇包裹着，这条蛇象征着玛雅宇宙。（右图）伊金·查恩·卡维尔手持象征统治地位的卡维尔权杖，坐在一顶装饰有纳兰霍徽章的大轿子上，身后是一个巨大的守护神雕像（这两顶轿子可能都是在蒂卡尔战胜纳兰霍时夺取的）。

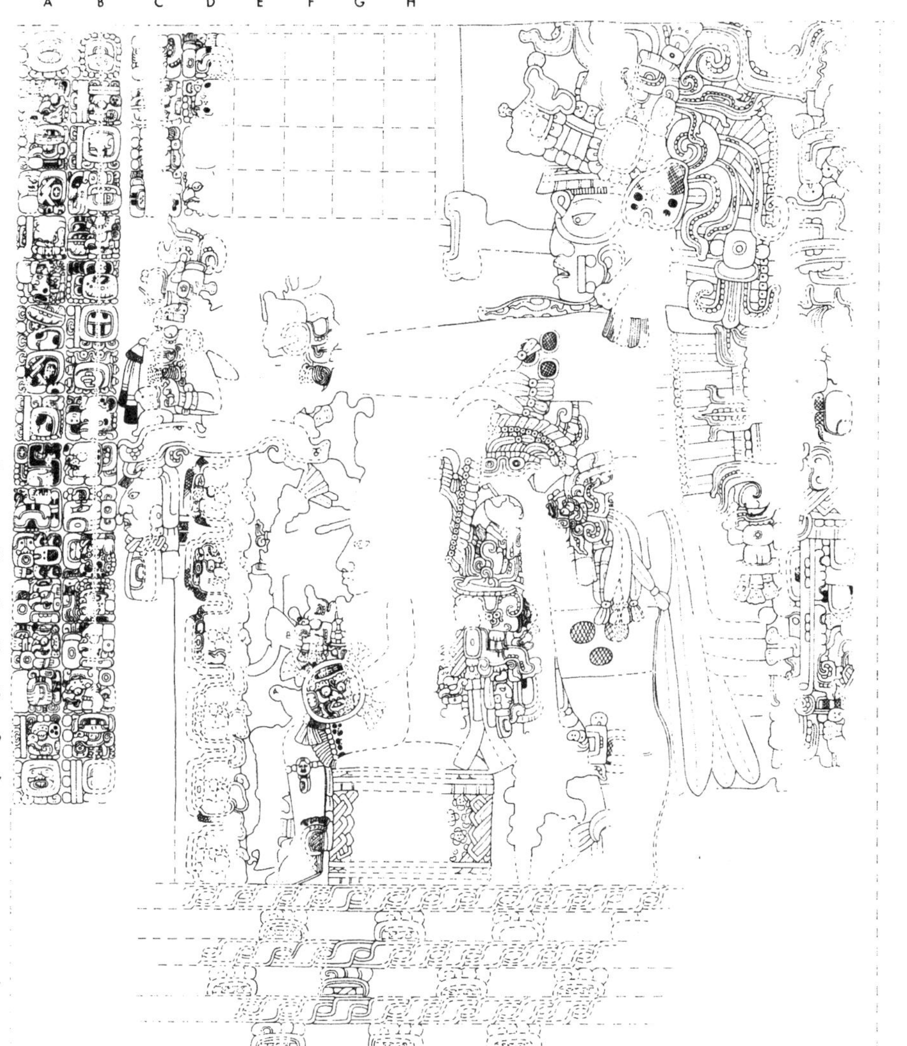

图8.10(接上页图)

金·查恩·卡维尔借机攻击了卡拉克穆尔的重要盟友纳兰霍和瓦卡（埃尔佩鲁）。这些王国在东、西方都占据着重要位置，阻碍了蒂卡尔进入跨佩滕的交通和贸易路线，而这对于蒂卡尔的繁荣至关重要。公元743年，伊金·查恩·卡维尔向西移动，击败了瓦卡。一年后，也就是公元744年，他又击败了东部的纳兰霍。蒂卡尔打败瓦卡后，收获了一个巨大的神蛇像（很可能是瓦卡的守护神），将其带回蒂卡尔游行示众，这戏剧性的一幕被描绘在4号神庙的雕刻木过梁上（图8.10）。纳兰霍战败后，其守护神（可能是纳兰霍创始神的形象）也被掠夺，4号神庙的过梁上对此也有所描绘（图8.10）。相比较而言，纳兰霍的失败更为彻底，因为蒂卡尔还俘虏了纳兰霍国王雅克斯·马尤伊·恰克（表8.1）。在蒂卡尔5号石柱上，这位国王双手被缚，拜倒在地。尽管文献中没有相关记载，但这位不幸的纳兰霍统治者很可能在蒂卡尔胜利庆典的高潮时被献祭。

在战胜卡拉克穆尔及其同盟后，伊金·查恩·卡维尔继续发展其父的事业，将蒂卡尔改造成玛雅世界最瞩目、最强大的中心之一。毫无疑问，蒂卡尔的军事成就所带来的贡品和劳力为这个史无前例的建设计划提供了条件。伊金·查恩·卡维尔的统治期结束标志着蒂卡尔历史上最辉煌的卡盾的结束。蒂卡尔双金字塔群3D-2位于H组梅勒尔堤道的北端，它的围场包括20号石柱（图8.11）和8号祭坛，用于纪念9.16.0.0.0（公元751年）卡盾的结束。显然，伊金·查恩·卡维尔下令在蒂卡尔中心地区建造了几座新的宫殿，并扩建了其他宫殿。但他最大的成就是重新设计他的王室首都，为达成此目的，他建造了连接蒂卡尔主要建筑区域的堤道，其中每个建筑区域中都有十分重要的寺庙（图7.1和图7.2）。4号神庙位于莫兹利和托泽堤道的尽头，公民中心和仪式中心的西部边界，是蒂卡尔最大的建筑。它是伊金·查恩·卡维尔的丧葬神祠，并且有可能是在他去世后才建造的。蒂卡尔市集用于庆祝对卡拉克穆尔的首次大捷,最终建在东广场,梅勒尔和门德斯堤道的交汇处,旁边是伊金·查恩·卡维尔父亲的球场。在梅勒尔堤道的北端附近,有一块巨大的石灰岩露出地面,上面刻画了公元748年伊金·查恩·卡维尔在战争中俘获的俘虏,这次战役可能是他最后的胜利。西蒙·马丁的研究表明,这名俘虏名叫威兰·察克·托克·瓦伊布(Wilan Chak Tok Wayib),来自纳兰霍王国,只做了两天俘虏就被处死。

门德斯堤道连接东广场和铭文神庙(6号神庙),是蒂卡尔的东部边界。它的条脊上刻有巨大的象形文字,记录了蒂卡尔历史上的主要事件。这些历史事件中,最早的日期可能是5.0.0.0.0(公元前1139年),这时蒂卡尔如传奇般诞生,又或许如琼斯表示,这一日期记录了前古典期早期某个重要的历史事件。几乎可以肯定,第二个日期,6.14.16.9.16(公元前457年)也记录了一个历史性事件,它可能是蒂卡尔的建城日期,因为该日期与蒂卡尔成为前古典期低地中心的时间相一致。第三个日期是7.10.0.0.0(公元前156年),可以追溯到蒂卡尔前古典期晚期统治者的统治时期,这一点可以在北部卫城的初期古墓中得到印证。还有几个古典期早期的日期,其余的文本都与伊金·查恩·卡维尔有关。

派特克斯巴吞王国的兴衰(公元682年—公元802年)

公元682年,多斯皮拉斯的统治者巴拉赫·查恩·卡维尔前往卡拉克穆尔,与大领主尤克诺姆大帝一起庆祝9.12.10.0.0时期的结束(表8.2)。几年后,尤克诺姆大帝去世,卡拉克穆尔称霸的日子屈指可数了。据多斯皮拉斯13号石柱的记载,巴拉赫·查恩·卡维尔于公元686年再次前往卡拉克穆尔,参加卡拉克穆尔新国王尤克诺

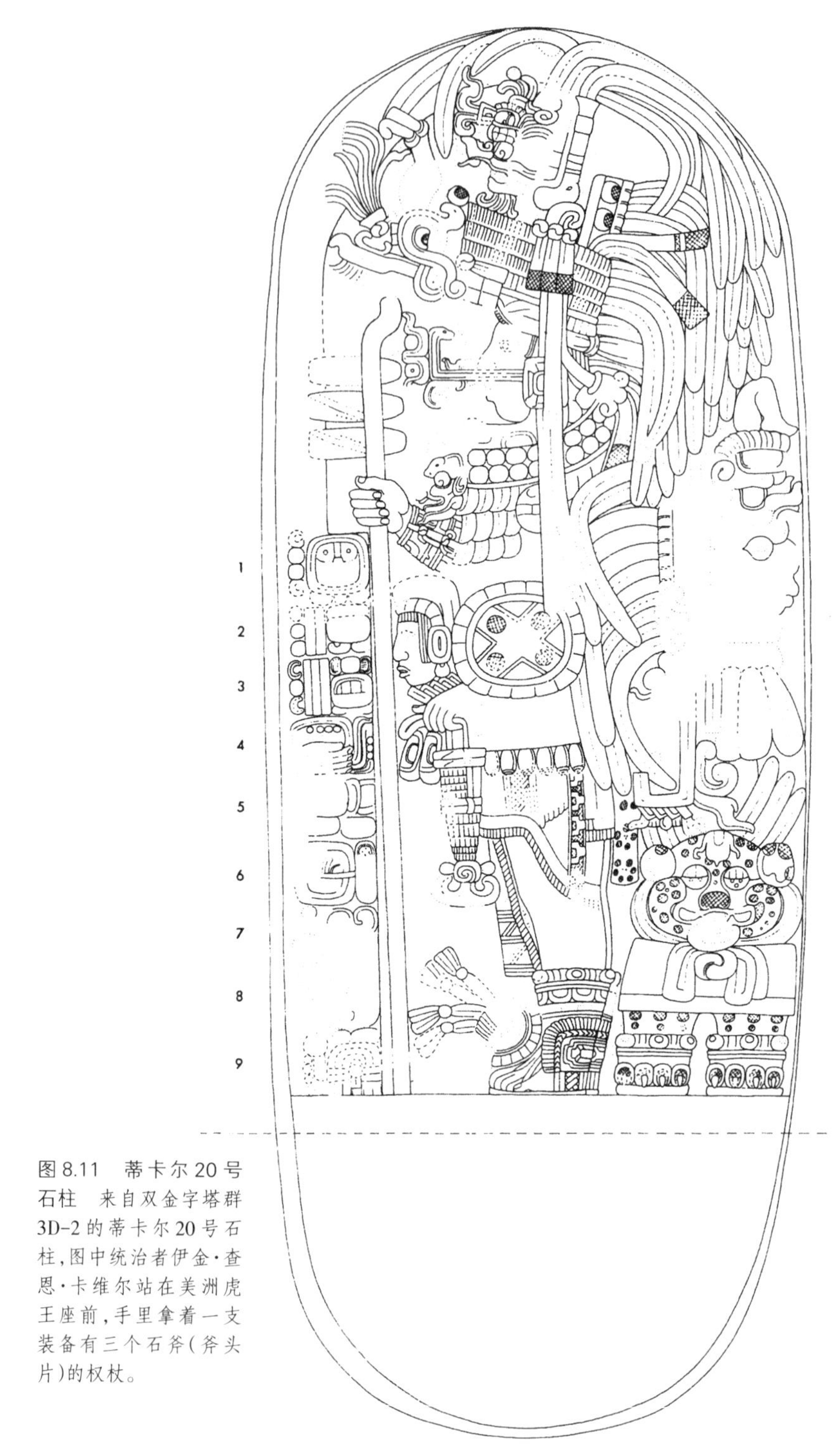

图8.11　蒂卡尔20号石柱　来自双金字塔群3D-2的蒂卡尔20号石柱，图中统治者伊金·查恩·卡维尔站在美洲虎王座前，手里拿着一支装备有三个石斧（斧头片）的权杖。

姆·伊恰克·卡克的即位仪式(表7.3)。从多斯皮拉斯铭文之梯被掠夺的嵌板上多次出现伊恰克·卡克的名字,包括他出生于公元649年,之后与巴拉赫·查恩·卡维尔共同举行了至少两项仪式,或许这巩固了后者与卡拉克穆尔的联盟。

巴拉赫·查恩·卡维尔的儿子伊察姆纳·巴兰继承了王位,但他统治的时间很短,而且巴拉赫·查恩·卡维尔去世的日期和其子即位的日期我们尚不清楚(表8.2)。公元695年蒂卡尔战胜卡拉克穆尔,玛雅低地的命运从此发生了翻天覆地的变化。随着卡拉克穆尔联盟力量逐渐衰弱,派特克斯巴吞王国不得不捍卫自己的利益。蒂卡尔可能改变了伊察姆纳·巴兰的命运——但无论如何,他的统治一定很短暂,因为他的弟弟伊察姆纳·卡维尔在公元698年就继承了他的王位。

伊察姆纳·卡维尔发起了几次战役以巩固其王国的统治,在蒂卡尔崛起之后,他也试图在新的政治环境中稳固其地位。而公元705年蒂卡尔的失败可能使威胁暂时不复存在。伊察姆纳·卡维尔的一位指挥官乌查安·金·巴兰(Ucha'an K'in Balam)为此次胜利做出了重要贡献,最终他成了多斯皮拉斯的第三任统治者。战争能够为一个国家的财富和劳动力带来巨大贡献,这一点在多斯皮拉斯的迅速扩张行动中反映得淋漓尽致。很明显,伊察姆纳·卡维尔支持新杜恩德建筑群的建造活动,在多斯皮拉斯主要建筑群以东约1千米的山顶上有一座大型寺庙,杜恩德建筑群就在这座寺庙的基础上建造而成(图8.1)。杜恩德建筑群中竖立的五座石柱记录了伊察姆纳·卡维尔的几次胜利。范德堡大学进行的派特克斯巴吞项目在多斯皮拉斯建筑L5-1下方挖掘出一个坟墓,这可能是伊察姆纳·卡维尔的埋葬地,建筑L5-1前面的8号石柱是对此最好的证明,石柱上的文字记录了伊察姆纳·卡维尔一生中的主要事件,包括他于公元726年逝世,以及他去世四天后在夜间被埋葬一事。

危地马拉的阿瓜特卡

阿瓜特卡是派特克斯巴吞的第二个首都，占地面积约为多斯皮拉斯的一半，但却是玛雅低地遗址中最为壮观的地方之一。阿瓜特卡的边缘是石灰岩悬崖，在这里可以俯瞰东部的一个浅浅的沼泽盆地（图8.12），该盆地可能曾经属于派特克斯巴吞湖，那时这片湖比现在要宽阔，而现在它位于遗址东北几千米处。遗址内含一座悬崖，悬崖以西约100米的断层与该悬崖平行，形成的裂口将阿瓜特卡分为两个区域（图8.14）。断层西侧较开阔的区域是一个被多个平台和建筑物包围的大广场，其中有两个该区域内最大的建筑物（位于西部和南部）。天然石灰石桥跨越断层，连接了此广场与东部建筑组。该广场由几个毗邻的小广场构成，一直通向北部，最北端是一个宫殿式的封闭建筑群，当时是王室的住所。悬崖以及与其平行的断层提供了天然防御屏障来阻隔东部的建筑群。8世纪后期，为了保护更加开放的西部，并且提供进入上层居民区的入口，阿瓜特卡建造了大量砖石栅栏。显而易见，这些举措都是为了应对古典期晚期愈演愈烈的战争给派特克斯巴吞地区带来的困扰。

但这些防御措施似乎都是徒劳的。野田武史（Takeshi Inomata）和他的同事们在基坑中发现了引人注目的证据，证明阿瓜特卡王宫在约公元800年突然被遗弃和毁坏。这项研究表明，阿瓜特卡遭到不明敌人攻击后，许多建筑都曾突然被遗弃和烧毁。人们在这些建筑物的地板上挖掘出一系列被遗弃的东西，这些东西能让人想象到攻击发生之前在那里发生的各种各样的活动，包括工匠活、抄写工作以及家务劳动（图8.15至图8.17）。

因此，我们对玛雅宫殿的活动范围以及王室内部的工艺制造有了更深入的了解（详见第十二章）。

他的继任者乌查安·金·巴兰是一位军事指挥官，因公元705年指挥军队战胜蒂卡尔而广受认可。我们尚不清楚他的王室称谓，暂且称他为第三任统治者。公元727年，尚未成年的他开始掌权，当时他可能是伊察姆纳·卡维尔的王室继承人的摄政王。据19号嵌板描绘，卡维尔·查恩·基尼奇（K'awiil Chan K'inich）王子出席了多斯皮拉斯的一个重要的放血仪式，同他一起的还有第三任统治者及其王后，除此之外还有一位来自卡拉克穆尔的领主，充当“王子的护卫”。

显然，在第三任统治者统治期间，位于重要战略位置上的阿瓜特卡成了派特克斯巴吞王国的第二个首都（图8.12）。第三任统治者继续通过武力征服和政治联姻来扩张派特克斯巴吞王国。公元735年，他征服了该地区最大的城市——位于帕西翁河岸东侧的塞瓦尔。在阿瓜特卡2号石柱上，被捕的塞瓦尔统治者伊恰克·巴兰（Yich'aak Balam）拜倒在胜利的派特克斯巴吞统治者脚下。第三任统治者娶了坎古恩统治家族的一员，坎古恩位于南部55千米处高地山麓的帕西翁河岸，是重要的贸易中心。通过此次婚姻，它们结成了至关重要的联盟。这桩王室联姻无疑加强了派特克斯巴吞对利润丰厚的高地贸易的控制。多斯皮拉斯主建筑群的西北侧宫殿中有一个象形文字长凳，上有第三任统治者的王后的相关记录。经过挖掘，她在长凳下的坟墓显露出来，其中陈设齐全。公元741年，第三任统治者逝世，阿瓜特卡的1号石柱上有所记载。这座石柱后方有一座大型建筑，该

图8.12　危地马拉阿瓜特卡的悬崖俯瞰图　从壮观的防护栏向东眺望，可以俯瞰东部的派特克斯巴吞湿地（见图8.14）。

危地马拉的阿尔塔·德·萨克里菲西奥斯

阿尔塔·德·萨克里菲西奥斯(直译为"献祭坛遗址")位于帕西翁河和乌苏马辛塔河的关键交汇处,古典期这一地区的统治者们肯定从这两个河流系统的上下游贸易中获得了相当大的利益,这些河流向南连接高地,向西北连接墨西哥湾海岸。但阿尔塔·德·萨克里菲西奥斯的人们同样也生活在一个危险的世界里,必须努力保持独立于邻国的状态,包括在下游的强大政权亚斯奇兰,以及位于东部更近一些侵略性较强的派特克斯巴吞。

阿尔塔·德·萨克里菲西奥斯是1958年至1963年哈佛大学皮博迪博物馆一个考古研究项目的研究对象,该项目由莱迪亚德·史密斯和戈登·威利领导。考古学家对皮博迪博物馆的挖掘揭示了该遗址的一长串居住地序列,并首次辨认出一些最早的低地定居点,它们在蒂卡尔或其他大多数低地中心出现之前就已存在。谢伊陶瓷提供了这方面的证据,这可能与来自西方的米克斯–佐奎殖民者有关(详见第三章)。考古记录表明,在后来的前古典期,说玛雅语的民族在阿尔塔·德·萨克里菲西奥斯定居下来。尽管该遗址的建筑规模并不大,数量也不多,但在古典期晚期该遗址发展到顶峰。阿尔塔·德·萨克里菲西奥斯的年代久远的纪念碑历经了大部分的古典期,从9.10.0.0.0(公元455年)到10.1.0.0.0(公元849年)。相关陶瓷证明,该遗址在古典终结期被外来者占领,大约同一时期,塞瓦尔实现了短暂的复兴(第九章)。

建筑可能包含他的陵墓。

公元741年,卡维尔·查恩·基尼奇登上王位。考古发现以及文献都证明,派特克斯巴吞政体在卡维尔·查恩·基尼奇统治期间达到顶峰,这时派特克斯巴吞控制着帕西翁河和奇霍伊河(乌苏马辛塔的主要支流)之间的领土,约4000平方千米。公元743年和公元745年,一系列军事胜利稳固了派特克斯巴吞的地位。在主建筑群的南部,多斯皮拉斯3号铭文之梯上记录了这些胜利事迹,而且雕刻了被捕俘虏的画像(建筑L5–25)。几个次要中心都有卡维尔·查恩·基尼奇执行国家事务的文字记录。公元745年和公元747年,他在塞瓦尔主持了由他的封臣伊恰克·巴兰(公元735年被第三任统治者俘虏的前国王)举行的仪式。坎古恩有文字证实,卡维尔·查恩·基尼奇继续保持着与其母亲所在国家的联盟关系,该国位于派特克斯巴吞的南部。

但在其鼎盛时期,派特克斯巴吞王国及其王室突然倒台。塔马林蒂多次要中心的碑文提到了公元761年卡维尔·查恩·基尼奇的失败与流亡。在多斯皮拉斯,同心栅栏围绕主建筑群和杜恩德群组而建(图8.1)。这些防御工事用从王宫和其他建筑上拆下来的石头建成,草草建立在象征着王国首都政权的建筑物之上,其中包括一个铭文之梯,记录了其胜利事迹。在中央蝙蝠考古群组,未修建防御工事的王室宫殿被废弃,雕刻的王座也被砸毁。栅栏后方,多斯皮拉斯最后的防御者仅能够抵抗一段时间,最终便溃不成军,多斯皮拉斯自此

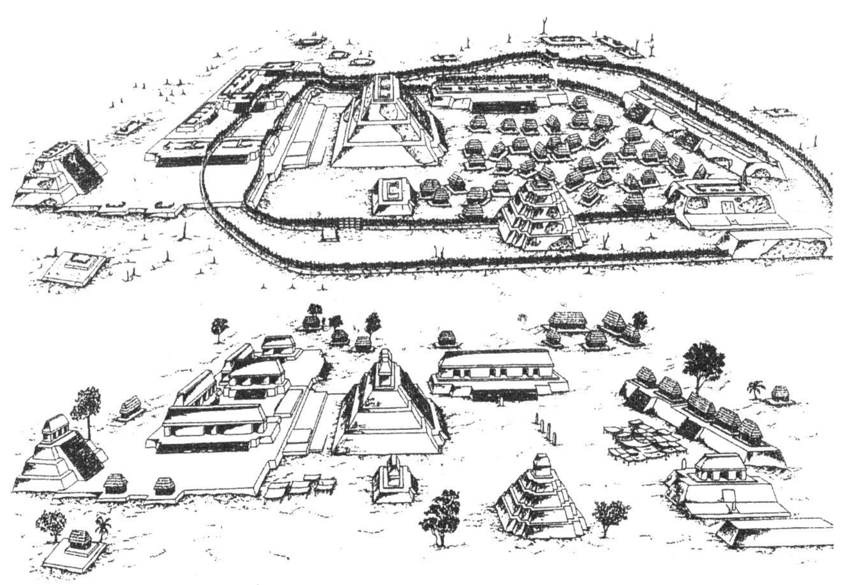

图8.13　衰落前后的危地马拉多斯皮拉斯　多斯皮拉斯,衰落之前和之后:(下图)从东北方向重建了主建筑群(注意右侧显眼的球场);(上图)防御栅栏建好后的主建筑群中的建筑物被拆毁,以石头作为栅栏的地基。

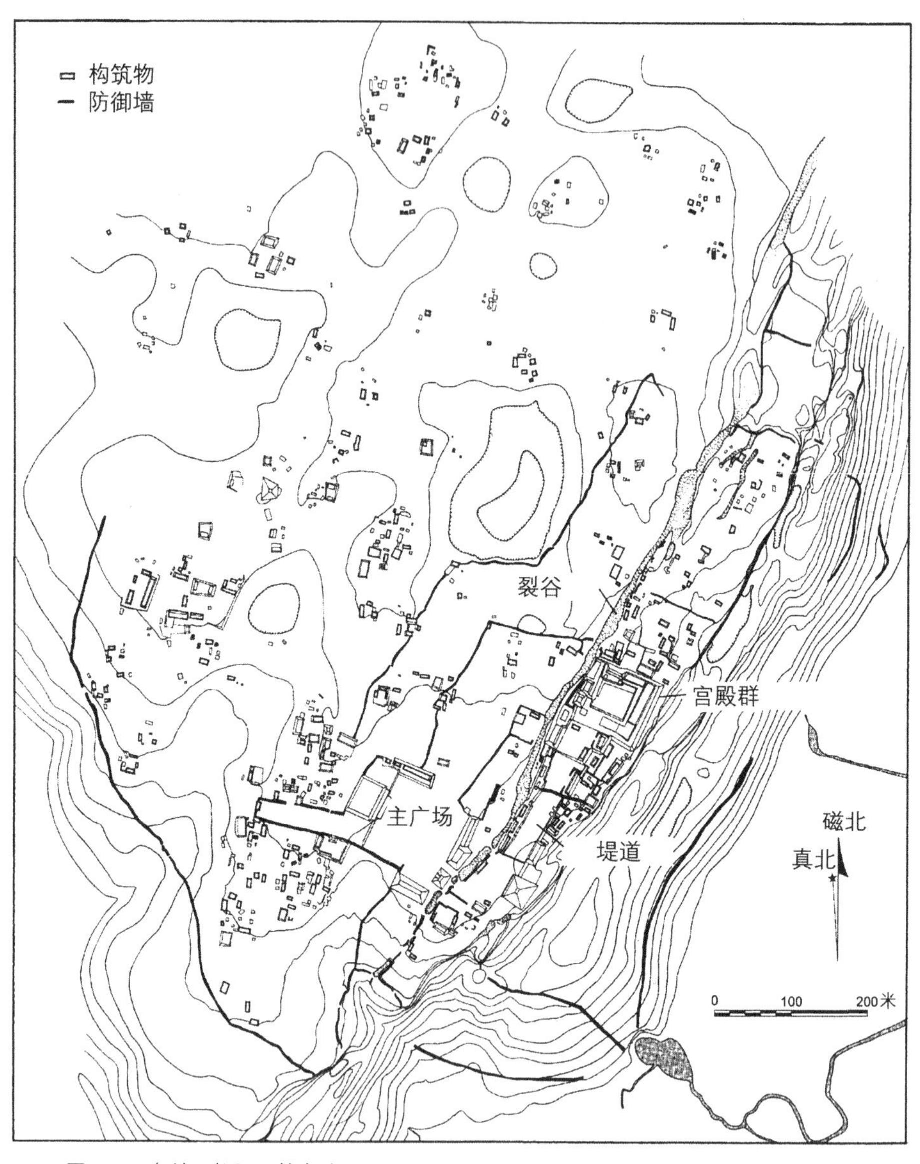

图8.14　危地马拉阿瓜特卡地图　悬崖(图8.12)和平行的裂缝将王室宫殿群与西边的主建筑群分开。建筑M7-22和M8-4(图8.15至图8.17)和其他烧毁的贵族住宅沿着宫殿建筑群南部的堤道而建(黑线表示残垣断壁和栅栏防御工事)。

成为废弃之地(图8.13)。

卡维尔·查恩·基尼奇战败并从此消失,在此之后派特克斯巴吞王国分裂成一些小国家,其中一些国家由领主统治,他们仍然声称自己是库胡尔穆图尔阿哈瓦——神圣的蒂卡尔国王。帕西翁河沿线的几个地点都记录了这些小国王的事迹,包括拉阿梅利亚(La Amelia)、埃尔加勒比(El Caribe)和阿瓜斯卡连特斯(Aguas Calientes)。塞瓦尔的旧都已经不再受多斯皮拉斯掌控,公元771年阿哈瓦·波奥特成为国王,该地得到重建。毫无疑问,西方古老的阿尔塔·德·萨克里菲西奥斯中心是由于派特克斯巴吞王国的覆灭而繁荣起来的。但是,多斯皮拉斯王室宫殿还没有完工,它的权力在阿瓜特卡得到巩固。在卡维尔·查恩·基尼奇退位之前,多斯皮拉斯控制着这个富有战略意义和防御严密的位置(图8.14)。后来阿瓜特卡纪念碑记载了公元770年新国王坦·特基尼奇(Tan Te'K'inich)的即位。他的父亲不是多斯皮拉斯的最后一位国王,而是一个名叫乌查安·坎·巴兰(Ucha'an Kan Balam)的人。无论如何,坦·特基尼奇是派特克斯巴吞王国已知的最后一个统治者。在三十多年的时间里,坦·特基尼奇一直保持着对政体及其附属中心的控制。公元778年,他赢得了一场军事胜利,敌人不详;公元802年,他见证了拉阿梅利亚统治者举行的一场仪式。从那以后,坦·特基尼奇就从历史上消失了。

坦·特基尼奇的消失可以用阿瓜特卡的意外覆灭来解释。大量栅栏网,以及阿瓜特卡所处的悬崖位置,都为其提供了有效的防御工事,这一点考古研究已经有所记载。这是精心规划的防御工事,目光长远,包括用栅栏来保护较小的山顶定居点、农田,甚至水源(图8.14)。在很长一段时间里,阿瓜特卡的居民受到威胁,甚至遭到围攻。显然,派特克斯巴吞地区已经充满暴力和危险,因此,阿瓜特卡的人民投入了大量的劳动力和资源来保卫他们的领土并保护自己不

图8.15　阿瓜特卡建筑M7-22(原位储藏室)　阿瓜特卡,王室宫殿挖掘:在建筑M7-22(面具屋)储藏室地板上的存放物;东厅用来存放各种物品,包括雕刻骨头和贝壳、黄铁矿镜、玉器饰品和两个陶瓷薄片面具(图8.17),这些物品在建筑物被烧毁后得以保存下来。

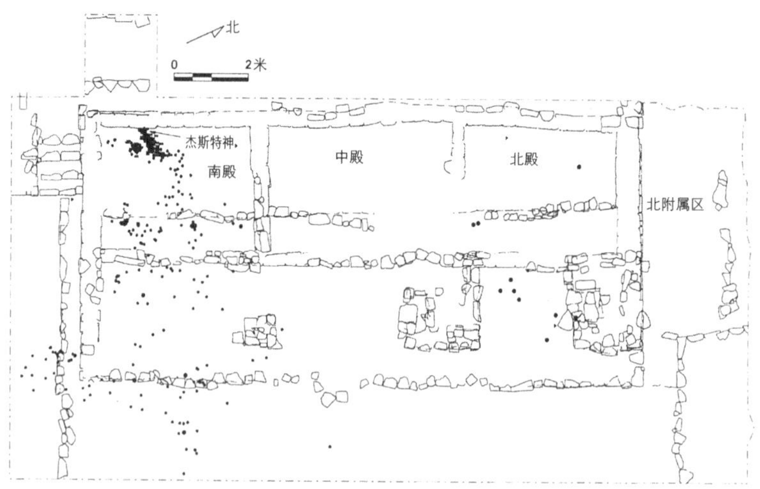

图8.16　阿瓜特卡原位材料建筑M8-4的平面图　阿瓜特卡,王室宫殿挖掘:建筑M8-4层原位黄铁矿镶嵌件及小丑神头带平面图(图8.17);黄铁矿碎片来自回收的镶嵌镜,或许是为了重新用于新的头饰或其他王室用具。

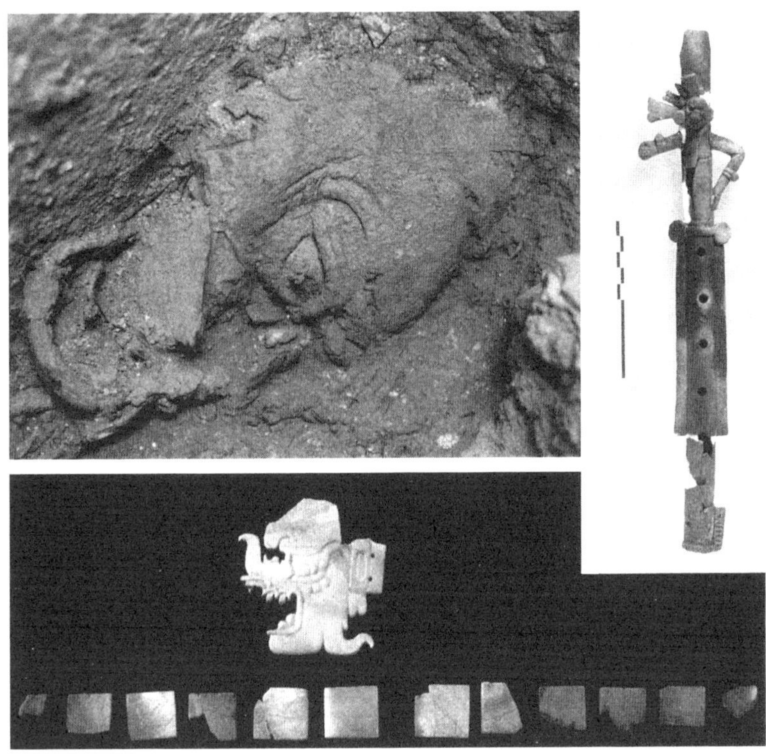

图8.17　原位材料建筑M8-4面具　阿瓜特卡，王室宫殿挖掘：（左上图）在建筑M7-22仓库地板上的薄片面具（图8.15）；（右上图）在建筑M8-4北室发现的陶瓷长笛；（下图）在同一建筑物的南室发现的小丑神头带（sak huunal，图8.16）。

受伤害。

但这一切都徒劳无功，因为由野田武史指挥挖掘的阿瓜特卡王室宫殿建筑群（防御最严密的辖区）表明，这座城市被未知敌人攻破防御并洗劫一空，所以才突然被遗弃并烧毁。对考古学来说幸运的是，阿瓜特卡的居民留下了他们的财产，所以在一片狼藉之下仍然埋藏着储藏室、车间、礼堂以及其他区域（图8.15）。一千多年后，考古发掘出一堆废弃的陶器、磨石、石器、乐器以及贝壳和玉器饰品，展现了玛雅宫殿的日常生活模式。出土物中包括玛雅国王的随身用品：

装饰着“小丑神”的王室头巾和国王在宗教仪式上所戴的神祇面具碎片——所有的东西似乎都停留在阿瓜特卡作为古典期玛雅王国首都的最后一天(图8.16和图8.17)。

其他派特克斯巴吞小国的首都则坚持了更长时间。最后一个覆灭的可能是蓬塔德奇米诺的中心(图8.18)。它坐落在一个向派特克斯巴吞湖突出的半岛上,几条宽阔的护城河保护着它与大陆之间狭窄的过道,使其居民免受攻击。范德堡大学派特克斯巴吞项目表明,这些大规模防御工事的建造时间约为公元760年之后。派特克斯巴吞项目还发现了蓬塔德奇米诺壁垒遭受到至少一次攻击的证据。考古学家在护城河底部最深处挖掘时,发现了一大片烧焦的区域,旁边散落着燧石矛头,他们在护城河顶部的城墙沿线发现了更多的矛头。目前尚不清楚这次袭击是否成功,也不清楚蓬塔德奇米诺是否能够依靠其强大的防御工事坚持一段时间。但显然,地域战争使国王和平民都无法生活,因此,派特克斯巴吞的大部分地区最终都被遗弃了。

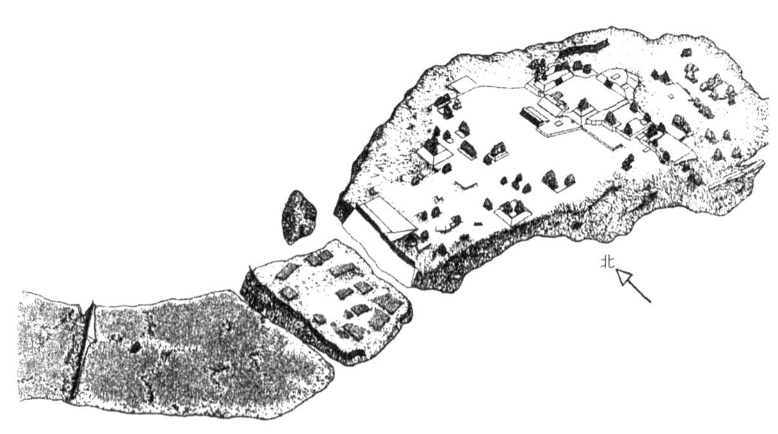

图8.18　危地马拉蓬塔德奇米诺　派特克斯巴吞湖半岛遗址的重建,图中显示了两条贯穿半岛的防御护城河和护城河内部的栅栏防御工事。

卡拉克穆尔王朝的终结(公元695年—公元909年)

命途多舛的尤克诺姆·伊恰克·卡克即位仅九年，蒂卡尔就战胜了卡拉克穆尔，这使卡拉克穆尔王室经历了前所未有的命运逆转。尤克诺姆·伊恰克·卡克的命运我们无从得知，公元695年之后，再无他的消息。1997年考古学家在卡拉克穆尔2号建筑下挖掘的4号墓葬可能是他最后的安息之所。出土于该陵墓的彩色盘子上刻着尤克诺姆·伊恰克·卡克的名字。卡拉克穆尔的劲敌哈萨维·查恩·卡维尔一世的陵墓位于蒂卡尔，其中有骨头上刻有新的卡拉克穆尔统治者的名字：裂土。很有可能在公元695年尤克诺姆·伊恰克·卡克退位后，蒂卡尔任命裂土为卡拉克穆尔的新任统治者。但是卡拉克穆尔及其盟国首都没有任何可以证明他统治的纪念碑和文献，如果裂土是蒂卡尔的封臣，那么这一现象就得到了解释。

无论如何，公元702年尤克诺姆·托克卡维尔(Yuknoom Took'K'awil)在卡拉克穆尔掌权，这一年他建造了一系列石柱(表7.3)。他在统治期间(约公元702年—约公元736年)有能力建造约20个纪念碑，数量之多令人印象深刻，其中包括保存完好的51号石柱(图8.19)。公元702年，多斯皮拉斯和瓦卡的文献中都有提及他的名字，这表明先前的卡拉克穆尔联盟仍然存在。但是，在公元695年战败后，这些文献中提及卡拉克穆尔的次数明显减少，尤其是那些已得到承认的坎统治者下属。因此，很明显，卡拉克穆尔在玛雅低地的威望和权力随着蒂卡尔的胜利而大幅衰弱。

如果尤克诺姆·托克卡维尔再一次败给蒂卡尔伟大的国王伊金·查恩·卡维尔(约公元736年)，他的统治很可能就此终结。或许考古学家在遥远的基里瓜发现了尤克诺姆·托克卡维尔继任者的相关记

图8.19　卡拉克穆尔51号石柱　该石柱是该地区保存最完好的纪念碑，尤克诺姆·托克卡维尔的画像最初来自建筑Ⅰ的西部梯田；被抢劫者锯成小块后重新组装。

录，在基里瓜成功反抗科潘之前，文献中记载有一个可能名为瓦马夫·卡维尔（Wamaw K'awiil）的卡拉克穆尔统治者。在接下来的一个世纪里，几位卡拉克穆尔国王继续建造纪念碑，其中统治者Y建造了五座石柱，统治者Z建造了一座石柱，统治者博隆·卡维尔（B'olon K'awiil）建造了两座石柱。统治者查恩·佩特（Chan Pet）在塞瓦尔被命名为四位玛雅国王之一，他们在公元849年见证了卡盾的结束仪式。已知卡拉克穆尔最后一位统治者阿赫·托克（Aj Took'）的名字刻在61号石柱上，这块小石头可能纪念了公元909年卡盾的结束。至此，卡拉克穆尔及其统治者至高无上的权力已不复存在，而坎王国却依然延续，它可能是玛雅低地统治时间最久的王朝，但不久之后坎王朝也销声匿迹了。

卡拉科尔的复兴和衰落（公元798年—公元859年）

卡拉克穆尔的盟友卡拉科尔此后的历史记录的细节并不完整（表7.4）。长期考古调查表明，该遗址历史记录的中断（公元680年—公元798年）可能与某一时期纪念碑被毁以及建设活动的放缓有关。毫无疑问，蒂卡尔的复兴以及卡拉克穆尔及其联盟的垮台导致了卡拉科尔的衰落。但卡拉科尔在基尼奇·霍伊·卡维尔（K'inich Joy K'awiil）统治期间得以复兴，他重新开始建造王室纪念碑，并恢复了建筑活动。公元798年，他在B组建了一个新球场，并用一座新纪念碑（11号石柱）来庆祝公元800年的历法仪式。此外，基尼奇·霍伊·卡维尔使卡拉科尔重获了过去的军事地位。23号祭坛上，乌卡纳尔和比塔尔的统治者被描绘为战败被缚的俘虏（公元800年）。

他的继任者基尼奇·托比尔·约帕特（K'inich Toob'il Yopaat）在公元804年即位。公元810年，他建造了18号石柱来庆祝卡盾的结束。

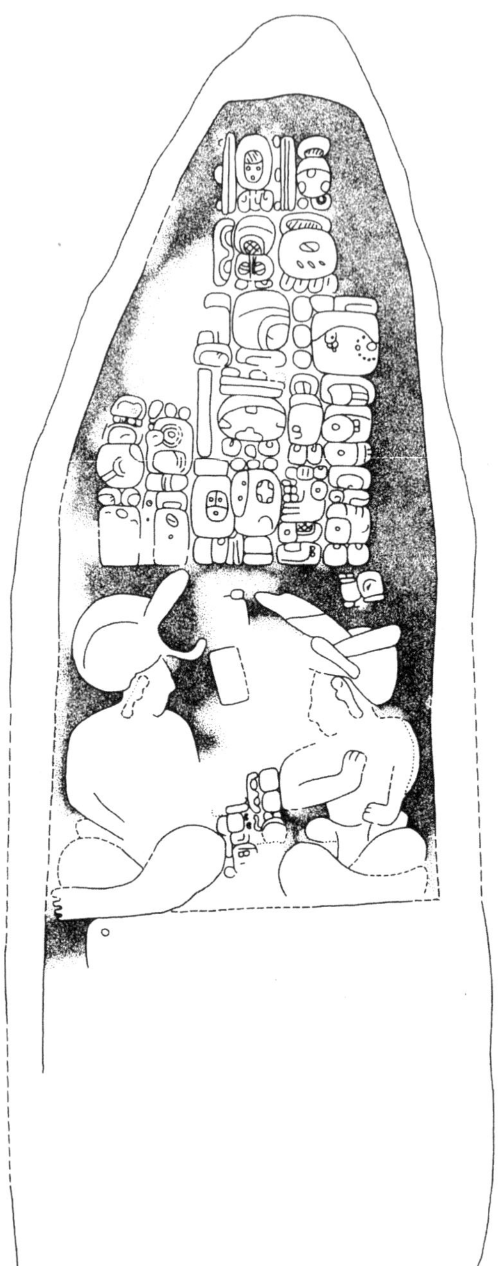

图 8.20　卡拉科尔 17 号石柱　描绘了坎三世和另一位盟主并坐的场景，二者显然是平等共治的关系，这也反映出维护王国统一而采取的一种新型政治策略（公元849年）

十年后，他又建造了两座祭坛来庆祝与卡拉科尔之前的敌人乌卡纳尔化敌为友，结为同盟。基尼奇·托比尔·约帕特还促进了卡拉科尔王室权力中心坎纳建筑群的进一步建设。

已知卡拉科尔最后的统治者，坎三世（Kan III）和第十三任统治者（Ruler XIII），一直统治到其王国衰亡。此时，卡拉科尔的国王，和其他失败的玛雅政权一样，已经沦落到与其他贵族领主共享政治舞台。依靠附属国维持秩序的情况在公元849年的17号石柱上表现得淋漓尽致，人们可以看到坎三世和另一个领主坐在一起，地位似乎完全平等（图8.20）。

卡拉科尔最后一个已知王室纪念碑是10号石柱，可以追溯到公元859年末。在雕刻粗糙的文字中，人们难以看清统治者的名字，只知道他是第十三任统治者。很明显，在古典终结期结束（见第九章）之前，卡拉科尔的大部分领土一直都被他国占领，但当其居民最终消失之时，残余的王室政权也早已销声匿迹了，正如低地其他政权的首都一样。

蒂卡尔王朝的结束（公元768年—公元869年）

蒂卡尔古典期晚期伟大的国王伊金·查恩·卡维尔死于公元766年前后（表7.1）。他的陵墓尚未得到确认。威廉·R.柯伊认为他安葬在196号墓葬，位于大广场南部一个相对较小的建筑内。这肯定是一个王室陵墓，但许多学者认为伊金·查恩·卡维尔其实埋葬在一个未经发现的陵墓里，就在巨大的4号神庙下面。196号墓葬可能是其继承人第二十八任国王的，不过该继承人鲜为人知。显然，他是伊金·查恩·卡维尔的儿子，大概只统治了两年，因此，缺乏证明他统治的纪念碑和其他证据。尽管如此，196号墓葬中的一个玉镶嵌花瓶和

图8.21　蒂卡尔双金字塔群4E-4　东西两面是四阶梯平台，南面是九门建筑（右下），北面是容纳22号石柱和10号祭坛的围场（见图8.22）。

图8.22　蒂卡尔22号石柱和10号祭坛　位于双金字塔群4E-4（图4.18）的北面围场内；统治者雅克斯·努恩·埃伊因二世的雕刻肖像见于22号石柱（9.17.0.0.0，或公元771年）。

图8.23　蒂卡尔3号神庙的楣梁　神庙内部的雕刻木楣梁上画着一位肥胖的统治者，他身穿美洲虎皮，可能是“黑暗太阳”（约公元810年）。

几只精致的彩绘器皿[彩图1(a)和彩图8(b)]却十分引人注意。

下一任蒂卡尔国王是伊金·查恩·卡维尔的另一个儿子,他更为有名。雅克斯·努恩·埃伊因二世(Yax Nuun Ayiin II)与古典期早期一位重要的国王同名,自蒂卡尔王朝的建立者算起,在这漫长而显赫的世系中,他是第二十九任国王。雅克斯·努恩·埃伊因二世或曾试图继续实行其父亲的计划,但他功绩平平,因此没有任何关于他军事胜利的记载,也没有多少纪念他的建筑。雅克斯·努恩·埃伊因二世看似扩建了6号神庙,但似乎无论他聚集多少资源,都用在了双金字塔建筑群的建设上,两座塔的规模几乎都是之前的两倍。第一个建筑群是双金字塔群4E-4(图8.21),建于9.17.0.0.0(公元771年),现在包含22号石柱和10号祭坛(图8.22)。22号石柱上刻有雅克斯·努恩·埃伊因二世的肖像,记录了他于公元768年即位的日期。1卡盾后(公元790年),双金字塔群4E-3及其19号石柱和6号祭坛都建在了4E-4群的旁边。

然而,此时,蒂卡尔的势力日渐衰退,繁荣不胜往昔。雅克斯·努恩·埃伊因二世的死亡日期未知。蒂卡尔的第三十任继任者可能是努恩·乌约尔·基尼奇(Nuun Ujol K'inich),在3号神庙的雕刻木楣梁上,他是一位鲜为人知的统治者,而在3号神庙底座的24号碎石柱上,他被命名为“黑暗太阳之父”。“黑暗太阳”显然是3号神庙另一个楣梁上所描绘的肥胖国王(见图8.23)。公元849年,塞瓦尔统治者点名邀请蒂卡尔国王宝石卡维尔(Jewel K'waiil)来自己国家做客。蒂卡尔最后一位已知统治者做了最后一次尝试,来回顾辉煌的过去。哈萨维·查恩·卡维尔二世(Jasaw Chan K'awiil II)以古典期已故前任的名字命名,此后他在古典期早期蒂卡尔国王墓地前建造了自己唯一的纪念碑(目前已知)。11号石柱是蒂卡尔距今最近的纪念碑,可以追溯到10.2.0.0.0(公元869年)。蒂卡尔附近有一座后来的纪念碑,即希姆巴尔1号石碑(图Ⅰ.12),上面记录的日期为10.3.0.0.0(公元

889年)。此时,曾经伟大的蒂卡尔王国已经四分五裂为较小的政权,由小国王统治,他们宣称自己属于蒂卡尔古老的王室且具合法性(详见第九章)。纳库姆等更为遥远的盟友和附属国宣布独立,暂时处于权力的顶峰,享受着繁荣盛世。

乌苏马辛塔政权的扩张

在中央低地的战争竞技场的西南,几个重要的王国在古典期晚期发展成为生机勃勃且具竞争力的国家。该地区的国家政权沿着乌苏马辛塔大河和其支流而建,其中一条是高地间最重要的贸易和通信路线,人们称其为里奥内格罗河(the Rio Negro)或奇霍伊河。它流往低地时,经过北部高地的山脊,形成一个巨大的峡谷。它和帕西翁河在此处汇集,流入乌苏马辛塔河,接着,向西北方向流去,抵达墨西哥湾。

乌苏马辛塔河流域古典期晚期最强大的国家是皮埃德拉斯·内格拉斯和亚斯奇兰。考古学家和铭文学家对这两个国家都进行了调查研究,发现皮埃德拉斯·内格拉斯的考古文献更为完整。毫无疑问,两者都始于前古典期,而且,古典期早期亚斯奇兰和皮埃德拉斯·内格拉斯的国王和战争都有记录(见表8.3和表8.4),但人们对这些首都及其王国的了解却始于古典期晚期。值得注意的是,对皮埃德拉斯·内格拉斯和亚斯奇兰地区的研究揭示了两国附属(subordinate)遗址的明显差异,这表明:两个王国之间仍保留着明确的边界。

皮埃德拉斯·内格拉斯王朝的诞生与重生

皮埃德拉斯·内格拉斯是乌苏马辛塔最大的一座城市,在古典期晚期的大部分时间里，它在该地区占支配地位。它的古玛雅名字似乎是“Yokib”，意为“入口”，可能指附近的一个大落水洞（或许一度被认为是通往下界的入口），该王国位于通向塔巴斯科洪泛区的贸易路线沿线，也可能指其战略性位置。发掘呈现了前古典期晚期之后的居住和建筑情况。从可追溯的古典期晚期记录中，人们可以了解古典期早期四位统治者的统治（表8.3）。古典期晚期的1号纪念碑祭坛将皮埃德拉斯·内格拉斯王朝统治的起源追溯至神话般的过去。入口国王的原始王宫可能位于西部建筑群广场之下。那里的挖掘发现了大量可以作为证据的砖石建筑平台，这些平台可追溯到古典期早期，建在大型庭院周围。毗邻的卫城之下发现了更多古典期早期建筑的遗迹，这是古典期晚期王室宫殿建筑群的遗址。

古典期早期末段，约在公元500年至公元600年间，西部建筑群和卫城所有的古典期早期建筑都被拆毁，部分显示了仪式破坏的证据（在烧毁的建筑里发现了贡品陶器、雕像和玉器）。这种仪式性破坏大约发生在基尼奇·约纳尔·阿克一世（K’inich Yo’nal Ahk I，公元603年—公元639年在位）统治开始的时候。根据考古资料和古典期晚期纪念碑（见12号嵌板）上可追溯的碑文，考古学家斯蒂芬·休斯顿和查尔斯·戈尔登（Charles Golden）近期对皮埃德拉斯·内格拉斯进行了研究，他们认为战败结束了早期的统治，此后，基尼奇·约纳尔·阿克一世重建了自己的王朝。作为统治的一部分，基尼奇·约纳尔·阿克一世提倡毁坏建筑物，可能还有纪念碑，对那些早期声名狼藉的国王来说，这是权力的主要象征。随着西部建筑群古典期早期建筑的终结，基尼奇·约纳尔·阿克一世放弃了这一位置，开始在更为古老的南部建筑群翻新旧建筑，建造新建筑和纪念碑。因此，皮埃德拉斯·内格拉斯的国王开始了一项建造计划，由此产生了古典期晚期建筑的聚集，这些建筑也决定了当今遗址中心的特征。

表8.3　皮埃德拉斯·内格拉斯王朝年表

（统治者姓名用粗体表示，代用名或头衔用括号表示）

统治者	长纪历日期	公元日期	事件
统治者A	8.13.0.0.0	297	未知事件（建立？）（1号祭坛）
	—	约460年	与亚斯奇兰的战争；被月亮骷髅俘虏？
统治者B	—	约478年	与亚斯奇兰的战争？
海龟牙齿	—	510	接收六个俘虏领主，由一处未知遗址的卡洛姆特（至尊王）所监视（2号嵌板）
统治者C	9.4.0.0.0	514	作为"西部之王"卡洛姆特的亚哈瓦，接收四个俘虏，包括亚斯奇兰的纽结眼美洲虎（12号楣梁）
	9.5.0.0.0	534	庆祝卡盾时期结束？（30号石柱）
	9.5.0.0.0	539	霍顿时期结束（29号石柱）
基尼奇·约纳尔·阿克一世（第一任统治者）出生年份不详；死于639年2月3日；妻子：鸟头巾夫人（Lady Bird Headdress）；603年10月14日至639年2月3日在位（三十五年）；建造25号、26号、31号石柱	9.8.10.6.16 — 9.10.6.2.1	603 628 639	即位（25号石柱） 与帕伦克和萨克齐（Sak Tz'i'）的战争 卒
第二任统治者出生于626年5月22日；死于686年11月15日（60岁）；父亲：基尼奇·约纳尔·阿克一世；母亲：鸟头巾夫人；妻子：白鸟夫人；639年4月12日至686年11月15日在位（四十七年）；建造2号、4号、7号嵌板，33号、34号、35号、36号、37号、38号、39号石柱，2号王座	9.10.6.5.9	639	即位（33号石柱）
	9.10.15.7.6	648	未知遗址的俘虏（15号嵌板）
	—	658	2号嵌板：纪念基尼奇·约纳尔·阿克去世的卡盾周年；记录海龟牙齿接收六个俘虏
	—	662	战胜圣塔埃莱娜（35号石柱）
	9.11.16.7.14	668	战胜未知遗址（15号嵌板）
	—	约677	接收希克斯维茨的贡品（17号嵌板）
	—	686	未来第三任统治者和卡盾·阿哈瓦夫人的婚姻
	9.12.14.10.13	686	卒

(续表)

统治者	长纪历日期	公元日期	事件
基尼奇·约纳尔·阿克二世(第三任统治者) 生于664年12月29日;死于729年中期(65岁);父亲:第二任统治者;母亲:白鸟夫人;妻子:纳马安的卡盾·阿哈瓦夫人;687年1月2日至729年中期在位(大约四十二年);建造1号祭坛,15号嵌板,1号至8号石柱	9.12.14.13.1	687	即位(6号石柱)
	9.13.15.0.0	706	建造15号嵌板(建筑J-4)
	—	约725	与托尼纳和帕伦克的战争
	—	726	战胜亚斯奇兰(8号石柱)
	—	约729	去世;埋葬于建筑J-5(5号墓葬)之下
第四任统治者 生于701年11月18日;死于757年11月29日;父亲:基尼奇·约纳尔·阿克二世;母亲:不详;729年11月9日至757年11月29日在位(大约二十八年);建造2号祭坛,9号、10号、11号、22号、40号石柱	9.14.18.3.13	729	即位(11号石柱)
	—	746	母亲陵墓前举行播撒仪式(40号石柱)
	—	749	庆祝第一个卡盾时期的统治,拜访亚斯奇兰约帕特·巴兰二世(见3号嵌板)
	9.16.6.11.17	757	死亡;建筑O-13(13号墓葬)前的墓葬
约纳尔·阿克三世(第五任统治者) 出生年份不详;死于约767年;父亲:第四任统治者;母亲:不详;758年3月10日至约767年在位(大约九年);建造14号、16号石柱	9.16.6.17.1	758	即位(14号石柱)
	—	759	被亚斯奇兰和飞鸟美洲虎四世击败
	—	763	见证拉马尔萨哈尔即位(16号石柱)
	—	约767	卒
哈金霍克 出生年份不详;死于789年3月24日;父亲:第四任统治者;母亲不详;767年2月14日至789年3月24日在位(二十二年);建造13号、18号、23号石柱	9.16.16.0.4	767	即位(23号石柱)
	9.17.0.0.0	771	庆祝卡盾时期结束(13号石柱)
	9.17.9.5.11	780	退位?(1号王座)
第七任统治者(原第六任统治者) 生于750年4月7日;死于808年?(约58岁);父亲:第四任统治者?;母亲:鸟夫人;781年3月31日至808年在位(大约二十七年);建造4号祭坛、3号嵌板、12号和15号石柱、1号王座	9.17.10.9.4	781	即位
	—	782	第四任统治者墓前的火仪式(3号嵌板)
	—	785	建造1号王座
	—	787	战胜圣塔埃莱娜
	—	792	战胜波莫纳("恒星战争"事件)
	—	794	和拉马尔的帕罗特·恰克(Parrot Chaak)战胜波莫纳("恒星战争"事件)
	—	约808	被亚斯奇兰在飞鸟美洲虎四世的帮助下击败并俘虏

来源:休斯顿,1983b、2004b;马丁和克鲁伯,2000;普罗斯科里雅科夫,1960、1993;谢勒,1991a;谢勒和马修,1991。

危地马拉的皮埃德拉斯·内格拉斯

皮埃德拉斯·内格拉斯是乌苏马辛塔地区最大的遗址，位于乌苏马辛塔河北岸，距亚斯奇兰的下游约40千米（约25英里）。皮埃德拉斯·内格拉斯独立统治其周边政体的历史悠久，曾长时间因其卓越的雕刻纪念碑而闻名，许多学者认为，这些纪念碑在神庙O-13（图8.25）的3号嵌板中达到了顶峰。

皮埃德拉斯·内格拉斯的纪念碑启迪西尔韦纳斯·莫利敦促宾夕法尼亚大学博物馆的考古学家去调查该遗址。结果，J.奥尔登·梅森（J. Alden Mason）和林顿·萨特斯韦特领导了宾夕法尼亚大学资助的一个皮埃德拉斯·内格拉斯考古项目，从1931年至1939年对该遗址进行测绘和挖掘。该研究发现了一座王室陵墓，还新发现了一些有关玛雅建筑的信息，包括几个没有砖石拱顶的建筑。杨百翰大学（Brigham Young university）和危地马拉瓦莱大学（the Universidad del Valle de Guatemala）发起了一个考古研究项目，由斯蒂芬·休斯顿和赫克托·埃斯科贝多领导，于20世纪90年代重新挖掘了该遗址，并在乌苏马辛塔河沿岸主要遗迹群落周围的居住区和农村地区进行了聚落研究。

皮埃德拉斯·内格拉斯雕刻精美的铭文和纪念碑详细记载了统治者的政治历史，为揭示玛雅文献涉及的政治历史提供了关键证据。从公元608年至公元810年，一共连着二十二个霍顿（为期1800天）时期，每个时期结束都会建造雕刻纪念碑加以庆祝，并且都留存了下来。这一系列保存完好的纪念碑是塔蒂阿娜·普罗斯科里雅科夫获得突破性进展的基础。她指出，玛雅文献记载的是历史事件，而非仅仅先前认为的天文学、宗教和神秘的话题，年代久远的石柱序列至少有六组，每组都以一座纪念碑开始，描绘了一个坐在高高壁龛上的男性形象。这一图案与一个日期和一个事件的象形文字有关，该象形文字可以解读为“掌权”。因此，普罗斯科里雅科夫得出如下结论，文本与最初的纪念碑上的场景相似，记录了确保王朝延续的新统治者的就职仪式（图8.24）。后来的每组纪念碑通常纪念了统治者统治的五年任期。普罗斯科里雅科夫在皮埃德拉斯·内格拉斯的铭文中发现了其他“事件”的象形文字，包括出生和死亡的象形文字。任何一组纪念碑群的时间跨度都不会超过人类的正常寿命，由此，普罗斯科里雅科夫计算出了皮埃德拉斯·内格拉斯的统治者古典期晚期的序列，该序列代表统治三十五年、四十七年、四十二年、二十八年、五年和十七年。她已经微调了第一任统治者到第六任统治者的原始顺序（新第六任统治者已被提出，现在该顺序之前还有统治者A、B、C，可能还有D），但她重构的王朝历史则继续成为她了解皮埃德拉斯·内格拉斯王朝的基础。

我们不知道基尼奇·约纳尔·阿克的出身，也不知他如何掌权，但他统治时期的雕刻纪念碑成为他六位继承者所建纪念碑的原型。这一点在纪念基尼奇·约纳尔·阿克就任的25号石柱（图8.24）上体现得淋漓尽致。石柱描绘了坐在高高壁龛王座上的统治者、一个用于标记继承者掌权的图案、一条帮助塔蒂阿娜·普罗斯科里雅科夫首次证实玛雅文献历史内容（第三章）的线索。壁龛可能代表了国王就任游行时坐着的木制脚手架或担架。早在前古典期晚期的玛雅低地，木制脚手架和玛雅国王的就职仪式就联系在了一起[参见彩图5（a）和第六章有关圣巴托洛内容的专栏]。

基尼奇·约纳尔·阿克一世在位约三十六年，其间，为争夺乌苏马辛塔河沿岸的商业控制权，他向几个王国发起了战争。公元628年，他击败帕伦克，俘虏了一位名叫查克·巴拉姆（Ch'ok Balam）的领主。他还战胜了较小的萨克齐（白狗）中心，该地最终纳入皮埃德拉斯·内格拉斯王国。

第二任统治者于公元639年即位，该年，其父去世。他建造了一系列纪念碑以纪念他长久而活跃的统治，包括一处遗址上关于公元662年的战争记事，该遗址现在可以确定为圣塔埃莱娜。他早期的石柱置于南部建筑群建筑R-5前。后来，他在统治期间回到了西部建筑群，让人在建筑K-5前建了两座石柱。第二任统治者可能是神秘的2号嵌板的主角，让人回想起公元510年发生的事件：绰号为海龟牙齿的古典期早期统治者接待了六位被捕的领主，由一位来自未知遗址的王室领主卡洛姆特王（ochk'in kaloomte'）监管，该遗址可能是蒂卡尔。在2000年建筑J-4前出土的15号嵌板上，通过上面略微腐蚀的文字，我们可以了解更多有关第二任统治者及其在位期间军事胜利的信息。

第二任统治者死于公元686年末，公元687年其子基尼奇·约纳尔·阿克二世(第三任统治者)即位。6号石柱(图8.24)记载了他的就职仪式,基尼奇·约纳尔·阿克二世可能于公元706年建造了15号嵌板。实际上,15号嵌板和他的八座石柱都被置于在西部建筑群卫城建筑J-4的前面,这表明第三任统治者遗弃了他父亲和祖父建造纪念碑的南部建筑群。正如其他低地的玛雅国家一样,他的统治表明了与皮埃德拉斯·内格拉斯王国联姻的重要性。他即位之前就娶了一位名为卡盾·阿哈瓦夫人的女人,她来自未被确认的遗址纳马安。卡盾·阿哈瓦夫人备受基尼奇·约纳尔·阿克二世的重视,他的三座石柱上都有她的画像——证明了纳马安对皮埃德拉斯·内格拉斯政权的重要性。实际上,在3号石柱一幅罕见的王室画像上,卡盾·阿哈瓦夫人和她3岁的女儿胡恩坦·阿克夫人(Lady Huntan Ahk)也至关重要。

尽管基尼奇·约纳尔·阿克二世和纳马安联盟,但他也不得不保卫自己的王国,使其免受附近其他对手的攻击。在这个过程中,皮埃德拉斯·内格拉斯遭遇了许多挫折,包括暂时失守拉马尔——一个最为重要的次级中心。大约在公元725年的一场战役中,基尼奇·约纳尔·阿克二世的一位萨哈尔被帕伦克俘虏。然而,一年后,基尼奇·约纳尔·阿克二世声称从亚斯奇兰俘虏了一名萨哈尔。

基尼奇·约纳尔·阿克二世一生都过得很充实,公元724年庆祝了他的卡盾周年纪念日,尽管他肯定是在大约五年后的公元729年去世的。20世纪30年代,宾夕法尼亚大学的项目组从建筑J-5前的院子下面挖出他的陵墓,并将其标号为5号墓葬。5号墓葬的拱形室里有一位成年男性和两个青少年的骨头,显然是被献祭的残骸。成年男性身旁有许多贡品,他的大门牙上镶嵌着黄铁矿和玉石。贡品和装饰品中间有一个赤铁矿镶嵌的镜子和四个血字(黄貂鱼刺),上面刻着基尼奇·约纳尔·阿克的名字。普罗斯科里雅科夫最初发现的是一套四个雕刻贝壳上的象形文字,记录的是他和卡盾·阿哈瓦夫人的婚姻。

图8.24 危地马拉的皮埃德拉斯·内格拉斯地区的石柱 这些石柱描绘了坐在代表就职支架壁龛上的统治者，纪念王室的就职：（左上图）25号石柱，基尼奇·约纳尔·阿克一世（第一任统治者），公元603年；（左下图）6号石柱，基尼奇·约纳尔·阿克二世（第三任统治者），公元687年；（中上）11号石柱，第四任统治者，公元729年；（右上）14号石柱，基尼奇·约纳尔·阿克三世（第五任统治者），公元758年（注意壁龛下面女性人物的画像）。

他的儿子兼继承者第四任统治者于公元729年即位，如11号石柱（图8.24）所示。从40号石柱上的独特场景来看，第四任统治者在一个女人的坟墓上进行了一场播撒仪式，这个女人可能就是他的母亲。这反映出母系关系对他继承王位的重要性。尽管如此，他的前几任代表着子承父业的继承模式，不过在第四任统治者之后就发生了改变。此后的三位统治者显然都是兄弟，即第四任统治者的儿子。

通过王室文献中提到的从属以及几个次级中心较小的纪念碑，我们可以知道一些皮埃德拉斯·内格拉斯王国的政治等级制度。我们已经注意到了其中的两个附属地，拉马尔和萨克齐（显然，部分是因征服而受控制），以及由王室联姻所保护的纳马安。在第四任统治者统治期间，他的主要从属阿赫·查克·瓦伊比库蒂姆（Aj Chak Wayib' K'utiim），即另一个次级遗址埃尔卡约（El Cayo）的萨哈尔，被描绘在一个雕刻精美的祭坛上。后来的文献表明，皮埃德拉斯·内格拉斯的国王在次级中心（如拉马尔）负责从属领主（萨哈洛布，sajalob'）的就任。其他情况下，一位头衔高的阿哈瓦有权任命另一个下属，如萨克齐的统治者负责任命埃尔卡约的萨哈尔。这表明，在国王的至高权威下，阿哈瓦布（ajawab'）和萨哈洛布的组织层级管理着皮埃德拉斯·内格拉斯王国的各个分支。

第四任统治者统治的第一个卡盾时期于公元749年来临，并在第七任统治者统治期间被描绘在一个最为著名的古典玛雅雕塑3号嵌板（图8.25）上。这幅画描绘了一个宫殿场景：第四任统治者坐在王座上，正在召集下属萨哈洛布和客人（附文中提到）。其中一个参观者被确认为亚斯奇兰的统治者约帕特·巴兰二世，在位时间可能为公元742年至公元752年（表8.4）。3号嵌板上的文献提到了约帕特·巴兰二世的一位祖先，他在亚斯奇兰的就职仪式由皮埃德拉斯·内格拉斯人监督。这表明皮埃德拉斯·内格拉斯人支持约帕特·巴兰二

图8.25　皮埃德拉斯·内格拉斯的3号嵌板　危地马拉的皮埃德拉斯·内格拉斯，第七任统治者供奉的用来纪念公元757年第四任统治者任命王室继承人（显示坐在王座上）；左边三位来访领主中的一位显然是亚斯奇兰的约帕特·巴兰；原图（上图）和M.路易斯·贝克（M. Louise Baker）的修复图（下图）。

世，他要么作为亚斯奇兰的统治者，要么作为与其他未来的统治者竞争的候选人。这显然是皮埃德拉斯·内格拉斯人的历史视角；一种截然不同的视角不久就会在亚斯奇兰蔓延（下文讨论），因为那处遗址没有保存下有关约帕特·巴兰二世的文献。因此，如果约帕特·巴兰二世的确在这个时段统治了亚斯奇兰，那么所有关于他统治的内容都在事后被清除了。

3号嵌板上的文献以叙述统治者的死亡和三天后（公元757年11月29日）的墓葬结束。第四任统治者的大部分石柱都置于西部建筑群建筑J-3之前，表明他可能埋葬在那里。然而，3号嵌板置于东部建筑群建筑O-13里面，文献结尾提到了一个仪式为“ocb'k'ak'”（“火进入”，可能指第七任统治者在第四任统治者的陵墓中举行的燃烧仪式）。1997年，考古学家赫克托·埃斯科贝多和托马斯·巴里恩托斯（Tomas Barrientos）在建筑O-13前发掘了一个王室墓葬。它被标号为13号墓葬，其中包含一个成年男性和两个青少年的骨头，就像六十多年前发掘的5号墓葬一样。只是一些骨头消失了，留存下来的也有被火烧过的痕迹。正如3号嵌板描绘的那样，这些迹象清晰地表明，原始葬礼举行数年之后又举行了火的仪式。根据13号墓葬的位置和后来有关动乱的证据，我们几乎可以肯定，它是第四任统治者最后的安息之地。

第四任统治者的儿子约纳尔·阿克三世于公元758年即位，他母亲是见证人。14号石柱记录了该事件，它是保存最好的壁龛主题纪念碑（图8.24）。14号石柱和约纳尔·阿克三世的16号石柱都位于建筑O-13前面。16号石柱记录了拉马尔次级中心一位重要的萨哈尔的就任。人们对约纳尔·阿克三世的短暂统治知之甚少，包括他去世的日期，只知道大约在公元767年。23号石柱记录了公元767年其继承者的就任仪式，该继承者被认定为约纳尔·阿克三世的弟弟哈金霍克（Ha' K'in Xook）。尽管人们对他的统治也知之甚少，但他的任期似乎是在特殊情况下结束的。1号王座(他弟弟和继承者第七任统治者建造)的文字记录了哈金霍克"放弃了统治权",斯蒂芬·休斯顿提出,这是他为支持第七任统治者而让位。

皮埃德拉斯·内格拉斯最后一位确认的国王是第七任统治者,他于公元781年即位,此前有一年多的中断期。这可能反映了王室继位的问题所在。虽然第七任统治者的王室血统并不确定,但他很可能是第五任统治者和第六任统治者的弟弟。无论如何,第七任统治者把精力投入到了建筑O-13上,这栋建筑由他的直系前任开始建造。公元782年,他把前文提到的3号嵌板置于建筑O-13里面,纪念第四任统治者(假定的父亲)的统治和墓葬。

第七任统治者的两座纪念碑——12号石柱和15号石柱——都坐落在同一建筑的顶端,这并不常见。公元785年,他命人建造了1

图8.26　皮埃德拉斯·内格拉斯的王座　1号王座来自皮埃德拉斯·内格拉斯的建筑J-6,它和3号嵌板(见图8.25)上描绘的图案非常相似;发现变成碎片可能是由于亚斯奇兰对皮埃德拉斯·内格拉斯发动的袭击(约公元808年)。

号王座，背面雕刻精美，文字显然记录了第六任统治者的退位。1号王座置于建筑J-6里面，这是他在卫城新建的宫殿和接待区。

第七任统治者似乎带领皮埃德拉斯·内格拉斯走向了侵略的道路——最终导致了该国的灭亡。自公元787年战胜圣塔埃莱娜起，他便取得了一连串的胜利。紧接着，他在两场“恒星战争”（公元792年和公元794年）中击败了主要对手波莫纳。波莫纳位于皮埃德拉斯·内格拉斯的下游。在这两场战争中，第七任统治者都得到了拉马尔阿哈瓦——为人熟知的帕罗特·恰克——的协助。雕刻精美的12号石柱描绘了第七任统治者，他在帕罗特·恰克和一位王室的萨哈尔陪伴下，审判下面捆绑的波莫纳俘虏。

十多年之后，第七任统治者遭遇了和波莫纳俘虏同样的命运。追溯到公元808年，最新发现的亚斯奇兰纪念碑10号楣梁最后标明第七任统治者是亚斯奇兰国王基尼奇·塔特布·骷髅三世（K’inich Tatb’u Skull III）的“b’aak”，意为“俘虏”。考古证据还表明，第七任统治者在皮埃德拉斯·内格拉斯的统治以暴力和破坏告终。宾夕法尼亚大学的考古学家于20世纪30年代挖掘了建筑J-6，发现第七任统治者的雄伟的1号王座已经粉碎。它的碎片散落在宫殿的地板上，王座背面的画像已被彻底毁坏。1号王座被发现后，得以修复和重建（见图8.26）。20世纪90年代，挖掘工作者还发现了其他焚烧和破坏的迹象，宫殿里尤其严重。尽管有证据表明，皮埃德拉斯·内格拉斯后来被占领，但建造纪念碑、修建建筑和其他王室活动并未持续到9世纪。由此看来，亚斯奇兰的胜利和俘虏第七任统治者真正结束了王朝统治，摧毁了皮埃德拉斯·内格拉斯作为政治首都的地位。乌苏马辛塔的商业地位仍十分重要，有可能在公元808年后一段未知的时间里，如拉马尔和埃尔卡约等之前独立政体的贵族领主继续管理着前皮埃德拉斯·内格拉斯王国锐减的人口，以及公元864年末的文献中提及的萨克齐。

亚斯奇兰的历史和宣传

我们对古典期亚斯奇兰王国的了解大都源于后期国王命人记载的历史资料。古典期晚期，亚斯奇兰成为一座强大的城市（图8.27），此前，人们对它知之甚少，除了一部重要的古典期早期文献。尽管到了5世纪，亚斯奇兰已经在与皮埃德拉斯·内格拉斯争夺区域统治权，但在伊察姆纳·巴兰二世（公元681年—公元742年在位）统治之前，它显然是一个相对较小的首都。蒂卡尔、科潘和皮埃德拉斯·内格拉斯的王室历史已经被证明与考古学家的研究成果一致，但在亚斯奇兰，有证据表明，一些可追溯的文献被用来操纵甚至改写王朝历史，以满足至少一位国王——飞鸟美洲虎四世——的野心。

后来的记录可将亚斯奇兰王朝的起源追溯至一位名为约帕特·巴兰一世（Yopaat Balam I）的统治者，他被认定是在公元320年建立王朝的（表8.4）。可追溯的国王名单记录了古典期早期亚斯奇兰和邻国之间的一系列战争。其中，最主要的敌人是皮埃德拉斯·内格拉斯，亚斯奇兰有可能与其争夺乌苏马辛塔贸易路线的控制权。第一个有关王室俘虏的记录出现在第六任统治者基尼奇·塔特布·骷髅一世（K'inich Tatb'u Skull I）统治时期。第七任统治者月亮骷髅（Moon Skull）被认为战胜了皮埃德拉斯·内格拉斯（约公元460年）。他的继承者飞鸟美洲虎二世（Bird Jaguar II）俘虏了皮埃德拉斯·内格拉斯国王的一位领主（约公元478年）。他儿子是亚斯奇兰第九任统治者，即纽结眼美洲虎一世（Knot-eye Jaguar I），也取得了几次胜利，甚至从蒂卡尔俘虏了领主阿赫·巴兰（Aj Balam）。但纽结眼美洲虎的统治生涯以战败于皮埃德拉斯·内格拉斯而告终（约公元521年），他在该处遗址的12号楣梁上被描绘成一个俘虏。他弟弟基尼奇·塔特布·骷髅二世带领亚斯奇兰取得了几次胜利，最大功绩是公元537年俘虏了卡拉克穆尔的领主。基尼奇·塔特布·骷髅二世命令下属建造了四个刻有精美文字的楣梁，以此记录自己以及前任统治者的战绩。

此后近一个世纪（公元537年—公元629年）的历史记录几乎都为空白。这一时期的四位国王，只有一位为人所知，那就是纽结眼美洲虎二世（Knot-eye Jaguar II）。下一个被确认的国王是飞鸟美洲虎三世（公元629年—约公元669年在位），他被授予第十五任统治者的头衔。飞鸟美洲虎三世统治的记录来源于铭文之梯、3号石柱和6号石柱，以及2号王座，所有这些都由他的孙子飞鸟美洲虎四世命人建造。雕刻这些纪念碑是为了给飞鸟美洲虎三世留下一份遗产，但其实已不复存在。由此推测，亚斯奇兰实际上在飞鸟美洲虎三世统治

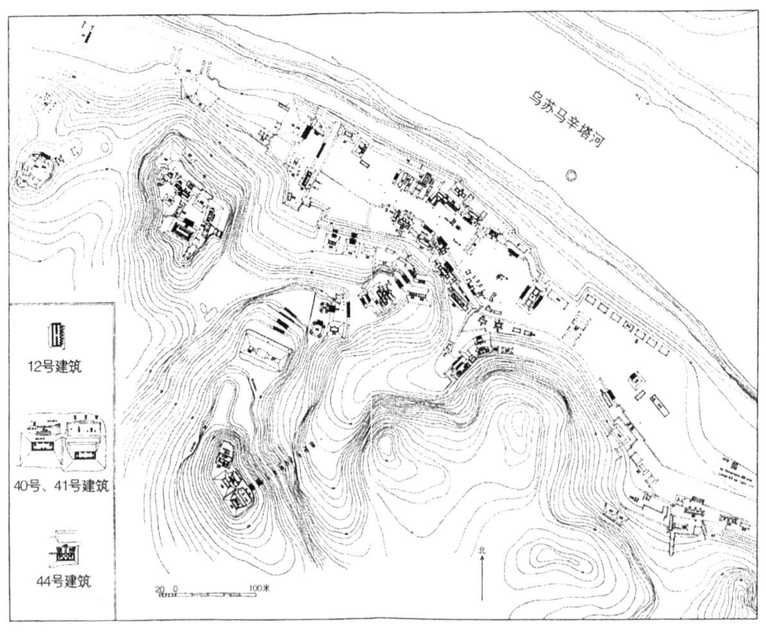

图8.27　墨西哥恰帕斯州亚斯奇兰的地图　该遗址核心的广场和建筑沿着乌苏马辛塔河南岸的梯田而建。

表8.4　亚斯奇兰王朝年表

统治者	长纪历日期	公元日期	事件
约帕特·巴兰一世 （开国者）	8.16.2.9.1?	359?	“第一位坐着的领主”即位
伊察姆纳·巴兰一世	—	378?	第二任统治者去世
飞鸟美洲虎一世	8.17.1.17.16?	378?	第三任统治者即位
雅克斯·鹿角·骷髅一世	8.17.13.3.8?	389?	第四任统治者即位
第五任统治者	?	?	
基尼奇·塔特布·骷髅一世	?	?	捕获博南帕克的飞鸟美洲虎
月亮骷髅	9.0.19.2.4	454	建造“四蝙蝠”宫殿
	—	约460	捕获皮埃德拉斯·内格拉斯的统治者A
飞鸟美洲虎二世	9.1.12.7.8?	467?	第八任统治者即位
	—	约478	捕获皮埃德拉斯·内格拉斯的一位领主
纽结眼美洲虎一世	9.3.13.12.19	508	捕获蒂卡尔的阿赫·巴兰
	9.4.0.0.0	514	庆祝卡盾时期终结（27号石柱）
	—	约521?	皮埃德拉斯·内格拉斯统治者C捕获俘虏
基尼奇·塔特布·骷髅二世 父亲：飞鸟美洲虎二世；母亲：丘恩夫人；526年2月11日至约537年在位（大约十一年）；建造11号、22号、34号、35号、37号、47号、48号、49号楣梁	9.4.11.8.16 9.5.210.6 —	526 537 564	第十任统治者即位 捕获卡拉克穆尔领主 捕获兰坎哈的一位领主
在537年至629年期间，亚斯奇兰四位统治者中只有一位得以确认：**纽结眼美洲虎二世**			
飞鸟美洲虎三世 妻子：巴加尔夫人；629年9月15日至约669年在位（大约四十年）；头衔：从开国者算起为第十五任统治者	9.9.16.10.13 —	629 646?	第十五任统治者即位 捕获希克斯维茨的一位领主
伊察姆纳·巴兰二世 出生年份不详；死于742年6月15日；父亲：飞鸟美洲虎三世；母亲：巴加尔夫人；妻子：卡巴尔·库克夫人、萨克·比亚安夫人、卡拉克穆尔的伊克·骷髅夫人；681年10月20日—742年6月15日在位（六十年）；建造7号、12号、22号祭坛，4号、23号、24号、25号、26号、44号、45号、46号、56号楣梁，13号、14号、15号、17号、18号、19号、20号、23号石柱	9.12.8.14.1 9.12.9.8.1 9.12.17.12.0 9.14.1.17.14 — 9.15.0.12.0 9.15.10.17.14 —	680 681 689 713 726 732 742 749	捕获阿赫·尼克 即位 捕获阿赫·萨克·伊奇·帕特 捕获阿赫·坎·乌斯哈 皮埃德拉斯·内格拉斯第三任统治者约纳尔·阿克二世俘虏亚斯奇兰的萨哈尔 捕获希克斯维茨的一位领主 去世 见证卡盾时期庆祝皮埃德拉斯·内格拉斯第四任统治者

(续表)

统治者	长纪历日期	公元日期	事件
在742年至752年的中断期,在皮埃德拉斯·内格拉斯发现了一位亚斯奇兰统治者:**约帕特·巴兰二世**			
飞鸟美洲虎四世 出生:709年8月23日;死于768年(享年约59岁);父亲:伊察姆纳·巴兰二世;母亲:卡拉克穆尔的伊克·骷髅夫人;妻子:大骷髅夫人、瓦克·通夫人、莫图尔德圣何塞的瓦克·哈拉姆·查恩·阿哈瓦夫人、希克斯维茨的穆特·巴兰夫人;752年4月29日至768年在位(十六年);建造3号、4号、9号祭坛,5号、6号、7号、8号、9号、16号、21号、27号、28号、29号、30号、31号、33号、38号、39号、40号、59号楣梁,1号、3号/33号、6号、9号、10号、11号、35号石柱,8号神庙牌匾	9.15.9.17.16	741	与父亲一道参加集体仪式
	9.16.0.13.17	752	捕获瓦卡布的萨哈尔
	9.16.0.14.5	752	王室继承人出生
	9.16.1.0.0	752	即位;接收三个俘虏(11号石柱)
	9.16.4.1.1	755	捕获萨纳布乌凯的宝石骷髅
	9.16.6.0.0	757	庆祝儿子兼继承人切尔特·查恩·基尼奇(伊察姆纳·巴兰三世)5卡盾周年纪念日
	—	759	在拉帕萨迪塔的萨哈尔蒂罗姆的帮助下,捕获一位基纳尔·阿哈瓦(来自皮埃德拉斯·内格拉斯?)
	—	768	去世
伊察姆纳·巴兰三世 出生:752年2月14日;死于约公元800年(享年约48岁);父亲:飞鸟美洲虎四世;母亲:大骷髅夫人;妻子:查布·阿哈瓦(Ch'ab Ajaw)夫人;约769年至800年在位(大约三十年);建造10号祭坛,12号、13号、14号、51号、52号、53号、54号、57号、58号楣梁,5号、7号、20号、21号、22号、24号、29号石柱	—	769?	即位
	—	783	接收三个阿赫·查克·马斯俘虏
	—	787	与博南帕克的亚哈瓦·查恩·穆瓦安(Yajaw Chan Muwaan)联盟对抗萨克齐的战争
	—	790	见证博南帕克新统治者即位
	9.18.7.6.0	798	捕获俘虏
	9.18.9.10.10	800	捕获俘虏
	—	约800	去世(袭击一个亚斯奇兰人?)
基尼奇·塔特布·骷髅三世 父亲:伊察姆纳·巴兰三世;母亲:查布·阿哈瓦夫人;约800年至? 在位;建造10号楣梁	—	约800	即位
	—	808	捕获皮埃德拉斯·内格拉斯第七任统治者
	—	808	建造亚斯奇兰最后的王室建筑3号神庙

来源:马修,1985、1997;马丁和克鲁伯,2000;纳姆,1997;普罗斯科里雅科夫,1963、1964、1993;谢勒和福莱德尔,1990;塔特 1990。

期间遭遇重创，飞鸟美洲虎四世需要创造一段合适的历史来重振他祖父的声望。

在飞鸟美洲虎三世的儿子伊察姆纳·巴兰二世及其儿子飞鸟美洲虎四世统治期间，亚斯奇兰的权力到达了顶峰。和其他玛雅遗址一样，他们的成功是因为长寿和对邻国的侵略，以此确保军事胜利带来的资源和声望。伊察姆纳·巴兰二世统治了大约六十年，政绩卓著，在此期间，他命人建造了饰有九座雕刻楣梁的建筑，还有十一个纪念碑和一个铭文之梯，记录了在战争中捕获的众多俘虏。普罗斯科里雅科夫推测，他大约生于公元647年，这意味着伊察姆纳·巴兰二世于公元742年去世时已经90多岁了。在他的统治接近尾声之时，他肯定有80多岁，尽管此时承担了军事指挥重任的可能是他的下属，但他依然建立了作为“战争纪念碑”的44号神庙，以此纪念作为战士的伊察姆纳·巴兰二世和他捕获俘虏的英勇。

有趣的是，几乎所有的伊察姆纳·巴兰的建筑和纪念碑都可追溯到他统治的最后一个卡盾时期。除了抓捕未成年的俘虏，历史记录中没有什么能够解释为什么在统治约四十年后，伊察姆纳·巴兰二世突然获得了资源来支持自己的建筑计划。其实，皮埃德拉斯·内格拉斯记录了公元726年的一次胜利和捕获亚斯奇兰萨哈尔的行动。亚斯奇兰最宝贵的资源就是乌苏马辛塔以及沿线运输的货物。控制这条主要贸易路线的国家间政治势力的转移将增加亚斯奇兰的商业收入，从而促进其发展。因此，类似公元729年皮埃德拉斯·内格拉斯王朝更迭的主要事件（前文已讨论）可能使得亚斯奇兰加强对乌苏马辛塔贸易的控制权，从而获得资源，启动伊察姆纳·巴兰的建筑和纪念碑修建工程。

根据他自己的描述，伊察姆纳·巴兰起初是一名战士，他反复提到自己在公元680年捕获了邻国的一位领主。该事件就发生在伊察姆纳·巴兰二世公元681年即位前不久，有可能是为了提供惯常的人祭，以圣化他的即位。数年后，他的就任仪式和一生中的其他重大事件都被描绘在23号神庙三个门廊的楣梁上，被命名为伊察姆纳·巴兰二世的正妻卡巴尔·库克夫人（Lady K'ab'al Xook）的"yotoot"，意为"宫殿"。该建筑建于公元726年（即伊察姆纳·巴兰二世统治的第四十五年），位于广场南侧，与乌苏马辛塔河平行而建，可以俯瞰乌苏马辛塔河。建筑上三个雕刻楣梁如图8.28所示。中央门廊上的25号楣梁描绘了卡巴尔·库克夫人正为她丈夫公元681年的即位表演魔术仪式，从一条大毒蛇的嘴里变出亚斯奇兰守护神阿赫·卡克·恰克（Aj K'ak' Chaak）的"燧石和盾牌"。在东门的24号楣梁上，伊察姆纳·巴兰二世在妻子卡巴尔·库克夫人头上方举着一支燃烧的火炬。卡巴尔·库克夫人跪着，在举行放血仪式，她用一根代表王权的绳子穿过自己的舌头。在西门的26号楣梁上，数年后的公元724年，伊察姆纳·巴兰二世扮成战士模样，手持大刀，卡巴尔·库克夫人正向他展示一具美洲虎面具。

经过六十年的非凡统治后，伊察姆纳·巴兰二世于公元742年中期去世。之后，亚斯奇兰的官方国王名单上出现了十年的中断期（公元742年—公元752年），直到新统治者飞鸟美洲虎四世即位。有趣的是，新国王既不是伊察姆纳·巴兰二世正妻卡巴尔·库克夫人的儿子，也不是伊察姆纳·巴兰文献中记录的第二任妻子萨克·比亚安夫人（Lady Sak B'iyaan）的儿子。其实，伊察姆纳·巴兰二世并未提过飞鸟美洲虎四世的母亲。在10号石柱上，飞鸟美洲虎四世将其母亲命名为伊克·骷髅夫人（Lady Ik'skull），她是卡拉克穆尔王室的女人，上面还有他父亲伊察姆纳·巴兰二世。这些事实表明，伊察姆纳·巴兰死后，王位继承存在一些问题。虽然亚斯奇兰王室历史并未提到，但可能还有其他君主，甚至可能包括没有在公元742年至公元752

年中断期幸存下来的一位国王。具有讽刺意味的是,亚斯奇兰头号敌人皮埃德拉斯·内格拉斯的王室文献为后一种可能提供了支持(表8.3)。如上文所述,该遗址的3号嵌板(图8.25)上记录了亚斯奇兰国王约帕特·巴兰二世,在亚斯奇兰处于中断期的公元749年,他曾拜访过皮埃德拉斯·内格拉斯的第四任统治者。这表明,一位王室继承人,也许是卡巴尔·库克夫人的儿子约帕特·巴兰二世,在伊察姆纳·巴兰死后成为了国王,并得到了皮埃德拉斯·内格拉斯的支持。

墨西哥恰帕斯州的亚斯奇兰

亚斯奇兰是乌苏马辛塔地区最大且最晚繁荣的中心,距阿尔塔·德·萨克里菲西奥斯下游约80千米(约50英里)。亚斯奇兰的地理位置较好,位于乌苏马辛塔河的南岸,处于墨西哥那一侧,在一个几乎封闭的环形水域顶端。因此,它通过一条四面环绕(除了南边的一块狭长地带)的天然护城河来保护靠近陆地的地方。在整个古典期,亚斯奇兰的历代国王都靠着这个安全的地方统治着一个强大的独立政体,但他们必须要谋求贵族管理者的支持。

亚斯奇兰开始通过戴世黑·夏赫内(Désiré Charnay)的探索为外界所知,他称这个地方为罗瑞拉德城(Lorillard City),此后不久,人们通过阿尔弗雷德·莫兹利和特奥贝特·梅勒尔的调查和记录知道了亚斯奇兰。莫兹利将该遗址称为门彻(Menché),但是梅勒尔后来称其为亚斯奇兰。近年来,墨西哥国立人类学与历史研究所的考古学家对亚斯奇兰进行了研究,这项工作至少成功地保护了遗址中央的部分。亚斯奇兰拥有瞩目的建筑遗迹,沿河的梯田上有一个大广场,周围是宫殿和神庙(图8.27)。在此之上,一系列重要的建筑矗立在更高的梯田和山丘上,俯瞰着河流和远处无边无际的绿色低地森林。许多建筑的外观都装饰精美,但自从莫兹利第一次涉足,门廊上雕刻精美的石楣梁才让亚斯奇兰名垂青史。事实上,这些雕刻楣梁以及重要建筑前的雕刻石柱,为亚斯奇兰的王朝历史提供了主要的文字和图像记录。这段历史最初由普罗斯科里雅科夫提出,近年来,随着彼得·马修和其他铭文学家以及艺术史学家的研究,这段历史进一步丰富起来。考古学家罗伯特·加西亚·莫尔(Robert García Moll)于1983年发现的1号铭文之梯和门楣,是早期王朝历史最重要的资料来源。

但亚斯奇兰没有关于约帕特·巴兰二世的记录。在十年中断期之后，借助于飞鸟美洲虎四世的雕塑和文献（表8.4），官方历史再次延续。如果约帕特·巴兰二世曾登上王位，那么飞鸟美洲虎四世就会篡位，之后再有计划地抹去约帕特·巴兰二世统治时期的所有记录。

飞鸟美洲虎四世命人在文献和绘画中记录了他此后的许多行为，似乎明显是为了宣布和巩固他身为国王的政治合法性。战争是实现这一目标的重要手段，根据飞鸟美洲虎四世的相关记录，在他父亲去世后的十年间，他应对了无数次来自亚斯奇兰的袭击，逮捕了众多俘虏，所有这些都记在了他后来的纪念碑上。他统治的整个时期，利用战争扩大权力、提高声望。军事胜利不仅强化了飞鸟美洲虎四世的政权，也促进了其王室从属领主的事业发展。

王室联姻是加强其政治合法性的另一种方式。飞鸟美洲虎四世娶了一位重要的亚斯奇兰女人大骷髅夫人（Lady Great Skull），肯定也从她的贵族亲戚中获得了至关重要的支持。在飞鸟美洲虎四世于公元752年即位前不久，大骷髅夫人产下一子，最终成为了亚斯奇兰的下一任统治者。在短短十六年的统治期间，飞鸟美洲虎四世为加强与其他低地王国之间的联盟，又娶了至少三位王室出身的妻子。其中两位妻子来自莫图尔德圣何塞（Motul de San Jose），一位来自希克斯维茨（Hix Witz）——被他祖父和父亲打败的敌国。无论是战争和

图8.28　亚斯奇兰24号楣梁、25号楣梁和26号楣梁（见后三页）　亚斯奇兰23号神庙（公元726年）上雕刻的楣梁：（第一）24号楣梁，展示了统治者伊察姆纳·巴兰二世和他妻子卡巴尔·库克夫人在进行放血仪式；（第二）25号楣梁，展示了卡巴尔·库克夫人，在王朝建立者约帕特·巴兰施加魔法的形象面前，从一条双头蛇的口中出来；（第三）26号石柱，展示了伊察姆纳·巴兰二世正在卡巴尔·库克夫人的帮助下备战。

A B C D E F
1
2
3
G
2
3
4
H
1
2
3
4

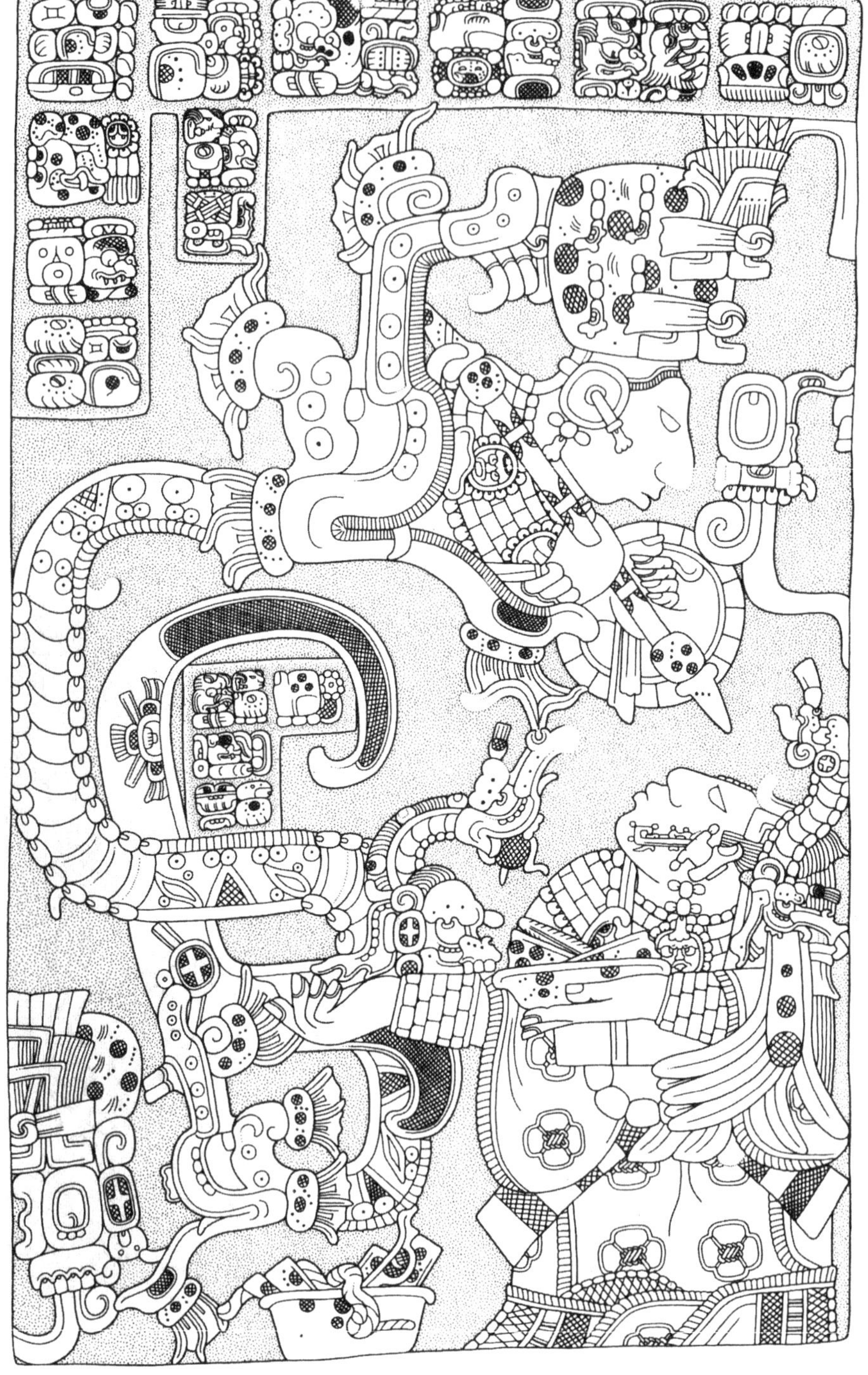

O P Q R S T U V W X

1

2

3

4

Y

1

2

3

4

5

联姻，还是工程建造和纪念碑的落成，飞鸟美洲虎四世似乎决心超越他长寿的父亲。在他统治期间，亚斯奇兰的大部分建筑都得以重建，他建造的纪念碑比他父亲的还多。飞鸟美洲虎的做法违背了常规议程，通过改写历史增强了自身统治的合法性，这是史无前例的。从此种意义上来看，飞鸟美洲虎四世远远强过其他玛雅国王，被公认为政治宣传大师。

飞鸟美洲虎四世在11号石柱上的文字和图像（图8.29）都宣布了他统治亚斯奇兰的合法性。文字记录了他于公元752年即位的场景，纪念碑一侧的雕刻场景是：飞鸟美洲虎四世站在三个用作牺牲的俘虏旁边，上面是他的父母伊察姆纳·巴兰二世和伊克·骷髅夫人。11号石柱的另一侧描绘的是飞鸟美洲虎四世于公元741年（其父去世前一年）正陪父亲表演一项重要的舞蹈仪式。伊察姆纳·巴兰二世统治早期，在亚斯奇兰最高的山顶上建造16号石柱和14号神庙，以此纪念同样的仪式。飞鸟美洲虎四世把11号石柱置于同一山顶的双子建筑——40号神庙前，从而强调了子承父业的统治连续性。

飞鸟美洲虎建造的21号神庙就位于他父亲的23号神庙旁边，主题是子承父业的延续性和合法性。他的21号神庙里面建有15号楣梁、16号楣梁和17号楣梁，上面描绘的场景与他父亲命人雕刻在23号神庙楣梁上的场景（图8.28）相似。21号神庙里面发现的35号石柱是为飞鸟美洲虎的母亲伊克·骷髅夫人而建。似乎是为了弥补母亲不在父亲的雕塑和文献中的遗憾，飞鸟美洲虎的母亲被描绘在了35号石柱上，她表演了同样的舌头放血仪式，如同伊察姆纳·巴兰的王后卡巴尔·库克夫人被画在23号神庙的25号楣梁上一样。

飞鸟美洲虎努力保护和重写前任历史的做法揭示了他过去为提

图8.29　亚斯奇兰11号石柱　统治者飞鸟美洲虎四世戴着精美的神祇面具，站在三个俘虏旁，这可能发生在公元752年他们的牺牲将其就任神圣化之前；上面的人物已经被认定为是他的父母伊察姆纳·巴兰二世和卡拉克穆尔的伊克·骷髅夫人。

高声望与加强政治合法性而采取的额外手段。他将二百年前基尼奇·塔特布·骷髅二世统治期间的四个雕刻楣梁重置于自己的12号神庙里面，亚斯奇兰的第一个国王名单从而得以保留。他好像也曾命令修建更早的纪念碑——纽结眼美洲虎一世的27号石柱。为了再现祖父飞鸟美洲虎三世消失的遗产，他命人雕刻3号石柱、6号石柱以及2号王座，其中，至少6号石柱被重新雕刻在一座更早的纪念碑上(可能建于约帕特·巴兰二世统治的中断期)。为了达到这一目的，飞鸟美洲虎四世找人修建了1号铭文之梯，以便他的统治在亚斯奇兰约三百年的王朝历史上达到顶峰。

亚斯奇兰中部的大部分地区在飞鸟美洲虎统治期间得以重建和扩张。飞鸟美洲虎四世命人建造了至少六座建筑，21号神庙是其中一座，位于与乌苏马辛塔河平行的广场侧面。其中，一座最重要的建筑是33号神庙，它将飞鸟美洲虎与父亲和祖父联系在一起，宣布了他的合法性。考古学家于1974年清理了它的台阶，发现了一系列雕刻的球类运动场景。这些场景描绘的是飞鸟美洲虎四世的父亲伊察姆纳·巴兰二世和祖父飞鸟美洲虎三世，正在玩用俘虏的身体做成的大球。其中一个可怜的受害者是敌方领主宝石骷髅(Jeweled Skull)，他是飞鸟美洲虎四世在公元755年第一次取得重大胜利的战利品。在雕刻的台阶上，33号神庙的1号楣梁上描绘了飞鸟美洲虎四世在就任仪式上身着玛雅国王王袍，展示着卡维尔节杖，由第一任妻子大骷髅夫人陪伴(图8.30)。33号神庙前方的平台下发现了一座陵墓，它可能是飞鸟美洲虎四世的，甚或是伊察姆纳·巴兰二世的。

该建筑的另外两个楣梁(图8.30)突出表现了飞鸟美洲虎的两个担忧：一是确保儿子继位，二是确保管理王国次级中心萨哈洛布的忠心支持。2号楣梁描绘的是一个王室仪式中的飞鸟美洲虎四世，由他的儿子兼继承人切尔特·查恩·基尼奇(Chel Te’ Chan K’inich)协助。

3号楣梁描绘的是另一个仪式中举着卡维尔节杖的飞鸟美洲虎四世，这次由一位持有相似节杖的萨哈尔协助。两个场景中，国王的形象都更为高大，占主导地位，但对亚斯奇兰国王及其继承人和忠诚下属的描绘显然是为了要增加他们的声望。飞鸟美洲虎的目的十分明确，关于谁将成为下一任统治者不留任何悬念，他讨好萨哈尔，从而让他对自己更加忠诚。

飞鸟美洲虎有一个叫蒂罗姆（Tiloom）的从属领主，他被安置在亚斯奇兰北部拉帕萨迪塔（La Pasadita）的一个战略中心。从山顶位置来看，拉帕萨迪塔控制着亚斯奇兰和皮埃德拉斯·内格拉斯之间的边界，监视着这两个王国之间主要土地沿线的活动，因此，蒂罗姆身负重任，保卫亚斯奇兰不受攻击。为回报他的忠心耿耿，飞鸟美洲虎四世授予蒂罗姆特权，让王室工匠将他的名字雕刻在拉帕萨迪塔的楣梁上。这些记录了公元759年的一次冲突，蒂罗姆帮助飞鸟美洲虎四世俘虏了可能来自皮埃德拉斯·内格拉斯的“k’inil ajaw”（意为“太阳领主”），并于公元766年举行了一场播撒仪式。最后一幕描绘了蒂罗姆向坐在王座上的王室继承人切尔特·查恩·基尼奇行礼。

拉帕萨迪塔的楣梁表明了（讨好下属和王室继承）这两件大事之间的联系，因为效忠国王也即支持飞鸟美洲虎的继承人。这些对王位继承的关注可能源于他从父亲去世后的中断期所汲取的教训。飞鸟美洲虎统治时期，后期建筑上的文字和图像反复提到其王位继承人和首次出现在33号神庙上的忠诚下属。这些建筑包括位于大广场东南侧山丘底部梯田上的1号神庙，以及位于大广场西侧山顶上的42号神庙。8号楣梁位于1号神庙内，上面有一个著名的场景，描绘了飞鸟美洲虎四世正在捕获宝石骷髅（图8.31）。但在这个雕塑中，他允许萨哈尔坎·托克（Kan Tok）享受跟他同等的待遇：把一个俘虏带在身边，以此来讨好这位重要的下属。

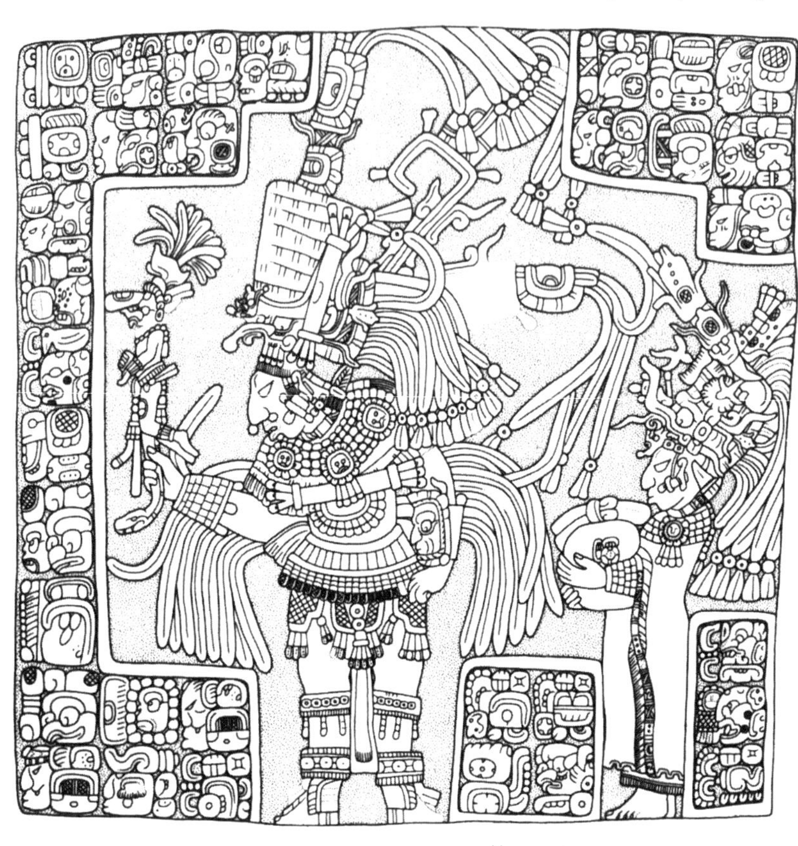

图8.30　亚斯奇兰1号楣梁、2号楣梁和3号楣梁　亚斯奇兰33号神庙(公元756年)的雕刻楣梁上的图画:(上图)1号楣梁,统治者飞鸟美洲虎四世即位,拿着卡维尔节杖,妻子大骷髅夫人拿着一个包裹;(下页图)2号楣梁,飞鸟美洲虎四世和儿子以及继承人切尔特·查恩(左),都拿着饰有飞鸟的十字形蛇;(第528页图)3号楣梁,飞鸟美洲虎四世和他的萨哈尔,都拿着卡维尔节杖。

图8.30(接上页图)

就像确保儿子的继承权一样,飞鸟美洲虎四世用同样的方式确保第一任妻子亲属的忠诚。11号纪念碑石柱描绘了他即位时的仪式,在他统治时期的最后一个已知的2号神庙(与1号神庙相邻)内的9号楣梁上,飞鸟美洲虎四世也举行了同样的仪式。但这一次,在公元741年和父亲一起举办的第二十七周年纪念日庆典上,飞鸟美洲虎四世也邀请了妻子的弟弟大骷髅(Great Skull)。大骷髅是切尔特·查恩·基尼奇的叔叔,有望确保飞鸟美洲虎四世去世之后王室继承人的继位。54号神庙和55号神庙的楣梁上描绘的是飞鸟美洲虎四世、大骷髅夫人和他们的儿子切尔特·查恩·基尼奇。其中,在55号神庙

图8.30（接上页图）

的52号楣梁上，飞鸟美洲虎四世和他的儿子同时出现，都持有代表王室官职的卡维尔节杖。

飞鸟美洲虎四世的努力似乎取得了成功，因为他死后，他的儿子继承了王位，现在被王室命名为伊察姆纳·巴兰三世（Itzamnaaj Balam III）。他的叔叔大骷髅仍对他忠心耿耿，他命人在年轻国王的几个楣梁上雕刻了几幅叔叔的画像，以此作为奖赏。伊察姆纳·巴兰三世统治的记录以持续突显仪式活动和战争俘虏为特征。战争对于

图8.31 亚斯奇兰8号楣梁 1号神庙上亚斯奇兰8号楣梁上的图画：统治者飞鸟美洲虎四世捕获敌人宝石骷髅，大腿上有代表他名字的符号；左边，飞鸟美洲虎的萨哈尔坎·托克捕获了另一个俘虏（公元755年）。

保卫亚斯奇兰王国的边界和独立仍尤为重要。

亚斯奇兰通过王室的一位女性和博南帕克统治者亚哈瓦·查恩·穆瓦安的联姻，从而巩固其与独立政体博南帕克（图8.32）的联盟。公元787年，伊察姆纳·巴兰三世和查恩·穆瓦安共同向萨克齐发动了战争。但伊察姆纳·巴兰三世不再掌控他父亲和祖父拥有的资源。尽管他统治了约三十年，但伊察姆纳·巴兰三世赞助建造的纪念碑和建筑远远少于他父亲的。三个雕刻楣梁，四座石柱以及5号铭文之梯都与主要建筑20号神庙有关。5号铭文之梯上雕刻的文字与他统治时期捕获的约十五个俘虏相吻合。关于他的死亡没有记载留存下来，但一定是在公元800年左右。有证据表明，大约在这个时候，伊察姆纳·巴兰三世对亚斯奇兰的一次攻击有可能导致他的死亡。无论如何，从44号建筑弹射点集中的迹象来看，那里可能是抵御未知入侵者的关键根据点。伊察姆纳·巴兰三世的许多纪念碑都被破坏了，但这也许表明他在统治末期获得了一次军事胜利。

伊察姆纳·巴兰三世的儿子是亚斯奇兰最后一位已知统治者。基尼奇·塔特布·骷髅三世似乎是在公元800年后不久即位的，关于他统治时期的记载仅局限于3号神庙一扇楣梁上晦涩难懂的文字。3号神庙建于公元808年，是塔特布·骷髅三世的祖先们留下的一小块建筑遗迹，证明了该时期亚斯奇兰权力迅速削弱、资源锐减。但为了与传统惯例保持一致，3号楣梁上的文字列举了塔特布·骷髅三世的俘虏名字，并以皮埃德拉斯·内格拉斯第七任统治者的名字结束。亚斯奇兰似乎结束了其宿敌的王朝统治，但它的王朝也很快就灭亡了。

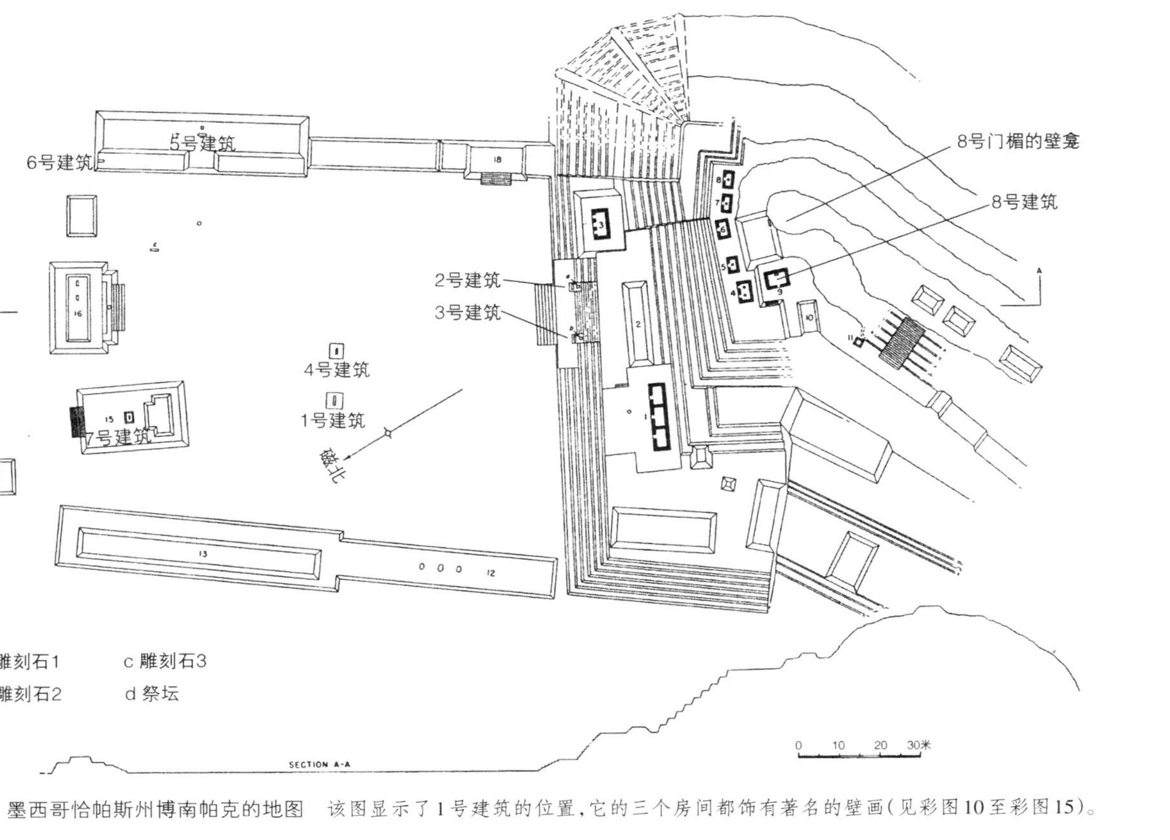

图8.32　墨西哥恰帕斯州博南帕克的地图　该图显示了1号建筑的位置，它的三个房间都饰有著名的壁画（见彩图10至彩图15）。

墨西哥恰帕斯州的博南帕克

博南帕克的次要中心位于兰坎哈(Lacanha)谷的东侧,在亚斯奇兰以南约20千米处。1946年,贾尔斯·希利(Giles Healey)向外界报道了这一侧及其著名的壁画。随后,华盛顿卡内基研究所对其进行了一次勘测,记录该遗址的壁画和其他特点。安东尼奥·特赫达(Antonio Tejeda)和奥古斯丁·维拉格拉(Agustín Villagra)制作的彩绘对壁画进行了拍摄和记录。墨西哥国立人类学与历史研究所随后清理了场地,试图保护建筑和里面的壁画。20世纪90年代,耶鲁大学的玛丽·米勒(Mary Miller)领导的一个项目应用新的成像技术来记录壁画,从而对壁画和象形文字有了更好的定义,还发现了此前未被发现的微小的象形文字。

根据已知年代的铭文,只有些许迹象表明了古典期早期博南帕克贵族的活动。毫无疑问,博南帕克深受亚斯奇兰的影响,彼得·马修在亚斯奇兰的铭文中确定了几个早期的博南帕克统治者,这种影响关系一直持续到古典期晚期。一条萨克贝("白色的道路")从博南帕克通往东北方向,尽管不清楚它的目的地,但有可能通向亚斯奇兰。彼得·马修在河流西侧兰坎哈的一个墙板上发现了雕刻这幅壁画的主人——博南帕克统治者的父亲纽结眼美洲虎。

该遗址的主要建筑是一座建于天然山脊之上的卫城,在两侧较小的平台和建筑上可以俯瞰大广场(图8.32)。1号石柱和4号石柱建在广场上,2号石柱和3号石柱建在卫城楼梯的两侧。其中三座石柱(1号石柱至3号石柱)都和查恩·穆瓦安有关,他是亚斯奇兰国王伊察姆纳·巴兰三世的亚哈瓦,也是1号建筑上一幅著名壁画的主角。1号建筑有三个房间大,位于卫城的第一个平台上,外部饰有灰泥人物和浮雕,现在大部分都消失了(图8.33)。楣梁上雕刻着文字和抓捕俘虏的场景,风格与亚斯奇兰相似,分别设置在三个门廊上。根据马修阅读的相关材料,3号楣梁上最早的日期是9.15.9.3.14(公元740年),以查恩·穆瓦安的父亲纽结眼美洲虎命名。查恩·穆瓦安于9.17.5.8.9(公元776年)统治博南帕克。2号楣梁记载了他后来在9.17.16.3.8(公元787年)的统治,并描绘了他的亚斯奇兰领主伊察姆纳·巴兰三世。

栩栩如生且技艺精湛的壁画(彩图10至彩图15)足足绘满了三间房屋的墙壁。它们记录了在伊察姆纳·巴兰三世统治下查恩·穆瓦安的即位,查恩·穆瓦安幼子的继承人称号以及公元790年至公元792两年间发生的相关事件。尽管学者们在壁画的顺序问题上还存在分歧,但描绘的事件似乎是从1号房间到2号房间再到3号房间,壁画的设计可能是为了让人从最佳角度观看这些人物。低矮的长椅占据了每个房间的大部分空间。叙述从1号房间中部分保存和破译的长纪历日期和象形文字开始。该日期的最佳解读是9.18.0.3.4（公元790年），可能指上区（upper register）中描述的最初事件，王室继承人出现在宫廷，十四名穿着白色长斗篷的领主随从左右。第一个场景是在一个宫殿内，尽管它的位置尚未确定（彩图10和彩图11）。两个坐着的人物可能是查恩·穆瓦安和他妻子（即继承人的母亲），在一个大宝座或高台（西墙）上观看。第二个日期可能指336天后举行的一个仪式。三个领主正为这次仪式做准备，其中，前面一位戴着最大羽毛头饰的人物也可能是查恩·穆瓦安（北墙，上区）。仪式队伍的高潮发生在房间的下区，包括精心打扮的宫廷成员和九名用葫芦摇铃、一个木制鼓和乌龟壳演奏的乐师。三个领主在游行队伍的中间（南墙）舞蹈。

2号房间有一件真正的玛雅艺术杰作，这是一幅生动而充满活力的战争场景图，绘满了房间所有墙壁和拱顶，除了北侧（彩图12和彩图13）。尽管场景被破坏了，但它仍绘声绘色地描绘了肉搏战的混乱和恐惧。长矛被用力投掷出去（其中一个刺穿一名士兵的前额），俘虏的头发被抓住，成对的胜利者联合起来压倒单个的敌方士兵。这一场景的焦点是战争领导者查恩·穆瓦安，他站在最前面，一手抓着俘虏的头发，一手持有美洲虎皮毛装饰的刺杀长矛（南墙，上区）。陪同他的还有另一名士兵，也许是亚斯奇兰的伊察姆纳·巴兰，他们都穿着美洲虎皮束腰外衣，戴着精致的头饰，由一群贵族战士的随从保卫。

事件的余波呈现在北墙上。正前方的人物手持美洲虎皮制作的长矛，他可能还是查恩·穆瓦安，由战士盟友和随从以及最右边两个女人陪同，站在平台的最高处处置战争中捕获的俘虏。重要的俘虏坐在查恩·穆瓦安的脚边，而其他不幸的俘虏则在平台的六个台阶上被示众，在那里，他们饱受折磨，指甲流血，由更多取得胜利的士兵控制和看守。这些是要被献祭的俘虏；一个四肢展开的人可能已经死了，另一个人的头颅已经被砍下放在台阶上了。

3号房间的壁画受损最为严重。尽管如此，他们很明显描绘了一个盛大的仪式，这可能是一系列庆祝事件的高潮（彩图14和彩图15）。仪式似乎分为两部分：第一部分是身着盛装的王室成员在阶梯式金字塔上的展示，下面是舞者和乐师的队伍；第二部分是宫殿里一个更加私密的场所，里面有统治者查恩·穆瓦安，他与贵族随从以及坐在高台上的王室成员站在一起，高台就像1号房间中看到的那样。最后一个场景中，王室成员表演了放血仪式，整个仪式得以圆满结束。

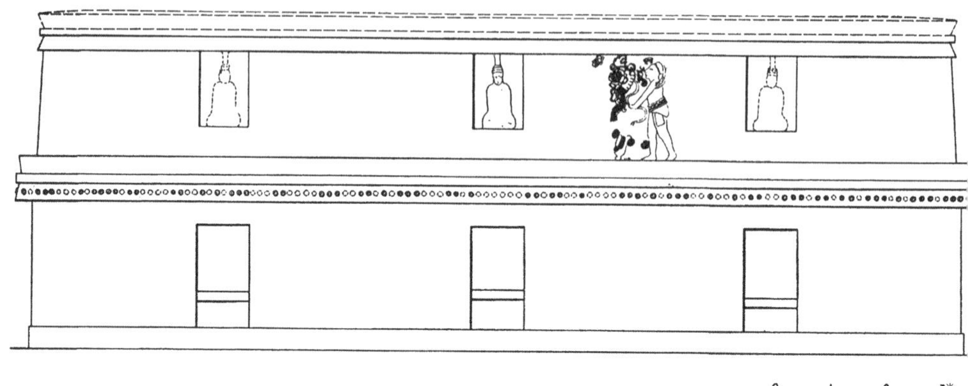

图8.33　博南帕克1号建筑立面的前视图

西部政体的扩张

在哥伦布发现美洲大陆前，玛雅低地的西部地区(图1.1)占据着海湾滨海和恰帕斯高地地区。这里是非玛雅群体互动的场所，有可能找到前古典期奥尔梅克和玛雅人口之间往来的证据，因为现在被摧毁的苏克奥尔梅克风格浮雕位于古典期晚期玛雅人占领的区域内。西部低地的大部分地区有可能是被扩张的玛雅群体所殖民，但这一过程的时机和模式尚未确定。除了研究几个更为著名的古典期玛雅中心(帕伦克、托尼纳、科马尔卡尔科)，考古学家对该地区所做的研究相对较少，因此对该地区玛雅文明的起源和发展的描述并不完整。

古典期晚期，帕伦克和托尼纳成为主要敌对国家的首都。随着不断的考古调查，我们开始研究古典期早期这些政体首都的起源。古典期晚期的大部分时间，帕伦克是西部低地一个占主导地位的古典期玛雅城市。最后，托尼纳在这一地区占据了上风。

墨西哥恰帕斯州的帕伦克

著名的帕伦克古典期玛雅遗址位于西南部的低地，坐落在恰帕斯高地(图8.34)最北端山丘的山脚下，俯瞰着广袤森林覆盖的墨西哥湾沿岸平原。帕伦克早在18世纪就为人所知，当时包括安东尼奥·德尔·里奥在内的一连串探险家都报道了这个遗址。在19世纪，帕伦克成为所有玛雅遗址中研究最为充分的遗址，这要感谢威廉·迪佩(William Dupaix)、弗雷德里克·瓦尔德克、约翰·劳埃德·斯蒂芬斯、戴世黑·夏赫内等人。阿尔弗雷德·莫兹利精彩的影像资料一直是宝贵的资源，尤其是帕伦克著名的灰泥浮雕面板的照片，因为这些易碎的浮雕面板在这些年遭受了破坏。

对帕伦克的研究持续到20世纪早期，墨西哥政府于二战前开启了一项保护和修复该遗址的项目，并在众多考古学家的努力下一直持续至今。弗洛伊德·劳恩斯伯里、大卫·凯利、琳达·谢勒、默尔·格林·罗伯逊(Merle Greene Robertson)和彼得·马修领导的象形文字研究聚焦于帕伦克的文献，他们从破译玛雅宇宙学和中心的动态历史方面进行重塑，这具有开创性。从20世纪90年代开始，新的考古调查发掘了一些建筑，发现了几座新的王室陵墓和重要的铭文，而进一步的测绘发现，遗址比之前所发现的要大得多，人口也更为密集(图8.35)。考古学家在挖掘太阳神庙(Temple of the Sun)露台的过程中，发现了一系列壮观的陶制香炉[彩图9(a)]。

和过去一样，当今的参观者都为帕伦克神庙和该地的美景所吸引，它们像精心锻造的珠宝一样镶嵌在生动的热带绿色背景之中(图8.34)。从西面进入，两座给人印象最为深刻的建筑吸引人们去探索：铭文神庙有五个不同寻常的门廊，多个房间的宫殿，还有独特的四层塔楼[彩图8(c)]。宫殿和平台阶梯的北面是一个广场，广场东侧有一个小球场。广场北面有许多小神庙，其中一座是伯爵神庙(the Temple of the Count)，以弗雷德里克·瓦尔德克伯爵命名，据说，他在19世纪早期研究帕伦克遗迹时，曾在此住过几年。帕伦克独特的建筑风格一目了然：多个门廊、倾斜的上立面、低矮的露天条脊，都饰有灰泥浮雕面板，赋予帕伦克建筑精美而静谧的外观。蒂卡尔的神庙直插云霄，有着崇高的主导地位，相比之下，帕伦克的建筑与其背后仿若屏障的青山相得益彰。

帕伦克的许多统治者都未被描绘在石柱或祭坛上，而是被雕刻在石板上或建成石膏模型，并被置于建筑的墙面上。如今，大部分都残缺不全(图8.36)，但石头和灰泥建筑都曾着有色彩鲜艳的涂料，许多内墙上都有这些模型和彩绘装饰的痕迹。幸运的是，一些画像和大部分刻在石板上的象形文字仍基本完整，这些(或制作精巧的模型)可以在遗址中几座著名的建筑里看到。

位于遗址西部的奥维达多(Olvidado)

神庙（意为被遗忘的神庙）是与帕伦克最伟大的统治者基尼奇·哈纳布巴加尔一世相关的第一座已知建筑。在许多方面，这一建筑是帕伦克独特建筑风格的原型。这座著名宫殿至今仍然可见的部分建于巴加尔统治期间，就像宫殿建筑群北面的伯爵神庙一样。但是巴加尔在建筑方面的最大成就是铭文神庙，高约25米，建在一个长方形的梯状平台上，上面是神祠，下面是坟墓（图8.40）。然而，一个多世纪的探索却未发现这座陵墓，也未发现与它相关的明显线索。阿尔贝托·鲁兹·吕利耶（Alberto Ruz Lhuillier）于20世纪中期进行考古调查时才发现了这座陵墓，他注意到，神庙的内墙没有在与地板的连接处结束，而是一直延伸到下面。这个构造和一块大地板上的升降孔促使他抬高了楼板，于是发现了一个满是碎石的拖臂拱顶楼梯，他花了大约三年时间才把这些碎石清理干净。1952年，这段楼梯的尽头到达了神庙地板的深处。墓室的巨大石门外有一个石头盒子，里面装着作为祭品的四男一女的骨头。打开门后，考古学家发现了一个大房间，约40平方米大小，拱形天花板高7米（图8.38）。墓室的墙壁上饰有九座灰泥人物雕像，代表封印在石灰凝固物之下的九位阴间领主。一座巨大的石灰岩石棺占据了房间的大部分空间，侧面雕刻着人物肖像和象形文字（图8.39）。石棺里面放着巴加尔的骨骸，上面覆盖着玉珠、一个破碎的玉制马赛克面具以及其他贡品。

陵墓中最令人惊叹的物品是雕刻精美的石棺盖（图8.40），它描绘了巴加尔的神化过程，就像日出时从下界狭口升起的太阳，斜倚在部分骨瘦如柴的太阳神面具上，标志着由死向生的过渡。这种关联的暗含意义显而易见，巴加尔掌握了死亡的力量并作为神祇而重生，正如太阳每天都在日出之时重生一样。他们上升的路径以巴加尔身后发芽的世界树为标志。镶嵌宝石的树枝上有双头蛇杖，这是玛雅统治权的宇宙象征，花冠上坐着飞鸟神。整个场景由天空带构成，含有诸如太阳、月亮和金星等最重要的天神标志。

石棺两侧的人物和象形文字记录了巴加尔的祖先（图8.39），棺盖边缘的文字记录了帕伦克国王和他们死亡的日期。通过这些和帕伦克的其他铭文，我们知道巴加尔生于公元603年，公元615年即位时年仅12岁，死于公元683年。这表明巴加尔统治约六十七年，活了80多岁。陵墓上方的丧葬神祠墙壁上有三块嵌板，上面刻着一段很长的文字，记载着帕伦克的王朝历史，直到巴加尔长子基尼奇·坎·巴兰二世（K'inich Kan Balam II）的就任仪式。神庙外面的柱子上描绘着新国王，以灰泥浮雕为模型，他作为王位继承人被祖先抱在怀里。人们可以通过基尼奇·坎·巴兰二世多余的脚指头（这一畸形在他后来的成年画像中表现出来）认出他。但他也被描绘成神，在这种情况下，他是统治者的守护神卡维尔活生生的化身，因为他一条腿的末端是一个蛇头，前额上有一把冒烟的斧头，这两者都是神的特征。

基尼奇·坎·巴兰二世统治时期的神祠是著名的三大建筑：太阳神庙、十字架神庙(Temple of the Cross)和位于铭文神庙东侧广场上的叶形十字架神庙(Temple of the Foliated Cross)。太阳神庙(图8.41)位于广场西侧一个低矮的梯状平台上,对面是叶形十字架神庙,不过它的前屋现在已经坍塌了。广场北侧是十字架神庙,由建筑群中最高的平台支撑,与这一方向的天体保持一致。总而言之,这一建筑群的安排和方向让人想起玛雅建筑中最早最重要的两个例子:纳克贝和埃尔米拉多尔的前古典期三位一体建筑群以及最高的北方天体建筑群。后者可在蒂卡尔北卫城和塞罗斯的第一座神庙处看到。

每一座建筑都十分相似,门上方有灰泥建筑装饰的立面和条脊(图8.41)。十字架神庙保留下来的立面上描绘了维茨面具,表明这些神庙都被喻为神山。三个门廊通向一间前屋和一个中央的后屋,两侧有两个小厢房。外面的门廊上有象形文字和灰泥面板。中间的后屋有一个带屋顶的祠堂(图8.42)。神庙里的神祠在文献中被命名为"pib naah"("圣山"房屋)。门柱上的文字是每个神祠的专有名字,这显然是根据中心图案命名的。这些图案装饰着"圣山"房屋后墙非同寻常的雕刻嵌板。神庙通用的名字源于这些图案的主要特征(图8.43)。另外,门廊两边的前墙上还安装了嵌板,门柱上刻着更多的文字。

太阳神庙嵌板上的图案是西方建筑,与日落和死亡有关,纪念了战争、俘虏牺牲和下界的美洲虎守护神。这里的主要元素是一个饰有美洲虎太阳的盾牌,交叉的长矛支撑在一个饰有美洲虎和蛇头的王座上,两个呈俘虏姿势的神轮流支撑。北方的建筑十字架神庙与天国有关,其中心图案是生命之树,它位于支撑天堂的世界中心,从大地巨兽的面具中升起(图8.43)。这棵树的两个分支(因此它看上去像一个十字架)支撑着双头蛇杖,这是血缘关系的主要象征,飞鸟神在上面栖息。叶形十字架神庙内的图案是纪念世俗世界的,其位置与东方一致,这是升起的太阳赋予生命的方向。在该图案中,维持生命的玉米植物冒出人头(波波尔·乌的创造神话,神用玉米团创造了人类),从睡莲怪兽的面具中升起。

"圣山"房屋内部中心图案的两侧,每幅图都大同小异,描绘了正接受王权象征物的基尼奇·坎·巴兰二世,他的旁边是另一个人物,被解读为年轻的继承人(图8.43)。这些人物的两侧有大量象形文字。由此得知,年幼的坎·巴兰在公元641年举行的仪式上被任命为王室继承人(铭文神庙尽头的支柱上描绘着这个场景),这时夏至结束,他"成为太阳"。据记载,基尼奇·坎·巴兰二世是在公元684年(即巴加尔死后的第132天)举行的就任仪式。三个表格左栏的文字记录了玛雅创世神话的方方面面,包括第一个神和帕伦克国王守护神(帕伦克三位一体建筑群)的诞生。嵌板上右栏的文字记录着纪念这些华美神庙落成的仪式,仪式在公元690年7月举行,持续了四天。最后的铭文关于基尼奇·坎·巴兰二世在公元692年举行的仪式,这是他作为帕伦克统治者的八周年纪念日。帕伦克最大的中央建筑群是名副其实的宫殿[彩图8(c)]。这些建筑位于一个10米高的大型平台上(面积为100米乘以80米),毫无疑问,如果它们不是帕伦克历史上所有统治者的住所,那至少也是大多数统治者的住所。

正门须经由位于平台北面的一段宽敞的阶梯进入。大部分建筑的外部饰有石雕和灰泥浮雕。甚至连天花板都是精心设计的,每个主要建筑都有不同风格的实拱。这些建筑包括几个环绕里院建造的一些画廊和房间。西南方的庭院是一个蒸汽浴室和厕所以及著名的四层塔楼。房间内部也装饰着灰泥面具模型。宫殿中最早可见的建筑很有可能源于巴加尔统治时期,尽管早期的建筑埋在平台下面。后来的统治者重建并扩建了宫殿建筑群。北部(宫殿住所A、D和AD)与帕伦克后来的统治者有关,尤其是基尼奇·坎·巴兰二世和他弟弟兼继承者坎·霍伊·奇坦二世(Kan Joy Chitam II)。

两个首都的王室历史记录都来自古典期晚期丰富的文献、建筑、石头和模制灰泥上的雕刻画像。其实,帕伦克的历史记录是20世纪70年代(第三章)破译工作取得突破的一个主要渠道。因而,我们现在知道了大量关于创世神话和历史动态演变的细节,这是史无前例的。因此,帕伦克为我们提供了一个独特视角来了解玛雅宇宙学,以及玛雅统治者是如何为了政治目的而操纵神话和历史的。考古研究开始将帕伦克和托尼纳的历史信息结合起来,更为完整地重现了这两个重要首都的政治历史。

帕伦克王朝的起源

帕伦克古时被称为拉卡姆哈(意为“大水”),是巴卡尔(B’aakal,意为“骨头”)王国的首都。中央地区的建筑(图8.34)已经得到充分的记录,但根据埃德温·巴恩哈特(Edwin Barnhart)新编的地图(图8.35),帕伦克的城市聚落分布比大多数古典期玛雅的首都还要密集。帕伦克的文献允许我们重建特别完整的统治者序列。然而,不

图8.34　墨西哥恰帕斯帕伦克鸟瞰图　墨西哥恰帕斯州的帕伦克,北部高地脚下的鸟瞰图:右侧是带有多面门廊的铭文神庙(见图8.37);左边最显著的位置是宫殿及修复的宝塔;再往外是十字架神庙、叶形十字架神庙和太阳神庙。

同于蒂卡尔、科潘和其他几处遗址,帕伦克早期统治者的历史记录才刚刚开始得到考古研究的检验。

古典期晚期的帕伦克文献提供了许多关于玛雅王室政权超自然的信息。巴卡尔的统治者以蒂卡尔和其他玛雅政体同样的方式掌权。他们穿着代表权威的相同服饰,举行同样的仪式以确保世界秩序的延续,攻击他们的邻国,捕获俘虏并献祭。这些活动让他们得以控制劳动力和资源,并且积累声望和财富,这使他们在生前甚至死后,在精心建造的陵墓里,都与社会中的其他人区分开来。帕伦克后来的统治者承认有一位开国国王,但他们几乎没有记录王朝的编号顺序。王室继承人至少有一位像玛雅国王一样的女性。帕伦克的几位国王寿命都很长,而且功绩卓著,其中最著名的是基尼奇·哈纳布巴加尔一世(公元615年—公元683年在位)。但帕伦克的历史也因灾难性的溃败和王位继承的中断而中断。

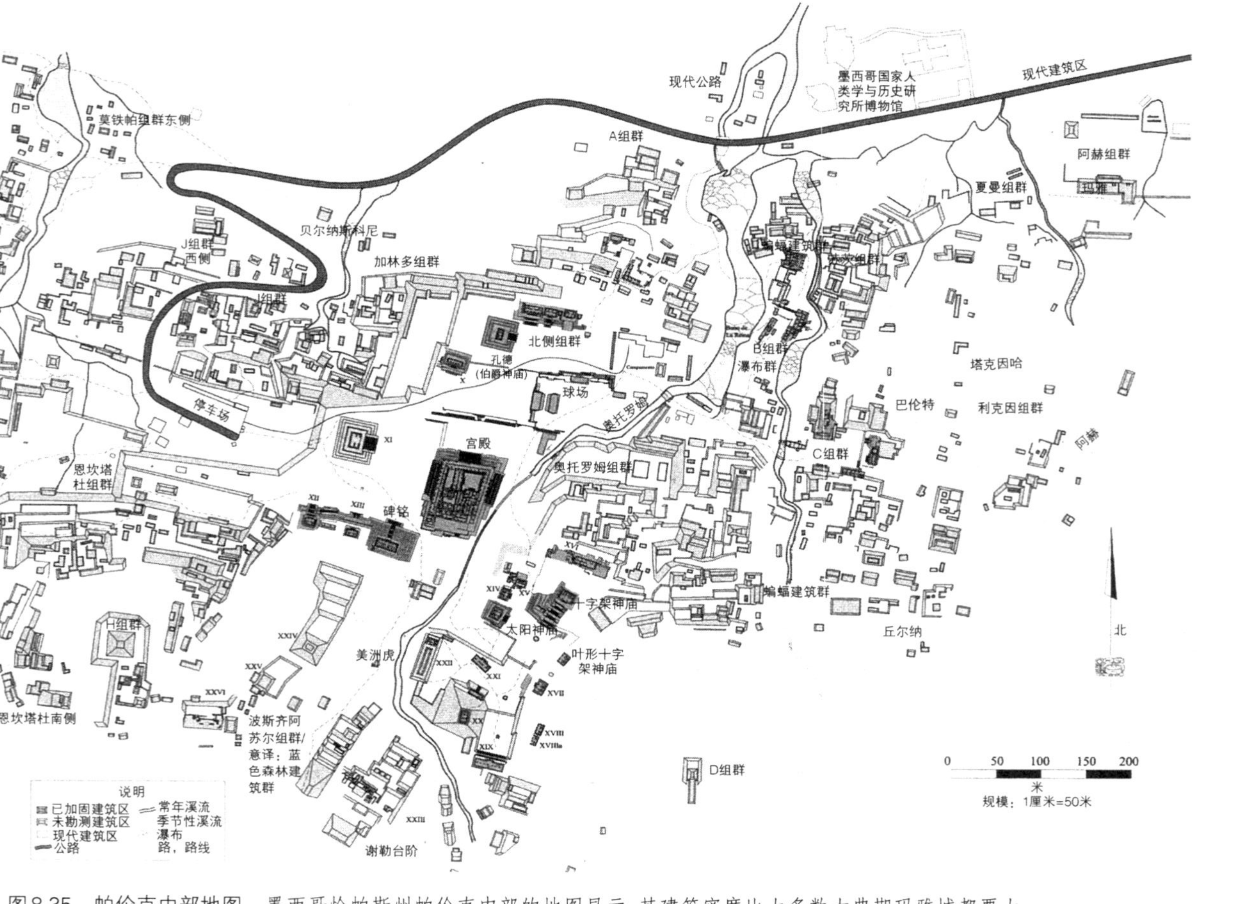

图8.35　帕伦克中部地图　墨西哥恰帕斯州帕伦克中部的地图显示，其建筑密度比大多数古典期玛雅城都要大。

图8.36　帕伦克宫殿灰泥面板　帕伦克宫殿住所D的古典期晚期的灰泥面板(照片由阿尔弗雷德·P.莫兹利于19世纪拍摄)。

表8.5　帕伦克王朝年表

(统治者姓名用粗体表示,代用名或头衔用括号表示)

统治者	长纪历日期	公元日期	事件
库克·巴兰一世	8.19.15.3.4	431	即位
出生于397年3月30日;去世于435?(享年38岁);431年3月10日至435年在位(四年)			
卡斯珀	8.19.19.11.17	435	即位
出生于422年8月8日;去世于487年(享年65岁);435年8月9日至487年在位(五十二年)			

(续表)

统治者	长纪历日期	公元日期	事件
巴茨·阿赫·萨克·齐克	9.2.12.6.18	487	即位
出生于459年11月14日;去世于501年(享年42岁);487年7月28日至501年在位(十四年)	—	490	献祭典礼
阿赫·卡尔·莫·纳布一世	9.3.6.7.17	501	即位
出生于465年7月;去世于524年11月29日(享年59岁);501年6月3日至524年在位(二十三年)	9.4.10.4.17	524	去世
坎·霍伊·奇坦一世	9.4.14.0.4	529	即位
出生于490年5月3日;去世于565年2月6日(享年74岁);529年2月23日至565年2月6日在位(三十六年)	9.6.11.0.6	565	去世
阿赫·卡尔·莫·纳布二世	9.6.11.5.1	565	即位
出生于523年9月3日;去世于570年7月21日(享年46岁);565年5月2日至570年7月21日在位(五年)	9.6.16.20.7	570	去世
坎·巴兰一世	9.6.18.5.12	572	即位
出生于524年9月18日;去世于583年2月1日(享年58岁);572年4月6日至583年2月1日在位(十年)	9.7.9.5.5	583	去世
约霍尔·伊克纳尔夫人	9.7.10.3.8	583	即位
出生年份不详;去世于604年11月4日;583年12月21日至604年11月4日在位(二十年)	9.8.11.6.12	604	去世
阿赫·内奥尔·马特	9.8.11.6.12	605	即位
出生年份不详;去世于612年8月8日;605年1月1日至612年8月8日在位(七年)	—	611	帕伦克遭到卡拉克穆尔的劫掠(铭文T,东部石碑)
	9.8.19.4.6	612	去世
穆瓦安·马特	9.8.19.7.18	612	即位
612年10月19日至615年7月26日在位(三年)	9.9.0.0.0	613	未能庆祝卡盾终结
基尼奇·哈纳布巴加尔一世	9.9.2.4.8	615	即位(奥瓦尔宫殿石碑)
出生于603年3月3月23日;去世于683年8月28日(享年80岁);父亲:坎·莫·希克斯;母亲:萨克·库克夫人;	9.9.6.10.19	619	建造宫殿(住所C)
	9.9.13.0.17	626	与察克布·阿哈瓦夫人结婚

（续表）

统治者	长纪历日期	公元日期	事件
妻子：察克布·阿哈瓦夫人；615年7月26日至683年8月28日在位（六十八年）；建造了奥维达多、奥瓦尔宫殿、牌匾、H.S.以及宫殿住所B、C、E，或许还有宫殿住所A和D	—	约628	皮埃德拉斯·内格拉斯在基尼奇·约纳尔·阿克一世领导下战胜帕伦克
	9.10.7.13.5	640	萨克·库克夫人去世
	9.10.8.9.3	641	基尼奇·坎·巴兰二世确立王室继承人
	9.10.10.1.6	642	其父（坎·莫·希克斯）去世
	9.11.2.1.11	654	建造宫殿住所E；
	9.11.6.16.11	659	收到六个俘虏（宫殿东部球场）
	9.11.6.16.17	659	圣塔埃莱娜统治者努恩·乌约尔·恰克抵达帕伦克
	9.12.0.6.8	672	察克布·阿哈瓦夫人去世
	9.12.11.5.18	683	去世；葬于铭文神庙之下
基尼奇·坎·巴兰二世	9.12.11.12.10	684	即位
出生于635年5月20日；去世于702年2月16日（享年66岁）；父亲：基尼奇·哈纳布巴加尔一世；母亲：察克布·阿哈瓦夫人；684年1月7日至702年2月16日在位（十八年）；建造了铭文神庙、太阳神庙、十字架神庙和叶形十字架神庙、17号神庙和十字架石碑神庙	—	687	战胜托尼纳（17号神庙碑文）
	9.13.0.0.0	690	建立十字架群组，来庆祝卡盾终结；在道德改革期间任命穆瓦安·霍尔
坎·霍伊·奇坦二世	9.13.10.6.8	702	即位
出生于644年11月2日；去世于月721年；父亲：基尼奇·哈纳布巴加尔一世；母亲：察克布·阿哈瓦夫人；702年5月30日至大约721年在位（大约十九年）；建造了宫殿石碑、邓巴顿橡树雕刻版和宫殿住所	9.13.19.13.3	711	在托尼纳统治者基尼奇·巴克纳尔·恰克的后继者的统治时其被俘虏
	—	720	建造了宫殿住所AD
	—	约721	去世
基尼奇·阿卡尔·莫纳布三世	9.14.10.4.2	721	即位
出生于678年9月13日；去世于约740年?（享年约62岁?）；父亲：提瓦勒·查恩·马特；母亲：基努瓦夫人；721年12月30日至约740年?在位（大约十九年）；建造了18号、19号、21号神庙以及演讲者和抄书吏碑刻	9.14.11.12.14	723	任命查克·苏茨为萨哈尔
	9.14.11.17.6	723	查克·苏茨抓获三名俘虏
	9.14.11.13.11.2	725	在查克·苏茨带领下对皮德拉斯·内格拉斯发起战争
	9.14.17.12.18	729	查克·苏茨带领发起“恒星战争”

(续表)

统治者	长纪历日期	公元日期	事件
	9.15.5.0.0	736	在21号神庙竖起雕刻版
	—	约740	去世;葬于18号神庙的一个墓穴?
基尼奇·哈纳布巴加尔二世	—	742	任命不知名的君主
	—	约750	查克·尼克·耶库克夫人与一位科潘领主结婚(成为雅克斯·帕萨赫·查恩·约帕特,科潘第十六任统治者的母亲)
	—	约764?	托尼纳打败帕伦克
基尼奇·库克·巴兰二世	9.16.13.0.7	764	即位
父亲:基尼奇·阿卡尔·莫纳布三世;母亲:曼尼克夫人;764年5月4日至783年?在位(大约十九年);建造了96字形牌匾和创造牌匾	—	783	庆祝统治卡盾周年(见96字形牌匾)
哈纳布巴加尔三世	9.18.9.4.4	799	即位

来源:格鲁伯,1996;马修和谢勒,1974;马丁和格鲁伯,2000;谢勒,1991a、1991b、1994;谢勒和福莱德尔,1990。

追溯铭文记录着帕伦克最早时期统治者的统治(表8.5)。从基尼奇·哈纳布巴加尔一世起,帕伦克铭文开始追溯帕伦克王朝的起源,一直追溯到神及其子孙后代的诞生,铭文中记录着一个人,但是通过铭文只能辨识出其名字的一部分,即为穆瓦安·马特(Muwaan Mat),他是帕伦克城守护神的先祖(被称为“帕伦克三位一体”)。这样一来,基尼奇·哈纳布巴加尔一世和他的继任者留下的铭文,不仅记录了一系列的国王,而且提供了对古玛雅世界超自然世界的独特见解。从这些记述中,我们能够看到,从创世之神开始,基于国王血统之上的复杂意识形态,是如何被运用于证明和强化王权的(详见第十三章)。

基尼奇·哈纳布巴加尔一世和他的几任继任者,竭尽全力将他们的生活和统治与充满神秘的远古时代的类似事件关联起来,在那时,神创造了宇宙,神统治着宇宙。就其本质而言,基尼奇·哈纳布巴加尔一世和继任者想借此宣称，他们代表着创世之初的神秘力量。在这个玛雅创世神话中，帕伦克的守护神从穆瓦安·马特神那里得到了力量。古典期晚期，国王序列的首任统治者很有可能是名副其实的历史创造者，即库克·巴兰一世（Quetzal Jaguar，羽蛇美洲虎），他出生于公元397年，在公元431年即位。在库克·巴兰一世统治仅仅四年之后，年仅13岁的继任者在公元435年即位，其绰号为卡斯珀（Casper），因为他的名字仍然未破解出来。卡斯珀统治了五十二年，是帕伦克有记载以来在位时间最长的第二个统治者。卡斯珀在历史上存在的一些证据源自其在一个不知出处的石碗上的画像，这个石碗似乎可以追溯到古典期早期。

除了记载在帕伦克追溯国王列表上的出生、即位和去世日期（表8.5），我们对接下来的五任统治者知之甚少。这个列表上的最后一位统治者——坎·巴兰一世（Kan Balam I）于公元583年去世，死后由一位女性统治者——约霍尔·伊克纳尔夫人（Lady Yohl Ik’nal）继任，或许是因为没有男性继承人。约霍尔·伊克纳尔夫人可能是坎·巴兰一世的妹妹或女儿，她在位大概二十年（公元583年—公元604年）。在此期间，据其头衔和追述性记录判断，直到公元604年去世之前，她全权统治玛雅。

约霍尔·伊克纳尔夫人的继任者阿赫·内奥尔·马特（Aj Ne’Ohl Mat）可能是她的儿子。无论如何，若此前王位继承以男性为主，那么阿赫·内奥尔·马特的即位（没有记录其父亲的名字），中断了父子相传的继承模式。阿赫·内奥尔·马特统治期间，卡拉克穆尔在公元611年劫掠帕伦克，巴卡尔王国遭受军事浩劫。尽管他在这场战争中幸存下来，但在此后一年多便去世了。

公元612年即位的继承人名为穆瓦安·马特，与“帕伦克三位一体”的先祖同名。战败后，帕伦克财力不足，继任典礼举行后（公元

613年),无法像往常一样举行庆祝卡盾终结的庆典。虽然情况堪忧,但凭借穆瓦安·马特与帕伦克守护神之间的超自然联系,他或许象征了帕伦克统治王朝的重建,因为后继统治者记述了这一时期的历史。

从头开始重建王室继承,使统治者穆瓦安·马特和萨克·库克夫人(Lady Sak K'uk')——基尼奇·哈纳布巴加尔一世的母亲地位平等。萨克·库克夫人嫁给了一位名叫坎·莫·希克斯(Kan Mo'Hix)的男人,我们只能推断出这名男人来自贵族阶层,不是出自王室。穆瓦安·马特即位三年之后,他们的儿子基尼奇·哈纳布巴加尔一世12岁了,已经足以继承王权。据帕伦克的记载,基尼奇·哈纳布巴加尔一世统治了六十八年,直到公元683年去世。但据推测,在他统治的前几年内,父母亲作为摄政王参政。基尼奇·哈纳布巴加尔一世的父母亲都很长寿:萨克·库克夫人去世于公元640年,坎·莫·希克斯去世于公元642年。铭文神庙中的文献(图8.37),宣称巴加尔的儿子——基尼奇·坎·巴兰二世的神性,称他的出现是某位神的显灵,这些神刻画在继承者的就任典礼上。在这些文献中,基尼奇·哈纳布巴加尔一世及其继承者们不仅展示了他们的神授统治权,而且将其统治下帕伦克财富的增长,等同于由帕伦克保护神的诞生所创造的新世界秩序。

帕伦克的黄金时代和衰落

在基尼奇·哈纳布巴加尔一世统治期间(公元615年—公元683年),帕伦克开始成为一支主要力量,将势力扩张到邻近地区。军事财富的变化和基尼奇·哈纳布巴加尔长期的统治所创造的政治稳定,推动了帕伦克权力的增长和声誉的提高。玛雅其他首都的发展和繁荣都与军事胜利和政治长寿有关,例如,哈萨维·查恩·卡维尔一世统治下的蒂卡尔,尽管基尼奇·哈纳布巴加尔的胜利在规模和重要性上不太突出。

基尼奇·哈纳布巴加尔一世统治早期，帕伦克遭遇了又一次失败，它的一位领主被皮埃德拉斯·内格拉斯所擒获（约公元628年）。关于他早期统治的记述寥寥无几，此后，在帕伦克的命运最终扭转之前，它遭受了更多挫败。基尼奇·哈纳布巴加尔统治早期，记载下来的关于他的主要事件是于公元626年和察克布·阿哈瓦夫人（Lady Tz'akb'u Ajaw）成婚。他们的两个儿子——基尼奇·坎·巴兰二世和坎·霍伊·奇坦二世紧随其父，继续统治帕伦克。基尼奇·哈纳布巴加尔一世统治时期的第一个铭文可以追溯到公元647年，当时他资助建造了奥维达多神庙。

此后，基尼奇·哈纳布巴加尔一世开始重建王室宫殿[彩图8(c)]。公元654年，他建造了宫殿住所E，此建筑是专为自己的王权建造的，同时建造了奥瓦尔宫殿牌匾，用于几乎提前四十年庆祝他的登基。后来基尼奇·哈纳布巴加尔一世资助建造了围绕宫殿东部（宫殿住所A、B、C）的建筑。刻于宫殿住所C上的碑文，以公元654年卡拉克穆尔“拉卡姆哈大捷”这一事件为开端，“打倒”帕伦克的守护神也发生在这次战败中，此后便按照事件发生的顺序记载了帕伦克的冲突。但是，在公元659年，基尼奇·哈纳布巴加尔一世擒获了六个俘虏，刻画于宫殿住所C侧面的文献同时也记载了帕伦克的复兴。在宫殿住所A阶梯侧翼的东部球场的大型雕刻牌匾上，展示了另一组被俘的领主。

基尼奇·哈纳布巴加尔一世在经过长期成功的统治后，于公元683年去世，这时他的王后已经去世十多年了。但是在他去世之前，基尼奇·哈纳布巴加尔一世为自己的葬礼进行了精心筹备，建造了铭文神庙，神庙外边建造有通往墓穴的拱形阶梯（图8.37）。他48岁的儿子——基尼奇·坎·巴兰二世在他去世132天之后继承了王位，监

图8.37　帕伦克铭文神庙　帕伦克，铭文神庙绘画，展示了从平台深处的神庙地面到地下拱形墓室的拱形阶梯（图8.38至图8.40）。

督封印其父亲的墓穴（图8.38、图8.39和图8.40）。基尼奇·坎·巴兰二世还建造完成了铭文神庙内部记录其即位的象形文字牌匾。在统治仅十八年之后，基尼奇·坎·巴兰二世就提高了帕伦克的权力，扩大了帕伦克的疆域。即位大约两年之后，他袭击了托尼纳，该城注定成为帕伦克此后最大的仇敌。托尼纳第二任统治者或许也进行过这种活动。帕伦克王国的边界很有可能在这一时期扩张到了最大。

基尼奇·坎·巴兰二世利用王国的资源，资助庞大的建筑项目，其中包括进一步扩建帕伦克王室宫殿。但他建造的最著名的宫殿是太阳神庙、十字架神庙和叶形十字架神庙（图8.41、图8.42和图8.43）。这三座神庙都象征帕伦克的保护神。这三座神庙上所展示的铭文和

图8.38　帕伦克巴加尔神庙　帕伦克，铭文神庙下方墓穴内部，在发现之时：（左上图）石门被移出后的入口；（右上图）石墓内墙壁上的灰泥人像；（左下图）精雕细琢的石棺盖，面对入口看；（右下图）内部，从入口处看。

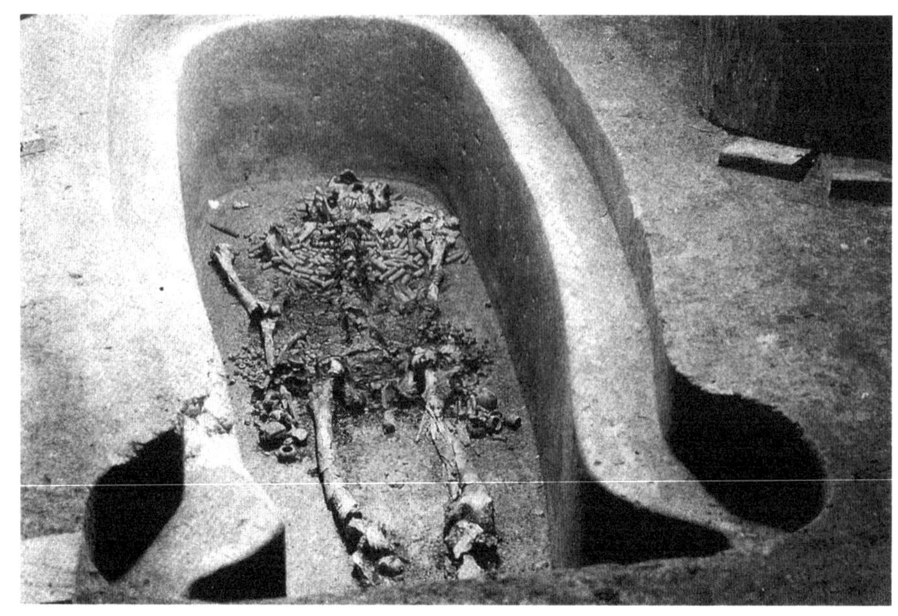

图8.39　帕伦克巴加尔神庙、石棺　帕伦克，铭文神庙下面的墓穴：（上图）石棺盖被打开，能看到统治者基尼奇·哈纳布巴加尔一世的遗骸，上面有绿玉石和其他装饰品；（下图）石棺盖两侧的雕像细节。

图8.40　帕伦克巴加尔神庙、石棺盖　帕伦克，铭文神庙之下的墓穴：雕刻石棺盖的拓本，描画基尼奇·哈纳布巴加尔一世在下界的巨大开口处；其正上方是宇宙轴，代表着支撑天堂的十字形生命树，代表物象是两头天蛇和鸟。

图8.41　帕伦克太阳神庙　帕伦克太阳神庙竣工之前；此神庙是统治者基尼奇·坎·巴兰二世在公元692年所建造的三座神庙中保存最完整的。

图画，是基尼奇·坎·巴兰二世用来展现加强王权合法性的证据。这些铭文记录着玛雅创世的事件，展示了帕伦克王朝从旧秩序过渡到新秩序的过程中是如何重复记录这些事件的。铭文同样也记载了基尼奇·坎·巴兰二世举行过的典礼，包括王位继承大典以及神庙落成典礼。

在基尼奇·坎·巴兰二世的统治下，帕伦克的权力通过军事胜利

图8.42　帕伦克十字架神庙内部神祠　神庙内部素描，皮博·纳赫（pib naah）或"阴界之所"（也见于图8.43）；外部的雕刻人物画像代表神L（右边）和统治者基尼奇·坎·巴兰二世（左边）；神庙内雕刻牌匾中央的雕像，在这里代表叶形生命树，为神庙大受欢迎的名字提供灵感。

和外交不断扩大。他不仅打败了最大的对手托尼纳，而且在公元690年，他任命穆瓦安·霍尔（Muwaan Jol）为道德改革领袖，他是卡拉克穆尔从前的一个属臣。利用这种方法，帕伦克将其势力和影响力扩张到北部塔巴斯科肥沃的冲积平原，损害了这一地区从前领主的家园卡拉克穆尔。

基尼奇·坎·巴兰二世于公元702年去世，他57岁的弟弟——坎·霍伊·奇坦二世在53天之后成为新的统治者。在他统治期间，坎·霍

图8.43　帕伦克十字架神庙牌匾　皮博·纳赫内部雕刻牌匾，刻画的是十字形生命树以及由天鸟围绕的两头蛇（可对比图8.42），两侧是基尼奇·坎·巴兰二世即位的场景（右边）以及一位年轻的继承人（左边）。

伊·奇坦二世也在王室内部资助建造了宫殿住所AD。这条长廊沿着宫殿建筑群的北侧，把东西球场都围了起来。它中央的房间是为一位新的王室成员设置的，在刻画坎·霍伊·奇坦二世即位典礼（图8.44）的宫廷牌匾上能够得到证实。在这个场景中，国王正在其父母——基尼奇·哈纳布巴加尔一世和察克布·阿哈瓦夫人面前领受头盔和盾牌徽章。这些雕刻精美的铭文石碑记录了坎·霍伊·奇坦二世生平的主要事件，最后的事件是宫殿住所AD于公元720年完工。然而这个铭文没有提及，早在十年之前，即公元711年，坎·霍伊·奇坦二世已经被托尼纳打败且被俘虏。但是正如宫殿住所AD的铭文所叙述的那样，坎·霍伊·奇坦二世从其战败和被俘虏的经历之中生存下来，并且继续统治了十年。

图8.44　帕伦克宫殿牌匾　帕伦克，雕刻有精美字形和人物的宫廷石碑，呈现出坎·霍伊·奇坦二世正在父亲基尼奇·哈纳布巴加尔一世面前领受贝壳形头盔（左边），在母亲面前领受燧石和盾牌徽章（右边）。

帕伦克的复苏和衰落

基尼奇·霍伊·奇坦二世去世后，一位新国王于公元721年在帕伦克举行就职典礼。但是帕伦克新的统治者基尼奇·阿卡尔·莫纳布三世（K’inich Ahal Mo’Naab’ III）并不是坎·霍伊·奇坦二世的直系后代。基尼奇·阿卡尔·莫纳布三世的父亲——提瓦勒·查恩·马特（Tiwohl Chan Mat）显然是基尼奇·哈纳布巴加尔一世和察克布·阿哈瓦夫人的第三个儿子。这种与重要精英贵族的联盟（在基尼奇·阿卡尔·莫纳布三世统治期间显然提到过）显然是他能够成功继承王位的基础。

墨西哥恰帕斯州的托尼纳

托尼纳的重要遗址处于海拔800米至900米的高度，位于帕伦克奥科辛戈峡谷（Ocosingo Valley）南部约50千米处，处于高低过渡带的自然环境中。该遗址的中央部分坐落于易于防御的位置，呈上升状排列在山脊两侧（图8.45）。20世纪70年代，在皮埃尔·贝克兰（Pierre Becquelin）和克劳德·博德思（Claude Baudez）的带领下，法国驻墨西哥考古团对该遗址进行了调查。彼得·马修从已经破解出来的铭文中查明了王朝序列。近来的一些工作极大地拓展了我们对该遗址的认识，保存了遗址的建筑和纪念石碑。

托尼纳最为人所知的是它的纪念石碑，它们或许在风格上和所有的玛雅古典建筑最不相像。相较于从其他玛雅中心发现的平均2.5米至3米高的纪念石碑，这十六个纪念石碑都要小一些，大多数石碑大都低于2米。更为重要的是，它们的不同在于完全呈现圆形，例如雕像（图8.46）。有纪年的石碑大多横跨整个玛雅时期，跨度从9.3.0.0.0到10.4.0.0.0（公元495年—公元909年），尽管最早也最确切的有记录日期的铭文（106号纪念石碑）可追溯到公元593年。101号纪念石碑上的长纪历日期10.4.0.0.0（公元909年），比任何玛雅石碑上的日期都早。

这些萨哈尔中最重要的是基尼奇·阿卡尔·莫纳布三世的军事指挥官查克·苏茨（Chak Suuyz'）。他的住所很有可能是位于遗址中心西部的4号群组，在这里考古挖掘发现了一块被称为"奴隶碑"（Table of the Slaves）的雕刻匾，查克·苏茨督建的这块石碑，描述了基尼奇·阿卡尔·莫纳布三世即位的场景。作为军事指挥官，查克·苏茨领导了几次成功的战役，在遭受托尼纳致命的打击之后，帮助恢复了帕伦克的权力和威望。

近期进行的发掘发现，遗址南部的几座神庙可以追溯到基尼奇·阿卡尔·莫纳布三世统治时期。18号神庙门柱两侧的通道记录着他的出生和即位，并将这一切与超自然事件联系起来。从这所神庙上掉落的灰泥铭文提到其父亲——提瓦勒·查恩·马特的死亡和葬礼。

在18号神庙下方已经挖掘出了三座墓穴，其中的一座墓穴在古代已被洗劫一空，其他两座则完好无损。在这三座墓穴中，有一座几乎可以肯定是提瓦勒·查恩·马特的墓穴。18A号神庙与18号神庙相邻，建造在早期一个深埋地下的地下室之上，阿尔贝托·鲁兹于1957年对其进行了挖掘。这似乎是古典期早期统治者的墓穴，然而，尽管墓穴中的陪葬工艺品表明这是一座王室墓穴，但它的主人仍然未知。在附近的19号神庙中发现了一些在帕伦克发现的最精美的雕刻。一个低矮的平台上覆盖着雕刻石板，上面描绘了基尼奇·阿卡尔·莫纳布三世的即位，重现了神I——帕伦克的保护神之一。

基尼奇·阿卡尔·莫纳布三世的死亡时间不详（约公元740年），也不清楚他的继任者基尼奇·哈纳布巴加尔二世的即位日期。除了刻于一块雕刻牌匾碎片上的一幅头像外，对他的统治则一无所知。也不知道他退位的日期，但或许和托尼纳所造成的另一场战败（约公元764年）有关。在此之前不久（约公元750年），一位帕伦克的贵族妇女查克·尼克·耶库克夫人（Lady Chak Nik Ye'Xook）和科潘的一位领主成婚，后来成为科潘第十六任统治者雅克斯·帕萨赫·查恩·约帕特的母亲。

帕伦克下一任统治者——基尼奇·库克·巴兰二世在公元764年即位，记录在精美的96字形牌匾（Tablet of the 96 Glyphs）上，这块牌匾发现于宫殿住所E前面倒塌的废墟上，上面的雕刻铭文精美地再现了印刷字形书法，记录了一系列的事件，基尼奇·哈纳布巴加尔一世在公元654年建造了宫殿住所E，即萨克·努克·纳布（Sak nuk naab）。其后，又重述了坎·霍伊·奇坦二世、基尼奇·阿卡尔·莫纳布三世以及牌匾资助者基尼奇·库克·巴兰二世的即位典礼。但是，到这一时期，帕伦克的势力似乎已经严重衰弱了。帕伦克最后一位已知统治者的记录来自于陶器上的雕刻。这份记录表明哈纳布巴加尔三世在公元799

年即位。在这一日期之后，拉卡姆哈地区的历史记录隐没于时间的长河之中。

后古典期托尼纳的巅峰时期

托尼纳位于帕伦克南部的奥科辛戈峡谷（图8.45），利用战争打造了一个强大的后古典期政权。尽管托尼纳后来记载的文献有涉及古典期早期王朝的起源，却只有其中的一小部分记录了后古典期。106号纪念石碑刻画第一任统治者，他的统治可以追溯至6世纪早期。至少辨认出了两任相继统治者的名字，但是随着后古典期的第一位国王——基尼奇·希克斯·查帕特（K'inich Hix Chapat，公元595年？—公元665年在位）的事迹得到破解，托尼纳的历史记录变得更加完整（表8.6）。154号纪念石碑让人们能够一窥王国的治理，它记载着基尼奇·希克斯·查帕特的两个属臣在公元633年的就任。第二任统治者的生平记载得更加完整，他的统治开始于公元668年，其12

图8.45　墨西哥恰帕斯州的托尼纳景观　卫城沿着一排排阶梯向北延伸。

号纪念石碑(公元672年)创立了托尼纳石碑典型的圆形结构(图8.46)。尽管第二任统治者也出现在113号纪念石碑上的小型典礼仪式中,但是和其他绝大多数托尼纳的统治者一样,有关他统治最为人所知的仍然是对擒获战俘的刻画。一块日期不明的石碑碎片(99号纪念石碑)展示出一位罕见的女性战俘。但是在那时,根据帕伦克17号神庙中的铭文,第二任统治者的统治在被基尼奇·坎·巴兰二世于公元687年打败和俘虏之后终结了。

图8.46　托尼纳12号纪念石碑　时间可以追溯到9.12.0.0.0(公元672年),第二任统治者的画像与其他大多数在该城发现的石碑一样被雕刻成了圆形。

基尼奇·巴克纳尔·恰克(K'inich B'aaknal Chaak)在公元688年继承王位,在他统治的约二十七年间,借助针对主要对手帕伦克的军事胜利,恢复了托尼纳的威望和权势。公元699年,基尼奇·巴克纳尔·恰克建造了托尼纳的落日球场(Sunken Ball Court),纪念对帕伦克的三次胜利。球场标示物由帕伦克统治者基尼奇·坎·巴兰二世捕获的六个属臣的躯干雕刻而成。虽然不清楚基尼奇·巴克纳尔·恰克死亡的具体日期,但肯定早于公元708年,这一年他的继任者第四任统治者走上王位。尽管第四任统治者在公元711年时仍然是个孩童,但是在那一年,托尼纳打败

图8.47　托尼纳122号纪念石碑　一个被捕俘虏的画像，他是帕伦克统治者坎·霍伊·奇坦二世，从其大腿上主要的名字字形和帕伦克徽章字形标识可以辨认出来，其右侧图案提到了被捕获事件（帕伦克"恒星战争"，公元711年）。

了帕伦克，抓捕了它的下一任国王——坎·霍伊·奇坦二世。这次事件记录在122号纪念石碑的小雕像上，这块石碑显然不同于托尼纳盛行的圆形雕塑（图8.47）。

它刻画了一个躺着的人，他右侧大腿处的三个图形文字意为"帕伦克的坎·奇坦·阿哈瓦"。刻在石头右部边缘的日期或许记载了导致他被托尼纳捕获的战斗。玛丽·米勒和琳达·谢勒推测，122号纪念石碑符合帕伦克石碑的风格，而不是托尼纳的风格，因此，可能是从帕伦克派遣石雕师去雕刻石碑，来表示帕伦克国王的战败，作为对托尼纳的上贡。随着这场胜利带来的贡品以及借此扩大的疆土，托尼纳成为乌苏马辛塔低地地区的主导力量。

表8.6　托尼纳王朝年表

（统治者姓名用粗体表示，代用名或头衔用括号表示）

统治者	长纪历日期	公元日期	事件
伊察姆纳?（第一任统治者）	—	约514	
美洲虎鸟野猪	—	568?	即位（177号纪念石碑）
查克·博隆·查克	—	约589?	
基尼奇·布克斯·查帕特	9.8.1.9.1?	595?	即位
	—	633	任命属国君主（154号纪念石碑）
	9.11.16.0.1	665?	去世
第二任统治者	9.11.16.0.1	668	即位
	9.12.0.0.0	672	纪念周期终结（12号纪念石碑）
	9.12.10.0.0	682	刻画了三个俘虏（8号纪念石碑）
	—	687	被帕伦克击败?
基尼奇·巴克纳尔·恰克（第三任统治者）	9.11.0.3.13	688	即位
出生于652年12月23日；去世于约715年（享年约63岁）；688年6月16日至约715年在位（大约二十七年）；建造了至少19座纪念石碑	—	699	庆祝战胜帕伦克，擒获基尼奇·坎·巴兰二世的六个属臣（落日球场）
第四任统治者	—	708	即位
	9.13.19.13.3	711	打败帕伦克，抓获其统治者坎·霍伊·奇坦二世（122号纪念石碑）
	—	约720	从卡拉克穆尔抓获俘虏（13号纪念石碑）
	—	723	去世
基尼奇·伊恰克·查帕特（第五任统治者）	9.14.12.2.7	723	即位
出生于696年3月20日；去世于约739年（享年约43岁）；父亲：基尼奇·巴克纳尔·恰克?；母亲：维尼克·蒂曼·卡维伊尔夫人；723年11月15日至约739年在位（大约十六年）；建造了至少8座纪念石碑	—	730	重建基尼奇·巴克纳尔·恰克的墓穴，同时举行“入火”仪式。
基尼奇·通·查帕特（第六任统治者）	9.16.10.16.13	762	去世?
第七任统治者	?	?	?
第八任统治者	9.16.5.4.9	756	出生
	—	789	打败波莫伊；抓捕乌查·安·阿赫·吉
	—	799	重建第一任统治者的墓穴，同时举行“入火”仪式
	—	806	未知事件
乌赫·查帕特（第九任统治者）	—	837	未知事件
第十任统治者	—	904	未知事件（158号纪念石碑）
??	—	909	未知事件（101号纪念石碑）

来源：阿亚拉，1995；贝克兰、博德恩，1979；马丁、克鲁伯，2000；舒勒、马修，1991；亚德恩，1992、1993。

第四任统治者庆祝了接下来的两个周期终结(公元716年和公元721年)。他所抓获的一个俘虏确认是来自遥远的卡拉克穆尔。第四任统治者的继任者基尼奇·伊恰克·查帕特(K'inich Ich'aak Chapat)于公元723年即位,并在公元726年到公元729年期间纪念了一系列事件。公元730年,他以“入火”仪式重建了前任统治者基尼奇·巴克纳尔·恰克的墓穴,来表达对恰克的敬意。第六任统治者基尼奇·通·查帕特(K'inich Tuun Chapat)庆祝了公元736年的周期终结,但是有关他及其继任者第七任统治者的其他事件则知之甚少。公元789年到公元806年之间的一系列事件,讲述了第八任统治者的故事,他是托尼纳最后一位功成名就的勇士国王。公元789年,他打败了波莫伊,抓获了一个名叫乌查·安·阿赫·吉(Ucha'an Aj Chih)的领主。公元799年,第八任统治者重建了古典期早期第一任统治者的墓穴,同时举行“入火”仪式。公元837年发生的一件事情和他的继任者乌赫·查帕特(Uh Chapat,第九任统治者)有关。在一块灰泥面板上刻画的俘虏可能就属于他统治期间。尽管托尼纳在这一时期明显衰落了,它的国王仍然设法维系,执政时间长于其他政权。第十任统治者可以借助158号纪念石碑(公元904年)辨认出来。尽管他的名字没有被记录下来,但是托尼纳的一位国王在101号纪念石碑上记录了10.4.0.0.0(公元909年)卡盾终结,这是已知最近的长纪历日期,也是在玛雅任何地区能够找到的最后一个王室纪念石碑。

东南部政权的扩张

东南地区(图1.1)珍贵的资源,尤其是玉和黑曜石,以及和中美洲非玛雅地区的贸易联系,使得该地区一直占据着玛雅世界的重要地位。古典期的大多数时间,这个富有多样性的地区受幅员辽阔的科潘王国统治,但是到古典期晚期,因为叛乱以及基里瓜在莫塔瓜峡谷建立独立政权,现状被打破了。

科潘的发展与繁荣

第七章讨论了科潘王朝的起源和古典期早期的继任统治者。我们发现了科潘古典期晚期王朝统治者月光美洲虎——开国者之列的第十任统治者。从9号石柱和17号石柱上可以知道,他统治了大约二十五年(公元553年—公元578年)。胡安·加林多在19世纪早期挖掘出了位于卫城东部球场的一座拱形墓穴,此地可能是第十任统治者的埋葬之所。第十一位继任者卡克·查恩·约帕特是科潘王朝在位时间第三长的国王,从公元578年即位到公元628年去世,在位时间大约四十九年。卫城至今可见的东西部球场可能是在他统治期间建立的。卡克·查恩·约帕特似乎也扩大了科潘政权。他已知的两个纪念石碑之一——石柱P(图8.48),记录有洛斯伊戈斯(Los Higos)规模更小的象征,该遗址位于科潘东部的拉文塔峡谷,说明此时科潘也控制着邻近的地区。

卡克·查恩·约帕特的继任者灰虎,统治顺序的第十二位继任者,延续了科潘政权的成功。灰虎统治的时间比任何科潘统治者都久,从公元628年持续到公元695年(历时六十七年)。在科潘政治历史上的这段长久而稳定的时期里,王国的疆域、权力和威望都到达了最高点。它统治的区域还包括基里瓜,在此基础上,还包括有丰富农业资源的莫塔瓜峡谷的大部分地区,从战略角度出发,控制这条河谷上的"碧玉"路线,该路线从拥有矿产资源的上游一直延伸到伊萨瓦尔湖和加勒比海。大卫·斯图尔特在基里瓜12号石柱(祭坛L)上鉴别出灰虎的坐像及字形,这块纪念碑是用来庆祝灰虎在公元653年到访基

图8.48 科潘石柱P 其上刻有第十一任统治者卡克·查恩·约帕特的画像;这块石碑可追溯到9.9.10.0.0(公元623年),位于卫城西部球场,在其后面是阶梯10L-16的西面。

里瓜。早在一年前,灰虎庆祝科潘9.11.0.0.0(公元652年)卡盾终结,在科潘峡谷东部和西部入口处竖立了五块纪念碑。12号、13号和23号石柱竖立在东部通道上,同时10号和19号石柱则以同样的方式置于西部通道上。他还建造了一系列新建筑,包括查尔查神庙(Chorcha Structure),一种在帕帕加约之后盛行的长廊神庙,帕帕加约是第二任统治者在古典期早期建立的神庙。显然,同样也是灰虎下令终结了科潘最为壮丽的古典期早期神庙——罗萨里拉神庙(Rosalila Structure),该建筑完好无损地埋藏在一个新的、更加宏大的纪念王朝奠基者基尼奇·亚克斯·库克毛的纪念石碑之下。

公元695年灰虎去世后,瓦夏克拉洪·乌巴赫·卡维尔("卡维尔的第十八个雕像",俗称"十八兔王")继承王位,成为王朝序列的第十三任统治者。与其祖先不同,瓦夏克拉洪·乌巴赫·卡维尔注重在该城中央修造建筑物,竖立纪念石碑。他所做的第一件事就是监督将灰虎埋葬在查尔查神庙下面的墓穴之中。威廉·法什对阶梯10L-26下面的挖掘,记录了查尔查神庙中灰虎精妙复杂的墓穴。一旦墓穴封顶,瓦夏克拉洪·乌巴赫·卡维尔就开始举行与第二任统治者相邻的帕帕加约神庙的封存仪式,该神庙大约建于二百五十年之前。63号石柱纪念9.0.0.0.0周期终结,第二任统治者和他的父亲基尼奇·亚克斯·库克毛举行庆祝仪式,63号石柱埋在帕帕加约内部,都被封存在一所新的、更大的神庙中,经由科潘著名的铭文之梯可以见到63号石柱。瓦夏克拉洪·乌巴赫·卡维尔的第一根石柱——石柱J也提到了9.0.0.0.0这个时间,似乎是为了代替被埋掉的63号石柱。

科潘卫城最早由瓦夏克拉洪·乌巴赫·卡维尔的前任开始建造,他则继续了这项工程。他建造的最著名的建筑是宫殿10L-22,至今仍然统领东部球场的北面,作为他的王室宫殿和圣所(图8.49)。宫殿10L-22是其在此地"圣山"系列的最后一座建筑,通过维茨尖角面具可以鉴别出来。这一时期引进的在建筑上主要的改变是,使用雕刻的石头来装饰建筑,取代了之前传统的灰泥模型。尽管一开始还是由灰泥和颜料涂抹,但底层的石雕为建筑装饰提供了一个更加耐久的基础。

瓦夏克拉洪·乌巴赫执政期间彻底翻修了卫城北面的大广场,作为他雕刻石碑的地点,是科潘此类雕刻石碑最大的集中地(图8.50)。这些石柱按照雕刻的先后顺序,包括石柱C、F、H、A、B和D,以及4号石柱。这些石碑都雕刻成华丽的深浮雕,代表了科潘雕刻艺术的最高峰。正如乔伊斯·马库斯最初指出的那样,石柱之一——石柱A(图8.50)表明,科潘王国与其他三个王国,即蒂卡尔、帕伦克和卡拉克穆尔一起,在9.15.0.0.0卡盾终结期(公元731年)成了玛雅世界最

图8.49　科潘建筑10L-22　科潘卫城东部球场：(上图)宫殿10L-22，第十三任统治者瓦夏克拉洪·乌巴赫·卡维尔在公元715年——他即位后的第一个卡盾周年时建造，或许是想要作为其王室宫殿和圣所；(下图)球场西面的美洲虎阶梯(Jaguar Stairway)，建在美洲虎陵墓副墓之上(图7.29)。

图8.50　科潘石柱H和石柱A　大广场上科潘统治者瓦夏克拉洪·乌巴赫·卡维尔的石柱：(左图)石柱H，9.14.19.5.0(公元730年)；(右图)石柱A，9.15.0.0.0(公元731年)，上面的铭文表明科潘与其他三个主要的城市蒂卡尔、帕伦克和卡拉克穆尔成为后古典期玛雅世界的四方重要势力。

图8.51　科潘球场　统治者瓦夏克拉洪·乌巴赫·卡维尔在公元738年建造的科潘球场，仅早于他去世几个月；这是挖掘工作所发现的系列球场中最新的一座；远处是大广场和建筑10L-4，其上有四处笔直的阶梯。

强大的四大王国。

瓦夏克拉洪·乌巴赫·卡维尔执政期间进行的最后一个项目，是建造系列球场的最后一座，这些球场是由其祖先指导修建并使用的，且建设工程最早开始于基尼奇·亚克斯·库克毛执政时期。坐落于建筑10L-26的西北边，新的球场占据着大广场向南的公共场地以及神庙和卫城南部科潘统治者宫殿之间的过渡地带（图8.51）。它的建造日期记录在东部建筑之上，即9.15.6.8.13（公元738年），仅仅早于瓦夏克拉洪·乌巴赫·卡维尔死于基里瓜统治者卡克蒂里瓦·查恩·约帕特之手（9.15.6.14.6）113天。

双城记

大约在执政三十五年后，瓦夏克拉洪·乌巴赫·卡维尔的继承者卡克蒂里瓦·查恩·约帕特在基里瓜即位，基里瓜城是科潘主要的属国，掌管基里瓜重要的贸易路线。在他后来的纪念石碑中，卡克蒂里瓦·查恩·约帕特记录了瓦夏克拉洪·乌巴赫·卡维尔在公元724年（9.14.13.4.17）见证他的即位大典。自基尼奇·亚克斯·库克毛的属臣在公元426年建立基里瓜（第七章）以来，该城一直是科潘王朝的重要组成部分，也是部分已知属国臣服科潘政权时的所在地（表8.7）。

成为基里瓜的统治者后不久，卡克蒂里瓦·查恩·约帕特在他已知最早的纪念石碑——小祭坛M上采用了库胡尔·阿哈瓦（K'uhul ajaw）的称号。这个日期似乎指向公元734年的一个未知事件，这可能暗示他想要从科潘独立出来。如果是这样的话，基里瓜统治者的野心，可能是出于想要控制途经其领地的贸易的欲望，这似乎导致了其与科潘的冲突。公元738年，此事达到了顶峰，这一日期在基里瓜的石碑中被多次强调（图8.52和图8.53），那时卡克蒂里瓦·查恩·约帕特抓获并献祭了瓦夏克拉洪·乌巴赫·卡维尔。结果,在此次事件的冲击下,科潘王朝对东南部地区的统治霸权终结了。

基里瓜这个大约只有科潘十分之一人口和资源的城市,是怎么实现命运逆转的,一直都是一个谜团。但是,马修·卢珀破解的基里瓜石柱I上的简短介绍,提供了一个至关重要的线索。这份记录表明,在公元736年——科潘战败两年之前,卡克蒂里瓦·查恩·约帕特宴请了卡拉克穆尔的统治者瓦马夫·卡维尔。这次接触有力地表明,卡拉克穆尔在科潘的战败中发挥了作用,有可能支持了基里瓜叛乱,或者甚至提供了战胜科潘所需要的武装力量。这种援助并不难理解,打击科潘——蒂卡尔的旧盟友,也可认为是打败卡拉克穆尔长期的仇敌。除此之外,它可能为卡拉克穆尔提供了通往富饶的莫塔瓜峡谷及其贸易路线的关键通道。

与中部低地地区的许多铭文不同,科潘和基里瓜的雕刻记录中,只有少量提及战事。基里瓜的石碑上反复提到科潘的战败,通常所说的"斧头事件",是指遭斩首的瓦夏克拉洪·乌巴赫·卡维尔。关于科潘仅有的记录,在铭文之梯上的历史年表,记载了瓦夏克拉洪·乌巴赫·卡维尔死于"燧石和盾牌",这显然指战争。科潘的这次损失无疑产生了深远的影响。公元738年以后,有十八年没有竖立新的纪念石碑。这一时期的前十年对应于卡克霍普拉赫·查恩·卡维尔(表7.2)的统治,他可能处于卡克蒂里瓦·查恩·约帕特的管辖之下。基里瓜铭文指定卡克蒂里瓦·查恩·约帕特为奠基者王朝序列的第十四任统治者,代表他是科潘的第十三任统治者瓦夏克拉洪·乌巴赫·卡维尔的继承者。至少,失去对莫塔瓜峡谷沿岸贸易的控制,失去对北接科潘到中部低地的最简捷的路线的控制,肯定产生了严重的经济和政治退步。无论如何,一个政权的统治者被捕和献祭,都会损失其威望,影响士气。从科潘的立场出发,神显然撤回了对王国及其命运的祝福。

表8.7　基里瓜王朝年表

（统治者姓名用粗体表示，代用名或头衔用括号表示）

统治者	长纪历日期	公元	事件
托克·卡斯珀	—	426	基里瓜作为基尼奇·亚克斯·库克毛的属国建立起来；科潘王朝建立者（兽形雕塑P，795年）
图图姆·约赫尔·基尼奇	9.1.0.0.0	455	在石柱C（755年）回顾性出场
第三任统治者	9.2.5.0.0	480	作为奥奇金·卡洛姆特的属臣建造石柱U（科潘的卡图恩·维茨?）
第四任统治者	9.2.18.0.?	493	建造26号石碑
覆盖基里瓜大部分地区的大规模积淀表明了一个明显的间断			
第五任统治者	9.11.0.0.0	652	作为科潘统治者灰虎的属臣庆祝卡盾终结（祭坛L）
卡克蒂里瓦·查恩·约帕特 出生年份不详；去世于785年7月27日；724年12月29日至785年7月27日在位（六十年）	9.14.13.4.17	724	作为科潘统治者瓦夏克拉洪·乌巴赫·卡维尔的属臣即位
头衔：从开国者开始，为第十四任统治者；建立了祭坛M，石柱A、C、D、E、F、H、J、S，动物徽章B，石碑1A-1（大广场），阶梯1B-2?	—	736	和卡拉克穆尔的瓦马夫·卡维尔结盟
	9.15.6.14.6	738	战胜科潘，抓获并献祭其国王——瓦夏克拉洪·乌巴赫·卡维尔
	9.16.11.13.1	762	任命举日者美洲虎作为朱伊阿哈瓦
苏尔天空 785年10月11日至约800年在位；约十五年内建造了祭坛O'、P'，兽形雕塑G、O、P	9.17.14.16.18	785	去世，十天之后举行葬礼（7号石碑）
	—	786	抓捕保护神（朱伊?）
	9.18.5.0.0	795	在卡克蒂里瓦的祭祀寺庙中举行
	—	约800	偶尔举行典礼
玉天	—	约800	即位
约800年至约810年在位；建造石柱I、K，建筑1B-5	9.19.0.0.0	810	和科潘的雅克斯·帕萨赫·查恩·约帕特庆祝卡盾终结（建筑1B-1）

来源：凯利，1962b；鲁珀，1999、2003；马丁和格鲁，2000；普罗斯科里雅科夫，1993；里斯，1986；沙雷尔，1978b、1988、2004。

图8.52　基里瓜大广场　危地马拉，基里瓜大广场，向南俯瞰卫城；树木之间可以看到基里瓜统治者卡克蒂里瓦·查恩·约帕特的几座大石碑：最右边是石碑D，中间是石碑E（右边）和石碑F（左边）之间的兽形雕塑G。

最重要的是，有证据表明科潘在惨败后，发生了内部政治变革。在这一关键时期，凭借在王国内部贵族阶层之间的权力分享，王室权威得以维持是有可能的。其中一个例证是卡克霍普拉赫·查恩·卡维尔统治期间的建筑物，即宫殿10L-22A（图8.54）。这所建筑位于瓦夏克拉洪·乌巴赫·卡维尔大殿建筑10L-22的正西部，其上的哑光雕像表明它或许是波波尔·纳赫(popol naah)或议事厅。如果是这样，科潘的上层贵族领主在这里会晤,在卡克霍普拉赫·查恩·卡维尔式微政权的带领下,参与决策过程。

战胜科潘让基里瓜取得了经济和政治独立。卡克蒂里瓦·查恩·约帕特不仅掌握着自己的命运,而且也控制着肥沃的基里瓜河谷的

图8.53　基里瓜石柱E
玛雅地区最大的石柱,刻有统治者卡克蒂里瓦·查恩·约帕特的肖像(9.17.0.0.0,或公元771年)。

图8.54　科潘建筑10L-22A　洪都拉斯，科潘：建筑10L-22A的前面，波波尔·纳赫或“席子之家”（提到门上的哑光雕像），追溯到第十四任统治者卡克霍普拉赫·查恩·卡维尔，紧靠建筑10L-22的西边（图8.49）。

资源，以及途经其领域的主要贸易路线。这让他有能力赞助一项重大的重建任务，这项任务是基里瓜展示其新获财富和荣誉的鲜活例子。尽管卡克蒂里瓦·查恩·约帕特资助建立了几座新建筑，包括在小基里瓜卫城的建筑1B-2，但他主要的精力都放在打造一个令人惊叹的公共空间上，这一空间适合修建纪念石碑，以此来宣扬他的成就。新广场沿卫城宫殿复合建筑北边伸展，该广场是有史以来玛雅地区设计建造的最昂贵的公共场所（图8.52）。尽管有考古证据表明，广场的南部曾被用作集市，大广场的大部分地方都被用来展示一系列装饰有卡克蒂里瓦画像的石碑，其中包括玛雅世界有史以来竖立的最大的一些雕刻石柱。其中最大的石柱E的塔楼高出大广场7米，重约30吨(图8.53)。这些巨大的石柱和雕刻其上的精美画像，曾经从大广场西部的莫塔瓜峡谷清晰可见，也证实了卡克蒂里瓦目前控制着他所需的所有资源，帮助他建立一个适合强大且独立的玛雅国王的首都。

科潘的复兴和衰落

在这一时期，科潘新的领导集体很有可能悄悄着手恢复王国的经济基础，由于失去了基里瓜削弱甚至切断了的来自北方的贸易和进贡，他们开始将经济网络发展到南部和东部地区，进入中美洲。在萨尔瓦多向南地区、乌卢阿和洪都拉斯向东地区，以及其他后开发区域的考古记录表明，科潘的贸易和影响力显著提升。

卡克霍普拉赫·查恩·卡维尔去世之后，他的儿子卡克伊皮亚赫·查恩·卡维尔于同年晚些时候即位，科潘的复兴得以加强(表7.2)。尽管在他执政的前几年，没有建立新的石碑，但是建筑10L-26的挖掘表明，通过建成科潘有史以来最大的石碑，科潘第十五任统治者有能力全面复兴王国往日的荣耀。卡克伊皮亚赫·查恩·卡维尔在公元756年建造完成了建筑10L-26的最终版本和铭文之梯，科潘摆脱了战败的耻辱。这座神庙和铭文的重要性彰显于它的位置，其建在深埋地下的翠鸮标记(Motmot Marker)之上，该建筑是为了纪念伟大的9.0.0.0.0历法典礼，由王朝奠基者基尼奇·亚克斯·库克毛和他的儿子建造。铭文之梯上刻有已知最长的玛雅铭文(图7.24)，大约有2200个字形，规律地装饰着科潘伟大国王的雕像，最后是底部刻有卡克伊皮亚赫·查恩·卡维尔画像的石柱M。正如威廉·法什所展示的那样，这些铭文和图像在呈现科潘历史之时，铭文之梯删除了战败的屈辱，恢复了科潘和历代王朝的荣耀。这座恢宏石碑所传递的信息不言而喻，科潘复兴重组了宇宙秩序，恢复之前在玛雅世界中所占的重要地位。

五年之后，卡克伊皮亚赫建造了石柱N，一个精美的三维立体石雕。在他统治期间，科潘或许与后古典期玛雅最为重要的城市帕伦克结盟。我们确切知道，一位不知名的科潘君主和来自西部王国的贵族妇女举行婚礼。这次联姻的结晶是科潘的第十六任国王。卡克伊皮亚赫去世的日期未知，但是在建筑10L-11前面石柱N的位置可能标示他未被挖掘的墓穴。

雅克斯·帕萨赫·查恩·约帕特于公元763年就任科潘的第十六任统治者。尽管科潘的铭文记载了他母亲的名字，但没有提及他的父亲，表明新国王不是卡克伊皮亚赫·查恩·卡维尔的直接继承人。但清楚的是雅克斯·帕萨赫·查恩·约帕特在享受祖先创造的荣誉的同时，也不得不承担他们遗留下的问题。在执政早期，他指导建立了两处至今影响卫城的主要建筑——建筑10L-11和建筑10L-16，以及规模更小的10L-21A。雅克斯·帕萨赫·查恩·约帕特最重要的成就之一——建筑10L-11，始于西部球场的北边大看台的建设，显然是公元769年举行俘虏献祭典礼的场所。玛丽·米勒已经说明，这个阶梯的装饰图案（贝壳和凯门鳄），以及放置在大广场下面的三个标记，是如何将西部球场和水下世界联系起来的，球场是双胞胎英雄（Hero Twins）与死神对决的位置（第十三章）。

西部球场上面，雅克斯·帕萨赫·查恩·约帕特在四年之后的公元773年建造了自己的“圣山”。建筑10L-11是一座两层建筑，门道面向四个方向，该建筑既是他的居所，也是举办私人典礼的宫殿。建筑10L-16是他主要的神庙，朝向同一座球场的西面。该建筑是为奠基者基尼奇·亚克斯·库克毛建造的最后一所神庙，他的第一处居所和墓穴已被确定深埋在建筑10L-16。它的雕刻装饰品充分体现着雨神(Tlaloc)和战争意象,象征着与遥远的墨西哥中部的特奥蒂瓦坎昔日辉煌的联系。在这座建筑的前面,竖立着雅克斯·帕萨赫最重要的建筑——建于9.17.5.0.0(公元776年)的祭坛Q(图7.21),以此纪念基尼奇·亚克斯·库克毛在公元426年建立科潘王朝。祭坛Q上装饰有开国者和继任者的画像,有可能是雅克斯·帕萨赫用来监督在西部球场举行典礼的宝座。1988年对这座纪念石碑的挖掘表明,为了神化它,共有十五只美洲虎被献祭,可能每一只都象征着前进方向或者先祖的精神。

但是这些建筑也存在显而易见的问题,没有一座建筑具有科潘早期建筑的技术和持久性。公元738年科潘战败,雅克斯·帕萨赫·查恩·约帕特执政期间,科潘贵族所获得的权力显著增长,他尝试通过赋予官员更多的权力和财富来维持王国的统治。包括波波尔·纳赫的政府官员和议员在内的上层贵族所拥有的头衔和权力,都是在华丽宫殿的雕刻石椅上宣布的。这些可以追溯到雅克斯·帕萨赫统治时期的雕刻石凳,从都城附近的居民区中挖掘出来,从这些建筑中,我们可以知道,贵族君主差不多和高高在上的国王生活得一样奢华。

从宅邸规模和奢华程度判断,贵族中最有权势的人之一是王室书吏,他生活在位于主群东北部的赛普图拉斯建筑群的9N-8小组。王室书吏之家是这个群组之中最大最高的建筑。在它的中央房间里发现了一个巨大的长凳,以华丽的方式代表宇宙,使用全象形文字记录书吏的名字——马克·查尼尔(Mak Chanil)以及他的父亲——卡克·卡维尔(K'uk K'awil)。在此之前,他或许和自己的儿子担任过同一职位,还有国王雅克斯·帕萨赫·查恩·约帕特的名字。马克·查尼尔的房子里装饰着他的雕刻画像,画像中他手持职业工具:抄写员的画笔和贝壳颜料容器。马克·查尼尔的宅邸,包括他的居住之所、工作室和储藏室(包括一个球类游戏装备室)以及仆人的住处。宅邸中有一块供非玛雅人居住的区域，他们可能来自乌卢阿河谷，这些人可能在他的资助下制造陶器或其他物品。

雅克斯·帕萨赫·查恩·约帕特统治时期，另一位重要官员显然居住在俯瞰科潘峡谷的北部建筑群。该建筑群由两座巨大的长方形复合建筑构成，其北面使人联想到超自然和天堂。挖掘表明，南部建筑群（群组8L-12）似乎是一个贵族家庭的宅邸，由居住在邻近地区的随从服侍他们。和其他古典期晚期贵族的建筑群一样，其建筑装饰品包括个人的画像，据此可以推断出主人在科潘等级体系中的身份和地位。相反，更高的北部建筑群（群组8L-10）就没有类似的附属建筑，雕刻较低的一面也与个人无关，而是关于典礼、献祭和天堂相关的。但是，其中有个重要的例外——瓦夏克拉洪·乌巴赫·卡维尔的名字，以及一个日期，这个日期是在公元738年，也就是科潘第十三任统治者被捕和献祭的两天后。这些线索显示，群组8L-12中的贵族宅邸是掌管临近地区典礼仪式建筑群组8L-10的祭司的宅邸，该建筑的建立，目的是神化科潘已故的统治者，也可能是在其被献祭两天之后用作将其神化的神祠。

雅克斯·帕萨赫·查恩·约帕特执政期间，所建的最后一所建筑是建筑10L-18，建于公元801年，坐落在东部球场的南端（图8.55）。它朝北面向建筑10L-22，瓦夏克拉洪·乌巴赫·卡维尔的圣山，建筑10L-21A以及建筑10L-21（毁于科潘河）。建筑10L-18精雕细刻的门侧柱上，雕刻着雅克斯·帕萨赫·查恩·约帕特和他的同伴，这位同伴或许是他的一个兄弟，他们作为勇士手持长矛和盾牌，饰有战利品的头颅和捆绑俘虏的绳索。科潘很少有明确展示战争的雕像，这个例子证明，在雅克斯·帕萨赫·查恩·约帕特统治的最后几年，不断增加的矛盾一直困扰着科潘。

雅克斯·帕萨赫·查恩·约帕特统治期间的第二个卡盾终结（公元

图 8.55　科潘建筑 10L-18 的遗迹在东部球场的南门：(左图)饰有雕像的门框上有一个战士雕像，被确认为是第十六任统治者雅克斯·帕萨赫·查恩·约帕特；(下图)一座被洗劫一空的古墓，据信是雅克斯·帕萨赫·查恩·约帕特的墓穴。

790年)没有记载在石柱或者祭坛上,而是记录在一个小小的香炉上。他最后的一个公共石碑是祭坛G1,于公元800年落成,这是位于大广场上的三个小而华丽的祭坛中的最后一个,坐落在他伟大的前任瓦夏克拉洪·乌巴赫·卡维尔的大型石柱之间。下一个卡盾终结在公元810年,这次终结在科潘没有记录,而是记载在基里瓜的建筑1B-1上,在这里,雅克斯·帕萨赫·查恩·约帕特和基里瓜统治者玉天记载在一起。尽管我们不知道他去世的日期,但是在建于公元820年的建筑10L-18上的部分雕刻上,他被刻画成一位年事已高,也许已经去世的国王。鉴于他的死亡和这块石碑有关,位于建筑10L-18中被

图8.56 科潘祭坛L 标志着王室政权的结束;南面的雕刻部分,是纪念碑唯一完成的部分。描画(右边)第十六任统治者雅克斯·帕萨赫·查恩·约帕特,对面(左边)是他的继任者乌基特·图克(9.19.11.14.5或公元822年)。

洗劫的古墓可能曾经就是雅克斯·帕萨赫的墓地。

科潘最后一个有日期的纪念碑——祭坛L位于可以俯瞰球场的北平台上，这证实了科潘中央集权统治的终结。祭坛L对祭坛Q进行了拙劣的模仿，从上面的雕像可以看出，雅克斯·帕萨赫坐在乌基特·图克对面，这个人试图继承王位，成为科潘第十七任统治者（图8.56）。祭坛L还未建成就停止施工，很清楚地表明乌基特·图克未能成功即位，科潘政权也最终终结。它的一些象形文字块未经雕刻，石碑的两侧仍然是空白的。正如建成祭坛L的动机一样，支撑科潘的力量和资源随着第九个卡盾终结而终结。考古证据表明，此后一个世纪的时间里，科潘的人口减少。后来，在科潘和周围的山谷最终被遗弃之前，具有独特的定居模式、经济组织和物质文化（包括陶器）的后古典期的民族重新占据了一段相对短暂的时期。

没有在历史上留名的城邦

在整个玛雅低地地区，有数百座没有现存历史记录的古典期小城邦。许多这样的城市是次级中心，附属于邻近更加强大的王室都城，在某些情况下，有些城邦不受外界的控制而保持独立。在东部低地地区，有许多这样的城邦在古典期发展到了顶峰。考古调查发现了其中的一些遗址，包括位于伯利兹的两处重要遗址。

阿顿哈古迹位于伯利兹北部，靠近加勒比海岸，毗邻罗克斯通湖（Rockstone Pond），因此该地被命名为阿顿哈古迹或“石水之地”。1964年到1970年之间，大卫·彭德格斯特（David Pendergast）指导，安大略皇家博物馆赞助的考古调查在阿顿哈古迹上开展工作。这项调查揭示，早在前古典期（约公元前1000年），该地区就已经有人居住，但目前可见的建筑主要是在古典期扩建的。在此期间，人口总数达到了顶峰，约有3000人。

这一地区的核心区域周围有两个大广场，一个向北，一个向南。挖掘位于广场B东面的建筑B-4（图8.57），发现了一个装饰豪华的墓穴，可能是阿顿哈统治者的。其中包括迄今在玛雅发现的最大的翡翠雕像（图8.58），描绘的是基尼奇·阿哈瓦——太阳神（神G），重约4.42千克（9.7磅）。在建筑A-1发掘出的另一座墓穴中大约有三百件玉器，以及一本古抄本

图8.57 伯利兹阿顿哈建筑B-4 伯利兹,阿顿哈古迹:建筑B-4,这里的考古挖掘工作发现了用玉雕刻的基尼奇·阿哈瓦,即太阳神(见图8.58)。

或玛雅书籍腐烂后的残迹。所有这些无不表明阿顿哈统治者拥有巨大的财富和权势,之前一直认为该地区只是低地东部边缘一个无足轻重的中心,而这个发现出乎人们意料。但从阿顿哈古迹发现的证据表明,这个中心参与并获益于连接加勒比海沿岸和中部低地中心的贸易网络,这一贸易网络可能受蒂卡尔控制。

卢巴安敦(Lubaantun)是古典期晚期的一个小中心城市,坐落在伯利兹南部茂密的热带雨林。该城靠近格兰德河(Río Grande),经由这条河流到达加勒比海只有30千米(19英里)。托马斯·加恩(Thomas Gann)在1930年发现这个遗址,后来由加恩和包括R. E.默温(1915年)在内的其他人断断续续进行了调查。在1926年和1927年,T. A.乔伊斯(T.A. Joyce)领导英国博物馆探险队对该遗址进行了挖掘。1928年,博物馆放弃挖掘,转而去调查新近发现的位于西南32千米处的普西尔哈遗址。普西尔哈在那时引起了更多的关注,与阿顿哈古迹不同,普西尔哈遗址有刻有象形文字的雕刻石柱。

1970年,诺曼·哈蒙德主导的项目恢复了对卢巴安敦的调查。这次调查重绘了该遗址及其居住地的地图,证实了早期的推断——卢巴安敦被占领的时间相对较短,大概从公元700年到公元870年。因此,卢巴安敦似乎是格兰德河地区在古典期晚期殖民的结果。这次调查还表明,建立该城是为了监督生产当地主要的出口产品可可。它基本上是一个单一的卫城，建在两条小溪中间的低矮山脊上。南部有一座球场，中心有两个高耸的阶梯状平台。北方是另一个球场，正对着大广场的西面。许多砖形阶梯状的平原和石碑，尤其是使用巨型石块，呼应南部基里瓜最新的建筑风格。尽管卢巴安敦没有古典期玛雅低地中心的两大标志性建筑——拱形建筑和雕刻纪念石碑，尼姆力·布尼特（Nim Li Punit）附近存在的石柱或许能够表明它是当地的都城。

图8.58　阿顿哈基尼奇·阿哈瓦的玉头　伯利兹，阿顿哈古迹：出自建筑B-4基尼奇·阿哈瓦的雕刻头像，已知最大的玛雅玉雕，重4.42千克（9.7磅）。

基里瓜最后的时光

公元738年基里瓜战胜科潘，获得独立，在这一百多年中，它的统治者（表8.7）对莫塔瓜河谷低地及邻近地区拥有至高无上的统治，同时控制着高地和加勒比海以东地区之间的碧玉贸易路线。统治者卡克蒂里瓦·查恩·约帕特战胜科潘后，执政六十年，于公元784年去世，这标志着基里瓜重新成为一个独立繁盛的政权。他死后七十八天，据推测为他儿子的人——苏尔天空即位，统治基里瓜十多年。可能不愿与他先祖的巨型石柱相媲美，苏尔天空用三个巨型砾雕，或称兽形雕塑，来纪念自己的统治。他的美洲虎王位石（Jaguar Throne Stone，兽形雕塑G）是第一个，放在他先祖的大广场上的石柱中央。上面的铭文记载着卡克蒂里瓦·查恩·约帕特的死亡、葬礼和重生。兽形雕塑O建于公元790年，兽形雕塑P建于公元795年，都位于球场广场，各自设有附带的祭坛。这三个兽形雕塑都是雕刻杰作，尤其是兽形雕塑P（图7.30），在上面复杂的铭文中，它呼应了基尼奇·亚克斯·库克毛庇护下基里瓜的建造。

玉天是最后一任为人所知的基里瓜统治者，约在公元800年继承王位。两个相对不起眼的纪念石碑记载了他的统治。尽管他赞助重建了卫城，但仍保存了建筑1B-2，该建筑虽然很小但是装饰得十分精美，已经被确认为是卡克蒂里瓦最初的宫殿。出自这所建筑的铭文也记录了科潘第十六任统治者雅克斯·帕萨赫·查恩·约帕特的一些神秘事件。很明显，他与玉天一起庆祝了公元810年卡盾终结，这或许表明两个王国握手言和了。

几年之后，基里瓜最大的建筑（建筑1B-5）玉天宫竣工。但在这一时期，大多数古典期玛雅都城都处于强弩之末，基里瓜也没有更近的文字历史记录。挖掘表明，基里瓜城被废弃之后不久，又被重新占领了。这些后来的入侵者留下的陶器表明，他们来自东部低地和加勒比海沿岸以北地区。新来者重占基里瓜或许是想要将它作为控制莫塔瓜河商业的关键地点。他们资助了卫城最后的一些建筑，但是国王统治和王朝纪念石碑的时代已经一去不复返了，此后不久，基里瓜被彻底遗弃了。

结语：古典期晚期低地国家的发展

古典期晚期，玛雅低地地区的人口呈爆炸性增长。这反映在玛雅国家的政治发展，尤其是在整个低地地区的政权规模、复杂性和数量上。在早期，一系列独立的大城市享有一定程度的霸权，结合经济政治权力控制低地地区，作为玛雅世界的中心，威望进一步加强。因此，纳克贝或许在一段时间内主导了前古典期中期，埃尔米拉多尔主导前古典期晚期，蒂卡尔在古典期早期又主导了一段时间。但与此同时，对所有玛雅国家来说，政治环境越来越严峻，竞争越来越激烈。随着低地地区政权规模的扩大，数量的增长，加上大多数政权都城的人口达到了有史以来的最高峰，加剧了对土地、水源、食物和其他资源的竞争。因此，政权之间的矛盾极大加剧。老牌的权力既得者受到了运用手段谋取利益、不断扩张的次中心城市的挑战。一些小的政权和更加强大的王国结盟，一些试图保持独立，或者战败后并入更大都城的领域之中，还有一些政权抓住机遇保持独立。

蒂卡尔企图通过在其他政权建立制裁厅同盟，来控制低地地区，但是6世纪时，受到了在权势和资源方面与它旗鼓相当的卡拉克穆尔的威胁。卡拉克穆尔采取了一个成功的战略，使用自己的联盟圈来包围蒂卡尔。蒂卡尔和外界的贸易联系减弱，被切断了和科潘以及帕伦克等远方联盟的联络，因此当卡拉克穆尔联盟发动袭击时，蒂卡尔不堪一击。从公元562年到公元679年，取得一系列军事胜利后，卡拉克穆尔及其联盟控制蒂卡尔长达一个多世纪。但是这些战败并没有摧毁蒂卡尔的统治者恢复往日荣耀和权势的决心。在一段时间内，卡拉克穆尔成功控制了玛雅低地地区，在尤克诺姆大帝长期成功的统治下，进入了发展的黄金期（公元636年—公元686年）。然而，按照玛雅人的习俗，卡拉克穆尔的权力依赖于控制它的附属国，而不愿将政治霸权扩展到疆域以外的地域。像之前的蒂卡尔一样，卡拉克穆尔的战略包括在征服地区建立新的附属政权。纳兰霍便是如此，可能也发生在其他都城。但是，卡拉克穆尔显然没有设法用政治和军事力量去战胜同盟，或者在其统摄下建立更大的统一政权。这或许反映出了一些实际情况，如在广大的玛雅低地地区很难进行沟通交流，以及一种要求玛雅政权和统治家族即使在征服和统治之后也要永世长存的政治意识形态。

无论如何，卡拉克穆尔未能加强自己的政治控制，未能解决好战败的竞争对手问题，最终导致蒂卡尔的复兴。在国王哈萨维·查恩·卡维尔一世的领导下（公元682年—公元734年），集结各方力量，蒂卡尔在公元695年发动反击并打败卡拉克穆尔，这次史诗般的战争，改变了低地地区历史发展的轨迹。这场对卡拉克穆尔的胜利为恢复蒂卡尔的荣誉和权势做出了很大的贡献。五十年之后，哈萨维·查恩·卡维尔的继任者伊金·查恩·卡维尔（公元734年—公元766年在位），战胜了卡拉克穆尔的主要同盟——纳兰霍和瓦卡（埃尔佩鲁），从而超越了其父亲的成就。随着这次胜利，蒂卡尔重新获得了整个古玛雅低地地区从东到西的贸易路线，开启重新扩张和繁荣的新时期。但是，尽管遭遇了这次小的失败，卡拉克穆尔王朝仍继续统治蒂卡尔北方的坎王国。

尽管经济竞争无疑助长了卡拉克穆尔和蒂卡尔之间的敌对和最终冲突，但也可能是两个政权之间根深蒂固的因素助长了彼此之间的敌意。其中之一或许源自政治结构的不同。在蒂卡尔的纪念碑上只有男性画像（蒂卡尔夫人是唯一可能的例外），而卡拉克穆尔通常会建造两个纪念碑：一个是国王的雕像，另一个是他王室妻子的雕像，这就给了许多女王同样的待遇。卡拉克穆尔的同盟瓦卡的统治者也和自己的王后一同出现在雕刻画像中。当有必要重建被摧毁的纳兰霍王宫（显然是卡拉克穆尔来重建）时，一位王室妇女从多斯皮拉斯被派遣到纳兰霍，在那里，六天夫人一直担任纳兰霍的统治者，直到一位新王子成年，继任为国王。这些案例表明卡拉克穆尔（及其同盟）十分重视女性继位者，以及国王和王后的共同统治，目的是支持王室的合法性。这与蒂卡尔采取的措施相反，蒂卡尔的盟友如科潘的王室石碑几乎全是男性统治者。

卡拉克穆尔王室践行王室合法性的基础可能代表着玛雅的传统观念。卡拉克穆尔王室遗产或许存在于古典期之前的久远历史之中，很可能来自它的盟友坎王朝和前古典期晚期的埃尔米拉多尔统治者之间的关联。这个遗产似乎与公元378年"外地来客"创立的蒂卡尔政权，以及公元379年蒂卡尔新国王的即位截然相反。因此，不同起源和政治传统的观念，作为政治和经济竞争对手，或许也助长了这两个政权之间持久的矛盾。

然而，到最后，蒂卡尔的胜利只是昙花一现，两个王国的政治体系都没有延续下去。蒂卡尔、卡拉克穆尔以及其他政权后来的统治者，都面临执政中的一系列挑战，其中有些挑战是他们自己造成的。持续增加的人口和对环境的过度开发导致低地地区的经济平衡到了非常脆弱的临界点，玛雅国王不得不依赖战争来扩张对土地、贸易和财富的控制。在玛雅统治者建造的建筑和纪念碑上，也可以看到王室为增加权力和威望而开展的竞争。玛雅国王在宣扬自己个人成就的同时,热衷于使都城变得更加宏伟壮观,从而加剧了对正在快速消耗的低地资源的竞争。在所有这些力量的作用下,在接下来的古典终结期,低地地区的形势注定会经历深刻的,甚至是灾难性的变化。

第九章　古典终结期的变革

我们不再拥有幸运的时光；我们不再拥有理性的判断。当我们视野不再促狭、拥有羞耻之心后，一切都会变得明朗。

——《丘玛耶尔契兰·巴兰书》（罗伊斯，1967年，第83页）

从上文可知，在玛雅文明的漫长历程中，盛衰循环曾屡次出现，第一次循环出现在前古典期晚期，玛雅文明才刚有所发展，随后便大范围走向衰落，且就此告终。第二次更显著的繁荣则以深刻的变革告终，这些变革是古典终结期（约始于公元800年）的基本特征。古典终结期在不同地区的延续时间并不相同。其中最剧烈的变革出现在中部和南部低地的中心地带，导致古典期几乎所有的城邦都于公元800年至公元900年之间消亡。与此同时，尽管玛雅部分地区仍在繁荣发展，古典期中心地带以外的很多地区都发生了变革。在公元800年至1100年这一相对短暂的阶段中，北部低地各城邦发展到顶峰，而后衰落。这些变革显然是密切相关的。本章将从中部和南部低地入手，对这些变革进行考察。

古典期核心地带的衰落

由神圣国王王权统治的大部分城邦都在古典期达到了发展的顶峰，然而，在古典终结期，这些城邦大都经历了严重衰落。需要强调的是，导致这次衰落的大部分问题和变革在古典期晚期甚至在更早以前就已经发生了。这一点从玛雅社会内部日益激烈的竞争中可见一斑。城邦之内非精英阶层的权力不断扩张，各城邦之间战事又日益频繁，这都表明玛雅社会权力斗争越发激烈。事实上，到公元800年，这些压力已经给一些城邦造成了重大打击。其中最极端的例子是在派特克斯巴吞地区的地方性战事中遭到毁灭的多斯皮拉斯地区。然而，在其他低地区域的大部分地区，这些变革的影响到了9世纪才慢慢完全显现出来。因此，到公元900年，中部和南部低地区域的大小传统城邦只有遗迹存留下来。这些由神圣王权国王统治的王朝自前古典期晚期掌权以来，便一直统治着古典期的中心地带，但那时却纷纷消失无踪。

最明显的变革在于中央集权制政治制度（尤其是反映神圣王权的政治制度）特点的消失。这一政治制度最明显的标志是雕刻的石制纪念碑上面刻画了神圣国王的形象，并依照长纪历日期，用象形文字记录了神圣国王的功绩。到公元900年，大部分城邦首都已经停止修建王室纪念碑了。最后一座已知的有长纪历日期的石碑是托尼纳纪念碑。在同一时间，各地的纪念性建筑——包括神庙、宫殿、球场和堤道等（城市居民赖以生存的运河及水库也包括在内）——大多停止了建设。一些相关的工程建设，如结构复杂的王室建筑雕刻和粉刷等装饰性工作，也相应停止。许多高端用品及宗教礼仪用品——尤其是彩陶、雕花的玉器、木器、骨器及贝壳等——都停止了生产和流通，这些器具是贵族生前使用的，常常成为他们的随葬品。

这些变革往往伴随着环境问题增加及人口减少等现象。有证据表明，当时出现的环境问题包括森林退化、土壤侵蚀、降雨模式改变及干旱。考古学记录也表明，这一时期，王室宫殿与平民住房内的家庭活动都显著减少，这表明当时出现了人口锐减。这些变革在曾由古典期最强大、人口最多的城邦统治的那些地区最为显著。经历了古典期晚期的发展顶峰后，卡拉克穆尔、蒂卡尔、帕伦克和科潘等王国的首都及内陆地区的人口在古典终结期逐渐减少。有时，在王宫被王室遗弃后，一小群平民或者是外地人会短暂地占据王宫。但是，到古典终结期末段，大部分人类活动踪迹都大大减少，甚至从玛雅中心地带大部分遗址的考古记录中完全消失。

这些变革的前因后果必须从考古证据及其他学科提供的数据中推测出来。尽管玛雅各王朝留下的象形文字材料大大丰富了我们对古典期政治发展历程的理解，但其中并没有记录古典终结期发生的变革。

但是，古典期晚期及古典终结期的王室纪念碑确实反映了这一阶段发生的重要政治变革。纪念碑数量的总体减少，及其工程质量的普遍下降，表明各个神圣国王及他们的工程建设得到的经济支持不断减少。这些统治者赞助的其他建筑工程同样也在走下坡路。

从雕刻图案和王室纪念碑碑文的变化中，我们同样可以看出神圣王权的衰落。前古典期晚期建造的第一批玛雅纪念碑上，中心场景雕刻的往往是神圣国王的形象，这直接表明国王的超自然力量和世俗权力。这些场景中常常有被踩在脚下的俘虏，有时也会出现王室夫人及继承人的形象。但到古典终结期后，统治者们往往不再独占中心场景：萨哈洛布及其他从属于国王的领主们也越发频繁地出现在纪念碑上。他们头衔高贵，画面中，他们时而抓住俘虏，时而辅助完成宗教仪式（图8.30及图8.31）。这些变革反映了众多城邦内部一种权力去中心化的趋势。这种趋势往往是由早期的分权政治体制导致的。神圣国王们使用这种政治体制来保持他们的崇高地位。然而,这种靠收买赢得臣子忠心的方式最终显然失败了。在古典终结期,通过建造自己的纪念碑,许多次级中心城市的领主们能够实施之前专属于国王的事情。王室在旧城邦首都的权力则不断衰退,甚至完全失去权力。至少还有一些城邦暂时分裂成了多个小城邦,此后,这些小城邦的“准国王”也将走向末路。

古典终结期的玛雅陶器

家用陶器在这一时期并未发生大的变化,但彩陶的数量减少,质量也有所下降。原因很有可能是贵族使用需求下降,宗教仪式和宴会上的彩陶使用减少,以及贵族对这些专门生产彩陶的手工工场的赞助减少。整个玛雅地区出现的新型陶器,反映了批量生产的新模式以及更加高效的销售模式的出现。这些陶器通常质地坚硬,薄壁,黏合良好,工艺先进。古典终结期最具特色的陶器为铅酸盐陶器(Plumbate ware),它们是哥伦布到达美洲之前唯一的玻璃化(上釉的)陶器,产于危地马拉西南部太平洋沿岸。铅酸盐陶器往往装饰华丽,要么用陶制模具浇铸,要么是浇铸与雕刻结合。铅酸盐陶器经过了数百年的发展,从古典终结期开始被销往各地,甚至被销售到玛雅以外的地区。这一时期另一种标志性瓷器为橙色精陶(Fine Orange),由塔巴斯科低地西部边缘地区一种纹理细密的陶土制成。这些陶器的形状以及由模具浇铸的装饰图案都具有统一性,证明此时出现了为满足出口需求的商业化生产模式,同时也表明古典终结期商业经济的不断扩张。橙色精陶上描绘的往往是刻板化的军事图景,这些陶器被销往玛雅大部分地区。

在尤卡坦地区,古典期晚期的陶器分化趋势在古典终结期继续发展。彩陶通常是缺失的,但也有一些例外。石器继续发展,特点是表面有一层质地光滑、灰中带褐的黏土层,有时覆盖一层灰白色的油漆。这些石器抛光精致平滑、造型精巧、工艺精美、极具特色,出自一群技艺高超且组织严密的匠人之手。现代玛雅的制陶工人会使用“卡巴尔”(k’abal),这是玛雅人改进陶器制作方法的另一个证据。“卡巴尔”是一个木制圆盘,置于一块光滑的木板之上,在制陶工人两脚脚掌之间旋转。这一步骤与“旧大陆”制陶工人使用抛丸叶轮制陶的步骤极为相似。虽然玛雅人从未使用过真正的陶轮,但是,由“卡巴尔”制作的器皿与由陶钧制作的陶器类似,都有平整精美的外形。

变革的模式

在整个低地中心地带，古典终结期发生变革的情境、原因及后果都有所不同。在派特克斯巴吞地区，中央政权崩溃及区域人口减少的首要原因是地方性战事导致的暴力升级。相比之下，尽管科潘城在古典终结期也发生了变革，但暴力冲突和战争在其中发挥的作用却要小得多，最后科潘政权同样也走向了崩溃。由于统治者们无法改善日益严峻的环境问题（尤其是滥伐森林及土壤侵蚀），科潘民众逐渐对他们失去了信心。正如我们在第八章所见，两个事件引发了科潘城中央王权的衰落，其一是科潘第十三任统治者去世，其二是基里瓜城邦于公元738年独立。然而，为应对这些损失所采取的措施直接导致了王室权力的衰落，尤其是科潘国王们为重整旗鼓而实施的分权制度。随着从属领主们获得更大的自主权，统治者们给予他们更多的奖励，以维持他们的忠诚，从而加剧了科潘城内部的权力去中心化趋势。这一趋势在乌基特·图克继承雅克斯·帕萨赫·查恩·约帕特的王位失败时达到高潮。

考古学发现也揭示了中央权力的崩溃。有证据表明，科潘城首都的王室辖区之内出现过纵火和抢劫。这表明历时四百年的基尼奇·亚克斯·库克毛王朝走向终结。科潘城也许分裂成了众多小的自治区域，每个区域都由国王原先的臣子（即科潘峡谷内主要贵族世家的首领）管辖。考古发现还表明，政治变革及环境恶化并未导致科潘峡谷被立即遗弃。科潘城最后一位统治者下台之后，仍有人在科潘峡谷内的许多贵族及非贵族建筑内居住，并延续了几代人，但人口数量急剧下降。

科潘城最后几位国王承担的压力与其他玛雅城邦统治者面临的

困境极为相似。当然,越发严重的战事,以及人口过剩、环境退化和气候变化等问题,严重扰乱了低地各区域玛雅社会的生活。但是,在科潘城,古典终结期爆发的战争和冲突是中央权力崩溃的结果,而非原因。为恢复往昔的荣光与威望,科潘这一奄奄一息的王朝制定了一些政策。然而,当时地方性的人口过剩问题,以及土壤侵蚀造成的粮食产量下降问题尤为严重。在这样的背景下,这些政策严重动摇了政治体制,最终导致中央政权崩溃。

总的来说,科潘城的衰落模式在古典终结期同样也出现在了其他城邦首都。衰落过程始于由众多因素造成的王室政治权力弱化以及权力去中心化,最终导致中央政权崩溃。之后,贵族权力的弱化导致人口逐渐减少,直到玛雅低地的大部分地区被完全遗弃。因此,所谓古典期的衰落应该被视为一个延续一个多世纪的过程,而不是一场突然的灾难。此外,触发这一过程的具体原因在不同地区也有所不同。

玛雅衰落之谜

古典期玛雅文明的终结突如其来,极具戏剧色彩,多年来一直是个重大研究课题,甚至吸引了大众媒体的注意。然而,尽管人们常常认为,古典终结期发生的变革导致了玛雅文明的崩溃或终结,但是这一观点是错误的。虽然当时发生了广泛的变革,中心地带大部分人口稠密的城邦最终也纷纷遭到遗弃,但是,正如人们(尤其是坊间广为流传的说法)有时猜测及暗示的那样,玛雅文明并未完全崩溃或消失。中部低地的佩滕湖区附近仍然有人居住,伯利兹东部的许多地方也是如此。在北部低地,许多玛雅城邦在古典终结期都达到了发展顶峰,面积广大,经济繁荣。然而,古典期南部核心地带的许多重要城邦此时已经开始衰落。而繁荣一时的北部城邦也难逃变革，最终同样走向衰落，但这些城邦的存在使得尤卡坦地区的古典终结期延长了至少二百年（一直到大约1100年）。

在经历了一个多世纪的变革后，古典期的众多玛雅城邦相继灭亡，但即便如此，玛雅文明却从未终止，并一直延续到西班牙征服时期。同时，受古典终结期变革的影响，玛雅文明也经历了转型。这一转型源自玛雅社会内部经济、政治及宗教制度发生的一些重要变革，围绕废除神圣国王，以及在神圣国王统治之下各城邦的政治制度展开。各地区发生这些制度性变革的时间各不相同。在中部玛雅低地的大部分地区，衰落最快的阶段可以追溯到约公元800年至约公元900年。相比之下，9世纪的北部低地却经历了一段前所未有的繁荣发展时期。但在之后的一个多世纪中，该地区也反复经历了多次衰落。所谓的玛雅文明的衰落，实际上是一个转型的过程，在这一过程中，古典期各城邦走向终结，而新城邦开始崛起，并在后古典期占据了主导地位。如果要解释古典期玛雅城邦的衰落，我们必须考虑到古典终结期内这一跨度在一百年和三百年之间的转型。

古典期玛雅城邦的衰落

在玛雅低地探险刚刚开始时，人们便发现了掩于丛林中的大型废弃城市遗址，从而想到了被一场神秘灾难突然毁灭的“失落的文明”。之后，考古学家认为，标有长纪历日期的纪念碑建筑工程的中断，能够证明古典期玛雅低地各大城市突然消亡的事实。20世纪早期，西尔韦纳斯·莫利对这些石碑进行分类，并以此来衡量此前所谓“旧帝国”（即后称的古典期）的兴衰。玛雅低地最早的长纪历日期出现在第八个伯克盾时期。莫利甚至能够指出，瓦夏克吞9号石柱（雕刻于公元328年）是所谓的“旧帝国”开始的时间标记（后来，蒂卡尔第29号石柱的发现，把时间往前推至公元292年）。此后，带有长纪历日期的石碑数量开始增加，让我们能够记录旧王国的扩张历程。莫利和其他学者都认为，这一时期是玛雅文明发展的巅峰。莫利指出，记录9.18.0.0.0.卡盾结束（公元790年）这一时间点的玛雅遗址是玛雅历史上最多的，但此后长纪历日期的数量大大减少。最后一个以长纪历记录的日期是10.3.0.0.0（公元889年），这一日期标志着旧帝国的终结（之后由于托尼纳101号纪念石碑的发现推迟到公元909年）。

目前可知的是，带有长纪历日期的纪念碑的消失，仅仅是几个世纪以来发生的广泛变革过程的一个表现。这一变革反映了玛雅神圣国王权力的衰落。尽管记录长纪历日期数量的增减能够反映玛雅神圣国王的历史，但是这一研究方法不能单独使用。当然，正如长纪历日期的首次出现无法代表玛雅文明的开端一样，其结束也无法反映玛雅文明的终结。如今，我们能将玛雅文明的开端追溯到前古典期，但长纪历日期显然并未记载埃尔米拉多尔地区的盛衰变化。由于单方面的信息显然无法揭示古典终结期发生的变革的全貌，所以认真研究目前已知的全部考古证据，对于理解古典期玛雅城邦的终结十分重要。

显然，单独的历史事件或历史过程无法解释古典终结期发生的所有变革。这些变革是由多种因素结合造成的。而且，由于一些地区先于其他地区发生衰落，这一变革过程在各地区并非同步发生。此外，在不同地区，这些因素结合或产生作用的方式也各不相同。导致科潘城发生变革的某些因素同样出现在低地区域的其他地方，但不同城市和城邦随着时间推移发生变革的过程有所不同。派特克斯巴吞以及低地的其他任何地区的变革过程都是如此。然而，任何一种变革都无法单独发生作用。虽然这些事件在各地发生的顺序不同，但是古典期玛雅各城邦的命运在各方面都是密切相关的，无论从经济、政治、社会还是意识形态方面来说都是如此。因此，其中一个城邦面临的问题也有可能影响其他城邦。正是因为玛雅各城邦之间的相互依赖性，地方性或区域性的问题都有可能演变为更大范围内的问题。

玛雅衰落的证据揭示了衰落的空间变化模式，表明古典终结期的变革首先出现在西南低地地区。此外，与北部（尤卡坦）、东部（伯利兹）以及南部高地地区相比，西南低地地区以及低地内部核心地区的变革更为深刻。这些区域内的古典期城邦最终也走向衰落，有些地方甚至出现人口数量减少的情况。然而，尽管中心地区以外的区域也经历了变革，但是与西南部及中部低地区域相比，该地区人口数量受到的影响要小得多。相比之下，玛雅高地区域人口数量只经历了小幅度减少，几乎可忽略不计。在伯利兹，有些地区人口减少，但在其他许多地区，尤其是海岸地区，人口减少的幅度极小，甚至出现人口增长的情况。在尤卡坦，一些地区人口锐减。但从总体上来看，人们继续开拓新的住所，该地人口也在古典终结期再次回升。虽然人口大规模减少对西南部和中部低地区域产生的影响比其他地区深刻得多，但也存在一些例外（如佩滕湖区域）。考古学记录表明，古典期核心区域所有的大型首都——从蒂卡尔、佩滕区域的其他城市到西部的帕伦克和东南部的科潘——都出现过人口锐减的情况。经过大约一个世纪的人口数量减少，这些城市及其腹地纷纷被遗弃，最终被覆盖在雨林之中。

虽然佩滕湖中心区域在后古典期经历过一次重要的复兴，伯利兹的许多区域也持续繁荣，但后古典期玛雅社会的发展主要集中在低地中心区域以外的区域，如尤卡坦半岛北部，危地马拉南部高地以及太平洋沿岸平原地区。

人们对古典终结期的研究兴趣点几乎总是集中在寻找古典期玛雅城邦衰落的原因，以及广大低地区域人口减少的原因这两点上。但一个与此相关且同样重要的问题，即为何某些地点或区域并未经历这些变革，却很少被人关注。幸运的是，目前的考古研究正在逐步扭转这一不平衡现象。接下来，本章将会探讨关于古典期玛雅城邦衰落原因的各种理论，之后对北方各城邦的兴衰做一个总结，并简要论述古典终结期高地区域和太平洋沿岸的情况。

论古典期玛雅城邦的终结

18世纪至19世纪，人们在低地雨林区域重新发现了古典期玛雅城邦的遗址。自那时起，人们便开始尝试探寻古典期玛雅城邦衰落的原因。当然，学者们要到很久之后才会意识到，这些废墟中的许多城市，都曾是玛雅神圣国王的权力中心。这些国王们统治着众多相互竞争的城邦。这个曾经人口众多、高度发达的文明，如今却成为掩于丛林之中无人居住的沉寂的废墟。这一强烈的对比使人们得出结论：这些废弃的城市毁于一场突发的灾难。在欧洲人看来，一个伟大的文明被掩藏在看上去不宜居住的丛林之中，这似乎有悖常理。因此，只有假设玛雅文明衰落的原因在于其所处的恶劣环境，似乎才符合逻辑。玛雅文明往昔的繁荣，在过去常被视为一件“神秘之事”，如今许多地方仍然持同样观点。所以，在早期探险活动中，玛雅文明“衰落”问题常常不及玛雅文明起源问题那么引人入胜。当然，借助旧大陆众多已知文明的迁徙理论，我们能够解答玛雅文明的起源问题。这“解释”了一个复杂文明为何出现在不宜居住的丛林中这一谜题，也说明了环境困难和物质匮乏，最终会导致其不可避免的消逝。

之后，由于考古证据表明玛雅文明是新大陆本土产生的文明，人们的注意力更多地转向玛雅各低地城市被遗弃的原因。20世纪以来,人们提出了多种理论。每种理论也时盛时衰。但我们可以从中发现一些普遍的趋势。第一,单一因素理论逐步转变为多种因素结合理论;第二,突发性严重灾难理论转变为一种基于更细微的、长期演变的衰落过程的理论;第三,古典期玛雅各城邦衰落的研究范围逐渐扩大,不仅包括中部和南部低地区域,而且囊括整个玛雅地区,尤其是北部低地区域后来的变革与衰落。

这些趋势表明,我们之所以能够更加深刻地理解古典期玛雅政治秩序的衰落,是因为我们对古代玛雅社会及其复杂的生态、社会经济、政治和宗教制度有了更多的了解。最近的研究已经开始挑战甚至推翻人们对古代玛雅经济、社会及政治结构的旧观念。玛雅考古学(与对其他复杂社会进行的考古相似)长期以来以对大型遗址的考察为主导,在这些地点又以考察最繁复宏伟的建筑为主导。由此获得的信息大部分与统治阶级贵族相关,这些贵族是古代宫殿、神庙和陵墓的占有者。但是,对于玛雅社会大部分人的生活,我们知之甚少。通过更加均衡的研究,我们能够获得一个更加完整的视角,来观察古代玛雅社会的方方面面,以及它为适应不断变化、丰富多样的低地环境而做出的改变。随着我们对古代玛雅的旧观念被新的信息改变甚至替代,我们对古典终结期发生的变革的理解也会相应发生改变。

人们对古典期玛雅城邦衰落的原因提出了多种理论。其中一些理论极其荒谬,因此被排除在外,比如来自外太空的外星人的入侵,或者是为塑造婴儿头骨而造成的“精神问题”。虽然当代所有的理论都支持多种因素结合论,但是其中更具说服力的理论可以简要总结为以下几类:强调灾难性事件的理论;强调玛雅社会内部问题的理论;强调外部势力入侵的理论以及强调环境变化的理论。

强调灾难性事件的理论

如上所述,大部分学者已经不再接受基于灾难性事件的理论,但某些理论仍然主导着大众认知。大部分早期理论把古典期玛雅文明的终结归因于自然灾害,这种终结的开端则是玛雅人无法适应不宜居住的低地环境。一些更加具体的自然灾害则被进一步推断为古典期玛雅文明终结的原因。我们在之前的章节中提到一个假设,即火山运动在玛雅社会前古典期南部区域的衰落中起了一定作用。虽然玛雅低地区域的大部分地区地壳运动并不活跃,但是确实会发生地震。有证据表明,中部低地地壳运动并不活跃的逊安图尼奇出现了未修复过的结构性损伤。因此,有人提出,一次或多次灾难性的地震导致低地各城邦走向衰落,从而遭到遗弃。

但是,只有低地区域的南方边缘地区会受到严重地壳运动的影响。毫无疑问的是,基里瓜遗址的考古发掘表明,东南部玛雅低地地区的居民确实受到了大地震的困扰。基里瓜直接建于莫塔瓜地质断层(Motagua Fault)之上。该地层最近的一次断裂发生在1976年,导致危地马拉发生了一场灾难性的大地震。考古发掘中发现的基里瓜遗址上受损或倒塌的古建筑,以及石质建筑上的二级扶壁,都证明古代发生过地壳运动。然而,虽然地震可能影响了某些地区,包括基里瓜、科潘甚至是逊安图尼奇,但是这些地区的居民会从地震中恢复过来并重建家园。这是自然灾害发生后的通常情况。简单来说,没有证据表明地质灾害毁灭了整个玛雅低地地区。

另一种说法认为,加勒比海飓风是导致古典玛雅文明衰落的罪魁祸首。一场大风暴可以轻易摧毁大片农作物,就像1998年飓风“米奇”摧毁洪都拉斯和危地马拉一样。然而,和地震说一样,人们也很难相信只造成局部破坏的飓风能够毁灭古典期所有玛雅城邦。此外，飓风甚至是有益的，因为飓风能够毁坏其途经地区的森林，为农业生产开辟新的土地。

流行性疾病产生的影响则更为广泛，它可能是造成玛雅低地区域人口锐减的原因。疟疾、天花以及其他旧大陆疾病在西班牙征服时期传入新大陆后，曾造成严重后果。由此，我们可以清楚地看到，流行性疾病传入对新大陆人口产生的影响是灾难性的。历史资料中曾记载过肆虐中世纪欧洲的瘟疫，这些瘟疫给我们提供了另一种例证，因为它们阐释了流行性疾病造成的突发性人口锐减给经济和社会发展带来的后果。但是，尽管我们已经从古代墓葬中诊断出了前哥伦布时代出现的一些疾病，但古典期临近结束时，低地区域居民人口营养不良问题日益严重，玛雅大部分人的骨骼异常问题似乎就是由此导致的。换句话说，骨骼研究表明，对于前哥伦布时代的玛雅人来说，食物匮乏和人口过剩是比流行性疾病更为严重的问题。

总而言之，在这些可能导致"玛雅文明衰落"的灾难性事件中，没有一种能给我们提供一个令人满意的说法。灾难理论之所以站不住脚，是因为灾难事件本身缺乏确凿的证据。更重要的一点是，没有证据表明玛雅低地区域曾发生过影响整个区域的自然灾害或者传染病。

强调玛雅社会内部问题的理论

到古典期晚期，玛雅低地区域必须直面日益严峻的一系列问题。鉴于玛雅王权是玛雅社会意识形态的基础，玛雅统治者们在解决这些问题上表现出的无能显然严重削弱了他们的权威。玛雅遗址中发掘出的考古证据表明，人口过剩是最迫切的问题。中部和南部玛雅低地区域的人口在公元700年至公元800年之间达到了峰值。虽然我们无法准确地推测出此时的人口数量，但是，基于一些确凿的证据，有人推测玛雅总人口上亿。也许，自然环境早已不堪重负，因此难以继续支撑这种程度的人口增长。考古证据则说明了最终后果：古典终结期低地人口的急剧下降。这引出了两个基本问题：一是人口过剩问题与古典期玛雅城邦衰落的关系；二是古典终结期人口为何突然减少。

当然，人口过剩对任何社会产生的后果都是灾难性的，而古典期的玛雅则为当今世界的人口过剩问题提供了极具说服力的借鉴。人口过剩会导致食物、燃料以及其他重要商品普遍短缺，造成广大民众的不满，甚至引起民众对当权者的反抗。众多研究者都曾表示，由于玛雅统治者们无法解决低地区域面临的一系列问题（其中许多问题源于人口过剩），再加上滥用权力，最终导致了一场群众革命。

J. 埃里克·汤普森是“农民反抗”理论最著名的支持者，但这一观点更多地体现在他所著的通俗读物而非学术文章中。这一理论所持的观点是，人口过剩、农业生产情况不佳、营养不良、疾病以及可能产生的自然灾害等因素的共同作用，再加上玛雅民众逐渐对其统治者失去信心，最终导致民众普遍感到失望。同时，由于统治阶级贵族逐渐将注意力转向一些深奥难懂之事，而不提出实际的办法来解决日益严峻的危机，国王和普通民众之间日益脱节，这使得情况雪上加霜，最终导致了一场普通民众推翻统治阶级的暴力反抗。

然而，对古典期晚期考古记录中出现的变革也有另外一种阐释，即统治阶级贵族为适应危机而做出的尝试。支持修建新水库最终可能会增加依赖雨水地区的供水。同时，对集约型农业生产方式的投资最终也能够增加粮食供应。但是，由于当时劳动力和资源需要用来解决更加迫切的水及食物短缺问题，这些措施的优势要到多年以后才能实现。虽然寺庙和其他纪念性建筑几乎没有实际用处(除了能够给人心理安慰),但是我们可以认为,建造它们的目的是安抚控制玛雅命运的超自然力量。因此,它们也许能够提升玛雅民众的信心和士气。但是,在当时需要更多劳动力去生产粮食的情况下,分散部分劳动力去建造寺庙必然会加剧人口过剩的压力。

玛雅的历史周期概念也许与玛雅社会内部问题的理论相关,尤其是一些与十三卡盾周期(约256年,详见第三章)有关的宿命论预言。这一周期的每一卡盾都有自己的编号和独特的预言;每过256年,一个特定编号的卡盾会再次出现,玛雅人相信这种复现会让过去发生过的事件或情形再次出现。人种史学记录中便预言了与某些特定卡盾相关的政治和宗教的根本性变革。例如,1687年,预示重大变革的卡盾II再次出现,由于1697年的西班牙征服临近1687年,因此,西班牙征服位于塔亚萨尔地区的玛雅最后一个独立城邦的过程加快(见后记)。基于这些事实,丹尼斯·普利斯顿(Dennis Puleston)提出,玛雅对于周期历史的概念导致了古典期的衰落。近来,普鲁登丝·赖斯(Prudence Rice)提出,古典期的一些玛雅城邦首都在特定卡盾周期内曾经是权力中心,能够获得宗教权力,其后的后古典期也是如此。无论如何,玛雅低地的问题在公元790年新一轮卡盾周期开始时便初露端倪。而在公元534年上一轮卡盾周期开始后不久,蒂卡尔就由于受到卡拉克穆尔和卡拉科尔联盟的攻打而衰落。此前的上一轮卡盾周期开始时(公元278年),南部玛雅也曾经衰落(详见第三章)。这些在玛雅历史周期中规律性出现的事件可能表明,在后古典期,随着卡盾周期渐渐逼近,听天由命的玛雅人对席卷各古典城邦的各种变革力量并未进行反抗,因为预言已经预料到,玛雅社会中会出现根本性变革。

据资料记载,在后古典期,战争导致竞争和暴力行为日益增加,这既是玛雅社会内部产生问题的原因，也是其表现。正如我们所见，城邦内部日趋激烈的竞争已经削弱了众多玛雅国王的权力。同时，卡拉克穆尔与蒂卡尔之间为争夺玛雅低地控制权而爆发了冲突，这引发了后古典期一系列的城邦间战争。此后，战事扰乱了农业生产，人们的生活日益艰辛，统治者们为解决危机而采取的措施也难以实行。冲突过后，由于双方都精疲力竭、无法遏制暴力行为抬头，许多低地区域战争频发。与5世纪发生的伯罗奔尼撒(Peloponnesian)战争削弱希腊一样，玛雅地区频繁的战事导致人们流离失所、农业生产和贸易减少、士兵死伤惨重。

佩滕地区的证据表明，后古典期日益频繁的暴力产生了严重后果。最后，虽然玛雅为建造防御工事投入了大量资源，并投入人力抵御多斯皮拉斯、阿瓜特卡、蓬塔德奇米诺等地遭遇的围攻，这些城市以及其他城市最终都被攻破，并遭到毁灭。地方性战事也扰乱了帕西翁河和乌苏马辛塔河贯穿该地区的关键贸易路线。玛雅地区的农业系统早已不堪重负，为了进行防御而集中人口无异于雪上加霜。到公元800年，这些压力的共同作用似乎导致了佩滕地区大部分城市遭到遗弃。

然而，虽然佩滕地区的战事造成了严重后果，但是只有很少证据表明，其他低地地区发生过同样激烈的军事冲突。如果说曾发生过一场足以毁灭整个玛雅低地的战争这一说法疑点重重，那么一个地区发生地方性冲突，加上主要经济路线被切断造成经济动荡，也许会动摇冲突之外的地区的社会经济以及政治体制。

强调外力影响的理论

外邦入侵曾被认为是古典期玛雅“衰落”的原因。然而，如果只有少数几个地方被外族征服，这些也还属于地方性事件。没有证据表明它们能够产生足够大的影响，从而导致整个低地地区普遍衰落。在玛雅大部分地区，并无证据表明其遭受过外邦入侵。这使人不禁怀疑外邦入侵与古典期玛雅政治体制的衰落之间有无因果关系。在古典期末期，由于玛雅低地各城邦已经开始走下坡路，玛雅遭受的局部侵略更有可能是玛雅衰落的结果，而不是其原因。有证据证明，科潘及基里瓜两地在古典终结期有异族人到来。但这些“外地人”出现的时间是中央政治权力衰退之后，甚至是这两座城市被遗弃之后。

中美洲(Mesoamerican)长途贸易网络在古典终结期发生了一些变革，从而导致了经济衰落，这也许引发了低地地区玛雅各城邦的衰落。在这一情况下，正在经历变革的中美洲经济把南部和中部玛雅与当时新兴的经济和政治力量分隔。正如之后将会提到的那样，此前位于边缘地带的玛雅族群，比如来自墨西哥湾沿岸琼塔尔帕(Chontalpa)的人们，到古典期末期都开始巩固尤卡坦半岛周围的海上贸易路线。卡拉克穆尔及蒂卡尔的盛衰与它们的地理位置相关，二者都既跨越了贯穿低地的河流，又跨越了内陆贸易路线。随着尤卡坦半岛周围海岸的贸易增多，这些内陆贸易路线被绕过。最终，卡拉克穆尔及蒂卡尔等内陆城邦的首都失去了主要的资源和收入来源。其他贸易也受到了类似影响，几处主要的河上贸易走廊的贸易有所减少，如乌苏马辛塔河和莫塔瓜河沿岸的贸易。这可能解释了帕伦克、皮埃德拉斯·内格拉斯、亚斯奇兰、基里瓜及科潘等地的经济衰退。因此，由于玛雅低地之外的地区发展出了调动食物资源、人力资源及财富等的有效方法，古典期玛雅各城邦在经济上处于不利地位。根据这一理论，当传统的玛雅统治者不能或不愿实行必要的经济改革以保证城邦的生存时，他们便会失去其王位及臣民。

强调环境变化的理论

有几种理论称低地地区的环境变化导致了古典期玛雅各城邦的衰落。对于这一话题,有两种不同的变体:一是这种环境变化是由玛雅人自身引起的;二是这种环境变化是由人类无法控制的自然气候循环导致的。

有许多由玛雅人自身引起的生态灾难被认为是古典期玛雅衰落的原因。最早的理论指出刀耕火种的农业生产方式会带来危害性后果,而这种生产方式曾被认为是低地地区的生存基础。刀耕火种的农业生产方式会破坏土壤肥力,并逐渐把雨林转变为稀树草原。根据这一论断,由于玛雅人没有开垦热带草原的工具,他们最终被迫放弃中部低地地区。但是,鉴于有证据表明玛雅低地地区实行的是一种十分多元的集约型农业生产方式,这种基于刀耕火种的农业生产方式的生态灾难理论已经被取代。

然而,古代玛雅人实行的这种更为复杂的农业生产方式也有可能导致了生态问题,从而导致古典玛雅的衰落。土地和水资源缺乏,对农业生产造成压力,加上人口不断增长,二者共同作用,推动玛雅加强农业生产。随着低地人口不断增加,粮食生产力达到极限,农业生产方式变得日益脆弱,无法对抗土壤侵蚀、肥力下降以及水资源缺乏等问题。

佩滕中心湖区取出的沉积物能够为我们提供一些证据,证明有些环境变化是人为造成的。这些沉积物源自毁林开荒后的农业用地中溢出的大量泥土。科潘峡谷也出现了类似情况。在两种情况下,罪魁祸首都是古典期人口的增长。随着人口增长,人们需要增加粮食产量,获取更多的木柴和建筑材料,从而导致森林被毁坏。如果把这一证据应用到整个低地区域，我们可以发现，对森林和表层土壤的破坏，可能削弱甚至严重破坏了低地环境对人类活动的承载力。因此，人为造成的环境恶化也许使得一个早已不堪重负的生态系统失去了平衡，导致大规模的农业歉收、饥荒，最终导致古典期末期玛雅低地大部分地区遭到遗弃。但是，中部佩滕地区及科潘峡谷地区毁林的灾难性后果在其他区域（如派特克斯巴吞）并不明显。

在玛雅低地地区，水资源对生存以及农业生产尤为重要。第一章已经提到过，有些区域可以全年从河流和湖泊中获得水资源。但在低地区域的大部分人类居住地，人们完全依赖季节性降水，农业用水尤其如此。这些地区季节性降水的改变，显然会影响大部分低地地区的农业生产，最终影响人们的生存。因此，众多研究开始寻求玛雅低地以往降水循环波动的证据，以证明古典期玛雅衰落的另一种可能性。

基于对氧同位素比例以及硫浓度变化的测算来分析湖泊沉积岩芯，可以观测到过去降水的循环变化。因为二者可以反映湖泊丰水期（降水充足）以及枯水期（降水较少或干涸）的情况。但解读这一证据十分困难。在有些情况下，尤其是在中部低地地区（佩滕伊察湖及萨尔佩滕湖区），从沉积岩芯得到的证据表明，古典终结期出现过干旱。但是，由于降水量改变和农业生产实践都会影响流入湖泊的地表径流，我们很难对二者产生的湖泊沉积物进行区分。确定不同湖泊沉积岩芯反映的环境变化发生的顺序，并将其与古典终结期的考古研究记录联系起来，对确定环境改变与古典期玛雅城邦衰落之间的关系显然十分重要。通过对沉积岩芯内部的有机物质进行放射性碳年代测定，可以分析出这种相关性。虽然所有通过放射性碳测定出的年代都是约数，难免出现错误，但是更为准确的阿尔法磁谱仪放射性碳年代测定提高了沉积岩芯测序的准确性。

有人指出，降雨量减少可能是由人为造成的环境变化（如滥伐森林）引发的。但是，越来越多的气候证据表明，玛雅低地地区发生的干旱是由降雨模式在自然情况下的周期性变化引起的。这一发现最有力的证据来自北部低地地区奇卡纳布湖（Chichancanab）和蓬塔拉古纳（Punta Laguna）的湖泊沉积物岩芯，因为二者与南北中心湖区相比较少受到农业地表径流的影响。这些来自北部湖区的岩芯揭示了玛雅低地地区较长一段时间内的气候干湿情况，以及约两百年发生一次的旱灾发生模式。重要的一点是，在过去的七千多年中，最严重的旱灾发生在古典终结期。

玛雅低地地区湖泊沉积物岩芯能够反映该地的降雨模式变化，这种变化模式在委内瑞拉境内卡里亚科盆地中的湖泊沉积物岩芯上也可以反映出来。因为两地有同样的降水系统（都处于热带辐合区），所以它们的降水循环应该是相似的。基于对钛浓缩物的分析，与玛雅低地地区的岩芯相比，卡里亚科盆地的岩芯能够提供一种日期更准确的气候变化记录。这些岩芯表明，古典终结期（约公元800年—约1100年）是一个气候极其干燥的时期，同时也表明在这一阶段发生过四次旱灾，分别发生于公元760年、公元810年、公元860年及公元910年。后面三次旱灾发生于古典终结期，持续时间分别为九年、三年和六年。

这一证据表明，玛雅低地地区在整个无人居住的间隔期之内最严重的干旱期出现在古典终结期。如果在卡里亚科盆地发现的证据对玛雅地区也适用，公元760年之后的一百五十年间，发生过四次严重的旱灾，每一次的持续时间都在三年至九年。如果把这些旱灾都考虑在内，湖泊岩芯证据提高了旱灾打破农业系统平衡的可能性，而这一系统受到人口过剩、滥伐森林以及土壤流失等因素影响，早已不堪重负，甚至对古典终结期的玛雅产生灾难性后果。气候方面的证据并不能说明严重的旱灾造成了古典期玛雅城邦的衰落。根据古典终结期的考古记录,多种关键因素共同作用,从而导致玛雅发生各种变革,而气候方面的证据的确强化了环境变化这一因素的重要性。

关于古典期玛雅城邦衰落的一种假设

在玛雅古典期,玛雅低地各地区长期以来被各城邦控制。这些城邦的衰落是一个复杂且渐进的过程,涉及范围极广。这种衰落由多种因素引起,并共同作用,引发众多严重问题。这些问题最终只有通过大规模人口迁徙以及重组玛雅低地地区的经济、社会及政治系统才能得到解决。

人口过剩

考古证据表明,到古典期晚期,玛雅低地地区的经济、社会、政治以及生态系统十分成功。此外,几个世纪以来,玛雅低地地区雨水充沛,并实行了一种复杂且高效的自给自足的生存系统,由此产生了一次前所未有的人口激增。到8世纪后,上千万人口居住在玛雅低地的大部分地区,人口密度堪比工业革命前世界其他地区的一些人口最密集的国家。持续的人口增长使得一个日益复杂且脆弱的生存系统面临更大压力。同时,由于营养不良和疾病增加,生产力下降。统治阶级贵族和其他特权阶层的扩大也许意味着非粮食生产者的数量增加的速度比农民和其他粮食生产者快很多。应对危机情况的一些可能方式,如增加对集约型农业以及水库建设的投资,可能会加剧人力资源压力,使情况更加严重,加剧粮食生产和分配问题。

人口增长带来的压力及其应对措施（如增加农业集约程度）对自然环境产生直接影响。土壤侵蚀和毁林现象证明，随着时间流逝，低地环境将被过度消耗。由于粮食生产压力增大，人们缩短休耕时间，并清除周边区域森林用于农业生产。但这只会导致土壤肥力下降，最终进一步降低生产力。随着森林减少，木柴供应也随之减少，而木柴是煮饭和生产建筑灰泥必需的材料。

同时，城邦之间出现了持续的竞争和冲突，环境和农业系统承载力达到极限初露端倪。对数百万玛雅低地地区民众来说，农业歉收导致越来越多人营养不良或罹患疾病。显然，在这种情况下，人口无法持续增长，任何因素都有可能导致整个系统崩溃。

战　争

古典期玛雅低地各城邦的衰落由众多事件造成，这些事件的发生顺序和时机各不相同。因此，不太可能是一个或几个相同因素的结合导致了玛雅所有地区的衰落。也有证据表明，多种不同的“导火索”可能触发了不同地区的一连串事件。其中一个可能的导火索是暴力行为。很少有证据表明西部低地地区（尤其是派特克斯巴吞城邦）发生过环境恶化或营养不良问题，但有考古证据表明，在8世纪，该地区战事频繁，难以控制（图8.13）。到公元800年左右，地方性的暴力现象毁坏了派特克斯巴吞的社会经济和政治结构，使得该城邦大部分地区无法居住。旷日持久的卡拉克穆尔-蒂卡尔战争结束后，统治者权威分崩离析，这可能是暴力发生的根源。玛雅国王们在与其下属贵族的内部斗争中失去权威。还有一种可能性是，到古典期晚期，军事权不再由玛雅国王们垄断。为了协调权力关系，一些统治者，如亚斯奇兰城邦的国王飞鸟美洲虎四世，授予了一些军事权给他们的下属。由于玛雅城邦内部问题不断增多,加上受其他因素影响,雄心勃勃的下属贵族们滥用权力,对邻邦发动战争,甚至对他们之前的领主发动叛乱。在这种情况下,战争可以被视为国家破败的一种原因,甚至是政权崩溃的原因。由此,各王国境内人口减少,并失去对其关键资源和贸易路线的控制权。随着人们到别处寻求安全的居所,以逃离暴力和战争,人口不断迁徙,导致各王国人口减少。在派特克斯巴吞,战争持续不断,越来越多的地区遭到遗弃,使得贸易路线缩短,甚至被完全切断,给玛雅低地地区的广阔区域带来压力。

因此,派特克斯巴吞的地方性战事产生的一些消极影响的确蔓延至别国。但是,没有证据表明,这一暴力导致的特定情况也影响了玛雅低地其他地区。事实上,在玛雅大部分地区,日益增多的战争更有可能是一种对压力的回应,而不是政治衰退的原因。在一些低地区域,人口过剩、农业用地毁坏、土地资源短缺以及饥荒可能导致竞争加剧、战事更加频繁。但并不是所有地方都是如此,原因正如我们所见,很少有证据表明,古典终结期东南地区以及其他区域(如伯利兹北部或沿海地区)发生过战乱。就科潘来说,科潘城起初战败于基里瓜,导致基里瓜脱离科潘城,虽然这导致了科潘城经济力量减弱、声誉受损,但最终它恢复了繁荣。重要的一点是,经济恢复的代价是下放更多的权力给下属贵族,以确保他们忠于国王。最终,王权的衰落导致中央政治权力的衰落。受人口和环境压力影响,科潘城政治逐渐去中心化,而科潘城的衰落是这一趋势达到高潮之后的结果。但是,暴力的确发生了。这次政治衰退发生之后,被使用了两千多年的科潘城在一个世纪之内被逐渐抛弃了。

旱 灾

古典期玛雅社会衰落的另一个导火索是旱灾，饮用水和农业生产用水依赖降雨的区域尤其如此。旱灾对玛雅低地各地区的影响应该是不一致的。首先，与降水量相比，旱灾对玉米等作物的影响与降水的时机有更强的相关性。如果玉米在生长周期的关键时期（如发芽期和授粉期）缺水，会大大减少产量。在其他生长时期，玉米只需要很少的雨水就能够高产。

伯利兹的逊安图尼奇

逊安图尼奇坐落于一处较低的山脊之间，俯瞰莫潘峡谷内肥沃的河漫滩平原，地势易守难攻，发展时间较晚。莫潘河作为伯利兹河的支流，提供了一条与加勒比海区域进行贸易和交流的重要路线。逊安图尼奇内地区域有广阔的农田遗迹。特奥贝特·梅勒尔于1905年造访逊安图尼奇后，多位研究人员来到此地进行短暂的考古研究，其中包括J.埃里克·汤普森（1938年）和林顿·萨特思韦特（1951年）。剑桥大学研究人员的一次探险挖掘并确认了该地的部分地区，并揭示了一些证据，证明古典期末期发生的一次地震曾对该地造成损害。从1991年到1997年，理查德·利文撒尔（Richard Leventhal）和温迪·阿什莫（Wendy Ashmore）二人合作，共同发起了一次全面的考古研究项目，同时对周围的居住地也进行了考古发掘和研究。这项工作旨在定义古典期晚期和古典终结期逊安图尼奇的政治权力以及其对周边区域的整合。受伯利兹旅游发展项目的赞助，考古学家们还进行了其他工作，其中杰米·阿维（Jaime Awe）负责对卡斯蒂略的发掘和加固，杰森·雅格（Jason Yaeger）则负责对王室寓所建筑A-11的发掘。

有许多迹象表明逊安图尼奇是纳兰霍境内的一个二级城市，逊安图尼奇与纳兰霍B组相似的布局就是其中之一，所谓的卡斯蒂略（意为城堡）是一个高达39米（约130英尺）的大型建筑，占据了该地的中心地区（图9.1）。该建筑顶上有多个房间，表面有灰泥和石头制成的马赛克装饰。2002年，考古学家阿维挖掘发现了刻有文字的1号石碑，上面刻的很有可能是逊安图尼奇的象形文字。利文撒尔和阿什莫二人曾提出，逊安图尼奇在古典期晚期脱离纳兰霍赢得独立，这一发现巩固了二人的研究成果。卡斯蒂略北部有一个公共广场，广场上矗立着四个雕塑纪念碑，沿建筑A-11南部在广场中心依次排开。三座石柱上面刻有可读日期，时间跨越古典终结期内的公元前820年到公元849年。纪念碑广场附近有两条道路，其中一条通向西边的B建筑群，另一条通向东南方向的D建筑群。西边的堤道旁可能有水库。一座四方形的宅院在古典期晚期就是一个贵族宫殿。对乍得·克里克(Chaa Creek)、查恩·诺霍尔(Chan Noohol)及圣洛伦佐等周边地区的考古挖掘为我们提供了十分宝贵的数据，这些数据有助于我们理解玛雅社区的日常生活以及这些玛雅社区与城邦首都之间的关系。

虽然古环境证据表明过去发生过旱灾，但是，仅凭这些数据无法评估降雨量减少对玉米减产产生的影响。当然，对依赖降水获得饮用水的人们来说，旱灾会产生一种直接且可预测的消极影响。对玛雅地区来说，这意味着，在派特克斯巴吞、科潘各城邦以及其他受河水馈赠而享有充足用水的城邦毁灭的过程中，旱灾虽然不是一个关键因素，但确实对蒂卡尔及卡拉克穆尔等依赖降水的王国产生了严重影响，在这些地方，无法保证充足的饮用水供应可能已经成为了一个主要问题。在这种情况下，严重的旱灾可能会导致饥荒、人口迁徙、暴力活动增多甚至叛乱，从而直接削弱王权。

从考古记录来看，公元800年后，在纳兰霍、帕伦克、皮埃德拉斯·内格拉斯及亚斯奇兰等一系列低地城邦之内，神圣国王支持的中央集权制政治体系似乎很快就终结了。我们可以说皮埃德拉斯·内格拉斯和亚斯奇兰是在被占领之后遭到毁灭的(详见第八章)，但是，很有可能一场严重的旱灾加剧了另外两个城邦的衰落。这次大约持续了九年的旱灾可以追溯到公元810年。这些地区以及其他许多城邦大部分情况下还是依赖降水来进行农业生产，即使帕伦克是玛雅低地最湿润的地区之一，也不例外。约长达十年的旱灾可能使得帕伦克人民的用水供应不堪重负，而且可能对纳兰霍产生更严重的影响，因为纳兰霍位于一个年降水量较少的地区。

古典期各城邦的崩溃

随着各城邦首都人口逐渐减少、权力逐渐减弱,一些曾经从属于它们的城市抓住时机,争取自己决定命运的权力。逊安图尼奇在古典期晚期有可能是纳兰霍城邦的二级行政中心,它的崛起是一个绝佳的例子。对伯利兹河下游山谷的考古研究表明,随着公元800年纳兰霍中央集权崩溃,它的一个附属城市(即逊安图尼奇)获得了政治自主权。即使逊安图尼奇的地理位置表明其不会受到旱灾的严重影响,考古证据证明,到古典期末期,其境内人口开始减少,并且在古典终结期期间一直减少。

在这些动荡的岁月,刚刚获得独立的逊安图尼奇统治者们不断采取新的策略,以维持其政治权力,而这种权力却受制于不断削减的资源。由于缺乏足够的资源,他们无法继续传统的王室生活,所以遗弃了古典期晚期先辈居住过的宫殿。但这一举动也可能是出于一种欲望,一种让自己远离与纳兰霍统治相关宫殿的欲望。无论背后原因为何,统治者们都没有大规模地奴役劳动力来建造新的纪念性建筑,而是集中人力对卡斯蒂略——逊安图尼奇最大且最安全的建筑(图9.1)——进行升级改建。在将卡斯蒂略改建为王室礼仪中心及王室住所的过程中,统治者添加了一种新的灰泥图画,以宣传王室权力的延续性。同时,通过建设王朝纪念碑,庆祝公元820年、公元830年及公元849年历法循环的结束,传统的王朝正统性也得以保持。由于古代王朝的继承人们及最近获得王权的人们都试图确立自身统治的正统性,古典终结期的其他地区也采取了相似的策略,但是这些努力注定会失败。到公元900年,在逊安图尼奇以及低地地区其他

图9.1 伯利兹逊安图尼奇建筑A-6景观 遗址中心具有建筑A-6的特色，可见被后起之城蒂卡尔的统治者用作祭祀场所。

大小城市，这一象征王室权威的建筑逐渐衰落，而且最后一个中心城市也很快遭到遗弃。

蒂卡尔显然更依赖降水来补充水库蓄水以及灌溉农田。自公元810年建造24号石柱以来，蒂卡尔在此后的六十多年间从未建造过王朝纪念碑，这表明中央政治权力已经崩溃，背后的原因也许是一场长达九年的旱灾，这场旱灾可能始于公元810年前后。王朝纪念碑只是衡量王室权威的一个指标，但就蒂卡尔而言，相关的聚落研究表明，到公元850年前后，城内人口数量与古典期晚期的峰值相比下降了85%，而周边内陆地区人口则减少了80%。由于蒂卡尔依赖水库储存饮用水，持续多年的干旱可能在饥荒的影响完全显现之前就迫使蒂卡尔大部分居民离开家园。有证据表明，蒂卡尔王国曾经的附属城市纷纷在这段时间内开始宣布独立(详见第八章)。基于这一事实,我们可以看出,中央权威似乎将要经历一场大崩溃。公元869年情况也许得到了较大改善,因为已知的最后一位蒂卡尔国王建造了11号石柱(表7.1),试图恢复王室权威。但是,二十年之后,在前蒂卡尔城邦修建最后一个已知纪念碑的人却是希姆巴尔,他是蒂卡尔的一个前附属城市的统治者。到这时,许多“擅自占用房屋者”居住在蒂卡尔中心卫城中被遗弃的王室宫殿里。此后,蒂卡尔以及其大部分内陆地区都基本上被遗弃了。

卡拉克穆尔是蒂卡尔的宿敌,它在其最后时光似乎也经历了相似的情形。在卡拉克穆尔,王室纪念碑的修建很早就停止了(公元771年),并且在此后的超七十五年时间里一直处于停滞状态(直到公元849年)。在这一阶段,卡拉克穆尔众多的前附属城市通过修建新纪念碑来宣布独立。卡拉克穆尔的一位已故统治者似乎重新获得了一种控制方法。他修建了一座没有长纪历日期的石碑,时间可以追溯到公元909年(表7.3)。卡拉克穆尔的前盟友卡拉科尔在9世纪也经历了一次复兴(表7.4),但复兴程度十分有限。虽然传统意义上的神圣国王统治似乎已经结束,但考古证据表明,在之后的一个多世纪里,卡拉科尔仍然有人居住。即便在周期性干旱频发的情况下,卡拉科尔的农田系统也有可能继续维持生产,供养其剩余人口。

遗弃与迁徙

这些改变并不是突然发生的。因遭受地区战事摧残,派特克斯巴吞大部分地区被迅速遗弃。而在低地地区的过度开发地带,人口缓慢而稳定地减少,因为人们搬迁到了土质更好、木材和食物供应更充足的地区(如高地地区和一些沿海地区)。如今,随着日益壮大的凯克奇族（Kekchi）玛雅人从北部高地迁徙至南部空闲的低地地区，一种逆转性的人口迁徙趋势正在上演。在古典终结期的动荡局势下，一系列漫长的旱灾，加上早已不堪重负的自然环境，很有可能对许多严重依赖降水的地区产生毁灭性打击。当然，把难民迁徙到受影响较小的地区可能会增加这些地区的压力。总的来说，在战争、资源和贸易减少以及人口减少的多重打击之下，国王及其官员们可行使的遗留权力必然会化为乌有。有气候证据表明，在经历了一连串的连年旱灾之后，该地区也出现过连年的降雨，持续时间约为四十年。因此，某些地区也许恢复了农业生产，而且有些地区恢复农业生产的时间至少持续了一至两代人。但是，每当旱灾再次出现时，更多人必然会被迫离开家园。如果从整个世纪或是古典终结期这一更长的历史阶段来看，最终结局是大部分中部低地地区遭到遗弃。

古典期飞地的存续与复兴

即便大多数传统古典王国都在快速衰落，逊安图尼奇等城市却能够更好地适应不断改变的环境，甚至能够短暂地重获昔日的财富与权力。正如我们所见，这一适应及复兴过程向北传播，促使古典终结期尤卡坦半岛出现玛雅文明的高峰。但是，在玛雅核心地区，实现复兴的飞地数量极少，各飞地之间距离遥远，并且存续时间大多较短。只有卡拉科尔维持住了大部分人口，而且持续繁荣，一直到古典终结期结束。作为一个依赖高效率农业生产方式的城市，卡拉科尔在一段时间内似乎与动乱和崩溃完全隔绝。然而，噩运最终还是降临于此，大约1000年到1050年之间，卡拉科尔被很快遗弃。伯利兹，拉马奈等城邦能够适应环境，不仅承受住了旧政治秩序的崩溃，而且继续繁荣发展，直到被西班牙征服。拉马奈和其他城邦能够再次繁荣,关键在于其地理位置。它们都位于重要的贸易路线上,即便境况发生改变,这些路线也仍在被使用。第十章中即将阐明,佩滕湖区中心地带一直受惠于贯穿整个玛雅低地的贸易路线,该地的古典王国衰落之后,一些新的城邦涌现出来,但规模小得多。

危地马拉的塞瓦尔

塞瓦尔是帕西翁地区最大的中心城市,位于阿尔塔·德·萨克里菲西奥斯以西60千米(约37英里)处。它矗立于南部低地雨林的峭壁之上,俯瞰帕西翁河。20世纪初,特奥贝特·梅勒尔对此地进行了报道和拍摄。1963年至1969年间,塞瓦尔接受了一次全面的考古调查。该调查由哈佛大学皮博迪博物馆实行,包括A.莱迪亚德·史密斯指导的发掘工作和戈登·威利总领的考古项目。该地主要的三个地区(A组、C组和D组)沿着邻近的山顶排列,通过堤道相互连接。塞瓦尔核心地区(A组)大部分是围绕两个小广场排列的。北部广场包含了西边的一个球场。南部广场上则有一个带有四个楼梯的中央平台(建筑A-3),底座的每一边都矗立着一座石碑(图9.4),第五座石碑则坐落在建筑顶部。这些建筑都是统治者阿赫·博隆·哈巴塔尔(Aj B'olon Haab'tal)为纪念10.1.0.0.0.0卡盾周期结束(公元849年)而建造的。

塞瓦尔在前古典期晚期发展达到顶峰,到古典期早期开始衰落,它从来都算不上是古典期的一个主要城市。公元735年,多斯皮拉斯俘虏了塞瓦尔的统治者。从此,塞瓦尔变成了派特克斯巴吞王国的一个附属国(详见第八章)。多斯皮拉斯于公元751年在塞瓦尔修建了一个铭文之梯,阶梯上记录了这一事件。公元800年前后,多斯皮拉斯被毁灭,其王国四分五裂,塞瓦尔也重新获得了权力。考古调查和历史文献表明,塞瓦尔在古典终结期达到了新的发展高峰,之后在古典期末期遭到遗弃。

在古典终结期,有一个城市短暂恢复了其昔日的荣光。帕西翁河是乌苏马辛塔河的一条至关重要的支流。塞瓦尔位于帕西翁河河岸,在古典期晚期(详见第八章)曾沦为派特克斯巴吞的附属国。派特克斯巴吞王国分裂之后,塞瓦尔重新获得了财富,恢复了往日的活

图9.2　塞瓦尔圆形建筑　危地马拉，塞瓦尔：圆形结构一景，反映古典终结期的最新建筑风格。

力。由于其地理位置靠近一条关键的贸易路线，塞瓦尔逐渐成为低地地区的主要城市。该地的古典终结期纪念碑、建筑及陶器都反映了其与墨西哥湾沿岸及玛雅北部低地的联系。其中一个例子是塞瓦尔地区在其发展晚期修建的一个圆形石制平台(图9.2)。圆形结构与源自墨西哥中部的某些新宗教取向相联系，玛雅低地地区在古典终结期开始使用这种结构。尤卡坦许多地区以及加勒比南部海岸的安伯格里斯岛和伯利兹也有这些结构。在遥远的内陆地区，如诺穆尔和贝坎，也能找到它们。

在古典终结期，塞瓦尔的纪念碑上也出现了一些新元素。该地大约有十七座雕刻石碑，时间可以追溯到公元849年至公元889年之间。它们反映了塞瓦尔新开辟的贸易路线，以及其作为一个在古典期即将结束时得到复兴的玛雅低地主要城市的地位。这些纪念碑兼具古典期玛雅纪念碑和异国纪念碑的特点。某些纪念碑的风格与墨

图9.3　塞瓦尔19号石碑　统治者戴着伊厄卡特尔神（墨西哥风神）面具，象征古典终结期受到外部因素的影响。

西哥中部卡卡希特拉（Cacaxtla）的描绘贵族战士的壁画十分相似。19号石碑上描绘的是一位墨西哥风神伊厄卡特尔（Ehecatl）的模仿者（图9.3）。古典期早期临近结束时，特奥蒂瓦坎逐渐走向衰落。此后，墨西哥中部出现了众多城邦。这种风格的混搭似乎是一种采用王权符号的尝试，这表明塞瓦尔的新统治者们也是传统的玛雅领主，他们努力适应古典终结期不断改变的境况，以维持自身的权威。

这些纪念碑上的铭文表明，塞瓦尔的复兴得到了东部低地一些幸免于难的城邦的支持，尤其是卡拉科尔和乌卡纳尔这两个新结盟城邦。背后的动机可能是希望重新开放帕西翁河-乌苏马辛塔河（Pasión-Usumacinta River）贸易路线。塞瓦尔俯瞰帕西翁河，地势易守难攻，自然成了开放贸易路线的理想地点。11号石碑记录了塞瓦尔在公元830年被重建为城邦首都一事，使用了古典期玛雅常用的

“到来”一词。塞瓦尔的新统治者名为阿赫·博隆·哈巴塔尔，他给自己的领主取名为查恩·埃克霍佩特（Chan Ek' Hopet）。显然，这个名字来自乌卡纳尔（乌卡纳尔此时与卡拉科尔结盟，二者同属于一个复兴联盟，见第八章）。公元849年，阿赫·博隆·哈巴塔尔修建了一座相对朴素的四阶梯神庙，即建筑A-3（图9.4）。同时，他还修建了五座刻有文字的石碑，其中一座在新神庙之内，另外四座分别位于四个阶梯的底座旁边。其中一座石碑——宏伟的10号石碑（公元849年）——上描绘了阿赫·博隆·哈巴塔尔身着玛雅古典终结期盛装、手持双头礼仪权杖的场景，然而，他脸上长满胡须，看起来完全不像玛雅人（图9.5）。10号石碑的碑文上有表示蒂卡尔、卡拉克穆尔及莫图尔德圣何塞等地的象形文字，代表这些城邦的统治者们为见证卡盾

图9.4　塞瓦尔建筑A-3　建于古典终结期的带有四个放射状楼梯的平台（摄于挖掘及巩固后），以及统治者阿赫·博隆·哈巴塔尔建造的10号石碑和其他纪念碑的位置图（图9.5）。

图9.5 塞瓦尔10号石碑（公元849年） 统治者阿赫·博隆·哈巴塔尔手持传统的领导人标志，即双头蛇杖；碑文记录了代表塞瓦尔及其他三个玛雅城市（蒂卡尔、卡拉克穆尔及莫图尔德圣何塞）的象形文字（图3.25）；对比科潘的石柱A（图8.50）。

周期结束仪式而对塞瓦尔进行的访问。蒂卡尔和卡拉克穆尔的统治者们能够来到塞瓦尔的新首都参加这次仪式，证明这些曾经伟大的城市在这时已经走向衰落。事实上，蒂卡尔和卡拉克穆尔的“国王”们可能只统治过这些伟大城市的一小部分。

阿赫·博隆·哈巴塔尔的统治似乎至少持续到了公元889年，那一年塞瓦尔建造了最后一块有日期的石碑。他是否有继承人尚未可知。考古证据表明,塞瓦尔的成功到来时间较晚,持续时间也相对短暂。该地区在公元900年前后就基本上被遗弃了。塞瓦尔曾控制着帕西翁河-乌苏马辛塔河贸易路线以及尤卡坦半岛海岸的贸易路线,战略优势显著。但到这时,由于跨越佩滕地区的许多旧贸易路线遭到破坏,塞瓦尔的战略优势全失。此外,到这时,玛雅核心地带城市的统治者们不再为塞瓦尔提供支持,境内人口也纷纷遗弃了自己的家园。

古典终结期的转变

即便是从这一简洁的概要来看,古典期玛雅城邦的衰落也显然是一个复杂的过程,其延续时间为一个世纪,甚至更长。这些城邦的衰落由多种因素造成,这些因素共同作用,导致一种复杂且多元的缓慢衰落过程。该过程始于古典玛雅的核心地区,之后蔓延到尤卡坦。衰落的轨迹并不是单一的,不同城邦的衰落方式有所差异。古典终结期发生的事件背后,是国王和平民做出的无数决定。与其他城邦的统治者相比,某些城邦的统治者能够更长久地保持其权威,另一些人则能够在经历严重的权力崩溃之后重整旗鼓、重新建立秩序。从另一方面来说,居住在这些低地城邦的成百上千万平民面临着一系列日益严重的问题。尽管其中的许多人,甚至大部分人,可能不会每天面临饥饿、暴力或死亡的威胁,对于其他地方的人们来说,境况就不容乐观了。毋庸置疑,一些人的确死于一个多世纪以来反复侵扰大部分低地区域的冲突和饥荒中。其他人向东逃离至加勒比海沿岸的安全区域,或者到南部高地,抑或是到北方的尤卡坦地区。因此,中部和南部大部分低地地区在人口数量达到顶峰后的一百年至二百年间就流失了90%的人口。

在古典终结期，玛雅文明的结构发生了转变，城市设置也发生了转移。到古典终结期末段，中部低地之外出现了一个重新布局的社会。这个社会在后古典期将会繁荣发展，最后受到西班牙征服的摧残。这种向后古典期的转变是一种渐进的过程，这一过程在古典终结期蔓延到整个玛雅地区。

神圣国王的命运

虽然古典终结期的转变过程涉及玛雅社会各个层面，最深刻的政治转变是对传统的神圣王权制度及中央集权制政治制度的改变。在中部和南部低地地区，神圣国王领导的统治集团在公元900年前后已经分崩离析。然而，正如我们所见，后来，这一神圣王权制度似乎在经过某种程度的调整后在北部低地存续下去，直到其在古典终结期末段完全崩溃。

在古典期，玛雅国王们大力提倡共同训练、宗教信仰的统一、威望的标志、繁复的仪式以及权威的延续，从而维护其崇高的地位，促进其不同政治和贸易伙伴之间的交流。碑文表明，玛雅国王们承认各统治者之间也有等级之分。权力小的国王们在加冕及进行其他活动时需要受权力大的国王们的监督。这种权力等级制度强化了整个低地地区的秩序意识和权威意识。整个古典期期间，每个王国之内，国王、统治阶级精英阶层以及更广大的非精英阶层内的各种人之间的社会距离愈来愈远。

此外，上层阶级不断追求更优质的商品、更宏伟精致的宫殿，并渴求更多的财富和权力，导致社会特权阶层和非特权阶层的矛盾不断扩大。

然而，古典期玛雅社会结构最严重的分裂却是伴随着一系列旷日持久的战争而产生的，这些战争由玛雅神圣国王统治的两个重要城邦——卡拉克穆尔和蒂卡尔——发起。

虽然蒂卡尔最终赢得了这些战争，但是两个国家都无法获得足够的威望和权力来控制其他低地城邦。这就使得众人共同努力以应对玛雅社会日益严峻的问题这一想法化为泡影。此外，曾附属于卡拉克穆尔或蒂卡尔的国王们获得了更大的自由来发动军事入侵，攫取更多的资源及权力。战争和暴力日益增多，使得玛雅社会内部的不安和恐惧氛围日益浓重。同时，不同地区面临的问题各不相同（包括环境恶化、人口过剩及旱灾等），仅凭国王们的一己之力，这些压力因素结合起来构成的问题难以解决。

玛雅统治者们被人们视为上天派到人间的神圣使者，如果他们无法避免灾难发生（无论是战争还是粮食生产的灾难），必然会被阐释为上天对其不满的预兆。这种信仰体系导致幻灭情绪滋生，再加上人们对精英阶层特权增多日益不满，以及在日常生活中面临的问题不断增多，导致王室威望和权威严重下降。玛雅民众坚信宿命论，变革预兆与卡盾循环同时发生强化了他们的憎恶和失望情绪，进一步削弱了他们对王权的信心和支持。这一切都会导致国王们失去威望和权力，最终导致传统神圣统治制度的崩溃。

即便在各城邦逐渐崩溃之时，神圣国王们仍继续发动战争，以获得更多的资源和权力。这使得低地各城邦之间形成了一种既相互依赖又相互竞争的关系，促使各城邦首都的命运突然发生改变，战败的统治者们及其城邦都走向崩溃。在被地方性战争严重影响的地区，如佩滕地区，崩溃来临得相对比较快，且十分戏剧化。这一崩溃的影响向外扩散，削弱了各处的玛雅国王们的信心，降低了他们的效率。但是，总体上来说，他们继续保持着自己的一贯追求（包括继续发动战争），直到整个神圣王权体制面临崩溃。低地各城邦接连解体，人们纷纷背井离乡，到远离战争、旱灾、饥荒和疾病的地方避难。在一两个世纪之内，这一幕在中部和南部低地地区不断上演。大约一百年后，古典终结期发生的这些事件似乎在北部低地地区再次上演。

低地地区的新经济

古典期国王的权力基础是经济制度，尤其是贸易制度。早在前古典期，贸易就是王室权力崛起的一个重要动力。高地地区的玉石和羽毛及沿海地区的海菊蛤贝壳等异国商品的进口，为王室赢得了威望，从而巩固了王室权威。控制食盐和黑曜石（兼具实用和礼仪双重用途）等生活必需品的进口渠道，则为这些国家带来了额外的财富和权力。然而，到古典期晚期，随着玉石、贝壳、彩陶等曾经的高端商品逐渐进入平常百姓家，低地地区经济开始发生改变。随着这一新兴经济崛起的一大批各行各业的从业者，则成为了以小商人为主导的“中产阶级”（基本定义为富有的平民）的主要组成部分。到古典终结期，低地地区贸易系统本身的结构及管理方式也发生了改变。

古典终结期的考古记录表明，随着传统的低地城邦走向衰落，整个低地地区内以内陆及河流贸易路线为基础的贸易也逐渐减少。同时，能够将货物运送到尤卡坦半岛各地的沿海贸易路线日益受到依赖和重视。尽管为重启河运贸易路线，南方地区的众多低地中心城市（包括塞瓦尔和基里瓜）曾短暂复兴，但是它们一旦失去贸易中心的重要地位，便很快遭到遗弃。

从长远来看，玛雅地区的经济权力结构确实发生了转变。经济力量从统治古典期内陆城邦的神圣国王们的手中，逐渐转移至新兴的商业精英阶层手中。这些新兴的商人阶层重新占据了一些旧的城邦首都，或是建立新的贸易中心。在古典期曾占据玛雅中央低地地区的大部分人口，包括努力适应环境变化的一些贵族，逐渐迁移至尤卡坦半岛北部不断发展的新兴城邦、高地地区，以及墨西哥湾和加勒比海沿岸的新兴商业中心。这些地区发展出的新经济，也促进了玛雅地区“中产阶级”的扩张。他们身份多元，是各行各业的专家，地位介于传统的精英阶层和非精英阶层之间。在后古典期，这些富有平民的数量不断增多，地位也不断提升。到古典终结期，他们掌控了一种新的经济模式，这种新的经济模式以商品大量生产、大量运输，以及对实用商品的高效分配为特点。

新的权力调停者

这些经济社会变革与古典期玛雅边缘地区玛雅族群的崛起同时发生。其中最重要的一个族群也许是居住在恰帕斯和塔巴斯科低地西部海岸琼塔尔帕地区的族群。他们使用琼塔尔语（乔兰玛雅语的一个分支），其祖先世代为商贩，曾以独木舟为交通工具穿越河流、潟湖及开阔海域进行贸易活动。到古典终结期，各港口之间间隔的改变似乎反映了大型跨海独木舟技术的进步，这种独木舟能够沿玛雅海岸地区运输大型货物。几个世纪之后，哥伦布在洪都拉斯海湾地区遇见了一艘玛雅商船并将其记录下来。墨西哥湾沿岸的低地地区在西班牙征服时期被称为阿卡兰，即“独木舟之地”，是普顿玛雅人（Putun Maya）的家园。该地的首都，即伊察姆卡纳，在当时被西班牙人描绘为一个繁荣的大型贸易中心。埃尔南于1524年来到此地时，阿卡兰的统治者既是伊察姆卡纳的主要商人，又是古代统治者头衔阿哈瓦的享有者。

西班牙征服时期的普顿玛雅人很有可能是古典终结期琼塔尔玛雅人的后裔。虽然他们语言相通，而且都具备传统的独木舟航行技艺，但琼塔尔人并不是一个单一的玛雅“民族”，而是由许多独立的族群组成，各族群的社会、政治和宗教传统与古典期玛雅有所不同。由于古典终结期内整个玛雅地区人口流动十分频繁，琼塔尔人并不是当时唯一一个成功扩展其权威和影响力的族群，但是，由于这些人的民族身份并不明确，此处的琼塔尔玛雅人指的是那些居住在墨西哥湾沿岸的人，他们在考古学上的特征与传统的古典期玛雅低地地区的人不同。从考古学意义上来说，古典终结期的琼塔尔族群融合了海上及河上贸易，而且在建筑、社会政治结构和宗教等方面结合了玛雅地区和非玛雅地区的特点。然而，留下这些考古特征的可能并非全是琼塔尔玛雅人，甚至可能是湾岸区的本地人。

琼塔尔人广泛建立贸易联系，因此受到墨西哥湾沿岸和远至墨西哥中部内陆地区的非玛雅社会的影响。墨西哥湾沿岸地区各城邦的政治和宗教制度与墨西哥的一些城邦具有相同的特点。这些墨西哥城邦在特奥蒂瓦坎衰落和图拉——后古典期早期托尔特克（Toltec）城邦的首都——崛起的这段时间内曾繁荣发展。莫雷洛斯（Morelos）州境内的苏奇卡尔科（Xochicalco）地区有许多体现玛雅风格的建筑浮雕。有证据表明，琼塔尔玛雅人或者是某些与其类似的族群在公元800年至1000年曾向西一直扩散到普埃布拉峡谷（Valley of Puebla），其目的也许是开辟新的贸易路线。在普埃布拉峡谷的卡卡希特拉城邦中，有一些令人叹为观止的壁画。这些壁画描绘了战士们浴血奋战的场面，这些战士们的首领既展现了玛雅人的特征，又展现了墨西哥人的风采。此外，当时普埃布拉峡谷的陶器还包括玛雅地区制作的标准陶器（尤其是铅酸盐陶器和橙色精陶，二者都与古典终结期琼塔尔的商业密切相关）。

琼塔尔人兼具武士与商人的特性，或许是为了夺取并控制重要资源及贸易线路，琼塔尔人急于对外扩张，但他们此举并非轻举妄动，而是通过一代一代人的努力，从位于墨西哥湾岸的家乡向外扩张，进而控制了越来越多的贸易路线。在对外扩张的初期，即便同时期的古典期低地政体在衰落，一些琼塔尔人和类似的民族部落也试图维系其位于中部和南部低地的主要水陆贸易路线，而其他贸易团体则选择北上，扩大对尤卡坦海岸海路的控制。为了达到这一目的，他们在沿海建立了新的贸易中心，开始对外扩张并控制产盐中心。最终，在尤卡坦半岛东西海岸形成了一个连接东西海岸的统一的沿海贸易网络，该网络控制了墨西哥湾岸和中美洲之间的贸易。为搭建这一海上贸易网络，琼塔尔人和其他贸易集团新建并控制了一批重要港口，包括墨西哥湾岸的西卡兰戈（Xicalango）、更北的坎佩切的查坎普顿（Chakanputun）、尤卡坦东海岸外的科苏梅尔，以及杜尔塞河（可通往洪都拉斯湾）附近的尼托。

琼塔尔玛雅商人沿着贸易路线控制了玛雅低地的沿河贸易，他们的足迹可能已经远达基里瓜，基里瓜遗址的考古证据表明，在古典终结期，曾有人再度在此定居，以控制莫塔瓜河上的玉石贸易路线（详见第八章）。虽然琼塔尔人主要对巩固沿海及河流贸易感兴趣，但在贝坎和蒂卡尔等遗址内都发现了这一时期的新型陶器，说明琼塔尔人的贸易网络也将这些内陆城邦纳入了进来。针对这些新贸易往来的诊断研究涵盖了来自墨西哥湾岸的本地产品，如橙色精陶，此外，原产地更远的产品也在研究范围之内，包括来自太平洋沿岸的铅酸盐陶器和来自墨西哥中部的绿色黑曜石，这些产品都通过古典终结期的新贸易网络进行分销。早期，琼塔尔人最感兴趣的地区是乌苏马辛塔河，它是墨西哥湾岸与南部低地和邻近高地之间的主要贸易路线。在古典终结期，琼塔尔人主导的商贸活动发生了变化，这些变化在乌苏马辛塔河沿岸的几处遗址，如祭坛和塞瓦尔遗址中都有明显的体现。

过渡地区的传统

在古典期的大部分时间里，中央低地北缘的过渡地区由卡拉克穆尔城邦统治。位于卡拉克穆尔以北的贝坎要塞(详见第八章)想要在前者统治地区内保持独立也非易事。近来对墨西哥金塔纳罗奥州南部地区的研究中，记录了一些重要的古典期晚期遗址，如曾拥有大量人口的特奇班切遗址。尽管卡拉克穆尔势力衰弱，但在古典终结

图9.6　墨西哥坎佩切希普西尔1号建筑景观　墨西哥坎佩切州，希普西尔遗址：1号建筑，塔蒂阿娜·普罗斯科里雅科夫所绘，是里奥贝克地区建筑风格的典范。在1号建筑中，看似坚实却虚有其表的塔楼仿照了蒂卡尔及其他古典期晚期低地城市的高大庙宇平台。

图9.7　墨西哥坎佩切奇坎纳2号建筑景观　墨西哥坎佩切，奇坎纳遗址：经过发掘及修复的2号建筑，其中央门廊由一个大地神面具所框成，是典型的切尼斯地区建筑风格。

期，这一过渡地区的人口和经济都得到了繁荣发展，这可能是因为一部分来自北方衰落政体的难民逃往南方，并在此定居，而另一部分则逃到了更北的尤卡坦半岛。不论是哪种情况，在卡拉克穆尔以北和以西的大部分地区也随古典终结期的结束而消亡之前，分布在这些地区的定居点数量甚多，且人口密集。大片梯田的遗迹表明，精耕细作的农业生产为这些人口提供物质支持。过渡地区的建筑和陶瓷融合了中部和北部低地的风格特色。例如，贝坎的古典陶器遵循中部低地传统，但其中又体现了古典终结期的特征，显然是北部低地的风格。在其他的遗址研究中，建筑设计标准曾用于定义地区风格。

其中，有一种建筑风格名为里奥贝克风，这种风格的建筑同样融合了中部和北部低地的传统特色，见于贝坎、里奥贝克和希普西尔（图9.6）等遗址。带有非功能性楼梯的高大梯形塔楼和顶部的神庙是这类风格建筑的特点，而这些特点似乎是一种模仿，与古典期晚期蒂卡尔和佩滕地区其他中心城邦出现的大金字塔神庙有相似之处。饰有镶嵌式面具的精致外立面融合了南方建筑特色，这是离尤卡坦很远的北地区建筑的典型特征。

类似上述风格的建筑在希塔姆帕克遗址和里奥贝克以北尤卡坦地区的其他几处遗址上也有典型例子。这些遗址体现了切尼斯地区的建筑风格，以复杂的镶嵌图案装饰着的建筑外立面和精致的神像面具所框成的门廊（图9.7）是这一风格的显著特点，但没有运用“仿”金字塔结构。切尼斯风格通常被认为是普克风建筑风格的前身，后者在普克地区更靠北的丘陵地带得到进一步发展。

北部低地政体的崛起

经考古学研究追溯，很长一段时间内，曾连续有聚落定居在北部低地，前古典期一批人口稠密和经济繁荣的中心城邦随之发展起来（详见第六章）。像科姆琴这样的前古典中心，它们的大部分生计都建立在以本土资源——尤其是海盐和棉花等农产品——为基础的商贸活动之上。据尤卡坦考古记录表明，这些商品的生产和出口为该地区的繁荣发展奠定了基础。

尤卡坦西北部政体

尤卡坦半岛西北部是玛雅低地最为干旱的地区（图1.6），或许我们会因此判断该地区鲜有人类定居，但事实上，在哥伦布发现新大陆之前，这一地区的人口已经很稠密。几千年来，当地人已经成功地适应了该地区的低降雨量，一方面得益于地下水非常浅，他们很容易通过天然井或人工建造的蓄水池和水井取水，另一方面可能是该地区的年降雨量稳定性较高，针对来自尤卡坦西北部的阿瓜达西卡马尔遗址的一个沉积物岩芯的研究显示，与影响其他低地的周期性干旱不同，该地区降雨量在古典终结期没有显著变化。

尤卡坦西北部年降水总量由南向北减少。埃德兹纳遗址位于尤卡坦西部，墨西哥湾岸内陆，位于降雨量更高的南部地区。埃德兹纳遗址发现有一系列建筑时期为公元633年到公元810年的纪念碑，说明该地是一个重要政权的首府，且该政权在古典期晚期达到顶峰。在这段时间里，埃德兹纳的雕塑、建筑和陶瓷都与南方的主要古典首府有着密切联系，同时，同其他低地首府一样，埃德兹纳也从玛雅高地进口黑曜石。由这些联系可推测出一个将埃德兹纳及西尤卡坦地区与南部的低地政体整合在一起的贸易网络，用于采集北方出口的棉花、盐和其他重要产品。

虽然埃德兹纳降雨量比北部地区要高，但当地居民仍需要收集和储存尽可能多的雨水，以度过每年的漫长旱季。为了顺利度过旱季，埃德兹纳的统治者主导建设了玛雅地区最宏伟的水利工程之一——护城河环绕着城市中心，一个放射状的运河网络与护城河相连（图11.4）。护城河可用作水库，以满足城市用水需求，并提供防御屏障。运河网络也具备双重功能，旱季为农田灌溉提供水以扩大粮食生产，雨季便于农田排出多余的水来补充中央水库。

埃德兹纳同样是古典终结期北部低地在过渡地区的代表遗址。埃德兹纳的许多建筑，如著名的梯式王宫（图9.8），所展现的特点是典型普克风建筑风格的前身，而普克风建筑于古典终结期才在尤卡坦地区出现。

但埃德兹纳显然没能克服随古典终结期而来的困难，随着海上贸易重要性的提高，由于地处内陆，埃德兹纳可能失去了与外界的贸

图9.8 墨西哥坎佩切埃德兹纳的宫殿遗址 遗址内经过发掘及修复的王宫，其建筑风格融合了梯式庙宇平台与多室宫殿结构的特点。

易往来。此外，与北方城市不同的是，埃德兹纳可能还遭受了严重的干旱，导致其精密的水利系统最终失灵。

普克地区

普克地区位于埃德兹纳以北，北部低地唯一的丘陵地带中，古典终结期最著名的成就之一——普克风建筑在该地区展现得淋漓尽致。普克山脉的北部与圣塔埃莱娜山谷接壤，山谷内土壤广阔，可供耕作；再往南是一片较为破碎的岩溶丘陵，间或有些许肥沃土壤。大约在公元800年到1000年，这一地区出现了聚落聚集，这些聚落因其独特的建筑风格而声名鹊起。依照普克传统建造的建筑有着由薄砖石砌成的独特精细饰面，覆盖在由石灰混凝土连接的自承式结构性填筑墙之上。普克风建筑的下层区域朴素无华，这与装饰着复杂镶嵌图案的上层区域形成鲜明对比。这种风格的建筑最早出现在埃德兹纳（图9.8）、斯卡卢姆金和奥克斯金托克，但最典型的普克风建筑则在尤卡坦西部的遗址中，这些西部城邦在古典终结期发展到了顶峰。

在古典期的很长时间里，奥克斯金托克一直是北部低地政体的中心和首府。据考古研究记录，大量的建筑、雕刻纪念碑和陶器都表明这一地区与古典期晚期的中部和南部低地有联系。但与南方首府一样，奥克斯金托克也在古典终结期走向了消亡。奥克斯金托克遗址中距今最近的纪念碑可以追溯到公元859年（9号石碑），但到了这时，普克以及普克以外地区兴起了新的政体，奥克斯金托克似乎已经落了下风。

尽管出土陶瓷显示，普克地区从前古典期中期开始就有了聚落，但在公元800年之前，该地区的聚落数量稀少，主要是因为缺乏地表排水系统和灰岩深井（天然井），而后者对在漫长旱季时确保供水来说至关重要。但在古典终结期，普克地区的聚落却急剧扩张。这一丘陵地区的深层土壤是尤卡坦地区最肥沃、排水性最好的土壤之一，同时建造人工蓄水设施（蓄水池和集雨装置）的动力和资金也足够充足，该地区人口迅速增长。相较于坐落在沃土带中央的早期聚落，古典终结期的聚落则集中在沃土周围的高地，以便充分开发农业资源。古典终结期的人口扩张似乎归结于两个原因：其一是当地人口的迅速增长；其二是来自南方移民的涌入——来自埃德兹纳和切尼斯地区，或者来自里奥贝克地区甚至更偏南部的移民。这并不是短时间内的大规模移民，而是在一个世纪或更长的时间里，在聚落逐步迁移的过程中发生的。毫无疑问，前文讨论过的人口迁移，以及玛雅中心

图9.9 墨西哥尤卡坦拉布纳的宫殿拱门 墨西哥尤卡坦的拉布纳遗址：通往该普克风建筑后的内院的宫殿拱门。

地带古典城市衰落所导致的其他变化，是推动聚落长期迁移的原动力。

随着聚落的扩大，普克地区成为一些新政权的驻地，它们在此建立起了根植于传统的神圣王权统治，这些圣主或许与南方古典王国的统治家族有着亲缘关系。普克地区这些新城市，如乌斯马尔、卡巴、萨伊尔、拉布纳（图9.9），在古典终结期短短两百年间建立、发展、繁荣，最终走向衰落。

这些新政权首府中，位于圣塔埃莱娜山谷的乌斯马尔（图9.10至图9.15）面积最大。在其鼎盛时期，乌斯马尔疆域半径约达25千米，尤卡坦西海岸的乌埃伊米尔在当时或许是它的一座海港。乌斯马尔历史上唯一可考的国王是查克勋爵，在其统治期间，乌斯马尔将邻近的卡巴和东部的普克大部分地区都并入其领土（图9.16至图9.18）。卡巴出土的一个象形文本中出现了查恩·查克·卡克纳尔·阿哈瓦的名字。一条18千米长的萨克贝（连接玛雅城邦的石路）将卡巴与乌斯马尔相连接，这些都表明卡巴受乌斯马尔统治。在标有日期的纪念碑上，与查恩·查克·卡克纳尔·阿哈瓦统治相关的记载仅持续了约十年（公元895年—公元907年），乌斯马尔的繁荣除了要归功于强大的军事力量，约于9世纪下半叶继承王位的查恩·查克·卡克纳尔·阿哈瓦也发挥了重要的领导作用。

证据表明，普克统治者建立了中央集权的政治制度，并通过战争将其进一步强化，与早期古典玛雅政体采用的做法如出一辙。雕刻的纪念碑，如乌斯马尔14号石碑（图9.11），描绘了拥有古典玛雅神祇装备，却通常打扮成武士模样的统治者。高密度分布的聚落，以及普克城邦之间异常紧密的间距，都反映出当时城邦之间竞争激烈。在乌斯马尔和其他几个较小的普克城邦发现了城墙遗迹。还有一些雕塑中也反映了发生在卡巴等地的掳掠事件。

墨西哥尤卡坦的乌斯马尔

长期以来，乌斯马尔以其辉煌的建筑而闻名。乌斯马尔位于尤卡坦西部，齐比查尔顿以南约80千米（50英里）。从地理位置和规模大小来看（图9.10），乌斯马尔是一个重要的政治和经济中心，其精美的建筑组合尤其令人印象深刻，大部分建筑都是普克风，并且建筑名都极具想象力。令人遗憾的是，尽管墨西哥国立人类学与历史研究所在加固主建筑的同时进行了一系列调查，但几乎没有进行系统性的考古发掘。乌斯马尔遗址上有一连串时期不明的石柱，这些石柱从文体上可追溯至古典终结期（图9.11）。普克风建筑在乌斯马尔遗址中占据着主导地位，这表明大约在公元800年至1000年之间，乌斯马尔发展达到了顶峰，但这一时期前后的聚落却鲜为人知。乌斯马尔后期建筑风格并不显著，表明这座城市自后古典期伊始便走向了衰落。

乌斯马尔中心城区大量采用多室结构；其中有些可能是王室宫殿，剩下的是行政建筑群（图9.12）。在这些宫殿类型的建筑群中，毁坏严重的南方建筑群面积最大，三个四方院坐落在几处梯田上，其中最高的梯田位于最南端，围绕一座金字塔建造。南方建筑群东面就是大金字塔，再往前是总督宫（图9.13）——乌斯马尔最大的单一建筑，它通常也被认作现存最典型的普克风建筑。科瓦尔斯基的研究表明，这座建筑是在乌斯马尔最后一波定居潮时建造，唯一可考的统治者查恩·查克·卡克纳尔·阿哈瓦可能提供了赞助。这座建筑跨越在一个15米高的三层露台之上；宫殿本身长近100米，宽12米，高8米，有24个房间。四个外立面都饰有精心制作的镶嵌图案，这些图案共由约2万个元素组成。据东北角附近的一项探测显示，在这座建筑下面存在一座更早的切尼斯风格宫殿。在露台的西北角有一座较小的宫殿，因其上立面的独特装饰被称为乌龟之家，这座小宫殿是普克风建筑中的瑰宝。从乌龟之家的视角出发，北面壮观的景色尽收眼底，穿过球场就是乌斯马尔最著名的建筑群——四方修女院（图9.14）。紧靠东边的是一个圆角的高台，坐落在高台之上的两座庙宇被称为占卜者之屋，又称巫师之屋（图9.15）。球场上有两个雕刻圆环，建造时间可以追溯到公元905年。另一个名为老妇人之房的金字塔位于总督宫的东南方。

四方修女院由四座外立面雕花的建筑组成，这四座建筑排列在长76米、宽61米的庭院两侧，南侧建筑的中央拱廊为庭院入口。北侧建筑位于一个5.5米高的平台上，一条27.5米宽的楼梯与之相连接。楼梯中间是一个经过修复的纪念碑（17号石碑），碑上有被侵蚀的象形文字。

从建筑学角度来看，北侧建筑是四方院中最重要的组成部分，尽管两侧，即东西方向上的建筑也同样令人印象深刻。例如，西侧建筑外立面的镶嵌图案内容丰富——羽蛇神图案、茅草顶的房屋模型，以及可能曾陈列着查恩·查克·卡克纳尔·阿哈瓦雕像的中央王座亭都在其中。这座建筑群的几块彩绘顶石上有不完整的历法日期，经过修复后鉴定很可能属于古典终结期。埃里克·汤普森对这些顶石进行了鉴定：其中东侧建筑中的一块可以溯源到公元906年，建筑Y的另一块则产自公元907年，两者都与北部建筑的放射性碳测定年代相符。

占卜者之屋的建造过程似乎至少要分为四个阶段，后面的每一阶段都将前期建筑纳入建筑群当中。第一层平台上坐落着一座切尼斯风格的庙宇，气势恢宏，可通过西侧的陡峭楼梯抵达，同时它也是占卜者之屋的倒数第二个建筑（图9.15）。这座寺庙装饰精心，就像一个巨大的大地神面具，朝西的面具嘴巴是寺庙的入口。最上层的普克风庙宇正对着东侧楼梯，相较西侧海拔更高。四方修女院的西面是另一个名为墓群的四方院建筑，墓群正北方有一座金字塔，再往北是一个有着许多破碎的石柱的大平台，平台之后是另一个遭到损毁的建筑群——北方建筑群。乌斯马尔有许多生殖器雕塑，这在玛雅遗址群中并不常见。四方修女院北楼的背面和西楼的正面都有生殖器图形，总督宫所处平台的东侧也有一组生殖器雕塑，更南边的菲勒斯神庙（Temple of the Phallus）正面也饰有生殖器图形，“Phallus”意为生殖器，以此为神庙名称可谓恰如其分。

研究人员在纪念碑铭文中发现了乌斯马尔的象形文字以及几位名人的名字。在总督宫南面发现了一个小圆柱形祭坛，上面记载的史料是乌斯马尔遗址最具价值的史料之一。祭坛纪念碑上记录了乌斯马尔统治者查恩·查克·卡克纳尔·阿哈瓦及其父母的名字，14号石碑上对他也有所记录（图9.11），他被描绘成一个衣冠楚楚的统治者，站在一个双头的美洲虎宝座上，这样的描述与总督宫东边平台上发现的宝座遗址相一致。尽管这些纪念碑上没有标明日期，但从风格上看均属于古典终结期，而且从发现铭文的位置来看，总督宫和四方修女院都与查恩·查克·卡克纳尔·阿哈瓦在乌斯马尔的统治有关。

然而，古典终结期的普克城邦并不是南方早期古典政体的复制品。南方古典政体的衰落对后世影响深刻，有证据表明，乌斯马尔及其他重要普克城邦的统治精英们从中吸取了教训，并因此改变了自身的治理制度，政治权力去中心化与去人格化并行。事实上，政治经济体系的去中心化在普克城邦首府表现得更为明显。从这个意义上说，乌斯马尔遗址内有宫殿，同时相对其他遗址而言，缺乏大型的陪葬神庙，说明普克城邦的单一王权被削弱，而权力共享程度在提高。普克地区的一些宫殿可能根本不是王室住宅，而是“政府官邸”。乌斯马尔遗址中那座所谓的四方修女院，建筑入口样式官方、北面平台高高架起且内部毫无居住痕迹，都暗示这其实是一个行政综合体，而不是传统的古典王宫（图9.14）。乌斯马尔的国王、王室法院和管理委员会有可能在此集会，接受朝贡，并做出裁断和决策。

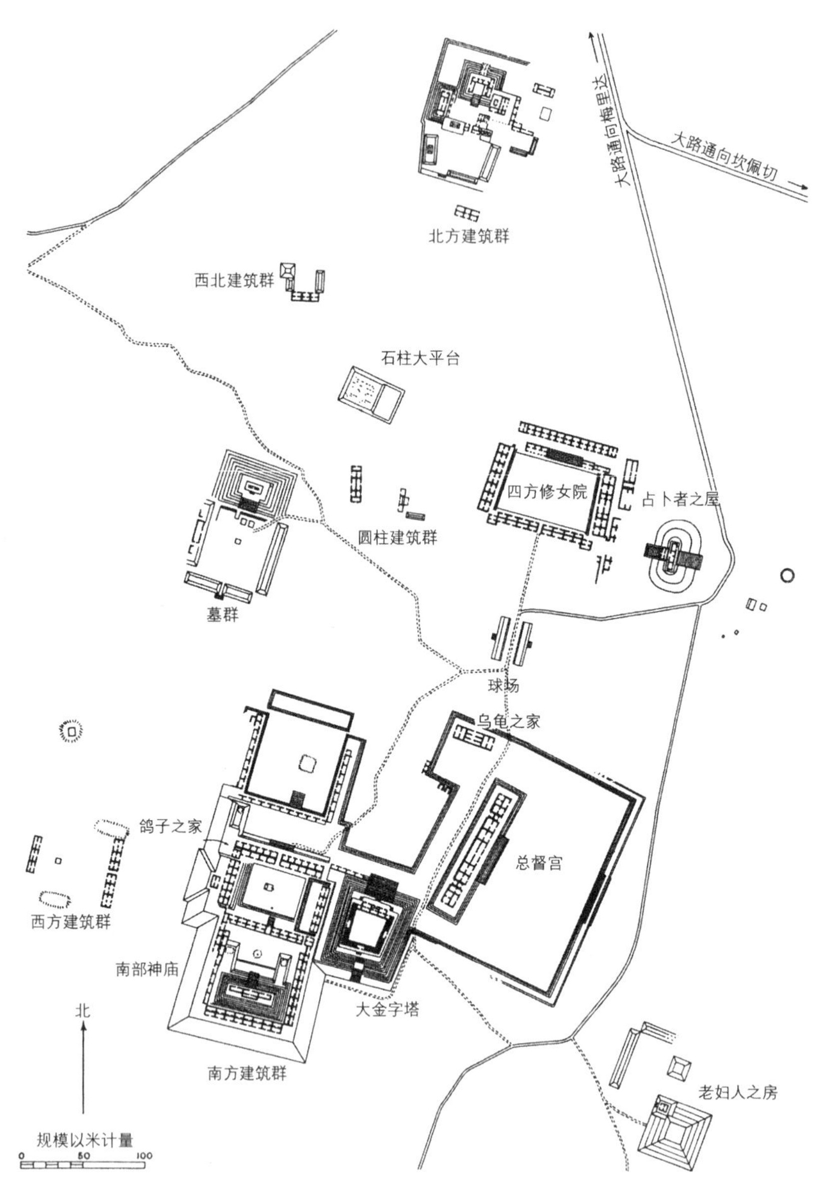

图9.10　墨西哥尤卡坦乌斯马尔遗址地图　遗址以包括总督宫、四方修女院和占卜者之屋(另见图9.12)在内的主要建筑为核心。

图 9.11 乌斯马尔遗址 14 号石碑 这是该遗址现存的为数不多的雕刻石碑之一,描绘的是古典终结期的统治者查恩·查克·卡克纳尔·阿哈瓦。

图9.12　乌斯马尔遗址西北部鸟瞰图　该图展示了修复前遗址核心的建筑，包括总督宫（中下）、四方修女院（右中）和占卜者之屋（右）。

图9.13　乌斯马尔统治者的宫殿　墨西哥尤卡坦乌斯马尔遗址：加固后的总督宫的上立面饰有马赛克图案，是普克风建筑风格最为精美的例子之一［见彩图2(c)］。

图9.14　乌斯马尔遗址修复后的四方修女院　上、下图分别为四方修女院东西两侧。

图9.15 乌斯马尔的占卜者之屋 乌斯马尔遗址：占卜者之屋，或称巫师之屋的西侧楼梯及切尼斯风格的低层庙宇(图中为修复后的遗址)。

图9.16　墨西哥尤卡坦卡巴面具宫殿　墨西哥，尤卡坦，卡巴遗址：修复前的建筑2C-6，或称面具宫殿，因其外立面繁复的面具图案而得名。

图9.17　卡巴的门柱　卡巴遗址：建筑2C-6的雕花门框上描绘有精英武士与俘虏。

图9.18　卡巴的堤道石拱门　墨西哥，尤卡坦，卡巴遗址：一条通往乌斯马尔的萨克贝上的石拱门入口（图中为重建前的遗址）。

墨西哥尤卡坦的卡巴

面具宫殿（图9.16）是卡巴最著名的建筑，共有十个房间，分列两排，每排五个，全长46米。每对房间呈前后分布，两者紧密相连，共用一扇通往外界的门。虽然大多数普克风建筑的外观在中部模塑以下不饰有雕塑，但面具宫殿的整个外立面却完全由错综复杂的镶嵌图案所覆盖。宫殿坐落在一个低矮的平台上，雕花造型将平台外立面分为上下两个部分，上半部分装饰着一排面具面板，下半部分依次覆盖着三排面具面板，横跨整个建筑的正面。在精致的中部模塑之上，还有三排面具板，终端模塑位于最上面一排和其他两排之间。建筑2C-6的雕花门框上描绘着拿着梭镖的武士（上面板）和俘虏（下面板），上下以一行文字为分隔（图9.17）。石拱门或许是卡巴最著名的特征（图9.18），与其他建筑相距甚远，它坐落在通往乌斯马尔的堤道起点处，跨度近5米（现已修复），很可能标志着一条正式的边界线，同时也是通往卡巴市中心的入口。

萨伊尔遗址位于南部的岩溶丘陵地区，针对该遗址的聚落调查与发掘（图9.19和图9.20）表明，在公元800年左右首次有人在此定居。萨伊尔城市的面积扩大到近5平方千米，其人口在大约公元900年达到高峰，多达一万人，此外还有大约五千人至七千人居住在周边腹地。萨伊尔的人口数量达到了其在自然环境下农业发展潜力的极限，住宅区之间的田地和花园都种有农作物，且每个住宅区都建有蓄水池以储存季节性降水。萨伊尔遗址中发现有许多破损和严重腐蚀的纪念碑，表明这里曾受当地的王室统治。根据三座纪念碑的雕刻风格，塔蒂阿娜·普罗斯科里雅科夫建议将6号石碑的年代定在公元810年左右，3号和5号石碑的年代稍晚一些，定在9世纪。萨伊尔约于公元950年开始衰落，约1000年被废弃，快速增长而后又快速衰退是普克城邦的典型发展模式。

直到古典终结期末尾，人们对普克城邦衰落和废弃的原因尚未达成一致。有一种说法是，普克地区的政体小规模地重演了南部古典玛雅政体的消亡过程——人口过剩的同时过度依赖不稳定的原始农业，这二者的致命组合导致了由环境变化或其他因素引发的人口崩溃。然而，与南部低地不同的是，湖心调查的证据似乎将降雨减少这一因素排除在外。另一种观点认为，随着东部奇琴伊察统治区域

墨西哥尤卡坦的萨伊尔

美丽的萨伊尔遗址位于卡巴以南7千米处，坐落在一个浅盆地内，两侧山丘连绵，低矮却陡峭。萨伊尔遗址的中心遵循由内堤道系统确定的南北走向（图9.19）。萨伊尔的建筑遗迹从精致的砖石宫殿到简陋的易腐烂房屋不一而足，其中大都与一个或多个大教堂有关联。古典终结期至关重要，而萨伊尔又代表着一个从未被全面研究过的关键区域，于是1983年至1988年，杰里米·萨布洛夫和盖尔·图尔特洛特（Gair Tourtellot）领导了一项重要的考古调查，调查旨在通过对一个

主要的普克城邦,即萨伊尔的考查来理解古典终结期。研究的重点是遗址的聚落历史,研究工作包括详细测绘、地表收集和对一系列住宅内部的发掘(图9.20),以及对周围腹地的广泛调查。

矗立在堤道北端的宫殿是萨伊尔最大同时也最负盛名的建筑[彩图16(a)],它通常被描述为一座三层建筑,但实际上却是由一个双层露台所组成。每个露台上沿四面排列着多个房间,上层露台的上方是一栋只有一排房间的长方形建筑。南侧的中央楼梯可以通往第二个露台和宫殿顶部。这座宫殿并不对称,在古典终结期内分几个阶段建造而成,建造时间跨度未知。堤道将宫殿与南面约350米处的另一个多室建筑群连接起来,这个建筑群中还有一个名为瞭望台的庙宇,朝向为南,破损严重。埃尔米拉多尔附近有一个声名显赫的生殖器雕塑,建造日期不详。另一条堤道通向东南方约200米的建筑群,而后继续通向最南端的主建筑群,那里有一个球场和几座宫殿。在这最后一段堤道的中点附近有一个小平台,平台上发现了8座石柱和7个普通祭坛遗迹(据称萨伊尔遗址中至少有30多个普通祭坛)。

还有许多其他建筑分布在堤道系统的东部和西部,西部占大多数,其中一些建筑以其装饰而闻名。建筑3B1的内门门框是由象形文字雕刻而成。建筑4B1在其中门有两根雕柱,分别支撑着雕花的柱顶和三根同样雕花的门楣。北面,坐落在山顶上的另一个宫殿群俯瞰着萨伊尔遗址的其余部分。

日益发展壮大,与东部地区发生冲突可能是导致乌斯马尔和其他普克城邦灭亡的原因。当然,这两种观点可能都是正确的——生态破坏和军事攻击共同导致普克城邦走向衰落,并最终被废弃。

盐业生产与贸易

尤卡坦半岛西北角气候干燥,该地区的繁荣发展建立在盐和沿海贸易的基础之上,通过沿海的人造浅坑蒸发海水提取盐分(图11.9),提取后将盐收集起来并通过陆路和海路运输到玛雅低地及更远的地方进行交易。西北部的两个主要遗址,齐比查尔顿(位于梅里达的正北方)和丘恩丘科米尔(在齐比查尔顿西南约100千米处)在

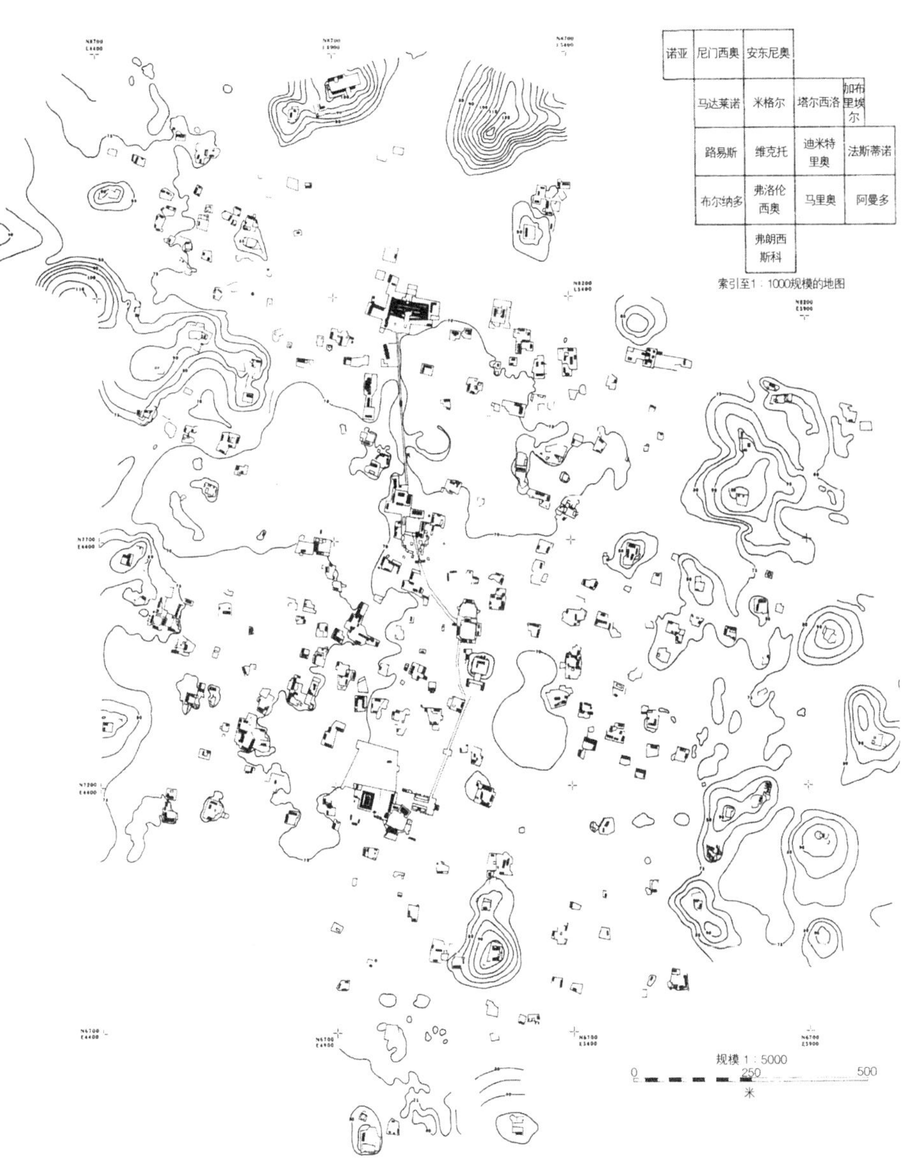

图9.19　墨西哥尤卡坦萨伊尔遗址的地图　一条萨克贝贯穿着这座古典终结期城邦的核心，直达北部的大王宫[见彩图16(a)]。

图9.20　萨伊尔本地建筑的发掘　萨伊尔遗址:经发掘的“住宅区”结构,一座住宅结构的底层砖石地基露出,该建筑的其余部分由易腐烂的材料建造(另见图12.5)。

古典期晚期和古典终结期发展达到顶峰,两者可能都严重依赖食盐贸易。丘恩丘科米尔位于尤卡坦最干燥的地区之一,但它靠近各种沿海资源,这为其繁荣发展提供了基础。

尤卡坦半岛北部海岸的盐产量高于中美洲其他任何地区,但在古典终结期之前,伯利兹海岸和帕西翁河上游的努埃贝塞罗斯(Nueve Cerros)地区也大量产盐。然而,值得注意的是,在古典终结期,大多数南部低地盐场遭到废弃,而北部盐场却在扩大规模。这可能是因为北部盐场的产量远大于南方,北部使用的是更有效的日晒蒸发技术,而南方使用的是劳动密集型燃木柴煮盐水法。盐场的分布位置也是一个影响因素,由于北部中心盐场集中在环绕加勒比海的独木舟巡游路线上，这也使得其占了不少优势。上述因素无疑为尤卡坦北海岸产盐以及盐贸易的扩大创造了机会，控制着盐这一重要资源的北部城邦也随之繁荣发展。

丘恩丘科米尔位于尤卡坦半岛西海岸，处于农业土壤的边缘，丘恩丘科米尔的地理位置决定了它可以开发邻近的塞莱斯通盐场等沿海资源。丘恩丘科米尔大部分定居点都集中在面积10平方千米的中心地带。人口较少的聚居区向外延伸，城市面积约16平方千米，总人口估计超过三万人。丘恩丘科米尔由精英住宅区和非精英住宅区组成，城内没有常见的纪念庙宇、宫殿、广场或纪念碑，这种聚落模式与其他玛雅城市截然不同。这种组织形式可能反映了这座城市独特的商业功能，每个精英住宅区内都有专门从事盐贸易和其他沿海贸易的商行。目前尚不清楚丘恩丘科米尔是作为一个独立的商业城市运作，还是受最近的首府奥克斯金托克的政治管辖。

在古典期晚期和古典终结期，齐比查尔顿是尤卡坦半岛最大的城市之一。齐比查尔顿在古典期早期处于几乎被废弃的状态，而在古典终结期（公元800年以后），这座城市又发展到最大规模，总人口达到两万五千人甚至更多。但与丘恩丘科米尔不同的是，齐比查尔顿有着传统玛雅政治首府的特征（图9.21至图9.23），但它的发展和繁荣也同样离不开产盐及出口盐，临近的科姆琴在前古典期晚期受益于盐业发展，齐比查尔顿亦是如此。

另一方面，齐比查尔顿遗址曾是一个政治首府，它所在的政体庞大且繁荣。尽管很少有象形文字保存下来，雕刻的石碑表明齐比查尔顿是由圣主王朝所统治。该遗址上发现了超过25座纪念碑，且几乎全部都是在古典期晚期和古典终结期建造而成，9号石碑上发现其中一个时期的结束时间（相当于公元849年）。齐比查尔顿的象征符号出现在19号石碑上，上面描绘了其统治者卡隆·乌库·查恩·恰克手

墨西哥尤卡坦的齐比查尔顿

尤卡坦半岛西北角的齐比查尔顿遗址距离海岸只有20千米(约12英里),位于加勒比海产盐海岸附近,这无疑表明它不仅是政治中心,而且早早参与到食盐贸易之中(见第九章)。齐比查尔顿海拔只有5米左右,是北部低地最干燥的地区之一。城市供水来自位于主广场西南角的斯拉卡(Xlacah)灰岩深井。

齐比查尔顿的一项重大考古调查项目始于1956年,在杜兰大学中美洲研究所的赞助下持续了十年。这项研究由E.威利斯·安德鲁斯四世所领导,在阿尔弗雷多·巴雷拉·巴斯克斯发现该遗址后,安德鲁斯四世和乔治·布雷纳德于1941年对该遗址做了报告。调查显示,齐比查尔顿遗址周边地区在古代就是人口稠密的聚居地(见科姆琴,第六章)。事实上,聚居地遗迹之间几乎没有间断,这使得齐比查尔顿遗址的边界变得难以确定。齐比查尔顿的测绘区域超过19平方千米,其中有已经过识别的8000多个建筑结构。显然,这些结构大多是支撑房屋的平台,平台上可能曾搭建过杆架茅草屋。大约2000个平台上保存有低矮石墙遗迹,石墙围绕着一到两个房间,其房顶同样由茅草覆盖。近100个砖石结构分布在遗址中央的0.5平方千米处,其中包括低矮平台上的拱形建筑,以及集中在几个广场区域的阶梯式金字塔(图9.21至图9.22)。这些核心区域的许多建筑似乎都是齐比查尔顿统治阶级的住所。

多条萨克贝奥布将齐比查尔顿附近及外围的建筑群与中心城区连接起来。齐比查尔顿周围3平方千米的区域内分布着相对较小的建筑群,建筑群之间通常不间断,或同样通过萨克贝奥布相连接,其中有些建筑带有砖石拱顶。在上述区域以外是分散分布的建筑群废墟,面积约13平方千米,其中一些废墟中也有拱形建筑。废墟群之外是大量房屋平台和大片开阔区域,绵延约100平方千米,这些开阔区域是齐比查尔顿人赖以生存的农业区。

七玩偶神庙是齐比查尔顿最著名的建筑之一,在建筑设计上这座神庙有几个重要的独特之处(图9.23)。七玩偶神庙建于公元700年左右,是该区域最早的拱形建筑之一,神庙呈方形,位于一个建有四座楼梯的平台之上。四个宽阔的门廊通向一个连续的拱形走廊,走廊以一个有着四边高拱顶的房间为中心,这种拱顶在屋顶上形成了一个矮塔,东西两侧的门廊上都有长方形的窗户,神庙外立面上部装饰有精致的灰泥面具。在古典期结束之前,神庙及其平台完全被涵括在一个更大的四梯金字塔之中。几个世纪后,在后古典期晚期,当金字塔成为废墟后,人们在西侧挖了壕沟,长期埋在地下的七玩偶神庙才得以重见天日,作为神龛对外开放。神庙里竖立着祭坛,在当时使用祭坛的那些年间，人们在上面画了四个连续不断的象形文字徽章。祭坛前摆放着供物，其中包括七个粗制泥人，这座庙宇也因此得名。

持象征着神圣王权的卡维尔权杖，这一统治者形象与在其他玛雅古典首府所发现的一样。中央广场东侧的建筑下挖掘出了一座王室陵墓，其墓主人可能就是这位统治者。

在古典期晚期，齐比查尔顿的砖石建筑是依照典型的低地风格建造的，配有石制砌块、支撑拱顶和灰泥装饰的立面。到了古典终结期，遗址中心地区的建筑更为集中，出现了带有单板砖石和饰有雕刻镶嵌图案立面的建筑，这是典型的普克式风格，该风格的出现反映出普克地区南部城市在这一时期迅速扩张。大约在1000年以后，齐比查尔顿人口迅速减少，建筑活动一度停止。在1200年左右，建筑活动开始缓缓复苏，当时出现的几座新建筑再度使用了砖石结构。一小部分人继续在齐比查尔顿定居，他们将早期建筑作为住宅和神龛重新投入使用。

尤卡坦东北部政权

尤卡坦半岛东北部的气候要比半岛西角潮湿得多。事实上，作为北部低地最大古典政体的首府，科巴降雨量丰富，足以满足热带森林的生长需求，其繁茂程度堪比南部森林。科巴遗址面积巨大，坐落在一系列浅水湖泊之中，科巴在许多方面都与佩滕中部的著名古典首府有着密切联系（图9.24）。科巴面积约70平方千米，人口达峰值时超过五万人，可与中部低地最大的城市，如卡拉克穆尔和蒂卡尔相媲美。

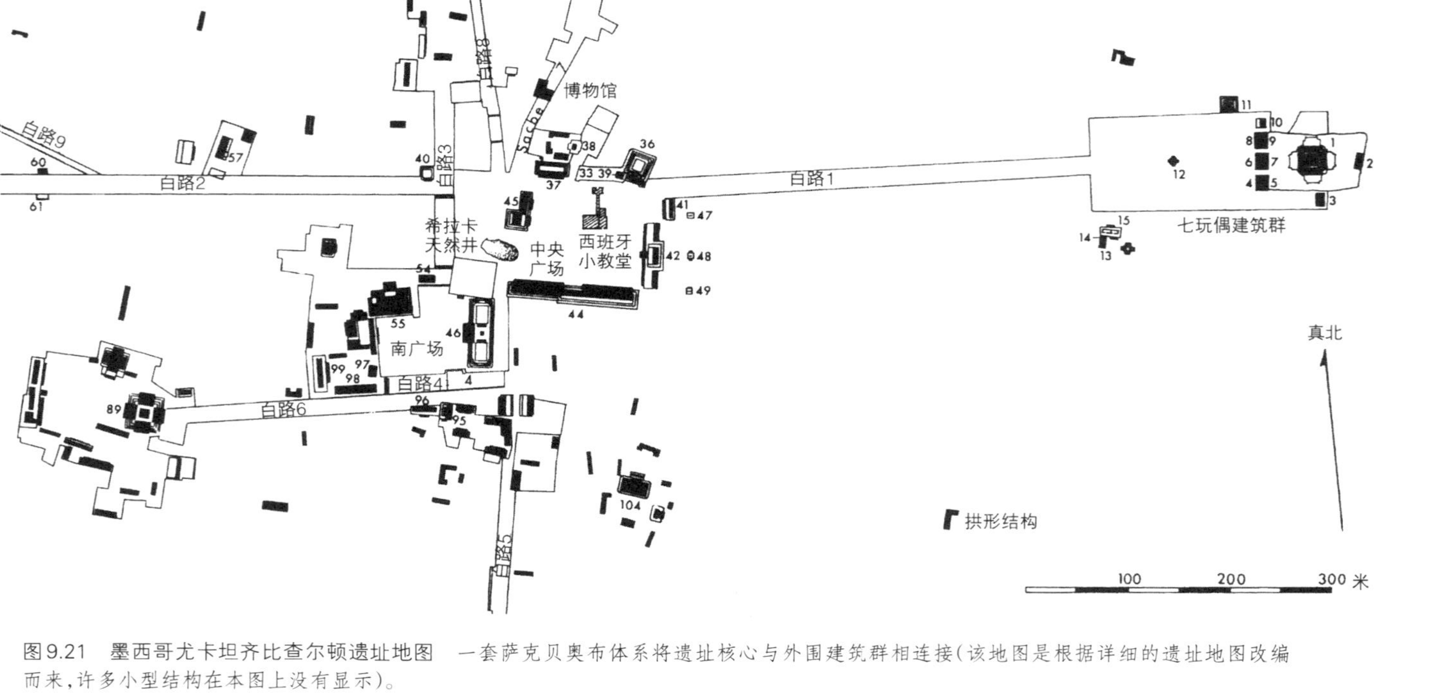

图9.21　墨西哥尤卡坦齐比查尔顿遗址地图　一套萨克贝奥布体系将遗址核心与外围建筑群相连接（该地图是根据详细的遗址地图改编而来，许多小型结构在本图上没有显示）。

图9.22　齐比查尔顿的中央建筑群　朝向东南，图中展示了斯拉卡灰岩深井以及连接南广场（右）、中心广场（左）和其他建筑群的萨克贝奥布。

图9.23　齐比查尔顿的七玩偶神庙　(上图)约公元700年至公元750年的神庙外观(重建后),朝向西南;(下图)经发掘并修复后的七玩偶神庙(注意右侧遗址为后来覆盖的结构)。

科巴及其幅员辽阔的领地都是由一个圣主王朝所统治，遵循南方首府的统治传统。统治期间建立了至少32块石碑，其中23块为雕刻石碑。可惜的是，大多数石碑都被侵蚀了，上面记载的圣主统治时期史料也无从查阅了。科巴最早的石碑可追溯到公元623年，而保存最好的石碑之一是公元684年建造的20号石碑。和所有玛雅遗址一样，科巴的居住史同样可以通过陶器序列来追溯，通过陶器序列可得知，科巴的聚落规模和权势范围在古典期晚期和古典终结期（或约公元730年—公元1000年之间）达到了顶峰。由于被奇琴伊察包围，科巴可能遭到了攻击，在随后两百年间逐渐走向了衰落，于1200年左右被废弃。在14世纪或15世纪，西班牙征服开始之前，科巴的部分地区曾再度有人定居。

雅克苏纳遗址为科巴和奇琴伊察之间的冲突提供了重要线索。尽管雅克苏纳位于尤卡坦中部，奇琴伊察以南，但那里的考古调查证据表明，科巴在古典期晚期（约公元600年—约公元750年）控制雅克苏纳可能是为了保护西部边界，并阻止奇琴伊察扩张。

雅克苏纳在被占领期间取得了发展，玛雅最长的堤道将它与位于科巴的政治首府相连接。雅克苏纳重建了几个建筑群，而且重新调整某些建筑群，使其直面科巴萨克贝的界标。古典终结期时，雅克苏纳持续扩张，出现了普克风建筑，再加上它与西部存在陶瓷贸易往来，可能表明科巴与普克的联盟是双方合力抵御奇琴伊察战略的一部分。雅克苏纳考古发掘出了一座防御塔和护栏，与多斯皮拉斯和阿瓜特卡的防御工事类似，这些工事说明雅克苏纳曾被围困。雅克苏纳的建筑遭到了损毁，同时还发现了与奇琴伊察有关的陶器，都表明该地区可能于公元950年左右被奇琴伊察征服。此后，尽管雅克苏纳可能曾被用作军事基地，为奇琴伊察向科巴发动进一步进攻提供支持，除此之外，这座城市几近废弃。

图9.24 墨西哥金塔纳罗奥州科巴城鸟瞰图 这座密林之中的城市位于东北部低地的几个浅水湖之间;照片中央,两条相互交叉的萨克贝奥布模糊可见,隐约可见一个大的"X"结构。

对该地区的另一个重要政治首府——埃克·巴兰,研究者也展开了考古调查。埃克·巴兰位于科巴和奇琴伊察中间,幅员辽阔。研究表明,埃克·巴兰大约与科巴同时(约公元700年—约1100年)发展到最大规模。在这段时间内,有证据表明,埃克·巴兰在古典终结期中段曾是某政体的首府,该政体由大约五位圣主组成的王朝所统治,统治期间建造了许多普克风建筑。

墨西哥金塔纳罗奥州的科巴

面积巨大的科巴遗址位于尤卡坦的东北部，坐落在五个小湖泊之间，这样的地貌特征在这个水源极度匮乏的平原地带上十分罕见（图9.24）。20世纪30年代，华盛顿的卡内基研究所第一个对科巴遗址进行了调查；20世纪70年代，在墨西哥国家考古与历史研究所赞助之下，威廉·富兰领导的科考项目展开，对科巴遗址及其外围地区进行了测绘和调查。

在科巴湖和马坎索克（Macanxoc）湖之间有一座名为卡斯蒂略的金字塔，塔高24米，是科巴主建筑群的中心。多条萨克贝奥布从主建筑群出发，向五个方向辐射至周边其他区域。主建筑群的东北部的区域以1号建筑——规模宏大的大金字塔（Nohoch Mul）为中心（图9.25）。1号建筑建造于古典期晚期，高约42米，而后在其上加盖了一座后古典期晚期建筑，风格上与图卢姆相似（见第十章）。

科巴遗址内有16条堤道，该遗址也因此闻名。每条萨克贝宽约4.5米，距地面0.5米至2.5米（图9.26），两侧用粗糙的石头建造，顶部覆盖着天然的石灰水泥，或称萨斯卡布。科巴的萨克贝奥布在主要建筑群之间呈直线延伸，最短的不到1千米，其中有两条堤道正好位于两大湖泊之间地峡的正南处。最长的堤道从科巴向西延伸到雅克苏纳，长度超过100千米。这条巨大的萨克贝整体上也是呈直线分布，除了几处岔路通往周边规模较小的从属聚居地。这条萨克贝连接了科巴和雅克苏纳，暗示着在它建造之时——可能是古典期晚期或古典终结期——科巴控制了这个位于尤卡坦中部的重要城市。事实上，科巴控制了雅克苏纳，并将其作为自身领土西界的战略前哨，可能是对奇琴伊察对外扩张的回应。

古典期晚期的开国统治者——乌基特·坎·莱克·托克（Ukit K'an Lek Tok'），埋葬在1号建筑（图9.27）内的一个坟墓里。在古典终结期，埃克·巴兰由继任者所统治。雅克苏纳和科巴出现的同一个政权似乎导致了神圣王权于公元900年终结，尽管没有直接证据表明其与奇琴伊察的征服有关。

图9.25　科巴的大金字塔神庙　科巴遗址：古典期晚期的大金字塔平台气势宏伟，在后古典期晚期重新投入使用，如今所见的塔顶建筑也于当时建造。

图9.26　科巴的萨克贝(堤道)　连接科巴(金塔纳罗奥州)和雅克苏纳(尤卡坦)两个城市的萨克贝:堤道最高点的砖石建筑。

奇琴伊察之崛起

正如我们所见,古典社会的一个核心要素,即从前古典期晚期便开始统治着玛雅国家的神圣王权制度,在古典终结期消失了。随着古典终结期各方面情况发生变化,由圣主统治的玛雅国家已经很少。雅典城邦的政治体制由古典期传统的神圣王权制度转变为后古典期的新政治秩序,而北方的政治制度就是这一过渡时期的典型代表。普克地区政治组织形式更为分散,其政体也开始转变。在奇琴伊察——古典终结期最强大辉煌的玛雅国家——出现时,这种政体

图9.27　墨西哥尤卡坦埃克·巴兰1号建筑　埃克·巴兰，位于墨西哥尤卡坦：1号建筑的正面一景，内部是古典期晚期统治者乌基特·坎·莱克·托克的陵墓，后来被古典终结期建筑覆盖。

的转变达到了高潮（图9.28和图9.29）。

单从时间上看，奇琴伊察的兴起始于古典期晚期。但其崛起为尤卡坦地区主要城市的过程与古典终结期的发展相对应——事实上，奇琴伊察的繁荣期延续的时间似乎比古典期其他任何城市都要长（一直延续至1050年至1100年左右）。在其鼎盛时期，奇琴伊察可能是整个玛雅地区最大且最强的城市。当然，它也是玛雅首府中最为国际化的城市，因为它的商业和宗教机构与玛雅内外的各个地区都有广泛交流。更广泛的交流、政治联盟及人口迁徙等因素也促进了中美洲许多地区的国际化发展。从这个意义上说，奇琴伊察是许多较小的后古典政体的先驱，并以融合了中美洲不同区域文化之间的传统特征为特点。

图9.28　墨西哥尤卡坦半岛奇琴伊察南部鸟瞰图　卡斯蒂略位于图片中心附近，左边是大球场，右边是武士庙。

墨西哥湾沿岸的琼塔尔人的商业扩张是古典终结期社会经济和政治变革的主要催化剂。他们来自琼塔尔的海岸地区，曾为玛雅地区边缘人的他们成了成功的商人、战士和投机分子。通过利用古典期玛雅中心地带和墨西哥中部的城邦衰落后留下的权力真空，他们能够控制整个中美洲的许多关键资源和贸易路线，包括位于尤卡坦半岛北部的利润丰厚的盐业买卖。奇琴伊察的建立及其在北部低地的终极霸权也与沿海地区新兴贸易网络的重要性上升有关。

根据西班牙殖民时期编写的尤卡坦半岛编年史，约公元800年，一个新的民族群体到达尤卡坦半岛。编年史把这些新来的人称为伊

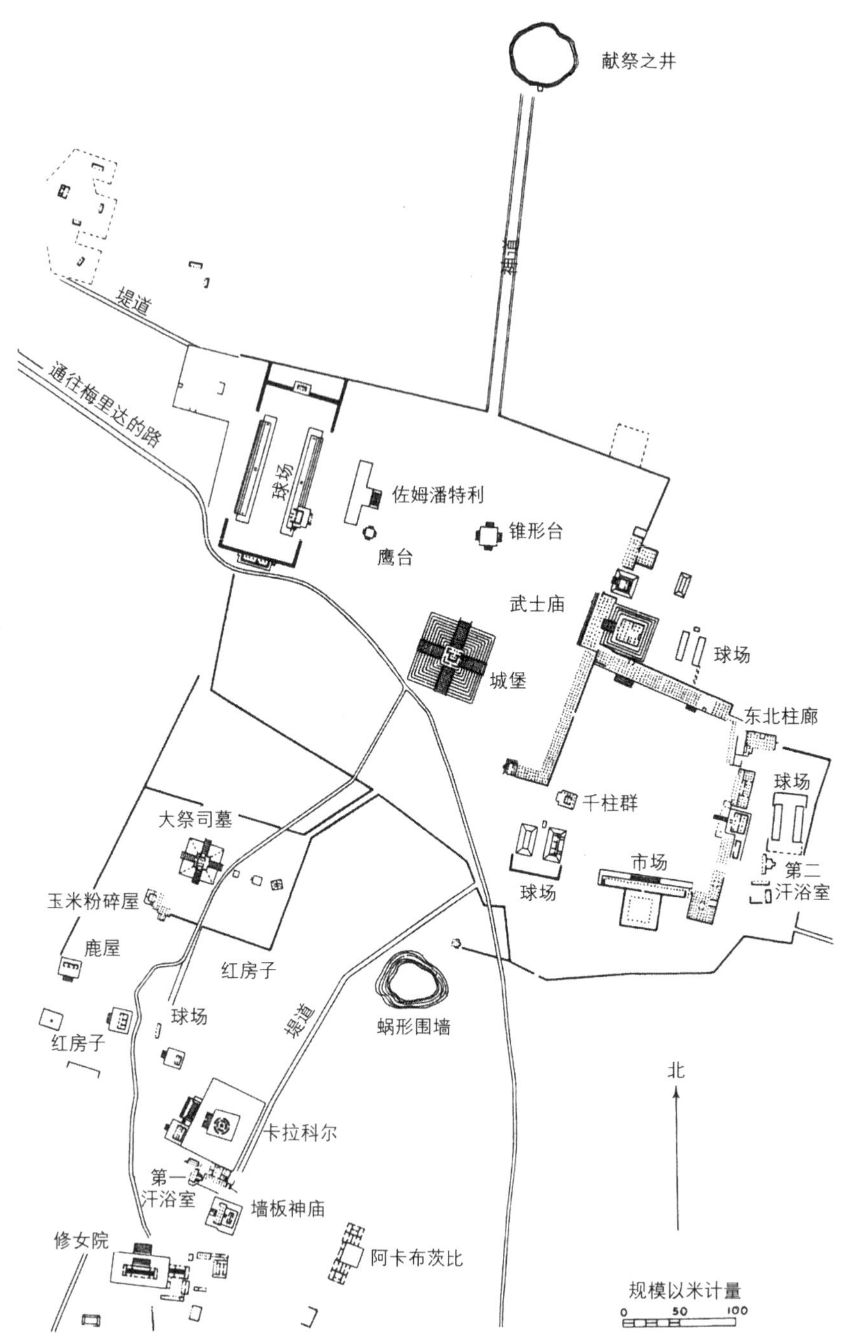

图9.29　奇琴伊察地图　位于墨西哥尤卡坦半岛的奇琴伊察：古典终结期最伟大的玛雅城市的中心区域地图。

察人，或“说不好我们民族的语言的人”（可能指的是尤卡坦玛雅人只能部分理解的某种玛雅语言）。伊察人的起源尚不清楚；在编年史上，这个词可能是指几个背景相似的群体。一些证据表明，至少有一些伊察人可能来自中部低地的佩滕湖地区。其他证据表明，他们来自尤卡坦半岛的西海岸，也许是坎佩切的查坎普顿地区，这表明伊察人可能与琼塔尔玛雅人有关。有趣的是，在奇琴伊察铭文中发现了明显的乔兰语成分，这进一步表明伊察人和琼塔尔玛雅人之间存在某种联系。

墨西哥尤卡坦半岛的奇琴伊察

著名的奇琴伊察遗址位于尤卡坦半岛中北部，它是玛雅最大的城市之一，其已知范围至少有5平方千米，其中遍布建筑遗址（图9.28和图9.29）。除此之外，还有房屋遗址、房屋平台和其他小型建筑，它们从场地核心延伸出未知的距离。“奇琴伊察”这一前哥伦布时代地名由迭戈·德·兰达主教记录下来，意为“伊察井的开口”，指遗址上的两个大型纪念碑。它似乎也曾被命名为乌茨亚布纳尔（Uucyabnal），意为“七大统治者”，可能是后来中美洲史诗中提到的神话中的托兰（Tollans）或“大城市”之一。

奇琴伊察地区的普克风格建筑集中在遗址南部（图9.30），该地被称为老奇琴（Old Chichen）。它们的上立面是典型的马赛克装饰，但通常带有砖石墙，这一点与西部普克地区中心地带发现的细薄饰面有所不同。这种装饰在支撑卡拉科尔、鹿屋及红房子等建筑的平台上也出现过。同时，普克风格还被应用在一系列地势较低的宫殿建筑中，如修女院（修女院附属建筑和教堂）和阿卡布茨比（Akabtzib）中的原始建筑。根据放射性碳测定年代，红房子和教堂中的木梁的年代约为公元600年至公元780年，但这一年代可能是木材的生长期，而不是建筑的建造期。阿卡布茨比之后得到扩建，扩建日期可以从雕刻在其内部门廊中的一个日期中推测出来，约为公元869年或公元889年。

奇琴伊察已知最早的玛雅日期是公元867年，该日期发现于一块石头上，这块石头后来被用作磨刀石。该地南部有几栋带有铭文的建筑，但是只有一个初始系列神庙（the Tempe of the Initial Series）的过梁上带有古典终结期长纪历日期，10.2.9.1.9（公元878年）。其他几座神庙，如三楣庙（Temple of the Three Lintels）、四楣庙（Temple of the Four Lintels）和修女院（Las Monjas），则使用周期结束制日期

(period-ending dates),与初始系列神庙的日期相比,相距不超过三年。与一座被严重毁坏的寺庙[被称为“大祭司的坟墓”(High Priest's Grave)]相关的文字中有一个指向公元998年的日期,这是在奇琴伊察发现的距今最近的日期。然而,这一建筑的风格表明,它可能是更大型的卡斯蒂略的早期原型(见下文),平台下的自然洞穴表明,它可能是一种创始人的寺庙,用来纪念进入冥界的神圣入口。如果事实如此,那么该建筑的周期结束制日期可能要早得多——其他适宜位置记载着公元894年或公元842年,后者特别适合作为建造日期。

卡拉科尔(图9.31)是一种独特的圆形建筑,顶部是两个叠加的矩形平台。这是一种建筑上的混搭,J.埃里克·汤普森将它描述为“一个放在来时的方形车厢上的双层结婚蛋糕”。

卡内基研究项目的考古发掘发现,卡拉科尔的上部平台与一座建于公元906年的石柱有关。圆形建筑通常是供奉伊厄卡特尔——墨西哥中部的羽蛇神(Quetzalcoatl),即库库尔坎(K'uk'ulcan)——的神庙,因此奇琴伊察的卡拉科尔可能有类似的功能。它高约12.5米,中间有一个螺旋

图9.30 奇琴伊察的修女院建筑群 其中包括了一个典型样本,即走廊和隐藏门廊的装饰都带有典型的切尼斯风格。注意门廊左边的贴面装饰已经坍塌,可以看到内部的碎石墙面。

图9.31　奇琴伊察的卡拉科尔　一个建造在一系列平台上的圆形寺庙，来自上层平台的一座石碑的日期可以追溯到10.3.17.0.0（公元906年）。

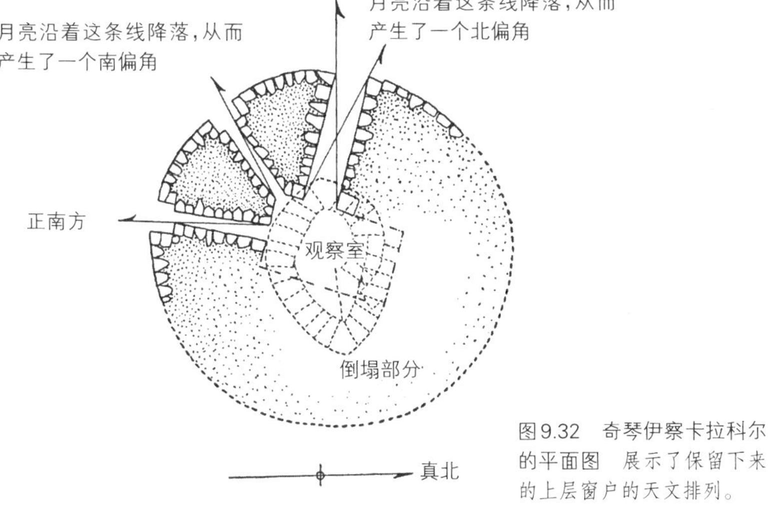

图9.32　奇琴伊察卡拉科尔的平面图　展示了保留下来的上层窗户的天文排列。

形楼梯蜿蜒而上，一直延伸到靠近建筑顶部的一个小房间。

这种楼梯的西班牙名字是卡拉科尔（意为蜗牛或螺旋），因为其外观类似于盘旋的蜗牛壳。穿过房间厚墙的残存方形开口（图9.32）形成了几条重要的天文视准线。比如，穿过西墙的一条视准线在3月21日（即春分日）这一天会将落日一分为二；其他视准线与同一天的月落重合。

奇琴伊察北部的建筑集中在一个巨大的低矮平台上，卡斯蒂略大型金字塔从中部俯瞰这一平台，四周有四个楼梯，上面是一座平顶寺庙（图9.33）。与几座古典期晚期的玛雅金字塔一样，卡斯蒂略有九级阶梯（试比较蒂卡尔的第一圣殿），并采用放射状楼梯设计。

卡斯蒂略神庙有四个入口，但两根羽蛇神柱子将更宽的北入口一分为二。从现场的其他六栋建筑中也发现了类似的柱子。在卡斯蒂略围墙内一座古老的建筑中，有一座被掩埋的神庙。在神庙内部，参与卡内基研究项目的考古学家们发现了一个红色的美洲虎王座，它有燧石獠牙、翡翠眼睛以及代表其斑点的镶嵌翡翠圆盘（图9.34）。

西边是大球场，球场中有一个早期建筑，其东南角下方是美洲虎神庙的下殿（Lower Temple of the Jaguars，图9.35）。美洲虎神庙的上殿（Upper Temple of the Jaguars）位于同一角落上方；其壁画可能描绘了伊察历史上的一些片段，包括战争场面（图9.36）。奇琴伊察的球场数量（13个）比其他所有的玛雅中心城市都多，它的大球场面积是中美洲之最，总面积为11288平方米，有一条5256平方米的球道。

垂直的墙壁中间各有一个石环。沿着大球场墙壁底部的浮雕描绘了战争和俘虏牺牲的场面。这些图案和球场的巨大规模表明，大球场可能不是用于比赛的场所，而是用于举办大型活人献祭公共仪式的场所。

卡斯蒂略的北面有两个小平台和一个用来展示祭祀头颅和战利品头颅的佐姆潘特利（tzompantli，纳瓦特尔语，意为“骷髅架”，图9.37）。东面有一座武士庙（图9.38），这座武士庙与图拉（墨西哥城北部托尔特克城邦首府）的金字塔B类似，因此可能是其原型。两处建筑都是通过一个宽敞的柱廊式结构通向顶部。

在对武士庙下方进行挖掘的过程中，考古学家们发现了一座早期建筑。该建筑为查克穆尔神庙（Temple of the Chacmool），里面有壁画的痕迹。这些壁画描绘了平静的乡村生活图景［彩图16(b)］以及战争图景（图9.39）。在这座寺庙的地板下面，考古学家们发现了一个藏宝箱，里面有一个从墨西哥中部进口的绿松石镶嵌盘（图9.40）。

这些柱廊过去支撑着横梁和灰浆制成的屋顶，一直延伸到武士庙的南部和东部。它们可能曾被用作议事厅。一排排柱廊将千柱会场（Court of the Thousand Columns）完全包围，形成一个由一系列建筑组成的大型开放性广场，其中一个建筑被称为埃尔梅尔卡多（El Mercado，图9.41）。它是这座古老城市中最壮观的柱廊建筑，里面有玛雅历史上最高的石柱。尽管其名字十分普通，但它在过去可能是一座宫殿或是市政府所在地。

奇琴伊察遗址内有两口大的天然井。位于中心地区的天然井泉(Cenote Xtoloc)为该地区的人们提供了水源。另一口井，即神圣的灰岩深井(Sacred Cenote，图9.42)，可以通过一条从卡斯蒂略向北延伸的萨克贝到达。在奇琴伊察的鼎盛期，甚至当它在后古典期衰落之后，人们都会从玛雅地区的各个地方乃至更远的地方来朝圣，将祭品投向其深处。

从灰岩深井中挖出了翡翠、黄金、陶器、人骨和几件貌似为早些年代祖传遗物的物件；但是，与流行说法不一致的是，没有证据表明处女被当作祭品投入井中。

奇琴伊察是一个国际化的大都市，其艺术和建筑受到传统玛雅和非玛雅风格的启发。最具有代表性的玛雅传统风格来自普克地区，而最显著的非玛雅风格与墨西哥城北部托尔特克城邦首府图拉密切相关。但总的来说，奇琴伊察的建筑延续了尤卡坦玛雅建筑的风格。它们建造精细，使用贴面技术、拱顶和马赛克立面等。在大多数情况下，与图拉地区相比，奇琴伊察的玛雅砖石建筑要精细得多。但伊察的首都不仅仅有传统风格的建筑；其大部分建筑和雕塑都具有创新性，这反映了一个强大而充满活力的国家取得的成就。

图9.33　奇琴伊察的卡斯蒂略　这是当地最大的寺庙，有一个带九层阶梯的平台和四个放射状楼梯。

图9.34　奇琴伊察的红色美洲虎王座　它来自掩埋在卡斯蒂略下的早期神庙内部。

奇琴伊察大球场上方有一座美洲虎神庙，里面的著名壁画（图9.35）描绘了一系列场景，其中一个场景似乎是以南部低地的雨林为背景。这可能代表了乌苏马辛塔河或另一条南部低地河流沿线的贸易殖民地。另一幅壁画描绘了一处类似于墨西哥中部高地的场景。连同壁画本身的主题——对战双方领导人及其军队之间的对抗——可能记录了奇琴伊察的军事征服（图9.36），奇琴伊察随后在远至墨西哥中部的地区建立了密切的商业和政治联盟。

在尤卡坦，伊察人开拓了尤卡坦半岛中部的无人区，该地区位于东部强大的科巴政权、西部普克地区和北部平原的敌对城邦之间。根据后期的玛雅编年史记载，伊察人在该地建立了新的首都。尽管一直无法确定建都的具体时间，但通过遗址调查、陶器年代评估以及

图9.35　奇琴伊察的大球场和带有羽蛇神柱的美洲虎神庙

图9.36　奇琴伊察美洲虎神庙中展示战斗场景的壁画

对奇琴伊察的一些玛雅日期进行重新评估,建都时间可以确定在公元750年至公元800年之间。还有证据表明,伊察人曾在尤卡坦半岛中部的其他地方居住。除了奇琴伊察之外,伊萨马尔也许是这些居住地中最重要的一个。作为一个重要地点,它尚未得到详细考察。

在其建立后的一个世纪左右,奇琴伊察逐渐占领了尤卡坦半岛中部。在其鼎盛时期,奇琴伊察也成为了一个伟大的国际化城市。其建筑和艺术将玛雅传统与中美洲各地(尤其是墨西哥湾沿岸和中部地区)传统相结合。它之所以能够维持对其广阔领土的控制,原因在于其繁荣的经济、有效的政治制度和新的宗教意识形态。然而,军事胁迫和征服也是推动奇琴伊察迅速扩张的原因。

奇琴伊察建立之后百年期间的铭文记录了一系列建筑的建造过程。其中一栋名为卡萨科洛拉德(the Casa Colorada,意为着色的房子)的建筑上的文字,记录了公元869年三个奇琴伊察领主在埃克·巴兰国王监督下举行宗教仪式的情况。另一篇铭文提到,奇琴伊察的统治者卡库帕卡尔(K'ak'upakal)是一位无法确认的君主的亚哈瓦。但此后不久,卡库帕卡尔及其继任者脱离了掌控,成为了自己命运的主人。事实上,到公元900年前后,奇琴伊察显然发起了一场长期战争,以占领其东西方的敌对城邦。战争一直持续,直到其将北部低地的大部分地区纳入版图。在其鼎盛时期,奇琴伊察可能控制着玛雅历史上面积最大、人口最多的城邦。它的壁画和浮雕展示了奇琴伊察是如何占领尤卡坦半岛大部分地区的(图9.36至图9.39)。正如我们所见,科巴建造了整个玛雅地区最长的一条堤道,使其与雅克苏纳相连,目的可能是阻止奇琴伊察进一步影响尤卡坦半岛中部,但来自雅克苏纳的证据表明科巴被奇琴伊察征服了。虽然北部低地地区其他政权的命运仍不明朗,但显然这些政权在奇琴伊察扩张的时代似乎都衰落了。无论是通过威胁还是实际征服,奇琴伊察显然成功地镇压了邻国的抵抗。即便是科巴这一奇琴伊察最大且最遥远的竞争对手也逐渐走向衰落。之后,由于科巴与其在尤卡坦半岛上的经济和政治盟友隔绝,并且未被纳入奇琴伊察控制的新沿海贸易路线中,它最终遭到遗弃。最终,奇琴伊察取代了以科巴、普克、齐比查尔顿、伊萨马尔和其他北部低地政权为代表的尤卡坦半岛的既定秩序。

图9.37　奇琴伊察的佐姆潘特利（骷髅拉肢刑具）　用于展示战争战利品，从穿在杆子上的雕刻人类头骨可以看出。

但是，如果军事征服有助于奇琴伊察的建立，那么它在控制北部低地方面获得的长期成功无疑要归功于多种因素的结合。这些因素当然包括对关键大宗商品生产及贸易以及新的主要沿海贸易路线的控制。奇琴伊察由一个灵活稳定的政治体系统治，该体系在大国的组织和管理方面比传统的玛雅神圣王权体系更加成功。最后，一种以库库尔坎崇拜为中心的新意识形态在鼓舞信心和促进整个中美洲的商业成功和交流方面也发挥了重要作用。奇琴伊察拥有寺庙、大球场和神圣的灰岩深井，因此成为主要宗教庆祝活动的场所，并受益于其作为主要朝圣目的地的地位。事实上，奇琴伊察是一个十分重要的宗教中心，它在自身权力衰落很久之后仍然是朝圣的重要目的地(图9.42)。

奇琴伊察的经济

奇琴伊察控制着一个庞大的商业网络,通过陆路和海路往中美洲大部分地区分销货物。奇琴伊察占据经济优势的一个重要因素在于它控制了沿海港口。此时,玛雅政治各城邦首都很可能通过一个联盟系统来控制他们的贸易中心和港口等贸易网络。但是奇琴伊察似乎仍保留了自己的沿海港口,因此能够更直接地控制其贸易网络。这一网络的支柱是从墨西哥湾尤卡坦半岛周围的琼塔尔帕地区到洪都拉斯湾的沿海贸易路线,整个网络由港口和贸易殖民地来建立维持。奇琴伊察控制着尤卡坦半岛北海岸贸易系统的中心位置,利用大型远洋独木舟高效地运输大宗商品。通过历史悠久、建设完善的河运和陆运路线,各种商品能够在内陆和沿海港口两地之间运输。例如,黑曜石、玉石和火山灰从玛雅高地通过莫塔瓜河,然后沿着加勒比海岸向北运送到尤卡坦半岛。这些和其他进口商品被用来交换尤卡坦半岛生产的一些主要大宗商品,如棉织品、可可和盐,这些商品在整个中美洲都有很大的需求。

奇琴伊察似乎已经在北部海岸建立并控制了两个港口,即艾马尔(Emal)和塞里托斯岛(Isla Cerritos),后者包括一个邻近的陆地港口帕索德尔塞罗(Paso del Cerro)。塞里托斯岛是一个离岸约500米的小岛(图9.45)。距该岛南岸约60米处,有一个带有两个狭窄入口的海堤遗迹。那里曾是一个古老的海岸贸易港口,许多独木舟曾在那里停泊。岛屿周围仍然可以发现石柱的痕迹,而低矮的平台和大量的碎石覆盖了遗址的表面。对塞里托斯岛的调查和挖掘表明它曾被奇琴伊察所控制。这里发现的陶器包括来自墨西哥湾和加勒比海

图9.38　奇琴伊察的武士庙　(上图)从西边看能看到支撑着木头和石膏屋顶的柱廊沿着正面和南面依次排列;(下图)顶端寺庙的入口处有一些羽毛蛇柱,它们曾支撑过门口的巨型木制过梁。

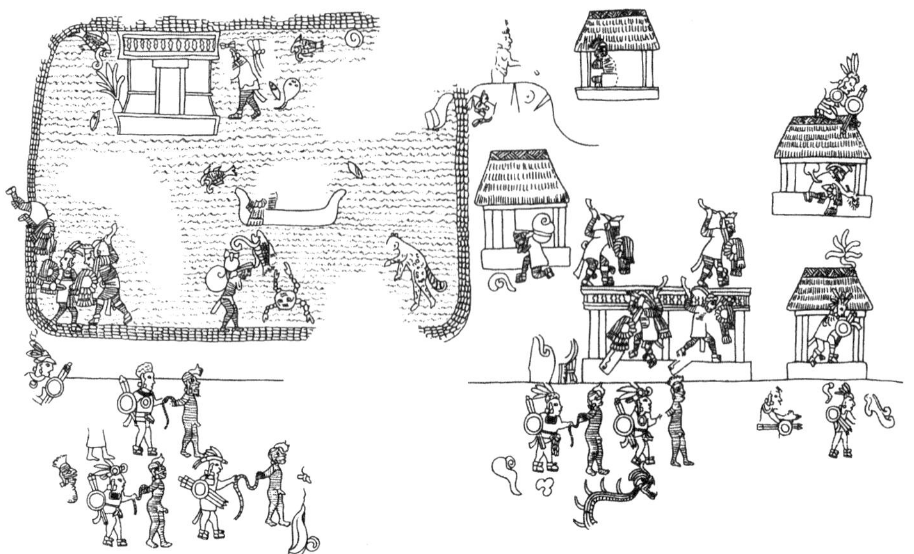

图9.39　奇琴伊察武士庙中展示战斗场景和俘虏的壁画

岸的大量用于贸易的类型陶，以及与奇琴伊察霸权相关的当地的索图塔类型陶。用火山灰烧制而成的板岩陶器便是一种主要的索图塔类型陶。一项研究估计，每年有多达15吨的火山灰从玛雅高地进口到尤卡坦半岛，用来生产这种陶器。

艾马尔位于塞里托斯岛的东部，是奇琴伊察的一个港口和主要的盐生产中心。该地大约有25公顷的土地上都散布着日晒蒸发坑残骸，这些蒸发锅曾被用来从海水中提取食盐。据估计，艾马尔每年能够生产3000—5000公吨的盐，并通过奇琴伊察贸易网络运出港口。

另一个主要港口是位于尤卡坦半岛东海岸科苏梅尔岛上的圣赫尔瓦西奥港（San Gervasio）（详见第十章）。圣赫尔瓦西奥及其在科苏梅尔的政体直到后古典期才达到商业和权力的顶峰。但在1000年

图9.40　奇琴伊察绿松石镶嵌图案　（右上图）藏在查克穆尔神庙中的绿松石镶嵌盘，查克穆尔神庙是掩藏在武士庙下方的一座早期建筑；（右下图）装该盘的秘密石灰石容器。

图9.41　奇琴伊察埃尔梅尔卡多　或称“市场”：这个柱廊式大建筑的内部庭院，柱子高度为奇琴伊察之最。

前后，奇琴伊察可能接管了科苏梅尔，这标志着科苏梅尔之后取得的商业成功的开端。尤卡坦半岛东海岸的古典终结期城市遗址中发现的考古证据也显示出类似的情况。埃尔梅科（El Meco）、维斯塔阿莱格莱（Vista Alegre）、西卡莱特（Xcaret）和谢尔哈（Xelha）等遗址中出现了与奇琴伊察相关的索图塔陶器。维斯塔阿莱格莱和埃尔梅科两地还出现了奇琴伊察风格的羽蛇栏杆，查克穆尔遗址则因其奇琴伊察风格的雕塑而得名。

图9.42　奇琴伊察圣井　神圣的灰岩深井(或“献祭之井”),它是一个朝圣之地,西班牙征服此地之前,人们在这里向雨神查克和地下水城献祭。

金属制品

玛雅地区最早的金属制品可以追溯到古典终结期。考古学家在科潘发现了一个金铜合金小空心雕像的一双腿。分析表明，它是在哥斯达黎加或巴拿马(Panama)制造的。在基里瓜还发现了可以追溯到古典终结期或后古典期早期的铜钟和装饰品。从奇琴伊察的神圣灰岩深井中挖掘出来的金属制品数量最多，它们是古典终结期和后古典期的人们投入井中的供品。它们是象征着古典终结期和后古典期的产物。深井中的金器和铜器包括用凸纹花边装饰的圆盘、项链、手镯、面具、吊坠、戒指、耳塞、铃铛和珠子(图9.43)。最常见的物品是小铜钟，这是后古典期玛雅死神的常见装饰品。这些金属制品中的大部分可能是作为商品到达奇琴伊察的。化学分析表明，这些金属合金可能来自中美洲和墨西哥。玛雅金匠最擅长的技术是凸纹工艺(通过锤打金属板的反面迫使凸起的装饰向外)。这些物品很可能是在奇琴伊察用外来的重铸金制物品制成的。这些作品通常是描绘伊察和传统玛雅战士之间战斗场景的薄圆盘(图9.44)。圆盘上的人物形象与奇琴伊察的古典终结期浮雕和壁画中的形象相似，因此这些圆盘可能来自这一时代。在后古典期，金属制品(尤其是铜和金制品)越来越受到青睐，并成为珍贵的商品，正如对玛雅潘、乌塔特兰、伊西姆切等后古典期遗址考古发掘揭示的那样(详见第十章)。

图9.43　奇琴伊察的黄金制品　来自神圣的灰岩深井的金属制品，奇琴伊察：(左图)黄金动物雕像和铃铛；(下一页，上图，a、b)金戒指，(c)金手镯，(d、e、f)铜铃铛；(下一页，下图)锈蚀的面具或盾牌上的金眼和金口残余部分。

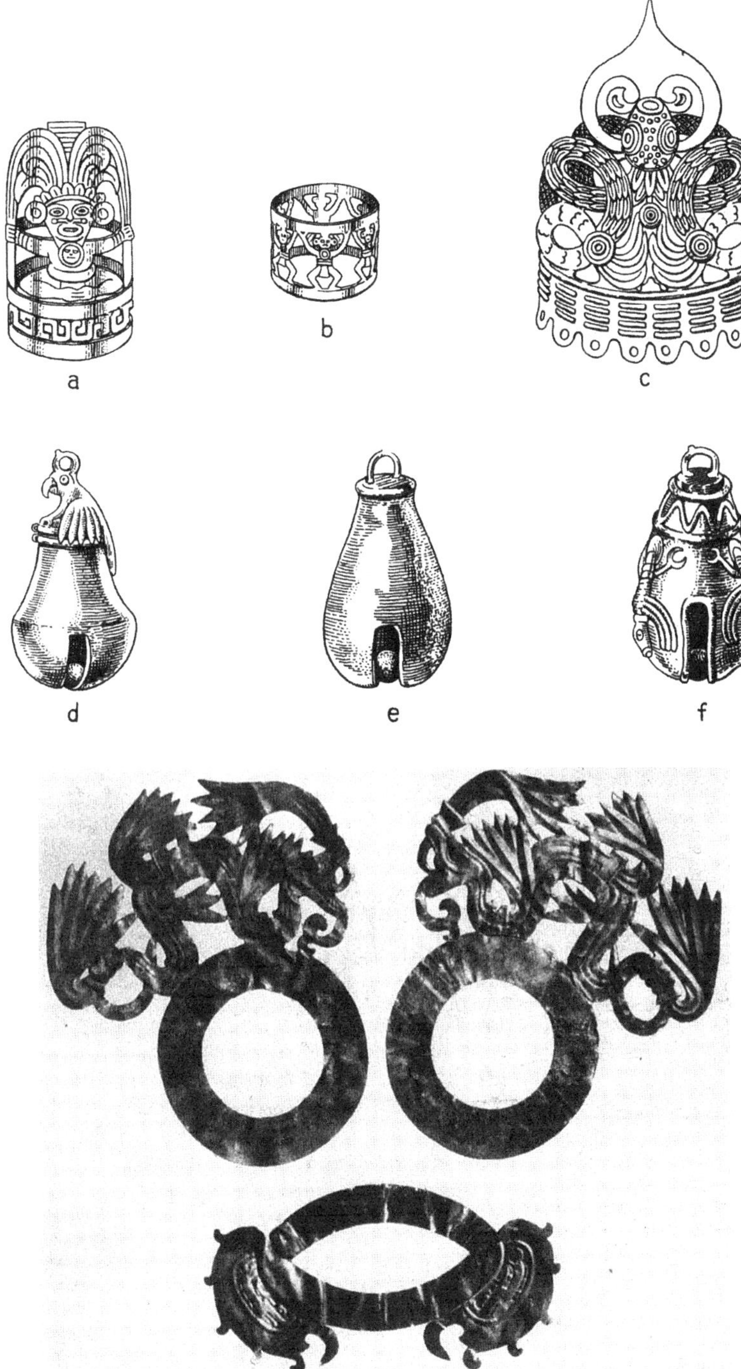
a
b
c
d
e
f

图 9.44　奇琴伊察的金盘图案　奇琴伊察神圣灰岩深井中的三个凸纹工艺金盘的中心装饰图案，描绘了战争和俘虏的场景。

图9.45　墨西哥尤卡坦半岛的塞里托斯岛的鸟瞰图　北海岸岛屿港口的鸟瞰图，左侧可见保护性海堤的遗迹，环绕岛屿后方。

奇琴伊察商业网络的考古证据延伸到玛雅地区及更远的地方。中美洲各地发现的古典终结期商品，如橙色精陶和铅酸盐陶器，部分是通过环尤卡坦半岛沿海贸易网络分销的。橙色精陶生产于墨西哥湾沿岸琼塔尔玛雅人的故乡，之后通过独木舟和陆路运输从墨西哥中部运到中美洲。铅酸盐陶器产于危地马拉的南部海岸地区，分布也同样广泛。除玉石（玛雅传统意义上最重要的身份象征）外，从巴拿马和墨西哥进口到奇琴伊察的还有由黄金制成的新型贵重物品。与墨西哥中部的贸易联系也为奇琴伊察提供了源自那里或美国西南部的绿松石。

考古人员展示了奇琴伊察商业网络扩张的其他证据。伯利兹北部的诺穆尔发掘出了明显带有奇琴伊察风格的建筑，其中包括一座带柱廊的庭院建筑。再往南，基里瓜城邦最后一次有人居住的证据来自废弃的陶瓷。这些陶瓷包括从尤卡坦半岛东海岸进口的陶器和一块雕刻的石制查克穆尔(chacmool),这两者都表明该地与奇琴伊察有着密切的联系。有证据表明,玛雅高地地区,太平洋沿岸地区,甚至是墨西哥中部地区(如苏奇卡尔科和卡卡希特拉等地)都与奇琴伊察有过贸易联系。

伊　察

伊察玛雅人建都于奇琴伊察,并以此为起点统治了尤卡坦半岛两百多年(约公元850年—约1100年)。伊察玛雅的纪念碑上方有雕刻装饰,其目的无疑是要深深震慑其臣民及来自远方的来访者。虽然邻近的科巴、齐比查尔顿和乌斯马尔等尤卡坦首府保留了在王朝纪念碑上绘制神圣国王肖像的传统,但奇琴伊察的艺术和建筑并未宣扬个别国王的成就和权力。

伊察玛雅的建筑风格多种多样,具有世界性。这种风格以及雕刻和绘画中的战士、祭司、商人和球员等形象,都传达了伊察拥有的经济、军事和宗教力量。武士庙的壁画描绘了远洋独木舟和陆上商人运载货物的场景[彩图16(b)]。此外,该建筑以及美洲虎上殿中也有生动描绘战争和俘虏的壁画(图9.36和图9.39)。大球场的球道上装饰着通过斩首俘虏来献祭的场景画,战争中获得的战利品头骨被公开展示(图9.37)。

此外,还有供球类运动、舞蹈和祭祀等公共盛会使用的寺庙和设施。但是传统的玛雅王室宫殿,比如乌斯马尔的王家宫殿,在奇琴伊察数量很少。那些确实出现过的设施,比如修女院,可以追溯到奇琴伊察历史的第一部分。奇琴伊察没有封闭的宫殿(如那些与传统玛雅国家的神圣国王密切相关的封闭宫殿),相反,它以具有创新风格的建筑为特色。这些建筑由广泛的开放式走廊和露台组成,屋顶由柱廊支撑(图9.41)。这些开放式柱廊建筑与通道较少的传统玛雅宫殿形成鲜明对比。大多数学者认为这些新的柱廊建筑是讨论商业和政治决策的会议厅,比如波波尔·纳赫(议事厅)。

奇琴伊察出现了这些创新的柱廊建筑,但其传统文献及图像中又并未涉及圣主,这表明奇琴伊察崛起的过程伴随着其政治结构的转变。传统政体将权力集中在神圣国王手中,而奇琴伊察的政治权威似乎涉及一种更分散的权力分配制度。这种制度可能包括一个由精英贵族组成的最高委员会,这些贵族可能都有特定的职务——也许是伊察城邦内军事、商业和宗教统治集团的首脑。其他委员会成员也许管辖着城邦内的一些主要领地。民族历史学家拉尔夫·罗伊斯(Ralph Roys)在后来的首都玛雅潘概述了这样一种政府形式(详见第十章)。在西班牙征服时期,尤卡坦半岛内的一些政权仍然使用这种制度,当时它被称为穆尔特帕尔(multepal,共享统治)。后期,柱廊式建筑仍在建造,并被用作市民集会和宗教集会的场所,以及执政委员会的集会场所。因此,奇琴伊察的执政委员会可能在其中某个大型柱廊建筑中举行过会议,这一建筑也许就是在千柱会场。

但如上所述,至少有一位统治者被记载在奇琴伊察的文献中,他就是卡库帕卡尔。此外,其他的一些西班牙资料中也提及了奇琴伊察的几位统治者。兰达主教提到的一位伟大的奇琴伊察领主可能与其他文献中提到的一位伊察统治者相对应:“奇琴伊察土著人普遍相信,在占领奇琴伊察的伊察族人中,有一位名叫库库尔坎的大领主,当地一栋名为库库尔坎的主要建筑证明了这一点。当地土著人说库库尔坎来自西方;但对于他在伊察人之前还是之后到达,抑或是同时到达这一问题,他们的观点却不尽相同。”

兰达主教的描述表明,奇琴伊察统治者持有的头衔是库库尔坎,或“羽蛇神”,即伊察国教的主神(下文讨论)。对于这些看似矛盾的说法，一个可能的解释是，奇琴伊察的政府既包括一个单独的统治者，也包括一个精英贵族委员会。大球场北部神庙墙上的一个场景便描绘了这种权力分配制度。画面中的统治者站立着，众多领主则围坐在他周围。科博斯（Cobos）和怀恩米勒（Winemiller）对该遗址堤道图案变化的研究表明，奇琴伊察在古典期晚期由一个权力分散的政权统治，到古典终结期后则由一个更加集中的政府统治。因此，可能在奇琴伊察历史早期，就有一个统治委员会主导了奇琴伊察的政治事务，但后来个别统治者掌握了更多的权力。即便如此，似乎很明显，奇琴伊察统治者的权威并不像古典期的圣主那样建立在共同的意识形态和象征基础上。缺乏公开展示的王室成员肖像和故事是权力不再集中在一个统治者手中的无声见证。

当然，这种政治组织并不新鲜，因为正如第八章所提到的，国王和精英议会之间权力共享制度的开端，可以在像科潘这样的古典期晚期的首都看到。分权政治制度的进一步发展与普克州有关。穆尔特帕尔体系并不代表突然的创新，更可能来自这些原型。它甚至可能起源于一个古老的政府系统，在圣主崛起之前，其起源可以追溯到前古典期。无论如何，奇琴伊察的权力共享制度可能让伊察在古典终结期竞争激烈的环境中占据优势。正如我们将看到的那样，奇琴伊察垮台后，这一权力共享制度显然在西班牙征服前的最后几个独立玛雅政体中继续发展。

这种制度相对于由圣主独裁的政体有几个优势。首先，这将使奇琴伊察不再与名誉扫地的圣主有任何联系，这些圣主与早期古典玛雅王国的垮台密切相关。一项共享权力的制度将使奇琴伊察不再具有传统统治形式的脆弱性，即被俘和牺牲一位圣主造成的政治瘫痪。统治者和精英议会共享决策权能够避免政治决策过于依赖个人能力；相反，许多领导人的经验和能力可以在决策中得到调动。最后，正如我们所见，玛雅潘后来实行了穆尔特帕尔制度，并利用一种有效手段来控制其领土：把下属统治家族的家庭成员控制在首都以防止叛乱。虽然玛雅编年史表明玛雅当地的一些领主能够继续控制自己的领地（只要他们向奇琴伊察进献适当的贡品表示忠诚），但伊察也可能采用类似的胁迫手段来控制被征服的政体。

这种压迫性手段也许可以解释为什么玛雅编年史上出现了对奇琴伊察霸权时期的一些轻蔑的描述："他们来的时候带来了可耻的东西。他们在肉欲的罪恶中失去了纯真。当他们来到这里，并造成统治者更替之时，这里没有伟大的老师，没有伟大的演说家，没有至高无上的牧师。当外国人把神父们带到此处定居时，神父们已是淫荡好色之徒。更糟的是，他们把后代留在了玛雅潘。在遭受外国人的折磨后，这些人又遭受了诸多不幸。他们说，这些是伊察。"

但是历史的判断往往是不一致的。兰达主教在《尤卡坦风物志》中描述的奇琴伊察统治者是"非常虔诚的"。玛雅土著人在《玛尼契兰·巴兰书》（*the Chilam Balam of Mani*）中也将伊察人描述为"圣人"。

对库库尔坎的崇拜

伊察宣扬一种宗教信仰，这种信仰与其建筑和商业一样具有世界性。与其政治体系相同的一点是，这种新的信仰是对过去支持圣主的意识形态的明显背离。这种新的城邦宗教的核心是基于羽蛇神，即库库尔坎发展的。他是一位名副其实的世界性神灵，在墨西哥也被尊称为奎查尔考特尔（意为羽蛇神）。在奇琴伊察，库库尔坎的形象十分突出，比如奇琴伊察最大庙宇的廊柱上就有羽蛇神雕像（图9.35和图9.38）。

羽蛇神是墨西哥中部的一个古老神灵，但对库库尔坎的狂热崇拜可以追溯到玛雅的早期传统中。墨西哥中部与羽蛇神之间的特殊联系可能可以追溯到墨西哥湾沿岸地区的琼塔尔玛雅，那里的神灵和信仰体系是玛雅传统与墨西哥传统相结合的结果。此外，琼塔尔玛雅商人很可能推动了羽蛇神崇拜在整个中美洲的传播。由于羽蛇神和奇琴伊察之间存在这些联系，库库尔坎在奇琴伊察被供奉为主神，并与其他玛雅和非玛雅起源的神一起，被纳入一种得到伊察支持的新的宗教崇拜体系中。伊察其他重要的神包括玛雅雨神查克和墨西哥风神伊厄卡特尔。但是库库尔坎成了伊察提倡的宗教的中心神灵，以推进其主要日常事务、战争和商业活动。

学者们指出，对羽蛇神的崇拜是中美洲第一个超越古典期语言和种族划分的宗教。因此，它促进了一种新的世界性文化的发展，也推动了中美洲大部分地区的思想交流。但是，在更实际的层面上，共享共同的意识形态也促进了来自许多不同文化和社会背景的商人之间的交流和商品的和平交换。对羽蛇神崇拜的宣传也促进了伊察商人进入墨西哥中部和其他非玛雅地区，从而促进了伊察的经济繁荣。

兰达主教曾提到，奇琴伊察是由“一位名叫库库尔坎的大领主”统治的。这一说法可能指的是伊察统治者以这位至高无上的神的名字作为帝王的头衔，正如古典期国王以玛雅太阳神的名字基尼奇为头衔一样。

玛雅南部地区的变化

奇琴伊察的影响也波及了玛雅高地和太平洋沿岸大部分地区。从那时起，玛雅地区的大部分统治家族都依靠与奇琴伊察或实或虚的联系来加强他们的权力和权威。艺术和建筑发生的变化，以及羽蛇神图案的出现都反映了这一点。羽蛇神图案也体现了南部地区逐渐接受羽蛇神崇拜的趋势。与此同时，由琼塔尔玛雅人建立的贸易联系在奇琴伊察也确实得到了发展巩固。此时，这一贸易联系得到巩固，从而促进了黑曜石等高地产品的生产和贸易。太平洋沿岸生产的商品（尤其是可可和铅酸盐陶器）也是如此。作为古典终结期贸易网络中最受欢迎的产品之一，铅酸盐陶器批量生产于陶器作坊中。这些作坊位于如今危地马拉和墨西哥恰帕斯交界的地方。这种独特的玻璃制品通过进口进入奇琴伊察的市场中，在墨西哥中部到巴拿马地区都可以找到。

南部的玛雅地区也感受到了来自墨西哥中部的新影响。尽管该地区与特奥蒂瓦坎之间的商业联系到古典期早期末段似乎已经消退，但仍有一些古典终结期的证据表明，来自墨西哥中部的几波新移民中的第一批出现在太平洋沿岸。皮皮尔人（Pipil）是一个说纳瓦语的群体。在西班牙征服时期，他们占据了从危地马拉到萨尔瓦多甚至更远的中美洲等广大的南部区域的部分地区。语言学证据表明，皮皮尔人在古典期晚期从墨西哥中部说纳瓦语的亲本群体中分化出来。皮皮尔人的出现似乎与墨西哥的几次对外扩张有关，这些对外扩张是导致古典终结期的严重混乱和人员迁徙的部分原因。

科苏梅尔瓜帕城邦的崛起可能反映了其中一个新群体的分化过程。科苏梅尔瓜帕城邦位于危地马拉中部太平洋海岸，一开始受到推崇是因为开创了一种意义重大的创新性雕塑传统，这种传统结合了玛雅和墨西哥元素，被称为科苏梅尔瓜帕风格（图9.46）。这些雕刻的纪念碑反映了玛雅南部地区一个古老传统的复兴，该传统在前古典期（第六章）就已经消失了。科苏梅尔瓜帕城邦发展的时间节点是一个具有争议性的问题。但大多数证据表明，它在公元700年左右崛起，并在古典终结期达到发展顶峰。科苏梅尔瓜帕的雕塑风格显然与国际化主题密切相关，而这些主题与墨西哥湾沿岸的琼塔尔

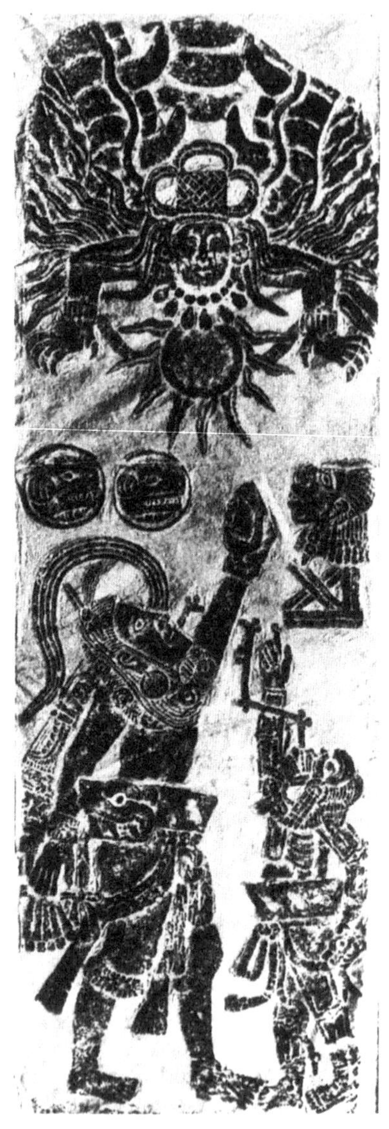

图9.46　危地马拉毕尔巴鄂3号纪念碑
危地马拉的毕尔巴鄂:3号纪念碑的拓印,这一纪念碑反映了科苏梅尔瓜帕的雕塑传统,体现出从古典终结期开始出现在玛雅地区的"国际风格"。

玛雅及奇琴伊察息息相关。实际上,奇琴伊察曾发现过以科苏梅尔瓜帕风格雕刻而成的玉牌匾。

正如我们所见,琼塔尔和相关玛雅群体在古典终结期主要沿河流和沿海贸易路线进行扩张。从墨西哥湾海岸向南扩张的过程也是类似的,这一扩张过程也许能够解释为什么古典终结期玛雅北部高地的用地规划、建筑及文物中(包括墨西哥湾海岸精美的橙色精陶)首先出现了类似的变革。古典期各低地城邦的衰落导致了社会动荡,而高地地区的某些移民毫无疑问是为了逃离这种动荡而迁徙。但是与此同时,琼塔尔殖民者和商人很可能也开始通过乌苏马辛塔河上游的奇霍伊河及其支流进入高地。

考古记录表明高地社会从公元800年开始发生变化。而难民的出现和琼塔尔的扩张都可以解释这些变化。一些早期遗址突然被遗弃;其他遗址则被重建和扩建。证据显示,随着新遗址建立,人口也随之增长。重建的遗址中心和一系列古典终结期新建的高地中心通常比同一地区的古典期遗址更大。

但是,虽然从那时起已经确定了一些山顶定居点,特别是在西部高地,但大多数高地遗址仍然位于未设防的开阔山谷中。这表明在古典终结期的大部分地区,冲突程度仍然很低。鉴于这些地区普遍缺乏防御工事,同样的结论也适用于太平洋沿岸的遗址。

结语:古典终结期的巅峰与过渡

古典终结期是一个社会、经济、政治和宗教都发生变革的时代。传统的神圣王权制度将玛雅国家城邦的大部分政治、经济和宗教权力集中在一个拥有超自然光环的个人手中。古典终结期的问题和动乱形势复杂,涉及多个方面,但最终都暴露了圣主的人性弱点。到古典期晚期末段,大多数低地地区人口过剩,导致环境恶化,资源枯竭,土地生产能力达到极限。日益激烈的竞争,以及圣主为获取资源和权力而发动的战争,使得问题日益增多。饥荒、疾病和周期性干旱都可能导致低地各种政体灭亡,因为这些灾难会使人们放弃他们的房子和田地,去别处寻求更好的生活或谋生。

在尤卡坦半岛,古典终结期的标志是最初的人口增长与繁荣,这在很大程度上与南方传统势力的衰落直接相关。随着中部和南部低地的大多数政体人口外流,并最终减少,越来越多的人迁移到新的地区定居——如海岸地区,南部高地地区及尤卡坦半岛北部地区。虽然北部低地已经建立了许多主要的古典期中心,但那里还有很多可用的定居地。这些难民中的一些人可能曾经是精英,他们决心在遭受破坏的古典中心地带之外建立由神圣国王统治的新政体。这些事件直接或间接地引发了新城市和政治首都的惊人崛起，比如北部最富饶的地区之一，即普克地区的乌斯马尔。科巴等更古老的尤卡坦政体不仅能够在这个时代的变化中存续下来，而且得到了发展和繁荣。然而，它们最终的命运与南部地区之前的一些政体一样，最终都毁于人口过剩、资源枯竭、干旱及领导不力等多重因素的综合影响。

但在此之前，奇琴伊察（古典期最后一个玛雅城邦）统治的城邦是所有玛雅城邦之中规模最大、实力最强的。奇琴伊察既是一个军事强国，也是一个主要的宗教中心，但它成功的关键在于发展了一种新的经济模式，这一经济模式的基础是实用商品，而不是传统的贵族商品。奇琴伊察与琼塔尔玛雅的联系在商业领域最为明显。奇琴伊察人与琼塔尔玛雅人可能都起源于尤卡坦半岛的西海岸。两地的发展可能都与古典终结期发生的主要经济变革密切相关。此外，两地的发展还与殖民地贸易网络的建立密切相关，这些殖民地脱离了古典期神圣国王的传统经济或意识形态。相反，伊察和琼塔尔商人及其武装力量的目标是控制关键商品——如盐、棉花和可可——以及整个玛雅地区的贸易路线，最终垄断尤卡坦半岛周围的海岸贸易。与此同时，发展这一新经济的商业精英群体和富有平民阶层也进一步扩大。

古典终结期是一个政治转型时期。随着统治者的权威不断被削弱，神圣王权制度也逐渐衰落，最终被政治、经济和宗教权力更加分散的制度所取代，如穆尔特帕尔或“共享权力”制度。古典终结期普克的复兴便体现了政治权力不断分散的趋势。奇琴伊察达到了新旧交替的顶峰。虽然考古和历史记录中没有出现奇琴伊察的统治者，但其分权政府却是政治变革达到高潮后产生的结果，而这些变革的导火索是圣主统治的高度集权政府的崩溃。虽然个别统治者可能仍然领导着奇琴伊察的政治体系，以及后来的玛雅城邦首都，但其他政治或宗教官员和由高级精英组成的委员会也拥有决策权。

与此同时，奇琴伊察以对重要商品、劳动力、战争及宗教的垄断性控制为基础，继续维持甚至加强了各古典玛雅城邦的传统权力基础。奇琴伊察通过控制一个庞大的贸易网络积累了大量财富，利用其资源和劳动力创建了一个拥有宏伟的民居和宗教建筑的首都，积极发动战争和俘获俘虏来统治邻国，并支持举办了大型公共宗教活动，包括仪式舞蹈、球类运动和活人献祭。然而奇琴伊察也是一个创新中心。通过在中美洲获得的商业成就及创建的商业联系，奇琴伊察把自己打造成了一个国际化城邦，其国际化程度高于此前任何一个城邦。其世界性艺术、建筑、宗教，甚至政府都结合了玛雅的过去和中美洲的现在。从这个意义上说，奇琴伊察开创了一个先例，在被西班牙征服之前的玛雅文明的最终发展过程中，深刻地影响了玛雅文明的发展方向。奇琴伊察统治了玛雅北部低地地区两个多世纪，对整个中美洲的影响比其他任何玛雅城市都要深远。它所培养的世界性的经济、政治和宗教机构促进了一种新泛中美洲文化的发展，这种文化为哥伦布发现美洲之前的玛雅文明发展的最后阶段奠定了基础。

第十章　后古典期的重组与复兴

> 发现奇琴伊察时正值6阿哈瓦时期。13阿哈瓦时，开始按卡盾计量时间。8阿哈瓦时，奇琴伊察被毁弃。当他们在查坎普顿建立家园时，已然历经13卡盾。
>
> ——《丘玛耶尔契兰·巴兰书》(罗伊斯，1967年，第135—136页)

考古年表的分期具有一定的主观性(第二章)。玛雅各地区后古典期的开始时间各不相同，因为这取决于古典终结期结束的日期。对于大部分玛雅地区来说，后古典期的起点通常是公元900年左右。但是，正如第九章所述，虽然大多数古典期的玛雅政权在公元900年就消失了，但它们在尤卡坦半岛的大部分地区又存活了一个世纪，甚至在1100年的奇琴伊察也有迹可循。

由于在尤卡坦半岛上很少存在刻有玛雅日期的文字，玛雅在北部低地聚落的建立、发展和废弃的年表很大程度上依赖于陶器序列。但由于陶器的年代通常跨越一个世纪或更久，这些只能提供大致的年代估算。西班牙征服时期之后记录下来的玛雅纪事(第三章)提供了基于卡盾周期的编年史，玛雅人对过去的看法能够追溯到后古典期，甚至可以追溯到古典期。这种观点与其说是我们对历史的理解，不如说是对现实事件和预言的中和。因此，按西方的标准来判断，这些民族历史记载中的事件年表可能显得歪曲,甚至矛盾。毫不奇怪,考古研究的结果并不总是与这些玛雅人的描述相一致。为了完善尤卡坦半岛的事件年表,还需要依赖更多有据可查的考古背景进行放射性碳测定。不仅仅是在尤卡坦半岛,甚至整个玛雅地区,这一方法在后古典期都显得尤其重要。

"后古典"曾被描述为从古典期的文化繁荣走向衰落的一个时期,是根据后期艺术表现水平或社会其他方面的变化而做出的判断。在某些情况下,"颓废"一词被用来描述后古典期晚期。但这些标签都是我们的标准在玛雅社会中的应用,最好从玛雅文明自身的角度来看待其发展过程。

后古典期的玛雅陶器

后古典期,广泛流传的单色实用陶器传统得以延续。制陶黏土的变化或许反映了区域或当地的生产中心。在后古典期晚期,南方批量生产的优质橙土和铅制品逐渐衰落或消失,尤卡坦半岛继续注重大规模生产和高效分销陶器。陶器形式标准化程度的提高使得陶器可以堆放在船只上,运输也变得更高效,尤其是通过海上独木舟。红色的陶器占多数,特别是在北部低地地区,沿加勒比海岸一直延伸到伯利兹。其他颜色从棕褐色、肉桂色到棕色,这取决于当地的黏土和焙烧条件。装饰精美的神像香炉与玛雅潘国家支持的宗教崇拜密切相关。制作精良的香炉(图10.5)经常被西班牙征服者作为异教徒的崇拜物摧毁。有几种类型的祭祀容器,包括按模具制作的长柄香炉、法兰香炉、沙漏形或底座形容器。玛雅中部低地地区也发现了北部后古典期的陶器和香炉,这与佩滕伊察湖和该地区邻近湖泊周围的复兴国家相关。

在高地地区,陶器继续用火山灰调和,但也出现了云母材质的器皿,这种云母是滑石的一种形式,在下韦拉帕斯开采,如今已经在几个陶器生产中心投入使用。这种后古典期晚期陶器的形式包括罐子、各种碗形,最典型的是,饼铛或墨西哥玉米粉圆饼烤盘。容器并不光滑,如果是饼铛,用滑石在内部滑动,以提供一个不黏的烹饪表面。家用的罐子有不光滑的也有光滑的,但其外表面可能会抛光。常见的形状包括颈瓶(tinajas),两个带柄位于瓶身的下方,以及各种类似现代形状的碗,有薄的、抛光的滑面或洗面,但通常由朴素或精致的三足支撑。盛行的单色陶器中,也可以看到带有几何图案的白漆双色陶器的身影。常见的器形有水罐,器肩、器柄上绘有图案,还有三足支撑的白漆碗。高原地区的几个中心生产一种简单的彩绘陶器,在白色或乳白色的背景上绘有红黑相间的图案。这些南部彩绘传统的器皿形式一般都是相似的:三足鼎立的碗和水罐,在肩部、手柄和颈部都有外部绘制区。

正如我们所看到的,在古典期至高无上的神圣王权制度屈服于古典终结期不断变化的环境。随着奇琴伊察的崛起,一种更国际化的文化应运而生,促进了整个中美洲地区更多的商业、交流和思想碰撞。这些接触的增加扩大了中美洲文化传统的共享范围。贸易网络的扩张和人口的迁徙使中美洲社会进一步向北美洲和南美洲其他地区延伸。在玛雅地区,随着来自中墨西哥和其他地区的影响越来越多地融入玛雅艺术、建筑、陶瓷和考古学家发现的其他艺术品中,后古典期早已被认定为一个特定的历史时期。

在后古典期之前和后古典期内侵入玛雅地区的新民族是这些变化的主要来源。这些入侵包括来自墨西哥中部的皮皮尔人,他们在太平洋沿岸平原的几个地区定居;以及来自尤卡坦半岛西海岸的琼塔尔玛雅部落。正如第九章所讨论的,这些新的民族带来了新的产品、政治思想、军事战术和宗教习俗,所有这些都在整个玛雅社会引起了进一步的变化。

后古典期是一个复杂多变的时期。在许多方面,始于前古典期并在整个古典期发展起来的文化传统被永久地改变了。这些变化不局限于政治体制,还包括整个社会层面社会经济和意识形态的基础。尤卡坦玛雅人认为他们的传统生活方式是“他们坚持自己的理性……那时人类的进程是有序的”。像所有民族一样,他们抵制变革,认为新的民族和思想会给他们带来不幸。那是一个政治不稳定的时代,其标志是“两天王位、两天统治的开端……我们再也没有幸运的日子，我们没有正确的判断”。

古典期的主要发展是在中部和南部低地地区，而后古典期重大事件的焦点在北部低地和南部高地地区。本章将考察这两个地区在后古典期的发展，以及玛雅国家在佩滕中部的复兴。

奇琴伊察的衰落

考古证据表明，奇琴伊察的主要建设在1050年左右结束。虽然扩张仍在继续，但奇琴伊察的权力和声望在此后逐渐下降。一些建筑显示出突然被遗弃的证据。后来的历史资料描述了奇琴伊察结束于西班牙征服，而且有考古证据表明，这些破坏可以反映出对首都的洗劫。对勇士神庙的发掘显示，其雕塑被推倒，储藏的祭品似乎在古代被掠夺过。

然而，与古典期南部玛雅城市的终结一样，目前并不清楚是暴力导致了奇琴伊察的衰落，还是在其权力和权威已经瓦解之后才发生了掠夺与破坏。这一系列因素，导致中部和南部低地地区的古典政体崩溃，以及后来普克首都的灭亡，很可能是造成伊察政体在11世纪前衰落的原因。换句话说，奇琴伊察的衰落很可能是由人口过剩、环境恶化、干旱、领导层失误和战争等综合因素造成的，这些因素足以破坏最后一个古典期玛雅国家的权威、士气和生计。

到了1100年，奇琴伊察已经失去了尤卡坦半岛政治和商业中心的地位，也失去了绝大多数人口。但是在后来占领区废墟中出现的后古典期陶器表明，直到西班牙征服前，仍有小部分居民留在当地。后来又产生了一些建筑物，如卡萨雷东达（Casa Redonda，意为圆形之屋）和一座柱廊式建筑（图9.42），后者位于通往祭祀用的灰岩深井

（即天然水井）的堤道附近。这些晚期建筑可能与奇琴伊察作为宗教朝圣目的地的持续重要性有关。据推测，在奇琴伊察陷落之后，后来的后古典期政权如玛雅潘控制了其祭祀用的灰岩深井。

玛雅潘的崛起

后古典主义在尤卡坦半岛的开始，标志着一个新首都在玛雅潘的崛起（图10.1和图10.2）。玛雅潘确实继承了奇琴伊察成为尤卡坦半岛的统治力量，但这种转变是如何发生的，仍然无从得知。编年史讲述了政治阴谋，甚至有伊萨马尔统治者绑架奇琴伊察统治者的妻子这样戏剧性的事件。在随后的战争中，据说玛雅人的统治者乌纳克·基尔（Hunak Keel）征服了奇琴伊察，这可能说明了前面提到的遗址被破坏的原因。与墨西哥的接触可能也在过渡中发挥了作用。据说，乌纳克·基尔曾雇用墨西哥雇佣兵对抗奇琴伊察。

玛雅潘遗址位于奇琴伊察以西约100千米（约60英里），但其遗址小于其前身的遗址。兰达主教描述玛雅潘遗址：

> 周围有一道非常宽阔的石墙，裸露着，大约有八分之一里格，里面只容下两道狭窄的门。围墙并不高，在这个围墙中间，他们建造了另一座有四扇门的圆形建筑，与那片土地上的其他建筑完全不同，许多其他圆形的建筑连接在一起。在这个围墙里，他们只为领主们建造房屋，把所有的土地分给他们，根据每个领主的血统古老程度和个人价值，为每个领主建立城镇。库库尔坎给这个城市起了一个名字——不同于伊察人给奇琴伊察命名，意思是伊察人的井，他把它叫作玛雅潘，意思是“玛雅人的标准”，因为他们把这个国家的语言叫作玛雅语，而印第安人

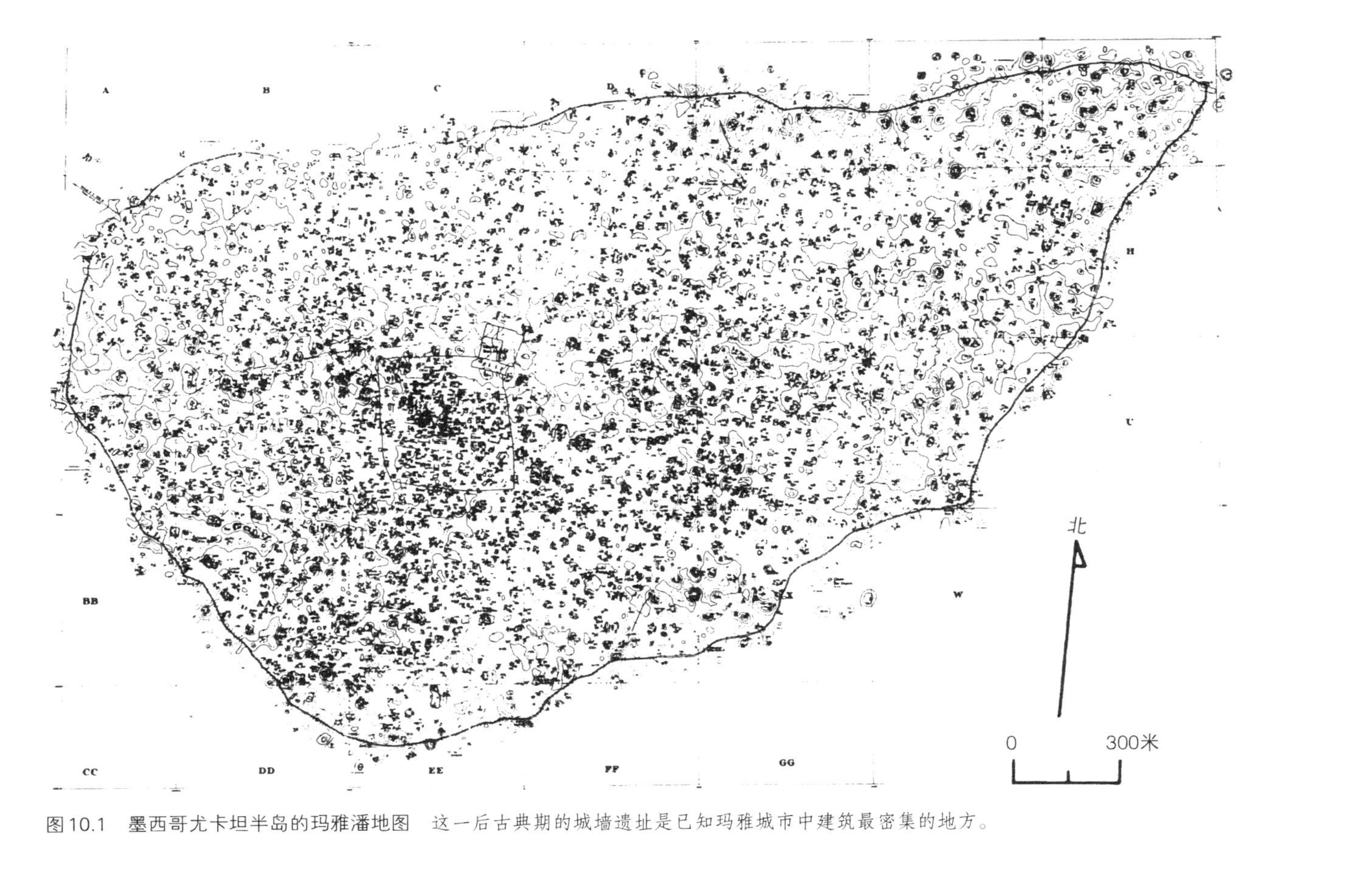

图10.1　墨西哥尤卡坦半岛的玛雅潘地图　这一后古典期的城墙遗址是已知玛雅城市中建筑最密集的地方。

> (说)“伊奇帕”的意思是“在围墙内”。库库尔坎在那个城市里和领主们一起生活了几年,他带着和平和友谊离开了他们,又从同样的路返回墨西哥,途中他在钱波通停了下来,为了纪念他和他的离去,他在海里竖起了一座跟奇琴伊察风格相似的精美建筑,离岸边很远。就这样,库库尔坎在尤卡坦留下了永久的纪念。他们的神庙,也是最大的一座,与奇琴伊察的神庙风格相似,他们称之为库库尔坎。

玛雅潘的考古中发现了城墙(图10.1)、库库尔坎神庙(the Temple of K'uk'ulkan,图10.3)和圆形神庙(图10.4),所有这些都是根据兰达的描述确定的。这两个后建的庙宇显然是仿照更大的奇琴伊察原型建造的:卡斯蒂略(图9.33)和卡拉科尔(图9.31)。

墨西哥尤卡坦的玛雅潘

根据兰达主教在16世纪的描述,玛雅后古典期的首都玛雅潘,与许多其他玛雅城市一样有用于军事防御的城墙。但是玛雅潘的定居密度比早期玛雅城市要大(图10.1)。虽然几乎所有玛雅遗址的房屋平台都很分散,以至于在间隔的空间里可以有厨房、花园和果园,但玛雅潘城墙4平方千米范围内的居住遗迹显示,它们的居住密度要大得多(见第二章“玛雅考古项目”专栏中的调查概要)。当定居点延伸到墙外时,墙内的居民不仅防守严密,而且可以从几个灰岩深井获取水。周围的墙平均高约2米,上面可能有更高的木栅栏。有七个守卫严密的大门(还有几个较小的大门)。城墙内大约有4000座建筑,其中可能居住了多达两万人。它的大部分建筑都是不规则间隔的居民房屋,其中许多房屋的局部是砖石建筑。如果条件允许,房屋会建在稍高的地面,以便排水。低矮的干石围墙围绕着这些房屋,围成了形状不规则的院子,平均面积约为四分之一英亩(约合1.6公顷)。在那些随意布置的房屋之间,是蜿蜒曲折的小巷,它们不规则的边界被围墙限定。即使在这个异常密集的聚居地,居民也有足够的空间用于小型菜园和其他活动,如养蜂。

正如兰达所描述的,主要建筑都被安置在城市中心附近。在这一中心区域内,中央广场的南面有一个毗邻神祠的灰岩深井，它是玛雅潘公民和仪式活动的焦点（图10.2）。广场中心附近有一个圆形平台（建筑Q84）的遗迹，这个平台曾经支撑着几块雕刻的石碑，这些石碑是为了纪念玛雅潘历史上第一时期举行的卡盾结束仪式。中央广场周围是一系列小型神庙和神祠。INAH项目从广场东侧（建筑Q88）的一个神祠中发掘出一个微型美洲豹形状的雕刻祭坛。其精美的雕刻形式表明，后古典期的玛雅潘地区仍在沿用这一雕塑艺术。

广场的南侧，紧挨着灰岩深井的西边，是玛雅潘最大的建筑——卡斯蒂略（建筑Q162b）。仿照奇琴伊察的卡斯蒂略，有九块梯田和四个蛇形栏杆的放射状楼梯。与其他大型同类建筑一样，玛雅潘的卡斯蒂略也分两个阶段建造，最初的版本（建筑Q162a）被最终的形态包裹。但卡斯蒂略的方位是北偏东5°，与奇琴伊察的卡斯蒂略的北偏东21°形成鲜明对比。玛雅潘的卡斯蒂略的北楼梯显示“蛇形标记”（光影的三角形），在冬至时显示约一个月（图10.3），让人想起卡斯蒂略的春分显示。东边是圆形神庙（建筑Q152），它和奇琴伊察的神庙一样，位于一个方形平台上（图10.4）。20世纪90年代末，当INAH项目挖掘圆形神庙时，人们发现神庙有四个门，与兰达的描述完全一致。

广场北侧是壁龛庙（建筑Q80），它位于远离广场的平台上。建筑Q80的内部壁画可以追溯到玛雅潘被占领的最后时期。在其底部，面向中央广场的是一座柱廊式建筑（建筑Q81）。这类建筑有二十多座，围绕着大广场和遗址中心的卡斯蒂略（图10.2）。所有的建筑都是长方形的，位于平台上，正面有柱廊和坚实的后墙，支撑着梁和灰泥屋顶。后墙有实心砖石长凳，中间有祭坛。这些可能同时为城市精英提供住宅和行政功能。其中最大的一座柱廊式建筑（建筑Q151）位于圆形神庙平台的南侧，紧邻灰岩深井。它被称为查克面具大厅，因其镶嵌有玛雅雨神查克的图案而闻名，可能是从早期的普克建筑中抢救出来的。其内部的长凳也是再利用普克建筑中的雕石建造的。

玛雅潘的建筑是由形状粗糙的砖块堆砌，用泥浆或石灰泥砌成，不像早期在奇琴伊察和普克遗址中使用的造型精美的砖块。但玛雅潘的这种质量较差的砖石并不打算让人看到，因为它被灰泥所覆盖，通常会被涂上油漆并做成装饰性的造型。发掘发现了这些灰泥装饰的遗迹，以及建筑内的彩绘壁画。这些灰泥粉刷的建筑图案和壁画都与古典期玛雅遗址中发现的风格截然不同。相反，这些图案和壁画证明了玛雅潘广泛的商业联系，因为它们呈现的是后古典期中美洲的流行风格。玛雅潘的大部分壁画都覆盖着一层纯白色的石灰，这表明当遗址被遗弃时，这些壁画就仪式性地终结了。

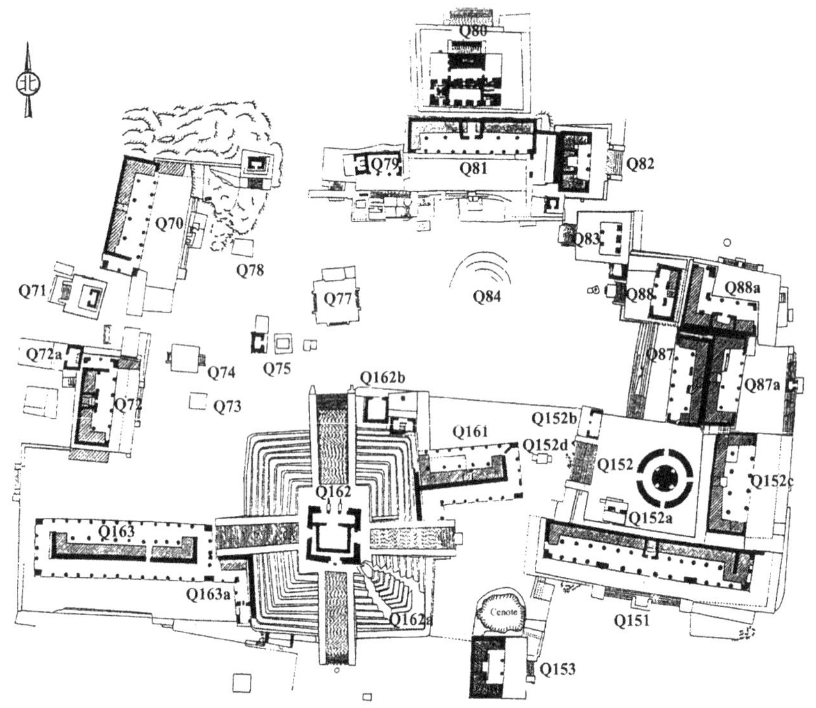

图10.2　玛雅潘中部地图　有卡斯蒂略，圆形神庙，主广场周边有一系列柱廊式宫殿。

据兰达的信息提供者(informant)加斯帕尔·修(Gaspar Xiu)所说，玛雅潘在它建立二百六十年后就灭亡了。这表明玛雅人对尤卡坦半岛的统治跨越了十三个卡盾(二百五十六年)的一个周期。尽管编年史上的记载各不相同，但这与《丘玛耶尔契兰·巴兰书》是一致的，它表明玛雅潘建立在卡盾8阿哈瓦时，并在二百五十六年后又一个卡盾8阿哈瓦回归时被毁弃。有趣的是，考古学家发现玛雅潘中央广场的表面曾被翻新过十三次。这可能意味着在每一个卡盾末端都铺上了新的广场地板。无论如何，苏珊·米尔布拉斯(Susan Milbrath)和卡洛斯·佩拉萨·洛佩(Carlos Peraza Lope)的一项研究已经将玛雅潘的考古序列与《契兰·巴兰书》中记载的历史记录相关联。

如前所述，这些后来的记载记录事件的时间顺序不一致，长期以来一直困扰着将后古典期尤卡坦的考古学和历史联系起来的尝试。《契兰·巴兰书》中的年表是以玛雅卡盾周期为基础的（详见第三章，图3.10）。但这带来了一个重大问题，因为这些编年史记录于西班牙殖民时期，而当时使用了两种不同的卡盾周期。其中之一是基于略低于二十年的经典卡盾（二十个盾，每个盾三百六十天）。另一个是二十四年的卡盾，称为阿哈瓦卡盾。十三个传统卡盾的完整周期约为二百五十六年，而十三个阿哈瓦卡盾的周期为三百一十二年。因此，玛雅潘的历史有两种不同的纪年。例如，玛雅潘建国的卡盾8阿哈瓦，在传统周期中相当于1185年至1204年，但在阿哈瓦卡盾周期中则会提前一个世纪，即1080年至1104年。到一个周期结束时，相差将达到四十九年（1441年至1461年与1392年至1416年）。由于在传统的卡盾周期中，有三块玛雅潘石碑的卡盾结束日期尚存，因此在追溯玛雅潘的历史时，将遵循传统的卡盾日期，以便与哥伦布发现新大陆之前的时代年表相一致。

玛雅潘考古序列中最早的建筑可以确定在卡盾8阿哈瓦（1185年—1204年）的建国时期。最早的中央广场地板下的后古典期陶器或许反映出最初的建国时期（在遗址的几个地方发现了更早的活动证据）。根据编年史记载，卡盾8阿哈瓦见证了来自奇琴伊察的伊察玛雅人建立玛雅潘，以及玛雅潘的新统治者乌纳克·基尔对前首都的进攻。这意味着奇琴伊察的统治者之间发生了争执，导致一群流亡的人前往玛雅潘，接管了玛雅潘，并在1185年至1204年间，在那里建立了一个对立的首都。玛雅潘1号石碑的建立可能是为了纪念这一事件，其中的日期10阿哈瓦标志着上一个卡盾结束于1185年。

玛雅潘最早的建筑可能要追溯到建国时期。这些建筑包括支撑1号石碑等纪念碑的圆形平台、中央广场灰岩深井附近的最初建筑，

图10.3 玛雅潘卡斯蒂略或库库尔坎神庙 该建筑仿照奇琴伊察的大型卡斯蒂略建造(图9.33);请注意楼梯侧壁上的"蛇影"。

以及几座独特的柱廊式建筑,很可能是玛雅潘新主人的住宅和行政建筑(图10.2)。中央广场的第一层可以追溯到卡盾6阿哈瓦初期(1204年—1224年)。从这一点看,每个卡盾都会有一个新的广场平面,一共有十三个卡盾。

《契兰·巴兰书》中记载,在卡盾4阿哈瓦(1224年—1244年)期间,奇琴伊察对玛雅潘发起进攻,以报复乌纳克·基尔的侵略。也是在这个时候,玛雅潘卡斯蒂略的第一个版本建成。INAH的发掘发现,其梯田上装饰着灰泥浮雕,形状是秃鹫和人类骨架。有几个骨架有壁龛,而不是头部,显然是为了展示人类头骨。玛雅潘5号石碑(1244年)标志着这个卡盾的结束。

根据《契兰·巴兰书》,一支伊察人的队伍在卡盾2阿哈瓦(1244年—1263年)期间从墨西哥湾沿岸的钱波通抵达玛雅潘。据编年史记载，另一个伊察部落，库库姆，在卡盾13阿哈瓦（1263年—1283年）从奇琴伊察来到玛雅潘。在《蒂西明契兰·巴兰书》和《丘玛耶尔契兰·巴兰书》的记载中，这两拨人的到来标志着玛雅潘的“建立”。在卡盾13阿哈瓦末（1283年）落成的6号石碑，可能标志着库库姆“建立”玛雅潘。

库库姆伊察人到达后，接管了玛雅潘的统治权，从墨西哥海湾沿岸的塔巴斯科引进雇佣兵（即卡努尔家族）来加强他们的权威。在库库姆的统治下，玛雅潘中部的大部分早期建筑被新建筑所取代，包括一系列大型柱廊式宫殿。这些新建筑中最引人注目的是那些模仿奇琴伊察早期建筑风格的建筑。玛雅潘建筑复兴的例子包括几座圆形庙宇（1283年—1303年），卡斯蒂略（1303年—1323年，图10.3），几座带有羽蛇神柱的神庙（1323年—1342年），以及圆形神庙（1342年—1362年，图10.4）。

这一重建计划的目的似乎是要把玛雅潘变成奇琴伊察的重生后继者，成为尤卡坦半岛的统治力量。这种努力在一定程度上取得了成功，因为玛雅潘确实成为了一个大型北部低地地区组织的首都。在库库姆的统治下，玛雅潘成了库库尔坎崇拜的中心，神庙中装饰有羽蛇神柱，以及刻有杰出神像的独特香炉（图10.5）。从韦拉克鲁斯南部到伯利兹，再到内陆的托波希特（Topoxte）以及佩滕伊察湖上的遗址，都发现了类似的肖像香炉。在征服时期，这类“神像”仍在玛雅神庙中使用，西班牙人将其大量销毁。

玛雅潘在这一时期成为一个主要的商业中心。在其鼎盛时期，玛雅潘控制着尤卡坦半岛北部海岸一定比例的盐的生产。玛雅潘显然还控制着稀有黏土的来源，这种黏土与靛蓝结合，产生了一种被称为“玛雅蓝”的珍贵颜料。商人们用盐和其他产品（如棉织品、蜂蜜、陶器和奴隶）交换来自墨西哥西部的铜铃和玛雅高地的黑曜石以及

图 10.4 玛雅潘圆形神庙 该建筑仿照奇琴伊察的卡拉科尔建造。

玉石。在尤卡坦半岛沿岸的一系列港口,如坎佩切的钱波通(古老的查坎普顿),都能发现这一贸易网络分销的产品。在恢复的陆上路线也发现了它们的踪影。托波希特和佩滕湖中部的其他后古典期遗址位于连接尤卡坦半岛和南部玛雅高地的贸易路线上。

根据《丘玛耶尔契兰·巴兰书》,在卡盾1阿哈瓦(1382年—1401年)时,库库姆驱逐了其主要对手修的一支队伍,修家族的起源显然是在乌斯马尔。在修家族领袖及其许多追随者离开后,执政的库库姆家族巩固其政权。后来的记载讲述了,这段时期玛雅潘人民受到库库姆家族控制的墨西哥雇佣军,或卡努尔家族的虐待。

在这一时期,还有其他迹象表明,玛雅潘与中墨西哥的接触有所增加。几座建筑中的壁画都是后古典期墨西哥的米斯特克-普埃布拉(Mixteca-Puebla)风格。大约在1375年之后,玛雅潘似乎与墨西哥

图10.5　玛雅潘风格的肖像式香炉　这些大规模生产的祭祀器皿是玛雅潘国家支持宗教崇拜的标志,在后古典期广为流传。

中部的新兴势力墨西卡人(阿兹特克人)建立了贸易联系,向其出口了一种蓝色颜料,用以装饰墨西卡首都特诺奇蒂特兰的阿兹特克大神庙。

玛雅潘城邦

尽管玛雅潘的居住密度较大，但玛雅潘的居住模式符合兰达主教16世纪对大多数玛雅城镇居住模式的描述：

> 在西班牙人征服这个国家之前，当地人以非常文明的方式共同生活在城镇中。他们把土地清理得很干净，没有杂草，还种上了很好的树木。他们的居住地是这样的：在城镇的中间是他们的神庙，有美丽的广场，神庙周围都是领主和祭司的房子，然后是大人物的房子。于是，最富有的人和最受重视的人的房子离这些房子最近，在城镇的外围是下层阶级的房子。而水井，如果水井不多的话，会在领主的房子附近；他们在改良过的土地上种植了用来酿酒的树，还种了棉花、胡椒和玉米，因为恐惧敌人将他们抓走，他们住得很近。由于西班牙人的战争，他们才分散在树林里。

可以从遗址中心地区的二十多座柱廊式建筑中辨认出玛雅潘领主和祭司的房屋遗迹（图10.2）。据编年史记载，玛雅潘是由几个精英家庭或家族共同统治的多重系统管理的，这些家族的名称分别为库库姆、修、切尔和卡努尔。库库姆家族是玛雅潘各家族中最突出的一个。他们起源于奇琴伊察，因为奇琴伊察的文献中提到了库库姆的名字（还有切尔）。卡努尔家族是库库姆家族为加强其权威而带来的外国（“墨西卡”）雇佣军的后裔。如上所述，修家族来自乌斯马尔。切尔家族显然与修家族结盟。有人认为，库库姆家族的住宅和神庙与玛雅潘东部有关，靠近奇琴伊察的方向，而修家族则与玛雅潘西部有关,靠近乌斯马尔的方向。

几乎没有什么迹象能表明,各种政治和宗教职位在这些精英家族的分配情况。兰达指出在玛雅潘有十二个祭司,其中一个是阿赫·苏潘(Aj Xupan),他是修家族中知名的智者。很可能每个精英家族的成员都能占有一定比例的城镇职位和祭司职位。库库姆家族的祭司们似乎领导了库库尔坎崇拜的复兴,这种崇拜与奇琴伊察过去的辉煌有关。这很可能是后来在神庙仪式中使用新神像香炉的原因。

玛雅潘统治着尤卡坦半岛的大片领土。这个领地被划分为若干个省(kuchcabal),作为玛雅潘控制下的联盟来管理。每个省由一个著名的城镇统治。根据兰达的说法,“他们(玛雅潘的精英家族)只为领主建造房屋,把所有的土地分给领主,根据其血统的古老程度和个人价值,给各个领主分配城镇”。这些从属城镇的领导人住在玛雅潘,由他们的臣民奉养,“在那里每个(领主)可以保留仆人,……他的管家以一根粗短的棍子作为官职象征,人们叫他卡鲁亚克(caluac)。管家与各城镇以及管理仆人的人交易。管家还会收到一封通知,告知其主人家里需要什么,比如鸟、玉米、蜂蜜、盐、鱼、野味、布料和其他东西。卡鲁亚克经常到领主家里去,看看需要什么,然后立刻提供”。由于居住在首都,这些从属的领主可以被玛雅的统治者密切监视。与此同时,各省的统治者必须得到自己臣民的奉养,这样玛雅潘的统治者就不必供应他们的日常开销了!

战争和战俘显然是胁迫和扩大玛雅国家权力的手段,就像他们早期时一样。考古学家在玛雅半岛发现了俘虏祭祀的证据,包括像奇琴伊察描绘的锥形祭坛,用于心脏切除祭祀。除了在第一个版本的卡斯蒂略中发现的头骨龛外,玛雅潘的考古发掘还发现了人类祭品的骨头,包括一些已经被砍头的。被捆绑的战俘可能被绑在石环上，这些石环牢牢固定在几座建筑物的地板或后墙上。两个这样的环放置在中央广场北侧祭坛的两边，可能是用来关押即将被献祭的战俘的。

玛雅潘城邦的组织可能会随着时间的推移而改变，当然，统治阶层的精英家族之间的权力平衡也会发生变化。虽然根据兰达的说法，库库姆家族是玛雅潘的统治者，但修家族最初可能拥有相当大的权力。在玛雅潘历史的第一个世纪(约1185年—约1283年)，有几块石碑标志着卡盾末端的仪式，这反映了传统的复兴，很可能是模仿古典终结期乌斯马尔的做法。修家族的祭司可能控制了这些在玛雅潘恢复的祭祀仪式。编年史还记载，玛雅潘、乌斯马尔和奇琴伊察在奇琴伊察陷落后的两百年里，大约是1100年至1300年，遵循一个名为“玛雅潘联盟”的和平条约进行活动。后来关于该联盟的记载可能是为了将玛雅潘与过去的两个大国联系起来，因为考古证据表明，在玛雅潘统治尤卡坦半岛期间，乌斯马尔和奇琴伊察几乎都被遗弃了。

随着时间的推移，修家族在玛雅潘失去了权力。到了1300年左右，在卡努尔雇佣军的支持下，库库姆家族似乎已经获得了完全的控制权。如我们所见，大约在1400年，修家族的一支大部队被驱逐出城。然而，修家族一失去权力后，就策划了他们的复仇行动。

玛雅潘衰落与小国崛起

在阿赫·苏潘·修的领导下，仍居住在玛雅潘的修派残余分子发动了反对库库姆统治的起义。兰达的线人加斯帕尔·修是阿赫·苏潘·修的后裔，因此他的说法很难说是公正的。尽管如此，兰达还是说，在修家族的叛乱中，除了一个在洪都拉斯执行贸易任务的人之外,所有的库库姆统治家族成员都被杀死了。“贵族们加入了图图尔·修(Tutul Xiu)的党派,图图尔·修和他的祖先一样是个公正的政治家,他们密谋将库库姆处死。他们这样做了,同时杀死了他所有的儿子,除了一个不在的儿子。他们洗劫了他的房子,夺走了他种植可可和其他水果的土地。”发掘结果揭示了被烧毁的建筑和被摧毁的祭坛证据,印证了玛雅潘被洗劫的事实。《丘玛耶尔契兰·巴兰书》将玛雅潘的起义和灭亡日期定在卡盾8阿哈瓦(在传统的卡盾周期中为1441年至1461年)。这与其他殖民时期的记载(1420年和1446年)中给出的起义日期接近。一些修族人继续居住在玛雅潘,直到西班牙征服前(1480年—1500年),当时一场流行病迫使最后的居民放弃了这座废城。

玛雅潘沦陷后,邦联解体,以前的每个省都成为独立的国家。被杀的库库姆统治者唯一幸存的儿子召集他的臣民,在奇琴伊察旧城附近的索图塔建立了新的首都。库普尔人(Cupuls)仍与库库姆人结盟,并回到他们的省份。显然,一些胜利的图图尔·修族人继续居住在玛雅潘,但他们也在玛尼(Mani)建立了一个新的首都。尽管卡努尔人有所谓的外国血统,但他们还是留在了尤卡坦半岛,因为根据兰达的说法,他们不想“回到塔巴斯科的潟湖和蚊子身边”。切尔人也离开了玛雅潘,在特科赫(Tecoh)建立了他们的首都。在西班牙征服时,北部低地地区约有十八个小国家。从西海岸的坎佩切延伸到东海岸的一系列小国家。

这些小国家之间经常发生战争,其中一些原因与玛雅潘的垮台有关。即使在西班牙人试图征服尤卡坦半岛时,这些冲突仍在继续(后记)。1536年,图图尔·修家族的都城玛尼的统治者阿赫·德孙·修(Aj Dzun Xiu)认为,当时正是适合进行朝圣的吉时,以安抚多年来给玛雅人民带来灾难的神灵。在那一年,西班牙人在两次征服玛雅人的失败尝试后撤出了尤卡坦半岛。修的统治者和他的朝臣想要在奇琴伊察神圣的灰岩深井献祭。为了到达目的地，他们必须经过库库姆的领地，所以阿赫·德孙·修向索图塔的统治者纳奇·库库姆(Nachi Cocom)申请安全通行。这位修家族的统治者无疑担心遭到纳奇·库库姆的报复，因为他的曾祖父，阿赫·苏潘·修，领导起义杀死了玛雅潘的最后一个统治者，也就是纳奇·库库姆的曾祖父。

纳奇·库库姆肯定没有忘记他的曾祖父是如何被修家族领导的起义杀害的。事实上，修家族最近已经成为西班牙人的盟友，这加深了库库姆对他们宿敌的仇恨。因此，库库姆统治者对修家族的请求表示欢迎，认为这是一个报复的机会，并立即批准了安全通行。此后，阿赫·德孙·修和他的儿子阿赫·西亚·修(Aj Ziyah Xiu)，以及其他四十名指挥官出发前往奇琴伊察。纳奇·库库姆带着一个庞大的代表团，在库库姆首都东南5英里的奥特马尔(Otzmal)与他们会面。为期四天的宫廷娱乐让修家族的朝圣者们始料未及。但是，在第四天晚上的一个盛大宴会上，库库姆突然袭击了修家族的客人，把他们都杀了。这一报复行为导致了尤卡坦半岛两个最强大家族之间的公开冲突，并引发了新一轮的战争，为几年后西班牙人的成功征服铺平了道路。

尤卡坦半岛东海岸

尽管《丘玛耶尔契兰·巴兰书》中提到了尤卡坦半岛东海岸城镇的名字，但关于这些城镇的历史和政治渊源的信息却只有寥寥几句或根本没有。但考古研究极大地拓展了我们对该地区后古典期玛雅社会的理解。结果很明显，后古典期，东北低地大部分地区的玛雅人口数量达到了顶峰，包括科苏梅尔岛、女人岛(Isla de Mujeres)，以及从金塔纳罗奥洲到伯利兹北部的一系列加勒比海岸遗址。这种扩张与玛雅潘的崛起同时发生,但在玛雅潘衰落后仍在继续。事实上,在玛雅潘和尤卡坦半岛其他后古典期遗址中看到的一些后古典期的陶器及建筑风格,可能就起源于这一东部地区。

这种新经济的增长刺激了所谓中产阶级的扩张。这些富有的平民由越来越多的专职人员组成,其中包括海运商业网络的商人经理,还包括许多其他专门从事这些贸易商品生产、运输和分销的人。

海上贸易量增加的一个主要原因是后古典期整个中美洲人口的持续增长。此外,各种各样的新产品,如金属制品,被销往新的市场。由于生产和运输效率的提高,成本也有所降低。例如,陶瓷模具的使用促进了陶器的大批量生产。陶器的形式也变得标准化,以便高效地堆放和运输。随着成本的降低,需求的增加,大量的陶瓷物品,如雕像、器皿、水杯和各种其他产品,通过大型海上独木舟高效地运输到墨西哥和中美洲尤卡坦半岛周围。位于这条航线途中的科苏梅尔港和东部尤卡坦半岛的大陆港口,是这个蓬勃发展的沿海贸易网络的主要储存和转运中心。

宗教变化也刺激了后古典期的经济。随着曾经在蒂卡尔或奇琴伊察举行的大型公共仪式逐渐消失,玛雅的宗教活动变得不再集中。到了后古典期,更多的仪式和其他宗教活动集中在家庭神祠上。这就增加了每家每户对祭祀用品的需求,如香炉、雕像和祭品。后古典期的宗教也更加强调朝圣,因此个人和家庭都会前往圣地向神灵供奉,比如奇琴伊察著名的圣地灰岩深井。住在圣地的人们通过向朝圣者提供食物和服务而获得好处。科苏梅尔因其供奉着伊西切尔女神(Ix Chel)的神庙而闻名,因此,贸易和宗教朝圣的双重收益促进了当地居民走向富有。

科苏梅尔岛的考古研究记录了这些行业的发展,以及整个后古

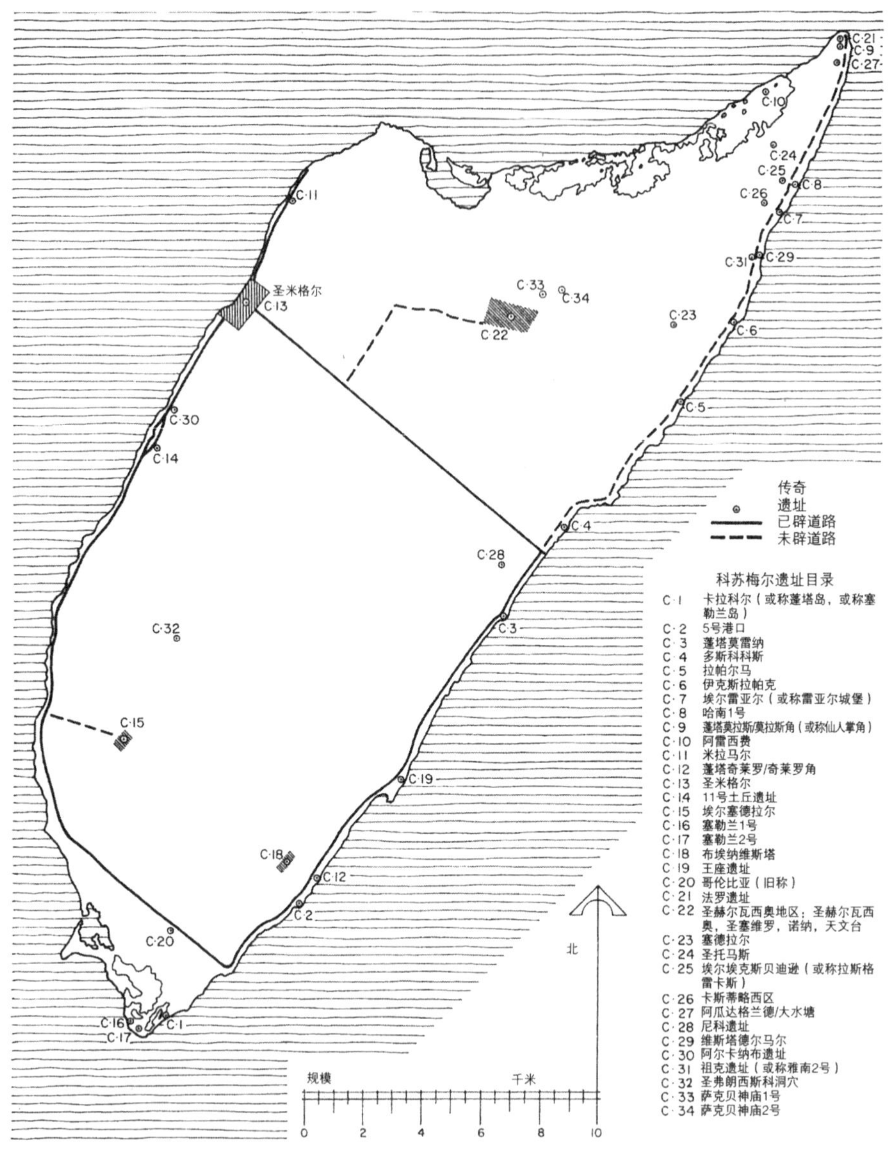

图10.6　科苏梅尔岛地图　后古典期的首都圣赫尔瓦西奥坐落于中心位置，还有沿海港口和神祠。

图10.7　图卢姆北部视图　墨西哥金塔纳罗奥州，图卢姆：从北面可以看到后古典期的城墙城市，图中还展示了俯瞰大海的埃尔卡斯蒂略或主要寺庙，以及下面的独木舟登陆海滩。

典期的人口增长。科苏梅尔岛由首都圣赫尔瓦西奥管理，通过公路网与港口和存储区相连（图10.6）。科苏梅尔岛的精英统治者们不太注重利用徭役建造像玛雅过去那样的大庙和宫殿。相反，徭役的劳动力主要用在大型平台上，以支持仓库、港口设施和服务于这些设施的道路。过去基本上只供应精英阶层使用的商品，如今在后古典期社会中被广泛使用。新商业经济的繁荣减少了精英和非精英之间的传统区别，科苏梅尔岛大多数人的生活水平也因此而提高。地位的标志仍然是人们熟悉的方式，如气派的住宅。但是，为了节省劳动力

图10.8　图卢姆16号建筑内墙的部分壁画　采用后古典期晚期“国际化”的风格(约1450年或以后)。

和材料成本,科苏梅尔岛(和其他地方)后古典期房屋的建造方式是,其前墙由精心抹灰的石头砌成,看起来像一座宏伟的砖瓦房,而不太明显的其余部分则由价格便宜的竿子和茅草建造。

在大陆上,于科巴重建的神祠和其他建筑表明,这座古典期的大城市在后古典期被重新占领。这些晚期建筑上的壁画风格和模型化的石膏图案将它们与玛雅潘和东海岸的后古典时期遗址联系起来。加勒比海沿岸一些保存最完好的后古典期建筑遗迹在图卢姆、坦卡和谢尔哈。至少有两个东部城市为防御而建有城墙,即图卢姆和伊奇帕图恩。图卢姆是后古典期的主要港口和贸易中心(图10.7至图

10.12)。这座城市坐落在一个俯瞰大海的岩石岬角上,对面是与尤卡坦海岸平行的堤礁缺口。图卢姆三面围墙,东面则由海崖保护。城墙内是一片海滩,供沿海贸易船只登陆(图10.7)。图卢姆的壁画(图10.8和图10.11)显示出与"国际化"米斯特克-普埃布拉风格的相似之处,这种风格起源于墨西哥高地,也在玛雅潘盛行。从风格上看,坦卡附近的壁画与后古典期晚期的玛雅古抄本有关联。

南边是后古典期的查克特马尔王国(Chaktemal),现在被称为切图马尔。根据16世纪西班牙人的记载,其首都是一个巨大而繁荣的地方。作为加勒比海岸最重要的港口之一,查克特马尔位于新河流入加勒比海的切图马尔湾。随着时间的推移,切图马尔湾曾是一系列港口的所在地,从前古典期晚期的塞罗斯开始(详见第六章)。在古典期,内河港口拉马奈成为新河上下游贸易的主要转运中心。其优越的地理位置一直支撑着后古典期的商业活动。在拉马奈的考古发掘中,记录了陶器、香炉以及金、铜制品,这些都代表了拉马奈与尤卡坦半岛、墨西哥中部甚至中美洲的贸易联系。

墨西哥金塔纳罗奥州的图卢姆

图卢姆遗址戏剧性地坐落在海崖上,俯瞰尤卡坦半岛东海岸的加勒比海(图10.7),位于科苏梅尔岛和大陆之间的海峡以南。该遗址似乎在西班牙征服时期就已被占领,可能是胡安·德·格里哈尔瓦(Juan de Grijalva)在1518年的海岸侦察中发现的。约翰·劳埃德·斯蒂芬斯和弗雷德里克·卡瑟伍德曾访问过图卢姆,他们在遗址上发现了一个重复使用的古典期早期的石碑碎片。20世纪早期,塞缪尔·洛斯罗普(Samuel Lothrop)绘制了这些建筑的地图,并对其进行了研究。后来,威廉·桑德斯(William Sanders)对该地区的聚落进行了研究,亚瑟·米勒指导了一个考古和艺术历史研究项目,重点研究图卢姆和邻近东海岸遗址的壁画。这些调查显示,从1200年开始,图卢姆在后古典期晚期就被占领了。它的主要结构与奇琴伊察和玛雅潘后来的建筑有几分相似之处,除了图卢姆的建筑规模要小得多。

其建立目的很可能是在尤卡坦半岛的东海岸建立一个贸易中心，可能是为了与玛雅潘的统治者结盟。

遗址向陆地的两边是一堵砖石墙，曾经有一条人行道和护栏，平均厚约6米，高3米至5米。墙体总长约1千米，围成一个南北约385米、东西约165米的长方形区域。从海面上往东的路线，在平均高度约12米的海崖保护之下。城墙有五条狭长的通道，西侧一条，南北各两条。向陆地的四个角落有小型建筑，或称“瞭望塔”。城墙内有一系列的砖石平台和建筑，包括柱廊式宫殿和高架神庙。北面城墙附近的一个小型灰岩深井，是图卢姆居民的水源。图卢姆的砖石结构很粗糙，覆盖着厚厚的灰泥，就像玛雅潘和其他后古典期的遗址一样。从西门内南北走向的建筑可以发现至少有一条“街道”的痕迹。最大的宫殿式21号建筑和25号建筑位于这条线上。这两座建筑都有柱廊，曾经是梁和灰泥屋顶。在21号建筑南面是壁画神庙（16号建筑），它由一个小型的画廊和一个更小的两层神庙组成，画廊由向西的柱廊开放。根据亚瑟·米勒的分析，下方走廊内壁上的壁画年代晚于1450年（图10.8）。16号建筑的外墙装饰着灰泥浮雕，包括“潜水神”的壁龛，被确定为苏斯·埃克的代表，即玛雅人的“黄蜂星”或维纳斯神。

一道低矮的砖石墙界定了中心区域。它的主要建筑卡斯蒂略（1号建筑）高7.5米，支撑着一个小型拱顶的两室神庙，西侧有一个宽栏杆的楼梯。神庙建筑有一个由两根圆形柱子支撑的西门（图10.9）。后来经过改造，这些柱子变成了羽蛇神柱，与奇琴伊察常见的柱子类似。卡斯蒂略平台建在一个较早的柱廊式宫殿上，屋顶是用梁和灰泥搭建的。这座宫殿的侧翼从平台下面向南北延伸。卡斯蒂略的正北是一个小型的高架建筑，它的西侧也有一个楼梯可以到达，被称为潜水神庙，或5号建筑（图10.10）。它的墙壁有一个明显的外翻（negative batter），在它的内部（东部）墙壁上仍然可以看到一幅精美壁画的痕迹（图10.11）。在它唯一的西门上方是其名字，一幅潜水神的灰泥壁画。45号建筑位于中央区域的北部，在海岬上，十分引人注目（图10.12）。它坐落在一个圆形平台上，里面有一个祭坛，是洛斯罗普于1924年在图卢姆进行研究时当地玛雅人使用的。45号建筑前面的一个小神龛似乎被用作海上独木舟的灯塔。在这个地点的对面，近海堡礁出现了裂缝，寻找图卢姆港口的独木舟可能使用了这些信标来引导他们安全地通过珊瑚礁。在卡斯蒂略和45号建筑之间的海崖形成了一个适合玛雅贸易独木舟的海湾和登陆海滩。对于东海岸的水手来说，图卢姆仍然是一个地标。直到西班牙征服时期，图卢姆都被占领着，它可能是用于航海瞄准的地标性玛雅中心，并在早期西班牙航行记录中与塞维利亚相匹敌（见后记）。

在后古典期的最后几个世纪，查克特马尔港成为内陆和海上贸易的主要转运中心。尤卡坦半岛的盐、纺织品和其他产品通过海路到达，然后卸货到陆地，再由河流运输，然后由搬运工通过陆路运往墨西哥湾沿岸和玛雅高地。来自内陆的羽毛、铜和其他产品被装上海上独木舟，运往尤卡坦半岛或中美洲。查克特马尔也是一个出口可可的主要港口，因为该国是一个主要的可可种植区。一条海峡穿过斯卡拉克（Xcalak）半岛，将查克特马尔湾与加勒比海隔开。看来玛雅人建造这条通道是为了缩短往查克特马尔和海湾周围其他地点的通道。

圣丽塔科罗萨尔考古遗址是查克特马尔（切图马尔）王国的一个主要中心。由于受到现代占领的严重影响，大部分考古遗迹保存得很差。但考古研究表明，在西班牙征服之前的两个世纪，圣丽塔曾被长期占领，并得到迅速发展。20世纪初出土的一幅后古典期的壁画（图10.13）与图卢姆的绘画风格十分相似。在东海岸，后古典期遗址中出现的壁画证明了这些商业城市在哥伦布发现新大陆之前的时代末期的经济繁荣。大部分似乎是当地富裕的精英阶层委托熟练的外国艺术家创作的。在东海岸遗址中发现的肖像式香炉和与玛雅潘相关的陶器，都表明了当地与尤卡坦半岛密切的商业联系。

切图马尔湾的东面是安伯格里斯岛，它是伯利兹群岛中最大的岛屿。对安伯格里斯岛的考古研究显示，从前古典期晚期开始，安伯格里斯岛就有了一系列与贸易活动相关的居住地。到了古典期晚期，安伯格里斯岛是一个重要的转运中心。沿着受保护的西海岸有许多港口，与海湾对面的大陆遥遥相望。每个港口都毗邻一个天然或人工港口，相互争夺拉马奈和其他大陆中心的商业往来。黑曜石是一种主要的贸易产品，从玛雅高地沿着莫塔瓜峡谷和伯利兹海岸，依靠独木舟运输。在前古典期晚期和古典期早期，从埃尔查亚

图10.9　图卢姆(卡瑟伍德之后)的埃尔卡斯蒂略　图卢姆:弗雷德里克·卡瑟伍德在19世纪中叶所描绘的卡斯蒂略。

尔运来的黑曜石占主导地位,在古典期晚期和古典终结期,逐渐被伊西特佩克火山产出的黑曜石取代,直至其成为后古典期的主导进口产品。

在整个古典期,玛雅人的沿海贸易很可能是建立在许多独立竞争中心的基础上,就像在安伯格里斯岛记录的那些中心一样。由于海岸沉降,许多类似的遗址现在都沉入水下。从古典终结期开始,随着琼塔尔人和其他玛雅商人精英对海上贸易的巩固,一个更有效的系统取代了这种旧模式。新经济中的海上贸易以少数大规模港口为基础,港口之间相距更远,一般相当于乘坐大型海上独木舟一天的行

图10.10　图卢姆的埃尔卡斯蒂略和5号建筑　图卢姆：从卡斯蒂略正面向北看，中间是5号建筑，远处是防御墙的一部分（注意左边的角楼）。

程（约40千米）。在安伯格里斯岛，一系列古典期晚期的传统港口被位于马尔克冈萨雷斯（Marco Gonzalez）的一个转运中心取代。在后古典期，该中心一直与拉马奈和新河贸易保持着商业联系。

中部低地地区的经济复兴

后古典期商业的扩张促进了伯利兹更南边［在后古典期的朱卢伊尼科布省（Dzuluinicob）］和玛雅中部低地地区的繁荣复兴。这个

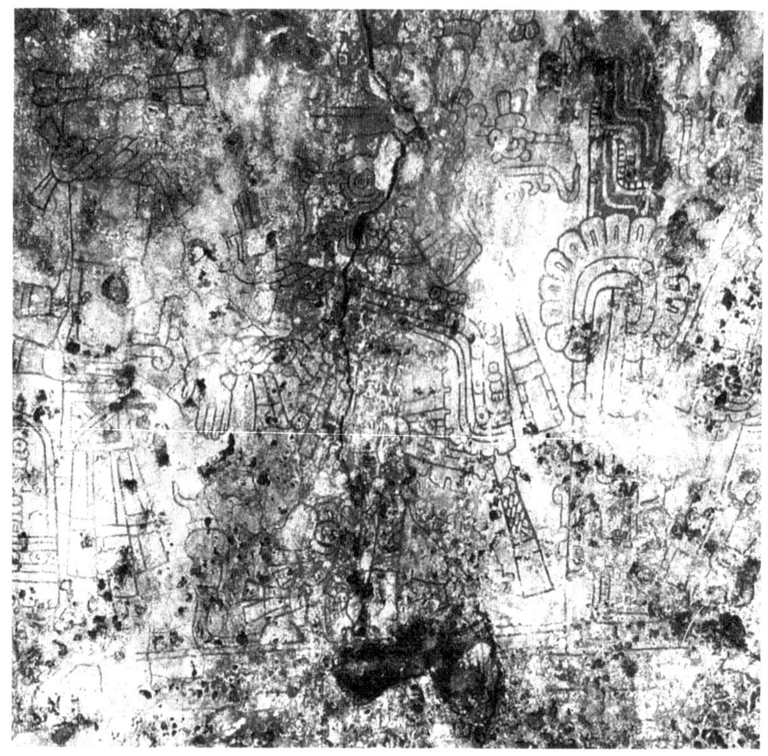

图10.11　图卢姆5号建筑内墙的部分壁画　采用后古典期晚期的风格(另见图7.20)。

地区的河流和湖泊上的一些定居点仍然被占领,即使在整个低地地区的古典期玛雅国家废弃后,仍然有丰富的淡水和其他资源支撑。这些资源无疑包括低地地区森林环境的传统产品:皮毛、羽毛、柯巴脂(copal)和可可。在古典终结期,陆路与河流贸易多次中断,拉马奈和伯利兹的其他地区以及佩滕湖中部地区仍继续维持其战略位置。贸易中最直接的河流路线是沿着伯利兹河,另一条路线连接佩滕湖中部地区向东连接到蒂普(Tipu),然后由新河连接到拉马奈和切图马尔湾。西班牙人接触当地人时(16世纪和17世纪)的文献表明,佩

图10.12　图卢姆45号建筑的景观　图卢姆：位于独木舟登陆海滩之外海岬上的45号建筑（左边是5号建筑的后方）。

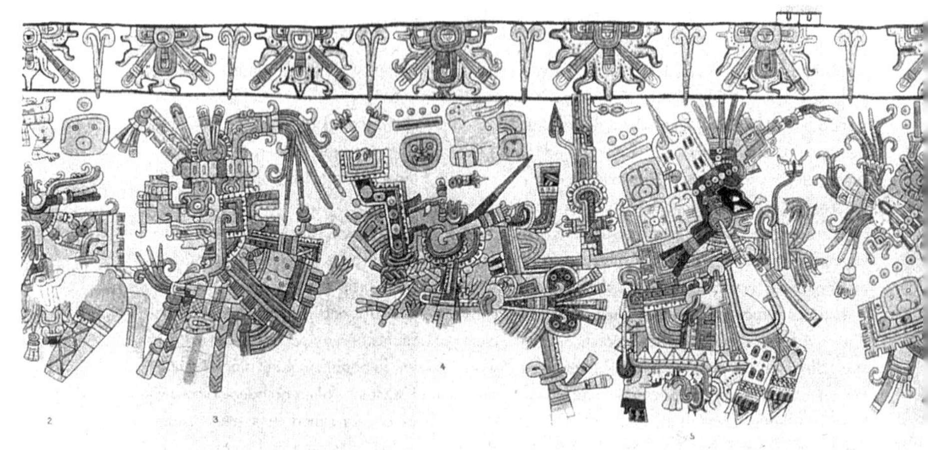

图10.13 伯利兹圣丽塔科罗萨尔的壁画 20世纪初发掘的后古典期壁画(约1440年或以后)。

滕湖地区的居民说尤卡坦玛雅语。根据这些记载的证据,民族历史学家格兰特·琼斯(Grant Jones)提出,该地区细分成了三个玛雅省或国家。其中最著名的是坎·埃克(Kan Ek '或Canek)政权,它控制佩滕伊察湖南部和西部的领土。它的首都塔亚萨尔位于佩滕伊察湖南岸的诺赫佩滕岛(Noj Peten,大岛)上。该地点现为危地马拉佩滕省首府弗洛雷斯镇(图1.13)。居住在诺赫佩滕岛的继任统治者拥有阿赫·坎·埃克的头衔,并声称自己是伊察玛雅人的后代,他们在奇琴伊察陷落后移居到南部的佩滕。事实上,尤卡坦半岛的玛雅编年史记载了奇琴伊察最后毁灭时的幸存者返回"树下……藤蔓下",这句话很可能指的是迁徙到佩滕的热带森林。

伯利兹的圣丽塔科罗萨尔

圣丽塔科罗萨尔坐落在伯利兹北部的一个悬崖上，俯瞰切图马尔湾，位于洪都河与新河之间。考古遗址至今仍被科罗萨尔镇占据着。古玛雅镇的遗迹并不引人注目，因为没有大型平台或神庙的遗迹。考虑到渔业和沿海贸易对其居民的重要性，可能没有建造任何纪念性的建筑，但很明显，现代人的占领对遗址造成显著破坏。在世纪之交，托马斯·加恩指导发掘工作，在圣丽塔发现了著名的后古典期晚期壁画（图10.13）。尽管这些重要的壁画在此期间不幸遭到破坏，但几位考古学家在20世纪70年代对遗址进行了进一步的研究。戴安·蔡斯（Diane Chase）指导了"后古典期科罗萨尔项目"（Corozal Postclassic Project），该项目进行了最详尽的调查，在1979年至1985年的四次野外考察中，进行了绘图、地表采集和挖掘工作。

蔡斯的研究显示，玛雅低地遗址的人类定居史与已知的任何遗址一样长，从前古典期早期（约公元前1200年至约公元前1000年）结束到大约两千五百年后的西班牙征服时期。一开始作为一个很小的定居点，可能只有几百人，从前古典期晚期开始，圣丽塔科罗萨尔的人口估计在一千到两千人之间。随后，在西班牙征服前的两个世纪，该遗址的规模增加了三倍（约七千人），这是其作为后古典期港口的结果。研究确定了一系列建筑类型，其中大部分从表面上看不出来，以重建古代居民的社会和宗教生活。这项工作的一个重要成果是，关于后古典期祭祀活动的新信息，当时的考古证据可以与民族史描述相关。祭祀沉积物（存储物）的图案和内容与兰达主教对玛雅人新年仪式的描述相关，这些仪式是在太阳年末"不吉利"的瓦耶伯日举行的。还有迹象表明，在后古典期，乃至更早的时期，这些仪式和其他仪式都有放血行为。精英男性在下葬时，往往在骨盆部位放置黄貂鱼刺。这种做法最生动的证据来自于一系列描绘生殖器放血的出土雕像。总的来说，圣丽塔的研究表明，尽管经济和政治条件在不断变化，但玛雅人的祭祀活动在一个超长的占领期内具有高度的连续性。

在弗洛雷斯和周围湖岸进行的考古调查发现了大量的后古典期占领的遗迹。陶器显示了与尤卡坦半岛和加勒比海沿岸的联系,而香炉的出现则将坎·埃克人与沿海贸易网络传播的后古典期玛雅潘宗教崇拜联系起来。从科尔特斯时代起,西班牙人就错误地认为,坎·埃克人的统治者对佩滕中部所有的人都有影响力,他们把这些人称为伊察人。西班牙人试图征服塔亚萨尔并消灭最后一个独立的玛雅政权,这种尝试在后记中有所描述。

实际上,在征服时期,坎·埃克王国在佩滕中部与至少另外两个小国竞争。科沃伊[Kowoj,或科沃赫(Couoh)]王国位于佩滕伊察湖以北。从各种迹象来看,科沃伊人一直与南边的坎·埃克人保持独立。西班牙的记载表明,科沃伊人有两个首都:一个在萨科拉马卡尔(Saklamakhal),另一个在凯茨(Ketz)。科沃伊人似乎是佩滕的后来者,据说是在玛雅潘陷落之后(或者甚至可能是在西班牙人抵达尤卡坦半岛之后)才从玛雅潘抵达的。《丘玛耶尔契兰·巴兰书》可能证实了其与玛雅潘的联系,其中提到科沃伊人是玛雅潘东门的守护者。

亚莱恩政权(Yalain)声称拥有中央湖区的东部,从佩滕伊萨湖东端的查尔通哈(Chaltunha)港口到伯利兹西部的蒂普。这一地区包括萨尔佩滕湖(Salpeten)、马坎切湖(Macanche)、亚克斯哈湖和萨纳布湖(Sacnab)。在古典期晚期该地区可能由蒂卡尔控制。这一点可以由一些古典期的象形文字和建筑证明。虽然人们对亚莱恩王国及其起源知之甚少,但后古典期的考古遗迹表明,直到西班牙征服之前,这一东部地区保留着与湖区其他地区不同的特征。在17世纪,它的首都在马坎切湖北岸的亚莱恩;在更早的时候,它可能是在同一湖泊东边的莱昂古城墙(Muralla de León)堡垒遗址。再往东是托波希特遗址,西班牙人显然不知道它,它可能是亚克斯哈湖地区的另一个首都,与玛雅潘有商业联系。

托波希特遗址位于亚克斯哈湖中的一个岛上，与亚克斯哈湖畔古典期的城市亚克斯哈相对。考古研究的结果表明，托波希特是一座重要的后古典期城市，与玛雅潘保持着密切的联系，很可能是玛雅高地和尤卡坦半岛之间贸易路线的重要纽带。后古典期对托波希特的占领开始于1100年左右，随着神庙和类似于玛雅潘的柱廊式建筑的建设，该地区得到了扩展。一系列质朴的石碑——可能曾经用灰泥粉刷描绘过——可能反映了当地卡盾结束庆典的复兴，再次表明了其与北方的联系。在托波希特的陶器中可以看到与玛雅潘的进一步联系，特别是造型精巧的香炉（图10.5）。证据表明，大约在1450年，玛雅人垮台的同时，托波希特岛被遗弃了，这暗示了一种最终的联系。

普鲁登丝·赖斯、堂·赖斯（Don Rice）、格兰特·琼斯及其同事对佩滕湖区中部的后古典期遗址进行了考古和文献相结合的研究。通过这项工作，西班牙人提到的一些定居点已经与整个地区的考古遗址相吻合。例如，在伊西鲁（Ixlu）古典期的遗址中，后古典期建筑和占领的证据使其被确定为萨科拉马卡尔，这是科沃伊王国的首都之一。在萨佩滕（Zacpeten）遗址的一个半岛上进行的测绘和挖掘表明，它与西班牙文献中提到的莎佩滕（Sakpeten）镇是一致的。但是，虽然这些文献将其列为亚莱恩人的居住地，但考古学发现了与玛雅潘类似的建筑模式，包括柱廊式建筑。这表明它与科沃伊王国有联系，有迹象表明，该遗址是在玛雅潘灭亡后由科沃伊玛雅人接管的。

在西班牙人征服了尤卡坦半岛和玛雅高地后，佩滕湖中部地区的王国在西班牙人的控制下保持了近两百年的独立（见后记）。

后古典期的玛雅南部地区

后古典期玛雅高地的民族历史记载包括著名的基切玛雅人编年史、《波波尔·乌》和其他土著文献。但就像在尤卡坦半岛一样，这些记载并不总是与考古证据相一致。与低地地区相比，南部玛雅地区的考古调查比较少，因此未来的工作可能会弥补许多空白，解决明显的差异。同时，也可以初步勾勒出南方地区后古典期的重大事件。

在后古典期初期，整个南部地区的聚落模式发生了巨大变化。在危地马拉峡谷，大城市卡米纳尔胡尤在被作为居住地长达近两千年后被废弃。高地地区和太平洋沿岸平原上的许多其他长期被占据的遗址也被废弃。这些遗址被遗弃的同时，聚落也随之迁移，暴力活动愈演愈烈。许多早期的高地遗址，如卡米纳尔胡尤，都位于开阔的山谷中。在后古典期，原本建造在开阔山谷的中心，现在被更容易防御的位置取代，通常是在山顶或海岬上，周围是陡峭的峡谷。在某些情况下，沟渠和墙堡完善了这些自然防御。太平洋沿岸平原上也有类似的模式，许多后古典期的遗址都位于山麓地带的低矮山顶上。

遗址位置的变化无疑反映了一点，在面对日益加剧的冲突时，需要更大的安全保障。虽然这可以归因于人口增长所带来的竞争加剧，但似乎很明显的是，在后古典期，一些地区（如太平洋沿岸平原）的占领实际上有所减少。聚落变化的相对突然性也可能与几波外来入侵有关。综合考古学和文献证据也确实表明，玛雅南部地区在古典终结期初期和后古典期的大部分时间里，受到了新群体扩张的影响。

其中一些新的群体可能与来自墨西哥湾沿岸地区的讲乔兰玛雅语的人有关（第九章）。民族史的记载提到了几个这样的群体，包括讲辛卡语和讲纳瓦语的群体抵达南海岸。民族史的记载中提到征服玛雅高地地区的战士，他们在新建立的高地首府建立了新的统治家族，并声称自己是神话中托兰城的后裔。事实上，《波波尔·乌》中记载，三位基切玛雅王子前往他们的故土托兰，以获得他们在高地统治的合法权力的权威和象征。这次对托兰的访问可能指的是奇琴伊察，因为《波波尔·乌》记载，他们的旅程是向东，之后"他们横渡大海"，似乎是指沿着莫塔瓜峡谷向东到加勒比海，然后沿着半岛海岸乘船向北的路线。此外，《波波尔·乌》将托兰的统治者命名为纳克西特（Nacxit），而尤卡坦半岛的《玛雅编年史》记录纳克西特-苏奇特（Nacxit-Xuchit）是奇琴伊察的创始人。同一编年史还提到危地马拉向奇琴伊察送来的礼物，这可能是为了尊重奇琴伊察在古典终结期的突出地位。

这些高地入侵者的起源至今仍有争议。他们可能是说基切语或琼塔尔玛雅语的战士群体。但是几个有记录可查的高地新统治家族的名字也反映了玛雅人和非玛雅人的结合或"墨西哥化的玛雅人"遗产：Kumatz（蛇）和 Xiuj Toltecat（托尔特克·修，让人想起与乌斯马尔和玛雅潘有关的精英家族）。这些联系表明，后古典期的高地新移民可能是来自墨西哥湾海岸的琼塔尔玛雅人，或者可能与尤卡坦半岛的伊察霸权有关。

这些与北方的联系有一些考古学上的证据。例如，后古典期高地遗址的遗迹经常有库库尔坎宗教崇拜出现的证据。这包括张开嘴的雕塑、羽蛇的头颅和突出的人类头颅。在阿蒂特兰湖南岸的崔蒂纳米特-阿蒂特兰，发现了一条蛇形纹饰，与奇琴伊察的图案类似。后古典期高地遗址的其他遗迹让人想起奇琴伊察和玛雅潘的类似建筑、壁画和手工艺品。例如，在奇霍伊河的源头附近的查尔奇坦（Chalchitan）遗址发现了一个佐姆潘特利。

如果说新一波“墨西哥化的玛雅”战士建立了这些后古典期的早期防御中心，那么他们进入高地的路线似乎是通过乌苏马辛塔河和莫塔瓜河上游。在这些河流及其支流的上游排水流域，已经发现了一系列后古典期的遗址。乌苏马辛塔河提供了从墨西哥湾沿岸低地的琼塔尔故乡直接进入的通道，而莫塔瓜河则提供了从加勒比海沿岸到东部的路线。由于后古典期的贸易网沿着加勒比海岸延伸，莫塔瓜河上游的活动可能只是体现了这一环尤卡坦沿海贸易网的延伸。

神话中的托兰城

整个中美洲的统治王朝常常声称自己是神话城市托兰统治者的后裔，该城也称为“芦苇之地”。人们一度认为托兰指的是图拉考古遗址，图拉城是墨西哥中部托尔特克的首都，奇琴伊察所谓的托尔特克特征是托尔特克入侵和接管的结果。但现在看来，“托兰”很可能指的是过去任何一些已经成为神话发源地的城市。因此，对古典期早期的玛雅人来说，埃尔米拉多尔可能是神话中的托兰。大卫·斯图尔特提出了一个令人信服的例子，古典期晚期的玛雅文献中提到托兰是“香蒲产地”，就像科潘的建筑10L-26文本中提到的特奥蒂瓦坎。在后古典期，当高地玛雅基切王子前往托兰获得他们的统治象征时，奇琴伊察就被人们记为托兰。至于奇琴伊察与图拉城之间的联系，考古证据表明，奇琴伊察的许多所谓的“托尔特克”元素早在古典终结期，甚至更早的时候就已经存在于尤卡坦半岛。此外，与奇琴伊察不同的是，图拉城并没有发现这些特征的原型。换句话说，这些所谓的托尔特克元素中的一些可能是源自奇琴伊察的创新。在这两个城市中，奇琴伊察要大得多。根据乔治·库伯勒（George Kubler）的研究，所有这些都表明，图拉城可能受到了奇琴伊察的影响，这与传统理论相反，至少一些关于托兰城的传说实际上与奇琴伊察有关。

虽然这些高地地区外部接触的开端仍然有些模糊，但随着时间的推移，情况变得越来越清晰。不同来源民族的历史资料一致表明，一系列高地玛雅群体及其主要人口中心的地位十分突出，其中许多中心在16世纪早期被西班牙人发现并有所描述。这些中心，都像它们的前身一样坐落在容易防御的位置，包括几个强大的后古典期高地国家的首都和许多次级中心，所有这些中心都在争夺对人员、产品和贸易路线的控制权。战争是解决争端的常用手段，有几个高地部落，特别是基切族和喀克其奎玛雅人，为了扩大其控制范围，损害了邻近社会的利益。这两个群体都向太平洋沿岸平原扩张，以控制山麓地带的可可生产和沿海资源。

征服时期的主要高地中心支配着历史上确定的语言群体居住地区（第一章）。这些中心包括波科曼地区（Poqomam area）的中心［如

图10.14　危地马拉扎库鲁遗址　位于西部高地马姆玛雅地区的后古典期遗址；在阿尔托斯·库丘马塔内斯山脉，可以看到修复后的遗址建筑。

图10.15 危地马拉乌塔特兰地图 乌塔特兰是高地基切玛雅地区后古典期的首都。据推测,主要建筑为:(a)太阳神托希尔(Tojil)神庙;(b)月神奥维莉克丝(Awilix)神庙;(c)天神哈卡维茨(Jakawitz)神庙;(d)羽蛇神库库马茨(Q'uq'umatz)神庙;(e)球场;(f)宫殿,可能是由卡维格(Kaweq)家族统治。

旧希洛特佩克(Jilotepeque Viejo)和旧奇瑙特拉(Chinautla Viejo)];阿蒂特兰是居住在同名湖周围的泽图希尔人(Tz'utujil)的首都;马姆地区的扎库鲁(Zaculeu,图10.14);基切的首都乌塔特兰(图10.15和10.16);喀克其奎的首都伊西姆切(图10.17);以及查霍马·喀克其奎(Chajoma Kaqchikel)的首府旧米克斯库(Mixcu Viejo,图10.18)。在扎库鲁、旧米克斯库、伊西姆切和乌塔特兰以及萨夸尔帕等几个次要中心进行了考古调查。

从后来的种族历史记载来看,最终形成基切和喀克其奎战士精英群体的祖先似乎很可能在1200年后不久就开始巩固其权力。如上所述,这些战士群体大概率是新一波"墨西哥化的玛雅人",这从他

图10.16　乌塔特兰的奥维莉克丝神庙　乌塔特兰：主广场东侧未发掘的建筑废墟，确定是奥维莉克丝神庙（基切月神）。

们自己宣称是托兰人的后裔，以及他们的意识形态中结合了玛雅人和墨西哥人的元素可以看出。如果说这些精英战士最初说的是一种乔兰玛雅语，那么这种遗产最终还是丢失了。随着时间的推移，他们似乎采用了他们征服的高地民族的基切玛雅语言。然而，在整个历史中，基切精英们保持了不同于土著居民的崇高地位和传统。表10.1列出了学者们根据《波波尔·乌》和其他记载重构的基切统治者线。

《波波尔·乌》记录了基切玛雅国的历史。起初，入侵的武士群体占据了山地据点，他们从这些据点进行突袭，最终征服了当地居民。最初的基切首府被记录为哈卡维茨（Jakawitz），已被确定为奇蒂纳米特考古遗址。根据《波波尔·乌》的记载，正是在这一时期，三位基切王子返回故乡，以获得适当的权力来统治他们扩张的领地。根据记

图10.17　危地马拉伊西姆切3号建筑　危地马拉伊西姆切，喀克其奎玛雅高地后古典期晚期的首都：朝东面看，展示了部分修复的3号建筑面向广场A的两个小平台，背景是主要的宫殿建筑群遗迹。

载，其中一位返回的王子科卡伊布（C'ocaib）似乎是第一个拥有阿赫泡普（ajpop）头衔的人，即基切国的最高政治领袖。

到1350年左右，基切人巩固了对奇霍伊河和莫塔瓜河源头之间中部地区的控制。在那里，他们在两个陡峭峡谷之间的狭窄高原上建立了新的都城伊斯马奇（Ismachi）。在阿赫泡普科图亚（Ajpop Cotuja）统治期间，有人对基切国发动了一次失败的起义。根据《波波尔·乌》的说法，篡位者"在众神面前被献祭，这是国王科图亚下令对他们罪行的惩罚。许多人也沦为奴隶……他们希望摧毁基切族和他们的统治者，但他们没有成功"。

15世纪初，在库库马茨（意为羽蛇）统治期间，建立了一个新的首都，名为库马尔卡赫（Q'umarkaj，意为腐烂的芦苇之地），现在被称为乌塔特兰。乌塔特兰位于伊斯马奇以北的另一个可防守的高原上，周围是峡谷。

库库马茨成为乌塔特兰的第一任统治者，并在编年史上得到颂扬，因为他将基切人的权力扩展到他们家乡的北部和西部："这位国王的本性真的很了不起，所有其他领主在他面前都充满了恐惧。国王具有神性的消息传开了，所有城镇的主人都听到了。当库库马茨国王展示他的权力的时候，基切国的宏伟大业就开始了。他的子孙后代从来没有忘记过他。"

他的继任者基卡布（K 'iq 'ab）通过进一步征服西部高地和向南延伸到太平洋海岸扩大了基切领地。"他向他们开战，征服并摧毁了拉比纳尔人（Rabinal）、喀克其奎人和扎库鲁人的田地和城镇；他来到这里，征服了所有的城镇，基卡布的士兵把他的武器带到遥远的地

图10.18　危地马拉旧米克斯库遗址　危地马拉旧米克斯库：玛雅高地查霍马·喀克其奎后古典期的首都，位于一系列可供防御的高原上，周围是峡谷，是这个时代的典型环境。

方。有一两个聚落没有进贡,他就攻击所有城镇,强迫他们进贡。”

考古学家对乌塔特兰进行了挖掘,并从与基切有关的后古典期陶器和建筑的分布中,确定了其扩展领域的大致范围。例如,在乌塔特兰发现的一种建筑模式,由广场东西两侧的神庙和北部的柱廊式建筑组成,这种模式在高地遗址中被发现,该遗址很可能已经属于基切王国的统治领域。其他独特的建筑组合可能确定了其他后古典期的高地国家。这些高地建筑模式包括特定的建筑类型,如基切柱廊式建筑,与尤卡坦半岛有明显的联系,更确切地说,与玛雅潘有联系。

15世纪后期,在瓦夏基-卡姆(Vahxak'i-Kaam)统治期间,基切国遭受了严重的挫折。大约1470年,在库库马茨和基卡布征服期间,喀克其奎人曾是基切人的臣民和盟友,他们起义反抗前主人,在乌塔特兰南部和东部的高地建立了一个独立的国家。喀克其奎人建立了新的首都伊西姆切,也被周围的峡谷所保护(图10.17)。喀克其奎人从伊西姆切开始了新一轮的征服,征服了以前由基切人控制的地区。基切人多次试图击败喀克其奎人,但都失败了。高地文献《喀克其奎编年史》记载了一场重大战役,来自乌塔特兰的进攻军队全军覆没,数千名基切勇士被屠杀,他们的领袖也被俘虏牺牲。在16世纪早期,当喀克其奎人的崛起被西班牙征服者终止时,他们还在不断扩张其领地。

结语:后古典期的重组与复兴

低地国家的分崩离析和人口的减少是古典终结期的特征,后古典期出现了一系列新的政体,重新构建了玛雅国家所依据的社会经济、政治和意识形态基础。然而,与此同时,这些后古典期的国家在很大程度上借鉴了过去的灵感和手段来加强其权力和权威。最典型的灵感来自于奇琴伊察，古典期最后一个低地首都。奇琴伊察是玛雅所有城市中最国际化的，其经济、政治和宗教机构远远超出了玛雅地区，它从整个中美洲开发资源和思想。这使玛雅国家及其人民接触到了新的思想，使玛雅社会发生了进一步的变化。在后古典期，这些国际关系得到了保持甚至有所加强。

随着奇琴伊察的覆灭，玛雅国家长期以来的兴衰循环进入了最后阶段，在玛雅潘建立了一个新首都。在玛雅潘的管辖下，奇琴伊察的经济、政治、军事和宗教机构在一个新的环境中得到恢复，包括模仿奇琴伊察早期原型设计的神庙。玛雅潘北部低地的统治一直持续到西班牙征服前不久，而后，它也随之崩溃，其邦联分裂成一系列独立的小国家。

玛雅潘和其他后古典期玛雅国家也建立在经济、政治和宗教制度的基础上，这些制度在奇琴伊察开花结果。后古典期玛雅国家的经济以海上贸易为基础，这使得实用商品的分配更加高效和广泛。这与大多数古典期传统玛雅国家的经济状况形成了鲜明对比，后者更依赖于购买和消费名贵商品。奇琴伊察也是后古典期政治制度的原型，更适合巩固对经济、军事和宗教机构的控制。在玛雅潘和其他后古典期的首都，新制度的核心是由一些精英统治君主共同分享权力。其中一位领主通常被认定为集体机构或统治委员会的最高统治者。但决策和成功行动的责任是由统治寡头共同承担，而不是像过去古典期那样集中在一个人身上。以库库尔坎神为基础的新型超自然宗教崇拜在后古典期不断扩大，促进了中美洲更多的商业互动与交流。与此同时，在后古典期，玛雅人的宗教活动变得不那么集中，而更多地注重以家庭为基础的仪式和朝圣。

人口数量的反弹、生产和运输成本的降低以及需求的增加都刺激了后古典期的经济。不断扩大并得以巩固的贸易路线将玛雅地区和中美洲的不同地区联系在一起。这带来广泛的发展和繁荣，改变了玛雅社会。古典期最早出现的"中产阶级"随着商业经济的发展而不断扩张。这种新经济还促进了整体繁荣水平的提高，并减少了传统上统治精英与社会其他阶层之间的差别。各行各业的人们都有机会获得更多的商品和服务，包括许多以前只属于传统统治精英的商品和服务。

玛雅低地的沿海地区和高地的许多地区，人口达到了高峰。内陆贸易联系的增加甚至帮助恢复了中部低地的财富。古典期的传统中心佩滕湖中部地区，以及佩滕伊察湖沿岸至少另外两个地区，维持了坎·埃克政权的崛起。这些复兴的后古典期王国也声称是奇琴伊察的后裔，或其继承者玛雅潘的后裔。他们注定要比任何其他玛雅国家在西班牙的控制下保持更长的独立时间。

同样的情形也出现在南部高地，那里的少数小政权逐渐得到巩固，其领导者是激进好斗的基切玛雅人，其统治精英声称他们的遗产源自托兰的神话历史，很可能与奇琴伊察的辉煌时代有关。基切国家的迅速扩张由征服和政治巩固推动。在西班牙征服之前，基切人和他们的主要竞争对手——迅速崛起的喀克其奎国家(Kaqchikel state)——在高地上为争夺政治和军事霸权而不择手段，直到他们的独立事业因欧洲的干预而中断。

和以前一样，后古典期的玛雅国家继续从对贸易、劳工、战争和宗教的控制中获得权力。尽管后古典期的政治精英们更注重控制商品贸易，而不是威望，但他们仍然依赖徭役和对关键资源的控制来加强自己的权力。他们还继续建造神庙和宫殿，尽管这些远不如他们的前辈那样有纪念意义，也不那么昂贵。与古典期的神圣国王不同，后古典期的统治者在他们的经济基础设施上投入了更多的劳动力和资源，包括建造仓库、市场和港口设施。尽管战争继续以征服为目标，但其根本目标是控制关键资源和贸易路线，而不是获得战俘和威望。在后古典期的国家中，宗教仍是政治权威的主要强化力量。但后古典期的国家并不是由神性国王统治，神性国王的命运决定了他们王国的命运。统治后古典期玛雅国家的政治精英更加务实，他们发起的新宗教崇拜不仅继续加强他们的权威，而且支持新的世界主义精神，鼓励泛中美洲的交流和商业往来。

综述：关于玛雅文明的视角变化

玛雅考古学，就像试图理解任何社会的过去一样，产生了许多对过去的不同看法。考古记录的变化反映了社会随时间的演变。解释这些变化是玛雅考古学的核心目标，也是所有社会考古学的核心目标。回顾前几代考古学家关于变化的来源及其原因的说法，揭示了关于这个问题的两种基本观点。一种观点强调变化的内在原因，认为玛雅社会在其自身的动态过程中产生了变化。内部刺激学派将环境多样性、社会经济不平等、人口增长、竞争和战争等因素作为对玛雅社会进化的解释。另一种观点强调变化的外部原因。也就是说，认为玛雅人和他们的邻国之间的互动是玛雅社会变化的主要刺激因素。外部刺激学派将诸如长途贸易、征服和殖民等因素作为玛雅社会演变的解释。

在追溯玛雅社会从前古典期开始到后古典期结束的演变过程中，有许多外部和内部观点的例子。奥尔梅克人是后来所有中美洲社会（包括玛雅人）的文化母体，这一论点是外部刺激立场的最终表现。但在这种观点下，奥尔梅克人也仅仅代表了几个非玛雅社会中的第一个，他们是玛雅发展的先驱。普遍认可的观点是，特奥蒂瓦坎是墨西哥中部第一个大城市中心，正是它在古典期早期的干预将玛雅社会变成了一个更复杂的社会。换句话说，这篇论文认为，在特奥蒂瓦坎人与玛雅人接触之前，玛雅人已经被组织成一系列的酋邦。特奥蒂瓦坎是一个主要的国家，它凭借自己的力量发展了国家层面的社会政治复杂性，因此，特奥蒂瓦坎的干预，通过强迫或模仿，将这些玛雅酋邦变成了次级国家（根据定义，次级国家是通过与先前存在的国家接触而创建的）。这种外在主义理论的另一个例子认为，古典期玛雅国家的崩溃可归因于新的经济、政治和宗教体系，这些体系起源于玛雅低地地区墨西哥湾沿岸的“墨西哥化的玛雅”社会。这种新秩序在古典终结期改变了玛雅社会，并在后古典期进一步发展。

玛雅社会近三千年的演变也可以从内部发展的角度来看待。这一观点认为，玛雅人和瓦哈卡、墨西哥中部以及其他地方的社会一样，与奥尔梅克人同时发展了相当程度的社会经济复杂性。这也表明，玛雅人在与特奥蒂瓦坎人接触之前，通过卡米纳尔胡尤，甚至更戏剧性地通过埃尔米拉多尔，已经发展出了初级国家。随后，由神圣国王统治的古典国家体系（在墨西哥中部没有直接证据）因内部压力而崩溃，这是由各种问题造成的，如人口过剩和环境变化（特别是干旱）。这一失败的体系被一种新的经济和政治秩序所取代，这种秩序在古典终结期发展起来，并在奇琴伊察达到了顶峰。此后，尤卡坦、佩滕和高地等一系列新的后古典期的国家模仿并进一步发展了这种新秩序。

当然，严格遵循外部或内部的观点会产生对玛雅文明演变的扭曲化重构。毫无疑问，随着时间的推移，外部互动是玛雅社会变化的一个原因。但是，与特定的“外国”社会（奥尔梅克人、特奥蒂瓦坎人和“墨西哥化的玛雅人”）接触的特定事件不同，外部互动是跨越时间、多民族血统融合的连续互动。除了外部刺激模型通常强调的三个主要事件之外，它还包括与中美洲、瓦哈卡、莫雷洛斯、恰帕斯、普埃布拉等地的非玛雅社会的接触。最后，这种持续的、多种族的互动在所有接触的社会中产生了变化——换句话说，玛雅人既是互动变化的制造者，也是变化的接受者。

同时，过度依赖外部互动，也导致了对玛雅社会内部关键过程的忽视。很明显，玛雅人的社会演变过程也是由一系列内部产生的变化所导致的，这些变化源于人口增长、经济发展、环境适应和变化、竞争和战争、意识形态等。因此，结论是，外部和内部的变化来源相结合，才能得出更完整、更准确的关于玛雅文明进化过程的描述，而不是仅仅局限于上述某一种观点。

表10.1　后古典期基切玛雅的王朝历史

统治者	大致日期	主要事件
基茨巴兰(Balam Kitze)	1225—1250	领导向北部高地的迁移
科科哈(Cocoja)	1250—1275	
齐金(Tz'ikin)	1275—1300	征服了东部波科曼玛雅(拉比纳尔)
阿赫坎(Ajkan)	1300—1325	
科卡伊布(C'ocaib)	1325—1350	回到东部(托兰)获得阿赫泡普头衔
康纳切(Conache)	1350—1375	在伊斯马奇建立新首都
科图亚(Cotuja)	1375—1400	扩大基切领地
库库马茨(Q'uq'umatz)	1400—1425	建立乌塔特兰作为最终的首都
基卡布(K'iq'ab)	1425—1475	基切的征服到达顶点
瓦夏基·卡姆(Vahxak'i-Kaam)	1475—1500	喀克其奎起义；在伊西姆切建立独立首都
奥西布-克赫(Oxib-keh)	1500—1524	征服乌塔特兰后被西班牙人杀死(见后记)

来源：卡马克，1973、1981；卡马克和威克斯，1981；特德洛克，1985。
估计每一代人大约25年(参见沃科普，1949；卡马克，1981)。

第十一章　古玛雅经济

> 玛雅人最愿意从事的事业是贸易。将盐、布匹和奴隶运到乌卢阿和塔巴斯科，以物易物换取可可豆和石珠——古玛雅的流通货币。大多数玛雅人是耕作者，他们通过勤恳劳作，取得玉米等谷物的大丰收，并把它们保存在精美的地下宫殿和粮仓里，待时而售。
>
> ——兰达《尤卡坦风物志》（托泽，1941年，第94—96页）

现在，我们开始转向研究古玛雅社会的主要特征，随之将目光投向一些古玛雅文明进程中最必不可少的因素。在第二章中，我们已有相关的探讨。纵观古玛雅社会的历史，玛雅社会的扩张和收缩的周期与这些因素密不可分。在这一章中，我们将探讨古玛雅经济以及玛雅社会资源（包含食物、原材料、制成品和劳动力资源）的管理方式。与所有前工业化社会并无二致，这些资源为玛雅文明积蓄了大量能量，积累了巨额财富，并推动了玛雅文明发展的进程。

古玛雅经济的重建尚未完成，目前我们所知的信息主要是源于考古数据和民族历史记载记录。考古学家曾在博南帕克发现精美的壁画和陶器，它们可追溯到古典期。在壁画和陶器上绘制了少量贡品的图案，除此之外，玛雅铭文一般不涉及经济问题。经济管理受中央控制的程度就是所有经济体系内的连续统一体理论。不同的商品有可能在不同的经济网络中流通,在古玛雅社会,由政治领导人管控的经济隶属于政治经济的一部分,而其他掌握在社会个体成员手中的经济称之为社会经济。

此外,玛雅经济的某些方面是层级制度管理的,而其他方面是非层级制度管理的。层级制度管理指的是:由官员或个体组成的纵向阶层,其中他们的权力制度化且自上而下递减。非层级制度管理是指:在水平式或纵向的组织结构中,权力没有被制度化,且一般是流变的,取决于个体经济关系。两者的区别中还有一些共通之处。精英阶层控制大部分的政治经济,他们通过实施分层管理制度,掌握许多名贵商品(如王室或祭祀用品)以及一些实用物品(如高地黑曜石或低地的研磨石)的生产和销售。与此同时,精英阶层之间也礼尚往来,存在非层级模式的礼物交换。同样的道理,大部分的社会经济是由成千上万的家户组成的,他们生产各种各样的商品,这些商品通过市场交易进行非层级模式的交换。然而,由家户或社区为单位生产的工艺品,很有可能受到层级管理的制度管控。

想要对一个早已消逝的古代经济体系了解得面面俱到几乎是个不可能完成的任务,由于它是一个随时间变化而变化的动态体系,这使得了解难上加难。然而,我们的目标主要是确定古玛雅经济各组成部分是如何运转的,以及了解它们是如何随时间而变化的。尤其,如果想要理解古玛雅社会中权力的基础和用途,那么我们就必须认识古玛雅的层级制度和非层级制度。传统上来说,工业化前国家的复杂性是通过其层级的组织程度来衡量的。但是,非层级制度也与其复杂性密不可分,尤其是在热带环境下。因此,为了充分了解古玛雅国家的复杂性,了解这两种制度的运作以及它们之间的连接变得十分重要。尽管细节未明,我们仍可以说,政治经济包含着层级和非层级制度，通过这两种制度，政治领导人能够掌控劳动力和控制商品的生产销售。对更大多数的平民而言，他们可借助这两种制度来维持一个个各自独立而又相互影响的“基层”社会经济，生产并流通各种商品。当然，由于大部分商品生产和分销的方式随时空的跨越而变化，因此这些差异并不是一成不变的。

政治经济学

玛雅政治经济指的是建立价值且交换与政治关系密切相关的商品和服务的过程。本书主要关注的是政治领导人对社会资源的操纵和控制——商品和服务的生产和销售方式。显而易见的是，资源的掠夺掌控是夺取权力的必要方式。正如我们所知，生活必需品资源的垄断将带来并加剧玛雅社会不平等现象，其带来的后果包括统治阶级精英的崛起（详见第四章）以及国家制度的发展。在玛雅国家，政治领导人（包括国王和精英下属），他们的政治权力的大小取决于对资源的掌控程度。当然，政治领导人永远无法完全掌控经济，因为他们总是面临来自个体生产者和经销商的竞争，这些经济活动并不在他们的掌控之下。即使是在中央高度集权的工业经济体，“黑市”也不由国家管控。

与玛雅社会的其他方面一样，玛雅政治经济在各地的组织形式各不相同。获取当地资源的差异性也会影响经济组织的发展。例如，在玛雅的低地地区，掌管黑曜石和盐等商品的进口和分销方式有利于巩固王权。在玛雅南部，由于卡米纳尔胡尤和科潘更靠近主要的高地黑曜石采石场，他们便得到了这些资源的控制权，政治集权因此得以加强。更具体地说，青山和夫（Kazuo Aoyama）关于科潘的研究表明，由基尼奇·亚克斯·库克毛建立的帝国（即科潘）通过控制黑曜石在伊西特佩克火山的获取途径，从而控制了黑曜岩刃核（切割工具的主要材料）在科潘和邻近城市的销售。这样的控制加强了科潘统治者的中央权力，增加了他们的财富，并有利于广大人民的福祉，因为他们可以获得高质量刀具的稳定供应。通过这些方式，掌握伊西特佩克火山黑曜石刃核的获取对科潘国家建立永久的中央集权有举足轻重的影响。

在玛雅其他政体中，有些经济组织与科潘截然不同。在玛雅的低地地区，特别是在一些需要中央水库供给用水的城市（如蒂卡尔），只有某些统治者才有可能拥有管控水资源的权力。任何玛雅政治经济都将徭役控制权、纪念性工程的修建权、名贵商品的生产与分销权、长途贸易带来的外来（非本土）商品销售权牢牢攥在手中。区域间贸易网络极有可能掌握在精英阶层手中，从一些粮食高产区（如伯利兹湿地）进口食品就是区域间贸易的一种形式。在玛雅低地，由精英控制的长途贸易的主要销售产品为一些名贵商品（如外来的羽毛和玉石）；但也有一些生活必需品（如家家户户都必须买的盐）。大多数的生活必需品可就地获取，但是与就地取材相比，长途贸易进口而来的原材料品质更加优良。例如，从玛雅高地进口来的优质原材料，包括用来制作刀具的黑曜石，用于制作研磨工具的玄武岩，和用来制作精美陶器的火山灰等。它们可以用以交换尤卡坦半岛北海岸的盐，或者是一些低地经济作物，比如可可豆和棉花。

坐落于帕西翁河瀑布沿线，坎古恩遗址是精英长途贸易网络的有效例证，这一记录可追溯到古典期晚期。坎古恩作为玛雅高地、低地之间的贸易要塞，得天独厚的地理位置为其提供了巨大的优势，无论是高地小径上的商品陆运还是沿着帕西翁河下游的独木舟水运，商品贸易路线控制权都掌握在坎古恩统治者的手中。经过考古挖掘，坎古恩的神秘面纱被逐步揭开，它是名贵商品的重要生产中心。

从陆地运来的玉石和黄铁矿等高地的优质原材料送至坎古恩，经加工后，制成品被装运到独木舟上，经水运销往玛雅低地。这些制成品包括玉饰、玉板和黄铁矿镶嵌镜，供低地的玛雅精英消费赏玩。

玛雅统治者借着向臣民征收贡赋的过程，攫取权利。部落尽量满足精英阶层的日常所需，不仅为他们提供衣食，而且奉送名贵商品和金银财宝。此外，通过剥削战败者，赢得战争的统治者可以享有更多的劳动和财富资源。在博南帕克珍贵的壁画上可以看到这样的画面，一袋袋可可豆整齐地贴着标签，标明每袋豆子的数量，作为贡品奉送给当地统治者。

极有可能的是，玛雅统治者鼓励在各国首都创设区域市场，因为在这些地方，他们可以更好地管理国民，并获得更多的交换商品的机会。通过向卖主征收费用，市场可以为国家带来财政收入；它也可以为由精英控制的长途贸易提供销售场所，销售重要商品。然而，大多数资源的开采和收购是否存在集中管控，这点几乎无迹可寻，包括用以制造玉石、绿咬鹃羽毛和斯特拉斯贝壳等名贵商品的原料的开采，以及大部分本地农产品和家庭产品的生产和分配等。这些活动几乎都属于非层级制度管理的社会经济，但也有例外，例如，尤卡坦北部沿海的大规模制盐设施就不属于其管理范畴(图11.9)。另一方面，有确凿的证据表明，从古典期开始，统治精英亲自掌控宫廷作坊的生产，各式各样具有特色的名贵商品都出自于此，包括彩绘陶器、雕刻贝壳、雕刻玉器、镶嵌玉石、贝壳及其他具有异国风情的面具和头饰等。经考古挖掘，在危地马拉的阿瓜特卡发现了这些宫廷作坊，保存十分良好(图8.16)。

随着时间的推移，一些玛雅政治领导人能够控制大部分的经济，因此，在古典期，一些大国(如卡拉克穆尔和蒂卡尔)开始抢夺途经低地的主要河流和陆路贸易路线的控制权。激烈的竞争促使这些国家开始结盟并开拓殖民地。掌握原材料的来源、重要贸易路线以及港口运输方式不仅加强了军事优势，同时也带来了庞大的经济效益。直到古典终结期和后古典期，北部低地的一些国家（如奇琴伊察和玛雅潘）有效地控制着商品（如可可、棉花、盐等）的生产和销售。显而易见的是，这些国家对生产设施管理、海港运输以及在整个中美洲运输商品的长途贸易海运路线的管理都采取了直接管控的方式。然而，在哥伦布发现新大陆之前的整个时期，玛雅经济的很大一部分仍然掌握在个体生产者的手中，可能也包括越来越多的非精英商人，而他们在很大程度上不受国家控制。

社会经济

社会（或国内）经济是指不受中央政治控制的商品以及服务的生产和分配。在哥伦布发现新大陆之前的时期，玛雅人的经济依赖于家庭和社区的生产。玛雅家庭几乎都可以自给自足，他们不仅通过自己的劳动建造房屋和其他设施，也通过狩猎、采集和农业市场来维持生计。但在某种程度上，所有的家庭都依赖外部生产商提供的商品。而有些家庭的依赖性比一般家庭更强，特别是那些从事商品专业生产的家庭（见“伯利兹的科尔哈”专栏）。当地社区更大的劳动力需求可以通过每户志愿者的共同努力来满足。在玛雅社区里，有些志愿者生产其他必需品，我们将他们称为“业余或全职专家”，生产的范围包括篮筐、磨石、狩猎用具、渔具和陶器等。萨尔瓦多的塞伦——这一曾被火山灰吞没掩埋的遗址，出土了大量玛雅社区生产的物件，这些物件可追溯到古典期，包括玛瑙纤维、磨盘和磨石、彩绘葫芦容器、家用陶器，以及用于家户仪式的香炉。它们保存完好，历久弥新（详见第十二章）。对于那些在当地无法直接生产的产品，人们可以用当地的原料或产品在流动小贩或当地市场进行交换。在塞伦，家庭库存中包括三大进口品，即黑曜石刀具、绿石石斧和彩色陶器，这些有可能是从当地精英管理的一个或多个附近的市场中心购买的。

塞伦出土的考古证据表明，平民阶层也是玛雅经济网络的构建者之一，玛雅的经济网络不仅复杂交错，且具备自我调节的功能。尽管它与政治经济融为一体，但它不受中央控制。它为政治精英们提供了大部分原材料，比如源于高地的黑曜石和取自低地的燧石，这些既可用以制作刀具，也可用作名贵商品，除此之外，还有用于烹饪和储藏的陶器，以及精心制成的名贵商品，比如毛皮、羽毛、玉石和斯特拉斯贝壳。与此同时，居住在低地的平民可以从精英管理的销售网络中获得所需的外来商品，比如盐和玄武岩磨石。当然，社会经济也为玛雅社会全体成员提供了生活必需品。比如从山川湖海中收获的粮食、用于储粮蓄水的器具，以及备餐和供餐用的食物，这些都是由玛雅地区成千上万的平民（非精英）家庭生产的。

与政治经济一样，玛雅社会经济也因地区而异，并随时间而变化。其中最重要的变化就是新型商业阶层的出现。这个阶层包括个体生产者和家庭企业的专家。作为制造业的全职生产商，生产的物品包括陶瓷，以及铜制的斧头和铃铛。除此之外，商人也属于这个阶层，他们是贸易路线的经营者，同时也是市场上买卖货物的中间人。然而，并非所有这些专家都是富有的且日益阔绰的企业家，有些人是因为没有农田，只能被迫从事手工业生产。虽然物物交换是最古老的交换商品的手段，但随着玛雅基层社会经济货币体系的发展，整个玛雅世界乃至更远地区的交易得到了极大的便利化。在哥伦布发现新大陆之前的时期，玛雅世界引进了贝壳、绿石珠、可可豆、铜铃铛等货币形式，将它们作为货币基础。

征调劳动力

正如我们所见，征调劳动力是奠定政治权力的基石之一。随着考古发掘的深入，从灌溉渠、寺庙到宫殿等各式各样的建筑逐渐出现在大众的视野之中，它们为过去劳动力的测算提供了参考依据。但正如第二章所提到的，徭役数量是衡量政治权力高低的标准——人们通过为上级提供服务的方式来缴纳劳动税。通过征调大批的志愿劳力，可以完成一些工程的建造。这强调的是没有政治权威强迫或指导下的集体努力。一方面，这通常指的是惠及全民的建筑（如本地的神殿或寺庙），它们往往是由志愿者劳动建造而成，并不反映中央集权的政治权力。另一方面，这也包含专为政治领导层建造的建筑（如墓葬、庙宇、宫殿等），这些建筑是政权稳固的指标，并反映了中央集权，因其建造的规模庞大、复杂而需要统一管理。

例如，在科潘发现了一系列古典期的住宅建筑，它们是艾略特·艾布拉姆斯（Elliot Abrams）的研究重点，是计算单个建筑所需的劳动力的重要依据。基于观察研究，这些计算可以确定现代玛雅人民从事传统建筑工作所需的工日数，传统的建筑工作包含采集木材、茅草，采石、塑石、运料和制作石膏等。不出所料，这些研究表明，大多数古玛雅的平民住宅都可以由少数人在短期内快速建造完成，这对于各个家庭和社区是力所能及的事情。

但是，当涉及与科潘王室中心相关的纪念性建筑工程时，劳动力需求则急剧上升，因此需要征调徭役。根据考古数据，克莉丝汀·卡雷利（Christine Carrelli）将工日数的计算应用于一系列的建筑测算，包含古典期早期的第一个世纪的科潘卫城建筑。这项研究的结果表明，在科潘王朝建立者基尼奇·亚克斯·库克毛执政期间（约公元426

年—约公元437年),需要超过175000个工作日数才能建造新王室的初台和建筑。按照这个时代的人口推算,在科潘,每个成年男性每年都要花上一个月的时间来建造这个王室建筑,而这仅仅只是亚克斯·库克毛执政期间的几个大型建筑项目之一,实际上徭役数量应该更大。同样的研究表明,在科潘统治者二世(基尼奇·亚克斯·库克毛的儿子)在位期间,用以建造建筑的徭役需求不断上升。换句话说,科潘王朝的建立带来的根本后果就是建立中央控制的纪念性建筑物的制度,这使得科潘新统治者的臣民背负了沉重的徭役负担。

古玛雅的生业模式

为了生存,古玛雅人必须获取各种各样的资源和掌握必要的技术手段,但各地条件却各不相同。为了适应各式各样的环境(特别是热带低地地区),人们开始丰富耕作方法,增加作物品种。尽管谜底还未全部揭开,但古玛雅人的生存方式可根据来源和技术分为三大类别:狩猎和采集(野外食物的获取),动物饲养,以及农业生产。我们已知,正如16世纪的西班牙人所描绘的那样,玛雅家庭通过劳力活动,或者与人以及与当地市场进行物品交换可以换取到所需的食物。

自然环境是玛雅家庭获取重要的非食物资源的来源地。从雨林之中,可以获取一些至关重要的产品。木柴,用于做饭、烧陶器、做石灰泥的材料以及取暖的燃料都取自雨林。雨林也是木材的来源地,以及篮子、垫子、绳子、纸张和树皮布的多种纤维的供应地。妥善管理林区可以为建造房屋提供木材和茅草等建筑材料。培育出来的棉花可以纺成线,染上五彩斑斓的植物和矿物颜色,然后织成服装和纺织品。动物的骨头、牙齿和皮毛以及珊瑚、贝壳都可以制成各种各样的工具、装饰品和祭祀用品。

狩猎和采集

古玛雅人保留着前哥伦布时代人的饮食习惯，食物在一定程度上来源于野外。因驯养动物种类和数量都屈指可数，他们需要通过捕鱼和狩猎来获取所需的蛋白质（见表11.1）。鹿、貘、刺鼠、兔子、猴子等其他的动物成为了他们的狩猎目标，在捕获鸟类、猴子、蜜熊和其他树栖动物时，通常需要使用吹枪作为武器。在考古遗迹中发现的小而硬的陶土颗粒可能是吹枪弹丸。玛雅法典中有记载诱捕鹿的陷阱图样。由于麋鹿能够很好地适应田野和家庭菜园交织而成的地理环境，因此它的数量可能随着人口的增加而增加。在蒂卡尔挖掘出土的动物骨骼，经研究发现，鹿肉的消耗比例随着时间的推移变得越来越大。有可能是领域扩张为动物觅食提供了更多的食物，因此鹿的数量增加了。

水生资源是古玛雅人饮食中不可或缺的食物来源。考古学家发现了砝码和骨鱼钩，以及极具代表性的独木舟壁画等，这反映了古玛雅人懂得制造工具并且利用技术从江河湖海中获取所需的食物。鱼类和贝类为沿海居民的饮食提供了营养，动物区系分析表明，经过长途贸易，内陆地区也有鱼肉供应。至今玛雅高地地区的市场仍有鱼干售卖。高地地区和低地地区的淡水湖泊、河流提供了各种鱼类和贝类。据佩滕湖地区的证据表明，在近一千年的时间内（前古典期中期到古典期晚期），淡水软体动物的消耗量呈下降趋势，而在古典期末期消耗量有所回升。消耗量的下降可能是由于农业的扩张以及砍伐森林导致沉积增加，从而导致软体动物种群减少。而在古典终结期，随着人口不断减少和森林覆盖率的下降，软体动物数量逐渐增加。因此有大量的鱼类可供食用，它们的重要性从玛雅艺术中的活跃度可见一斑。

玛雅地区的野生植物种类繁多,时至今日,大量野生植物仍用途广泛,可用作食物、药物,可谓古为今用。常见的野生食用植物包括番木瓜、番荔枝、人心果、南美番荔枝、热带棕榈等多种植物,以及各种调味品,如多香果、香草、牛至等。这些树木和植物,虽然没有被完全驯化,但经过悉心培植,已经能在家庭菜园中培育出来(见下文)。

动物饲养

驯养动物并不是古玛雅饮食的主要来源。尽管通过化验狗和火鸡的骨骼残骸,可以发现它们是驯养长大的,并且通常在特殊的节日食用。正如我们今天所看到的,家养的狗不仅可以看家护院还可以被驯导成猎狗。其他驯养品种包括鸽子和番鸭。然而,这种鸭子原本来自南美洲,可能直到西班牙征服之后,玛雅人才逐渐开始食用。饲养无刺蜜蜂是为了生产蜂蜜和蜂蜡,它们是重要的贸易商品。玛雅人饲养野生动物也是为了以它们为食,比如大牧场饲养的鹿。兰达主教曾亲眼看到一名妇女用乳汁喂养一头鹿,饲养其他家畜。通过这种饲养方式,它们被驯服了,永远不会进入森林。

今天,玛雅人也饲养各种野生动物作为宠物,包括鹦鹉等鸟类、猴子、长鼻浣熊、蜜熊等。兰达指出,在16世纪的玛雅,人们饲养并驯服鸽子,它们繁殖得很快;而女人们饲养这些浣熊,却无法像驯服鸽子那样,因为它们的本性仍然难以改变。考古学和民族史学证据表明,古玛雅人获取蛋白质的方式可能比大众熟知的更多。例如,田间排水渠(见下文)也可以用于养殖大量鱼类和其他水生物种。

表 11.1　古玛雅低地常见且可获取的野生动物资源

鸟类：恰恰拉卡鸟	浣熊
凤头鹦鹉	贫齿目动物：犰狳(九绊犰狳)
凤冠鸟	小食蚁兽
斑点火鸡	兔形目动物：南美森林兔
绯红金刚鹦鹉	有袋类动物：负鼠(有袋负鼠)
美洲斑鹿：南美小鹿	奇蹄类动物：领西貒
白尾鹿	中美西貒
肉食动物：蓬尾浣熊	貘
长鼻浣熊	鳍足类动物：海牛
美洲狮(猫科动物)	灵长类动物：吼猴
灰狐	蜘蛛猴
美洲虎	啮齿类动物：刺豚鼠
美洲山猫	天竺鼠
蜜熊	豪猪
虎猫	松鼠
豹猫	

表 11.2　古玛雅低地常见且可获取的植物资源

栽培种	种植月份	收获月份	产量
苋属			
鳄梨			
葫芦	2月—5月	10月	9,557
豆类	6月—8月	11月	24,013
面包果		干旱季节	1,100—2,700
可可			
木薯		1月—3月	2,600
辣椒	3月	6月	
番石榴			
玉米(一年栽培, 第二年栽培, 第三年栽培)	4月—5月	11月—次年1月	1,600 1,134 468
西班牙李子			
南茜果			
番木瓜			
菠萝	6月	任何时间	7,718
七叶树			
番荔枝			
甘薯	5月	12月	2,2469
香草			
箭叶黄体芋			40,909
丝兰			

粗放型农业

农业是古玛雅人赖以生存的重要条件（见表11.2）。玛雅人采用了一套复杂的综合耕作方法，这种方法是通过长时间的环境互动发展而成的。这些方法可应用于粗放型农业系统，也适用于集约型农业系统，粗放型强调的是在恢复耕作前先休耕几年，而对于集约型农业来说，需要常年耕种，只有短期休耕。一般来说，粗放型农业单位耕地的产量较小，集约型系统单位耕地产量较大。

今天仍在沿袭的刀耕火种的耕作方式可能是玛雅地区最古老的农业形式之一。对于古玛雅人来说，这种耕作方式过程十分烦琐，需要用石器清理田地，焚烧收割后的干枯植被，才能开始种植田地。一些树种和物种可以提供人们所需的野生食物，将它们与玉米、豆类、南瓜、木薯和其他栽培物种种植在一起，共同生长。根据当地的降雨量和土壤肥力情况，连续好几季在每片土地种植、培育、收获。在过去，由于土壤贫瘠和杂草丛生，田地失去了生产能力，在重新耕作前只能休耕。如今，这种火耕的农业耕作方式的休耕期为一年至六年或更长。

从前古典期开始，一小撮散漫分布的农人占领了低地林区，他们采用火耕耕作，通过加强养护、定期除草和间作（将玉米和豆类等几种互补作物种植在一起）可以提高农业收成。这些技术不仅减轻了植物间的竞争，还可以改善土壤情况（如果将豆类用于间作，甚至可以补充氮营养）。在土壤质量适中且雨量充沛的地区，这些技术能实现庄稼的高产。休耕土地上密集的次生林地很难用石器清理，但得天独厚的气候为玛雅人解了燃眉之急。在旱季较长的地区，如尤卡坦半岛北部，因为天气干旱，下层灌木丛通常变得易燃，所以可以通过焚烧直接清理而无须再借助石器砍伐，然而，随着时间的推移，随着人口的增加和耕作方法的改进，火耕的重要性不断降低，直到现在，只有一些特殊的环境才会使用火耕技术。比如一些不适用耕种农业的地区，比如浅滩地区。

没有直接的证据可以证明古玛雅曾用过火耕技术。但是通过对低地湖床沉积物中的花粉样品进行分析，我们可以证实早在前古典期，就有人开始种植玉米。在烧毁的森林中发现的残存的灰烬可能是火耕技术的例证，但这也可能是自然原因所造成的。在北部低地地区发现了由石头边界墙和水流导流板组成的田地遗迹，很可能也是火耕技术的产物。

火耕田假说

人们一度认为，古代玛雅人只依赖于火耕农业，因为大多数现代玛雅人使用这种方法来生产他们的食物。火耕的耕作方式需要大量的田地，并且每隔几年就要对田地进行焚烧并且开垦新的农田。一旦一块土地被耕种，必须休耕才能恢复土壤肥力——每耕种一年就需要至少两年以上的休耕。因此，在任何一年里，都有三分之一或更少的农田被耕种，而其中大部分处于休耕状态。由于这个原因，火耕农业无法养活大量人口。

在西班牙征服后，主教迭戈·德·兰达称尤卡坦采用火耕的耕种方式来种植玉米："他们在多地种植玉米，即使某一个地方失败了，那至少其他地方也可能成功，这也足够了。在耕种时，他们只是清理了灌木丛，焚烧殆尽以便日后播种。从1月中旬到4月，他们忙于做这些准备工作，雨一来，他们才开始播种。他们将一个小口袋扛在肩上，用一根尖棍在地上挖出一个洞，随即撒上五六粒种子，再用棍子掩土。等雨一来，它们便会破土而出。"（见图11.1）

但兰达并没有谈及火耕模式的转变，只是说，考虑到尤卡坦北部干燥的气候，每个农民可以在多地种植，以确保至少有一部分会播种成功。考古研究表明，火耕的农业方式根本无法支撑古玛雅人的人口规模和人口密度。玛雅低地地区采用了更加错综复杂和高产的耕作方法，这证明古玛雅人曾实践了多种农业方式，在萨尔瓦多塞伦，从火山灰中发现的田地，从古典期至今保存十分良好，从中可以瞥见一排排精心耕耘的田地，间隔之间有一条条犁沟，利于排水(图11.2)。

在玛雅地区，每一种耕作方式都应该因地制宜，且需要多种耕作方式结合生存。我们现在知道，比起单单依靠火耕农业生存，利用多种耕作方式结合的方式，可以养活古玛雅更多的人口。因此，在一个相对不善的环境下，古玛雅如何维系其庞大而复杂的文明，神秘的面纱被缓缓揭开。

图11.1 《马德里古抄本》中的玉米播种　玛雅人用棍子播种玉米，摘自《马德里古抄本》，第36页。

集约型农业

古玛雅人的集约化的农业生产包括连续的田间耕作、梯田、家庭菜园、树木栽培和水利改良(如改良的排水系统)。在排水良好、土壤肥沃、雨水充足的地区，可以进行连续田间耕作。这种耕作方式常见于玛雅南部和低地沿海各地，它主要适用于冲积河谷。在乌苏马辛塔河、莫塔瓜河、伯利兹河及其支流等河流的河堤和河滩平原，进行连续田间耕作可以获得更高产量。在这些地区，随着周期性的洪水涌来，新的冲积土沉淀堆积，土壤肥力因此得到补充加强，虽然一年内大部分时间中，由于具有活动性的河滩平原(漫滩沼泽)的低洼之处往往过于湿润，因此在没有挖掘排水渠的情况下是无法耕作的(见下文)。

与火耕农业一样，几乎没有直接证据可以证明古玛雅人使用过连续耕作技术(除了下文讨论的田间高地和梯田)。今天，在洪泛平原土壤肥沃的地区、南部高地的火山盆地和太平洋沿岸平原，以及北部高地和南部低地较深的土壤区，都采用了连续或接近连续的耕作。

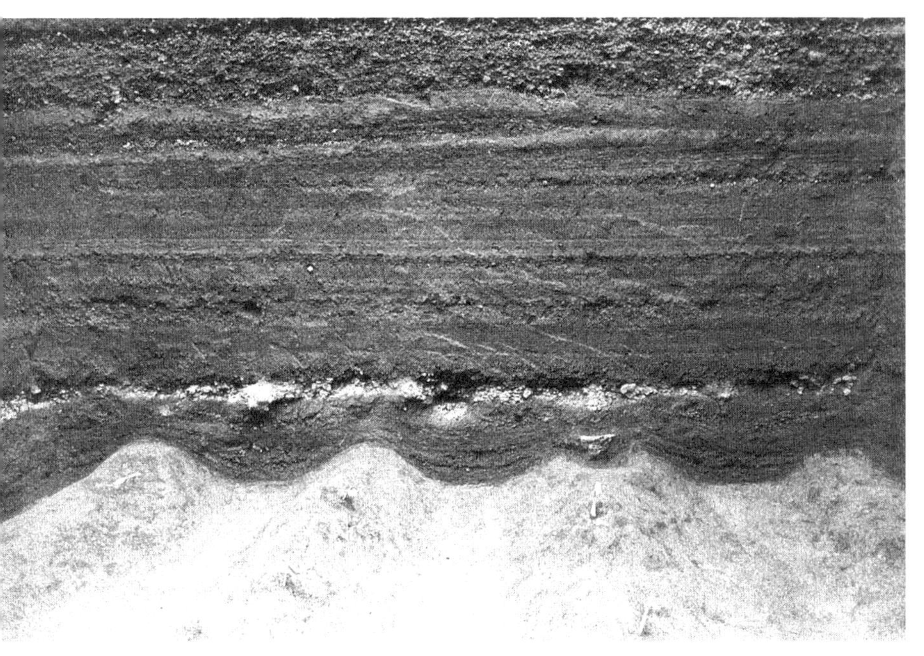

图11.2　埃尔萨尔瓦多塞伦留存的古典期晚期玉米地　萨尔瓦多，塞伦：火山灰掩埋下古典期晚期玉米田的一排排的犁沟，邻近住宅（见图12.7）；每株玉米留下的一个小孔连成一串字符（根据洞的大小可以推断出火山灰掩埋发生在春天，那时植物尚未成熟）。

依据对古典期生活在中部低地的玛雅人口峰值和密度的计算，人们猜测古玛雅人必然采取了某种连续种植的耕作方式。考虑到南部低地冲积平原的潜力，通过连续田间耕作，这些肥沃地区可发展为重要的“粮仓”，为古典期的人口中心提供大量玉米和其他主食。

在低地的一些地区，已确定是通过梯田来改造斜坡上的土壤地貌的。梯田可改善土壤侵蚀，保留土壤水分，从而提高生产力。最大面积的梯田坐落于里奥贝克地区，根据地面调查测算，大概有15万公顷的农田被改造为人工梯田。在伯利兹，逊安图尼奇和卡拉科尔及玛雅山坡上，也发现了几个大型梯田的踪影，它们的面积至少有4

万公顷。这些地区的考古研究表明,梯田的诞生可以追溯到古典期(图11.3)。这些农业特质表明,连续的田间耕作需要大量的劳动力。

顾名思义,家庭(或厨房)菜园种植是在住宅附近的空地上栽种培植作物。在热带地区,家庭菜园里有各种各样的食用作物,比如一年生块根作物、玉米、豆类以及其他大田作物,多年生灌木、藤本植物和乔木。当代玛雅家庭菜园中种植的多种原生植物证明玛雅农业有集约化生产的潜力。家庭菜园可以实现单位土地作物的高产,并且

图11.3　伯利兹卡拉科尔的梯田地图　伯利兹,卡拉科尔:农业梯田图和相关的家庭结构,证明环绕城市周边的聚落存在大量集约化的农业生产。

源源不断地为人们供给食品和调味品。间作种植不仅为人们节省了大量的工作量(主要还是除草),而且降低了土壤的耗竭率。最重要的是,利用植物杂草,人类和动物的粪便做堆肥可以加强土壤中的营养,使之变得肥沃。

得益于16世纪的西班牙人的记载和一些现代人的实践,玛雅家庭菜园开始逐渐为人所知。理查德·汉森在中部低地的纳克贝和埃尔米拉多尔发现了前古典期的家庭菜园遗址,这些菜园布满沼泽淤泥,是集约型农业的发展地。由此可证,农业集约化与埃尔米拉多尔盆地大规模复杂社会政治发展有着密不可分的联系(详见第五章和第六章)。植物和聚落分布模式也间接有力地肯定了古玛雅人家庭菜园的存在。基于玛雅低地地区的多个考古遗址以及聚落研究,在大多数低地遗址中,各个聚落的间隔几乎是一致的,与现代热带居住区发展家庭菜园的空间相比,这些间隔太过狭小,难以发展高效的田间农业。在萨尔瓦多塞伦,对古典期的房屋的挖掘中,发现了保存完好的家庭菜园遗迹,这些遗迹紧挨着房屋的主体结构(图12.8)。在塞伦的固化火山灰中发现的种种残余物和植物印迹,这些前所未有的证据直接证明了古玛雅人曾种植过玉米、豆类、南瓜、龙舌兰、可可、辣椒、棉花、芋头和木薯。

树木栽培是指在广阔的地区植树造林而非在家庭菜园栽培作物。古玛雅常见的生产性树种多种多样,其中包括面包果树、可可树、人心果果树、木瓜树、番荔枝树、鳄梨树和多香果树。通过预估面包果树的产量,可以得出结论,每单位面积的土地上,它所产粮食的数量是玉米的十倍。面包果是一种淀粉类食物,经过加工可以制成玉米饼或塔米,当代玛雅人认为它不如玉米。但是重要的是,许多林木作物对劳动力的要求要少得多,甚至都不需要除草,只要等它们的果实从树上落下时,从地上将果实收集起来。可可树和一些其他的树木作物可能只能种在单一作物种植园，今天玛雅地区种植咖啡、橙子或香蕉(旧大陆品种)的方式与之相同。但是，在今天的热带地区，单一作物种植农业需要喷洒大量化学杀虫剂，而古玛雅人并不具备这样的条件。在过去，古玛雅人可能以间作方式，通过削减多余的品种，将理想的品种混合培育、创造一个“人工雨林”。当然，田间栽培和家庭菜园种植拥有同样的优点。单一林地往往是害虫疾病频发之地，因此将不同树种混合种植可以达到减少害虫、预防疾病的目的。

有些许食物残骸和民族史记载可以证明树木作物对玛雅人的重要性，但是我们仍然缺少确切的考古证据。可可无疑是适合低地环境生长的主要树种之一，但它花粉太少，因此很难成为古玛雅的树木栽培的证据。在科潘、基里瓜、卢巴安敦和其他玛雅遗址发现了可可豆荚形状的陶瓷和石料。在墓穴中发现了可可豆的残留物，特别是在科潘的墓葬器皿中，这表明遗址四周的山谷是可可豆的重要产地。但大多数玛雅人的树木栽培早已在古典期与低地地区的天然森林融为一体，这一切已无法证明。

对土壤地貌进行水利工程改造，既可以为作物供水(灌溉)，也可以将土壤中多余的水排出，从而促进作物更好地生长。有证据表明古玛雅人使用过这两种水利技术来提高农业产量。玛雅高地的卡米纳尔胡尤最早使用过这种灌溉渠，时间可追溯到前古典期中期。这种灌溉系统在前古典期晚期得到了极大的开发拓展(图5.7)。它至少存在了七百年，一直为城市南部的农田供水，直到米拉弗洛雷斯湖干涸后才被淘汰。而在玛雅低地地区，最早使用此灌溉系统的城市是埃德兹纳，它位于中北部低地地区干燥的过渡地带。一个运河水库灌溉系统至少可以为450公顷的耕地供水(图11.4)，它于前古典期晚期(约公元前300年—约公元前50年)在埃德兹纳建成，几乎在整个古典期内，它为整座城市供水。

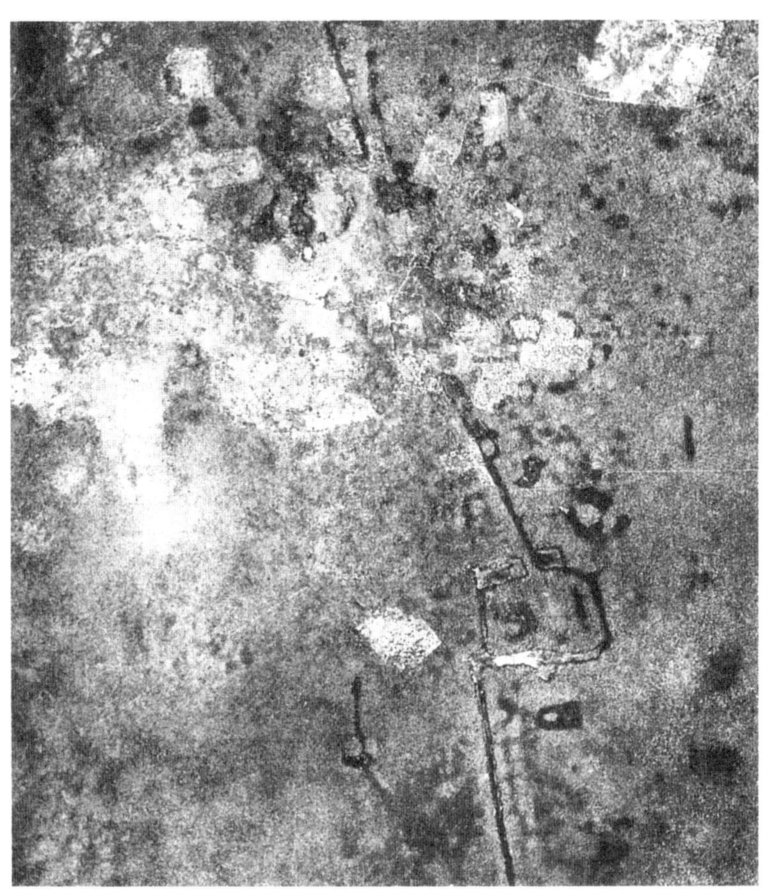

图11.4 埃德兹纳运河系统鸟瞰图 墨西哥坎佩切的埃德兹纳:古代运河系统遗迹的鸟瞰图(图中的暗线),该运河系统不仅用于雨季排水,旱季灌溉,也可能用于军事防御(注意右下方的封闭区域);埃德兹纳的遗址中心为图中上方较亮的区域,位于多条运河交汇的顶端。

图11.5 伯利兹普尔特鲁塞尔沼泽的高地农业遗迹景观 伯利兹沼泽:隆起的田地的地面景观;遇雨季时,运河系统淤塞的排水渠有层层的积水。

古玛雅人在低洼地区通过垒高田地,为各种作物创造土壤肥沃、排水良好的生长条件。通过在湿润的土壤中挖掘狭窄的排水沟形成凸起的田地,并持续堆土,形成可以种植作物的垄。由于定期从排水沟挖掘淤泥会把新鲜泥土和有机碎屑带到种植区,可以进行连续培育(图11.5)。如前所述,通过这些渠道,人们也可以捕获鱼类、软体动物和其他水生生物。垒高的田地适合种植各种各样的农作物,考古学为我们提供了一些直接的证据。从伯利兹沼泽的考古挖掘来看,这样的种植方式至少可以追溯到古典期(图11.6)。从所发现的植物遗骸来看,玛雅人似乎利用这些凸起的田间高地来种植玉米、苋菜、棉花,可能还有可可。

图11.6　普尔特鲁塞尔沼泽的旱季挖掘　最远的挖掘试验坑位于浅滩沼泽的岸边，随着挖掘不断向下深入，运河遗迹和凸起的田地（显著处）映入眼帘；挖掘机正在切割该区域的人工填土，古玛雅人用人工填土的方式，将农田提到水位线之上。

航拍提供了古玛雅隆起田独特的脊状图案（图11.7）。最先被发现的地区是墨西哥坎佩切南部的里奥坎德拉里亚河河漫滩，其隆起田的面积估计约为2平方千米（图11.8）。在尤卡坦半岛的另一侧，伯利兹北部的洪都河和新河流域发现了一个更大的隆起田地区（估计面积约为85平方千米），在此地区以北，即墨西哥金塔纳罗奥州南部的浅滩地区，也有一系列凸起的农田系统。从空中拍摄的照片来看，其面积超过200平方千米。根据美国国家航空和航天局雷达测绘系统进行的空中调查，玛雅低地地区有更多的排水渠网络。

图11.7　普尔特鲁塞尔沼泽的高地农业遗迹鸟瞰图　较暗的部分为田间隆起高地的遗迹,较亮的部分是浅滩南部边界的运河线。

图11.8　里奥坎德拉里亚的高地农业遗迹鸟瞰图　墨西哥,坎佩切,里奥坎德拉里亚河河漫滩的鸟瞰图:田间隆起高地的遗迹(整齐的高植被丛),沼泽背后的河流为运河。

重构生业模式

古玛雅人的定居模式相对分散,因此在面对多种多样的生存选择时,他们能够有效地发挥所处环境的潜力。这些方法如何在玛雅地区不同的环境中发展并结合,我们无从得知,但是我们可以给出一些合乎逻辑的步骤。古玛雅人生存的发展包括两个相辅相成的过程:扩张和集约化。扩张是指扩展耕地(或水域)面积。随着玛雅人口的增长,人们开垦新的地区。集约化指的是在不扩大土地(或水域)面积的前提下增加作物产量。由于土壤肥力和土地数量等因素的限制,古玛雅生存系统难以扩展,因此,最终只有通过集约化来实现人口的增长。

在前古典期到来之前,除却古老的狩猎和采集方法,新型农业技术开始登上历史舞台。随着人口的增长,新的农业开发区被不断开辟出来。随着低地农民的不断开垦拓展,中美洲人的迁徙定居,于是乎家庭农业出现了。最初对大多地区的扩张可能带来了一种生存策略,即除了狩猎和采集,人们还可以使用传统的火耕农业技术。通过对一些低地河堤和湿地适当排水和垒土,人们可以实现连续耕作。农业需求的扩大无疑加重了耕地的压力,田间连续耕作模式的扩张,隆起田地的增加,推动了树木栽培的发展,火耕技术的普及致使土地的休耕期逐渐缩短。与此同时,狩猎和采集业的集约化带来了畜牧业,包括饲养动物或放牧野生动物。再者,与凸起的田区相结合,也可以获得水生物种。目前,这种情况仅是推测,但未来的考古研究或许能够更确切地解答古玛雅人生业模式的演变过程。

商品生产

考古资料为古玛雅各式各样商品的生产提供了证据。一些用于原材料获取和货物生产的设备留下了有形的证据。至今,在尤卡坦半岛北海岸仍有前哥伦布时代蒸发海水的盐田遗迹(图11.9)。在采石场和作坊找到了黑曜石和燧石工具的碎屑,它们经久坚固,因此往

图11.9 墨西哥尤卡坦德泽穆尔的西塔姆普(Xtampu)盐田鸟瞰图 墨西哥,尤卡坦半岛,德泽穆尔:位于加勒比海岸西塔姆普盐蒸场地的鸟瞰图,在哥伦布发现新大陆之前曾被使用过;考古证据表明,前古典期晚期之后,这一地区是最高产的盐产地。

往能够保存下来。而其他一些与古代制造业相关的痕迹则较难恢复,例如陶器生产作坊,早已风化剥蚀,难以恢复(往往只能通过窑炉和烧坏的器皿发现)。其他类型的生产,比如纺织和篮子编织,除了一些特殊工具(编织针、织坠和梭子等)之外,几乎没有留下痕迹。利用现有的考古学和民族历史学证据,我们可以合理地重建古玛雅经济中商品的获取和生产过程(表11.3)。

表11.3 古玛雅低地经济中的生产和分配

古玛雅低地地区产品的生产和销售:模拟重建

类别	社会经济	政治经济
劳动力	农业/家庭	徭役
狩猎,采集	可食用动物、鱼类、贝类、植物等	毛皮、羽毛
农业生产	粮食作物(玉米、豆类、南瓜等)	经济作物(可可、棉花等)
农业分销	粮食作物	经济作物
原材料获取	燧石、黏土、柯巴脂、羽毛、毛皮燃料、盐、糖(蜂蜜)、贝壳	玄武岩、玉石、黑曜石、盐、火山灰
原材料分销	燧石、黏土、柯巴脂、羽毛、黑曜石、毛皮、燃料、贝壳	玄武岩、玉石、黑曜石、毛皮、盐、糖(蜂蜜)
制成品生产	燧石工具、棉纺织品、家用陶器、金属制品、黑曜石工具、批量生产陶器	雕玉、异形黑曜石和异形燧石、马赛克、雕刻贝壳、羽毛头饰、细彩陶、面具镜子
制成品分销	燧石工具、棉纺织品、家用陶器、金属制品、黑曜石工具	雕刻玉琢、棉絮(贡品)、异形燧石和黑曜石、镶嵌图案、有雕刻的贝壳、羽毛头饰精细的多色染料、面具、镜子、大量生产的陶器

在哥伦布发现新大陆之前,根据考古数据,玛雅人的商品生产具有三种不同的模式,其中最早且最持久的模式是家庭生产,即每个家庭生产食物和商品以维持其需要。第二种模式是家庭手工业生产,即用家庭生产的过剩产品来换取其他商品,以此补充生活需要。这种模式需要与社区内其他个体户进行交换,或者与小贩以及当地市场交易。家庭手工艺生产往往是非全日制专业化,包括制造特定类型的工具、陶器或其他商品。但是,相对于维持家庭生活所必需的活动,如自给自足、烹饪和育儿,生产活动是次要的。相比之下,作坊生

产，顾名思义，指在与家庭住宅分开（但往往毗邻）的场地，使用特定的生产设备，长期专业地进行生产。全职专家的生活需要既可以通过家庭成员帮助，也可以通过与其他粮食生产者交换来实现。作坊出产的商品在交换的同时受到层级和非层级制度管理的约束。

在萨尔瓦多的塞伦发现了一份保存完整的货物清单，它证实了不同的生产模式的存在。塞伦的家庭生产不仅可以提供足够的食物，还可以生产某些特定的器具，如家用陶器和祭祀香炉。家庭手工艺生产需要使用各种各样的工具和设施，包括磨盘和磨石，涂漆防护罩（painted gourds），以及至少一栋可将龙舌兰加工成麻纤维的建筑。没有证据证明塞伦存在作坊生产，但显而易见的是，当地居民曾将生产过剩的商品与外来物品（如黑曜石刀具、绿色石斧和彩色陶器等）交换，这些外来物品极有可能是出自作坊生产。

不同的生产模式随着时间的推移而发生变化。有证据表明，作坊生产始于前古典期晚期，在伯利兹科尔哈已经发现了燧石工具的生产。关于科尔哈的证据表明，在前古典期晚期，燧石工具的销售是分层管理的，即由当地精英管理，而在后古典期属于非层级管理。随着时间的推移，玛雅地区的许多地方越来越依赖作坊式生产。虽然大多数陶器是用家庭工艺设施生产的，但是有证据表明，一直到古典终结期，有大量陶器（如铅酸盐陶器、橙色精陶）是在专业作坊里用陶器模具进行大量生产的。在科尔哈，有证据表明，石器制造分两个阶段在不同的区域进行。毫无疑问，不同生产模式的结合方式多种多样。例如，有证据表明到了古典期晚期，许多精美的彩色器皿的制作需要多种生产模式相结合。首先利用家庭手工艺生产将其烧制成型，然后交由技艺精湛的工匠进行精雕细琢的加工，最后在王室宫殿相邻的专业作坊完工。

随着生产标准规范化的发展，生产的商品种类的限制以及引进新式技术和批量生产技术，生产效率日渐提高。在古典期借助模具来制作陶器和其他的陶瓷物品（如雕像）就是此新式技术发展的完美例证。玛雅高地的另一项创新发展是生产带有滑石粉的，用于制作玉米饼的平底锅，早在聚四氟乙烯（不粘锅涂层材料）发明之前，这种锅已经具备不粘锅的功能了。批量生产技术指的是将空间隔开，每个生产区块由不同的专家掌控，形成“生产线”。这些步骤可以有效提升生产效率，在后古典期几种广泛分布的陶瓷就是利用此技术实现大规模生产的，包括用模具制作的精细陶器和铅器皿。此外，在后古典期，此技术可用于生产标准化的容器，因此可以实现成堆运输，即装在独木舟或放在后货架上通过陆路运输。

一般来说，根据商品的相对价值，可以把商品分为两类：实用商品和名贵商品。商品的价值由几个因素决定。用纯粹经济学的术语来说，价值基于生产和分配的成本以及供求规律。但对古玛雅而言，有一点与其他文化异曲同工，即社会和意识形态对价值的确立也非常重要。我们可能认为实用的商品，如家庭陶器，也被赋予了意识形态的意义。事实上，储藏食物和用于饮食的器皿经常出现在墓穴和洞穴遗址等祭祀环境。然而，一些外来材料和一些珍稀奇特的材料往往用以制作名贵商品。以玉石为例，它具有很高的价值，因为它比较稀有，难以获得，而且由于它是非常坚硬的矿物，所以塑型和雕刻成本很高。供应不足以及成本高昂促成了玉石的高昂价值。但由于玉石是一种名贵商品，大多为精英阶层所拥有，因此它也具有社会价值。最重要的是，玉被赋予了人类的思想，人们认为，玉的蓝绿色代表着飘浮的原始海洋和天空。因此，玉石成为古玛雅人所知的最珍贵的物质。

玛雅人还生产了其他名贵商品，包括雕刻的海菊蛤贝壳、羽毛头饰、精美绝伦的彩色陶器、镜子，以及后来的铜制品和黄金制品。大多数名贵商品都属于政治经济的一部分,也就是说,专业工匠在宫廷作坊加工制造名贵商品且服务于玛雅国王和其他的精英阶层。在某些情况下,这些工匠也属于统治阶级精英。根据记载,在彩色花瓶等一些私人物品上刻有他们的名字和头衔。在危地马拉的阿瓜特卡——这座在古典期被迅速遗弃的低地古都,经过考古挖掘在王室宫殿焚烧室中找到了工匠和手工作品的蛛丝马迹(图 8.16 和图 8.17)。这项史无前例的考古证据表明,玛雅统治精英除了管理,参与手工业工艺制作外(包括雕刻石头、骨头和贝壳等),还掌管着阿瓜特卡王宫的行政工作和祭典仪式。

由同一物质制成的物品可以是实用商品,也可以是名贵商品。这取决于它们的生产成本以及社会或意识形态价值。例如,石斧、刀子或箭头是成本相对较低、价值较低的实用工具。但精心制作的异形燧石却是成本高昂且价值较高的名贵商品,其蕴含的思想意义十分重大。同样,大多数陶器属于实用商品,而精美不凡的彩色器皿则属于成本高昂、社会价值高的奢侈产品。因此,在古典期异形燧石和精细彩陶都是专为统治阶层所制造的。

相比之下,实用商品供应充足,生产和销售成本低下,但社会和意识形态价值不大。有证据表明,通过批量生产技术,全职专业人士生产了大量的实用商品,这在一定程度上受到了精英管理者的管控。例如,太平洋沿岸生产的铅酸盐陶器、前古典期晚期产自伯利兹科尔哈作坊的燧石工具等。但是大多数日常用品(包括容器、工具和用具)都是由地区家户以及独立于政治经济之外的作坊生产的。然而,没有中央管控并不意味着生产效率低下或缺乏组织纪律。若干研究结果表明,实用商品的生产组织良好,有效地满足了广大群众的需要。除此之外,特定类别的商品(如陶器)的生产和销售网络与玛雅政治融为一体,这也表明古玛雅人利用大型中央市场进行商品销售。

伯利兹的科尔哈

科尔哈位于伯利兹北部，是一个相对较小的乡村遗址，它以高品质的燧石闻名于世。地图上标出的部分覆盖了蜘蛛网沼泽西边约4千米长的肥沃土地。蜘蛛网沼泽是一片广阔的湿地，小溪是聚落和沼泽的分界线，也是蜘蛛网沼泽的灌溉水源，两岸上曾建有一些燧石采石场。虽然实际聚落范围超出了地图上的界限范围，但大多数土丘都很小且遗址核心覆盖面积不到400米，仅包括一个球场及数座庙宇。但现有的建筑结构相对低矮而紧凑，没有超过9米高的古迹，也没有纪念碑、雕刻或其他古迹。但是，整个遗址中大量经过加工的燧石沉积物引起了科罗萨尔项目(the Corozal Project)研究人员的注意。在诺曼·哈蒙德的指导下，他们绘制了一份关于科尔哈的粗略地图，并提请岩石学专家注意。从20世纪70年代末开始并持续到20世纪90年代初，托马斯·海丝特(Thomas Hester)、哈里·沙弗(Harry Shafer)、杰克·迪顿(Jack Deaton)以及早期研究人员理查德·亚当斯、吉安卡洛·利加布(Giancarlo Ligabue)共同创建了科尔哈计划，以便对该遗址进行更加深入的调查研究。这项计划的主要成果之一是推动玛雅石器工业的重建，专业生产的实用商品和名贵商品，其生产的组织方式随着时间的推移而发生了明显的改变。其二，在科尔哈找到了一个属于制陶前期文化的物件，可以追溯到古朴期(见第四章)。

自人类进入科尔哈之后，燧石就一直是科尔哈地区重要的资源。因为家庭水平的石器生产在制陶前期阶段就已经存在，但当时主要集中在形式上，如收缩单面图案技术，因此当时没有被认为是一种职业。但到前古典期中期，石器制造已经升级到家庭手工艺生产水平。在遗址多处除了发现一些正式和临时使用的工具，还发现了一系列独特的工具，它们是通过硬锤敲击锻造而成的。尤其有趣的是，还发现了许多微型钻头，可能是由贝壳珠的刺屑制成的。这些可能表明，科尔哈那时可能还有一个生产珠子的家庭产业。到了前古典期晚期，作坊生产进入全盛阶段，且只重点生产某些特定的工具，这些均可证明科尔哈传统的金属加工业已经开始起步。这种传统的分岔、变薄和燧石成形法，是科尔哈独树一帜的生产工艺。生产过程分为两个阶段。首先，在采石场中生产刀心以及粗略简单的片状工具坯料，然后将其运送到靠近遗址中心的不同区域的作坊中。然后，在作坊中制造刀片和片状工具，主要是利用椭圆形分岔和燧石成形法。有趣的是，带柄大刀和异形燧石通常是与玛雅精英阶层进行交换的商品。尽管这两种名贵商品数量少得多，它们却与实用工具产自同一个作坊。到前古典期晚期，科尔哈的产品实现广泛交易，有证据表明精英阶层负责产品的销售且这一传统一直延续到古典终结期。到了古典期晚期，尽管产业的组织结构发生了翻天覆地的变化，但科尔哈的产品的水平和产量仍保持不变。生产作坊散布于聚落周围,远离遗址中心,且独立经营。生产不再像过去那样被划分为两个阶段了。相反,尽管存在总体分工,但每个车间编制了一些独一无二的特质清单。所有的证据都表明,当时的生产和销售都掌握在燧石工人手中。这一趋势可能一直延续到科尔哈被废弃之前,科尔哈可能是在古典终结期内突然被废弃。显然在后古典期早期,有一群来自北方的玛雅人重新占领了这个遗址,他们带来了一种与众不同的软锤敲击技术,以及一种独特新颖的材料组合。尽管仍令人印象深刻,但工具的产量似乎在这个时候已经恢复到家庭工艺生产的水平。到1400年,该遗址最终还是被废弃了。总的来说,科尔哈是展示玛雅地区专业化生产发展的范例。通过不断变化的背景,科尔哈的石器工业也证明了随着时间的推移,玛雅经济更多地由层级管理转到非层级管理。

商品分配

考古挖掘出土了大量的物品,根据这些物品的不同位置,我们可以窥知商品分配的一隅。经久耐用的实用商品的残骸几乎无一例外都是从家庭环境中发现的,比如打制石器和家用陶器等。然而,名贵商品中的打制石器和家用陶器通常只能在王室墓穴和储藏处(仪式场合)找到。许多名贵商品被用作贡品、丧礼祭品,以及统治者和其他精英之间为庆祝结盟或其他活动而交换的礼物。一般而言,名贵商品的销售属于政治经济学,大多数实用商品的销售不受精英管控。当然也有例外,兰达曾提到,在西班牙征服时期,柯巴脂、蜂蜜和盐的贸易就掌握在北部低地地区的精英手中。柯巴脂是一种宗教仪式中不可或缺的树脂香,它对平民和精英阶层同样重要。通过对这三种商品的控制,即祭祀的重要原料(柯巴脂),唯一可用的纯糖来源(蜂蜜)和饮食必需品(盐),玛雅精英得到了贸易垄断权以及对社会其余部分的强大控制权。对于一般的低地地区,精英阶层可能还控制着黑曜石和玄武岩的进口,它们可以制作最好的切割工具和研磨用具,拥有这些至关重要的原材料的垄断权,可以用于制造实用工具。现存的考古学和民族历史学证据使古玛雅经济中的商品分配有了合理的重建(表11.3)。古玛雅经济中的分配模式也可以重建(表11.4)。

表11.4　古玛雅低地经济的分配方式

古玛雅低地地区经济的分销模式:模拟重建

分销模式	社会经济	政治经济
家庭或社区交换	食品、手工艺品、陶器、纺织品、燧石工具	
市场(当地市场)	食物、手工艺品、陶器、盐、纺织品、燧石工具	
区域贸易	食物、手工艺品、毛皮、陶器、贝壳、纺织品、工具	燧石工具、黑曜石工具、盐、贝壳饰品
市场(区域市场)	食物、手工艺品、陶器、纺织品、工具	玄武岩工具(手工艺品)、黑曜石工具、陶器、盐、糖(蜂蜜)、贝壳饰品、纺织品、火山灰
长途贸易		玄武岩(进口)、可可(出口)、柯巴脂(出口)、玉石(进口)、黑曜石(进口)、陶器(出口,进口)、盐(出口)、贝壳(出口)、糖(出口)、纺织品(出口)、火山灰(进口)
部落		可可、俘虏或劳工、棉纺织品,羽毛、食物(玉米粽等)、皮毛、玉石

尽管用中央市场作为交易场所可以方便商品分配,但这还存在一些分歧。几乎毫无争议的一点的是,各式各样的食品、原材料和制成品都可以在此销售。民族历史记载中有关于西班牙征服墨西哥中部、尤卡坦半岛和玛雅高地地区时的当地和区域市场的相关描述。根据西班牙人的记录,最大且最独具一格的市场坐落于毗邻墨西卡首都特诺奇蒂特兰的特拉特洛尔科(Tlatelolco),现位于墨西哥城之下。16世纪,特拉特洛尔科市场广场外围环绕着一条拱廊,广场中央有一个中央高台,主要是用于发布公告和处决窃贼,环绕着平台,摊档沿着格栅排列。市场法庭坐落于一个角落,人们可以在那里解决争端。包括玛雅地区在内,中美洲各地的货物都在特拉特洛尔科出售。出售的货品包括各种食品和饮料、由贵重金属(金或银)和石头

（翡翠或绿松石）制成的珠宝、药品、衣物、橡胶、纸张、建筑材料、篮子、垫子、陶器、黑曜石刀片和其他工具。除此之外，在那里奴隶和妓女被明码标价，当街售卖。

在玛雅地区，虽然后古典期的市场不像特拉特洛尔科那样组织良好，但关于这些市场的描述是大同小异的，比如，位于玛雅高地地区的伊西姆切——后古典主义中心也有一个专门为市场和官方而设立的永久广场，用于践行规章、解决争端和收税。除此之外，更大的市场甚至可以收容外国商人，就像特拉特洛尔科一样，不仅内部组织良好，还划分出了专门区域以出售各种商品。今天，在危地马拉和尤卡坦，露天市场仍然是食品和其他商品交换的首选场所，它每周定期开放，或者每天在更大的城市中心开放。市场为生产者和消费者之间的直接交易提供了一个中心场所。只有最大的市场与永久性建筑物有关，这点在过去和现在都是相通的。然而毫无疑问的是，大部分市场位于露天广场，只有柱子支撑的茅草屋可以作为栖身之所。

多种证据表明，许多玛雅城镇都被视为当地的市场中心，它们之间仅隔几个小时的步行路程，而政治首都可以设立更大的区域市场，以此更好地服务于政治。考古发现，家庭环境中的进口商品具有高度一致性，而本地生产的商品则具有较大变化，这点可能证实了中央市场的存在。在萨尔瓦多的塞伦，经过考古挖掘，人们发现了自古典期留存下来的农村社区以及其中的家庭遗骸，通过研究这些出土文物，我们可以证实这种模式。在塞伦也发现了一些外来物品，包括黑曜石工具、玉斧和彩陶器皿，它们都显示了这些相同的特征，即它们很可能是通过由精英管控的长途贸易进口而来的，或者是通过区域市场与本地产品进行交换而来，这区域市场极有可能靠近圣安德烈斯，只有5千米远。

除此之外，针对古典期低地地区玛雅遗址陶器销售模式的考古研究，让我们找到了国家首都作为中央市场（如蒂卡尔）的重要证据。通过考古发掘，发现蒂卡尔遗址东广场内有一建筑群，它属于永久市场设施，地处中央，可从若干条堤道进入。与蒂卡尔相比，基里瓜算是一个极小的政治首都，从中挖掘出的多种材料都集中分布在大广场的南部。首先，这是一个易于进入的中心位置。其次，它的位置紧挨着一片可能专门供河船靠岸的区域，由此可以推断出，基里瓜的市场就位于大广场的南部。同理，通过市场的位置和进入方式可以对一些其他遗址进行类似的推断。

个体家庭生产者本可以把这些商品和食品带到这些市场，但由于商人拥有庞大的商品交易额，市场的主体还是商人。市场原本是政治和社会经济一体化的重要节点。社会经济在各个领域生产出来的商品（如陶器）由市场进行整合和销售。此外，由精英管控的长途贸易带来了大量的外来商品和原材料，因此在大多数国家，人们都可以在首都的区域市场买到外来物品。外来材料的供应无疑吸引了大量的顾客，比如用以制造陶器的火山灰和用于制造纺织品的赤铁矿等颜料。因此，精英管控的市场比小型的本地市场或其他交易体系更具优势。根据西班牙征服时期的相关记载，精英官员不仅监控市场活动、执行规则、向供应商收取费用，还可能已将市场作为政治经济的一部分来运作。

欣欣向荣的市场是政治权力的源泉，市场的运作将会定期吸引大量群众到政治首都。这不仅仅只提供了买卖货物之外的互惠互利，市场也是社会互动和思想交流的主要场所。就像今天一样，古玛雅市场恰如其分地与宗教节日结合，并且将宗教仪式甚至娱乐活动与商业相结合，来促进人民团结并巩固政权民心。这些典礼可能像尤卡坦后古典期记载的那样，是按照自己的仪式历法来安排的，而市场也可能是配合当地圣地的朝圣活动一起开放的。在后古典期，位于科苏梅尔岛上的圣地，虽然远离尤卡坦海岸，但是却吸引了各类商业活动，成为重要的商业中心。

贸易的重要性

如前所述，贸易网络不仅是运输货物的渠道，而且是人类思想碰撞的桥梁。因此，它影响到了玛雅社会的方方面面，包括玛雅政治、政治首都及其人口的兴衰周期。在哥伦布发现新大陆之前的时期，中美洲地区的贸易既具有环境差异性，也有文化多样性。环境差异性和文化多样性为人们提供了多种发展当地经济专业化的机会，反之，这也促进了贸易网络的进一步发展，使之具备销售各类资源、商品和服务的功能。

贸易的规模多种多样，各有不同，包括社区内交易、长途贸易等形式。为了方便起见，根据规模的大小，贸易可以分为三类。地方贸易是指在社区内或与其邻近地区进行的商品交换。区域贸易是指在一个主要的环境区域内进行交易，包括玛雅地区的太平洋沿岸地区以及墨西哥谷地。每个社区都设定一个产品交换区，在这个交换区中，各社区将其生产的部分商品与邻近社区交换，以获得当地无法获得的商品。长途贸易指的是在主要的环境区域内的交易，其出售和交易的原材料和产品不仅数量庞大，而且种类丰富。最初，中美洲的长途贸易网络涉及的主要是名贵商品的交易。但是在玛雅低地遗址找到了一些早期的黑曜石工具，这一发现表明长途贸易中也包含实用商品的交易。随着大宗货物运输效率的提高，越来越多的实用商品通过海运从墨西哥运往玛雅低地，远销中美洲。

经济交换可以促进社区内相互依存以及区域内和区域间的团结合作。作为多种文明荟萃的神秘之地，在哥伦布发现新大陆之前的时期，整个中美洲可以被看作是一个单独存在的共生区，通过长途贸易网络，中美洲各国逐渐形成一体化。威廉·拉斯杰（William Rathje）最初认为，长途贸易网络是低地精英巩固权力、积累财富的重要途径。本文持有以下的观点，玛雅中部低地不可缺少盐、黑曜石、磨石等实用商品的供应，因此需要成立复杂的组织来管理商品的收购与再分配。尽管在低地地区，本地产品也可以满足部分生活需求，例如，可在盐泉中获取盐；可获取燧石以作为切割工具；用作计量工具的硬石也可以找到替代的材料。但是精英管理的长途贸易可利用尤卡坦的生产设施，提供更高产量的盐，以及低地更锋利的黑曜石刀具和更好的玄武岩磨石。贸易管理者所享有的财富不断累积，权力不断加强，而这对他们的精英出身十分重要。对生活必需品的控制最终会导致社会阶层分化并加强玛雅国王的权力。与此同时，掌控名贵商品贸易与社会分化以及统治精英阶层的出现密不可分。新兴玛雅精英阶层有资格得到玉石、贝壳、磁石、羽毛等象征性物品，这些物品可以代表他们的身份并加强他们的崇高地位。因此，无论是实用商品还是名贵商品，都通过长途贸易推动了社会阶级分化的出现，并巩固了玛雅社会及中美洲其他地区的政治权力。

当然，长途贸易也是促进中美洲人民一体化的一个重要机制。南美洲的安第斯地区最终被印加等高度集权的政治帝国所统一，与之形成鲜明对比的是，无论是中美洲还是玛雅，都从未被一个单一的政治制度所统一。相反，考古证据和民族历史数据（如留存的土著贡品清单和西班牙记载）表明，中美洲和玛雅地区是由一套复杂的贸易网络统一连接的，这套贸易网络为市场提供了一系列原材料和制成品。到后古典期，国际经济宗教组织已成为推动前哥伦布时期中美洲不同民族和文化融合的主要力量。

尤其已经有相关考古学和民族史学的证据，可以证明玛雅的区域贸易和长途贸易不仅至关重要而且持续不断。古玛雅在中美洲整体的长途贸易网络中发挥了至关重要的作用,可以从以下两点看出。首先,玛雅人占据着连接西部的墨西哥和东部的中美洲的战略地理位置。从中美洲开始往人口众多的墨西哥运输商品必须经过玛雅地区,只能通过太平洋沿岸的陆上路线或通过尤卡坦半岛的海上航线。玛雅商人和玛雅政体也凭此占据贸易的控制权。其次,玛雅地区拥有丰富的资源,它是玉石的唯一资源地。无论是玛雅市场还是较远的地区(如墨西哥谷地)都需要大量的玉石供给,玛雅出口产品中比较常见的是翡翠、蛇纹石、黑曜石、盐、可可和绿咬鹃羽毛(见表11.5)。

表11.5　产自古玛雅地区的主要贸易商品

商品种类	主产地	商品种类	主产地
实用商品			
农产品	多地	黑曜石	南部高地(如伊西特佩克的恰亚尔和吉洛特佩克)
香脂	太平洋沿岸		
树皮布	太平洋沿岸、低地	章鱼或油松	高地
编织篮	多地	陶器	多地
调味品	多地	盐	北部(沿海)低地(南部、低地和太平洋沿岸来源较少)
棉花	低地、太平洋海岸、尤卡坦		
染料和颜料	多地		
鱼类和海产品	沿海地区、湖泊	糖(蜂蜜和石蜡)	加勒比海岸,科苏梅尔
燧石	低地(如科尔哈)	纺织品	多地,尤指北部低地
野味	多地	烟草	低地
龙舌兰纤维	北部低地	龟壳	沿海地区,特别是海湾地区
石灰	低地	火山灰	南部高地
磨棒与磨盘	南部高地		
非实用商品			
商品种类	**主产地**	**商品种类**	**主产地**
琥珀	恰帕斯	硬玉	北部高地(莫塔瓜山谷中部)
可可	低地(尤其是加勒比海、海湾和太平洋沿岸)	美洲虎的皮毛和牙齿等	南部和中部低地
辰砂	南部高地	黄铁矿	高地
柯巴脂(聚甲醛)	低地	蛇纹石、钠长石、闪长岩	高地
羽毛	高地、低地和海湾群岛		
绿咬鹃羽毛	北部高地贝拉帕斯	鲨鱼牙齿	沿海地区
赤铁矿	南部高地	贝壳、珊瑚等	沿海地区
		黄貂鱼刺	沿海地区

长途贸易的时空模式

表11.5列出了产自玛雅地区且通过长途贸易的基本商品。表11.6列出了从玛雅地区销往外部地区的产品。史前，中美洲的陆地运输和水路运输都要依靠人力；需要由搬运工将货物装进大小对应的独木舟，有时也靠人背着货物进行运输，运输路线包括河道运输或者海岸线运输。

古玛雅人的贸易掌握在形形色色的个体生产者手中，其中包括业余摊贩和全职商人。在西班牙征服时期，大多数商人都属于非精英的"中产阶级"，玛雅地区的大部分贸易似乎都掌握在他们的手里。虽然从考古学上很难界定古玛雅的商人阶层，但是至少在古典期之后，这个阶层的重要性不断显现出来，成员数量极有可能大幅增加且得到大家的重视和关注。专业小贩和流动商人都属于商人阶层，他们通过市场交易商品，除此之外，他们还可以在与个体生产者和消费者的互动中买卖各种商品。许多其他社会成员主要从事的是业余的贸易活动。换言之，就是指销售自己生产的商品的人。他们包括农民、陶器匠、纺织工、黑曜石碎石工等手工艺人。但大部分长途贸易业务却掌控在一小部分富裕的精英商人手上，他们操控外汇交易，同时也控制着墨西哥和中美洲之间玛雅地区的大部分商业。正如兰达所述，来自玛雅潘库库姆的统治阶层正好在洪都拉斯开展贸易，因而在修家族起义中幸免于难（见第十章）。

正如我们所知，玛雅和中美洲地区的其他国家都经历了若干个兴衰期。政治波动也可能反映了经济周期，长途贸易控制权的转换也与之相关。例如，位于墨西哥湾沿岸低地中心的奥尔梅克，它是中美洲长途贸易网络中的一个重要贸易中枢，在前古典期中期，它因其地理位置的优越而繁荣昌盛。当时主要的贸易运输方式是陆运,贸易路线始于墨西哥湾沿岸,不断延伸,西至墨西哥高地,东南至太平洋沿岸平原。运送的商品主要是玉石类的名贵商品和产于玛雅高地的黑曜石等实用商品。直到前古典期晚期,玛雅低地地区至太平洋沿岸及高地地区的长途贸易路径十分重要,因此玛雅国家竞相抢夺长途贸易路线的控制权,首先被抢夺的两个地区包括埃尔米拉多尔和卡米纳尔胡尤,这一控制为玛雅等国的崛起夯实了基础。在这一时期,古老的太平洋沿岸贸易路线欣欣向荣,经由卡米纳尔胡尤通往低地地区的南北连接变得日益重要。在玛雅低地地区,埃尔米拉多尔的崛起有可能是由于控制了位于中部的陆路通道,而该通道是加勒比海和海湾沿岸运送货物的必要路径。

在前古典期晚期,人口流动和频繁的火山活动扰乱了玛雅南部地区的贸易路线。在此之后,特奥蒂瓦坎就在太平洋沿岸平原建立了贸易殖民地,将古典期早期大部分中美洲长途贸易路线连成一片。为了参与玛雅低地地区贸易,特奥蒂瓦坎还与蒂卡尔和其他低地地区结盟。蒂卡尔极有可能将其影响力扩展到了整个低地地区,甚至远至东南部的科潘,主要是为了夺取资源和控制贸易。在古典期晚期,玛雅文明的规模和繁荣可谓登峰造极,这主要是由于掌握了长途贸易。在这个时期的大部分时间里,以蒂卡尔和卡拉克穆尔为首的联盟爆发战争很可能就是为了争夺低地贸易路线的控制权。在古典终结期,尤卡坦半岛周边海上贸易对于大宗运输的依赖性日益增强,这带来了许多问题,并最终导致传统内陆的玛雅政体(包括蒂卡尔和卡拉克穆尔)的垮台和神圣国王统治的政治制度崩溃。南部和中部低地大部分地区人口数量减少。与此同时,这些因素促使北部低地地区的乌斯马尔和奇琴伊察等城邦得以延续,而使南部城邦摇摇欲坠。

在古典终结期，不断变化的贸易网络对玛雅经济乃至整个社会造成了巨大的影响，并且奠定了后古典期玛雅文明的基础。新的经济网络专注于控制盐、棉花和可可等生活必需品的批量生产和销售。反之，这也进一步推动了新经济中商业管理者的发展，并影响了玛雅社会的政治和宗教组织的发展。这些变化可以在北方的玛雅潘和高地地区的基切和喀克其奎等后继国家身上看到，它们试图重振古典主义过去的权力和繁荣。虽然海运商业占主导地位，但内陆航线，特别是高地地区和太平洋沿岸的航线仍然很重要。尤其，古典终结期之后，穿越中央低地地区的内陆贸易航线仍满足着一小批人口的需求，他们生活在佩滕湖旁边以及在伯利兹主要河流贸易路线沿线，人口数量不多却一片欣欣向荣。16世纪初，正当后期崛起的墨西卡（阿兹特克）三方联盟试图夺取中美洲的长途贸易控制权，新的变化悄然而至，突如其来的灾难性事件——西班牙征服将这一切扼杀在摇篮之中。

表11.6　古玛雅地区进口和流通的主要贸易商品

销往或途经古玛雅地区的商品

来自墨西哥的商品		来自中美洲的商品	
高岭土	陶器	玉髓	陶器
磁铁矿	纺织品	棉	橡胶
金属（尤其是铜）	绿松石	羽毛	奴隶
皮毛（尤其是兔毛）		金属（金、银、铜，以及合金）	

第十二章　玛雅社会组织

> 在西班牙人征服那个国家之前，城镇土著居民的生活井然有序……他们把神庙和宏伟的广场建在市镇中心，神庙周围矗立着领主和祭司的居所，之后是王公显贵，紧随其后的是富人高官，下层阶级则住在城镇郊区。
>
> ——兰达《尤卡坦风物志》（托泽，1941年，第62页）

关于玛雅的社会政治组织，有很多信息来源，其中主要包括考古学、玛雅文字解读、民族史、民族志和图像学。这些研究同样建立在考古学的基础上，准确地说是聚落考古。聚落考古解释古代聚落遗址的形态和空间分布，从小小的壁炉和垃圾坑，到恢宏的建筑群，乃至城市和地区，均囊括在聚落考古的范围之内。这些聚落遗址的分布和模式反映古代玛雅人民的社会政治关系，反映他们与生活环境的互动。对玛雅进行的研究除了这类聚落研究，还有文本解读研究。解读的玛雅文字独一无二地记录了上层统治阶级的社会和政治组织，内容涵盖亲属关系、朝代更迭和政治联盟（详见第七章和第八章）。西班牙征服玛雅后，民族史记载资料描绘了古玛雅社会灭亡前夕的组织模式和人们的日常生活模式，现代玛雅社区的民族志记载也促进了对古玛雅社会组织的重构。

根据一门学科提供的信息得出的结果,可以用来扩充或检验根据其他学科提供的信息得出的结论。本章前半部分将从社会视角考察古玛雅文明,后半部分将从政治视角进行考察。

社会风貌还原

哥伦布发现美洲前的玛雅社会组织形式不能一概而论。社会组织形式和古玛雅的其他方面一样,往往千变万化。不同的时代、民族、空间、语言以及社会复杂程度等因素,造成玛雅人在组织方式上存在程度上或本质上的差异。虽然还原古玛雅世界是综合利用多学科信息的结果,但要阐释古代玛雅社会组织间的差异,首先要利用考古学资料。这些资料基于一系列交叉数据来源,如手工艺品分布、墓葬、建筑和聚落布局等。过去考古学对玛雅社会组织的研究一直偏重上等阶层,但近年来出现了更多对非上等阶级家庭废墟的调查,给出了更全面的视角。

历史和民族史研究面临着同样的问题。古典期的文献大多关于政治和宗教仪式,就连记载的亲属关系和婚姻信息也仅限于上等阶层,关于占据大部分人口的非上等阶层,却只字未提。古典期的雕塑、绘画和其他图像学资料能够大大帮助我们理解社会关系,但这些信息依旧基本只涉及玛雅上等阶层。丰富的民族史资料提供了关于玛雅社会组织非常全面的信息,包括关于平民的数据,但是这些资料只限于后古典期和西班牙征服后时期。一旦涉及古典期,民族史的用处就不太大,若涉及前古典期就更加捉襟见肘了。

前哥伦布时代的玛雅社会

对古代玛雅社会记载最全面的资料，是西班牙征服之后人们立刻写下的记录。考古学和艺术史提供了更早时期的资料，民族志则介绍那些流传至今的习俗，作为补充。这些资料提供了关于玛雅人的服饰、外貌和生命周期的信息。玛雅人的一生分为出生、童年、青春期、婚姻、家庭和死亡六个阶段。

外　貌

兰达主教描述的哥伦布发现美洲前玛雅人的外貌与我们通过考古所知的基本一致。虽然多数是描述古代玛雅上等阶层，但我们可以从小型陶瓷塑像一窥平民的外貌。男人围棉质裹腰布，五指宽，长度可绕腰数圈后穿过两腿之间。裹腰布是用手工织布机编织而成的，两端通常装饰着精美的羽毛。裹腰布出现于玛雅绘画中，有的装饰精美，属于统治者和其他上层人士；有的简单朴素，没有装饰，属于非上层人民（图 12.1）。另外，玛雅男子有时会披上一块大大的方形棉布帕蒂，盖住双肩。帕蒂的装饰取决于穿戴者的地位，也可以在睡觉的时候用来盖住身体。上等阶层的人披戴的帕蒂同样要比平民的精致得多。

古典期的雕刻纪念碑上有非常精美的草鞋，这是玛雅统治者穿的草鞋。非上层人穿的草鞋是用未经鞣制的鹿皮做成的，以麻绳做系带。古代玛雅草鞋有两条扣带，一条穿过大脚趾和第二根脚趾之间，另一条穿过第三和第四根脚趾之间。如今，高地地区和尤卡坦地区的人穿的草鞋上只有前一根带子还保留着（图 12.2）。

图12.1　古代玛雅服饰:男士裹腰布　男士裹腰布式样,来自古典期纪念碑。

根据民族史的叙述,男子留长发,编成辫子盘在头上,留一段垂在脑后。武士把身体涂成黑色和红色,囚犯则涂成黑白相间的条纹色,祭司是涂成蓝色(蓝色与献祭相关)。奇琴伊察的武士庙中有一幅壁画,画上祭司和用于献祭的牺牲者从头到脚都涂成了蓝色。在奇琴伊察神圣的天然井内,发现的许多柯巴脂香丸涂成了鲜艳的蓝绿色。

图12.2　古代玛雅服饰:草鞋　草鞋式样,又称沙纳布(xanab):(a—f)来自古典期纪念碑;(g—i)来自后古典期石碑;(k)古代双绳系带;(l)现代单绳系带。

玛雅人也刺青。兰达说:“刺青的人先在想刺青的部位用颜料绘画,然后小心地按照图案切割,这样随着鲜血的渗出和颜料的渗入,图案就留在了身体上。刺青剧痛无比,每次只能刺一点点。刺青处会溃烂,之后图案才会成形,这一过程会让他们感到恶心。尽管如此,他们还是会取笑那些不刺青的人。”古代玛雅人把以下几种对身体的改造看成是美丽的标志。他们在婴儿的头上夹上一对平整的木板,一块在脑后,一块在额前,这样可以让额头变得扁平。夹的时间从几天至几周不等,取下木板后,直到死亡,他们的额头都不会再凸起。从哥伦布发现美洲前的人头侧面图来看,这种做法在上等阶层很常见,不过出土的墓葬表明有些平民也会这样改变颅骨。考古研究还发现,在哥伦布发现美洲前玛雅人就会整牙,包括牙齿的磨平和美雕，以及在牙齿内嵌入翡翠。兰达提到，对视眼也象征着身份特别，改造的方法是在儿童双眼间的头发上挂上松脂小球。他们会不停地看这些小球，就容易形成对视眼。他们会在耳朵、嘴唇和鼻中隔上穿孔，用来佩戴饰物。

关于玛雅女子常穿服装的描述，兰达记录道："在沿海地区、巴卡拉尔省和坎佩切省，女子的打扮较为保守。除了会在腰间围一件衣服（一种裙子），她们还会在腋窝处系一块层叠的披巾（帕蒂），用来遮住胸部。所有其他地区的玛雅女子都只穿一件衣服，就像一个又长又大的麻袋，上下开口，及腰高，腰间系紧，与下面一样宽。"历史学家埃雷拉写道："他们穿的长裙就像麻袋一样，又长又宽，上下开口，在臀部用线缝上。"她们在头上戴一块棉方巾，"开口就像短连帽斗篷一样，也用来遮住胸部"。如今，玛雅女子最常见的衣服是惠皮尔（huipil），这个名字来源于纳瓦特尔语（图12.3）。玛雅高地地区女子穿的惠皮尔是一件宽松的上衣，搭配一条裹住下半身的裙子穿，上衣和裙子上常常饰有社区特有的图案。尤卡坦人穿的惠皮尔是一条宽松的白色棉长裙，从上到下一样宽，缝有边线，伸入手臂的地方开口，套入头的地方开方口。手臂处的开口、领口和裙边都绣上了美丽的十字绣。惠皮尔刺绣异常精致，能够自古流传至今也在意料之中。尤卡坦女子会在里面穿一条大摆半身裙匹克（pic）作为内衬，垂到比惠皮尔裙边更低的位置。有时匹克裙边会绣上花纹，颜色总是白色。玛雅女子还戴披肩波池（booch），这是一条绕在脖子上或裹在头上的披巾，或许起源于埃雷拉所说的棉方巾。今天，玛雅女人穿的是欧式拖鞋，但毫无疑问从前她们穿的是草鞋。

妇女和女孩都留长发，并且会精心打理头发。她们的发型有很多种，已婚妇女的发型和年轻女孩的有所区别。如今，玛雅高地地区的妇女经常戴用绣花头巾做成的发带。西班牙征服时期，妇女和丈

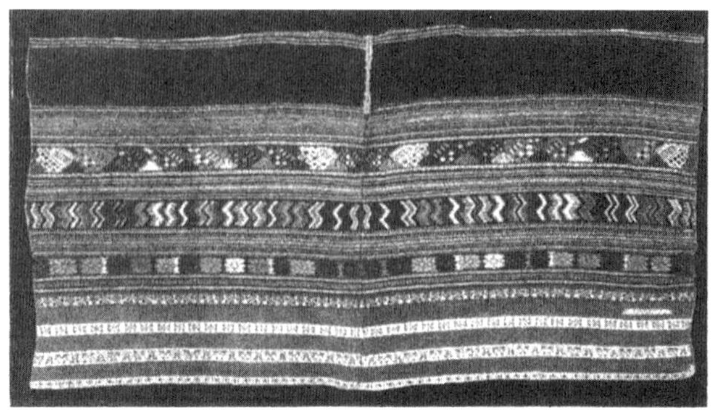

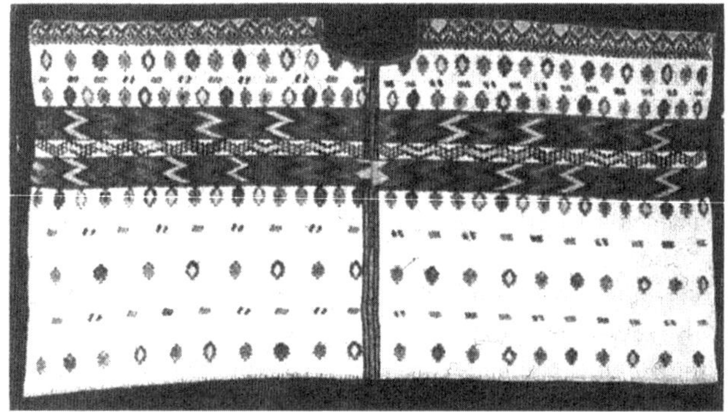

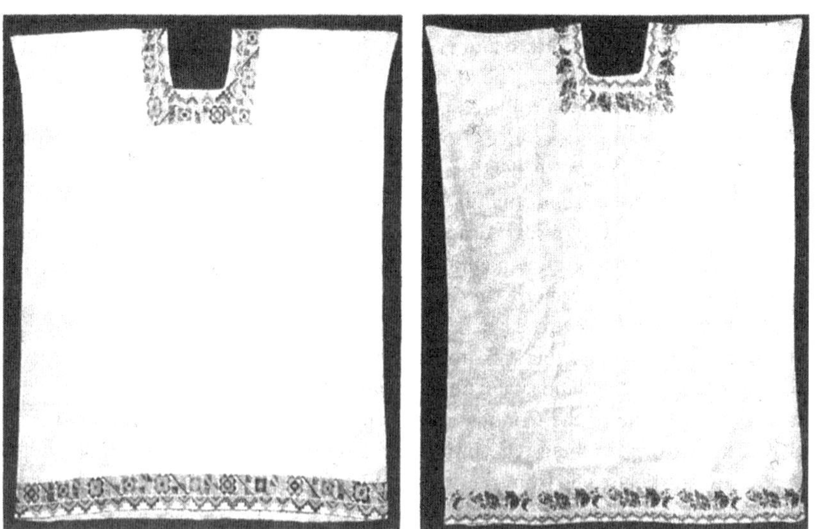

图12.3　现代玛雅的头部套穿连衣裙　现代玛雅服装，女人的惠皮尔：（上图）来自危地马拉的科马拉帕；（中图）来自危地马拉的圣佩德罗萨卡特佩克兹；（左下图）来自墨西哥金塔纳罗奥州的蒂斯卡卡尔；（右下图）来自墨西哥尤卡坦州的梅里达。

夫一样，会在身上涂抹一种气味香甜的红油膏，香味可以持续很多天。她们在腰部以上胸部以外的地方文身，图案比男人的精美得多。

在纪念碑和壁画上，古典期统治者穿的衣服充满各种象征超自然力量的符号（图5.1、图8.24、图8.53和彩图10至彩图15）。虽然这些衣服花纹繁复精美，但和平民穿的衣服基本一样，有裹腰布、披肩和草鞋，另外多了一条饰头巾和其他饰品。美丽的裹腰布上系了腰带，上面有翡翠面具（经常代表阿哈瓦的象形文字）作为装饰，面具上悬挂着玉片或石斧。起初，面具后会用线挂一个小型神像。通常，神面具是当作胸饰佩戴在胸前，与翡翠珠子项链搭配。统治者有时会穿美洲虎皮的裹腿或束腰外衣。平民穿的朴素的方形棉帕蒂，到了统治者身上，变成华丽的刺绣披肩，用棉布或美洲虎皮制成，有时甚至是鲜艳夺目的羽毛。凤尾绿咬鹃尾巴上美丽的七彩羽毛是专门给上层人士使用的。

服饰中最华美的是头饰。头饰主体的原料大概是柳条或木头，雕刻成神灵和动物的头的形状。这些动物象征着重要的超自然力量，如美洲虎、蛇、鸟等。主体表面有美洲虎皮、拼贴羽毛画、贝壳和玉雕，还覆盖着高级凤尾绿咬鹃羽毛。博南帕克壁画中有很多这类上等头饰的样本（彩图10至彩图15）。头饰中有些是专门头饰，与战争相关的便属于专门头饰。早期壁画上，统治者戴着一根发带，额前部分有一个三叶状饰物，有时是代表所谓的小丑神的头，直到后古典期这一直是统治权的象征（图8.17下图）。有些头饰上有一只神像面具，会盖住统治者的脸。这种面具用低温烧制的黏土纤维薄片制成。在阿瓜特卡，人们从烧毁的王宫废墟里找到了这种面具的碎片（图8.17左上图）。

衣领、项链、手链、踝链和环绕膝盖的布带是服装配饰，用料有羽毛、玉珠、贝壳雕、美洲虎的牙齿和爪子，以及鳄鱼牙齿，后来还开始使用金和铜制作。此外，用翡翠、石头、黑曜石和其他类似材料做成的耳环、鼻环和唇环也是饰物。非精英阶层的饰物是朴素一些的鼻环、唇环和耳环，用石头、木头、贝壳或软玉制成。

出生和童年

在哥伦布发现美洲之前，习俗和宗教信仰规定了每个玛雅人的人生阶段和行为，和今天传统玛雅家庭中的人一样。260天的神圣年历（见第三章）规定了每个人的宗教义务。一个人在年历上的出生日期决定了他或她的命运和性格，因为每一天都由一个神掌管，有些神善良，有些神凶恶。对于喀克其奎等高地地区的玛雅人民来说，他们的名字可能仍然是由260天年历上的出生日期决定的。西班牙征服时期，在尤卡坦，人们会把幼童带到祭司面前，由祭司举行一场占卜仪式来决定孩子的名字。每个人有好几个名字：帕尔·卡巴（paal kaba），名；纳尔·卡巴（naal kaba），父姓与母姓的结合；可可·卡巴（coco kaba），绰号。如果一个孩子的父亲姓“切尔”（Chel），母亲姓“查恩”（Chan），他的纳尔·卡巴就叫“纳查恩切尔”（查恩和切尔的儿子）。

赫茨梅克仪式纪念第一次把孩子紧贴在髋部上。尤卡坦的现代玛雅人举行这个仪式，可能是自古流传而来。女孩在三个月大的时候举办，男孩在四个月大的时候举办。三个月是代表建造玛雅炉灶的三块石头，这是妇女的工作范围，四个月是代表玉米田的四个角，这是男人的工作范围。教父教母是一对夫妻，通常会参加这个仪式。圣坛上会摆放象征孩子未来生活的九件物品，也用来树立孩子们的性别观念。教父把孩子紧贴在左臂上，绕圣坛走九圈，每圈选择九件物品中的一件，放到孩子手上，吟诵如何使用这件物品。然后他把孩子交给教母，教母重复上述过程后，把孩子交还给教父。教父把孩子送还给父亲时，会说："我们已经为你的孩子举行了赫茨梅克仪式。"孩子的父母就会在教父教母面前跪下，而助手向在场的人分发食物、朗姆酒、煮熟的鸟肉和玉米饼。

小孩三四岁之前，几乎由母亲独自抚养。男孩长到四五岁时，会在他头顶的头发上系一个白色的小珠子，父亲就会开始训练他。女孩长到这么大时，会在她腰上系一根绳子，绳子上挂着一个红贝壳，象征贞洁。

青春期

每年，每个社区会把适合结婚的男孩女孩召集起来一次，举行一场名叫"神的降临"的青春期仪式。兰达说，仪式的日期经过精挑细选，目的是保证那天是个好日子。相关家庭会选择市镇上一位长者协助祭司和安排宴席。另外还有四位德高望重的老人以查克的身份协助祭司。到了约定的日子，所有人会聚集到举办人家里的院子里。院子早已清扫过，铺满新鲜树叶。然后，祭司为房屋做净化，用仪式驱除鬼怪。在青春期仪式的最后，人们会大吃大喝。

孩子们长大后，社区内未婚的年轻男子会住到一个专门为他们建的房子里。他们会把身体涂成黑色，直到结婚为止，但是婚前不能刺青。男性角色往往与离家谋生紧密相关（耕地、打猎等）。从很小的时候开始，男孩就帮父亲耕种家里的密尔帕（milpa，即玉米地）。兰达写道，"他们和父亲一起干所有的活儿，而且干得很好，是得力的助手"。

青春期仪式举办过后，人们会通过婚前准备的形式来教导年轻女子要谦卑：她们任何时候遇到男子，都要背过身去，走到路边，让他先过；递给男子水时，她们眼睛要往下看。母亲教女儿做玉米饼、打扫房屋、做饭和纺纱织布。兰达说，她们养鸟，去市场上买卖自己做的东西。需要的时候，她们和丈夫一起扛重物，帮他们播种耕田。也有可能女人主要负责打理菜园，做家里和家附近的其他类似工作。

生　死

在很多玛雅社区，人们生病会传唤巫师，巫师混合使用祈祷、宗教仪式和草药治病。有些治疗让人想起欧洲中世纪的迷信，比如一个牙痛疗法要求男人牙龈出血十三次，女人牙龈出血九次。这两个数字估计是根据玛雅宇宙观得出的，对应着上界的十三层和下界的九层。玛雅地区发现了许多医用药草和植物，17世纪的玛雅手稿罗列了很多疾病及对应疗法。有些巫师使用的疗法包含有益药材。举个例子，从坎洛耳（kanlol）植物（黄钟花）中提取出的一种物质有很强的利尿效果，可能也是一种温和的兴奋剂。兰达写道："玛雅有外科医生，确切地说是巫师。他们用药草和许多迷信的仪式治病。（玛雅人）相信，是因为他们做错了事，犯了原罪，死亡、疾病和痛苦才降临到他们身上；他们生病以后，会有忏悔的习惯。"

兰达还说，玛雅人十分惧怕死亡，如果亲朋好友死了，他们会极度悲伤，久久不能忘怀：

> 玛雅民族对死亡的恐惧很深，深到过度，这种害怕体现在他们对神灵做的服务上。除了让他们（神灵）赐给他们健康、生命和食物，所有这些服务没有任何其他目的。但是当最终死亡来临时，看着他们为逝者痛哭流涕，悲痛欲绝，真是让人感慨万千。白天，他们为逝者默默流泪；夜晚，他们则放声大哭，哭声悲恸至极，听到的人也扼腕叹息。他们会沉痛许久，为死者戒酒吃斋，

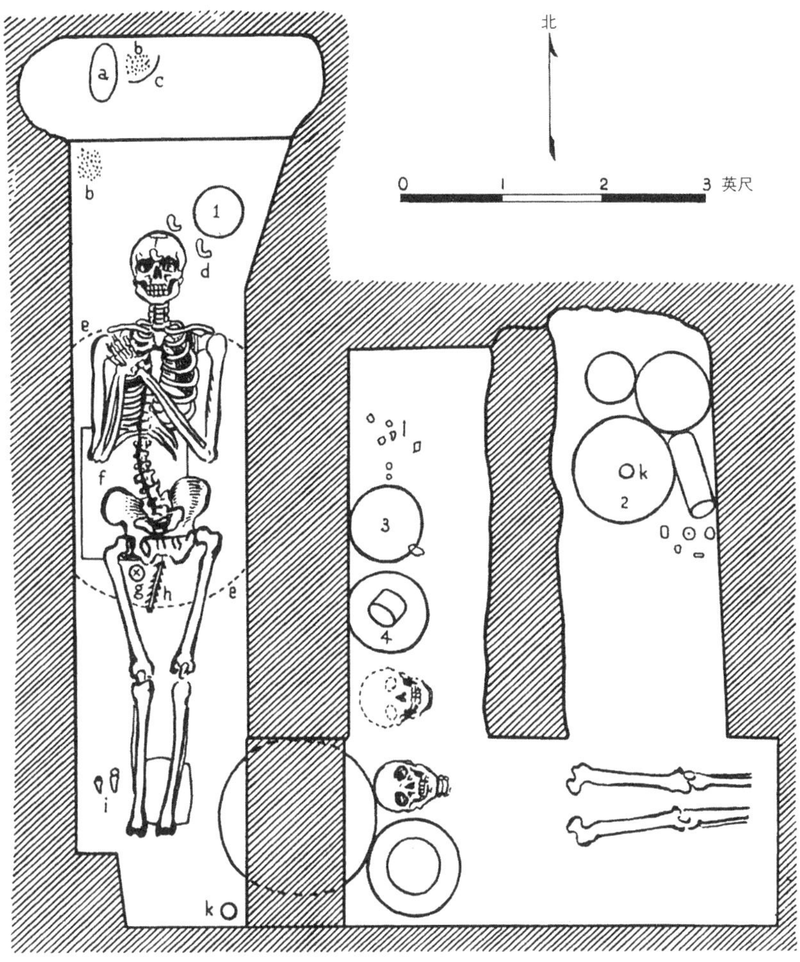

图12.4 古典期晚期墓葬习俗：瓦夏克吞建筑A-1 瓦夏克吞（丧葬神祠或寺庙）下掩埋的一处上等阶层墓葬空间图（亦见图7.28、图8.7和图8.37；与家庭墓葬相对，见图5.12）。

> 尤其是丈夫或妻子；他们说是恶魔带走了他，因为他们认为所有邪恶都来自于（恶魔）。

人们用裹尸布包裹住死者，在他嘴里塞满玉米渣，并放入至少一颗玉珠。“玉珠是当钱用的，这样他们在来世就不会没东西吃了。”在许多考古发掘出的墓葬中，玉珠仍然躺在下颚中。人们相信祖先从未离开过社区中的生者，因此会把死者埋葬在地板下或房屋后面。不过，他们也会把死者埋在岩洞里，因为他们把岩洞看作通往下界的入口。兰达记载道，人们经常会把黏土、木头或者石头做成的“偶像”（小塑像）放在墓里，还放上表明死者职业的物品。这些习俗在考古记录中也都有反映，但其中并没有体现人们会在死者下葬后抛弃他的房屋。人们会在拆除老房子后在原来的地方建一所新房。关于这点，家庭遗址挖掘给出了更有力的证据。

统治阶层的殡葬更加复杂。兰达称，玛雅潘的库库姆统治者死后，人们会把他们的遗体煮到骨肉分离，把后半个头骨锯掉，在前半个头骨上加上一张用松脂做成的新脸。后人对他们的头颅倍加尊敬，每逢节日进奉供品。人们在奇琴伊察的神圣的天然井疏泥时，发现了一个头颅模型，为兰达的描述提供了证据。眼窝里塞入了大小正好的短木，脸上残留有染色石膏。兰达说，另外，上等阶层人的尸体会被烧掉，火化后的骨灰放在中空的死者木像或陶像里，剩余骨灰则葬入土中。人们会把这些塑像和骨灰瓮和家庭偶像放在一起供奉。有时，骨灰是放在骨灰瓮里，上方会建造神庙。

考古挖掘已经充分证实了玛雅人会在墓葬和陵墓上方建造丧葬神庙（见图8.7）。墓葬风格多样，有的建在小神庙下，属于家族（通常在东边），有的雄伟恢宏，属于重权在握的统治者，比如帕伦克统治者帕克尔的安息之地（见图8.37和图8.38）。考古学证明墓葬习俗并不统一。有些遗址点发现了多处墓葬或家庭墓葬，比如卡拉科尔和卡克布。火化的习俗出现在后古典期，因为出土的之前时期的墓葬品都没有经过焚烧（见图 12.4）。古典期的王室墓葬中有精致的葬品，包括图案精美的陶船、雕刻的玉珠和玉坠、精心削过的燧石和黑曜石物件。

婚姻和家庭

如今传统玛雅人的生活与直系亲属、社区和超自然世界息息相关。在家庭内部，人们依旧传承着兰达主教那个时代的习俗，在出生、取名、青春期、婚姻和死亡这些人生阶段的分水岭举行宗教仪式。特别要指出，婚姻仪式建立起社区内不同家族间的经济社会联盟。兰达写道，从前玛雅人 20 岁结婚，到了他那个年代，他们 12 岁到 14 岁就结婚了。结婚年龄之所以会降低，或许是因为殖民时代早期玛雅人死亡率升高、需要缴纳的贡品增多，需要多生多育。18 世纪到 19 世纪初，尤卡坦男子结婚年龄是十七八岁，女子结婚年龄在十四五岁。到了 20 世纪，男子结婚平均年龄是 21 岁，女子结婚平均年龄是 17 岁。

父亲在为儿子物色合适的妻子时会格外慎重，优先考虑社会地位相等、来自同一个社区的年轻女孩。16 世纪，两个家庭通常在孩子尚且十分年幼时就订下婚约，等他们长大成人再举行婚礼。今天，在尤卡坦一些农村，人们依旧会雇用职业介绍人来寻觅合适的结婚伴侣。姓氏（指父姓）相同的人不能结婚，不过表亲（指同属一个家族但姓氏不同的兄妹）可以结婚。鳏夫禁止娶逝世妻子的亲姐妹、逝世亲兄弟的遗孀、自己的继母或姨妈。他们仍然实行一夫一妻制，但从前是允许一夫多妻的，只是可能相比非上层阶级，上层阶级中一夫多妻更常见。

兰达称，双方家庭一旦同意一桩婚事，就要商讨婚礼和嫁妆金额的问题。这一般包括礼服和其他物品，由男方父亲出钱置办，男方母亲则会为儿子和其未婚妻提供服装。如今，男方或其家庭承担婚礼的所有开销，甚至包括女方的嫁妆。在兰达那个年代，亲戚宾客会一起来到新娘父亲的家里参加婚礼。祭司一走进家门，新郎新娘的父亲就要把新人交给他，然后祭司宣读祷告词，详细说出结婚约定。之后，他给予熏香并祝福新人，其他人则坐下来享受婚宴，宴会结束时，婚礼就随之结束。

离婚时有发生，只需要直接抛弃另一方就行。早期目睹的一个西班牙人说："他们因为鸡毛蒜皮的小事抛弃妻子，然后再娶。有男人结婚十次十二次。女人同样有自由离开丈夫改嫁，但第一次得经由祭司。"根据习俗，鳏夫寡妇至少要丧偶一年，之后可以续娶或改嫁，无须举办婚礼。若要再娶，男人得去看中的女人家里，她若给他食物，就表示同意。

新郎在新娘父母家中生活劳动六七年（入赘居住），母亲确保女儿供给其丈夫食物和饮料，表示父母认可这桩婚事，但如果这名年轻男子不劳动，他就会被赶出去。入赘期结束后，从夫居开始，丈夫会在父亲家旁边建一所房子。从夫居会生出大家庭，数代人彼此为邻。通常认为，低地地区住宅区的天井群是属于这种从夫居形成的大家庭的。事实上，哈维兰和图尔特洛特分别研究过蒂卡尔和塞瓦尔的聚落，他们的研究初步支撑了一种从夫居的古典模式。虽然关于今天玛雅社区的民族志研究表明，居住在住宅群里的人群通常关系并不单一，但最重要的往往是基于血缘和婚姻。

古代玛雅家庭

虽然民族史的数据是有关西班牙征服时期的玛雅社会，但聚落考古学还原了古代社会政治组织的部分面貌。还原工作从物质遗迹入手，这些遗迹鲜明地勾勒出单户家庭和从过去到现在的玛雅日常家庭生活的场景。大多数现代玛雅家庭的基本社会单位是核心家庭，由父母和孩子组成，一般认为古代玛雅家庭的构成也是这样。考古识别出古代家庭遗址后，古代玛雅家庭生活得以再现。但是家庭考古不局限于从家庭层面研究社会。每个家庭与社区、与玛雅社会其他部分之间存在着关系链，家庭遗址则是该关系链的第一环。那么同样，决定聚落和其他遗址布局的，是水资源、良好的耕种土壤以及其他必需资源。因此，聚落考古研究是还原社会与自然互动主要场景的关键。

通过聚落调查和制图记录住宅区的方位、布局，是界定古代家庭的第一步。这些遗存是低矮的平台，支撑着用易腐烂材料建成的建筑物，地基通常是石头或碎石（图12.5）。大多数遗存明显是古代玛雅住房。如今玛雅的纳赫（房屋）和古代没有什么不同，整体呈椭圆形或长方形，有一到两个房间，墙壁为石头或土坯，屋顶为支柱茅草式（图12.6）。有时整个房屋都是用支柱茅草或抹灰篱笆建成的（根据残存的柱坑或其分布推断得知）。最小的房屋带顶面积为20平方米。在古代玛雅社会阶级的顶端，贵族家庭住在华美的石头住宅里，为与非上层住房有所区分，通常称为“宫殿”。

考古学家把古代家庭住房遗存称为房屋建筑（residential structure），代表一种功能性建筑，与各种各样的家庭活动有关，与服务于其他目的的建筑不同，例如用于宗教仪式的（“神庙”），用于球类运动的（“球场”），和用于公共集会的（“广场”）。但必须要明白，这类功能

图12.5　墨西哥尤卡坦州萨伊尔的玛雅住宅区　萨伊尔遗址：古代玛雅住宅区挖掘前摄（亦见图9.20）。

术语实际上是指许多不同的活动场地，可用于指称各种各样的建筑风格和建筑物。

挖掘结果表明，住宅区的建筑虽然大部分都与家庭生活相关，但建筑类型不尽相同。然而，不是所有住宅区都可以等同于古代住房，因为挖掘工作显示，有些建筑物是用作神祠、厨房或仓储。但是经过仔细挖掘，通常可以从物质残存和其他遗存中识别出家庭活动，比如用于存储和制作食物的器皿碎片、工具、炉灶、墓葬品、制造品残骸、贝冢、食物和水的储存窖（楚尔图尼斯）等等。家庭贝冢一般用于收纳家庭活动产生的垃圾，包括碎陶片、坏磨石（杵和磨刀石）、磨损的燧石或黑曜石工具，以及食物残渣。这种遗存物可以提供线索，识别与特定家庭活动（烹饪、进餐、睡觉、手工艺制作）有关的区域。这些遗存物的空间分布可能也会揭示男女不同的工作区域，揭示的其他差异则可用来推断家庭角色、大小和组织。

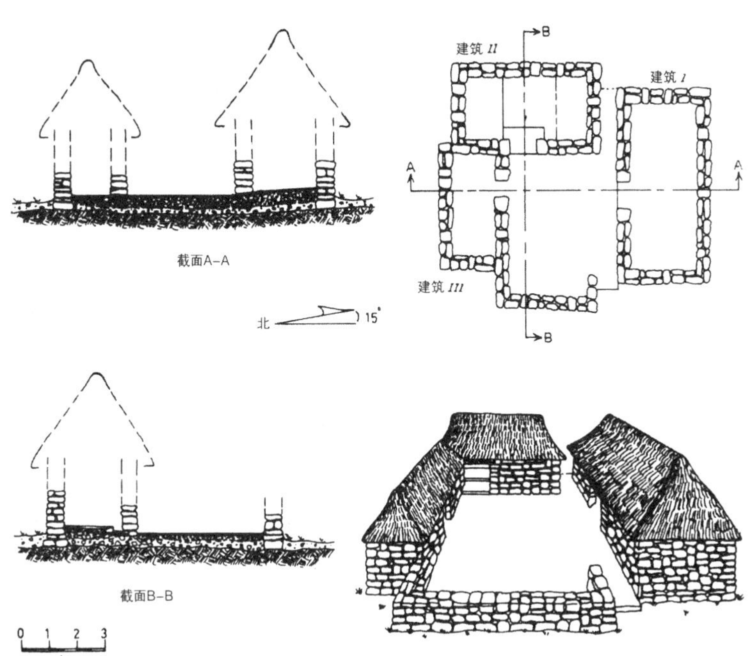

图12.6　墨西哥坎佩切州希普西尔遗址东边的古代玛雅房屋群　一般古代玛雅房屋的截面图和布局图，右下为还原图。

此外，通过探测分析手工艺品内外遗存物，也可以识别活动，例如在陶器里面可能会探测到食物残渣。民族史记录也可以帮助界定活动区域，比如兰达说，玛雅一家人共用一个卧室：

> 他们在中间建一堵墙，让房子纵向一分为二。墙上有几扇门，通往的区域他们称之为屋后，放床。在墙的另一边，他们用石灰刷白，十分好看（外面这个房间似乎曾经类似门廊，前面和两边都开放）……他们的床是用细小的枝条（树苗）做成的，上面铺一层床垫，他们就睡在床垫上，用棉质毯状物（布/披风，或帕蒂）盖住身体。夏天，他们通常睡在房子刷白的那一边（门廊），睡在那些床垫的一面上，尤其是男人。

埃尔萨尔瓦多的塞伦遗址

塞伦遗址位于埃尔萨尔瓦多西部的扎波提坦山谷，由佩森·希茨领导的科罗拉多大学项目组挖掘。塞伦遗址特殊，这是一个小型乡村社区。公元600年，遗址北边1000米不到，有一座火山突然喷发，沉积的火山灰让塞伦完好无损地保存了下来。塞伦和意大利的庞贝(Pompeii)古城不同，似乎在致命的火山灰降落前，这里大约100名居民就已经逃走了，建筑物得以保存下来，相关的手工艺品顷刻遭到遗弃，留在了原本存储使用它们的地方。塞伦的建筑物使用抹灰篱笆墙，墙角有陶柱，支撑着支柱茅草式屋顶。建筑物下方是低矮的正方形或长方形陶土平台，用上好的黏土饰面，并用火烧过，确保表面坚实防水(图1.9)。从遗址已出土的部分来看，估计塞伦有不少于十二处住房，分布在一个小的中央广场四周，广场两侧至少有两栋公用建筑。每处住房有好几个用途不同的建筑物，旁边是菜园，四周农田环绕。

目前有四所住房已经完整或部分挖掘完毕，其中两所十分完整，足以记录构造，1号住房有四个建筑物：一间住宅，前面的房间朝北，里面的房间里有一个平台，也可能是睡觉的长凳；一个单间厨房，呈圆形；一个单间仓库；一个较小的单间附属建筑(图12.8)。2号住房有三个建筑物：一间与1号住房类似的住宅，有两个房间，一个单间仓库和一个汗浴房(可能是其他家庭使用的)。附近一个尚未挖掘的建筑物识别出可能是2号住房的厨房。

塞伦已知最大的建筑物在广场西侧，可能是公用的(图12.7)。3号和4号住房部分挖掘完毕，位于这个建筑物的西边。4号住房挖掘出的部分包括一个用于仓储的建筑物和一个处理龙舌兰纤维的工作坊。1号住房东边的一个建筑物似乎曾经是社区宴请之地，用来制作和处理食物，并存储在社区节日时使用的用具(包括其中发现的一个鹿头头饰)。东边是另一个有特殊用途的建筑物，根据解释，这个建筑物用来举办占卜仪式。

现今，玛雅家庭可能拥有好几个建筑物，每个用于不同的活动，一个用来睡觉，一个用来做饭，还有一个用于仓储。萨尔瓦多的古典期遗址塞伦，有遗迹记录了这种模式。在塞伦出土部分中，有两片近乎完整的住宅区，每片有四个独立的抹灰篱笆建筑物，毗邻菜园，旁边还有农田(图12.7)。因此，很明显，玛雅家庭活动并不局限在单个

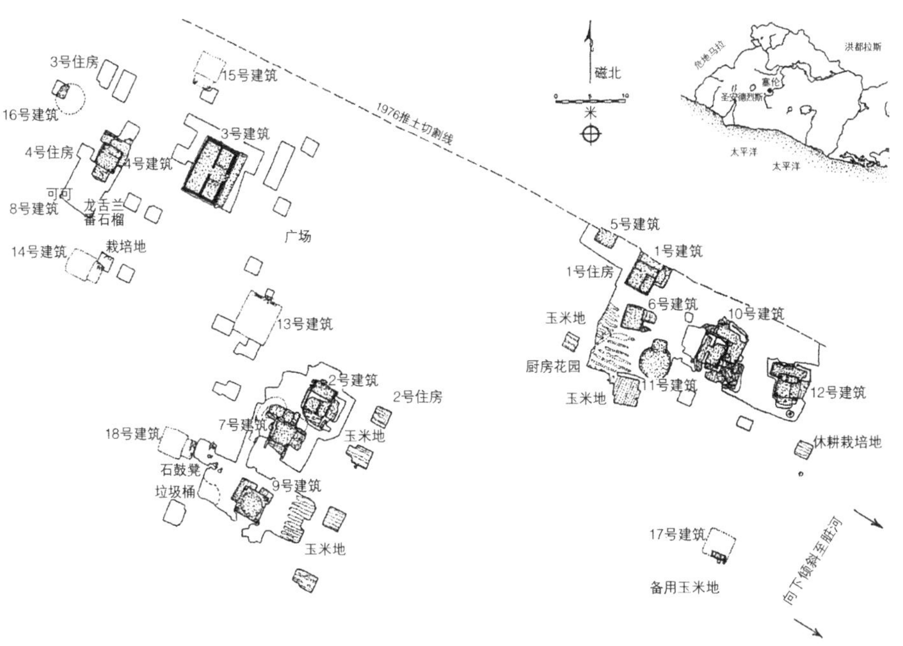

图12.7 埃尔萨尔瓦多塞伦遗址地图 体现出聚落模式，含有已出土家庭住房、农田以及其他火山灰保存下来的部分(见图11.2)。

图12.8 塞伦1号住房的还原 1号住宅(见图12.7)还原，时间是火山喷发前(约公元600年)。

房屋建筑内，而是发生在由多个建筑物构成的场景内，包括一间用来睡觉的住宅或主屋、一个厨房建筑、神祠，以及其他外部建筑，用于仓储或制作工具和陶器，另外还有外部门廊、场院和菜园区（图12.8）。

玛雅低地地区的聚落

最全面的聚落研究产生于低地地区中部和北部，因此讨论聚落考古单元，基本上是依据从古典期以来的低地地区资料。尽管存在地区文化和环境因素差异，这些资料大体上适用于其他地区和时期。为方便起见，凡是一个房屋建筑群内的居民，无论他们有何身份和关系，均称为住宅群落（residential group）。考古学家鉴定的聚落遗迹，与玛雅人自己使用的一系列从小到大的词语大致能对应上，最低级的是已经提到过的尤卡坦玛雅词“纳赫”，表示房子。至于比房子大的聚落，纳赫里尔（naahlil）指住房群，奇纳赫（chinaah）指几个这样的住房群，组成一个行政区，卡赫（caah）指整座城镇或城市。

一个纳赫里尔包括邻近的两座以上房屋，基本上与聚落研究定义的住房群（household cluster）对应［图12.9（a）至图12.9（c）］。住房群通常有两个至六个房屋建筑，住在里面的住宅群落组成成员有共同的兴趣爱好、职业或家庭关系，譬如来自同一个核心家庭或大家庭。大家庭可能是数代同堂（祖父母、父母和结了婚的孩子），也可能是同辈亲属（亲兄妹或堂表兄妹）。石头工艺、陶瓷制作等专门的手工艺与某些住房群相关，因此职业相同可能是某些纳赫里尔的特征。有时，一个住房群内有一间更大或更华美的房屋建筑，这说明这里住着的可能是户主。有些住宅群落内，建筑物围绕一片中央空地而建，这片空地叫广场。在蒂卡尔发现了一种特别的住宅模式，名叫“广场规划2”，中心是一个广场，三面环绕房屋建筑，东面是一个稍小但更

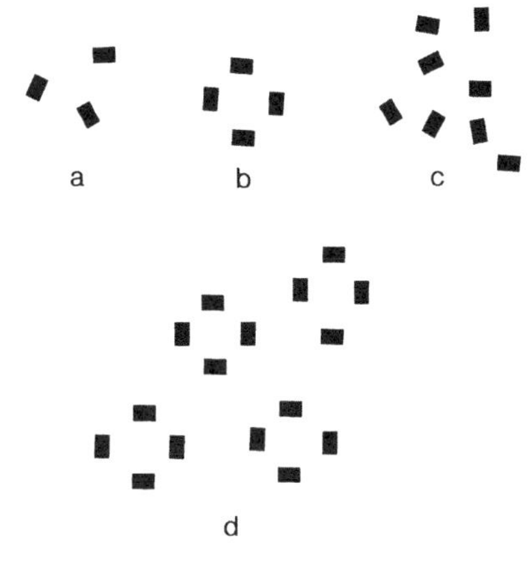

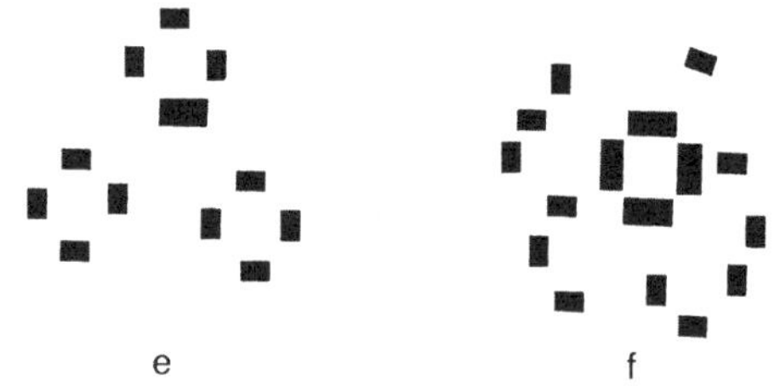

图 12.9　一般玛雅聚落单位图解　(a)非正式住宅群落；(b)住宅广场群落；(c)非正式住宅群；(d)同质广场群；(e)聚焦建筑的广场群；(f)聚焦群落的广场群。每幅图都反映了不同的玛雅社会群落划分。

高的建筑物。这种特殊建筑是家庭神祠，在那里，人们会在成为群落的祖先坟墓上方举行礼仪。广场规划 2 只不过是几种蒂卡尔住宅模式中的一种，这说明人口内部存在其他差异，这些差异也许来自于文化、民族和语言。

行政区(齐纳赫)可能对应着聚落研究定义的更大的房屋建筑集合，包含两处以上住房群，与其他住房群间隔着空地[图 12.9(d)]，其中一个住房群或建筑比其他的更大或更华美[图 12.9(e)和图 12.9(f)]。住在这些更大的房屋建筑集合中的，可能是互相认同的住宅群落，这种认同感来自家庭关系、兴趣爱好、职业或信仰。当地领导及其家人可能住在最大的住房群中，住宅群落的其他成员大概住在其他住房群里。另外，一些附近较小的住房群里，可能住着门客、家臣和仆人,他们依靠主要住宅群落成员生活。

玛雅人把一个独立的聚落称为卡赫。从这个意义来说,卡赫大致与人类学家定义的社区(community)对应,是一个自给自足的聚落,有自己的身份。用考古学的话语来说,卡赫对应的是传统上定义的考古遗址,里面考古遗迹的模式反映出社会政治关系,这些关系定义了一个正常运转的社区。当然,古代玛雅社区分为多种等级。农村社区住着相对同质的非上层社会人口,大一点的市镇人口则复杂得多,在这二者之间做出区分是有用的。不过,组织网络决定了玛雅社会的基本结构和身份,无论在哪个等级,这些网络都产生于卡赫。社会联系是玛雅社会的基础,社会联系与圣地之间的关联衍生出玛雅人的共同遗产,继而产生组织网络。随着社区规模和复杂度增加,经济、政治和宗教关系变得更加重要,这些基本社会联系会得到巩固。

大部分玛雅人的绝大多数日常活动都在古代玛雅农村社区。因此,有两个问题十分重要:如何理解社区,以及如何理解社区对社会经济和政治互动产生的影响,是这些互动让各个玛雅政策彼此有机联系,成为整体。聚落研究和制图可以揭示古代玛雅农村社区的物质痕迹,进而揭示住房群,这些住房群的布局模式或许可以提供线索,让人们了解社区规模和组织,但得注意,只有挖掘地下文物,才能发现有关于日常活动的遗迹,进而把握个体家庭和住宅群落的重要特征,才能让更具体地解释家庭生活和社区生活成为可能。家庭建筑在规模、美丑、风格上的差异,可能能够反映社区内部的社会和经济差别。在住房群遗迹发现的证据,体现了住房群与神庙、广场、行政建筑等其他功能建筑物之间的关系,这样人们或许能够还原社区范围内的政治宗教活动。一旦有一个农村社区的重要特征得以确定,那么鉴定其与其他社区之间存在的异同,以及随着时间流逝它们发生了怎样的变化,都可以让我们对古代玛雅社会有一个更全面的理解。

到了后古典期，玛雅低地大部分地区都出现了人类聚落，其中有大型市镇、上千个农村社区，以及单独的家庭群落。不出预料，聚落最集中的地方是水源（浅滩、河流、湖泊）和最肥沃的耕作土壤旁。但是除了这些聚落最为集中的地带，其他地带也住了农民，他们分布更加分散，通常呈现出住房群的组织特点。

这些内陆人口的大多数组成一系列独立政权，统治这些政权的是首都和级别不等的下属行政中心。如今，这些政权成了名气最大的玛雅考古遗址，存在着大量政权首都的遗迹，以及大量的宽敞平台、堤道、神庙、球场、宫殿、防御工事和王朝纪念碑。这些中心设施作用很多：有的区域用于举行公共集会、仪式、球赛、集市，有的用于举行政治行政活动，比如接待宾客、收缴税贡、判案申冤等。公私区域之间的区别通常十分明显。卢巴安敦和基里瓜等小中心包含两个可以确定的区域：一个开放宽敞，是公共区域；一个封闭狭小，是私人区域。蒂卡尔等大首都有很多区域差别很大。最宏伟壮丽的住所是王宫，位于大部分雄伟的建筑中心，进入不易，从而保护了王室宫廷的家庭、行政、礼仪活动的私密性。

年代序列

通过挖掘古代家庭和社区的遗址，可以了解玛雅人的日常生活以及家庭与社区的关联，但要从这类发现中得到更宏观的结论，考古学家必须确定它们当时的用途。鉴别建筑功能已属不易，要确定考古遗址当年的用途更是难上加难。放在原来的时代考量是关键的一步，因为要还原古代社会的组织形式，考古学家必须有几分确定，他们研究的遗址都属于同一个正常运转的系统。比如，如果一个住房群的五个房屋建筑在同一时期有人居住,那么这个住房群就可以代表一个独立的住宅群落。但如果其中有两个建筑物有人居住较早,那么整个住房群就包含了两个不同的住宅群落,一个住在那两个建筑物内,时间较早,另一个住在其他三个建筑物内,时间较晚。

考古学家用于测定时间的方法有放射性碳测年法、陶器风格分析等,这些方法的准确度都达不到五十年至一百年,如果能找到雕刻的相关日历,那么古典期玛雅建筑可以成为例外,但是这样的遗迹相对罕见,也只有与上层人士相关的遗址才有。因此,大部分情况下,确定同时期的住宅居住情况,最短只能确定到跨越一百年的时期,大约相当于四代人。

人口还原

时间测定与还原古代人口规模有直接联系。如果我们假定,通过考古可以探测到在某个地方所有曾经使用过的房屋建筑,而且使用时间相同,那么用家庭总数乘以家庭平均人数(这带来了另一个问题,详见下文),就可以得到那个地方的人口约数。但是,这些假定肯定存在难点。大部分研究是通过可确定年代的相关材料——往往是陶器样本,来确定房屋建筑的使用期,这就意味着人口估算使用的房屋居住期最少会超过一代,最多会达到数百年。通常会调整这种基本年代期,以符合预期,不是所有房屋建筑都同时有人居住。一系列最彻底的古代玛雅低地地区人口规模研究对任一指定的住房群都采用了一百五十年作为平均使用年限。

表 12.1 建筑密度(选自低地遗址)

遗址	遗址区域	调查范围(平方千米)	建筑数/平方千米
贝坎	中心和周围地带	3.00	389[d]
卡拉科尔	中心地带	2.26	300
丘恩丘科米尔	中心和周围地带	6.00	400
科潘	中心地带	0.60	1449
	中心和周围地带	24.60	143
齐比查尔顿	中心和周围地带	19.00	442
玛雅潘	中心和周围地带	4.20	986
诺穆尔	中心地带	4.00	58
	周围地带	18.00	12
基里瓜	中心地带	3.00	130
萨伊尔	中心地带	2.40	220
塞瓦尔	中心地带	1.60	436[d]
	周围地带	0.70	244[d]
蒂卡尔	中心地带	9.00	294[d]
	周围地带[a]	7.00	307[d]
	周围地带(横断面样本)[b]	8.50	194[d]
	农村(横断面样本)[c]	11.50	98[d]
瓦夏克吞	中心地带	2.00	124[d]
	周围地带	2.25	53[d]

[a]毗邻中心地带。
[b]遗址边界内。
[c]遗址边界外。
[d]减去不可居住区域校正所得(浅滩、草原、陡坡)。
来源:赖斯,卡伯特,1990,表 1.1。

每个研究考虑的实际考古特征都不同,但是大多数都集中在已经有地图的住宅区,只是这些计算都有天然的不确定性。因为我们已经知道,玛雅个体家庭可能会同时使用多个家庭建筑,遗址挖掘也显示不知道有多少房屋建筑尚未纳入计算,原因是这些建筑或没有平台,或已完全灭失,或无从探测。例如在蒂卡尔,估计实际古代家庭数量比地图显示的住宅区总数高 10%。在科潘,这个数字更高(39%—50%),在损毁严重的圣丽塔科罗萨尔遗址,这个数字甚至更高(50%—100%)。有人在萨伊尔遗址做了一项创新研究,这项研究根据地下储藏室及其储水量推算人口,但是这个方法只适用于使用人工储水设施的遗址。

虽然根据考古遗迹还原古代人口规模存在无比棘手的问题，但聚落研究可以根据建筑物的数量和密度，衡量不同遗址人口规模和密度的相对差异。表12.1显示了用这种方法研究玛雅低地地区一个遗址后得到的结果，结果表明科潘中部的建筑密度是所有玛雅遗址中最大的（每平方千米有1449个建筑），这反映出科潘谷空间极为狭小。后古典期晚期的玛雅潘建筑密度第二高（每平方千米有986个建筑），因为大部分聚落都集中在防御墙内。大部分古典期玛雅遗址的密度都在每平方千米200个至450个建筑之间，不过基里瓜（130个）和瓦夏克吞（124个）的密度远小于此。到了后古典期，大部分低地地区遗址人口到达高峰，总体上各地密度相对分布不变，不过大部分遗址区的密度在降低（表12.2）。对遗址间内陆地区的调查通常显示聚落密度为每平方千米100个建筑，因此很难确定城市和周边农村地区的分界线，不过自然景观和防御性土木工事（比如在蒂卡尔）或许可以帮助确定一些玛雅城市的面积。

由于基于某种形式的房屋建筑对估算人口很重要，下一步就是要确定换算因数——家庭单位的大小。西班牙人征服后不久，曾对几个玛雅社区进行过人口普查，统计数据基本为每个核心家庭的人数在4.9人（科苏梅尔岛）到10人（佩滕）之间。民族志估计，住在传统社区的现代玛雅家庭平均每户核心家庭的人数为4.9人（尤卡坦样本平均数）、5.6人［尤卡坦查恩科姆（Chan Kom）］和6.1人［金塔纳罗奥州埃克斯卡卡尔（X-Cacal）］。

表 12.2　古典期晚期的建筑密度(选自低地遗址和农村地区)

遗址	遗址中心		遗址周边地区		农村地区
	统计面积(平方千米)	建筑数/平方千米	统计面积(平方千米)	建筑数/平方千米	建筑数/平方千米
贝坎	3.0	171			
卡拉科尔	2.2	300			
科潘	0.6	1449	23.7	84	15
齐比查尔顿	19.0	398			
诺穆尔	4.0	58			12
基里瓜	3.0	145			
萨伊尔	2.4	220			220
塞瓦尔	1.6	222	13.6	116	
蒂卡尔	9.0	235	111.0	116	39
瓦夏克吞	16.0	106			30
伯利兹谷					116
佩滕中部湖区					49
蒂卡尔–亚克斯哈横断面					60

来源:赖斯、卡伯特,1990,表1.2。

按照时期把这些换算因数用到房屋建筑统计上,我们就可以估算人口了。低地地区遗址样本在人口高峰期的数据可见表12.3(较大的遗址分为中部地区和周边地区两类)。表格显示,后古典期人口达到高峰时,蒂卡尔内部(面积120平方千米,南北至土木工事止,东西至浅滩止)人口约为6.2万人。另外,内陆农村以方圆10千米算,住着约3万人,这样在后古典期阶段,蒂卡尔全部面积为314平方千米,人口估计有9.2万人。相比之下,同一时期,科潘整座城市按照科潘谷居住面积来算,面积大约是蒂卡尔的四分之一,人口估计最多在1.8万到2.5万人之间。要知道,这些是政权首都的人口估计,并非整个政权(本章稍后会讨论政权面积)。总而言之,估算下来,古典期玛雅城市人口密度平均达到每平方千米600人。

表 12.3　人口估算(选自低地遗址和农村地区)

遗址	遗址区域	面积(平方千米)	人口估算	时期
科潘	中部	0.6	6000—9000	后古典期
	周边	23.4	9000—12000	后古典期
	农村	476.0	3000—4000	后古典期
	全部(科潘谷)	500.0	18000—25000	后古典期
科姆琴	全部	2.0	2500—3000	前古典期晚期
诺穆尔	全部	22.0	3300	古典期晚期/古典终结期
基里瓜	中部	3.0	1200—1600	古典期晚期
圣丽塔	全部	5.0	5000—8700	后古典期晚期
萨伊尔	全部	3.5	8000—10000[a]	古典终结期
			5000—10000[b]	古典终结期
塞瓦尔	中部	1.6	1600	前古典期晚期
	周边	13.6	8000	前古典期晚期
	全部	15.2	9600	前古典期晚期
塔亚萨尔	全部	90.0	22000—32000	古典期晚期
蒂卡尔	中部	9.0	11300[c]	古典期晚期
	周边	111.0	50700	古典期晚期
	全部(边界以内)	120.0	62000	古典期晚期
	农村	194.0	30000	古典期晚期
	全部	314.0	92000	古典期晚期
亚克斯哈	全部	237.0	42000	古典期晚期

[a]根据建筑数估算。
[b]根据楚尔图尼斯数估算。
[c]估算数包括住在石头(宫殿)建筑内的约3000人。
来源:赖斯、卡伯特,1990,表1.3。

表 12.4　埃拉斯相对人口数量年表(选自低地遗址)

时期	遗址						
	贝坎	齐比查尔顿	科姆琴	塞瓦尔	圣丽塔	蒂卡尔中部	蒂卡尔周边
后古典期晚期		6	6		100		
					11		
后古典期早期	29	5	1	14	40	4	1
古典终结期	59			85		14	20
		100	71		54		
古典期晚期	100			85		100	64
	74			—		95	67
古典期早期	94	5	—	34	23	78	100
					11	19	14
前古典期晚期	94		58	100	34	24	1
		29	100			20	
						4	1
前古典期中期	9		6	28	6		
				14			1
					3		

来源:赖斯、卡伯特,1990,表1.4。

大城市之间的内陆农村居住密度很高，这是低地地区聚落研究最出乎意料的发现。调查过低地地区中部的这样几个地方后，包括蒂卡尔-亚克斯哈横断面和佩滕中部湖区一系列横断面，得到的结论是，古典期晚期，这些地区每平方千米养育着大约200人。在逊安图尼奇附近伯利兹河谷上游土壤较肥沃的地带，内陆聚落人口密度估计在每平方千米340到525人之间。如果把城市估计人口密度（每平方千米约600人），与低端农村估计人口密度（每平方千米约200人）结合，那么得到的结果就说明，古典期晚期，玛雅低地地区中部人口达到数千万，是世界上人口最为稠密的前工业社会。如此高的人口密度，当然对环境造成了很大的压力，也增大了一种可能性，即人口过剩和环境恶化会成为关键因素，导致古典终结期玛雅低地地区政局动荡，人口衰减。

这些还原让我们得以窥探历史上的人口增减变化。按照所占最大人口数的百分比，统计出低地地区遗址（表12.4）和农村地区（表12.5）样本在不同重大时期的人口规模估计数据，可以反映出其中某些增减趋势。这些数据证明了从其他依据归纳出的结论，也就是低地地区人口数史上两度达到高峰，分别是在前古典期晚期和古典期晚期，其中以第二次高峰为有史以来最高点。样本中，有两处遗址和一个农村地区（分别为科姆琴、塞瓦尔和蒂卡尔-亚克斯哈横断面）似乎在前古典期晚期达到人口高峰，由两处遗址和两个农村地区在古典期晚期达到高峰。它们达到高峰后，紧接着就是人口衰减，古典期晚期后发生的衰减最为严重。古典期早期，圣丽塔科罗萨尔和大多数农村地区发生的人口衰减比较适度，塞瓦尔人口大规模减少，科姆琴的则全部灭绝。贝坎的人口在前古典期晚期和古典期早期没有发生明显变化，古典终结期，贝坎、蒂卡尔周边和蒂卡尔-亚克斯哈横断面人口减少适中，蒂卡尔中部和佩滕中部湖区减少剧烈。古典期晚期和古典终结期塞瓦尔的人口数量基本没有变化。至少,从古典期王国倒塌到后古典期人烟灭绝,大多数地区都有人居住。圣丽塔科罗萨尔遗址是在后古典期晚期达到人口高峰的。

表12.5　埃拉斯相对人口数量年表(选自农村地区)
筛选出的农村地区不同时期相对人口规模,以所占最大人口估计数百分比计算

	地区				
		佩滕中部湖区			
时期	蒂卡尔-亚克斯哈	马坎切萨尔佩滕	奎西尔(Quexil)/佩滕西尔(Petenxil)	亚克斯哈/萨纳布	伯利兹谷
后古典期晚期	—	10	—	—	21
后古典期早期	—	19	2	8	
古典终结期	92	29	29	11	50
古典期晚期	100	100	100	100	100
古典期早期	84	8	5	46	50
前古典期晚期	100	18	10	29	93
前古典期中期	41	25	34	13	52

来源:赖斯、卡伯特,1990,表1.4。

社会阶层

考古学、艺术史、铭文学和民族史提供的依据表明,古典期的玛雅社会分为两个基本阶层,这里称为上等阶层和非上等阶层。通常,占有基本资源的差别决定了社会阶层,决定这种差别的因素往往是继承、婚姻和等级。第二章讨论了社会阶层的起源和演变,大多数人认为考古数据反映了玛雅上等阶层和非上等阶层间这些笼统的差别,但这些差别很少黑白分明,若要根据考古标准,努力划清上等阶层和非上等阶层的界限,这个问题就会更加突出。而且,有证据表明古典期出现了所谓的中产阶级(主要是较为富裕的平民),这让这一问题更为棘手。

贫富是这些差别的标志之一,但是关于如何定义前工业社会的

富裕，以及如何划分富有程度，争议不断。很明显，我们无法用现代的富裕标准去定义古代玛雅的富裕。事实上，根据衡量财富的一般标准（如名牌商品拥有量），把考古记录划分为不同的贫富梯度后，发现上等阶层和非上等阶层之间没有明确的分界线。这个发现可能反映出，在玛雅社会，上等阶层内部等级是偏流动的，而以商人为主的"中产阶级"在不断扩大。考古学家为了划分上等阶层和非上等阶层的界限，最常使用墓葬品和建筑中获得的资料，但同样，界限很少是清晰的。例如，传统上假设房屋面积必定能够反映财富或社会地位，但对塞瓦尔玛雅低地地区房屋建筑的研究反驳了这一假设。总体而言，塞瓦尔的资料表明，除了石头和非石头住房的差别，住房没有反映出阶层之间有明确的分界线。

另外一个问题，是关于上等阶层和非上等阶层的组织方式是否相似。多数学者提出，不同的社会地位和财富把整个玛雅社会分成了不同部分，但少数学者认为这种内部差异仅限于上等阶层。要衡量内部差异程度，会遇到困难，部分困难来自于玛雅社会的历史变迁。考古资料显示，到古典期晚期，非上等阶层人民彼此占有的物质财富差异很大，由此出现了中间阶层，他们是比较富裕的平民。在尤卡坦和玛雅高地地区发现的碑文和民族史记录都表明，到古典期晚期，由于社会地位、财富和权力不同，玛雅上等阶层内部等级出现了分化，建筑和墓葬等级区别证实了这一发现。

总的来说，考古学家才刚刚开始进行玛雅社会内部划分的工作。从过去直到最近，关于上等阶层的信息都远比关于社会其他成员的信息丰富。幸运的是，考古研究未止步于此，现在的目标是获取更多关于社会分化的信息，深入了解非上等阶层。另外，民族史记录提供了有关西班牙征服时期玛雅平民的珍贵材料，其中说到，他们有义务向上等阶层贵族进献食物和贡品，提供徭役。兰达记录道：

> 平民自己承担成本，给贵族建房……他们为贵族播种，耕种田地，收割贵族及其家庭所必需的果实；如果他们去打猎捕鱼，或者到了制盐的时节，他们总要送给贵族一部分，因为他们同属一个社区，这是社区传统……他们还一起去捕猎，大约五十个人一起。为防止鹿肉变质，他们会在烤架上烤鹿肉。到镇上后，他们会向贵族献礼，然后发给朋友(礼物)。

住宅群落和继嗣群

在玛雅地区，存在着成千上万个古代区群。尽管它们被认定为平民的居住地，但关于居住此地的社会群体的身份和组织方式仍有争论。如我们挖掘所见，这些区群与古代家庭集群对应，这些集群是紧密组合的独立住宅建筑(住房、厨房、神祠、储藏室等)的遗迹。考古发现大部分家庭集群随着时间推移进行了重建和扩建，这表明几代人曾居住于此。大部分学者总结道，彼此之间有血缘关系的人曾居住在这些家庭集群，但是这些群落里的人是谁，他们之间有着怎样的血缘关系，仍然没有定论。

界定群落的其中一种方法就是论血统——社会群落成员身份一代又一代的传递。血统传递有别于继承(财产的“传递”)和继任(权力的“传递”——通常由继任政治职位和宗教职位实现)。历史学和民族历史学资料表明，玛雅认可直系继嗣(父母传递给孩子)，包括父系继嗣(父亲传递给孩子)和母系继嗣(母亲传递给孩子)，其中最鲜明的表现就是孩子会继承父母双方的姓氏。我们已知，同姓之间的婚姻是被禁止的(异族结婚制)。换言之，由直系继嗣界定的、异族结婚的社会群落可以因共享姓氏被识别。除了姓名，在尤卡坦，某些父系群落还由他们的守护神和各种社会义务来标记。财富的继承往往也是父系传递，然而有些头衔和宗教职位显然是母系传递。

但是，这些直系继嗣群一起生活和建造住宅群的频率尚不清楚。如果现今的从夫居倾向在前哥伦布时代也存在，那么同住一片住宅群的或许就是男人以及有父系血缘关系的未婚子女，即从夫的大家庭。然而在任何时期，这些住宅群落里都可能存在很多并非由父系血缘关系联结的人。这些“外人”，包括因从夫居而成为其他父系成员的妻子，也包括属于其他父系、处于从妻居初始时期的丈夫（及其子女）。换言之，即使由从夫居和父系继嗣来界定群落，玛雅住宅群落实际上是由来自许多不同父系群落的人组成的。而且民族志研究表明，玛雅父系大家庭只能延续几代，之后他们就会因群落太大而无法共同生活。在这几代中，他们通常会分割共有财产，分裂成独立的新住宅群落。

有迹象表明玛雅社会不是仅仅基于父系继嗣而组织起来的，这导致情况变得更加复杂。虽然某些已解读的古典期文本记录到，统治权是由父亲传给儿子（父系继任），但是有很多例外，比如在帕伦克是由母亲传给儿子（母系继任）的。前面提过，在尤卡坦，孩子从父母双方那里继承他们的姓氏。后古典期佩滕低地地区坎·埃克政体的民族历史显示，格兰特·琼斯找到了在贵族人群中父系继嗣和母系继嗣同时存在的证据，这个制度可能源于尤卡坦（见第十章）。在后古典期的佩滕社会，每个人都是两个群落的成员，父系继嗣群落称为奇巴尔（ch’ibal），母系继嗣群落称为查卡布（ts’akab）。一个人从父系继嗣群落那里继承一个姓氏和财产，从母系继嗣群落那里继承一个姓氏、头衔和宗教身份。统治者们是王室奇巴尔和查卡布的成员。事实上，每个国王都名为坎·埃克，因为他从王室群落查卡布中得到他的母姓坎，从王室群落奇巴尔中得到他的父姓埃克。

同时,直系继嗣显然是玛雅社会自西班牙征服时期以来界定短期关系(可持续几代)的重要元素。与过去越遥远的联系就越不具体,且包含着对先人的崇拜,通常不涉及明显的直系关系。在今天的玛雅社区,先人被视为土地和习俗(costumbre)的原主,这两个因素界定了社区。在玛雅的高地地区,先人们通常被叫作“父母”或者“母父”,这两个称谓突出了在遥远的过去男女结合的继嗣法则。在前哥伦布时代,玛雅人用神社和祭祀仪式来尊奉先人,这些仪式通常与先人的葬礼和坟墓有关。在家庭层面,这些先人通常被埋葬于住宅的地下或者埋葬于家庭集群的特殊神社下面。逝去的国王葬于纪念神庙下的精致坟墓里,专门表达对他们的崇敬。虽然挖掘记录表明很多家庭和王室的先人都是男性,但是女性先人不在少数。科潘卫城下最精致的坟墓属于一位王室女成员。它毗邻一座小一些的坟墓,此墓主人是一位王朝的建立者。

兰达提及在尤卡坦后古典期统治者惯常由长子继任,必要时也可由其他有能力的人继任:

> 尽管领主逝去后,其长子继任,但他其余的子女备受尊重,受到如同领主一样的辅助和重视;……又或者领主逝去后其无(足龄的)儿子可统治,(逝世的领主)又有亲兄弟,其最年长的兄弟或者最有能力的兄弟可以进行统治。他们在继任者成年之前教会他们习俗和节令。尽管继任者已经预备好要统治,这些兄弟(继任者的叔伯)仍然掌控着他们的全部生活。如果逝去的领主没有亲兄弟,祭司们和重要人物们就会选举出一个适合继位的人选。

相似的情形早已盛行。许多古典期的统治者们将短期的家谱记录在案,通常会提及他们父母的名字,感谢从父亲那儿得来的继承权。有时候只有父母中的一个会被提及——如果提及父亲，那么这位父亲一般是一位先王。但是在其他情况下，只有统治者的母亲会被记载——有时候是因为她是先前的统治者（如帕伦克统治者基尼奇·哈纳布·巴加尔一世），有时候她并不是（如科潘统治者雅克斯·帕萨赫·查恩·约帕特）。某些统治者会委任更长的国王清单，有时既包括王室成员名字，也包括其画像，比如在科潘祭坛Q上，但是通常没有家谱信息。像记录在蒂卡尔石碑和科潘祭坛Q上的国王清单一样，这种国王清单通常以一位开国国王为首。许多玛雅统治者从王朝建立者那里继承头衔来记载他们的地位。这些记录基于首代最高职位持有者界定王朝，而不是基于直系继嗣。事实上，如同蒂卡尔王国（详见第七章），即使直系继嗣的文字记录中断了，王朝建立者的继承记录还能保存下来。从这个层面来看，玛雅的王朝建立者是由职位继承而不是家谱继嗣定义的先王。

古典期的铭文还显现出王室权力区域性变化的证据，包括王室继承中的女性角色。纳兰霍执政党销声匿迹后，一位来自多斯皮拉斯的王室女成员被安插进来以重振纳兰霍王朝。这个文本暗示，在帕伦克王朝和蒂卡尔王朝以及其他王朝，王室继承权至少有一次由一条女性线传递。还有，在某些遗址，如黑石城、科巴、亚斯奇兰和帕伦克，都有和统治权相关的王室女成员的显眼画像。在卡拉克穆尔以及瓦卡（埃尔·佩鲁），成对的男女夫妇画像经常出现在王朝纪念碑上。在其他遗址，如蒂卡尔、基里瓜和科潘，关于王室女成员的描述甚少，或者没有。这种在古典期王室社会最上层梯队的变化模式与古典玛雅社会组织多样性的证据是一致的。

灵活决定继承顺序有明显的优势。王室继承权的可选择性能够让最合适的候选人脱颖而出，让权力更顺利地传递下去，避免灾难性的权力斗争。相似的灵活性在玛雅社会定义非王室继承权时也发挥了作用，尤其是在继承财富和财产方面。许多学者表示玛雅住宅群落由各种各样的标准定义。这些标准能够避免单系继嗣的问题，让群落成员扩大、延续群落。亲属关系，包括父系继嗣、与其他群落的异族联姻和共同祖先认同，都是这些群落的重要组成方法。但是视具体情况和群落需求，群落也会额外使用其他标准。定义住宅群落的灵活性避免了殖民时期和现代玛雅父权制扩大式家庭出现的公共财产裂变和分割的情况。

住宅群落和房屋模型

体现这种灵活性的一个例子就是“房屋模型”，这是古玛雅界定住宅群落的另外一种方式。“房屋”指的是一个指定的团体群落，他们共同拥有包括物质和非物质财富的财产。房屋或者财产随着时间由亲属关系、婚姻关系、共同祖先关系等保存下来。房屋根基于血缘和联姻的亲属关系有关，以此来获取和保存财富、维持权力。它们通常由具体的先人、神圣之地、食物和货物的生产、声望、等级、性别和宗教来界定。东南亚、北美的西南海岸以及中世纪欧洲的民族志和历史表明了这一点。统治家族在现今的欧洲仍然可见，通常但不只限于由父系继嗣、使用父姓和母姓、虚构的亲属关系，甚至神话起源等方式来获取继承权，以维持传承。英国温莎王室就是一个既保存了可持续的财产和财富，又维持了父系和母系继承权的恰当例子。

考古学和地层学的证据表明由各王朝的统治者组成的古典期玛雅统治家族有许多共同特征。他们保存了好几个世纪的财富和权力，凭借父系继承和母系继承传递下去。玛雅统治家族和特定地点有关——考古鉴定的位于政治首都内的王室宫殿，如蒂卡尔中央卫城和帕伦克宫殿。玛雅统治家族也由祖上的创始人物和保护神来决定。玛雅王室统治家族由一个团体群落组成。他们基于共享住宅、共同祖先(与祖上建国者一脉相承的后代)、亲属关系、婚姻、宗教信仰和在社会上对于权力和地位延续的互相承诺组成群体。事实上许多玛雅执政王朝从一个建立者开始来计数其继任者,而不管继任者实际是否是这位祖先的直系继嗣者。这是另外一个基于房屋组织起来的团体的迹象。

基于房屋组织的团体数量较少,这可能是前哥伦布时代玛雅贵族社会的显著特征。关于玛雅聚落的研究显示,这些高级房屋可能占据了贵族住宅区的较大范围。这些住宅大小各异,建造精细程度各不相同,可能代表了这些在玛雅政治中占有职位以及为其成员一代又一代地保存财产的贵族人士的层次结构。塔什切克和波尔在伯利兹的诺霍赫·埃克挖掘发现一座小型住宅中心,它被一位专职务农的农村贵族人士拥有。相似的组织形式也散落在非贵族社会的高层。

房屋模型的运用并不能排除其他群落划定的方式。事实上,可靠证据表明古玛雅人由识别父系继嗣和母系继嗣来继承姓氏和头衔。但同样很明显的是,许多住宅群落几百年来必须基于一系列标准来维持其凝聚力、财产和权力。基于房屋的团体组织是一种延续权力和财富的更为灵活的方式,尤其是对于玛雅贵族和王室社会来说。这种组织形式能够让更适合的人更容易地继承权力职位,包括大库胡尔阿哈瓦的头衔,尤其是当继任有困难的时候。蒂卡尔朝代记录中“外地人的闯入”中显示,只要篡位者可以显示出统治的合法性,它也能够为继承权突变提供便利。总之,王室房屋模型和统治玛雅一千多年的王朝的记录相当吻合。

重构政治版图

能够做出控制社会的决策是政治权力的核心。古典期的铭文对谁拥有政治权力以及玛雅社会权力如何体现等问题提供了宝贵的见解。这让前哥伦布时代玛雅政治系统得到前所未有的重建。后来，民族历史资料描述了后古典期政治局面的变化。考古学源源不断地提供了有关古玛雅政治组织的数据，尤其是在地址、大小、主要首都（所有时期政治权力的中心）的组织方面的研究。在本章其余部分，作者将基于这些资料，讨论神圣王权机构和玛雅政治组织形式。

圣主和权力等级

一千多年来，大多数独立的玛雅政权都被圣主（库胡尔阿哈瓦）的继任者们所统治。由于学者们对于这个问题的有关现有证据有着不同的解释，王室权力的基础仍待讨论。虽然权力的级别和来源因时间和空间的不同而不同，但是人们普遍认为玛雅国王的政治权力应该以他们做决定的能力来衡量，这个能力影响臣民和王国的发展——这基于一个精密的意识形态。从国王到平民，这种关于世界以及其运作方式的概念和信念支配着所有人民的行为。人们也普遍认为玛雅国王拥有至高地位是因为其强大的军事力量——击败敌人、保护子民和累积贡品的能力。贡品的累积显示玛雅国王可以将军事权力转化为经济成果。有关古玛雅政治组织形式主要争论的焦点是玛雅国王拥有强制力和经济控制权的程度。学者一致认为，玛雅国王通过劳动力输送指挥了一支规模巨大的劳动力队伍，并且控制了大部分名贵商品的生产和贸易。但是，学者对他们生产和分配食品以及其他日常生活必需品的管理程度则存在分歧。

除了王权来源问题，证据更加确定地显示出，玛雅国王垄断了王国的大部分财富。每一个国王都居住在大大小小的首都里，掌管着整个王室宫廷，高贵华丽地隔绝于大多数臣民，在奢华的宫殿里统治着他们的领土。这些政权首都也是集中化管理组织的总部，它由政治和宗教职位的等级构建起来，且由贵族中的杰出成员担任这些职位。

在玛雅社会中，两个互相竞争的政治权力阵营——国王和负责王国日常管理的贵族官员之间的关系似乎一直很紧张。在前古典期，作为统治者的谏言者或者独立权威，最杰出的贵族职员在一些政治机构中组成了管理委员会。这些委员会成员在波波尔·纳赫议事厅会晤。管理委员会很可能是一个很古老的机构，存在可以追溯到前古典期。这样的管理委员会也可能在没有领导人的情况下在许多乡镇和社区持续掌权。即使神圣王权制度在后古典期达到了权力的顶峰，管理委员会也可能以某种形式存在，用谏言和协助的方式对统治者履行其责任。随着圣主在古典终结期的垮台，这些管理委员会的权力不断增强，甚至成为后古典期某些政权的终极权威。

政体内阶层

在前古典期晚期，玛雅统治者被指定为阿哈瓦（领主头衔）。在古典期，国王继承一个更精致的头衔——库胡尔阿哈瓦（圣主）。王室成员的儿子被称为丘克·阿哈瓦（年轻领主），而一旦被指定为王位继承人，他会被称为巴阿·丘克·阿哈瓦（年轻领主头领）。一些强大王朝的国王，比如蒂卡尔的国王，还会有一个额外的头衔卡洛姆特，或者奥奇金·卡洛姆特。后者可能代表来源于特奥蒂瓦坎的军事实力或者王室合法性。领主继续使用古阿哈瓦头衔，尤其是那些库胡尔阿哈瓦的从属，通常被任命为亚哈瓦（国王的贵族）。阿哈瓦也被授予许多重要贵族职员，甚至作为贵族的通用头衔。女性贵族通常被授予伊西·阿哈瓦（女贵族）。毫无疑问，如同后古典期的尤卡坦，军事和宗教职员之间有阶层划分。据兰达说，长官有两种类型，一种是世袭的，另一种任期三年。两种都承担“讨论战争事务并将其安排妥当”的义务。还有一位大祭司，他为统治贵族提供建议，保管圣书，培养新祭司以及任命每个城镇的祭司。

古典期的玛雅圣主开始设立新头衔，以此让他们与贵族亲属显得更加不同。他们纪念自己在战争中获得的成就（以“俘获者”为头衔），标记自己在王室继承中的地位（以“建国者以来的第十任君主”为头衔）。统治者宣誓继位时，他们拿着卡维尔（与玛雅国王相联系的闪电之神）权杖，继承新王室名字并且以此宣示其与超自然力量的统一。科潘祭坛Q记载，当库克毛·阿哈瓦贵族（绿咬鹃金刚鹦鹉领主）手持卡维尔权杖，他就被重新命名为基尼奇·亚克斯·库克毛（伟大的太阳，第一/尊贵的绿咬鹃金刚鹦鹉），这是科潘王朝建立者的名字。圣主监管的权力阶层继续扩大对从属职位头衔的使用，比如说萨哈尔（贵族），乌萨哈尔（圣主的贵族）或者亚哈瓦卡克（火之贵族）。政体内最高级别的阿哈瓦或者萨哈尔职员就被授予巴赫·阿哈瓦（贵族首领）和巴赫·萨哈尔（贵族首领）头衔。

人们对古典期玛雅政体中从属职员的组织和阶层以及划分结构知之甚少。普鲁登丝·赖斯提出，后古典期晚期民族历史文献中描述的基于卡盾循环的仪式组织结构（见第三章）在古典期玛雅低地地区中也存在着。这个系统可能在两个层面上运作。在政体中，威望和权威与组成循环的每十三个卡盾联系起来（20乘以360天），轮流被各个从属中心接替掌管。在更高层面上，主要的政权首都可能轮流接替掌管整个卡盾循环（约256年）的职位。当然，卡盾循环是古玛雅社会的重要准则，但是这种仪式结构对玛雅政治事务的渗透程度尚未可知。一方面，几位调查者指出，玛雅历史上许多重大事件似乎都与卡盾循环周期同步。而另一方面，到目前为止，古典期的玛雅文本几乎没有记载基于卡盾循环的政治组织。

考古学和文本提供的证据都证明古典期玛雅政体在规模和组织上有相当大的差异。但是即使考虑到不同政体之间的明显差异以及其随着时间的变化，玛雅政体显然都集中于圣主制度。玛雅文本显示，统治者的能力以及成败可能会极大地影响王国的命运。但是古典期玛雅政权在没有国王的情况下也幸存了下来。公元前378年蒂卡尔的统治变化表明，只要库胡尔阿哈瓦机制仍然存在，新国王就可以证明其统治的合法性。前国王死后一年，蜷鼻王一世继位。即使他是一个篡位者，他还是以这种方式成为了蒂卡尔王朝建国者的第十五任继承者。另外，王朝覆灭后的公元682年，纳兰霍由多斯皮拉斯的一位王室女性复兴，这个举措可能在卡拉克穆尔的支持下进行。

王室合法性基于和先国王的联系，所以每一个库胡尔阿哈瓦都由其先人（王朝建立者或者其他可以通过仪式召唤的祖先）认可。通过统治者父亲或者母亲成为前任国王的继嗣是短期联系的基础。但是长期联系并不基于直系血统的记录，而是通过皇家头衔来认定。该头衔界定了每一个国王在自第一任库胡尔阿哈瓦以来的继任者序列中的位置。在科潘，卫城的地下发掘记录记载了两个王室陵墓。一个被认定为是建国国王基尼奇·亚克斯·库克毛的陵墓，而另一个更为精致的邻近陵墓似乎属于历史上未知的建国女王。证据表明，在几个著名的王室王朝中，直系继嗣出现了中断。但是如我们所见，尽管有些国王因俘虏、牺牲、征服和篡位者掉落王位，每个政体的王室宫殿仍然保存了下来。王室文本（公元742年—公元752年）记载，飞鸟美洲虎四世在亚斯奇兰继任中断十年后上位，这说明王室继承权并不总是分割明确的。这件事也表明继任权有时候是通过用武力消灭其他竞争者来获得的。

玛雅国王用仪式不断地重建他们与时间循环以及先人之间的关

系,以加强其合法性。统治者们为其先人们的陵墓和葬礼一次又一次地奉献着。考古和文本都证实了其在先人陵墓中进行的仪式。皮埃德拉斯·内格拉斯40号石柱描绘了第四任统治者对一位王室女性(可能是他母亲)的尊奉。帕伦克巴加尔的陵墓中有一条石砖管道,或者"精神管道",以保持生者和死者之间的物理联系。科潘的玛格丽塔墓穴中有一条通往墓地房间的楼梯和通道。这个房间供奉着一位特别受人尊敬的王室女性的遗骸,她可能是王朝建立者的妻子,也可能是科潘第二任统治者的母亲。

祭祀王室先人的仪式通常包括血祭、烧祭、宴会、舞蹈和其他。里卡多·阿古尔西亚(Ricardo Agurcia)对科潘王国被掩埋的罗萨里拉神庙最里面房间的挖掘记录下了这些仪式的遗留痕迹。这反映出里面有植物残留物、香炉、墙壁以及覆盖着厚厚煤烟的拱形天花板——这些都是先人祭祀仪式(包括献花和焚香)的遗迹。在罗萨里拉的挖掘还表明,仪式是为了表达对王朝建立者的崇敬,而且在科潘王朝四百年的统治期间,作为继承,统治者在同一地点建立和留存了这些神庙。当然,召唤先人的努力程度由每一位统治者对其臣民的给养、同盟和战争的结果以及王国的繁荣昌盛来衡量。这些事情的成败都被解读为超自然对其的喜爱或不满。

政权间阶层

作为每个王国政治阶层的首领,垄断了权力。同时,每个圣主都必须与其他玛雅政权的统治者们协商出一个复杂而充满竞争的关系网络。除了通过掌管每个王国的劳动力和自然资源来获得财富以外,低地的统治者还收集贡品,管理从远地进口名贵和高品质的商品的贸易网络。从第一任玛雅国王开始,对土地、资源和贸易路线的竞争就引发了冲突。尽管所有玛雅统治者都拥有同样的权力，但在现实当中，资源、财富和军事力量的不平等显然使得一些国王强于其他国王。在王室文本中，玛雅国王们承认了这些不平等。例如，其他独立政权（如卡拉科尔、多斯皮拉斯和纳兰霍）在它们的铭文中承认，更强大国家（如卡拉克穆尔）的国王是它们的领主。

事实上，在古典期，卡拉克穆尔及蒂卡尔国王明显被一些权力较小的政权视为至高无上的统治者。即使在战备以及从科潘政体中脱离出来以后，基里瓜统治者卡克蒂里瓦·查恩·约帕特在王室文本中承认，他是在科潘国王瓦夏克拉洪·乌巴赫·卡维尔（见第八章）监督下上任的。西蒙·马丁破译的墨西哥塔巴斯科道德改革4号石碑上记载了小国王对其领主的服从。这个记载叙述了国王穆瓦安·霍尔戴上了王室头巾，成为了道德改革统治者。但是仅在一年以后，他又一次在卡拉克穆尔国王的督管下戴上了王室头巾，事实上，第二次就职可能只是为了表明他屈服于卡拉克穆尔王权之下。三十年后，卡拉克穆尔的财富逐渐缩水，穆瓦安在帕伦克国王的督管下第三次戴上王室头巾，宣告了新国王在这个地区的最高统治。

这种证据清楚地表明，更强大的国王有能力而且的确用行动展示了其对其他统治者的权威。但是这些更有权威的国王能够维系这种统治的程度尚未可知。这些权力关系似乎变化多端。有些权威可能来自于仪式义务。但是，穆瓦安的例子表明，某些从属统治者巧妙地操纵着，与更强大的王国联盟，以确保其与其子民的安全。在坎古恩，许多务实的统治者设法将其同盟转变为当时主要的军事力量——一开始是蒂卡尔，后来是卡拉克穆尔，最后是多斯皮拉斯。在这些安排中，更有权威的国王能够获得新的资源和市场，以及能够将其影响力扩大到更远的地区。这一点可以从包围和击败了蒂卡尔的卡拉克穆尔国王（见第七章和第八章）的行动中窥知。此后，卡拉克穆尔成功地发动了对远地帕伦克的攻击。这种权力的展现无疑是加强卡拉克穆尔霸权的有效手段。

一些统治者用战争来扩大他们的资源,甚至领土。有时他们吞并邻国的从属中心。最强大的玛雅国王能够操纵稍弱政体的联盟。他们可以让忠诚的从属国取代不忠的统治者,甚至迫使敌对的国王改变立场。但是卡拉克穆尔国王并没有将这些被征服的政权并入自己的王国,而是采取了拉拢和控制从属统治者的策略。这可能是一个明智的选择。因为无论是玛雅王国的行政结构还是可用的通信和交通工具(步行或者乘独木舟),都不足以有效地控制这样一个大规模接管所导致的领土以及人口的大幅扩张。因此,即使在公元648年多斯皮拉斯的统治者被迫改换阵营加入了卡拉克穆尔同盟,而纳兰霍王朝倾覆后于公元682年被卡拉克穆尔复兴,但是这两个王国仍然保持着一定的独立性,也同时承认其对卡拉克穆尔经济和军事权力的服从。这种策略并没有加重卡拉克穆尔行政阶层的负担,而且可能还消除了多斯皮拉斯、纳兰霍和其他从属政权民众之间的怨恨。

正如我们所见,约两个世纪以来,两个最强大的玛雅王国的国王——卡拉克穆尔和蒂卡尔的国王,为了统治玛雅低地地区发动了一系列战争。虽然蒂卡尔是这场战争的最终胜利者,但是谁也没有当上低地地区的主人。这两个王国的国王利用和其他政权的同盟来实现目标,打败对手并最终继任。同时,科潘、帕伦克、皮埃德拉斯·内格拉斯和亚斯奇兰的国王在不同程度上成功地避免了直接卷入这场冲突,以维持或增强自己的财富和权力。不知名的小型政权也采取了这样或者其他的手段以在这个竞争激烈的环境中生存。胡安·佩德罗·拉波特在危地马拉东南佩滕的莫潘峡谷进行了研究。研究记载,许多小型政权在此区域内使用了联盟和战争的策略。在更东边的地方,布埃纳维斯塔、卡哈尔佩奇和伯利兹在王室作坊里生产出精美的多色船只。这些船只被当作货币使用，以维持与纳兰霍王室和其他同盟王国的贸易伙伴关系。

随着时间的推移，战争和暴力不断增多，玛雅国王的权力受到了侵害，而人口过剩、环境恶化和干旱加剧了这种情形。地方性战争可能是派特克斯巴吞地区（详见第九章）王国倾覆的主要原因。到古典终结期，玛雅低地地区国家的王权因社会环境压力急剧削弱。卡拉克穆尔战争导致了王权的衰落。在这场旷日持久的冲突之后，任何一个王国都无法恢复其昔日对玛雅低地地区的霸权。在所有的玛雅政体中，国王垄断了权力，掌控着中央控制与贵族从属权威之间的政治张力。但是面对这些对其传统权威压倒性的问题和威胁，这样的政治张力加速了圣主机构的倾覆。随着这些压力不断削弱王权，玛雅国王授予他们的从属贵族越来越多的权力，以维持他们的忠诚。结果这些从属贵族获得了权力，并有能力篡夺玛雅国王的财富和权威。因为前从属国宣布独立，蒂卡尔的最后一任国王目睹了其王国的解体。最初这些“小国王”试图让圣主的传统概念永久存在。但是随着其财富和权力来源越来越少，他们就只是名义上的传统国王了。最后，古典期衰弱的王国失去了它们的吸引力、权力和威望。后期统治者将分权给管理委员会的方法制度化了。重要的是，他们不再接受库胡尔阿哈瓦的头衔，也不再行使古典期圣主所拥有的权力。

玛雅政体

从个人到家庭，从社区到国家，各种各样的社会关系将玛雅社会联系在一起。但是组织形式的其他层面，比如经济和政治体系，超越了社会关系。这些体系吸引了社会各个层次的人来到玛雅王国发展的城市中，交换商品和服务以及参与公共仪式和宴会。远在前古典期晚期的埃尔米拉多尔和卡米纳尔胡尤,更强大的城市就发展成玛雅王国的首都。到古典期,玛雅低地地区就聚集了许多或大或小的、相互竞争的王国,每一个王国都由一个首都统领。这些政体首都的发展和繁荣是一系列因素作用的结果,其中位置是首要因素。

位置和权力

总而言之,对于所有的聚落来说,玛雅首都的位置和繁荣都有赖于对水和食物等基本资源的获得。其他因素也被证实是至关重要的,尤其是贸易路线的战略位置以及在冲突时期可以自我防御的位置。许多玛雅首都十分繁荣。在中部低地地区的埃尔米拉多尔、卡拉克穆尔以及蒂卡尔,位于主要流域分水岭的高处平地上。这三个地方都成了繁荣的首都,这主要是因为它们的地理位置控制着贯穿佩滕的东西贸易路线。大部分位于这个地区的玛雅城市都和浅滩有联结。当它们成为梯田(详见第八章)的时候,浅滩是为其提供水源、带来丰收的浅水湖。其他重要的低地地区首都(包括亚斯奇兰、皮埃德拉斯·内格拉斯和基里瓜)都沿河而建。这些河流不仅是交流和贸易的主要路线,也为农业提供了肥沃的冲积土。其他中心控制着主要路线上的关键转运点,如坎古恩的帕西翁河就是高地—低地地区贸易的重要渠道。太平洋沿岸平原的陆上贸易需求以及环尤卡坦半岛的沿海贸易需求决定了前古典期以来众多玛雅中心的位置。对于前古典期的玛雅高地地区的某些政体(比如伊西姆切和乌塔特兰)来说,军事防御的适合性(自然山顶或者峡谷)比起其他考虑因素要重要得多。

有广泛需求的特定资源是某几个中心的定位和繁荣的主要因素。这几个中心专门控制和生产某些商品。比如尤卡坦北部的丘恩丘科米尔和齐比查尔顿(沿岸海盐),伯利兹的科尔哈(优质燧石),南部低地地区的洛斯努埃贝塞罗斯(盐田),莫塔瓜峡谷中部的瓜伊坦(翡翠),北部高地地区的卡米纳尔胡尤(黑曜石)。

一直以来,这些环境、防御和经济因素都是选址的主要考虑因素。但是意识形态对古玛雅聚落的选址和规划来说也很重要。一些玛雅城市,如多斯皮拉斯,坐落于广阔的洞穴之上,而这些洞穴被认为是通往地下世界的入口。在城市中,重要的寺庙和仪式群落通常选址在与天界相连的北部高坡上。有时这些地方会被作为整个中心的建立点,如基里瓜的A建筑群就坐落在后期主建筑群北部的小山上。场地规划通常遵循宇宙准则,比如说宇宙的三重分层以及五重主要方向,分别代表天空(北)、地球(南)、日出日落(东和西)以及世界轴线(中)。球场被认为是通往地下世界的门槛,通常位于南北轴线的中心点。这种宇宙原理的使用解释了意识形态和环境经济因素在位置布局与规划时相辅相成。

规模和权力

不同的玛雅城市在规模、结构和建筑风格上有很大的差异。学者很早就认识到不同城市在构造和建筑风格上的差异,并且利用这些差异来界定玛雅的不同地区,尽管这些划分是否符合古代社会地理学和政治地理学还存在争议。聚落的大小从不足一平方千米到一百多平方千米不等,其中蒂卡尔就占地123平方千米。蒂卡尔和卡拉克穆尔是古典期晚期两个最大的首都。城市人口的规模和范围、建筑的规模和精致程度、纪念碑和铭文的数量以及领地的面积无疑反映出了其相对的政治和经济实力。然而,即使同时运用主观和客观的标准来界定,根据大小和复杂程度划分城市的等级也是很难的。

城市的大小和复杂程度并不总是与政治和军事权力挂钩。亚斯奇兰比皮埃德拉斯·内格拉斯小得多，但是在经过一系列漫长的冲突之后，它最终征服并且似乎摧毁了这更强大的敌人。多斯皮拉斯，一个甚至比亚斯奇兰更小的首都，几次击败了蒂卡尔，尽管它可能受到了来自其强大同盟卡拉克穆尔的军事援助。

城市大小以及复杂程度的巨大差异和玛雅文本记录中某些玛雅首都对其他城市在政治上的统治地位相一致。如之前讨论过的，最强最大的城市，比如卡拉克穆尔，肯定会联合经济、社会以及政治同盟为此发动战争。证据还显示，古典期早期的蒂卡尔通过赞助军事执政党的建立来控制重要地区。里奥阿苏尔是一个典型例子，为了扩大对卡拉克穆尔附近贸易路线的控制，里奥阿苏尔被蒂卡尔接管。而对科潘王朝建立的支持可能对蒂卡尔获得东南地区的丰富资源提供了帮助。

一些国王利用突袭和战争来削弱或支配其他政体。较大型的玛雅城市之间的平均距离为20千米至30千米，而较小的从属中心之间的距离则较短。突袭通常针对邻近政体脆弱的次要中心。但是在卡拉克穆尔和蒂卡尔的战争中记录了一些对政权首都的直接袭击。据记载，卡拉克穆尔至少对帕伦克发动过两次袭击，其中几次是跨越远距离的进攻。文本记录道，考古数据和位置评估的结合为古代政体冲突以及政体内冲突的重建提供了重要依据。结合的依据反映出了从属中心基里瓜和更大的首都科潘的政体内冲突。结果，科潘出乎意料地战败，而基里瓜则分离为一个独立的政权，在这背后可能有更强大的军事力量——卡拉克穆尔的支持。

玛雅萨克贝（堤道）系统的分布可以用来推断过去王国的模式和范围。堤道网络通常分布于最强最大的政体首都，但是也会分布于更小的城市，比如说尤卡坦的伊奇姆尔。最早可知的例子来源于前古典期中期的纳克贝，随后是更大型的前古典期晚期的辐射堤道系统，这个系统帮助界定了埃尔米拉多尔政体。在首都卡拉克穆尔和卡拉科尔也发现了类似的系统。卡拉科尔堤道网络连接了首都和外围的从属中心(图12.10)。在尤卡坦，人们可以很容易地从空中图像上发现和追踪到萨克贝奥布的遗迹。比如在科巴就有一个连接城市中心和一系列外围城市的大型道路网络。和其他情况一样，这种模式清楚地显示出科巴是古代集权的聚焦地。但是结合考古来看，堤道建设也是对外部威胁的应对——在这种情形下，我们就可以将科巴试图将其政治管控延伸到雅克苏纳的行为视为对奇琴伊察统治的强大的伊察王国扩张的阻止。

政权的数量和规模

玛雅在政治层面从来没有统一为一个独立王国。和古希腊以及文艺复兴时期的意大利的城市体系一样，玛雅由各个独立的城邦组成。经过两千多年(约公元前600年—1500年)，许多独立的玛雅政体兴起衰落。有些王国只存在了短短的几百年。但是大多数政体都延续了六百年到八百年，某些王国(如拉马奈)存活了两千年之久。

玛雅政治实体由其领土面积来界定，这很像统治王权随着时间的扩张和收缩。科潘和其他古典期玛雅低地地区的政治实体可能在古典期早期达到最大规模。这时互相敌对的玛雅王国之间的竞争还没有古典期晚期那么激烈。其他政治实体，如卡拉克穆尔以及多斯皮拉斯，在古典期晚期的战争胜利后，在战败衰落前，可能达到了其最大规模；另一方面，几乎所有低地地区政权的人口数量在古典期晚期达到顶峰，而在古典终结期历经了灾难式的下降。

重建古玛雅政治领土和关系有几个不同的方式，大多数都由映

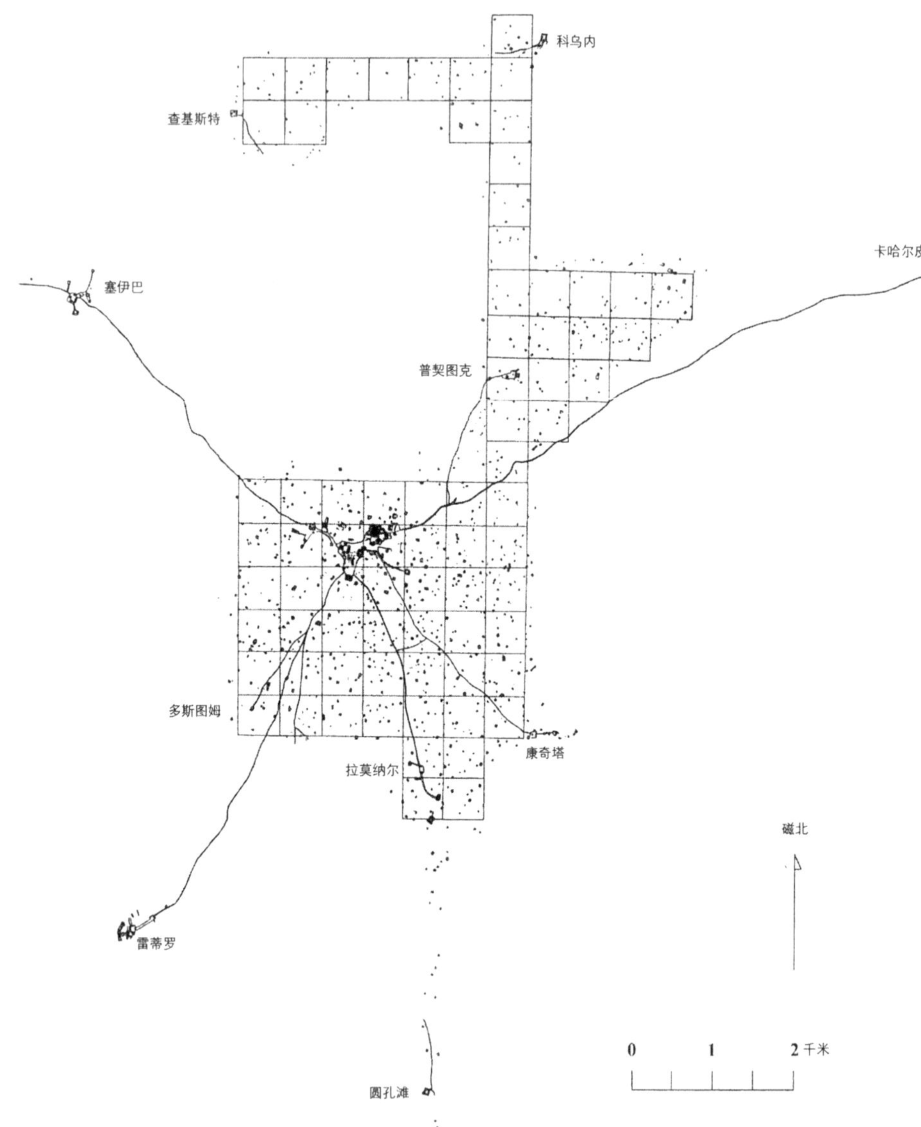

图12.10　伯利兹卡拉科尔堤道系统地图　反映出中央集权对城市边远地区的控制。

现每个主要时期的政权首都的数量和分布为开端。古典期的仔细划分,政权首都的界定可以基于玛雅王室铭文。象形文字是界定主权政治权力所在地的指标。这些文字反映了国王的头衔,宣示了其对指定领土的统治,如穆图尔(蒂卡尔)圣主。但是,如同先前提到的,不是所有由象形文字界定的首都在权力和主权方面都是平等的——一些国王记录道,他们将更强大政权(如卡拉克穆尔和蒂卡尔)的国王视为自己的领主。换言之,即使政权独立程度随着时间变化,但是象形文字的使用至少代表了政体主权的宣示。

一旦首都在文本中被象形文字界定,它们领土的范围就能够由城市阶层来判定,这基于一个假设,那就是每个首都多设立了一个多阶层的管理中心。大多数前工业化王国至少有四级管理阶层,由一个首都城市的控制中心以及三个从属中心组成(详见第二章)。根据地形的变化,这些中心形成了一些不规则的六边形网络,二线中心围绕政体首都,三线中心围绕二线中心,以此类推。事实上,马库斯和弗兰纳里的一项研究表明,古典期卡拉克穆尔首都周围的城市分布严格遵循这一模式。研究显示,卡拉克穆尔的二级中心围绕在政权首都周围,形成了一个平均半径为35千米的六边形的格式网络。最后,如果将大量方法与揭示出各个首都之间主权和权力动态平衡的文本证据结合起来,就能得出一份古典期玛雅政权兴衰和波动的精细年表。

尽管没有已知的边界标记或者书面记录可以精确地确定古玛雅政治实体的规模,但是通过各种方法可以估算出大体一致的结果。查尔斯·戈尔登的研究揭示了皮埃德拉斯·内格拉斯和亚斯奇兰在界定政体边界的城市模式和位置上的差异。西班牙征服时期的民族历史资料显示,北部低地地区政体大致的规模小至1000平方千米、大至11000平方千米不等。在更早的时期,用辐射堤道网络的范围来估计政体的规模，学者们得到了类似的结果。前古典期晚期埃尔米拉多尔堤道的已知面积可能能够反映出其政体面积——5000平方千米至6000平方千米。卡拉科尔的堤道网络（图12.10）表明它在古典期晚期控制着一个规模相当的政治实体（约5500平方千米）。卡拉克穆尔堤道的已知面积略小，约为4000平方千米。最大的堤道网络位于北部低地地区的科巴，这反映出这个政治实体在古典期晚期达到了其最大规模——20000平方千米。

阿伦·蔡斯和戴安·蔡斯提出了估计政治实体规模的另一个方法，这个方法基于首都可以有效控制军事力量的最大距离。基于墨西哥征服时期的逻辑需要和行进距离数据的民族历史研究，他们使用了由中心辐射出去60千米这个数据。60千米的最大距离意味着玛雅首都能够控制多达11300平方千米内的各个政权。但是考虑到古典期晚期中部低地地区首都的密度，大多数政治实体很可能有一个更小的规模。阿伦·蔡斯和戴安·蔡斯表示平均规模可能在8000平方千米至9000平方千米。如果古典期晚期蒂卡尔政治实体的平均整体规模估计为8500平方千米，那么其总人口应该约为912000人。这个数据来源于“大蒂卡尔”人口统计（见表12.3）以及对农村腹地人口（约820000人）的估测。在这8500平方千米中，每平方千米约有200人，这个假设意味着这个地区约有一半是无人居住的。但是最强大的玛雅国家显然能够将其影响力延伸到更远的地方。如前面提及的，文本证据表明，卡拉克穆尔对位于远超过60千米以外的帕伦克发动了几次胜利的进攻。

兴盛与衰落的周期

低地地区的政治景观一直在变化。在第六章到第十章中，我们阐述了一些更重要的低地地区政体的命运。随着同盟、战争和国王的成败,它们都有自身兴盛与衰落的周期。就像乔伊斯·马库斯指出的那样,这些政体命运的变迁总体来说可以分为政治巩固时期(少量大型政体)和政治分裂时期(多数小型政体)的波动。强大政体——埃尔米拉多尔、蒂卡尔、卡拉克穆尔和奇琴伊察的兴起期慢慢转化为小型政体的衰落期。

然而,在某些时期,这些周期更加同步,就比如说以前古典期和古典期晚期中部以及南部低地地区为例的广泛繁荣的巅峰。这些巅峰之后的前古典期晚期和古典期晚期的同一区域,又遭遇了广泛的衰落。前古典期晚期的衰落之后是恢复期,恢复期带来了玛雅王国最鼎盛的发展时期。古典期晚期的衰落复杂而影响深远。即使南部低地地区的政权崩溃了,北部低地地区的许多城市却经历着最辉煌的繁荣发展时期。最终在玛雅最大的王国之一——奇琴伊察王国的政治巩固中达到顶峰。但是在奇琴伊察覆灭之后的后古典期的恢复期,一种新的经济政治秩序出现,最终这种秩序被西班牙对北部低地地区和南部高地地区的征服所终止。

后古典期尤卡坦半岛上的玛雅社会

根据兰达主教的说法,尤卡坦社会被划分为贵族、祭司、平民和奴隶。民族历史学家拉尔夫·罗伊斯的研究表明,尤卡坦半岛的小国家由三种基本的政治组织形式治理。第一种是由相关贵族群落统治的城市松散联盟。第二种由管理委员会领导,多人统治。第三种由哈拉奇维尼克单独统治。尽管不同政体的组织形式有一些变化,但是在十八个尤卡坦政体中至少有九个施行了最后一种组织形式。

哈拉奇维尼克的地位是世袭的。哈拉奇维尼克也被称为阿哈瓦,是殖民时期玛雅人用来代指西班牙国王的一个词,在16世纪的玛雅词典中被定义为“国王、皇帝、王子或者大领主”。正如我们所见到的,阿哈瓦是一个早在前古典期晚期就被使用的、古老的王室头衔。哈拉奇维尼克,作为王国的管理和执行的最高职位,拥有广泛的权力。他也可能拥有最高的宗教权威。同时,他可能在由酋长、祭司和乡镇委员(阿赫·库奇·卡波布)组成的委员会的帮助下制定外交和国内政策。

哈拉奇维尼克之下是巴塔布,或者称为从属领主。他们都是世袭贵族的成员,由哈拉奇维尼克任命来管理政体内的乡镇和村庄,成员中无疑有一些是他的近亲。巴塔布在社区中行使行政和司法权力。每一个巴塔布主持一个地方委员会,给罪犯判刑,裁决民事诉讼。如果案件特别重要,他会在判决之前咨询哈拉奇维尼克。臣民向巴塔布提供食物和其他必需品,而他的主要职责之一就是确保他管辖的乡镇和村庄及时向哈拉奇维尼克进贡。战争时期,在最高军事指挥官的授权下,每个巴塔布还要率领一支部队。巴塔布之下是乡镇委员,阿赫·库奇·卡波布。他们在乡镇政府中享有投票权,所有重大决定都需要他们的同意。他们每个人都站在乡镇分支的顶端,16世纪的西班牙作家将他们比作各个乡镇政府的统治者。

霍尔泡普,在尤卡坦玛雅语里意为"席上的人",帮助他们管理乡镇,同时作为中间人,乡镇人民通过他们可以接触到巴塔布。在后古典期的尤卡坦半岛,至少有两个城镇被霍尔泡普统治。如我们可见,这个头衔的持有者是16世纪基切玛雅的最高统治者。但是在尤卡坦,霍尔泡普是外交政策顾问以及波波尔·纳赫议事厅(乡镇议会开会公开讨论公共事务和学习乡镇节日舞蹈的地方)的掌管者。因此,作为一种咨询机构,管理委员会似乎可以与哈拉奇维尼克共存。或者,在一个不隶属于单一统治者的政体中,它可以作为最高权威运作。在殖民时期被西班牙人剥夺了大部分权力之后,霍尔泡普仍然继续作为主要歌手和唱师存在,负责社区的舞蹈和乐器。库勒洛布是执行巴塔布命令的助理,无论他们的主人走到哪里,他们都跟随着。图皮尔,或者称为乡镇警察,负责执行法律和维持治安。

兰达写道,政治和宗教职位从来都是源于贵族,或者从贵族那儿世袭来的:"贵族教育其他祭司的儿子,而领主的二儿子从婴孩阶段就被带到贵族身边,如果贵族看到他们对这个职业有意愿,那么(大神父的)儿子或者他的近亲将接替他的职位。"为西班牙王室做事的印第安史官埃雷拉写道:"关于他们对神的崇拜,他们有一位大祭司,祭司的儿子将继任他们的职位。"根据兰达的说法,阿赫因,或者称为"太阳之神",在玛雅语中是神父的意思。他们有些有专门的职责,比如作为十三个序号不同的卡盾的先知。在科苏梅尔的避难所和奇琴伊察的神圣灰岩深井中,一位阿赫因担任神谕。

纳科姆(不要与同名的军官混淆起来)是一个终身担任活人献祭的祭司。一个阿赫因从纳科姆的手中接过献祭者的心,并将它献给玛雅众神的幻象。在献祭仪式上,四个称为查克的下属会协助纳科姆,他们都是可敬的老人,每次仪式都将重新挑选。查克也协助举办青春期仪式,在玛雅新年开始时点亮新火,在莫尔月斋戒并用血给崇拜物涂膏,为制作新崇拜物奉献。还有萨满,或者称为"发言人",他们向人们传达神的回复,受到高度崇敬。

萨满最可能的继任者是仍然还在实践占卜而且用传统方法治愈疾病的人。在今天尤卡坦半岛的玛雅社区中,一些古老的仪式仍然留存,而这些仪式都是由被称为“知天命者”的萨满或者叫作阿赫门的人来进行的。

后古典期,绝大多数人都是农民,他们不仅要养活自己,还要养活他们的统治者,即地方领主和祭司。他们还建造了神庙、宫殿和堤道(萨克贝奥布)。他们不仅要劳动,普通人还要向哈拉奇维尼克进贡,通过祭司向神明提供祭品。贡品包括食物(农产品、家禽、盐、鱼干以及各种猎物和飞鸟),纺织品(帕蒂),或者更值钱的物品,如可可、柯巴脂焚香(聚甲醛)、蜂蜜、蜂蜡、翡翠或者珊瑚珠串以及贝壳。平民共同拥有和耕种土地。农民居住在乡镇和村庄的外围,一个人的房子与中心广场的相对距离可能反映了他在社会等级中的地位。16世纪玛雅词典将阿赫·切姆巴尔·维尼科布、曼巴·维尼科布、亚巴作为对平民的称呼。他们也被称为马塞胡阿洛布,一个纳瓦特尔语单词,意为更下层阶级,与贵族阶级作为对照。这个单词在尤卡坦半岛北部仍被沿用至今,但是现在它带有贬义的社会内涵。

处于社会底层的是奴隶。兰达说后古典期晚期奴隶制被玛雅潘的库库姆统治者引入。奴隶产生的方式有几种,包括对偷窃的惩罚、战俘或者孤儿,以及通过贸易及购买。要赎回生来是奴隶的孩子,就需要一笔经费。被抓到偷窃的人一定会成为祭品,他们会成为终身奴隶,或者在返还赃物之前一直保持奴隶身份。高级别俘虏通常即刻会被献祭,但是那些低级别的就会变成俘获他们的人的财产。神庙里关于奇琴伊察战士的壁画描绘了裸体俘虏,他们的身体被涂上了黑白条纹。

国家组织模型

目前为止,玛雅政体的特征是建立在玛雅考古碑铭和民族历史证据的基础上的。世界其他前工业化的国家的历史或者民族志所描述的模型也可以指导旨在重建古玛雅国家的研究。这些相似性对比可以辨认古玛雅政治系统的各个层面,也可以通过进一步的调查来证实或推翻。学者们提供了许多这样的对比来帮助理解古玛雅的政体。这些模型各种各样,从中世纪的欧洲到现今西非的酋邦。最有成效的就是东南亚历史王国的模型，这在考古资料和文献中都有相关描述。这并不意味着玛雅王国的组织形式与其他社会相同。而这些对比提供了可供进一步研究和检验的比较点，并且能够让人们更好地了解所有的前工业化国家。

这些对比一般分为两类："弱国"和"强国"模型。它们可由一系列特征区分，包括政治领导人手中权力的集中程度。在这里，权力指的是对经济、社会、宗教和军事行动决策的控制。在弱国模型中，政治领导人的权力相对来说不大。而强国模型相反，权力高度集中在政治领导人的手中。弱国模型有几种形式，"剧院国家"和"银河政治"是其中的两大主要形式，但是这些形式都缺少阶层政治组织。它们认为王权几乎都源于意识形态，以及对劳动力和社会网络的控制，而不是源于对经济体系和领土的控制。相反，强国模型的特点是将权力集中在国王的手中，他们是管理经济关键部分和行政阶层的首脑。强国的国王拥有基于武力威胁的强制力，并且对领地内的人民、土地和资源实施极大的控制。

"剧院国家"是基于东南亚政治体制的一种模式。在这种以及与其相似的弱国模型中，统治者手中几乎没有强制力。相反，王室权威依赖于在仪式、战争以及治国才能上的成功表现。结果，政治版图上布满了不稳定的、相互竞争的王国，而它们有相同的认知和意识形态。每一个政体都是一个个散落的卫星中心，围绕着统治者居住的首都。这就是所谓的"银河政治"。它们没有专门的经济或者政治阶层，在首都和附属机构之间有着高度的功能重复——每个中心仅仅是附属卫星的加大版。同样，国王也是卫星中心附属统治的加大版，而且统治者的宫殿和宫廷被这些卫星中心缩小复制。这些特征导致了政治不稳定，因为首都试图扩大和集中他们的权力，而自给自足的卫星试图推翻这一切或者将它们的同盟转移到其他中心。政治权力很大程度上依赖于统治者在仪式、建立同盟和战争中的个人表现，以及对从属国的管控，而不是对土地和经济的控制。因此，“银河政治”的扩大与繁荣很大程度上有赖于统治者自身的魅力。

考虑到这些政权分散在不同的时空，一些玛雅政权被描述为“弱国”模型，另一些更接近“强国”模型也就不足为奇了。卡拉克穆尔、蒂卡尔或者科潘都给古典期的强国组织提供了范例。虽然这些政体的统治范围通常可以由测量那些与首都建筑风格和样式相似的地方的外围来判定，但是大多数首都和它们的从属中心在本质上是不同的。王室宫殿、坟墓、神庙，以及王朝纪念碑都是首都的标志，而这些在从属中心是没有的。通过象征符号，政权首都和他们的国王在玛雅文本中得到了独特的认定，且从属国领主通常可以识别。国王和他的宫廷在政权首都发挥着各自独特的作用。同样，下级职员也不会在小范围内复制住在政权首都里的圣主的独特权力和责任。在每一个玛雅王国里，从属国领主作为王室宫廷的一员住在首都，而其他人居住在外围中心。在那里，他们以国王的名义管理部分领土。这些从属中心在国王的授权下组织行政阶层，并入到王国的政治和经济结构中。这一点在皮埃德拉斯·内格拉斯的文章中表现得很明显。这些文章记载道，库胡尔阿哈瓦任命了一位更高级别的从属国阿哈瓦布来担任职位。这些从属国领主反过来又可以代表国王任命更低级别的领主担任职位。但是没有证据表明这些职员是库胡尔阿哈瓦的缩小版。

关于玛雅政权内部经济管理的一些微弱证据决定了一个玛雅政权要么是“弱国”模型，要么是“强国”模型。一方面，玛雅统治者掌控着一个依赖于徭役、进贡和名贵商品的发达的政治经济体。在某种情况下，玛雅国王还掌管着至关重要的水资源，这是强大国家（如古美索不达米亚和古中国）的传统属性。因为地位显著，作为玛雅最大的以及最强的两个首都，卡拉克穆尔和蒂卡尔的水利设施的证据非常重要。另一方面，几乎没有证据表明玛雅统治者在生存系统的管理中发挥了重要作用。这并不奇怪，玛雅农业如此成功地适应了低地地区环境的多样性（详见第一章），也意味着实际上它并不适合集中式管理。卡拉科尔是一个例外，在那里，梯田的面积和密度前所未有，这就意味着国家对这些设施进行了某种程度的管理。并非巧合的是，卡拉科尔是玛雅首都中人口最多的城市之一。在其辐射到的堤道网络中，卡拉科尔、卡拉克穆尔和科巴（还有埃尔米拉多尔）拥有另一个重要的共同特点，那就是完备的集中政治控制。即使几乎没有国家会参与粮食和大多数使用商品的生产，但是也有充分的证据表明，国家对于这些商品分配的某些管理，以资助居于政权首都的集中区域市场的形式，或多或少地进行了管控（详见第二章）。事实上，由于玛雅地区居民家庭分散分布，集中化的市场是有效分配商品和服务的关键。玛雅地区农业生产的多样化模式构成了这种分散的格局。换句话说，一个抵制集中管控的农业系统催生了一个依赖于集中管理的分配系统。

与强国模型一致的王室文本表明，一些王国，尤其是在乌苏马辛塔地区，拥有组织良好的职位阶层和行政中心。大卫·斯图尔特提出“卡布”和“奇恩”（土地和洞穴）符号用来指代政权和领土。考古证据表明，像皮埃德拉斯·内格拉斯和亚斯奇兰这样的王国之间有明确的边界。文本也提到了特定的城市、地标和玛雅的其他地方。征服被用来指代具体城市或者地点的地名记录在案，战俘则由他们的来源标记。因此文本和考古证据都表明，古典期玛雅国王关心的是界定和控制土地，这与强国模式相符合。民族历史研究表明，在后古典期的尤卡坦半岛，玛雅政体也强调它们的边界，政权建立在对农业土地的使用权之上。

总而言之，有确凿的考古和铭文证据证明，古典期的玛雅王国展示出典型的强国模式，尤其是在经济最为繁荣、武力最为强盛之时。有些弱小的政权只能视为东南亚“银河政治”政体模式的翻版。许多强大的政体当其国力衰微之时亦是如此。

政治权力的基础

当然，强国和弱国之间有许多区别，与其说是类别不同，不如说是管控程度不同。因此，比如国王和平民共同的意识形态，这些王权的基础对于强国和弱国来说都是特有的。玛雅国王的权威也有赖于他们在仪式、战争和治国方面的成功表现。同样，以一个稍低的身份，从属国贵族也需要用类似的表现来维持他们在政治阶层中的地位。因此，玛雅王国在某些方面与“银河政治”相似，尤其是在王权的意识形态基础和履行王权职责的重要性方面。但是一些前工业化时代最专制的国家，如古埃及，也是如此，国王的政治权力基础是与平民持有共同的意识形态。但与大多数弱国不同的是，玛雅国王依赖额外的方式来强制执行王权，其中包括军事力量。这些强制性的权力将大多数玛雅政体与强国等同起来。

玛雅国王拥有的强制力建立在必要时使用武力的威胁之上。这充分证明了他们发动战争的能力。国王的这种能力在战争、俘虏和献祭中展现无遗。但是这种权力的有效性取决于对它的明智使用。虽然武力威胁总是存在，但是在大多数情况下，玛雅国王的权力还是基于其掌控经济、军事和宗教这些重要部分的能力。对水、黑曜石、盐这些重要资源的管理是权力的来源，而对贵重商品的管控则增强了王室的地位和财富。对军队的控制赋予了统治者生杀大权，而战争也通过提供额外的土地、劳动力、商品和贸易路线，增加了国王和政体的财富。最终,玛雅国王的军事和外交命运决定了玛雅政体之间的动态互动以及许多独立王国的兴衰。

最终,意识形态为玛雅国王所行使的道德权威提供了基础。这种权威基于国王和平民共同的想法——王权来源于支配宇宙的超自然力量。他们都相信死去的先人神明以及超自然世界会影响真实世界的事件,不服从国王的命令就会遭受超自然的报复。因此,只要保持这种信仰,玛雅国王的道德权威就会像物质力量一样有效地控制臣民的行为。这种信仰的维持有赖于互惠关系的保持——国王有责任保持时间的循环,与先人沟通,安抚超自然的力量以及掌控宇宙的命运。如果国王未能履行他的义务,那么他就会像不服从国王指示的臣民一样,遭受超自然的惩罚。玛雅国王强调他们与时间周期和超自然世界的联系。对于臣民来说,控制仪式对于生命和繁荣是必不可少的,这些仪式包括被认为能够提供水、食物和保护的仪式。统治者还垄断了王室先人(以王朝建立者为代表),他们赋予了其他人无法企及的政治合法性和权力基础。这样,国王就是“神圣的”,与玛雅社会的其他人不同。这意味着王权的宗教基础是国王特有的,而其他最有可能竞争最高权力的贵族成员则无法拥有。

玛雅政体中从属的贵族行使的权力建立在他们与其尊主的联系之上。虽然玛雅圣主都拥有相同的权力基础,但是行政层级的结构当然因国家的大小、位置以及其他因素而不同。在前古典期和古典期,随着人口的增加,从属的贵族的数量也急剧增加。正如我们所见到的,在后古典期的玛雅文本记载了许多贵族职员的头衔。

对国王的忠诚服务肯定会得到回报。在战争和仪式上加入库胡尔阿哈瓦的行列为从属国领主提供了威望,也加强了他们以国王名义行使的权力。在战争中,这些领主在战场上指挥军队,将战俘献给国王。作为国王的代理人,他们在王国从属中心执行审判,收集贡品。这些从属中心大多数位置良好，以管理臣民和领土，但是有些位于战略位置，以控制贸易路线和保卫首都。关于这些行动的例子都被记载在由国王的抄写员和雕刻员制作的纪念碑文本和图画上。在大多数情况下，从属国贵族与其领主的名字和画像一起出现。例如，在亚斯奇兰首都和从属中心的王室纪念碑的描绘上，从属国协助国王俘虏战俘、参加仪式。在皮埃德拉斯·内格拉斯，几个文本中提及的位于首都的从属国领主也出现在他们政体内从属中心的记录中（如埃尔卡约）。重要的是，埃尔卡约和其他从属中心有一些标有国王雕刻者签名的纪念碑，表示这些纪念碑是对其忠诚服务的奖励。相比之下，科潘的纪念碑就没有描绘贵族职员（或者雕刻者的名字），但在贵族住宅中发现了由最后一任国王雅克斯·帕萨赫·查恩·约帕特颁发给从属国贵族的头衔。

如前所述，在古典终结期，由于玛雅统治者试图维护他们的权力，国王和从属国之间的关系发生了变化。王室权威因各种各样的原因下降了，前从属国获得权力并开始委托撰写自己的文本，甚至雕刻他们自己的肖像，却没有提及传统意义上的国王。随着时间的推移，一些从属国领主能够推翻其领主的权威，维护他们自己统治的合法性，这标志着古代低地地区政权的解体。最后，古典期的神权制度无法在压力和巨变中存活。新兴小政权在古典终结期的大政权解体后产生，在某些地区仅仅能够存在几年之久。

在随后的后古典期，玛雅地区出现了新的政治秩序，玛雅政权的形式和结构都发生了变化。尽管政权还是基于意识形态、经济和战争，但是后古典期王国的组织形式比圣主统治时期更加多样。后古典期玛雅王国的权力没有之前那么集中了，经常由几位领导人分权，甚至掌握在管理委员会手中。后古典期的领导人比之前的更加务实，比起对传统名贵商品的管控，更加专注于对商品贸易的控制。当其主要目标转移到保卫关键资源和贸易路线，征服战争加剧了。后古典期的统治者继续作为宗教领袖存在，他们强调，宗教是一种更国际化的意识形态，促进了跨中美洲的交流和商业发展。

后古典期高地地区的玛雅社会

在西班牙征服的前夕，危地马拉中部高地地区的玛雅被几个强大的王国所控制。其中，尼玛基切成为了组成基切族的同盟团体中最强大的阿马克。人们被分为贵族（阿哈瓦布）和平民（阿尔卡约尔）。阿哈瓦布包括政治领袖和他们的从属——祭司和军事领袖，他们声称自己是来自于神城托兰的基切建国者的后代。祭司（查拉米卡特）虽然备受崇敬，但是几乎没有世俗权力。除了进行专门的祭祀仪式，他们的主要职责就是守护记录仪式历法以及预测未来占卜表的圣本。人们认为阿哈瓦布是神圣的，他们通过接收贡品管控了政治实体的大部分财富，并且居住在戒备森严的中心——砖石宫殿。

一个没有被明确定义的群体是“中产阶级”，它由商人（阿赫布埃荣）、专业武士（阿奇赫）、地产经理（乌伊赞·奇纳米塔尔）、工匠（阿特霍尔特卡特）和其他专家组成。农民和劳工占了平民（阿尔卡约尔）的大部分，他们被排除在阿哈瓦布神圣起源之外，为贵族生产食品和贡品，住在防御森严的中心之外的茅草屋和泥房里。在阿尔卡约尔，平民在他们自己的或是从贵族那儿租来的土地上劳作并定居，而这些土地也同样是按照血缘关系继承的。一群没有土地的农民（尼玛克阿奇）在贵族的土地上劳作，随着土地一起被继承。社会的最底层是奴隶（穆尼布），他们是贵族的财产。穆尼布由作为战俘的平民，被判刑的罪犯以及被家人变卖为奴隶的穷人组成。在他们的主人死后，奴隶通常会被献祭，这样他们可以延续服役。

基切社会由尼姆哈或者继嗣群组织，他们也可以被称为“房子”。在征服时期，尼玛基切的首都乌塔特兰的阿哈瓦布，被分为四组尼姆哈：卡维克，尼哈伊布，阿哈瓦基切和萨奇克。阿哈瓦布把权力授予一个或多个奇纳米特。奇纳米特就是由“大房子”（尼姆哈）、地块、尼玛奇居民以及阿尔卡约尔组成的土地和住宅财产。婚姻是异族婚姻——一个人要与他或她的家族或住宅群落外的人结婚。

这四种阿哈瓦布挑选出王国最高职员。阿赫泡普（席主）由卡维克选出，是乌塔特兰的最高统治者。除了拥有政治任命权和对为人民谋福利的宗教仪式的领导权，阿赫泡普还是军队的首领。卡维克还明确地选择继承人——阿赫泡普卡姆哈，他在继任前协助阿赫泡普。尼哈伊布和萨奇克挑选出卡勒尔，或者叫作最高法官，而阿哈瓦基切挑选出阿特兹赫维纳克，即演讲者。此外，老阿哈瓦布将与其他专家（包括几个大祭司）一起组成一个委员会，为统治者提供建议，帮助他们制定所有基切社会的政策。

每一个阿哈瓦布房子都与一个杰出神明有关。卡维克的守护神是太阳神托希尔，男性太阳神；月神奥维莉克丝是尼哈伊布的守护神，哈卡维茨是阿哈瓦基切的守护神，男性天空神。毗邻乌塔特兰还有其他两个基切中心：奇萨林和伊斯马奇。每个中心都有自己的统治贵族，按照相同的社会类别组织人口。由于乌塔特兰实行的婚姻同盟和霸权，基切社会在征服时期以相当统一的整体王国形式运作。但是同盟群落可以集结足够大的军事力量来挑战阿赫泡普。这种情况确实发生过几次，在喀克其奎人叛乱时达到顶峰，首都伊西姆切随后建立起独立国家。

第十三章　玛雅意识形态与宗教

> 您是神，我们的父。您是天空之主。太阳，太阳，您照亮了我们。
>
> 我们永远无法报答您的恩泽。万物皆太阳；我们无以为报。
>
> ——《当代乔尔蒂玛雅人的祈祷》（福特，1972年，第489页）

> 他们有大量宏伟壮丽的神像和神庙，独一无二，具有地方特色。除社区神庙外，领主、祭司和首领们在自家也有祈祷室和神像，可以私下祷告献祭。
>
> ——兰达《尤卡坦风物志》（托泽，1941年，第108页）

现代的玛雅人坚持各种传统观念，维持社会秩序，解释未知事物。这种意识形态的许多方面都源于古代关于生命和宇宙的观念，这些观念与西方的截然不同。当代西方社会认为世界由独立的自然和超自然领域组成。自然界是可观测的，分为地球上的，更远的太阳系、银河系，以及整个宇宙中的生物的有生命领域和无生命领域。而从运气、迷信到共有观念、信条和宗教信仰，这一切都属于不可观测或超自然领域。

古玛雅人的宗教，连同许多玛雅意识形态和宇宙观，在西班牙征服和随后的事件中惨遭重创。但是,从民族志、民族史和考古学中重建一些古老概念是有可能的。此外,解读古典期和后古典期的玛雅文献能使我们瞥见前哥伦布时代的思想,这一瞥重要且独特,虽然不完整,但确实是对古玛雅意识形态的合理重建。

玛雅世界观

如前所述,古玛雅人所生活的世界与现代西方科学概念所定义的世界截然不同。古玛雅人的宇宙观在某些方面更类似中世纪的欧洲人——地球是由超自然力量统治的宇宙中心。但统治玛雅宇宙的,是一种超越了欧洲区分自然领域和超自然领域的宇宙秩序。一种无形的神性(k'uh)蕴含于宇宙万物之中——岩石、树木、人类和所有生物——神灵以动物(兽形)或人类(人形)的形式存在。许多神灵的化身是有形的,如太阳、月亮、星星、闪电和雨,甚至可闻,如雷声。人类和神灵都有一个"伴侣精灵",或"way"(发音同"why"),对象形文字的解读证实了这一点。在古典期,瓦伊布(wayib)似乎是指闪电神卡维尔显灵现身(之后讨论)。无形的伴侣精灵的概念在传统玛雅信仰中流传至今,通常被称为"纳瓜尔",源于纳瓦语。

玛雅人认为他们的世界秩序井然,由一系列的神灵控制。这一秩序源于"星空漫步者"的可预测的活动,"星空漫步者"即天体神,玛雅人用太阳、月亮、行星和恒星命名这些神。每一个都有自己的时间周期,由出生(初升)、生命(闪耀霄汉间)和死亡(下落)决定,周而复始,即为重生。只要人类行为得当,尤其是奉行规定的仪式并献上合适的祭品,这些神灵便会维持世界秩序和时间周期。但他们也会制造灾祸,惩罚那些没有履行义务的人。不幸和不可预测的事件——疾病、干旱、地震和其他灾难——因此被解释为神的报复行为,表达他们对人类错误的不满。

这一秩序的基本单位是“日”，即“金”（k’i）。一日内，太阳在黎明时升起，在天空中度过短暂的一生，到黄昏时被冥界吞噬而死。一连串的20日，每一日都由各自拟人化的神代表，共同组成了一个“乌纳”（winal），也由一位神代表。“winic”在尤卡坦玛雅语中的意思是“人”，这一事实表明了时间在世界秩序中的核心意义。也许正如《丘玛耶尔契兰·巴兰书》所记载的那样，是因为人“了解自己日子的节奏”。因此，在古玛雅事物的系统中，时间本身是有生命的，并为宇宙提供了基本秩序。

玛雅意识形态的起源

毫无疑问，这些以及其他意识形态概念起源于遥远的过去，甚至可以追溯到狩猎者和采集者，他们必须非常熟悉自己的环境，以确保住所和食物。在这种情况下，超自然力量的概念有助于解释充满不可预见事件的世界。发现可预测的规律，特别是太阳和月亮的运行规律，使得人们更加了解世界，克服不安全感。基于这些基本的和可观测的现象而形成的意识形态不需要专职人员指导。每个一家之主可能都有责任确保环境中的超自然力量对祭品满意，从而预防事故、疾病或其他灾难。

随着玛雅社会变得越发复杂，专职人员出现了。其中之一便是萨满，他们的职责是联络人类和超自然力量。但是，萨满教最初可能起源于亚洲，很可能随着第一批移民来到美洲这个新大陆。萨满使用药物，运用疾病相关知识，并号召不可见的力量来治疗病人。成功治愈的部分原因是患者相信萨满的能力，但萨满使用的一些物质确实起到了有益的效果。玛雅人通常认为萨满有能力使灵魂离开身体，踏上精神之旅，进入超自然世界。萨满还能够通过占卜与超自然力量沟通，通过举行仪式来解读神灵的意志。人们信仰萨满的特殊能力，这使得他们拥有凌驾于社会其他成员之上的权力。最早的玛雅萨满也许发明了历法系统，并通过监测"星空漫步者"的运动轨迹所计算的各种周期来维护世界秩序。此认识最实际的好处是能够预测每年雨季的到来，让农民选择合适的时间种植和收获作物。

有人认为，圣主的概念在前古典期晚期是从早期的萨满教演化而来的——本质上，古典期的每个统治者都是他所统治的政治实体的萨满。这一提议有可取之处，因为国王和祭司都可能起源于更早的萨满教，并可能在其仪式中延续了萨满教的做法。前古典期，社会变得更大、更复杂，宗教和政治领域的全职专家出现了。由于对超自然力量的管理是权力的重要来源，它成了贵族统治阶层的基本关切，既要加强和巩固自己的崇高地位，也要确保繁荣昌盛。因此，利用萨满教的各个方面，包括维持世界秩序的历法管理、公共占卜以及其他确保成功和繁荣的仪式，成了统治阶级固有的全体神职人员的职责。

随着像国家这样更复杂的组织的发展，一种更正统的玛雅宗教从古老和基本的意识形态概念中产生了。灵性的力量演变为神灵，古老的家庭和农业仪式进一步变为公共仪式。在此过程中，宗教神职人员或祭司被制度化，管理并延续玛雅宗教。虽然通常很难区分清楚萨满和祭司，但玛雅祭司的职能极可能与玛雅萨满不同。萨满可能依旧是非贵族的专职人员，通过为当地社区及其成员举行仪式来与超自然力量交流。而玛雅祭司通常是贵族的宗教神职人员，通过为国家举行仪式与超自然力量交流。虽然他们都用占卜感知神的意志，萨满可能也继续专治疾病。许多祭司都非常有文化，在古典期晚期的科马尔卡尔科遗址发现的明显由祭司手写的个人记录证实了这一点。这些文献由马克·曾德尔（Marc Zender）破译，揭示了许多玛雅祭司的生活和宗教职责。

玛雅祭司是独立的，从贵族阶层中吸收成员，并通过招募和培训侍祭不断延续。到古典期开始时，玛雅祭司已经发展了一套深奥的知识体系，用一套文字系统编纂并记录在书中。这套知识体系记录了神话、历史、仪式和天文观测，主要用于发展和维护日益复杂的历法系统，其主要目的是占星，即一种预测事件，决定世界命运的占卜术。

神职人员举行各种壮观的公共仪式，激发民众的敬畏感和服从意识。这类仪式通常包含音乐、舞蹈、宴饮、焚香和献祭，祭品通常包括祭司的血，在某些场合会有人祭。作为贵族阶层的最高权威，玛雅统治者担任国家和臣民的大祭司，保护他们免遭不幸，占卜未来和诸神的意志，举行仪式确保国家兴旺，并通过自己血祭维护宇宙和平。如此一来，玛雅统治者便实现了政教合一。与此同时，更古老的萨满教传统很可能在整个玛雅世界的当地社区中继续流传。

外来者带来的转变

除了西班牙人的记述，后来的玛雅文字经常提及后古典期由外来者引入的宗教变化，要么是墨西哥人，要么是受墨西哥习俗影响的说玛雅语的群体。主要变化似乎是更加强调神像崇拜（idolatry）以及增加人祭。

> 尤卡坦地区的老人们说，以往，近八百年前，并不存在神像崇拜。之后，墨西哥人入侵并占据尤卡坦，有一位船长，墨西哥语名字叫奎查尔考特尔，字面意思是“长满羽毛的大蛇”……他引进了神像崇拜，也引入了用木头、黏土和石头制造神像的习

> 俗。他使玛雅人崇拜这些神像，人们献祭了许多猎物和商品，最重要的是鼻孔和耳朵的血，以及为了服务他所牺牲的那些人的心脏。他们说奇琴伊察的第一批居民并不是神像崇拜者，直至一位墨西哥首领库库尔坎进入这片地区，宣扬神像崇拜，以及他们所说的，宣扬并践行神像崇拜的必要性。

研究印第安人的西班牙王室史官埃雷拉非常肯定这一点。他直言不讳地说："被献祭的人不计其数。墨西哥人将此习俗引入尤卡坦半岛。"

但是，在被外来者"引进"之前，玛雅人就已经知道这两种做法了。装饰着面具或神像的陶制香炉经常出现在前古典期和古典期的考古遗迹中。古典期的石碑、彩陶和建筑墙壁的涂鸦上都发现了对人祭的记录（图13.1）。正如博南帕克壁画所描绘的那样，在前古典期和古典期，突袭和俘虏似乎与宗教仪式有关。现已发掘出几处遗迹证实了前古典期存在大规模的人祭，其中之一出土于玛雅南部地区的查尔丘阿帕。共有33人被合葬，多数为青年男性（可能是俘虏），许多人身上有明显的被献祭和肢解的痕迹（斩首和断肢）。

毫无疑问，随着时间的推移，玛雅宗教受到了来自墨西哥和中美洲其他地方的观念的影响并有所变化。但是玛雅人的意识形态在西班牙人手中经历了最大的转变，西班牙人向玛雅人传播基督教，有时是强制性的。最大的变化是玛雅宗教中由神职人员延续的公共性的部分消失了，因为这是"异教"最明显也最容易被西班牙人的皈依计划所消除的。公共神殿和神像被毁，书籍被烧，祭司和其他贵族首领通常被强制皈依或处死。随同玛雅宗教正统和公共性的部分一起消失的，还有许多玛雅知识，包括文字系统。幸运的是，一些土著的记载得以留存，保留了古玛雅意识形态的部分记录。玛雅信仰体系中隐秘的部分往往未被察觉，其中许多在玛雅家庭和村庄生活中幸存至今。在镇压措施更为强烈的地区——例如尤卡坦半岛北部和南部高地的殖民地区——玛雅人的抵抗倾向于积极保护传统信仰和仪式。尽管受了洗礼并因此正式皈依，许多玛雅人也学会了在公共场合——教堂接受新宗教，但同时，他们继续在家中举行古老的家庭仪式，在田间进行农业仪式。两种宗教的相似之处往往有助于人们接受基督教的概念。例如，在玛雅符号中，十字架象征生命之树，是一棵支撑天空的神圣的木棉树。因此基督教的十字架很容易被接受，尽管往往是因其古玛雅内涵而受到崇拜。经过几代人的宗教皈依，这两组含义一定已变得相当模糊，久而久之，玛雅宗教变成了土著和基督教信仰及仪式的混合体。

自西班牙征服以来的五百年间，变化的过程五花八门。南部低地地区的拉坎东玛雅人说尤卡坦语，他们在殖民时期迁入南部低地地区，在20世纪之前相对没有接触过西方世界。尽管有所衰落，拉坎东信仰体系中的古玛雅意识形态元素也幸存了下来。例如，直到最近，拉坎东玛雅人仍在制造和使用陶制香炉，继承了古典期使用的某些类型的香炉特点。他们也在神圣的岩洞中举行仪式，甚至在该地区的古典期废墟中举行仪式（图13.2）。

当西班牙牧师在尤卡坦北部地区发现玛雅宗教仪式秘密延续的证据后，便引入了宗教法庭，铲除所有“异教”残余。在其他地区，例如危地马拉高地的上韦拉帕斯省，由于神父巴托洛梅·德·拉斯·卡萨斯的努力，基督教得以和平引入。许多高地玛雅社区，直到20世纪都与外界隔绝，意识形态体系由当地的萨满控制。萨满掌管公共仪式，如在教堂举行的洗礼和弥撒，以及代表个人的占卜和治疗仪式。在许多高地社区，萨满保留了古代历法，如260天历法，仍然用于根据新生儿的出生日期给其起名，以及确定举行仪式的吉日。

图13.1　人祭场景　(a)皮埃德拉斯·内格拉斯11号石柱;(b)皮埃德拉斯·内格拉斯14号石柱(古典期晚期);(c)《德累斯顿古抄本》;(d)《马德里古抄本》(后古典期);(e)奇琴伊察美洲虎神庙;(f)奇琴伊察武士神庙(古典终结期)。

图13.2　拉坎东玛雅柯巴脂的仪式燃烧　拉坎东玛雅人在亚斯奇兰遗址焚烧柯巴脂熏香；这名男子手持一块祈祷板，上面放着小块的柯巴脂，准备在古庙里作为祭品焚烧。

宇宙观

从尤卡坦半岛到恰帕斯和危地马拉高地地区，玛雅超自然世界的概念体现出本土信仰和基督教信仰的融合。在玛雅高地地区，基尼奇·阿哈瓦（见下文）等同于基督教的上帝，玛雅人称之为“我们的太阳之父”。与圣母玛利亚相对应的女性则是“我们的月亮母亲”或

"我们的玉米母亲"。耶稣等同于胡纳普(Hunapu),是《波波尔·乌》(见下文)中的双胞胎英雄之一。十字架被奉为神物,有时与阿哈瓦日的保护神联系在一起。直接传承自古玛雅的其他拟人化的力量居住在物质世界,包括山脉、火山、洞穴、湖泊、动物和其他生命形式。同样,在尤卡坦,天使长加百列和其他基督教圣徒变成了古玛雅支撑世界四个主要方向的帕瓦吞神(Pauahtun);天使长米迦勒成为前雨神查克布(Chaakob)。在伯利兹,圣文森特是雨水的守护神,圣约瑟夫是玉米田的守护神。在许多传统玛雅社区,生者和死者之间的分界线并不明显。已逝祖先的灵魂永远陪伴着生者。人们通常会在墓地里用食物和鲜花祭奠血缘关系最亲的先人——已故的家人,他们也会在周围的圣地纪念、召唤许多祖先的灵魂。这些圣地通常位于与传统玛雅信仰相关的地方,包括考古遗址(视为祖先的住所)、岩洞、泉水和山脉。

创世神话

玛雅人相信现世之前存在过几个前世,每一世都被一场洪水摧毁了(图13.3)。16世纪,兰达主教记录了这一传统:"玛雅人崇拜的众多神中,他们顶礼膜拜的是四位名叫巴卡布斯(Bakabs)的神。据说他们是四兄弟,上帝创造世界的时候把他们安置在四角上支撑天空,免得天塌下来。玛雅人还认为巴卡布斯在洪水毁灭世界时逃了出来。他们给四位巴卡布斯分别起了别的名字,并指定了各自支撑世界的哪一极。"

尤卡坦北部地区的玛雅人认为现世之前有过三个世界。第一世界的居民是矮人,他们建造了许多伟大的城市,现在已成为废墟。这项工作是在黑暗中完成的,因为太阳还没有被创造出来。太阳一出,矮人们就变成了石头。第一个世界最终为一场大洪水所灭。第二世界的居住者是德佐洛布(dzolob),意为“侵略者”,结果也为大水所吞噬。第三世界居住着玛雅百姓,或称马塞胡阿洛布(mazehualob),同样被洪水淹没。最后一次洪水过后,出现了现世,即第四世界。这里的居民混合了此前三个世界留下的所有人,当然,眼前这个世界也终将被第四次大洪水所毁灭。

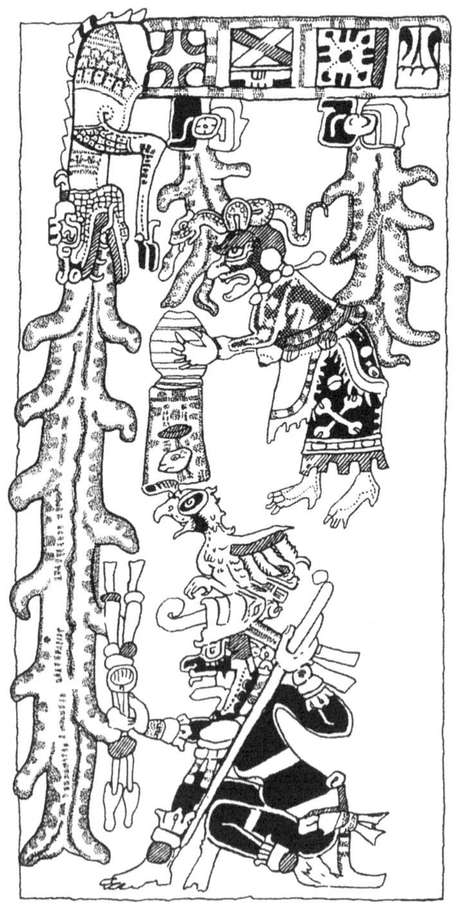

图 13.3　古抄本中统治世界的玛雅神祇　玛雅众神统治世界:众神俯瞰大水摧毁玛雅前世(左图,出自《德累斯顿古抄本》);玛雅众神先滋养一棵树,再折断它(上图,出自《马德里古抄本》)。

从古玛雅开始，人们便相信有多次创世活动。前哥伦布时代的文献和绘画记录了创世神话的一部分，显然可以看出创世活动是复杂且不断发展的。圣巴托洛前古典期晚期的壁画描绘了现世创世故事的一个版本［彩图4（a）、彩图4（b）和彩图5（a）］。古典期的文献和彩陶上的场景暗示创造现世之前存在几次更早的创世活动，正如殖民时期和当今的玛雅信仰一样，经历了几次转变。

帕伦克的文献记载了古典期最详细的一版玛雅创世神话，围绕着初代神的诞生展开。"第一母亲""第一父亲"及其子嗣，他们是帕伦克当地的三大守护神，人称"帕伦克的三位一体神"（Palenque Triad）。十字架神庙的文字记录了上一批世界众神的诞生，以及在如今玛雅历法的伯克盾周期伊始（公元前3114年8月14日）现世的创造。此后，在公元前2360年，三位帕伦克守护神（神G1、神G2和神G3）诞生了。神G2似乎是卡维尔（神K），神G3可能是太阳神基尼奇·阿哈瓦的化身（将在下文进一步讨论），神G1的身份仍未有定论。基里瓜的3号纪念碑（石柱C）进一步阐述了公元前3114年现世的创世活动，它讲述了玛雅众神如何建造原始的宇宙炉膛，安放三块石头（像所有玛雅人的家中炉膛一样），使它们结合起来，定为美洲虎王座石、蛇王座石和睡莲王座石。这三块石头的位置显然与猎户座腰带上的三颗星星有关，创世活动发生在"三石之地"，设置了当前世界运动的时间周期，迫使玛雅国王在此后以适当的仪式更新这些周期。

高地基切玛雅人的非凡著作《波波尔·乌》中记载了玛雅创世神话的新版本。本书的引言引用了故事的第一段。和尤卡坦的起源神话一样，《波波尔·乌》讲述了创世神如何塑造了几个世界，每个世界都居住着失败者，他们必须在现世之前被毁灭。当倒数第二个世界毁于洪水时，昼夜还未出现，现世仍然模糊不清。黑暗的世界被一只叫"武库布卡基斯"（Vukub Kaquix）的大鸟统治着，它自称日月。最早的人类，双胞胎英雄，在一系列可怕的战斗后，用吹矢枪打死了大鸟，让太阳统治白天，月亮统治夜晚，帮助开创了现世。胡纳普（尤卡坦语为“Hun Ajaw”）被认为是太阳，这与他经常和圣主的权力联系在一起是一致的。通常，故事中描绘的希巴兰克（Xbalanque，尤卡坦语为“Yax Balam”）有美洲虎的特征，正是他名字的隐含意义。

双胞胎英雄的父亲是玉米神胡恩·胡纳普（Hun Hunapu），他的双胞胎兄弟（双胞胎英雄的叔叔）是武库布·胡纳普（Vukub Hunapu），他们球踢得很好，在一场球赛中输给了下界（西巴尔巴）的死神，最终惨遭杀害。死神将武库布·胡纳普埋葬在西巴尔巴球场下，而胡恩·胡纳普的头颅却被砍下，挂在葫芦树上。胡恩·胡纳普的头颅向死神的一个女儿手里吐唾沫，使她受孕了。为了逃离愤怒的父亲，女孩来到中间世界，死去双胞胎的祖母收留了她。在那里，她生下了双胞胎英雄——玉米神的儿子。后来他们找到了父亲的踢球装备，继承了父亲和叔叔的才能，踢球本领异常出色，西巴尔巴的死神故技重施，邀请他们到西巴尔巴参加球赛。

到达西巴尔巴后，双胞胎英雄很快就展现出了聪明才智。死神们遇上对手了，他们让双胞胎英雄每天进行一系列球赛，晚上还要经受考验，但他们在每一个回合都智胜了死神。最后，双胞胎英雄跳进火坑，自行了断以逃离险境。为确保胜利，死神磨碎了他们的骨头，将骨灰撒进河里。但是两兄弟居然在河里重生了，又回到了西巴尔巴。这一次，他们进行了报复，向死神展示了一个惊人的伎俩：双胞胎中的一个将另一个斩首，然后将他复活。死神们很惊讶，纷纷要求双胞胎英雄将自己斩杀再复活。自然，两兄弟砍下了死神们的头颅，却没有让他们起死回生。战胜死神后，重生的双胞胎英雄升上天空，成为主要的天体——太阳和金星，注定要每天重现他们下至西巴尔巴和逃脱的过程，直到永远。

《波波尔·乌》中的记载主要围绕双胞胎英雄，但古典期陶器乃至圣巴托洛前古典期晚期的壁画上重点描绘的是他们的父亲玉米神，以及他在现世创世活动中的作用。这些版本中，在死神斩首玉米神并将其头颅挂在葫芦树上之后，雨神查克火红的石斧劈开了大地，让复活的玉米神从下界升起，变成了生命之树。此刻，大树撑起天空，支起了宇宙，带来了一切能维持生命的食物和美好事物，现世开始了。

玛雅创世神话的所有变体都是古代玛雅人生活和宗教仪式的中心公理。它展示了非凡的生物如何进入西巴尔巴，智胜死神，复活，并成为圣主。这也说明了牺牲是重生的前奏。特别是，它将血祭神圣化为玛雅国王确保世界延续的义务。玉米神的牺牲和复活也隐喻了支撑玛雅人生活的年度农业生产周期。每年玉米丰收的时候，人们都会摘掉玉米穗，让人回想起玉米神被斩首的情景。当然，有些种子会在第二年重新播种，新的植物从地里发芽，为人类提供食物，就像复活的玉米神一样。就其自身而言，双胞胎英雄的传奇故事类似于太阳的日常周期，太阳是宇宙中最伟大的生命力。每一天，太阳都从东方的下界升起，顺着天空中的既定线路走一圈，在重新进入西方的下界时消亡。这是对人死后重生的隐喻，也是玛雅的人祭仪式庆祝的特定主题。中间世界和西巴尔巴的对抗最终通过古老的球类运动在球场上进行。球场是大多数玛雅城市的中心，代表着中间世界和下界之间的门槛。宗教仪式在实际的球场或象征性的球场上举行，用人祭使人回忆起双胞胎英雄和死神之间最初的较量。

双胞胎英雄的神话也凸显了贯穿在玛雅意识形态中的二元论主题，从善与恶、昼与夜、生与死的永恒斗争中可见一斑。仁慈的力量带来雷电雨露，丰饶粮食。以死亡和破坏为特征的邪恶力量造成了干旱、飓风和战争，摧毁了玉米，带来了饥荒和苦难。古抄本中描述了这一永恒的竞争：雨神查克照顾一棵小树，他身后的死神紧接着把树拦腰折断（图13.3）。

玛雅宇宙

现世由可见的地球——玛雅人的领地，和两个多层的不可见世界——天上的天界和地下的冥界组成。地球表面是某种在原始海洋中活动的巨型爬行动物的背部，时而被描绘成凯门鳄，时而被描绘成海龟。据估计，天界有十三层，每层都由上界十三位奥斯拉温蒂库（Oxlahuntik'uh）神中的一位掌管。冥界有九层，每层各有一位博隆蒂库（Bolontik'uh，下界九神）。这些领域显然没有界限，更像是一个连续体，这是难以区分自然领域和超自然领域的又一例证。

玛雅宇宙的各个领域通过超自然力量可见和无形的表现形式联系在一起。可见的首先是天界的漫步者：太阳、月亮、行星和恒星。它们的运动在时间和空间上定义了宇宙。东方是太阳每天早晨重生的方向。每天正午，太阳升到头顶的最高点（北方）时生命力最旺盛。西方是行将逝去的太阳走向死亡之地的方向。脚下的最低点（南方）是死去的太阳变身为下界夜间活动的美洲虎太阳神，与死神搏斗以获新生的地方，双胞胎英雄也是如此。

世界的中心矗立着伟大神圣的生命之树，是复活的玉米神的化身，它支撑着天空，通常被描绘成一棵巨大的木棉树，并用十字架代表（图8.40）。夜空中的银河和整个天界经常被描绘成一条巨大的双头蛇，一头与生命相关，另一头与死亡相关。很多古典期统治者手中握的正是代表宇宙的双头蛇权杖（图7.6、图7.31、图8.10和图9.5），如同通往众神世界的天路——银河。地表的开口，即洞穴，存在于玛雅地区的许多地方，是下界的入口，因此格外神圣且危险。古玛雅人在洞穴里举行仪式，埋葬死者。许多神庙被看作维茨的化身，或是圣山，万物诞生之时，一切美好事物都起源于此。洞穴或土地神的嘴是通往圣山的入口，统治者能够进入下界与众神交流，如科潘建筑10L-22（图8.49）。借助这种和其他许多方法，玛雅国王把自己和玉米神及其儿子双胞胎英雄牵上了关系以强化统治。人们认为统治者和创世神一样，能够进入西巴尔巴对抗死神，进行神圣的球赛，并在天上重生为神。

玛雅人认为，他们的住所象征着他们的宇宙。范围也许可从最小的房子延伸到最大的城市。宗教仪式建筑的特有布局最能体现这一象征意义。蒂卡尔的双金字塔群是为了举办卡盾终结仪式而建造的，克莱蒙丝·柯金斯向我们展示了它如何代表了玛雅宇宙（图8.21）。东面和西面的金字塔标志着时间周期，特别是太阳的东升西落。南面的九道门建筑代表九层下界。北面的围墙露天，代表天界，适合放置统治者的石柱和王座（“圣坛”，图8.22）。

就像许多前工业化文明的城市一样，玛雅城市也被认为是宇宙的象征。如此想来，玛雅居民生活在神圣而有序的城市，拥有安全感，享有受人爱戴的强大统治者的保护。这并不是说玛雅遗址是根据单一的总体规划一次性布局的。显然，随着时间的推移，每个城市都在发展，因此经常会移走或湮没原本与宇宙位置相匹配的建筑。学者彼得·哈里森提出，蒂卡尔中央卫城（统治王朝占据的建筑群）的宫殿序列是通过协调新建筑与原有建筑的位置而确定的。从更大范围看，正如温迪·阿什莫所示，我们仍然可以在玛雅城市的布局中看到宇宙模板的痕迹，特别是较小、时间较短的中心城市，如塞罗斯、基里瓜和逊安图尼奇。

在这些宇宙图中，玛雅世界主要方向的关联以及宇宙的分层视图最为明显。一些遗址的布局强调反映每日太阳周期的东西轴线，例如最早的玛雅低地城市纳克贝和埃尔米拉多尔。其他城市似乎强调南北轴线，象征着玛雅宇宙的层次。在世统治者的宫殿位于或靠近中轴线南端，通常代表世俗王国。神祠和陵墓常位于北方，北方象征天界，是已故统治者羽化登仙后居住的地方。丧葬神庙和祖祠常位于王宫的北面，或在更高的位置，或两者兼而有之。如前所述，球场是中间世界通往他界的门槛，用于举行球赛和献祭仪式以纪念创世神话，通常位于象征尘世的宫殿和象征天界的丧葬神庙之间。

早在前古典期晚期的塞罗斯（图6.26）和古典期的科潘（图7.19）的城市布局中，就已经能看出这一特点。这在蒂卡尔中心地区也很明显：中央的宫殿建筑群，北卫城的丧葬神庙，中间有一个球场（图7.1）。温迪·阿什莫在科潘北建筑群的挖掘证实了古典期晚期科潘城市建筑布局中的宇宙学方向性。事实上，在北建筑群中发现了天界与来生的联系（图7.19），有一座建筑群上饰有科潘第十三任统治者瓦夏克拉洪·乌巴赫·卡维尔的名字，以及他被基里瓜统治者斩首牺牲的日期。这似乎表明，修建北建筑群可能是为了纪念牺牲的科潘统治者重生成神。

来世与祖先

《波波尔·乌》中的创世神话暗示玛雅人相信来生。前哥伦布时代的文献和图像进一步证实了这一点，包括对古典期瓦伊（way）字形的解读（详见第三章），表明了人们相信所有人都拥有无形的精神实质。“瓦伊”这个概念似乎与几个玛雅高地群体所信仰的纳瓜尔（伴侣精灵）有关。每人都有一个纳瓜尔，通常是森林和黑夜中的野生动物精灵。一个人的命运和归宿与纳瓜尔相连，一方的生老病死都会影响另一方。卡尔·托布发现了另一种精神实质，它在人死后依然存在，似乎更类似于西方的灵魂概念。当代玛雅人称之为“神性”(ch'ulel)，一种与心脏、血液和人类呼吸相关的生命力。根据休斯顿和托布的说法，前哥伦布时代的玛雅人设想了一种类似的生命力或“灵魂”，等同于音乐和气味，尤其是燃烧柯巴脂和鲜花的香味。这种灵魂的精华存于人类的呼吸中，在古典期的雕塑和陶器上被描绘为人物口中呼出的涡旋形的气息，有时也是人面前的一朵花或玉雕的呼气。16世纪兰达主教的记述和考古发现都证实了在死者口中放置一颗玉珠的做法，可能象征着神性的精华气息。

西班牙征服后不久，记载中写道：已故的“灵魂”去往了一个没有痛苦和折磨的地方，享受着丰盛的食物和饮料。那里生长着“亚斯切”(yaxche)——玛雅人的圣树(木棉)，逝者可以永远在树荫下休息。直接前往玛雅天堂的人包括那些上吊自杀或被献祭的人、战死的战士、死于分娩的妇女、祭司和统治者。托布将前哥伦布时代的古典期玛雅人眼中的天堂称为“花山”，是祖先和众神居住的天界。太阳神和玉米神这两个与死亡和重生有关的神与花山关系最密切，也不足为奇。

西班牙殖民时期的记载也描述了那些过着罪恶生活的人如何堕落到第九层也就是最底层的下界。在那里，魔鬼用饥饿、寒冷、疲倦和悲伤折磨他们。然而，这些描述显然与基督教关于天堂和地狱的概念非常相似，说明它们已经受到了欧洲的影响。

玛雅墓葬的挖掘也为玛雅人信仰灵魂和来世这一观点提供了证据，人们发现了与来世相关的符号，比如放在嘴里的玉珠。最详细的例子可见帕伦克、蒂卡尔、科潘、卡拉科尔和其他古典期中心城市的王室陵墓。其中一些证据进一步证明了在国王下葬后，每隔一段时间就会举行丧葬仪式。这些仪式显然是为了把玛雅国王变成超自然的存在。国王的神化再现了玉米神和其双胞胎儿子进入下界(坟墓),随后复活成天神的过程。国王下葬后,再进入一些王室陵墓需要做相关准备,考古挖掘记录下了这些神化仪式的证据,包括将红色朱砂撒在骨头上(图7.28)。有关统治者死亡的雕塑描绘了神化时刻的统治者,如帕伦克的巴加尔墓石棺盖(图8.40),这些雕塑通常带有美洲虎的符号,是指太阳神夜间在下界停留期间变成了美洲虎-太阳神。

尽管只有玛雅国王有望重生成神,但玛雅社会的各个阶层都充满着对祖先的尊重和崇敬。人们似乎认为这些或类似的精神实质就是祖先的灵魂,古玛雅人同今天的玛雅人一样,都崇敬祖先之灵。玛雅信仰的这一方面,无论是过去还是现在,通常被称为祖先崇拜。虽然玛雅人过去和现在都崇拜祖先,但他们依旧被视为阳世的一部分。换句话说,对玛雅人而言,祖先仍然是社会结构的一部分,这与西方世界观中生者和死者之间存在鸿沟的观念形成了鲜明对比。

考古显示,在前哥伦布时代,祖先与其家人靠得非常近,考古人员经常会在玛雅房屋的遗骸下面或旁边发现祖先的坟墓(图5.12)。从卑微的农村农民的房子到贵族阶层的宫殿,社会各阶层都遵循这种做法。各地区玛雅群体的创建者通常会享受特殊待遇,比如被单独供奉在与在世后代的房子相邻的特殊神祠中。正如我们所见,玛雅国王非常详细地制定了这些习俗,用王室墓葬的位置和标志彰显自己日益增强的权力和与其他阶层间的社会距离。到了古典期,统治者被埋葬在丧葬神庙之下精致的拱形陵墓中(图8.37),通常伴有与玉米神有关的装饰和符号,大概是为了帮助他们复活成神。虽然像蒂卡尔1号神庙(图8.8)这样的大型王室丧葬神庙可能被认为是象征性的"宫殿",但它们显然是为宗教仪式崇拜而设计的。因为同样明显的是,玛雅国王居住在与他们祖先的丧葬神庙分开的王室宫殿里(图8.34)。

但是，也有一些王宫在国王下葬后就会被改造成丧葬神庙。科潘卫城地下的发掘几乎可以肯定是该王国王朝建立者的陵墓(详见第七章)。考古人员在一座具有王宫特征的建筑的北室地下挖掘出这座陵墓，很可能是基尼奇·亚克斯·库克毛的宫殿。值得注意的是，就在陵墓竣工安葬之际，王宫即被拆除，取而代之的是一座丧葬神庙，这是一系列神庙中的第一座，一直供奉着开国国王，直到科潘王朝统治结束。这个例子体现了科潘后来的国王如何通过敬奉王朝创立者来明确自己与王室祖先的关系，以巩固其地位和权力。

玛雅诸神

对古玛雅人来说，宇宙同时代表着统一性和多样性。无论是我们所说的自然力量还是超自然力量，所有事物固有的“神性”都能在我们称之为“神”的超自然存在中得到体现。由于所有玛雅神灵都具有同样的神圣品质，玛雅超自然领域可被视为一神论。事实上，注入万物的神性被拟人化为后古典期古抄本中描绘的神，名为库赫(K'uh)，也叫神C。另一方面，由于不同的存在代表着特定的品质，这些各具特色的神灵也体现了玛雅超自然领域的多神论。

玛雅多种多样的超自然力量的特征可以根据多重标准划分，包括功能(战神对照太阳神)、性别(男性和女性)、方位(通常是东方和西方，也包括北方、南方和中心)、年龄、颜色等等。玛雅众神不仅具有多重且不断变化的特征，而且一位神灵身上可以融合几位神的特征。神性固有的分散性不可避免地导致人们难以辨认不同的玛雅神灵。对这些神进行分类和描述的几项研究都基于玛雅古抄本，其中清晰地呈现了代表各个神的画像和相关字形(图13.4)。其中最著名的是保罗·谢尔哈斯在20世纪初发表的分类法。他按照字母表顺序命名古抄本中的众神(神A、神B等)。但是,尽管人们对其中十几个神的身份达成了共识,但对于其余的神的身份却没有达成一致,对于单独的神的总数也没有达成一致。

后古典期的古抄本中,神像的一些属性可以与非玛雅(墨西哥)超自然存在联系起来。还有许多玛雅神是从古典期的文献和描绘中识别出来的。古典期几位最突出的神(图13.5)明显是后古典期古抄本中的神的早期版本。但我们不太清楚其他古典期的神灵是何身份,包括当地的守护神,如帕伦克的三位一体神。古典期早期的蒂卡尔31号石柱上的文字提及了两位核心神:查恩·库赫(天神)和卡布·库赫(大地神)。在古典期,还有对玛雅火神的描述。神灵的画像很多都来源于古典期陶器上的彩绘场景,其中一些代表了古玛雅神话和仪式的各个方面。基于对瓦伊字形的解读,有些人物已经被证明是伴侣精灵或守护精灵。其他场景展示了神话背景下拟人化的神灵。彩绘器皿上还描绘了统治者和其他参与日常活动——受贡或举行宗教仪式的人。在一些仪式中,玛雅统治者扮演神的角色,陶器和雕刻的纪念碑上,统治者的形象都穿戴着与特定神灵相同的服饰、面具和头饰。附文暗示,玛雅人认为统治者在这些仪式中具有神的属性或身份。

解读古典期陶器上描绘的神灵和仪式场景往往受现实限制,因为大多数陶器是从玛雅遗址掠夺来的,缺乏原始背景和关联的信息。幸运的是,当成功破译器皿上的文字,或者当技术研究提供了源头的线索时,我们可以提取一些信息。但与我们能从有记载的考古发掘中了解到的东西相比,从被掠夺的材料中收集到的信息少得可怜,而对这些器皿上绘画场景的解释,无论多么有趣,也远远不够完整。此外,一些掠夺来的古典期器物被现代绘画美化(“修复”),而另一些则是彻头彻尾的赝品。

图13.4 后古典期古抄本中的玛雅诸神 (a)天神伊察姆纳(神D);(b)雨神查克(神B);(c)后古典期版本的闪电神卡维尔(神K);(d)玉米神(神E);(e)死神基米(神A);(f)"万物之神"(神C);(g)商人神埃克·丘阿赫(神M);(h)战争和人祭神布卢克·查布坦(神F);(i)彩虹神伊西切尔(神I);(j)自杀神伊西·塔布。基尼奇·阿哈瓦(神G)未显示。

图13.5　古典期陶器上的玛雅诸神　(a)天神伊察姆纳(神D);(b)雨神查克(神B);(c)太阳神基尼奇·阿哈瓦;(d)下界美洲虎神;(e)闪电神卡维尔(神K);(f)下界神(神L);(g)彩虹神查克切尔(神C);(h)月亮女神伊西萨克温。

考虑这些条件，就可以用几位玛雅主神最常见的名字描述他们。然而，我们不能假设每位主神的名字是唯一的，因为众所周知，在不同地区和不同时间，神的名字都不一样。由于神具有多面性，通常很难确定哪些是神的不固定特征。在下文的总结中，笔者会适时给出谢尔哈斯神表中诸神的名称。

创世神：伊察姆纳（谢尔哈斯神表中的神D）

伊察姆纳是一位无处不在、特点丰富的创世神。他的名字基于"itz"，在古代指的是一种渗透玛雅宇宙（地球、天界和冥界）的形而上物质。古典期器物上描绘的伊察姆纳是众神之首，在后古典期的古抄本中，他冠有阿哈瓦（统治"主"）头衔。古典期，他被描绘为一位老者，头上经常戴着珠状圆盘或黑曜石镜子。古抄本中描述的伊察姆纳是一位牙齿尽落、下巴低垂、两腮深陷的老人[图13.4（a）]，古典期陶器上的伊察姆纳通常也是类似的形象[图13.5（a）]。他是第一位祭司，发明了文字，能医治百病。在天界，他呈现为大鸟神（可能是武库布卡基斯，《波波尔·乌》中的假太阳神）。据说伊察姆纳是第一个给尤卡坦地区命名并划分土地的人。人们在数个历法仪式中召唤仁慈的伊察姆纳。他为民消灾，人们在玛雅新年仪式中祭拜他。斯普月期间，他就同伊西切尔一起成为药神。伊察姆纳还是阿哈瓦日（玛雅历法的20个日子中最后且最重要的一个）的保护神。

雨神和风暴之神：查克（谢尔哈斯神表中的神B）

作为雨神和风暴之神，查克与创造和生命有关。雨神查克对于玛雅农民至关重要，他们经常祈求善神查克滋养玉米和其他农作物。

古典期，查克是爬行动物的形象，身上有鳞片，钝鼻，有时还留着胡须。他用冒烟或燃烧的斧子制造闪电，闪电的化身是另一位神卡维尔（见下文）。在后古典期的古抄本中，查克的面部依旧保持着爬行动物的特征，长鼻子通常下卷，口中两颗弯曲的尖牙向下突出［图13.4（b）］。在一幅古典期的画作中，他高举斧头手舞足蹈［图13.5（b）］。查克有四种主要形式，每种形式都对应一个重要的方位和颜色：查克·西布·查克（Chaak Xib Chaak）是红查克，他与东方相对；萨克·西布·查克（Sak Xib Chak）是白查克，他与北方相对；埃克·西布·查克（Ek Xib Chak）是黑查克，他与西方相对；坎·西布·查克（Kan Xib Chak）是黄查克，他与南方相对。在尤卡坦，人们会在茨恩或雅克斯月举行盛大的节日来纪念查克。这一仪式被称为“ocna”，意思是“进屋”，目的是翻修敬奉查克的神庙。查克也是伊克日和数字13的保护神。

太阳神：基尼奇·阿哈瓦，或阿哈瓦·金（谢尔哈斯神表中的神G）

玛雅太阳神可以通过他的一双对眼、排列成T形的上门齿和嘴角的蛇形曲线辨认出来。他的脸或身体还装饰有四片花瓣的符号，即金（k'in，代表太阳或白天）符号［图13.5（c）］。“太阳脸之主”有几重身份：他象征太阳每天的生命周期，因此象征所有生命，也象征着夜间行走于下界穿越死亡的美洲虎太阳神。太阳神与玛雅统治者密切相关，也许是因为统治者们宣扬了这样一种信仰，即他们实际上是太阳神的化身。许多国王使用“基尼奇”的头衔，子民视其为基尼奇·阿哈瓦，有些国王手持印有基尼奇·阿哈瓦头像的盾牌（见图7.30）。基尼奇·阿哈瓦是帕克斯月的保护神；在白天，他是数字4的保护神，到了夜晚，他是美洲虎太阳神，数字7的保护神。帕伦克的文献记载了太阳神的一个身份（神G3）的诞生。

闪电神：卡维尔（谢尔哈斯神表中的神K）

卡维尔通常被描绘成一位有着倒置猪嘴和蛇脚的神灵，前额处还插有一个斧子或火把［图13.5（e）］。雨神查克手握的燃烧的斧子很可能化身为闪电神卡维尔。许多情况下，玛雅国王的权杖上都饰有卡维尔神（图13.6、图7.30或图8.30）。考古学家发现了绘有卡维尔图案的奇形怪状的燧石（图13.7），可能曾是国王权杖的一部分。手执卡维尔权杖代表着成为玛雅国王，因此人们通常认为卡维尔是国王的守护神。卡维尔的早期图案出现在蒂卡尔的国王权杖上。卡维尔权杖本身可能源于蒂卡尔武士统治者使用的阿特拉特尔（投矛器），来自墨西哥中部。后古典期，神K被称为波隆·察卡布（Bolon Tzacab），是“九代（多代）神”，《契兰·巴兰书》中提到了他。古抄本中描绘的波隆·察卡布有着爬行动物的面部特征，长长的倒置猪嘴［图13.4（c）］。他是坎日的保护神，也是一年的保护神。

玉米神：胡恩·胡纳普（谢尔哈斯神表中的神E）

这位古典期玉米神的名字尚不清楚，但作为双胞胎英雄的父亲，他在后古典期的《波波尔·乌》中被称为胡恩·胡纳普。玉米神是一位善神，代表生命、繁荣和富足。古典期，玉米神被描绘成一位年轻人，剃着光头，头型细长，在玛雅是美的标志（见卷首图）。在后古典期的记载中，他头戴装饰着精致玉米穗的头饰［图13.4（d）］。圣巴托洛前古典期晚期的壁画［彩图4（b）］描绘了他在下界的死亡和复活，是玛雅国王神化信仰的中心隐喻。后古典期的一个场景中，复活的胡恩·

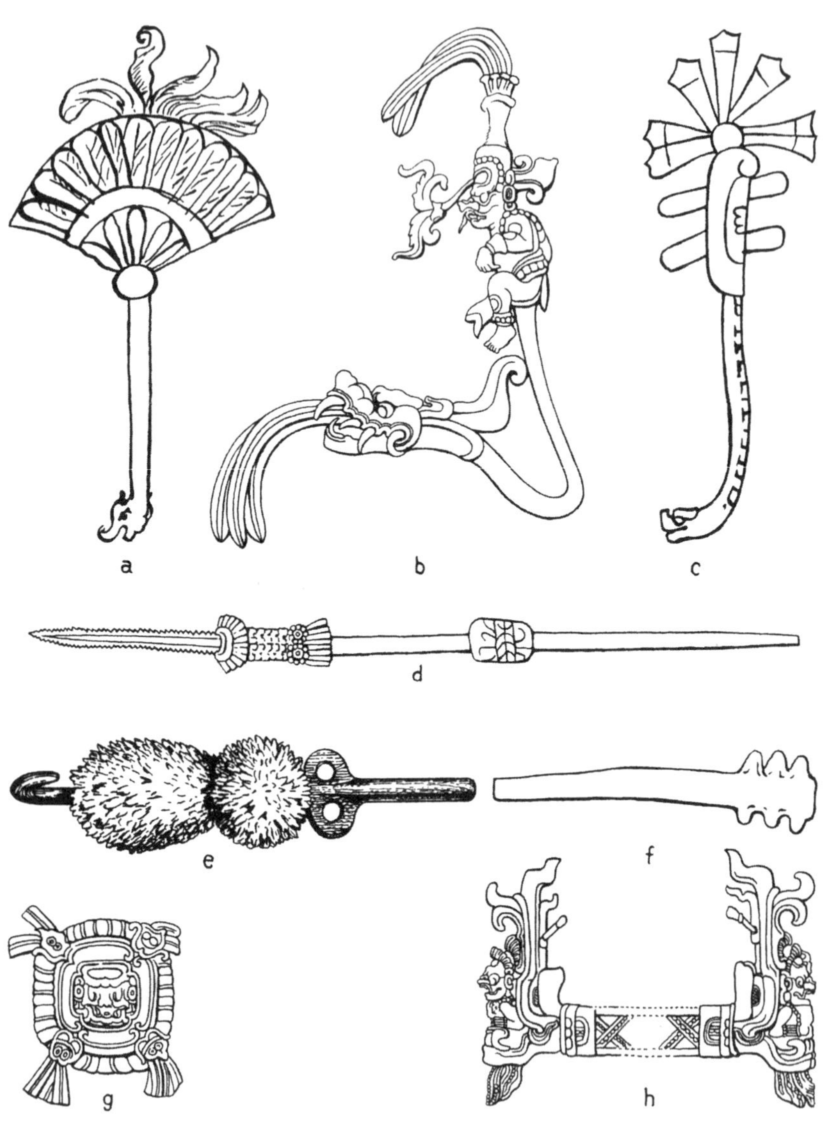

图13.6　权杖和其他(王室)特权　装饰着卡维尔神像的权杖及古典期和后古典期的其他王权标志:(a)殖民时期修家族家谱中的卡维尔权杖;(b)古典期晚期基里瓜的动物形状雕塑P的卡维尔权杖(见图7.30);(c)古典终结期的卡维尔权杖,出自奇琴伊察武士神庙的壁画;(d)矛;(e)阿特拉特尔(投矛器);(f)印第安战棍;(g)小型古典期仪式盾;(h)古典期双头仪式棍,王室权威的宇宙象征。

图 13.7　科潘古典期的古怪燧石
古典期异乎寻常的燧石碎片：（左图）出自洪都拉斯科潘罗萨里拉建筑的卡维尔神像（一堆奇形怪状的燧石之一，最初可能用于装饰卡维尔权杖）；（上图）出自埃尔帕尔玛尔的塑像，带有背部装饰。

胡纳普从地表海龟壳的裂缝中升起，两侧伴着他的两个儿子——双胞胎英雄。有时，坎日的字形中会生长出玉米，“Kan”在古抄本中代表玉米。玉米神是坎日和农业的守护神。后古典期，各场景中描绘的玉米神从事各种农业活动。如同玉米本身，玉米神也有许多敌人，其命运被雨、风、干旱、饥荒和死亡左右。

死神：基米（谢尔哈斯神表中的神 A）

后古典期的《马德里古抄本》中描绘了一位名叫基米的骷髅死神。有时，死神身体浮肿，皮肤上有象征腐败的黑斑［图 13.4(e)］。他经常在头发上或脖子、手臂和腿上佩戴铃铛。从奇琴伊察神圣的灰岩深井中挖掘出了类似的铜制或金制铃铛，可能与活人祭品一起被扔进井中。死神是数字 10 和基米日的守护神，在尤卡坦玛雅语中，"Kimi"代表"死亡"。如今，尤卡坦半岛的一些玛雅人相信，一位叫尤姆·基米尔（Yum Kimil）的死神仍旧在病人的房子周围徘徊，寻找猎物。死神还有其他身份。其中，古典期和后古典期为人所知的一位神，眼睛上有一条黑色带子，额头上有"ak'bal"（黑暗）字形，这位神似乎同时代表战争、战争的常见结果和人祭导致的死亡。

商人神：埃克·丘阿赫（谢尔哈斯神表中的神 M）

在后古典期的古抄本中，"黑蝎子"埃克·丘阿赫是黑色商人神，身体通常呈黑色［图 13.4(g)］。神 M 的下唇大而下垂，名字铭文是一只有黑眼圈的眼睛。埃克·丘阿赫也是可可的守护神，可可是玛雅商人最重要的贸易产品之一。可可豆种植园园主在穆万月会为神 M 举行仪式。

彩虹神：查克切尔或伊西切尔

古典期的陶器［图 13.5(g)］和后古典期的古抄本［图 13.4(i)］所描绘的彩虹神是一位名叫查克切尔（大彩虹或红色彩虹）的年迈女

神，头戴蛇头饰，双手如美洲虎爪。但在她位于女人岛和科苏梅尔的著名神祠中，人们称之为伊西切尔（彩虹夫人）。对玛雅人来说，彩虹来自下界，是疾病甚至死亡的可怕预兆。西班牙征服期间，妇女们前往伊西切尔的神祠朝圣，把她尊为生育、分娩和编织女神，伊西切尔似乎也不再那么可怕了。

世界支柱：帕瓦吞或巴卡布（谢尔哈斯神表中的神N）

神N在古典期被称作帕瓦吞，在后古典期被称作巴卡布，至少有四种化身，负责在四个方位基点支撑天空。古典期，帕瓦吞多被描绘成一位老者，背后背着一个海龟或贝壳。在一些古典期的彩绘器皿上，他身边陪伴着一群年轻漂亮的女人。帕瓦吞还被认为是马姆——古代高地玛雅人的土地神。

羽蛇神：库库尔坎

在墨西哥，人们熟悉羽蛇神的纳瓦特尔语名字——奎查尔考特尔。他是统治者、学者和商人的超自然守护神。一方面，他也是风神。古典期早期，玛雅地区就提及了羽蛇神，可能是因为与墨西哥中部的交往。在玛雅，羽蛇神名叫库库尔坎，在古典终结期奇琴伊察的宗教中以及后古典期的玛雅潘，库库尔坎都是特别突出的人物，与这些时期十分重要的贵族商人密切相关。

下界神（谢尔哈斯神表中的神L）

神L是被双胞胎英雄打败的下界主要领主之一，姓名不为人知。

古典期，神L的形象通常是一位戴着一顶宽边大帽子的老年神，且与美洲虎有关。他也是商业和贡品的守护神，代表着玛雅国王的“美好生活”，因为作为下界统治者，他享有巨大的财富和权力。

月亮女神

这位月亮神举足轻重，其形象是一位年轻美丽的女人，经常怀抱一只兔子坐在新月上［图13.5(h)］。兔子与月亮有关，因为满月时，玛雅人看到的是兔子的形象，而不是“月亮上的人”。月亮女神也与生育和玉米息息相关，常和太阳神成对出现。在今天的玛雅高地社区，人们通常称呼太阳为“我们的太阳父亲”，月亮为“我们的月亮母亲”。

当地的守护神

肯定还有其他与当地联系更密切的神，人们可能认为这些神居住在玛雅地区的特定地点。每个玛雅首都及其统治者似乎都有特殊的守护神，通常叫“瓦伊布”（伴侣精灵），例如卡拉克穆尔的鹿蛇“瓦伊”。其他地区的守护神已经在创世神话中讨论过，如帕伦克的三位一体神。科潘的文献中记载，在国王就职当天，当地的守护神与国王一起坐在王座上。基里瓜在宣布科潘战败的铭文中提及俘获了科潘的守护神和第十三任统治者。蒂卡尔的若干根著名木雕楣梁上清晰记录了凯旋的游行队列，其中就有击败纳兰霍和瓦卡（埃尔佩鲁）的敌手后所抓获的当地守护神（图8.10）。

其他神灵

我们通过各种渠道得知其余众神。古抄本中描绘了一些，尽管学者对他们的身份仍未达成明确共识。其中包括鹿神瓦克·西普、北极星神阿赫·奇库姆·埃克、战争和人祭神布卢克·查布坦[图13.4(h)]和自杀神伊西·塔布。《德累斯顿古抄本》中的伊西·塔布[图13.4(j)]脖子上套了一根绳子，吊在空中，死时双眼紧闭。

古典期或前古典期的描绘使我们认识了其他超自然生物。前古典期晚期，玛雅南部地区的雕塑人物中出现了一位“胖神”，古典期晚期低地地区的雕像中，人们称其为“sidz”(指暴食)。另一个长寿的超自然生物是双头宇宙怪物，其爬行动物的躯体上饰有一条天体带(标志着日月星辰)，前侧的头代表金星，后侧的头代表下界的美洲虎太阳神。通常，宇宙怪物与王室登基场景相关，可能象征与宇宙或天界的联系。划桨者之神，顾名思义，通常划独木舟载着玉米神横穿下界水域(著名的蒂卡尔骨头上描绘的场景，图13.8)。两位划桨者分别坐于独木舟两端，象征昼夜的基本二元性。船头的划桨者戴着美洲

图13.8　哈萨维·查恩·卡维尔陵墓中蒂卡尔锯齿状边缘骨头　蒂卡尔116号墓葬中骨头上雕刻的场景，描绘的是玉米神的化身——蒂卡尔统治者哈萨维·查恩·卡维尔乘坐独木舟由划桨者之神和动物神送入下界水域。

虎头饰，船尾那位的鼻中隔穿插了一条黄貂鱼或一根骨头。

在玛雅人看来，时间本身是神圣的，因此每个时间单位（详见第三章）也是一位神。260天历法中的每一天都由一位特定的神掌管。例如，伊察姆纳是阿哈瓦日的守护神，阿哈瓦日是一个乌纳的20天中最后且最重要的一天；查克是伊克日的守护神；玉米神对应坎日；死神对应基米日；基尼奇·阿哈瓦对应穆卢克日。另一众重要的神灵是历法中头像变体数字的守护神，许多文献中的数字符号都是相应守护神的头像。例如，数字10的符号就是其守护神——死神的头骨。基尼奇·阿哈瓦是数字4的守护神，查克是数字13的守护神。

十三个不同的卡盾（1卡盾＝7200天）都各自有特定的守护神。在后古典期的尤卡坦半岛，基于历法的预言遵循“u k'ahlay k'atunob”，即每256年重复一次的十三个卡盾的循环周期（93600天），更早些时日的玛雅人很可能也依赖这些预言。这十三个卡盾的命运都在其守护神身上得以体现。

九位夜之神博隆蒂库中，每一位都是玛雅历法某一日的守护神。他们依次交接，循环往复。上界也有十三位神，玛雅人认为他们同博隆蒂库一样，既是单个的神灵，又是一系列不同的神灵。

宗教仪式与典礼

对古玛雅人来说，举行宗教仪式是为了确保生命、健康和食物。西班牙征服时期的大量记述印证了这一点：“他们崇拜神像……祈求众神保佑身体健康，风调雨顺。”有文字记载的祷告表达了同样的意思：“全能的神啊，我们向你献上这些祭物，献上这些心，好叫你赐给我们生命和现世的财富。”献祭是为了“从神那里购买食物，这样他们（人民）就可以有很多东西吃”。如今，在玛雅高地地区，人们会举行类似的仪式,向祖先和神灵求助。这些活动会在教堂和神祠,家里或农田里,或是岩洞、泉水或山顶等一系列圣地举行。人们会献上各种各样的供品来“供养神灵”,包括熏香、鲜花和食物。这些供品通常会被焚烧,以便神灵接收。考古学证实,前哥伦布时代的供品残骸大都经过大火焚烧或人为破坏,想必是为了让超自然的神灵顺利接收并使用它们。

作为日常生活的一部分,古玛雅社会各个阶层的人们都举行各种仪式。考古学家在挖掘古玛雅社区的住户遗骸时发现了这些活动的遗迹。这一证据表明,家族仪式包括放血、供奉圣物、焚香、设宴和祭拜祖先。星星、太阳和月亮等可见的天神指导着所有玛雅人的日常和季节性活动。玛雅农民用仪式和上供来标记玉米植株每年的生命周期,从出生(种植和发芽)、长大成年(开花和成熟)到死亡(收获)。收获也为来年玉米的重生提供了种子,正如玉米神的复活。妇女们每天早上研磨玉米,揉制玉米面团做玉米饼和玉米粽,根据《波波尔·乌》中的记载,诸神正是用玉米面团创造了人类。家家户户用来纺棉线的纺锤轮都装饰着超自然符号,比如“金”符号(代表太阳和白天)。玛雅意识形态基于对宇宙和日常生活意义的共识,渗透到玛雅社会的各个层面。

社会上等阶层的贵族们在相同的基本意识形态指导下,所举行的仪式与平民大多一致,但规模更大,流程更精细。玛雅国王用自己的鲜血献祭,以确保宇宙的延续。古典期的雕塑有时描绘统治者和放血者用黄貂鱼脊骨或其他锋利的工具从阴茎抽血,这类仪式明显象征人类的生育能力。尽管兰达说只有男人才会参加放血仪式,但在古典期的一些场景中,贵族妇女通常从舌头上放血(图8.28)。放血者用纸条止血,将带血的纸条放入陶器中焚烧,把这些供品传递给祖先和神灵。科潘铭文之梯底部的埋葬物中有一个海菊蛤贝壳,经化学检验，其上的残留物确定为人类血液。

《马德里古抄本》中描绘了一男一女正从耳朵上放血的情景(图13.9)。后古典期的玛雅人会把鲜血洒在神像上：

> 他们用自己的血献祭，有时把耳朵的边缘割成碎片作为虔诚的标志。有时他们刺穿双颊或下唇，划伤身体；或将秸秆斜着穿过舌头，十分痛苦；他们还会割开阳刚之躯的多余部分(包皮)，同耳朵一样割成一片一片；这误导了研究西印度群岛的通史学家(奥维耶多)，他认为他们实行的是割礼。……妇女们虽然非常虔诚，但她们并不参加放血仪式。此外，玛雅人拥有的所有的东西，无论是天上的飞鸟，地上的走兽，海里的鱼，玛雅人都会把这些动物的血涂抹在魔鬼(神像)的脸上。

古典期的王室宗教仪式

解读古典期的文献、绘画或雕像证实了宗教的主要义务，这些义务对玛雅国王巩固权力至关重要。首先是继承人指定仪式，在位国王指定其继承人。若统治者附庸于更有权势的国王，最高统治者通

图13.9 《马德里古抄本》中的放血仪式 放血仪式，源于《马德里古抄本》第95页。

常会到场监察，新国王的就职典礼也是如此。就职典礼的高潮是新统治者接受王权基本象征的时刻。古典期的文献提到了其中几个王权象征，包括王室束发带和卡维尔权杖。这时，新国王就成了一个神圣的存在——库胡尔阿哈瓦。同时，统治者会采用新的王室名字，明确地将他与一位神灵联系在一起，例如伊察姆纳、基尼奇、卡维尔或查克（表3.2），也象征着新地位。玛雅国王上台时会被“高高举起”，玛雅艺术描绘了这一事件：支架将国王抬升，使其凌驾于社会其他成员。追溯至前古典期晚期的圣巴托洛壁画[彩图5(a)]和古典期晚期的皮埃德拉斯·内格拉斯石柱（图8.24）上，可以清楚地看到坐在王室支架上的新国王。国王就职后很可能乘坐人力轿子。

国王在统治期间会举行一些似乎十分重要的特定仪式，强调他们与超自然力量之间的联系。一个周期行将结束之时，会举行仪式纪念主历法周期的流逝，回顾公元前3114年众神最初的创世过程，并将玛雅统治者与每个时间周期的宇宙命运联系起来。从这个意义上说，玛雅国王是时间周期的化身。在每一个卡盾或半个卡盾甚至四分之一个卡盾的末尾，都要供奉新雕刻的纪念碑，举行滴洒仪式或焚香血祭。科潘、蒂卡尔和其他遗址出土的随葬品无疑代表了这些献祭仪式的用具和祭品。早在前古典期晚期，就有玛雅国王戴着面具、穿着服装、表演仪式化舞蹈的雕刻肖像，这表明他们在扮演神灵。古典期的文献中提到国王“以神的形象出现”，表示国王与神合而为一。

毫无疑问，周期终结时的献祭和神灵扮演仪式是盛大的公共表演，伴有宴会、舞蹈，甚至是造福国王臣民的娱乐活动。此外，还有更多私人和个人仪式，使得王室与神灵拥有非常特殊的联系，但也进一步加强了王室的权力。其中最明显的是记录在彩陶器皿上或雕刻在古典期的楣梁和其他纪念碑上的场景，例如亚斯奇兰神庙的楣梁（图

8.28)。这表明,玛雅国王和王后举行召唤仪式,召唤特定神灵或“瓦伊布”(伴侣精灵),他们在放血仪式中途或之后现身,或者可能在摄入迷幻剂或类似物质后出现。

后古典期和西班牙征服时期的宗教仪式

西班牙征服时期的记载提供了玛雅宗教的细节,尽管其中大部分显然是为了强调“异教”仪式多么过分。根据兰达的说法,极重要的仪式开始之前基本都要斋戒、禁欲,包括节制性欲。开斋被认为是大罪。斋戒期间禁食肉类和盐、辣椒等调味料。这些预备性的净化对祭司和协助开展仪式的人员是强制性的,其余人则凭自愿。

祭品是玛雅崇拜的重要组成部分,从简单的食物、血液、各种饰品和贵重物品到人祭。祭品根据场合的紧急程度而有所不同。如果是治疗仪式中的献祭,或者是为了避免一些小麻烦,那么就会供奉食物或饰品。人祭通常是在最需要的时候,比如严重干旱时祈求雨水。后古典期,祭祀结束后,献祭者的血被涂抹在对应的神像上,祭司身上也不例外,蓬乱的头发沾满了血污。

每个仪式中必不可少的环节是焚烧祭品产生烟雾,据信这些烟雾会将礼物输送到神的手中。几千年来,玛雅人一直焚烧柯巴脂(聚甲醛),这是一种从柯巴树(拉丁学名为*Protium copal*)中提取的树脂,燃烧时会产生芳香烟雾。后古典期的记述中提到的其他焚烧祭品包括橡胶和其他树木的汁液。柯巴脂交易广泛,大多数玛雅仪式中都会用到,人们把它做成镶有十字图案的小块,涂上鲜艳的翠蓝色。奇琴伊察神圣的灰岩深井中挖掘出了大量的柯巴脂小块。仪式开始前,助理祭司准备新鲜的香薰块,将它们放在专门制作的小木板上,恰帕斯的拉坎东玛雅人如今仍然这样做。随后,将香放在特殊形状的陶器或香炉中焚烧，容器上装饰有雕刻的神像或头像。整个玛雅地区已经发掘出了一些前哥伦布时代的香炉精品。

兰达说，如果没有大型动物的心脏可供奉，玛雅人就会用熏香仿制心脏。“如果没有老虎（美洲虎）、狮子（美洲狮）或鳄鱼等大型动物，他们就把熏香做成心脏的模样。”在神圣的灰岩深井挖掘出的一个熏香块中央，考古人员发现了一颗由有机物质制成的人造心脏，证实了这一点。今天的玛雅人依然在仪式中焚烧柯巴脂香，包括在他们的古城遗址举行的仪式（图13.2）。

大多数仪式还包括宴会和舞蹈。仪式性舞蹈种类繁多，有些是男人跳的，有些是女人跳的，很少有男女一起跳舞的。在一种战舞霍尔坎奥科特（holcan okot）中，“大约800名印第安人拿着小旗跳舞，随着鼓点迈着长长的战步，所有人都步调一致”。另一种舞蹈则展示了用棍子接芦苇的高超技巧：

> 一种是芦苇游戏，因此他们称之为“科洛姆切”（colomche）。玩芦苇游戏需要舞者围成一个大圈，有音乐伴奏，两名舞者跟随音乐及时进入圈内，其中一人手拿一把芦苇，站着跳舞，另一人下蹲，其间，两人一直都在圈内。手持芦苇者用尽全力向对方扔去，对方用一根小棍子熟练地接住芦苇。完成投掷后，两人及时归位，换其余舞者入圈继续游戏。

据另一位16世纪作家的说法，“还有许多其他的舞蹈，可能有一千余种。他们认为这是一件极其重要的事情，观众数量庞大，聚集了超过一万五千个印第安人，他们跋涉30多里格（120千米）前来观看”。

还有许多满足个人和团体需求的仪式，但贯穿其中的模式大同小异。在所有仪式之前，祭司会占卜吉日，人们斋戒禁欲，象征精神净化。这些仪式有着共同特点：驱除参与者的恶灵，供奉神像，祈祷，上供和献祭，接着是舞蹈、宴会，且据西班牙文资料，人们通常会醉酒。

这些仪式环节，包括祈祷、上供、血祭、焚烧柯巴脂、舞蹈、宴会和仪式性饮酒，都在今天玛雅社区的传统仪式中保留了下来，但是人血已被鸡血所替代。

占卜与意识的改变

西班牙人所说的醉酒无疑与玛雅仪式的一方面有关，这一点在民族史学文献中并未被详细论述：在占卜活动中，人们渴望醉酒实现意识状态的改变，或在仪式上喝醉，旨在与超自然力量直接沟通。占卜使人想起玛雅创世神话中的一个中心事件。根据《波波尔·乌》中的记载，人类是在众神进行占卜仪式后被创造出来的。玛雅萨满依旧借助各种占卜仪式来与超自然力量沟通，以预测未来的事件，并解释各种灵异事件，例如疾病或不幸的原因。玛雅高地地区的萨满通过查阅260天历法中的重复来确定神的意志。他们也用抽签占卜，掷骰子就是从这种方式派生出来的。在危地马拉西北部的高地地区，萨满用装有神圣红豆（mech）的占卜包回答求助于超自然力量的问题（奇数可能意味着肯定的答案，偶数可能意味着否定的答案）。尤卡坦的萨满用“水晶石”（saastun）占卜。这些方法起源于古代的占卜形式，包括预测未来的复杂历法周期。显示统治者播种或滴洒场景的古典期雕塑所描绘的占卜，可能类似于今天玛雅萨满的红豆或水晶石占卜仪式。

古玛雅人也使用一些物质诱导意识状态的改变，几乎可以肯定这是占卜仪式的一部分。因此,吸食麻醉品、迷幻剂和其他精神药物被视为一种与看不见的力量见面或交流的方式。之后,巫师会解读幻觉,回答特定的问题并预判未来。使用精神药物还可能出于其他仪式目的,但占卜似乎是最重要的。

玛雅人和大多数中美洲人一样,用玉米和龙舌兰酿造酒精饮料(龙舌兰酒)。一种叫巴尔切(balche)的饮料,由发酵的蜂蜜和一种豆科树(Lonchocarpus longistylus)的树皮制成,在宗教仪式中特别受欢迎。野生烟草(Nicotiana rustica)的烟叶比如今的家养品种效力更强,而其他品种的烟叶被卷制成雪茄供人吸食,使人进入一种恍惚的状态。古典期,玛雅地区存在各种关于吸食雪茄的描述。

虽然缺少明确的记录,但古玛雅人在占卜仪式中肯定还使用了其他致幻物质。其中包括佩奥特掌、牵牛花、热带蟾蜍的毒腺,或许还有睡莲。玛雅高地和低地地区都生长了几种含有致幻剂的蘑菇。早在前古典期晚期,玛雅南部地区就发现了蘑菇石像,如卡米纳尔胡尤陵墓(图6.8)。西班牙征服后不久编纂的玛雅高地语言词典中提到了几种蘑菇品种,它们的名字清楚地表明了其宗教仪式用途。其中一种叫“xibalbaj okox”,意为“下界的蘑菇”,人们相信它能把人带入超自然领域。另一种名叫“k’aizalah okox”,意为“失去判断力的蘑菇”。

根据兰达的记录,在每个仪式场合人们都会喝酒精饮料。17世纪,托马斯·盖奇(Thomas Gage)曾说高地地区的波科曼(Pokomam)玛雅人在发酵饮料中加入烟草或蟾蜍以增强效果。在早期,其中一些物质可能作为专门的占卜仪式的一部分而被消耗。在古典期,人们并不总是口服这些物质,一些彩色陶器上的绘画明显展现了仪式场景,生动地描绘了灌肠剂的使用。酒精或致幻物质直接进入结肠可立即被人体吸收,从而更快见效。

人 祭

如我们所见，玛雅仪式的目的之一是上供神圣物质来滋养和供养众神。祭品或血祭很重要，因为这被认为是“神性”的一个强大来源。对玛雅人来说，“神性”的最大来源是生命本身，进一步说，终极祭品是把一个人的生命献给诸神。因此，最重要和最具意义的神圣化仪式都存在人祭。

献祭者通常是战争中的俘虏。地位较低的囚犯通常被用作劳力或被家族收养，而地位较高的贵族俘虏则用来献祭。人祭相对罕见，但对于特别重要的仪式来说必不可少，比如新统治者的就职典礼、新王位继承人的指定或新神庙的落成。当然，所有贵族俘虏中最有价值的是敌对国家的统治者。被俘国王虽然不常用于人祭，但似乎需要进行一种特殊的斩首仪式，这与统治者和玉米神之间的联系一致，玉米神在转世为第一位玛雅国王之前被下界神斩首。王室祭祀，如科潘统治者瓦夏克拉洪·乌巴赫·卡维尔（详见第八章），通常会用恰当命名为“斧头事件”的象形文字记录下来。斩首被俘统治者可能是一场宗教仪式球赛的高潮，以纪念玛雅创世神话中双胞胎英雄击败下界领主。

除了斩首，活人祭祀仪式还有几种方式。后古典期最常见的是摘除心脏，遵循墨西哥中部的习俗［图13.1(c)至图13.1(f)］。献祭者被剥光衣服，身体涂成蓝色（圣色），戴上一个特殊的尖顶头饰，然后被带到献祭地点，通常是神庙的庭院或神庙平台的顶端。驱除邪灵后，祭坛（通常是一块凸石，使献祭者的胸部向上拱起）会涂上神圣的蓝漆。四位查克也将身体涂成蓝色，抓住献祭者的手臂和腿，使其仰卧在祭坛上。接着，纳科姆将燧石刀刺进献祭者左胸下方的肋骨，拔出仍在跳动的心脏，交给司祭（chilan），司祭将鲜血涂抹在相应的祭祀神像上。在一些仪式中，查克会把尸体扔到下面的院子里，侍祭剥去尸体的皮，除了手和脚。司祭脱下祭服，披上献祭者的皮，庄严地与观众共舞，象征着死而复生。如果献祭者是一名英勇的士兵，他的尸体有时会被战士和其他观众分食，手脚留给司祭。如果献祭者是战俘，俘获他的人会佩戴他的骨头，以示威武。

在奇琴伊察的壁画中可以找到对这些仪式的描述[图13.1（e）、图13.1（f）]。其中一个场景描绘了献给羽蛇神库库尔坎的人祭。在他的神庙门前，羽蛇神的下半身盘绕成祭坛，上半身和头部升起，两名查克按住献祭者。司祭站在祭坛和神灵之间，举起手拿着祭刀。神圣的灰岩深井中已发掘出一些祭刀。其中一把有着锋利的燧石片刀刃和木质手柄，手柄雕刻成两条蛇缠绕在一起的样子，蛇身贴金（图13.10）。

人祭还使用了其他手段，包括弓箭：

> 如果他（献祭者）被箭射中，他们会剥光他的衣服，将他的身体涂成蓝色，并在他的头上戴一顶尖帽。当他们走到他身边时，所有人都带着弓箭，和献祭者一起围着木桩庄严地跳舞，一边跳一边把他扶起来绑在木桩上，看着他，继续跳舞。身穿祭袍的祭司走上前来，打伤其羞耻部位，不论献祭者是男是女。取完血后，祭司走下木桩，将血抹在神像的脸上。接着，祭司向跳舞的人做了一个手势，他们边跳舞边快速从他（献祭者）面前走过，开始一个接一个地射向他的心脏（已预先做好白色标记）。就这样，献祭者整个胸膛的心脏部位插满了飞箭，像一只刺猬。

蒂卡尔2号神庙墙壁上的涂鸦描绘了早期使用弓箭祭祀的场景

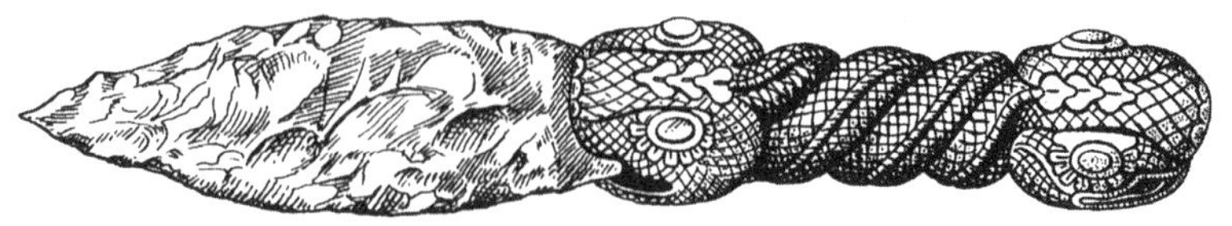

图13.10 奇琴伊察的祭祀刀 奇琴伊察神圣的灰岩深井中挖掘出的祭刀。

图13.11 蒂卡尔2号神庙的涂鸦 展现了使用箭或矛献祭被捆俘虏的场景。

(图13.11)。其他的描绘证实了古典期就有人祭。蒂卡尔的G建筑群中,有一座被后期的其他建筑所掩埋,考古人员在发掘时发现了一种令人毛骨悚然的人祭形式。建筑内部有保存完好的涂鸦,包括灰泥墙壁上雕刻精美的黑色象形文字和图案,可以追溯到古典期晚期。其中一个场景生动地描绘了一名被开膛破肚的男子,双手被绑在脑后的柱子上。

奇琴伊察神圣的灰岩深井中也存在人祭。当玛雅人遭遇饥荒、流行病或长期干旱时,他们会把活人和贵重物品扔进这个巨大的石灰石天坑,作为祭品献给诸神。神圣的灰岩深井(图9.42)平均约50米(165英尺)宽,水面距离地表约20米(65英尺),井下水深平均为20米,井的两侧不是垂直就是下凹。根据兰达的记录,奇琴伊察没落后的很长一段时间内，依然有朝圣者远道而来参加这些祭祀活动，一直持续到西班牙征服时期："他们有把人活生生地扔进这口井的习俗，作为干旱时期献给诸神的祭品。尽管此后再也没有见到这些献祭者，但人们相信他们并没有死。人们还往里面扔了许多其他东西，比如宝石和他们珍视的物品。假如这个国家有黄金，那么这口井里的黄金一定比其他地方的都要多，印第安人对神圣的灰岩深井的宗教敬拜可见一斑。"

一百多年前，哈佛大学皮博迪博物馆发起了神圣的灰岩深井的疏浚作业，挖掘出各种祭品，包括面具、陶器、抛光的玉珠、玉雕饰品、骨头和贝壳，以及祭刀。还有铜制的祭祀铃铛，用于仪式的小斧头，几只凸纹金铜盘和一些金饰。残存的木制品和棉织品碎片也保存了下来。发现了大约50个人类头骨和大量人类长骨，其中一些骨头上有雕刻，可能是战利品。数量最多的是翠蓝色的柯巴脂香薰块，颜色鲜艳，通常位于陶器底部。对金铜制品的分析表明，这些金属是通过贸易从哥伦比亚、巴拿马、瓦哈卡和墨西哥谷等遥远的地方来到奇琴伊察的（图9.43）。

有些人祭也是占卜未来的一种手段，因为人们相信神可以和灰岩深井里的人对话。为此，儿童经常被选为对象。黎明时分，孩子们被扔进井里，到了中午，人们用绳子将幸存下来的孩子拉上来，祭司会询问他们诸神对来年的安排。

十三个卡盾终结

从古典期早期到西班牙征服时期，玛雅人庆祝每个卡盾（7200天周期）的终结，持续了大约12个世纪。古典期早期，多名玛雅国王开始在首都城市竖立石柱或其他纪念碑，以纪念当前卡盾的终结。十三个卡盾名称各异，都有各自的守护神和特殊仪式。蒂卡尔的卡盾庆祝仪式最为复杂，不仅竖立了一个雕塑纪念碑，还专门建造了一整个建筑群——双金字塔群（图8.21）。在一些中部低地地区，每个卡盾会举行两次纪念活动，即每隔3600天举行一次。在几个古典期中心城市，特别是基里瓜和皮埃德拉斯·内格拉斯，在霍顿或四分之一个卡盾行将结束之时，即每隔1800天，就会竖立纪念碑。到了后古典期，又变回每个卡盾举行一次纪念仪式。大量记载中都提及了玛雅潘的卡盾纪念仪式（详见第十章）。

正如兰达所述，后古典期的仪式包含在专门的神庙崇拜卡盾守护神的交替，由玛雅祭司主持。以7卡盾阿哈瓦为例，根据1323年至1342年的一些记载，祭司们在神庙里崇拜7卡盾阿哈瓦守护神的神像。7卡盾阿哈瓦统治的前十年（1323年—1332年）间，其守护神独自统治。此前十年，他是前一任卡盾守护神的客人，和上任守护神一起供奉在神庙内。7卡盾阿哈瓦统治的后十年（1333年—1342年）间，下一任统治者5卡盾阿哈瓦（统治期为1342年至1362年）的神像则是客人，放置在同一座神庙内，作为继任守护神受人崇拜。1342年，7卡盾阿哈瓦结束统治，其神像被撤下，5卡盾阿哈瓦的神像独自统治十年（1342年—1352年）。因此，每个卡盾的守护神都要供奉三十年：第一个十年是前任的客人，第二个十年是独自统治，第三个十年是与继任者共同统治。

其他历法仪式

另一组重要的仪式以玛雅新年为中心。西班牙征服玛雅时，玛雅新年的开端是坎日、穆卢克日、伊西日和卡瓦克日，在早期，新年的开端则是其他几日。每一日都联系着一个主要方向：坎对应东方，穆卢克对应北方,伊西对应西方,卡瓦克对应南方。新年仪式在前一年的最后五天开始,年末的最后五天被称为“瓦耶布”,是凶日,所有人都躲在家中避灾。四种玛雅新年的庆祝仪式虽然在细节上有所不同,但总体上遵循相同的模式。戴安·蔡斯对后古典期晚期切图马尔王国的圣丽塔科罗萨尔进行了发掘,她发现这些埋葬物能够与兰达描述的新年仪式联系起来。

一年中,人们还举行其他仪式供奉诸神,祈求雨水或丰收,确保狩猎、贸易、战争和其他活动的成功。其中大多数已被遗忘,但最重要的一些仪式在西班牙征服尤卡坦半岛时被记录了下来。

玛雅文明的意识形态基础

几千年来,玛雅人一直坚持一系列信仰来解释世界。古玛雅人相信他们的世界里居住着超自然力量,这些力量维持宇宙秩序,解释宇宙现象。随着时间的推移,玛雅国王们不断细化这种意识形态,以加强他们在社会中的权力,巩固统治地位。我们可以从考古证据、破译的玛雅文献、西班牙征服时期的文字记载以及玛雅人今天仍然持有的信仰中理解部分古玛雅的意识形态体系。

古玛雅意识形态渗透玛雅社会的方方面面。玛雅人生活的每一个方面,从家庭的日常活动和社会交往,到圣主的国事和政治,都被认为受制于超自然力量,尤其是那些化身为神灵和祖灵的力量。玛雅社会本身是由一个复杂的宇宙系统定义的。在玛雅宇宙中,可见和不可见的力量都统治着世界——地球、天界和冥界——而不区分西方人眼中独立的自然领域和超自然领域。在此宇宙秩序下,每个社会成员都有自己的角色,都是社会角色和阶层等级的一部分,由特权贵族和国王统治。这些角色甚至在人死后仍然存在,因为祖先依旧是人类社会的一部分。贵族权威和王室权力受一种信仰的制约，即不服从将招致超自然力量的报复。但是每个人，甚至国王，都会受到这些超自然力量的制裁。因此，人们认为，因干旱而失去玉米收成的农民和在战争中战败的国王都因冒犯了神灵而受到惩罚。两者都必须举行相应仪式并做出适当牺牲，以重获超自然力量的恩惠。

玛雅宇宙由一系列具有多重身份的神灵统治。古玛雅神话讲述了诸神如何创造玛雅世界，让人们在这里生活以满足他们的需要。玛雅世界居住着活人和他们已逝的祖先。在宗教仪式上，人们祈祷、上供、献祭、跳舞、设宴、饮酒，纪念并供奉祖先和诸神。玛雅宗教最经久不衰的仪式是在每个家庭内部进行的，由家庭成员在家中和田野里举行。也有宗教神职人员主持的仪式，他们是人类和超自然世界交流的中介。最早的中间人是萨满，他们预测未来，治愈疾病，是兼职的神职人员。但是，随着玛雅社会贵族阶层和非贵族阶层之间的差距日益扩大，专职的神职人员或祭司成为了贵族阶层壮大的一分子。最终，玛雅国王成为超自然和世俗权威的持有者——“圣主”，是诸神和社会其余成员之间的终极中间人。玛雅宗教的这一点以国家崇拜为中心，通过令人印象深刻的公共仪式来吸引、娱乐国王的臣民，向其灌输思想。从这个意义上说，玛雅意识形态既是王权的源头，也是王权的强化。

随着时间的推移，玛雅国王和平民的命运发生了变化，玛雅意识形态也随之改变，但在整个前哥伦布时代，这种复杂的意识形态仍一直是玛雅社会的核心。尽管在西班牙征服时期和随后饱受压迫的五百年间，玛雅意识形态再次改变，但其中许多元素成功地保留了下来，定义并解释了今天玛雅人的世界。

后记:对玛雅的征服

在11阿哈瓦时期,那些强者从东方到来。就是他们,于1513年,首次将疾病带到我们土地,我们玛雅民族的土地。

——《丘玛耶尔契兰·巴兰书》

自卡斯蒂利亚人(Castilian)来到谢皮特(Xepit)和谢土鲁(Xetulul),已有四十九年。在1甘尼尔(Ganel)那天,卡斯蒂利亚人消灭了基切人。一个被称作图纳蒂乌·阿维兰瓦罗(Tunatiuh Avilantaro)的人征服了所有的村镇。之前从未有人见过他们。人们向武力表示臣服。

——《喀克其奎编年史》

16世纪,正在扩张中的欧洲国家偶然间发现一个新的世界,那里栖居着各式各样、与世隔绝的文化。对美洲的征服和殖民活动孕育出了现代世界,但也书写了人类历史中最具灾难性的一页。在美洲大陆的各个角落,丰富多样的文化传统因征服和殖民活动而走向灭亡。对玛雅人民而言,西班牙人的征服是极其漫长且残酷的。截至玛雅人最后一个独立的据点被攻破,整个征服战争持续了大约两百多年。尽管到16世纪中叶,大多数玛雅地区已经沦陷,但西班牙人又花了一百五十年的时间才摧毁佩滕地区实力强大的伊察(见表E.1)。面对这次进攻,玛雅人民当时在许多方面都没有做好准备,因为,在西班牙征服的前夕,尤卡坦和高原地区的独立国家还深陷于本地的战火之中。这有助于侵略者们开展他们的征服事业。

下文的历史简介取材于一段带有严重偏见的西班牙征服史,因为,有关西班牙征服和侵略美洲的所有记录,几乎都是由这场战争的胜利者书写的。对于这场战争,如果我们能有一份来自玛雅人视角的完整历史记录,毫无疑问,那我们此时讲述的内容将会更多的是西班牙对玛雅人民独立及生活方式的残酷压迫,而非战场上的一系列英勇事迹。

表E.1　西班牙征服战争时期事件概述

日期	事件
1502	第四次远航期间,哥伦布在洪都拉斯湾与一只从事贸易的玛雅独木舟发生接触。
1511	遭遇船难的西班牙人在尤卡坦半岛东岸被玛雅人抓获。
1515—1516	玛亚西米尔(mayacimil),或称“易死病”、天花(?),在尤卡坦半岛上的玛雅人中肆虐。
1517	科尔多瓦探险队在坎佩切登陆后被当地的玛雅人民在战斗中击败。
1518	格里哈尔瓦远征队环绕尤卡坦半岛航行。
1519	科尔特斯远征队先是沿尤卡坦半岛海岸航行,然后在湾岸区登陆,开始对墨西哥的征服。
1519—1521	科尔特斯在当地势力的协助下,发起对墨西卡(阿兹特克)的征服,并摧毁了他们的首都特诺奇蒂特兰。
1523—1524	阿尔瓦拉多在墨西卡和喀克其奎玛雅势力的协助下,发起对基切玛雅民族的征服;基切首都被毁,大部分基切领导人被杀。
1524	阿尔瓦拉多在喀克其奎前首都的所在地伊西姆切,建立起危地马拉地区的第一个西班牙首都(7月25日)。
1524—1525	科尔特斯前往洪都拉斯的远征队穿越了玛雅低地地区,并在途中发现了一座独立的城市塔亚萨尔,即坎·埃克所统治王国的首都(伊察玛雅民族)。
1527	在喀克其奎人主导的反叛被镇压后,西班牙人在老城(Ciudad Vieja)建立起他们位于危地马拉地区的第二个首都。
1527—1528	由老蒙特霍领导的第一次尤卡坦半岛征服战争以失败告终。
1531—1535	由老蒙特霍领导的第二次尤卡坦半岛征服战争同样以失败告终。
1540—1546	在小蒙特霍的领导下,尤卡坦半岛被征服;1542年1月6日,西班牙人在梅里达建立起首都。
1618	丰萨利达神父和奥比塔神父拜访塔亚萨尔(10月)。
1697	在马丁·德·乌尔苏阿(Martin de Ursua)的领导下,西班牙军队攻陷并摧毁了最后一个独立的玛雅首都塔亚萨尔。

第一次接触，1502年至1525年

欧洲人和玛雅人民之间第一次有记载的接触，比西班牙征服军队带着财富和荣耀之梦来到中美洲海岸的时间还要早几乎二十年。在哥伦布最后一次航行期间，一只来自玛雅的远洋商船在洪都拉斯湾与他们相遇。随后的探索航行使得西班牙人与尤卡坦半岛沿岸的玛雅居民发生了一系列接触。

截至1511年，西班牙人已在加勒比海地区建立起好几个殖民地，并将它们的首都设在古巴的哈瓦那。那一年，一个名为瓦尔迪维亚的西班牙官员从达连（Darien，今属巴拿马）起航，驶往圣多明各岛（Santo Domingo，今属多米尼加）。在牙买加附近，他的船不幸沉没。瓦尔迪维亚和十八名水手凭借一条小船逃出生天，但船上既无风帆，也没有食物。尤卡坦海流推动着这些幸存者向西漂流了十四天，其间有七人丧生。余下的人登上尤卡坦半岛的东海岸。在那里，他们被一位玛雅酋长抓住。该酋长把瓦尔迪维亚及他的四名同伴当作祭品杀掉，并用他们的尸体为其人民举办了一场盛宴。赫罗尼莫·德·阿吉拉尔（Gerónimo de Aguilar）、冈萨洛·德·格雷罗（Gonzalo de Guerrero）和其他五人暂时幸免于难。阿吉拉尔这样描述他们当时的处境："我和其余六人仍被关在一个笼子里，这样做是为了下一个即将来临的节日，到时候，变得更胖的我们可能需要用自己的血肉来为他们的宴会增添仪式感。"

但阿吉拉尔和他的同伴们最后成功脱逃，来到另一位酋长的国家。该酋长是前一位酋长的敌人。他把这些西班牙人都收作奴隶。很快，除阿吉拉尔和格雷罗以外的其他人都命丧黄泉。当科尔特斯于1519年抵达尤卡坦半岛时，阿吉拉尔正在侍奉另一位酋长，与此

同时，格雷罗已去往更南边，成了查克特马尔酋长纳查恩·坎（Nachan Kan）的麾下，并娶了他的女儿。后来，格雷罗成为其所在行政地区的掌权人物。当科尔特斯的信使提出要将他带回到西班牙人身边时，他没有答应，而是选择与他的玛雅家庭共度余生。阿吉拉尔认为格雷罗羞于回到他的同胞们身边，“因为他的鼻孔、嘴唇和耳朵已被穿了洞，他的脸上绘有图画，他的手上也刺有文身……加之他对那个女人所犯下的罪行以及他对他孩子们的爱”。

1515年或1516年，一场瘟疫带走了尤卡坦半岛上大多数玛雅人的生命。该瘟疫被取名为玛亚西米尔，或称“易死病”，其症状表现为巨大的脓疱，这些脓疱“将腐蚀他们（患者）的身体，散发出巨大的恶臭，乃至患者的四肢会在四五天内分解成碎片”。这很可能是天花。它或许是通过瓦尔迪维亚探险队的幸存者传入的，但也可能是达连的商人从陆上带来的。

弗朗西斯科·埃尔南德斯·德·科尔多瓦的探险，1517年

1517年初，为搜寻奴隶，弗朗西斯科·埃尔南德斯·德·科尔多瓦（Francisco Hernández de Córdoba）从古巴的圣地亚哥出发，向西航行。目前尚不十分清楚他是在哪里看到尤卡坦半岛的，但据信，他的首个登陆地是女人岛的东北海岸。在离开那座岛后，科尔多瓦向西北进发，驶往卡托切角（Cabo Catoche），接着绕过尤卡坦半岛的北海岸，向南一直走到坎佩切，并于1517年2月23日在那里登陆。在坎佩切，这些西班牙人听说在海岸线的更南处，有一个名叫钱波通的大镇子。那是他们的下一个登陆地点。对于这群西班牙人的到来，钱波通的酋长毫不掩饰自己的敌意。一场战斗接踵而至。这场战斗是玛雅人民与枪炮的首次相遇。尽管面对着枪林弹雨，但他们英勇作战，给

装备更好的西班牙人造成巨大伤亡。埃尔南德斯·德·科尔多瓦自己负伤三十三处，事后“悲伤地回到古巴”，并报告称这个新大陆十分富裕——他看到的黄金饰品让他得出这一结论。回去不久，他就因伤势过重而死。

胡安·德·格里哈尔瓦的远征，1518年

古巴总督迭戈·德·委拉斯开兹(Diego de Velásquez)在从科尔多瓦那里听到黄金的消息后十分激动，并组建起一支配有四艘船，共两百号人的远征队。这支队伍由他的侄子胡安·德·格里哈尔瓦统领。小弗朗西斯科·德·蒙特霍，即未来的尤卡坦征服者，也是这支队伍中的一员。该远征队于1518年4月离开古巴。格里哈尔瓦的领航员是安东·德·阿拉米诺斯(Antón de Alaminos)，他也是科尔多瓦探险队的领航员。这支队伍的首个登陆地点是美洲东海岸附近的科苏梅尔岛，那里的玛雅人一看到西班牙人就逃之夭夭。接着，格里哈尔瓦继续沿着海岸线向南航行，途经三个规模巨大的城市，或者说乡镇。他们对其中一个的描述如下：

> 我们沿着海岸线日夜行进。第二天日暮时分，我们看到一座城市，或者说乡镇。它是如此宏伟，乃至在它面前，塞维利亚既没有显得更大，也没有显得更好；人们可以望见那里的一座巨塔；海岸上有一大群印第安人，他们拿着两面旗子上下舞动，示意我们靠近他们；但指挥官(格里哈尔瓦)并不希望这么做。当日，我们来到一处海滩。它附近就是我们看到的那座最高的塔……我们发现了一个宽敞的入口，入口两侧是渔民搭建的木桩。

格里哈尔瓦眼中那个最大的城市很可能是今天图卢姆考古遗址的所在地,而那座“最高的塔”几乎可以肯定就是图卢姆的卡斯蒂略(图10.9和图10.10)。上述的大海湾则是阿森松湾(Bahía de la Ascensión),之所以如此命名是因为它是于1518年的一个星期四,在阿森松岛上被发现的。

该海湾就是格里哈尔瓦此次航行所到达的最南端。从那里,他再次向北航行,绕过尤卡坦半岛抵达西海岸的坎佩切。接着,他继续南下,途中发现了德尔米诺斯湖(Laguna de Términos),同时为两条河流取了名字,一条是圣巴勃罗河,一条是圣佩德罗河,并随后进入塔巴斯科河。他在这一地区搜刮到大量的财富,包括西班牙人看到的第一幅墨西卡(阿兹特克)绿松石镶嵌画。然后,沿湾岸区向北,格里哈尔瓦第一次听说墨西卡这个国家的存在,最后他一直走到北边的帕努科河。返回古巴途中,这支舰队在钱波通登陆,打算为科尔多瓦去年遭遇的战败复仇。在此地,玛雅人又一次对西班牙人发起猛烈的进攻,导致一人阵亡,五十人负伤,其中还包括格里哈尔瓦。最终,在离开五个月之后,这位将领又回到哈瓦那。

埃尔南·科尔特斯的远征,1519年

格里哈尔瓦的航行让古巴的人们激动万分。尤卡坦被视作一块丰饶的黄金之地,只有敢于冒险的人才能在那里收获财富。于是乎,第三支舰队被组建起来,它配有十一艘船,五百人以及一些马匹。埃尔南·科尔特斯被选为这支舰队的统领,随他一同出征的还有其他船长:老弗朗西斯科·德·蒙特霍、佩德罗·德·阿尔瓦拉多、迭戈·德·奥达斯(Diego de Ordaz)、冈萨洛·德·桑多瓦尔(Gonzalo de Sandoval)、克里斯托巴尔·德·奥利德(Cristóbal de Olid)和贝尔纳尔·迪亚斯·德

尔·卡斯蒂略，他们中的大多数都注定会在那场征服墨西哥的战争中斩获威名。

这支舰队首次于科苏梅尔岛登陆。科尔特斯在那里停留了几天。其间，岛上庙中的神像统统遭到毁坏，其中一座庙里还被竖起一个十字架。同样是在岛上的时候，科尔特斯听闻美洲大陆上有一些“大胡子男人”。那些人似乎是欧洲人。于是，他派遣信使去传唤他们。就这样，赫罗尼莫·德·阿吉拉尔得以获救。他后来成为科尔特斯的得力翻译。

离开科苏梅尔岛后，这支舰队沿着尤卡坦半岛的北海岸航行，驶入塔巴斯科河流域。为纪念它的发现者，这条河流被重新命名为格里哈尔瓦河。在塔巴斯科，科尔特斯获得一个美丽的玛雅女孩，名叫玛丽娜(Marina)。她的父亲是一名酋长，不过似乎在她还小的时候就去世了。之后，她的母亲将她赠送给西卡兰戈的人，他们又把她送给塔巴斯科的人，这些人最后将她送给了科尔特斯。玛丽娜会说玛雅语和纳瓦特尔语。由于阿吉拉尔会说玛雅语和西班牙语，他们二人为科尔特斯提供了一种通过纳瓦特尔语与墨西卡人交流的手段。这两人将会在征服墨西哥的战争中扮演至关重要的角色。

科尔特斯的穿越玛雅低地之行，1524年至1525年

在1524年，也就是征服墨西卡之后，科尔特斯派遣他的一位船长，克里斯托巴尔·德·奥利德去占领洪都拉斯。奥利德充分利用了这次机会。他在途中造反，然后自立为王。当叛变的消息抵达墨西哥后，科尔特斯于1524年10月12日从特诺奇蒂特兰城(今墨西哥城)出发，经由陆地向洪都拉斯进军。这是一次长达六个月的旅程。结果，科尔特斯和他的队伍成为第一批跨越玛雅中部和南部低地的

欧洲人。

事后证明，此次旅程是历史上最为艰难的长期军事行动之一。随科尔特斯出征的大约有一百四十名西班牙士兵，其中包括九十三名骑兵，还有三千多名墨西哥战士、一百五十匹马、一群猪，数门大炮、弹药以及补给物品。他同时也把特诺奇蒂特兰、特斯科科(Texcoco)和特拉科潘(Tlacopan)三地被推翻的统治者——瓜乌特莫克(Cuauhtemoc)、科瓦纳科克斯(Cohuanacox)、特泰莱潘克扎尔(Tetlepanquetzal)——带在身边，因为他不敢把他们留在后方。调动如此庞大的队伍穿越玛雅的荒野，会极大地考验这支队伍的力量和耐心，哪怕是一支组织良好的现代军队。所以，当记起此次出征发生于16世纪早期时，可见科尔特斯的决心之大。

科尔特斯当时进入今塔巴斯科州中部所在的玛雅地区，跨过位于现特诺思科市(Tenosique)下方的乌苏马辛塔河，然后继续向东推进，于1525年2月底抵达阿卡兰。该地由一个名叫巴克斯波隆·阿查(Paxbolon Acha)的琼塔尔玛雅酋长统治。在该地区西部边界某处，发生了科尔特斯职业生涯中最不光彩的一件事——草率处决墨西卡最后一个国君瓜乌特莫克，以及与他随行的另一个统治者——特拉科潘的酋长特泰莱潘克扎尔。当这两个小君主在特诺奇蒂特兰投降时，科尔特斯曾许诺留他们一条性命，但在这里，在阿卡兰的荒野中，他违背了他的诺言。关于此事的两份记述分别来自科尔特斯本人和他的一名船长，迪亚斯·德尔·卡斯蒂略；他们二人都声称这两个墨西卡酋长曾密谋突袭，然后杀光西班牙人。于是，科尔特斯逮捕了这两个统治者，并立即对他们处以绞刑。1525年3月5日，科尔特斯带着六百名琼塔尔玛雅搬运工离开阿卡兰，并在八天后来到一个大湖的岸边。在那里，伊察的统治者，坎·埃克与科尔特斯相会于该湖的北岸。当时，科尔特斯让远征队里的天主教牧师们主持弥撒，对此，坎·

埃克非常着迷，他甚至许诺要毁掉他所有的神像，然后用基督教取而代之。他邀请科尔特斯去塔亚萨尔做客。后者接受这一邀请。科尔特斯带着二十名西班牙士兵前去赴约。其部队的余下人员则绕湖前行，计划在南岸与他会合。

离开塔亚萨尔之后，科尔特斯的军队挺入玛雅山脉西侧的崎岖地带。这支疲惫的部队在十二天里才行军32千米，而且超过三分之二的马匹走失。这之后，这支队伍来到一条大河前。一路上从未停过的暴雨使得河水大涨。在向上游进发的途中，他们遭遇了一系列急流。讽刺的是，这些急流现在被称作感谢上帝（Gracias a Dios）。这支部队花了两天的时间才找到从急流中出去的路。此外，渡河期间，又有一些马匹走失。河对面坐落着滕西斯（Tenciz）的村庄。这支残破的军队于1525年4月15日，也就是复活节前的周日，抵达那里。

在离开滕西斯后，这支部队迷失于伊萨瓦尔湖北部多丘的荒野之中，因为他们的印第安向导在此地抛弃了他们。要不是因为他们抓到一个玛雅男孩，并最终在他的带领下走了出去，整支队伍可能都会被饿死。但经过那块地之后，科尔特斯就收到有关他正在寻找的西班牙人的确切消息。令这支疲惫的队伍高兴的是，据了解，他们此次跋涉的目的地尼托，就在前方。三天后，他们终于来到杜尔塞河的西北岸，与尼托相对；科尔特斯率领十或十二个人立即渡河，抵达对岸，余下的部队在后面五六天里陆续赶到。

在他这次跨越玛雅低地地区的远征中，科尔特斯只拜访过一个重要的玛雅中心——塔亚萨尔，但他一定在几英里外途经了其他几个玛雅中心，特别是帕伦克、拉古纳·佩尔迪达（Laguna Perdida）、伊辛特（Itsimte）、波洛尔（Polol）、莫图尔德圣何塞、伊克斯昆（Ixkun）和普西尔哈。他的目的地尼托也离基里瓜不远。

征服时期，1524年至1697年

西班牙人对墨西卡人和玛雅人的征服得益于他们先进的武器，因为只有他们拥有火器和骑兵。但还有一些其他原因也至关重要。首先，要是没有墨西卡和玛雅战士加入他们的战斗，没有为他们提供帮助，他们不可能取得成功。对于本土军队来说，这些联盟的最初动机便是报复过去的恩恩怨怨。在墨西卡，特拉斯卡拉人（Tlaxcalans）加入科尔特斯就是为了打败他们原来的敌人墨西卡。如法炮制，西班牙人利用尤卡坦和高地的独立国家之间先前存在的竞争来打败玛雅人。在玛雅高地，喀克其奎人加入阿尔瓦拉多一段时间，并帮助他们击败他们的宿敌基切。在尤卡坦半岛，修家族和库库姆之间的仇恨导致了玛雅的衰败。然而，西班牙取得成功的最主要因素是生物学。欧洲人携带了一系列旧大陆的病毒，而玛雅人和新大陆的人对此并没有防御机制，因此流行病经常在战线拉起之前就毁灭了整个军队和部落。

佩德罗·德·阿尔瓦拉多对南方玛雅人的征服，1524年至1527年

1521年，墨西卡首都特诺奇蒂特兰沦陷之后，科尔特斯接待了各方势力的代表，他们试图向墨西哥的新主人表示效忠。一个代表团来自喀克其奎的首都伊西姆切，另一个可能来自基切的首都乌塔特兰。

第二年，科尔特斯派遣一小队墨西哥盟友前去侦察南部玛雅地区的边界。在太平洋沿岸的索科努斯科省，即现在的恰帕斯州，侦察队遇到了伊西姆切和乌塔特兰的代表团。科尔特斯后来报告说，那

时，两个高地玛雅国家都宣称臣服于西班牙国王。但根据他的叙述，他后来得知喀克其奎和基切：

> 没有遵守信仰，而是骚扰攻击索科努斯科的城镇，因为他们是我们的朋友。另一方面，基督徒（索科努斯科的本土盟友）写信给我，提及他们（高地玛雅）不断发送信息为自己开脱，说这些事情都是别人做的，与他们无关。于是，为了了解真相，我派遣佩德罗·德·阿尔瓦拉多带着八十名骑兵和二百名步兵，其中还有许多弓弩兵和火枪手；他带走了四件野战装备和大炮，以及大量的弹药和火药。

阿尔瓦拉多远征队的出发却推迟了。1523年12月6日，他们准备好启程，科尔特斯认为有必要加强他“事实调查团”的力量，将骑兵增加至一百二十名（五十四备用马），步兵增加至三百名，还增加了数量不详的墨西卡战士，以及四门大炮。

阿尔瓦拉多在征服墨西哥全过程中一直担任科尔特斯的首席指挥官。迪亚斯·德尔·卡斯蒂略曾与阿尔瓦拉多一起服役，他在他的《新西班牙征服信史》（*True History of the Conquest of New Spain*）中这样描述阿尔瓦拉多：“他来这里时大约34岁，身材魁梧，体态匀称，满面春风，笑容可掬，因为他英俊潇洒，墨西哥人给他取名托纳蒂奥（Tonatio），寓意太阳。”但阿尔瓦拉多也因其残忍，以及对待敌人不人道而臭名昭著。在特诺奇蒂特兰城临时指挥西班牙军队期间，他领导了一场对墨西卡人的残酷屠杀。他对危地马拉的征服也因为许多类似事件的报道而一再被打断。据巴托洛梅·德·拉斯·卡萨斯所说，阿尔瓦拉多征服玛雅的行为令人发指：“他大举掠杀，肆意蹂躏，烧杀抢夺，每到一处，都满目疮痍，他以不知名的西班牙国王的名义为借口,认为这些印第安人应该臣服于这种惨无人道,毫无公正可言,甚至残暴不仁的人,他们从未听说过西班牙国王,但他们认为西班牙国王比他的代表团更不公不法,更心狠手辣。”

拉斯·卡萨斯接着逐条列举阿尔瓦拉多在征服后来被称作危地马拉的地区期间所犯下的暴行。人们没有任何理由反驳拉斯·卡萨斯的说法,因为阿尔瓦拉多在自己的信笺中也为征服危地马拉提供了最可信的历史,信中提及他对防御较少的民众采取的恐怖策略:“进入房屋之后,我们就把人们杀死,并持续追捕至市场以及半里格以外的地方。”1523年末,阿尔瓦拉多的部队从墨西哥出发,沿着特万特佩克到太平洋沿岸的古老贸易路线,向着索科努斯科进军。在西班牙人到达萨马拉河(Río Samala)之前,没有出现任何反对意见,该河位于现在的危地马拉西部。在基切控制的沿海省份,一支本土部队试图阻止军队前进,但惨遭失败。一过河,入侵者就在附近的聚落烧杀掳掠,希望给仍在抵抗的基切人带来恐怖。

阿尔瓦拉多从这里向北进攻基切的腹地,越过山口进入富饶的克萨尔特南戈山谷。在山口,阿尔瓦拉多的墨西哥战士分队被基切人击退,但西班牙骑兵的冲锋赢得了胜利,因为“他们从未见过马,他们表现得极度恐惧,于是我们顺利进攻,他们分散逃窜,无数人命丧黄泉”。阿尔瓦拉多的军队很快便进入荒芜的谢拉胡(Xelahu)城,该城曾经是山谷的主要中心,阿尔瓦拉多的墨西哥盟友将这里称为克萨尔特南戈(今天危地马拉的许多地名都以纳瓦特尔语命名,因为墨西卡人说纳瓦特尔语,他们为土地的新主人担任翻译)。

六天后,克萨尔特南戈的山谷里爆发了一场高潮迭起的战斗,因为基切人试图再次阻止入侵者。

> 我们开始粉碎他们,将他们驱散到四面八方,然后追踪他们

> 两个半里格,直到他们全部溃败,我们没有放过任何一个人。然后,我们又回来进行反击,我们的朋友(墨西卡盟友)和步兵在河边制造了有史以来最大的迫害。我们包围他们避难的那座光秃秃的山,追至山顶,带走所有上山的人。那天,我们对无数人进行屠杀,囚禁,其中大多数是酋长、队长和重要人物。

领导与西班牙战斗的基切指挥官之一特昆·乌曼(Tecun Uman),他是基切的人民英雄。但是,特昆·乌曼和许多领导人在这场战役中牺牲了,基切人已无力抵抗。随后,他们诉求和平,交付贡品,邀请阿尔瓦拉多进入他们的首都库马尔卡赫,纳瓦特尔语中又称之为特克潘乌塔特兰(Tecpan Utatlan)。一向多疑的阿尔瓦拉多感觉到了陷阱的存在,认为基切人"会把我安置在那里,这样安营扎寨之后,他们会在某个晚上放火烧城,我们无力抵抗,全都烧死在里面"。然而,阿尔瓦拉多还是接受了基切人的提议,然后命令他的部队前往乌塔特兰。

西班牙人来到乌塔特兰之时(图10.15),阿尔瓦拉多才明白他的恐惧有根有据。

> 事实上,他们邪恶的计划本来是可以实现的,但是上帝,我们的主不希望这些异教徒战胜我们,因为这座城市异常坚固,所以只有两条路可以进城;一条路是三十多级陡峭的石阶,另一条是一条堤道……我们骑上去之后,整个要塞的大小一览无遗,我们无法骑马,因为里面的街道很狭窄,还有围墙,我立即决定出城,前往平原……城外有很多战士,他们看到我们往平原去,就撤退了,但没有撤退太多,我也没有受到太多伤害。但我隐瞒了这一切,以便我能抓住那些逃跑的首领,我用狡猾的手段接近他

> 们，通过给他们礼物，更好地执行我的计划，我俘虏他们，把他们关在我的营地里。

阿尔瓦拉多利用他的诡计俘获了乌塔特兰的最高官员奥西布-克赫，基切的阿赫泡普，还有阿赫泡普·卡姆哈（ajpop k'amha）、贝莱希布-齐（Beleheb-Tzy）。“我知道他们对陛下的服务态度是如此恶劣，为了确保这片土地的美好与和平，于是我烧死了他们，并派人烧毁这座城市。”

随着乌塔特兰的覆灭和其统治者的殒命，阿尔瓦拉多派遣代表团前往喀克其奎的首都特克潘夸乌赫特马兰（Tecpan Quauhtemalan）——“危地马拉之城”或伊西姆切，要求他们加入他击败基切人的最终战斗。西班牙到来之前，喀克其奎一直是高地上至关重要的新兴势力，也是基切的宿敌。根据阿尔瓦拉多的说法，他们派出一支四千人的军队（尽管《喀克其奎编年史》中提到的是四百人）加入西班牙一起对抗基切。

阿尔瓦拉多的新盟友喀克其奎将他们从乌塔特兰接到了他们的首都伊西姆切。喀克其奎似乎认为可以利用他们的新联盟来击败另一个敌人泽图希尔。应喀克其奎的要求，阿尔瓦拉多派遣两名信使前往泽图希尔的首都特克潘阿蒂特兰（Tecpan Atitlan）。当他们被杀的消息传来时，西班牙人和他们的喀克其奎盟友袭击了泽图希尔。阿蒂特兰湖畔一战失败后，泽图希尔人开始向西班牙国王进贡，以表忠心。

阿尔瓦拉多从高地出发，进一步远征太平洋沿岸，并向东征服了皮皮尔省的库斯卡特兰（Cuscatlan），即现在的萨尔瓦多。随后，他又回到了玛雅高地，并于1524年7月25日在伊西姆切建立了西班牙在危地马拉省的第一个首都。但第一个首都的存在时间很短，因为正如《喀克其奎编年史》中所提到的,西班牙人的压迫政策引发了他们的前盟友的反抗。

> 没有战争,他进入伊西姆切的时候,图纳蒂乌欢欣鼓舞,图纳蒂乌即托纳蒂奥,阿尔瓦拉多称之为"太阳"。我的孩子们,卡斯蒂利亚人以前也是这样进来的;但他们进城是件可怕的事情;他们的面孔很奇怪,酋长们将他们视若神灵……然后,图纳蒂乌开始找酋长们要钱。他希望他们给他几个罐子,装满价值连城的金属,甚至给他酒杯和王冠。没有收到任何东西,图纳蒂乌生气了,对酋长们说:"你们为什么不把金属给我?你们选择吧,要么把城里的贵重金属给我,要么我活活烧死你们,或者吊死你们。"他这样对酋长们说。

不久,战争再次爆发,西班牙人被赶出了他们的新首都伊西姆切。在接下来的几年里,高地玛雅人在喀克其奎的带领下背水一战,企图将西班牙人赶出他们的土地。但最后,玛雅人以失败告终。1527年11月22日,西班牙在阿瓜火山脚下建立了新的首都,也就是今天的老城。十四年之后,它被火山喷发的泥石流摧毁,殖民地的首都在现在的安提瓜危地马拉附近重建。随着高地或多或少被征服,西班牙人将注意力转向北部的玛雅人。

蒙特霍对尤卡坦的征服,1527年至1546年

弗朗西斯科·德·蒙特霍不仅仅是格里加瓦尔的成员,还是科尔特斯远征队的成员。然而,他并没有参与征服墨西哥,而是于1519年,被科尔特斯派到西班牙,负责管理收集的宝藏中国王分得的那一

份。当时，蒙特霍要在西班牙法庭上为科尔特斯辩护，因为科尔特斯的擅自离开使他与古巴总督迭戈·德·委拉斯开兹发生了公开冲突。

在宫廷的七年里，蒙特霍做了许多事——他以自己的名义向西班牙国王申请获得征服尤卡坦半岛的许可。在1526年12月8日的王室法令中，蒙特霍被授予世袭的阿德兰多（adelantado）即总督头衔，国王授权他组建一支军队来征服该半岛并进行殖民化。征服尤卡坦耗时二十年。

第一阶段：来自东方的尝试，1527年至1528年

蒙特霍舰队由三艘船和四百人组成，于1527年从西班牙起航，由阿隆索·达维拉（Alonso d'Avila）担任第二指挥官。他们在圣多明各做了一次停留，以获取物资和马匹，并留下一艘船只，稍后再运额外的物资。另外两艘船于9月末抵达科苏梅尔岛，在那里，科苏梅尔统治者阿赫·瑙姆·帕特（Aj Naum Pat）和平友好地接待了他们。稍作停留之后，船只驶向大陆，蒙特霍以上帝和卡斯蒂利亚国王的名义占领了伊卡布（Ekab）的谢尔哈镇附近的土地。

为了平息部队中的叛乱，蒙特霍放火烧了他的两艘船。他留下四十人在谢尔哈，听由达维拉指挥，另外二十人留在附近的波莱（Pole）镇，他带着一百二十五人开始了对半岛东北角城镇和村庄的巡视。巡视之处，无一城镇幸存下来，甚至大部分城镇的位置都不清楚：夏曼哈（Xamanha）、莫奇斯（Mochis）和贝尔玛（Belma）；最后一个可能与现代聚落埃尔梅科有关。在这里，周围城镇的首领被召集起来，宣誓效忠西班牙王室。

这支小部队从贝尔玛出发前往伊卡布的科尼尔（Conil），据说该聚落由五千所房屋组成；西班牙人在这里停留了两个月。1528年春，

他们离开科尼尔前往首都乔阿卡(Chauaca),也是在那里爆发了第一次严重的交锋战役。玛雅人在夜间放弃了这座城镇,第二天早上发动了猛烈的进攻,但最终还是被击败了。

军队从乔阿卡转移到位于现代城镇蒂西明以北16千米的阿凯。一场大战在该地发生,超过一千二百个玛雅人丧生。

> 在这次战斗中,印第安人携带着所有他们在战争中使用过的武器出现:箭筒,尖端经火淬的杆子,带尖燧石的长矛,镶嵌着黑曜石刀片的非常坚固的木质双手剑,哨子,用鹿角敲打大海龟的壳,用大海螺壳做喇叭;除了用布遮盖害羞部位以外,他们赤身裸体,(他们的身体)被涂上各种颜色的泥土,所以他们看起来像最凶恶的魔鬼;他们的鼻子和耳朵上穿有各种颜色的骨头和石头做的鼻塞和耳塞。

这场战役过后,所有邻近的玛雅酋长都投降了。从阿凯出发,西班牙人前往西西亚(Sisia)和洛切(Loche),然后通过内陆路线返回谢尔哈。但是蒙特霍在谢尔哈发现他的第一个定居点处于绝望的困境中:他留在那里的四十个西班牙人,只剩下一两个,驻扎在波莱的二十个人都惨遭屠杀。与他同行的一百二十五名西班牙人只有六十人返回,现在整个部队的人数还不到一百人。

随后,他小舰队的第三艘船只也从圣多明各出发抵达,蒙特霍决定继续他对南部沿岸的探索。达维拉被派到陆地,蒙特霍则向南航行,在一个美丽的海湾——切图马尔海湾发现了查库图马尔,并得知瓦尔迪维亚幸存者冈萨洛·德·格雷罗就在附近。蒙特霍派遣信使劝说他回到他的同胞中去,但是格雷罗再次拒绝了。

蒙特霍和达维拉未能在切图马尔会面,因为玛雅人一直通过虚假的报道使他们分离。等待了一段时间之后，达维拉返回谢尔哈，并将西班牙人的定居点从这一地点移到附近的夏曼哈镇。而蒙特霍等待达维拉出现在切图马尔，却发现一切徒劳无果，于是继续向南向洪都拉斯的乌卢阿河进发，然后折返回去，在夏曼哈与他的副手会合。1528年末，蒙特霍将达维拉留在夏曼哈担任副州长，自己则绕过半岛北岸，返回新西班牙（墨西哥），结束了征服尤卡坦的第一次尝试。

第一次间隔，1528年至1531年

蒙特霍被任命为塔巴斯科的镇长，于是1529年带着他的儿子离开墨西哥前往塔巴斯科，他儿子也叫弗朗西斯科·德·蒙特霍。他们成功地征服了该省，并在靠近北海岸的西卡兰戈建立了萨拉曼卡（Salamanca）镇。达维拉从尤卡坦的东海岸被召回，被派去阿卡兰在德尔米诺斯湖以南和以东的地区。但老蒙特霍在塔巴斯科的新职位并不长久。前州长在那里重新掌权，把他扔进了监狱。后来，老蒙特霍被准许前往西卡兰戈与他儿子会合，父子俩都去了尤卡坦西南部的钱波通，达维拉比他们更早抵达此地。

第二阶段：来自西方的尝试，1531年至1535年

老蒙特霍从钱波通转移到了坎佩切。以该地为作战基地，他发动了第二次征服尤卡坦的尝试。达维拉被派往东部的乔阿卡。去往途中，他经过玛尼，受到了修家族的友好接待。最后他到达了东南部的切图马尔，他在那里建立了维拉雷尔（Villa Real），也就是“王室城镇”。此地的玛雅人殊死抵抗，达维拉不得不放弃这个新建立的城镇，乘坐独木舟前往洪都拉斯。他在离开两年之后，一直走到特鲁希

略(Trujillo)才返回。

1531年,达维拉离开去往东方之后,老蒙特霍在坎佩切抵抗住了一次猛烈的进攻,在那次进攻中,老蒙特霍险些丧命。然而,西班牙人占了上风,接受了坎佩切以北阿赫卡努尔(Aj Canul)的投降。随后,老蒙特霍派他的儿子前去征服北方各省。小蒙特霍首先去了库普勒省(Cupules),前往奇琴伊察的前伊察首都所在地,在此地,他受到了库普尔(Cupul)的领导者纳邦·库普尔(Naabon Cupul)不情不愿的接待。小蒙特霍发现当地人对他顺从,于是在奇琴伊察建立了第一个雷尔城(Cuidad Real)或“王室城市”,并将该地区的城镇和村庄划分给他的士兵,每个西班牙人分配两千到三千名玛雅人。

库普勒家族很快对西班牙的统治感到不满。经过六个月的外国奴役之后,纳邦·库普尔试图杀死小蒙特霍,但就在这次尝试中,他丧失了自己的性命。统治者的死亡加剧了他们对西班牙人的仇恨,以至于1533年中期,库普勒人封锁了位于奇琴伊察的西班牙驻军。然而,对入侵者来说幸运的是,西部半岛的修家族、切尔(Chel)和帕奇(Pech)政权仍然对他们保持着忠诚。

小蒙特霍看到乡村民众对他的反抗,决定放弃“王室城市”(大概不过是个小军营),回到西部与父亲会合。根据一位早期编年史家的记载,这是一个计谋:

> 终于有一天晚上,他们弃城而去,留下一条狗拴在一个铃锤上,在一边放了个小面包,让它够不着;同一天,他们用小规模的冲突让印第安人疲于奔命,这样他们就不会跟着来了。狗为了吃到面包而摇铃,这使得印第安人惶恐不安,他们以为西班牙人想攻击他们;后来,当他们知道自己是如何被骗的时候,他们决心在四面八方搜寻西班牙人,因为他们不知道西班牙人走的是

> 哪条路。那些走同一条路的人追上了西班牙人,因为有六个骑兵在旷野等待他们,他们像对着逃跑的人一样对他们大喊大叫,还用长矛刺死了许多人。其中一个印第安人抓住一匹马的腿,像宰羊一样砍倒了它。

小蒙特霍终于抵达切尔统治的齐拉姆(Dzilam),在那里,年轻的领主纳姆克斯·切尔(Namux Chel)友好热情地接待了他。后来,在1534年春天,小蒙特霍在塔霍(T'ho)——今天的梅里达附近的查坎(Chakan)的齐比卡尔(Dzibikal)与父亲团聚。与此同时,老蒙特霍已进军内陆,远至玛尼,并拜访了修家族统治者。在整个征服过程中,修家族多次向西班牙人展示他们的友好,而很大程度上正是由于他们的帮助,西班牙的权威才得以永久建立。蒙特霍两父子在齐比卡尔会面,不久之后,他们在齐拉姆建立了第二个"王室城市",据说西班牙人在那里"遭遇了许多困难和危险"。

老蒙特霍回到坎佩切时,友好的纳姆克斯·切尔提出带他去那里,由他的两个表兄弟陪同出发。尽管纳姆克斯·切尔为漫长的陆路旅行准备了一匹马,但表兄弟们还是被锁链拴住了。老蒙特霍把他的儿子留在了齐拉姆,让他尽可能多地进行征服和安抚工作。老蒙特霍受到坎佩切周围玛雅人的热烈欢迎。在那里,他很快就和达维拉碰头,不久之后,他的儿子也加入了他们,老蒙特霍发现他在齐拉姆的位置已经站不住了。

这时,关于征服秘鲁和在那里可以获得财富的消息传到了老蒙特霍在坎佩切的那些沮丧的追随者耳中。西班牙人在尤卡坦北部打了七年的仗,却还没有找到多少黄金足够装满几个头盔。他们已经开始意识到,不会有像科尔特斯的士兵在墨西哥获得的丰厚回报,也不会有像皮萨罗(Pizarro)的军队如今在秘鲁获得的富饶报酬,蒙特霍家族再也无法维持他们已经消耗殆尽的军队。这支为数不多的军队不断缩小,直到不得不放弃第二次征服半岛的尝试。1534年末或1535年初,蒙特霍家族带着他们的残余军队从坎佩切撤退到韦拉克鲁斯。

第二次间隔,1535年至1540年

老蒙特霍于1528年第一次访问洪都拉斯之后,他就一直在向西班牙国王请愿,准许他担任该省的省长。加上尤卡坦半岛的阿德兰多头衔,再加上塔巴斯科和恰帕斯的行政权,这将使得他拥有对现在墨西哥南部和中美洲北部所有地区的管辖权。为了回应他的请愿,老蒙特霍于1535年被任命为洪都拉斯-希布埃拉斯(Honduras-Hibüeras)州长兼上尉,尽管他在离开尤卡坦前往特诺奇蒂特兰城之后才收到任命通知。他直到1537年才真正返回洪都拉斯。

洪都拉斯事件从一开始就没有成功。老蒙特霍发现自己卷入了与佩德罗·德·阿尔瓦拉多的纷争,后者也曾由王室任命为危地马拉的州长和上尉。阿尔瓦拉多声称对洪都拉斯和危地马拉拥有管辖权,1539年8月,老蒙特霍将他在洪都拉斯-希布埃拉斯的权益移交给阿尔瓦拉多。老蒙特霍回到塔巴斯科,在父亲不在的时候,小蒙特霍一直担任副州长和上尉。

1535年,方济各会兄弟哈科波·德·特斯特拉(Jacobo de Testera)已前往钱波通,想通过和平手段征服尤卡坦。王室向他承诺,在他试图通过传教征服这个国家时,所有的西班牙士兵将被驱逐出这个国家。洛伦佐·德·戈多伊(Lorenzo de Godoy)上尉带着小蒙特霍派去征服该地区的西班牙士兵出现在钱波通时,特斯特拉正在享受该事业所取得的成功。特斯特拉和戈多伊之间爆发了纠纷,牧师被迫返回

墨西哥。

在戈多伊的领导下，钱波通的情况每况愈下。周围地区的科沃赫人（Couohs）开始叛乱，直到1537年，小蒙特霍不得不派他的表兄弟从塔巴斯科前来负责掌控局势。西班牙的新领袖比戈多伊更有政治手腕，他说服科沃赫人投降，但匮乏和苦难仍在继续，西班牙在尤卡坦的最后一个据点也变得岌岌可危。

第三阶段：征服完成，1540年至1546年

老蒙特霍此时已经67岁了，十三年来他一直试图征服尤卡坦，但没有成功。1540年，他将征服尤卡坦半岛的任务移交给了他的儿子。1541年初，小蒙特霍离开塔巴斯科前往钱波通，他的表兄弟已经在那里驻扎了两年多。他到达后不久，小蒙特霍便把总部搬到了坎佩切，这是在玛雅北部地区建立的第一个永久的西班牙城市政府（cabildo），或镇政府。军队在小蒙特霍指挥下，规模又扩大至三百到四百人，有士兵，也有殖民者。

1541年初，小蒙特霍召集玛雅领主到坎佩切，让他们服从西班牙王室的统治。统治者修和一些邻近的酋长服从召唤，但卡努尔政权拒绝，因此小蒙特霍派遣他的表兄弟征服卡努尔人，自己则留在后面等待新成员的到来。他的表兄弟在塔霍附近的查坎遇到了卡努尔人，1542年1月6日，他在尤卡坦建立了第二个西班牙城市政府，即“非常高贵和忠诚的梅里达城”。

梅里达城建立十七天后，西班牙哨兵驻扎在玛雅神庙基地，蒙特霍的军队也驻扎在此，他们看到一群战士护送一个坐在轿子里的年轻玛雅领主。从人们对他表现出来的尊重看，他显然是个地位很高的人。西班牙人惶恐不安，害怕立即遭到武力攻击，但领主做了个手

势,表示他是为了和平而来,他还带着西班牙人急需的食物。通过翻译,这位人士表明他是玛尼的最高统治者图图尔·修的领主,他钦佩白人的勇敢,他想了解他们,看看他们的一些宗教仪式。小蒙特霍命令随军牧师举行"神圣十字架的庄严崇拜",所有的西班牙士兵都参加。统治者修对此印象深刻,他说希望成为一名基督徒。他在西班牙营地待了两个月,在此期间,他接受了天主教信仰的教导,并接受洗礼,取教名为梅尔乔(Melchor)。

这次访问的结果影响深远。自从一个世纪前玛雅潘陷落以来,玛尼的修省一直是尤卡坦北部最强大的政权,他们对西班牙人的和平屈服被其他西部政权所效仿。梅尔乔离开梅里达城之前,答应向其他玛雅领主派遣大使,敦促他们臣服于小蒙特霍,西部的平定在没有炮火的情况下完成了。然而,东部仍然没有被征服。

西方政体屈服之后,小蒙特霍便派他的表兄弟前往乔阿卡。除了科楚亚(Cochua)酋长以外,所有的东方领主都和平地接待了他,经过一场短暂却激烈的对抗科楚亚领主的战役,小蒙特霍打败了他们。随后,库普勒发起反抗,但也被征服了。小蒙特霍最终到达了东海岸伊卡布的波莱,并试图穿过此地抵达科苏梅尔岛,但由于暴风雨天气而以失败告终。在这次尝试中,九名西班牙人被淹死,十分之一的人被玛雅人杀害。对这些损失的夸大报道鼓励了库普勒和科楚亚的再次反叛。

兰达描述了东部玛雅动荡不安的局面:"印第安人悲痛地接受了奴隶制的枷锁,但西班牙人却在这个国家的城镇实行分派劳役制(repartimientos)。"东部政权——库普勒、科楚亚、索图塔和切图马尔,以及更小的塔兹(Tazes)——设法重新获得独立,但这显然需要进一步的军事行动。

另一次叛乱涉及几乎所有东方政体的联盟,1546年11月8日晚上被选定为起义的日子。梅里达人和坎佩切人听说了即将发生叛乱的消息，但起义发生在东部，这倒是完全出乎意料的。根据当代一位西班牙作家的说法：

> 所有这些省份的土著，库普勒、塔兹和奇金切尔(Chikin Cheles)奋起反抗国王陛下，进行大屠杀……他们杀死了十八名住在他们城镇的西班牙人，在那里，他们将这些西班牙人献祭……此外，包括四百多名印第安自由人，他们曾作为仆人为西班牙人服务，任何活口都没有留下，一切具有西班牙风味的东西无一幸免，包括牛群和其他东西，直到同年得到来自梅里达城的帮助，当地人才再次平静下来，罪犯受到惩罚。

叛乱开始时，小蒙特霍和他的表兄弟还在坎佩切，等待老蒙特霍从恰帕斯出发前来，老蒙特霍于12月到达梅里达城，还从他在钱波通和坎佩切的种植园中召集了更多的战士。失去了二十名西班牙人和数百名忠诚的玛雅盟友之后，东部玛雅领主联盟在一次交战中被击败。凭借这些胜利，1546年，尤卡坦半岛的征服告一段落。

独立的伊察，1525年至1696年

随着尤卡坦半岛的征服完成，只有佩滕中部湖区的玛雅王国仍然独立于西班牙的控制之外。西班牙人认为这一地区全部由坎·埃克位于塔亚萨尔的首都统治，但事实上，在佩滕中部的湖泊周围至少有三个独立的王国(详见第十章)。伊察王国在任何情况下都能够抵抗西班牙人并维持其政治独立，塔亚萨尔位于佩滕伊察湖的一个岛屿上(图1.13)，距离尤卡坦北部的梅里达和西班牙南部高地的首都

安提瓜都很远。一直到1525年，科尔特斯访问塔亚萨尔近一个世纪以来，尤卡坦和危地马拉都没有试图征服偏远的伊察。1550年至1556年期间，方济各会各传教士长途跋涉从坎佩切前往阿卡兰传道，并说服该地区的琼塔尔玛雅人搬至靠近坎佩切的地方，因为在坎佩切附近可以接受天主教的教导，于是，更远的东南方只剩下好战的伊察。

1618年，两位方济各会神父，巴托洛梅·德·丰萨利达（Bartolomé de Fuensalida）和胡安·德·奥比塔（Juan de Orbita）从梅里达出发，试图和平地使伊察人基督教化。他们于1618年春天离开梅里达，途经巴卡拉尔湖，由巴卡拉尔的镇长和一些玛雅人陪同。神父们在将近六个月后才抵达塔亚萨尔。伊察统治者坎·埃克以友好的态度接待了他们。他们在塔亚萨尔停留数天，试图使伊察基督教化，但伊察统治者虽然对传教士举行的仪式感兴趣，但拒绝放弃他自己的宗教，他认为，根据他们古老的预言，伊察人接受一种新的信仰的时候还没有到来。

神父们看到了一个巨大的马匹形状的神祇，名叫齐明·查克（Tzimin Chak），即“雷马”。1525年，科尔特斯访问塔亚萨尔时，他把一匹跛脚的马留给了当时的坎·埃克，并承诺自己回来取，或者派人去取。科尔特斯走后，伊察人把马当作神来对待，给它献上家禽、其他肉类和鲜花，但那匹马不久就死了。伊察人后来做了一个马的石像。当奥比塔神父看到这座石像时，这种神像崇拜激怒了他，于是他把神像砸得粉碎。伊察人对这样的亵渎感到愤怒，他们试图杀死传教士，但是丰萨利达神父抓住这个机会进行了一场声势浩大的布道，平息了骚动，传教士们幸免于难。但当神父们看到他们在伊察人的基督教化方面没有取得任何进展时，他们友好地告别了坎·埃克，坎·埃克显然也没有因为神像的拆除而感到不快。丰萨利达神父于1618年12

月8日抵达梅里达，但奥比塔神父仍留在蒂普，这是一个位于巴卡拉尔湖附近的东部小定居点。

1619年9月，神父们在向导和仆人的陪同下，第二次从蒂普出发前往塔亚萨尔。他们于10月初抵达伊察首都，在那里逗留了十八天。虽然坎·埃克一开始是友好的，但伊察的牧师们开始嫉妒天主教传教士日益增长的影响力，并说服坎·埃克的妻子敦促她的丈夫驱逐他们。神父们的房屋被武装的战士包围着，神父和他们的蒂普仆人被赶进了一艘独木舟，并被告知永远不要回来。伊察人不想再接受他们的宗教信仰。奥比塔神父进行抵抗，但一个年轻的伊察战士抓住他的衣领，猛地一拧，奥比塔就倒在地上不省人事。随后，神父一派的人被迫乘坐他们的独木舟离开，没有食物和水。伊察人相信他们会在漫长的返程中饿死，但蒂普玛雅人设法藏了一点食物，他们返回蒂普之前，五个人就靠这些食物续命。神父们在那里休息了几天，而后才回到梅里达。

三年后，即1622年，尤卡坦州长任命弗朗西斯科·德·米罗内斯（Francisco de Mirones）上尉对伊察采取军事行动。同年3月30日，米罗内斯带着二十名西班牙人和一百四十名印第安人离开了坎佩切的奥佩尔琴（Hopelchen），前往伊察的首都。方济各会的一名叫迭戈·德尔加多（Diego Delgado）的神父后来也加入了军队。在萨卡勒姆（Sacalum），德尔加多神父发现米罗内斯对待玛雅人的方式惨无人道，于是他离开军队，带着八十名皈依的蒂普玛雅人经蒂普前往塔亚萨尔。德尔加多神父和他的皈依者由伊察人护送到塔亚萨尔，伊察人表现出极大的友好。但在到达该镇时，所有的人都被抓走并献祭给伊察神灵。

梅里达当局一听到德尔加多神父的死讯，就派人去萨卡勒姆通知米罗内斯上尉，要他保持警惕。但消息来得太晚了。1624年2月2

日,萨卡勒姆的西班牙人都在村里的教堂里,他们没有武器,这时伊察人发动袭击,将他们全部杀死。这两次灾难制止了所有企图基督教化或征服伊察的行动。从1638年开始,大部分朱卢伊尼科布和查克特马尔原有省份开始反抗西班牙人,可能是在伊察人的鼓励下,它们逐渐恢复了独立。1648年,巴卡拉尔在被英国海盗再次洗劫后被遗弃,这一行为实际上结束了西班牙在该地区近五十年的存在。在这段自由时期内,玛雅人继续实行基督教和玛雅宗教的融合。直到1695年,西班牙才重新控制朱卢伊尼科布和查克特马尔的省份。东海岸省份的消失切断了尤卡坦北部和伊察省之间近七十五年来最后的友好纽带。西班牙人巩固他们在尤卡坦和危地马拉的地位,但这两个地区之间的领土仍然不统一,属于"异教徒",这对两个殖民地的军事和教会当局而言都是持续的刺激。

1695年6月,尤卡坦半岛的州长马丁·德·乌尔苏阿派遣一支由西班牙士兵和玛雅工人组成的特遣队前往坎佩切北部,开始修建一条通往佩滕的道路。月底,筑路工人到达了坎佩切南部的诺特乌布(Nohthub)村,以安德烈斯·德·阿文达尼奥(Andres de Avendaño)神父为首的三名方济各会成员也在该地加入他们的行列。但由于厌恶西班牙船长对待玛雅人的方式,牧师们很快返回梅里达。1695年12月15日,阿文达尼奥神父再次离开梅里达前往伊察省,伴他同行的还有另外两名方济各会成员、四名来自尤卡坦半岛的玛雅歌手和三名玛雅向导。阿文达尼奥神父没有走蒂普那条路,而是沿着新修的道路一直往南走,直到它被修建起来,然后和他的玛雅向导穿过森林继续前进。1696年1月13日,他们到达佩滕湖,并受到了住在湖西端的查坎伊察人的热烈欢迎。第二天,现任统治者坎·埃克在八十只独木舟的护送下从塔亚萨尔渡河,在那里与他们会合。这些神父和坎·埃克一起回到塔亚萨尔,在那里待了三天半,给三百多名伊察孩子施洗。

因此，阿文达尼奥神父鼓励坎·埃克和他的议员们向西班牙国王投降并接受基督教。伊察省的议会考虑了这个建议，但再次认为，应该放弃他们旧神的时机还未到来。他们承诺，如果乌尔苏阿州长四个月之后再把这些神父送回去，伊察省就宣布效忠西班牙国王并皈依基督教。

坎·埃克得知查坎伊察人在返程途中伏击并杀死神父的阴谋后，说服阿文达尼奥经由更长但更安全的蒂普路线返回梅里达。1696年1月17日晚，三名神父和他们的向导在与坎·埃克及其家人深情告别后，登上了独木舟。但是厄运和苦难困扰着神父们。许诺去蒂普的向导没有到达，1月20日，等待两天之后，他们开启了返回尤卡坦半岛北部的漫长而危险的旅程。五天之后，他们来到一条可能是霍尔姆尔河的大溪流边，他们又沿着溪流走了五天，最后彻彻底底迷路了。这个时候，他们决定向西行进，希望到达乌尔苏阿正在修建的从坎佩切到佩滕湖的道路。他们继续朝这个方向前进了十五天，吃着野生蜂蜜、绿色水果和棕榈坚果，食不果腹。令人筋疲力尽的长途跋涉开始后的第四天，阿文达尼奥变得羸弱不堪，另外两个方济各会教徒带着四个向导中的一个，向前推进，希望找到一个边境定居点之后带回援助和物资。

经过六天缓慢而艰苦的前进，阿文达尼奥神父来到一座古城的废墟上，他描述如下：

> 我们经过的这些高山中，有许多古老的建筑；我认出其中一些是居住的地方，虽然它们高耸而立，我力不能支，但我还是步履艰难地爬上了它们。他们是修道院的形式，有小回廊和许多居住的房间，所有的房间都有屋顶，周围有个露台，里面用石灰刷白，白石灰随处可见，因为所有的山都是石灰石；这些建筑物

> 的形状不像这个省(尤卡坦)的建筑物,后者完全是用磨光的石头砌成的,没有砂浆,尤其是拱门,但这些(在佩滕)是用石灰粉刷的石头砌筑而成的。

最符合这种描述的考古遗址是蒂卡尔。阿文达尼奥神父可能是第一个看到这座伟大的古典玛雅城的欧洲人。

阿文达尼奥又向西向北行进了三天,直到他精疲力竭。他命令他的玛雅同伴让他靠在一棵树上,点燃一堆火,放置一瓢水,然后去寻求帮助。第二天早上,他的同伴带着十艘船回来了。离开阿文达尼奥后,他们找到了新修的道路和一些玛雅搬运工,这些搬运工同意与他们一起返回来营救神父。搬运工们把他放在吊床上带到丘恩图基(Chuntuqui),在那里他们迷路了三十一天,1696年2月19日才抵达。阿文达尼奥在丘恩图基找到了另外两个方济各会成员,他们十八天前离开他去寻求帮助。阿文达尼奥和他的同伴在丘恩图基休息了几天后,继续前往梅里达汇报他们的任务。

对伊察的征服,1696年至1697年

1695年12月,坎·埃克的一个大使馆团队到达梅里达,并让乌尔苏阿相信伊察已准备好接受西班牙的统治。他命令仍在路上工作的帕雷德斯(Paredes)上尉前往塔亚萨尔。帕雷德斯派遣佩德罗·德·苏维奥尔(Pedro de Zubiaur)上尉带着六十名西班牙士兵、一些玛雅战士和圣布埃纳文图拉(San Buenaventura)神父去占领伊察的领土。这时,这条道路已经延伸到离湖不到32千米的地方,1696年1月18日,苏维奥尔的部队到达岸边。他原本期待伊察人的和平接待,但当西班牙人接近湖边时,他们看到一队载有大约两千名武装战士的独木

舟向他们驶来。伊察人跳上岸后发起攻击，从尤卡坦半岛抓住一些玛雅人作为俘虏。圣布埃纳文图拉神父，一名方济各会世俗成员和一名西班牙士兵也被俘虏，第四个西班牙人在战斗中丧生。

苏维奥尔撤回到帕雷德斯上尉的主要营地。大约一天后，第二支规模更大的西班牙部队被派往该湖，但遭到了敌对的接待，进一步强攻的企图也被迫停止。查坎伊察对阿文达尼奥神父怀有敌意和苏维奥尔战败的消息同时传到了乌尔苏阿耳中。乌尔苏阿断定只有通过武力才能征服伊察，因此他下令增派一百名士兵、造船工人和木匠来建造独木舟和帆船，以此控制湖泊，并控制塔亚萨尔和其他沿岸村庄。

1696年底和1697年初在坎佩切重组军队。重组后的军队由二百三十五名西班牙士兵、一百二十名玛雅骡夫和道路工人以及一些搬运工组成。步兵、炮兵和补给列车在帕雷德斯的指挥下被派往前方，命令苏维奥尔、木匠与建筑工人一起行进至离湖不到8千米的地方。他们要砍伐和修剪足够的木材来建造帆船和独木舟，并等待其余部队的到来。1697年1月14日，乌尔苏阿带着骑兵和剩下的补给物资离开坎佩切。3月1日，木材准备完好，军队转移到湖边，在那里建造了一个设防营地和战舰。

在接下来的十二天里，伊察人对西班牙人举行敌对示威。每天都有独木舟舰队在营地前活动。成群结队的彩绘武士在陆地上包围着它，敲鼓示威，用死亡和牺牲来威胁西班牙人。3月10日，一批独木舟从塔亚萨尔靠近营地，第一艘独木舟挂着白旗。这是一个来自坎·埃克的大使馆团队，由伊察大祭司和其他酋长组成，他们前来诉诸和平。乌尔苏阿友好地接待了他们，并邀请坎·埃克在三天后参观西班牙营地。大使馆团队在收到礼物后随即解散，营地安顿下来等待伊察统治者的到来。

但是伊察统治者没有在指定的日子出现。取而代之的是,一支由独木舟组成的大型船队穿过湖面向营地靠近,而岸上的战士们则威胁要发动攻击。但是随着夜幕的降临,独木舟和陆地部队都撤退了。乌尔苏阿召集他所有的军官开了一个战争会议,大家一致认为进一步地努力追求和平是无用之举,唯一的选择是用武力征服伊察。第二天早上,军队收到一项命令,大举进攻塔亚萨尔。3月13日,黎明前,军队举行弥撒,随后吃早餐,被选中参加战争的士兵们登上战舰。乌尔苏阿带着一百零八名西班牙士兵、军队副主教以及坎·埃克的侄子,他曾与西班牙事业结盟。一支由一百二十七名西班牙人和所有玛雅弓箭手、道路工人和仆人组成的守备队被留下来保卫营地。

黎明时分,战舰向塔亚萨尔进发。作为回应,伊察派出两个侧翼的独木舟中队,舟上的人拿着他们的武器大喊大叫并进行威胁。乌尔苏阿命令划桨者向塔亚萨尔全速划去,现在在晨光中可以清楚地看到塔亚萨尔。独木舟的数量增长如此之快,以至于战舰靠近海岸时,它们在它周围形成了一个新月形,将它与湖泊隔开。西班牙人现在离得足够近,可以看到针对他们而建造的防御工事。他们也看到了大批武装战士在等着保卫这个城镇。独木舟上的伊察人开始射出阵阵箭雨。尽管遭到攻击,乌尔苏阿还是忍住了,在混乱中大喊:“没有人会开枪,因为上帝站在我们这边,没有理由害怕。”伊察人步步紧逼,箭落得更密集了,但乌尔苏阿仍然没有开火,大喊不准开枪,违者处死。伊察人把这种克制误认为懦弱,嘲笑西班牙人。乌尔苏阿通过翻译发出最后一次呼吁,告诉伊察人,西班牙人是和平友好地来到这里的,但除非伊察人放下武器,否则他们将对随后的屠杀自行负责。但是伊察人又一次把他的宽容错当成了软弱。他们嘲笑西班牙人,投放出更多的箭。

此时,只有两个西班牙人受伤——胡安·冈萨雷斯(Juan González)

中士和一个名叫巴托洛梅·杜兰(Bartolomé Durán)的士兵。但杜兰非常愤怒,无视乌尔苏阿的命令,对着伊察开了他的火绳枪。其他人以他为榜样,战舰上的人都开了枪。西班牙人不等战舰靠岸,就跳进水里开枪。虽然乌尔苏阿阻止他的人发射大炮,但西班牙人继续发射,结果伊察人撤退了。所有能走的人都跑到湖边,疯狂地向对岸游去。将塔亚萨尔与大陆隔开的那片水域很快就挤满了人,游泳几乎是不可能的,许多人溺水而亡。独木舟上的伊察人也想跳入湖中游向大陆,因此很快,塔亚萨尔的所有居民都浸泡在水中。

当战舰上的人还在甲板上开火时,乌尔苏阿和获胜的西班牙人已爬上山,而通过这座山可抵达岛屿首都的中心。到达山顶最高的神庙后,乌尔苏阿竖起了西班牙王室的旗帜。在这座被他的首领上尉们和两名天主教牧师包围的神庙里,他感谢上帝给予他们胜利,感谢上帝保护他们免遭任何生命的损失。乌尔苏阿感谢他的军官和士兵的勇敢,这使得整个任务的完成成为可能。乌尔苏阿正式成为塔亚萨尔的主人之后,将塔亚萨尔改名为“圣母玛利亚和伊察的圣保罗”(Nuestra Señora de los Remedios y San Pablo de los Itzaes)。

乌尔苏阿和副主教巡视神庙后,打碎了神庙里以及伊察人家里所有的神像。玛雅神的神像如此之多,以至于花了整整一天的时间才把它们全部摧毁。乌尔苏阿把选择主神庙作为基督教上帝的庇护所视为这一天的最后一项活动,而伊察人前不久还在这里用人向伊察神灵献祭。以此方式,在一天的早晨,伊察的势力被摧毁,最后一个独立的玛雅政体也被置于西班牙国王的统治之下。

西班牙人征服玛雅人是一个漫长且残酷的过程。这次侵略最终成功地摧毁了玛雅的独立和后古典期的玛雅文明。玛雅人的亡国也标志着欧洲长期压制的开始,这种压制很大程度上塑造了现代玛雅人的世界。但正如人们常说的那样,这又是另外一个故事了。

附录:玛雅长纪历日期对照表

由长纪历所记载的玛雅历可追踪自玛雅“零日”或基日(公元前3114年,4阿哈瓦8库姆库)至今的天数(详见第三章)。当西班牙人于16世纪抵达欧洲时,因长纪历已被放弃使用,所以在欧洲历法中未见使用长纪历的日期记录。在关于两种计时系统间存在一定关联性的提议中,古德曼-马丁内斯-汤普森(或GMT)换算表是公认最为精确的一种,并被玛雅学者所采纳(且运用于此书)。

现存数种可将玛雅日期转化为西方日期的电脑程序,有些程序还可绘制特定玛雅日期中星球和其他天体的位置。当使用这些星象图程序去还原铭文所示日期里玛雅人看到的天文现象,会出现许多有趣的图案。例如,学者们已经注意到金星的位置和科潘当地记录的特定事件之间存在若干关联。

格里高利历与卡盾及半卡盾结束日期的对应关系

为将玛雅历法和欧洲历法相联系,表A.1提供了玛雅长纪历与对应格里高利历日期的转换。此表基于GMT换算表和以584283为相关性常数,共涵盖自8.0.0.0.0至13.0.0.0.0的卡盾及半卡盾结束日期(汤普森,1950)。

表 A.1　玛雅和格里高利历对照表

基于古德曼-马丁内斯-汤普森换算

玛雅长纪历中的卡盾或半卡盾（初始系列）			玛雅短纪历中的卡盾结束日期（玛雅编年史）		格里高利历对应公元日期（以584283为相关性常数）
8.0.0.0.0	9 阿哈瓦	3 斯普	卡盾	9 阿哈瓦	41，9月5日
8.0.10.0.0	8 阿哈瓦	18 库姆库			51，7月15日
8.1.0.0.0	7 阿哈瓦	8 帕克斯	卡盾	7 阿哈瓦	61，5月23日
8.1.10.0.0	6 阿哈瓦	18 马克			71，4月1日
8.2.0.0.0	5 阿哈瓦	8 萨克	卡盾	5 阿哈瓦	81，2月7日
8.2.10.0.0	4 阿哈瓦	18 莫尔			90，12月17日
8.3.0.0.0	3 阿哈瓦	8 苏尔	卡盾	3 阿哈瓦	100，10月26日
8.3.10.0.0	2 阿哈瓦	18 斯普			110，9月4日
8.4.0.0.0	1 阿哈瓦	8 泡普	卡盾	1 阿哈瓦	120，7月13日
8.4.10.0.0	13 阿哈瓦	3 克阿亚博			130，5月22日
8.5.0.0.0	12 阿哈瓦	13 克安科因	卡盾	12 阿哈瓦	140，3月30日
8.5.10.0.0	11 阿哈瓦	3 克维			150，2月6日
8.6.0.0.0	10 阿哈瓦	13 茨恩	卡盾	10 阿哈瓦	159，12月15日
8.6.10.0.0	9 阿哈瓦	3 雅克因			169，10月24日
8.7.0.0.0	8 阿哈瓦	13 索茨	卡盾	8 阿哈瓦	179，9月2日
8.7.10.0.0	7 阿哈瓦	3 沃			189，7月11日
8.8.0.0.0	6 阿哈瓦	18 克阿亚博	卡盾	6 阿哈瓦	199，5月20日
8.8.10.0.0	5 阿哈瓦	8 穆万			209，3月29日
8.9.0.0.0	4 阿哈瓦	18 克维	卡盾	4 阿哈瓦	219，1月5日
8.9.10.0.0	3 阿哈瓦	8 雅克斯			228，12月14日
8.10.0.0.0	2 阿哈瓦	18 雅克因	卡盾	2 阿哈瓦	238，10月23日
8.10.10.0.0	1 阿哈瓦	8 泽科			248，8月31日
8.11.0.0.0	13 阿哈瓦	18 沃	卡盾	13 阿哈瓦	258，7月10日
8.11.10.0.0	12 阿哈瓦	13 库姆库			268，5月18日
8.12.0.0.0	11 阿哈瓦	3 帕克斯	卡盾	11 阿哈瓦	278，3月27日
8.12.10.0.0	10 阿哈瓦	13 马克			288，2月3日
8.13.0.0.0	9 阿哈瓦	3 萨克	卡盾	9 阿哈瓦	297，12月12日
8.13.10.0.0	8 阿哈瓦	13 莫尔			307，10月22日
8.14.0.0.0	7 阿哈瓦	3 苏尔	卡盾	7 阿哈瓦	317，8月30日
8.14.10.0.0	6 阿哈瓦	13 斯普			327，7月9日
8.15.0.0.0	5 阿哈瓦	3 泡普	卡盾	5 阿哈瓦	337，5月17日
8.15.10.0.0	4 阿哈瓦	18 帕克斯			347，3月26日
8.16.0.0.0	3 阿哈瓦	8 克安科因	卡盾	3 阿哈瓦	357，2月1日
8.16.10.0.0	2 阿哈瓦	18 萨克			366，12月11日
8.17.0.0.0	1 阿哈瓦	8 茨恩	卡盾	1 阿哈瓦	376，10月19日
8.17.10.0.0	13 阿哈瓦	18 苏尔			386，8月28日

（续表）

玛雅长纪历中的卡盾或半卡盾（初始系列）			玛雅短纪历中的卡盾结束日期（玛雅编年史）		格里高利历对应公元日期（以584283为相关性常数）
8.18.0.0.0	12 阿哈瓦	8 索茨	卡盾	12 阿哈瓦	396，7月6日
8.18.10.0.0	11 阿哈瓦	18 泡普			406，5月15日
8.19.0.0.0	10 阿哈瓦	13 克阿亚博	卡盾	10 阿哈瓦	416，3月23日
8.19.10.0.0	9 阿哈瓦	3 穆万			426，1月30日
9.0.0.0.0	8 阿哈瓦	13 克维	卡盾	8 阿哈瓦	435，12月6日
9.0.10.0.0	7 阿哈瓦	3 雅克斯			445，10月17日
9.1.0.0.0	6 阿哈瓦	13 雅克因	卡盾	6 阿哈瓦	455，8月26日
9.1.10.0.0	5 阿哈瓦	3 泽科			465，7月4日
9.2.0.0.0	4 阿哈瓦	13 沃	卡盾	4 阿哈瓦	475，5月13日
9.2.10.0.0	3 阿哈瓦	8 库姆库			485，3月21日
9.3.0.0.0	2 阿哈瓦	18 穆万	卡盾	2 阿哈瓦	495，1月28日
9.3.10.0.0	1 阿哈瓦	8 马克			504，12月7日
9.4.0.0.0	13 阿哈瓦	18 雅克斯	卡盾	13 阿哈瓦	514，10月16日
9.4.10.0.0	12 阿哈瓦	8 莫尔			524，8月24日
9.5.0.0.0	11 阿哈瓦	18 泽科	卡盾	11 阿哈瓦	534，7月3日
9.5.10.0.0	10 阿哈瓦	8 斯普			544，5月11日
9.6.0.0.0	9 阿哈瓦	3 瓦耶伯	卡盾	9 阿哈瓦	554，3月20日
9.6.10.0.0	8 阿哈瓦	13 帕克斯			564，1月27日
9.7.0.0.0	7 阿哈瓦	3 克安科因	卡盾	7 阿哈瓦	573，12月5日
9.7.10.0.0	6 阿哈瓦	13 萨克			583，10月14日
9.8.0.0.0	5 阿哈瓦	3 茨恩	卡盾	5 阿哈瓦	593，8月22日
9.8.10.0.0	4 阿哈瓦	13 苏尔			603，7月2日
9.9.0.0.0	3 阿哈瓦	3 索茨	卡盾	3 阿哈瓦	613，5月10日
9.9.10.0.0	2 阿哈瓦	13 泡普			623，3月19日
9.10.0.0.0	1 阿哈瓦	8 克阿亚博	卡盾	1 阿哈瓦	633，1月25日
9.10.10.0.0	13 阿哈瓦	18 克安科因			642，12月4日
9.11.0.0.0	12 阿哈瓦	8 克维	卡盾	12 阿哈瓦	652，10月12日
9.11.10.0.0	11 阿哈瓦	18 茨恩			662，8月21日
9.12.0.0.0	10 阿哈瓦	8 雅克因	卡盾	10 阿哈瓦	672，6月29日
9.12.10.0.0	9 阿哈瓦	18 索茨			682，5月8日
9.13.0.0.0	8 阿哈瓦	8 沃	卡盾	8 阿哈瓦	692，3月16日
9.13.10.0.0	7 阿哈瓦	3 库姆库			702，1月24日
9.14.0.0.0	6 阿哈瓦	13 穆万	卡盾	6 阿哈瓦	711，12月3日
9.14.10.0.0	5 阿哈瓦	3 马克			721，10月11日
9.15.0.0.0	4 阿哈瓦	13 雅克斯	卡盾	4 阿哈瓦	731，8月20日
9.15.10.0.0	3 阿哈瓦	3 莫尔			741，6月28日
9.16.0.0.0	2 阿哈瓦	13 泽科	卡盾	2 阿哈瓦	751，5月7日

（续表）

玛雅长纪历中的卡盾或半卡盾（初始系列）			玛雅短纪历中的卡盾结束日期（玛雅编年史）		格里高利历对应公元日期（以584283为相关性常数）
9.16.10.0.0	1阿哈瓦	3斯普			761，3月15日
9.17.0.0.0	13阿哈瓦	18库姆库	卡盾	13阿哈瓦	771，1月22日
9.17.10.0.0	12阿哈瓦	8帕克斯			780，11月30日
9.18.0.0.0	11阿哈瓦	18马克	卡盾	11阿哈瓦	790，10月9日
9.18.10.0.0	10阿哈瓦	8萨克			800，8月17日
9.19.0.0.0	9阿哈瓦	18莫尔	卡盾	9阿哈瓦	810，6月26日
9.19.10.0.0	8阿哈瓦	8苏尔			820，5月4日
10.0.0.0.0	7阿哈瓦	18斯普	卡盾	7阿哈瓦	830，3月13日
10.0.10.0.0	6阿哈瓦	8泡普			840，1月20日
10.1.0.0.0	5阿哈瓦	3克阿亚博	卡盾	5阿哈瓦	849，11月28日
10.1.10.0.0	4阿哈瓦	13克安科因			859，10月7日
10.2.0.0.0	3阿哈瓦	3克维	卡盾	3阿哈瓦	869，8月15日
10.2.10.0.0	2阿哈瓦	13茨恩			879，6月24日
10.3.0.0.0	1阿哈瓦	3雅克因	卡盾	1阿哈瓦	889，5月2日
10.3.10.0.0	13阿哈瓦	13索茨			899，3月11日
10.4.0.0.0	12阿哈瓦	3沃	卡盾	12阿哈瓦	909，1月18日
10.4.10.0.0	11阿哈瓦	18克阿亚博			918，11月27日
10.5.0.0.0	10阿哈瓦	8穆万	卡盾	10阿哈瓦	928，10月5日
10.5.10.0.0	9阿哈瓦	18克维			938，8月14日
10.6.0.0.0	8阿哈瓦	8雅克斯	卡盾	8阿哈瓦	948，6月22日
10.6.10.0.0	7阿哈瓦	18雅克因			958，5月1日
10.7.0.0.0	6阿哈瓦	8泽科	卡盾	6阿哈瓦	968，3月9日
10.7.10.0.0	5阿哈瓦	18沃			978，1月16日
10.8.0.0.0	4阿哈瓦	13库姆库	卡盾	4阿哈瓦	987，11月25日
10.8.10.0.0	3阿哈瓦	3帕克斯			997，10月3日
10.9.0.0.0	2阿哈瓦	13马克	卡盾	2阿哈瓦	1007，8月13日
10.9.10.0.0	1阿哈瓦	3萨克			1017，6月21日
10.10.0.0.0	13阿哈瓦	13莫尔	卡盾	13阿哈瓦	1027，4月30日
10.10.10.0.0	12阿哈瓦	3苏尔			1037，3月8日
10.11.0.0.0	11阿哈瓦	13斯普	卡盾	11阿哈瓦	1047，1月15日
10.11.10.0.0	10阿哈瓦	3泡普			1056，11月23日
10.12.0.0.0	9阿哈瓦	18帕克斯	卡盾	9阿哈瓦	1066，10月2日
10.12.10.0.0	8阿哈瓦	8克安科因			1076，8月10日
10.13.0.0.0	7阿哈瓦	18萨克	卡盾	7阿哈瓦	1086，6月19日
10.13.10.0.0	6阿哈瓦	8茨恩			1096，4月27日
10.14.0.0.0	5阿哈瓦	18苏尔	卡盾	5阿哈瓦	1106，3月7日
10.14.10.0.0	4阿哈瓦	8索茨			1116，1月14日

（续表）

玛雅长纪历中的卡盾或半卡盾（初始系列）			玛雅短纪历中的卡盾结束日期（玛雅编年史）		格里高利历对应公元日期（以584283为相关性常数）
10.15.0.0.0	3 阿哈瓦	18 泡普	卡盾	3 阿哈瓦	1125，11月22日
10.15.10.0.0	2 阿哈瓦	13 克阿亚博			1135，10月1日
10.16.0.0.0	1 阿哈瓦	3 穆万	卡盾	1 阿哈瓦	1145，8月9日
10.16.10.0.0	13 阿哈瓦	13 克维			1155，6月18日
10.17.0.0.0	12 阿哈瓦	3 雅克斯	卡盾	12 阿哈瓦	1165，4月26日
10.17.10.0.0	11 阿哈瓦	13 雅克因			1175，3月5日
10.18.0.0.0	10 阿哈瓦	3 泽科	卡盾	10 阿哈瓦	1185，1月11日
10.18.10.0.0	9 阿哈瓦	13 沃			1194，11月20日
10.19.0.0.0	8 阿哈瓦	8 库姆库	卡盾	8 阿哈瓦	1204，9月28日
10.19.10.0.0	7 阿哈瓦	18 穆万			1214，8月7日
11.0.0.0.0	6 阿哈瓦	8 马克	卡盾	6 阿哈瓦	1224，6月15日
11.0.10.0.0	5 阿哈瓦	18 雅克斯			1234，4月24日
11.1.0.0.0	4 阿哈瓦	8 莫尔	卡盾	4 阿哈瓦	1244，3月2日
11.1.10.0.0	3 阿哈瓦	18 泽科			1254，1月9日
11.2.0.0.0	2 阿哈瓦	8 斯普	卡盾	2 阿哈瓦	1263，11月18日
11.2.10.0.0	1 阿哈瓦	3 瓦耶伯			1273，9月26日
11.3.0.0.0	13 阿哈瓦	13 帕克斯	卡盾	13 阿哈瓦	1283，8月5日
11.3.10.0.0	12 阿哈瓦	3 克安科因			1293，6月13日
11.4.0.0.0	11 阿哈瓦	13 萨克	卡盾	11 阿哈瓦	1303，4月23日
11.4.10.0.0	10 阿哈瓦	3 茨恩			1313，3月1日
11.5.0.0.0	9 阿哈瓦	13 苏尔	卡盾	9 阿哈瓦	1323，1月8日
11.5.10.0.0	8 阿哈瓦	3 索茨			1332，11月16日
11.6.0.0.0	7 阿哈瓦	13 泡普	卡盾	7 阿哈瓦	1342，9月25日
11.6.10.0.0	6 阿哈瓦	8 克阿亚博			1352，8月3日
11.7.0.0.0	5 阿哈瓦	18 克安科因	卡盾	5 阿哈瓦	1362，6月12日
11.7.10.0.0	4 阿哈瓦	8 克维			1372，4月20日
11.8.0.0.0	3 阿哈瓦	18 茨恩	卡盾	3 阿哈瓦	1382，2月27日
11.8.10.0.0	2 阿哈瓦	8 雅克因			1392，1月6日
11.9.0.0.0	1 阿哈瓦	18 索茨	卡盾	1 阿哈瓦	1401，11月15日
11.9.10.0.0	13 阿哈瓦	8 沃			1411，9月24日
11.10.0.0.0	12 阿哈瓦	3 库姆库	卡盾	12 阿哈瓦	1421，8月2日
11.10.10.0.0	11 阿哈瓦	13 穆万			1431，6月11日
11.11.0.0.0	10 阿哈瓦	3 马克	卡盾	10 阿哈瓦	1441，4月19日
11.11.10.0.0	9 阿哈瓦	13 雅克斯			1451，2月26日
11.12.0.0.0	8 阿哈瓦	3 莫尔	卡盾	8 阿哈瓦	1461，1月4日
11.12.10.0.0	7 阿哈瓦	13 泽科			1470，11月13日

（续表）

玛雅长纪历中的卡盾或半卡盾（初始系列）			玛雅短纪历中的卡盾结束日期（玛雅编年史）		格里高利历对应公元日期（以584283为相关性常数）
11.13.0.0.0	6阿哈瓦	3斯普	卡盾	6阿哈瓦	1480，9月21日
11.13.10.0.0	5阿哈瓦	18库姆库			1490，7月31日
11.14.0.0.0	4阿哈瓦	8帕克斯	卡盾	4阿哈瓦	1500，6月9日
11.14.10.0.0	3阿哈瓦	18马克			1510，4月18日
11.15.0.0.0	2阿哈瓦	8萨克	卡盾	2阿哈瓦	1520，2月25日
11.15.10.0.0	1阿哈瓦	18莫尔			1530，1月3日
11.16.0.0.0	13阿哈瓦	8苏尔	卡盾	13阿哈瓦	1539，11月12日
11.16.10.0.0	12阿哈瓦	18斯普			1549，9月20日
11.17.0.0.0	11阿哈瓦	8泡普	卡盾	11阿哈瓦	1559，7月30日
11.17.10.0.0	10阿哈瓦	3克阿亚博			1569，6月7日
11.18.0.0.0	9阿哈瓦	13克安科因	卡盾	9阿哈瓦	1579，4月16日
11.18.10.0.0	8阿哈瓦	3克维			1589，2月22日
11.19.0.0.0	7阿哈瓦	13茨恩	卡盾	7阿哈瓦	1599，1月1日
11.19.10.0.0	6阿哈瓦	3雅克因			1608，11月9日
12.0.0.0.0	5阿哈瓦	13索茨	卡盾	5阿哈瓦	1618，9月18日
12.0.10.0.0	4阿哈瓦	3沃			1628，7月27日
12.1.0.0.0	3阿哈瓦	18克阿亚博	卡盾	3阿哈瓦	1638，6月5日
12.1.10.0.0	2阿哈瓦	8穆万			1648，4月13日
12.2.0.0.0	1阿哈瓦	18克维	卡盾	1阿哈瓦	1658，2月20日
12.2.10.0.0	13阿哈瓦	8雅克斯			1667，12月30日
12.3.0.0.0	12阿哈瓦	18雅克因	卡盾	12阿哈瓦	1677，11月7日
12.3.10.0.0	11阿哈瓦	8泽科			1687，9月16日
12.4.0.0.0	10阿哈瓦	18沃	卡盾	10阿哈瓦	1697，7月25日
12.4.10.0.0	9阿哈瓦	13库姆库			1707，6月4日
12.5.0.0.0	8阿哈瓦	3帕克斯	卡盾	8阿哈瓦	1717，4月12日
12.5.10.0.0	7阿哈瓦	13马克			1727，2月19日
12.6.0.0.0	6阿哈瓦	3萨克	卡盾	6阿哈瓦	1736，12月28日
12.6.10.0.0	5阿哈瓦	13莫尔			1746，11月6日
12.7.0.0.0	4阿哈瓦	3苏尔	卡盾	4阿哈瓦	1756，9月14日
12.7.10.0.0	3阿哈瓦	13斯普			1766，7月24日
12.8.0.0.0	2阿哈瓦	3泡普	卡盾	2阿哈瓦	1776，6月1日
12.8.10.0.0	1阿哈瓦	18帕克斯			1786，4月10日
12.9.0.0.0	13阿哈瓦	8克安科因	卡盾	13阿哈瓦	1796，2月17日
12.9.10.0.0	12阿哈瓦	18萨克			1805，12月27日
12.10.0.0.0	11阿哈瓦	8茨恩	卡盾	11阿哈瓦	1815，11月5日
12.10.10.0.0	10阿哈瓦	18苏尔			1825，9月13日

(续表)

玛雅长纪历中的卡盾或半卡盾(初始系列)			玛雅短纪历中的卡盾结束日期(玛雅编年史)		格里高利历对应公元日期(以584283为相关性常数)
12.11.0.0.0	9 阿哈瓦	8 索茨	卡盾	9 阿哈瓦	1835,7月23日
12.11.10.0.0	8 阿哈瓦	18 泡普			1845,5月31日
12.12.0.0.0	7 阿哈瓦	13 克阿亚博	卡盾	7 阿哈瓦	1855,4月9日
12.12.10.0.0	6 阿哈瓦	3 穆万			1865,2月15日
12.13.0.0.0	5 阿哈瓦	13 克维	卡盾	5 阿哈瓦	1874,12月25日
12.13.10.0.0	4 阿哈瓦	3 雅克斯			1884,11月2日
12.14.0.0.0	3 阿哈瓦	13 雅克因	卡盾	3 阿哈瓦	1894,9月11日
12.14.10.0.0	2 阿哈瓦	3 泽科			1904,7月21日
12.15.0.0.0	1 阿哈瓦	13 沃	卡盾	1 阿哈瓦	1914,5月30日
12.15.10.0.0	13 阿哈瓦	8 库姆库			1924,4月7日
12.16.0.0.0	12 阿哈瓦	18 穆万	卡盾	12 阿哈瓦	1934,2月14日
12.16.10.0.0	11 阿哈瓦	8 马克			1943,12月22日
12.17.0.0.0	10 阿哈瓦	18 雅克斯	卡盾	10 阿哈瓦	1953,11月1日
12.17.10.0.0	9 阿哈瓦	8 莫尔			1963,9月10日
12.18.0.0.0	8 阿哈瓦	18 泽科	卡盾	8 阿哈瓦	1973,7月19日
12.18.10.0.0	7 阿哈瓦	8 斯普			1983,5月28日
12.19.0.0.0	6 阿哈瓦	3 瓦耶伯	卡盾	6 阿哈瓦	1993,4月5日
12.19.10.0.0	5 阿哈瓦	13 帕克斯			2003,2月12日
13.0.0.0.0	4 阿哈瓦	3 克安科因	卡盾	4 阿哈瓦	2012,12月21日

书目文献汇总

引言

欧洲人的发现与征服

Alvarado 1924; Díaz del Castillo 1963; Farriss 1984; G. Jones 1998; Las Casas 1909, 1957; Sahagún 1946; Ximénez 1929 –31.

玛雅遗产的命运

del Rio 1822; Farriss 1984; Helms 1975; G. Jones 1989, 1998; Roys 1943, 1952; Scholes 1933; Scholes & Roys 1938; G. Stuart 1989, 1992; Sullivan 1989; Tozzer 1907; Wauchope 1962; Wolf 1959.

玛雅文明的意义

Brainerd 1954; Gann & Thompson 1931; Ingstad 1977; S. Morley 1946; S. Morley & Brainerd 1956; Spinden 1917, 1928; Stephens 1841, 1843; J. Thompson 1966; Wauchope 1965.

外国统治和玛雅遗产的重生

Borgstede 2004; Carlsen 1997; Castañeda 1996; Cojti Cuxil 1996; Demarest et al. 2003; Farriss 1984; Fischer 1999; Fischer & McKenna Brown 1996; Ivic de Monterroso 2004; Metz 1998; Montejo 1999, 2002; Pyburn 2004; Schele & Grube 1996; Sullivan 1989; Warren & Jackson 2002; Wilson 1995; Wolf 1959; Yaeger & Borgstede 2004.

对玛雅遗产的破坏

Chase, Chase & Topsey 1988; Coggins 1972; Grube 2001b; Meyer 1977; M. Robertson 1972; Saville 1893; Sheets 1973; Vitelli 1996; Wilford 2003.

第一章　玛雅文明的环境

Mayan Languages and Speakers: Campbell 1977, 1978; England 2003; J. A. Fox 1978; Kaufman 1964, 1969, 1974, 1976; McQuown 1964, 1967; Richards 2003.

Maya Area and Mesoamerica: Blanton et al. 1993; Campbell 1976; Clarke 1991; Demarest & Foias 1993; Justeson et al. 1985; Helms 1975; Kaufman 1964, 1976; Kirchhoff 1952; Lee & Navarrete 1978; MacNeish 1964a; Macri & Looper 2003; Marcus 1992a,b; McQuown 1956; Messenger 1990; Sanders & Price 1968; Schortman & Urban 1994; Wolf 1959; Zeitlin & Zeitlan 2000; see also the *HMAI* and *HMAIS*.

玛雅地区的自然和文化分区

Dunning & Beach 2004; Harrison & Turner 1978; Sanders 1973, 1977.

Geography: Huntington 1912; Sapper 1896; Tamayo 1964; West 1964.

Climate: Brenner, Hodell & Curtis 2002; Dahlin 1983, 2000; Escoto 1964; Gunn, Matheny & Folan 2002; R. Hansen et al. 2002; Haug et al. 2003; Hodell, Curtis & Brenner 1995; Hodell et al. 2001; Shattuck 1933; Yaeger & Hodell forthcoming.

Flora: Carnegie Institution of Washington 1935, 1940; Lundell 1937; Standley 1930; P. Wagner 1964.

Fauna: Emery 2002, 2004; Griscom 1932; Murie 1935; Pohl 1994; K. Schmidt & Andrews 1936; L.

Stuart 1964.

Ecological and Environmental Studies: Abrams & Rue 1988; Barrera R. 1985; Brenner, Hodell & Curtis 2002; Cowgill & Hutchinson 1963; Darch 1983; Dull 1998; Dunning & Beach 2004; Dunning, Beach et al. 1998; Dunning, Jones et al. 2003; Gómez-Pompa, Allen & Fedick 2003;E. Graham 1994; Hall & Viel 2004; R. Hansen 1998b; R. Hansen et al. 2002; McAnany 1990; McBryde 1947; Pope & Dahlin 1989; Pope et al. 2001; D. Rice 1996; Sanders 1973, 1977; Scarborough 1998; Scarborough & Gallopin 1991; Scarborough & Valdez 2003; Voorhies 1982; Yaeger & Hodell forthcoming.

Resources: M. Coe & Flannery 1964; Dunning, Beach et al. 1998; Dunning, Jones et al. 2003; Fedick 1995; Flannery 1982; Foshag & Leslie 1955; E. Graham 1987; J. Graham & Hester 1968; Hammond, Aspinall et al. 1977; R. Hansen et al. 2002; Hester & Shafer 1984; Lucero 2002; McKillop 1984; Roberts & Irving 1957; Scarborough 1996; Seitz et al. 2001; Sheets 1975, 1976; Sidrys 1976; Voorhies 1982; White 1999.

Geology: Dull, Southon & Sheets 2001; Pearse, Creaser & Hall 1936; Plafker 1976; Roberts & Irving 1957; Sheets 1979a, 1983, Siemens 1978; Ward, Weidie & Back 1985.

生态多样性的结果

Brady & Ashmore 1999; Butzer 1996; Canuto 2002, 2004; Canuto & Yaeger 2000; Culbert & Rice 1990; Dull 1998; Dunning & Beach 2004; Dunning, Rue et al. 1998; Dunning, Jones et al. 2003; Emery 2004; Fedick 1996; A. Ford 1986; Gómez-Pompa, Allen & Fedick 2003; Haug et al. 2003; Hodell, Curtis & Brenner 1995; Hodell et al. 2001; King & Shaw 2003; Kunen et al. 2000; Kunen & Hughbanks 2003; Me-Bar & Valdez 2003; Sanders 1973, 1977; Scarborough 1996, 1998, 2003; Scarborough & Gallopin 1991; Scarborough & Valdez 2003; Scarborough, Valdez & Dunning 2003; Yaeger 2000, 2003; Yaeger & Hodell forthcoming.

专栏

Origin of Mayan Languages: Greenberg 1987; Haas 1969; Swadesh 1967.

The Original Maya Homeland: Campbell 1977; Diebold 1960; Josserand 1975; Kaufman 1976; Sapper 1897.

Cacao: Coe & Coe 1996; Gómez-Pompa, Flores & Fernández 1990; Grube 2001c; Hurst et al. 1989; Lentz 1996; McNeil forthcoming; McNeil et al. 2001; Powis et al. 2002.

Stone Tools: Braswell 2004; Hester & Hammond 1976; Hester & Shafer 1984, 1991; Lee 1969; McAnany 1989; Moholy-Nagy & Nelson 1990; S. Morley 1935. P. Rice 1984; Shafer & Hester 1983; Sheets 1972, 1975, 1976; Stross et al. 1983; Willey 1978.

Jade: Aldenderfer 1991; Digby 1972; Easby 1961; Feldman et al. 1975; Foshag & Leslie 1955; Gendron, Smith & Gendron-Badou 2002; Hammond et al. 1977; Kidder 1951; McVicker & Palka 2001; F. Morley & S. Morley 1939; Pendergast 1969; Proskouriakoff 1974; R. Rands 1965a; Seitz et al. 2001; E. Wagner 2001; Woodbury 1965.

Feathers: Barrera V. 1939; Fuentes y Guzmán 1932–34; Las Casas 1909; M. Miller 1986.

Eccentric Flints: Agurcia F. & Valdés 1994; T. Joyce 1932; Kidder 1947; Longyear 1952; Moholy-Nagy 1997; P. Schmidt, de la Garza & Nalda 1998; Stromsvik 1942.

Textiles: Mahler 1965; M. Miller 1986; W. Morris 1984; Osborne 1935, 1965; Pincemin D. 2002; Tozzer 1907.

第二章　考古学与玛雅文明

重构历史

Ashmore & Knapp 1999; Bamforth & Spaulding 1982; W. Fash 1994; W. Fash & Sharer 1991; Feder 1999; Feinman 1997; Hayden 1993; Martin & Grube 2000; Sabloff 1994; Sabloff & Ashmore 2001;

Sharer 1978b; Sharer & Ashmore 2002; Trigger 1989; Willey 1980; Willey & Sabloff 1993; Williams 1991.

不断改变的玛雅历史观

Bamforth & Spaulding 1982; Culbert 2004; Earle & Preucel 1987; Feinman & Price 2001; Flannery 1972; Flannery & Marcus 1983; Golden & Borgstede 2004; Headland, Pike & Harris 1990; Hodder 1999, 2001; Hodder & Preucel 1996; Johnston 2001; Leventhal 1990, 1992; Marcus 1983a,b, 1995, 2003b; Preucel 1991; Pyburn 2004; Sabloff 1994, 2004; Sharer & Ashmore 2002; Trigger 1989, 1993; Willey & Sabloff 1993; Yaeger & Borgstede 2004.

Etic and Emic Views; Goals of the Book: Blanton et al. 1996; Borgstede 2004; Castañeda 1996; Childe 1954; Cojti Cuxil 1996; Demarest et al. 2003; W. Fash & Sharer 1991; Feinman 1997; Feinman & Marcus 1998; R. Hansen 2001; R. Hansen et al. 2002; M. Harris 1990; Headland, Pike & Harris 1990; Hodder 1999, 2001; Hodder & Preucel 1996; M. Jones 1952; Marcus 1983b; Preucel 1991; Pyburn 2004; Ringle 1999; Sabloff 1994, 2004; Schele & Grube 1996; Sanders & Webster 1988; Sharer & Ashmore 2002; Smyth & Dore 1994; Sullivan 1989; Trigger 1989, 1993; Webster & Sanders 2001; Wilkerson 1999; Yaeger & Borgstede 2004.

历史社会模式

Blanton et al. 1996; Brumfiel & Earle 1987; Brumfiel & Fox 1994; Cashdan 1980; D. Chase, A. Chase & Haviland 1990; A. Chase, D. Chase & Haviland 2002; Childe 1954; Demarest 1992, 1996, 2002; Drennan & Uribe 1987; Earle 1991, 1997; Feinman & Marcus 1998; Flannery 1972, 1994, 1999; Johnson & Earle 2001; G. Jones & Kautz 1981; Leventhal 1990, 1992; Marcus 1983b, 1992a, 2004; Nichols & Charlton 1997; Redmond 1998; Sanders et al. 1984; Sanders & Webster 1988; Service 1962, 1975; Sharer 1991, 1993; Sharer & Golden 2004; Webster & Sanders 2001.

复杂社会和文明发展

Barnett & Hoopes 1995; Blanton et al. 1996; Brumfiel & Earle 1987; Brumfiel & Fox 1994; Cashdan 1980; D. Chase, A. Chase & Haviland 1990; Childe 1954; Demarest 2002; DeMarrais, Castillo & Earle 1996; Drennan & Uribe 1987; Earle 1991, 1997; Ehrenreich, Crumley & Levey 1995; Feinman & Marcus 1998; Flannery 1972, 1994, 1999; Fowler 1991; Freid 1967; Gillespie 1999; Grove & Gillespie 1992; M. Hansen 2000; Hayden 1995; Iannone & Connell 2003; Johnson & Earle 2001; G. Jones & Kautz 1981; King 2000; Marcus 1983b, 2003a – c, 2004; Marcus & Flannery 1996; Midlarsky 1999; Nichols & Charlton 1997; Redmond 1998; Sanders et al. 1984; Service 1962, 1975; Scarborough 2003; Schwatrz & Falconer 1994; B. Turner 1990; Webster 1977.

了解玛雅文明的演变

Blake & Clark 1999; Ciudad R., Iglesias Ponce de León & del Carmen Martínez M. 2001; Flannery 1994; Grube 1995, 2000a; Hammond 1991b; R. Hansen 1994; R. Hansen et al. 2002; Haviland 1997; Henderson & Sabloff 1993; Johnson & Earle 2001; Marcus 1983a, 2003a,c; Nichols & Charlton 1997; Price & Feinman 1995; Sabloff 1994; Sanders 1977; Sanders & Murdy 1982; Scarborough 2003; Sharer 1987, 1991; Willey 1987, 1991.

玛雅经济

Costin & Wright 1998; Freidel 1981b; Helms 1993; Masson & Freidel 2002; Potter & King 1995; Sabloff 1986, 1994; Scarborough, Valdez & Dunning 2003; Schortman & Urban 1987.

Subsistence, and Population Growth: R. E. Adams 1980; Beach & Dunning 1995; Brenner, Hodell & Curtis 2002; Butzer 1996; A. Chase & D. Chase 1998a; Cowgill 1975; Culbert & Rice 1990; Darch 1983; Dunning & Beach 1994; Dunning et al. 1998; Fedick 1995, 1996; Flannery 1982; Gann 1918; E. Graham 1987; R. Hansen et al. 2002; Harrison 1990, 2001a; H. Henderson 2003; Johnston 2003; Lentz et al. 1996; Messenger 1990; Netting 1977; Paine, Freter & Webster 1996; Puleston & Puleston 1971; D. Rice 1978; Sanders 1973, 1977; Scarborough 1996, 1998; B. Turner 1978b; B. Turner & Harrison 1983; White 1999.

Specialization and Trade: A. Andrews 1983, 1990b; A. Andrews & Mock 2002; Blanton & Feinman 1984; Clarke & Lee 1984; Drennan 1984; Freidel 1981b; Fry 2003; E. Graham 1987; Guderjan 1995; Helms 1993; McKillop 1996; McKillop & Healy 1989; Rathje 1971; Sabloff 1986, 1994; Schortman & Urban 1987, 1991; Sharer 1989a; Voorhies 1982, 1989.

Economic Distinctions: Abrams 1995; R. E. Adams 1970; Arnauld 1986; Becker 1973; Blake 1991; Blake & Clark 1999; Blake et al. 1995; Costin & Wright, 1998; Helms 1993; H. Henderson 2003; Hirth 1984; Inomata 2001; Inomata & Triadan 2000; Masson & Freidel 2002; Moholy-Nagy 1997; Potter & King 1995; Reents-Budet et al. 2000; P. Rice 1987a; Trigger 1992.

玛雅社会和政治制度

Ashmore 1981a; Canuto & Yaeger 2000; A. Chase, D. Chase & Haviland 1990; Culbert 1991a,b; de Montmollin 1989, 1995; J. Henderson & Sabloff 1993; Houston 1988; Lee & Hayden 1988; Marcus 1976b, 1983a, 1993; Martin & Grube 2000; McAnany 1995; Sabloff 1994; Schele & Freidel 1990; Sharer 1991, 1993; Sharer & Golden 2004; Ucko, Tringham & Dimbleby 1972; Willey 1982a, 1987.

社会分层

Canuto & Yaeger 2000; Carmack 1977; A. Chase & D. Chase 1996a,b; A. Chase, D. Chase & Haviland 2002; D. Chase & A. Chase 1992; Hammond 1991b; Haviland 1968, 1985a,b; G. Jones & Kautz 1981; Lohse & Valdez 2004; Marcus 1983a, 1992b; Price & Feinman 1995; Rathje 1970; Roys 1943, 1965; Schwartz & Falconer 1994; Sharer 1991, 1993; Tozzer 1941; Webster & Gonlin 1988; Wilk & Ashmore 1988; Yoffee 1991.

政体和国王

Benson 1987; Bey & Ringle 1989; Carmean & Sabloff 1996; A. Chase & D. Chase 1996c, 1998b; Culbert 1991a,b, 1998; Demarest 1992, 1996; W. Fash 1985, 1988; W. Fash & B. Fash 1990; Freidel 1981b; Freidel & Schele 1988a, 1989; Grube & Martin 2001; M. Hansen 2000; Hammond 1991b; Haviland 1997; J. Henderson & Sabloff 1993; Hendon 1991; Houston & Stuart 1996; Justeson & Mathews 1983; Laporte 1998; Laporte & Fialko 1990; Lucero 1999; Marcus 1976b, 1983a, 1992a, 1993, 1998, 2001; Martin & Grube 1995, 2000; McAnany 2002; Redmond 1998; Sabloff 1986; Schele & Mathews 1991; Sharer 1988, 1989b; Sharer & Golden 2004; Wren & Schmidt 1991.

竞争与战争

Brown & Stanton 2003; Brumfiel & Fox 1994; A. Chase & D. Chase 1987, 1998b; Cohen 1984; Demarest 1997a; Demarest & Houston 1990; Demarest et al. 1997; Freidel 1986a; Freidel & Schele 1989; Hassig 1992; Keeley forthcoming; Martin 2000a; Midlarsky 1999; M. Miller 2000; Nahm 1994; Palka 2001; Raaflaub & Rosenstein 1999; Rice & Rice 1990; Sanders 1977; Sanders & Price 1968; Schele 1984; Sharer 1978b; Stuart 1998; Trejo 2000; Webster 1977, 2000.

玛雅意识形态与宗教

Ashmore 1991; Ashmore & Sabloff 2002; Aveni 2001; Aveni & Hartung 1986; Barnhart 2002; Becker 1992; Bell 2002; L. Brown 2004; Demarest & Conrad 1992; Dütting 1985; Edmonson 1986, 1988; Flannery & Marcus 1976; Freidel 1979; Freidel & Schele 1988a,b; Gossen & Leventhal 1993; Grove & Gillespie 1992; Houston & Stuart 1996; Houston & Taube 2000; Ivic de Monterroso 2004; Krejci & Culbert 1995; Lucero 2003; Marcus 1989a; Taube 2001, 2004a; D. Tedlock 1985; Trigger 1992.

古玛雅世界

R. E. Adams & Jones 1981; R. E. Adams & Smith 1981; E. Andrews V 1990; Ball & Taschek 2003; Brumfiel & Fox 1994; Carmack 1977; A. Chase & D. Chase 1998b, 2000; Culbert 1991b,c; Culbert & Rice 1990; Demarest & Conrad 1992; Demarest 1992; Freidel 1981b, 1983; Gerstle 1987; Grube 2000a; Hammond 1974, 1991b; Haviland 1985b; Johnston 1985;C. Jones 1991; G. Lowe 1977, 1985; Marcus 1973, 1976b, 1993; Mathews 1987, 1991; Sabloff 1994; Sanders 1981; Sharer 1991,

1993; Sharer & Golden 2004; Sharer, Fash et al. 1999.

贵族和平民阶层对古玛雅的看法

Ardren 2002; Ashmore 1981b; Benevides 1998; Canuto 2002; Canuto & Fash 2004; Canuto & Yaeger 2000; D. Chase & A. Chase 1992; Culbert 1991b; Fox & Cook 1996; Freidel & Schele 1988a; H. Henderson 2003; Iannone & Connell 2003; Inomata 2004; R. Joyce 2000; Lohse & Valdez 2004; Lucero 2001; McAnany 1993; McAnany, Storey & Lockard 1999; Robin 2001b; Sabloff 1994; Schele & Mathews 1991; Schortman 1986; Schwartz & Falconer 1994; Sharer 1991, 1993; Wilk & Ashmore 1988; Willey 1980, 1981; Yaeger 2000, 2003; Yoffee 1991.

专栏

Pottery and Archaeology: Ball 1983; Barnett & Hoopes 1995; Beaudry 1987; Bishop 1984; D. Chase 1988; Foias & Bishop 1997; Gifford 1976; R. Hansen, Bishop & Fahsen 1991; Kepecs 1998; LeCount 1999; Lucero 2001; Matson 1956; H. Neff 2002; Reents-Budet 1987, 1994, 1997; Reents-Budet et al. 2000; Reina & Hill 1978; P. Rice & Sharer 1987; Shepard 1948, 1971; Sharer & Ashmore 2002; Stanton & Gallareta 2001; R. Thompson 1958; G. West 2002.

Maya Pottery Classifications and Chronologies: R. E. Adams 1971; E. Andrews V 1990; E. Andrews & Hammond 1990; Arnauld 1986; Arroyo 1995; Ball 1977b; Ball & Andrews 1975; Ball & Ladd 1992; Ball & Taschek 2003; Bey, Hanson & Ringle 1997; Bey et al. 1998; Brainerd 1958; Bullard 1970; Coe & Flannery 1967; Culbert 1963, 1993, 2003; Demarest 1986; Demarest & Sharer 1982a, b, 1986; Ekholm 1969; Forsyth 1983, 1993; Fry & Cox 1974, 1983; Gifford 1976; Gordon & Mason 1925–43; Green & Lowe 1967; J. Henderson & Beaudry-Corbett 1993; Kepecs 1998; Kidder 1961; Kosakowsky, Estrada Belli & Pettit 2000; Kosakowsky & Pring 1998; Longyear 1952; M. Love 2002b; Lowe 1977; McAnany & López V. 1999; H. Neff, Bove et al. 1994; H. Neff, Cogswell et al. 1999; L. Parsons 1967–69; Pring 1976; Rands & Smith 1965; Reents-Budet 1994; P. Rice 1987b; R. Robertson 1983; Sabloff 1975; Sharer 1978a; Sharer & Sedat 1987; R. Smith 1955, 1971; R. Smith & Gifford 1965; Suhler, Ardren & Johnstone 1998; Viel 1993; Wauchope 1970; Warren 1961; Wetherington 1978; Willey et al. 1994; Willey, Culbert & Adams 1967.

Maya Archaeological Projects: For histories of Maya archaeology, see Brunhouse 1975; I. Graham 2002; G. Stuart 1992; Wauchope 1965; Willey & Sabloff 1993; Yaeger & Borgstede 2004.

Copan: Baudez 1983; Bell, Canuto & Sharer 2004; W. Fash 1988, 2001; Fash & Sharer 1991; B. Fash et al. 1992; W. Fash et al. 1992; W. Fash, Andrews & Manahan 2004; Gordon 1896; Hohmann & Vogrin 1982; Longyear 1952; Maudslay 1889–1902; S. Morley 1920; Sanders 1986, 1990; Sharer, Fash et al. 1999; Sharer, Traxler et al. 1999; Stromsvik 1942, 1952; Trik 1939; Viel 1993; Webster, Freter & Gonlin 2000; Willey et al. 1994.

Chichen Itza: Beyer 1937; Coggins & Shane 1984; Lothrop 1952; E. Morris, Charlot & Morris 1931; Pollock 1937; Proskouriakoff 1974; Ruppert 1931, 1935, 1943, 1952; Tozzer 1957.

Uaxactun: Kidder 1947; S. Morley 1937–38; Ricketson & Ricketson 1937; A. Smith 1934, 1937, 1950; R. Smith 1937, 1955; Valdés 1986, 1988, 1989; Wauchope 1934.

Tikal: R. E. Adams et al. 1961; Becker & Jones 1999; Carr & Hazard 1961; W. Coe 1990; W. Coe & Haviland 1982; Culbert 1993; Harrison 1999; Haviland 1985a, 1989; C. Jones 1996; C. Jones & Satterthwaite 1982; C. Jones, Coe & Haviland 1981; Laporte 1988; Loten 2002; Maler 1911; Maudslay 1889–1902; Moholy-Nagy 1997; S. Morley 1937–38; Orrego & Larios 1983; Puleston 1983; Sabloff 2003; Shook et al. 1958; Tozzer 1911; Trik & Kampen 1983; Valdés, Fahse & Muñoz C. 1997.

Mayapan: Bullard 1952; Chowning 1956; M. Jones 1952; Milbrath & Peraza 2003; Pollock 1962; Pollock et al. 1962; Proskouriakoff 1962a,b; Roys 1962; Shook 1952, 1954; Shook & Irving 1955; A. Smith 1962; P. Smith 1955; R. Smith 1954, 1971; J. Thompson 1954; Winters 1955.

Barton Ramie: Gifford 1976; Willey & Bullard 1965; Willey & Gifford 1961; Willey et al. 1965.

第三章 玛雅的历史和文明

Aveni 2001; Aveni, Dowd & Vining 2003; Aveni, Gibbs & Hartung 1975; Cohn 1980; W. Fash & Sharer 1991; Kepecs & Kolb 1997; Marcus 1992b; Martin & Grube 2000; Millbrath 1999; D. Rice & P. Rice 2004; Sharer 1978b; Sharer & Ashmore 2002.

数字

Lambert, Ownbey-McLauhglin & McLaughlin 1980; Lounsbury 1978; S. Morley 1915; Satter-thwaite 1947; J. Thompson 1942, 1950; Tozzer 1941; Voss 2001.

历法

Aveni & Hartung 1986; Edmonson 1988; Houston et al. 2001; Justeson & Mathews 1983; D. Kelley 1976; Lounsbury 1976, 1978; Milbrath 1999; S. Morley 1915; P. Rice 2004; B. Tedlock 1992; J. Thompson 1950, 1971; Tozzer 1941.

Almanac, Haab, and Calendar Round: Berendt 1957; D. Bolles 1990; C. Brown 1987; Earle & Snow 1985; D. Kelley 1976; Lounsbury 1978; S. Morley 1915; Satterthwaite 1965; J. Thompson 1950.

Long Count, Distance Numbers, and Period-Ending Dates and Count of the K'atuns: E. Andrews IV 1951; Beyer 1936; Linden 1986; Maudslay 1889–1902; S. Morley 1915, 1916, 1925; P. Rice 2004; Satterthwaite 1965; Spinden 1924, 1930; Taube 1988; Teeple 1931; J. Thompson 1950; Tozzer 1941.

测量时间循环

Aveni 1975a,b, 1979, 1982, 2001, 2003; Aveni & Hartung 1986; Aveni, Gibbs & Hartung 1975; Aveni, Dowd & Vining 2003; H. Bricker & V. Bricker 1983, 1999; H. Bricker, Aveni & Bricker 2001; M. Coe 1975b; Coggins 1979; Dütting 1985; J. A. Fox & Justeson 1978; Hartung 1975; D. Kelley 1975, 1976; D. Kelley & Kerr 1973; Lounsbury 1978, 1982; Milbrath 1999; P. Rice 2004; Ricketson & Ricketson 1937; Tate1991; B. Tedlock 1992; Teeple 1926, 1931; J. Thompson 1972; Voss 2001.

玛雅历史资料和玛雅纪事

Christenson 2003; M. Coe 1973; Craine & Reindorp 1979; Edmonson 1971, 1982, 1986; Makemson 1951; Norman 1973; Recinos 1950; D. Rice & P. Rice 2004; Roys 1933; D. Tedlock 1985, 1992.

古代文字体系

E. Andrews V 1990; Ascher & Ascher 1981; Benson 1973; H. Berlin 1977; Childe 1954; Goodman 1897; Josserand 1975; Justeson 1986; Justeson & Campbell 1984; Justeson & Kaufman 1993; Kaufman 1973, 1976; D. Kelley 1976; Marcus 1980, 1992b; Morgan 1877; S. Morley 1915, 1946; M. Smith 1973; Spinden 1917; Stephens 1841; Taube 2001; Teeple 1926; J. Thompson 1950, 1972; Urcid S. 2001.

前哥伦布时代的玛雅文本

M. Coe 1973, 1992; Culbert 1991b; J. A. Fox & Justeson 1984; Grube 2001e; Hanks & Rice 1989; Haviland 1977; Houston 1988; C. Jones 1977; Josserand 1991; Justeson & Campbell 1984; Marcus 1976b, 1992b; Schele 1986, 1990; Sharer 1978b; D. Stuart 1993; D. Stuart & Houston 1989.

The Maya Codices: Anders 1967, 1968, 1975; V. Bricker 1983; V. Bricker & Vail 1997; M. Coe 1973; Dresden Codex 1880, 1892, 1962; Glass 1975; Glass & Robertson 1975; Grube 2001d; Kingsborough 1831–48; Knorozov 1982; Lee 1985; B. Love 1995; Macri & Vail n.d.; Madrid Codex 1869–70, 1892, 1930; A. Miller 1982; Paris Codex 1887, 1909; G. Stuart 1986; J. Thompson 1972b; Tozzer 1941; Vail 2000; Vail et al. 2003; Villacorta & Villacorta 1933; Von Hagen 1944; Zimmermann 1956.

The Maya Inscriptions: Catherwood 1844; M. Coe 1973, 1975a; CMHI (various dates); J. Graham 1972; Greene 1967; Grube 2000b; Macri & Looper 2003; Maler 1901, 1903, 1908a,b, 1911; Maudslay 1889–1902; Mayer 1978, 1984, 1989; S. Morley 1920, 1937–38; J. Thompson 1950, 1962.

The Language of the Classic Maya Texts: Charencey 1872; Fahsen 2002; Gates 1920; Grube 1994b; Houston et al. 1996; Kaufman & Norman 1984; Macri & Ford 1997; Sapper 1897; J. Thompson 1938.

古代玛雅文字

M. Coe 1992; M. Coe & van Stone 2001; Grube 2001e; J. Harris & Sterns 1997; Houston 1986, 1988, 2000; Justeson & Campbell 1984; D. Kelley 1976; Kubler 1973; Macri & Looper 2003; Macri & Vail n. d.; Marcus 1992b; Mathews 1986, 1987, 1991; Montgomery 2002; Riese 1984a; Schele 1990b; Schele & Freidel 1990; D. Stuart & Houston 1989; G. Stuart 1988, 1989; J. Thompson 1950, 1962, 1972.

The Discovery of Maya History: H. Berlin 1958; Houston, Chinchilla & Stuart 2001; Proskouriakoff 1960, 1961a, 1963, 1964; J. Thompson 1950, 1953,1970.

The Discovery of Phoneticism in Maya Writing: J. A. Fox & Justeson 1984; Houston, Chinchilla & Stuart 2001; D. Kelley 1976; Knorozov 1958, 1967; Mathews & Schele 1974; Schele 1990; D. Stuart 1987b.

破译的里程碑

Bricker 1986, 1992; Closs 1987; Fahsen 1987, 1990; J. A. Fox & Justeson 1980, 1984; Hopkins 1991; Houston 1983a, 1986, 1988, 1997; Houston & Stuart 1989, 1996, 1998a; Houston, Chinchilla & Stuart 2001; Houston, Robertson & Stuart 1996; Houston & Taube 1987; Justeson & Campbell 1984; Knorozov 1982; Lounsbury 1976, 1984; B. Love 1987; MacLeod 1984; Marcus 1976b; Martin 1996a,b, 2003; Mathews 1991; Nahm 1997; Riese 1984a; Schele 1982, 1986, 1990; D. Stuart 1985a,b,c, 1987, 1988b, 1990a, 1993, 1997, 1998.

为理解古玛雅而做出的贡献

Grube & Martin 2001; Houston 1997, 2000; Houston & Lacadena García-Gallo 2004; Houston & Stuart 1996, 1998b; S. Jackson & Stuart 2001; Martin 1999; Martin & Grube 1995, 2000; Schele & Mathews 1998; D. Stuart 1997, 1998a,b, 2000, 2004a,b; Stuart & Houston 1994.

专栏

Year Bearers: Berendt 1957; C. Brown 1987; Earle & Snow 1985; D. Kelley 1976; Lounsbury 1978; S. Morley 1915; Satterthwaite 1965; J. Thompson 1950.

Correlation of the Maya Calendar: E. Andrews IV 1940; Beyer 1935; D. Bolles 1990; Goodman 1905; D. Kelley 1983; Palacios 1932; Satterthwaite & Ralph 1960; Spinden 1924; J. Thompson 1927, 1935, 1950; Vaillant 1935.

Mayan Dictionaries and Literature: Alvarez 1980; Andrade 1971; Aulie & Aulie 1978; Barrera V. 1980; B. Berlin, Breedlove & Raven 1974; B. Berlin & Kay 1969; V. Bricker 1973; Bruce 1975; Eggan 1934; Fought 1972; J. A. Fox & Justeson 1980; Furbee 1976; Furbee-Losee 1979, 1980; Haviland 1977; Hunn 1977; Josserand 1991; Laughlin 1975, 1976, 1977; Martínez-Hernandez 1930; Miles 1957; Morán 1935; Roys 1931; Smailus 1975b.

The Structure of Mayan Languages: Andrade 1955; B. Berlin 1968; Fought 1967; J. A. Fox 1978; Keller 1959; McQuown 1967; Morán 1935; Smailus 1975a; J. Thompson 1950.

Classic Texts and Pioneers of Decipherment: Bowditch 1901; Förstemann 1904, 1906; Goodman 1897; Houston, Chinchilla & Stuart 2001; S. Morley 1915; Schellhas 1904; Seler 1904; G. Stuart 1992; Teeple 1926, 1931; C. Thomas 1882, 1893; Tozzer 1941; Whorf 1933, 1942.

第四章　玛雅文明的起源

前哥伦布时代发展年表

Grove 1981a; J. Henderson 1997; Sabloff 1994; Sabloff & Henderson 1993; Sanders & Price 1968; Shurr 2000; T. Stewart 2004; J. Thompson 1966; Willey & Phillips 1958.

古朴期:高地和海岸文化传统的起源

Blake et al. 1995; K. Brown 1980; Byers 1967; Dillehay 2000; Flannery 1976; Flannery & Marcus 1983; Garnica, Robinson & Neff 2001; Gruhn & Bryan 1976, 1977; Hester & Shafer 1991; Iceland 1997; Iltis 1983; Jacob 1995; J. Jones 1994; T. Kelley 1993; MacNeish 1964a,b, 1983; MacNeish & Peterson 1962; MacNeish, Peterson & Flannery 1970; MacNeish, Wilkerson & Nelken-Terner 1980; Michaels & Voorhies 1999; Piperno & Flannery 2001; Shafer & Hester 1991; Sharer & Sedat 1987; Shurr 2000; B. Smith 1997; Voorhies 1996; Voorhies et al. 2002; Wilson, Iceland & Hester 1998; Zeitlin & Zeitlin 2000.

前古典期早期:农业、战争和复杂社会的证据

Arroyo 1995; Barnett & Hoopes 1995; Bennetzen et al. 2001; Blake 1991; Blake & Clark 1999; Blake et al. 1995; Clarke 1991; Clutton-Brock & Hammond 1994; M. Coe & Flannery 1967; Doebley et al. 1990; Dull 1998; W. Fash 2001; Flannery 1976; Flannery & Marcus 2003; Grove 1981a; Healy 1974; Hester & Shafer 1991; Iceland 1997, 2001; Iltis 1983; Jacob 1995; J. Jones 1994; R. Joyce & Henderson 2001; Lathrap, Marcos & Zeidler 1977; Lentz et al. 1996; Lesure 1997; M. Love 2002a; Midlarsky 1999; Piperno & Flannery 2001; Piperno & Pearsall 1998; Pope et al. 2001; Powis et al. 1999; Pye, Demarest & Arroyo 1999; Robinson et al. 2002; Reichel-Dolmatoff 1965; Sedat & Sharer 1972; Shafer & Hester 1991; Sharer 1978a; L. Shaw 1999; van der Merwe et al. 2000; White 1999; White et al. 2001; Wing & Scudder 1991.

墨西哥湾沿岸在前古典期的发展

M. Coe 1970, 1977; M. Coe & Diehl 1980; Cyphers 1999; Drucker 1952; Drucker, Heizer & Squier 1955; Flannery & Marcus 2000; Gillespie 1999; Grove 1981b, 1997, 1999; Heizer 1968; Heizer, Graham & Napton 1968; Ortíz C. & del Carmen R. 1999; Rust 1992; Rust & Sharer 1988; Sharer & Grove 1989.

墨西哥高地在前古典期的发展

Blanton et al. 1996; Flannery 1976; Flannery & Marcus 1983, 1994, 2000, 2003; Grove 1981a, 1987, 1999; Grove et al. 1976; Marcus 1980, 1998, 1999; Marcus & Flannery 1996.

中美洲文明的进化模式

Bernal 1969; Blanton et al. 1996; Clewlow 1974; M. Coe 1965, 1977; Demarest 1989; Drennan & Uribe 1987; Flannery & Marcus 1983, 1994, 2000; Gillespie 1999; Grove 1981b, 1997; Lowe 1977, 1989; Marcus 1989a, 1992a; Marcus & Adams forthcoming; Marcus & Flannery 1996; Sharer 1992; Sharer & Grove 1989; Stirling 1965.

专栏

Early Preclassic Maya Pottery: See “Pottery and Archaeology” (Chap. 2).

Monumental Architecture: Ashmore 1986, 1991; Ashmore & Sabloff 2002; Aveni 1982, 2001; Aveni & Hartung 1986; Freidel & Schele 1989; Kowalski & Fash 1991; Leach 1983; Loten 2003; Marcus 1976b, 2003a; M. Miller 1985, 1988; Schele 1981, 1990; Schele & Mathews 1998; Trigger 1992.

Origins of Carved Monuments: Coe & Diehl 1980; Cyphers 1999; Flannery & Marcus 1983, 2000; Grove 1997, 1999; Marcus & Flannery 1996; Sharer & Grove 1989; Sharer & Sedat 1987.

第五章　前古典期中期玛雅文明的兴起

复杂社会的标志

Barnett & Hoopes 1995; Carneiro 1998; Demarest 1988, 2002; Drennan & Uribe 1987; Fowler 1991; Hammond 1992; Hayden 1995; Marcus 1989a; Marcus & Adams forthcoming; McAnany 2002; Robb 1999; Service 1962, 1975; Sharer 1992; B. Turner 1990; Urban, Schortman & Ausec 2002.

前古典期中期的太平洋平原地区

Blake & Clark 1999; Blake et al. 1995; Bove & Heller 1989; Clarke & Blake 1994; Clewlow & Wells

1986; Demarest 2002; Garnica, Robinson & Neff 2001; M. Love 2002a; Poponoe de Hatch & Shook 1999; Shook 1965, 1971; Shook & Poponoe de Hatch 1979.

前古典期中期的商品和纪念碑

Boggs 1950; Cobean et al. 1971; Flannery 1999; Flannery & Marcus 1994, 2000; J. Graham 1979; T. Jackson & Love 1991; M. Love 1999; Lowe 1977; Miles 1965; Navarrete 1960; Poponoe de Hatch 1989b; Sharer 1978a, 1989a; Sorenson 1956; J. Thompson 1943; Voorhies 1989, 1996.

前古典期中期的高地

R. E. Adams 1972; Borhegyi 1965a,b; Robinson et al. 2002; Robinson & Pye 1996; Sharer & Sedat 1987, 1999; Shook 1971; Shook & Poponoe de Hatch 1999; Shook & Proskouriakoff 1956; A. Smith 1955.

前古典期中期的低地

E. Andrews V 1990; Andrews & Hammond 1990; Awe & Healy 1994; Ball & Taschek 2003; Clutton-Brock & Hammond 1994; W. Coe 1965a; Hammond 1992, 1999; Hammond, Clarke & Donaghey 1995; R. Hansen 1991a; R. Hansen et al. 2002; Healy & Awe 2001; Hendon 1999; Iceland 1997, 2001; Laporte & Fialko 1999; McAnany 2002; McAnany & López V. 1999; McAnany, Storey & Lockard 1999; Pope et al. 2001; Pohl et al. 1996; Powis et al. 1999; Ringle 1999; Robin 1989; van der Merwe et al. 2000; White et al. 2001.

前古典期中期的社区

Ball & Taschek 2003; Garber 2004; Hammond 1991a, 1999, 2001b; Hammond, Clarke & Donaghey 1995; Hammond, Bauer & Hay 2000; Healy & Awe 1995; H. Henderson 2003; Hendon 1999; McAnany 2002, 2004a; McAnany & López V. 1999; McAnany et al. 1999; Pohl et al. 1996; Pope et al. 2001; Powis et al. 1999; White 1999.

前古典期中期低地的进一步发展

Ball & Taschek 2003; Brown & Garber 2003; Dahlin 1984; Forsyth et al. 1998; Garber 2004; Garber, Brown & Hartman 2002; Garber et al. 2004; R. Hansen 1990, 1991a, 1994, 1998a; R. Hansen et al. 1997, 2002; Matheny 1980; Sharer 1987, 1992.

专栏

Mirrors and Mosaics: Bell et al. 2004; W. Coe 1959; Kidder et al. 1946; E. Morris, Charlot & Morris 1931; R. Rands 1965a; Ruz L. 1973; Schele & Miller 1983; Sharer & Sedat 1987.

Middle Preclassic Maya Pottery: See "Pottery and Archaeology" (Chapter 2).

Maya Sculpture and Monuments: Borowicz 2003; Catherwood 1844; Clancy 1985, 1990; CMHI (various dates); Greene 1967; R. Hansen 1991b; C. Jones & Satterthwaite 1982; Keleman 1943; Kubler 1962, 1971; Marcus 1987; Mathews 1985; Maudslay 1889–1902; Mayer 1978, 1984, 1989; Miles 1965; S. Morley 1920, 1937–38; Proskouriakoff 1950, 1965, 1971; M. Robertson 1983–91, 2004; Sharer 1990; Shook 1960; Spinden 1913; A. Stone 1985a; Stromsvik 1942.

La Blanca: M. Love 1999, 2002a,b; M. Love et al. 2004; Shook 1965, Shook & Poponoe de Hatch 1979.

Chalchuapa: Boggs 1950; Dull 1998; Fowler 1984; Sharer 1978a, 1989a.

Kaminaljuyu: Kidder 1961; Kidder, Jennings & Shook 1946; Poponoe de Hatch 1997, 2002; Sanders & Michels 1977; Sanders & Murdy 1982; Shook & Kidder 1952; Valdés & Wright 2004.

Salamá Valley: Arnauld 1986; Sedat & Sharer 1972; Sharer 1989b; Sharer and Sedat 1973, 1987.

Cuello: E. Andrews V & Hammond 1990; Hammond 1980, 1991a; Hammond, Clarke & Donaghey 1995; Hammond, Bauer & Hey 2000; Kosakowski & Pring 1998.

K'axob: Aizpurúa & McAnany 1999; H. Henderson 2003; McAnany 2002, 2004a; McAnany & López V. 1999; McAnany, Storey & Lockard 1999.

Nakbe: Forsyth 1993; R. Hansen 1991a, 1994, 1998a,b; R. Hansen et al. 1997, 2002.

Ball Courts: Colas & Voss 2001; de Montmollin 1997; J. W. Fox 1996; Kowalski & Fash 1991;

Krochock & Freidel 1994; Taladoire 1981; Schele & Freidel 1990; Scarborough & Wilcox 1991.

Masonry Architecture: Abrams 1987; Agurcia F. 2004; G. Andrews 1975, 1994; W. Coe 1990; Hohmann & Vogrin 1982; Houston 1998; Ingle 1984; Kowalski 1987, 1999; Kubler 1962; LaPorte 1988; Marquina 1951; Mayer 1995; M. Miller 1999; Pollock 1965, 1980; Potter 1977; Proskouriakoff 1946; Taladoire 1981; Totten 1926; Valdés 1986; Wauchope 1938.

第六章 前古典期晚期玛雅国家的起源

前古典期晚期玛雅文明与文字传统

Campbell 1976; Caso 1965; Demarest 2002; Freidel 1979; Freidel & Schele 1988a; Grove & Joyce 1999; Hammond 1985a, 1992; Houston 2000; Justeson et al. 1985; Kaufman 1969, 1976; M. Love 1999, 2002a; Macri & Looper 2003 Marcus 1980, 1992b; Marcus & Adams forthcoming; Sharer 1989b, 1992; Sharer & Sedat 1973, 1987; Shook & Kidder 1952.

前古典期晚期的地峡聚落

E. Andrews V 1990; Campbell 1976; Campbell & Kaufman 1976; J. Graham 1979; Houston & Coe 2003; Justeson & Kaufman 1993, 1997; Justeson et al. 1985; Kappelman 2004; G. Lowe 1977; Miles 1965; Ochoa & Lee 1983; Proskouriakoff 1971; Quirarte 1973, 1977; Stirling 1940; Winfield C. 1988.

前古典期晚期的玛雅南部

Arnauld 1999; Barrientos Q., Popenoe de Hatch & Ivic de Monterroso 1999; Bell, Canuto & Ramos 2001; Bove & Heller 1989; Canuto 2002, 2004; Demarest 2002; Estrada Belli 1999; W. Fash 2001; J. Graham 1979; J. Graham & Porter 1989; Hall & Viel 2004; Iglesias Ponce de León & Ciudad R. 1999; Kaplan 1995, 2002; Kosakowsky, Estrada Belli & Neff 1999; M. Love 1999, 2002a,b; H. Neff, Bove et al. 1994; H. Neff, Cogswell et al. 1999; Poponoe de Hatch 1997, 2002; Poponoe de Hatch et al. 2002; Poponoe de Hatch & Shook 1999; Schortman & Urban 1991; Sharer 1978a, 1989a; Sharer & Sedat 1999; Shook & Kidder 1952; Urban & Schortman 1986; Valdés 1998; Valdés & Kaplan 2000; Valdés & Wright 2004.

Southern Maya Pottery and Monument Traditions: Bove & Heller 1989; Culbert 1993; Demarest 1986; Demarest & Sharer 1982a, 1986; Demarest, Switsur & Berger 1982; Estrada Belli 2002; J. Graham 1971, 1979; J. Graham & Porter 1989; Grove 1999; Ichon 1977a; Kaplan 1995; Kosakowsky, Estrada Belli & Pettit 2000; M. Love 2002b; Miles 1965; H. Neff, Cogswell et al. 1999; L. Parsons 1967–69, 1986; Poponoe de Hatch 1989b; Prem 1971; Proskouriakoff 1971; Sharer 1978a, 1989a; Sharer & Sedat 1987; Shook 1971; Shook & Kidder 1952; A. Smith 1955; J. Thompson 1943.

Late Preclassic Rulers in the Southern Maya Area: Demarest 1988, 2002; J. Graham 1979; J. Graham & Porter 1989; Kaplan 2002; L. Parsons 1986; Sharer 1978a; Shook & Kidder 1952.

Late Preclassic Civilization in the Southern Maya Area: Demarest 1986, 1988; Demarest & Sharer 1986; Estrada Belli 1999, 2002; Fowler 1984; M. Love 1999, 2002a; G. Lowe 1977; Schortman & Urban 1991; Sedat & Sharer 1972; Sharer 1978a, 1989a; Sharer & Sedat 1987; Shook & Kidder 1952; Urban & Schortman 1986; Valdés & Wright 2004.

前古典期高地与低地之间的交流

R. E. Adams 1972; Andrews V 1990; Arnauld 1986; Ball & Taschek 2003; Kidder 1940; A. Miller 1983; Sedat & Sharer 1972; 1989a; Sharer & Sedat 1987; A. Smith 1955; Voorhies 1982.

前古典期晚期的玛雅低地

Andrews V 1990; Ball & Taschek 2003; W. Coe 1965a, 1990; Coggins 1975; Folan et al. 1995; Freidel 1978, 1979; Freidel & Schele 1988a; Hammond 1985a, 1991a, 1999; R. Hansen 1990, 1991b, 1998a, 2001; R. Hansen et al. 1997, 2002; Laporte & Fialko 1999; Marcus 2003a; Pendergast

1981; Ricketson & Ricketson 1937; Robin & Hammond 1991; Schele & Freidel 1990; Sharer 1987, 1992; Trigger 1992; Valdés 1986, 1988; Velázquez 1980.

Regional Hegemony in the Central Lowlands: Ashmore 1991; Aveni, Dowd & Vining 2003; Benevides C. 1997; Fialko 1988; Grube 2002; R. Hansen 1991b, 1992, 2001; Marcus 2003b; Martin 1997; Matheny 1987; Ricketson & Ricketson 1937; Shafer & Hester 1991; Sprajc 2002.

Late Preclassic Rulers in the Maya Lowlands: Freidel, Robertson & Cliff 1982; Freidel & Schele 1988a; Harrison 1999; Kaufmann 2003; Lucero 2003; Martin & Grube 2000; Saturno 2002; Schele & Freidel 1990; Sharer 1987.

前古典期晚期的统治模式

W. Coe 1965a; Culbert 1993; Freidel 1977; Freidel & Schele 1988a; Freidel et al. 1991; Gibson, Shaw & Finamore 1986; Grube 1995; Hammond 1985a; R. Hansen 1991b, 2001; R. Hansen et al. 1997; Justeson & Mathews 1983; Justeson, Norman & Hammond 1988; Schele 1985; Schele & Freidel 1990; Sharer, 1992; Valdés 1988; Willey 1987.

前古典期北部低地的发展

E. Andrews IV & E. Andrews V 1980; E. Andrews V et al. 1984; Ringle 1999; Ringle & Andrews 1988, 1990.

前古典期晚期的玛雅低地文明

Benevides 1997; Fedick 1996; Freidel 1978, 1979a, b; Gibson, Shaw Finamore 1986; R. Hansen 1991b, 1998a,b, 2001; R. Hansen et al. 1997; Kaufmann 2003; Marcus & Adams in press; Matheny 1976, 1987; Matheny et al. 1985; Pendergast 1981; Scarborough 1983, 1998; Sharer 1992; Trigger 1992.

前古典终结期的衰落

Brady et al. 1998; Dahlin 1979; Dahlin, Quizar & Dahlin 1987; Dull, Southon & Sheets 2001; R. Hansen 2001, 2004; Sharer 1974; Sheets, 1979a,b; Willey 1977, 1987.

专栏

Izapa: Ekholm 1969; Lowe, Lee & Martínez 1982; Norman 1973, 1976.

Kaminaljuyu: Kidder 1961; Kidder Jennings & Shook 1946; Maudslay 1889–1902; Ohi 1994, 2001; Poponoe de Hatch 1997; Poponoe de Hatch et al. 2002; Sanders & Michels 1977; Sanders & Murdy 1982; Shook & Kidder 1952; Valdés & Wright 2004.

El Ujuxte: M. Love 2002a,b; M. Love et al. 1995; Shook & Poponoe de Hatch 1979.

Tak'alik Ab'aj: J. Graham 1977, 1979; J. Graham, Heizer & Shook 1978; J. Graham & Porter 1989; Miles 1965; Orrego C. 1988; L. Parsons 1986; Schieber de Lavarreda & Orrego C. 2003; J. Thompson 1943.

Chocola: Burkitt 1930a; C. Jones 1986; Kaplan & Valdés forthcoming.

Late Preclassic Maya Pottery: See "Pottery and Archaeology" (Chapter 2).

El Mirador: Copeland 1989; Dahlin 1984; Demarest & Fowler 1984; Demarest & Sharer 1982b; Demarest et al. 1984; R. Hansen 1990, 1991b, 2001, 2004; Howell 1989; Forsyth 1989; Matheny 1980, 1986, 1987.

San Bartolo: Kaufmann 2003; Saturno 2002.

Cerros: Cliff 1988; Freidel 1977, 1978; Freidel, Robertson & Cliff 1982; Freidel & Schele 1988a; R. Robertson & Freidel 1986; Scarborough 1991; Scarborough & Robertson 1986; Schele & Freidel 1990.

Komchen: E. Andrews IV & E. Andrews V 1980; E. Andrews V et al. 1984; Ringle & Andrews 1988, 1990.

第七章　古典期早期玛雅国家的扩张

古典期早期和玛雅文明的起源

R. E. Adams 1977a; Pasztory 1978; Sanders & Michels 1977; Sanders & Price 1968.

古典期的南部玛雅地区

Arnauld 1999; Barrientos Q., Popenoe de Hatch & Ivic de Monterroso 1999; Boone & Willey 1988; Bove & Medrano B. 2003; Braswell 2003a; Ichon 1977a; Iglesias Ponce de León & Ciudad R. 1999; Lothrop 1933; Marcus 2003; Poponoe de Hatch & Shook 1999; Sanders & Price 1968; Shook & Poponoe de Hatch 1978; Urban & Schortman 1986; Wauchope 1975; Woodbury & Trik 1953.

Early Classic Changes on the Pacific Coast: Bove 1989, 1991; Bove & Medrano B. 2003; Bove et al. 1993; Braswell 2003a; Chinchilla 1996, 2002; Demarest & Foias 1993; Hellmuth 1978; L. Parsons 1967–69; Poponoe de Hatch 1989b; Shook 1965; Shook & Poponoe de Hatch 1978; Taube 2000.

Early Classic Changes in the Highlands: Arnauld 1986; Braswell 2003b,c; Demarest & Foias 1993; Poponoe de Hatch 1997, 2002; Kidder, Jennings & Shook 1946; Martin 2001a; Sanders & Michels 1977; Sanders & Murdy 1982; Sharer 1974, 1978a; Sharer & Sedat 1987; Shook & Poponoe de Hatch 1999; Taube 2001; Valdés & Wright 2004; Woodbury 1965; Woodbury & Trik 1953.

Teotihuacan and the Maya: Bove & Medrano B. 2003; Braswell 1998, 2003a; Fialko 1988; Marcus 2003c; Poponoe de Hatch & Ivic de Monterroso 1999; Sugiyama & Cabrera C. 2003; Valdés & Wright 2004.

The End of Teotihuacan Contacts in the Southern Maya Area: Ball 1983; Bove & Medrano B. 2003; Braswell 1998, 2003a; Carrasco, Jones & Sessions 2000; Poponoe de Hatch & Ivic de Monterroso 1999; Sanders & Michels 1977; Sanders & Murdy 1982; Sanders & Price 1968; Shook & Poponoe de Hatch 1999; Sugiyama & Cabrera C. 2003; Valdés & Wright 2004.

低地的古典期转型

Borhegyi 1965a; Brady et al. 1998; W. Coe 1965a; Culbert 1977a; Dahlin 1984; Freidel 1986a; 1990; Freidel & Schele 1988a,b; Haug et al. 2003; Martin 1997; Merwin & Vaillant 1932; H. Neff, Bove et al. 1994; Pring 1976; Reese-Taylor & Walker 2002; Sharer 1974, 1978a; Sheets 1971, 1979a; Shook & Proskouriakoff 1956; Willey 1977, 1987.

玛雅低地国家的扩张

Childe 1954; Cohen 1978; Feinman & Marcus 1998; Flannery 1999; G. Jones & Kautz 1981; Marcus 1983b, 2004; Nichols & Charlton 1997; Sanders at al. 1984; Service 1975; Sharer 1992.

Divine Kings and Royal Houses: D. Chase & A. Chase 1992; Culbert 1991a; Gillespie 2000; Houston & Stuart 1996; Inomata & Houston 2001; Lacadena G. & Ciudad R. 1998; Martin & Grube 2000; Schele & Freidel 1990; Schele & M. Miller 1986; Sharer & Golden 2004.

Titles and Emblems of Royal Power: H. Berlin 1958; Clancy 1999; Houston & Stuart 1996; Martin & Grube 2000; Schele & Freidel 1990; Schele & M. Miller 1986; Sharer & Golden 2004.

古典期低地的竞争和战争

Brumfiel & Fox 1994; Brown & Stanton 2003; A. Chase & D. Chase 1987, 1998; Demarest 1997a; Demarest & Houston 1990; Demarest et al. 1997; Freidel 1986a; Freidel & Schele 1989; Hassig 1992; Keeley forthcoming; Martin 2001b; Palka 2001; Raaflaub & Rosenstein 1999; D. Rice & P. Rice 1990; Sanders 1977; Sanders & Price 1968; Schele 1984; Sharer 1978b; Trejo 2000; Webster, 1977, 2000.

古典期早期的玛雅低地

R. E. Adams 1995; Braswell 2003a; Culbert 1991a, 1991c; Demarest & Foias 1993; A. Ford 1986; Grube 1995; Houston & Stuart 1996; C. Jones 1977, 1991; Laporte & Fialko 1999; Marcus 2003; Mathews 1985; McAnany, Storey & Lockard 1999; Moholy-Nagy & Nelson 1990; Proskouriakoff 1993; Puleston & Callender 1967; Pyburn et al. 1998; D. Rice & P. Rice 1990; B. Turner 1990;

Valdés & Fernandez 1999; Willey & Mathews 1985.

古典期早期蒂卡尔的崛起(约公元100年—约公元378年)

W. Coe 1990; Coggins 1975, 1990; Culbert 1991c; Culbert et al. 1990; Fahsen 1988; Fry 2003; Harrison 1999, 2001a; Haviland 2003; C. Jones 1991; Laporte 2003a,b; Laporte & Fialko 1990; Loten 2003; Mathews 1985; Martin 2003; Martin & Grube 2000; A. Miller 1986a; Moholy-Nagy 1999, 2003b; Proskouriakoff 1993; Schele 1986; Schele & Freidel 1990; Valdés & Fahsen 1995; Willey & Mathews 1985.

中部低地相邻的中心(约公元328年—约公元416年)

Culbert 1991c; Graham 1986; Martin & Grube 2001; Ricketson & Ricketson 1937; Schele & Freidel 1990; A. Smith 1937; Valdés 1986, 1988; Von Euw 1984; Willey & Mathews 1985.

低地的外来者(公元378年—公元456年)

R. E. Adams 1999; Braswell 2003a; Coggins 1975, 1976, 1980; Fialko 1988; Harrison 1999; Houston & Stuart 1996; Iglesias Ponce de Leon 2003; C. Jones & Sharer 1986; Laporte 1988, 2003a; Laporte & Fialko 1990, 1995; Marcus 1976b, 1992a, 1999; Martin 2001a, 2003; Martin & Grube 2000; Mathews 1985; Proskouriakoff 1993; Puleston 1979; Schele & Freidel 1990; Sharer 2003a; D. Stuart 2000; Valdés 1986.

向东南地区扩张(公元406年—公元437年)

C. Jones & Sharer 1986; Proskouriakoff 1993; Schortman & Urban 2004; Sharer 1988, 2002, 2003a, b; Urban & Schortman 1988, 2004.

考古学、历史和科潘王朝建立时期(约公元400年—约公元470年)

Buikstra et al. 2004; W. Fash 2001; W. Fash et al. 2004; W. Fash & Stuart 1991; Marcus 1976b, 1992a; Martin & Grube 2000; Schele 1986, 1987; Schele & Freidel 1990; Schele & Grube 1992; Schele, Grube & Fahsen 1994; Sedat & Lopez 2004; Sedat & Sharer 1994; Sharer 2002, 2003a,b, 2004a; Sharer, Traxler et al. 1999; D. Stuart 2000, 2004a; D. Stuart & Schele 1986; Taube 2004b; Traxler 2001, 2003, 2004.

基里瓜建国者

Ashmore 1980b; C. Jones & Sharer 1986; Looper 1999, 2003; Looper & Schele 1994; Marcus 1992a; Martin & Grube 2000; Sharer 1988, 2002, 2004b.

卡拉克穆尔王朝的崛起(公元435年—公元561年)

Carrasco V. 1996, 1999a,b; Folan 2002; Folan et al. 1995; Folan et al. 2001; Marcus 1976b, 1987; Martin 1997, 2000b; Martin & Grube 2000; Pincemin et al. 1998; Schele & Freidel 1990; D. Stuart & Houston 1994.

卡拉克穆尔-卡拉科尔联盟

Chase, Grube & Chase 1991; Grube 1994a; Houston 1987; Martin & Grube 2000; D. Stuart & Houston 1994.

蒂卡尔的繁荣与祸患(公元458年—公元562年)

Culbert 1991c; Culbert et al. 1990; Harrison 1999; Haviland 1992; Houston & Stuart 1996; C. ones 1991; Martin 1999, 2003; Martin & Grube 2000; Valdés, Fahsen & Muñoz C. 1997.

蒂卡尔的战败(公元562年)

A. Chase 1991; A. Chase & D. Chase 1987, 1989; Coggins 1975; Culbert 1991c; Culbert et al. 1990; Harrison 1999; Houston 1987; C. Jones 1977, 1991; Martin 2003; Martin & Grube 2000; Proskouriakoff 1950; Schele & Freidel 1990; Shook et al. 1958; Willey 1974.

专栏

Early Classic Maya Pottery: See "Pottery and Archaeology" (Chapter 2).

Tikal: Carr & Hazard 1961; W. Coe 1968, 1990; Coe & Haviland 1982; Coe & Larios 1988; Coggins 1975, 1990; Culbert 1991c; Culbert et al. 1990; Fahsen 1988; Fialko 2004a; Harrison 1999, 2001b; Haviland 1970, 1985a, 1989; C. Jones 1991; C. Jones & Satterthwaite 1982; Laporte 1988,

2003a,b; Laporte & Fialko 1990; Maler 1911; Martin 1999, 2001c, 2003; Martin & Grube 2000, 2002; Mathews 1985; A. Miller 1986a; Orrego C. & Larios V. 1983; Sabloff 2003; Schele 1986; Schele & Freidel 1990; Shook et al. 1958; Trik 1963; Valdés 2001.

Uaxactun: I. Graham 1986; Ricketson & Ricketson 1937; Schele & Freidel 1990; A. Smith 1937, 1950; R. Smith 1937, 1955; Valdés 1986, 1988, 2001; von Euw 1984; Wauchope 1934.

Río Azul: R. E. Adams 1984, 1986, 1987, 1989, 1990, 1995, 1999, 2000; R. E. Adams & Robichaux 1992.

Copan: Abrams 1987; Agurcia F. 2004; Andrews & Fash 1992; E. Andrews V et al. 2003; Ashmore 1991; Baudez 1983; Bell, Canuto & Sharer 2004; Canuto 2004; Cheek 1986; B. Fash et al. 1992; W. Fash 1985, 1983a,b, 1986, 2001; Fash, Fash & Davis-Salazar 2004; W. Fash & Sharer 1991; W. Fash et al. 1992; Gordon 1896; Hall & Viel 2004; Hohmann & Vogrin 1982; Martin & Grube 2000, 2002; S. Morley 1920; Rue, Freter & Ballinger 1989; Sanders 1986, 1990; Schele & Mathews 1998; Sedat 1996; Sedat & Sharer 1997; Sharer 2002, 2003a,b, 2004a; Sharer, Fash et al. 1999; Sharer, Traxler et al. 1999; Sharer, Miller & Traxler 1992; Stromsvik 1942, 1952; D. Stuart 1992, 2004a; Traxler 1996, 2001, 2003; Trik 1939; Webster 1988, 1989; Webster et al. 1998; Willey & Leventhal 1979; Willey, Leventhal & Fash 1978.

Quirigua: Ashmore 1979, 1980a,b, 1984a,b, 1986, 1988, 1990, 2004; Ashmore & Sharer 1978; Becker 1972; Hewett 1911, 1912, 1916; C. Jones 1983a,b; C. Jones & Sharer 1986; Looper 1999, 2003; Martin & Grube 2000, 2002; S. Morley 1935; Schortman 1986, 1993; Sharer 1978b, 1988, 1990, 1991, 2002, 2004b.

Calakmul: Boucher Le Landais & Palomo 1999; Carrasco V. 1996, 1999a,b, 2000; Carrasco V. et al. 1999; Folan 1985, 1988, 2002; Folan, Kintz & Fletcher 1983; Folan, Marcus & Miller 1995; Folan et al. 1995; Folan, Gunn & del Rosario Domínguez C. 2001; Folan, May Hau et al. 2001; Folan & May Hau 1984; García-Morena & Granados 2000; Marcus 1976b, 1987; Martin 1996a, 2000b, 2001c; Martin & Grube 2000, 2002; Pincemin et al. 1998; Rodríguez C. 2000; Ruppert & Denison 1943.

Caracol: Anderson 1958; Beetz 1980; Beetz & Satterthwaite 1981; A. Chase 1991; A. Chase & D. Chase 1987, 1996a,b, 1998a, 2000, 2001a,b, 2004; Chase, Chase & Haviland 2002; D. Chase & A. Chase 1994, 1998, 2000; Grube 1994a; Houston 1987; Martin 2001c; Martin & Grube 2000, 2002; Satterthwaite 1950, 1954; Willcox 1954.

Becan: R. E. Adams 1975; J. Andrews 1976; E. Andrews V & A. Andrews 1979; Ball 1974b, 1977b; Benevides 1995; Hohmann 1998; Rovner & Lewenstein 1997; P. Thomas 1980; Webster 1976.

Nakum: Fialko 1997; Hellmuth 1976; Hermes 2002; Hermes, Olko & Zralka 2002, n.d.; Quintana & Wuster 2002; Tozzer 1913.

Yaxha: Fialko 1997; Hellmuth 1971a,b, 1972; Hermes 2004; Maler 1908a.

第八章　古典期晚期——玛雅国家的鼎盛时期

Culbert 1991b; Laporte & Fialko 1999; Martin & Grube 2000, 2002; Proskouriakoff 1993; D. Rice & Culbert 1990; Sabloff 1986, 1994; Sabloff & Henderson 1993; B. Turner 1990.

卡拉克穆尔的崛起（公元562年—公元695年）

Carrasco V. 1996, 2000; A. Chase 1991; A. Chase & D. Chase 1987, 1989; Coggins 1975; Culbert 1991c; Culbert, Kosakowsky et al. 1990; Folan 2002; Harrison 1999; Houston 1987; C. Jones 1977, 1991; Marcus 1976b, 1987; Martin 1996a, 2000b, 2003; Martin & Grube 1995, 2000; Schele & Freidel 1990.

Confrontation in the Petexbatun: Demarest 1989, 1997b; Demarest & Houston 1990; Escobedo 1997; Houston 1993; Houston & Mathews 1985; Johnston 1985; Martin 2003; Martin & Grube 2000,

2002; Mathews & Willey 1991; Schele & Freidel 1990.

The Naranjo Wars: Closs 1985; Grube 1994a; Houston 1983a, 1987; Martin 1996b; Martin & Grube 2000, 2002; Proskouriakoff 1993; Schele & Freidel 1990; A. Stone, Reents & Coffman 1985.

蒂卡尔的复兴(公元682年—公元768年)

Coggins 1975; Culbert 1991c; I. Graham 1975, 1980; Harrison 1999; Haviland 1992; Houston & Mathews 1985; C. Jones 1977, 1991, 2003; Marcus 1976b; Martin 1996b, 2003; Martin & Grube 2000, 2002; A. Miller 1986a; M. Miller 1985; Proskouriakoff 1961b, 1993; Sabloff 2003; Schele & Freidel 1990; Schele & Mathews 1998; D. Stuart 1998; Trik 1963.

Defeat of Calakmul: Carrasco V. 1999a,b; Carrasco V. et al. 1999; García-Morena & Granados 2000; Harrison 1999; Martin 2003; Martin & Grube 2000b, 2002; Schele & Freidel 1990.

Breaking of the Calakmul Alliance: Closs 1989; Harrison 1999; C. Jones 1977, 1991; Martin 1996b, 2003; Martin & Grube 2000, 2002; Schele & Freidel 1990.

派特克斯巴呑王国的兴衰(公元682年—公元802年)

Demarest 1997a,b, 2004; Demarest et al. 1997, 2003; Dunning, Beach & Rue 1997; Escobedo 1997; Houston 1993; Houston & Mathews 1985; Inomata 1997; Inomata & Triadan 2003; Johnston 1985; Martin & Grube 2000, 2002; Mathews & Willey 1991; O'Mansky & Dunning 2004; Schele & Freidel 1990; Valdés 1997.

卡拉克穆尔王朝的终结(公元695年—公元909年)

Carrasco V. 1996; Folan 2002; Looper 1999; Martin 1996b, 2000b; Martin & Grube 2000, 2002.

卡拉科尔的复兴和衰落(公元798年—公元859年)

Beetz & Satterthwaite 1981; A. Chase & D. Chase 1987, 1989, 1996a,b; A. Chase, Grube & D. Chase 1991; D. Chase & A. Chase 1994; Grube 1994a; Houston 1987; Marcus 1976b; Martin & Grube 2000, 2002; Sabloff & Andrews 1986; Schele & Freidel 1990; A. Stone et al. 1985.

蒂卡尔王朝的结束(公元768年—公元869年)

Harrison 1999; Hermes 2002; Hermes, Olko & Zralka n.d.; Marcus 1976b; Martin 2003; Martin & Grube 2000, 2002; Sabloff & Andrews 1986; Schele & Freidel 1990.

乌苏马辛塔政权的扩张

Birth and Rebirth of the Piedras Negras Dynasty: W. Coe 1959; Fitzsimmons et al. 2003; Golden 2003; Grube 1998; Houston et al. 1999, 2000, 2001, 2003; Martin & Grube 2000,2002; Mathews & Willey 1991; Proskouriakoff 1960, 1961a, 1993; Schele & Grube 1994; Schele & Mathews 1991; Sharer & Golden 2004.

History and Propaganda at Yaxchilan: García M. 1996; Golden 2003; Grube 1998; Martin & Grube 2000, 2002; Mathews & Willey 1991; Nahm 1997; Noble Bardslay 1994; Proskouriakoff 1963, 1964, 1993; Schele & Mathews 1991, 1998; D. Stuart 1998b; Tate 1991, 1992.

西部政体的扩张

Origins of the Palenque Dynasty: Armijo 2003; H. Berlin 1959, 1963, 1965, 1970; Grube 1996; Lounsbury 1974, 1976, 1985; Martin 2003; Martin & Grube 2000, 2002; Mathews & Robertson 1985; Schele 1991a; Schele & Freidel 1990; Schele & M. Miller 1986.

Apogee and Defeat at Palenque: Bassie Sweet 1991; Grube 1996; Houston 1996; Lounsbury 1974; Martin & Grube 2000, 2002; M. Robertson 1983–91; Ruz L. 1973; Schele 1991a, 1994; Schele & Freidel 1990; Schele & Mathews 1998; Schele & M. Miller 1986; D. Stuart 2002.

Recovery and Decline at Palenque: Bassie Sweet 1991; Martin & Grube 2000, 2002; Ringle 1996; Sabloff & Andrews 1986; Schele 1991a,b; Schele & Freidel 1990; D. Stuart 2002, 2004b.

Late Classic Apogee at Tonina: Ayala 1995; Becquelin & Baudez 1979, 1982a, 1982b; Martin & Grube 2000, 2002; Schele 1991a; Schele & Mathews 1991; Schele & M. Miller 1986; D. Stuart 1997, 2002; Yadeun 1992, 1993.

东南部政权的扩张

Boone & Willey 1988; Robinson 1987; Schortman & Urban 1991; Urban & Schortman 1986.

Growth and Prosperity at Copan: Andrews et al. 2003; Baudez 1986; W. Fash 1988, 2001; W. Fash & B. Fash 1990; W. Fash & Sharer 1991; W. Fash & Stuart 1991; Marcus 1976b; Martin & Grube 2000, 2002; Riese 1984b, 1988; Schele 1986, 1988; Schele & Freidel 1990; Schele & Mathews 1998; D. Stuart 1989; D. Stuart & Schele 1986; D. Stuart et al. 1989; Webster, Freter & Gonlin 2000.

A Tale of Two Cities: Ashmore 1984a; W. Fash 1986; W. Fash & B. Fash 1990; W. Fash & Stuart 1991; D. Kelley 1962b; Looper 2003; Marcus 1976a; Martin & Grube 2000, 2002; Proskouriakoff 1973, 1993; Riese 1984b, 1988; Schele & Freidel 1990; Schele & Mathews 1998; Sharer 1978b, 1988, 1990, 1991, 2004b.

Revitalization and Decline at Copan: Ashmore 1992; W. Fash 1985, 1988; W. Fash & B. Fash 1990; W. Fash & Sharer 1991; W. Fash & Stuart 1991; Manahan 2002; Martin & Grube 2000, 2002; Robinson 1987; Sabloff & Andrews 1986; Schele & Freidel 1990; Schele & Grube 1987; Schele & Mathews 1998; Schortman 1986; Sheets 1983; Webster 1989.

The Last Days of Quirigua: Ashmore 1984b, forthcoming; Looper 2003; Schortman 1986, 1993; Sharer 1978b, 1985b, 1990, 2004b.

结语：古典期晚期低地国家的发展

Culbert 1991a; Culbert & Rice 1990; Marcus 1976b, 1992a; D. Rice & Culbert 1990; Sabloff 1986, 1994; Sabloff & Henderson 1993; Schele & Mathews 1991; B. Turner 1990; Willey 1982a, 1987, 1991.

专栏

Late Classic Maya Pottery: See “Pottery and Archaeology” (Chapter 2).

Naranjo: Ball & Taschek 2001; Closs 1984, 1985, 1989; Fialko 2004b; I. Graham 1978, 1980; Graham & Von Euw 1975; Maler 1908a; Martin 2001c; Martin & Grube 2000, 2002; Proskouriakoff 1993.

Dos Pilas: Demarest 1997b; Demarest et al. 1997, 2003; Foias & Bishop 1997; Houston 1993, 2004a; Martin & Grube 2000, 2002; Mathews & Willey 1991; Schele & Freidel 1990.

Aguateca: Demarest 1997b; Demarest et al. 1997; Foias & Bishop 1997; Houston 1993; Inomata 1997; Inomata & Stiver 1998; Inomata & Triadan 2000, 2003; Martin & Grube 2000, 2002; Mathews & Willey 1991; Schele & Freidel 1990; Triadan 2000; Valdés 2001.

Altar de Sacrificios: R. E. Adams 1971; J. Graham 1972; Houston 1986; Maler 1908b; Mathews & Willey 1991; Saul 1972; Smith 1972; Willey 1972, 1973; Willey & Smith 1969.

Piedras Negras: Bricker 2002; W. Coe 1959; Escobedo 2004; Escobedo & Houston 2004; Fitzsimmons 1998; Fitzsimmons et al. 2003; Golden 2003; Houston 1983b, 2004b; Houston et al. 1999, 2000, 2001, 2003; Maler 1901; Martin & Grube 2000, 2002; Mason 1931, 1932; Proskouriakoff 1960, 1961a; Satterthwaite 1937a,b, 1943, 1944a,b, 1944/1954, 1952; Schele 1991a; Schele & Freidel 1990.

Yaxchilan: Bricker 2002; Carrasco V. 1991; Garcia M. 1996, 2004; Golden 2003; I. Graham 1979, 1982; I. Graham & Von Euw 1977; Maler 1903; Martin & Grube 2000, 2002; Mathews 1988; McAnany & Plank 2001; Proskouriakoff 1963, 1964; Robin 2001a; Schele 1991a; Schele & Freidel 1990; Tate 1985, 1991, 1992; Yadeun 1992, 1993.

Bonampak: Fuentes & Staines1998; Lounsbury 1982; Magaloni 2004; M. Miller 1986, 2001a,b; Miller et al. 1999; Ruppert et al. 1955; Schele 1991a; Schele & Freidel 1990.

Palenque: Acosta 1977; H. Berlin 1963; Blom & LaFarge 1926-27; Cuevas G. 2004; Gonzúlez 1993; Josserand 1991; D. Kelley 1985; Liendo S. 2001; López B. 2000, 2004; Lounsbury 1974, 1976, 1985; Martin & Grube 2000; Mathews & Schele 1974; Morales 1998; R. Rands & B. Rands 1959;

B. Rands & R. Rands 1961; M. Robertson 1983–1991, 2004; Ruz L. 1973; Schele 1981, 1990, 1991a,b; Schele & Mathews 1998; D. Stuart 2004b.

Tonina: Becquelin & Baudez 1975, 1979, 1982a, b; Becquelin & Taladoire 1991; Martin & Grube 2000, 2002; Mateos G. 1997; Mathews 1983; Yadeun 1992, 1993.

Cities Without History: Altun Ha: Pendergast 1965, 1969, 1971, 1979, 1982a, 1990a, 1998; Lubaantun: Gann 1904–5; Hammond 1975; Joyce, Clark & Thompson 1927; Leventhal 1990.

第九章　古典终结期的变革

Andrews et al. 2003; Culbert 1973; Demarest, Rice & Rice 2004; Marcus 1998; Sabloff & Andrews 1986.

古典期核心地带的衰落

Culbert 1973, 1991a; Culbert & Rice 1990; Diehl & Berlo 1989; W. Fash 1985, 1988, 2001; W. Fash & Stuart 1991; Freidel 1986b; Hammond et al. 1998; Harrison 1999; Houston et al. 2001; R. Joyce 1986, 1988; J. Lowe 1985; Marcus 1983a, 1989b; Pendergast 1986; Rice 1988; D. Rice & P. Rice 1984, 1990; Rue 1989; Sabloff 1994; Sabloff & Henderson 1993; Schele & Grube 1987; Sharer 1985b; D. Stuart 1993; Webster 2002; Willey 1982a, 1987.

Patterns of Change: Andrews & Fash 1992; E. Andrews V et al. 2003; Chase, Grube & Chase 1991; Demarest 1997a, 2004; Demarest et al. 1997; Dunning, Beach & Rue 1997; W. Fash 2001, 2002; W. Fash & Sharer 1991; W. Fash & Stuart 1991; LeCount 1999; Sabloff 1977, 1994; Sabloff & Rathje 1975a, b; Schele & Freidel 1990; Webster 2002; Webster, Freter & Gonlin 2000; Wright 1997.

The Collapse Issue: Culbert 1973, 1988; Demarest, Rice & Rice 2004; Erasmus 1968; Houston et al. 2001; Marcus 1983a; D. Rice & P. Rice 1984, 1990; Sabloff 1992a, 1994; Sabloff & Andrews 1986; Sabloff & Willey 1967; Sharer 1982, 1985b; Webster 2002; Willey 1987; Yoffee & Cowgill 1988.

古典期玛雅城邦的衰落

Andrews et al. 2003; Culbert 1973, 1988; J. Lowe 1985; S. Morley 1946; Sabloff 1992a; Sabloff & Andrews 1986; Sharer 1982, 1985b; Webster 2002.

论古典期玛雅城邦的终结

Culbert 1973, 1988; Demarest 2004; Demarest, Rice & Rice 2004; Erasmus 1968; Marcus 1983a; Sabloff 1973a, 1992a, 1994; Sabloff & Andrews 1986; Sharer 1982, 1985b; Webster 2002.

Catastrophic Events: Abrams & Rue 1988; R. E. Adams 1973a; Cook 1921; Cooke 1931; Culbert 1973; Gill & Keating 2002; Harrison 1977; Mackie 1961; Meggers 1954; Messenger 2002.

Problems Within Maya Society: Demarest 1997a, 2004; Demarest & Houston 1990; Demarest et al. 1997; Folan et al. 2000; Hamblin & Pitcher 1980; Haviland 1967; J. Lowe 1985; Paine, Freter & Webster 1996; Palka 1997, 2001; Puleston 1979; Rathje 1971, 1973; Sanders 1973; Satterthwaite 1937a, 1958; Saul 1973; Sharer 1982, 1985b; Shimkin 1973; J. Thompson 1966; B. Turner & Harrison 1978; Wright 1997; Wright & White 1996.

Foreign Intervention: R. E. Adams 1973b; Cowgill 1964; Erasmus 1968; Sabloff 1973b, 1994; Sabloff & Rathje 1975a,b; Sabloff & Willey 1967; Shimkin 1973; J. Thompson 1970; Webb 1973; Willey 1974.

Environmental Changes: Adams 1991; Curtis, Hodell & Brenner 1996; Dahlin 1983, 2003; Deevey et al. 1979; Folan, Kintz & Fletcher 1983; Folan et al. 2000; Gill 2000; Gunn, Matheny & Folan 2002; Haug et al. 2003; Hodell, Curtis & Brenner 1995; Hodell et al. 2001; Leyden 2002; Lucero 2002; Paine & Freter 1996; D. Rice 1996: Yaeger & Hodell forthcoming.

关于古典期玛雅城邦衰落的一种假设

Culbert 1973, 1988; Culbert & Rice 1990; Demarest 1997a,b; Demarest, Rice & Rice 2004; Demarest et al. 1997; Erasmus 1968; W. Fash 2001; Gill 2000; Golden 2003; Hodell et al. 2001; LeCount 1999; LeCount et al. 2002; J. Lowe 1985; Lucero 2002; Marcus 1992a; Martin & Grube 2000, 2002; Rice 1996; Sabloff 1994; Sabloff & Andrews 1986; Sharer 1982; Webster 2002; Yaeger 2003.

古典期飞地的存续与复兴

Ball 1974a, 1977a; A. Chase 1990; A. Chase & D. Chase 1987, 1998a,b; Coggins 1990; Demarest, Rice & Rice 2004; Marcus 1976b; Martin & Grube 2000, 2002; A. Miller 1977a; Pendergast 1986, 1990b; D. Rice 1986; Ringle, Gallareta N. & Bey 1998; Schele & Mathews 1998; Sabloff 1973b, 1994; Sabloff & Andrews 1986; Tourtellot & González 2004; Willey 1975, 1978, 1982b, 1990.

古典终结期的转变

Demarest 2004; Demarest, Rice & Rice 2004; Sabloff 1994; Sabloff & Andrews 1986; Sharer 1982; Willey 1982a.

The Fate of Divine Kings: D. Chase & A. Chase 1992; Demarest et al. 1997; W. Fash 2001; Freidel & Sabloff 1984; Martin & Grube 2000, 2002; Palka 1997; Puleston 1979; Sabloff & Rathje 1975a,b; Schele & Friedel 1990; Sharer 1982, 1985a.

A New Lowland Economic System: A. Andrews 1983, 1990b; Braswell 2002; Coggins & Shane 1984; Drennan 1984; Dunning 1992; Freidel & Sabloff 1984; Kepecs, Feinman & Boucher 1994; Masson 2002; McKillop 1984, 1996; McKillop & Healy 1989; Sabloff 1977; Sabloff & Rathje 1975a,b.

The New Power Brokers: A. Andrews 1990b; Andrews & Gallareta N. 1986; Andrews & Robles C. 1985; E. Andrews V 1979a,b; Ball 1974a, 1977a, 1986; Blanton & Feinman 1984; Diehl & Berlo 1989; Edmunson 1982, 1986; Lombardo de Ruiz 1998; McVicker 1985; Sabloff 1977, 1994; Scholes & Roys 1948; J. Thompson 1966, 1970; Vargas 2001.

过渡地区的传统

R. E. Adams 1977b; G. Andrews 1975, 1994, 1996; Garza T. & Kurjack 1980; Harrison 1981, 1985; Potter 1977; Ruppert & Denison 1943; B. Turner 1983.

北部低地政体的崛起

A. Andrews 1978, 1980a,b, 1990b; Andrews & Robles C. 1985; Anon 1988, 1989; Ball 1986; A. Chase & Rice 1985; Demarest, Rice & Rice 2004; Erasmus 1968; Kowlaski 1985; Pollock 1980; D. Rice 1986; Rivera D. 1991, 1999; Sabloff 1992, 1994; Sabloff & Andrews 1986; Sabloff & Rathje 1975a; Sharer 1982; Velázquez V. & García B. 2002; Vlcek et al. 1978; Willey 1982a.

尤卡坦西北部政体

E. Andrews IV 1975; E. Andrews V 1981; E. Andrews IV & E. Andrews V 1980; G. Andrews 1969; Ball & Andrews 1975; Benevides 1996, 1997; Dahlin 2000; Dahlin et al. 1998; Forsyth 1983; Gill 2000; Grube 1994b; Hodell et al. 2001; Kurjack 1974; Matheny 1976, 1987; Matheny et al. 1985; Robles C. & Andrews 2003, 2004; G. Stuart et al. 1979.

The Puuc Region: G. Andrews 1975, 1994; Barrera R. 1980, 1995; Barrera R. & Hutchín 1990; Benevides 2000, 2001; Carmean 1998; Carmean, Dunning & Kowalski 2004; Dunning 1992; Dunning & Kowalski 1994; Gallareta N. et al. 1999; García C. 1991; Harrison 1985; Killion et al. 1989; Kowalski 1987, 1994; Kowalski & Dunning 1999; Kubler 1962; Marquina 1951; McAnany 1990; Pollock 1980; Potter 1977; Rivera D. 1991, 1999; Ruppert & Denison 1943; Sabloff 1992b, 1994; Sabloff & Tourtellot 1992; Stanton & Gallareta N. 2001; Tourtellot, Sabloff & Carmean 1989; Tourtellot, Sabloff & Smyth 1990.

Salt Production and Trade: A. Andrews 1980a, 1983; A. Andrews & Mock 2002; E. Andrews V 1981; E. Andrews IV & E. Andrews V 1980; Dahlin & Ardren 2002; Kepecs 1998; McKillop 2002; A. Miller 1977b; Sabloff & Rathje 1975a,b; J. Smith 2001.

尤卡坦东北部政权

E. Andrews V 1990; Andrews & Robles C. 1985; Benevides C. 1977, 1981; Bey, Hanson & Ringle 1997; Bey et al. 1998; Folan, Kintz & Fletcher 1983; Freidel, Suhler & Krochock 1990; Hodell et al. 2001; Kepecs 1998; Ringle, Gallareta N. & Bey 1998; Robles C. 1990; J. Smith 2001; Stanton & Gallareta N. 2001; Suhler, Ardren & Johnstone 1998; Suhler & Freidel 1998; Suhler et al. 2004; J. Thompson, Pollock & Charlot 1932; Vargas de la Peña & Castillo B. 2001; Villa Rojas 1934; Yaeger & Hodell forthcoming.

奇琴伊察之崛起

A. Andrews 1990b; A. Andrews & Gallareta N. 1986; A. Andrews & Robles C. 1985, 1986; E. Andrews V & Sabloff 1986; A. Andrews et al. 1989; Ball 1974a, 1986; Blanton & Feinman 1984; Cobos P. 1997, 1998, 1999, 2002; Cobos P. & Winemiller 2001; Diehl & Berlo 1989; Folan, Kintz & Fletcher 1983; Fowler 1989; J. W. Fox 1980, 1987; Freidel & Schele 1989; Kelemen 1943; Kepecs, Feinman & Boucher 1994; Krochock 1989; Kubler 1961; Lincoln 1986; Litvak-King 1972; McVicker 1985; Miller 1977a; Moreno 1959; Pasztory 1978; Pendergast 1986, 1990b; D. Rice 1986; Sabloff 1973b; Sabloff & Willey 1967; Schele & Freidel 1991; Schele & Mathews 1998; P. Schmidt 2000; A. Smith 1955; Stanton & Gallareta N. 2001; J. Thompson 1966, 1970; Toscano 1944; E. Wagner 1995; Wren, Schmidt & Krochock 1989.

奇琴伊察的经济

A. Andrews & Gallareta N. 1986; A. Andrews & Mock 2002; Andrews et al. 2003; Drennan 1984; Dunning 1992; Gallareta N. 1998; Kepecs, Feinman & Boucher 1994; McKillop 2002.

伊察

A. Andrews & Robles C. 1986; E. Andrews V 1979a,b; E. Andrews V & Sabloff 1986; Ball 1974a, 1977a, 1986; Cobos & Winemiller 2001; Cohodas 1978; Dunning 1992; Dunning & Kowalski 1994; Freidel, Suhler & Krochock 1990; D. Kelley 1985; Kowalski 2003; Krochock 1989, 1991; Krochock & Freidel 1994; Kurjack & Robertson 1994; Marcus 1993; A. Miller 1977a; Ringle 1990; Ringle & Bey 2001; Ringle, Gallareta N. & Bey 1998; Roys 1943; Sabloff 1977, 1992b; Schele & Freidel 1990; Scholes & Roys 1948; Stanton & Gallareta N. 2001; D. Stuart 1993; J. Thompson 1966, 1970; Tozzer 1941; Wren, Schmidlt & Krochock 1989; Wren & Schmidt 1991.

对库库尔坎的崇拜

Dunning & Kowalski 1994; Krochock & Freidel 1994; Milbrath 1999; Ringle, Gallareta N. & Bey 1998; Tozzer 1941; Willey 1991.

玛雅南部地区的变化

Borhegyi 1965a,b; Bove 2002; Chinchilla 1996; Diehl & Berlo 1989; Fowler 1989; Kosakowski, Estrada Belli & Pettit 2000; H. Neff 2002; L. Parsons 1967–69; Pasztory 1978; Poponoe de Hatch 1989a; J. Thompson 1948.

专栏

Terminal Classic Maya Pottery: See "Pottery and Archaeology" (Chapter 2).

Xunantunich: Ashmore 1998; Ashmore, Yaeger & Robin 2004; I. Graham 1978; LeCount 1999; LeCount et al. 2002; Leventhal & Ashmore 2004; Leventhal et al. forthcoming; Maler 1908a; Satterthwaite 1950; Yaeger 2000, 2003.

Seibal: J. Graham 1973; Maler 1908b; Mathews & Willey 1991; Sabloff 1973b; Sabloff & Willey 1967; A. Smith 1977; Tourtellot 1970; Willey 1975, 1978, 1982b, 1990.

Uxmal: Barrera Rubio & Hutchin 1990; Huchim & Toscano 1999; Kowalski 1987, 1994, 2003; Kowalski & Dunning 1999; S. Morley 1910, 1970; Pollock 1980; Ringle & Bey 2001; Schele & Mathews 1998.

Sayil: Carmean 1991, 1998; Carmean & Sabloff 1996; Carmean, Dunning & Kowalski 2004; Dunning 1992; Killion et al. 1989; Pollock 1980; Sabloff 1992b, 1994; Sabloff & Tourtellot 1992; Smyth &

Dore 1994; Tourtellot et al. 1990.

Kabah: Kowalski 1985, 2003; Pollock 1980.

Dzibilchaltun: E. Andrews IV 1975; E. Andrews V 1981; E. Andrews IV & E. Andrews V 1980; Ball & Andrews 1975; Kurjack 1974, 1999; Rovner & Lewenstein 1997; G. Stuart et al. 1979.

Coba: A. Andrews & Robles C. 1985; Benevides C. 1977, 1981; Folan et al. 1983; Leyden, Brenner & Dahlin 1998; J. Thompson et al. 1932; Villa R. 1934.

Chichen Itza: J. Bolles 1977; Cobos P. 1997, 1998, 1999, 2002; Cobos & Winemiller 2001; Coggins 1992; Coggins & Shane 1984; García C. 2000, 2001; Kristan-Graham 2001; Krochock 1989, 1991, 2002; Lincoln 1986; Lothrop 1952; A. Miller 1977a; A. Morris 1931; E. Morris, Charlot & Morris 1931; Pollock 1937; Proskouriakoff 1974; Ringle & Bey 2001; Ruppert 1931, 1935, 1943, 1952; Schele & Mathews 1998; Sievert 1992; J. Smith 2001; A. Stone 1999; Tozzer 1957; E. Wagner 1995; Wren, Schmidt & Krochock 1989.

Metalwork: Bray 1977, 1997; Coggins & Shane 1984; Hosler 1994; Hosler & Macfarlane 1996; Lothrop 1952; Maddin 1988; Pendergast 1962, 1982b; Stromsvik 1942.

第十章 后古典期的重组与复兴

Andrews et al. 2003; E. Andrews V & Sabloff 1986; Ball 1994; Bey et al. 1998; Chase & Rice 1985; Cobos 1997, 1998, Edmonson 1982, 1986; Fowler 1989; D. Kelley 1985; Milbrath & Peraza L. 2003; Pollock 1962; Ringle, Gallareta N. & Bey 1998; Robles C. 1987, 1990; Robles C. & Andrews 1986; Roys 1933; Sabloff 1994; Sabloff & Andrews 1986; P. Schmidt 2000; R. Smith 1971; J. Thompson 1970; Tozzer 1941; Vargas 2001; Willey & Phillips 1958.

奇琴伊察的衰落

A. Andrews 1990a; Andrews et al. 2003; Ball & Ladd 1992; Cobos 1997, 2002; Cobos & Winemiller 2001; Coggins 1992; Paxton 2001; Ringle, Gallaret N. & Bey 1998; Sabloff 1994; P. Schmidt 1999, 2000.

玛雅潘的崛起

A. Andrews 1990a, 1993; E. Andrews V & Sabloff 1986; Aveni 2001; Aveni, Milbrath & Peraza 2004; D. Bolles 1990; Bullard 1970; Edmonson 1982, 1988; Masson 2000; Milbrath 1999; Milbrath & Peraza L. 2003; Miram 1994; Peraza L. 1999; Pollock 1962; Proskouriakoff 1954, 1962a, 1962b; Pugh 2001; Ringle & Bey 2001; Ringle, Gallareta N. & Bey 1998; Roys 1943 (1972), 1962, 1965, 1967; Schele & Mathews 1998; Tozzer 1941.

玛雅潘城邦

A. Andrews 1993; Chowning 1956; Freidel & Sabloff 1984; Milbrath & Peraza L. 2003; A. Miller 1986b; Proskouriakoff 1962a; Restall 1998; Ringle 1990; Ringle & Bey 2001; Ringle, Gallareta N. & Bey 1998; Roys 1943 (1972), 1962; Sabloff & Rathje 1975a; Shook & Irving 1955; Tozzer 1941; Winters 1955.

玛雅潘衰落与小国崛起

E. Andrews V & Sabloff 1986; Barrera V. & Morley 1949; Bullard 1970; Edmonson 1982, 1986; Freidel & Sabloff 1984; Marcus 1993; Milbrath & Peraza L. 2003; Pendergast 1986, 1990b; Pollock 1962; D. Rice 1986; P. Rice 1986; D. Rice & P. Rice 1984, 1990; Roys 1943 (1972), 1962, 1965, 1967; Shook 1954; Tozzer 1941; B. Turner 1990; Willey 1986.

尤卡坦半岛东海岸

A. Andrews 1993; A. Andrews & Robles C. 1986; D. Chase 1985, 1990; Edmonson 1986; Freidel & Sabloff 1984; Guderjan & Garber 1995; Masson 1999, 2000; A. Miller 1977b, 1982; Pendergast 1986, 1998; Ramírez R. & Azcárate S. 2002; Sabloff 1977, 1994, 2002; Sabloff & Rathje 1975a,b.

中部低地地区的经济复兴

Bullard 1970; Carmack 1981; A. Chase 1979, 1990; Hermes 2004; Hermes & Noriega 1997; Johnston, Breckenridge & Hanson 2001; G. Jones 1998; G. Jones et al. 1981; Pugh 2003; Pugh & Rice 1996; D. Rice & P. Rice 1981, 1984, 1990, 2004; P. Rice & D. Rice 1999, 2004; Rice et al. 1998; Roys 1943, 1965; Villagutierre S. 1983; Wurster 2000.

后古典期的玛雅南部地区

Arnauld 1997; Borhegyi 1965a,b; Bove 2002; K. Brown 1980; Braswell 1998, 2001, 2002b; Burkitt 1930b; Carmack 1968, 1973, 1981; Dillon 1978; Edmonson 1971; Estrada Belli 1999, 2002; Estrada Belli et al. 1996; Fowler 1989; J. Fox 1978, 1981, 1987; Gruhn & Bryan 1976; Guillemin 1965, 1967; Hill 1996, 1998; Hill & Monaghan 1987; Ichon 1975, 1977b; Ichon et al. 1980; Kosakowsky, Estrada Belli & Pettit 2000; Lehmann 1968; Lothrop 1933; Miles 1957; Nance, Whittington & Borg 2003; Richardson 1940; Sachse 2001; Sanders & Murdy 1982; Sharer & Sedat 1987; Shook 1965; Shook & Proskouriakoff 1956; A. Smith & Kidder 1951; D. Tedlock 1985; Wallace & Carmack 1977; Wauchope 1948, 1975; Weeks 1983; Woodbury & Trik 1953.

结语:后古典期的重组与复兴

A. Andrews 1993; A. Andrews, E. Andrews & Robles C. 2003; E. Andrews V & Sabloff 1986; A. Chase & Rice 1985; Milbrath & Peraza L. 2003; D. Rice & P. Rice 2004; Sabloff 1994; Sabloff & Andrews 1986; Schele & Mathews 1998.

综述:关于玛雅文明的视角变化

Braswell 2003; Demarest et al. 2004; Flannery & Marcus 2000; J. Henderson & Sabloff 1993; Marcus 1983a, 1995, 2003c; Pasztory 1978; Sabloff, 1992a, 1994, 2004; Sanders & Price 1968; Sharer & Grove 1989; Willey 1980, 1987, 1991.

专栏

Postclassic Maya Pottery: See "Pottery and Archaeology" (Chapter 2).

Mayapan: Bullard 1952; D. Chase 1990; Chowning 1956; M. Jones 1952; Milbrath & Peraza L. 2003; Peraza L. 1999; Pollock 1954, 1962; Proskouriakoff 1954, 1955, 1962a,b; Pugh 2001, 2003; Ringle & Bey 2001; Roys 1962; Shook 1952, 1954; Shook & Irving 1955; A. Smith 1962; P. Smith 1955; R. Smith 1954, 1971; J. Thompson 1954; Tozzer 1941; Winters 1955.

Tulum: Barrera Rubio 1985; Lothrop 1924; Miller 1977b, 1982; Sanders 1960; Sullivan 1989.

Santa Rita Corozal: D. Chase 1981, 1985, 1986, 1990, 1991; Gann 1900, 1918.

The Mythical City of Tollan: D. Carrasco 1982; Kubler 1961; Schele & Mathews 1998; D. Stuart 2000.

第十一章　古玛雅经济

Costin & Wright 1998; Freidel 1981b; Gillespie & Joyce 1997; Helms 1993; King & Potter 1994; King & Shaw 2003; Masson & Freidel 2002; Potter & King 1995; Sabloff 1986; Scarborough, Valez & Dunning 2003; Schortman & Urban 1987.

政治经济学

A. Andrews 1983; Aoyama 1999; Bittman & Sullivan 1978; Blanton & Feinman 1984; Blanton et al. 1996; Chapman 1957; D. Chase, A. Chase & Haviland 1990; Claessen & van de Velde 1991; DeMarrais, Castillo & Earle 1996; Earle 1997; Feinman & Nicholas 2004; Foias 2002, 2004; Freidel 1981b; Freidel, Reese-Taylor & Mora-Marín 2002; Kepecs, Feinman & Boucher 1994; Kovacevich et al. 2001; Lucero 1999; Masson & Freidel 2002; McKillop 1996, 2002; Rathje 1971, 1977, 2002; Scarborough 1998; Scarborough & Valdez 2003; Scarborough, Valdez & Dunning 2003; Tourtellot et al. 2003; Tozzer 1941.

社会经济

Aizpurúia & McAnany 1999; Braswell 2002; Ehrenreich, Crumley & Levey 1995; Fedick 1996; Foias

2004; Freidel 1981b; Fry 2003; R. Joyce 1993; King 2000; King & Potter 1994; McAnany 1989, 1993; Potter & King 1995; Pyburn 1998; Sabloff & Rathje 1975b; Scarborough, Valdez & Dunning 2003; Schwartz & Falconer 1994; Sheets 1972, 1976, 2002; Tozzer 1941; Willey 1991.

征调劳动力

Abrams 1994; Carmean 1991; Carrelli 2004; Erasmus 1968; McAnany 2004b; Neff 2002; Trigger 1992; Webster 1989.

古玛雅的生业模式

Brenner, Hodell & Curtis 2002; Cowgill 1975; Dunning et al. 1998; Fedick 1996; Flannery 1982; Gann 1918; Harrison 1990, 2001a; H. Henderson 2003; Lentz 1999; Netting 1977; D. Rice 1978; Sanders 1973; White 1999; White et al. 2001.

Hunting and Gathering: Barrera V. 1980; Carnegie Institution of Washington 1935, 1940; Gann 1918; Griscom 1932; Lange 1971; Lundell 1937, 1938; McKillop 1984; Michaels & Voorhies 1999; Pohl 1983; Puleston & Puleston 1971; D. Rice 1978; Roys 1931; K. Schmidt & Andrews 1936; L. Shaw 1999; L. Stuart 1964; Urban 1978; P. Wagner 1964; Wing & Scudder 1991.

Animal Husbandry: Carr 1996; J. Thompson 1974; Tozzer 1941; B. Turner & Harrison 1978.

Agriculture: Boserup 1965; Bronson 1966; Carneiro 1967, 1988; Netting 1977; Puleston 1968; D. Rice 1978; Sanders 1977; L. Shaw 1999; B. Turner & Harrison 1978, 1983; van der Merwe et al. 2000.

Extensive Systems: Netting 1977; Puleston 1978; Sheets & McKee 1989; B. Turner 1974, 1978b; Wiseman 1978.

Intensive Systems: Dunning et al. 1998; Eaton 1975; Fedick 1995, 1996; Flannery 1982; R. Hansen 1998b; R. Hansen et al. 2002; Harrison 1985, 1990; Johnston 2003; Kirke 1980; Kunen 2001; Netting 1977; Puleston 1978; Rice 1978; Sanders 1973, 1977; B. Turner 1974, 1978b; White, Healy & Schwarcz 1993; Wiseman 1978.

Arboriculture: Gómez-Pompa, Flores & Fernández 1990; McKillop 1994; Puleston 1968, 1971, 1978.

Household Gardens: Bronson 1966; D. Chase & A. Chase 1998; R. Hansen et al. 2002; Puleston 1971, 1974.

Hydraulic Modifications: Armillas 1971; Culbert et al. 1990; Darch 1983; Denevan 1970; R. Hansen 1998b; Harrison 1977, 1978; Harrison & Fry 2000; Healy 1983; Jacob 1995; J. Jones 1994; Matheny 1976; Matheny et al. 1985; McAnany 1990; Olsen et al. 1975; Pohl 1990; Pope & Dahlin 1989; Poponoe de Hatch 1997; Puleston 1977, 1978; Scarborough 1983, 1996, 1998; Siemens & Puleston 1972; B. Turner & Harrison 1983; Valdés & Wright 2004.

Terracing: Beach & Dunning 1995; D. Chase & A. Chase 1998; Dunning & Beach 1994; Dunning, Beach & Rue 1997; Fedick 1994; Kunen 2001; Neff 2002; Puleston 1978; B. Turner 1983.

重构生业模式

Brenner, Hodell & Curtis 2002; Bronson 1966; Cowgill 1975; Dunning et al. 1998; Emery 2002, 2004; Fedick 1996; Flannery 1982; Gerry & Krueger 1997; Hammond 1978; R. Hansen et al. 2002; D. Harris 1972, 1978; Harrison 1990; H. Henderson 2003; J. Jones 1994; Lentz 1991, 1996, 1999; Netting 1977; Piperno & Flannery 2001; Pohl et al. 1996; Powis et al. 1999; D. Rice 1978; Sanders 1973; Sheets 1983, 2002; Sheets & McKee 1989; Sheets et al. 1990; Siemens & Puleston 1972; Taschek & Ball 2003; Triadan 2000; B. Turner 1974, 1978a; B. Turner & Harrison 1978, 1983; Vlcek et al. 1978; White 1999; White, Healy & Schwarcz 1993; White et al. 2001; Wilkin 1971.

商品生产

Aldenderfer 1991; A. Andrews 1983, 1990b; Braswell 2002; Brumfiel & Earle 1987; Costin & Wright 1998; Ehrenreich, Crumley & Levey 1995; Foias & Bishop 1997; Hester & Shafer 1984; Hosler & MacFarlane 1996; Inomata 1997; Inomata & Triadan 2000; R. Joyce 1993; King & Potter 1994;

Kovacevich et al. 2001; López V., McAnany & Berry 2001; McAnany 1989, 2004b; MacKinnon & Kepecs 1989; MacKinnon & May 1990; McKillop 2002; Moholy-Nagy 1997; Reents-Budet 1994; Reents-Budet et al. 2000; P. Rice 1984; Rice et al. 1985; Shafer & Hester 1983, 1991; Sheets 2002.

商品分配

Aoyama 1999, Aoyama, Toshiro & Glascock 1999; Ball 1993; Brumfiel & Earle 1987; Cortés 1928; Díaz del Castillo 1963; Drennan 1984; Durán 1965; Feldman 1978; Fry 2003; Fuentes y Guzmán 1932–34; Gillespie & Joyce 1997; Guderjan 1993; Guderjan & Garber 1995; Guderjan et al. 1989; Hirth 1984; Hosler & MacFarlane 1996; Kovacevich et al. 2001; Las Casas 1909; McAnany 1989; McKillop 2002; McKillop & Healy 1989; McVicker & Palka 2001; Shafer & Hester 1991; Sheets 2002; West 2002.

贸易的重要性

Aoyama, Toshiro & Glascock 1999; Blom 1932; Chapman 1957; Culbert 1977b; Demarest 1989; Dillon 1975; Drennan 1984; Durán 1965; Earle & Ericson 1977; E. Graham 1987; Grove 1981a; Helms 1993; Hirth 1984; C. Jones 1991; Kovacevich et al. 2001; Lee & Navarrete 1978; McBryde 1947; Rathje 1971; Rathje et al. 1978; Sabloff & Lamberg-Karlovsky 1975; Sabloff 1986; Sahagún 1946; Schortman 1986; Schortman & Urban 1987; Sharer 1977, 1984; Sharer & Sedat 1987; J. Thompson 1970; Tourtellot & Sabloff 1972; Tozzer 1941; Voorhies 1982, 1989.

长途贸易的时空模式

Late Preclassic Trade: A. Andrews 1980a,b; E. Andrews V 1981; Bishop 1984; Clarke & Lee 1984; Demarest & Sharer 1986; Freidel 1978, 1979; Garber 1983; T. Jackson & Love 1991; G. Lowe 1977; L. Parsons 1967–69; Poponoe de Hatch 1989b; Rathje 1971; Sharer 1974, 1978a, 1984, 1989a; Sharer & Sedat 1987; Sheets 1971, 1979a; Voorhies 1982, 1989.

Classic Trade: A. Andrews 1980a; A. Andrews & Mock 2002; E. Andrews V 1977; Arnauld 1990; Ball 1977a; Bove 1991; Culbert 1991b; Freidel 1978; Guderjan 1993, 1995; Guderjan & Garber 1995; Hammond 1972; C. Jones 1977, 1991; R. Joyce 1986; Kidder et al. 1946; King & Potter 1994; McKillop 1995, 1996, 2002; Moholy-Nagy 1975, 1976, 1999; L. Parsons 1967–69; Pasztory 1978; Rathje 1977; Rathje et al. 1978; Sabloff 1994; Sanders & Michels 1977; Sidrys 1976; Stross et al. 1983; Tourtellot & Sabloff 1972; Webb 1973; West 2002; Willey 1974.

Postclassic Trade: A. Andrews 1978, 1980a,b; A. Andrews et al. 1989; A. Andrews & Mock 2002; E. Andrews V & Sabloff 1986; Chapman 1957; Freidel & Sabloff 1984; Fuentes y Guzmán 1932–34; Hosler & MacFarlane 1996; G. Jones 1977; Las Casas 1957; Masson 2002; Sabloff 1994; Sabloff & Rathje 1975a,b; Scholes & Roys 1948; J. Thompson 1970; West 2002.

专栏

The Swidden Hypothesis: Brainerd 1954; Carter 1969; Cook 1921; U. Cowgill 1962; Dumond 1961; Lundell 1933; Meggers 1954; S. Morley & Brainerd 1956; Reina 1967; Ricketson & Ricketson 1937; Sanders 1973; Stadelman 1940; J. Thompson 1931, 1966; Tozzer 1941; B. Turner 1978a.

Colha: Hester 1979; Hester & Shafer 1984; Iceland 1997; King 2000; King & Potter 1994; Potter & King 1995; Shafer & Hester 1983, 1991; Shaw 1999.

第十二章　玛雅社会组织

社会风貌还原

Ashmore 1981a; Canuto & Yaeger 2000; Chang 1972; de Montmollin 1989, 1995; Farriss 1984; W. Fash & Sharer 1991; Flannery 1976; J. Henderson & Sabloff 1993; Houston 1988; Lee & Hayden 1988; McAnany 1995; Riese 1988; Sabloff 1994; Schele & Freidel 1990; Sharer 1985b, 1991, 1993; Tiesler Blos, Cobos & Greene 2002; Ucko, Tringham & Dimbleby 1972; Willey 1956, 1982a, 1987.

前哥伦布时代的玛雅社会

Ashmore 1981a; Canuto & Yaeger 2000; A. Chase & D. Chase 1996b; Chase, Chase & Haviland 2002; D. Chase 1986; de Montmollin 1989, 1995; Farriss 1984; W. Fash 1983a, 1986; Fowler 1984; Haviland 1968; Krejci & Culbert 1995; McAnany 1995, 2004; Rathje 1970; Rice & Culbert 1990; Ruz L. 1965; Sharer 1993; J. Thompson 1954, 1966; Tozzer 1941.

婚姻和家庭

Bricker 2002; Haviland 1967, 1968, 1977; Marcus 1983a; Molloy & Rathje 1974; Roys 1943, 1965; Scholes & Roys 1948; Sharer 1993; Tourtellot 1988b; Tozzer 1907, 1941; Wilk & Ashmore 1988.

古代玛雅家庭

E. Andrews IV 1965; E. Andrews IV & Andrews V 1980; Ashmore 1981b, 1986; Ball 1993; Borhegyi 1965b; Brown & Sheets 2000; Bullard 1960; de Montmollin 1989, 1995; W. Fash 1983a; Fedick 1995, 1996; J. W. Fox 1978; Haviland 1968, 1985a, 1989; Hendon 1999, 2000; Inomata & Stiver 1998; Inomata & Triadan 2000; R. Joyce 1993; Lucero 1999; Manzanilla & Barba 1990; McAnany 1993, 1995; McAnany & Plank 2001; Puleston 1983; Pyburn 1990, 1998; D. Rice 1976, 1986; Robin 2001b; Sanders 1960; Scarborough 1991; Sheets 2002; Sheets et al. 1990; Sweely 1998; Tourtellot 1988a,b; Tozzer 1941; B. Turner & Harrison 1983; Triadan & Inomata 2004; Webster & Gonlin 1988; Wilk 1988; Wilk & Ashmore 1988; Willey & Bullard 1965.

玛雅低地地区的聚落

Ashmore 1981a,b, 1986, 2004; Becker 1972, 1973; Bullard 1960; Canuto 2004; Dahlin & Litzinger 1986; W. Fash 1983a, 1985; Fedick 1995, 1996; A. Ford 1990, 1991; Haviland 1970, 1988; Manzanilla & Barba 1990; McAnany 1990, 1995; Monaghan 1996; Puleston 1971; D. Rice 1988; Sabloff 1996; Sabloff & Ashmore 2001; Sheets 1983; Sheets et al. 1990; Tourtellot 1983, 1988a; E. Turner, Turner & Adams 1981; D. Wallace 1977; Webster & Gonlin 1988; Wilk 1988; Wilk & Ashmore 1988; Willey & Bullard 1965; Yaeger 2000.

Chronological Control: Ashmore 1981a,b; Culbert & Rice 1990; Lucero 1999; Sharer 1993; Willey & Bullard 1965.

Population Reconstructions: Ashmore 1984b, 1990; A. Chase & D. Chase 1998b; D. Chase 1990; Culbert 1988, 1998; Culbert & Rice 1990; Culbert et al. 1990; A. Ford 1986; McAnany 1990; D. Rice & Culbert 1990; D. Rice & P. Rice 1990; B. Turner 1990; Wenster & Freter 1990b; Webster, Sanders & van Rossum 1992.

社会阶层

Canuto & Yaeger 2000; Carmack 1977; A. Chase & D. Chase 1996a,b; A. Chase, D. Chase & Haviland 2002; D. Chase & A. Chase 1992; Demarest 1996; Hammond 1991b; Haviland 1968, 1985a, b; Helms 1998; G. Jones & Kautz 1981; Lohse & Valdez 2004; Marcus 1983a, 1992b; Price & Feinman 1995; Rathje 1970; Roys 1943, 1965; Schwartz & Falconer 1994; Sharer 1991, 1993; Tozzer 1941; Webster & Gonlin 1988; Webster et al. 1998; Wilk & Ashmore 1988; Yoffee 1991.

住宅群落和继嗣群

Bricker 2002; Canuto 2004; Carmack 1977; W. Fash 1985; Gillespie 2000; Haviland 1968, 1977, 1985b; Hewitt 1999; G. Jones 1998; Marcus 1976b, 1983a; Mathews & Schele 1974; McAnany 1995; Proskouriakoff 1961b; Ringle & Bey 2001; Robin 2001a; Roys 1943, 1965; Scholes & Roys 1948; Sharer 1993; Tozzer 1941; Watanabe 1992.

住宅群落和房屋模型

Carsten & Hugh-Jones 1995; Gillespie 2000; Helms 1998; R. Joyce & Gillespie 2000; Ringle & Bey 2001; Sharer & Golden 2004; Taschek & Ball 2003.

重构政治版图

Benson 1987; Bey & Ringle 1989; D. Chase, A. Chase & Haviland 1990; Culbert 1991a,b; Demarest 1996, 2004; W. Fash 1985, 1988; W. Fash & B. Fash 1990; Freidel 1981b; Freidel & Schele

1988a, 1989; Hammond 1991b; Justeson & Mathews 1983; Lacadena G. & Ciudad R. 1998; LaPorte & Fialko 1990; Lucero 1999; Marcus 1976b, 1983a, 1993, 2001; Martin & Grube 2000; McAnany 2002; Sabloff 1986, 1992a, 2004; Schele & Mathews 1991; Sharer 1988, 1991; Sharer & Golden 2004; Wren & Schmidt 1991.

圣主和权力等级

Bains 1995; Ball & Taschek 2001; Bell 2002; Bendix 1978; Brown & Stanton 2003; Clarke & Hansen 2001; Cohen 1984; Demarest 1992, 2004; W. Fash 2002; Freidel, Reese-Taylor & Mora-Marín 2002; Freidel & Schele 1988a,b; Gillespie 1989; Golden 2003; Helms 1998; Hewitt 1999; Houston & Stuart 1996; S. Jackson & Stuart 2001; Kaplan 2002; Laporte 1998, 2001; Lucero 2003; Marcus 2001; Martin 2000b, 2004; Martin & Grube 2000; McAnany 1995; Nahm 1994; Schele & Freidel 1990; Schele & Mathews 1991, 1998; Schele & M. Miller 1986; Sharer 2002; Sharer & Golden 2004; D. Stuart 1996, 2004b; Taube 1998, 2004b ; Trejo 2000; Webster 2000.

玛雅政体

Chase & Chase 1998; Culbert 1991; Demarest 1992, 1996; Freidel 1981b; Grube 2000a; R. Hansen 2001; Marcus 1993, 1998; Martin & Grube 2000; Sabloff 1986; Sabloff & Henderson 1993; Sharer 1992; Sharer & Golden 2004; Yaeger 2000.

Location and Power: R. E. Adams 1980; R. E. Adams, Brown & Culbert 1981; A. Andrews 1983, 1990b; Arnauld 1990; Ashmore 1986, 1992; Ashmore & Sabloff 2002; Aveni & Hartung 1986; Barthel 1968; Blanton & Feinman 1984; Coggins 1980, 1990; Garber 1983; E. Graham 1987; Hammond 1974; Hester & Shafer 1984; Hirth 1984; C. Jones 1991; Kovacevich et al. 2001; Lee & Navarrete 1978; Leventhal 1983; Marcus 1976b, 1983a; McAnany 1995, 2002; A. Miller 1977b, 1982; Sanders 1977; Sanders & Murdy 1982; Schele 1981; Schortman 1986; Sharer 1978b, 2003a, b.

Size and Power: R. E. Adams & Jones 1981; A. Andrews & Robles C. 1985; Benevides 1977, 1981; Chase & Chase 1998; Dahlin 1984; Marcus 1976b, 1993; Martin 2000a,b; Martin & Grube 2000; Sabloff 1990; Sharer 1978b; Shaw 2004; Trejo 2000.

Number and Size of Polities: R. E. Adams & Jones 1981; Anaya Hernandez 2001; Ball & Taschek 1991; A. Chase & D. Chase 1996b, 1998b; Cobos & Winemiller 2001; Culbert 1991b,c; Culbert & Rice 1990; Folan et al. 1995, 2001; Freidel 1983; Golden 2003; Grube 2000a; Hammond 1974, 1991b; M. Hansen 2000; Johnston 1985; C. Jones 1991; Marcus 1973, 1976b, 1993; Mathews 1987, 1991; Paine, Freter & Webster 1996; Roys 1957; Sabloff 1986, 1994; Sharer 1991; Taschek & Ball 1999, 2003; Trejo 2000; Webster 2000.

兴盛与衰落的周期

Demarest 1992; Sharer & Golden 2004; Marcus 1992b, 1993, 1998; P. Rice 2004; Sharer 1991.

国家组织模型

R. E. Adams 1995; R. E. Adams & Jones 1981; A. Chase & D. Chase 1996b, c, 1998b; D. Chase, A. Chase & Haviland 2002; Culbert 1988, 1991a,b; Demarest 1992, 1996, 1997a; Demarest & Houston 1989; de Montmollin 1989, 1995; Flannery 1999; J. W. Fox et al. 1996; Freid 1967; Freidel 1981b; Grube 2000a; Hayden 1993; Iannone 2002; Marcus 1992a, 1993, 1998, 2003b, 2004; Martin & Grube 1995, 2000; McAnany 1995; P. Rice 2004; Sabloff 1986; Sanders 1981; Scarborough 1998; Service 1975; Sharer 1991; Sharer & Golden 2004.

政治权力的基础

Baines 1995; Bendix 1978; Demarest 1992, 2004; Freidel 1986a; Freidel, Reese-Taylor & Mora-Marín 2002; Freidel & Schele 1988a,b; Gillespie 1989, 1999; Golden 2003; Helms 1998; Houston et al. 2003; Houston & Stuart 1996; Kertzer 1988; Lucero 2002; Martin 2000a; Martin & Grube 2000; McAnany 1995, 2002; Nahm 1994; Scarborough 1998; Schele & Mathews 1991, 1998; Sharer & Golden 2004; Taube 1998; Webster 2000.

专栏

Cerén: Brown & Sheets 2000; Kievit 1994; Lentz 1996; Sheets 1979a, 1983, 2002; Sheets et al. 1990; Sweely 1998; Woodward 2000.

Maya Society in Postclassic Yucatan: D. Chase 1986; Cline 1972–75; Edmonson 1971, 1982, 1986; Farriss 1984; Marcus 1993; Roys 1943, 1965; Sanders 1981; Scholes & Roys 1948; Tozzer 1941.

Maya Society in the Postclassic Highlands: Braswell 2001; Carmack 1973; J. W. Fox 1981, 1987; Hill 1996, 1998; Hill & Monaghan 1987; Recinos 1950; B. Tedlock 1982; Wallace & Carmack 1977.

第十三章 玛雅意识形态与宗教

L. Brown 2004; Farriss 1984; Ivic de Monterroso 2004; G. Jones 1998; Roys 1943 (1972); Schele & Freidel 1990.

玛雅世界观

Demarest & Conrad 1992; Dunning et al. 1999; W. Fash 2002; Grove 1999; Houston 2000; McAnany 1995; Paxton 2001; Schele & Freidel 1990; Taube 1985, 1989a, 2004a.

玛雅意识形态的起源

Brotherston 1979; Freidel 1990; Freidel, Reese-Taylor & Mora-Marín 2002; Freidel & Schele 1988a, b; Hammond 1999; Houston & Stuart 1989; Klein et al. 2002; Marcus 1989a;A. Miller 1986a; Ortiz C. & del Carmen R. 1999; Schele & Freidel 1990; J. Thompson 1970; Tozzer 1907, 1941; Watanabe 1983.

外来者带来的转变

Chamberlain 1948; Edmonson 1960; Farriss 1984; Fash & Fash 2000; Fowler 1984; Herrera 1726–30; D. Kelley 1984; McVicker 1985; Redfield & Villa R. 1934; Reed 1964; Ringle, Gallareta N. & Bey 1998; Roys 1943, 1965; Scholes & Roys 1938, 1948; D. Stuart 2000; Sullivan 1989; Taube 2000, 2004b; B. Tedlock 1982; J. Thompson 1952, 1970; Tozzer 1941.

宇宙观

Aveni 2001; Bassie Sweet 1991; Coggins 1975; Dunning et al. 1999; Fialko 1988; Freidel 1977; Pugh 2001; Roys 1943, 1965; Schele & Freidel 1990; Schele & Mathews 1998; Scholes & Roys 1938; A. Stone 1995; Taube 1989a, 2004a; B. Tedlock 1992; J. Thompson 1970; Tozzer 1941; Vogt 1964a; Watanabe 1983.

The Creation Myth: Bassie Sweet 2002; H. Berlin 1963; Colas & Voss 2001; Edmonson 1971; D. Kelley 1985; Lounsbury 1976, 1985; Recinos 1950; Schele & Freidel 1990; Schele & Mathews 1998; D. Stuart 2004b; Taube 1985, 1989a, 2001; D. Tedlock 1985.

The Maya Universe: Ashmore 1986, 1991; Aveni 2001; Aveni & Hartung 1986; Bassie Sweet 1991; Bricker 1983; Coggins 1976, 1980, 1990; Colas & Voss 2001; Harrison 1985; M. Miller 1985, 1988; Schele 1981; Schele & Freidel 1990; Schele & Mathews 1998; A. Stone 1995; Taube 1989a, 1998; Vogt 1964a.

Afterlife and Ancestors: Ashmore 1989; Barnhart 2002; Bricker & Bill 1994; Carrasco V. 1999b; D. Chase & A. Chase 1996; M. Coe 1988; Cuevas G. 2004; Fash 1985; Freidel & Schele 1989; Houston & Taube 2000; Krejci & Culbert 1995; López B. 2000; McAnany 1995; McAnany, Storey & Lockard 1999; Schele & Freidel 1990, 1991; Sharer, Traxler, et al. 1999; A. Stone 1995; D. Stuart 1998a,b 2004b; Taube 2004a,b; J. Thompson 1970; Tozzer 1941; Vogt 1969; Watanabe 1983.

玛雅诸神

Bassie Sweet 2002; M. Coe 1973, 1975a, 2004; Coggins 1979; Edmonson 1986; Gillespie & Joyce 1998; Houston & Stuart 1996; D. Kelley 1976; Milbrath 1999; Ringle 1988; Schele & Mathews 1998; Schellhas 1904; Seler 1902–23; A. Stone 1985a, b; D. Stuart 2004b; Taube 1985, 1987, 1989a, 1992, 2001; J. Thompson 1934, 1939b, 1970; Vail 2000; Zimmermann 1956.

宗教仪式与典礼

Agurcia F. 2004; L. Brown 2004, forthcoming; Carrasco V. 1999a; D. Chase 1991; Fahsen 1987; Hammond 1999; Herrera 1726–30; López B. 2004; B. Love 1987; Lucero 2003; Marcus 1999; Pohl 1983; McAnany 1995, 2004a; McNeil et al. 2001; Schele 1985, 1990; Schele & Mathews 1998; Schele & M. Miller 1986; A. Stone 1985b, 1995; D. Stuart 1988a, 1996, 1998a, b, 2003; Taube 1998; J. Thompson 1970; Tozzer 1941; Vogt 1961.

Divination and Altered Consciousness: Borhegyi 1961; Furst 1976; Furst & Coe 1977; Haviland & Haviland 1995; B. Love 1992; Robicsek 1978; J. Thompson 1946, 1958, 1970; Tozzer 1941.

Human Sacrifice: R. E. Adams 1971; Benson & Boone 1984; Colas & Voss 2001; Fahsen 1987; J. Fowler 1984; J. W. Fox 1996; Graulich 2003; Kowalski & Fash 1991; Orrego C. & Larios V. 1983; Proskouriakoff 1974; Schele 1984; Schele & Freidel 1990, 1991; D. Stuart 2003; Taube 2000; Tiesler Blos 2002; Wilcox & Scarborough 1991.

The Thirteen K'atun Endings and *Other Calendrical Ceremonies*: Bill, Hernández & Bricker 2000; D. Chase 1985; Coggins 1979, 1990; Fash, Fash & Davis-Salazar 2004; Milbrath 1999; Puleston 1979; Sharer 2003a, 2004a; D. Stuart 1996; Taube 1988; Tozzer 1941.

玛雅文明的意识形态基础

Demarest & Conrad 1992; Houston 2000; López B. 2004; McAnany 1995; Ringle, Gallareta N. & Bey 1998; Schele & Freidel 1990; Schele & Mathews 1998; Schele & M. Miller 1986; D. Stuart 2004b; Taube 2000.

后记:对玛雅的征服

第一次接触,1502年至1525年

Díaz del Castillo 1963; Farriss 1984; G. Jones 1977, 1989; Sahagún 1946.

佩德罗·德·阿尔瓦拉多对南方玛雅人的征服,1524年至1527年

Alvarado 1924; Edmonsen 1971; Fuentes y Guzmán 1932–34; Las Casas 1909, 1957; Recinos 1950; Recinos & Goetz 1953; Tedlock 1985; Ximenez 1929–31.

蒙特霍对尤卡坦的征服,1527年至1546年

Ancona 1889; Blom 1936; Carrillo y Ancona 1937; Chamberlain 1948; Farriss 1984; G. Jones 1983, 1989, 1998; Lizana 1893; Means 1917; Roys 1952; Scholes et al. 1936.

独立的伊察和对伊察的征服,1525年至1697年

A. Chase 1979, 1990; G. Jones 1998; Jones, Kautz & Graham 1986; Pugh 2003; Rice & Rice 1981, 1984, 1990; Roys 1943, 1965; Villagutierre 1933, 1983; Wuster 2000.

参考文献

该参考文献从大量的古玛雅研究资料中选取了一个代表性著作。约翰·威克斯(1997,2002)为关于玛雅的新近出版物出版了定期更新的文献索引。在包括famsi.com(中美洲研究促进基金会)和mesoweb.com等在内的数个网站上都可以找到有关玛雅考古与文字的最新研究报告。

以下是常用出版物和机构的缩略语:

A *Archaeology*

AA *American Anthropologist*

AAnt *American Antiquity*

AM *Ancient Mesoamerica*

ArqM *Arqueología Mexicana*

BAE Bureau of American Ethnology, Smithsonian Institution

BAR British Archaeological Reports International Series, Oxford

BAVA Beiträge Zur Allgemeinen und Vergleichenden Archäologie,Mainz

CA *Current Anthropology*

CARUTS Center for Archaeological Research, University of Texas at San Antonio

CCM *Cerámica de Cultura Maya*

CEMCA Centre D'Etudes Mexicaines et Centramericaines, Mexico City

CIW Carnegie Institution of Washington

CMHI Corpus of Maya Hieroglyphic Inscriptions, Peabody Museum, Harvard University

CN Copán Notes, Copán Mosaics Project / Copan Acropolis Archaeological Project and IHAH, Copán, Honduras

CNRSIE Centre National de la Recherche Scientifique, Institut d'Ethnologie, Paris

DO Dumbarton Oaks, Trustees for Harvard University, Washington, DC

ECAUY Escuela de Ciencias Antropologicas de la Universidad de Yucatán

ECM *Estudios de Cultura Maya*

FMAS Field Museum of Natural History, Anthropological Series, Chicago

HMAI *Handbook of Middle American Indians*, R. Wauchope, general ed., 15 vols. (Austin: University of Texas Press, 1964–75)

HGG *Historia General de Guatemala*, J. Lujan Muñoz, general ed. Vol. 1: *Epoca Precolombina*, ed. M. Hatch (Asociación de Amigos del País, Fundación para la Cultura y el Desarrollo, Guatemala)

ICA International Congress of Americanists

ICM *Los Investigadores de la Cultura Maya*. Campeche: Universidad Autónoma de Campeche.

IDAEH Instituto de Antropología e Historia de Guatemala

IHAH Instituto Hondureño de Antropología e Historia

IJAL *International Journal of American Linguistics*

IMS Institute for Mesoamerican Studies, State University of New York, Albany

INAH Instituto Nacional de Antropología e Historia, Mexico City

JAA *Journal of Anthropological Archaeology*

JAR *Journal of Archaeological Research*

JAS	*Journal of Archaeological Science*
JFA	*Journal of Field Archaeology*
JWP	*Journal of World Prehistory*
LAA	*Latin American Antiquity*
MARI	Middle American Research Institute, Tulane University, New Orleans
MCMCA	Microfilm Collection of Manuscripts on Cultural Anthropology, University of Chicago Library
MLAA	Memoirs in Latin American Archaeology, University of Pittsburgh
NGRE	*National Geographic Research and Exploration*
NMA	*Notes on Middle American Archaeology and Ethnology*
NWAF	New World Archaeological Foundation, Brigham Young University, Provo, Utah
PARI	Pre-Columbian Art Research Institute, San Francisco
PMAE	Peabody Museum of Archaeology and Ethnology, Harvard University, Cambridge, MA
PNAS	*Proceedings of the National Academy of Sciences*
RRAMW	Research Reports on Ancient Maya Writing, Center for Maya Research, Washington, DC
SA	*Scientific American*
SAR	School of American Research, Advanced Seminar Series, Santa Fe, NM
SEEM	Sociedad Española de Estudios Mayas, Madrid
SHMAI	*Supplement to Handbook of Middle American Indians*, vol. 1, ed. J. A. Sabloff (Austin: University of Texas Press, 1981)
SIAG	*Simposio de Investigaciones Arqueologicas en Guatemala*. Museo Nacional de Arqueología y Etnología, Guatemala
SWJA	*Southwestern Journal of Anthropology*
UCARF	University of California Archaeological Research Facility, University of California, Berkeley
UPM	University of Pennsylvania Museum of Archaeology and Anthropology, Philadelphia
WA	*World Archaeology*

Abrams, E. M. 1987. Economic Specialization and Construction Personnel in Classic Period Copan, Honduras. *AAnt* 52: 485–99.

———. 1994. *How the Maya Built Their World: Energetics and Ancient Architecture*. Austin: University of Texas Press.

———. 1995. A Model of Fluctuating Labor Value and the Establishment of State Power: An Application to the Prehispanic Maya. *LAA* 6: 196–213.

Abrams, E. M., and D. Rue. 1988. The Causes and Consequences of Deforestation among the Prehistoric Maya. *Human Ecology* 16: 377–95.

Acosta, J. R. 1977. Excavations at Palenque, 1967–1973. In Hammond 1977b, 265–85.

Adams, R. E. W. 1970. Suggested Classic-Period Occupational Specialization in the Southern Maya Lowlands. PMAE Papers 61: 489–502.

———. 1971. *The Ceramics of Altar de Sacrificios*. PMAE Papers 63 (1).

———. 1972. Maya Highland Prehistory: New Data and Implications. UCARF Contribution 16: 1–21.

———. 1973a. The Collapse of Maya Civilization: A Review of Previous Theories. In Culbert 1973, 21–34.

———. 1973b. Maya Collapse: Transformation and Termination in the Ceramic Sequence at Altar de Sacrificios. In Culbert 1973, 133–63.

———, comp. 1975. Preliminary Reports on Archaeological Investigations in the Río Bec Area, Campeche, Mexico. MARI Publication 31: 103–46.

———, ed. 1977a. *The Origins of Maya Civilization*. SAR. Albuquerque: University of New Mexico

Press.

———. 1977b. Rio Bec Archaeology and the Rise of Maya Civilization. In Adams 1977, 77–99.

———. 1980. Swamps, Canals, and the Locations of Ancient Maya Cities. *Antiquity* 54: 206–14.

———, ed. 1984. *Río Azul Reports*, no. 1: *The 1983 Season*. CARUTS.

———, ed. 1986. *Río Azul Reports*, no. 2: *The 1984 Season*. CARUTS.

———, ed. 1987. *Río Azul Reports*, no. 3: *The 1985 Season*. CARUTS.

———, ed. 1989. *Río Azul Reports*, no. 4: *The 1986 Season*. CARUTS.

———. 1990. Archaeological Research at the Lowland Maya Site of Río Azul. *LAA* 1: 23–41.

———. 1991. Nucleation of Population and Water Storage among the Ancient Maya. *Science* 251: 632.

———. 1995. Early Classic Maya Civilization: A View from Rio Azul. In Grube 1995, 35–48.

———. 1999. *Río Azul: An Ancient Maya City*. Norman: University of Oklahoma Press.

———, ed. 2000. *Río Azul Reports*, no. 5: *The 1987 Season*. CARUTS.

Adams, R. E. W., and R. C. Aldrich. 1980. A Reevaluation of the Bonampak Murals: A Preliminary Statement on the Paintings and Texts. In Robertson 1980, 45–59.

Adams, R. E. W., V. L. Broman, W. R. Coe, W. A. Haviland, R. E. Reina, L. Satterthwaite,

D. M. Shook, and A. S. Trik. 1961. *Tikal Reports Nos. 5–10*. UPM Monograph 20.

Adams, R. E. W., W. E. Brown, and T. P. Culbert, 1981. Radar Mapping, Archaeology, and Ancient Maya Land Use. *Science* 213: 1457–63.

Adams, R. E. W., and R. C. Jones. 1981. Spatial Patterns and Regional Growth among Maya Cities. *AAnt* 46: 301–22.

Adams, R. E. W., and H. R. Robichaux. 1992. The Early Classic Painted Tombs of Rio Azul. *NGRE* 8: 428–45.

Adams, R. E. W., and W. D. Smith. 1977. Apocalyptic Visions: The Maya Collapse and Mediaeval Europe. *A* 30: 292–301

———. 1981. Feudal Models for Classic Maya Civilization. In Ashmore 1981b, 335–49.

Adams, R. E. W., and A. S. Trik. 1961. Temple I (Str. 5D–1): Post-constructional Activities. *Tikal Report*, no. 7. UPM Monograph 20: 113–47.

Adams, R. M. 1958. On the Environmental Limitations of Maya Cultural Development. *SWJA* 14: 189–98.

Agurcia F., R. 1996. Rosalila, el corazón de la acrópolis, el templo del rey-sol. *Yaxkin* 14 (2): 5–18.

———. 2004. Rosalila, Temple of the Sun King. In Bell, Canuto, and Sharer 2004, 101–11.

Agurcia F., R., and J. A. Valdés. 1994. *Secrets of Two Maya Cities: Copan and Tikal*. San José: La Nación, San José, Costa Rica.

Aimers, J. J., T. G. Powis, and J. J. Awe. 2000. Preclassic Round Structures of the Upper Belize River Valley. *LAA* 11: 71–86.

Aizpurúia, I., and P. A. McAnany. 1999. Adornment and Identity: Shell Ornaments from Formative K'axob. *AM* 10: 117–27.

Aldenderfer, M. S. 1991. Functional Evidence for Lapidary and Carpentry Craft Specialties in the Late Classic of the Central Peten Lakes Region. *AM* 2: 205–14.

Alvarado, P. de. 1924. *An Account of the Conquest of Guatemala in 1524*. Trans. S. J. Mackie. New York: Cortés Society.

Alvarez, C. 1980. *Diccionario etnolingüistico del idioma Maya Yucateco colonial*. Vol. 1, *Mundo físico*. Mexico City: Universidad Nacional Autónoma de México.

Amram, D. W. 1942. The Lacandon, Last of the Maya. *El México Antiguo* 6: 15–26.

Anaya Hernandez, A. 2001. *Site Interaction and Political Geography in the Upper Usumacinta Region during the Late Classic: A GIS Approach*. BAR International Series 994. Oxford: BAR.

Ancona, E. 1889. *Historia de Yucatán*. 2nd ed. 4 vols. Barcelona: Raviratta.

Anders, F., ed. 1967. *Codex Tro-Cortesianus (Codex Madrid), Museo de América, Madrid.* Graz: Akademische Druck-und Verlagsanstalt.

———, ed. 1968. *Codex Peresianus (Codex Paris), Bibliothèque Nationale, Paris.* Graz: Akademische Druck-und Verlagsanstalt.

———, ed. 1975. *Codex Dresdensis, Sächsische Landesbibliothek Dresden.* Graz: Akademische Druck-und Verlagsanstalt.

Anderson, A. H. 1958. More Discoveries at Caracol, British Honduras. 33rd ICA *Actas* 2: 211–18.

Anderson, D. 1978. Monuments. In Sharer 1978a, 155–80.

Andrade, M. J. 1955. A Grammar of Modern Yucatec. MCMCA, no. 41.

———. 1971. Yucatec Maya Texts. MCMCA, no. 108.

Andrews, A. P. 1978. Puertos costeros del Postclásico Temprano en el norte de Yucatán. *ECM* 11:75–93.

———. 1980a. The Salt Trade of the Ancient Maya. *A* 33 (4): 24–33.

———. 1980b. Salt-Making, Merchants and Markets: The Role of a Critical Resource in the Development of Maya Civilization. PhD diss., University of Arizona.

———. 1983. *Maya Salt Production and Trade.* Tucson: University of Arizona Press.

———. 1990a. The Fall of Chichen Itza: A Preliminary Hypothesis. *LAA* 1: 258–67.

———. 1990b. The Role of Trading Ports in Maya Civilization. In Clancy and Harrison 1990, 159–67.

———. 1993. Late Postclassic Lowland Maya Archaeology. *Journal of World Prehistory* 7: 35–69.

———. 1998. El comercio marítimo de los mayas del postclásico. *ArqM* 6 (33): 16–23.

Andrews, A P., E. W. Andrews, and F. Robles C. 2003. The Northern Maya Collapse and Its Aftermath. *AM* 14: 151–56.

Andrews, A. P., F. Asaro, H. V. Michel, F. H. Stross, and P. Cervera R. 1989. The Obsidian Trade at Isla Cerritos, Yucatan, Mexico. *JFA* 16: 355–63.

Andrews, A. P., and T. Gallareta N. 1986. The Isla Cerritos Archaeological Project, Yucatan, Mexico. *Mexicon* 8 (3): 44–48.

Andrews, A. P., and S. B. Mock. 2002. New Perspectives on the Prehispanic Maya Salt Trade. In Mas-son and Freidel 2002, 307–64.

Andrews, A. P., and F. Robles C. 1985. Chichen Itza and Coba: An Itza-Maya Standoff in Early Post-classic Yucatan. In Chase and Rice 1985, 62–72.

———, eds. 1986. *Excavaciones arqueológicas en El Meco, Quintana Roo, 1977.* INAH.

Andrews, E. W., IV. 1940. Chronology and Astronomy in the Maya Area. In *The Maya and Their Neighbors*, ed. C. L. Hay et al., 150–61. New York: Appleton Century.

———. 1951. The Maya Supplementary Series. 29th ICA *Selected Papers* 1: 123–41.

———. 1965. Archaeology and Prehistory in the Northern Maya Lowlands: An Introduction. In *HMAI* 2: 288–330.

———. 1975. Progress Report on the 1960–1964 Field Seasons NGS–Tulane University Dzibilchaltun Program. MARI Publication 31:23–67.

Andrews, E. W., IV, and E. W. Andrews V. 1980. *Excavations at Dzibilchaltun, Yucatan, Mexico.* MARI Publication 48.

Andrews, E. W., V. 1977. The Southeastern Periphery of Mesoamerica: A View from Eastern El Salvador. In Hammond 1977b, 113–34.

———. 1979a. Some Comments on Puuc Architecture of the Northern Yucatan Peninsula. In *The Puuc: New Perspectives*, ed. L. Mills, 1979, 1–17. Pella, Iowa: Central College Press.

———. 1979b. Early Central Mexican Architectural Traits at Dzibilchaltun, Yucatan. 42nd ICA *Actas* 8: 237–49.

———. 1981. Dzibilchaltun. *SHMAI* 1: 313–41.

———, ed. 1986. *Research and Reflections in Archaeology and History: Essays in Honor of Doris Stone.*

MARI Publication 57.

———. 1990. The Early Ceramic History of the Lowland Maya. In Clancy and Harrison 1990, 1–19.

Andrews, E. W., V, and A. P. Andrews. 1979. NGS-Tulane University Program of Archaeological Research in the Yucatan Peninsula, Mexico. *National Geographic Society Research Reports*, 1970 Projects: 7–22.

Andrews, E. W., V, and B. W. Fash. 1992. Continuity and Change in a Royal Maya Residential Complex at Copan. *AM* 3: 63–88.

Andrews, E. W., V, and N. Hammond. 1990. Redefinition of the Swasey Phase at Cuello, Belize. *AAnt* 55: 570–84.

Andrews, E. W., V, J. L. Johnson, W. F. Doonan, G. E. Everson, K. E. Sampeck, and H. E. Starratt.2003. A Multipurpose Structure in the Late Classic Palace at Copan. In Christie 2003, 69–97.

Andrews, E. W., V, W. M. Ringle, P. J. Barnes, A. Barrera R., and T. Gallareta N. 1984. Komchen, an Early Maya Community in Northwest Yucatan. In *Investigaciones recientes en el área maya*, 1:73–92. Mexico City: XVII Mesa Redonda, Sociedad Mexicana de Antropología.

Andrews, E. W., V, and J. A. Sabloff. 1986. Classic to Postclassic: A Summary Discussion. In Sabloff and Andrews 1986, 433–56.

Andrews, G. F. 1969. *Edzna, Campeche, Mexico: Settlement Patterns and Monumental Architecture.*Eugene: University of Oregon.

———. 1975. *Maya Cities: Placemaking and Urbanization.* Norman: University of Oklahoma Press.

———. 1994. Architectural Survey of the Rio Bec, Chenes, and Puuc Regions: Progress and Problems.In Prem 1994, 93–120.

———. 1996. Arquitectura Río Bec y Chenes. *ArqM* 3 (18): 16–25.

Andrews, G. F., D. Hardesty, C. Kerr, F. E. Miller, and R. Mogul. 1967. *Comalcalco, Tabasco, Mexico: An Architectonic Survey.* Eugene: University of Oregon.

Andrews, J. M. 1976. Reconnaissance and Archaeological Excavations in the Río Bec Area of the Maya Lowlands. *National Geographic Society Research Reports*, 1968 Projects: 19–27.

Anon. 1988. *Oxkintok 1.* Madrid: Misíon Arqueológica de España en México.

———. 1989. *Oxkintok 2.* Madrid: Misíon Arqueológica de España en México.

Aoyama, K. 1995. Microwear Analysis in the Southeast Maya Lowlands: Two Case Studies at Copan, Honduras. *LAA* 6: 129–44.

———. 1999. *Ancient Maya State, Urbanism, Exchange, and Craft Specialization: Chipped Stone Evidence from the Copan Valley and La Entrada Region*, Honduras. MLAA no.12.

Aoyama, K., T. Tashiro, and M. D. Glascock. 1999. A Pre-Columbian Obsidian Source in San Luis, Honduras: Implications for the Relationship between Late Classic Maya Political Boundaries and the Boundaries of Obsidian Exchange Networks. *AM* 10: 237–49.

Ardren, T., ed., 2002. *Ancient Maya Women.* Walnut Creek, CA: AltaMira Press.

Armijo T., R. 2003. Comalcalco: La Antigua ciudad maya de ladrillos. *ArqM* 61: 30–37.

Armillas, P. 1971. Gardens on Swamps. *Science* 174: 653–61.

Arnauld, M. C. 1986. *Archéologie de l'Alta Verapaz, Guatemala: Habitat et sociéte.* CEMCA.

———. 1990. El comercio clásico de obsidiana: Rutas entre tierras altas y tierras bajas en el area maya. *LAA* 1: 347–67.

———. 1997. Relaciones interregionales en el área Maya durante el Postclásico en base de datos arquitectonicos. In LaPorte and Escobedo 1997, 117–31.

———. 1999. Desarrollo Cultural en el Altiplano Norte. In *HGG*, vol. 1: 227–40.

Arnold, D. E., and B. F. Bohor. 1975. Attapulgite and Maya Blue. *A* 28: 23–29.

Arroyo, B. 1995. Early Ceramics from El Salvador: The El Carmen Site. In Barnett and Hoopes 1995, 199–208.

Ascher, M., and R. Ascher. 1969. Code of Ancient Peruvian Knotted Cords (Quipus). *Nature* 222: 529–53.

———. 1981. *Code of the Quipu*. Ann Arbor: University of Michigan Press.

Ashmore, W., ed. 1979. *Quirigua Reports I*. Papers 1–5. UPM.

———. 1980a. The Classic Maya Settlement at Quirigua. *Expedition* 23 (1): 20–27.

———. 1980b. Discovering Early Classic Quirigua. *Expedition* 23 (1): 35–44.

———. 1981a. Some Issues of Method and Theory in Lowland Maya Settlement Archaeology. In Ashmore 1981b, 37–70.

———, ed. 1981b. *Lowland Maya Settlement Patterns*. SAR. Albuquerque: University of New Mexico Press.

———. 1984a. Quirigua Archaeology and History Revisited. *JFA* 11: 365–86.

———. 1984b. Classic Maya Wells at Quirigua, Guatemala: Household Facilities in a Water-rich Setting. *AAnt* 49: 147–53.

———. 1986. Peten Cosmology in the Maya Southeast: An Analysis of Architecture and Settlement Patterns at Classic Quirigua. In Urban and Schortman 1986, 35–49.

———. 1988. Household and Community at Classic Quirigua. In Wilk and Ashmore 1988, 153–69.

———. 1990. Ode to a Dragline: Demographic Reconstructions at Classic Quirigua. In Culbert and Rice 1990, 63–82.

———. 1991. Site-Planning Principles and Concepts of Directionality among the Ancient Maya. *LAA* 2: 199–226.

———. 1992. Deciphering Maya Architectural Plans. In Danien and Sharer 1992, 173–84.

———. 1998. Monumentos políticos: Sitio, asentamiento y paisaje alrededor de Xunantunich, Belice. In Ciudad R. et al. 1998, 161–83.

———. 2004. Ancient Maya Landscapes. In Golden and Borgstede 2004, 97–111.

Ashmore, W., and A. B. Knapp, eds. 1999. *The Archaeologies of Landscape*. London: Blackwell.

Ashmore, W., and J. A. Sabloff. 2002. Spatial Orders in Maya Civic Plans. *LAA* 13: 201–16.

Ashmore, W., E. M. Schortman, and R. J. Sharer. 1983. The Quirigua Project: 1979 Season. In *Quirigua Reports II*, ed. E. M. Schortman and P. A. Urban. UPM.

Ashmore, W., and R. J. Sharer. 1978. Excavations at Quirigua, Guatemala: The Ascent of an Elite Maya Center. *A* 31 (6): 10–19.

Ashmore, W., and G. R. Willey. 1981. An Historical Introduction to the Study of Lowland Maya Settlement Patterns. In Ashmore 1981b, 3–18.

Ashmore, W., J. Yaeger, and C. Robin. 2004. Commoner Sense: Late and Terminal Classic Social Strategies in the Xunantunich Area. In Demarest, Rice, and Rice 2004, 302–23.

Aulie, H. W., and E. W. Aulie. 1978. *Diccionario Ch'ol-Español, Español-Ch'ol*. Serie de Vocabularios y Diccionarios Indígenas Mariano Silva y Aceves, no. 21. Mexico City: Instituto Lingüistico de Verano.

Aveni, A. F. 1975a. Possible Astronomical Orientations in Ancient Mesoamerica. In Aveni 1975b, 163–90.

———, ed. 1975b. *Archaeoastronomy in Precolumbian America*. Austin: University of Texas Press.

———. 1979. Venus and the Maya. *American Scientist* 67: 274–85.

———, ed. 1982. *Archaeoastronomy in the New World*. Cambridge: Cambridge University Press.

———. 2001. *Skywatchers: A Revised and Updated Version of Skywatchers of Ancient Mexico*. Austin: University of Texas Press.

———. 2003. Archaeoastronomy in the Ancient Americas. *JAS* 11: 149–91.

Aveni, A. F., A. S. Dowd, and B. Vining. 2003. Maya Calendar Reform? Evidence from Orientation of Specialized Architectural Assemblages. *LAA* 14: 159–78.

Aveni, A. F., S. L. Gibbs, and H. Hartung. 1975. The Caracol Tower at Chichen Itza: An Ancient Astronomical Observatory? *Science* 188: 977–85.

Aveni, A. F., and H. Hartung. 1986. Maya City Planning and the Calendar. *Transactions of the American Philosophical Society* 76 (7). Philadelphia.

Aveni, A. F., S. Milbrath, and C. Peraza L. 2004. Chichen Itza's Legacy in the Astronomically Oriented Architecture of Mayapan. *Res: Anthropology and Aesthetics* 45: 123–43.

Awe, J. J., and P. F. Healy. 1994. Flakes to Blades? Middle Formative Development of Obsidian Artifacts in the Upper Belize River Valley. *LAA* 5: 193–205.

Ayala, M. 1995. The History of Tonina According to its Inscriptions. PhD diss., University of Texas at Austin.

Bains, J. 1995. Kingship, Definition of Culture and Legitimation. In *Ancient Egyptian Kingship*, ed.D. O'Connor and D. Silverman, 3–47. Leiden: E. J. Brill.

Ball, J. W. 1974a. A Coordinate Approach to Northern Maya Prehistory: A.D. 700–1200. *AAnt* 39: 85–93.

———. 1974b. A Teotihuacan-Style Cache from the Maya Lowlands. *A* 27 (1): 2–9.

———. 1977a. An Hypothetical Outline of Coastal Maya Prehistory: 300 B.C.–A.D. 1200. In Hammond 1977b, 167–96.

———. 1977b. *The Archaeological Ceramics of Becan, Campeche, Mexico.* MARI Publication 43.

———. 1978. Archaeological Pottery of the Yucatan-Campeche Coast. MARI Publication 46: 76–146.

———. 1979. Southern Campeche and the Mexican Plateau: Early Classic Contact Situation. 42nd ICA *Actas* 8: 271–80.

———. 1983. Teotihuacan, the Maya, and Ceramic Interchange: A Contextual Perspective. In A. G. Miller 1983, 126–46.

———. 1986. Campeche, the Itza, and the Postclassic: A Study in Ethnohistorical Archaeology. In Sabloff and Andrews 1986, 379–408.

———. 1993. Pottery, Potters, Palaces, and Polities: Some Socioeconomic and Political Implications of Late Classic Maya Ceramic Industries. In Sabloff and Henderson 1993, 243–72.

———. 1994. Northern Maya Archaeology: Some Observations on an Emerging Paradigm. In Prem 1994, 389–96.

Ball, J. W., and E. W. Andrews V. 1975. The Polychrome Pottery of Dzibilchaltun, Yucatan, Mexico: Typology and Archaeological Context. MARI Publication 31: 227–47.

Ball, J. W., and J. M. Ladd. 1992. Ceramics. In Coggins 1992, 191–233.

Ball, J. W., and J. T. Taschek. 1991. Late Classic Lowland Maya Political Organization and Central Place Analysis. *AM* 2: 149–65.

———. 2001. The Buenavists-Cahal Pech Royal Court: Multi-Palace Court Mobility and Usage in a Petty Lowland Maya Kingdom. In Inomata and Houston 2001, 2: 165–200.

———. 2003. Reconsidering the Belize Valley Preclassic: A Case for Multiethnic Interactions in the Development of a Regional Cultural Tradition. *AM* 14: 179–217.

Bamforth, D. B., and A. C. Spaulding. 1982. Human Behavior, Explanation, Archaeology, History, and Science. *JAA* 1: 170–95.

Barnett, W., and J. Hoopes, eds. 1995. *The Emergence of Pottery: Technology and Innovation in Ancient Societies.* Washington, DC: Smithsonian Institute Press.

Barnhart, E. L. 2002. Residential Burials and Ancestor Worship: A Reexamination of Classic Maya Settlement Patterns. In Tiesler Blos, Cobos, and Greene 2002, 2: 41–58.

Barrera Rubio, A. 1978. Settlement Patterns in the Uxmal Area, Yucatan, Mexico. Paper presented at the 43rd Annual Meeting of the Society for American Archaeology, Tucson.

———. 1980. Mural Paintings of the Puuc Region in Yucatan. In Robertson 1980, 173–82.

———. 1985. Littoral-Marine Economy at Tulum, Quintana Roo, Mexico. In Chase and Rice 1985, 50–61.

———. 1995. El Puuc. *ArqM* 2 (11): 18–25.

Barrera Rubio, A., and J. Hutchin H. 1990. *Architectural Restoration at Uxmal, 1986–1987.* University of Pittsburgh Latin American Archaeology Reports, no. 1. Pittsburgh.

Barrera Vásquez, A. 1939. Algunos datos acerca del arte plumaria entre los Mayas. *Cuadernos Mayas* 1. Mérida.

———. 1980. *Diccionario Maya Cordemex, Maya-Español, Español-Maya.* Mérida: Ediciones Cordemex.

Barrera Vásquez, A., and S. G. Morley. 1949. *The Maya Chronicles.* CIW Publication 585.

Barrientos Q., T., M. Popenoe de Hatch, and M. Ivic de Monterroso. 1999. Región del Oriente: del Preclásico al Postclásico. In *HGG* 1: 331–38.

Barthel, T. 1968. El complejo "emblema." *ECM* 7: 159–93.

Bassie Sweet, K. 1991. *From the Mouth of the Dark Cave.* Norman: University of Oklahoma Press.

———. 1996. *At the Edge of the World.* Norman: University of Oklahoma Press.

———. 2002. Corn Deities and the Complementary Male /Female Principle. In Tiesler Blos, Cobos, and Greene 2002, 2: 105–25.

Baudez, C. F., ed. 1983. *Introduccíon a la arqueología de Copán, Honduras.* 3 vols. Tegucigalpa: Secretaría de Estado en el Despacho de Cultura y Turismo, y Instituto Hondureño de Antropología e Historia.

———. 1986. Iconography and History at Copán. In Urban and Schortman 1986, 17–26.

———. 1999. Los templos enmascarados de Yucatan. *ArqM* 7 (37): 54–59.

Beach, T., and N. P. Dunning. 1995. Ancient Maya Terracing and Modern Conservation in the Peten Rainforest in Guatemala. *Journal of Soil and Water Conservation* 50: 138–45.

Beaudry, M. P. 1987. Southeast Maya Polychrome Pottery: Production, Distribution, and Style. In P. Rice and Sharer 1987, 503–23.

Becker, M. J. 1972. Plaza Plans at Quirigua, Guatemala. *Katunob* 8 (2): 47–62.

———. 1973. Archaeological Evidence for Occupational Specialization among the Classic-Period Maya at Tikal, Guatemala. *AAnt* 38: 396–406.

———. 1979. Priests, Peasants and Ceremonial Centers: The Intellectual History of a Model. In Hammond and Willey 1979, 3–20.

———. 1992. Burials as Caches; Caches as Burials: A New Interpretation of the Meaning of Ritual Deposits among the Classic Period Lowland Maya. In Danien and Sharer 1992, 185–96.

———. 2003. Plaza Plans at Tikal: A Research Strategy for Inferring Social Organization and Processes of Culture Change at Lowland Maya Sites. In Sabloff 2003, 253–80.

Becker, M. J., with C. Jones. 1999. *Excavations in Residential Areas of Tikal: Groups with Shrines.* Tikal Report, no. 21. UPM.

Becquelin, P. 1969. *Archéologie de la region de Nebaj (Guatemala).* Memoires de l' Institut d' Ethnologie, no. 2. Paris.

Becquelin, P., and C. Baudez, eds. 1975. Architecture et sculpture à Tonina, Chiapas, Mexique. 41st ICA *Actas* 1: 433–35.

———, eds. 1979. *Tonina, une cité Maya du Chiapas, Tome I.* CEMCA.

———, eds. 1982a. *Tonina, une cité Maya du Chiapas, Tome II.* CEMCA.

———, eds. 1982b. *Tonina, une cité Maya du Chiapas, Tome III.* CEMCA.

Becquelin, P., and E. Taladoire. 1991. *Tonina, une cité Maya du Chiapas, Tome IV.* CEMCA.

Beetz, C. P. 1980. Caracol Thirty Years Later: A Preliminary Account of Two Rulers. *Expedition* 22 (3): 4–11.

Beetz, C. P., and L. Satterthwaite. 1981. *The Monuments and Inscriptions of Caracol, Belize.* University

Museum Monograph 45. UPM.

Bell, E. E. 2002. Engendering a Dynasty: A Royal Woman in the Margarita Tomb, Copan. In Ardren 2002, 89–104.

Bell, E. E., M. A. Canuto, and J. Ramos. 2001. El Paraíso: Punto embocadero de la periferia sudeste maya. *Yaxkin* 29: 41–75.

Bell, E. E., M. A. Canuto, and R. J. Sharer, eds. 2004. *Understanding Early Classic Copan*. UPM.

Bendix, R. 1978. *Kings or People: Power and the Mandate to Rule*. Berkeley and Los Angeles: University of California Press.

Benevides C., A. 1976. El sistema prehispánico de comunicaciones terrestres en la regíon de Cobá, Quintana Roo, y sus implicaciones sociales. Tesis, Universidad Nacional Autónoma de México.

———. 1977. Los caminos prehispánicos de Cobá. *XV Mesa Redonda de la Sociedad Mexicana de Antropología* 2: 215–25.

———. 1981. *Cobá: Una ciudad prehispánica de Quintana Roo*. Mexico City: INAH Centro Regional de Sureste.

———. 1995. Becan y su región. *Journal de la Société des Américanistes* 81: 259–66.

———. 1996. Edzna, Campeche. *ArqM* 3 (18): 26–31.

———. 1997. *Edzna: A Pre-Columbian City in Campeche*. Mexico: INAH; Pittsburgh: University of Pittsburgh.

———. 1998. Las mujeres mayas de ayer. *ArqM* 5 (29): 34–41.

———. 2000. Ichmac, un sitio Puuc de Campeche. *Mexicon* 22: 134–39.

———. 2001. Xchan, Campeche, un sitio Puuc con columnas decoradas. *Mexicon* 23: 146–48.

Bennetzen, J., E. Buckler, V. Chandler, J. Doebley, J. Dorweiler, B. Gaut, M. Freeling, S. Hake, E. Kellogg, R. Poethig, V. Walbot, and S. Wessler. 2001. Genetic evidence and the origin of maize. *LAA* 12: 84–86.

Benson, E. P., ed. 1968. *Dumbarton Oaks Conference on the Olmec*. DO.

———, ed. 1973. *Mesoamerican Writing Systems*. DO.

———. 1977a. *The Maya World*. Rev. ed. New York: Crowell.

———, ed. 1977b. *The Sea in the Pre-Columbian World*. DO.

———, ed. 1987. *City States of the Maya: Art and Architecture*. Denver: Rocky Mountain Institute for Pre-Columbian Studies.

Benson, E. P., and E. H. Boone, eds. 1984. *Ritual Human Sacrifice in Mesoamerica*. DO.

Benson, E. P., and G. G. Griffin, eds. 1988. *Maya Iconography*. Princeton, NJ: Princeton University Press.

Berdan, F. F. 1978. Ports of Trade in Mesoamerica: A Reappraisal. In Lee and Navarrete 1978, 187–98.

Berdan, F. F., M. A. Masson, J. Gasco, and M. E. Smith. 2003. An International Economy. In Smith and Berdan 2003, 96–108.

Berendt, C. H. 1957. Calendario cakchiquel de los indios de Guatemala, 1685. *Antropología e Historia de Guatemala* 9 (2): 17–29.

Berlin, B. 1968. *Tzeltal Numeral Classifiers: A Study in Ethnographic Semantics*. The Hague: Mouton.

Berlin, B., D. E. Breedlove, and P. H. Raven. 1974. *Principles of Tzeltal Plant Classification*. New York: Academic Press.

Berlin, B., and P. Kay. 1969. *Basic Color Terms: Their Universality and Evolution*. Berkeley and Los Angeles: University of California Press.

Berlin, H. 1958. El glifo "emblema" en las inscripciones mayas. *Journal de la Socíeté des Américanistes* 47: 111–19.

———. 1959. Glifos nominales en el sarcófago de Palenque. *Humanidades* 2 (10): 1–8.

———. 1963. The Palenque Triad. *Journal de la Socíeté des Américanistes* 52: 91–99.

———. 1965. The Inscription of the Temple of the Cross at Palenque. *AAnt* 30: 330–42.

———. 1970. The Tablet of the 96 Glyphs at Palenque, Chiapas, Mexico. MARI Publication 26: 137–49.

———. 1977. *Signos y significados en las inscripciones mayas*. Guatemala: Instituto Nacional del Patrimonio Cultural de Guatemala.

Bernal, I. 1969. *The Olmec World*. Trans. D. Heyden and F. Horcasitas. Berkeley and Los Angeles: University of California Press.

Bey, G. J., T. M. Bond, W. M. Ringle, C. A. Hanson, C. W. Houk, and C. Peraza L. 1998. The Ceramic Chronology of Ek Balam. *AM* 9: 101–20.

Bey, G. J., C. A. Hanson, and W. M. Ringle. 1997. Classic to Postclassic at Ek Balam, Yucatan: Architectural and Ceramic Evidence for Defining the Transition. *LAA* 8: 237–54.

Bey, G. J., and W. M. Ringle. 1989. The Myth of the Center: Political Integration at Ek Balam, Yucatan, Mexico. Paper presented at the 54th Annual Meeting of the Society for American Archaeology, Atlanta.

Beyer, H. 1931. The Analysis of the Maya Hieroglyphs. *Internationales Archiv für Ethnographie* 31: 1–20.

———. 1935. On the Correlation between Maya and Christian Chronology. *Maya Research* 2 (1): 64–72.

———. 1936. The True Zero Date of the Maya. *Maya Research* 3: 202–4.

———. 1937. *Studies on the Inscriptions at Chichen Itza*. CIW Publication 483.

Bill, C. R. 1997. Patterns of Variation and Change in Dynastic Period Ceramics and Ceramic Production at Copan, Honduras. Ph.D. diss., Tulane University.

Bill, C. R., C. L. Hernúndez, and V. R. Bricker. 2000. The Relationship between Early Colonial Maya New Year's Ceremonies and Some Almanacs in the Madrid Codex. *AM* 11: 149–68.

Bishop, R. L. 1984. Anúlisis por activacíon de neutrones de la cerúmica de El Mirador. *Mesoamerica* 5 (7): 103–11.

Bittmann, B., and T. D. Sullivan. 1978. The Pochteca. NWAF Papers, no. 40: 211–18.

Blake, M. 1991. An Emerging Early Formative Chiefdom at Paso de la Amada, Chiapas, Mexico. In Fowler 1991, 27–46.

———, ed. 1999. *Pacific Latin America in Prehistory*. Pullman: Washington State University Press.

Blake, M., and J. E. Clark. 1999. The Emergence of Hereditary Inequality: The Case of Pacific Coastal Chiapas, Mexico. In Blake 1999, 39–54.

Blake, M., J. E. Clark, B. Voorhies, G. Michaels, M. W. Love, M. E. Pye, A. A. Demarest, and B. Arroyo. 1995 Radiocarbon Chronology for the Late Archaic and Formative Periods on the Pacific Coast of Southeastern Mesoamerica. *AM* 6: 161–83.

Blanton, R., and G. Feinman. 1984. The Mesoamerican World System. *AA* 86: 673–82.

Blanton, R. E., G. M. Feinman, S. A. Kowalewski, and P. N. Peregrine. 1996. A Duel-Processual Theory for the Evolution of Mesoamerican Civilization. *CA* 37: 1–14.

Blanton, R. E., S. A. Kowalewski, G. M. Feinman, and L. Finsten. 1993. *Ancient Mesoamerica: A Comparison of Change in Three Regions*. 2nd ed. Cambridge: Cambridge University Press.

Blom, F. 1932. *Commerce, Trade and Monetary Units of the Maya*. MARI Publication 4.

———. 1936. *The Conquest of the Yucatan*. Boston: Houghton Mifflin.

Blom, F., and O. La Farge. 1926–27. *Tribes and Temples*. MARI Publications 1 and 2.

Boggs, S. H. 1950. Olmec Pictographs in the Las Victorias Group, Chalchuapa Archaeological Zone, El Salvador. CIW *NMA* 99.

Bolles, D. 1990. The Maya Calendar: The Solar-Agricultural Year and Correlation Questions. *Mexicon* 12: 85–89.

Bolles, J. S. 1977. *Las Monjas: A Major Pre-Mexican Architectural Complex at Chichen Itza*. Norman: University of Oklahoma Press.

Boone, E. H., and G. R. Willey, eds. 1988. *The Southeast Maya Zone*. DO.

Borgstede, G. 2004. Ethnicity and Archaeology in the Western Highlands, Guatemala. PhD diss., Univer-

sity of Pennsylvania.
Borhegyi, S. F. 1950. A Group of Jointed Figurines in the Guatemala National Museum. CIW *NMA* 1.
———. 1961. Miniature Mushroom Stones from Guatemala. *AAnt* 26: 498–504.
———. 1965a. Archaeological Synthesis of the Guatemalan Highlands. In *HMAI* 2: 3–58.
———. 1965b. Settlement Patterns of the Guatemalan Highlands. In *HMAI* 2: 59–75.
Borowicz, J. 2003. Images of Power and the Power of Images: Early Classic Iconographic Programs of the Carved Monuments of Tikal. In Braswell 2003e, 217–34.
Boserup, E. 1965. *The Conditions of Agricultural Growth: The Economics of Agrarian Change under Population Pressure*. Chicago: Aldine.
Boucher Le Landais, S., and Y. Palomo C. 2000. Cerámica ritual de Calakmul. *ArqM* 7 (37): 34–39.
Bove, F. J. 1991. The Teotihuacan-Kaminaljuyu-Tikal Connection: A View from the South Coast of Guatemala. In Robertson and Fields 1991, 135–42.
———. 2002. The Archaeology of Late Postclassic Settlements on the Guatemala Pacific Coast. In Love, Poponoe de Hatch, and Escobedo 2002, 179–216.
Bove, F. J., and L. Heller, eds. 1989. *New Frontiers in the Archaeology of the Pacific Coast of Southern Mesoamerica*. Arizona State University Anthropological Research Papers, no. 39. Tempe.
Bove F. J., and S. Medrano B. 2003. Teotihuacan, Militarism, and Pacific Guatemala. In Braswell 2003e, 45–79.
Bove, F. J., S. Medrano, B. Lou, and B. Arroyo, eds. 1993. *The Balberta Project: The Terminal Formative-Early Classic Transition on the Pacific Coast of Guatemala*. MLAA, no. 6.
Bowditch, C. P. 1901. *Notes on the Report of Teobert Maler in Memoirs of the Peabody Museum* 2 (1). PMAE.
———. 1910. *The Numeration, Calendar Systems and Astronomical Knowledge of the Mayas*. Cambridge, MA: University Press.
Brady, J. E. 1995. A Reassessment of the Chronology and Function of Gordon's Cave #3, Copan, Honduras. *AM* 6: 29–38.
———. 1997. Settlement Configurations and Cosmology: The Role of Caves at Dos Pilas. *AA* 99: 602–18.
Brady, J. E., and W. Ashmore. 1999. Mountains, Caves, Water: Ideational Landscapes of the Ancient Maya. In Ashmore and Knapp 1999, 124–45.
Brady, J. E., J. W. Ball, R. L. Bishop, D. C. Pring, N. Hammond, and R. A. Housley. 1998. The Lowland Maya "Protoclassic": A Reconsideration of Its Nature and Significance. *AM* 9: 17–38.
Brainerd, G. W. 1954. *The Maya Civilization*. Los Angeles: Southwest Museum.
———. 1958. *The Archaeological Ceramics of Yucatan*. Anthropological Records, no. 19. University of California, Berkeley.
Brasseur de Bourbourg, C. E. 1866. *Palenque et autres ruines de l'ancienne civilisation du Mexique*. Paris: Bertrand.
Braswell, G. E. 1992. Obsidian-Hydration Dating, the Coner Phase, and Revisionist Chronology at Copan, Honduras. *LAA* 3: 130–47.
———. 1998. La arqueología de San Martín Jilotepeque, Guatemala. *Mesoamerica* 35: 117–54.
———. 2001. Post-Classic Maya Courts of the Guatemalan Highlands: Archaeological and Ethnohis torical Approaches. In Inomata and Houston 2001, 2: 308–34.
———, ed. 2002. Praise the Gods and Pass the Obsidian?: The Organization of Ancient Economy in San Martin Jilotepeque, Guatemala. In Masson and Freidel 2002, 285–306.
———. 2003a. Introduction: Reinterpreting Early Classic Interaction. In Braswell 2003e, 1–43.
———. 2003b. Dating Early Classic Interaction between Kaminaljuyu and Central Mexico. In Braswell 2003e, 81–104.
———. 2003c. Understanding Early Classic Interaction between Kaminaljuyu and Central Mexico. In

Braswell 2003e, 105–41.

———. 2003d. K'iche'an Origins, Symbolic Emulation, and Ethnogenesis in the Maya Highlands, AD 1450–1524. In Smith and Berdan 2003, 105–42.

———. 2003e. *The Maya and Teotihuacan: Reinterpreting Early Classic Interaction.* Austin: University of Texas Press.

———. 2004. Lithic Analysis in the Maya Area. In Golden and Borgstede 2004, 177–99.

Bray, W. 1977. Maya Metalwork and Its External Connections. In Hammond 1977b, 365–403.

———. 1997. Central American Influences on the Development of Maya Metallurgy. *ICM* 4: 307–29.

Brenner, M., D. A. Hodell, and J. H. Curtis. 2002. Paleoliminology of the Maya Lowlands: Long-Term Perspectives on Interactions among Climate, Environment, and Humans. *AM* 13: 141–57.

Bricker, H. M., and V. R. Bricker. 1983. Classic Maya Prediction of Solar Eclipses. *Current Anthropology* 24: 1–24.

———. 1999. Astronomical Orientation of the Skyband Bench at Copan. *JFA* 26: 435–42.

Bricker, H. M., A. F. Aveni, and V. R. Bricker. 2001. Ancient Maya Documents Concerning the Movements of Mars. *PNAS* 98: 2107–10.

Bricker, V. R. 1973. *Ritual Humor in Highland Chiapas.* Austin: University of Texas Press.

———. 1983. Directional Glyphs in Maya Inscriptions and Codices. *AAnt* 48: 347–53.

———. 1986. *A Grammar of Mayan Hieroglyphs.* MARI Publication 56.

———. 1992. Noun and Verb Morphology in the Maya Script. In *HMAI*, suppl. 5: 70–81.

———. 2002. Evidencia de doble descendencia en las inscripciones de Yaxchilan y Piedras Negras. In Tiesler Blos, Cobos, and Greene 2002, 1: 125–45.

Bricker, V. R., and C. R. Bill. 1994. Mortuary Practices in the Madrid Codex. In Robertson and Fields 1994, 195–200.

Bricker, V. R., and G. Vail, eds. 1997. *Papers on the Madrid Codex.* MARI Publication 64.

Brinton, D. G. 1882. *The Maya Chronicles.* Brinton's Library of Aboriginal American Literature, no. 1. Philadelphia.

———. 1885. *The Annals of the Cakchiquels.* Brinton's Library of Aboriginal American Literature, no. 6. Philadelphia.

———. 1895. *A Primer of Mayan Hieroglyphs.* University of Pennsylvania Series in Philology, Literature and Archaeology 3 (2). Philadelphia.

Bronson, B. 1966. Roots and the Subsistence of the Ancient Maya. *SWJA* 22: 251–59.

Brotherston, G. 1979. Continuity in Maya Writing: New Readings of Two Passages in the Book of Chilam Balam of Chumayel. In Hammond and Willey 1979, 241–58.

Brown, C. H. 1987. The Linguistic History of Mayan Year (*ha?ab'). *Anthropological Linguistics* 29: 362–88.

Brown, C., and S. Witkowski. 1979. Aspects of the Phonological History of Mayan-Zoquean. *IJAL* 45: 34–47.

Brown, K. L. 1977. The Valley of Guatemala: A Highland Port of Trade. In Sanders and Michels 1977, 205–95.

———. 1980. A Brief Report on Paleo-Indian-Archaic Occupation in the Quiche Basin, Guatemala. *AAnt* 45: 313–24.

Brown, L. A. 2004. Dangerous Places and Wild Spaces: Creating Meaning with Materials and Space at Contemporary Maya Shrines on El Duende Mountain. *Journal of Archaeological Method and Theory* 11: 31–58.

———. Forthcoming. Planting the Bones: Hunting Ceremonialism at 20th and 19th Century Shrines in the Guatemalan Highlands. *LAA.*

Brown, L. A., and P. D. Sheets. 2000. Distinguishing Domestic from Ceremonial Structures in Southern

Mesoamerica: Suggestions from Ceren, El Salvador. *Mayab* 13: 11–21.

Brown, M. K., and J. F. Garber. 2003. Evidence of Conflict during the Middle Preclassic in the Maya Lowlands. In Brown and Stanton 2003, 91–108.

Brown, M. K., and Stanton, T. W., eds. 2003. *Warfare and Conflict in Ancient Mesoamerica.* Walnut Creek, CA: AltaMira Press.

Bruce, R. D. 1975. *Lacandon Dream Symbolism: Dream Symbolism and Interpretation among the Lacandon Maya of Chiapas, Mexico.* Mexico City: Ediciones Euro-Americanas Klaus Thiele.

Brumfiel, E. 1992. Breaking and Entering the Ecosystem: Gender, Class, and Faction Steal the Show. *AA* 94: 551–67.

Brumfiel, E., and T. K. Earle, eds. 1987. *Specialization, Exchange, and Complex Societies.* Cambridge: Cambridge University Press.

Brumfiel, E., and J. W. Fox, eds. 1994. *Factional Competition and Political Development in the New World.* Cambridge: Cambridge University Press.

Brunhouse, R. L. 1971. *Sylvanus G. Morley and the World of the Ancient Maya.* Norman: University of Oklahoma Press.

———. 1973. *In Search of the Maya: The First Archaeologists.* Albuquerque: University of New Mexico Press.

———. 1975. *Pursuit of the Ancient Maya: Some Archaeologists of Yesterday.* Albuquerque: University of New Mexico Press.

Buikstra, J. E., T. D. Price, L. E. Wright, and J. A. Burton. 2004. Tombs from the Copan Acropolis: A Life History Approach. In Bell, Canuto, and Sharer 2004, 191–212.

Bullard, W. R., Jr. 1952. *Residential Property Walls at Mayapan.* CIW Current Reports, Department of Archaeology, no. 3.

———. 1960. Maya Settlement Pattern in Northeastern Peten, Guatemala. *AAnt* 25: 355–72.

———. 1970. Topoxte, A Postclassic Site in Peten, Guatemala. PMAE Papers 61: 245–307.

Bunzel, R. 1952. *Chichicastenango, a Guatemalan Village.* American Ethnological Society Publication 22. Locust Valley, NY.

Burkitt, R. 1930a. Excavations at Chocola. *UM Journal* 15: 115–44.

———. 1930b. Explorations in the Highlands of Western Guatemala. *UM Journal* 21: 41–72.

Butzer, K. 1996. Ecology in the Long View: Settlement Histories, Agrosystemic Strategies, and Ecological Performance. *JFA* 23: 141–50.

Byers, D. S., ed. 1967. *The Prehistory of the Tehuacan Valley.* Vol. 1, *Environment and Subsistence.* Austin: University of Texas Press.

Campbell, L. R. 1976. The Linguistic Prehistory of the Southern Mesoamerican Periphery. *XIV Mesa Redonda, Sociedad Mexicana de Antropología* 1: 157–83.

———. 1977. *Quichean Linguistic Prehistory.* University of California Publications in Linguistics, no. 81. Berkeley and Los Angeles: University of California Press.

———(with P. Ventur, R. Stewart, and B. Gardner). 1978. *Bibliography of Mayan Languages and Linguistics.* IMS Publication, no. 3.

Campbell, L. R., and T. S. Kaufman. 1976. A Linguistic Look at the Olmecs. *AAnt* 41: 80–89.

———. 1980. On Mesoamerican Linguistics. *AA* 82: 850–57.

———. 1984. The Implications of Mayan Historical Linguistics for Glyphic Research. In Justeson and Campbell 1984, 1–16.

Canuto, M. A. 2002. A Tale of Two Communities: The Role of the Rural Community in the Sociopolitical Integration of the Copan Drainage in the Late Preclassic and Classic Periods. PhD diss., University of Pennsylvania, Philadelphia.

———. 2004. The Rural Settlement of Copan: Changes through the Early Classic. In Bell, Canuto, and

Sharer 2004, 29–50.

Canuto, M., and W. L. Fash. 2004. The Blind Spot: Where the Elite and Non-Elite Meet. In Golden and Borgstede 2004, 51–76.

Canuto, M., and J. Yaeger, eds. 2000. *The Archaeology of Communities: A New World Perspective.* London: Routledge Press.

Carlsen, R. S. 1997. *The War for the Heart and Soul of a Highland Maya Town.* Austin: University of Texas Press.

Carmack, R. M. 1968. Toltec Infiuences on the Postclassic Culture History of Highland Guatemala. MARI Publication 26: 49–92.

———. 1973. *Quichean Civilization.* Berkeley and Los Angeles: University of California Press.

———. 1977. Ethnohistory of the Central Quiche: The Community of Utatlan. In Wallace and Carmack 1977, 1–19.

———. 1981. *The Quiche Mayas of Utatlan.* Norman: University of Oklahoma Press.

Carmack, R. M., and J. M. Weeks. 1981. The Archaeology and Ethnohistory of Utatlan: A Conjunctive Approach. *AAnt* 46: 323–41.

Carmean, K. C. 1991. Architectural Labor Investment and Social Stratification at Sayil, Yucatan, Mexico. *LAA* 2: 151–65.

———. 1998. Leadership at Sayil: A Study of Political and Religious Decentralization. *AM* 9: 259–70.

Carmean, K., N. Dunning, and J. K. Kowalski. 2004. High Times in the Hill Country: A Perspective from the Terminal Classic Puuc Region. In Demarest, Rice, and Rice 2004, 424–49.

Carmean, K., and Sabloff, J. A. 1996. Political Decentralization in the Puuc Region, Yucatan, Mexico. *JAR* 52: 317–30.

Carnegie Institution of Washington. 1935. *Botany of the Maya Area.* CIW Publication 461.

———. 1940. *Botany of the Maya Area.* CIW Publication 522.

Carneiro, R. L. 1967. On the Relationship between Size of Population and Complexity of Social Organization. *SWJA* 23: 234–43.

———. 1970. A Theory of the Origin of the State. *Science* 169: 733–38.

———. 1988. The Circumscription Theory. *American Behavioral Scientist* 31: 497–511.

———. 1998. What Happened at the Flashpoint? Conjectures on Chiefdom Formation at the Very Moment of Conception. In Redmond 1998, 18–42.

Carr, H. S. 1996. Precolumbian Maya Exploitation and Management of Deer Populations. In Fedick 1996, 251–61.

Carr, R. F., and J. E. Hazard. 1961. *Map of the Ruins of Tikal, El Peten, Guatemala.* Tikal Report, no. 11, UPM Monograph 21.

Carrasco, D. 1982. *Quetzalcoatl and the Irony of Empire: Myths and Prophesies in the Aztec Tradition.* Chicago: University of Chicago Press.

Carrasco, D., L. Jones, and S. Sessions, eds. 2000. *Mesoamerica's Classic Heritage: From Teotihuacan to the Aztecs.* Boulder, CO: University Press of Colorado.

Carrasco V., R. 1991. The Structure 8 Tablet and the Development of the Great Plaza at Yaxchilan. In Robertson and Fields 1991, 110–17.

———. 1996. Calakmul, Campeche. *ArqM* 3 (18): 46–51.

———. 1999a. Actividad ritual y objetos de poder en la Estructura IV de Calakmul, Campeche. In Gubler 1999, 69–84.

———. 1999b. Tumbas reales de Calakmul: Ritos funerarios y estructura de poder. *ArqM* 7: 28–31.

———. 2000. El Cuchcabal del la Cabeza de Serpiente. *ArqM* 7 (42): 12–19.

Carrasco V., R., S. Boucher, P. Alvarez, V. Tiesler Blos, V. Garcia V., R. García M., and J. Vasquez N.1999. A Dynastic Tomb from Campeche, Mexico: New Evidence on Jaguar Paw, A Ruler of Calakmul. *LAA* 10: 47–58.

Carrelli, C. W. 2004. Measures of Power: The Energetics of Royal Construction at Early Classic Copan.In Bell, Canuto, and Sharer 2004, 113–27.

Carrillo y Ancona, C. 1937. *Historia antigua de Yucatán*, Mérida: Tipográfica Yucateca.

Carsten, J., and S. Hugh-Jones, eds. 1995. *About the House: Leví-Strauss and Beyond*. New York: Cambridge University Press.

Carter, W. E. 1969. *New Lands and Old Traditions: Kekchi Cultivators in the Guatemalan Lowlands*. Latin American Monograph, no. 6. Gainesville: University of Florida Press.

Cashdan, E. 1980. Egalitarianism among Hunters and Gatherers. *AA* 82: 116–20.

Caso, A. 1936. *La religíon de los Aztecas*. Mexico City: Imprenta Mundial.

———. 1965. Sculpture and Mural Painting of Oaxaca. In *HMAI* 3: 849–70.

Castañeda, Q. E. 1996. *In The Museum of Maya Culture*. Minneapolis: University of Minnesota Press.

Catherwood, F. 1844. *Views of Ancient Monuments in Central America, Chiapas, and Yucatan*. New York: Barlett and Welford.

Chamberlain, R. S. 1948. *The Conquest and Colonization of Yucatan*, 1517–50. CIW Publication 582.

Chang, K. C. 1972. *Settlement Patterns in Archaeology*. Reading, MA: Addison-Wesley Modules in Anthropology, no. 24.

Chapman, A. M. 1957. Port of Trade Enclaves in Aztec and Maya Civilizations. In *Trade and Market in the Early Empires*, ed. K. Polanyi, C. Arensberg, and H. Pearson. Glencoe, IL: Free Press.

Charencey, H. de. 1872. Recherches sur les lois phonétiques dans les idiomes de la famille Mame-Huastèque. *Revue de Linguistique et de Philologie Comparée* 5: 129–67.

Chase, A. F. 1979. Regional Development in the Tayasal-Paxcaman Zone, El Peten, Guatemala: A Preliminary Statement. *CCM* 11: 87–119.

———. 1990. Maya Archaeology and Population Estimates in the Tayasal-Paxcaman Zone, Peten, Guatemala. In Culbert and Rice 1990, 149–65.

———. 1991. Cycles of Time: Caracol in the Maya Realm. In Robertson and Fields 1991, 32–42.

Chase, A. F., and D. Z. Chase, 1987. *Investigations at the Classic Maya City of Caracol, Belize: 1985–1987*. PARI Monograph 3.

———. 1989. The Investigation of Classic Period Maya Warfare at Caracol, Belize. *Mayab* 5: 5–18.

———. 1996a. A Mighty Maya Nation: How Caracol Built an Empire by Cultivating Its "Middle Class." *A* 49 (5): 66–72.

———. 1996b. The Organization and Composition of Classic Lowland Maya Society: The View from Caracol, Belize. In Robertson, Macri, and McHargue 1996, 213–22.

———. 1996c. More Than Kin and King: Centralized Political Organization among the Late Classic Maya. *CA* 37:803–30.

———. 1998a. Scale and Intensity in Classic Period Maya Agriculture: Terracing and Settlement at the 'Garden City' of Caracol, Belize. *Culture and Agriculture* 20 (2): 60–77.

———. 1998b. Late Classic Maya Political Structure, Polity Size, and Warfare Arenas. In Ciudad R. et al. 1998, 11–29.

———. 2000. Sixth and Seventh Century Variability in the Southern Maya Lowlands: Centralization and Integration at Caracol, Belize. In Gunn 2000, 55–65.

———. 2001a. The Royal Court of Caracol, Belize: Its Palaces and People. In Inomata and Houston 2001, 2: 102–37.

———. 2001b. Ancient Maya Causeways and Site Organization at Caracol, Belize. *AM* 12: 273–81.

———. 2004. Un katun de investigaciones en Caracol, Belize. *ArqM* 66: 40–47.

Chase, A. F., D. Z. Chase, and W. A. Haviland. 2002. Maya Social Organization from a "Big Site" Perspective: Classic Period Caracol, Belize, and Tikal, Guatemala. In Tiesler Blos, Cobos, and Greene

2002, 1: 251–76.

Chase, A. F., D. Z. Chase, and H. W. Topsey. 1988. Archaeology and the Ethics of Collecting. *A* 41 (1): 56–60, 87.

Chase, A. F., N. Grube, and D. Z. Chase. 1991. Three Terminal Classic Monuments from Caracol, Belize. RRAMW 36.

Chase, A. F., and P. M. Rice, eds. 1985. *The Lowland Maya Postclassic.* Austin: University of Texas Press.

Chase, D. Z. 1981. The Maya Postclassic at Santa Rita Corozal. *A* 34 (1): 25–33.

———. 1985. Ganned but Not Forgotten: Late Postclassic Archaeology and Ritual at Santa Rita Corozal, Belize. In Chase and Rice 1985, 104–25.

———. 1986. Social and Political Organization in the Land of Cacao and Honey: Correlating the Archaeology and Ethnohistory of the Postclassic Lowland Maya. In Sabloff and Andrews 1986, 347–77.

———. 1988. Caches and Censerwares: Meaning from Maya Pottery. In *A Pot for All Reasons*, ed. C. C. Kolb and M. Kirkpatrick, 81–104. Philadelphia: CCM (Special Publication).

———. 1990. The Invisible Maya: Population History and Archaeology at Santa Rita Corozal. In Culbert and Rice 1990, 199–213.

———. 1991. Lifeline to the Gods: Ritual Bloodletting at Santa Rita Corozal. In Robertson and Fields 1991, 89–96.

Chase, D. Z., and A. F. Chase. 1988. *A Postclassic Perspective: Excavations at the Maya Site of Santa Rita Corozol, Belize.* PARI Monograph 4.

———, eds. 1992. *Mesoamerican Elites: An Archaeological Assessment.* Norman: University of Oklahoma Press.

———. 1994. *Studies in the Archaeology of Caracol, Belize.* PARI Monograph 7.

———. 1996. Maya Multiples: Individuals, Entries, and Tombs in Structure A34 of Caracol, Belize. *LAA* 7: 61–79.

———. 1998. The Architectural Context of Caches, Burials, and Other Ritual Activities for the Classic Period Maya (as reflected at Caracol, Belize). In Houston 1998, 299–332.

———. 2000. Inferences about Abandonment: Maya Household Archaeology and Caracol, Belize. *Mayab* 13: 67–77.

Chase, D. Z., A. F. Chase, and W. A. Haviland. 1990. The Classic Maya City: Reconsidering "The Mesoamerican Urban Tradition." *AA* 92: 499–506.

Cheek, C. D. 1977a. Excavations at the Palangana and the Acropolis, Kaminaljuyu. In Sanders and Michels 1977, 1–204.

———. 1977b. Teotihuacan Influence at Kaminaljuyu. In Sanders and Michels 1977, 441–52.

———. 1986. Construction Activity as a Measurement of Change at Copán, Honduras. In Urban and Schortman 1986, 50–71.

Childe, V. G. 1954. *What Happened in History.* Harmondsworth, Eng.: Penguin.

Chinchilla, O. F. 1996. Settlement Patterns and Monumental Art at a Major PreColumbian Polity: Cotzumalguapa, Guatemala. PhD diss., Vanderbilt University.

———. 1997. El Baúl: Un sitio defensivo en la zona nuclear de Cotzumalguapa. In Laporte and Escobedo 1997, 375–86.

———. 2002. Palo Gordo, Guatemala, y el estilo artistico Cotzumalguapa. In Love, Poponoe de Hatch, and Escobedo 2002, 147–78.

Chowning, A. 1956. *A Round Temple and Its Shrine at Mayapan.* CIW Current Reports, Department of Archaeology, no. 34.

Christenson, A. J. 2003. *Popol Vuh: The Sacred Book of the Maya.* New York: O Books.

Christie, J. J., ed. 2003. *Maya Palaces and Elite Residences: An Interdisciplinary Approach.* Austin: University of Texas Press.

Ciudad R., A., Y. Fernández M., J. M. García C., M. J. Iglesias Ponce de León, A. Lacadena G., and L. T. Sanz C., eds. 1998. *Anatomia de una civilización: Aproximaciones interdisciplinarias a la cultura Maya*. Madrid: SEEM.

Ciudad R., A., M. J. Iglesias Ponce de León, and M. del Carmen Martínez M., eds. 2001. *Reconstruyendo la cuidad Maya: El urbanismo en las sociedades antiguas*. Madrid: SEEM.

Claassen, C., and R. A. Joyce, eds. 1997. *Women in Prehistory: North America and Mesoamerica*. Philadelphia: University of Pennsylvania Press.

Claessen, H. J. M., and P. van de Velde, eds. 1991. *Early State Economies*. New Brunswick, NJ: Transaction.

Clancy, F. S. 1985. Maya Sculpture. In Gallenkamp and Johnson 1985, 58–70.

———. 1990. A Genealogy for Freestanding Maya Monuments. In Clancy and Harrison 1990, 21–32.

———. 1999. *Sculpture in the Ancient Maya Plaza: The Early Classic Period*. Albuquerque: University of New Mexico Press.

Clancy, F. S., and P. D. Harrison, eds. 1990. *Vision and Revision in Maya Studies*. Albuquerque: University of New Mexico Press.

Clarke, J. E. 1991. The Beginnings of Mesoamerica: Apologia for the Soconusco Early Formative. In Fowler 1991, 13–26.

Clarke, J. E., and M. Blake. 1994. The Power of Prestige: Competative Generosity and the Emergence of Rank Societies in Lowland Mesoamerica. In Brumfiel and Fox, 1994, 17–30.

Clarke, J. E., and R. D. Hansen. 2001. The Architecture of Early Kingship: Comparative Perspectives on the Origin of the Maya Royal Court. In Inomata and Houston 2001, 1–45.

Clarke, J. E., and T. A. Lee. 1984. Formative Obsidian Exchange and the Emergence of Public Economies in Chiapas, Mexico. In Hirth 1984, 235–74.

Clewlow, C. W. 1974. *A Stylistic and Chronological Study of Olmec Monumental Sculpture*. UCARF Contribution 18.

Clewlow, C. W., and H. F. Wells. 1986. El Balsamo: A Middle Preclassic Complex on the South Coast of Guatemala. In Pahl 1986, 27–40.

Cliff, M. B. 1988. Domestic Architecture and the Origins of Complex Society at Cerros. In Wilk and Ashmore 1988, 199–225.

Cline, H. F. 1944. Lore and Deities of the Lacandon Indians, Chiapas, Mexico. *Journal of American Folklore* 57: 107–15.

———, ed. 1972–75. Guide to Ethnohistorical Sources. In *HMAI* 12–15.

Closs, M. D. 1984. The Dynastic History of Naranjo: The Early Period. *ECM* 15:77–96.

———. 1985. The Dynastic History of Naranjo: The Middle Period. In Robertson and Benson 1985, 65–77.

———. 1987. Bilingual Glyphs. RRAMW, no. 12.

———. 1988. The Hieroglyphic Text of Stela 9, Lamanai, Belize. RRAMW, no. 21.

———. 1989. The Dynastic History of Naranjo: The Late Period. In Hanks and Rice 1989, 244–54.

Clutton-Brock, J., and N. Hammond. 1994. Hot Dogs: Comestible Canids in Preclassic Maya Culture at Cuello, Belize. *JAS* 21 (6): 819–26.

Cobean, R., M. Coe, E. Perry, K. Turekian, and D. Kharkar. 1971. Obsidian Trade at San Lorenzo Tenochtitlan, Mexico. *Science* 174: 666–71.

Cobos P., R. 1997. Chichen Itza y el clásico terminal en las tierras bajas Mayas. In Laporte and Escobedo 1997, 791–801.

———. 1998. Chichen Itza: Análisis de una comunidad del période clásico terminal. *Investigadores de la Cultura Maya* 6: 316–31.

———. 1999. Fuentes históricas y arqueología: Convergencias y divergencias en la reconstrucción del périodo clásico terminal de Chichen Itza. *Mayab* 12: 58–70.

———. 2002. Chichen Itza: Settlement and Hegemony during the Terminal Classic Period. In Demarest, Rice, and Rice 2004, 517–44.

Cobos P., R., and T. L. Winemiller. 2001. The Late and Terminal Classic-Period Causeway Systems of Chichen Itza, Yucatan, Mexico. *AM* 12: 283–91.

Coe, M. D. 1961. *La Victoria: An Early Site on the Pacific Coast of Guatemala.* PMAE Papers 53.

———. 1965. The Olmec Style and Its Distribution. In *HMAI* 3: 739–75.

———. 1970. The Archaeological Sequence at San Lorenzo Tenochtitlan, Veracruz, Mexico. UCARF Contribution 8: 21–34.

———. 1973. *The Maya Scribe and His World.* New York: Grolier Club.

———. 1975a. *Classic Maya Pottery at Dumbarton Oaks.* DO.

———. 1975b. Native Astronomy in Mesoamerica. In Aveni 1975b, 3–31.

———. 1976. Early Steps in the Evolution of Maya Writing. In *Origins of Religious Art and Iconography in Preclassic Mesoamerica*, ed. H. B. Nicholson, 107–22. Los Angeles: UCLA Latin American Center Publications/Ethnic Arts Council of Los Angeles.

———. 1977. Olmec and Maya: A Study in Relationships. In Adams 1977, 183–95.

———. 1988. Ideology of the Maya Tomb. In Benson and Griffin 1988, 222–35.

———. 1989. The Royal Fifth: Earliest Notices of Maya Writing. RRAMA, no. 28.

———. 1992. *Breaking the Maya Code.* New York: Thames and Hudson.

———. 1998. *The Art of the Maya Scribe.* New York: Abrams.

———. 1999. *The Maya.* 6th ed. London: Thames and Hudson.

———. 2004. Gods of the Scribes and Artists. In Miller and Martin 2004, 239–41.

Coe, M. D., and R. A. Diehl. 1980. *In the Land of the Olmec.* 2 vols. Austin: University of Texas Press.

Coe, M. D., and K. V. Flannery. 1964. The Pre-Columbian Obsidian Industry of El Chayal, Guatemala. *AAnt* 30: 43–49.

———. 1967. *Early Cultures and Human Ecology in South Coastal Guatemala.* Smithsonian Contributions to Anthropology 3. Washington, DC: Smithsonian Institution.

Coe, M. D., and M. van Stone. 2001. *How to Read Maya Glyphs.* London: Thames and Hudson.

Coe, S., and M. D. Coe. 1996. *The True History of Chocolate.* London: Thames and Hudson.

Coe, W. R. 1959. *Piedras Negras Archaeology: Artifacts, Caches and Burials.* UPM Monograph 18.

———. 1962. A Summary of Excavation and Research at Tikal, Guatemala: 1956–61. *AAnt* 27: 479–507.

———. 1965a. Tikal, Guatemala, and Emergent Maya Civilization. *Science* 147: 1401–19.

———. 1965b. Tikal: Ten Years of Study of a Maya Ruin in the Lowlands of Guatemala. *Expedition* 8(1): 5–56.

———. 1968. Tikal: In Search of the Mayan Past. In *The World Book Yearbook*, 160–90. Chicago: Field Educational Enterprises.

———. 1990. *Excavations in the Great Plaza, North Terrace and North Acropolis of Tikal.* 6 vols.Tikal Report, no. 14. UPM.

Coe, W. R., and W. A. Haviland. 1982. *Introduction to the Archaeology of Tikal, Guatemala.* Tikal Report, no. 12. UPM.

Coe, W. R., and R. Larios V. 1988. *Tikal: A Handbook of the Ancient Maya Ruins.* 2nd ed. Guatemala: UPM and Asociación Tikal.

Coggins, C. C. 1972. Archaeology and the Art Market. *Science* 175: 263–66.

———. 1975. Painting and Drawing Styles at Tikal: An Historical and Iconographic Reconstruction.Ph. D. diss., Harvard University.

———. 1976. Teotihuacan at Tikal in the Early Classic Period. 42nd ICA *Actas* 8: 251–69.

———. 1979. A New Order and the Role of the Calendar: Some Characteristics of the Middle Classic Period at Tikal. In Hammond and Willey 1979: 38–50.

———. 1980. The Shape of Time: Some Political Implications of a Four-part Figure. *AAnt* 45: 729–39.

———. 1990. The Birth of the Baktun at Tikal and Seibal. In Clancy and Harrison 1990, 79–97.

———, ed. 1992. *Artifacts from the Cenote of Sacrifice, Chichen Itza, Yucatan.* PMAE Papers 10 (3).

Coggins, C. C., and O. C. Shane, eds. 1984. *Cenote of Sacrifice: Maya Treasures from the Sacred Well at Chichen Itza.* Austin: University of Texas Press.

Cohen, R. 1978. State Origins: A Reappraisal. In *The Early State*, ed. H. J. Claessen and P. Skalnik, 31–75. The Hague: Mouton.

———. 1984. Warfare and State Formation: Wars Makes States and States Make Wars. In *Warfare, Culture, and Environment*, ed. F. Clancy and R. Ferguson, 329–58. New York: Academic Press.

Cohn, B. S. 1980. History and Anthropology: The State of Play. *Comparative Studies in Society and History* 22: 198–221.

Cohodas, M. 1978. *The Great Ball Court at Chichen Itza, Yucatan, Mexico.* New York: Garland.

Cojti Cuxil, D. 1996. The Politics of Maya Revindication. In Fischer and McKenna Brown 1996, 19–50.

Colas, P. R., and A. Voss. 2001. A Game of Life and Death: The Maya Ball Game. In Grube 2001a, 186–93.

Conkey, M. W., and J. M. Gero. 1997. Programme to Practice: Gender and Feminism in Archaeology. *Annual Review of Anthropology* 26: 411–37.

Cook, O. F. 1921. Milpa Agriculture: A Primitive Tropical System. In *Annual Report of the Smithsonian Institution, 1919*: 307–26. Washington, DC.

Cooke, C. W. 1931. Why the Mayan Cities of the Peten District, Guatemala, Were Abandoned. *Journal of the Washington Academy of Sciences* 21 (13): 283–87.

Copeland, D. R. E. 1989. *Excavations in the Mono Group, El Mirador, Peten, Guatemala.* NWAF Papers, no. 61.

Cortés, H. 1928. *Five Letters of Cortés to the Emperor (1519–1526).* Trans. J. B. Morris. New York: Norton.

Costin, C. L., and R. P. Wright, eds. 1998. *Craft and Social Identity.* Archaeological Papers of the American Anthropological Association, no. 8. Arlington, VA.

Cowgill, G. L. 1964. The End of the Classic Maya Culture: A Review of Recent Evidence. *SWJA* 20: 145–59.

———. 1975. On Causes and Consequences of Ancient and Modern Population Changes. *AA* 77: 505–25.

———. 1979. Teotihuacan, Internal Militaristic Competition, and the Fall of the Classic Maya. In Hammond and Willey 1979, 51–62.

Cowgill, U. M. 1962. An Agricultural Study of the Southern Maya Lowlands. *AA* 64: 273–86.

Cowgill, U. M., and G. E. Hutchinson. 1963. El Bajo de Santa Fe. *Transactions of the American Philosophical Society* 53 (7). Philadelphia.

Craine, E. R., and R. C. Reindorp, eds. and trans. 1979. *The Codex Pérez and the Book of Chilam Balam of Maní.* Norman: University of Oklahoma Press.

Cuevas G., M. 2004. The Cult of Patron and Ancestor Gods in Censers at Palenque. In Miller and Martin 2004, 253–55.

Culbert, T. P. 1963. Ceramic Research at Tikal, Guatemala. *CCM* 1: 34–42.

———, ed. 1973. *The Classic Maya Collapse.* SAR. Albuquerque: University of New Mexico Press.

———. 1977a. Early Maya Development at Tikal, Guatemala. In Adams 1977, 27–43.

———. 1977b. Maya Development and Collapse: An Economic Perspective. In Hammond 1974b, 509–

30.
———. 1985. Maya Ceramics. In Gallenkamp and Johnson 1985, 71–83.
———. 1988. The Collapse of Classic Maya Civilization. In Yoffee and Cowgill 1988, 69–101.
———, ed. 1991a. *Classic Maya Political History*. SAR. Cambridge: Cambridge University Press.
———. 1991b. Maya Political History and Elite Interaction: A Summary View. In Culbert 1991a, 311–46.
———. 1991c. Polities in the Northeast Peten, Guatemala. In Culbert 1991a, 128–46.
———. 1993. *The Ceramics of Tikal: Vessels from the Burials, Caches, and Problematical Deposits* Tikal Report, no. 25A. UPM.
———. 1998. The New Maya. *A* 51 (5): 48–51.
———. 2003. The Ceramics of Tikal. In Sabloff 2003, 47–82.
———. 2004. Continuities and Changes in Maya Archaeology: An Overview. In Golden and Borgstede 2004, 311–20.
Culbert, T. P., L. J. Kosakowsky, R. E. Fry, and W. A. Haviland. 1990. The Population of Tikal, Guatemala. In Culbert and Rice 1990, 103–21.
Culbert, T. P., L. J. Levi, and L. Cruz. 1990. Lowland Maya Wetland Agriculture. In Clancy and Harrison 1990, 115–24.
Culbert, T. P., and D. S. Rice, eds. 1990. *Precolumbian Population History in the Maya Lowlands*. Albuquerque: University of New Mexico Press.
Curtis, J. H., D. A. Hodell, and M. Brenner. 1996. Climate Variability on the Yucatan Peninsula (Mexico) during the Past 3500 Years, and the Implications for Maya Cultural Evolution. *Quaternary Research* 46: 37–47.
Cyphers, A. 1999. From Stone to Symbols: Olmec Art in Social Context at San Lorenzo Tenochtitlan. In Grove and Joyce 1999, 155–82.
Dahlin, B. H. 1979. Cropping Cash in the Protoclassic: A Cultural Impact Statement. In Hammond and Willey 1979, 21–37.
———. 1983. Climate and Prehistory on the Northern Yucatan Peninsula. *Climate Change* 5: 245–63.
———. 1984. A Colossus in Guatemala: The Preclassic City of El Mirador. *A* 37 (5): 18–25.
———. 2000. The Barricade and Abandonment of Chunchucmil: Implications for Northern Maya Warfare. *LAA* 11 (3): 283–98.
———. 2003. Climate Change and the End of the Classic Period in Yucatan: Resolving a Paradox. *AM* 13: 327–40.
Dahlin, B. H., and T. Ardren. 2002. Modes of Exchange and Regional Patterns at Chunchucmil, Yucatan. In Masson and Freidel 2002, 249–84.
Dahlin, B. H., A. P. Andrews, T. Beach, C. Bezanilla, P. Farrell, S. Luzzadder-Beach, and V. McCormick. 1998. Punta Canbalam in Context: A Peripatetic Coastal Site in Northwest Campeche, Mexico. *AM* 9: 1–16.
Dahlin, B. H., and W. J. Litzinger. 1986. Old Bottle, New Wine: The Function of Chultuns in the Maya Lowlands. *AAnt* 51: 721–36.
Dahlin, B. H., R. Quizar, and A. Dahlin. 1987. Linguistic Divergence and the Collapse of Preclassic Maya Civilization. *AAnt* 52: 367–82.
Danien, E. 1997. The Ritual on the Ratinlixul Vase: Pots and Politics in Highland Guatemala. *Expedition* 39: 37–48.
Danien, E., and R. J. Sharer, eds. 1992. *New Theories on the Ancient Maya*. Philadelphia: University of Pennsylvania Museum.
Darch, J. P., ed. 1983. *Drained Field Agriculture in Central and South America*. BAR 189.
Dávalos H., E., and A. Romano P. 1973. Estudio preliminar de los restos osteológicos encontrados en la

tumba del Templo de las Inscripciones, Palenque. In Ruz L. 1973, 253–54.

Deal, M. 1998. *Pottery Ethnoarchaeology in the Central Maya Highlands*. Salt Lake City: University of Utah Press.

Deevey, E. S., D. S. Rice, P. M. Rice, H. H. Vaughan, M. Brenner, and M. S. Flannery. 1979. Maya Urbanism: Impact on a Tropical Karst Environment. *Science* 206: 298–306.

del Rio, A. 1822. *Description of the Ruins of an Ancient City Discovered Near Palenque, in the Kingdom of Guatemala, in Spanish America*. Trans. from the Spanish. London: Berthoud and Suttaby, Evance and Fox.

Demarest, A. A. 1986. *The Archaeology of Santa Leticia and the Rise of Maya Civilization*. MARI Publication 52.

———. 1988. Political Evolution in the Maya Borderlands. In Boone and Willey 1988, 335–94.

———. 1989. The Olmec and the Rise of Civilization in Eastern Mesoamerica. In Sharer and Grove 1989, 303–44.

———. 1992. Ideology in Ancient Maya Cultural Evolution: The Dynamics of Galactic Polities. In Demarest and Conrad 1992, 135–57.

———. 1996. Closing Comment: The Maya State: Centralized or Segmentary. *CA* 37: 821–24.

———. 1997a. War, Peace, and the Collapse of a Native American Civilization: Lessons for Contemporary Systems of Conflict. In *A Natural History of Peace*, ed. T. Gregor, 215–48. Nashville: Vanderbilt University Press.

———. 1997b. The Vanderbilt Petexbatun Regional Archaeological Project, 1989–1994: Overview, History, and Major Results of a Mulitdisciplinary Study of the Classic Maya Collapse. *AM* 8: 209–27.

———. 2001. Climatic Change and the Classic Maya Collapse: The Return of Catastrophism. *LAA* 12: 105–7.

———. 2002. Theoretical Speculations on the Rise of Complex Society on the South Coast of Guatemala. In Love, Poponoe de Hatch, and Escobedo 2002, 11–34.

———. 2004. After the Maelstrom: Collapse of the Classic Maya Kingdoms and the Terminal Classic in Western Peten. In Demarest, Rice, and Rice 2004, 102–24.

Demarest, A. A., T. Barrientos Q., M. Wolf, and D. García. 2003. Los proyectos de arqueología y desarollo comunitario en Cancuen: Metas, resultados y desafios en 2003. Manuscript.

Demarest, A. A., and G. W. Conrad. 1983. Ideological Adaptation and the Rise of the Aztec and Inca Empires. In Leventhal and Kolata 1983, 345–400.

———, eds. 1992. *Ideology and Pre-Columbian Civilization*. Santa Fe, NM: SAR Press.

Demarest, A. A., and A. E. Foias 1993. Mesoamerican Horizons and the Cultural Transformations of Maya Civilization. In D. Rice 1993, 147–91.

Demarest, A. A., and W. R. Fowler, eds. 1984. Proyecto El Mirador de la Harvard University, 1982–1983. *Mesoamérica* 5 (7): 1–160.

Demarest, A. A., and S. D. Houston, eds. 1990. Proyecto Arqueológico Regional Petexbatun. Informe Preliminar, no. 2, Segunda Temporada 1990. A report presented to the Instituto de Antropología e Historia de Guatemala.

Demarest, A. A., K. Morgan, C. Wolley, and H. Escobedo. 2003. The Political Acquisition of Sacred Geography: The Murciélagos Complex at Dos Pilas. In Christie 2003, 120–53.

Demarest, A. A., M. O'Mansky, C. Wolley, D. Van Tuerenhout, T. Inomata, J. Palka, and H. Escobedo. 1997. Classic Maya Defensive Systems and Warfare in the Petexbatun Region: Archaeological Evidence and Interpretation. *AM* 8: 229–53.

Demarest, A. A., P. M. Rice, and D. S. Rice, eds. 2004. *The Terminal Classic in the Maya Lowlands: Collapse, Transition, and Transformation*. Boulder, CO: University Press of Colorado.

Demarest, A. A., and R. J. Sharer. 1982a. The Origins and Evolution of Usulutan Ceramics. *AAnt* 47:

810–22.

———. 1982b. The 1982 Ceramic Excavation Program at El Mirador, Guatemala. Paper presented at the 44th International Congress of Americanists, Manchester, England.

———. 1986. Interregional Patterns in the Late Preclassic of Southeastern Mesoamerica: A Definition of Highland Ceramic Spheres. In Urban and Schortman 1986, 194–223.

Demarest, A. A., R. J. Sharer, W. L. Fowler, E. King, and J. Fowler. 1984. Las excavaciones. In Demarest and Fowler 1984, 14–52.

Demarest, A. A., R. Switsur, and R. Berger. 1982. The Dating and Cultural Associations of the "Potbellied" Sculptural Style: New Evidence from Western El Salvador. *AAnt* 47: 557–71.

DeMarrais, M. L., L. J. Castillo, and T. K. Earle. 1996. Ideology, Materialization, and Power Strategies. *CA* 37:15–31.

de Montmollin, O. 1989. *The Archaeology of Political Structure: Settlement Analysis in a Classic Maya Polity*. Cambridge: Cambridge University Press.

———. 1995. *Settlement and Politics in Three Classic Maya Polities*. Monographs in World Prehistory 24. Madison: Prehistory Press.

———. 1997. A Regional Study of Classic Maya Ballcourts from the Upper Grijalva Basin, Chiapas, Mexico. *AM* 8: 23–41.

Denevan, W. M. 1970. Aboriginal Drained-Field Cultivation in the Americas. *Science* 169: 647–54.

Díaz del Castillo, B. 1963. *The Conquest of New Spain*. Trans. J. M. Cohen. Baltimore: Penguin.

Diebold, A. R., Jr. 1960. Determining the Centers of Dispersal of Language Groups. *IJAL* 26: 1–10.

Diehl, R. A., and J. C. Berlo, eds. 1989. *Mesoamerica after the Decline of Teotihuacan, A.D. 700–900*. DO.

Digby, A. 1972. *Maya Jades*. London: Trustees of the British Museum.

Dillehay, T. D. 2000. *The Settlement of the Americas: A New History*. New York: Basic Books.

Dillon, B. D. 1975. Notes on Trade in Ancient Mesoamerica. UCARF Contribution 24: 80–135.

———. 1977. *Salinas de los Nueve Cerros, Guatemala*. Socorro, NM: Ballena Press.

———. 1978. A Tenth-Cycle Sculpture from Alta Verapaz, Guatemala. UCARF Contribution 36: 39–46.

Dixon, B., L. R. V. Joesink-Mandeville, N. Hasebe, M. Mucio, W. Vincent, D. James, and K. Petersen.1994. Formative-Period Architecture at the Site of Yarumela, Central Honduras. *LAA* 5: 70–87.

Dobkin de Rios, M. 1974. The Influence of Psychotropic Flora and Fauna on Maya Religion. *Current Anthropology* 15: 147–64.

Doebley, J., A. Stec, J. Wendel, and M. Edwards. 1990. Genetic and Morphological Analysis of a Maize-Teosinte F Population: Implications for the Origin of Maize. *PNAS* 87: 988–92.

Drennan, R. D. 1984. Long-Distance Movement of Goods in Prehispanic Mesoamerica: Its Importance in the Complex Societies of the Fromative and Classic. *AAnt* 49: 27–43.

Drennan, R. D., and C. A. Uribe, eds. 1987. *Chiefdoms in the Americas*. Lanham, MD: University Press of America.

Dresden Codex. 1880. *Die Maya-Handschrift der Königlichen Bibliothek zu Dresden*. Ed. E. Förstemann. Leipzig: Röder. 2nd ed., 1892. Reprinted as *Codex Dresdensis: Die Maya-Handschrift in der Sächsischen Landesbibliothek Dresden*, Berlin: Akademie-Verlag, 1962. (See also Anders 1975; Kingsborough 1831–48; Thompson 1972b; Villacorta and Villacorta 1933.)

Driver, W. D. 2002. An Early Classic Colonnaded Building at the Maya Site of Blue Creek, Belize. *LAA* 13: 63–84.

Driver, W. D., and P. Wanyerka. 2002. Creation Symbolism in the Architecture and Ritual at Structure 3, Blue Creek, Belize. *Mexicon* 24: 6–8.

Drucker, P. 1952. *La Venta, Tabasco: A Study of Olmec Ceramic and Art*. BAE Bulletin 153.

Drucker, P., R. F. Heizer, and R. J. Squier. 1955. *Excavations at La Venta, Tabasco, 1955*. BAE Bulletin

170.

Dull, R. A. 1998. Late Holocene Human Ecology of the Chalchuapa Archaeological Zone: A 3700 Year Stratigraphic Record of Agriculture, Erosion, Fire, and Vegetation Change from Laguna Cuzcachapa, Western El Salvador. *American Quaternary Association Abstracts*, p. 105. Mexico: Puerto Vallarta.

Dull, R. A., J. R. Southon, and P. Sheets. 2001. Volcanism, Ecology and Culture: A Reassessment of the Volcán Ilopango TBJ Eruption in the Southern Maya Realm. *LAA* 12: 25–44.

Dumond, D. E. 1961. Swidden Agriculture and the Rise of Maya Civilization. *SWJA* 17: 301–16.

Dunham, P. S., T. R. Jameson, and R. M. Leventhal. 1989. Secondary Development and Settlement Economics: The Classic Maya of Southern Belize. *Research in Economic Anthropology*, suppl. 4: 255–92.

Dunnell, R. C. 1980. Evolutionary Theory and Archaeology. *Advances in Archaeological Method and Theory* 3: 35–99.

———. 1982. Science, Social Science, and Common Sense: The Agonizing Dilemma of Modern Archaeology. *JAR* 38:1–25.

Dunning, N. P. 1992. *Lords of the Hills: Ancient Maya Settlement in the Puuc Region, Yucatan, Mexico.* Madison: Prehistory Press.

Dunning, N. P., and T. Beach. 1994. Soil Erosion, Slope Management, and Ancient Terracing in the Maya Lowlands. *LAA* 5: 51–69.

———. 2004. Noxious or Nuturing Nature: Maya Civilization in Environmental Context. In Golden and Borgstede 2004, 125–42.

Dunning, N. P., T. Beach, and D Rue. 1997. The Paleoecology and Ancient Settlement of the Petexbatun Region. *AM* 8: 255–66.

Dunning, N. P., T. Beach, P. Farrell, and S. Luzzadder-Beach. 1998. Prehispanic Agrosystems and Adaptive Regions in the Maya Lowlands. *Culture and Agriculture* 20: 87–101.

Dunning, N. P., J. G. Jones, T. Beach, and S. Luzzadder-Beach. 2003. Physiography, Habitats, and Landscapes of the Three Rivers Region. In Scarborough, Valdez, and Dunning 2003, 14–24.

Dunning, N. P., and J. K. Kowalski. 1994. Lords of the Hills: Classic Maya Settlement Patterns and Political Iconography in the Puuc Region, Mexico. *AM* 5: 63–95.

Dunning, N. P., D. Rue, T. Beach, A. Covich, and A. Traverse. 1998. Human-Environment Interactions in a Tropical Watershed: The Paleoecology of Laguna Tamarindito, El Peten, Guatemala. *JFA* 25: 139–51.

Dunning, N. P., V. Scarborough, F. Valdez Jr., S. Luzzadder-Beach, T. Beach, and J. G. Jones. 1999.Temple Mountains, Sacred Lakes, and Fertile Fields: Ancient Maya Landscapes in Northwestern Belize. *Antiquity* 73: 650–60.

Durán, D. 1965. *Historia de las Indias de Nueva España y islas de tierra firme.* Mexico City: Editoria Nacional.

Dütting, D. 1976. Birth, Inauguration and Death in the Inscriptions of Palenque, Chiapas, Mexico. In Robertson 1976, 183–214.

———. 1985. On the Astronomical Background of Mayan Historical Events. In Robertson and Benson 1985, 261–74.

Earle, D. M., and D. R. Snow. 1985. The Origin of the 260-day Calendar: The Gestation Hypothesis Reconsidered in Light of Its Use among the Quiche Maya. In Robertson and Benson 1985, 241–44.

Earle, T. K., ed. 1991. *Chiefdoms: Power, Economy, and Ideology.* Cambridge: Cambridge University Press.

———. 1997. *How Chiefs Come to Power.* Stanford, CA: Stanford University Press.

Earle, T. K., and J. E. Ericson, eds. 1977. *Exchange Systems in Prehistory.* New York: Academic Press.

Earle, T. K., and R. W. Preucel. 1987. Processual Archaeology and the Radical Critique. *CA* 28:

501–38.

Easby, E. 1961. The Squier Jades from Tonina, Chiapas. In *Essays in Pre-Columbian Art and Archaeology*, ed. S. K. Lothrop et al., 60–80. Cambridge, MA: Harvard University Press.

Eaton, J. D. 1975. Ancient Agricultural Farmsteads in the Río Bec Region of Yucatan. UCARF Contribution 27: 56–82.

———. 1978. Archaeological Survey of the Yucatan-Campeche Coast. MARI Publication 46: 1–67.

Edmonson, M. S. 1960. Nativism, Syncretism and Anthropological Science. MARI Publication 19: 181-203.

———. 1967. Classical Quiche. In *HMAI* 5: 249–67.

———. 1971. *The Book of Counsel: The Popol Vuh of the Quiche Maya of Guatemala*. MARI Publication 35.

———, ed. and trans. 1982. *The Ancient Future of the Itza: The Book of Chilam Balam of Tizimin*. Austin: University of Texas Press.

———. 1986. *Heaven Born Merida and Its Destiny: The Book of Chilam Balam of Chumayel*. Austin: University of Texas Press.

———. 1988. *The Book of the Year: Middle American Calendrical Systems*. Salt Lake City: University of Utah Press.

Edwards, E. R. 1978. Precolumbian Maritime Trade in Mesoamerica. In Lee and Navarrete 1978, 199–209.

Eggan, F. 1934. The Maya Kinship System and Cross-Cousin Marriage. *AA* 36: 188–202.

Ehrenreich, R., C. Crumley, and J. Levey, eds. 1995. *Heterarchy and the Analysis of Complex Society*. Archaeological Papers of the American Anthropological Association 6. Arlington, VA.

Ekholm, S. M. 1969. *Mound 30a and the Early Preclassic Ceramic Sequence of Izapa, Chiapas, Mexico* NWAF Papers, no. 25.

———. 1973. *The Olmec Rock Carving at Xoc, Chiapas, Mexico*. NWAF Papers, no. 32.

Emery, K. F. 2002. The Noble Beast: Status and Differential Access to Animals in the Maya World. *WA* 34: 498–515.

———. 2004. Maya Zooarchaeology: In Pursuit of Social Variability and Environmental Heterogeneity. In Golden and Borgstede 2004, 217–41.

England, N. C. 2003. Maya Language Revival and Revitalization Politics: Linguists and Linguistic Ideologies. *AA* 105: 733–43.

Erasmus, C. J. 1968. Thoughts on Upward Collapse: An Essay on Explanation in Anthropology. *SWJA* 24: 170–94.

Escobedo, H. L. 1997. Arroyo de Piedra: Sociopolitical Dynamics of a Secondary Center in the Petexbatun Region. *AM* 8: 307–20.

———. 2004. Tales from the Crypt: The Burial Place of Ruler 4, Piedras Negras. In Miller and Martin 2004, 277–79.

Escobedo, H. L., and S. D. Houston. 2004. Semblanza de la Antigua ciudad maya de Piedras Negras, Guatemala. *ArqM* 66: 52–55.

Escoto, J. A. 1964. Weather and Climate of Mexico and Central America. In *HMAI* 1: 187–215.

Estrada Belli, F. 1999. *The Archaeology of Complex Societies on Southeastern Pacific Coastal Guatemala*. BAR 820.

———. 2002. Putting Santa Rosa on the Map: New Insights on the Cultural Development of the Pacific Coast of Southeastern Guatemala. In Love, Poponoe de Hatch, and Escobedo 2002, 103–28.

Estrada Belli, F., L. J. Kosakowski, B. Thomas, A. Lewis, J. Schultz, M. Wolf, and K. Berry. 1996. Preclassic to Postclassic Patterns of Settlement and Land Use in Pacific Coastal Guatemala. *Mexicon* 18: 110–15.

Fahsen O., F. 1987. A Glyph for Self-Sacrifice in Several Maya Inscriptions. RRAMW, no. 11.

———. 1988. A New Early Classic Text from Tikal. RRAMW, no. 17.

———. 1990. A Logograph in Maya Writing for the Verb "To Record." *AM* 1: 91–98.

———. 2002. Who Are the Prisoners in Kaminaljuyu Monuments? In Love, Poponoe de Hatch, and Escobedo 2002, 359–74.

Farriss, N. M. 1984. *Maya Society under Colonial Rule: The Collective Enterprise of Survival.* Princeton, NJ: Princeton University Press.

Fash, B. W. 1992. Late Classic Architectural Sculpture Themes in Copan. *AM* 3: 89–104.

Fash, B. W., W. L. Fash, S. Lane, R. Larios, L. Schele, J. Stomper, and D. Stuart. 1992. Investigations of a Classic Maya Council House at Copan, Honduras. *JFA* 19: 419–42.

Fash, W. L. 1983a. Deducing Social Organization from Classic Maya Settlement Patterns: A Case Study from the Copan Valley. In Leventhal and Kolata 1983, 261–88.

———. 1983b. Maya State Formation: A Case Study and Its Implications. Ph.D. diss., Harvard University.

———. 1985. Lineage Patrons and Ancestor Worship among the Classic Maya Nobility: The Case of Copan Structure 9N–82. In Robertson and Fields 1985, 68–80.

———. 1986. History and Characteristics of Settlement in the Copán Valley, and Some Comparisons with Quirigua. In Urban and Schortman 1986, 72–93.

———. 1988. A New Look at Maya Statecraft from Copan, Honduras. *Antiquity* 62: 157–59.

———. 1994. Changing Perspectives on Maya Civilization. *Annual Review of Anthropology* 23: 181–208.

———.2001. *Scribes, Warriors, and Kings: The City of Copan and the Ancient Maya.* Rev. ed. London: Thames and Hudson.

———. 2002. Religion and Human Agency in Ancient Maya History: Tales from the Hieroglyphic Stairway. *Cambridge Archaeological Journal* 12 (1): 5–19.

———. 2004. La ciudad de Copan, Honduras: Arte y escritura mayas. *ArqM* 66: 64–69.

Fash, W. L., E. W. Andrews, and T. K. Manahan. 2004. Political Decentralization, Dynastic Collapse, and the Early Postclassic in the Urban Center of Copan, Honduras. In Demarest, Rice, and Rice 2004, 260–87.

Fash, W. L., and B. W. Fash. 1990. Scribes, Warriors, and Kings. *A* 45 (3): 26–35.

———. 2000. Teotihuacan and the Maya: A Classic Heritage. In Carrasco, Jones, and Sessions 2000, 433–63.

Fash, W. L., B. W. Fash, and K. L. Davis-Salazar. 2004. Setting the Stage: Origins of the Hieroglyphic Stairway Plaza on the Great Period Ending. In Bell, Canuto, and Sharer 2004, 65–83.

Fash, W. L., and R. J. Sharer. 1991. Sociopolitical Developments and Methodological Issues at Copán, Honduras: A Conjunctive Perspective. *LAA* 2: 166–87.

Fash, W. L., and D. Stuart. 1991. Dynastic History and Cultural Evolution at Copan, Honduras. In Culbert 1991a, 147–79.

Fash, W. L., R. V. Williamson, C. R. Larios, and J. Palka. 1992. The Hieroglyphic Stairway and Its Ancestors: Investigations of Copan Structure 10L–26. *AM* 3: 105–16.

Feder, K. 1999. *Frauds, Myths, and Mysteries: Science and Pseudoscience in Archaeology.* 3rd ed. Mountain View, CA: Mayfield.

Fedick, S. L. 1994. Agricultural Terracing in the Upper Belize River Area. *AM* 5: 107–27.

———. 1995. Land Evaluation and Ancient Maya Land Use in the Upper Belize River Area, Belize, Central America. *LAA* 6: 16–34.

———, ed. 1996. *The Managed Mosaic: Ancient Maya Agriculture and Resource Use.* Salt Lake City: University of Utah Press.

Fedick, S. L., B. A. Morrison, B. J. Andersen, S. Boucher, J. Ceja Acosta, and J. P. Mathews. 2000. Wetland Manipulation in the Yalahau Region of the Northern Maya Lowlands. *JFA* 27: 131–52.

Feinman, G. M. 1997. Thoughts on New Approaches to Combining the Archaeological and Historical Records. *Journal of Archaeological Method and Theory* 4: 367–77.

Feinman, G. M., and J. Marcus, eds. 1998. *Archaic States.* SAR.

Feinman, G. M., and L. M. Nicholas, eds. 2004. *Archaeological Perspectives on Political Economies.* Salt Lake City: University of Utah Press.

Feinman, G., and D. Price, eds. 2001. *Archaeology at the Millennium: A Sourcebook.* New York: Kluwer Academic/Plenum Publishers.

Feldman, L. H. 1978. Moving Merchandise in Protohistoric Central Quauhtemallan. NWAF Papers, no. 40: 7–17.

———. 2000. *Lost Shores, Forgotten Peoples: Spanish Explorations in the Southeast Maya Lowlands.* Durham, NC: Duke University Press.

Feldman, L. H., R. Terzuola, P. Sheets, and C. Cameron. 1975. *Jade Workers in the Motagua Valley: The Late Classic Terzuola Site.* Columbia: University of Missouri, Columbia Museum of Anthropology.

Fernάndez, M. A., and H. Berlin. 1954. Drawing of Glyphs and Structure XVIII, Palenque. CIW *NMA* 119.

Fettweis-Vienot, M. 1980. Las pinturas murales de Coba. ECAUY *Boletín* 7 (40): 2–50.

Fialko, V. 1988. Mundo perdido, Tikal: Un ejemplo de complejos de conmemoracíon astronómica. *Mayab* 4: 13–21.

———. 1997. Arqueología regional de intersitios entre los centros urbanos mayas de Yaxhά y Nakum. BAVA Band 17.

———. 2004a. Tikal, Guatemala: La cabeza del reino de los hijos del sol y del agua. *ArqM* 66: 32–39.

———. 2004b. Naranjo, Guatemala. *ArqM* 66: 56–57.

Fischer, E. F. 1999. Cultural Logic and Maya Identity: Rethinking Constructivism and Essentialism. *CA* 40: 473–500.

Fischer, E. F., and R. McKenna Brown, eds. 1996. *Maya Cultural Activism in Guatemala.* Austin: University of Texas Press.

Fitzsimmons, J. L. 1998. Classic Maya Mortuary Anniversaries at Piedras Negras, Guatemala. *AM* 9: 271–78.

Fitzsimmons, J. L., A. Scherer, S. D. Houston, and H. L. Escobedo. 2003. Guardian of the Acropolis: The Sacred Space of a Royal Burial at Piedras Negras, Guatemala. *LAA* 14: 449–68.

Flannery, K. V. 1972. The Cultural Evolution of Civilizations. *Annual Review of Ecology and Systematics* 2: 399–426.

———, ed. 1976. *The Early Mesoamerican Village.* New York: Academic Press.

———, ed. 1982. *Maya Subsistence: Studies in Memory of Dennis E. Puleston.* New York: Academic Press.

———. 1994. Childe the Evolutionist: A Perspective from Nuclear America. In *The Archaeology of V. Gordon Childe*, ed. D. R. Harris. London: UCL Press.

———. 1998. The Ground Plans of Archaic States. In Feinman and Marcus 1998, 15–57.

———. 1999. Process and Agency in Early State Formation. *Cambridge Archaeological Journal* 9: 3–21.

Flannery, K. V., and J. Marcus. 1976. Formative Oaxaca and the Zapotec Cosmos. *American Scientist* 64: 374–83.

———, eds. 1983. *The Cloud People: Divergent Evolution of the Zapotec and Mixtec Civilizations.* New York: Academic Press.

———. 1994. *Early Formative Pottery of the Valley of Oaxaca.* Ann Arbor: Memoirs of the University of Michigan Museum of Anthropology 27.

———. 2000. Formative Mexican Chiefdoms and the Myth of the "Mother Culture." *JAA* 19: 1–37.

———. 2003. The Origin of War: 14C Dates from Ancient Mexico. *PNAS* 100: 11801–805.

Foias, A. E. 2002. At the Crossroads: The Economic Basis of Political Power in the Petexbatun Region.In Masson and Freidel 2002, 223–48.

———. 2004. The Past and Future of Maya Ceramic Studies. In Golden and Borgstede 2004, 143–75.

Foias, A. E., and R. Bishop. 1997. Changing Ceramic Production and Exchange in the Petexbatun Region, Guatemala. *AM* 8: 275–91.

Folan, W. J. 1985. Calakmul, Campeche: Un centro urbano, estado y regíon en relacíon al concepto del resto de la Gran Mesoamérica. *Informacíon* 9: 161–85.

———. 1988. Calakmul, Campeche: El nacimiento de la tradicíon clásica en la Gran Mesoamérica. *Informacíon* 13: 122–90.

———. 2002. Calakmul, Campeche, Mexico: The Sociopolitical Organization of the City, Its Regional State and Physiographic Basin. In Love, Poponoe de Hatch, and Escobedo 2002, 537–63.

Folan, W. J., B. Faust, W. Lutz, and J. D. Gunn. 2000. Social and Environmental Factors in the Classic Maya Collapse. In Lutz, Prieto, and Sanderson 2000, 2–32.

Folan, W. J., J. D. Gunn, and M. del Rosario Domínguez C. 2001. Triadic Temples, Central Plazas, and Dynastic Palaces: A Diachronic Analysis of the Royal Court Complex, Calakmul, Campeche, Mexico. In Inomata and Houston 2001, 2: 223–65.

Folan, W. J., E. R. Kintz, and L. A. Fletcher. 1983. *Coba: A Maya Metropolis*. New York: Academic Press.

Folan, W. J., J. Marcus, and W. F. Miller. 1995. Verification of a Maya Settlement Model through Remote Sensing. *Cambridge Archaeology Journal* 5: 277–83.

Folan, W., J. Marcus, S. Pincemin, M. Carrasco, L. Fletcher, and A. Morales. 1995. Calakmul: New Data from an Ancient Maya Capital in Campeche, Mexico. *LAA* 6: 310–34.

Folan, W. J., and J. May Hau. 1984. Proyecto Calakmul 1982–1984: El mapa. *Informacíon* 8: 1–14.

Folan, W. J., J. May Hau, J. Marcus, W. F. Miller, and R. González H. 2001. Los caminos de Calakmul, Campeche. *AM* 12: 293–98.

Folan, W. J., G. E. Stuart, L. A. Fletcher, and E. R. Kintz. 1977. El proyecto cartográfico arqueológico de Cobá, Quintana Roo. ECAUY *Boletín* 4 (22, 23): 14–18.

Follett, P. H. F. 1932. *War and Weapons of the Maya*. MARI Publication 4.

Foncerrada de Molina, M. 1980. Mural Painting in Cacaxtla and Teotihuacan Cosmopolitism. In Robertson 1980, 183–98.

Ford, A. 1986. *Population Growth and Social Complexity: An Examination of Settlement and Environment in the Central Maya Lowlands*. Arizona State University Anthropological Research Papers, no. 35. Tempe.

———. 1990. Maya Settlement in the Belize River Area: Variations in Residence Patterns of the Central Maya Lowlands. In Culbert and Rice 1990, 167–81.

———. 1991. Economic Variation of Ancient Maya Residential Settlement in the Upper Belize River Area. *AM* 2:35–46.

Ford, J. A. 1962. *A Quantitative Method for Deriving Cultural Chronology*. Technical Manual 1. Washington, DC: Department of Social Affairs, Pan American Union.

Förstemann, E. W. 1904. Translations of Various Papers. BAE Bulletin 28: 393–590.

———. 1906. *Commentary on the Maya Manuscript in the Royal Public Library of Dresden*. PMAE Papers 4 (2).

Forsyth, D. W. 1983. *Investigations at Edzna, Campeche, Mexico*. Vol. 2, *Ceramics*. NWAF Publication 46.

———. 1989. *The Ceramics of El Mirador, Petén, Guatemala*. NWAF Publication 63.

———. 1993. The Ceramic Sequence at Nakbe, Guatemala. *AM* 4: 31–53.

Forsyth, D. W., B. Bachand, and C. Helton. 1998. Investigaciones preliminares en varios sitios entre Nakbe y Wakna, Peten, Guatemala. In Laporte, Escobedo, and Suasnávar 1998, 87–100.

Foshag, W. F., and R. Leslie. 1955. Jade from Manzanal, Guatemala. *AAnt* 21: 81–82.

Fought, J. G. 1967. Chorti (Mayan): Phonology, Morphophonemics, and Morphology. PhD diss., Yale University.

———. 1972. *Chorti (Mayan) Texts*. Philadelphia: University of Pennsylvania Press.

———. 1984. Cholti Maya: A Sketch. In *HMAI*, suppl. 2: 43–55.

Fowler, W. R. 1984. Late Preclassic Mortuary Patterns and Evidence for Human Sacrifice at Chalchuapa, El Salvador. *AAnt* 49: 603–18.

———. 1989. *The Cultural Evolution of Ancient Nahua Civilizations: The Pipil-Nicarao of Central America*. Norman: University of Oklahoma Press.

———, ed. 1991. *The Formation of Complex Society in Southeastern Mesoamerica*. Boca Raton, FL: CRC Press.

Fox, J. A. 1978. Proto-Mayan Accent, Morpheme Structure Condition, and Velar Innovations. Ph.D. diss., University of Chicago.

Fox, J. A., and J. S. Justeson. 1978. A Mayan Planetary Observation. UCARF Contribution 36: 55–59.

———. 1980. Maya Hieroglyphs as Linguistic Evidence. In Robertson 1980, 204–16.

———. 1984. Polyvalence in Mayan Hieroglyphic Writing. In Justeson and Campbell 1984, 17–76.

Fox, J. W. 1978. *Quiche Conquest: Centralism and Regionalism in Highland Guatemalan State Development*. Albuquerque: University of New Mexico Press.

———. 1980. Lowland to Highland Mexicanization Processes in Southern Mesoamerica. *AAnt* 45: 43–54.

———. 1981. The Late Postclassic Eastern Frontier of Mesoamerica: Cultural Innovation along the Periphery. *CA* 22: 321–46.

———. 1987. *Maya Postclassic State Formation*. Cambridge: Cambridge University Press.

———. 1996. Playing with Power: Ballcourts and Political Ritual in Southern Mesoamerica. *CA* 37:483–509.

Fox, J. W., and G. W. Cook. 1996. Constructing Maya Communities: Ethnography for Archaeology. *CA* 37: 811–21.

Fox, J. W., G. W. Cook, A. F. Chase, and D. Z. Chase. 1996. Questions of Political and Economic Organization: Segmentary versus Centralized States among the Ancient Maya. *CA* 37: 795–801.

Freid, M. 1967. *The Evolution of Political Society*. New York: Random House.

Freidel, D. A. 1977. A Late Preclassic Monumental Mayan Mask at Cerros, Northern Belize. *JFA* 4: 488–91.

———. 1978. Maritime Adaptation and the Rise of Maya Civilization: A View from Cerros, Belize. In Stark and Voorhies 1978, 239–65.

———. 1979. Culture Areas and Interaction Spheres: Contrasting Approaches to the Emergence of Civilization in the Maya Lowlands. *AAnt* 44: 36–54.

———. 1981a. Continuity and Disjunction: Late Postclassic Settlement Patterns in Northern Yucatan. In Ashmore 1981b, 311–32.

———. 1981b. The Political Economics of Residential Dispersion among the Lowland Maya. In Ashmore 1981b, 371–82.

———. 1983. Political Systems in Lowland Yucatan: Dynamics and Structure in Maya Settlement. In Vogt and Leventhal 1983, 375–86.

———. 1986a. Maya Warfare: An Example of Peer Polity Interaction. In *Peer Polity Interaction and Socio-Political Change*, ed. C. Renfrew and J. F. Cherry, 93–108. Cambridge: Cambridge University

Press.

———. 1986b. Terminal Classic Lowland Maya: Successes, Failures, and Aftermaths. In Sabloff and Andrews 1986, 409–30.

———. 1990. The Jester God: The Beginning and End of a Maya Royal Symbol. In Clancy and Harrison 1990, 67–78.

Freidel, D. A., M. Masucci, S. Jaeger, and R. A. Robertson. 1991. The Bearer, the Burden, and the Burnt: The Stacking Principle in the Iconography of the Late Preclassic Maya Lowlands. In Robertson and Fields 1991, 175–83.

Freidel, D. A., K. Reese-Taylor, and D. Mora-Marín. 2002. The Origins of Maya Civilization: The Old Shell Game, Commodity, Treasure, and Kingship. In Masson and Freidel 2002, 41–86.

Freidel, D. A., R. Robertson, and M. B. Cliff. 1982. The Maya City of Cerros. *A* 35 (4): 12–21.

Freidel, D. A., and J. A. Sabloff. 1984. *Cozumel: Late Maya Settlement Patterns*. New York: Academic Press.

Freidel, D. A., and L. Schele. 1988a. Kingship in the Late Preclassic Maya Lowlands: The Instruments and Places of Ritual Power. *AA* 90: 547–67.

———. 1988b. Symbol and Power: A History of the Lowland Maya Cosmogram. In Benson and Griffin 1988, 44–93.

———. 1989. Dead Kings and Living Mountains: Dedication and Termination Rituals of the Lowland Maya. In Hanks and Rice 1989, 233–343.

Freidel, D. A., C. Suhler, and R. Krochock. 1990. *Yaxuná Archaeological Survey: A Report of the 1989 Field Season and Final Report on Phase One*. Dallas: Department of Anthropology, Southern Methodist University.

Fry, R. E. 2003. The Peripheries of Tikal. In Sabloff 2003, 143–70.

Fry, R. E., and S. C. Cox. 1974. The Structure of Ceramic Exchange at Tikal, Guatemala. *JFA* 1: 209–25.

———. 1983. The Structure of Economic Exchange at Tikal, Guatemala. *WA* 6: 209–25.

Fuentes, B., and C. L. Staines., eds. 1998. *La pintura mural prehispánica en México: 2. Area Maya, Bonampak, México*. 2 vols. Instituto de Investigaciones Estéticas, UNAM.

Fuentes y Guzmán, F. A. 1932–34. *Historia de Guatemala o recordacíon florida*. Guatemala: Biblioteca Goathemala.

Furbee, L., ed. 1976. *Mayan Texts I. IJAL*, Native American Texts Series 1 (1). Chicago: University of Chicago Press.

Furbee-Losee, L., ed. 1979. *Mayan Texts II. IJAL*, Native American Texts Series, Monograph no. 3. Chicago: University of Chicago Press.

———, ed. 1980. *Mayan Texts III. IJAL*, Native American Texts Series, Monograph no. 5. Chicago: University of Chicago Press.

Furst, P. T. 1976. *Hallucinogens and Culture*. San Francisco: Chandler and Sharp.

Furst, P. T., and M. D. Coe. 1977. Ritual Enemas. *Natural History* 86 (3): 88–91.

Gallareta N., T. 1998. Isla Cerritos, Yucatan. *ArqM* 7 (33): 24–31.

Gallareta N., T., L. Toscano, C. Pérez, and C. Péraza. 1999. Proyecto Labna, Yucatan, México. In Gubler 1999, 85–96.

Gallenkamp, C., and R. E. Johnson, eds. 1985. *Maya: Treasures of an Ancient Civilization*. New York: Abrams.

Gann, T. W. F. 1900. Mounds in Northern Honduras. *BAE Annual Report* 19 (2): 655–92.

———. 1904–5. Report of a Visit to the Ruins on the Columbia Branch of the Río Grande in British Honduras. *Proceedings of the Society of Antiquaries of London* 20: 27–32.

———. 1918. *The Maya Indians of Southern Yucatan and Northern British Honduras*. BAE Bulletin 64.

———. 1927. *Maya Cities: A Record of Exploration and Adventure in Middle America*. London: Duckworth.

Gann, T. W. F., and J. E. S. Thompson. 1931. *The History of the Maya from the Earliest Time to the Present Day*. New York: Scribner's.

Garber, J. F. 1983. Patterns of Jade Consumption and Dispersal at Cerros, Northern Belize. *AAnt* 48: 800–807.

———. 1986. The Artifacts. In Robertson and Freidel 1986, 117–26.

———, ed. 2004. *The Ancient Maya of the Belize Valley: Half a Century of Archaeological Research*. Gainesville: University Press of Florida.

Garber, J. F., M. K. Brown, J. J. Awe, and C. J. Hartman. 2004. The Terminal Early Formative Kanocha Phase (1100–900 B. C.) at Blackman Eddy. In *Archaeological Investigations in the Eastern Lowlands: Papers of the 2003 Belize Archaeology Symposium*. Belize: Department of Archaeology.

Garber, J. F., M. K. Brown, and C. J. Hartman, eds. 2002. *The Belize Valley Archaeology Project: Results of the 2001 Field Season*. San Marcos: Southwest Texas State University.

García C., J. M. 1991. Edificios y dignatarios: La historia escrita de Oxkintok. In *Oxkintok, una ciudad Maya de Yucatan: Excavaciones de la misión arqueológica de España en México, 1986–1991*, 55–75. Madrid: Instituto de Conservación y Restauración de Bienes Culurales.

———. 2000. *Estudio introductorio del léxico de las inscripciones de Chichen Itza, Yucatan, México*. BAR 831.

———. 2001. Santuarios urbanos: Casas para los antepasados en Chichen Itza. In Ciudad R., Iglesias Ponce de León, and del Carmen Martínez M. 2001, 137–61.

García Moll, R. 1996. Yaxchillan, Chiapas. *ArqM* 4 (22): 36–45.

———. 2004. Shield Jaguar and Structure 33 at Yaxchilan. In Miller and Martin 2004, 268–70.

García-Morena, R., and J. Granados. 2000. Tumbas reales de Calakmul. *ArqM* 7 (42): 28–33.

Garnica, M., E. Robinson, and H. Neff. 2001. The Preclassic Archaeological Cultures of the Guatemalan Highlands and Pacific Coast: Interregional Interaction and Cultural Evolution. Paper presented at the 66th Annual Meeting of the Society for American Archaeology, New Orleans.

Garrett, W. E. 1989. La Ruta Maya. *National Geographic* 176 (4): 424–79.

Garza Tarazona de González, S. G., and E. B. Kurjack. 1980. *Atlas arqueológico de estado de Yucatán* 2 vols. Mexico City: INAH Centro Regional del Sureste.

Gates, W. 1920. The Distribution of the Several Branches of the Mayance Linguistic Stock. In Morley 1920, appendix 12.

———, trans. and notes. 1937. *Yucatan before and after the Conquest, by Friar Diego de Landa, with Other Related Documents*. Maya Society Publication no. 20. Baltimore.

———. 1938. *A Grammar of Maya*. Maya Society Publication no. 13. Baltimore.

Gendron, F., D. C. Smith, and A. Gendron-Badou. 2002. Discovery of Jadeite-Jade in Guatemala Confirmed by Non-Destructive Raman Microscopy. *JAS* 29: 837–51.

Gerry, J. P., and H. W. Krueger. 1997. Regional Diversity in Classic Maya Diets. In Whittington and Reed 1997, 196–207.

Gerstle, A. 1987. Ethnic Diversity and Interaction at Copan, Honduras. In Robinson 1987, 328–56.

Gibson, E. C., L. C. Shaw, and D. R. Finamore. 1986. *Early Evidence of Maya Hieroglyphic Writing at Kichpanha, Belize*. Working Papers in Archaeology no. 2. CARUTS.

Gifford, J. C. 1976. *Prehistoric Pottery Analysis and the Ceramics of Barton Ramie in the Belize Valley*, comp. C. A. Gifford. PMAE Memoirs 18.

Gill, R. B. 2000. *The Great Maya Droughts: Water, Life, and Death*. Albuquerque: University of New Mexico Press.

Gill, R. B., and J. P. Keating. 2002. Volcanism and Mesoamerican Archaeology. *AM* 13: 125–40.

Gillespie, S. D. 1989. *The Aztec Kings: The Construction of Rulership in Mexica History*. Tucson: University of Arizona Press.

———. 1999. Olmec Thrones as Ancestral Altars: The Two Sides of Power. In *Material Symbols: Culture and Economy in Prehistory*, ed. J. E. Robb, 224–53. Carbondale: Center for Archaeological Investigations, Southern Illinois University.

———. 2000. Rethinking Ancient Maya Social Organization: Replacing "Lineage" with "House." *AA* 102: 467–84.

Gillespie, S. D., and R. A. Joyce. 1997. Gendered Goods: The Symbolism of Maya Hierarchical Exchange Relations. In Claassen and Joyce 1997, 189–207.

———. 1998. Deity Relationships in Mesoamerican Cosmologies: The Case of the Maya God L. *AM* 9: 279–96.

Glass, J. B. 1975. A Survey of Native Middle American Pictorial Manuscripts. In *HMAI* 14: 3–80.

Glass, J. B., and D. Robertson. 1975. A Census of Native Middle American Pictorial Manuscripts. In *HMAI* 14: 81–280.

Golden, C. W. 2003. The Politics of Warfare in the Usumacinta Basin: La Pasadita and the Realm of Bird Jaguar. In *Ancient Mesoamerican Warfare*, ed. M. Brown. Walnut Creek, CA: AltaMira Press.

Golden, C. W., and G. Borgstede, eds. 2004 *Continuity and Change in Maya Archaeology: Perspectives at the Millennium*. New York: Routledge.

Gómez-Pompa, A., M. Allen, and S. Fedick, eds. 2003. *Lowland Maya Area: Three Millennia at the Human-Wildland Interface*. Binghamton, NY: Food Products Press.

Gómez-Pompa, A., J. S. Flores, and M. A. Fernández. 1990. The Sacred Cacao Groves of the Maya. *LAA* 1: 247–57.

González, A. 1993. El Templo de la Cruz. *ArqM* 1 (2): 39–41.

Goodman, J. T. 1897. The Archaic Maya Inscriptions. Appendix to Maudslay 1889–1902.

———. 1905. Maya Dates. *AA* 7: 642–47.

Gordon, G. B. 1896. *Prehistoric Ruins of Copan, Honduras*. PMAE Memoirs 1 (1).

Gordon, G. B., and J. A. Mason. 1925–43. *Examples of Maya Pottery in the Museum and in Other Collections*. 3 vols. UPM.

Gossen, G. H. 1994. From Olmecs to Zapatistas: A Once and Future History of Souls. *AA* 96: 553–70.

Gossen, G. H., and R. M. Leventhal. 1993. The Topography of Ancient Maya Religious Pluralism: A Dialogue with the Present. In Sabloff and Henderson 1993, 185–217.

Graham, E. 1987. Resource Diversity in Belize and Its Implications for Models of Lowland Trade. *AAnt* 52: 753–67.

———. 1994. *The Highlands in the Lowlands: Environment and Archaeology in the Stann Creek District, Belize, Central America*. Madison: Prehistory Press.

Graham, E., and D. M. Pendergast. 1989. Excavations at the Marco Gonzalez Site, Ambergris Cay, Belize, 1986. *JFA* 16: 1–16.

Graham, I. 1967. *Archaeological Explorations in El Peten, Guatemala*. MARI Publication 33.

———. 1975. *Corpus of Maya Hieroglyphic Inscriptions*. Vol. 1, *Introduction*. PMAE.

———. 1978. *Corpus of Maya Hieroglyphic Inscriptions*. Vol. 2, pt. 2, *Naranjo, Chunhuitz, Xunantunich*. PMAE.

———. 1979. *Corpus of Maya Hieroglyphic Inscriptions*. Vol. 3, pt. 2, *Yaxchilan*. PMAE.

———. 1980. *Corpus of Maya Hieroglyphic Inscriptions*. Vol. 2, pt. 3, *Ixkun, Ucanal, Ixtutz, Naranjo*. PMAE.

———. 1982. *Corpus of Maya Hieroglyphic Inscriptions*. Vol. 3, pt. 3, *Yaxchilan*. PMAE.

———. 1986. *Corpus of Maya Hieroglyphic Inscriptions*. Vol. 5, pt. 3, *Uaxactun*. PMAE.

———. 2002. *Alfred Maudslay and the Maya: A Biography*. Norman: University of Oklahoma Press.

Graham, I., and E. Von Euw. 1975. *Corpus of Maya Hieroglyphic Inscriptions*. Vol. 2, pt. 1, *Naranjo*.

PMAE.

———. 1977. *Corpus of Maya Hieroglyphic Inscriptions*. Vol. 3, pt. 1, *Yaxchilan*. PMAE.

Graham, J. A. 1971. Commentary on Calendrics and Writing. UCARF Contribution 11: 133–40.

———. 1972. *The Hieroglyphic Inscriptions and Monumental Art of Altar de Sacrificios*. PMAE Papers 64 (2).

———. 1973. Aspects of Non-Classic Presences in the Inscriptions and Sculptural Art of Seibal. In Culbert 1973, 207–17.

———. 1977. Discoveries at Abaj Takalik, Guatemala. *A* 30: 196–97.

———. 1979. Maya, Olmecs and Izapans at Abaj Takalik. 42nd ICA *Actas* 8:179–88.

Graham, J. A., R. F. Heizer, and E. M. Shook. 1978. Abaj Takalik 1976: Exploratory Investigations. UCARF Contribution 36:85–110.

Graham, J. A., and R. Hester. 1968. Notes on the Papalhuapa Site, Guatemala. UCARF Contribution 5: 101–25.

Graham, J. A., and J. Porter. 1989. A Cycle 6 Initial Series? A Maya Boulder Inscription of the First Millennium B.C. from Abaj Takalik. *Mexicon* 11: 46–49.

Graulich, M. 2003. El sacrificio humano en Mesoamérica. *ArqM* 63: 16–21.

Green, D. F., and G. W. Lowe. 1967. *Altamira and Padre Piedra, Early Preclassic Sites in Chiapas, Mexico*. NWAF Papers, no. 20.

Greenberg, J. H. 1987. *Language in the Americas*. Stanford, CA: Stanford University Press.

Greene, M. 1967. *Ancient Maya Relief Sculpture*. New York: Museum of Primitive Art.

Greene, M., R. L. Rands, and J. A. Graham. 1972. *Maya Sculpture from the Southern Lowlands, the Highlands, and Pacific Piedmont Guatemala, Mexico, Honduras*. Berkeley: Lederer, Street and Zeus.

Griscom, L. 1932. *The Distribution of Bird-Life in Guatemala*. American Museum of Natural History Bulletin 64. New York.

Grove, D. C. 1981a. The Formative Period and the Evolution of Complex Culture. *SHMAI* 1: 373–91.

———. 1981b. Olmec Monuments: Mutilation as a Clue to Meaning. In *The Olmec and Their Neighbors*, ed. E. P. Benson, 49–68.

———, ed. 1987. *Ancient Chalcatzingo*. Austin: University of Texas Press.

———. 1997. Olmec Archaeology: A Half Century of Research and Its Accomplishments. *JWP* 11: 51–101.

———. 1999. Public Monuments and Sacred Mountains: Observations on Three Formative Period Sacred Landscapes. In Grove and Joyce 1999, 155–299.

Grove, D. C., and S. D. Gillespie. 1992. Ideology and Evolution at the Pre-State Level: Formative Period Mesoamerica. In *Ideology and PreColumbian Civilizations*, ed. A. A. Demarest and G. W. Conrad, 15–36. SAR.

Grove, D. C., K. G. Hirth, D. E. Bugé, and A. M. Cyphers. 1976. Settlement and Cultural Development at Chalcatzingo. *Science* 192: 1203–10.

Grove, D. C., and R. A. Joyce, eds. 1999. *Social Patterns in Preclassic Mesoamerica*. DO.

Grube, N. 1991. An Investigation of the Primary Standard Sequence on Classic Maya Ceramics. In Robertson and Fields 1991, 223–32.

———. 1994a. Epigraphic Research at Caracol, Belize. In D. Chase and A. Chase 1994, 83–122.

———. 1994b. Hieroglyphic Sources for the History of Northwest Yucatan. In Prem 1994, 316–58.

———, ed. 1995. *The Emergence of Classic Maya Civilization*. Möckmühl: Anton Saurwein.

———. 1996. Palenque in the Maya World. In Robertson, Macri, and McHargue 1996, 1–13.

———. 1998. Observations on the Late Classic Interregnum at Yaxchilan. In Bray and Manzanilla 1998, 116–27.

———. 2000a. The City-States of the Maya. In M. Hansen 2000, 547–65.

———. 2000b. On Classic Maya Inscriptions. *CA* 41: 837–38.

———, ed. 2001a. *Maya: Divine Kings of the Rain Forest.* Cologne: Könemann.

———. 2001b. Grave Robbers in the Jungle. In Grube 2001a, 244–45.

———. 2001c. Cacao: Beverage of the Gods. In Grube 2001a, 32–33.

———. 2001d. Bark Paper Books. In Grube 2001a, 128–29.

———. 2001e. Hieroglyphs: The Gateway to History. In Grube 2001a, 114–27.

———. 2002. Appendix 2: Epigraphic Analysis of Altar 3 of Altar de los Reyes. In Sprajc 2002.

Grube, N., and S. Martin. 2001. The Dynastic History of the Maya. In Grube 2001a, 148–71.

Gruhn, R., and A. L. Bryan. 1976. An Archaeological Survey of the Chichicastenango Area of Highland Guatemala. *CCM* 9: 75–119.

———. 1977. Los Tapiales: A Paleoindian Campsite in the Guatemalan Highlands. *American Philosophical Society Proceedings* 121: 235–73.

Gubler, R., ed. 1999. *Land of the Turkey and the Deer: Recent Research in Yucatan.* Lancaster: Labyrinthos.

Guderjan, T. H. 1993. *Ancient Maya Traders of Ambergris Caye.* Benque Viejo: Cubola Productions.

———. 1995. Maya Trade and Settlement on Ambergris Caye, Belize. *AM* 6: 147–59.

Guderjan, T. H., J. Baker, and R. J. Lichtenstein. 2003. Environmental and Cultural Diversity at Blue Creek. In Scarborough, Valdez, and Dunning 2003, 77–91.

Guderjan, T. H., and J. F. Garber, eds. 1995. *Maya Maritime Trade, Settlement, and Populations on Ambergris Caye, Belize.* Lancaster: Maya Research Program and Labyrinthos.

Guderjan, T. H., J. F. Garber, H. A. Smith, F. Stross, H. V. Michel, and F. Asaro. 1989. Maya Maritime Trade and Sources of Obsidian at San Juan, Ambergris Cay, Belize. *JFA* 16: 363–79.

Guillemin, J. F. 1965. *Iximche: Capital del antiguo reino Cakchiquel.* Guatemala: Instituto de Antropología e Historia.

———. 1967. The Ancient Cakchiquel Capital of Iximche. *Expedition* 9 (2): 22–35.

Gunn, J. D., ed. 2000. The Years without Summer: Tracing A.D. 536 and Its Aftermath. BAR 872.

Gunn, J. D., R. T. Matheny, and W. J. Folan. 2002. Climate-Change Studies in the Maya Area: A Diachronic Analaysis. *AM* 13:79–84.

Guthe, C. E. 1932. The Maya Lunar Count. *Science* 75: 271–77.

Haas, M. L. 1969. *The Prehistory of Languages.* The Hague: Mouton.

Hall, G. D., S. M. Tarka, W. J. Hurst, D. Stuart, and R. E. W. Adams. 1990. Cacao Residues in Ancient Maya Vessels from Rio Azul, Guatemala. *AAnt* 55: 138–43.

Hall, J., and R. Viel. 2004. The Early Classic Copan Landscape: A View from the Preclassic. In Bell, Canuto, and Sharer 2004, 17–28.

Hamblin, R. L., and B. L. Pitcher. 1980. The Classic Maya Collapse: Testing Class Conflict Hypotheses. *AAnt* 45: 246–67.

Hammond, N. 1972. Obsidian Trade Routes in the Mayan Area. *Science* 178: 1092–93.

———, ed. 1974. *Mesoamerican Archaeology: New Approaches.* Austin: University of Texas Press.

———. 1975. *Lubaantun, a Classic Maya Realm.* PMAE Monograph 2.

———. 1977a. The Earliest Maya. *SA* 236 (3): 116–33.

———, ed. 1977b. *Social Process in Maya Prehistory, Essays in Honour of Sir J. Eric S. Thompson.* New York: Academic Press.

———. 1978. The Myth of the Milpa: Agricultural Expansion in the Maya Lowlands. In Harrison and Turner 1978, 23–24.

———. 1980. Early Maya Ceremonial at Cuello, Belize. *Antiquity* 54: 176–90.

———. 1981. Settlement Patterns in Belize. In Ashmore 1981b, 157–86.

———. 1985a. The Emergence of Maya Civilization. *SA* 255 (2): 106–15.

———, ed. 1985b. *Nohmul: A Prehistoric Maya Community in Belize*. BAR 250.
———. 1991a. *Cuello: An Early Maya Community in Belize*. Cambridge: Cambridge University Press.
———. 1991b. Inside the Black Box: Defining Maya Polity. In Culbert 1991a, 253–84.
———. 1992. Preclassic Maya Civilization. In Danien and Sharer 1992, 137–44.
———. 1999. The Genesis of Hierarchy: Mortuary and Offertory Ritual in the Preclassic at Cuello, Belize. In Grove and Joyce 1999, 49–66.
———. 2001a. A New Maya Stela from La Milpa, Belize. *Antiquity* 75: 267–68.
———. 2001b. The Origins of Maya Civilization: The Beginnings of Village Life. In Grube 2001a, 34–47.
Hammond, N., and W. A. Ashmore. 1981. Lowland Maya Settlement: Geographical and Chronological Frameworks. In Ashmore 1981b, 19–36.
Hammond, N., A. Aspinall, S. Feather, J. Hazelden, T. Gazard, and S. Agrell. 1977. Maya Jade: Source Location and Analysis. In *Exchange Systems in Prehistory*, ed. T. K. Earle and J. E. Ericson, 35–67. New York: Academic Press.
Hammond, N., J. Bauer, and S. Hay. 2000. Preclassic Maya Architectural Ritual at Cuello, Belize. *Antiquity* 74: 265–66.
Hammond, N., A. Clarke, and S. Donaghey. 1995. The Long Goodbye: Middle Preclassic Maya Archaeology at Cuello, Belize. *LAA* 6: 120–28.
Hammond, N., R. A. Housley, and I. A. Law. 1991. The Postclassic at Cuello, Belize. *AM* 2: 71–74.
Hammond, N., and G. Tourtellot. 1992. Survey and Excavations at La Milpa, Belize. *Mexicon* 15: 71–75.
Hammond, N., G. Tourtellot, S. Donaghey, and A. Clarke. 1998. No Slow Dusk: Maya Urban Development and Decline at La Milpa, Belize. *Antiquity* 72: 831–37.
Hammond, N., and G. R. Willey, eds. 1979. *Maya Archaeology and Ethnohistory*. Austin: University of Texas Press.
Hanks, W. F., and D. S. Rice, eds. 1989. *Word and Image in Maya Culture: Explorations in Language, Writing, and Representation*. Salt Lake City: University of Utah Press.
Hansen, M. H., ed. 2000. *A Comparative Study of Thirty City-State Cultures*. Copenhagen: Royal Danish Academy of Sciences and Letters.
Hansen, R. D. 1987. *Informe preliminar de los estudios realizados en el sitio arqueológico Nakbe, Petén, Guatemala*. Guatemala: Instituto de Antropología e Historia.
———. 1989. *Las investigaciones del sitio arqueológico Nakbe, Petén, Guatemala: Temporada 1989*. A report presented to the Instituto de Antropología e Historia de Guatemala.
———. 1990. *Excavations in the Tigre Complex, El Mirador, Peten, Guatemala*. NWAF Papers, no. 62.
———. 1991a. The Road to Nakbe. *Natural History*, May, 8–14.
———. 1991b. An Early Maya Text from El Mirador, Guatemala. RRAMW 37.
———. 1992. The Archaeology of Ideology: A Study of Maya Preclassic Architectural Sculpture at Nakbe, Peten, Guatemala. PhD diss., UCLA.
———. 1994. Las dinámicas culturas y ambientales de los orígnes mayas: Estudios recientes del sito arqueológico Nakbe. In Laporte and Escobedo 1994, 369–87.
———. 1998a. Continuity and Disjunction: The Preclassic Antecedents of Classic Maya Architecture. In Houston 1998, 49–122.
———. 1998b. *Incipient Maya Wetland Agriculture: Definition of Ancient Systems and Sustainable Application in Contemporary Rainforest Populations*. Los Angeles: FARES.
———. 2001. The First Cities: The Beginnings of Urbanization and State Formation in the Maya Lowlands. In Grube 2001a, 50–65.
———. 2004. El Mirador, Guatemala. *ArqM* 66: 26–31.
Hansen, R. D., R. Bishop, and F. Fahsen. 1991. Notes on Maya Codex-Style Ceramics from Nakbe, Peten,

Guatemala. *AM* 2: 225–43.

Hansen, R. D., S. Bozarth, J. Jacob, D. Wahl, and T. Schreiner. 2002. Climatic and Environmental Variability in the Rise of Maya Civilization: A Preliminary Perspective from Northern Peten. *AM* 13:273–95.

Hansen, R. D., and D. W. Forsyth. 1987. Late Preclassic Development of Unslipped Pottery in the Maya Lowlands: The Evidence from El Mirador. In Rice and Sharer 1987, 439–68.

Hansen, R. D., D. W. Forsyth, J. C. Woods, E. F. Hansen, T. Schreiner, and G. L. Titmus. 1997. Developmental Dynamics, Energetics, and Complex Interactions of the Early Maya in the El Mirador Basin, Guatemala. Paper presented at the 62nd Annual Meeting of the Society for American Archaeology, Nashville, TN.

Harris, D. R. 1972. Swidden Systems and Settlement. In Ucko, Tringham, and Dimbleby 1972, 245–62.

———. 1978. The Agricultural Foundations of Lowland Maya Civilization. In Harrison and Turner 1978, 301–23.

Harris, J. F., and S. K. Sterns. 1997. *Understanding Maya Inscriptions: A Hieroglyph Handbook*. 2nd ed. UPM.

Harris, M. 1990. Emics and Etics Revisited. In Headland, Pike, and Harris 1990, 48–61.

Harrison, P. D. 1977. The Rise of the Bajos and the Fall of the Maya. In Hammond 1977b, 469–508.

———. 1978. Bajos Revisited: Visual Evidence for One System of Agriculture. In Harrison and Turner 1978, 247–53.

———. 1981. Some Aspects of Preconquest Settlement in Southern Quintana Roo, Mexico. In Ashmore 1981b, 259–86.

———. 1985. Ancient Maya Architecture. In Gallenkamp and Johnson 1985, 84–96.

———. 1990. The Revolution in Ancient Maya Subsistence. In Clancy and Harrison 1990, 99–113.

———. 1999. *The Lords of Tikal: Rulers of an Ancient Maya City*. New York: Thames and Hudson.

———. 2001a. Maya Agriculture. In Grube 2001a, 70–79.

———. 2001b. Thrones and Throne Structures in the Central Acropolis of Tikal as an Expression of the Royal Court. In Inomata and Houston 2001, 2: 74–101.

Harrison, P. D., and R. E. Fry. 2000. *Pulltrouser Swamp: The Settlement Maps*. Salt Lake City: University of Utah Press.

Harrison, P. D., and B. L. Turner, eds. 1978. *Pre-Hispanic Maya Agriculture*. Austin: University of Texas Press.

Hartung, H. 1975. A Scheme of Probable Astronomical Projections in Mesoamerican Architecture. In Aveni 1975b, 191–204.

Hassig, R. 1988. *Aztec Warfare: Imperial Expansion and Political Control*. Norman: University of Oklahoma Press.

———. 1992. *War and Society in Ancient Mesoamerica*. Berkeley and Los Angeles: University of California Press.

Haug, G. H., D. Gunther, L. C. Peterson, D. M. Sigman, K. A. Hugden, and B. Aeschlimann. 2003. Climate and the Collapse of Maya Civilization. *Science* 299: 1731–35.

Haviland, W. A. 1967. Stature at Tikal, Guatemala: Implications for Ancient Maya Demography and Social Organization. *AAnt* 32: 316–25.

———. 1968. Ancient Lowland Maya Social Organization. MARI Publication 26: 93–117.

———. 1970. Tikal, Guatemala, and Mesoamerican Urbanism. *WA* 2: 186–98.

———. 1977. Dynastic Genealogies from Tikal, Guatemala: Implications for Descent and Political Organization. *AAnt* 42: 61–67.

———. 1981. Dower Houses and Minor Centers at Tikal, Guatemala: An Investigation into the Identification of Valid Units in Settlement Hierarchies. In Ashmore 1981b, 89–117.

———. 1985a. *Excavations in Small Residential Groups of Tikal: Groups 4F-1 and 4F-2*. Tikal Reports, no. 19. UPM.

———. 1985b. Population and Social Dynamics: The Dynasties and Social Structure of Tikal. *Expedition* 27 (3): 34–41.

———. 1988. Musical Hammocks at Tikal: Problems with Reconstructing Household Composition. In Wilk and Ashmore 1988, 121–34.

———. 1989. *Excavations in Residential Areas of Tikal: Non-Elite Groups without Shrines*. Tikal Reports, no. 20. UPM.

———. 1992. From Double Bird to Ah Cacaw: Dynastic Troubles and the Cycle of the Katuns at Tikal, Guatemala. In Danien and Sharer 1992, 71–80.

———. 1997. On the Maya State. *CA* 38: 443–45.

———. 2003. Settlement, Society, and Demography at Tikal. In Sabloff 2003, 111–42.

Haviland, W. A., and A. de Laguna Haviland. 1995. Glimpses of the Supernatural: Altered States of Consciousness and the Graffiti of Tikal. *LAA* 6: 295–309.

Hay, C. L., R. L. Linton, S. K. Lothrop, H. L. Shapiro, and G. C. Vaillant, eds. 1982. *The Maya and Their Neighbors: Essays on Middle American Anthropology and Archaeology*. Salt Lake City: University of Utah Press. (Orig. pub. 1940.)

Hayden, B. 1993. *Archaeology: The Science of Once and Future Things*. New York: W. H. Freeman.

———. 1995. Pathways to Power: Principles for Creating Socioeconomic Inequalities. In Price and Feinman 1995, 15–86.

Headland, T. N., K. Pike, and M. Harris, eds. 1990. *Emics and Etics: The Insider/Outsider Debate*. Newbury Park, CA: Sage.

Healy, P. F. 1974. The Cuyamel Caves: Preclassic Sites in Northeastern Honduras. *AAnt* 39: 435–47.

———. 1983. An Ancient Maya Dam in the Cayo District, Belize. *JFA* 10: 147–54.

———. 1988. Music of the Maya. *A* 41 (1): 24–31.

———. 1990. Excavations at Pacbitun, Belize: Preliminary Report on the 1986 and 1987 Investigations. *JFA* 17: 247–62.

———, ed. 1999. *Belize Valley Preclassic Maya Project: Report on the 1996 and 1997 Field Season*. Trent University Occasional Papers in Anthropology 13. Peterborough, Ontario.

Healy, P. F., and J. J. Awe., eds. 1995. *Belize Valley Preclassic Maya Project: Report on the 1994 Field Season*. Trent University Occasional Papers in Anthropology 10. Peterborough, Ontario.

———, eds. 1996. *Belize Valley Preclassic Maya Project: Report on the 1995 Field Season*. Trent University Occasional Papers in Anthropology 12. Peterborough, Ontario.

———. 2001. Middle Preclassic Jade Spoon from Belize. *Mexicon* 23: 61–64.

Healy, P. F., J. D. H. Lambert, J. T. Arnason, and R. J. Hebda. 1983. Caracol, Belize: Evidence of Ancient Maya Agricultural Terraces. *JFA* 10: 397–410.

Heizer, R. F. 1968. New Observations on La Venta. In Benson 1968, 9–40.

Heizer, R. F., J. A. Graham, and L. K. Napton. 1968. The 1968 Investigations at La Venta. UCARF Contribution 5: 127–54.

Hellmuth, N. M. 1971a. Possible Streets at a Maya Site in Guatemala. Mimeo.

———. 1971b. Preliminary Report on Second-Season Excavations at Yaxha, Guatemala. Mimeo.

———. 1972. Excavations Begin at Maya Site in Guatemala. *A* 25: 148–49.

———. 1976. Naya Architecture of Nakum, El Peten, Guatemala. *FLAAR Progress Reports* 2 (1).

———. 1978. Teotihuacan Art in the Escuintla, Guatemala Region. In Pasztory 1978, 71–85.

Helms, M. W. 1975. *Middle America: A Cultural History of Heartland and Frontiers*. Englewood Cliffs, NJ: Prentice-Hall.

———. 1993. *Craft and Kingly Ideal: Art, Trade, and Power*. Austin: University of Texas Press.

———. 1998. *Access to Origins: Affines, Ancestors, and Aristocrats.* Austin: University of Texas Press.

Henderson, H. 2003. The Organization of Staple Crop Production at K'axob, Belize. *LAA* 14: 469–96.

Henderson, J. S. 1975. Origin of the 260-Day Cycle in Mesoamerica. *Science* 185: 542.

———. 1992. Variations on a Theme: A Frontier View of Maya Civilization. In Danien and Sharer, 161–71.

———. 1997. *The World of the Ancient Maya.* 2nd ed. Ithaca, NY: Cornell University Press.

Henderson, J. S., and M. Beaudry-Corbett, eds. 1993. Pottery of Prehistoric Honduras. Los Angeles: UCLA Institute of Archaeology.

Henderson, J. S., and J. A. Sabloff. 1993. Re-Conceptualizing the Maya Cultural Tradition: Programmatic Comments. In Sabloff and Henderson 1993: 445–75.

Henderson, J. S., I. Sterns, A. Wonderly, and P. A. Urban. 1979. Archaeological Investigations in the Valle de Naco, Northwestern Honduras: A Preliminary Report. *JFA* 6: 169–92.

Hendon, J. A. 1991. Status and Power in Classic Maya Society: An Archaeological Study. *AA* 93: 894–918.

———. 1999. The Preclassic Maya Compound as the Focus of Social Identity. In Grove and Joyce 1999, 97–125.

———. 2000. Having and Holding: Storage, Memory, Knowledge, and Social Relations. *AA* 102: 42–53.

Hermes, B. 2002. Sintesis preliminar de la ocupación prehispánica en al area central de Nakum. BAVA Band 22: 277–85.

———. 2004. Arte en material malacolóogico en la Laguna Yaxha, Guatemala. *ArgM* 66: 74–77.

Hermes, B., and R. Noriega. 1997. El período postclásico en el área de la Laguna Yaxha: Una visión desde Topoxte. In Laporte and Escobedo 1997, 755–78.

Hermes, B., J. Olko, and J. Zralka. 2002. Entre el arte elitistica y el arte popular: Los graffiti de Nakum, Guatemala. *Mexicon* 24: 123–32.

———. n.d. The Maya Settlement in Nakum, Peten, Guatemala: Terminal Classic Phenomena in the Southern Lowlands. Manuscript.

Herrera, A. 1726–30. *Historia general de los hechos de los Castillanos en las islas i tierra firme del mar oceano.* 5 vols. Madrid: Imprenta Real de Nicolas Rodríguez Franco.

Hester, T. R., ed. 1979. *The Colha Project: A Collection of Interim Papers.* CARUTS.

Hester, T. R., and N. Hammond, eds. 1976. *Maya Lithic Studies: Papers from the 1976 Belize Field Symposium.* CARUTS.

Hester, T. R., and H. J. Shafer. 1984. Exploitation of Chert Resources by the Ancient Maya of Northern Belize. *WA* 16 (2): 157–73.

———, eds. 1991. *Maya Stone Tools: Selected Papers from the Second Maya Lithic Conference.* Monographs in World Archaeology, no. 1. Madison: Prehistory Press.

Hewett, E. L. 1911. Two Seasons' Work in Guatemala. *Bulletin of the Archaeological Institute of America* 2: 117–34.

———. 1912. The Excavations at Quirigua in 1912. *Bulletin of the Archaeological Institute of America* 3:163–71.

———. 1916. Latest Work of the School of American Archaeology at Quirigua. In *Holmes Anniversary Volume: Anthropological Essays*, ed. F. W. Hodge, 157–62. Washington, DC.

Hewitt, E. A. 1999. What's in a Name: Gender, Power, and Classic Maya Women Rulers. *AM* 10: 251–62.

Hill, R. M. 1996. Eastern Chajoma Political Geography: Ethnohistorical and Archaeological Contributions to the Study of a Late Postclassic Masya Polity. *AM* 7: 63–87.

———. 1998. Los otros kaqchikeles: Los chajoma vinak. *Mesoamerica* 35: 229–54.

Hill, R. M., and J. Monaghan. 1987. *Continuities in Highland Maya Social Organization: Ethnohistory in*

Sacapulas, Guatemala. Philadelphia: University of Pennsylvania Press.

Hirth, K. G., ed. 1984. *Trade and Exchange in Early Mesoamerica*. Albuquerque: University of New Mexico Press.

Hodder, I., ed. 1987. *The Archaeology of Contextual Meanings*. Cambridge: Cambridge University Press.

———. 1999. *The Archaeological Process: An Introduction*. Oxford: Blackwell.

———, ed. 2001. *Archaeology Theory Today*. Cambridge: Polity Press.

Hodder, I., and R. W. Preucel, eds. 1996. *Contemporary Archaeology in Theory*. Oxford: Blackwell.

Hodell, D. A., J. H. Curtis, and M. Brenner. 1995. Possible Role of Climate in the Collapse of Classic Maya Civilization. *Nature* 375: 391–94.

Hodell, D. A., M. Brenner, J. H. Curtis, and T. Guilderson. 2001. Solar Forcing of Drought Frequency in the Maya Lowlands. *Science* 292:1367–69.

Hodge, M. G. 1992. Aztec Market Systems. *NGRE* 8: 428–45.

Hohmann, H. 1998. *A Maya Palace in Mexico: Structure IV at Becan*. Graz: Academic Publishers.

Hohmann, H., and A. Vogrin. 1982. *Die Architektur von Copan*. Graz: Akademische Druck Verlagsanstalt.

Holmes, W. H. 1895–97. *Archaeological Studies among the Ancient Cities of Mexico*. Pt. 1, *Monuments of Yucatan*. Pt. 2, *Monuments of Chiapas, Oaxaca and the Valley of Mexico*. Field Columbian Museum, Anthropological Series 1. Chicago.

Hopkins, N. A. 1985. On the History of the Chol Language. In Robertson and Fields 1985, 1–5.

———. 1991. Classic and Modern Relationship Terms and the "Child of Mother" Glyph. In Robertson and Fields 1991, 255–65.

Hosler, D. 1994. *The Sounds and Colors of Power: The Sacred Metallurgical Technology of Ancient West Mexico*. Cambridge, MA: MIT Press.

Hosler, D., and A. Macfarlane. 1996. Copper Sources, Metal Production, and Metals Trade in Late Postclassic Mesoamerica. *Science* 273: 1819–24.

Houston, S. D. 1983a. Warfare between Naranjo and Ucanal. *Contributions to Maya Hieroglyphic Decipherment* 1: 31–39.

———. 1983b. On "Ruler 6" at Piedras Negras, Guatemala. *Mexicon* 5: 84–86.

———. 1986. Problematic Emblem Glyphs: Examples from Altar de Sacrificios, El Chorro, Río Azul, and Xultun. RRAMW, no. 3.

———. 1987. Notes on Caracol Epigraphy and Its Significance. In Chase and Chase 1987, 85–100.

———. 1988. Political History and the Decipherment of Maya Glyphs. *Antiquity* 62, 135–52.

———. 1989. Archaeology and Maya Writing. *Journal of World Prehistory* 3: 1–32

———. 1992. Classic Maya Politics. In Danien and Sharer 1992, 65–69.

———. 1993. *Hieroglyphs and History at Dos Pilas: Dynastic Politics of the Classic Maya*. Austin: University of Texas Press.

———. 1996. Symbolic Sweatbaths of the Maya: Architectural Meaning in the Cross Group at Palenque, Mexico. *LAA* 7: 132–51.

———. 1997. The Shifting Now: Aspect, Deixis, and Narrative in Classic Maya Texts. *AA* 99: 291–306.

———, ed. 1998. *Function and Meaning in Maya Architecture*. DO.

———. 2000. Into the Minds of Ancients: Advances in Maya Glyph Studies. *Journal of World Prehistory* 14: 291–301.

———. 2004a. Dos Pilas, Guatemala. *ArqM* 66: 70–73.

———. 2004b. The Acropolis of Piedras Negras. In Miller and Martin 2004, 271–76.

Houston, S. D., O. Chinchilla M., and D. Stuart, eds. 2001. *The Decipherment of Ancient Maya Writing*. Norman: University of Oklahoma Press.

Houston, S. D., and M. D. Coe. 2003. Has Isthmian Writing Been Deciphered? *Mexicon* 25: 151–61.

Houston, S. D., H. Escobedo, M. Child, C. Golden, R. Muñoz, and M. Urquizú. 1999. Monumental Architecture at Piedras Negras, Guatemala: Time, History, and Meaning. *Mayab* 11: 40–56.

Houston, S. D., H. Escobedo, M. Child, C. Golden, R. Terry, and D. Webster. 2000. In the Land of the Turtle Lords: Archaeological Investigations at Piedras Negras, Guatemala, 2000. *Mexicon* 22: 97–110.

Houston, S. D., H. Escobedo, M. Child, C. Golden, and R. Muñoz. 2001. Crónica de una muserte anunciada: Los años finales de Piedras Negras. In Ciudad R., Iglesias Ponce de León, and del Carmen Martínez M. 2001, 65–92.

Houston, S. D., H. Escobedo, M. Child, C. Golden, and R. Muñoz. 2003. Moral Community and Settlement Transformation among the Classic Maya: Evidence from Piedras Negras, Guatemala. In *The Social Construction of Ancient Cities*, ed. M. Smith. Washington, DC: Smithsonian Institution Press.

Houston, S. D., and W. R. Fowler, eds. 1990. Remembering Carnegie Archaeology. *AM* 1: 245–76.

Houston, S. D., and A. Lacadena García-Gallo. Maya Epigraphy at the Millennium: Personal Notes. In Golden and Borgstede 2004, 115–24.

Houston, S. D., and P. Mathews. 1985. *The Dynastic Sequence of Dos Pilas, Guatemala*. PARI Monograph 1.

Houston, S. D., J. Robertson, and D. Stuart. 1996. The Language of Classic Maya Inscriptions. *CA* 41: 321–56.

Houston, S. D., and D. Stuart. 1989. The Way Glyph: Evidence for "Co-essences" among the Classic Maya. RRAMW, no. 30.

———. 1996. Of Gods, Glyphs, and Kings: Divinity and Rulership among the Classic Maya. *Antiquity* 70: 289–312.

———. 1998a. Disharmony in Maya Hieroglyphic Writing: Linguistic Change and Continuity in Classic Society. In Ciudad R. et al. 1998, 275–96.

———. 1998b. The Ancient Maya Self: Personhood and Portraiture in the Classic Period. *Res: Anthropology and Aesthetics* 33: 73–101.

Houston, S. D., and K. A. Taube. 1987. "Name-Tagging" in Classic Mayan Script. *Mexicon* 9: 38–41.

———. 2000. An Archaeology of the Senses: Perception and Cultural Expression in Ancient Mesoamerica. *Cambridge Archaeological Journal* 10: 261–94.

Howell, W. K. 1989. *Excavations in the Danta Complex, El Mirador, Petén, Guatemala*. NWAF Papers, no. 60.

Huchim Herrera, J., and L. Toscano H. 1999. El cuadrángulo de los pájaros de Uxmal. *ArqM* 7 (37): 18–23.

Hunn, E. 1977. *Tzeltal Folk Zoology: The Classification of Discontinuities in Nature*. New York: Academic Press.

Huntington, E. 1912. The Peninsula of Yucatan. *Bulletin of the American Geographical Society* 44: 801–22.

Hurst, W. J., R. A. Martin, S. M Tarka, and G. D. Hall. 1989. Authentication of Cocoa in Maya Vessels Using High Performance Liquid Chromatography. *Journal of Chromatography* 466: 279–89.

Iannone, G. 2002. Annales History and the Ancient Maya State: Some Observations on the "Dynamic Model." *AA* 104: 68–78.

Iannone, G., and S. V. Connell, eds. 2003. *Perspectives on Ancient Maya Rural Complexity*. Los Angeles: Cotsen Institute of Archaeology, UCLA.

Iceland, H. B. 1997. The Preceramic Origins of the Maya: The Results of the Colha Preceramic Project in Northern Belize. PhD diss., University of Texas at Austin.

———. 2001. The Preceramic to Early Middle Preclassic Transition in Northern Belize. Paper presented at the 66th Annual Meeting of the Society for American Archaeology, New Orleans.

Ichon, A. 1975. *Organizacíon de un centro Quiché protohistórico: Pueblo Viejo Chichaj*. Instituto de Antropología e Historia Publicacíon Especial, no. 9. Guatemala.

———. 1977a. *Les sculptures de la Lagunita, El Quiche, Guatemala*. Paris: Centre National de la Recherche Scientifique.

———. 1977b. A Late Postclassic Sweathouse in the Highlands of Guatemala. *AAnt* 42:203–9.

———. 1979. *Rescate arqueológico en la cuenca del Río Chixoy*. Guatemala: Informe Preliminar, Misíon Científica Franco-Guatemalteca.

Ichon, A., M. F. Fauvet-Berthelot, C. Plocieniak, R. Hill, R. González L., and M. A. Bailey. 1980. *Archéologie de sauvetage dans la vallé du Río Chixoy 2: Cauinal*. CNRSIE. Guatemala: Editorial Piedra Santa.

Ichon, A., and R. Grignon. 1981. *Archéologie de sauvetage dans la vallé du Río Chixoy 3: El Jocote*. CNRSIE. Guatemala: Editorial Piedra Santa.

———. 2000. *El Chagüite, Jalapa: El Período Formativo en el Oriente de Guatemala*. BAR 887.

Ichon, A., and R. Grignon-Cheesman. 1983. *Archéologie de sauvetage dans la vallé du Río Chixoy 5:Les sites classiques de la vallée moyenne du Chixoy*. CNRSIE. Guatemala: Editorial Piedra Santa.

Ichon, A., and M. Hatch. 1982. *Archéologie de sauvetage dans la vallé du Río Chixoy 4: Los encuenros*. CNRSIE. Guatemala: Editorial Piedra Santa.

Iglesias Ponce de León, M. J. 2003. Problematical Deposits and the Problem of Interaction: The Material Culture of Tikal during the Early Classic Period. In Braswell 2003e, 167–98.

Iglesias Ponce de León, M. J., and A. Ciudad R. 1999. El altiplano occidental. In *HGG* 1: 265–88.

Iltis, H. H. 1983. From Teosinte to Maize: The Catastrophic Sexual Transmutation. *Science* 222: 886–94.

Ingle, M. I. 1984. *The Mayan Revival Style*. Albuquerque: University of New Mexico Press.

Ingstad, A. S. 1977. *The Discovery of a Norse Settlement in America: Excavations at L'Anse aux Meadows, Newfoundland, 1961–1968*. Oslo, Bergen, Tromsø.

Inomata, T. 1997. The Last Day of a Fortified Classic Maya Center: Archaeological Investigations at Aguateca, Guatemala. *AM* 8: 337–51.

———. 2001. The Power and Ideology of Artistic Creation: Elite Craft Specialists in Classic Maya Society. *CA* 42: 321–49.

———. 2004. The Spatial Mobility of Non-Elite Populations in Classic Maya Society. In Lohse and Valdez 2004: 175–96.

Inomata, T., and S. D. Houston, eds. 2001. *Royal Courts of the Ancient Maya*. Vol. 1, *Theory, Comparison, and Synthesis*. Vol. 2, *Data and Case Studies*. Boulder, CO: Westview Press.

Inomata, T., and L. Stiver. 1998. Floor Assemblages from Burned Structures at Aguateca, Guatemala: A Study of Classic Maya Households. *JFA* 25: 431–52.

Inomata, T., and D. Triadan. 2000. Craft Production by Classic Maya Elites in Domestic Settings: Data from Rapidly Abandoned Structures at Aguateca, Guatemala. *Mayab* 13: 57–66.

———. 2003. Where Did Elites Live? Identifying Elite Residences at Aguateca, Guatemala. In Christie 2003, 154–83.

Inomata, T., D. Triadan, E. Ponciano, R. Terry, and H. F. Beaubien. 2001. In the Palace of the Fallen King: The Royal Residential Complex at Aguateca, Guatemala. *JFA* 28: 287–306.

Ivic de Monterroso, M. 2004. The Sacred Place in the Development of Archaeology in Guatemala: An Analysis. In Golden and Borgstede 2004, 295–307.

Jackson, S., and D. Stuart. 2001. The *Aj K'uhun* Title: Deciphering a Classic Maya Term of Rank. *AM* 12: 217–28.

Jackson, T. L., and M. W. Love. 1991. Blade Running: Middle Preclassic Obsidian Exchange and the Introduction of Prismatic Blades at La Blanca, Guatemala. *AM* 2: 47–59.

Jacob, J. S. 1995. Ancient Maya Wetland Agricultural Fields in Cobweb Swamp, Belize: Construction,

Chronology, and Function. *JFA* 22: 175–90.

Johnson, A. W., and T. K. Earle. 2001. *The Evolution of Human Societies: From Foraging Groups to Agrarian State*. Stanford, CA: Stanford University Press.

Johnston, K. J. 1985. Maya Dynastic Territorial Expansion: Glyphic Evidence for Classic Centers of the Pasion River, Guatemala. In Robertson and Fields 1985, 49–56.

———. 2001. Systems, Agents, and Histories: Processualist and Postprocessualist Perspectives in Lowland Maya Archaeology. *Reviews in Anthropology* 30 (1): 79–97.

———. 2003. The Intensification of Pre-industrial Cereal Agriculture in the Tropics: Boserup, Cultivation Lengthening, and the Classic Maya. *JAA* 22 (2): 126–61.

Johnston, K. J., A. J. Breckenridge, and B. C. Hansen. 2001. Paleoecological Evidence of an Early Postclassic Occupation in the Southwestern Maya Lowlands: Laguna Las Pozas, Guatemala. *LAA* 12: 149–66.

Jones, C. 1977. Inauguration Dates of Three Late Classic Rulers of Tikal, Guatemala. *AAnt* 42:28–60.

———. 1983a. Monument 26, Quiriqúa, Guatemala. In Schortman and Urban 1983, Paper no. 13.

———. 1983b. New Drawings of Monuments 23 and 24, Quiriqúa, Guatemala. In Schortman and Urban 1983, Paper no. 15.

———. 1986. A Ruler in Triumph: Chocolá Monument 1. *Expedition* 28: 3–12.

———. 1991. Cycles of Growth at Tikal. In Culbert 1991a, 102–27.

———. 1996. *Excavations in the East Plaza of Tikal*. Tikal Report, no. 16. UPM.

———. 2003. The Tikal Renaissance and the East Plaza Ball Court. In Sabloff 2003, 207–25.

Jones, C., W. R. Coe, and W. A. Haviland. 1981. Tikal: An Outline of its Field Study (1956–1970) and a Project Bibliography. *SHMAI* 1: 296–312.

Jones, C., and L. Satterthwaite. 1982. *The Monuments and Inscriptions of Tikal: The Carved Monuments*. Tikal Report, no. 33A. UPM.

Jones, C., and R. J. Sharer. 1986. Archaeological Investigations in the Site Core of Quirigua, Guatemala. In Urban and Schortman 1986, 27–34.

Jones, G. D., ed. 1977. *Anthropology and History in Yucatan*. Austin: University of Texas Press.

———. 1983. The Last Maya Frontiers of Colonial Yucatan. In MacLeod and Wasserstrom 1983, 64–91.

———. 1989. *Maya Resistance to Spanish Rule: Time and History on a Colonial Frontier*. Albuquerque: University of New Mexico Press.

———. 1998. *The Conquest of the Last Maya Kingdom*. Stanford, CA: Stanford University Press.

Jones, G. D., and R. R. Kautz, eds. 1981. *The Transition to Statehood in the New World*. Cambridge:Cambridge University Press.

Jones, G. D., R. R. Kautz, and E. A. Graham. 1986. Tipu: A Maya Town on the Spanish Colonial Frontier. *A* 39 (1): 40–47.

Jones, G. D., D. S. Rice, and P. M. Rice. 1981. The Location of Tayasal: A Reconsideration in Light of Peten Maya Ethnohistory and Archaeology. *AAnt* 46: 530–47.

Jones. J. G. 1994. Pollen Evidence for Early Settlement and Agriculture in Northern Belize. *Palynology* 18: 205–11.

Jones, M. R. 1952. *Map of the Ruins of Mayapan, Yucatan, Mexico*. CIW Current Reports, Department of Archaeology, no. 1.

Josserand, J. K. 1975. Archaeological and Linguistic Correlations for Mayan Prehistory. 41st ICA *Proceedings* 1: 501–10.

———. 1991. The Narrative Structure of Hieroglyphic Texts at Palenque. In Robertson and Fields 1991, 12–31.

Joyce, R. A. 1986. Terminal Classic Interaction on the Southeastern Maya Periphery. *AAnt* 51: 313–29.

———. 1988. The Ulua Valley and the Central Maya Lowlands: The View from Cerro Palenque. In

Boone and Willey 1988, 269–95.

———. 1991. *Cerro Palenque: Power and Identity on the Maya Periphery*. Austin: University of Texas Press.

———. 1993. Woman's Work: Images of Production and Reproduction in Pre-Hispanic Southern Central America. *CA* 34: 255–74.

———. 2000. *Gender and Power in Prehispanic Mesoamerica*. Austin: University of Texas Press.

Joyce, R. A., and S. D. Gillespie, eds. 2000. *Beyond Kinship: Social and Material Reproduction in House Societies*. Philadelphia: University of Pennsylvania Press.

Joyce, R. A., and J. S. Henderson. 2001. Beginnings of Village Life in Eastern Mesoamerica. *LAA* 1 (1): 5–24.

Joyce, T. A. 1932. The Eccentric Flints of Central America. *Journal of the Royal Anthropological Institute* 62: xvii–xxvi.

Joyce, T. A., J. C. Clark, and J. E. S. Thompson. 1927. Report on the British Museum Expedition to British Honduras. *Journal of the Royal Anthropological Institute* 57: 295–323.

Juárez C., D. 2002. Moral Reforma en la senda de Xibalba. *ArqM* 9 (61): 38–43.

Justeson, J. S. 1986. The Origin of Writing Systems: Preclassic Mesoamerica. *WA* 17: 437–58.

Justeson, J. S., and L. R. Campbell, eds. 1984. *Phoneticism in Mayan Hieroglyphic Writing*. IMS Publication no. 9.

Justeson, J. S., and T. Kaufman. 1993. A Decipherment of Epi-Olmec Hieroglyphic Writing. *Science* 259: 1665–79.

———. 1997. A Newly Discovered Column in the Hieroglyphic Text on La Mojarra Stela 1: A Test of the Epi-Olmec Decipherment. *Science* 277: 207–10.

Justeson, J. S., and P. Mathews. 1983. The Seating of the Tun: Further Evidence Concerning a Late Preclassic Lowland Maya Stela Cult. *AAnt* 48: 586–93.

Justeson, J. S., W. M. Norman, L. Campbell, and T. Kaufman. 1985. *The Foreign Impact on Lowland Mayan Language and Script*. MARI Publication 53.

Justeson, J. S., W. M. Norman, and N. Hammond. 1988. The Pomona Jade Flare: A Preclassic Mayan Hieroglyphic Text. In Benson and Griffin 1988, 94–151.

Kaplan, J. 1995. The Incienco Throne and Other Thrones from Kaminaljuyu, Guatemala: Late Preclassic Examples of a Mesoamerican Throne Tradition. *AM* 6: 185–96.

———. 2002. From under the Volcanoes: Some Aspects of the Ideology of Rulership at Late Preclassic Kaminaljuyu. In Love, Poponoe de Hatch, and Escobedo 2002, 310–57.

Kaplan, J., and J. A. Valdés. Forthcoming. Chocola, An Apparent Regional Capital in the Southern Maya Preclassic: Findings from the 2003 Season of the Proyecto Arqueológico Chocola (PACH). *Mexicon*.

Kappelman, J. G. 2004. Demystifying the Late Preclassic Izapan-style Stela-altar "Cult." *Res: Anthropology and Aesthetics* 45: 99–122.

Kaufman, T. S. 1964. Materiales lingüisticos para el estudio del las relaciones internas y externas de la familia de idiomas Mayanos. In *Desarrollo cultural de los Mayas*, ed. E. Z. Vogt and A. Ruz L., 86–136. Mexico City: Universidad Nacional Autónoma de México.

———. 1969. *Some Recent Hypotheses on Mayan Diversification*. Language Behavior Research Laboratory, Working Paper no. 26. Berkeley: University of California.

———. 1973. Areal Linguistics in Middle America. In *Current Trends in Linguistics* 11, ed. T. A. Sebeok, 459–83. The Hague: Mouton.

———. 1974. Mesoamerican Indian Languages. *Encyclopaedia Britannica*. 15th ed.

———. 1976. Archaeological and Linguistic Correlations in Mayaland and Associated Areas of Mesoamerica. *WA* 8: 101–18.

Kaufman, T. S., and W. M. Norman. 1984. An Outline of Proto-Cholan Phonology and Morphology. In

Justeson and Campbell 1984, 77–166.

Kaufmann, C. 2003. Sistine Chapel of the Early Maya. *National Geographic Magazine*, December, 72–77.

Keeley, L. Forthcoming. *War before Civilization*. Oxford: Oxford University Press.

Kelemen, P. 1943. *Medieval American Art*. 2 vols. New York: Macmillan.

Keller, K. C. 1959. The Phonemes of Chontal. *IJAL* 25: 44–53.

Kelley, D. H. 1962a. A History of the Decipherment of Maya Script. *Anthropological Linguistics* 4 (8): 1–48.

———. 1962b. Glyphic Evidence for a Dynastic Sequence at Quirigua, Guatemala. *AAnt* 27: 323–35.

———. 1975. Planetary Data on Caracol Stela 3. In Aveni 1975b, 257–62.

———. 1976. *Deciphering the Maya Script*. Austin: University of Texas Press.

———. 1983. The Maya Calendar Correlation Problem. In Leventhal and Kolata 1983, 157–208.

———. 1984. The Toltec Empire in Yucatan. *Quarterly Review of Archaeology* 5: 12–13.

———. 1985. The Lords of Palenque and the Lords of Heaven. In Robertson and Fields 1985, 235–39.

Kelley, D. H., and K. A. Kerr. 1973. Mayan Astronomy and Astronomical Glyphs. In Benson 1973, 179–215.

Kelley, T. C. 1993. Preceramic Projectile-point Typology in Belize. *AM* 4: 205–27.

Kepecs, S. 1998. Diachronic Ceramic Evidence and Its Social Implications in the Chikinchel Region, Northeast Yucatan, Mexico. *AM* 9: 121–35.

Kepecs, S., G. Feinman, and S. Boucher. 1994. Chichen Itza and Its Hinterland: A World-Systems Perspective. *AM* 5: 141–58.

Kepecs, S., and M. J. Kolb, eds. 1997. New Approaches to Combining the Archaeological and Historical Records. *Journal of Archaeological Method and Theory* 4 (Special Issue).

Kertzer, D. 1988. *Ritual, Politics, and Power*. New Haven, CT: Yale University Press.

Kidder, A. V. 1937. *Notes on the Ruins of San Agustin Acasaguastian, Guatemala*. CIW Publication 456.

———. 1940. Archaeological Problems of the Highland Maya. In Hay et al. 1982 (orig. 1940), 117–25.

———. 1947. *The Artifacts of Uaxactun, Guatemala*. CIW Publication 576.

———. 1951. Artifacts. In *Excavations at Nebaj, Guatemala*. CIW Publication 594: 32–76.

———. 1961. Archaeological Investigations at Kaminaljuyu, Guatemala. *American Philosophical Society Proceedings* 105: 559–70.

———. 1965. Preclassic Pottery Figurines of the Guatemala Highlands. In *HMAI* 2: 146–55.

Kidder, A. V., J. D. Jennings, and E. M. Shook. 1946. *Excavations at Kaminaljuyu, Guatemala*. CIW Publication 501: 493–510.

Kievit, K. A. 1994. Jewels of Ceren: Form and Function Comparisons for the Earthen Structures of Joya de Ceren, El Salvador. *AM* 5: 193–208.

Killion, T. W., J. A. Sabloff, G. Tourtellot, and N. P. Dunning. 1989. Intensive Surface Collection of Residential Clusters at Terminal Classic Sayil, Yucatan, Mexico. *JFA* 16: 273–94.

King, A. 1974. *Coban and the Verapaz: History and Culture Process in Northern Guatemala*. MARI Publication 37.

King, E. M. 2000. The Organization of Late Classic Lithic Production at the Prehistoric Maya Site of Colha, Belize: A Study in Complexity and Heterarchy. PhD diss., University of Pennsylvania, Philadelphia.

King, E. M., and D. Potter. 1994. Small Sites in Prehistoric Maya Socioeconomic Organization: A Perspective from Colha. In Schwartz and Falconer 1994, 64–90.

King, E. M., and L. C. Shaw. 2003. A Heterarchical Approach to Site Variability: The Maax Na Archaeology Project. In Scarborough, Valdez, and Dunning 2003, 64–76.

Kingsborough, E. K. 1831–48. *Antiquities of Mexico*. 9 vols. London: Aglio.

Kirchhoff, P. 1952. Mesoamerica. In *Heritage of Conquest*, ed. S. Tax, 17–30. Glencoe, IL: Free Press.

Kirke, C. M. 1980. Prehistoric Agriculture in the Belize River Valley. *WA* 11: 281–87.

Klein, C. F., ed. 2001. *Gender in Pre-Hispanic America*. DO.

Klein, C. F., E. Guzmán, E. C. Mandell, and M. Stanfield-Mazzi. 2002. The Role of Shamanism in Mesoamerican Art: A Reassessment. *CA* 43: 383–419.

Knorozov, Y. V. 1958. The Problem of the Study of the Maya Hieroglyphic Writing. *AAnt* 23: 284–91.

———. 1967. *The Writing of the Maya Indians*. English trans. by S. Coe of chaps. 1, 6, 7, and 9 of *Pis'-menost Indeitsev Maiia*. Moscow-Leningrad: Academy of Sciences. PMAE Russian Translation Series, no. 4.

———. 1982. *Maya Hieroglyphic Codices*. Trans. S. Coe. IMS.

Koontz, R., K. Reese-Taylor, and A. Headrick, eds. 2001. *Landscape and Power in Ancient Mesoamerica*. Boulder, CO: Westview Press.

Kosakowsky, L. J. 1987. *Preclassic Maya Pottery at Cuello, Belize*. Anthropological Papers of the University of Arizona, no. 47. Tucson: University of Arizona Press.

———. 2001. The Ceramic Sequence from Holmul, Guatemala: Preliminary Results from the Year 2000 Season. *Mexicon* 23: 85–91.

Kosakowsky, L. J., and F. Estrada Belli, and H. Neff. 1999. Late Preclassic Ceramic Industries of Pacific Guatemala and El Salvador: The Pacific Coast as Core, Not Periphery. *JFA* 26: 377–90.

Kosakowsky, L. J., F. Estrada Belli, and P. Pettit. 2000. Preclassic through Postclassic: Ceramics and Chronology of the Southern Pacific Coast of Guatemala. *AM* 11: 199–215.

Kosakowsky, L. J., and D. C. Pring. 1998. The Ceramics of Cuello, Belize: A New Evaluation. *AM* 9: 55–66.

Kovacevich, B., T. Barrientos, A. Demarest, M. Callahan, C. Bill, E. Sears, and L. Moran. 2001. Producción e intercambio en el reinado de Cancuen. In Laporte, Escobedo, and Arroyo 2001, 589–609.

Kowalski, J. K. 1985. Lords of the Northern Maya: Dynastic History in the Inscriptions. *Expedition* 27 (3): 50–60.

———. 1987. *The House of the Governor: A Maya Palace of Uxmal, Yucatan, Mexico*. Norman: University of Oklahoma Press.

———. 1994. The Puuc as Seen from Uxmal. In Prem 1994, 99–120.

———, ed. 1999. *Mesoamerican Architecture as a Cultural Symbol*. Oxford: Oxford University Press.

———. 2003. Evidence for the Functions and Meanings of some Northern Maya Palaces. In Christie 2003, 204–52.

Kowalski, J. K., and N. P. Dunning. 1999. The Architecture of Uxmal: The Symbolics of Statemaking at a Puuc Maya Regional Capital. In Kowalski 1999, 274–97.

Kowalski, J. K., and W. L. Fash. 1991. Symbolism of the Maya Ball Game at Copan: Synthesis and New Aspects. In Robertson and Fields 1991, 59–67.

Krejci, E., and T. P. Culbert. 1995. Preclassic and Classic Burials and Caches in the Maya Lowlands. In Grube 1995, 103–16.

Kristan-Graham, C. 2001. A Sense of Place at Chichen Itza. In Koontz et al. 2001, 317–69.

Krochock, R. 1989. Hieroglyphic Inscriptions at Chichen Itza, Yucatan, Mexico: The Temples of the Initial Series, the One Lintel, the Three Lintels, and the Four Lintels. RRAMW, no. 23.

———. 1991. Dedication Ceremonies at Chichen Itza: The Glyphic Evidence. In Robertson and Fields 1991, 43–50.

———. 2002. Women in the Hieroglyphic Inscriptions of Chichen Itza. In Ardren 2002, 152–70.

Krochock, R. J., and D. A. Freidel. 1994. Ballcourts and the Evolution of Political Rhetoric at Chichen Itza, Yucatan, Mexico. In Prem 1994, 359–75.

Kubler, G. 1961. Chichen Itza y Tula. *ECM* 1: 47–80.

———. 1962. *The Art and Architecture of Ancient America: The Mexican, Maya, and Andean Peoples.*

Baltimore: Pelican History of Art.

———. 1971. Commentary on Early Architecture and Sculpture in Mesoamerica. UCARF Contribution 11: 157–68.

———. 1973. The Clauses of Classic Maya Inscriptions. In Benson 1973, 145–64.

Kunen, J. L. 2001. Ancient Maya Agricultural Installations and the Development of Intensive Agriculture in NW Belize. *JFA* 28: 325–46.

Kunen, J. L., T . P. Culbert, V. Fialko, B. McKee, and L. Grazioso. 2000. Bajo Communities: A Case Study from the Central Peten. *Culture and Agriculture* 22: 15–31.

Kunen, J. L., and P. J. Hughbanks. 2003. Bajo Communities as Resource Specialists. In Scarborough, Valdez, and Dunning 2003, 92–108.

Kurjack, E. B. 1974. *Prehistoric Lowland Maya Community and Social Organization: A Case Study at Dzibilchaltun*. MARI Publication 38.

———. 1999. Was Dzibilchaltun a Preindustrial City? In Gubler 1999, 119–28.

Kurjack, E. B., and E. W. Andrews V. 1976. Early Boundary Maintenance in Northwest Yucatan, Mexico. *AAnt* 41: 318–25.

Kurjack, E. B., and S. Garza T. 1981. Precolumbian Community Form and Distribution in the Northern Maya Area. In Ashmore 1981b, 287–310.

Kurjack, E. B., and M. G. Robertson. 1994. Politics and Art at Chichen Itza. In Robertson and Fields 1994, 19–23.

Lacadena García-Gallo, A., and A. Ciudad R. 1998. Reflexiones sobre la estructura política Maya clasica. In Ciudad R. et al. 1998, 31–64.

La Farge, O. 1927. Adaptations of Christianity among the Jacalteca Indians of Guatemala. *Thought*. December, 1–20.

———. 1947. *Santa Eulalia*. Chicago: University of Chicago Press.

LaFarge, O., and D. Byers. 1931. *The Year Bearer's People*. MARI Publication 3.

Lambert, J. B., B. Ownbey-McLaughlin, and C. D. McLaughlin. 1980. Maya Arithmetic. *American Scientist* 68: 249–55.

Landa, D. de. 1938. *Relacíon de las cosas de Yucatán*. Mérida: Edicíon Yucateca.

Lange, F. W. 1971. Marine Resources: A Viable Subsistence Alternative for the Prehistoric Lowland Maya. *AA* 73: 619–39.

Laporte, J. P. 1988. Alternativas del clásico temprano en la relacíon Tikal-Teotihuacan: Grupo 6C-XVI, Tikal, Petén, Guatemala. PhD diss., Universidad Nacional Autónoma de México.

———. 1998. Una perspectiva del desarrollo político prehispánico en el sureste de Petén, Guatemala. In Ciudad R. et al. 1998, 131–60.

———. 2001. Dispersión y estructura de las ciudades del sureste de Petén, Guatemala. In Ciudad R., Iglesias Ponce de León, and del Carmen Martínez M. 2001, 137–61.

———. 2003a. Architectural Aspects of Interaction between Tikal and Teotihuacan during the Early Classic Period. In Braswell 2003e, 199–216.

———. 2003b. Thirty Years Later: Some Results of Recent Investigations in Tikal. In Sabloff 2003, 281–318.

Laporte, J. P., and H. L. Escobedo, eds. 1994. *VIII SIAG*.

———, eds. 1995. *IX SIAG*.

———, eds. 1996. *X SIAG*.

———, eds. 1997. *XI SIAG*.

Laporte, J. P., H. L. Escobedo, and B. Arroyo, eds. 2001. *XV SIAG*.

Laporte, J. P., H. L. Escobedo, and A. C. de Suasnávar, eds. 1998. *XII SIAG*.

Laporte, J. P., H. L. Escobedo, A. C. de Suasnávar, and B. Arroyo, eds. 1999. *XIII SIAG*.

———. 2002. *XVI SIAG.*

Laporte, J. P., and V. Fialko. 1990. New Perspectives on Old Problems: Dynastic References for the Early Classic at Tikal. In Clancy and Harrison 1990, 33–66.

———. 1995. Un reencuentro con Mundo Perdido, Tikal, Guatemala. *AM* 6: 41–94.

———. 1999. El Preclásico en las Tierras Bajas Mayas Centrales. In *HGG* 1: 339–50.

Laporte, J. P., and H. E. Mejía. 2001. Los sitios arqueológicos de la cuenca del Río Salsipuedes en el sureste de Petén, Guatemala. *Mexicon* 23: 65–72.

Laporte, J. P., P. I. Morales, and M. Valdizón. 1997. San Luis Pueblito: Un sitio mayor al oeste de Dolores, Petén. *Mexicon* 9: 47–51.

Laporte, J. P., A. C. de Suasnávar, and B. Arroyo, eds. 2000. *XIV SIAG.*

Laporte, J. P., and R. Torres. 1987. Los señores del sureste de Petén. *Mayab* 3: 7–23.

Laporte, J. P., R. Torres, B. Hermes, E. Pinto, R. Acevedo, and R. M. Flores. 1988. Proyecto Sureste de Petén, Guatemala: Segunda Temporada. *Mexicon* 9: 49–56.

Las Casas, B. de. 1909. *Apologética historia de las Indias.* 2 vols. Madrid: Serrano y Ganz.

———. 1957. *Historia de las Indias.* Madrid: Ediciones Atlas.

Lathrap, D. W., J. G. Marcos, and J. Zeidler. 1977. Real Alto: An Ancient Ceremonial Center. *A* 30 (1): 2–13.

Laughlin, R. M. 1975. *The Great Tzotzil Dictionary of San Lorenzo Zinacantan.* Smithsonian Contributions to Anthropology, no. 19. Washington, DC: Smithsonian Institution Press.

———. 1976. *Of Wonders Wild and New: Dreams from Zinacantan.* Smithsonian Contributions to Anthropology, no. 22. Washington, DC: Smithsonian Institution Press.

———. 1977. *Of Cabbages and Kings: Tales from Zinacantan.* Smithsonian Contributions to Anthropology, no. 23. Washington, DC: Smithsonian Institution Press.

Leach, E. R. 1983. The Gatekeepers of Heaven: Anthropological Aspects of Grandiose Architecture. *Journal of Anthropological Research* 29: 243–64.

LeCount, L. J. 1999. Polychrome Pottery and Political Strategies in Late and Terminal Classic Lowland Maya Society. *LAA* 10: 239–58.

LeCount, L. J., J. Yaeger, R. M. Leventhal, and W. Ashmore. 2002. Dating the Rise and Fall of Xunantunich, Belize. *AM* 13: 41–63.

Lee, T. A. 1969. *The Artifacts of Chiapa de Corzo, Chiapas, Mexico.* NWAF Papers, no. 26.

———. 1985. *Los códices mayas: Introduccíon y bibliografía.* San Cristóbal de las Casas: Universidad Autónoma de Chiapas.

Lee, T. A., and B. Hayden, eds. 1988. *Ethnoarchaeology among the Highland Maya of Chiapas, Mexico.* NWAF Papers, no. 56.

Lee, T. A., and C. Navarrete, eds. 1978. *Mesoamerican Communication Routes and Cultural Contacts.* NWAF Papers, no. 40.

Lehmann, H. 1968. *Mixco Viejo: Gúia de las ruinas de la plaza fuerte Pokoman.* Guatemala: Tipografía Nacional.

Lentz, D. L. 1991. Maya Diets of the Rich and Poor: Paleoethnobotanical Evidence from Copan. *LAA* 2: 269–87.

———. 1996. Foodstuffs, Forests, Fields and Shelter: A Paleoethnobotanical Analysis of Vessel Contents from the Ceren Site, El Salvador. *LAA* 7: 247–62.

———. 1999. Plant Resources of the Ancient Maya: The Paleoethnobotanical Evidence. In White 1999, 3–18.

Lesure, R. G. 1997. Early Formative Platforms at Paso de la Amada, Chiapas, Mexico. *LAA* 8: 217–35.

Leventhal, R. M. 1981. Settlement Patterns in the Southeast Maya Area. In Ashmore 1981b, 187–210.

———. 1983. Household Groups and Classic Maya Religion. In Vogt and Leventhal 1983, 55–76.

———. 1990. Southern Belize: An Ancient Maya Region. In Clancy and Harrison 1990, 125–41.

———. 1992. The Development of a Regional Tradition in Southern Belize. In Danien and Sharer 1992, 145–54.

Leventhal, R. M., and W. Ashmore. 2004. Xunantunich in a Belize Valley Context. In Garber 2004, 168–79.

Leventhal, R. M., and K. H. Baxter. 1988. The Use of Ceramics to Identify the Function of Copan Structures. In Wilk and Ashmore 1988, 51–71.

Leventhal, R. M., T. Jameson, B. Lewis, J. Miller, L. Neff, and C. Robin. Forthcoming. The Founding and Survival of Xunantunich: Recent Work in the Site Core. *The First International Belize Conference.* Belize: Department of Archaeology.

Leventhal, R. M., and A. L. Kolata, eds. 1983. *Civilization in the Ancient Americas: Essays in Honor of Gordon R. Willey.* PMAE and University of New Mexico Press.

Leventhal, R. M., G. R. Willey, and A. A. Demarest. 1987. The Cultural and Social Components of Copan. In *Polities and Partitions: Human Boundaries and the Growth of Complex Societies*, ed. K. Trinkhaus. Arizona State University Anthropological Research Papers, no. 37. Tempe.

Leyden, B. 2002. Pollen Evidence for Climatic Variability and Cultural Disturbance in the Maya Lowlands. *AM* 13: 85–101.

Leyden, B., M. Brenner, and B. Dahlin. 1998. Cultural and Climatic History of Coba, a Lowland Maya City in Quintana Roo, Mexico. *Quaternary Research* 49: 111–22.

Liendo S., R. 2001. Palenque y su área de sustentación: Patrón de asentamiento y organización política en un centro maya del clásico. *Mexicon* 23:36–42.

Lincoln, C. E. 1986. The Chronology of Chichen Itza: A Review of the Literature. In Sabloff and Andrews 1986, 141–96.

Linden, J. H. 1986. Glyph X of the Maya Lunar Series: An Eighteen-Month Lunar Synodic Calendar. *AAnt* 51: 122–36.

Littmann, E. R. 1980. Maya Blue: A New Perspective. *AAnt* 45: 87–100.

Litvak-King, J. 1972. Las relaciones externas de Xochicalco: Una evaluacíon de su significado. *Anales de Antropología* 9: 53–76.

Lizana, B. de. 1893. *Historia de Yucatan. Devocionario de Nuestra Señora de Izmal y conquista espiritual impresa en 1633.* 2nd ed. Mexico City: Museo Nacional de México.

Lohse, J. C., and P. N. Findlay. 2000. A Classic Maya House-lot Drainage System in Northwestern Belize. *LAA* 11: 175–85.

Lohse, J. C., and Valdez, F., eds. 2004. *Maya Commoners.* Austin: University of Texas Press.

Lombardo de Ruiz, S. 1998. La navegación en la iconografía Maya. *ArqM* 6 (33): 40–47.

Longyear, J. M. 1944. *Archaeological Investigations in El Salvador.* PMAE Memoirs 9 (2).

———. 1947. *Cultures and Peoples of the Southeastern Maya Frontier.* CIW Theoretical Approaches to Problems, no. 3.

———. 1952. *Copan Ceramics: A Study of Southeastern Maya Pottery.* CIW Publication 597.

Looper, M. 1999. New Perspectives on the Late Classic Political History of Quirigua, Guatemala. *AM* 10: 263–80.

———. 2003. *Lightning Warrior: Maya Art and Kingship at Quirigua.* Austin: University of Texas Press.

Looper, M., and L. Schele. 1994. The Founder of Quirigua, Tutum Yol K'inich. CN 119.

López B., R. 2000. La veneración de los ancestors en Palenque. *ArqM* 8: 38–43.

———. 2004. State and Domestic Cult in Palenque Censer Stands. In Miller and Martin 2004, 256–58.

López V., S. L., P. A. McAnany, and K. A. Berry. 2001. Ceramics Technology at Late Classic K'axob,Belize. *JFA* 28: 177–91.

Loten, H. S. 2002. *Miscellaneous Investigations in Central Tikal.* Tikal Report, no. 23A. UPM.

———. 2003. The North Acropolis: Monumentality, Function, and Architectural Development. In Sabloff 2003, 227–52.

Lothrop, S. K. 1924. *Tulum: An Archaeological Study of the East Coast of Yucatan.* CIW Publication 335.

———. 1933. *Atitlan: An Archaeological Study of the Ancient Remains on the Borders of Lake Atitlan, Guatemala.* CIW Publication 444.

———. 1939. The Southeastern Frontier of the Maya. *AA* 41: 42–54.

———. 1952. *Metals from the Cenote of Sacrifice, Chichen Itza, Yucatan.* PMAE Memoirs 10 (2).

Lounsbury, F. G. 1974. The Inscription of the Sarcophagus Lid at Palenque. In Robertson 1974, 5–19.

———. 1976. A Rationale for the Initial Date of the Temple of the Cross at Palenque. In Robertson 1976, 211–24.

———. 1978. Maya Numeration, Computation, and Calendrical Astronomy. In *Dictionary of Scientific Biography*, ed. C. C. Gillispie, 759–818.

———. 1982. Astronomical Knowledge and Its Uses at Bonampak, Mexico. In Aveni 1982, 143–68.

———. 1984. Glyphic Substitutions: Homophonic and Synonymic. In Justeson and Campbell 1984, 167–84.

———. 1985. The Identities of the Mythological Figures in the Cross Group Inscriptions of Palenque.In Robertson and Benson 1985, 45–58.

Love, B. 1987. Glyph T93 and Maya "Hand-scattering" Events. RRAMW, no. 5.

———. 1989. The Hieroglyphic Lintels of Yula, Yucatan, Mexico. RRAMW, no. 24.

———. 1992. Divination and Prophecy in Yucatan. In Danien and Sharer 1992, 205–16.

———. 1995. A Dresden Codex Mars Table? *LAA* 6: 350–61.

Love, M. W. 1999. Ideology, Material Culture, and Daily Practice in Preclassic Mesoamerica: A Pacific Coast Perspective. In Grove and Joyce 1999, 127–53.

———. 2002a. *Early Complex Society in Pacific Guatemala: Settlements and Chronology of the Rio Naranjo, Guatemala.* Papers of the NWAF 66. Brigham Young University, Provo.

———. 2002b. Ceramic Chronology of Preclassic Period Western Pacific Guatemala and Its Relationship to Other Regions. In Love, Poponoe de Hatch, and Escobedo 2002, 51–74.

Love, M. W., E. Arredondo, T. Barrientos, K. Cardona, E. Mirón, C. Monzón, P. Rodas, M. Sullivan, and L. Yurrita. 1995. La cerámica de Ujuxte, Retalhuleu: Un estudio preliminar. In Laporte and Escobedo 1995, 19–24.

Love, M. W., M. Poponoe de Hatch, and H. L. Escobedo, eds. 2002. *Incidents of Archaeology in Central America and Yucatan: Essays in Honor of Edwin M. Shook.* Lanham MD: University Press of America.

Love, M., R. Ugarte, D. Castillo, B. Damiata, and J. Steinberg. 2004. Archaeological Investigations at La Blanca, Guatemala, 2003. Unpublished report to the NWAF.

Lowe, G. W. 1962. *Mound 5 and Minor Excavations, Chiapa de Corzo, Chiapas, Mexico.* NWAF Papers, no. 12.

———. 1977. The Mixe-Zoque as Competing Neighbors of the Early Lowland Maya. In Adams 1977, 197–248.

———. 1989. The Heartland Olmec: Evolution of Material Culture. In Sharer and Grove 1989, 33–67.

Lowe, G. W., P. Agrinier, J. A. Mason, F. Hicks, and C. E. Rozaire. 1960. *Excavations at Chiapa de Corzo, Chiapas, Mexico.* NWAF Papers, nos. 8–11 (issued as Publication no. 7).

Lowe, G. W., T. A. Lee, and E. Martínez E. 1982. *Izapa: An Introduction to the Ruins and Monuments* NWAF Papers, no. 31.

Lowe, J. G. 1985. *The Dynamics of Apocalypse: A Systems Simulation of the Classic Maya Collapse.* Albuquerque: University of New Mexico Press.

Lucero, L. J. 1999. Classic Maya Political Organization: A Review. *JWP* 13: 211–63.

——. 2001. *Social Integration in the Ancient Maya Hinterlands: Ceramic Variability in the Belize River Valley*. Arizona State University Anthropological Research Papers, no. 53. Tempe.

———. 2002. The Collapse of the Classic Maya: A Case for the Role of Water Control. *AA* 104: 814–26.

———. 2003. The Politics of Ritual: The Emergence of Classic Maya Rulers. *CA* 44: 523–58.

Lucero, L. J., and B. W. Fash, eds. Forthcoming. *Water and Ritual: The Rise and Fall of Classic Maya Rulers*. Austin: University of Texas Press.

Lundell, C. L. 1933. The Agriculture of the Maya. *Southwest Review* 19: 65–77.

———. 1937. *The Vegetation of Peten*. CIW Publication 478.

———. 1938. Plants Probably Utilized by the Old Empire Maya of Peten and Adjacent Lowlands. *Papers of the Michigan Academy of Science, Arts, and Letters* 24: 37–56.

Lutz, W., L. Prieto, and W. Sanderson, eds. 2000. *Population, Development, and Environment on the Yucatan Peninsula: From Ancient Maya to 2030*. Laxenburg: International Institute for Applied Systems Analysis.

Mackie, E. W. 1961. New Light on the End of the Classic Maya Culture at Benque Viejo, British Honduras. *AAnt* 27 (2): 216–24.

MacKinnon, J. J., and S. M. Kepecs. 1989. Prehispanic Saltmaking in Belize: New Evidence. *AAnt* 54: 522–33.

MacKinnon, J. J., and E. M. May. 1990. Small-scale Maya Lime Making in Belize. *AM* 1: 197–203.

MacLeod, B. 1984. Cholan and Yucatecan Verb Morphology and Glyphic Verbal Affixes in the Inscriptions. In Justeson and Campbell 1984, 233–62.

MacLeod, M. J., and R. Wasserstrom, eds. 1983. *Spaniards and Indians in Southeastern Mesoamerica: Essays on the History of Ethnic Relations*. Lincoln: University of Nebraska Press.

MacNeish, R. S. 1964a. Ancient Mesoamerican Civilization. *Science* 143: 531–37.

———. 1964b. The Origins of New World Civilization. *SA* 211 (5): 29–37.

———. 1983. *Final Annual Report of the Belize Archaic Archaeological Reconnaissance*. Andover, MA: Robert S. Peabody Foundation for Archaeology.

MacNeish, R. S., and F. A. Peterson. 1962. *The Santa Marta Rock Shelter, Ocozocoantla, Chiapas, Mexico*. NWAF Papers, no. 14.

MacNeish, R. S., F. A. Peterson, and K. V. Flannery. 1970. *The Prehistory of the Tehuacan Valley*. Vol.3, *Ceramics*. Austin: University of Texas Press.

MacNeish, R. S., S. J. K. Wilkerson, and A. Nelken-Terner. 1980. *First Annual Report of the Belize Archaeological Reconnaissance*. Andover, MA: Robert F. Peabody Foundation for Archaeology.

Macri, M. J., and A. Ford, eds. 1997. *The Language of Maya Hieroglyphs*. PARI.

Macri, M. J., and M. G. Looper. 2003. *The New Catalogue of Maya Hieroglyphs*. Vol. 1, *The Classic Period Inscriptions*. Norman: University of Oklahoma Press.

Macri, M. J., and G. Vail. n.d. *The New Catalogue of Maya Hieroglyphs*. Vol. 2, *The Postclassic Codices*. Norman: University of Oklahoma Press.

Maddin, R., ed. 1988. *The Beginnings of the Use of Metals and Alloys*. Cambridge, MA: MIT Press.

Madeira, P. C. 1931. An Aerial Expedition to Central America. *UM Journal* 22 (2).

Madrid Codex. 1869–70. *Manuscrit Troano: Etudes sur le système graphique et la langue des mayas* [Tro Fragment], comp. C. E. Brasseur de Bourbourg. Paris: Imprimerie Impériale.

———. 1892. *Códice Maya denominado cortesiano que se conserva en el Museo Arqueológico Nacional* (Cortés Fragment). Madrid: Hecha y publicada bajo la direccíon de Dios y Delgado y López de Ayala y del Hierro.

———. 1930. Facsimile of combined fragments issued by Artes e Industrias Gráficas. Madrid: Matev. (See also Anders 1967; Villacorta and Villacorta 1933.)

Madsen, W. 1960. Christo-Paganism. MARI Publication 19: 105–79.

Magaloni, D. 2004. Technique, Color, and Art at Bonampak. In Miller and Martin 2004, 250–52.
Mahler, J. 1965. Garments and Textiles of the Maya Lowlands. In *HMAI* 3: 581–93.
Makemson, M. W. 1951. *The Book of the Jaguar Priest: A Translation of the Book of Chilam Balam of Tizimin.* New York: Schuman.
Maler, T. 1901. *Researches in the Central Portion of the Usumatsintla Valley: Report of Explorations for the Museum, 1898–1900.* PMAE Memoirs 2 (1).
———. 1903. *Researches in the Central Portions of the Usumatsintla Valley: Reports of Explorations for the Museum.* PMAE Memoirs 2 (2).
———. 1908a. *Explorations in the Department of Peten, Guatemala, and Adjacent Region: Topoxte; Yaxha; Benque Viejo; Naranjo.* PMAE Memoirs 4 (2).
———. 1908b. *Explorations of the Upper Usumatsintla and Adjacent Region: Altar de Sacrificios; Seibal; Itsimté-Sácluk; Cancuen.* PMAE Memoirs 4 (1).
———. 1911. *Explorations in the Department of Peten, Guatemala: Tikal.* PMAE Memoirs 5 (1).
Manahan, K. 2002. Reevaluating the Classic Maya Collapse at Copan: New Data and New Socioeconomic Implications. In Tiesler Blos, Cobos, and Greene 2002, 1: 331–37.
Manzanilla, L., and L. Barba. 1990. The Study of Activities in Classic Households: Two Case Studies from Coba and Teotihuacan. *AM* 1: 41–50.
Marcus, J. 1973. Territorial Organization of the Lowland Classic Maya. *Science* 180: 911–16.
———. 1974. The Iconography of Power among the Classic Maya. *WA* 6: 83–94.
———. 1976a. The Origin of Mesoamerican Writing. *Annual Review of Anthropology* 5: 35–67.
———. 1976b. *Emblem and State in the Classic Maya Lowlands.* DO.
———. 1980. Zapotec Writing. *SA* 242 (2): 50–64.
———. 1983a. Lowland Maya Archaeology at the Crossroads. *AAnt* 48: 454–88.
———. 1983b. On the Nature of the Mesoamerican City. In Vogt and Leventhal 1983, 195–242.
———. 1987. *The Inscriptions of Calakmul: Royal Marriage at a Maya City in Campeche, Mexico.* University of Michigan, Museum of Anthropology, Technical Report 21. Ann Arbor.
———. 1989a. Zapotec Chiefdoms and the Nature of Formative Religions. In Sharer and Grove 1989, 148–97.
———. 1989b. From Centralized Systems to City States: Possible Models for the Epiclassic. In Diehl and Berlo 1989, 201–8.
———. 1992a. Dynamic Cycles of Mesoamerica States. *NGRE* 8: 392–411.
———. 1992b. *Mesoamerican Writing Systems: Propaganda, Myth, and History in Four Ancient Civilizations.* Princeton, NJ: Princeton University Press.
———. 1993. Ancient Maya Political Organization. In Henderson and Sabloff 1993, 111–83.
———. 1995. Where Is Lowland Maya Archaeology Headed? *JAR* 3: 3–53.
———. 1998. The Peaks and Valleys of Ancient States: An Extension of the Dynamic Model. In Feinman and Marcus 1998, 59–94.
———. 1999. Men's and Women's Ritual in Formative Oaxaca. In Grove and Joyce 1999, 67–126.
———. 2001. Breaking the Glass Ceiling: The Strategies of Royal Women in Ancient States. In C. F. Klein 2001, 305–40.
———. 2003a. Monumentality in Archaic States: Lessons Learned from Large-Scale Excavations of the Past. In *Theory and Practice in Mediterranean Archaeology: Old World and New World Perspectives,* ed. J. Papadopoulis and R. Leventhal, 115–34. Los Angeles: Cotsen Institute of Archaeology, UCLA.
———. 2003b. Recent Advances in Maya Archaeology. *JAR* 11 (2): 71–148.
———. 2003c. The Maya and Teotihuacan. In Braswell 2003e, 337–56.
———. 2004. Primary and Secondary State Formation in Southern Mesoamerica. In Bell, Canuto, and

Sharer 2004, 357–73.

Marcus, J., and R. E. W. Adams. Forthcoming. The Formative Period in Mesoamerica: An Overview. In *Bridging Formative Mesoamerican Cultures*, ed. T. Powis. Austin: University of Texas Press.

Marcus, J., and K. V. Flannery. 1996. *Zapotec Civilization: How Urban Society Evolved in Mexico's Oaxaca Valley*. London: Thames and Hudson.

Marquina, I. 1951. *Arquitectura prehispánica*. Mexico City: Instituto Nacional de Antropología e Historia.

Martin, S. 1996a. Calakmul y el enigma del glifo Cabeza de Serpiente. *ArqM* 3 (18): 42–45.

———. 1996b. Tikal's "Star War" against Naranjo. In Robertson, Macri, and McHargue 1996, 223–35.

———. 1997. The Painted King List: A Commentary on Codex-Style Dynastic Vases. In *The Maya Vase Book*, ed. B. Kerr and J. Kerr, 5: 846–867. New York: Kerr Associates.

———. 1999. The Queen of Middle Classic Tikal. *PARI Newsletter*, March, 4–5.

———. 2000a. Nuevos datos epigráficos sobre la guerra maya del clásico. In Trejo 2000, 105–24.

———. 2000b. Los Señores de Calakmul. *ArqM* 7 (42): 40–45.

———. 2001a. Power in the West: The Maya and Teotihuacan. In Grube 2001a, 98–113.

———. 2001b. Under a Deadly Star: Warfare among the Classic Maya. In Grube 2001a, 174–85.

———. 2001c. Court and Realm: Archaeological Signatures in the Classic Maya Southern Lowlands. In Inomata and Houston 2001, 1: 168–94.

———. 2002. Moral-Reforma y la contienda por el oriente de Tabasco. *ArqM* 9 (61): 44–47.

———. 2003. In Line of the Founder: A View of Dynastic Politics at Tikal. In Sabloff 2003, 3–46.

Martin, S., and N. Grube. 1995. Maya Superstates. *A* 48 (6): 41–46.

———. 2000. *Chronicle of the Maya Kings and Queens*. London: Thames and Hudson.

———. 2002. *Crónica de los Reyes y Reinas Mayas: La Primera Historia de las Dinastías Mayas*. Mexico City: Editorial Planeta Mexicana.

Martínez-Hernández, J. H., ed. 1930. *Diccionario de Motul, Maya Español, atribuido a Fray Antonio de Ciudad Real, y arte de lengua maya por Fray Juan Coronel*. Mérida: Talleres de la Compañía Tipográ fica Yucateca.

Mason, J. A. 1931. A Maya Carved Stone Lintel from Guatemala. *UM Bulletin* 3 (1): 5–7.

———. 1932. Excavations at Piedras Negras. *UM Bulletin* 3 (6): 178–79.

Masson, M. A. 1999. Postclassic Maya Communities at Progresso Lagoon and Laguna Seca, Northern Belize. *JFA* 26: 285–306.

———. 2000. *In the Realm of Nachan Kan: Postclassic Maya Archaeology at Laguna de On, Belize*. Boulder, CO: University Press of Colorado.

———. 2002. Community Economy and the Mercantile Transformation in Postclassic Northeastern Belize. In Masson and Freidel 2002, 335–64.

Masson, M. A., and D. A. Freidel, eds. 2002. *Ancient Maya Political Economies*. Walnut Creek, CA: AltaMira Press.

Mateos G., F. 1997. *Toniná: La Pintura Mural y los Relieves*. Colección Científica 358, INAH.

Matheny, R. T. 1976. Maya Lowland Hydraulic Systems. *Science* 193: 639–46.

———. 1979. El Mirador, Peten, Guatemala: Report of the 1979 Season. Paper presented at the 43rd ICA, Vancouver.

———, ed. 1980. *El Mirador, Peten, Guatemala, an Interim Report*. NWAF Papers, no. 45.

———. 1986. Investigations at El Mirador, Petén, Guatemala. *National Geographic Research* 2: 322–53.

———. 1987. Early States in the Maya Lowlands during the Late Preclassic Period: Edzna and El Mirador. In Benson 1987, 1–44.

Matheny, R. T., D. L. Gurr, D. Forsyth, and F. R. Hauck. 1985. *Investigations at Edzna, Campeche, Mexico*. Vol. 1, pt. 1, *The Hydraulic System*. NWAF Papers, no. 46.

Mathews, P. 1980. Notes on the Dynastic Sequence of Bonampak. Pt. 1. In Robertson 1980, 60–73.

———. 1983. *Corpus of Maya Hieroglyphic Inscriptions.* Vol. 6, pt. 1, *Tonina.* PMAE.

———. 1985. Maya Early Classic Monuments and Inscriptions. In Willey and Mathews 1985, 5–54.

———. 1986. Classic Maya Site Interaction. Paper presented at the symposium "Maya Art and Civilization: The New Dynamics," Fort Worth.

———. 1987. Thoughts on Classic Maya Political Geography. Paper presented at the University Museum Centennial Symposium, "The Use of Written Texts and Archaeological Material in the Reconstruction of Ancient Cultures," Philadelphia.

———. 1988. The Sculptures of Yaxchilan. PhD diss., Yale University.

———. 1991. Classic Maya Emblem Glyphs. In Culbert 1991a, 19–29.

———. 1997. *La escultura de Yaxchilan.* Mexico City: INAH.

———. 2001. Dates of Tonina and a Dark Horse in its History. *PARI Journal* 2 (1): 16.

Mathews, P., and D. M. Pendergast. 1979. The Altun Ha Jade Plaque: Deciphering the Inscription. UCARF Contribution 41: 197–214.

Mathews, P., and M. G. Robertson. 1985. Notes on the Olvidado, Palenque Chiapas, Mexico. In Robertson and Fields 1985, 7–17.

Mathews, P., and L. Schele. 1974. Lords of Palenque—The Glyphic Evidence. In Robertson 1974, 63–75.

Mathews, P., and G. R. Willey. 1991. Prehistoric Polities of the Pasion Region: Hieroglyphic Texts and Their Archaeological Settings. In Culbert 1991a, 30–71.

Matson, F. R. 1956. *Ceramics and Man.* Chicago: Aldine.

Maudslay, A. C., and A. P. Maudslay. 1889. *A Glimpse at Guatemala, and Some Notes on the Ancient Monuments of Central America.* London: Murray.

Maudslay, A. P. 1889–1902. *Biología Centrali-Americana: Archaeology.* 5 vols. London: R. H. Porter and Dulau and Co.

Maxwell, D. 2000. Beyond Maritime Symbolism: Toxic Marine Objects from Ritual Contexts at Tikal. *AM* 11: 91–98.

Mayer, K. H. 1978. *Maya Monuments: Sculptures of Unknown Provenance in Europe.* Trans. S. L. Brizee. Ramona, CA: Acoma.

———. 1984. *Maya Monuments: Sculptures of Unknown Provenance in Middle America.* Berlin: Verlag Karl-Friedrich von Flemming.

———. 1989. *Maya Monuments: Sculptures of Unknown Provenance.* Suppl. 2. Berlin: Verlag Karl-Friedrich von Flemming.

———. 1995. Eine Stuckfassade in den Maya-Ruinen von Balamku, Campeche, Mexiko. *Antike Welt* 26: 355–63.

May Hau, J., R. Couoh M., R. González H., and W. J. Folan. 2001. *El Mapa de Calakmul.* Centro de Investigaciones Históricas y Sociales, Universidad Autónoma de Campeche, Campeche, Mexico.

McAnany, P. A. 1989. Stone-Tool Production and Exchange in the Eastern Lowlands: The Consumer Perspective from Pulltrouser Swamp, Belize. *AAnt* 54: 332–46.

———. 1990. Water Storage in the Puuc Region of the Northern Maya Lowlands: A Key to Population Estimates and Architectural Variability. In Culbert and Rice 1990, 263–84.

———. 1993. The Economics of Social Power and Wealth among Eighth-Century Maya Households. In Sabloff and Henderson 1993, 65–89.

———. 1995. *Living with Ancestors: Kinship and Kingship in Ancient Maya Society.* Austin: University of Texas Press.

———. 2002. A Social History of Formative Maya Society. In Tiesler Blos, Cobos, and Greene 2002, 1: 229–39.

———, ed. 2004a. *K'axob: Ritual, Work, and Family in an Ancient Maya Village.* Los Angeles: Cotsen Institute of Archaeology, UCLA.

———. 2004b. Appropriative Economies: Labor Obligations and Luxury Goods in Ancient Maya Societies. In Feinman and Nicholas 2004, 145–65.

McAnany, P. A., and S. L. López V. 1999. Re-creating the Formative Maya Village of K'axob: Chronology, Ceramic Complexes, and Ancestors in Archaeological Context. *AM* 10: 147–68.

McAnany, P. A., and S. Plank. 2001. Perspectives on Actors, Gender Roles, and Architecture at Classic Maya Courts and Households. In Inomata and Houston 2001, 1: 84–129.

McAnany, P. A., R. Storey, and A. K. Lockard. 1999. Mortuary Ritual and Family Politics at Formative and Early Classic K'axob, Belize. *AM* 10: 129–46.

McAnany, P. A., B. S. Thomas, S. Morandi, P. A. Peterson, and E. Harrison. 2002. Praise the Ajaw and Pass the Kakaw: Xibun Maya and the Political Economy of Cacao. In Masson and Freidel 2002, 123–39.

McBryde, F. W. 1947. *Cultural and Historical Geography of Southwest Guatemala*. Institute of Social Anthropology Publication 4. Washington, DC: Smithsonian Institution.

McKillop, H. 1984. Prehistoric Maya Reliance on Marine Resources: Analysis of a Midden from Moho Cay, Belize. *JFA* 11: 25–36.

———. 1994. Ancient Maya Tree Cropping: A Viable Subsistence Adaptation for the Island Maya. *AM* 5: 129–40.

———. 1995. Underwater Archaeology, Salt Production, and Coastal Maya Trade at Stingray Lagoon, Belize. *LAA* 6: 214–28.

———. 1996. Ancient Maya Trading Ports and the Integration of Long Distance and Regional Economies: Wild Cane Cay in South-Coastal Belize. *AM* 7: 49–62.

———. 2002. *Salt: The White Gold of the Ancient Maya*. Gainesville: University Press of Florida.

McKillop, H., and P. F. Healy, eds. 1989. *Coastal Maya Trade*. Occasional Papers in Anthropology, no. 8. Peterborough, Eng.: Trent University.

McNeil, C. L., ed. Forthcoming. *The Origins of Chocolate: Cacao in the Americas*. Gainesville: University of Florida Press.

McNeil, C. L., W. J. Hurst, E. E. Bell, and L. P. Traxler. 2001. The Ritual Use and Representation of Theobroma Cacao at Copan. Paper presented at the 66th Annual Meeting of the Society for American Archaeology, New Orleans.

McQuown, N. 1955. The Indigenous Languages of Latin America. *AA* 47: 501–70.

———. 1956. The Classification of Maya Languages. *IJAL* 22: 191–95.

———. 1964. Los orígenes y la diferenciacíon de los Mayas según se infiere del estudio comparativo de las lenguas mayanas. In *Desarrollo cultural de los Mayas*, ed. E. Z. Vogt and A. Ruz L., 49–80. Mexico City: Universidad Nacional Autónoma de México.

———. 1967. Classical Yucatec (Maya) In *HMAI* 5: 201–47.

———. 1976. American Indian Linguistics in New Spain. In *American Indian Languages and American Linguistics: Papers of the Second Golden Anniversary Symposium of the Linguistic Society of America*, ed. W. Chafe. Lisse, Belgium: Peter de Ridder Press.

McVicker, D. 1985. The Mayanized Mexicans. *AAnt* 50: 82–101.

McVicker, D., and J. W. Palka. 2001. A Maya Carved Shell Plaque from Tula, Hidalgo, Mexico. *AM* 12: 175–97.

Means, P. A. 1917. *History of the Spanish Conquest of Yucatan and of the Itzas*. PMAE Papers 7.

Me-Bar, Y., and F. Valdez Jr. 2003. Droughts as Random Events in the Maya Lowlands. *JAS* 30: 1599–1606.

Meggers, B. J. 1954. Environmental Limitation on the Development of Culture. *AA* 56: 801–24.

Meggers, B. J., C. Evans, and E. Estrada. 1965. *Early Formative Period of Coastal Ecuador: The Valdevia and Machalilla Phases*. Smithsonian Contributions to Anthropology 1. Washington, DC: Smithsonian

Institution.

Mejía Pérez Campo, E., and L. M. Silva, eds. 1992. *Comalcalco.* INAH.

Mercer, H. C. 1975. *The Hill-Caves of Yucatan.* Norman: University of Oklahoma Press. (Orig. pub.1896.)

Merwin, R. E., and G. C. Vaillant. 1932. *The Ruins of Holmul, Guatemala.* PMAE Memoirs 3 (2).

Messenger, L. C. 1990. Ancient Winds of Change: Climatic Settings and Prehistoric Social Complexity in Mesoamerica. *AM* 1: 21–40.

———. 2002. Los Mayas y El Niño: Paleoclimatic Correlations, Environmental Dynamics, and Cultural Implications for the Ancient Maya. *AM* 13: 159–70.

Metz, B. 1998. Without Nation, Without Community: The Growth of Maya Nationalism among Ch'orti's of Eastern Guatemala. *JAR* 54: 325–50.

Meyer, K. E. 1977. *The Plundered Past.* New York: Atheneum.

Michaels, G. H., and B. Voorhies. 1999. Late Archaic Period Coastal Collectors in Southern Mesoamerica: The Chanuto People Revisited. In Blake 1999, 39–54.

Michels, J. W., ed. 1979. *Settlement Pattern Excavations at Kaminaljuyu, Guatemala.* Pennsylvania State University Press Monograph Series of Kaminaljuyu. University Park.

Midlarsky, M. I. 1999. *The Evolution of Inequality: War, State Survival, and Democracy in Comparative Perspective.* Stanford, CA: Stanford University Press.

Milbrath, S. 1999. *Star Gods of the Maya: Astronomy in Art, Folklore, and Calendars.* Austin: University of Texas Press.

Milbrath, S., and C. Peraza L. 2003. Revisiting Mayapan: Mexico's Last Maya Capital. *AM* 14: 1–46.

Miles, S. W. 1957. The Sixteenth-Century Pokom Maya: A Documentary Analysis of Social Structure and Archaeological Setting. *Transactions of the American Philosophical Society* 47: 731–81.

———. 1965. Sculpture of the Guatemala-Chiapas Highlands and Pacific Slopes and Associated Hieroglyphs. In *HMAI* 2: 237–75.

Miller, A. G. 1977a. "Captains of the Itza": Unpublished Mural Evidence from Chichen Itza. In Hammond 1977b, 197–225.

———. 1977b. The Maya and the Sea: Trade and Cult at Tancah and Tulum. In Benson 1977b, 97–225.

———. 1978. A Brief Outline of the Artistic Evidence for Classic-Period Culture Contact between Maya Lowlands and Central Mexican Highlands. In Pasztory 1978, 63–70.

———. 1982. *On the Edge of the Sea: Mural Painting at Tancah-Tulum, Quintana Roo, Mexico.* DO.

———, ed. 1983. *Highland-Lowland Interaction in Mesoamerica: Interdisciplinary Approaches.* DO.

———. 1986a. *Maya Rulers of Time.* UPM.

———. 1986b. From the Maya Margins: Images of Postclassic Politics. In Sabloff and Andrews 1986, 199–222.

Miller, M. E. 1985. Tikal, Guatemala: A Rationale for the Placement of the Funerary Pyramids. *Expedition* 27 (3): 6–15.

———. 1986. *The Murals of Bonampak.* Princeton, NJ: Princeton University Press.

———. 1988. The Meaning and Function of the Main Acropolis, Copan. In Boone and Willey 1988, 149–94.

———. 1999. *Maya Art and Architecture.* London: Thames and Hudson.

———. 2000. Guerra y escultura maya: Un argumento en favor del tributo artístico. In Trejo 2000, 175–87.

———. 2001a. Life at Court: The View from Bonampak. In Inomata and Houston 2001, 2: 201–22.

———. 2001b. Understanding the Murals of Bonampak. In Grube 2001a, 234–43.

———. 2001c . *The Art of Mesoamerica.* 3rd ed. New York: Thames and Hudson.

Miller, M. E., and S. Martin. 2004. *Courtly Art of the Ancient Maya.* New York: Thames and Hudson.

Miller, M. E., G. Ware, K. Duffin, K. Taube, and S. Houston. 1999. Imaging Maya Art: Infrared Video

"Prospecting" of Bonampak's Famous Murials Yields Critical Details No Longer Visible to the Naked Eye. *A* 50: 34–40.

Millon, R., ed. 1973. *Urbanization at Teotihuacan, Mexico*. Vol. 1, *The Teotihuacan Map*. Austin: University of Texas Press.

Miram, H-M. 1994. A Method for Recalibrating Historical Dates in the Books of Chilam Balam. In Prem 1994, 376–88.

Mock, S. B. 1998. Monkey Business at Northern River Lagoon: A Coastal-Inland Interaction Sphere in Northern Belize. *AM* 8: 165–84.

———, ed. 1998. *The Sowing and the Dawning: Termination, Dedication, and Transformation in the Archaeological and Ethnographic Record of Mesoamerica*. Albuquerque: University of New Mexico Press.

Moholy-Nagy, H. 1975. Obsidian at Tikal, Guatemala. 41st ICA *Actas* 1: 511–18.

———. 1976. Spatial Distribution of Flint and Obsidian Artifacts at Tikal, Guatemala. In Hester and Hammond 1976, 91–108.

———. 1997. Middens, Construction Fill, and Offerings: Evidence for the Organization of Classic Period Craft Production at Tikal, Guatemala. *JFA* 24: 293–313.

———. 1999. Mexican Obsidian at Tikal, Guatemala. *LAA* 10: 300–313.

———. 2003a. *The Artifacts of Tikal: Utilitarian Artifacts and Unworked Material*. Tikal Report, no. 27B. UPM.

———. 2003b. Beyond the Catalogue: The Chronology and Contexts of Tikal Artifacts. In Sabloff 2003, 83–110.

Moholy-Nagy, H., and F. W. Nelson. 1990. New Data on Sources of Obsidian Artifacts from Tikal. *AM* 1: 71–80.

Molloy, J. P., and W. L. Rathje. 1974. Sexploitation among the Late Classic Maya. In Hammond 1974b, 431–44.

Monaghan, J. 1996. The Mesoamerican Community as a "Great House." *Ethnology* 35: 181–94.

Montejo, V. 1999. *Voices from Exile: Violence and Survival in Modern Maya History*. Norman: University of Oklahoma Press.

———. 2002. The Multiplicity of Maya Voices: Mayan Leadership and the Politics of Self-Representation. In Warren and Jackson 2002, 123–48.

Montgomery, J. 2002. *Dictionary of Maya Hieroglyphs*. New York: Hippocrene Books.

Morales, A. 1998. INAH-PARI Group of the Cross Project Season Report. *PARI Newsletter* 26: 1–3.

Morales, A., and J. C. Miller. 2004. The Discoveries in Temple 19, Palenque. In Miller and Martin 2004, 259–61.

Morán, F. 1935. *Arte y Diccionario en Lengua Cholti: A Manuscript Copied from the Libro Grande of Fray Pedro Moran of About 1625*. Baltimore: Maya Society Publication no. 9.

Moreno, W. J. 1959. Síntesis de la historia pretolteca de mesoamérica. In *Esplendor del México antiguo*, ed. C. Cook de Leonard, 1019–1108. Mexico City: Centro Investigaciones Antropológicas.

Morgan, L. H. 1877. *Ancient Society*. New York: Holt.

Morley, F. R., and S. G. Morley. 1939. *The Age and Provenance of the Leyden Plate*. CIW Publication 509.

Morley, S. G. 1910. Uxmal—A Group of Related Structures. *American Journal of Archaeology*, ser. 2, 14: 1–18.

———. 1911. The Historical Value of the Books of Chilam Balam. *American Journal of Archaeology*, ser. 2, 15: 195–214.

———. 1915. *An Introduction to the Study of the Maya Hieroglyphs*. BAE Bulletin 57.

———. 1916. The Supplementary Series in the Maya Inscriptions. In *Holmes Anniversary Volume: An-*

thropological Essays, ed. F. W. Hodge, 366–96. Washington, DC: n.p.
———. 1920. *The Inscriptions at Copan*. CIW Publication 219.
———. 1925. The Earliest Mayan Dates. *Compte-Rendu of the 21st ICA* 2: 655–67.
———. 1935. *Guide Book to the Ruins of Quirigua*. CIW Suppl. Publication 16.
———. 1937–38. *The Inscriptions of the Peten*. 5 vols. CIW Publication 437.
———. 1946. *The Ancient Maya*. Stanford, CA: Stanford University Press. (2nd ed. 1947.)
———. 1970. The Stela Platform at Uxmal, Yucatan, Mexico. Ed. and annotated by H. E. D. Pollock. MARI Publication 26: 151–80.

Morley, S. G., and G. W. Brainerd. 1956. *The Ancient Maya*. 3d ed. Stanford, CA: Stanford University Press.

Morris, A. A. 1931. *Digging in Yucatan*. New York: Doubleday, Doran.

Morris, E. H., J. Charlot, and A. A. Morris. 1931. *The Temple of the Warriors at Chichen Itza, Yucatan*. CIW Publication 406.

Morris, W. F. 1984. *Milaños de tejido en Chiapas*. Tuxtla Gutiérrez: Instituto de la Artesanía Chiapaneca.

Muntsch, A. 1943. Some Magico-Religious Observations of the Present-Day Maya Indians of British Honduras and Yucatan. *Primitive Man* 16 (1): 31–44.

Murdy, C. N. 1999. El período postclásico en el altiplano central. In *HGG* 1: 319–30.

Murie, A. 1935. Mammals from Guatemala and British Honduras. University of Michigan Museum of Zoology, Miscellaneous Publications 26: 7–30. Ann Arbor.

Nahm, W. 1994. Maya Warfare and the Venus Year. *Mexicon* 16: 6–10.
———. 1997. Hieroglyphic Stairway I at Yaxchilan. *Mexicon* 19: 65–69.

Nalda, E., and J. López C. 1995. Investigaciones arqueológicas en el sur de Quintana Roo. *ArqM* 3(14): 12–25.

Nalda, E., and A. Velázquez. 1995. Kohunlich, Quintana Roo. *ArqM* 2 (11): 84–85.

Nance, C. R., S. L. Whittington, and B. E. Borg. 2003. *Archaeology and Ethnohistory of Iximche*. Gainesville: University of Florida Press.

Navarrete, C. 1960. *Archaeological Explorations in the Region of the Frailesca, Chiapas, Mexico*. NWAF Papers, no. 7.
———. 1976. Algunas influencias mexicanas en el area maya meridional durante el postclásico tardío. *Estudios de Cultura Nahuatl* 14: 345–82.
———. 1999. Influencias Mexicanas en el área Maya meridional en el postclásico tardío: Una revisión arqueológica. *HGG* 1: 397–410.

Neff, H. 2002. Sources of Raw Material Used in Plumbate Pottery. In Love, Poponoe de Hatch, and Escobedo 2002, 217–31.

Neff, H., F. J. Bove, E. J. Robinson, and B. Aroyo. 1994. A Ceramic Compositional Perspective on the Formative to Classic Transition in Southern Mesoamerica. *LAA* 5: 333–58.

Neff, H., J. W. Cogswell, L. J. Kosakowsky, F. Estrada Belli, and F. J. Bove. 1999. A New Perspective on the Relationships among Cream Paste Ceramic Traditions of Southeastern Mesoamerica. *LAA* 10: 281–99.

Neff, L. S. 2002. Gender Divisions of Labor and Lowland Terrace Agriculture. In Ardren 2002, 31–51.

Netting, R. M. 1977. Maya Subsistence: Mythologies, Analogies, Possibilities. In Adams 1977, 299–333.

Neugebauer, B. 1983. Watershed Management by the Maya Civilization of Central Yucatan, Mexico. *Vierteljahresberichte* 94: 395–409.

Nichols, D. L., and Charlton, T. H., eds. 1997. *The Archaeology of City-States: Cross-Cultural Approaches*. Washington, DC: Smithsonian Institution Press.

Noble Bardslay, S. 1994. Rewriting History at Yaxchilan: Inaugural Art of Bird Jaguar IV. In Robertson and Fields 1994, 87–94.

Norman, V. G. 1973. *Izapa Sculpture*. Part 1, *Album*. NWAF Papers, no. 30.

———. 1976. *Izapa Sculpture*. Part 2, *Text*. NWAF Papers, no. 30.

Nuñez Chinchilla, J. 1963. *Copan Ruins*. Publications of the Banco Central de Honduras. Tegucigalpa.

Oakes, M. 1951. *The Two Crosses of Todos Santos*. New York: Pantheon.

Ochoa, L. 1983. El medio Usumacinta: Un eslabón en los antecedentes olmecas de los mayas. In Ochoa and Lee 1983, 147–74.

———. 1987. Xicalango, puerto Chontal de intercambio: Mita y realidad. *Anales de Antropoloía* 24: 95–114.

Ochoa, L., and T. A. Lee, eds. 1983. *Antropología e historia de los mixe-zoques y mayas (homenaje a Frans Blom)*. Mexico City: Centro de Estudios Mayas, Universidad Nacional Autónoma de México and Brigham Young University.

Ohi, K., ed. 1994. *Kaminaljuyu*. Tokyo: Museo del Tabaco y Sal.

———. 2001. *La Culebra, Kaminaljuyu*. Tokyo: Museo del Tabaco y Sal.

Olsen, G. W., A. H. Siemens, D. E. Puleston, G. Cal, and D. Jenkins. 1975. Ridged Fields in British Honduras. *Soil Survey Horizons* 16: 9–12.

O'Mansky, M., and N. P. Dunning. 2004. Settlement and Late Classic Political Disintegration in the Petexbatun Region, Guatemala. In Demarest, Rice, and Rice 2004, 83–101.

Orrego C., M. 1988. *Investigaciones Arqueológicas en Abaj Takalik, El Asintal, Retalhuleu 1988*. Guatemala: IDAEH.

Orrego C., M., and R. Larios V. 1983. *Investigaciones arqueológicas en el Grupo 5E-11, Tikal*. Guatemala: Instituto de Antropología e Historia.

Ortíz C., P., and M. del Carmen R. 1999. Olmec Ritual Behavior at El Manatí: A Sacred Space. In Grove and Joyce 1999, 225–54.

Osborne, L. de Jongh. 1935. *Guatemala Textiles*. MARI Publication 6.

———. 1965. *Indian Crafts of Guatemala and El Salvador*. Norman: University of Oklahoma Press.

Pahl, G. W. 1977. The Inscriptions of Río Amarillo and Los Higos: Secondary Centers of the Southeastern Maya Frontier. *Journal of Latin American Lore* 3: 133–54.

———, ed. 1986. *The Periphery of the Southeastern Classic Maya Realm*. Los Angeles: UCLA Latin America Center Publications.

Paine, R. R., and A. Freter. 1996. Environmental Degradation and the Classic Maya Collapse at Copan, Honduras (A.D. 600–1250): Evidence from Studies of Household Survival. *AM* 7: 37–48.

Paine, R. R., A. Freter, and D. L. Webster. 1996. A Mathematical Projection of Population Growth in the Copan Valley, Honduras, A.D. 400–800. *LAA* 7: 51–60.

Palacios, E. J. 1932. Maya-Christian Synchronology or Calendrical Correlation. In MARI Publication 4: 147–80.

———. 1933. *El calendario y los jeroglíficos cronográficos mayas*. Mexico City: Editorial Cultura.

Palka, J. W. 1997. Reconstructing Classic Maya Socioeconomic Differentiation and the Collapse at Dos Pilas, Peten, Guatemala. *AM* 8: 293–306.

———. 2001. Ancient Maya Defensive Barricades, Warfare, and Site Abandonment. *LAA* 12 (4): 427–30.

Paris Codex. 1887. *Manuscrit híeratique des anciens Indiens de l'Amérique centrale conservé à la Bibliothèque Nationale de Paris; avec une introduction par Leon de Rosny*. 2nd ed. Paris: Maisonneuve et cie., Libraires de la Socíeté Ethnographie. Reissued "under the care of William E. Gates, 1909." (See also Anders 1968; Villacorta and Villacorta 1933.)

Parsons, J. R. 1972. Archaeological Settlement Patterns. *Annual Review of Anthropology* 1: 127–50.

Parsons, L. A. 1967–69. *Bilbao, Guatemala*. 2 vols. Milwaukee Public Museum Publications in Anthropology, Nos. 11 and 12.

———. 1986. *The Origins of Maya Art: Monumental Stone Sculpture of Kaminaljuyu, Guatemala, and the Southern Pacific Coast.* DO.

Pasztory, E., ed. 1978. *Middle Classic Mesoamerica.* New York: Columbia University Press.

Paxton, M. 2001. *The Cosmos of the Yucatec Maya: Cycles and Steps from the Madtid Codex.* Albuquerque: University of New Mexico Press.

Pearse, A. S., E. P. Creaser, and F. G. Hall. 1936. *The Cenotes of Yucatan, a Zoological and Hydrographic Survey.* CIW Publication 457.

Pendergast, D. M. 1962. Metal Artifacts in Prehispanic Mesoamerica. *AAnt* 27: 520–45.

———. 1965. Maya Tombs at Altun Ha. *A* 18 (3): 210–17.

———. 1969. *Altun Ha, British Honduras (Belize): The Sun God's Tomb.* Royal Ontario Museum Art and Archaeology Occasional Paper 19. Toronto.

———. 1971. Evidence of Early Teotihuacan-Lowland Maya Contact at Altun Ha. *AAnt* 36: 455–60.

———. 1979. *Excavations at Altun Ha, Belize, 1964–1970.* Vol. 1. Toronto: Royal Ontario Museum.

———. 1981. Lamanai, Belize: Summary of Excavation Results, 1974–1980. *JFA* 8: 29–53.

———. 1982a. *Excavations at Altun Ha, Belize, 1964–1970.* Vol. 2. Toronto: Royal Ontario Museum.

———. 1982b. Ancient Maya Mercury. *Science* 217: 533–35.

———. 1986. Stability through Change: Lamanai, Belize, from the Ninth to the Seventeenth Century. In Sabloff and Andrews 1986, 223–49.

———. 1988. Lamanai Stela 9: The Archaeological Context. RRAMW, no. 20.

———. 1990a. *Excavations at Altun Ha, Belize, 1964–1970.* Vol. 3. Toronto: Royal Ontario Museum.

———. 1990b. Up from the Dust: The Central Lowlands Postclassic as Seen from Lamanai and Marco Gonzalez, Belize. In Clancy and Harrison 1990, 169–77.

———. 1998. Intercession with the Gods: Caches and Their Significance at Altun Ha and Lamanai, Belize. In Mock 1998, 55–63.

———. 2003. Teotihuacan at Altun Ha: Did It Make a Difference? In Braswell 2003, 235–47.

Peraza L., C. A. 1999. Mayapan: Ciudad-capital del Postclúsico. *ArqM* 7 (37): 48–59.

Pincemin D., S. 1994. *Entierro en el palacio: La tumba de la Estructura III de Calakmul, Campeche.* Colección Arqueología, no. 5. Campeche: Universidad Autónoma de Campeche.

———. 2002. De textiles y rango o a cada quien su vestido, Bonampak, 790 d.C. In Tiesler Blos, Cobos, and Greene 2002, 2: 91–103.

Pincemin, D., S., J. Marcus, L. Folan, W. Folan, M. Carrasco, and A. Morales L. 1998. Extending the Calakmul Dynasty Back in Time: A New Stela from a Maya Capital in Campeche, Mexico. *LAA* 9: 310–27.

Piperno, D. R., and K. V. Flannery. 2001. The Earliest Archaeological Maize (*Zea mays* L.) from Highland Mexico: New Accelerator Mass Spectrometry Dates and Their Implications. *PNAS* 98: 2101–3.

Piperno, D. R., and D. M. Pearsall. 1998. *The Origins of Agriculture in the Lowland Neotropics.* San Diego: Academic Press.

Plafker, G. 1976. Tectonic Aspects of the Guatemala Earthquake of 4 February 1976. *Science* 193: 1201–8.

Pohl, M. D. 1983. Maya Ritual Faunas: Vertebrate Remains from Burials, Caches, Caves, and Cenotes in the Maya Lowlands. In Leventhal and Kolata 1983, 55–103.

———, ed. 1990. *Ancient Maya Wetland Agriculture: Excavations on Albion Island, Northern Belize.* Boulder, CO: Westview Press.

———. 1994. Late Classic Maya Fauna from Settlement in the Copan Valley, Honduras. In Willey et al.1994, 459–76.

Pohl, M. D., K. O. Pope, J. G. Jones, J. S. Jacob, D. R. Piperno, S. D. DeFrance, J. Lentz, A. Gifford,M. E. Danforth, and J. K. Josserand. 1996. Early Agriculture in the Maya Lowlands. *LAA* 7: 355–72.

Pollock, H. E. D. 1937. *The Casa Redonda at Chichen Itza, Yucatan*. CIW Publication 456.

———. 1954. Department of Archaeology. *CIW Yearbook* 53: 263–67.

———. 1962. Introduction. In Pollock et al. 1962, 1–22.

———. 1965. Architecture of the Maya Lowlands. In *HMAI* 2: 378–440.

———. 1980. *The Puuc, an Archaeological Survey of the Hill Country of Yucatan and Northern Campeche, Mexico*. PMAE Memoirs 19.

Pollock, H. E. D., R. L. Roys, T. Proskouriakoff, and A. L. Smith. 1962. *Mayapan, Yucatan, Mexico* CIW Publication 619.

Pope, K. O., and B. Dahlin. 1989. Ancient Maya Wetland Agriculture: New Insights from Ecological and Remote Sensing Research. *JFA* 16: 87–106.

Pope, K. O., M. E. D. Pohl, J. G. Jones, D. L. Lentz, C. von Nagy, F. J. Vega, and I. R. Quitmyer. 2001. Origin and Environmental Setting of Ancient Agriculture in the Lowlands of Mesoamerica. *Science* 292: 1370–73.

Poponoe de Hatch, M. 1989a. An Analysis of the Santa Lucia Cotzumalguapa Sculptures. In Bove and Heller 1989, 167–94.

———. 1989b. Observaciones sobre el desarrollo cultural prehispánico en la costa sur de Guatemala. In Whitley and Beaudry 1989, 4–37.

———. 1997. *Kaminaljuyu/San Jorge: Evidencia Arqueológica de la Actividad Económica en el Valle de Guatemala, 300 a.C a 300 d.C.* Guatemala City: Universidad del Valle de Guatemala.

———. 1998. Los k'iche's-kaqchikeles en el altiplano central de Guatemala: Evidencia arqueológica del período clásico. *Mesoamerica* 35: 93–115.

———. 2002. New Perspectives on Kaminaljuyu, Guatemala: Regional Interaction during the Preclassic and Classic Periods. In Love, Poponoe de Hatch, and Escobedo 2002, 277–96.

Poponoe de Hatch, M., and M. Ivic de Monterroso. 1999. El altiplano norte durante el período postclásico. In *HGG* 1: 241–64.

Popenoe de Hatch, M., E. Ponciano, T. Barrientos Q., M. Brenner, and C. Ortloff. 2002. Climate and Technological Innovation at Kaminaljuyu, Guatemala. *AM* 13: 103–14.

Poponoe de Hatch, M., and R. Rubio. 1999. Arqueología de Cotzumalguapa. In *HGG* 1 201–12.

Poponoe de Hatch, M., and E. M. Shook. 1999. La Arqueología de la Costa Sur. In *HGG* 1:171–90.

Potter, D. F. 1977. *Maya Architecture of the Central Yucatan Peninsula, Mexico*. MARI Publication 44.

Potter, D. R., and E. M. King. 1995. A Heterarchical Approach to Lowland Maya Socioeconomics. In Ehrenreich, Crumley, and Levey 1995, 17–32.

Powis, T. G. Forthcoming. *Bridging Formative Mesoamerican Cultures*. Austin: University of Texas Press.

Powis, T. G., N. Stanchly, C. D. White., P. F. Healy, J. J. Awe, and F. Longstaffe. 1999. A Reconstruction of Middle Preclassic Maya Subsistence Economy at Cahal Pech, Belize. *Antiquity* 73 (280): 364–76.

Powis, T. G., F. Valdez, T. R. Hester, W. J. Hurst, and S. M. Tarka. 2002. Spouted Vessels and Cacao Use among the PreClassic Maya. *LAA* 13: 85–106.

Prem, H. J. 1971. Calendrics and Writing in Mesoamerica. UCARF Contribution 41: 215–29.

———, ed. 1994. *Hidden among the Hills: Maya Archaeology in the Northwest Yucatan Peninsula*. Möckmül: Verlag von Flemming.

Preucel, R. W., ed. 1991. *Processual and Postprocessual Archaeologies: Multiple Ways of Knowing the Past*. Carbondale: Southern Illinois University.

Price, T. D., and G. M. Feinman, eds. 1995. *Foundations of Social Inequality*. New York: Plenum Press.

Pring, D. C. 1976. Outline of the Northern Belize Ceramic Sequence. *CCM* 9: 11–51.

Proskouriakoff, T. 1946. *An Album of Maya Architecture*. CIW Publication 558. Reprint, Norman: University of Oklahoma Press, 1963.

———. 1950. *A Study of Classic Maya Sculpture*. CIW Publication 593.

———. 1954. Mayapan, Last Stronghold of a Civilization. *A* 7 (2): 96–103.

———. 1955. The Death of a Civilization. *SA* 192 (5): 82–88.

———. 1960. Historical Implications of a Pattern of Dates at Piedras Negras. *AAnt* 25: 454–75.

———. 1961a. The Lords of the Maya Realm. *Expedition* 4 (1): 14–21.

———. 1961b. Portraits of Women in Maya Art. In *Essays in Pre-Columbian Art and Archaeology*, ed. S. K. Lothrop et al., 81–99. Cambridge, MA: Harvard University Press.

———. 1962a. Civic and Religious Structures of Mayapan. In Pollock et al. 1962, 87–164.

———. 1962b. The Artifacts of Mayapan. In Pollock et al. 1962, 321–442.

———. 1963. Historical Data in the Inscriptions of Yaxchilan (Part I). *ECM* 3: 149–67.

———. 1964. Historical Data in the Inscriptions of Yaxchilan (Part II). *ECM* 4: 177–202.

———. 1965. Sculpture and Major Arts of the Maya Lowlands. In *HMAI* 2: 469–97.

———. 1971. Early Architecture and Sculpture in Mesoamerica. UCARF Contribution 11: 141–56.

———. 1973. The Hand-Grasping-Fish and Associated Glyphs on Classic Maya Monuments. In Benson 1973, 165–73.

———. 1974. *Jades from the Cenote of Sacrifice, Chichen Itza, Mexico.* PMAE Memoirs 10 (1).

———. 1993. *Maya History*, ed. R. A. Joyce. Austin: University of Texas Press.

Pugh, T. 2001. Flood Reptiles, Serpent Temples, and the Quadripartite Universe: The Imago Mundi of Late Postclassic Mayapan. *AM* 12: 247–58.

———. 2003. The Exemplary Center of the Late Postclassic Kowoj Maya. *LAA* 14: 408–30.

Pugh, T., and P. Rice. 1996. Arquitectura estilo Mayapan y evidencias de organización dual en el sitio postclásico Zacpeten, Peten, Guatemala. In Laporte and Escobedo 1996, 521–32.

Puleston, D. E. 1968. *Brosimum alicastrum* as a Subsistence Alternative for the Classic Maya of the Central Southern Lowlands. Master's thesis, University of Pennsylvania.

———. 1971. An Experimental Approach to the Function of Classic Maya Chultuns. *AAnt* 36: 322–35.

———. 1974. Intersite Areas in the Vicinity of Tikal and Uaxactun. In Hammond 1974b, 303–11.

———. 1977. The Art and Archaeology of Hydraulic Agriculture in the Maya Lowlands. In Hammond 1977b, 449–67.

———. 1978. Terracing, Raised Fields, and Tree Cropping in the Maya Lowlands: A New Perspective on the Geography of Power. In Harrison and Turner 1978, 225–45.

———. 1979. An Epistemological Pathology and the Collapse, or Why the Maya Kept the Short Count. In Hammond and Willey 1979, 63–74.

———. 1983. *The Settlement Survey of Tikal.* Tikal Report, no. 13. UPM.

Puleston, D. E., and D. W. Callender Jr. 1967. Defensive Earthworks at Tikal. *Expedition* 9 (3): 40–48.

Puleston, D. E., and O. S. Puleston. 1971. An Ecological Approach to the Origins of Maya Civilization. *A* 24 (4): 330–37.

Pyburn, K. A. 1990. Settlement Patterns at Nohmul: Preliminary Results of Four Excavation Seasons. In Culbert and Rice 1990, 183–97.

———. 1998. Smallholders in the Maya Lowlands: Homage to a Garden Variety Ethnographer. *Human Ecology* 26: 267–86.

———. 2004. We Have Never Been Post-Modern: Maya Archaeology in the Ethnographic Present. In Golden and Borgstede 2004, 287–93.

Pyburn, A. K., B. Dixon, P. Cook, and A. McNair. 1998. The Albion Island Settlement Pattern Project: Domination and Resistance in Early Classic Northern Belize. *JFA* 25: 37–62.

Pye, M. E., A. A. Demarest, and B. Arroyo. 1999. Early Formative Societies in Guatemala and El Salvador. In Blake 1999, 75–88.

Quintana, O., and W. Wuster. 2002. Un nuevo plano del sitio Maya de Nakum, Peten, Guatemala. BAVA Band 22: 243–75.

Quirarte, J. 1973. *Izapa-Style Art: A Study of Its Form and Meaning.* Studies in Pre-Columbian Art and Archaeology, no. 10. DO.

———. 1977. Early Art Styles of Mesoamerica and Early Classic Maya Art. In Adams 1977, 249–83.

———. 1979. The Representation of Underworld Processions in Maya Vase Painting: An Iconographic Study. In Hammond and Willey 1979, 117–48.

Raaflaub, K., and N. Rosenstein, eds. 1999. *War and Society in the Ancient and Medieval Worlds.* Cambridge, MA: Harvard University Press.

Ramírez, R. D., and M. A. Azcárate S. 2002. Investigaciones recientes en Cozumel. *ArqM* 9 (54): 46–49.

Rands, B. C., and R. L. Rands. 1961. Excavations in a Cemetery at Palenque. *ECM* 1: 87–106.

Rands, R. L. 1965a. Jades of the Maya Lowlands. In *HMAI* 3: 561–80.

———. 1965b. Classic and Postclassic Pottery Figurines of the Guatemalan Highlands. In *HMAI* 2: 156–62.

Rands, R. L., and B. C. Rands. 1959. The Incensario Complex of Palenque, Chiapas, Mexico. *AAnt* 25: 225–36.

———. 1965. Pottery Figurines of the Maya Lowlands. In *HMAI* 2: 535–60.

Rands, R. L., and R. E. Smith. 1965. Pottery of the Guatemalan Highlands. In *HMAI* 2: 95–145.

Rathje, W. L. 1970. Socio-Political Implications of Lowland Maya Burials: Methodology and Tentative Hypotheses. *WA* 1: 359–74.

———. 1971. The Origin and Development of Classic Maya Civilization. *AAnt* 36: 275–85.

———. 1973. Classic Maya Development and Denouement: A Research Design. In Culbert 1973, 405–56.

———. 1977. The Tikal Connection. In Adams 1977, 373–82.

———. 2002. The Nouveau Elite Potlatch: One Scenario for the Monumental Rise of Early Civilizations. In Masson and Freidel 2002, 31–40.

Rathje, W. L., D. A. Gregory, and F. M. Wiseman. 1978. Trade Models and Archaeological Problems: Classic Maya Examples. NWAF Papers, no. 40: 147–75.

Rau, C. 1879. *The Palenque Tablet in the United States National Museum, Washington, D.C.* Smithsonian Contributions to Knowledge 22 (5). Washington, DC: Smithsonian Institution.

Recinos, A. 1950. *Popol Vuh: The Sacred Book of the Ancient Quiche Maya.* Trans. S. G. Morley and D. Goetz. Norman: University of Oklahoma Press.

Recinos, A., and D. Goetz. 1953. *The Annals of the Cakchiquels.* Norman: University of Oklahoma Press.

Redfield, R. 1941. *The Folk Culture of Yucatan.* Chicago: University of Chicago Press.

———. 1956. *The Little Community.* Chicago: University of Chicago Press.

Redfield, R., and A. Villa Rojas. 1934. *Chan Kom: A Maya Village.* CIW Publication 448.

Redmond, E. M., ed. 1998. *Chiefdoms and Chieftaincy in the Americas.* Gainesville: University Press of Florida.

Reed, J. 2003. Spondylus: Precious Shells Worthy of a King. *Institute of Maya Studies Newsletter* 32 (4): 1, 4–7.

Reed, N. 1964. *The Caste War of Yucatan.* Stanford, CA: Stanford University Press.

Reents-Budet, D. J. 1987. The Discovery of a Ceramic Artist and Royal Patron among the Classic Maya. *Mexicon* 9: 123–26.

———. 1988. The Iconography of Lamanai Stela 9. RRAMW, no. 22.

———. 1994. *Painting the Maya Universe: Royal Ceramics of the Classic Period.* Durham, NC: Duke University Press.

———. 1997. Cerámica maya. *ArqM* 5 (28): 20–29.

Reents-Budet, D. J., E. E. Bell, L. P. Traxler, and R. L. Bishop. 2004. Early Classic Ceramic Offerings at Copan: A Comparison of the Hunal, Margarita, and SubJaguar Tombs. In Bell, Canuto, and Sharer

2004, 159–90.

Reents-Budet, D. J., R. L. Bishop, J. T. Taschek, and J. T. Ball. 2000. Out of the Palace Dumps: Ceramic Production and Use at Buenavista del Cayo. *AM* 11: 99–121.

Reese-Taylor, K., and D. S. Walker. 2002. The Passage of the Late Preclassic into the Early Classic. In Masson and Freidel 2002, 87–122.

Reichel-Dolmatoff, G. 1965. *Excavaciones arqueológicas en Puerto Hormiga, Departamento de Bolivar.* Publicaciones de la Universidad de los Andes, Antropología 2. Bogotá.

Reina, R. E. 1962. The Ritual of the Skull of Peten, Guatemala. *Expedition* 4 (4): 26–36.

———. 1966. *The Law of the Saints: A Pokomam Pueblo and Its Community Culture.* Indianapolis, IN: Bobbs-Merrill.

———. 1967. Milpas and Milperos: Implications for Prehistoric Times. *AA* 69: 1–20.

Reina, R. E., and R. M. Hill II. 1978. *The Traditional Pottery of Guatemala.* Austin: University of Texas Press.

———. 1980. Lowland Maya Subsistence: Notes from Ethnohistory and Ethnography. *AAnt* 45: 74–79.

Restall, M. 1997. *The Maya World: Yucatec Culture and Society, 1550–1850.* Stanford, CA: Stanford University Press.

———. 1998. *Maya Conquistidor.* Boston: Beacon Press.

Rice, D. S. 1976. Middle Preclassic Maya Settlement in the Central Maya Lowlands. *JFA* 3: 425–45.

———. 1978. Population Growth and Subsistence Alternatives in a Tropical Lacustrine Environment. In Harrison and Turner 1978, 35–61.

———. 1986. The Peten Postclassic: A Settlement Perspective. In Sabloff and Andrews 1986, 301–44.

———. 1988. Classic to Postclassic Maya Household Transitions in the Central Peten, Guatemala. In Wilk and Ashmore 1988, 227–47.

———, ed. 1993. *Latin American Horizons.* DO.

———. 1996. Paleolimnological Analysis in the Central Peten, Guatemala. In Fedick 1996, 193–206.

Rice, D. S., and T. P. Culbert. 1990. Historical Contexts for Population Reconstruction in the Maya Lowlands. In Culbert and Rice 1990, 1–36.

Rice, D. S., and D. E. Puleston. 1981. Ancient Maya Settlement Patterns in the Peten, Guatemala. In Ashmore 1981b, 121–56.

Rice, D. S., and P. M. Rice. 1979. Introductory Archaeological Survey of the Central Peten, Savanna, Guatemala. UCARF Contribution 41: 231–77.

———. 1981. Muralla de Léon: A Lowland Maya Fortification. *JFA* 8: 271–88.

———. 1984. Collapse to Contact: Postclassic Archaeology of the Peten Maya. *A* 37 (2): 46–51.

———. 1990. Population Size and Population Change in the Central Peten Lakes Region, Guatemala. In Culbert and Rice 1990, 123–48.

———. 2004. History in the Future: Historical Data and Investigations in Lowland Maya Studies. In Golden and Borgstede 2004, 77–96.

Rice, D. S., P. M. Rice, and T. Pugh. 1998. Settlement Continuity and Change in the Central Peten Lakes Region: The Case of Zacpeten. In Ciudad R. et al. 1998, 207–52.

Rice, P. M. 1979. Ceramic and Nonceramic Artifacts of Lakes Yaxha-Sacnab, El Peten, Guatemala. *CCM* 11: 1–85.

———. 1984. Obsidian Procurement in the Central Peten Lakes Region, Guatemala. *JFA* 11: 181–94.

———. 1986. The Peten Postclassic: Perspectives from the Central Peten Lakes. In Sabloff and Andrews 1986, 251–99.

———. 1987a. Economic Change in the Lowland Maya Late Classic Period. In Brumfiel and Earle 1987, 76–85.

———. 1987b. *Macanche Island, El Peten, Guatemala: Excavations, Pottery, and Artifacts.* Gainesville:

University of Florida Press.

———. 1999. Rethinking Classic Lowland Maya Pottery Censers. *AM* 10: 25–50.

———. 2004. *Maya Political Science: Time, Astronomy, and the Cosmos*. Austin: University of Texas Press.

Rice, P. M., H. V. Michel, F. Asaro, and F. Stross. 1985. Provenience Analysis of Obsidians from the Peten Central Lakes Region, Guatemala. *AAnt* 50: 591–604.

Rice, P. M., and D. S. Rice. 1979. Home on the Range: Aboriginal Maya Settlement in the Central Peten Savannas. *A* 32 (6): 16–25.

———. 1999. Período Postclásico: Tierras Bajas Mayas. In *HGG* 1: 365–80.

———. 2004. Late Classic to Postclassic Transformations in the Peten Lakes Region, Guatemala. In Demarest, Rice, and Rice 2004, 125–39.

Rice, P. M., and R. J. Sharer, eds. 1987. *Maya Ceramics: Papers from the 1985 Maya Ceramic Conference*. 2 vols. BAR 345.

Richards, M. 2003. *Atlas Lingüístico de Guatemala*. Guatemala City: Universidad Rafael Landívar.

Richardson, F. B. 1940. Non-Maya Monumental Sculpture of Central America. In *The Maya and Their Neighbors*, ed. C. L. Hay et al., 395–416. New York: Appleton Century.

Ricketson, O. G. 1931. *Excavations at Baking Pot, British Honduras*. CIW Suppl. Publication 6: 1–15.

Ricketson, O. G., and E. B. Ricketson. 1937. *Uaxactun, Guatemala, Group E, 1926–1937*. CIW Publication 477.

Riese, B. 1984a. Hel Hieroglyphs. In Justeson and Campbell 1984, 263–86.

———. 1984b. Relaciones clásico-tardías entre Copán y Quiriguá: Algunas evidencias epigráficas. *Yaxkin* 7 (1): 23–30.

———. 1988. Epigraphy of the Southeast Zone in Relation to Other Parts of Mesoamerica. In Boone and Willey 1988, 67–94.

Ringle, W. M. 1988. Of Mice and Monkeys: The Value and Meaning of T1016, the God C Hieroglyph. RRAMW, no. 18.

———. 1990. Who Was Who in Ninth-Century Chichen Itza. *AM* 1: 233–43.

———. 1996. Birds of a Feather: The Fallen Stucco Inscriptions of Temple XVIII, Palenque, Chiapas. In Robertson, Macri, and McHargue 1996, 45–61.

———. 1999. Preclassic Cityscapes: Ritual Politics among the Early Lowland Maya. In Grove and Joyce 1999, 183–223.

Ringle, W. M., and E. W. Andrews V. 1988. Formative Residences at Komchen, Yucatan, Mexico. In Wilk and Ashmore 1988, 171–97.

———. 1990. The Demography of Komchen, An Early Maya Town in Northern Yucatan. In Culbert and Rice 1990, 215–43.

Ringle, W. M., and G. J. Bey. 2001. Post-Classic and Terminal Classic Courts of the Northern Maya Lowlands. In Inomata and Houston 2001, 2: 266–307.

Ringle, W. M., T. Gallareta Negrón, and G. J. Bey III. 1998. The Return of Quetzalcoatl: Evidence for the Spread of a World Religion during the Epiclassic Period. *AM* 9: 183–232.

Rivera D., M. 1991. Ruinas, arqueólogos y problemas. In *Oxkintok, una ciudad Maya de Yucatan: Excavaciones de la misión arqueológica de España en México, 1986–1991*, 9–53. Madrid: Instituto de Conservación y Restauración de Bienes Culurales.

———. 1999. La emergencia del estado maya de Oxkintok. *Mayab* 12: 71–78.

Rivet, P. 1954. *Cités maya*. 4th ed. Paris: Guillot.

Robb, J. E., ed. 1999. *Material Symbols: Culture and Economy in Prehistory*. Carbondale: Center for Archaeological Investigations, Southern Illinois University.

Roberts, R. J., and E. M. Irving. 1957. *Mineral Deposits of Central America*. Geological Survey Bulletin

1034. Washington DC: U.S. Government Printing Office.

Robertson, M. G. 1972. Monument Thievery in Mesoamerica. *AAnt* 37: 147–55.

———, ed. 1974. *Primera Mesa Redonda de Palenque, Parts I-II.* Pebble Beach, CA: The Robert Louis Stevenson School.

———, ed. 1976. *The Art, Iconography and Dynastic History of Palenque, Part III.* Pebble Beach, CA: The Robert Louis Stevenson School.

———. 1977. Painting Practices and Their Change through Time of the Palenque Stucco Sculptors. In Hammond 1977b, 297–326.

———, ed. 1980. *Third Palenque Round Table, Part 2.* Vol. 5. Austin: University of Texas Press.

———. 1983–91. *The Sculpture of Palenque.* 4 vols. Princeton, NJ: Princeton University Press.

———. 2004. The Techniques of the Palenque Sculptors. In Miller and Martin 2004, 247–49.

Robertson, M. G., and E. P. Benson, eds. 1985. *Fourth Palenque Round Table, 1980.* PARI.

Robertson, M. G., and V. M. Fields, eds. 1985. *Fifth Palenque Round Table, 1983.* PARI.

———, eds. 1991. *Sixth Palenque Round Table, 1986.* Norman: University of Oklahoma Press.

———, eds. 1994. *Seventh Palenque Round Table, 1989.* PARI.

Robertson, M. G., and D. C. Jeffers, eds. 1979. *Tercera Mesa Redonda de Palenque.* Monterey, CA: Pre-Columbian Art Research Center.

Robertson, M. G., M. J. Macri, and J. McHargue, eds. 1996. *Eighth Palenque Round Table, 1993.*PARI.

Robertson, R. A. 1983. Functional Analysis and Social Process in Ceramics: The Pottery from Cerros, Belize. In Leventhal and Kolata 1983, 105–42.

Robertson, R. A., and D. A. Freidel. 1986. *Archaeology at Cerros, Belize, Central America.* Vol. 1, *An Interim Report.* Dallas: SMU Press.

Robicsek, F. 1972. *Copan: Home of the Mayan Gods.* New York: Museum of the American Indian, Heye Foundation.

———. 1975. *A Study in Maya Art and History: The Mat Symbol.* New York: Museum of the American Indian, Heye Foundation.

———. 1978. *The Smoking Gods.* Norman: University of Oklahoma Press.

Robin, C. 1989. *Preclassic Maya Burials at Cuello, Belize.* BAR International Series 480. Oxford.

———. 2001a. Kin and Gender in Classic Maya Society: A Case Study from Yaxchilan, Mexico. In *New Directions in Anthropological Kinship*, ed. L. Stone, 204–28. Lanham: Rowman and Littlefield.

———. 2001b. Peopling the Past: New Perspectives on the Ancient Maya. *PNAS* 98 (1): 18–21.

Robin, C., and N. Hammond. 1991. Burial Practices. In Hammond 1991a, 204–25.

Robinson, E. J., ed. 1987. *Interaction on the Southeast Mesoamerican Periphery: Prehistoric and Historic Honduras and El Salvador.* BAR 327.

Robinson, E. J., P. M. Farrell, K. F. Emery, D. E. Freidel, and G. E. Braswell. 2002. Preclassic Settlements and Geomorphology in the Highlands of Guatemala: Excavations at Urias, Valley of Antigua. In Love, Poponoe de Hatch, and Escobedo 2002, 251–76.

Robinson, E. J., and Pye, M. E. 1996. Investigaciones en Rucal, Sacatepéquez: Hallazgos de una ocupación del formativo medio en el altiplano de Guatemala. In Laporte and Escobedo 1996, 487–98.

Robles C., J. F. 1980. La secuencia cerámica de la regíon de Cobá, Quintana Roo. Thesis, Escuela Nacional de Antropología e Historia, México.

———. 1987. La sequencia céramica preliminar de Islas Cerritos, Costa Centro-Norte de Yucatan. In Rice and Sharer 1987, 99–109.

———. 1990. *La secuencia cerámica de la región de Cobá, Quintana Roo.* Serie Arqueología, INAH.

Robles C., J. F., and A. P. Andrews. 1986. A Review and Synthesis of Recent Postclassic Archaeology in Northern Yucatan. In Sabloff and Andrews 1986, 53–98.

———. 2003. *Proyecto Costa Maya: Reconocimiento arqueológico en el noroeste de Yucataán, México.*

Reporte Interino, Temprada 2002. Mérida: Centro IHAH Yucatán.

———. 2004. An Archaeological Survey of Northwest Yucatan, Mexico. *Mexicon* 26: 10–16.

Rodríguez C., O. 2000. La gran plaza de Calakmul. *ArqM* 7: 22–27.

Romero, M. E., and J. H. Riqué Flores. 1995. Explorando un nuevo sitio, Chacchoben, Quintana Roo. *ArqM* 3 (15): 71–72.

Rosny, L. de. 1875. *L'interpretation des anciens textes mayas.* Paris: Socíeté Américaine de France.

Rovner, I., and S. M. Lewenstein. 1997. *Maya Stone Tools of Dzibilchaltun, Yucatan, and Becan and Chicanna, Campeche.* MARI Publication 65.

Roys, R. L. 1931. *The Ethno-Botany of the Maya.* MARI Publication 2.

———. 1933. *The Book of Chilam Balam of Chumayel.* CIW Publication 438.

———. 1943. *The Indian Background of Colonial Yucatan.* CIW Publication 548. Reprint, Norman: University of Oklahoma Press, 1972.

———. 1952. *Conquest Sites and the Subsequent Destruction of Maya Architecture in the Interior of Northern Yucatan.* CIW Publication 596.

———. 1957. *The Political Geography of the Yucatan Maya.* CIW Publication 548.

———. 1962. Literary Sources for the History of Mayapan. In Pollock et al. 1962, 25–86.

———. 1965. Lowland Maya Society at Spanish Contact. In *HMAI* 3: 659–78.

———. 1967. *The Book of Chilam Balam of Chumayel.* Introduction by J. E. S. Thompson. Norman: University of Oklahoma Press. (Orig. pub. 1933.)

Rue, D. J. 1987. Early Agriculture and Early Postclassic Maya Occupation in Western Honduras. *Naure* 326: 285–86.

———. 1989. Archaic Middle American Agriculture and Settlement: Recent Pollen Data from Honduras. *JFA* 16: 177–84.

Rue, D. J., A. C. Freter, and D. A. Ballinger. 1989. The Caverns of Copan Revisited: Preclassic Sites in the Sesesmil River Valley, Copan, Honduras. *JFA* 16: 395–404.

Ruppert, K. J. 1931. *Temple of the Wall Panels.* CIW Publication 403.

———. 1935. *The Caracol at Chichen Itza, Yucatan, Mexico.* CIW Publication 454.

———. 1943. *The Mercado, Chichen Itza, Yucatan, Mexico.* CIW Publication 546.

———. 1952. *Chichen Itza: Architectural Notes and Plans.* CIW Publication 595.

Ruppert, K. J., and J. H. Denison. 1943. *Archaeological Reconnaissance in Campeche, Quintana Roo, and Peten.* CIW Publication 543.

Ruppert, K. J., E. M. Shook, A. L. Smith, and R. E. Smith. 1954. Chichen Itza, Dzibiac, and Balam Canche, Yucatan. *CIW Yearbook* 53: 286–89.

Ruppert, K. J., J. E. S. Thompson, and T. Proskouriakoff. 1955. *Bonampak, Chiapas, Mexico.* CIW Publication 602.

Rust, W. F. 1992. New Ceremonial and Settlement Evidence at La Venta and Its Relation to Preclassic Maya Cultures. In Danien and Sharer 1992, 123–30.

Rust, W. F., and R. J. Sharer. 1988. Olmec Settlement Data from La Venta, Tabasco, Mexico. *Science* 242: 102–4.

Ruz L., A. 1952a. Exploraciones en Palenque: 1950. *INAH Anales* 5: 25–45.

———. 1952b. Exploraciones en Palenque: 1951. *INAH Anales* 5: 47–66.

———. 1954. La Pirámide-tumba de Palenque. *Cuadernos Americanos* 74: 141–59.

———. 1955. Exploraciones en Palenque: 1952. *INAH Anales* 6: 79–110.

———. 1958a. Exploraciones arqueológicas en Palenque: 1953. *INAH Anales* 10: 69–116.

———. 1958b. Exploraciones arqueológicas en Palenque: 1954. *INAH Anales* 10: 117–84.

———. 1958c. Exploraciones arqueológicas en Palenque: 1955. *INAH Anales* 10: 185–240.

———. 1958d. Exploraciones arqueológicas en Palenque: 1956. *INAH Anales* 10: 241–99.

———. 1962. Exploraciones arqueológicas en Palenque: 1957. *INAH Anales* 14: 35–90

———. 1965. Tombs and Funerary Practices in the Maya Lowlands. In *HMAI* 2: 441–61.

———, ed. 1973. *El Templo de las Inscripciones*. Mexico City: INAH.

———. 1977. Gerontocracy at Palenque? In Hammond 1977b, 287–95.

Sabloff, J. A. 1973a. Major Themes in the Past Hypotheses of the Maya Collapse. In Culbert 1973, 35–40.

———. 1973b. Continuity and Disruption during Terminal Late Classic Times at Seibal: Ceramic and Other Evidence. In Culbert 1973, 107–33.

———. 1975. *Excavations at Seibal, Department of the Peten, Guatemala: The Ceramics*. PMAE Memoirs 13 (2).

———. 1977. Old Myths, New Myths: The Role of Sea Traders in the Development of Ancient Maya Civilization. In Benson 1977b, 67–88.

———. 1983. Classic Maya Settlement Pattern Studies: Past Problems and Future Prospects. In Vogt and Leventhal 1983, 413–22.

———. 1986. Interaction among Maya Polities: A Preliminary Examination. In *Peer Polity Interaction and Socio-Political Change*, ed. C. Renfrew and J. F. Cherry, 109–16. Cambridge: Cambridge University Press.

———. 1992a. Interpreting the Collapse of Classic Maya Civilization: A Case Study of Changing Archaeological Perspectives. In *Metaarchaeology: Reflections by Archaeologists and Philosophers* ed. L. E. Embree, 92–119. Boston: Kluwer.

———. 1992b. Beyond Temples and Palaces: Recent Settlement Pattern Research at the Ancient City of Sayil. In Danien and Sharer 1992, 155–60.

———. 1994. *The New Archaeology and the Ancient Maya*. 2nd ed. New York: Scientific American Library.

———. 1996. Settlement Patterns and Community Organization in the Maya Lowlands. *Expedition* 38: 3–13.

———. 1997. *The Cities of Ancient Mexico: Reconstructing a Lost World*. Rev. ed. New York: Thames and Hudson.

———. 2002. La Isla de Cozumel. *ArqM* 9 (54): 42–45.

———, ed. 2003. *Tikal: Dynasties, Foreigners, and Affairs of State: Advancing Maya Archaeology*. Santa Fe, NM: SAR Press.

———. 2004. Looking Backward and Looking Forward: How Maya Studies of Yesterday Shape Today. In Golden and Borgstede 2004, 13–20.

Sabloff, J. A., and E. W. Andrews V, eds. 1986. *Late Lowland Maya Civilization: Classic to Postclassic*. Albuquerque: University of New Mexico Press.

Sabloff, J. A., and W. Ashmore. 2001. An Aspect of Archaeology's Recent Past and Its Relevance in the New Millennium. In Feinman and Price 2001, 11–32.

Sabloff, J. A., and D. A. Freidel. 1975. A Model of a Pre-Columbian Trading Center. In Sabloff and Lamberg-Karlovsky 1975, 369–408.

Sabloff, J. A., and J. S. Henderson, eds. 1993. *Lowland Maya Civilization in the Eighth Century A.D.: A Symposium at Dumbarton Oaks 7th and 8th October, 1989*. DO.

Sabloff, J. A., and C. C. Lamberg-Karlovsky, eds. 1975. *Ancient Civilization and Trade*. SAR.

Sabloff, J. A., and W. R. Rathje, eds. 1975a. *A Study of Changing Pre-Columbian Commercial Systems*. PMAE Monograph 3.

———. 1975b. The Rise of a Maya Merchant Class. *SA* 233 (4): 72–82.

Sabloff, J. A., and G. Tourtellot. 1992. Beyond Temples and Palaces: Recent Settlement Pattern Research at the Ancient City of Sayil (1983–1985). In Danien and Sharer 1992, 156–60.

Sabloff, J. A., and G. R. Willey. 1967. The Collapse of Maya Civilization in the Southern Lowlands: A

Consideration of History and Process. *SWJA* 23: 311–36.

Sachse, F. 2001. The Martial Dynasties: The Postclassic in the Maya Highlands. In Grube 2001a, 356–71.

Saenz, C. A. 1975. Cerámica de Uxmal, Yucatán. *Anales del INAH* 7: 171–86.

Sahagún, B. de. 1946. *Historia general de las cosas de la Nueva España.* Mexico City: Editoria Nueva España. 2nd ed., with numeration, notes, and appendixes by A. M. Garibay K., 1969. Mexico City: Biblioteca Porrúa.

Sanders, W. T. 1960. *Prehistoric Ceramics and Settlement Patterns in Quintana Roo, Mexico.* CIW Publication 606.

———. 1973. The Cultural Ecology of the Lowland Maya: A Re-Evaluation. In Culbert 1973, 325–65.

———. 1977. Environmental Heterogeneity and the Evolution of Lowland Maya Civilization. In Adams 1977, 287–97.

———. 1981. Classic Maya Settlement Patterns and Ethnographic Analogy. In Ashmore 1981b, 351–69.

———, ed. 1986. *Excavaciones en el area urbana de Copán*, vol. 1. Tegucigalpa: Secretaría de Cultura y Turismo y IHAH.

———, ed. 1990. *Excavaciones en el area urbana de Copán*, vol. 2. Tegucigalpa: Secretaría de Cultura y Turismo y IHAH.

Sanders, W. T., and J. W. Michels, eds. 1977. *Teotihuacan and Kaminaljuyu: A Study in Prehistoric Cultural Contact.* Pennsylvania State University Press Monograph Series on Kaminaljuyu. University Park.

Sanders, W. T., and C. N. Murdy. 1982. Cultural Evolution and Ecological Succession in the Valley of Guatemala: 1500 BC-AD 1524. In Flannery 1982, 19–63.

Sanders, W. T., and B. J. Price. 1968. *Mesoamerica: The Evolution of a Civilization.* New York: Random House.

Sanders, W. T., and D. Webster. 1988. The Mesoamerican Urban Tradition. *AA* 90: 521–46.

Sanders, W. T., H. Wright, R. McC. Adams, and T. Earle, eds. 1984. *On the Evolution of Complex Societies: Essays in Honor of Harry Hoijer.* Malibu, CA: Undena Publications.

Sapper, K. 1896. *Sobre la geografía física y la geología de la península de Yucatán.* Instituto Geología, no. 3. Mexico City.

———. 1897. *Das Nördliche Mittel-Amerika Nebst einem Ausflug nach dem Hochland von Anahuac: Reisen und Studien aus den Jahren 1888–1895.* Braunschweig: F. Vieweg und Sohn.

Satterthwaite, L. 1937a. Thrones at Piedras Negras. *UM Bulletin* 7 (1): 18–23.

———. 1937b. Identification of Maya Temple Buildings at Piedras Negras. *Publications of the Philadelphia Anthropological Society* 1: 161–77.

———. 1943. *Piedras Negras: Architecture.* Pt. 1, *Introduction.* UPM.

———. 1944a. *Piedras Negras Archaeology: Architecture.* Pt. 2, *Temples.* UPM.

———. 1944b. *Piedras Negras Archaeology: Architecture.* Pt. 4, *Ball Courts.* UPM.

———. 1944/1954. *Piedras Negras Archaeology: Architecture.* Pt. 6, *Unclassified Buildings and Substructures.* UPM.

———. 1947. *Concepts and Structures of Maya Calendrical Arithmetic.* Joint Publications, Museum of the University of Pennsylvania and the Philadelphia Anthropological Society, no. 3.

———. 1950. Reconnaissance in British Honduras. *UM Bulletin* 16 (1): 21–37.

———. 1952. *Piedras Negras Archaeology: Architecture.* Pt. 5, *Sweathouses.* UPM.

———. 1954. Sculptured Monuments from Caracol, British Honduras. *UM Bulletin* 18 (1–2): 1–45.

———. 1958. The Problem of Abnormal Stela Placements at Tikal and Elsewhere. Tikal Report, no. 3. UPM Monograph 15: 61–83.

———. 1965. Calendrics of the Maya Lowlands. In *HMAI* 3: 603–31.

Satterthwaite, L., and E. K. Ralph. 1960. New Radiocarbon Dates and the Maya Correlation Problem.

AAnt 26: 165–84.

Saturno, W. 2002. Archaeological Investigations and Conservation at San Bartolo, Guatemala. FAMSI Website Research Report (www.famsi.org).

Saul, F. P. 1972. *The Human Skeletal Remains of Altar de Sacrificios: An Osteobiographic Analysis.* PMAE Papers 63 (2).

———. 1973. Disease in the Maya Area: The Precolumbian Evidence. In Culbert 1973, 301–24.

Saville, M. 1893. Vandalism among the Antiquities of Yucatan and Central America. *Archaeologist* 1: 91–93.

———. 1921. *Reports on the Maya Indians of Yucatan.* Indian Notes and Monographs 9 (3). New York: Heye Foundation.

Scarborough, V. L. 1983. A Preclassic Maya Water System. *AAnt* 48: 720–44.

———. 1991. *Archaeology at Cerros, Belize, Central America.* Vol. 3, *The Settlement System in a Late Preclassic Maya Community.* Dallas: SMU Press.

———. 1994. Maya Water Management. *NGRE* 10: 184–99.

———. 1996. Reservoirs and Watersheds in the Central Maya Lowlands. In Fedick 1996, 304–14.

———. 1998. Ecology and Ritual: Water Management and the Maya. *LAA* 9: 135–59.

———. 2003. *The Flow of Power: Ancient Water Systems and Landscapes.* Santa Fe, NM: SAR Press. Scarborough, V. L., M. E. Becher, J. L. Baker, G. Harris, and F. Valdez Jr. 1995. Water and Land at the Ancient Maya Community of La Milpa. *LAA* 6: 98–119.

Scarborough, V. L., and G. G. Gallopin. 1991. A Water Storage Adaptation in the Maya Lowlands. *Scince* 261: 658–62.

Scarborough, V. L., and R. A. Robertson. 1986. Civic and Residential Settlement at a Late Classic Maya Center. *JFA* 13: 155–76.

Scarborough, V. L., and F. Valdez Jr. 2003. The Engineered Environment and Political Economy of the Three Rivers Region. In Scarborough, Valdez, and Dunning 2003, 3–13.

Scarborough, V. L., F. Valdez Jr., and N. Dunning, eds. 2003. Heterarchy, Political Economy, and the Ancient Maya: The Three Rivers Region of the East-Central Yucatan Peninsula. Tucson: University of Arizona Press.

Scarborough, V. L., and D. R. Wilcox., eds. 1991. *The Mesoamerican Ballgame.* Tucson: University of Arizona Press.

Schele, L. 1976. Genealogical Documentation on the Tri-Figure Panels at Palenque. In Robertson 1976, 41–70.

———. 1981. Sacred Site and World-View at Palenque. In *Mesoamerican Sites and World-Views*, ed. E. P. Benson, 87–117. DO.

———. 1982. *Maya Glyphs: The Verbs.* Austin: University of Texas Press.

———. 1984. Human Sacrifice among the Classic Maya. In Benson and Boone 1984, 6–48.

———. 1985. The Hauberg Stela: Bloodletting and the Mythos of Maya Rulership. In Robertson and Fields 1985, 135–49.

———. 1986. The Founders of Lineages at Copan and Other Maya Sites. CN 8.

———. 1987. Stela I and the Founding of the City of Copan. CN 30.

———. 1988. Revisions to the Dynastic Chronology of Copan. CN 45.

———. 1990. Early Quirigua and the Kings of Copan. CN 75.

———. 1991a. An Epigraphic History of the Western Maya Region. In Culbert 1991a, 72–101.

———. 1991b. The Demotion of Chac-Zutz: Lineage Compounds and Subsidiary Lords at Palenque. In Robertson and Fields 1991, 6–11.

———. 1994. Some Thoughts on the Inscriptions of House C. In Robertson and Fields 1994, 1–10.

Schele, L., and D. A. Freidel. 1990. *A Forest of Kings.* New York: Morrow.

———. 1991. The Courts of Creation: Ballcourts, Ballgames, and Portals to the Maya Otherworld. In *The Mesoamerican Ballgame*, ed. D. Wilcox and V. Scarborough. Tucson: University of Arizona Press.

Schele, L., and N. Grube. 1987. U Cit Tok, the Last King of Copan. CN 21.

———. 1992. The Founding Events at Copan. CN 107.

———. 1994. Notes on the Chronology of Piedras Negras Stela 12. *Texas Notes* 12.

———. 1996. The Workshop for Maya on Hieroglyphic Writing. In Fischer and McKenna Brown 1996, 131–40.

Schele, L., N. Grube, and F. Fahsen. 1994. The Xukpi Stone: A Newly Discovered Early Classic Inscription from the Copan Acropolis: Part II, The Epigraphy. CN 114.

Schele, L., and P. Mathews. 1979. *The Bodega of Palenque, Chiapas, Mexico.* DO.

———. 1991. Royal Visits and Other Intersite Relationships among the Classic Maya. In Culbert 1991a, 226–52.

———. 1998. *The Code of Kings: The Language of Seven Sacred Maya Temples and Tombs.* New York: Scribners.

Schele, L., and J. H. Miller. 1983. *The Mirror, the Rabbit, and the Bundle: "Accession" Expressions from the Classic Maya Inscriptions.* DO.

Schele, L., and M. E. Miller. 1986. *The Blood of Kings.* New York: George Braziller.

Schellhas, P. 1904. *Representations of Deities of the Maya Manuscripts.* PMAE Papers 4 (1): 1–47.

Schieber de Lavarreda, C., and M. Orrego C. 2003. Looking for the First Page of the Millenary History of Tak'alik Ab'aj. *Institute of Maya Studies Newsletter* 32 (11): 6–7.

Schmidt, K. P., and E. W. Andrews IV. 1936. Notes on Snakes from Yucatan. Field Museum of Natural History Zoological Series 20 (18): 167–87. Chicago.

Schmidt, P. J. 1999. Chichén Itzá: Resultados y projectos nuevos (1992–1999). *ArqM* 7 (37): 32–39.

———. 2000. Nuevos datos sobre la arqueología y iconografía de Chichén Itzá. *ICM* 8: 38–48.

Schmidt, P. J., M. de la Garza, and E. Nalda. 1998. *Maya.* New York: Rizzoli.

Scholes, F. V. 1933. The Beginnings of Hispano-Indian Society in Yucatan. *Scientific Monthly* 44: 530–38.

Scholes, F. V., C. R. Menéndez, J. I. Rubio M., and E. Adams, eds. 1936. *Documentos para la historia de Yucatán.* Vol. 1, *1550–1561.* Mérida: Tipografía Yucateca.

Scholes, F. V., and R. L. Roys. 1938. *Fray Diego de Landa and the Problem of Idolatry in Yucatan.* Cooperation in Research CIW Publication 501.

———. 1948. *The Maya Chontal Indians of Acalan-Tixchel.* CIW Publication 560.

Schortman, E. M. 1980. Archaeological Investigations in the Lower Motagua Valley. *Expedition* 23 (1): 28–34.

———. 1986. Interaction between the Maya and Non-Maya along the Late Classic Southeast Maya Periphery: The View from the Lower Motagua Valley, Guatemala. In Urban and Schortman 1986, 114–37.

———. 1993. *Quirigua Reports III: Archaeological Investigations in the Lower Motagua Valley, Izabal, Guatemala.* University Museum Monographs. UPM.

Schortman, E. M., and S. Nakamura. 1991. A Crisis of Identity and Interaction: Late Classic Competition and Interaction on the Southeast Maya periphery. *LAA* 2: 311–36.

Schortman, E. M., and P. A. Urban, eds. 1983. *Quirigua Reports II.* Papers 6–14. University Museum Monographs. UPM.

———. 1987. Modeling Interregional Interaction in Prehistory. *Advances in Archaeological Method and Theory* 11: 37–95.

———. 1991. Patterns of Late Preclassic Interaction and the Formation of Complex Society in the Southeast Maya Periphery. In Fowler 1991, 121–42.

———. 1994. Living on the Edge: Core /Periphery Relations in Ancient Southeastern Mesoamerica. *CA* 35: 401–30.

———. 1995. Late Classic Society in the Middle Ulua Drainage, Honduras. *JFA* 22: 439–57.

———. 2004. Marching out of Step: Early Classic Copan and its Honduran Neighbors. In Bell, Canuto, and Sharer 2004, 319–35.

Schortman, E. M., P. A. Urban, W. Ashmore, and J. Benyo. 1986. Interregional Interaction in the SE Maya Periphery: The Santa Barbara Archaeological Project, 1983–1984 Seasons. *JFA* 13: 259–72.

Schwartz, G. M., and S. E. Falconer, eds. 1994. *Archaeological Views from the Countryside: Village Communities in Complex Society*. Washington, DC: Smithsonian Institution Press.

Sedat, D. W. 1996. Etapas tempranas en la evolución de la Acrópolis de Copan. *Yaxkin* 14: 19–27.

Sedat, D. W., and F. Lopez. 2004. Initial Stages in the Formation of the Copan Acropolis. In Bell, Canuto, and Sharer 2004, 85–99.

Sedat, D. W., and R. J. Sharer. 1972. Archaeological Investigations in the Northern Maya Highlands: New Data on the Maya Preclassic. UCARF Contribution 16: 23–35.

———. 1994. The Xukpi Stone: A Newly Discovered Early Classic Inscription from the Copan Acropolis: Part I, The Archaeology. CN 113.

———. 1997. Evolución de la Acrópolis de Copan durante el clásico temprano. *ICM* 5: 383–89.

Seitz, R., G. E. Harlow, V. B. Sisson, and K. A. Taube. 2001. "Olmec Blue" and Formative Jade Sources: New Discoveries in Guatemala. *Antiquity* 75: 687–88.

Seler, E. 1902–23. *Gesammelte Abhandlungen zur Amerikanischen Sprach und Alterthumskunde* 5 vols. Berlin: Ascher, Behrend.

———. 1904. English translations of nine of Seler's articles. BAE Bulletin 28: 353–91.

Service, E. 1962. *Primitive Social Organization*. New York: Random House.

———. 1975. *Origins of the State and Civilization*. New York: Norton.

Shafer, H. J., and T. R. Hester. 1983. Ancient Maya Chert Workshops in Northern Belize, Central America. *AAnt* 48: 519–43.

———. 1991. Lithic Craft Specialization and Product Distribution at the Maya Site of Colha, Belize. *WA* 23 (1): 79–97.

Sharer, R. J. 1974. The Prehistory of the Southeastern Maya Periphery. *Current Anthropology* 15 (2): 165–87.

———. 1977. The Maya Collapse Revisited: Internal and External Perspectives. In Hammond 1977b, 531–52.

———, ed. 1978a. *The Prehistory of Chalchuapa, El Salvador*. 3 vols. UPM Monograph 36. Philadelphia: University of Pennsylvania Press.

———. 1978b. Archaeology and History at Quirigua, Guatemala. *JFA* (1): 51–70.

———. 1982. Did the Maya Collapse? A New World Perspective on the Demise of Harappan Civilization. In *Harappan Civilization: A Contemporary Perspective*, ed. G. A. Possehl. American Institute of Indian Studies. New Delhi: Oxford and IBH.

———. 1984. Lower Central America as Seen from Mesoamerica. In *Central American Archaeology*, ed. F. Lange and D. Stone. Albuquerque: University of New Mexico Press.

———. 1985a. Terminal Events in the Southeastern Lowlands: A View from Quiriguá. In Chase and Rice 1985, 245–53.

———. 1985b. Archaeology and Epigraphy Revisited. *Expedition* 27 (3): 16–19.

———. 1987. Nuevas perspectivas sobre los orígenes de la civilizacíon maya. *Yaxkin* 10 (2): 81–88.

———. 1988. Quirigua as a Classic Maya Center. In Boone and Willey 1988, 31–65.

———. 1989a. The Olmec and the Southeast Periphery of Mesoamerica. In Sharer and Grove 1989, 247–71.

———. 1989b. Preclassic Origins of Maya Writing: A Highland Perspective. In Hanks and Rice 1989, 165–75.

———. 1990. *Quirigua: A Classic Maya Center and Its Sculptures*. Durham, NC: Carolina Academic Press.

———. 1991. Diversity and Continuity in Maya Civilization: Quirigua as a Case Study. In Culbert 1991a, 180–98.

———. 1992. The Preclassic Origin of Lowland Maya States. In Danien and Sharer 1992, 131–36.

———. 1993. The Social Organization of the Late Classic Maya: Problems of Definition and Approaches. In Sabloff and Henderson 1993, 91–109.

———. 2002. Early Classic Dynastic Origins in the Southeastern Maya Lowlands. In Love, Poponoe de Hatch, and Escobedo 2002, 459–76.

———. 2003a. Tikal and the Copan Dynastic Founding. In Sabloff 2003, 319–53.

———. 2003b. Founding Events and Teotihuacan Connections at Copan, Honduras. In Braswell 2003e, 143–65.

———. 2004a. External Interaction at Early Classic Copan. In Bell, Canuto, and Sharer 2004, 297–317.

———. 2004b. Arqueología e historia en Quirigua, Guatemala. *ArqM* 66: 58–63.

Sharer R. J., and W. Ashmore. 2002. *Archaeology: Discovering Our Past*. New York: McGraw-Hill.

Sharer, R. J., W. L. Fash, D. W. Sedat, L. P. Traxler, and R. Williamson. 1999. Continuities and Contrasts in Early Classic Architecture of Central Copan. In Kowalski 1999, 220–49.

Sharer, R. J., and C. Golden. 2004. Kingship and Polity: Conceptualizing the Maya Body Politic. In Golden and Borgstede 2004, 23–50.

Sharer, R. J., and D. C. Grove, eds. 1989. *Regional Perspectives on the Olmec*. SAR. Cambridge: Cambridge University Press.

Sharer, R. J., J. C. Miller, and L. P. Traxler. 1992. Evolution of Classic Period Architecture in the Eastern Acropolis, Copan, Honduras. *AM* 3: 145–60.

Sharer, R. J., and D. W. Sedat. 1973. Monument 1, El Portón, Guatemala, and the Development of Maya Calendrical and Writing Systems. UCARF Contribution 18: 177–94.

———. 1987. *Archaeological Investigations in the Northern Maya Highlands, Guatemala: Interaction and the Development of Maya Civilization*. University Museum Monograph 59. UPM.

———. 1999. El Preclásico en las Tierras Altas del Norte. In *HGG* 1: 213–26.

Sharer, R. J., L. P. Traxler, D. W. Sedat, E. Bell, M. Canuto, and C. Powell. 1999. Early Classic Architecture beneath the Copan Acropolis: A Research Update. *AM* 10: 3–23.

Shattuck, G. C. 1933. *The Peninsula of Yucatan, Medical, Biological, Meteorological and Sociological Studies*. CIW Publication 431.

Shaw, J. M. 2001. Maya Sacbeob: Form and Function. *AM* 12: 261–72.

———. 2003 Climate Change and Deforestation: Implications for the Maya Collapse. *AM* 14: 157–67.

———. 2004. *Final Report of the Cochuah Regional Archaeological Survey's 2004 Field Season*. Eureka, CA: College of the Redwoods.

Shaw, J. M., and D. Johnstone. 2001. The Late Classic at Yaxuna, Yucatan, Mexico. *Mexicon* 23: 10–14.

Shaw, L. C. 1999. Social and Ecological Aspects of Preclassic Maya Meat Consumption at Colha, Belize. In White 1999, 83–100.

Sheehy, J. J. 1991. Structure and Change in a Late Classic Maya Domestic Group at Copan, Honduras. *AM* 2: 1–19.

Sheets, P. D. 1971. An Ancient Natural Disaster. *Expedition* 13 (1): 24–31.

———. 1972. A Model of Mesoamerican Obsidian Technology Based on Preclassic Workshop Debris in El Salvador. *CCM* 8: 17–33.

———. 1973. The Pillage of Prehistory. *AAnt* 38: 317–20.

———. 1975. A Reassessment of the Precolumbian Obsidian Industry of El Chayal, Guatemala. *AAnt* 40: 98–103.

———. 1976. The Terminal Preclassic Lithic Industry of the Southeast Maya Highlands: A Component of the Protoclassic Site-Unit Intrusions in the Lowlands. In Hester and Hammond 1976, 55–69.

———. 1979a. Maya Recovery from Volcanic Disasters, Ilopango and Ceren. *A* 32 (3): 32–42.

———. 1979b. Environmental and Cultural Effects of the Ilopango Eruption in Central America. In *Volcanic Activity and Human Ecology*, ed. P. D. Sheets and D. K. Grayson, 525–64. New York: Academic Press.

———, ed. 1983. *Archaeology and Volcanism in Central America: The Zapotitlan Valley of El Salvador.* Austin: University of Texas Press.

——. 2002. *Before the Volcano Erupted: The Ancient Ceren Village in Central America.* Austin: University of Texas Press.

Sheets, P. D., H. F. Beaubien, M. Beaudry, A. Gerstle, M. McKee, C. D. Miller, H. Spetzler, and D. B. Tucker. 1990. Household Archaeology at Cerén, El Salvador. *AM* 1: 81–90.

Sheets, P. D., and B. R. McKee, eds. 1989. Archaeological Investigations at the Ceren Site, El Salvador: A Preliminary Report. Boulder: Department of Anthropology, University of Colorado.

Shepard, A. O. 1948. *Plumbate: A Mesoamerican Trade Ware.* CIW Publication 573.

———. 1971. *Ceramics for the Archaeologist.* CIW Publication 609.

Shimkin, D. B. 1973. Models for the Downfall: Some Ecological and Cultural-Historical Considerations. In Culbert 1973, 269–99.

Shook, E. M. 1952. *The Great Wall of Mayapan.* CIW Current Reports, Department of Archaeology.

———. 1954. *The Temple of Kukulcan at Mayapan.* CIW Current Reports, Department of Archaeology, no. 20

———. 1960. Tikal Stela 29. *Expedition* 2 (2): 29–35.

———. 1965. Archaeological Survey of the Pacific Coast of Guatemala. In *HMAI* 2: 180–94.

———. 1971. Inventory of Some Preclassic Traits in the Highlands and Pacific Guatemala and Adjacent Areas. UCARF Contribution 11: 70–77.

Shook, E. M., W. R. Coe, V. L. Broman, and L. Satterthwaite. 1958. *Tikal Reports Nos. 1–4.* UPM Monograph 15.

Shook, E. M., and W. Irving. 1955. *Colonnaded Buildings at Mayapan.* CIW Current Reports, Department of Archaeology, no. 20.

Shook, E. M., and A. V. Kidder. 1952. *Mound E-III-3, Kaminaljuyu, Guatemala.* CIW Publication 596.

Shook, E. M., and M. Poponoe de Hatch. 1978. The Ruins of El Balsamo, Department of Escuintla, Guatemala. *Journal of New World Archaeology* 3 (1): 1–38.

———. 1979. The Early Preclassic Sequence in the Ocos-Salinas La Blanca Area, South Coast of Guatemala. UCARF Contribution 41: 143–95.

———. 1999. Las Tierras Altas Centrales: Períodos Preclásico y Clásico. In *HGG* 1: 289–318.

Shook, E. M., M. Poponoe de Hatch, and J. K. Donaldson. 1979. Ruins of Semetabaj, Dept. Solola, Guatemala. UCARF Contribution 41: 7–142.

Shook, E. M., and T. Proskouriakoff. 1956. Settlement Patterns in Mesoamerica and the Sequence in the Guatemalan Highlands. In Willey 1956a, 93–100.

Shurr, T. 2000. Mitochondrial DNA and the Peopling of the New World. *American Scientist* 88: 246–53.

Sidrys, R. V. 1976. Classic Maya Obsidian Trade. *AAnt* 41: 449–64.

Sidrys, R. V., C. M. Krowne, and H. B. Nicholson. 1975. A Lowland Maya Long Count/Gregorian Conversion Computer Program. *AAnt* 40: 337–44.

Siegel, M. 1941. Religion in Western Guatemala: A Product of Acculturation. *AA* 43: 62–76.

Siemens, A. H. 1978. Karst and the Pre-Hispanic Maya in the Southern Lowlands. In Harrison and Turner 1978, 117–43.

Siemens, A. H., and D. E. Puleston. 1972. Ridged Fields and Associated Features in Southern Campeche: New Perspectives on the Lowland Maya. *AAnt* 37: 228–39.

Sierra S., T. N. 1994. *Contribución al estudio de los asentamientos de San Gervasio, Isla de Cozumel.* INAH.

Sievert, A. K. 1992. *Maya Ceremonial Specialization: Lithic Tools from the Sacred Cenote at Chichen Itza.* Madison: Prehistory Press.

Smailus, O. 1975a. *El Maya-Chontal de Acalan: Análisis lingüistico de un documento de los años 1610–12.* Centro de Estudios Mayas, Cuaderno 9. Mexico City: Universidad Nacional Autónoma de México.

———. 1975b. *Textos mayas de Belice y Quintana Roo: Fuentes para una dialectología del Maya Yucateco.* Indiana 3. Beiträge zur Völker un Sprachenkunde, Archäologie und Anthropologie des Indianischen Amerika. Berlin: Gebr. Mann Verlag.

Smith, A. L. 1934. *Two Recent Ceramic Finds at Uaxactun.* CIW Publication 436.

———. 1937. *Structure A-XVIII, Uaxactun.* CIW Publication 483.

———. 1950. *Uaxactun, Guatemala: Excavations of 1931–37.* CIW Publication 588.

———. 1955. *Archaeological Reconnaissance in Central Guatemala.* CIW Publication 608.

———. 1962. Residential and Associated Structures at Mayapan. In Pollock et al. 1962, 165–320.

———. 1965. Architecture of the Maya Highlands. In *HMAI* 2: 76–94.

———. 1972. *Excavations at Altar de Sacrificios, Architecture, Settlement, Burials and Caches.* PMAE Papers 62 (2).

———. 1977. Patolli at the Ruins of Seibal, Peten, Guatemala. In Hammond 1977b: 349–63.

Smith, A. L., and A. V. Kidder. 1943. *Explorations in the Motagua Valley, Guatemala.* CIW Publication 546.

———. 1951. *Excavations at Nebaj, Guatemala.* CIW Publication 594.

Smith, B. D. 1997. The Initial Domestication of *Cucurbita pepo* in the Americas 10,000 Years Ago. *Scienc* 276: 932–34.

Smith, J. G. 2001. Preliminary Report of the Chichen Itza-Ek Balam Transect Project. *Mexicon* 23: 30–35.

Smith, M. E. 1973. *Picture Writing from Ancient Southern Mexico: Mixtec Place Signs and Maps.* Norman: University of Oklahoma Press.

Smith, M. E., and F. F. Berdan, ed. 2003. *The Postclassic Mesoamerican world.* Salt Lake City: University of Utah Press.

Smith, P. E. 1955. *Excavations in Three Ceremonial Structures at Mayapan.* CIW Current Reports, Department of Archaeology, no. 21.

Smith, R. E. 1937. *A Study of Structure A-1 Complex at Uaxactun.* CIW Publication 456.

———. 1954. *Explorations on the Outskirts of Mayapán.* CIW Current Reports, Department of Archaeology, no. 18.

———. 1955. *Ceramic Sequence at Uaxactun, Guatemala.* 2 vols. MARI Publication 20.

———. 1971. *The Pottery of Mayapan.* 2 vols. PMAE Papers 66.

Smith, R. E., and J. C. Gifford. 1965. Pottery of the Maya Lowlands. In *HMAI* 2: 498–543.

Smithsonian Institution. 1904. *Mexican and Central American Antiquities, Calendar Systems, and History.* Twenty-four papers by E. Seler, E. Förstemann, P. Schellhas, C. Sapper, and E. P. Dieseldorff, translated from the German under the supervision of C. P. Bowditch. BAE Bulletin 28.

Smyth, M. P. 1990. Maize Storage among the Puuc Maya: The Development of an Archaeological Method. *AM* 1: 51–70.

Smyth, M. P., and C. D. Dore. 1994. Maya Urbanism. *NGRE* 10: 39–55.

Sorenson, J. L. 1956. An Archaeological Reconnaissance of West-Central Chiapas, Mexico. NWAF Papers no. 1: 7–19.

Spinden, H. J. 1913. *A Study of Maya Art*. PMAE Memoirs 6.

———. 1917. *The Ancient Civilizations of Mexico and Central America*. American Museum of Natural History Handbook Series, no. 3. New York.

———. 1924. *The Reduction of Maya Dates*. PMAE Papers 6 (4).

———. 1928. *The Ancient Civilizations of Mexico and Central America*. 3d ed., rev.

———. 1930. *Maya Dates and What They Reveal*. Brooklyn Institute of Arts and Sciences 4 (1). New York.

Sprajc, I. 2002. Archaeological Reconnaissance in Southwestern Campeche, Mexico: 2002 Field Season Report. FAMSI Website Research Report (www.famsi.org).

Stadelman, R. 1940. *Maize Cultivation in Northwestern Guatemala*. CIW Publication 523.

Standley, P. C. 1930. *Flora of Yucatan*. Field Museum of Natural History Publication 279, Botanical Series 3 (3). Chicago.

Stanton, T. W., and T. Gallareta N. 2001. Warfare, Ceramic Economy, and the Itza: A Reconsideration of the Itza Polity in Ancient Yucatan. *AM* 12: 229–45.

Stark, B. L. 1981. The Rise of Sedentary Life. *SHMAI* 1: 345–72.

Stark, B. L., and B. Voorhies, eds. 1978. *Prehistoric Coastal Adaptations: The Economy and Ecology of Maritime Middle America*. New York: Academic Press.

Steggerda, M. 1941. *Maya Indians of Yucatan*. CIW Publication 531.

Stemp, W. J. 2001. *Chipped Stone Tool Use in the Maya Coastal Economics of Marco Gonzalez and San Pedro, Ambergris Caye, Belize*. Oxford: John and Eric Hedges.

Stephens, J. L. 1841. *Incidents of Travel in Central America, Chiapas, and Yucatan*. 2 vols. New York: Harper. Reprint, New York: Dover, 1962.

———. 1843. *Incidents of Travel in Yucatan*. 2 vols. New York: Harper. Reprint, New York: Dover, 1963.

Stewart, R. 1977. Classic to Postclassic Period Settlement Trends in the Region of Santa Cruz del Quiche. In Wallace and Carmack 1977, 68–81.

Stewart, T. 2004. Thirty-Thousand-Year-Old Site Found in Siberia. *American Archaeology* 8 (1): 7.

Stirling, M. W. 1940. *An Initial Series from Tres Zapotes, Vera Cruz, Mexico*. National Geographic Society Mexican Archaeology Series 1 (1).

———. 1965. Monumental Sculpture of Southern Veracruz and Tabasco. In *HMAI* 3: 716–38.

Stone, A. J. 1985a. Variety and Transformation in the Cosmic Monster Theme at Quirigua, Guatemala.In Robertson and Fields 1985, 39–48.

———. 1985b. The Moon Goddess at Naj Tunich. *Mexicon* 7: 23–30.

———. 1995. *Images from the Underworld: Naj Tunich and the Tradition of Maya Cave Painting*. Austin: University of Texas Press.

———. 1999. Architectural Innovation in the Temple of the Warriors at Chichen Itza. In Kowalski 1999, 298–319.

———, ed. 2002. *Heart of Creation: Linda Schele and the Mesoamerican World*. Tuscaloosa: University of Alabama Press.

Stone, A., D. Reents, and R. Coffman. 1985. Genealogical Documentation of the Middle Classic Dynasty of Caracol, El Cayo, Belize. In Robertson and Benson 1985, 267–76.

Stone, D. Z. 1984. Cacao and the Maya Traders. In *Central American Archaeology*, ed. F. Lange and D. Stone. Albuquerque: University of New Mexico Press.

Strecker, M. 1987. Representaciones sexuales en el arte rupestre de la regíon maya. *Mexicon* 9: 34–37.

Stromsvik, G. 1942. *Substela Caches and Stela Foundations at Copan and Quirigua*. CIW Publication 528.

———. 1952. *The Ball Courts of Copan, with Notes on Courts at La Union, Quirigua, San Pedro Pinula and Asuncíon Mita.* CIW Publication 596.

Stross, B. 1983. The Language of Zuyua. *American Ethnologist* 10: 150–64.

Stross, F. H., P. D. Sheets, F. Asaro, and H. V. Michel. 1983. Precise Characterization of Guatemalan Obsidian Sources, and Source Determination of Artifacts from Quirigua. *AAnt* 48: 316–22.

Stuart, D. 1985a. The Yaxha Emblem Glyph at Yax-ha. RRAMW, no. 1.

———. 1985b. A New Child-Father Relationship Glyph. RRAMW, no. 2.

———. 1985c. The "Count of Captives" Epithet in Classic Maya Writing. In Robertson and Fields 1985, 97–101.

———. 1987. Ten Phonetic Syllables. RRAMW, no. 14.

———. 1988a. Blood Symbolism in Maya Iconography. In Benson and Griffin 1988, 175–221.

———. 1988b. The Río Azul Cacao Pot: Epigraphic Observations on the Function of a Maya Ceramic Vessel. *Antiquity* 62: 153–57.

———. 1989. The "First Ruler" on Stela 24. CN 7.

———. 1990a. The Decipherment of "Directional Count Glyphs" in Maya Inscriptions. *AM* 1: 213–24.

———. 1990b. A New Carved Panel from the Palenque Area. RRAMW, no. 32.

———. 1992. Hieroglyphs and Archaeology at Copan. *AM* 3: 169–84.

———. 1993. Historical Inscriptions and the Classic Maya Collapse. In Sabloff and Henderson 1993, 321–54.

———. 1996. Kings of Stone: A Consideration of Stelae in Maya Ritual and Representation. *Res: Anthropology and Aesthetics* 29–30: 149–71

———. 1997. Kinship Terms in Maya Inscriptions. In Macri and Ford 1997, 1–11.

———. 1998a. "The Fire Enters His House": Architecture and Ritual in Classic Maya Texts. In Houston 1998, 373–425.

———. 1998b. Testimonios sobre la guerra durante el Clásico Maya. *ArqM* 6: 6–13.

———2000. The Arrival of Strangers: Teotihuacan and Tollan in Classic Maya History. In D. Carrasco, Jones, and Sessions 2000, 465–513.

———. 2002. Longer Live the King: The Questionable Demise of K'inich K'an Joy Chitam of Palenque. Manuscript.

———. 2003. La ideologia del sacrificio entre los mayas. *ArqM* 63: 24–29.

———. 2004a. The Beginnings of the Copan Dynasty: A Review of the Hieroglyphic and Historical Evidence. In Bell, Canuto, and Sharer 2004, 215–47.

———. 2004b. History, Mythology, and Royal Legitimization at Palenque's Temple 19. In Miller and Martin 2004, 261–64.

Stuart, D., N. Grube, L. Schele, and F. Lounsbury. 1989. Stela 63, a New Monument from Copan. CN 56.

Stuart, D., and S. D. Houston. 1989. Maya Writing. *SA* 261 (2): 82–89.

———. 1994. *Classic Maya Place Names.* DO Studies in Pre-Columbian Art and Archaeology, no. 33.

Stuart, D., and L. Schele. 1986. Yax-K'uk-Mo', the Founder of the Lineage of Copán. CN 6.

Stuart, G. E. 1986. Los códices maya. *Archaeoastronomy* 9: 164–76.

———. 1988. Glyph Drawings from Landa's Relacíon: A Caveat to the Investigator. RRAMW, no. 19.

———. 1989. The Beginnings of Maya Hieroglyphic Study: Contributions of Constantine S. Rafinesque and James H. McCulloh Jr. RRAMW, no. 29.

———. 1992. Quest for Decipherment: A Historical and Biographical Survey of Maya Hieroglyphic Investigation. In Danien and Sharer 1992, 1–63.

Stuart, G. E., J. C. Scheffler, E. B. Kurjack, and J. W. Cottler. 1979. *Map of the Ruins of Dzibilchaltun, Yucatan, Mexico.* MARI Publication 47.

Stuart, G. E., and G. S. Stuart. 1977. *The Mysterious Maya.* Washington, DC: National Geographic Society.

Stuart, L. C. 1964. Fauna of Middle America. In *HMAI* 1: 316–62.

Sugiyama, S., and R. Cabrera C. 2003. Hallazgos recientes en la Pirámide de la luna. *ArqM* 64: 42–49.

Suhler, C., T. Ardren, and D. Johnstone. 1998. The Chronology of Yaxuna: Evidence from Excavations and Ceramics. *AM* 9: 167–82.

Suhler, C., T. Ardren, D. Freidel, and D. Johnstone. 2004. The Rise and Fall of Terminal Classic Yaxuna, Yucatan, Mexico. In Demarest, Rice, and Rice 2004, 450–84.

Suhler, C., and D. Freidel. 1998. Life and Death in a Maya War Zone. *A* 51 (3): 28–34.

Sullivan, P. 1989. *Unfinished Conversations: Mayas and Foreigners between Two Wars*. New York: Knopf.

Swadesh, M. 1961. *Interrelaciones de las lenguas mayenses. INAH Anales* 13: 231–67.

———. 1967. Lexicostatistic Classification. In *HMAI* 5: 79–115.

Sweely, T. L. 1998. Personal Interactions: The Implications of Spatial Arrangements for Power Relations at Ceren, El Salvador. *WA* 29: 393–406.

Taladoire, E. 1981. *Les terrains de jeu de balle*. Mexico City: Mission Archéologique et Ethnologique Française au Mexico.

Tamayo, J. L. 1964. The Hydrography of Middle America. In *HMAI* 1: 84–121.

Taschek, J. T., and J. W. Ball. 1999. The Ruins of Arenal: Preliminary Report on a Subregional Major Center in the Western Belize Valley. *AM* 10: 215–35.

———. 2003. Nohoch Ek Revisited: The Minor Center as Manor. *LAA* 14: 371–88.

Tate, C. 1985. Summer Solstice Ceremonies Performed by Bird Jaguar III of Yaxchilan, Chiapas, Mexico. *Estudios de Cultura Maya* 16: 85–112.

———. 1991. The Period Ending Stelae of Yaxchilan. In Robertson and Fields 1991, 102–9.

———. 1992. *Yaxchilan: The Design of a Maya Ceremonial City*. Austin: University of Texas Press.

Taube, K. 1985. The Maya Maize God: A Reappraisal. In Robertson and Fields 1985, 171–81.

———. 1987. A Representation of the Principal Bird Deity in the Paris Codex. RRAMW, no. 6.

———. 1988. A Prehispanic Maya Katun Wheel. *Journal of Anthropological Research* 44: 183–203.

———. 1989a. Itzam Cab Ain: Caimans, Cosmology, and Calendrics in Postclassic Yucatan. RRAMW, no. 26.

———. 1989b. The Maize Tamale in Classic Maya Diet, Epigraphy, and Art. *AAnt* 54: 31–51.

———. 1992. *The Major Gods of Ancient Yucatan*. DO Studies in Pre-Columbian Art and Archaeology, no. 32.

———. 1998. The Jade Hearth: Centrality, Rulership, and the Classic Maya Temple. In Houston 1998, 427–78.

———. 2000. The Turquoise Hearth: Fire, Self-Sacrifice, and the Central Mexican Cult of War. In Carrasco, Jones, and Sessions 2000, 269–340.

———. 2001. The Classic Maya Gods. In Grube 2001, 262–77.

———. 2004a. Flower Mountain: Concepts of Life, Beauty, and Paradise among the Classic Maya. *Res: Anthropology and Aesthetics* 45: 69–98.

———. 2004b. Structure 10L–16 and Its Early Classic Antecedents: Fire and the Evocation and Resurrection of K'inich Yax K'uk' Mo'. In Bell, Canuto, and Sharer 2004, 265–95.

Tedlock, B. 1982. *Time and the Highland Maya*. Albuquerque: University of New Mexico Press.

———. 1992. Mayan Calendars, Cosmology, and Astronomical Commensuration. In Danien and Sharer 1992, 216–27.

Tedlock, D. 1985. *Popol Vuh: The Mayan Book of the Dawn of Life*. New York: Simon and Schuster.

———. 1992. The Popol Vuh as a Hieroglyphic Book. In Danien and Sharer 1992, 229–40.

Teeple, J. E. 1926. Maya Inscriptions: The Venus Calendar and Another Correlation. *AA* 28: 402–8.

———. 1931. *Maya Astronomy*. CIW Publication 403.

Thomas, C. 1882. A Study of the Manuscript Troano. In U.S. Department of the Interior, *Contributions to*

North American Ethnology 5: 1–237.

———. 1893. Are the Maya Hieroglyphs Phonetic? *AA*, o.s., 6: 241–70.

Thomas, N. D. 1974. *The Linguistic, Geographic, and Demographic Position of the Zoque of Southern Mexico.* NWAF Papers, no. 36.

Thomas, P. M., Jr. 1974. Prehistoric Settlement at Becan: A Preliminary Report. MARI Publication 31: 139–46.

———. 1980. *Prehistoric Maya Settlement Patterns at Becan, Campeche, Mexico.* MARI Publication 45.

Thompson, D. E. 1960. Maya Paganism and Christianity. MARI Publication 19: 1–35.

Thompson, E. H. 1897a. Cave of Loltun, Yucatan. PMAE Memoirs 1 (2): 49–72.

———. 1897b. *The Chultunes of Labna.* PMAE Memoirs 1 (3).

Thompson, J. E. S. 1927. A Correlation of the Mayan and European Calendars. FMAS 17 (1): 1–22.

———. 1930. *Ethnology of the Maya of Southern and Central British Honduras.* FMAS 17 (2).

———. 1931. *Archaeological Investigations in the Southern Cayo District, British Honduras.* FMAS 17 (2).

———. 1932. The Solar Year of the Mayas at Quirigua, Guatemala. FMAS 17 (4): 365–421.

———. 1934. *Sky-Bearers: Colors and Directions in Maya and Mexican Religion.* CIW Publication 436.

———. 1935. *Maya Chronology: The Correlation Question.* CIW Publication 456.

———. 1938. Sixteenth-and Seventeenth-Century Reports on the Chol Mayas. *AA* 40: 584–604.

———. 1939a. *Excavations at San Jose, British Honduras.* CIW Publication 506.

———. 1939b. *The Moon Goddess in Middle America.* CIW Publication 509.

———. 1941. *Dating of Certain Inscriptions of Non-Maya Origin.* CIW Theoretical Approaches to Problems, no. 1.

———. 1942. *Maya Arithmetic.* CIW Publication 528.

———. 1943. Some Sculptures from Southeastern Quetzaltenango, Guatemala. CIW *NMA*, no. 17.

———. 1944. *The Fish as a Maya Symbol for Counting and Further Discussion of Directional Glyphs.* CIW Theoretical Approaches to Problems, no. 2.

———. 1946. Some Uses of Tobacco among the Maya. CIW *NMA*, no. 61.

———. 1948. *An Archaeological Reconnaissance in the Cotzumalhuapa Region, Escuintla, Guatemala* CIW Publication 574.

———. 1950. *Maya Hieroglyphic Writing: An Introduction.* CIW Publication 589. Reprint, Norman: University of Oklahoma Press, 1960 and 1971.

———. 1952. Waxen Idols and a Sacrificial Rite of the Lacandon. CIW *NMA*, no. 109.

———. 1953. Review of *La antigua escritura de los pueblos de América Central* by Y. V. Knorozov. *Yan: Ciencias Antropológicas*, 2: 174–78. Mexico City: Centro de Investigaciones Antropológicas de México.

———. 1954. *A Presumed Residence of Nobility at Mayapan.* CIW Current Reports, Department of Archaeology, no. 19.

———. 1958. *Thomas Gage's Travels in the New World.* Ed. J. E. S. Thompson. Norman: University of Oklahoma Press.

———. 1959. Systems of Hieroglyphic Writing in Middle America and Methods of Deciphering Them. *AAnt* 24: 349–64.

———. 1962. *A Catalog of Maya Hieroglyphs.* Norman: University of Oklahoma Press.

———. 1965a. Archaeological Synthesis of the Southern Maya Lowlands. In *HMAI* 2: 331–59.

———. 1965b. Maya Hieroglyphic Writing. In *HMAI* 3: 632–58.

———. 1966. *The Rise and Fall of Maya Civilization.* 2nd ed., rev. Norman: University of Oklahoma Press.

———. 1970. *Maya History and Religion.* Norman: University of Oklahoma Press.

———. 1972. *A Commentary on the Dresden Codex*. American Philosophical Society Memoir 93.

———. 1973. Maya Rulers of the Classic Period and the Divine Right of Kings. In *The Iconography of Middle American Sculpture*. New York: Metropolitan Museum of Art.

———. 1974. "Canals" of the Río Candelaria Basin, Campeche, Mexico. In Hammond 1974b, 297–302.

———. 1975. The Grolier Codex. UCARF Contribution 27: 1–9.

Thompson, J. E. S, H. E. D. Pollock, and J. Charlot. 1932. *A Preliminary Study of the Ruins of Coba, Quintana Roo, Mexico*. CIW Publication 424.

Thompson, R. H. 1958. *Modern Yucatecan Maya Pottery Making*. Memoirs of the Society for American Archaeology, no. 15. Salt Lake City.

Tiesler Blos, V. 2002. Un caso de decapitación prehispánica de Calakmul, Campeche. *Antropología Fisica Latinomericana* 3: 129–42.

Tiesler Blos, V., R. Cobos, and M. Greene, eds. 2002. *La organización social entre los mayas prehispánicos, colonials y modernos: Memoria de la Tercera Mesa Redonda de Palenque*. México: INAH.

Toscano, S. 1944. *Arte precolombino de México y de la América Central*. Mexico City: Universidad Nacional Autónoma de México.

Totten, G. O. 1926. *Maya Architecture*. Washington, DC: Maya Press.

Tourtellot, G. 1970. The Peripheries of Seibal: An Interim Report. PMAE Papers 61: 405–21.

———. 1983. An Assessment of Classic Maya Household Composition. In Vogt and Leventhal 1983, 35–54.

———. 1988a. Developmental Cycles of Households and Houses at Seibal. In Wilk and Ashmore 1988, 97–120.

———. 1988b. *Peripheral Survey and Excavation Settlement and Community Patterns. Excavations at Seibal, Department of Peten, Guatemala*, ed. G. R. Willey. PMAE Memoirs 16.

———. 1990. Population Estimates for Preclassic and Classic Seibal, Peten. In Culbert and Rice 1990, 83–102.

———. 1994. More Light on La Milpa: Maya Settlement Archaeology in Northwestern Belize. *Mexicon* 16: 119–24.

Tourtellot, G., A. Clarke, and N. Hammond. 1993. Mapping La Milpa: A Maya City in Northwestern Belize. *Antiquity* 67:96–108.

Tourtellot, G., F. Estrada Belli, J. J. Rose, and N. Hammond. 2003. Late Classic Maya Heterarchy, Hierarchy, and Landscape at La Milpa, Belize. In Scarborough, Valdez, and Dunning 2003, 37–51.

Tourtellot, G., and J. J. González. 2004. The Last Hurrah: Continuity and Transformation at Seibal. In Demarest, Rice, and Rice 2004, 60–82.

Tourtellot, G., F. M. Wolf, F. Estrada Belli, and N. Hammond. 2000. Discovery of Two Predicted Ancient Maya Sites in Belize. *Antiquity* 74: 481–82.

Tourtellot, G., and J. A. Sabloff. 1972. Exchange Systems Among the Ancient Maya. *AA* 37: 126–35.

———. 1995. La antigua ciudad maya de Sayil. *ArqM* 2 (11): 28–34.

Tourtellot, G., J. A. Sabloff, and K. Carmean. 1989. Progress Report on the 1987 and 1988 Field Seasons at Sayil, Yucatan, Mexico. *Mexicon* 9: 12–15.

Tourtellot, G., J. A. Sabloff, and M. P. Smyth. 1990. Room Counts and Population Estimation for Terminal Classic Sayil in the Puuc Region, Yucatan, Mexico. In Culbert and Rice 1990, 245–61.

Tozzer, A. M. 1907. *A Comparative Study of the Mayas and the Lacandones*. Archaeological Institute of America. New York: Macmillan.

———. 1911. *A Preliminary Study of the Prehistoric Ruins of Tikal, Guatemala: A Report of the Peabody Museum Expedition, 1909–1910*. PMAE Memoirs 5 (2).

———. 1912. The Value of Ancient Mexican Manuscripts in the Study of the General Development of Writing. *Smithsonian Institution Annual Report, 1911*: 493–506.

———. 1913. *A Preliminary Study of the Prehistoric Ruins of Nakum, Guatemala.* PMAE Memoirs 5 (3).

———. 1941. *Landa's Relación de las Cosas de Yucatán.* PMAE Papers 28.

———. 1957. *Chichen Itza and Its Cenote of Sacrifice.* PMAE Memoirs 11 and 12.

Traxler, L. P. 1996. Los grupos de patios tempranos de la Acrópolis de Copan. *Yaxkin* 14: 35–54.

———. 2001. The Royal Court of Early Classic Copan. In Inomata and Houston 2001, 2: 46–73.

———. 2003. At Court in Copan: Palace Groups of the Early Classic. In Christie 2003, 46–68.

———. 2004. Redesigning Copan: Early Architecture of the Polity Center. In Bell, Canuto, and Sharer 2004, 65–83.

Trejo, S., ed. 2000. *La Guerra entre los Antiguos Mayas: Memoria de la Primera Mesa Redonda de Palenque.* INAH and Consejo Nacional para la Cultura y las Artes, Mexico.

Triadan, D. 2000. Elite Household Subsistence at Aguateca, Guatemala. *Mayab* 13: 46–56.

Triadan, D., and T. Inomata. 2004. What Did They Do and Where? Activity Areas and Residue Analyses in Maya Archaeology. In Golden and Borgstede 2004, 243–55.

Trigger, B. G. 1989. *A History of Archaeological Thought.* Cambridge: Cambridge University Press.

———. 1992. Monumental Architecture: A Thermodynamic Explanation of Symbolic Behavior. *World Archaeology* 22 (2): 119–32.

———. 1993. Marxism in Contemporary Western Archaeology. *Archaeological Method and Theory* 5: 159–200.

Trik, A. S. 1939. *Temple XXXII at Copan.* CIW Publication 509.

———. 1963. The Splendid Tomb of Temple I, Tikal, Guatemala. *Expedition* 6 (1): 2–18.

Trik, H., and M. E. Kampen. 1983. *The Graffiti of Tikal.* Tikal Report, no. 33. UPM.

Turner, B. L. 1974. Prehistoric Intensive Agriculture in the Maya Lowlands. *Science* 185: 118–24.

———. 1978a. The Development and Demise of the Swidden Thesis. In Harrison and Turner 1978, 13–22.

———. 1978b. Ancient Agricultural Land Use in the Central Maya Lowlands. In Harrison and Turner 1978, 163–83.

———. 1983. *Once Beneath the Forest: Prehistoric Terracing in the Río Bec Region of the Maya Lowlands.* Boulder, CO: Westview Press.

———. 1990. Population Reconstruction of the Central Maya Lowlands: 1000 b.c. to a.d. 1500. In Culbert and Rice 1990, 301–24.

Turner, B. L., and P. D. Harrison. 1978. Implications from Agriculture for Maya Prehistory. In Harrison and Turner 1978, 337–73.

———, eds. 1983. *Pulltrouser Swamp: Ancient Maya Habitat, Agriculture, and Settlement in Northern Belize.* Austin: University of Texas Press.

Turner, E. S., N. I. Turner, and R. E. W. Adams. 1981. Volumetric Assessment, Rank Ordering and Maya Civic Centers. In Ashmore 1981b, 71–88.

Ucko, P. J., R. Tringham, and G. W. Dimbleby, eds. 1972. *Man, Settlement and Urbanism.* London: Duckworth.

Urban, P. A. 1978. An Analysis of Mammalian Fauna from Tikal, El Peten, Guatemala. Master's thesis, University of Pennsylvania.

Urban, P. A., and E. M. Schortman, eds. 1986. *The Southeast Maya Periphery.* Austin: University of Texas Press.

———. 1988. The Southeast Zone Viewed from the East: Lower Motagua-Naco Valleys. In Boone and Willey 1988, 223–67.

Urban, P. A., E. M. Schortman, and M. Ausec. 2002. Power without Bounds? Middle Preclassic Politial Developments in the Naco Valley, Honduras. *LAA* 13: 131–52.

Urcid S., J. 2001. *Zapotec Hieroglyphic Writing.* DO.

Vail, G. 2000. Pre-Hispanic Maya Religion: Conceptions of Divinity in the Postclassic Maya Codices. *AM* 11: 123–47.

———. 2002. Haab' Rituals in the Maya Codices and the Structure of Maya Almanacs. RRAMW 53.

Vail, G., V. R. Bricker, A. F. Aveni, H. M. Bricker, J. F. Chuchiak, C. L. Hernández, B. R. Just, M. J. Macri, and M. Paxton. 2003. New Perspectives on the Madrid Codex. *CA* 44 (suppl.): 105–112.

Vaillant, G. C. 1935. Chronology and Stratigraphy in the Maya Area. *Maya Research* 2: 119–43.

Valdés, J. A. 1986. Uaxactun: Recientes investigaciones. *Mexicon* 7 (6): 125–28.

———. 1988. Los mascarones preclásicos de Uaxactún: El caso del Grupo H. In *Primer Simposio Mundial sobre Epigrafía Maya*, 165–81. Guatemala: Associacíon Tikal.

———. 1989. El Grupo H de Uaxactun: Evidencias de un centro de poder durante el preclásico. In *Memorias del Segundo Coloquio Internacional de Mayistas*, ed. Mercedes de la Garza et al., 603–24. Mexico City: Universidad Nacional Autónoma de México.

———. 1997. Tamarindito: Archaeology and Regional Politics in the Petexbatun Region. *AM* 8:321–35.

———. 1998. Kaminaljuyu, Guatemala: Descubrimientos recientes sobre poder y manejo hidráulico. In *Memorias del Tercer Congreso Internacional de Mayistas*, 752–70. Mexico City: Universidad Nacional Autonoma de México.

———. 2001. Palaces and Thrones Tied to the Destiny of the Royal Courts in the Maya Lowlands. In Inomata and Houston 2001, 2: 138–64.

Valdés, J. A., and F. Fahsen. 1995. The Reigning Dynasty of Uaxactun during the Early Classic: The Rulers and the Ruled. *AM* 6: 197–219.

Valdés, J. A., F. Fahsen, and G. Muñoz Cosme. 1997. *Estela 40 de Tikal: Hallazgo y lectura*. IDAEH y Agencia Española de Cooperación International.

Valdés, J. A., and D. Fernandez. 1999. Período clásico en las tierras bajas de Petén. In *HGG* 1: 351–64.

Valdés, J. A., and J. Kaplan. 2000. Ground-penetrating Radar at the Maya Site of Kaminaljuyu, Guatemala. *JFA* 27: 329–42.

Valdés, J. A., and L. E. Wright. 2004. The Early Classic and Its Antecedents at Kaminaljuyu: A Complex Society with Complex Problems. In Bell, Canuto, and Sharer 2004, 337–55.

Van der Merwe, N. J., R. K. Tykot, N. Hammond, and K. Oakberg. 2000. Diet and Animal Husbandry of the Preclassic Maya at Cuello, Belize: Isotopic and Zooarchaeological Evidence. In *Biogeochemical Approaches to Paleodietary Analysis*, ed. S. H. Ambrose and M. A. Katzenberg, 23–38. New York: Kluwer Academic/Plenum.

Varela T., C., and G. E. Braswell. 2003. Teotihuacan at Oxkintok: New Perspectives from Yucatan. In Braswell 2003e, 249–71.

Vargas, E. 2001. *Itzamkanac y Acalan: Tiempos de crisis anticipando el futuro*. Mexico City: Universidad Nacional Autónoma de México, Instituto de Investigaciones Antropológicas.

Vargas de la Peña, L., and V. R. Castillo B. 2001. Hallazgos recientes en Ek Balam. *Mexicon* 23: 55–56.

Velázquez V., R. 1980. Recent Discoveries in the Caves of Loltun, Yucatan, Mexico. *Mexicon* 2: 53–55.

Velázquez V., and A. García B. 2002. Descubrimientos en Oxkintok, Yucatan; la Estructura 2 del Grupo Ah Canul: Un mausoleo. In Tiesler Blos, Cobos, and Greene 2002, 1: 459–80.

Viel, R. 1993. Evolución de la Cerámica de Copan, Honduras. Tegucugalpa: IHAH.

———. 1999. The Pectorals of Altar Q and Structure 11: An Interpretation of the Political Organization at Copan, Honduras. *LAA* 10: 377–99.

Villacorta, J. A., and C. A. Villacorta. 1927. *Arqueología guatemalteca*. Guatemala: Tipografía Nacional.

———. 1933. *Códices mayas reproducidos y desarrollados*. Guatemala: Tipografía Nacional.

Villagra, A. 1949. Bonampak, la ciudad de los muros pintados. *INAH Anales* 3 (suppl.).

Villagutierre Soto-Mayor, J. de. 1933. *Historia de la conquista de la provincia de el Itzá*. Guatemala: Biblioteca Goathemala.

———. 1983. *History of the Conquest of the Province of the Itzas*. Trans. R. D. Wood. Ed. F. E. Comparato. Culver City, CA: Labyrinthos.

Villa Rojas, A. 1934. *The Yaxuna-Coba Causeway*. CIW Publication 436.

Vitelli, K., ed. 1996. *Archaeological Ethics*. Walnut Creek, CA: AltaMira Press.

Vlcek, D. T. 1978. Muros de delimitacíon residencial en Chunchucmil. ECAUY *Boletín* 5 (28): 55–64.

Vlcek, D. T., and W. L. Fash. 1986. Survey in the Outlying Areas of the Copán Region, and the Copan-Quirigua "Connection." In Urban and Schortman 1986, 102–13.

Vlcek, D. T., S. García de González, and E. B. Kurjack. 1978. Contemporary Farming and Ancient Maya Settlements: Some Disconcerting Evidence. In Harrison and Turner 1978, 211–23.

Vogt, E. Z. 1961. Some Aspects of Zinacantan Settlement Patterns and Ceremonial Organization. *ECM* 1: 131–45.

———. 1964a. Ancient Maya and Contemporary Tzotzil Cosmology: A Comment on Some Methodological Problems. *AAnt* 30: 192–95.

———. 1964b. Some Implications of Zinacantan Social Structure for the Study of the Ancient Maya. 35th ICA *Actas* 1: 307–19.

———. 1969. *Zinacantan: A Maya Community in the Highlands of Chiapas*. Cambridge, MA: Harvard University Press.

———. 1983. Ancient and Contemporary Maya Settlement Patterns: A New Look from the Chiapas Highlands. In Vogt and Leventhal 1983, 89–114.

Vogt, E. Z., and R. M. Leventhal, eds. 1983. *Prehistoric Settlement Patterns: Essays in Honor of Gordon R. Willey*. Cambridge, MA: PMAE and University of New Mexico Press.

Von Euw, E. 1977. *Corpus of Maya Hieroglyphic Inscriptions*. Vol. 4, pt. 1, *Itzimte, Pixoy, Tzum* PMAE.

———. 1978. *Corpus of Maya Hieroglyphic Inscriptions*. Vol. 5, pt. 1, *Xultun*. PMAE.

———. 1984. *Corpus of Maya Hieroglyphic Inscriptions*. Vol. 5, pt. 2, *Xultun, La Honradez, Uaxacun*. PMAE.

Von Hagen, V. 1944. *The Aztec and Maya Papermakers*. New York: Augustin.

Voorhies, B. 1976. *The Chantuto People: An Archaic Period Society of the Chiapas Littoral, Mexico*, NWAF Papers, no. 41.

———. 1982. An Ecological Model of the Early Maya of the Central Lowlands. In Flannery 1982, 65–95.

———, ed. 1989. *Ancient Trade and Tribute: Economies of the Soconusco Region of Mesoamerica*. Salt Lake City: University of Utah Press.

———. 1996. The Transformation from Foraging to Farming in Lowland Mesoamerica. In Fedick 1996, 17–29.

Voorhies, B., D. J. Kennet, J. G. Jones, and T. A. Wake. 2002. A Middle Archaic Archaeological Site on the West Coast of Mexico. *LAA* 13: 179–200.

Voss, A. W. 2001. Astronomy and Mathematics. In Grube 2001a, 130–43.

Wagley, C. 1949. *The Social and Religious Life of a Guatemalan Village*. AA Memoir, no. 71.

Wagner, E. 1995. The Dates of the High Priest Grave ("Osario") Inscription, Chichen Itza, Yucatan,Mexico. *Mexicon* 17: 10–13.

———. 2001. Jade: The Green Gold of the Maya. In Grube 2001a, 66–69.

Wagner, P. L. 1964. Natural Vegetation of Middle America. In *HMAI* 1: 216–64.

Wallace, D. T. 1977. An Intra-Site Locational Analysis of Utatlan: The Structure of an Urban Site. In Wallace and Carmack 1977, 20–54.

Wallace, D. T., and R. M. Carmack, eds. 1977. *Archaeology and Ethnohistory of the Central Quiche*. IMS Publication, no. 1.

Walters, G. R. 1980. A Summary of the Preliminary Results of the 1979 San Augustin Acasaguastlan Archaeological Project. *Mexicon* 2: 55–56.

Wanyerka, P. 1996. The Carved Monuments of Uxbenka, Toledo District, Belize. *Mexicon* 18: 29–36.
Ward, W. C., A. E. Weidie, and W. Back. 1985. *Geology and Hydrogeology of the Yucatan and Quaternary Geology of Northeastern Yucatan Peninsula*. New Orleans: New Orleans Geological Society.
Warren, B. W. 1961. The Archaeological Sequence at Chiapa de Corzo. In *Los Mayas del sur y sus relaciones con los Nahuas meridionales*. Mexico City: Sociedad Mexicana de Antropología.
Warren, K. B., and J. E. Jackson, eds. 2002. *Indigenous Movements, Self-Representation, and the State in Latin America*. Austin: University of Texas Press.
Watanabe, J. M. 1983. In the World of the Sun: A Cognitive Model of Mayan Cosmology. *Man* 18: 710–28.
———. 1992. *Maya Saints and Souls in a Changing World*. Austin: University of Texas Press.
Wauchope, R. 1934. *House Mounds of Uaxactun, Guatemala*. CIW Publication 436.
———. 1938. *Modern Maya Houses*. CIW Publication 502.
———. 1948. *Excavations at Zacualpa, Guatemala*. MARI Publication 14.
———. 1949. Las edades de Utatlán e Iximché. *Antropología e Historia de Guatemala* 1: 10–22.
———. 1962. *Lost Tribes and Sunken Continents*. Chicago: University of Chicago Press.
———, ed. 1964–76. *Handbook of Middle American Indians*. Vols. 1–16. Austin: University of Texas Press.
———. 1965. *They Found the Buried Cities*. Chicago: University of Chicago Press.
———. 1970. Protohistoric Pottery of the Guatemalan Highlands. PMAE Papers 61: 89–244.
———. 1975. *Zacualpa, El Quiche, Guatemala. An Ancient Provincial Center of the Highland Maya* MARI Publication 39.
Wauchope, R., and M. N. Bond. 1989. *Archaeological Investigations in the Department of Jutiapa, Guatemala*. MARI Publication 55.
Webb, M. 1973. The Peten Maya Decline Viewed in the Perspective of State Formation. In Culbert 1973, 367–404.
Webster, D. 1976. *Defensive Earthworks at Becan, Campeche, Mexico*. MARI Publication 41.
———. 1977. Warfare and the Evolution of Maya Civilization. In Adams 1977, 335–72.
———. 1979. Three Walled Sites of the Northern Maya Lowlands. *JFA* 5: 375–90.
———. 1988. Copan as a Classic Maya Center. In Boone and Willey 1988, 5–30.
———, ed. 1989. *The House of the Bacabs, Copan, Honduras*. DO.
———. 2000. The Not So Peaceful Civilization: A Review of Maya War. *Journal of World Prehistory* 14 (1): 65–119.
———. 2002. *The Fall of the Ancient Maya: Solving the Mystery of the Maya Collapse*. New York: Thames and Hudson.
Webster, D., B. Fash, R. Widmer, and S. Zeleznik. 1998. The Skyband Group: Investigation of a Classic Maya Elite Residential Compound at Copan, Honduras. *JFA* 25: 319–43.
Webster, D., and A. C. Freter. 1990a. Settlement History and the Classic Collapse at Copan: A Redefined Chronological Perspective. *LAA* 1: 66–85.
———. 1990b. The Demography of Late Classic Copan. In Culbert and Rice 1990: 37–61.
Webster, D., A. Freter, and N. Gonlin. 2000. *Copan: The Rise and Fall of an Ancient Maya Kingdom*. Orlando: Harcourt Brace.
Webster, D., and N. Gonlin. 1988. Household Remains of the Humblest Maya. *JFA* 15: 169–90.
Webster, D., and W. T. Sanders. 2001. The Ancient Mesoamerican City: Theory and Concept. In Ciudad R., Iglesias Ponce de León, and del Carmen Martínez M. 2001, 34–64.
Webster, D., W. T. Sanders, and P. van Rossum. 1992. A Simulation of Copan Population History and its Implications. *AM* 3:185–97.
Weeks, J. M. 1983. *Chisalin: A Late Postclassic Maya Settlement in Highland Guatemala*. BAR 169.
———. 1988. Residential and Local Group Organization in the Maya Lowlands of Southwestern

Campeche, Mexico: The Early Seventeenth Century. In Wilk and Ashmore 1988, 73–96.
———. 1997. *Maya Civilization 1990–1995: A Bibliographic Guide*. Lancaster, CA: Labyrinthos.
———, ed. 2001. *The Past and Present Maya: Essays in Honor of Robert M. Carmack*. Lancaster: Labyrinthos.
——. 2002. *Maya Civilization 1996–2000: A Bibliographic Guide*. Lancaster, CA: Labyrinthos.
West, G. 2002. Ceramic Exchange in the Late Classic and Postclassic Maya Lowlands: A Diachronic Approach. In Masson and Freidel 2002, 140–96.
West, R. C. 1964. Surface Configuration and Associated Geology of Middle America. In *HMAI* 1: 33–83.
Wetherington, R. K., ed. 1978. *The Ceramics of Kaminaljuyu, Guatemala*. Pennsylvania State University Press Monograph Series on Kaminaljuyu. University Park.
Wheaton, T. R. 1976. La cerámica clásica del área de Huejotzingo, Puebla. *Proyecto Puebla-Tlaxcala Comunicaciones* 13: 25–31.
White, C. D., ed. 1999. *Reconstructing Ancient Maya Diet*. Salt Lake City: University of Utah Press.
White, C. D., P. F. Healy, and H. P. Schwarcz. 1993. Intensive Agriculture, Social Status, and Maya Diet at Pacbitun, Belize. *JAR* 49: 347–75.
White, C. D., D. M. Pendergast, F. J. Longstaffe, and K. R. Law. 2001. Social Complexity and Food Systems at Altun Ha, Belize: The Isotopic Evidence. *LAA* 12: 371–93.
Whitley, D. S., and M. P. Beaudry, eds. 1989. *Investigaciones arqueológicas en la costa sur de Guatemala*. Los Angeles: UCLA Institute of Archaeology Monograph 31.
Whittington, S. L., and D. M. Reed, eds. 1997. *Bones of the Maya: Studies of Ancient Skeletons*. Washington, DC: Smithsonian Institution Press.
Whorf, B. J. 1933. *The Phonetic Value of Certain Characters in Maya Writing*. PMAE Papers 13 (2).
———. 1942. Decipherment of the Linguistic Portion of the Maya Hieroglyphs. *Smithsonian Institution Annual Report, 1941*: 479–502.
Wilcox, D. R., and V. L. Scarborough, eds. 1991. *The Mesoamerican Ballgame*. Tucson: University of Arizona Press.
Wilford, J. N. 2003. Ancient Maya Altar Retaken from Looters in Guatemala. *New York Times International*, October 30, p. A10.
Wilk, R. R. 1988. Maya Household Organization: Evidence and Analogies. In Wilk and Ashmore 1988, 135–51.
Wilk, R. R., and W. Ashmore, eds. 1988. *Household and Community in the Mesoamerican Past*. Albuquerque: University of New Mexico Press.
Wilkerson, T. A. H. 1999. *Early Dynastic Egypt*. London: Routledge.
Wilkin, G. C. 1971. Food Producing Systems Available to the Ancient Maya. *AAnt* 36: 432–48.
Willcox, H. 1954. Removal and Restoration of the Monuments of Caracol. *UM Bulletin* 18 (1–2): 46–72.
Willey, G. R., ed. 1956a. *Prehistoric Settlement Patterns in the New World*. Viking Fund Publications in Anthropology, no. 23. New York.
———. 1972. *The Artifacts of Altar de Sacrificios*. PMAE Papers 64 (1).
———. 1973. *The Altar de Sacrificios Excavation, General Summary and Conclusions*. PMAE Papers 64 (3).
———. 1974. The Classic Maya Hiatus: A Rehearsal for the Collapse? In Hammond 1974b, 417–44.
———, ed. 1975. *Excavations at Seibal, Department of Peten, Guatemala*. PMAE Memoirs 13 (1, 2).
———. 1977. The Rise of Maya Civilization: A Summary View. In Adams 1977, 383–423.
———, ed. 1978. *Excavations at Seibal, Department of Peten Guatemala*. PMAE Memoirs 14 (1–3).
———. 1980. Towards a Holistic View of Ancient Maya Civilization. *Man* 15: 249–66.
———. 1981. Maya Lowland Settlement Patterns: A Summary Review. In Ashmore 1981b, 385–415.
———. 1982a. Maya Archaeology. *Science* 215: 260–67.

———, ed. 1982b. *Excavations at Seibal, Department of Peten, Guatemala.* PMAE Memoirs 15 (1, 2).

———. 1986. The Postclassic of the Maya Lowlands: A Preliminary Overview. In Sabloff and Andrews 1986, 17–51.

———. 1987. Changing Conceptions of Lowland Maya Culture History. In *Essays in Maya Archaeology*, by G. R. Willey, 189–207. Albuquerque: University of New Mexico Press.

———, ed. 1990. *Excavations at Seibal, Department of Peten, Guatemala.* PMAE Memoirs 17 (1–4).

———. 1991. Horizontal Integration and Regional Diversity: An Alternating Process in the Rise of Civilizations. *AAnt* 56: 197–215.

Willey, G. R., and W. R. Bullard Jr. 1965. Prehistoric Settlement Patterns in the Maya Lowlands. In *HMAI* 2: 360–77.

Willey, G. R., W. R. Bullard Jr., J. B. Glass, and J. C. Gifford. 1965. *Prehistoric Maya Settlements in the Belize Valley.* PMAE Papers 54.

Willey, G. R., T. P. Culbert, and R. E. W. Adams. 1967. Maya Lowland Ceramics: A Report from the 1965 Guatemala City Conference. *AAnt* 32: 289–315.

Willey, G. R., and J. C. Gifford. 1961. Pottery of the Holmul I Style from Barton Ramie, British Honduras. In *Essays in Pre-Columbian Art and Archaeology*, ed. S. K. Lothrop et al., 152–70. Cambridge, MA: Harvard University Press.

Willey, G. R., and R. M. Leventhal. 1979. Prehistoric Settlement at Copan. In Hammond and Willey 1979, 75–102.

Willey, G. R., R. M. Leventhal, and W. L. Fash Jr. 1978. Maya Settlement in the Copan Valley. *A* 31: 32–43.

Willey, G. R., R. M. Leventhal, A. A. Demarest, and W. L. Fash Jr. 1994. *Ceramics and Artifacts from Excavations in the Copan Residential Zone.* Papers of the PMAE, no. 80. PMAE.

Willey, G. R., and P. Mathews, eds. 1985. *A Consideration of the Early Classic Period in the Maya Lowlands.* IMS Publication 10.

Willey, G. R., and P. Phillips. 1958. *Method and Theory in American Archaeology.* Chicago: University of Chicago Press.

Willey, G. R., and J. A. Sabloff. 1993. *A History of American Archaeology.* 3rd ed. New York: W. H. Freeman.

Willey, G. R., and D. B. Shimkin. 1973. The Maya Collapse: A Summary View. In Culbert 1973, 457–502.

Willey, G. R., and A. L. Smith. 1969. *The Ruins of Altar de Sacrificios, Department of Peten, Guatemala: An Introduction.* PMAE Papers 62 (1).

Williams, S. 1991. *Fantastic Archaeology.* Philadelphia: University of Pennsylvania Press.

Willson, R. W. 1924. *Astronomical Notes on the Maya Codices.* PMAE Papers 6 (3).

———. 1950. Materials on the Chorti Language. MCMCA, no. 28.

Wilson, R. 1995. *Maya Resurgence in Guatemala: Q'eqchi Experiences.* Norman: University of Oklahoma Press.

Wilson, S. M., H. B. Iceland, and T. R. Hester. 1998. Preceramic Connections between Yucatan and the Caribbean. *LAA* 9: 342–52.

Winfield Capitaine, F. 1988. *La Estela 1 de La Mojarra, Veracruz, México.* RRAMW, no. 16.

Wing, E. S., and Scudder, S. J. 1991. The Ecology and Economy of Cuello: The Exploitation of Animals. In Hammond 1991, 84–97.

Winters, H. D. 1955. *Three Serpent Column Temples and Associated Platforms at Mayapan.* CIW Current Reports, Department of Archaeology, no. 32.

Wiseman, F. M. 1978. Agricultural and Historical Ecology of the Maya Lowlands. In Harrison and Turner 1978, 63–115.

Witkowski, S. R., and C. H. Brown. 1978. Mesoamerican: A Proposed Language Phylum. *AA* 80: 942–44.

Wolf, E. R., ed. 1959. *Sons of the Shaking Earth*. Chicago: University of Chicago Press.

———, ed. 1976. *The Valley of Mexico*. SAR.

Woodbury, R. B. 1965. Artifacts of the Guatemalan Highlands. In *HMAI* 2: 163–79.

Woodbury, R. B., and A. S. Trik. 1953. *The Ruins of Zaculeu, Guatemala*. 2 vols. Richmond, VA: William Byrd Press.

Woodward, M. R. 2000. Considering Household Food Security and Diet at the Classic Period Village of Ceren, El Salvador (a.d 600). *Mayab* 13: 22–33.

Wren, L. H., and P. Schmidt. 1991. Elite Interaction during the Terminal Classic Period: New Evidence from Chichen Itza. In Culbert 1991a, 199–225.

Wren, L. H., P. Schmidt, and R. Krochock. 1989. *The Great Ball Court Stone of Chichen Itza*. RRAMW, no. 25.

Wright, L. E. 1997. Biological Perspectives on the Collapse of the Pasión Maya. *AM* 8: 267–73.

———. 2004. Osteological Investigations of Ancient Maya Lives. In Golden and Borgstede 2004, 201–15.

Wright, L. E., and H. P. Schwarcz. 1999. Correspondence between Stable Carbon, Oxygen and Nitrogen Isotopes in Human Tooth Enamel and Dentine: Infant Diets and Weaning at Kaminaljuyu. *JAS* 26: 1159–70.

Wright, L. E., and C. D. White. 1996. Human Biology in the Classic Maya Collapse: Evidence from Paleopathology and Paleodiet. *Journal of World Prehistory* 10: 147–98.

Wurster, W. W., ed. 2000. *El Sitio Maya de Topoxte: Investigaciones en una isla del lago Yaxha, Peten*, Guatemala Mainz: Verlag Philipp von Zabern.

Ximénez, F. 1929–31. *Historia de la provincia de San Vicente de Chiapa y Guatemala*. 3 vols. Guatemala: Sociedad de Geografía e Historia de Guatemala.

Yadeun A., J. 1992. *Tonina*. Mexico City: Citibank.

———. 1993. *Tonina: El laberinto de inframundo*. Tuxtla Guterrez: Estado de Chiapas.

Yaeger, J. 2000. The Social Construction of Communities in the Classic Maya Countryside: Strategies of Affiliation in Western Belize. In Canuto and Yaeger 2000, 123–42.

———. 2003. Internal Complexity, Household Strategies of Affiliation, and the Changing Organization of Small Communities in the Upper Belize River Valley. In Iannone and Connell 2003, 43–58.

Yaeger, J., and G. Borgstede. 2004. Professional Archaeology and the Modern Maya: A Historical Sketch. In Golden and Borgstede 2004, 259–85.

Yaeger, J., and D. A. Hodell. Forthcoming. Climate-Culture-Environment Interactions and the Collapse of Classic Maya Civilization. In *El Niño, Catastrophism, and Culture Change in Ancient America* ed. D. H. Sandweiss and J. Quilter. DO.

Yanez-Barnuevo, G., and A. Ciudad R., eds. 1990. *Los Mayas: El esplendor de una civilizacíon*. Madrid: Turner Libros, S.A.

Yoffee, N. 1991. Maya Elite Interaction: Through a Glass, Sideways. In Culbert 1991a, 285–310.

Yoffee, N., and G. L. Cowgill, eds. 1988. *The Collapse of Ancient States and Civilizations*. Tucson: University of Arizona Press.

Zeitlin, R. N., and J. F. Zeitlin. 2000. The Paleoindian and Archaic Cultures of Mesoamerica. In *The Cambridge History of the Native Peoples of the Americas*, ed. R. E. W. Adams and M. J. MacLeod, 45–121. Cambridge: Cambridge University Press.

Zimmermann, G. 1956. *Die Hieroglyphen der Maya Handschriften*. Hamburg: Cram, de Gruyter.

插图来源

作者和日期引用的资料已在参考文献中给出。以下是常用资料的缩略语：

CIW	Carnegie Institution of Washington, Washington, DC
CMR	Center for Maya Research, Barnardsville, NC
EC	Estudio Cámara, Mérida, Yucatán, México
ECAP	Early Copan Acropolis Program, UPM (Instituto Hondureño de Antropología e Historia)
FG	Fotografía Guerra, Mérida, Yucatán, México
INAH	Instituto Nacional de Antropología e Historia, México, DF
MARI	Middle American Research Institute, Tulane University, New Orleans
NGS	National Geographic Society, Washington, DC
PAAC	Proyecto Arqueológico Acrópolis Copan (Instituto Hondureño de Antropología e Historia)
PM	Peabody Museum of Archaeology and Ethnology, Harvard University, Cambridge, MA
TAM	*The Ancient Maya*, 3rd edition (Morley & Brainerd 1956)
TP	Tikal Project, UPM
UPM	The University of Pennsylvania Museum of Archaeology and Anthropology, Philadelphia

Frontispiece: American Museum of Natural History.

引言

I.1, I.2: R. J. Sharer; I.3: (above) TP; (below) O. Imboden, courtesy of G. E. Stuart, CMR; pp. I.4, I.5: R. J. Sharer; I.6: G. G. Healey; I.7: F. R. Morley; I.8: (top four) F. R. Morley; (lower left) R. J. Sharer; I.9: B. Reyes; I.10: R. J. Sharer; I.11: J. Hairs; I.12: C. Jones, TP (neg. #65-43-705); (below) J. Hairs.

第一章

1.1: map drawn by W. Nelson; 1.2: map drawn by C. P. Beetz, after Fox 1978; 1.3: classification follows that in Fox 1978; 1.4–6: maps prepared by C. P. Beetz; 1.7: courtesy of W. Ashmore; 1.8: R. Eichenberger; 1.9: courtesy of Payson Sheets, Proyecto Cerén; 1.10: R. J. Sharer, UPM Verapaz Project; 1.11: CIW; 1.12: W. R. Coe, TP; 1.13: TAM; 1.14: C. O. Lundell; 1.15: R. A. Hedlund; 1.16: E. Palma Losa; 1.17: EC.

第二章

2.1: ECAP, prepared by L. P. Traxler; 2.2: del Rio 1822; 2.3: Maudslay 1889–1902, vol. II, plate 40; 2.4: R. J. Sharer; 2.5: courtesy of A. A. Demarest, Proyecto Cancuen.

第三章

3.1–5: *TAM*; 3.6: drawing by C. P. Beetz; 3.7–12: *TAM*; 3.13: drawings by S. Martin, after Miller & Martin 2004: fig. 42; 3.14: *TAM*; 3.15: Museum Library, UPM; 3.16–17: drawings by C. P. Beetz, after originals by J. A. Fox; 3.18: drawings by S. Martin, after Miller & Martin 2004: fig. 32; 3.19: from Tozzer 1941, by permission of PM; 3.20: after Grube 2001: fig. 189; 3.21: drawings by C. P. Beetz, after originals by J. A. Fox; 3.22: R. J. Sharer; 3.23: *TAM*; 3.24: drawings by S. Martin, after Miller & Martin 2004: figs. 2, 10, 12; 3.25: courtesy of S. Martin.

第四章

4.1: after Grube 2001: fig. 32; 4.2: drawings by José Espinoza, courtesy of W. L. Fash; 4.3: W. R. Rust, Proyecto La Venta; 4.4: R. J. Sharer, Chalchuapa Project; 4.5: courtesy J. Marcus.

第五章

5.1: R. J. Sharer; 5.2–5: courtesy of M. Love; 5.6: J. A. Graham, Abaj Takalik Project; 5.7: courtesy of Juan Antonio Valdés; 5.8: courtesy of J. Kaplan; 5.9: R. J. Sharer, UPM Verapaz Project; 5.10: D. W. Sedat, UPM Verapaz Project; 5.11: courtesy of N. Hammond; 5.12: courtesy of Patricia A. McAnany; 5.13–15: courtesy of J. Garber; 5.16–17: R. D. Hansen, Regional Archeological Investigation of the North Peten, Guatemala (UCLA); 5.18–19: *TAM.*

第六章

6.1: courtesy of G. E. Stuart, CMR; 6.2: Smithsonian Institution; 6.3: NGS; 6.4: after fig. 1, Lowe, Lee & Martínez 1982, by permission of the New World Archaeological Foundation; 6.5: after plate 202, Greene, Rands & Graham 1972, by permission; 6.6: R. J. Sharer, first published as fig. 5.4, p. 152, in *Fundamentals of Archaeology* (Menlo Park, CA: Benjamin Cummings, 1979), by permission; 6.7: drawing by J. A. Porter, by permission; 6.8: after fig. 15, Shook & Kidder 1952, by permission of CIW; 6.9–10: J. A. Graham, Abaj Takalik Project; 6.11: courtesy of J. Kaplan; 6.12: UPM; 6.13: courtesy of J. Kaplan; 6.14: drawing by W. R. Coe, Chalchuapa Project; 6.15: drawing by C. P. Beetz, Verapaz Project; 6.16: (above) UM, (right) J. A. Graham, Abaj Takalik Project, (below) W. R. Coe, TP; 6.17: PM; 6.18: R. T. Matheny, El Mirador Project; 6.19: drawing by T. W. Rutledge, after Hansen 1990; 6.20: R. T. Matheny, El Mirador Project; 6.21: R. D. Hansen, Regional Archeological Investigation of the North Peten, Guatemala (UCLA); 6.22: D. M. Pendergast, Lamanai Project; 6.23: R. Velazquez V., Proyecto Loltun; 6.24–25: courtesy of W. Saturno, Proyecto San Bartolo; 6.26–27: courtesy of D. A. Freidel, Cerros Project; 6.28: (left) after fig. 1, Gibson, Shaw & Finamore 1986; (right) after fig. 3.1, Elizabeth P. Benson, *Maya Iconography*, © 1988 Princeton University Press, reprinted by permission of Princeton University Press; 6.29–30: CIW; 6.31: after Valdés 1988; 6.32–34: courtesy of E. Wyllys Andrews, MARI; 6.35–36: R. J. Sharer; 6.37: (above left) after Kidder et al. 1946: fig. 174d; (above right) W. R. Coe, TP; (below) J. W. Ball, Becan Project.

第七章

7.1: TP (neg. #61-5-5); 7.2: O. Imboden, courtesy of G. E. Stuart, CMR; 7.3–4: W. R. Coe, TP (negs. #62-4-590 and 67-5-113); 7.5: W. R. Coe, TP; 7.6: (drawings) after Jones & Satterthwaite 1982, by permission of UPM; (photos) W. R. Coe, TP; 7.7: courtesy of J. P. Laporte, Proyecto Mundo Perdido (Tikal); 7.8: after Jones & Satterthwaite 1982, by permission of UPM; 7.9: TP; 7.10: CIW; 7.11: *TAM*; 7.12: CIW; 7.13: *TAM*; 7.14–15: Rio Azul Project, courtesy R. E. W. Adams; 7.16–17: (photos) TP; (drawings) after Jones & Satterthwaite 1982, by permission of UPM; 7.18: W. R. Coe, TP (neg. #61-4-267); 7.19: PAAC, courtesy of W. L. Fash; 7.20: PM; 7.21–22: R. J. Sharer, ECAP; 7.23: D. W. Sedat, ECAP; 7.24: drawing by I L L U S T R A T I O N C R E D I T S 891 B. W. Fash, PAAC; 7.25: D. W. Sedat, ECAP; 7.26: R. J. Sharer, ECAP; 7.27: ECAP, photo courtesy of K. Garrett; 7.28: R. Larios and R. J. Sharer, ECAP; 7.29: L. P. Traxler, ECAP; 7.30: School of American Research, Santa Fe, NM; 7.31: C. P. Beetz, UPM Quirigua Project; 7.32: courtesy of J. Marcus and W. J. Folan; 7.33: courtesy of Caracol Archaeological Project (Arlen and Diane Chase); 7.34: drawing by S. D. Houston, courtesy of Caracol Archaeological Project (Arlen and Diane Chase); 7.35: courtesy of Caracol Archaeological Project (Arlen and Diane Chase); 7.36–38: after Jones & Satterthwaite 1982; by permission of UPM; 7.39: courtesy J. W. Ball, Becan Project.

第八章

8.1: Proyecto Petexbatun, courtesy A. A. Demarest; 8.2: after figs. on pp. 2: 63, 2: 55, I. Graham 1978 (copyright 1978 by the President and Fellows of Harvard College, by permission); 8.3–4: after Jones & Satterthwaite 1982, by permission of UPM; 8.5–6: W. R. Coe, TP; 8.7: W. R. Coe, TP (neg. #73-5-782); 8.8: G. Holton, TP; 8.9: J. Hairs, TP (neg. #62-3a-39); 8.10–11: after Jones & Satterthwaite 1982, by permission of UPM; 8.12: R. J. Sharer; 8.13: Proyecto Petexbatun, courtesy A. A. Demarest; 8.14–17: courtesy T. Inomata; 8.18: Proyecto Petexbatun, courtesy A. A. Demarest; 8.19: courtesy of J. Marcus and W. J. Folan; 8.20: after Beetz & Satterthwaite 1981, by permission of UPM; 8.21: TP (neg. #66-5-49); 8.22: W. R. Coe, TP (neg. #65-4-621); 8.23: after Jones & Satterthwaite 1982, by permission of UPM; 8.24: (upper and lower left, right) UPM, (center) Museo Nacional de Guatemala; 8.25–26: UPM; 8.27–28: after figs. on pp. 3: 6–7, 3: 53, 3: 55, 3: 57, I. Graham 1979 (copyright 1979 by the President and Fellows of Harvard College, by permission); 8.29: PM; 8.30–31: after figs. on pp. 3: 13, 3: 15, 3: 17, 3: 27, I. Graham 1979 (copyright 1979 by the President and Fellows of Harvard College, by permission); 8.32–33: after figs. 1 and 3, Ruppert, Thompson & Proskouriakoff 1955, by permission of CIW; 8.34: O. Imboden, courtesy G. E. Stuart, CMR; 8.35: map drawn by Edwin Barnhart, Maya Exploration Center; 8.36: after Maudslay 1889–1902, vol. IV, plate 33; 8.37: S. Greco; 8.38–39: A. Ruz L.; 8.40: rubbing by M. Greene Robertson; 8.41: R. J. Sharer; 8.42–43: Museo Nacional de Antropología, México; 8.44: R. J. Sharer; 8.45: S. Martin; 8.46: Museo Nacional de Antropología, México; 8.47: courtesy of P. Mathews; 8.48–50 (left): R. J. Sharer; 8.50 (right): L. P. Traxler; 8.52–53: R. J. Sharer, UPM Quirigua Project; 8.54: R. J. Sharer; 8.55: M. J. Becker, Proyecto Arqueológico Copan; 8.56: R. J. Sharer; 8.57–58: D. M. Pendergast, Altun Ha Project.

第九章

9.1: photo by J. Yaeger, Xunantunich Archaeological Project; 9.2–4: courtesy of J. A. Sabloff, Seibal Project; 9.5: courtesy G. R. Willey, Seibal Project; 9.6: after Proskouriakoff 1946, p. 53, by permission of CIW; 9.7: courtesy J. W. Ball, Becan Project; 9.8–9: R. J. Sharer; 9.10–11: *TAM*; 9.12: UPM and Fairchild Aerial Surveys; 9.13: R. J. Sharer; 9.14–15: CIW; 9.16: EC; 9.17: CIW; 9.18: EC; 9.19–20: courtesy J. A. Sabloff, Sayil Project; 9.21: fig. 272 in *Maya Cities: Placemaking and Urbanization* by George Andrews, © 1975 by the University of Oklahoma Press, by permission of the publisher; 9.22–23: courtesy of E. W. Andrews V, MARI; 9.24: UPM; 9.25: R. J. Sharer; 9.26: CIW; 9.27: after Grube 2001: III; 9.28: UPM and Fairchild Aerial Surveys; 9.29: *TAM*; 9.30: R. J. Sharer; 9.31: CIW; 9.32: *TAM*; 9.33: R. J. Sharer; 9.34: EC; 9.35: R. J. Sharer; 9.36: *TAM*; 9.37: INAH; 9.38: R. J. Sharer; 9.39: *TAM*; 9.40: CIW; 9.41: EC; 9.42: R. J. Sharer; 9.43: (upper photos) Museo Nacional de Antropología, México; (below) PM; 9.44: *TAM*; 9.45: courtesy A. P. Andrews, Isla Cerritos Project; 9.46: after plate 189, Greene, Rands & Graham 1972, by permission.

第十章

10.1: after map in Jones 1952; 10.2: courtesy of C. Peraza Lope, INAH; 10.3–4: photos by S. Milbrath, courtesy of C. Peraza Lope, INAH; 10.5: CIW; 10.6: courtesy of J. A. Sabloff, Cozumel Project; 10.7–8: A. G. Miller, Tancah Project; 10.9: UPM Library; 10.10–13: A. G. Miller, Tancah Project; 10.14: R. J. Sharer; 10.15: courtesy of D. T. Wallace, after Wallace & Carmack 1977; 10.16–18: R. J. Sharer.

第十一章

11. 1: *TAM*; 11.2: courtesy of Payson Sheets, Proyecto Cerén; 11.3: courtesy of Caracol Archaeological Project (Arlen and Diane Chase); 11.4: R. T. Matheny, Edzna Project; 11.5–6: B. L. Turner, Pulltrouser Swamp Project; 11.7: courtesy of the Royal Air Force; 11.8: A. H. Siemens, from fig. 4, Siemens & Pulston 1972, by permission of the Society for American Archaeology; 11.9: courtesy of A. P. Andrews.

第十二章

12. 1–2: *TAM*; 12.3: (upper two) A. Galindo; (lower two) CIW; 12.4: *TAM*; 12.5: courtesy J. A. Sabloff, Sayil Project; 12.6: after fig. 4, Eaton 1975, by permission; 12.7–8: courtesy of Payson Sheets, Proyecto Cerén; 12.9: courtesy of W. A. Ashmore; 12.10: courtesy of Caracol Archaeological Project (Arlen and Diane Chase).

第十三章

13.1: *TAM*; 13.2: G. G. Healey; 13.3–4: *TAM*; 13.5: drawings by S. Martin, after Miller & Martin 2004: figs. 14 and 33; 13.6: *TAM*; 13.7: courtesy R. Agurcia F., PAAC; 13.8: drawing by W. R. Coe, TP; 13.9–11: *TAM*.

彩插

1: W. R. Coe, TP; 2: (*a*) ECAP, photo by J. Kerr; (*b*) R. J. Sharer, ECAP; (*c*) Museum Library, UPM; 3: (*a*) Museum Library, UPM; (*b*) courtesy of F. Estrada-Belli, Proyecto Holmul; 4 and 5 (*a*): courtesy of W. Saturno, Proyecto San Bartolo; 5 (*b*) and 6 (*a*): D. W. Sedat, ECAP; 6 (*b* and 7: R. J. Sharer, ECAP; 8 (*a*, *b*): W. R. Coe, TP; (*a*, *b*) R. J. Sharer; 9 (*a*) M. Cuevas García; *b*) Dumbarton Oaks Research Library and Collection, Washington, DC; (*c*) after Gordon & Mason 1925–43: plate XXX; 10–15: courtesy of Mary Miller (copyright © 2001 Bonampak Documentation Project); 16 (*b*): R. J. Sharer; 16 (*b*): Museum Library, UPM.

译后记

本书翻译具体分工如下：前言、引言、后记、附录，以及第一至第三章、第八章为杨靖翻译，第四至第七章、第九章为杨颖翻译，第十至第十二章为周玲琪翻译，第十三章为杨依依翻译。全书由杨靖统稿，西语部分由倪天悦校稿。

由于关涉诸多语种，本书在翻译过程中，得到北京大学外国语学院闵雪飞副教授、南京大学外国语学院张伟劼副教授、复旦大学外文学院陈杰副教授、华南理工大学外国语学院周皓教授、深圳大学外国语学院陈早助理教授以及南京师范大学外国语学院齐快鸽副教授、张群老师、陈祥老师等师友指点；南京师范大学外国语学院2019级别和2020级翻译硕士以及我本人的学术型硕士和博士研究生在文献搜集、初稿校对、表格和图片整理方面做了大量工作，限于篇幅，恕不一一列举姓名，在此一并致谢。

感谢责任编辑的悉心校订。文责自负，书中疏漏之处，敬请方家学者不吝指正。

杨　靖

于金陵依山苑

2023年1月12日

***The Ancient Maya, 6th Edition,* by Robert J. Sharer with Loa P. Traxler, published in English by Stanford University Press.**

版权合同登记号：图字：11-2020-054号

图书在版编目(CIP)数据

玛雅史 /（美）罗伯特·J. 沙雷尔，（美）洛·P. 特拉克斯勒著；杨靖等译. —杭州：浙江文艺出版社，2023.7
ISBN 978-7-5339-7117-5

Ⅰ. ①玛… Ⅱ. ①罗… ②洛… ③杨… Ⅲ. ①玛雅文化-文化史 Ⅳ. ①K731.2

中国国家版本馆CIP数据核字(2023)第023207号

策　　划	柳明晔	**学术协助**	毛玉菁　金秀妍
责任编辑	邵　劼	**装帧设计**	安　宁
责任校对	牟杨茜	**营销编辑**	宋佳音
责任印制	吴春娟	**数字编辑**	姜梦冉　诸婧琦

玛雅史

[美]罗伯特·J. 沙雷尔　洛·P. 特拉克斯勒 著　杨靖 等 译

出版发行　浙江文艺出版社
地　　址　杭州市体育场路347号
邮　　编　310006
电　　话　0571-85176953(总编办)
　　　　　0571-85152727(市场部)
制　　版　浙江新华图文制作有限公司
印　　刷　杭州富春印务有限公司
开　　本　710毫米×1000毫米　1/16
字　　数　823千字
印　　张　68
插　　页　20
版　　次　2023年7月第1版
印　　次　2023年7月第1次印刷
书　　号　ISBN 978-7-5339-7117-5
定　　价　238.00元